에센스 사회복지조사방법론

Empowerment Series: Essential Research Methods for Social Work, 4th Edition

Allen Rubin
Earl Babbie

For permission to use material from this text or product, email to
asia.infokorea@cengage.com

ISBN-13: 978-89-6218-478-5

Cengage Learning Korea Ltd.
14F YTN Newsquare 76 Sangamsan-ro
Mapo-gu Seoul 03926 Korea
Tel: (82) 2 330 7000
Fax: (82) 2 330 7001

Cengage Learning is a leading provider of customized learning solutions with office locations around the globe, including Singapore, the United Kingdom, Australia, Mexico, Brazil, and Japan.
Locate your local office at: **www.cengage.com**

Cengage Learning products are represented in Canada by Nelson Education, Ltd.

To learn more about Cengage Learning Solutions, visit
www.cengageasia.com

Printed in Korea
Print Number: 01   Print Year: 2019

FOURTH
EDITION

ESSENTIAL RESEARCH METHODS FOR SOCIAL WORK

Allen Rubin

•

Earl Babbie

에센스
사회복지조사방법론

유태균 옮김

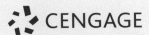

Andover • Melbourne • Mexico City • Stamford, CT • Toronto • Hong Kong • New Delhi • Seoul • Singapore • Tokyo

옮긴이 소개

유태균

숭실대학교 사회복지학부 교수
캘리포니아주립대학교 버클리캠퍼스
  (University of California at Berkeley) 사회복지학 박사

에센스 사회복지조사방법론 –제4판–

Empowerment Series: Essential Research Methods for Social Work, 4th Editon

제4판 1쇄 인쇄 | 2019년 11월 15일
제4판 1쇄 발행 | 2019년 11월 22일

지은이 | Allen Rubin, Earl Babbie
옮긴이 | 유태균
발행인 | 송성헌
발행처 | 센게이지러닝코리아㈜
등록번호 | 제313-2007-000074호(2007.3.19.)
이메일 | asia.infokorea@cengage.com
홈페이지 | www.cengage.co.kr

ISBN-13: 978-89-6218-478-5

공급처 | ㈜학지사
주 소 | 서울시 마포구 양화로15길 20 마인드월드빌딩 5층
도서안내 및 주문 | Tel 02) 330-5114 Fax 02) 324-2345
홈페이지 | www.hakjisa.co.kr

정가 27,000원

옮긴이 머리말

배비와 루빈의 사회복지조사방법론이 국내에 번역된 지도 십 년이 훌쩍 지났다. 이번 번역 작업까지 더하면 역자가 배비와 루빈의 책을 번역한 것도 벌써 다섯 번째인 셈이다. 첫 번째 번역을 마친 것은 역자가 1998년 교수로서 학생들을 가르치기 시작한 때였다. 그 후 때로는 혼자서 때로는 동료 연구자들과 함께 세 번의 번역 작업을 더 진행했다. 그리고 올 2019년 다시 배비와 루빈의 책을 번역하고 있다. 2011년 번역된 『에센스 사회복지조사방법론』 2판의 머리말에서 언급한 것처럼, 어느 순간 배비와 루빈의 책을 번역하는 작업이 역자가 교수로서 살아온 지난 21년간의 삶에서 일종의 구심점 역할을 했다는 것을 깨달았다.

지난 21년 동안 이 책을 교재로 삼아 사회복지조사방법론을 공부한 사람의 수가 정확하게 얼마나 되는지는 알 길이 없다. 그러나 그 수가 '참 많다'라고 들은 바 있고 지금도 가끔씩 사람들로부터 그렇다고 전해 듣고 있다. 솔직히 말하면 그러한 말들이 이번 개정판을 번역하는 데 적지 않은 책임감을 느끼게 만든 것이 사실이다. 물론 역자 스스로가 그렇게 느낀 것이다. 어느 누구도 역자에게 "아셨지요? 그러니까 번역 잘하셔야 합니다." 라는 말을 한 적은 없다. 그런 마음가짐을 가지고 번역 작업을 시작했음에도 불구하고, 한편으로는 즐겁지만 한편으로는 고통스러운 번역 과정이 진행되면서 처음에 가졌던 긴장감을 잃었던 경우가 종종 있었다는 것을 고백해야 할 것 같다. 그리고 때때로 흐트러졌던 역자의 집중력은 이번 개정판 곳곳에 숨어 있을 것이다. 의도했던 것은 아니지만 그런 오류를 발견하거든 질책보다는 숨은 그림을 찾아낼 때의 기쁨을 느껴줄 것을, 독자들에게 낯뜨거움을 무릅쓰고 부탁하고자 한다.

4판의 번역 작업을 마친 지금 역자의 머릿속에는 이 책과 관련된 두 가지 생각이 자리하고 있다. 하나는 개정판이 발간될 때마다 매번 느끼는 것으로, 무려 30년 가까이 이 책을 집필하고 수정하는 작업을 부단히 해오고 있는 배비 교수와 루빈 교수를 보면, 사회복지학 교재를 집필하고 업데이트하는 작업이 연구 업적으로 인정되는 학문적 풍토가 역자로서는 부럽기 그지없다는 생각이다. 다른 하나는 이전 판들과 비교해볼 때 이번 4판에서 저자들이 양적 연구방법과 질적 연구방법을 재는 저울이 이제까지 너무 양적 연구방법 쪽으로 기울어져 있던 것을 문제시하고, 저울이 균형을 잡을 수 있는 방향으로 책의 내용을 수정한 것이 너무도 반갑다는 생각이다. 그러나 아직도 이 책은 양적 연구방법에 초점이 맞춰져 있는 책이라는 비판으로부터 벗어날 수는 없을 것 같다.

21세기 사회에서 사회복지학은 다른 모든 학문 분야와 마찬가지로 실천과 학문 모두에서 다양성과 창의성을 지향해야 한다. 이러한 개인적 신념을 가지고 이번 번역을 마친 역자는 한편으로 저자들에게 향후 개정판을 준비할 때 질적 연구방법의 비중을 좀 더 늘리는 것을 고려해보기를 건의한다. 동시에 다른 한편으로는 배비 교수와 루빈 교수에게만 그 역할을 맡길 것이 아니라, 한국의 사회복지학 연구자들과 함께 좀 더 균형 있는 사회복지연구방법론 교육이 이루어질 수 있는 방안을 찾아보는 진지한 노력을 시작해보고자 한다.

끝으로, 이번 번역 작업에 도움을 준 동료 연구자들, 실천가들, 학생들에게 그리고 이 책을 다시 한 번 번역할 수 있게 기회를 준 센게이지러닝코리아에 감사의 마음을 전하면서 아무쪼록 이 책이 사회복지학을 공부하는 많은 사람들에게 도움이 되기를 진심으로 바란다.

2019년 11월 유태균

머리말

지금부터 25년 전에 우리가 쓴 책 『사회복지조사방법론』(Research Methods for Social Work)이 어느덧 7판째를 맞이하게 되었다. 『사회복지조사방법론』은 출판과 동시에 성공을 거두었으며 지금도 널리 읽히고 있지만, 그 책을 좋아하는 동료 연구자들 중 일부는 조금 쉬운 책을 써줬으면 좋겠다는 제안과 함께 기존에 나와 있는, 조금 쉽게 쓰인 책들은 내용이 너무 피상적이거나 단순하다는 의견을 제시하곤 했다. 그들이 원하는 것은 중간 정도의 책, 즉 우리가 쓴 『사회복지조사방법론』보다는 쉬우면서도 필수적으로 알아야 하는 연구방법들을 심도 있게 다루고 사회복지 분야의 예와 활용방안을 제시해주면서 사회복지 실천에 있어서의 사회복지 조사연구의 유용성에 지속적인 초점을 맞추는 그런 책이었다.

동료 연구자들의 이런 기대에 부응하기 위해 우리는 『에센스 사회복지조사방법론』(Essential Research Methods for Social Work)의 초판과 2판을 출간하였다. 이 두 판 모두의 성공은, 아마도 우리가 처음 썼던 책의 내용이 사회복지학을 전공하는 학부 학생들(그리고 어떤 경우에는 석사과정의 학생들에게도)에게 가르치기에는 다소 어려운 부분이 있다는 교수들의 의견을 적절히 반영했다는 것을 의미하는 것 같다.

『에센스 사회복지조사방법론』은 『사회복지조사방법론』의 내용을 요약하여 제시한 것이지만 기존 책이 가진 장점을 충분히 살리고자 노력했다. 예를 들면, 이 책에서 양적 연구방법과 질적 연구방법을 종합하고자 시도했으며 두 가지 연구방법 모두를 사용하는 것이 조사연구에 얼마나 도움이 되는지를 보여주고자 노력했다. 우리는 이 책에서 두 종류의 연구방법 각각이 가진 장점과 단점 모두를 균형 있게 다루고자 노력했다. 또한 두 연구방법이 가진 장점과 단점 전반에 대해서 그리고 특정 양적 방법과 질적 방법에 대해서도 다루었다. 그 과정에서 독자들에게 은연 중에 두 연구방법 중 어느 한쪽이 다른 쪽에 비해 더 많은 장점 또는 단점을 가지고 있다는 인상을 주지 않기 위해 주의를 기울였다.

이전 판이 모두 성공적이기는 하였으나 이번에 발간하는 4판에서는 직접 이 책을 읽고 사용한 동료 연구자들이 우리에게 해주었던 대부분의 제안을 반영하고 아울러 우리 스스로 알게 된 부분들도 보완하였다.

EPAS 핵심능력

이번 4판에서 특히 달라진 부분은 사회복지교육협의회(CSWE, Council on Social Work Education)의 교육정책 및 인증기준(EPAS, Education Policy and Accreditation)이 제시하는 핵심능력과 이 책의 내용이 어떻게 관련이 있는지를 보여주는 부분이다. 이 책의 모든 장에서 우리는 해당 장의 내용 중 어떤 내용이 핵심능력 및 권장실천행동과 관련이 있는 내용인지를 아이콘으로 표시했다.* 어떤 아이콘은 특정 장의 특정 내용이 어떤 핵심능력에 해당하는 내용인지를 보여주고 어떤 아이콘은 한 개 장 전체가 여러 가지 핵심능력 및 권장실천행동과 관련이 있음을 보여준다. 각 장의 맨 마지막 부분에서 우리는 그 장에서 논의한 핵심능력 및 권장실천행동에 대한 논의를 좀 더 발전시키기 위해서 능력노트(competency note)를 추가했다. 예를 들면, 제2장의 증거기반 실천 부분에는 해당 내용이 EPAS 핵심능력 중 7가지 핵심능력과 관련이 있음을 나타내는 아이콘이 있다. 제2장에서 다루고 있는 7가지 핵심능력 중 하나는 평생학습(career-long learning)이다. 제2장 맨 끝부분에 있는 능력노트에서 2장의 내용이 각각의 핵심능력 아이콘과 어떻게 관련되어 있는지를 설명하고 있는데, 평생학습에 해당하는 아이콘에서는 새롭고 더 나은 연구가 발표될 때마다 실천 관련 지식이 변한다는 것을 증거기반 실천가들이 알고 있으며 그렇기 때문에 실천가들이 끊임없이 학습하고자 노력해야 한다는 것을 설명하였다.

혼합 연구방법

이번 판의 또 한 가지 중요한 변화는 혼합 연구방법, 즉 양적 연구방법과 질적 연구방법을 하나의 연구에서 혼용하는 탐구적 접근에 관한 논의를 보

강한 것이다. 이번 판에서는 제3장의 내용에 여러 가지 내용을 추가하였다. 구체적으로 말하자면 아동복지 클라이언트들의 협력관계 참여를 내용으로 하는, 혼합 연구방법을 사용한 연구 사례를 보여주는 글상자를 추가하였고, Creswell(2014)의 세 가지 연구방법 설계에 관한 논의 부분을 추가하였다. 이 세 가지 설계 각각에 대해서는, 각 설계에 해당하는 예가 제시된 하위 주제 부분을 둠으로써 구체적으로 설명하였다. 이와 함께 Creswell의 세 가지 혼합 연구방법을 설계를 요약하는 별도의 부분도 추가하였다.

그 밖의 추가 및 수정 사항

제1장의 철학 부분에서 객관성과 패러다임 부분을 삭제하였는데 이는 이 부분의 논의 수준이 책의 초반에 나오기에는 너무 높다는 의견을 반영한 것이다. 이에 관한 논의를 제4장에서 하고 있기 때문에 제1장에서 해당 부분을 삭제하는 대신 제4장의 내용을 확대하였다. 구체적으로 말하자면, 현장 치료의 사이비과학적 측면과 그러한 측면들이 비판적 사고에 어떤 부정적인 영향을 미치는지 보여주는 사례를 글상자로 만들어 추가하였다.

제2장의 증거기반 실천(EBP) 질문 형성 부분에는 효과성, 바람직한 결과와 바람직하지 않은 결과에 대한 예측 지표, 클라이언트 경험 이해하기, 사정 도구 등에 관한 EBP 질문의 예를 보여주는 글상자를 추가하였다. 이와 함께 체계적 고찰과 메타

---

* 역자주: 미국 사회복지교육협의회 핵심능력 부분을 나타내는 아이콘 표시가 한국 독자들이 이 책의 내용을 이해하는 데 다소 혼란을 야기할 수 있다고 판단됨에 따라 번역서에서는 아이콘 표기를 포함시키지 않음.

분석에 관한 논의 부분도 확장하여 증거 찾기의 실행 가능성을 높이고자 하였다. 또 하나의 글상자에서는 문헌고찰과 실천 지침을 위한 인터넷 사이트를 추가하고 업데이트하였다.

제4장은 객관성과 패러다임 부분에 관한 논의를 확대한 것과 더불어 종단연구에 관한 논의도 보강하였는데 패널연구에서의 연구참여자 상실, 횡단연구와 세 종류의 종단 연구 간 비교 등을 추가하였다.

독자들의 의견을 반영하여 사회복지 연구에 있어서의 윤리적 측면과 문화적 측면에 관한 논의 부분을 제7부에서 제2부로 옮겼다. 이 두 주제는 각각 제5장과 제6장에서 다루어진다.

이번 개정판에서는 문헌고찰에 해당하는 장과 연구질문 형성에 해당하는 장을 합쳐서 개념화를 논의하는 장에 포함시킴으로써 장의 개수를 하나 줄이고 「문제형성 및 측정」이라는 제7장을 만들었다. 도서관 이용 부분은 부록으로 옮겼고, 문헌고찰 결과 제시 부분은 부록의 연구계획서 작성 및 보고 부분과 겹치기 때문에 그 부분 역시 부록으로 옮겼다.

제8장 측정 부분(이전 판의 제7장)에는 장의 끝 부분에 신뢰도와 타당도의 차이를 예시하는 글상자를 하나 추가하였다. 제10장(이전 판의 제9장)은 태블릿 및 스마트폰 같은 기술 발전에 발맞춰서 온라인 자료검색에 관한 논의 부분을 추가하였다. 아울러 이러한 변화를 따라잡는 데 도움이 될 만한 자료들을 추가하였고, 전화설문조사에서의 핸드폰 사용에 관한 쟁점들도 추가하였다.

제12장(이전 판의 제11장)에는 원배정 분석(intent-to-treat analysis)에 대한 논의를 통해 실험 상실에 관한 기존 논의를 보강하였다. 또한 실험 설계에서의 무작위 배정과 설문조사에서의 무작위 선정의 차이를 명확하게 설명하는 글상자를 추가하였다.

제14장(이전 판의 제13장)의 내용에는 여러 가지 변화가 있다. 프로그램 평가의 목적, 유형, 기획이 프로그램 평가의 역사적 발달과정 바로 뒤에 오도록 순서를 바꿨다. 이렇게 순서를 바꾼 이유는 독자들에게 먼저 프로그램 평가에 관한 기본적인 이해를 할 수 있는 기회를 제공하는, 프로그램 평가의 정치적 측면과 현실적 위험들 같은 무거운 주제에 관한 논의를 접하게 하는 것이 바람직하다고 판단했기 때문이다. 역사적 발달과정 부분에는 책임성, 프로그램이 효과적이고 유해하지 않다는 것을 입증하는 것의 중요성, 책임성과 사회복지 윤리 간의 연결점 등에 관한 논의를 추가하였다. 이와 함께 증거기반 실천에 관한 논의를 메타분석의 유용성 및 효과크기 통계값에 관한 논의도 역사적 발달과정 부분에 추가하였다. 제14장 뒷부분에 자리한 프로그램 평가에 있어서의 원시실험 설계의 유용성에 관한 논의 부분에는 원시실험 설계의 가치를 높이는 방안에 관한 논의가 추가되었다. 이 부분에는 또한 원시실험 설계가 프로그램 평가에서 자주 사용되는 이유와 원시실험 설계가 가진 단점들이 왜 프로그램 평가에서 크게 문제가 되지 않는지에 관한 논의가 추가되었다. 또 한 가지 중요한 변화는 논리모형이 추가된 것을 꼽을 수 있다.

양적 자료분석을 다루는 장에서는 효과크기에 관한 논의를 보강하였는데 승수비와 위험률 그리고 Cohen의 d에 관한 논의가 추가되었다. 이와 함께 산포도가 다른 분포가 동일한 중심경향도를 가질 수 있는지 그리고 중심경향도 통계값에 기반한 기술통계가 완전하지 않을 뿐만 아니라 연구자로 하여금 잘못된 결론을 내리게 만드는지를 보여주는 그림을 추가하였다. 효과크기에 관해서는 부록 E를 추가하였는데 이를 통해서 저자 중 한 사람(Rubin)이 발전시킨 집단 내 효과크기 계산 방법을 소개하였다.

이러한 변화가 이 책의 유용성을 높이는 데 도움이 되었기를 바란다. 책에 관한 독자들의 생각과 다양한 의견을 Brooks/Cole, 10 Davis, Belmont, CA 94002-3098 또는 이메일 arubin@mail.utexas.edu를 통해 받아볼 수 있기를 기대한다.

학습보조 패키지

강의 매뉴얼

우리가 쓴 다른 조사방법론 책과 마찬가지로, 이 책의 강의 매뉴얼에는 이 책의 구성에 대한 설명과 권장 교육방법이 제시되어 있다. 각 장에 해당하는 온라인 매뉴얼에는 각 장의 내용과 관련하여 논의 해볼 만한 주제, 활동목표, 권장 교육방법, 자료 및 시험문제 등이 제시 수록되어 있다. 물론 이 지침 은 조사방법론을 강의하는 사람이 자율성과 유연 성을 가지고 활용할 수 있도록 구성되어 있다.

각 장에 해당하는 시험문제에는 선다형 문제, 참-거짓 문제 및 서술형 문제들이 포함되어 있다. 이 문제들은 시험문제로 사용할 수도 있고 강의 중 에 토론을 이끌어내는 목적으로도 사용할 수 있다. 선다형 문제와 참-거짓 문제의 경우, 각 문제와 관 련된 책의 페이지가 문제별로 표시되어 있다.

감사의 글

이 책의 원고를 읽고 이 책을 발전시키는 데 더 없이 귀중한 의견을 준 Mary Beth Hyatt 교수, Chris Lloyd 교수, Paul Lanier 교수, Jeannine Rowe 교수, Yong Yi 교수, Stephen Warren 교수 그리고 Min Zhan 교수에게 특별한 감사의 뜻을 전하고자 한다.

또한 개정판을 발전시키는 데 도움을 준 Cengage Learning 출판사의 Gordon Lee, Stephen Lagos, Ruth Sakata Corley, Deanna Ettinger, Kristina Mose-Libon, Brenda Ginty, John Chell, 그리고 Judy Inoue에게 진심으로 감사한다.

Allen Rubin
Earl Babbie

차 례

* 참고문헌은 센게이지러닝코리아 홈페이지(www.cengage.co.kr)
자료실에서 다운로드 받으실 수 있습니다.

사회복지 과학적 탐구 입문

PART 1

이 책의 제1부에서는 사회복지 과학적 탐구의 기본적인 특성과 쟁점들을 살펴봄으로써 이 책의 내용을 이해하는 데 필요한 기초를 마련해보고자 한다. 제1장에서는 먼저 조사연구와 사회복지 실천 간의 관련성에 대해서 살펴볼 것이며 이어서 사회복지사들이 지식을 얻는 데 과학적 탐구방법이 어떻게 활용될 수 있는지, 그리고 사회복지사들이 종종 실천지식을 얻곤 하는 비과학적인 출처들이 가지고 있는 위험들로부터 과학적 탐구방법이 사회복지사들을 어떻게 보호할 수 있는지에 대해서 살펴볼 것이다. 제2장에서는 조사연구를 사용하는 가장 대표적인 실천 방식이라고 할 수 있는 증거기반 실천에 대해서 살펴볼 것이며 이를 통해서 제1장에서 살펴본 내용들을 좀 더 심층적으로 고찰할 것이다.

chapter 1

왜 조사방법론을
배워야 하는가?

1.1 서론

어떤 사람들은 사회복지학을 공부하는 학생들이 왜 조사방법론을 배워야 하는지에 대해서 궁금하게 생각할 수도 있을 것이다. 사회복지학을 공부하는 학생들이 조사방법론을 배워야 하는 이유 중 하나는 사회복지 조사방법이 사회복지사들에게 일상적인 실천 과정에서 마주치게 되는 문제들을 해결하는 데 필요한 지식을 제공하기 때문이다.

사회복지사들은 전문가로서 실천해 나아가는 과정 중에 조사방법과 관련된 전문성을 활용하게 될 상황을 수없이 접하게 되며, 아마도 그때가 되면 조사방법과 관련해서 좀 더 많은 것을 배워두었더라면 좋았을 것이라는 생각을 하게 될 것이다. 예를 들어서 어떤 사람은 물질남용 프로그램의 운영을 책임지는 사람으로서 프로그램에 대한 지속적인 재정지원을 확보하기 위해서 자신이 담당하고 있는 물질남용 프로그램이 물질남용을 예방 내지는 감소시키는 데 효과가 있음을 과학적 평가를 통해 입증해 보여야 할 수도 있다. 어떤 실천가는 클라이언트에게 직접 서비스를 제공한 다음 자신이 제공한 서비스의 효과성이나 특정 개입이 클라이언트에게 미치는 영향을 과학적으로 평가해보고자 할 수도 있다. 또 어떤 실천가는 지역사회 조직 또는 계획에 참여하는 과정에서 지역사회가 가진 가장 큰 욕구가 무엇인지를 파악하기 위해서 조사를 실시해야 할 필요성을 인식하게 될 수도 있다. 또 어떤 실천가는 사회개혁 차원의 실천을 하는 과정에서 과학적 자료를 통해서 현행 복지정책들의 문제점들을 보여주고 입법가들로 하여금 보다 인본주의적인 사회복지법을 만들도록 설득해야 할지도 모른다.

이제까지 한 번도 조사연구를 해본 적이 없는 실천가라도 할지라도 조사방법을 이해하고 조사방법을 실천을 위한 지침으로 활용할 수 있어야 한다. 왜냐하면 아직 사회복지 전문직은 다양한 실천 상황에서 과연 어떤 것들이 효과적이고 어떤 것들이 효과적이지 않은지를 분명하게 이해하고 있지 못하기 때문이다. 어떤 기관들은 연구 결과 효과적이지 않다고 알려진 개입을 클라이언트들에게 제공하기도 한다. 언제가 우리들 중 누군가는 그런 기관들에서 근무하게 될 수도 있고 비효과적인 개입을 제공해야 하는 상황에 처하게 될 수도 있다. 조사방법을 이해하고 효과적인 것과 비효과적인 것이 무엇인지에 관한 과학적 증거를 제시해주는 연구논문들을 읽음으로써 우리는 사회복지 실천의 효과성을 높일 수 있을 것이며 그렇게 함으로써 우리는 증거기반실천을 향해 도약해 나아갈 수 있을 것이다.

증거기반 실천 과정(제2장에서 논의하게 될)이란 한 마디로 말해서 개인, 가족, 집단 또는 지역사회를 위한 개입을 정할 때 최선의 이용 가능한 과학적 증거들을 활용하는 것이다. 증거기반실천과 관련된 최근의 발전에도 불구하고 아직도 상당수의 사회복지사들이 적절한 효과성 검정이 이루어지지 않은 개입을 제공하고 있다. 또한 많은 새로운 개입방법들이 과학적인 증거에 의한 적절한 효과성 입증 과정을 거치지 않은 채 소개되고 있다. 그러한 방법들 중 과학적 검정 과정을 전혀 거치지 않은 것들이나 "검정" 과정을 거치기는 했으나 연구 설계나 측정 과정이 원하는 결과가 나타날 수 있는 방향으로 편향된 경우를 적지 않게 찾아볼 수 있다. 어떤 개입방법들은 특정 인종에 대해서는 효과성 검정이 이루어진 반면, 다른 인종들에 대해서는 효과성 검정이 이루어지지 않았다. 전문 사회복지사들에게는 효과적인 새로운 개입기법을 가르치는 고가의 평생교육 훈련 워크숍을 소개하는 선전물들이 홍수처럼 쏟아지곤 한다. 그러한 개입기법들 중 어떤 것들은 선전 내용처럼 효과적일지 모르나 어떤 것들은 전혀 그렇지 않다. 이러한 현실을 고려해볼 때 과학적 탐구방법과 조사방법을 이해하는 것 또한 실천지식이 된다. 특정 개입방법이 특정 상황에서 효과적인지 여부가 적절한 과학적 증거에 의해서 뒷받침되는지 여부를 비판적으로 평가하는 방법을 배우는 것은 개입방법들을 어떻게 적용하는지를 배우는 것 못지않게 중요하다.

그런데 그냥 연구자들로 하여금 우리에게 필요한 연구를 하게 하고 그 결과를 우리에게 설명하게 하면 되지 않을까? 그렇게 할 경우 가장 먼저 문제가 되는 것은 학술지에 발표되는 사회복지 연구들의 질이 매우 훌륭한 연구에서부터 학술지에 게재되어서는 안 될 수준에 이르기까지 천차만별이 된다는 사실이다. 우리는 사회복지 연구들 중에서 이 책에서 배우게 될 기본적인 방법론적 원칙에 위배되는 연구들을 아주 쉽게 찾아볼 수 있다. 사회복지 연구결과를 실천의 지침으로 이용하고자 하는 사회복지사들은 조사방법을 이해함으로써 방법론적으로 엄격한 연구와 그렇지 못한 연구를 구별해낼 수 있는 능력을 갖추어야 한다. 또한 사회복지 연구의 질은 단순히 방법론적 엄격성뿐만 아니라 궁극적으로는 실천가가 가진 실천 지식과 방법론 지식에 의해서도 좌우된다는 사실을 알아야 한다. 실천 지향적인 연구자와 방법론적 지식을 갖춘 실천가라는 두 가지 요소가 모두 갖추어지지 않는다면 우리가 정말 필요로 하는 연구를 —적절한 수준의 방법론적 엄격성을 확보할 수 있으면서 기관 실천가들이 가진 실제적인 욕구에 부응할 수 있는 연구— 할 수 있는 지지적인 분위기는 어떤 기관에서도 찾아볼 수 없을 것이다. 설령 우리가 직접 조사연구를 하지는 않더라도 사회복지사가 조사방법을 이해한다면 다른 사람의 연구결과를 비판적으로 평가하고, 연구자들과 의견 교환을 통해 좀 더 실천적 욕구에 부응하는 연구가 이루어질 수 있게 할 수 있을 뿐만 아니라, 더 나아가서는 관련성 높은 연구를 수행하는 데 지지적인 분위기를 기관 내에 조성할 수 있다.

전문가로서의 사회복지사는 클라이언트들에게 가장 효과적인 서비스를 제공하고 있는지 여부에 대해서 항상 고민하고 그렇게 하기 위해서 노력해야 한다. 그렇게 하려면 무엇을 어떻게 해야 할까? 단순히 슈퍼바이저에게 무엇이 클라이언트를 위한 최선의 것인지를 물어보면 될까? 아마도 그렇게 하는 것이 좋은 출발점이 될 수는 있을 것이다. 그러나 자신의 분야와 관련된 최신 연구들을 수시로 접하고 연구결과를 실천에 반영하지 못한다면 우리는 클라이언트에게 최선의 서비스를 제공하기 위해 할 수 있는 모든 노력을 다하고 있다고는 말할 수 없을 것이다.

기존 사회복지 서비스들 중 효과적이지 않은 서비스로 밝혀지는 경우가 비일비재하다는 사실과 최근 들어 효과적인 새로운 개입방법들이 많이 소개되고 있다는 사실을 고려해볼 때, 해당 사회복지 분야의 연구들을 수시로 접하지 못하는 것은 심각한 문제를 야기할 수 있다. 클라이언트들을 도와주느라 너무 바빠서 새로운 연구결과들을 읽어볼 시간이 없다는 말은 결코 변명이 될 수 없다. 우리가 제공하는 서비스가 클라이언트들에게 어떤 효과가 있는지를 검증해보지 못한다면 우리는 진정한 의미에서 클라이언트들을 돕는 것이 아니다. 그렇다면 우리가 검증되지 않은 실천 지식을 맹목적으로 신뢰하는 것이 과연 누구에게 득이 되는가? 클라이언트는 분명히 아니다. 우리가 제공하는 서비스에 대해 비용을 지불하는 사람들도 아니다. 사회도 아니다. 그렇다면 혹시 우리들 자신인가? 어떤 의미에서 보면 그렇다고 볼 수 있다. 왜냐하면 아무런 의심 없이 이제까지 해오던 실천을 그냥 해나가는 것이 우리에게는 편하기 때문이다. 아무것도 문제시하지 않고 그냥 하던 식으로 해나가면 문제를 일으킬 일도 없고 골치 아픈 생각을 할 필요도 없다. 결국 우리는 우리가 매일 해야 할 일들 중에서 한 가지 —연구논문 읽기— 를 덜 수 있다. 그러나 장기적으로 보자면 연구결과를 수시로 접하고 클라이언트에게 최선의 서비스를 제공하기 위해 노력하는 실천가는 그렇지 않은 실천가에 비해 아마도 자신이 하는 일에 대해서 더 높은 만족감을 느낄 수 있을 것이고 소진을 경험할 가능성이 낮을 것이다.

그러나 연구결과를 실천에 활용해야 하는 더 중요한 이유는 클라이언트를 위하는 마음이다. 우리는 진심으로 클라이언트를 위해야 하며, 그렇기 때문에 우리는 우리가 제공하는 서비스에 관한 그리고 클라이언트들에게 더 도움이 될 수 있는 대안적 서비스에 대한 과학적 증거를 찾기 위해 노력해야 한다. 만일 우리가 제공하는 서비스보다 더 효과적인 서비스가 있음에도 불구하고 기존의 서비스를 고집한다면 우리는 클라이언트들에게 해를 끼치는 것이 된다. 클라이언트들이 가진 문제를 더 빨리 해결하지 않고 방치하는 것은 클라이언트들로 하여금 귀중한 시간을 (어쩌면 그들이 서비스에 대한 대가로 지불하는 돈 또한) 낭비하게 만드는 것이다. 왜냐하면 연구논문을 읽지 않음으로써 우리는 클라이언트들에게 더 도움이 되는 서비스를 제공할 수 있는 기회를 져버리는 것이기 때문이다.

따라서 조사방법론을 배우고 조사연구를 활용하는 것은 결국 사회복지의 기본적인 가치인 다른 사람을 위하고 배려하는 것과 결코 다른 것이 아니다. 조사연구를 이해하고 활용하는 사회복지사는 그러한 노력을 하지 않으면서 자신이 제공하는 서비스의 효과에 관한 근거 없는 추측에 의존하는 실천가에 비해 클라이언트의 복지에 더 많은 관심을 갖는 것이며 궁극적으로는 클라이언트에게 더 큰 도움을 줄 수 있다.

그러나 사회복지 개입의 효과성에 관한 연구는 사회복지 조사연구의 유용성을 보여주는 많은 예들 중 하나에 불과하다. 이 예 외에도 사회복지 조사연구의 유용성과 사회복지사가 되기 위해 공부하는 학생들이 왜 조사방법론을 배우고 활용하고 사회복지 조사연구에 기여해야 하는지를 보여줄 수 있는 연구들은 무수히 많다. 이 책에서 방법론적 개념들을 소개하면서 그러한 연구들을 예로 들어보기로 하겠다.

물론 우리가 언젠가 관련 연구들을 찾아보고 싶다는 생각을 하게 될 만큼 흥미로운 주제는 무수히 많다. 그중 몇 가지만 예를 들어보자면 다음과 같다. 도대체 왜 그토록 많은 클라이언트들이 치료를 중도에 포기하는 것일까? 중도탈락하는 클라이언트들은 어떤 클라이언트들이고 치료를 마치는 클라이언트들은 어떤 클라이언트들인가? 중도탈락하는 이유는 무엇이며 그들은 어떤 서비스는 받았을까? 표적 대상 지역사회 중 어느 곳에 아웃리치를 위한 노력을 쏟아야 하는가? 노숙자나 신규 이민자 같은 쉽게 접근할 수 없는 대상을 어디에서 만날 가능성이 가장 높은가? 표적 인구집단 중 영어를 이해하지 못하는 사람은 얼마나 되나? 우리 기관에서 서비스를 받은 소수인종 클라이언트의 수는 왜 이렇게 적은가? 그들에게 우리 기관은 어떤 의미인가? 그들이 보기에 우리 기관의 분위기는 어떤가? 이외에도 생각해볼 수 있는 예는 얼마든지 있지만 아마도 이 정도면 우리가 알고 싶어 할지 모르는 주제가 가히 무궁무진할 수 있다는 것을 이해할 수 있을 것이다.

윤리는 사회복지사가 조사연구를 고려할 때 가장 중요한 관심사 중 하나이며 이 책 전체에서 논의하게 될 주제이다. 미국사회복지사협회의 윤리강령은 사회복지사들이 실천을 위한 지식 기반의 일부로서 실천과 관련된 연구들을 지속적으로 접하고 비판적으로 고찰할 것을 분명하게 요구하고 있다. 조사연구를 분별 있게 사용할 때 우리는 전문직의 가치와 사명을 유지하고 향상시킬 수 있으며 실천 과정에 있어서 더 윤리적일 수 있다. 아직도 사회복지학을 전공하는 학생들은 많은 조사연구들의 윤리에 대해서 회의적인 자세를 가지고 조사방법에 접근하는 경향이 있다. 우리는 이 책의 여러 장에서, 윤리에 관한 장에서뿐만 아니라, 그러한 윤리적 문제에 관해서 논의할 것이다. 아마도 이 책을 다 읽을 때쯤이면 사회복지 조사연구와 관련된 윤리적 딜레마뿐만 아니라 왜 전문가 윤리강령에 조사연구를 이해하고 활용하며 조사연구에 기여해야 한다는 것이 명시되어 있는지를 더 잘 이해할 수 있을 것이다.

어쩌면 오늘날 사회복지 조사연구는 그 어느 때보다 더 사회복지사들에게 그들이 직면한 문제를 변화시킬 수 있는 기회를 제공해주고 있는 것 같다. 우리가 서비스의 효과성을 극대화하려고 노력하는 임상 실천가이든 더 인도주의적인 사회복지관련법을 입법하려는 사회운동가이든 (혹은 두 가지 모두이든) 상관없이 우리 모두는 과학적 탐구와 조사연구를 통해서 사람들 돕기 위한 노력의 성공 가능성을 향상시킬 수 있다. 이상의 논의가 이 책에서 배우게 될 내용에 대한 독자들의 흥미를 충분히 자극할 수 있었기를 바라면서 이제 사회복지사들이 지식을 얻는 여러 가지 방법에 대해서 살펴보기로 하자.

1.2 사회복지사들은 어떻게 지식을 얻는가?

사회복지학을 전공하는 학생들은 인간행동에 관한 다양한 이론들과 사회복지정책 및 사회복지 개입에 관한 대안적 관점들을 공부한다. 때로는 그러한 이론들과 관점들이 양립 가능한 것처럼 보이는가 하면 때로는 그렇지 않은 것처럼 보이기도 한다. 그러한 이론과 관점 중에서 과연 어떤 것을 우리가 하게 될 실천의 지침으로 삼아야 할까? 이러한 결정을 어떤 연구자나 교수가 가장 유명한지를 보고 내려야 할까? 현장 슈퍼바이저의 말이나 오래전부터 내려오는 기관의 전통을 아무런 의심 없이 따라야 할까? 자신이 사회복지사로서 쌓아온 실천 경험을 어느 정도나 실천 지식의 기반으로 삼아야 할까? 이 책의 목적은 독자들로 하여금 이러한 질문들에 대한 답을 지금 그리고 앞으로 사회복지사로서 찾아 나아가는 데 필요한 과학적 접근방법을 개발하게 하는 것이다.

이제 우리가 이미 알고 있을지도 모르는 것을 살펴보는 것으로써 논의를 시작해보기로 하자. 우리는 지구가 둥글다는 것을 알고 있고 일본에서는 사람들이 일본어를 사용한다는 것을 알고 있다. 아마도 어떤 사람은 화성의 표면 온도가 매우 낮다는 것을 알고 있을지도 모른다. 그런데 우리는 이런 것들을 어떻게 알까? 최근에 화성에 다녀온 것이 아닌 이상 우리는 화성의 표면 온도가 매우 낮다는 것을 누군가로부터 들은 적이 있고 그 말을 사실이라고 믿기 때문에 알고 있다. 어쩌면 물리학을 가르쳤던 선생님이 그런 말을 했었을 수도 있고 잡지에서 읽었을 수도 있다. 어쩌면 우리는 내셔날지오그래픽지에서 일본에서는 일본어를 사용한다는 것을 읽었고 당연히 그럴 것 같았기 때문에 그러한 사실에 대해서 의문을 제기해본 적이 없었을 수도 있다.

우리가 알고 있는 것들 중에서 어떤 것들은 너무도 당연하다고 여겨진다. 만일 누군가가 우리에게 지구가 둥근지 어떻게 아느냐고 묻는다면 아마도 우리는 "그것은 누구나 안다"라고 답할 것이다. 모든 사람들이 알고 있는 것은 많다. 물론, 한 때 사람들은 지구가 평평하다고 알고 있었지만 말이다.

우리가 알고 있는 것들 중 대부분은 합의와 신념이다. 물론 우리는 직접적인 경험과 관찰을 통해서 무엇인가를 알기도 한다. 만일 추운 겨울밤에 노숙자처럼 밖에서 잠을 자야 한다면 누가 춥다고 말해주지 않아도 춥다는 것을 경험을 통해 분명하게 알게 된다. 다른 사람들이 다 알고 있는 어떤 것과 자신의 경험이 상반될 때 자신의 경험은 사람들의 합의 앞에 무릎을 꿇게 된다.

이러한 상황을 보여주는 한 가지 예를 들어보자. 자신이 어떤 파티에 참석해 있다고 상상해보자. 상류층의 사람들을 위한 파티이다 보니 준비된 음식과 음료 모두 매우 훌륭한 수준이다. 파티를 개최한 호스트가 멋진 쟁반에 담아 손님들 사이를 돌아다니면서 권하고 있는 전채요리(appetizer)가 맛있어 보인다. 빵가루를 묻혀 튀겨낸 이 전채요

▲ 우리는 경험을 통해서 무언가를 배우기도 하고 사회적 합의를 통해서 무언가를 배우기도 한다. 이 젊은이는 아마도 개인적 경험을 통해 무언가를 배우는 것 같다.

리 두 개를 맛본 결과 기대한 것 이상으로 맛이 있었고 파티 호스트를 쫓아다니면서 기회가 있을 때마다 먹기를 계속하다가 결국 "이게 무엇이지요?" "혹시 요리법을 알 수는 없을까요?"라고 물었다. 파티 호스트로부터 "이것은 빵가루를 입혀 튀겨낸 벌레입니다"라는 말을 듣는 순간 속이 뒤틀리면서 이제까지 먹었던 것들을 카펫 위에 모두 토해버리는 매우 극적인 상황이 벌어진다. 손님들에게 이런 것을 대접하다니!

이 예는 우리에게 벌레튀김에 대한 두 가지 감정 모두가 실재라는 것을 보여준다. 처음에 벌레튀김을 먹어보는 직접적인 경험을 통해서 갖게 된 좋은 감정은 분명히 실재이며 자신이 먹은 것이 벌레라는 사실을 알게 된 다음 갖게 된 혐오감도 실재이다. 그러나 한 가지 분명한 것은 벌레를 먹었다는 사실을 알게 된 다음 갖게 된 혐오감은 전적으로 벌레는 먹지 못하는 것이라는 사람들 간의 합의의 산물이라는 점이다. 그러한 합의는 아마도 우리가 땅바닥에 주저앉아 우리 입에 이미 절반을 먹어버린 벌레의 나머지 절반이 매달려 꿈틀대는 것을 우리들의 부모가 본 순간부터 시작된 합의이다. 놀란 부모가 우리의 입을 억지로 벌리고 이미 삼켜버린 벌레의 절반을 목구멍에서 꺼내려고 했을 때 우리는 벌레는 먹는 것이 아니라는 사회적 합의를 배울 수 있었다.

사회적 합의는 그렇다고 치고, 도대체 벌레를 먹는 것이 왜 잘못된 것인가? 벌레는 단백질은 풍부하면서도 열량은 낮다. 한입에 먹을 수 있고 포장하기도 쉬운 벌레는 유통하기도 쉽다. 사실 우리처럼 벌레는 혐오스러운 것이라고 합의하지 않는 사회에서 벌레는 매우 맛있는 먹거리이다. 어떤 사람들은 벌레는 좋아하지만 벌레를 빵가루를 입혀 튀겼다는 사실 때문에 벌레를 먹지 못할지도 모른다.

실재란 정말 알다가도 모를 것이다. 어쩌면 독자들 중 이미 어떤 사람들은 '우리가 알고 있는 것들 중에서 어떤 것들은 실재가 아닐 수 있는데 그렇다면 무엇이 실재인지는 어떻게 알 수 있는가?'라는 생각을 하고 있을지도 모른다. 바로 그 질문에 대해서 사람들은 이미 수천 년 전부터 답을 찾기 위해 고민해왔다. 과학은 바로 그러한 고민 과정으로부터 나온 전략들 중 하나이다.

1.3 과학적 방법

과학은 합의적 실재와 경험적 실재 모두에 대한 접근방법을 제공하는데 그러한 접근방법을 가리켜 **과학적 방법(scientific method)**라고 한다. 과학적 방법이 가진 특성 중 하나는 **모든 것에 대해서 의문을 제기할 수 있다**는 것이다. 이 말은 앎을 얻기 위한 탐구 과정에서 우리는 우리가 알고 있다고 생각하는 것, 그리고 우리가 믿고 싶은 것 모두에 대해서 항상 **열린 마음**을 갖고자 노력해야 한다는 것을 의미한다. 다시 말해서 우리는 우리가 '지식'이라고 부르는 것들을 **잠정적이고 논박당할 수 있는 것**으로 간주해야 한다. 이에 관한 한 예외를 두어서는 안 된다. 어떤 전통이 아무리 오랫동안 지켜져 왔을지라도, 어떤 인물이 아무리 큰 권력이나 존경을 받고 있을지라도, 어떤 목적이 아무리 고상한 것일지라도 우리는 어떤 믿음에 대해서도 ―그것이 아무리 중요하게 여겨지는 것일지라도― 의문을 제기할 수 있다.

과학적 방법의 또 다른 중요한 특성은 **관찰에 기반한 증거(evidence based on observation)**를 지식의 기반으로 삼는다는 것이다. **경험적(empirical)**이라는 용어는 관찰기반 증거를 중요시한다는 것을 의미한다. 이 책의 나중 부분에서 보게 되겠지만 연구자는 증거의 본질과 증거를 관찰하고 탐색하는 방법에 따라 여러 가지 방식으로 경험적일 수

있다. 일단 지금은 아무리 사회적 압력이나 우파적 혹은 좌파적 정치성향이 특정 신념과 강하게 결부되어 있더라도 그리고 아무리 많은 사람들이 그런 신념을 진실이라고 떠받들지라도, 과학적 지식은 권위나 전통 혹은 교리를 통해서가 아니라 관찰된 증거를 통해 진리를 추구한다는 것을 기억해두기 바란다. 그 옛날 지구가 평평하다는 고집스러운 신념에 의문을 제기하는 데는 상당한 용기가 필요했을 것이다. 오늘날 과학적 마음을 가진 사회복지사들이 자신이 믿어야 한다고 배운 실천 개입방법이나 정책을 뒷받침하는 증거를 찾아 나서는 데에도 똑같은 용기가 필요할 것이다.

사회복지사는 그들이 찾은 증거의 본질 또한 검토해야만 한다. 진정한 의미에서 과학적이기 위해서는 증거를 축적할 수 있게 하는 관찰 그 자체가 **체계적**이고 **포괄적**이어야 한다. 관찰 표본은 **크고 다양해야** 한다. 또한 관찰 절차는 **반드시 구체적이어야** 하며 그렇게 함으로써 우리가 내린 결론의 근거를 볼 수 있고 증거와 증거를 관찰한 방식에 비춰 볼 때 우리가 내린 결론이 보증될 수 있는지 판단할 수 있어야 한다.

과학적 절차는 혹시라도 있을 수 있는 편견의 가능성에 대해서 철저히 검토되어야 한다. 과학적 방법은 우리가 증거를 찾고 인식하는 방법을 왜곡할 수 있는 선입견과 편견을 가지고 있다는 것을 인정한다. 따라서 과학적 방법은 증거를 찾고 관찰할 때 **객관성을 추구해야** 한다는 것을 강조한다. 어떤 연구자도 아무리 과학적 방법을 따르고자 노력한다고 할지라도 완벽하게 객관적일 수는 없다. 아무리 과학적으로 순수한 연구일지라도 연구자라면 누구나 뭔가 중요한 것, 예를 들자면 인간의 복

과학적 방법 ▶ 과학적 방법은 무심코 행하는 탐구에서 사람들이 자주 범하는 오류를 예방하기 위한 탐구 접근방법이다. 이 접근방법의 주된 특성으로는 모든 지식을 잠정적이고 반박 가능한 것으로 여기기, 체계적이고 포괄적인 관찰에 기반한 증거 찾기, 관찰의 객관성을 확보하기, 연구 재연하기 등을 꼽을 수 있다.

과학적 방법의 주요 특성

과학적 방법의 주요 특성을 쉽게 기억하는 방법은 송어를 뜻하는 trout라는 단어를 연상하는 것이다. 송어를 낚거나 맛있게 먹는 생각을 해보면 아마도 다음과 같은 과학적 방법의 주요 특성을 기억하는 데 도움이 될 것이다.

T	잠정성(Tentative):	우리가 안다고 생각하는 모든 것은 의문시될 수 있고, 재조사될 수 있고, 수정될 수 있고, 반박될 수 있다.
R	재연(Replication):	아무리 좋은 연구에 대해서도 문제를 제기할 수 있고 재연해볼 수 있다.
O	관찰(Observation):	지식은 체계적이고 포괄적인 관찰에 근거해야 한다.
U	비편향성(Unbiased):	관찰은 편향되지 않아야 한다.
T	투명성(Transparent):	모든 절차의 자세한 내용을 명료하게 밝혀야 한다. 이는 사후 검토와 평가를 위해서 그리고 연구자가 내린 결론에 어떤 편향됨이 있을 수 있는지를 보여주기 위해 필요하다.

지를 증진시키거나 혹은 (그보다는 덜 고상하지만) 전문가로서의 자신들의 위상을 높이는 데 기여할 수 있는 어떤 것을 발견하고 싶다는 마음을 갖기 마련이다. 과학적 방법은 연구자들에게 자신이 이러한 편견을 가지고 있지 않다고 스스로를 기만할 것을 요구하지는 않는다. 오히려 과학적 방법은 자신들이 그러한 편견을 가질 수 있다는 것을 인정하고 자신들이 가진 편견에 의해 영향을 받지 않는 관찰방법을 찾을 것을 요구한다.

예를 들어서 어떤 사람이 아동학대 예방을 위한 새로운 개입방법을 개발했다고 가정해보자. 당연히 그 사람은 자신이 개발한 개입방법이 효과가 있기를 바랄 것이다. 그런 편향성을 가지고 있더라도 새로운 개입방법이 아동학대 예방에 효과적인지 여부를 과학적으로 검증해볼 수 있다. 물론 임상실천을 통해 얻은 주관적 직관을 과학적 검정의 근거로 삼고 싶지는 않을 것이다. 그러나 만일 그렇게 한다면 그러한 시도는 사람들로 하여금 새로운 개입방법의 효과와 관련해서 연구자가 내린 판단의 객관성에 대해서 상당한 의문을 제기하게 만들 것이다. 따라서 임상적 직관에 전적으로 의존하기보다는 자신의 편견에 의해 영향을 받지 않는 관찰 절차를 고안하여야 한다. 어쩌면 새로운 개입을 받

은 부모들의 경우가 다른 종류의 개입을 받은 부모들의 경우에 비해 아동복지기관에 보고된 아동학대 건수가 적은지 여부를 알아볼 수 있을 것이다. 또 사회과학자들 사이에서 부모의 아동양육에 관한 지식과 태도를 측정하기에 적합하다고 알려진 척도를 가지고 부모들을 측정해볼 수도 있다. 물론 이들 중 어느 것도 객관성을 완벽하게 보장해줄 수는 없지만 객관성을 추구하려는 연구자의 노력을 반영함으로써 보다 과학적일 수는 있다.

사회과학에는 증거가 완벽하게 객관적이고 정확하고 일반화 가능하다는 것을 보장할 수 있는 분명한 방법이 존재하지 않기 때문에 과학적 방법은 연구를 재연(replication)할 수 있어야 할 것을 요구한다. 이는 모든 지식이 잠정적이고 논박 가능성이 있다는 생각과 일맥상통하는 것이다. 재연이란 어떤 연구를 반복하여 동일한 증거와 결론을 얻게 되는지 확인하는 것을 말한다. 또한 재연은 기존 연구들의 절차 중 일부를 수정하여 기존 연구들을 개선하거나 상이한 표적 집단과 상이한 상황하에서도 기존 연구들을 통해 얻은 결과와 동일한 결과를 얻게 되는지를 확인하는 것을 의미하기도 한다. 재연의 필요성은 과학적 마음을 가진 사회복지사는 과학적 증거에 의해서 뒷받침되지 않는 신념뿐만

아니라 과학적 연구의 결과와 그러한 연구가 수행된 방식에 대해서도 용기 있게 의문을 제기해야 한다는 것을 의미한다.

1.4 앎의 다른 방법들

과학적 방법만이 세상을 알아가는 유일한 방법은 아니다. 우리는 개인적 경험, 전통, 권위, 상식 그리고 대중매체 등을 통해서도 세상사를 알아간다. 그럼 이제 이러한 방법 각각을 과학적 방법과 비교하면서 살펴보기로 하자.

1.4a 개인적 경험

앞서 언급했던 바와 같이, 우리는 태어나는 순간부터 늘 하게 되는 개인적 경험이나 다른 사람들이 우리에게 전해준 사회적 합의를 통해서 무엇인가에 관한 지식을 얻는다. 이렇게 얻은 지식은 우리의 삶에 큰 영향을 미친다. 우리는 교육이 우리의 소득에 영향을 미친다는 것도 알게 되고 열심히 공부하는 것이 성적에 영향을 미친다는 것도 알게 된다. **실천 지혜**(practice wisdom)라는 말은, 앞에서도 언급한 바와 같이 사회복지사들이 개인적 경험을 통해서 실천에 관하여 뭔가를 배운다는 것을 의미한다. 그런 경험이 매우 가치 있는 것이기는 하지만 그런 경험이 갖는 한계와 과학적 방법이 어떻게 그런 한계를 보완하고 흔히 발생할 수 있는 오류를 예방하는지를 이해하는 것도 매우 중요하다. 우리가 실천을 통해 얻고 지식이라고 생각하는 정보들 중 상당수는 사실 부주의하고 체계적이지 않은 관찰을 통해서 얻거나 우리가 가진 선입관에 의해 영향을 받은 것들이다. 이러한 오류들에 대해서는 이 장의 뒷부분에서 자세하게 논의하기로 하고 지금은 일단 과학적 방법이 체계적이고 포괄적이며 비편향적 관찰을 통해서 이러한 오류를 예방한다는 것만 기억하기로 한다.

1.4b 전통

지식을 얻는 간접적인 방법 중 하나는 전통을 통해서 지식을 얻는 것이다. 우리 모두는 문화를 물려받는데, 문화는 세상사에 관한 확고한 지식으로 구성되어 있다. 우리는 다른 사람들로부터 옥수수를 봄에 심어야만 신의 도움을 받아 옥수수를 많이 거둘 수 있다는 것, 사탕을 너무 많이 먹으면 사탕 속의 설탕이 치아를 썩게 만든다는 것, 원의 둘레는 지름의 약 22/7 정도라는 것 등을 배운다. 우리는 이러한 "진실들" 중 어떤 것들은 검증해볼 수도 있지만, 대부분의 경우 그냥 받아들인다. 이런 것들이 바로 "누구나 아는" 것들이다.

이러한 의미에서 전통은 인간이 행하는 탐구에 분명한 도움을 준다. 누구나 아는 것들을 받아들이면 규칙과 이해를 찾기 위해 완전히 무에서 출발해야 하는 엄청난 수고를 하지 않아도 된다. 지식은 축적되는 것이며, 물려받은 정보와 이해 체계는 더 많은 지식을 개발하기 위한 출발점이다. 우리는 종종 "거인의 어깨를 딛고 선다"라고 말하곤 하는데 거인의 어깨란 다름 아닌 이전 세대의 어깨를 말한다. 동시에, 전통은 인간이 행하는 탐구에 불리하게 작용할 수 있다. 만약 우리가 누구나 알고 이해하는 것들을 새롭게 그리고 다르게 이해하고자 한다면 우리는 바보 취급을 받을 것이다. 그런데 그것보다 더 중요한 것은 우리는 이미 알려져 있고 너무도 분명하다고 여겨지는 것들에 대해서 다르게 이해해볼 생각을 거의 하지 않는다는 것이다.

전문 사회복지사로서 사회복지기관에서 첫발을 내딛게 될 때 우리는 우리가 일하게 된 기관이 어떤 개입방법을 선호하는지에 대해서 알게 된다. 아마도 "이 기관에서는 일이 어떻게 돌아가는지"에 대한 교육을 받으면서 기분이 좋을 것이다. 실제로 사례를 맡아 진행하게 되면 불안해질 수도 있는데 그러다가 클라이언트에 대해서 무엇을 어떻게 해야 할지를 판단하기 위해서 여러 가지 이론 중에서 굳이 어떤 것을 선택해야 할 필요가 없다는 것을 알고 안도감을 느끼게 될 것이다. 우리 이전 세대 실천가들이 축적해 놓은 "실천 지혜"로부터 도움을 얻고 기관의 전통에 순응하면서 우리는 이미 한발 앞서 나가고 있다는 생각을 하게 될 것이다. 사실 그렇다. 학교를 막 졸업한 사회복지사들 중에서 경험 많은 사회복지사들보다 그 기관에서 최선의 개입방법이 무엇인지를 결정하는 데 더 나을 수 있는 사람이 과연 몇 명이나 있겠는가?

그러나 전통적인 실천 지혜에 순응하는 것이 가진 문제는 자칫 순응하는 것에 너무 익숙해져버릴 수 있다는 것이다. 우리는 전통적 접근이 과연 모든 사람들이 믿고 있는 것처럼 효과적인지에 관한 증거나 다른 대안적 접근이 더 효과적인지에 관한 증거를 찾을 생각조차 하지 않게 될 수도 있다. 게다가 설령 누군가가 그러한 증거를 찾고자 하고 실제로 찾게 된다고 하더라도 기관의 전통 때문에 동료들은 새로운 정보에 대해서 그다지 수용적이지 않다는 것을 알게 될지도 모른다.

1.4c 권위

전통의 힘과는 별개로 새로운 지식은 매일 나타난다. 우리는 살면서 개인적 탐구 외에도 다른 사람들의 새로 발견하고 이해한 것들로부터 도움을 받는다. 종종 이러한 새로운 발견을 수용할 것인지 여부는 발견자가 어떤 지위를 가진 사람인가에 따라 달라진다. 예를 들어 사람들은 키스를 통해 감기를 옮길 수 있다는 말을 일반인이 말할 때보다 의사가 말할 때 훨씬 더 신뢰할 것이다.

전통과 마찬가지로, 권위도 인간이 행하는 탐구에 득이 될 수도 있고 해가 될 수도 있다. 예를 들어 어떤 전문가가 자신의 전문 영역이 아닌 것에 대해서 이야기할 때 우리의 탐구가 그 전문가의 권위에 의존한다면 권위는 우리의 탐구에 방해가 된다. 광고업계는 이처럼 권위를 오용하는 전략을 종

종 사용하곤 하는데 예를 들자면 유명한 운동선수에게 아침식사용 시리얼의 영양가에 관해 언급하게 하거나 영화배우에게 자동차의 성능을 평가하게 하기도 한다. 특히 어떤 주어진 문제에 관한 모순되는 입장들이 있을 때에는 그 문제와 관련해서 특별한 훈련이나 전문성 또는 자격증을 가진 사람들의 판단을 신뢰하는 것이 더 낫다. 우리의 탐구는 또한 자신의 전문 영역에서 실수를 저지른 권위 있는 전문가에 의해서도 다소 방해받을 수 있다. 생물학자도 생물학 분야에서 실수를 범할 수 있고 실제로 실수를 범한다. 생물학적 지식은 시간이 가면서 변한다. 사회복지 지식도 마찬가지이다.

수십 년 전, 정신분석 분야의 권위자들과 가족치료 분야의 권위자들이 잘못된 양육방법을 정신분열증의 주된 원인으로 꼽았던 적이 있었다. 그들은 공통적으로 정신분열증 환자의 어머니들을 아동들의 정체성이 발달하지 못할 정도로 냉정하고 억압적이며 과보호적인 행동을 하는 "정신분열 어머니"로 묘사하였다. 그러한 생각들을 뒷받침하는 확실한 연구증거가 없었음에도 불구하고, 그러한 생각들은 정신건강 실천가들에 의해서 폭넓게 받아들여졌다. 그 결과, 사회복지사를 포함한 정신건강 분야의 전문가들이 가족을 문제해결을 위한 협력자로 개발하기보다는 문제의 원인으로 취급하곤 하였다. 그 결과, 많은 부모들이 자녀들의 질병에 대하여 죄책감을 느꼈다고 보고하였다. 부모들에게 있어서 그러한 상황은 너무도 큰 고통이었을 것임을 쉽게 짐작해볼 수 있다. 그러나 최근의 과학적 증거들에 의해서 정신분열증의 원인을 잘못된 양육방법으로 보고 정신분열증을 치료하고자 하는 접근방법은 가족 구성원과 환자 모두에게 해로운 것으로 알려지게 되었다. 이에 따라 가족과 협력관계를 형성하고 가족에게 더 많은 지지를 제공하는 새로운 접근방법들 —흔히 심리교육적 접근방법이라고 알려진— 이 개발되었다.

이 예를 통해서 강조하고자 하는 바는 합법적이

고 존경받는 전문가의 권위에 근거하여 채택한 지식도 잘못된 지식이거나 해를 끼칠 수 있는 지식일 수 있다는 점이다. 따라서 사회복지사는 자신이 존경하는 슈퍼바이저나 선호하는 이론가가 신봉하는 믿음에 도전하는 새로운 발견에 대해서 항상 개방적일 수 있어야 하며 낡은 지식을 대체할 새로운 지식에 대해서도 개방적인 마음을 견지할 수 있어야 한다. 물론 새로운 지식 또한 그 지식을 만들어 낸 사람이 아무리 권위 있는 사람이라고 할지라도 결점이 없다고는 아무도 장담할 수 없다.

전통과 권위는 모두 세상에 대한 지식을 탐구하는 데 있어서 양날의 검 같은 존재이다. 전통과 권위는 탐구의 출발점이 되기도 하지만 동시에 우리를 잘못된 지점에서 출발하게 만들기도 하고 잘못된 방향으로 인도할 수도 있다.

1.4d 상식

세상을 알아가는 또 다른 방법으로 상식이 종종 거론된다. 예를 들자면 누군가가 무지개가 비를 내리게 한다고 말하면 우리는 그 말은 상식적으로 납득되지 않는 말이라고 한다. 왜냐하면 무지개는 일단 비가 내리기 시작한 다음에, 그리고 비가 오면서 태양이 빛날 때만 나타나기 때문이다. 상식이란 또한 전통과 권위에 기초한, 폭넓게 공유된 믿음을 의미할 수도 있다. 이러한 상식이 가진 문제는 "누구나 아는" 것이 틀릴 수 있다는 것이다. 오래전에는 모든 사람들이 지구가 평평하다고 "알고" 있었다. 그러한 생각은 너무도 당연한 상식이었는데, 왜냐하면 사람들이 지구 표면이 둥글게 휜 모습을 볼 수 없었기 때문에 그리고 지옥은 지표면 아래에 있다고 생각했기 때문이었다. 우리 역사 속에서 한때 상당수의 사람들이 노예제도를 당연한 것으로 생각했었다. 테러리스트에게는 테러리즘이 상식이다. 많은 사람들이 게이나 레즈비언의 결혼이나 입양을 금지하는 법률이 당연한 것이라고 생각

한다. 대부분의 사회복지사들은 어떤 이유에서도 그와 같은 법률은 전혀 당연한 것이 아니라 생각한다. 비록 상식이 합리적이고 명백한 것처럼 보이기도 하지만 지식의 출처로서 과학에 대한 대안이 되기에는 불충분하고 매우 위험하기까지 하다.

1.4e 대중매체

우리가 알고 있는 것 중 많은 것들을 우리는 신문과 잡지, 텔레비전 및 인터넷 등을 통해서 얻는다. 우리는 2001년 9월 11일에 발생한 세계무역센터 쌍둥이 빌딩에 대한 공격을 텔레비전 방송을 보거나 신문, 잡지 인터넷을 통해 그 사건에 관한 기사를 읽음으로써 알고 있다. 동일한 매체들을 통해서 우리는 뉴욕시, 펜실베니아 그리고 워싱턴시의 희생자와 영웅들에 대해서도 알게 되었으며 범행을 저지른 사람들과 관련 쟁점 및 사건들에 대해서도 알게 되었다. 우리는 그 사건에 대해 알기 위해 과학적 연구를 수행할 필요도 없었고 그렇게 해야 할 필요성을 느끼지도 않았다. 전통이나 권위도 필요하지 않았다. 우리는 공격을 직접 경험할 필요도 없었다(물론 텔레비전을 통해서 보고 들음으로써 실제로 경험 —아마 적어도 어느 정도는 심리적 외상이 있을 것이다— 하기는 했지만).

비록 우리는 대중매체를 통해서 많은 것들을 배울 수 있지만 동시에 대중매체에 의해서 오도될 수도 있다. 예를 들어서 CNN이나 MSNBC 같은 케이블 뉴스 네트워크와 보수적인 정치 성향을 가진 FOX 중에서 어느 쪽이 정말 더 신뢰할만한지에 대해서 사람마다 의견이 다르다는 것을 목격할 수 있다. 대부분의 언론인들은 정확성과 객관성을 추구하지만 어떤 사람들은 자신들의 정치적 성향에 의해 영향을 받는다. 또한 어떤 언론인들은 독자들의 관심을 이끌어 내거나 독자들이 가진 편견에 부합하게 만들기 위해서 사건의 가장 선정적인 측면에만 초점을 맞추고 그러한 내용을 편향된 방식으

로 보도한다(매체에 대한 평가는 기업의 이윤에 영향을 미친다).

언론인들은 보도의 정확성을 추구하고자 노력하지만, 언론업의 본질이 그러한 노력을 어렵게 할 수 있다. 예를 들어서 언론인들은 지켜야 할 마감시간이 있고, 쓸 수 있는 글자 수에 한계가 있다. 따라서 언론이 아프리카계 미국인들이 주로 거주하는 지역에 제안된 경제개발계획을 지지하기 위해 시청에 모인 주민들과 그에 반대하기 위해 모인 주민들에 대해서 다룰 때 강한 주장을 펴지 않는 대다수 지역주민들의 의견에는 신경을 쓰지 못하고 대표성은 제일 낮지만 가장 목소리가 크고 제안된 개발계획에 대해서 많은 것을 말하는 집단에 본의 아니게 의존할 수 있다.

또한 언론인 중에는 사건에 관한 사실만을 보도하는 것이 아니라 사설과 의견만을 전달하는 역할을 하는 언론인들도 있다. 그런 언론인들로부터 우리가 알게 되는 것은 그들이 가진 선입견에 의해 오염된 것들이다. 또한 대중매체 중에는 우리가 세상에 대하여 알고 있다고 생각하는 것에 영향을 미칠 수 있는 각색된 이야기와 텔레비전 쇼도 포함된다. 역사를 각색하여 설명하는 프로그램이 실제로 교육적일 수 있다. 그런 프로그램을 통해서 우리는 남북전쟁 당시 북부연합을 위해 싸웠던 아프리카계 미국인들에 대해서 처음으로 알게 되거나 유대인 대학살이나 노예제도에 대해서 더 잘 알게 될 수 있다. 그러나 어떤 경우에는 그런 프로그램들이 시청자들을 오도할 수도 있는데, 대부분의 정신질환자들을 폭력성이 강한 사람으로 묘사하거나 대부분의 사회복지 수혜자는 아프리카계 미국인인 것처럼 묘사되는 경우가 그런 경우에 해당한다.

최근에는 점점 더 많은 사람들 —특히 대학생이나 젊은 성인층— 이 인터넷을 통해서 정보를 얻는다. 인터넷의 경이로움과 엄청난 양의 유용한 정보를 순식간에 얻을 수 있다는 장점에도 불구하고 비과학적인 사이트들로부터 얻게 되는 정보에

는 많은 위험이 도사리고 있다. 이와 관련해서 반드시 알아둘 필요가 있는 것은 Wikipedia 웹사이트이다. Wikipedia는 누구나 편집이 가능한 무료 인터넷 백과사전이다. Eve Fairbanks(2008, p. 5)는 이 웹사이트에 게시된 내용을 누구나 편집 가능하게 한 것이 어떤 위험을 가지고 있는지를 재미있는 방식으로 지적한 바 있다. 2008년 2월, Hillary Clinton과 Barak Obama가 민주당 대통령 후보 자리를 놓고 치열한 공방전을 벌이고 있을 때 누군가가 Hillary의 Wikipedia 페이지에 들어가 그녀의 사진을 해마 사진과 바꿔놓았다. 아마도 이 사건과 관련이 있다고 보이는데, 그 다음 달에는 Hillary의 지지자가 Obama의 Wikipedia 페이지에 들어가 Obama가 "케냐계 미국인 정치인"이라고 그의 이력을 고쳐 놓았다. 이어서 같은 달에 누군가가 힐러리의 페이지를 "Hillary Rodham Clinton이 오랑우탄과의 성행위를 통해서 허피스 성병에 감염되었다"는 보도로 완전히 바꿔놓는 사건이 발생하였다.

물론 이 Wikipedia 사건은 매우 극단적인 경우이며 독자들 중 Hillary를 아주 싫어하거나 Wikipedia에서 괴상한 정보만 골라 얻고자 하는 사람이 아니라면 Hillary가 해마라고 생각하거나 실제로 Hillary가 오랑우탄과 성행위를 가졌다고 믿는 사람은 아무도 없을 것이다. 그러나 이 사건은 인터넷이 가진 크나큰 이점과 대중매체를 통해서 우리가 많은 귀중한 것들을 얻을 수 있음에도 불구하고 인터넷이나 대중매체가 지식의 과학적 출처를 대신할 수는 없다는 것을 단적으로 보여주었다.

1.5 사회복지 실천지식의 비과학적 출처들이 가진 문제점

과학적 탐구는 사회복지 실천의 지침이 되는 지식이 전적으로 전통, 권위, 상식 또는 대중매체를 출처로 하지 않을 수 있게 해준다. 또한 과학적 탐

구는 우리로 하여금 개인적 실천 경험과 비체계적인 관찰을 통해 실천 지혜를 구축할 때 범할 수 있는 오류들을 예방할 수 있게 해준다. 과학적 탐구는 또한 비판적인 사고와도 관련이 있으며 다른 사람들의 실천 지혜와 개입방법의 오류를 지적할 수 있게 해준다. 이제 주의해야 할 상식적인 실수와 오류에 대해서 살펴보고, 과학이 어떻게 그러한 실수들을 예방할 수 있게 해주는지에 대해서도 살펴보기로 하자.

1.5a 부정확한 관찰

어떤 사회복지사가 여러 가지 정서 및 행동상의 문제를 가진 8명의 매우 활동적인 아동들을 대상으로 놀이치료를 제공하고 있다고 가정해보자. 사회복지사는 매번 한 시간짜리 집단세션을 마칠 때마다 진척기록을 작성해야 한다. 매 세션마다 각각의 아동들을 고무시키는, 임상적으로 의미 있는 모든 것들을 관찰한다는 것은 현실적으로 불가능하다. 심지어는 어떤 한 아동과 관련해서 의미 있는 어떤 것을 관찰하게 되더라도 그 당시에는 그것이 의미 있는 것인지를 인식하지 못할 수도 있다. 특히 아이들이 통제 불능 상태로 치달아 싸우기라도 한다면 더욱 그럴 것이다. 더욱이 어떤 관찰 내용은 나중에 진척기록을 작성할 때쯤 되면 (특히 그날 관찰했던 것을 늦게까지 기록하지 못하게 하는 어떤 일이 생기기라도 하면) 다 잊어버리기도 한다. 예를 들어서 자신이 오늘 마지막으로 이야기했던 사람이 누구였는지 한 번 기억해보자. 그 사람은 어떤 종류의 신발을 신고 있었는가? 혹시 그 사람이 신발을 신고 있었는지는 확신할 수 있나? 자칫 우리는 별생각 없이 사물을 관찰하곤 하며 그렇기 때문에 실수를 저지르게 된다. 바로 눈앞에 있는 것들을 보지 못하고 그렇지 않은 것을 그렇다고 잘못 관찰하기도 한다.

무심코 하는 탐구와 대조적으로 과학적인 관찰

은 의식적인 행위이다. 단순히 관찰을 신중하게 하는 것만도 오류를 줄이는 데 도움이 된다. 예를 들어서 아마도 첫날 강의 때 강사가 어떤 옷을 입었었는지 기억하는 사람은 거의 없을 것이다. 만일 지금 그것을 기억해보고자 하면 틀림없이 오류를 범할 것이다. 그러나 강사가 무슨 옷을 입고 있는지를 관찰하고 기록하려는 의식적인 계획을 가지고 첫 수업에 참석했더라면 아마도 더 정확하게 알 수 있었을 것이다.

많은 경우, 단순한 측정도구와 복잡한 측정도구 모두 부정확한 관찰을 예방하는 데 도움이 된다. 게다가 측정도구들은 인간의 감각을 훨씬 뛰어넘는 정확도를 더해 준다. 예를 들어서 강의 첫날 강사의 컬러사진을 몇 장 찍어 두었더라면 강의 첫날 강사가 어떤 옷을 입었었는지를 정확하게 알 수 있을 것이다.

1.5b 과도한 일반화

우리는 우리 주변에서 뭔가를 관찰하고 그 안에서 어떤 유형을 발견하고자 할 때 우리가 찾은 몇 가지 유사한 사건들이 어떤 일반적인 유형을 뒷받침하는 증거라고 쉽게 간주하곤 한다. **과도한 일반화(overgeneralization)**란 바로 그러한 경향을 일컫는 말이다. 예를 들어서 자신이 살고 있는 지역사회에서 지금 막 폭동이 일어났다는 것을 알게 되었다고 가정해보자. 두 시간 후에 꼭 참석해야 하는 중요한 모임에서 그 모임에 참석할 다른 사람들에게 왜 시민들이 폭동을 일으키고 있는지를 알려야 한다. 이를 위해 현장으로 달려간 당신은 폭도들을 대상으로 인터뷰를 하기 시작한다. 만일 처음 인터뷰한 두 명의 폭도가 어떤 상점들을 털기 위하여 폭동에 참여하고 있다고 이야기하면 당신은 아마도 나머지 300명도 동일한 이유에서 폭동에 참여하고 있다고 잘못 짐작할 수 있다.

과학자들은 애초에 충분히 큰 관찰 표본을 확보

함으로써 과도한 일반화를 예방하고자 한다(제10장 참조). 탐구를 재연하는 것은 과도한 일반화에 대한 또 다른 안전장치를 제공한다. 앞서 언급한 바와 같이, 재연은 기본적으로 연구를 반복하고 매번 같은 결과를 얻는지 확인하는 것이다. 그런 다음 우리는 연구를 약간 변형된 조건하에서 반복할 수 있다. 따라서 사회복지 연구자가 특정 상황에서 특정 서비스가 효과적이라는 것을 발견하더라도 그러한 발견은 단순히 시작에 불과할 뿐이다. 그 프로그램이 모든 클라이언트에게 똑같이 효과적일까? 남성과 여성 모두에게? 나이든 사람들과 젊은 사람들 모두에게? 모든 인종집단에게? 다른 기관에서도 그만큼 효과적일까? 이처럼 탐구를 확대함으로써 우리는 특정 프로그램의 효과를 일반화할 수 있는 범위와 한계를 발견하고자 한다.

어떤 연구를 그 연구를 한 연구자가 아닌 다른 연구자들이 완전히 독립적으로 재연하는 것은 안전장치를 더욱 확실하게 만든다. 어떤 연구자가 특정 개입이 효과적이라는 글을 읽었다고 가정해보자. 그 연구자는 나중에 다른 종류의 클라이언트들을 대상으로 효과를 다른 방식으로 측정하면서 자신만의 연구를 수행해볼 수 있다. 만일 자신이 행한 독립된 연구를 통해서 자신이 읽었던 글에 보고된 것과 동일한 결과를 얻게 된다면 연구결과를 일반화하는데 확신을 가질 수 있을 것이다. 만일 다소 차이가 있는 결과를 얻거나 글에 보고된 결과와 전혀 맞지 않는 클라이언트 하위집단을 발견하게 된다면 그 연구자는 과도한 일반화로부터 우리를 구하는 데 일조한 것이 된다.

1.5c 선별적 관찰

과도한 일반화가 가진 위험 중 하나는 과도한 일반화가 **선별적 관찰**(selective observation)로 이어질 수 있다는 것이다. 만일 우리가 특정 유형이 존재한다고 일단 결론 내린 다음 왜 그런 유형

그림 1-1 ▶ 과도한 일반화와 선별적 관찰 예시

과도한 일반화

Donald Dork 박사는 자신이 개발한 새로운 치료법인 dorktherapy를 Ann에게 처음으로 적용해본다. 치료 후 만족해하는 Ann을 지켜본 Dork 박사는 자신의 치료법이 우울증 치료에 효과적이라고 주장하면서 다른 사람들에게 이 치료법을 써볼 것을 추천한다.

선별적 관찰

Dork 박사는 자신의 치료법을 4명의 클라이언트 Jan, Dan, Nan, Van에게 추가로 적용해본다. 그중 3명은 만족하지 않으나 Dork 박사는 그러한 사실을 인지하지 못하고 유일하게 만족해하는 Nan을 보면서 감동한다.

과도한 일반화와 선별적 관찰

Dork 박사가 우울증 치료에 관한 임상 선택 과목 중 한 과목에서 특강을 한다. 강의 중에 Dork 박사는 Nan과 Ann의 사례만 소개하면서 자신의 치료법이 얼마나 효과적인지에 대해 이야기한다.

이 존재하는지를 이해해 나가기 시작한다면 우리는 그 유형에 부합하는 사건과 상황에는 주목하지만 부합하지 않은 것들은 자칫 무시해버리게 될 가능성이 높다. 인종과 민족에 대한 편견이 지속되는 것은 상당 부분이 바로 이러한 선별적 관찰 때

문이다. 어떤 사람들은 자신들이 만나는 모든 게으른 아프리카계 미국인들은 눈여겨보지만 활력 있는 아프리카계 미국인이나 게으른 백인에게는 무관심하다. 또 어떤 사람들은 안정적인 여성과 안정적이지 않은 남성은 간과하면서 비이성적이고 감정적인 여성에게만 주목한다.

선별적 관찰은 단지 잘못된 편견을 가진 사람들에게만 찾아볼 수 있는 것이 아니라 우리 모두에게서도 찾아볼 수 있다. 예를 들자면 심지어 클라이언트들에 대해서 깊은 관심을 가지고 그들을 돕는데 최선을 다하는 사회복지사들조차도 종종 선별적 관찰이라는 오류를 범함으로써 자신들의 노력을 효과적이지 않게 만들곤 한다. 문제를 가족 구성원 간의 의사소통 역학 관점에서 해석하도록 훈련받은 실천가는 의사소통 문제의 징후를 찾는 데 너무 집착한 나머지 주어진 문제를 설명하는 데 있어서 의사소통 문제의 역할을 지나치게 확대하는 경향을 보인다. 또한 그 실천가는 다른 역학을 간과하거나 다른 역학의 영향을 과소평가할 가능성이 높다.

일반적으로 연구자는 연구를 설계할 때 결론을 내리기 위한 근거로서 자신이 하게 될 관찰의 종류와 수를 미리 명시해야 한다. 예를 들어, 남자보다 여자가 낙태를 찬성하는 입장을 더 지지하는지 여부를 알고자 한다고 가정해보자. 연구자는 그 질문에 대해서 반드시 미리 정한 숫자에 해당하는 만큼의 관찰을 해야 한다. 이 질문에 대해서 면접할 1,000명의 면접 대상을 선택했다고 가정해보자. 비록 처음 면접한 10명의 여성이 낙태에 찬성하고 처음 면접한 10명의 남성이 반대했다고 하더라고 연구자는 모든 면접 대상을 면접하고 그 결과를 매번 관찰하고 기록해야 한다. 그런 다음 모든 관찰을 분석한 결과에 근거하여 결론을 내려야 한다.

1.5d 사후소급가설 설정

어떤 사회복지사가 폭력적인 남편과 여전히 함께 살고 있는 가정폭력피해여성들을 위한 아웃리치 프로그램을 운영하고 있다고 가정해보자. 만일 프로그램이 성공적이라면 치료를 시작하자마자 맞는 여성들이 한 개인으로서 자기 자신에 대해서 보다 긍정적으로 생각하게 되고 폭력 남편에게 덜 의존적일 수 있는 역량을 느끼게 될 것이라고 기대하고 있다고 가정해보자. 프로그램을 운영하는 사회복지사는 프로그램의 효과성을 검증하고자 치료 전후에 여러 차례에 걸쳐 클라이언트들을 대상으로 간단하게 구조화된 면접을 실시했다. 면접을 통해서 사회복지사는 (1) 클라이언트들이 자신에 대해 얼마나 긍정적으로 느끼고 있는지 (2) 폭력 남편으로부터 벗어나 독립적으로 생활할 수 있는 자신감을 얼마나 가지고 있는지 알아볼 수 있었다. 그런 다음 치료 이후에 클라이언트들이 치료 전보다 더 나아졌다고 느끼는지 그리고 역량이 높아졌는지를 분석했다. 그런데 클라이언트들의 응답이 기대한 것과 반대 —즉, 치료 이후에 치료 이전보다 더 나빠진 기분이 든다— 인 것으로 나타났다고 가정해보자. 아마도 무척 실망스러울 것이다. 그런데 이러한 결과를 얻게 되어 실망하던 연구자가 돌연 이런 생각을 한다고 가정해보자. "아! 그게 아니다! 이런 부정적인 결과가 나타난 이유는 치료에 들어가기 전에 여성들이 무의식적으로 거부라는 심리적 방어기제로 자신들을 보호하고 있었기 때문이다. 그들이 치료를 받기 전에 긍정적인 감정 상태를 보인 이유는 그들이 자신들이 처한, 위험하고 비참한 상황을 직면하고 싶지 않았기 때문이다. 우리의 치료는 그들로 하여금 그러한 부정을 일부 극복할 수 있도록 도와주었고 그들이 변화하기 위해서 직면해야만 하는 괴로운 현실에 좀 더 다가갈 수 있게 도운 것이다. 따라서 치료 이후에 그들이 더 '부정적인'반응을 보인 것은 실제로는 더 '긍정적인'것이다! 그들이 자신들이 얼마나 열악한 상황에 처해 있었는지를 인식하기 시작한 것은 좋은 것이다. 발전을 위한 첫걸음인 셈이다."

방금 소개한 예를 가리켜 **사후소급가설 설정**(ex post facto hypothesizing)이라고 하는데, 만일 위의 예에서와 같은 결론을 내리고 끝나버리지만 않는다면 사후소급가설 설정은 과학에서 얼마든지 받아들여질 수 있다. 이 예에서 사회복지사의 주장은 프로그램의 효과성에 대한 가설을 보다 많은 사람들이 새로운 방식으로 검증해볼 필요가 있다는 점을 분명하게 제시해주고 있다. 그러나 사회복지사의 추론이 가설이 옳다는 것을 증명해주는 것은 결코 아니며 그럴 수 있는 가능성이 어느 정도 있다는 것을 시사해줄 뿐이다. 사회복지사의 추론이 정확한지 여부는 후속 관찰을 통해서 검증해봐야 할 것이다. 따라서 과학자들은 종종 정보를 추론하며 사실들을 다시 관찰함으로써 그들의 추론을 계속해 나간다.

1.5e 자아가 개입된 이해

규칙성과 보편적 이해에 대한 탐구는 사소한 지적 활동이 아니다: 그것은 우리의 개인적 삶에 심각한 영향을 미친다. 사건과 조건들에 대한 이해는 종종 우리에게 특별한 중요성을 가진다. 만일 어떤 사람이 직업을 잃거나 승진에 실패하면 그 사람의 상관이 자신의 개인적 친구를 승진시키기 위해 자신을 제거하려 한다고 결론짓고자 할 것이다. 그러한 설명은 그 사람으로 하여금 자신의 능력과 가치를 객관적으로 평가하지 못하게 한다. 왜냐하면 그러한 설명에 대한 도전은 결과적으로 자신의 능력과 가치에 대한 도전이기 때문이다.

우리는 수많은 방식으로 세상에 대한 우리의 이해와 타인에게 제시하는 자신의 이미지를 연결한다. 이러한 연결 때문에 자신이 가진 이해에 대한 반박은 우리 자신을 모자라고, 멍청하며, 별볼일 없는 사람으로 보이게 하는 경향이 있다. 그렇기 때문에 우리는 세상이 어떠한지에 대해 우리가 가지고 있는 이해에 좀 더 집착하게 되고, 그 결과

더 많은 탐구와 보다 정확한 이해를 하는 데 있어서 엄청난 걸림돌을 만들어내게 된다. 이처럼 **사물을 이해하는 데 자아가 개입되는 현상**은 사회복지 실천에서도 흔히 발생한다. 당연히 사회복지사들은 책임을 받아들이고 자신의 행동이 왜 문제를 야기했는지를 직시하기보다는 자신이 통제할 수 없는 타인과 외부환경을 비난하는 클라이언트들로부터 그러한 현상을 쉽게 발견하곤 한다. 그런데 사회복지사들이 자신의 자아가 개입되어 실천을 망칠 수 있다는 것을 인식하기는 더 어렵다. 실천가들은 자신들이 좋아하는 실천방식의 효과성을 과학적으로 재평가하기보다는 (이미 그 방식에 익숙하고 그와 관련해서 전문성을 가지고 있기 때문에) 선별적 관찰이나 사후소급가설을 설정하고 자신의 실천 접근이 효과적이지 않다는 증거를 부정해버리기 위한 여타의 방법들에 집착하게 된다.

평가연구를 수행하는 사회복지사는 자신의 연구결과가 평가 대상 프로그램의 효과성을 뒷받침하지 않게 나올 때 종종 이러한 형태의 자아개입을 직면하게 된다. 평가 대상 프로그램에 관계하고 있는 행정가나 실천가들은 종종 훌륭한 평가 설계로 인해 평가를 받을 때 괴롭힘을 당하고 싶어 하지 않는다. 그들은 평가에서 방법론적인 엄격성보다는 편의를 선호하기 때문에 골치 아픈 평가를 설계하고 수행하는 일을 평가자에게 넘기고자 한다. 그러나 평가를 설계할 때 무관심을 표현하고 전문성의 부족을 드러냈던 그리고 방법론적으로 엄격한 설계가 필요 없다고 말했던 바로 그 사람들이 어느 순간에는 광적인 비판자가 될 수도 있다. 그들은 연구가 아무리 방법론적으로 엄격하더라도 자신들이 담당하는 프로그램의 효과성을 의문시하는 결과를 보고하는 연구에 대해서는 방법론적인 문제를 제기한다. 효과적이라는 평가를 받지 못하는 프로그램에 대한 자신들의 자아개입과 이해관계의 영향으로, 행정가와 실천가들은 연구의 방법론적인 신뢰도를 훼손하기 위해 그 연구에서 어

떤 사소한 방법론적인 결점을 확대함으로써 지푸라기라도 잡고자 애쓸 것이다. 동일한 이유에서, 그들은 그들이 선호하는 결과를 가진 연구라면 심지어 명백한 방법론적 결함이 존재하더라도 그에 주목하지 않으려 한다. 그들은 그러한 연구들이 자신들의 프로그램의 가치를 제공하는 것으로 선전하고자 한다(이 현상에 대해서는 제14장 프로그램 평가 부분에서 더 심도 있게 논의할 것이다).

행정가와 실천가뿐만 아니라 다른 사회복지사들도 이해를 하는 데 있어서 자아개입 현상을 보일 수 있다. 프로그램 평가자와 다른 사회복지사들도 인간이기 때문이다. 또한 그들은 과학적 탐구에서 자신들이 내린 결론에 대해 한 사람의 인간으로 관여하고 전념하는 위험을 감수한다. 때때로 그러한 자세는 비과학적인 삶보다 더 나쁠 수 있다. 예를 들어, 어떤 과학자가 암을 치료할 수 있는 효과적인 방법을 발견하여 노벨상을 받았다고 가정해 보자. 그런데 누군가가 그 치료법이 실제로 효과가 없다고 주장하는 논문을 발표했을 때 기분이 어떠할지 상상할 수 있겠는가? 아마도 그 과학자가 완벽하게 객관적일 수만은 없을 것이다.

1.5f 다른 형태의 비논리적 추론들

사회복지사는 비판적으로 사고해야 하며 자아개입이나 이해관계로 인해 그릇된 주장이나 논증을 하는 사람들이 잘못된 추론을 하지 않는지 주의 깊게 살펴야 한다. Gibbs와 Gambril(1999)은 이제까지 살펴본 것들에 덧붙여 우리가 흔히 직면할 수 있는 몇 가지 오류를 소개한 바 있다. 그중 하나는 **허수아비 논박**(straw person argument)이라고 불리는 것으로서, 이는 특정 입장을 공격하기 쉽게 왜곡시켜 놓고 나서 공격하는 것이다. 예를 들어서 의료보장개혁 —전국민의료보험이나 환자의 권리장전과 같은— 을 반대하는 사람들은 개혁안이 의료비용을 증가시키고 의료서비스를 받기 위해 대

기해야 하는 시간이 길어질 수 있는 위험을 내포하고 있다고 주장하며 그 정도를 과장한다.

또 다른 오류는 **대인반박**(ad hominem attack)인데, 이것은 주장의 내용 그 자체가 아니라 주장을 하는 사람에 대한 신뢰감을 떨어뜨리려는 것이다. 경쟁적 관계에 있는 서로 다른 두 심리치료 방식에 대해서 이해관계를 가지고 있는 두 명의 심리학자 사이에서 최근에 벌어진 논쟁에서, 한쪽이 다른 한쪽에 대해서 그 사람이 전문 학위를 취득한 학교가 과연 적법한 학교인지 모르겠다는 식으로 조롱한 경우가 좋은 예라고 할 수 있다.

때로는 새로운 개입기법들이 단순히 **새롭기 때문에** 그리고 **기대감을 주기 때문에** 권장되기도 하는데 이것 또한 분명한 오류이다. 이 오류를 가리켜 **시류 편승**(bandwagon appeal)이라고 하는데, 이 오류는 대인반박과도 어느 정도 관련이 있다. 예를 들자면 상대적으로 새로운 치료기법이 대중적 인기 편승하여 각광받게 되는 것이 바로 이에 해당한다. 자칫 사람들은 많은 수의 전문가들이 특정 치료기법에 관심을 갖는 것은 그 치료기법이 효과적이기 때문일 것이라고 가정한다. 이상에서 소개한 것과 같은 이유에서 새로운 개입기법에 관심을 갖는 사람들이 있다면 한때 대뇌의 백질을 제거하는 시술이 정신질환자를 위한 새로운 그리고 희망적인 치료법으로 여겨진 적이 있었다는 사실을 알려 줄 필요가 있다.

물론, 잘못된 주장에 의해서 뒷받침되는 실천 개입이나 정책이 반드시 비효과적이거나 바람직하지 않다는 것은 아니다. 어떤 개입기법이나 정책은 그 기법이나 정책을 지지하는 사람들의 주장이 비논리적임에도 불구하고, 실제로 엄격한 과학적 연구결과에 의해서 뒷받침될 수도 있으며 이미 뒷받침된 것들도 있다. 우리가 말하고자 하는 바는 비논리적인 추론에 근거한 주장에 의해서 이리저리 휘둘려져서는 안 된다는 것이다. 우리가 해야 할 것은 과학적인 증거를 찾고 이를 비판적으로 평

가하는 것이다(이 책은 독자들에게 그렇게 하는 데 필요한 유용한 도구를 제공해줄 수 있다).

1.5g 섣부른 탐구 종료

과도한 일반화, 선별적 관찰 그리고 방어적으로 사용된 비논리적 추론 모두는 탐구를 섣부르게 마치게 하는 원인이 된다. 탐구는 우리를 둘러싸고 있는 세상을 이해해보려는 우리의 욕망에서부터 시작되지만, 이제까지 우리가 살펴본 여러 가지 오류들은 우리들로 하여금 탐구를 너무 섣부르게 마치게 만든다. "나는 이미 멕시코 사람들에 대해서 잘 알고 있으니까 몇 가지 사실을 가지고 나를 혼란스럽게 만들지 말라"는 식의 고집은 해당 주제에 대해서 연구자가 이미 개인적인 연구 종료 상태에 도달했다는 것을 의미한다. 종종 이러한 탐구 종료가 개인 차원의 행위가 아니라 사회 차원의 행위인 경우가 있다. 예를 들어, "이미 밝혀진" 주제에 대해서는 더 이상의 지원을 거부하는 민간재단이나 정부기관은, 마치 전통적인 종교적 신념에 도전하는 학문이나 연구를 허용하지 않는 종파주의 대학처럼 섣부른 연구 종료라는 사회적 행위를 유발하게 된다. 사회복지사는 자신이 선호하는 실천 개입, 프로그램 또는 정책이 자신이 기대했던 것만큼 효과적이지 않다는 증거는 고려하지 않겠다는 입장을 가질 때 이러한 오류를 범할 수 있다.

섣부른 탐구 종료가 초래할 위험은 너무도 명백하다. 섣부른 탐구 종료는 사물을 완전하게 이해하기도 전에 이해하려는 시도를 중단시킨다. 그러나 만일 우리가 인간 지식의 역사를 살펴본다면 매우 놀라운 결론에 도달할 것이다: 우리는 우리가 알고 있는 것들 ―심지어 확실한 것들까지도― 을 지속적으로 바꾸어 왔다. 이러한 맥락에서 보면, 모든 탐구 종료는 섣부른 종료인 셈이다.

과학은 기본적으로 결론들이 부단히 수정되는 개방적인 사업이다. 그리고 그러한 특성은 과학의 분명한 규범이다. 경험 많은 과학자들은 이를 삶의 현실로 받아들이고 잘 정립된 이론도 언젠가는 뒤집어질 것이라고 생각한다. 혹시라도 어떤 과학자들이 특정 탐구 분야가 영원히 완성된 상태로 지속될 것이라 보더라도 다른 과학자들은 그렇게 생각하지 않을 것이다. 비록 한 세대 전체의 과학자가 특정 주제에 대한 탐구를 종결한다고 하더라도 다음 세대 과학자들이 낡은 생각들을 검증하고 바꾸어 나갈 것이다. 부분적으로는 과학의 보상구조가 이러한 개방성을 뒷받침한다. 비록 초기에는 엄청난 저항과 비난을 극복해야겠지만, 사람들이 이제까지 믿어왔던 어떤 것이 단순히 사실이 아니라는 것을 설득력 있게 보여준다면 자신이 얼마나 유명해질지 한번 상상해보라. 예를 들어, 누군가가 일산화탄소가 실제로는 사람들에게 유익하다는 것을 증명한다면 어떤 일이 벌어질까? 놀라운 발견에 대한 잠재적 보상은 과학적 탐구를 할 만한 가치가 있는 것으로 만들어준다.

1.5h 사이비 과학

전문 사회복지사로 경력을 쌓아가는 과정 중에 아마도 우리는 방법론적 엄격성을 가진 연구들을 재연한 일련의 연구들에 의해서 뒷받침되는 실천 기법 또는 개입에 대해서 배울 기회를 갖게 될 것이다. 동시에 우리는 방법론적으로 엄격하지 못할 뿐만 아니라 편향된 조사연구에 근거하거나 비과학적 방법을 통해 얻은 지식에 근거한 어떤 개입기법들의 효과성에 관한 놀라운 주장들 또한 적지 않게 접하게 될 것이다. 이러한 주장들 중 어떤 것들은 종종 "기적에 가까운 획기적인" 개입방법을 가르치는 고가의 훈련 워크숍을 선전하는 홍보물을 통해서 접할 수 있다. 이러한 주장들은 과학적 탐구의 특성 중 어떤 것들을 담고 있으며 그렇기 때문에 겉보기에는 과학적인 것처럼 보이지만 주의 깊게 살펴보면 과학적 탐구가 지켜야 할 기본적인 원칙에 위배되는 내용이나 과학적 방법을 통해 예방하고자 하는 오류들을 쉽게 찾아볼 수 있다. 결국 그러한 주장들은 가짜과학인 셈이다.

사이비 과학(pseudoscience)이라는 용어의 첫 부분에 해당하는 pseudo는 "가짜"를 의미한다. 소위 대가라고 알려진 사람들 중에서도 사이비 과학에 근거한 개입을 행하는 사람들이 있는데 그런 사람들은 특정 개입과 관련된 이해관계 —아마도 책을 팔거나 워크숍을 진행함으로써 부와 명성을 얻는— 를 가지고 있기 때문이다. 물론 그런 사람들 중에는 자신들이 사용하는 개입의 효과를 실제로 믿기 때문에 그렇게 행동하는 사람이 있을 수도 있다. 그들을 따르는 사람들 또한 그들이 사용하는 개입에 대한 강한 믿음을 가지고 있고, 그렇기 때문에 그들의 믿음에 방해가 되는 어떤 사실이나 지식도 받아들이려 하지 않을 수도 있다.

우리는 주변에서 사이비 과학을 퍼뜨리는 사람들을 쉽게 찾아볼 수 있다. 심야 시간대에 방영되는 TV 선전 프로그램에 나와서 우리에게 잘 알려진 연예인 같은 사람들 몇몇의 경험담을 바탕으로 많은 사람들이 고심하고 있는 비만 같은 문제에 대한 "기적의 치료제"를 선전하는 사람들이 바로 대표적인 예이다. 그러나 때로는 어떤 주장이 사이비 과학에 근거한 주장이라는 사실을 쉽게 알아채기 어려운 경우도 있는데, 특히 운 좋게 심사위원들의 눈을 피해 학술지에 게재된 논문들이 그런 경우에 해당한다. 그림 1-2에는 어떤 개입이 혹시 과학이 아니라 사이비 과학에 근거한 것이 아닌지를 의심해볼 필요성을 느끼게 해주는 특징들이 제시되어 있다. 이러한 특징들 중 대부분은 이 장의 앞부분에서 살펴보았던 잘못된 앎의 방법들과 관련이 있다. 물론 이러한 수상한 점들이 존재한다는 사실 그 자체가 해당 개입이 사이비 과학에 근거하고 있다는 것을 의미하는 것은 아니다. 어쩌면 오류는 인용된 연구의 질에 문제가 있기 때문이 아니라 특정 개입을 사람들에게 알리는 방법이 적절하지 못

하기 때문에 발생할 수도 있다. 예를 들어, 방법론적 엄격성을 가진 어떤 연구를 통해서 특정 개입이 특정 조건하에서 특정 대상들에게 중간 정도의 효과성을 갖는 것으로 밝혀졌으나 해당 개입을 퍼뜨리고 다니는 사람들이 마치 그 개입이 보편적인 효과성을 갖는 것처럼 연구결과를 왜곡하여 퍼뜨리고 다닐 수도 있다. 그러나 만일 그림 1-2에 제시된 특징들을 발견하게 된다면, 적어도 사이비 과학일 가능성을 인식해볼 수 있어야 하며, 이러한 특징들을 더 많이 발견하게 될수록 더 많은 의심해볼 필요가 있다. 그림 1-2의 맨 아래에는 사이비 과학과 대조를 이루는 과학적 방법론의 특성들이 제시되어 있다.

사이비 과학을 퍼뜨리고 다니는 사람들을 경계하는 것이 중요하기는 하지만 그렇다고 해서 사람들이 사이비 과학이라고 하는 모든 것이 가짜이거나 무가치한 것은 아니다. 그와 마찬가지로 우리는 새로운 개입을 퍼뜨리고 다니는 사람들이 해당 개입과 관련된 어떤 이해관계를 가지고 있다는 사실 때문에 새로운 개입이 무가치하다거나 유해하다고 여겨서는 안 된다. 심지어 그런 사람들이 근거로 제시하는 연구들이 형편없고 편향된 연구일지라도 말이다. 실제로, 앞서 언급한 바와 같이, 매우 우수한 연구에 의해 뒷받침되는 가치 있는 개입이 사이비 과학으로 여겨지는 경우도 있으며 이해관계를 가진 몇몇 사람들에 의해서 개입의 효과가 부풀려지는 경우도 종종 있다. 사실 오늘날 우리가 '과학인 것'으로 받아들이고 있는 것 중에서 어떤 것들은 과거 처음 소개되었을 때 사이비 과학으로 여겨졌었다. 예를 들면, 안구운동둔감화재처리(EMDR, Eye Movement Desensitization and Reprocessing)가 처음 소개되었을 때 많은 비판가들이 이와 관련된 초기 연구들이 가진 문제점들과 이 치료법이 가진 장점을 과학적이지 않은 방식으로 소개하는 모습을 지적하면서 이를 사이비 과학이라고 비판하였다. 그러다가 이 치료법의 효과가 방법론적으로 엄

그림 1-2 ▶ 사이비 과학이 아닌지 의심해보게 만드는 특징들

사이비 과학에 근거하여 특정 개입방법을 지지하는 사람들은:

- 개입의 효과에 대해서 극단적인 주장을 한다.
- 개입의 효과를 과도하게 일반화한다.
- 효과에 관한 불확실한 설명을 꾸며 낸다.
- 개입의 특정 측면에 관한, 얼핏 듣기에는 과학적인 것 같지만 사실은 그렇지 않은 그럴듯한 말을 만들어 낸다.
- 자신들의 주장을 다음과 같은 것들로 뒷받침한다.
  - 경험담이나 일화
  - 권위나 권위자
  - 전통
  - 방법론적 엄격성이 낮은 편향된 연구
  - 인기나 유행
  - 몇몇 사례 위주의 선별적 관찰
  - 대중매체(영화나 TV)를 통한 선전
- 상반되는 증거에 대해서 다음과 같이 반응한다.
  - 그런 증거는 무시하고 지지적인 증거만 인용한다.
  - 사후소급가설을 통해서 그런 증거들이 잘못된 것처럼 설명한다.
  - 상반되는 증거를 제시한 사람들에 대해 대인반박을 가한다.
  - 상반되는 증거의 출처와 관련된 사소한 결점을 과도하게 강조한다.
  - 지지적인 연구의 방법론적 엄격성과 우수성을 과대평가한다.
  - 허수아비 논박을 통해 비지지적 증거를 제시하는 사람들의 주장을 왜곡하여 공격하기 쉽게 만든다.
  - 동시대 과학자들에게 의해서 비난을 받았던 역사적으로 유명한 과학자(갈릴레오나 프로이트 같은)들을 인용함으로써 암묵적으로 시대를 앞서 갔던 그런 과학자들과 자신들을 비교한다.
  - 자신들이 지지하는 개입에 의해서 타격을 입게 될 사람들의 이해관계와 상반되는 증거를 연결시킴으로써 상반되는 증거를 믿을 수 없는 것으로 만든다.
- 자신들의 주장을 믿는 사람들을 다음과 같이 만들어 탐구를 서둘러 종결한다.
  - 자신들의 주장을 엄격하고 편향됨이 없는 연구를 통해 검증하지 못하게 한다.
  - 상반되는 증거를 제시하는 연구결과를 (사람들로 하여금 자신들의 개입에 대해서 의심을 갖게 만들 수 있는 연구 또는 주장의 사소한 결점을 지적함으로써) 발표하지 못하게 한다.

이와 대조적으로 과학적 방법은:

- 모든 지식은 잠정적인 것이고 반박의 대상이기 때문에 상반되는 증거를 찾는 노력을 격려하고 환영한다.
- 주장을 할 때 신중을 기한다.
- 과도한 일반화를 지양한다.
- 다음과 같은 것들을 결론의 근거로 삼는다.
  - 포괄적이고 체계적이고 편향됨이 없는 관찰
  - 방법론적으로 엄격한 연구
  - 재연(단, 엄격한 연구를 통해 얻게 된 상반된 결과를 무시하지 않기)

격한 여러 연구들을 통해서 알려지면서 심리치료 분야의 전문가들 사이에서 이 치료방법이 외상후스트레스장애(PTSD)로 고통받는 사람들을 위한 가장 효과적인 세 가지 치료법 중 하나로 인정받게 되었다. EMDR과 정반대되는 예로는 사고-장 치료법(thought-field therapy)을 꼽을 수 있다. 다음 페이지 상단에 자리한 글상자에는 어떤 사회복지사가 경험한 사고-장 치료법의 사이비 과학적 측면과 그

사례 : 한 때 내부자였던 사회복지사가 말하는, 사고-장 치료법이 가진 사이비 과학적 측면과 비판적 사고에 미치는 악영향

이 예는 Monica Pignotti(2007)가 자신의 경험에 관해 쓴 논문에 근거한 예이다. MSW 학위를 소지한 사회복지사로서의 길을 가기 시작한 지 얼마 되지 않았을 때 Monica는 사고-장 치료법(thought field therapy, TFT)라고 하는 새로운 개입 방법이 그 당시 자신이 담당하고 있던 사례들과 유사한 다양한 심리적 문제를 가진 대상들을 치료했다는 주장이 실려 있는 논문을 한 편 읽게 되었다. Monica는 그러한 주장과 TFT 개입에서 사용하는 일반적이지 않은 기법들에 – 예를 들면 클라이언트가 어떤 심리적 문제나 신체적 증상에 대해서 집중하고 있는 동안 손가락으로 특정 신체 부위를 가볍게 두드리는 기법 – 대해서 다소 의구심을 가지고 있었지만 TFT를 창시한 심리학자와 여러 차례 의견을 주고받는 과정을 통해서 자신이 직접 TFT를 사용해봐야겠다는 생각을 하게 되었다. TFT를 실제로 실천 과정에 적용해본 Monica는 그 당시 자신이 경험하고 있던 직업 관련 불안감이 해소되는 듯한 느낌을 받았다. Monica는 나중에 자신의 논문에서 "그런 경험이 있은 후 나는 TFT에 대해서 더 이상 비판적으로 사고하지 않게 되었고 그냥 TFT를 받아들이게 되었다"(Pignotti, 2007)고 회고했다. Monica는 TFT를 배우기 위해서 자신이 대학에서 학사학위와 석사학위를 취득하기 위해 쓴 학비를 합한 것보다 더 많은 비용을 들였다. 훈련과정을 마친 Monica는 TFT에 더욱 심취하게 되었고 TFT를 실천에 적극적으로 활용하였으며 TFT의 창시자인 Roger Callahan과 함께 TFT에 관한 논문을 쓰는 등 적극적인 역할을 하게 되었다. 심지어 Monica는 Callahan의 대변자로 알려지게 되었으며 TFT가 사이비과학이라는 비판으로부터 TFT를 지키는데 앞장섰다. 그러나 시간이 지나면서 Monica는 Callahan이 사람들에게 TFT의 효과를 사실과 다르게 알리는 것이 윤리적이지 않다

는 생각을 하게 되었다. Monica는 TFT의 효과를 뒷받침하는 과학적 연구가 실시된 적이 없다는 사실을 알고 Callahan에게 TFT 기법을 사용하는 실천가들과 TFT의 효과성을 검증해보고 싶다고 말했다. 이에 대해서 Callahan은 부정적으로 반응했고 Monica의 그러한 생각으로 인해 두 사람 간의 관계는 불편해지기 시작했다. 그럼에도 불구하고 Monica는 소규모 실험연구를 통해서 TFT의 효과성을 검증하고자 시도했고 그 결과 이제까지 주장되어 온 TFT의 효과를 부정하는 연구결과를 얻게 되었다. 그 이후 Monica는 Callahan이 TFT가 클라이언트들에게 긍정적인 결과를 왜 가져다주지 못하는지를 회피적으로 설명하려 하고, 그가 TFT의 효과에 관한 비과학적인 증거들을 무비판적으로 수용하고, 오히려 TFT의 효과에 관한 더 큰 주장들을 내놓는 모습을 지켜보면서 TFT에 대해 점점 더 큰 의구심을 갖게 되었다. 그러던 중 Monica는 Science and Pseudoscience in Clinical Psychology(Lillienfeld et al., 2003 – 이 책은 이 장 맨 뒷부분의 추천도서 목록에 포함되어 있다)라는 책을 읽고 자신이 지난 7년이라는 시간을 사이비 과학을 지지하는 데 낭비했다는 사실을 깨닫게 되었다. 그럼에도 불구하고 Monica는 Callahan에게 그가 TFT의 효과에 관한 근거 없는 주장들을 철회하기만 한다면 그를 계속해서 지지하겠다고 제안했다. Callahan은 Monica의 제안을 거절했고 더 이상 그녀가 보내는 이메일에 답하지 않기 시작했다. 결국 Monica는 자신이 TFT를 지지하기 위해 썼던 논문들을 철회했고, 대중들에게 증거기반실천과 사이비 과학의 위험성 그리고 사회복지 연구의 중요성 등을 가르쳐야겠다는 생각을 갖게 되었으며 그러한 역할을 하는데 필요한 자격을 얻기 위해 Florida State University의 사회복지학 박사학위 과정에 진학하였다.

출처: Pignotti, M. (2007). "Thought Field Therapy: A Former Insider's Experience." *Research on Social Work Practice*, Vol. 17, No.3 May 2007, 392-407.

러한 측면이 비판적 사고에 어떤 영향을 미치는지를 잘 보여주는 사례가 제시되어 있다.

1.6 주요 내용

- 사회복지 조사연구는 사회복지사가 직면하는 문제를 해결하는 데 필요한 실천적 지식을 제공한다.

- 사회복지 조사연구는 인간의 고통을 완화하고 사회복지를 향상시키는 데 필요한 정보를 현장에 제공한다.

- 사회복지 조사연구는 사회복지 실천과 동일한 인본주의적 목표를 달성하고자 한다. 실천과 마찬가지로, 사회복지 조사연구는 공감적, 문제해결적, 실천적이다.

- 사회복지사는 사회복지 연구방법론을 충분히

이해하여 방법론적 엄격성을 가진 연구와 그렇지 못한 연구를 구별할 수 있어야 한다.

- 클라이언트에 대한 관심은 우리가 연구를 활용해야 하는 중요한 이유 중 하나이다.
- 사회복지사는 연구를 활용하고 사회복지 전문직의 지식기반 발전에 기여해야 할 윤리적 책임이 있다.
- 우리가 알고 있는 많은 것들은 경험보다는 합의에 근거한 것들이다.
- 전통과 권위는 중요한 지식의 출처이지만 배타적으로 의존할 경우 위험할 수 있다.
- 일상적 탐구에서 우리는 종종 실수를 범한다. 과학은 이러한 실수를 예방할 수 있는 방법을 제시해준다.
- 과학적 방법을 사용할 때, 우리는 모든 것에 대해서 의문을 제기할 수 있다. 따라서 우리는 알고 있다고 생각하거나 믿고 싶은 모든 것에 대해 항상 열린 마음을 견지해야 한다.
- 과학적 방법을 사용할 때, 우리가 "지식"이라고 부르는 것들이 잠정적인 것이며 반박할 수 있다고 가정해야 한다.
- 과학적 방법을 사용할 때, 우리는 지식의 기반이 될 수 있는 관찰에 근거한 증거를 찾기 위해 노력해야 한다.
- 과학적 관찰은 체계적이고, 포괄적이며, 가능한 한 객관적이어야 한다.
- 과학적 관찰은 결론의 근거를 제시할 수 있어야 하고, 제시한 증거가 결론을 뒷받침하는지 여부를 다른 사람들이 판단할 수 있도록 구체적이어야 한다.
- 과학적 방법은 연구의 재연 가능성을 필요로 한다.
- 과학은 주의 깊고 계획적인 관찰활동을 통해 사람들이 종종 범하는 부정확한 관찰 같은 오류를 피할 수 있어야 한다.
- 종종 우리는 몇 안 되는 관찰에만 근거하여 결론을 내리는 오류를 범하곤 한다. 연구자와 과

학적 실천가는 재연, 즉 연구를 반복함으로써 과도한 일반화를 피한다.

- 일단 결론을 내리고 나면, 우리는 결론에 모순되는 증거는 무시하고 결론을 뒷받침하는 증거에만 관심을 기울이게 된다. 연구자와 과학적 실천가는 관찰에서 특정 유형이 연구 초반에 나타나는지 여부와 상관없이 사전에 계획했던 관찰을 진행해야 한다.
- 모순된 증거를 발견하게 될 때, 우리 모두는 실제로 관찰되지 않은 사실에 관한 가정을 만들어냄으로써 모순을 해결하기 위한 설명을 만들어낸다. 그러나 연구자와 과학적 실천가는 그러한 가정을 검증하기 위해 추가적 관찰을 실시해야 한다.
- 자아개입은 우리로 하여금 우리가 믿는 바와 모순되는 증거를 무시하게끔 영향을 미친다.
- 종종 사람들은 비논리적 추론을 한다. 이러한 오류를 범하지 않기 위해서 연구자와 과학적 실천가는 관찰할 때와 마찬가지로 주의 깊고 계획적으로 추론해야 한다. 아울러, 과학이 가진 공적인 특성이란 과학자들에게는 그들을 주시하고 있는 동료 과학자들이 있다는 것을 의미한다.
- 사람들이 무엇인가를 이해했다고 단정하고 새로운 답을 찾는 노력을 멈추더라도 연구자와 과학적 실천가들 —모두가 하나의 집단으로서— 모든 쟁점들은 궁극적으로 열려 있는 것으로 간주해야 한다.
- 사이비 과학은 겉보기에는 과학적인 것처럼 보이지만 주의 깊게 살펴보면 과학적 탐구가 지켜야 할 기본적인 원칙에 위배되거나 과학적 방법을 통해 예방하고자 하는 오류들을 범하고 있다.

1.7 연습문제

1. 사회복지사 한 명을 선택하여 그 사람에게 사회복지 실천을 위해 연구를 활용하는지 여부와 활용하는 이유 또는 활용하지 않는 이유를 물

어보라. 사회복지사의 대답을 기록해두었다가 수업 시간에 가져와 토론하라.

2. *Research on Social Work Practice*와 *Social Work Research*의 최근호에서 개입의 효과성에 관한 증거를 제시함으로써 사회복지 실천에 지침을 제공하는 데 있어서 조사연구의 가치를 엿볼 수 있게 해주는 논문을 찾아보라. 그 논문이 어떻게 사회복지 실천을 위한 지침이 되는지 논의하라.

3. 사회복지사나 사회복지학을 전공하는 학생 중 실습 경험이 어느 정도 있는 사람을 한 명 선택한 다음 그 사람에게 강한 신념을 가지고 있는 개입 또는 실천기법이 있는지 물어보라. 그리고 어떻게 그러한 신뢰감을 갖게 되었는지, 그러한 신뢰감의 근거는 무엇인지, 혹시 그러한 신뢰감의 근거가 개인적인 경험이었는지, 연구 결과였는지 아니면 권위나 전통 또는 그 밖의 다른 어떤 것이었는지도 물어보라.

4. 자신이 사회복지사로서 한 노인요양시설에서 일하게 되었다고 가정해보자. 자신의 동료 중에 한 사람이 남달리 요구사항이 많거나 불평이 많은 클라이언트에게 상습적으로 모욕감을 주고 있다는 사실을 알게 되었다고 가정해보라. 이 문제를 해결하고 싶지만 일을 시작한 지 이제 고작 일주일밖에 되지 않았다는 점을 생각하라. 어떻게 전통이나 권위를 이용하여 이 문제를 해결할 수 있을지 논의하라. 전적으로 전통이나 권위에 의존하여 문제를 해결하는 접근방법에는 어떤 장점과 단점이 있을 수 있는지 논의하라. 이 딜레마를 어떻게 해결할지에 관한 결정을 내리는 데 있어서 연구가 도움이 되는지 여부를 어떻게 알아볼 수 있을지 논의하라.

5. 이 장의 "사회복지 실천지식의 비과학적 출처들이 가진 문제점" 부분에서 논의한 인간탐구의 일상적인 오류들을 다시 한번 살펴보고 그러한 오류 중 하나를 보여주는 잡지, 신문기사 또는 편집자에게 보내는 편지 등을 찾아보라. 그리고 과학이 어떻게 그러한 오류들을 예방하는지 논의하라.

6. 자신이 관심을 가지고 있고 어떤 강한 신념을 가지고 있는 사회복지 실천 접근방법이나 사회정의와 관련된 쟁점 또는 명분을 한 가지 생각해본다. 그런 신념에 대해서 자신이 얼마나 과학적인지를 1~10까지의 척도로 스스로를 평가해보라. 자신이 가진 신념에 대해서 다른 사람들이 과학적 증거에 근거하여 의문을 제기하고 반박하는 것을 어느 정도나 수용할 수 있는가? 그러한 신념을 유지 또는 바꾸기 위한 근거로서 과학적 증거를 얼마나 찾고 있는가? 자신과 다른 신념을 가진 학우들을 찾아서 서로 다른 관점에 대해서 토론하라. 그런 다음 각각을 1~10점 척도로 평가하라. 자신이 자신에게 부여한 점수와 다른 학우가 자신에게 부여한 점수가 어느 정도 부합하는지 비교하고 논의하라. 만일 자신이 가진 신념에 대해서 자신이 과학적이지 않다고 생각한다면, 수업에서 그 이유를 논의하고 자신이 가진 관점에 대한 학우들의 반응에 대해서도 논의하라.

1.8 추천도서

Brekke, J. (2012). "Shaping a science of social work." *Research on social work practice*, 22(5), 455-464. 이 논문에서는 Brekkesms 사회복지를 과학의 한 분야로 발전시키는 방법을 제시하고 있다. 그는 사회복지의 탐구 영역은 어려운 상황에 처한 사람들을 이해하고 그들이 변화할 수 있도록 돕는 방법과 질병 및 건강과 관련된 사회적 요인들을 찾는 것이라고 주장한다. Brekke는 또한 사회복지학이 핵심 구성개념과 목적을 제시하고 있다. 이 논문은 Research on Social Work Practice의 특별

호에 게재되어 있는데, 이 특별호에는 사회복
지를 과학으로 확립하기라는 주제에 관한 다른
한 편의 논문도 실려 있다.

Gibbs, Leonard, and Eileen Gambrill, (1999).
*Critical Thinking for Social Workers: Exer-
cises for the Heiping Professions.* Thousand
Oaks, CA: Pine Forge Press. 이 흥미로운 교
과서에는 사회복지 실천 과정에서 직면하게 되
는 결정과 일상생활 속에서 접하게 되는 결정
들에 대해서 효과적으로 사고할 수 있게 도움
을 주는 유용한 연습문제들이 제시되어 있다.
이 책에 제시된 연습문제들은 인간 관련 서비
스 광고에서의 선전방법을 알아차리고 전문직
의사결정에서의 오류와 함정을 이해하고 예방
하는 데 도움이 된다.

Lilienfeld, Scott O., Steven Jay Lynn, and Jeffrey
M. Lohr. (2003). *Science and Pseudoscience
in Clinical Psychology.* New York: Guilford
Press. 이 다소 도발적인 책의 제목에는 심리학
이 언급되어 있지만 사회복지와 깊은 관련을 가
지고 있다. 이 책은 과학적 방법에 대한 이해를
향상시켜줄 것이며 특정 개입 접근방법을 선전
하는 어떤 주장이 사이비 과학적 주장 —겉보기
에는 과학적 탐구의 특성을 일부 가지고 있기
때문에 과학적인 것처럼 보이지만, 주의 깊게
살펴보면 과학적 방법의 원칙에 위배되는 내용
이나 과학적 방법이 예방하고자 하는 오류를 포
함하고 있는 주장— 이 아닌지 의심해볼 필요성
을 느끼게 만드는 특징들을 제시해주고 있다.

chapter 2

증거기반 실천

2.1 서론

사회복지의 역사적 발전 과정을 살펴보면, 여러 가지 실천 모델들이 등장하여 사회복지사들이 다양한 실천 상황에 어떻게 개입할 것인지를 결정할 때 이론들을 종합하고 관점들을 조직하는 데 지침이 되어 주었다는 것을 알 수 있다. 예를 들어서 초기 모델들 중 하나는 주로 심리분석 이론에 근거하고 있었는데 이를 심리사회적 모델이라고 불렸다. 시간이 지나면서 문제해결 모델, 과업중심 모델, 인지-행동 모델 —몇 가지만 예를 들어보면— 등과 같은 다양한 모델들이 유행했다. 이러한 모델들 가운데 몇 가지는 다른 모델들보다 연구를 통해 더 많은 지지를 받기도 했지만 대부분의 모델들은 과학적 증거보다는 이론적 개념에 근거한 것들이었다. 그러나 21세기로 접어든 이후, 주로 과학적 방법과 증거에 근거한 한 가지 새로운 모델이 등장하였다. 증거기반 실천이라고 불리는 이 모델은 현재 사회복지 및 관련 영역에서 상당한 관심을 불러일으키고 있다.

사회복지 분야에 증거기반 실천 모델이 소개된 것은 얼마 되지 않지만 증거기반 실천 모델의 역사적 전례는 사회복지 전문직 그 자체만큼이나 오래되었다. 예를 들면, 사회복지 실천에 관한 Marry Richmond의 독창적인 교재(*Social Diagnosis*, 1971)는 사회개혁에 대한 노력과 개인 및 집단에 대한 직접적인 실천을 교육하기 위해 조사결과를 사용할 것을 강조하였다. 증거기반 실천이라는 용어는 단지 사회복지뿐만 아니라 다른 많은 원조 전문직에 의해서도 사용되고 있다. 이 용어는 1980년대에 의료 전문가들이 환자들에 관한 임상적 결정을 내릴 때 가능한 한 최선의 증거를 사용하는 과정을 묘사하기 위해 만든 용어인 증거기반 의학(evidence-based medicine; EBM)에서 나온 것이다(Rogenthal, 2006). 증거기반 의학에서 일반적으로 인용되는 한 권의 교재가 증거기반이라는 원

칙을 다른 원조 전문직에 적용하였으며, 아울러 의학이란 용어를 보다 일반적인 용어인 실천으로 대체하는 노력의 초석을 마련하였다. *Evidence-Based Medicine*: *How to Practice and Teach EMB* (Sackett et al., 2000)라는 제목의 이 책은 EBM을 "최선의 연구 증거, 임상적 전문성, 환자 가치의 통합"이라고 정의했다(p. 1). 이 책에서 EBM의 정의에 임상적 전문성과 환자의 가치를 포함시킨 것은 매우 중요한 의미를 갖는다. 이는 증거기반 실천이 클라이언트의 독특한 속성과 상황에 대해서 임상 실천가들이 가진 지식과 상반되는 상황에서도 최선의 과학적 증거를 담고 있다는 이유 때문에 반드시 사용해야만 하는 몇 가지 개입방법 (그리고 그러한 개입방법들의 종류는 절대로 변하지 않는)을 말하는 것이 결코 아니라는 것을 의미한다. 더욱이 제1장에서 살펴보았던 것처럼 과학적 방법의 한 가지 중요한 교의(tenet)는 모든 지식은 잠정적인 것이며 반박될 수 있다는 것이다. 따라서 EBM을 단순히 임상 실천가들이 기계적으로 사용해야 하는, 과학적으로 "승인된" 일군의 개입방법들로 정의한다면 지식의 본질을 지속적으로 진화하는 것으로 보는 과학적 방법과 상충하게 된다.

2.2 증거기반 실천에 있어서의 비판적 사고

실천과 관련된 결정을 내리는 과정에 과학적 방법을 적용함에 있어서, 증거기반 실천과 "권위에 기반한 실천"은 매우 다른 것이다(Gambrill, 1999). 증거기반 실천을 하는 실천가는 자신보다 더 많은 경험이나 더 큰 권위를 가진 사람들이 실천에 관한 이야기를 하더라도 그런 이야기들을 무비판적으로 받아들이기보다는 의문을 제기하고 비판적으로 사고해야 한다. 증거기반 실천가는 아직 발견되지 않은 지식과 가정을 인정하고 다른 사람들이 말하는 실천적 지혜라는 것들에 대한 증거

와 논리에 대해서 스스로 생각해보아야 한다. 또한 전통과 권위를 맹목적으로 따르기보다는 미시 또는 거시 차원의 실천에서 어떤 개입방법을 선택해야 할지를 결정함에 있어서 이용 가능한 최선의 과학적 증거를 고려해야 한다.

비판적 사고(critical thinking)라는 용어는 그 의미가 매우 다양하고 중복되게 정의되는데, 종종 사회복지 실천 결정과 무관한 여러 요소들까지 포함하는 개념으로 정의되기도 한다. 거의 모든 정의에서 비판적으로 사고하는 사람은 증거기반 실천가의 특성과 가장 밀접한 다음과 같은 특성을 갖는다는 것을 말하고 있다.

- 스스로 사고한다.
- 어떤 지식에 관한 신념이나 주장이 탄탄한 증거와 논리에 기반하고 있는지 여부에 주목한다.
- 개방적으로 사고하며 그러한 신념이나 주장이 근거하고 있는 명시되지 않은 가정이 없는지 고찰하고 그러한 가정에 대해 의문을 제기한다.
- 자신의 신념이나 결론을 기꺼이 검증하고 새로운 경험과 증거에 기반하여 수정한다.
- 적절한 의문을 제기하고 결정을 내리는 데 필요한 증거를 수집하고 평가한다.

2.3 평생 학습으로서의 증거기반 실천

증거에 기반하고 비판적으로 사고하는 실천가가 최선의 과학적 증거를 자신의 실천 결정의 근거로 삼기 위해서는 먼저 그런 증거를 찾아야 한다. 증거기반 비판적 사고 실천가는 어쩌다보면 증거를 찾게 될 것이라고 막연히 기대하거나 가정하는 식의 수동적인 자세를 취해서는 안 된다. "증거 찾기"를 그들이 "평생"에 걸친 실천 과정의 일부라고 생각해야 한다. 증거기반 비판적 사고 실천가는 필요한 증거를 찾는 방법을 알아야 하며, 연구를 설계하고 연구를 하는 방법을 이해함으로써 자신이

찾은 증거의 타당성을 "비판적으로 평가"할 수 있어야 한다. 마지막으로, 자신이 사용하는 증거기반 실천이 자신이 기대했던 결과로 실제로 이어지는지를 평가하기 위해 연구방법을 사용할 줄 알아야 한다(Gambrill, 2001).

증거기반 실천가가 어떤 행동을 취해야 하는지를 자동적으로 결정해주는 증거를 항상 발견할 수 있는 것은 아니다. 많은 경우, 증거가 분명하지 않을 수도 있는데 어떤 연구들은 특정 행동을 취하는 것이 바람직하다고 하는가 하면 다른 연구들은 다른 행동을 취하는 것이 더 바람직하다고 말하기도 한다. 또한 어떤 증거들은 특정 개입 또는 정책이 **효과적이지 않음**을 보여주면서 어떤 행동을 취하지 말 것을 알려주기도 한다. 물론 증거기반 실천을 하는 실천가라도 어떤 행동이 가장 바람직한지에 대한 분명한 답을 항상 찾을 수 있는 것은 아니다. 그러나 중요한 것은 그러한 답을 찾고자 노력하는 것이다. 만일 답이 존재한다면 그 답을 찾아야 하기 때문이다. 때로는 상반되는 증거가 혼재한다는 사실 그 자체가 현재 실천가가 생각하고 있는 행동이 이외에 아직 고려해보지 않은 더 나은 행동이 있을 수 있는 가능성을 말해주기도 한다. 또한 한 가지 가능성이 효과가 없다고 판단되면 증거에 기반한 다른 대안을 시도해볼 수 있다.

때로는 증거가 실천가에게 클라이언트가 원하지 않는 행동을 제시할 수도 있다. 증거기반 실천 과정에서 한 가지 중요한 단계는 클라이언트의 가치와 기대를 고려하고 그들에게 충분한 정보를 제공하여 의사결정 과정에 참여하게 하는 것이다. Gambrill(2001)은 증거기반 실천이 공감적이고, 클라이언트 중심적인 실천이라는 사실을 다시 한번 일깨워 준다. 우리가 최선의 증거를 찾는 이유는 우리의 주된 관심사가 클라이언트에게 최선의 도움이 되는 것이기 때문이다. 따라서 우리가 찾는 증거가 특정 클라이언트에게 잘 맞는지를 결정할 때 우리는 반드시 클라이언트의 가치와 관심을 고

려해야 한다.

또한 어떤 실천 개입이 최선의 증거에 의해 뒷받침되는 개입이라 할지라도 그 개입이 모든 클라이언트나 모든 상황에 반드시 효과적이지 않을 수 있다. 특정 인종의 클라이언트에게 효과가 있는 개입이 다른 인종의 클라이언트에게는 그렇지 않을 수 있다. 남성 가해자에게 효과적인 개입이 여성 가해자에게는 효과가 없을 수도 있고 또 그 반대일 수도 있다. 증거기반 실천가는 문제가 되는 클라이언트나 상황이 증거기반기법이 검증되는 맥락과 정말로 부합하는지 고려해야 한다. 설령 부합한다고 하더라도 증거기반 개입이 모든 클라이언트와 상황에 대해서 효과적이라는 보장은 없다는 것 또한 명심해야 한다. 어떤 실천 개입의 효과를 뒷받침하는 연구들이 의미하는 바는 그 개입이 다른 대안보다 더 효과적일 수 있다는 것이지 모든 사례에 효과적이라는 것이 아니다. 이러한 사항들을 고려하는 것은 증거기반 실천이 가진 클라이언트 중심적 특성이 중요하며, 아울러 증거기반 실천 과정의 마지막 단계(즉, 특정 클라이언트를 위해 행한 증거기반 행동이 원하는 결과를 실제로 이룰 수 있게 해주었는지를 평가할 때 연구방법을 사용하는 것)가 중요하다는 것을 보여준다. 이 책을 통해서 배우게 될 많은 것들이 증거기반 실천 과정의 이 단계와 이미 앞에서 살펴보았던 다른 단계들 —관련 연구를 찾고 비판적으로 평가하는— 을 평생에 걸쳐 밟아 나가는 데 도움을 줄 것이다.

2.4 증거기반 실천에 있어서의 유연성

이상의 내용을 통해 알 수 있듯이, 증거기반 실천 과정이 이용 가능한 최선의 연구결과를 토대로 실천 결정을 내리는 것이기는 하지만 그렇다고 해서 실천가의 선택 범위를 엄격하게 제한하는 것은 아니다. 오히려 증거기반 실천은 실천가들로 하여금 구체적인 실천 결정을 내릴 때 유용한, 다양

하고 독특한 상황들에 대해서 그들이 가지고 있는 실천 지식 및 전문성을 과학적 증거와 통합할 것을 권장한다. 그림 2-1에는 통합적 모델로서의 증거기반 실천이 제시되어 있다. 이 그림은 실천 결정을 내릴 때는 최선의 연구 증거, 실천가의 전문성 그리고 클라이언트의 특성이라는 세 가지 요소를 적절히 고려하여 세 개의 원이 서로 겹치는 음영 부분에서 결정을 내려야 한다는 것을 보여준다. Shlonsky와 Gibbs(2004)는 이 모델에 대해서 다음과 같이 말하고 있다:

> 이들 세 가지 요소 중 어느 것도 혼자 존재할 수 없으며 이들 세 가지 요소들은 실천가가 기술적으로 과거 경험을 통해 효과적이었던 것으로 판명된 개입을 이용하여 클라이언트의 특성에 민감한 사례 계획을 세울 때 통합적으로 사용된다. 관련 증거가 없다면 나머지 두 요소의 비중이 커지는 반면, 매우 중요한 증거가 있다면 최선의 증거가 차지하는 비중이 더 커질 수 있다(p.138).

증거기반 실천이 주로 클라이언트에게 어떤 개입을 제공할 것인가에 관한 결정과 관련해서 논의되기는 하지만, 어떻게 하면 문제에 대해서 최선의 사정을 내릴 수 있는가에 관한 결정이나 사회정책, 지역사회 등과 같은 차원의 실천에서 실천가가 내려야 하는 결정에도 적용된다. 예들 들어, 증거기반 실천 모델을 따르는 임상 실천가가 새로운 클라이언트를 맡게 되면 클라이언트의 문제와 치료 욕구를 사정하는 데 가장 과학적으로 타당한 진단 도구를 찾아 사용하고자 할 것이며, 그리고 나서 사정결과에 근거하여 어떤 개입이 가장 효과적인지에 관한 이용 가능한 최선의 증거를 바탕으로 치료 계획을 수립할 것이다.

사회정책 차원에서, 증거기반 실천가는 자신이 원하는 목적을 가장 잘 달성할 수 있게 해주는, 이용 가능한 최선의 연구결과에 의해 뒷받침되는 정책을 입안하고 지지할 것이다. 마찬가지로, 증거기반 실천가는 지역사회 차원의 연구에 근거하여 지

그림 2-1 ▶ 통합적 모델로서의 증거기반 실천(EBP)

역사회 차원의 결정을 내릴 것이다. 더 나아가서, 증거기반 실천가는 각각의 차원에서 선택한 일련의 실천 행동이 의도했던 결과를 거두었는지 여부를 알아보기 위해 자신이 내릴 실천 결정의 결과를 평가하는 데 연구방법을 사용할 것이다. 만일 평가 결과 의도했던 결과를 거두지 못한 것으로 나타난다면, 증기기반 실천가는 역시 이용 가능한 최선의 증거에 근거하여 대안적 행동을 취한 다음 그 결과를 평가할 것이다.

2.5 증거기반 실천의 단계

지금까지 증거기반 실천의 본질을 살펴본 것에 이어서, 지금부터는 증거기반 실천 과정에서 권장되는 증거기반 실천의 단계에 대해서 좀 더 자세하게 알아보기로 하자. 이 과정을 통해서 실천가는 연구방법을 이해해야 할 분명한 이유가 존재한다는 것을 깨닫게 될 것이다.

2.5a 단계 1. 실천 욕구에 답하기 위한 질문 만들기

첫 번째 단계에서 실천가는 실천 결정과 관련

해서 이미 알고 있는 정보와 최선의 결정을 내리기 위해 필요한 추가 정보를 토대로 질문을 만든다. 증거기반 실천 관련 문헌 중 대부분이 프로그램, 정책 혹은 개입의 효과성에 관한 질문에 초점을 맞추고 있기는 하지만 그렇지 않은 연구들도 있다. Rubin(2008)에 따르면 증거기반 실천 관련 질문은 크게 네 가지 범주로 구분된다고 한다.

1. 어떤 개입, 프로그램 혹은 정책이 가장 효과적인가?
2. 바람직하거나 바람직하지 않은 결과를 예측할 수 있게 해주는 요인은 어떤 것들인가?
3. 클라이언트가 가진 경험을 해봤다는 것은 어떤 것인가?
4. 어떤 사정 도구를 사용해야 하는가? (p. 43)

다음의 글상자 "EBP 질문의 예"는 사회복지 실천의 여러 단계에서 던져볼 수 있는, 네 가지 범주 각각에 해당하는 구체적인 EBP 질문들이 제시되어 있다. 이러한 질문들 중 가장 일반적인 질문이 효과에 관한 질문이므로 우리도 효과 관련 질문에 초점을 맞추고 EBP 질문 형성 과정을 살펴보기로 하자.

예를 들어, 알래스카의 어떤 사회복지사가 감정과 행동에 문제가 있는 소녀들을 위한 주거치료시설에서 근무하고 있다고 가정해보자. 치료를 받고 있는 대부분의 소녀들은 육체적 학내나 성적 학대를 경험한 알래스카 원주민들이다. 아마도 사회복지사는 다음과 같은 질문을 맨 처음 하게 될 것이다: "주거치료시설에 있는 소녀들을 위한 실천 개입 중 가장 효과적이라고 연구 증거들에 의해서 뒷받침되고 있는 실천 개입은 어떤 것일까?" 이 질문에 대한 답을 찾고자 문헌을 고찰해보면 사회복지사는 소녀들의 특성 차이에 관한 정보를 질문에 포함시켜야 할 필요가 있다는 생각을 곧 하게 될 것이다.

외상후스트레스장애(post-traumatic stress

2장 증거기반 실천 **31**
disorder: PTSD)를 치료하는 데 효과적인 개입이 경계선상의 인성 장애에는 효과적이지 않을 수 있다. 또한 특정 개입이 한 가지 정신적 외상을 가진 소녀들에게는 매우 효과적일 수 있으나 다수의 정신적 외상을 가진 소녀들에게는 효과적이지 않을 수도 있다. 심지어 동일한 개입이 분열성 장애를 가진 소녀들에게는 해로울 가능성도 있다. 어떤 개입은 나이 많은 소녀들에게는 효과가 있지만 어린 소녀들에게는 효과가 없을 수도 있다. 따라서 질문을 수정하여 일련의 질문들을 만들어야 할지도 모른다. 피학대 소녀들에게 단순히 정서적 또는 행동적 문제에 대해서만 묻는 것이 아니라 피해 소녀들을 진단명, 문제력(problem history) 및 연령별로 구분하고 각각의 집단에게 가장 효과적인 개입이 무엇인지를 물어야 할지도 모른다.

또한 질문을 만들 때 알래스카 원주민의 특성을 포함시켜서 질문을 만들어야 한다. 그렇게 하지 않는다면 질문과 관련된 많은 연구들을 찾게 되더라도 그중에 알래스카 원주민에 관한 연구는 포함되어 있지 않을 수도 있다. 그 결과, 사회복지사가 찾은 개입이 다른 민족 소녀들에게는 효과적이지만 알래스카 원주민 소녀들에게는 효과적이지 않은 것일 수도 있다. 만일 알래스카 원주민의 특성을 질문에 포함시킨다면 물질남용 문제와 함께 다른 외상 장애를 가진 아동들에 관한 많은 연구들은 찾을 수 있는 반면, 물질남용을 제외한 다른 한 가지 장애에만 초점을 맞춘 연구는 거의 없다는 것을 알게 될 것이다. 또한 여러 연구들을 통해서 PTSD를 가진 미국 원주민 청년들이 문화적 요인 때문에 자신들의 PTSD 증상을 숨기고 PTSD 진단을 받지 않는다는 사실도 알게 될 것이다. 바로 이러한 이유에서 질문에 민족의 특성을 포함시킬 때와 포함시키지 못할 때 사회복지사가 발견할 수 있는 증거와 그러한 증거들이 갖는 실천적 함의에는 엄청난 차이가 있다는 것을 알 수 있다.*

지금까지 논의한 질문들은 특정 개입을 정해 놓고 질문을 만드는 것이 아니었다. 지금까지의 논의에서 우리는 개입의 종류에 상관없이 어떤 개입들이 연구되고 최선의 과학적 증거에 의해 뒷받침되고 있는지에 관한 증거를 찾는 개방적인 입장에서 접근하였다. 그러나 때로는 질문을 한두 가지 정도의 개입으로 좁히는 것이 바람직할 때도 있다. 예

EBP 질문의 예

효과 관련 질문

- 트라우마에 초점을 맞춘 인지행동 치료가 비지시적 놀이 치료에 비해 성적 학대를 경험한 아동의 트라우마 증상 완화에 더 효과적인가?
- 주거 및 VA를 위한 도시개발 주거 프로그램이 퇴역 군인의 만성 노숙 문제를 해결하는 데 효과적인가?

바람직한 결과 또는 바람직하지 않은 결과 관련 질문

- 사회복지 학위를 가진 아동복지서비스 전문가가 그렇지 않은 전문가에 비해 이직 가능성이나 소진 가능성이 낮은가?
- 위탁부모-위탁아동 간 특성 중 어떤 특성이 성공적 혹은 비성공적 위탁 연결에 영향을 미치는가?

클라이언트의 경험 관련 질문

- 여성 노숙자에게 있어서 긴급 보호소에 머무는 것은 어떤 것인가?
- 군인의 잦은 해외 파병은 군인 가족의 삶, 예를 들면 가족 역할, 결혼 관계 및 자녀의 안녕 등에 어떤 영향을 미치는가?

사정 도구 관련 질문

- 외상후스트레스장애를 측정하는 척도 중 어떤 척도가 이라크 또는 아프가니스탄 참전 군인들의 외상후스트레스장애를 측정하는데 가장 정확한가?
- 어떤 자존감 척도가 낮은 자존감을 가지도록 대우받으면서 자란 아동들에게서 나타나는 작은 변화를 측정하는데, 그리고 그러한 아동들의 치료 성과를 모니터링하는데 가장 효과적인가?

를 들어, PTSD를 가진 소녀들이 너무 어리기 때문에 기관에서는 전통적으로 이들을 위해 간접적인 놀이 치료 개입을 제공해왔다고 가정해보자. 비판적으로 사고하는 증거기반 실천가는 기관의 이러한 전통과 관련된 과학적인 근거가 있는지를 탐구해볼 수 있다. 많은 사람들로부터 존경받는 상담가나 슈퍼바이저가 그 문제에 관한 한 자신들의 권위 —또는 "실천 지혜"— 를 신뢰하라는 입장을 취한다고 가정해보자. 진정한 증거기반 실천가는 그러한 상황하에서도 증거를 찾으려는 용기를 가져야 한다. 만일 실제로 그렇게 한다면, 증거기반 실천가는 놀이 치료에 관한 다음과 같은 질문을 만들어 볼 수 있을 것이다: "간접적인 놀이 치료가 성적 학대를 경험한 여덟 살 또는 그보다 어린 알래스카 원주민 소녀들의 PTSD를 완화하는 데 효과적인가?"

때로는 질문 속에 하나 또는 그 이상의 대안적 개입을 명시하는 것이 바람직하다. 예를 들어, 자신의 기관과 유사한 환경을 가진 기관에서 비슷한 클라이언트들과 일하는 동료 사회복지사가 있다고 가정해보자. 그 동료가 자신의 기관에서는 노출 치료의 요소를 혼합한 간접적 놀이 치료 접근을 선호한다고 알려주면서, 놀이 치료의 권위자들 사이에서 두 기관의 접근방법 중 어느 것이 이론적인 근거에 비추어 볼 때 더 타당한지에 관한 논쟁이 일고 있다는 것을 말했다고 가정해보자. 이러한 새로운 정보에 비추어 실천에 지침이 될만한 과학적 증거를 찾는 과정에서, 이 사회복지사는 두 가지 대안적 개입이 명시된 증거기반 질문을 만들 수 있다: "성적으로 학대받은 여덟 살 이하의 알래스카 원주민 소녀들에게 제공된 간접적인 놀이 치료

---

* 비판적 사고를 통해 이 문단에서 만일 사회복지사가 알래스카 원주민의 특성을 질문에 포함시키는 것이 바람직하다는 주장을 뒷받침할만한 증거에는 어떤 것이 있을지에 대해서 생각해보기 바란다. 이 주장은 저자 중 한 사람인 Rubin이 앵커리지에 있는 알래스카 대학에서 2006년 4월 29일에 발표한 증거기반 실천에 관한 토론을 준비하면서 이 질문과 관련된 문헌고찰 과정에서 발견한 것들에 근거한 주장이다.

와 직접적인 놀이 치료 중에서 어느 쪽이 이들의 PTSD를 더 낮출 수 있을까?" 물론 이 질문에 노출 치료를 포함시켜 질문을 확장시킬 수도 있다.

하나 또는 그 이상의 개입을 미리 명시한 질문을 만들고자 할 때, CIAO라는 약자를 기억해두면 매우 유용하다. 이 약자를 쉽게 기억하기 위해서, 이태리어로 "ciao"가 "안녕히 가십시오"라는 것을 기억해두도록 하자. 이 약자의 의미는 다음과 같다:

- 클라이언트의 특성(Client characteristics)
- 고려하고 있는 개입(Intervention being considered)
- 대안적 개입(Alternative intervention)
- 결과(Outcome)

위에서 예로 든 질문에 이 약자를 적용하면:

- C: 만일 성적 학대를 경험한 여덟 살 또는 그보다 어린 알래스카 원주민 소녀가
- I: 간접적인 놀이 치료
- A: 또는 노출 치료 기법을 혼합한 직접적 놀이 치료를 받는다면
- O: 어느 치료가 PTSD를 더 경감시킬 수 있을까?

2.5b 단계 2. 증거 찾기

이 책의 제7장과 부록B에서 우리는 문헌고찰 방법에 대해서 살펴보게 될 텐데, 그때 살펴보게 될 원칙들과 동일한 원칙을 실천가들이 실천 결정에 지침이 될 만한 증거를 찾을 때에도 적용할 수 있다. 그러나 실천가는 일반적으로 연구자보다 포괄적인 문헌연구를 수행할만한 충분한 시간이나 자료를 갖지 못한다. 바쁜 실천가들에게 도움이 될 만한 문헌고찰방법 중 하나는 컴퓨터를 이용하여 도서관을 검색하거나 전문 문헌검색 데이터베이스를 이용하여 검색하는 방법이다.

온라인 문헌검색을 위해, 도서관들은 Social

Services Abstracts, PsyINFO 등과 같은 다양한 인터넷 전문 문헌검색 데이터베이스 서비스를 제공한다. 이러한 데이터베이스들 중 자신이 찾고자 하는 전문 영역과 관련된 서로 다른 데이터베이스들을 이용하여 문헌검색을 하더라도 찾게 된 문헌 중 상당수는 동일한 문헌일 수 있다. 예를 들어, 아동학대에 대한 문헌을 찾는다고 할 때 Social Service Abstracts를 이용하여 찾을 수 있는 문헌 중 상당수는 PsycINFO를 이용해도 찾을 수 있는 것들일 것이다. 연구주제와 가장 관련 있어 보이는 서비스를 찾으려면 도서관에서 온라인 요약본이나 색인 데이터베이스 목록을 검색하면 된다.

이러한 데이터베이스들은 몇 가지 검색어를 입력해주기만 하면 관련이 있는 단행본, 학술논문, 학위논문 및 기타 출판물의 목록을 제시해준다. 문헌의 요약본을 살펴보고 싶으면 원하는 자료를 마우스로 클릭하기만 하면 되며, 심지어 학술논문, 단행본, 학위논문 전체를 다운로드 받는 것도 가능하다.

문헌검색을 위해서 어떤 검색어를 입력할지는 자신이 찾고자 하는 것이 무엇인가에 따라 달라진다. 예를 들어. 만일 특정 책 또는 학술지를 찾고자 한다면, 문헌검색을 위한 선택사항 중 '제목'을 선택한 다음 입력란에 책 또는 학술지의 제목을 입력하면 된다. 특정 저자의 문헌을 찾는다면, '저자'를 선택한 다음 입력란에 해당 저자의 이름을 입력하면 된다. 특정 주제 영역과 연관된 참고문헌을 찾고자 할 때도 동일한 방법으로 찾고자 하는 주제와 관련이 있는 검색어를 입력하면 된다. 예를 들어, 개입 효과성에 관한 증거를 찾고자 할 때는 치료결과, 효과성, 평가, 개입 또는 그 밖의 유사한 검색어들을 사용할 수 있다. 이러한 용어들은 앞서 단계 1에서 들었던 예에서 클라이언트와 상황을 기술하는 용어인 주거치료시설, 외상후스트레스장애, 분열성장애, 경계인격장애, 성적학대, 아동학대 같은 용어들과 결합해서도 사용할 수 있다.

예를 들어, 가정폭력 피해여성들의 지지집단에 관한 문헌을 찾는다고 가정해보자. 아마도 가정폭력 피해여성, 배우자 학대, 가정폭력 또는 지지집단 같은 검색용어를 입력할 수 있다. 검색의 범위를 얼마나 넓게 또는 좁게 할지는 사람에 따라 다르다. 만약 가정폭력 피해여성을 위한 지지집단의 효과에 대한 평가로 검색 범위를 제한하고 싶다면, 가정폭력 피해여성과 평가라는 핵심단어 조합과 일치하는 문헌만을 찾을 수도 있다. 특정 출판연도, 사용 언어 등과 같은 기준들을 이용하여 검색 범위를 더 좁힐 수도 있다. 만일 검색 범위를 넓히고자 한다면 더 많은 핵심단어를 사용하거나, 더 광범위하게 표현된 핵심단어를 사용하거나(가정폭력을 핵심단어로 사용할 경우 매 맞는 아내를 사용할 때보다 더 많은 문헌을 찾을 수 있다), 단어의 조합 대신에 핵심단어 각각에 부합하는 모든 문헌을 찾을 수도 있다.

도서관에서 온라인으로 문헌을 검색할 수 없다면, 한 가지 대안은 개인용 컴퓨터의 검색엔진을 이용하여 인터넷에 접속하는 것이다. 인터넷상에는 문헌을 검색할 수 있는 다양한 웹사이트가 있다. 대표적인 예로는 National Library of Medicine을 꼽을 수 있는데, 이 웹사이트의 주소는 www.nlm.nih.org이다. 이 웹사이트에서는 사회복지 및 관련 영역의 다양한 문헌이 수록되어 있는 데이터베이스인 MIDLINE을 무료로 이용할 수 있다.

아마도 가장 손쉬운 방법은 Google 같은 잘 알려진 검색엔진을 사용하는 것이라고 할 수 있다. 이제는 Google에서 자료나 관련 웹사이트 링크를 찾는 것이 너무도 대중화되어 있어서 많은 사람들이 Google이라는 단어를 동사로 사용하고 있을 정도이다. 얼마나 많은 것들을 "Google"할 수 있는지를 알면 아마도 놀라지 않을 수 없을 것이다. 예를 들어, 우리 저자들의 이름을 Google해보면 우리의 사진, 우리가 쓴 책 및 우리와 관련된 그 밖의 것들에 관한 여러 가지 웹사이트 링크를 발견할 수 있다. Google은 또한 Google Scholar라고 불리는 웹사이트도 제공하고 있다. 이 두 웹사이트 간의 차이는 Google Scholar가 특정 주제와 관련된 학술논문과 단행본 관련 링크를 제공하는 데 비해, Google은 주로 검색어에 부합하는 웹사이트의 링크 목록을 제공한다는 점이다.

체계적 문헌고찰과 메타분석

문헌고찰의 속도를 높일 수 있는 또 다른 방법은 체계적 문헌고찰과 메타분석을 찾아보는 것이다. 체계적 문헌고찰은 특정 주제에 관한 발표된 연구와 아직 발표되지 않은 연구 모두를 광범위하게 검색한 결과를 제시해준다. 예를 들면, 특정 문제를 해결하기 위한 개입 중 가장 효과적(혹은 가장 효과적이지 않은)인 개입이 어떤 것인지에 관한 체계적 문헌고찰을 실시할 수 있다. 잘 된, 그리고 신뢰할 만한 수준의 고찰은 연구자와 해당 개입 간에 어떤 이해관계가 있는지 여부도 보여줄 것이고, 더 나아가서 고찰한 연구들 중 어떤 연구가 방법론적 엄격성이 높은 연구인지, 결론을 이끌어내고 실천적 함의를 도출하는 데 더 비중 있게 고려해야 할 연구인지에 관한 정보도 제공해줄 수 있을 것이다. 메타분석이란 특정 개입에 관한 연구들이 제시한 통계 결과들을 하나로 모으고 어떤 개입이 치료결과에 가장 큰 영향을 미치는지에 관한 결론을 제시하는 체계적인 고찰이다. 문헌고찰을 위해 많은 시간을 할애할 수 없는 바쁜 사회복지 실천가들은 자신이 찾을 수 있는 체계적 고찰이나 메타분석에만 의존하기 쉽다. 그러나 아래에서 논의하겠지만 하향식 검색에만 전적으로 의존하는 것은 바람직하지 않다.

하향식 검색과 상향식 검색

Mullen(2006)은 증거를 탐색하는 두 가지 주된 접근방식을 하향식(top-down) 전략과 상향식(bottom-up) 전략으로 정의하였다. 상향식 전략을 사용할 경우, 실천 질문과 관련된 증거를 제공하는 모든 출처를 찾기 위해 문헌을 검색한다. 일단 문헌을 찾고 나면, 각각의 출처로부터 찾은 증거들을 읽고 각각의 질을 비판적으로 평가하여 구체적인 실천 결정에 적용할 수 있을지 여부를 판단한다. 그런 다음, 마지막으로 최선의 증거라고 판단되는 증거에 근거하여 일련의 행동을 선택한다. 하향식 전략을 사용하는 경우는 모든 관련 연구를 아무것도 없는 상태에서 발견하고 평가하는 것이 아니라 이미 다른 사람들이 수행해놓은 증거기반 조사연구의 결과들을 이용하여 증거를 찾는다. 그러한 연구결과들은 특정 문제영역에 대한 진단 범주나 실천 지침을 제공해주는 책들, 특정 영역에 관한 연구들을 체계적으로 검토해 놓은 자료들 또는 메타분석 같은 출처로부터 찾을 수 있다.

이 두 가지 접근 전략은 모두 장점과 단점을 가지고 있기 때문에 어느 한 쪽에 전적으로 의존하는 것은 바람직하지 않다. 하향식 접근 전략이 가진 중요한 장점 중 하나는 실행 가능성이다. 대부분의 사회복지기관들은 높은 비용 때문에 인터넷 문헌 데이터베이스에 대한 접근성이 매우 제한적일 수 있다. 대학들은 일반적으로 학생들과 교수들이 손쉽게 문헌을 검색할 수 있게 하기 위해서 인터넷 데이터베이스에 무료로 접근할 수 있게 하고 있다. 만일 이미 이러한 데이터베이스를 이용하여 기말 보고서나 과제를 준비하는 데 필요한 자료를 검색해본 사람이라면, 도서관에 가서 직접 손으로 자료를 찾는 것이 얼마나 많은 시간을 필요로 하는 일인지를 쉽게 알 수 있을 것이다. 게다가, 인터넷 데이터베이스에 쉽게 접근할 수 있다고 하더라도 자신이 찾은 증거가 얼마나 과학적인지 그리고 특정 실천 결정에 적용 가능한지를 평가하기 위해 엄청난 양의 연구들을 읽어야 한다면, 상향식 접근법은 매우 시간 소모적인 방법이 될 수밖에 없다. 어떤 검색어들은 (예를 들면, 아동학대, 가정폭력, 외상 등에 관한 효과적 개입방법을 찾기 위해 사용하는 검색어들) 백 편 이상의 연구들을 찾아내기도 한다. 찾은 연구들을 (컴퓨터에 다운로드한다고 하더라도) 모두 읽고 평가한다는 것은 바쁜 실천가들로서는 도저히 생각할 수 없는 일이다. 따라서 특정 실천 영역에 관한 연구 증거들을 평가하는 데 있어서 전문성을 가진 사람들의 도움을 받는 것이 바람직하다.

이와 같은 장점에도 불구하고, 하향식 접근법은 한 가지 심각한 단점을 가지고 있다. 문헌을 검색하고, 증거를 평가하고, 실천 지침을 도출하는 과정에서 전문가의 오류를 범할 수 있다는 것이 바로 그것이다. 실천 질문에 대한 답을 찾기 위한 증거기반 방법으로서 하향식 접근방법을 배타적으로 사용할 때 우리는 전문가의 권위에 어느 정도 의지하지 않을 수 없게 된다. 그런데 권위에 의존하는 것은 과학적 연구방법과 맞지 않기 때문에 전적으로 하향식 접근방법에 의존하는 것은 바람직하다고 볼 수 없다. "전문가들"도 증거를 찾는 과정에서 관련 연구들을 놓칠 수 있다. 어떤 전문가들이 특정 연구의 증거가 가진 과학적 수월성에 대한 평가나 어떤 개입이 최선의 증거에 의해 지지를 받고 있는지에 대한 평가에 대해서 더 엄격한 방법론적 수월성 기준을 가진 전문가들은 동의하지 않을 수도 있다. 어떤 "전문가들"은 평가에 있어서 편향적일 수 있는데, 특히 그들이 최선의 증거에 의해서 뒷받침되는 개입이라고 주장하는 개입에 그들 자신이 어떤 이해관계를 가지고 있다면 그럴 가능성은 더욱 높다. 예를 들어, 하향식 접근방법을 통해서 PTSD를 위한 효과적 개입과 관련된 증거를 찾아본다면 아마도 누구의 고찰이 더 편향적인지 그리고 누구의 치료 접근이 증거에 의해 더 잘 뒷받침되는지를 놓고 논쟁을 벌이는 노출 치료(Exposure Therapy) 전문가들과 안구운동둔감화 재처리(EMDR, Eye Movement Desensitization and Reprocessing) 전문가들을 쉽게 발견할 수 있을 것이다.

상향식 접근방법을 사용하고 싶지만 실행 가능성 문제 때문에 부득이하게 하향식 접근방법을 사용해야만 한다면, 실천가는 하향식 접근방법을 사용함에 있어서 비판적으로 사고하는 자세를 가질 수 있어야 한다. 예컨대, 다른 사람들이 추천한 출처나 스스로 발견한 몇 개 정도의 하향식 출처(sources)에만 의존하는 것은 바람직하지 않다. 자신의 실천 결정과 관련된 모든 하향식 자료를 찾아 평가하고 자료들 간에 존재하는 차이를 발견하기 위해 노력해야 한다. 또한 해당 출처의 저자들이 그들이 추천하는 특정 실천 접근과 관련된 이해관계를 가지고 있는지 여부에도 주의를 기울여야 한다. 마지막으로, 연구를 평가하는 데 사용된 기준도 검토해야 한다. 연구들이 최소한의 방법론적 기준을 충족시켰는가? 최선의 증거를 제공하는 연구들과 그렇지 않은 연구들을 구분할 때 어떤 방법론적 기준이 사용되었는가? 그러한 기준들이 이 책의 나머지 부분에서 배우게 될 내용과 연구방법론 과목에서 배운 내용들에 비춰 볼 때 적절한가?

다행스럽게도, 하향식 접근법과 상향식 접근법은 상호 배타적인 것이 아니다. 만일 시간과 접근성이 허락된다면, 이미 다른 사람들이 검토하고 실천 지침을 만들어 놓은 하향식 출처들뿐만 아니라 개별 연구들을 검토하고 평가할 수 있어야 한다. 사실, 엄격한 의미에서의 상향식 검색은 개별 연구들과 하향식 출처 모두를 찾아 검토하고 평가하는 것을 암묵적으로 의미한다. 추천받은 모든 출처들을 위에서 언급한 기준들에 맞춰 비판적으로 평가할 수 있다면, 다른 사람들이 검토한 내용을 개별 연구에 대한 자신의 평가를 발전시키기 위해 활용하는 것은 매우 바람직하다. 마찬가지로 하향식 검색을 보완하기 위해서 하향식 출처들이 발표된 이후에 발표되었을 가능성이 있는 연구들을 찾아 고찰하는 노력이 반드시 있어야 한다. 최근에 발표된 연구들 중에 하향식 출처의 결론이나 함의와 상반되거나 그 내용이 달라진 연구결과를 제시하는 연구가 있을 수도 있기 때문이다.

이상에서 논의한 내용들을 염두에 둔 상태에서,

문헌 및 실천 지침을 검색할 때 유용한 인터넷 사이트

- Campbell Collaboration: www.campbellcollaboration.org/index/htmal
- Cochrane Collaboration: www.cochrane.org
- American Psychological Association's website on empirically supported treatment: www.apa.org/divisions/div12/rev_est/
- Child Welfare: California Evidence-Based Clearinghouse for Child Welfare: www.cachildwelfareclearhouse.org/
- Crisis Intervention and Domestic Violence National Resource: http://www.crisisinterventionnetwork.com
- Substance Abuse: http://nrepp.samhsa.gov/
- Crisis Intervention and Domestic Violence National Resource: http://www.crisisinterventionnetwork.com

- Expert Consensus Guideline Series: www.psychguides.com
- National Guideline Clearinghouse: www.guidelines.gov
- National Institute of Drug Abuse: www.nida.nih.gov
- Substance Abuse and Mental Health Services Administration: www.samhas.org/index.aspx
- BMG Clinical Evidence: www.clinicalevidence.com/ceweb/conditions/index.jspoogle,
- Oregon Evidence-Based Practice Center: www.ohsu.edu.epc/
- Google, Yahoo! 또는 그 밖의 다른 검색엔진에 검색용어를 입력하면 추가적인 하향식 검토 사이트들을 발견할 수 있다.

이제 사회복지 및 관련 분야의 연구자들로부터 높은 평가를 받고 있는 두 개의 하향식 출처를 살펴보기로 하자. "증거 검색 및 실천 지침을 위한 유용한 인터넷 사이트"라는 제목의 글상자에는 이 두 개의 출처와 함께 그 밖의 몇 가지 유용한 출처들의 웹사이트가 제시되어 있다.

Cochrane Collaboration과 Campbell Collaboration

국제적인 비영리 기관인 The Cochrane Collaboration은 연구자, 실천가, 이용자 등을 심사위원으로 선출하여 건강관리 개입의 효과에 관한 연구들을 검토한 결과를 제공하는 조직이다. 인터넷에서 www.cochrane.org라는 주소를 입력하여 Cochrane Collaboration의 웹사이트를 방문하면 검토 내용, 의견과 비판, 검토 내용의 요약본, 참고 문헌, 방법론에 대한 검토 내용 등을 제공하는 도서관 링크와 스스로 증거를 찾아 검토해보고자 하

는 사람들에게 도움이 될 만한 다양한 링크들을 찾을 수 있다. Cochrane 웹사이트는 또한 Cochrane의 평가 시스템의 우수성을 판단할 수 있는 정보도 제시하고 있다.

The Campbell Collaboration은 2000년에 Cochrane Collaboration이 만들어진 직후 자매 비영리 국제 조직으로 설립되었다. Campbell Collaboration의 사명과 활동은 자매조직과 유사하지만 주로 사회복지, 교육, 교정에 초점을 맞추고 있다. Campbell Collaboration은 실천가, 일반 대중, 정책입안자, 학생, 연구자 모두가 검토 내용을 작성하고 사용할 수 있게 하고 있다. 이 조직의 인터넷주소는 www.campbellcollaboration.org이다. 이 조직의 웹사이트에 들어가보면 Cochrane Collaboration에서 찾을 수 있는 링크들과 유사한 링크들을 발견할 수 있다. 그러나 이 조직의 경우, 검토 대상 연구들의 범위가 건강관리에만 한정되어 있지 않은데, 예를 들면 가정폭력, 성적 학대,

양육훈련, 범죄 가해자, 청소년 비행, 인격장애, 청소년 행동장애, 중증 정신질환, 물질남용, 복지개혁, 주택, 입양부모 훈련, 섭식장애를 포함한 다양한 주제들에 대한 개입의 효과성을 검토한 자료들을 발견할 수 있다.

2.5c 단계 3. 관련 연구들을 비판적으로 검토하기

앞서 제1장에서 언급했던 바와 같이, 개입의 효과성을 평가하는 연구들의 질은 천차만별이다. 대부분의 연구들은 매우 우수한 연구들이지만 어떤 연구들은 이 책에서 배우게 될 기본적인 원칙들에도 어긋나는 연구들이다. 증거 검색을 통해 찾은 연구들을 비판적으로 평가하기 위해 알아야 할 모든 연구방법론과 연구 설계 개념을 지금 여기서 자세하게 설명하는 것은 의미가 없다. 그러한 내용들은 이 책의 나머지 부분에서 다루어 나가기로 하겠다.

2.5d 단계 4. 어떤 개입이 특정 클라이언트에게 가장 적절한지 결정하기

어떤 개입이 최선의 증거에 의해 뒷받침되는 개입이라고 할지라도 그 개입이 모든 클라이언트와 모든 상황에 대해서 효과적인 것은 아니다. 어떤 개입의 효과성에 대한 타당한 증거를 제공하는 연구가 일반적으로 의미하는 바는 그 개입이 모든 사례에 효과적이라는 것이 아니라 다른 대안보다 효과적일 가능성이 높다는 것이다. 어떤 인종집단 구성원들에게 효과적이라고 밝혀진 개입이 다른 인종의 클라이언트에게는 효과가 없을 수도 있다. 최선의 증거에 의해서 뒷받침되는 개입이 특정 문화나 개별 클라이언트의 가치와 갈등을 일으킬 수 있는 소지를 가지고 있을 수도 있다. 그림 2-1에 제시된 바와 같이 실천가는 결정을 내릴 때 자신의 임상적

전문성, 클라이언트에 대한 지식, 클라이언트의 피드백 그리고 문화적 적절성 등을 활용해야 한다.

최선의 개입이라고 생각되는 것들 가운데 어떤 것이 특정 클라이언트 또는 클라이언트 집단에 가장 잘 맞는지를 결정할 때는 몇 가지 사항들을 고려해야 한다. 물론 그 가운데 한 가지는 단계 3에서 평가한 증거의 질이다. 학생들은 종종 "어떤 개입이 증거에 기반하고 있다고 말할 수 있으려면 그 개입을 뒷받침하는 훌륭한 연구가 얼마나 있어야 하나요?"라는 질문을 하곤 한다. 이 질문에 대한 정답은 없다. 특정 개입을 뒷받침하는 한두 가지 연구가 있다면 충분할 수 있다. 매우 우수한 한 개의 연구에 의해서 뒷받침되는 개입이 우수하지 않은 다수의 연구들에 의해서 뒷받침되는 것보다 나을 수 있다.

더 중요한 것은 '어떤 개입이 증거를 기반으로 한 개입인가?'라는 질문은 올바른 질문이 아니라는 것이다. 이 질문 속에는 일종의 궁극성(finality)이 포함되어 있으며, 궁극성은 과학적 방법에서 말하는 지식의 잠정적 본질이나 반박 가능성과는 맞지 않는다. 어떤 실천 개입이 증거기반인지를 고민하기보다는 현재 어떤 실천 개입이 최선의 증거에 의해 뒷받침되고 있는지를 생각하는 것이 더 바람직하다. 자신이 대하는 클라이언트와 전혀 다른 클라이언트에 관한 연구에서 특정 개입을 뒷받침하는 증거가 발견되었다고 하더라도 그러한 증거보다는 비록 연구 설계의 우수성은 다소 떨어지지만, 자신이 대하는 클라이언트와 동일한 종류의 클라이언트에 관한 연구에서 발견된 증거가 더 의미 있다.

그러나 자신이 대하는 클라이언트와 유사한 클라이언트에 관한 개입들 중에서는 어떤 것도 이렇다 할만한 증거에 의해서 뒷받침되지 않지만 어떤 면에서는 자신이 대하는 클라이언트들과 동일하지만, 어떤 면에서는 전혀 다른 클라이언트들을 위한 개입은 우수한 연구에 의해서 뒷받침되고 있다면 어떻게 해야 하는가? 그런 경우에는 어떤 특별한 임상적 이유 때문에 후자 개입을 받아들

그림 2-2 ▶ 체계적 문헌고찰 및 메타분석에 대한 비판적 평가 기준

- 연구자 또는 연구 후원 주체의 기득권이 연구 결과에 따라 영향을 받는가?
- 연구자 또는 연구 후원 주체의 기득권과 관련된 이해충돌이 있을 수 있다는 내용까지도 제시되어 있는가?
- 고찰할 연구와 고찰하지 않을 연구를 정하는 기준이 제시되어 있는가?
- 그 기준이 너무 제한적이거나 엄격하지는 않은가?
- 미간행연구도 찾아 평가하고 있는가? (특히, 기존 연구결과와 달리 개입의 효과성을 뒷받침하지 않는 연구결과를 제시할 가능성이 있는 미간행연구)
- 영어 이외의 언어로 발표된 연구도 찾아 평가하고 있는가?
- 한두 가지 데이터베이스에만 의존하지 않고 다수의 데이터베이스를 이용하고 있는가?
- 이미 찾은 연구논문에 인용되어 있는 연구논문도 찾고 있는가?
- 연구질문과 관련이 있는 웹사이트도 검색하는가?
- 문헌을 고찰하다가 연구방법론이나 연구결과에 관한 사항을 확인할 목적으로 논문의 저자에게 연락을 취한 적이 있나?
- 연구방법의 엄격성에 대한 고찰이 이루어지고 있나?
- 연구논문들로부터 찾은 증거자료를 상반된 연구결과를 보이면서 방법론적 엄격성에 있어서 차이가 있는 연구별로 구분하여 정리하고 있는가?
- 연구논문들로부터 찾은 증거자료를 상반된 연구결과를 보이면서 연구 대상의 특성에 있어서 차이가 있는 연구별로 구분하여 정리하고 있는가?
- 최소한 두 명의 연구자로 하여금 연구논문에 제시된 연구결과를 정리하고 연구의 방법론적 엄격성을 판단하게 하고 있는가? 연구자들의 판단이 일치하는가?
- 문헌고찰 과정에 편향이 발생하지 않게 하기 위해 연구자가 어떤 과정을 거쳤는지가 보고되어 있는가?

일 수 없는 상황이 아니라면 후자 개입을 시도해 볼 필요가 충분히 있다. 예를 들어, 경계역인격장애 진단을 받고 주거치료시설에서 치료를 받고 있는 12~13세 정도의 소녀들에게 효과적일 것이라 판단되는 개입은 전혀 발견할 수 없는 반면, 장애가 있지만 시설에 거주하고 있지 않은 14~16세 정도의 소녀들에 대한 어떤 개입의 효과성을 지지하는 연구는 있다고 가정해보자. 현실적으로 더 나은 대안을 발견할 수 없다면 실천가는 그 개입을 시험 삼아 시도해보고 결과를 평가(단계 6에서처럼)해 볼 수 있다.

어떤 개입기법을 선택할지를 최종적으로 결정하고 선택한 개입기법을 적용하기에 앞서, 가능하다면 클라이언트가 가진 가치와 기대를 파악하고, 결정 과정에 클라이언트를 포함시키고, 클라이언트들에게 치료 개입의 잠재적 효과성과 모든 가능한 부작용에 대해서 알려준 다음, 치료 개입을 받

을 것인지 여부에 관한 고지된 동의를 받아야 한다. 아마도 어떤 사람들은 그렇게 하는 과정에서 단순히 다음과 같이 말해버림으로써 구체적이고 세세한 것들을 피하고자 하는지도 모른다: "이 기법이 이제까지 알려진 기법들 중 효과적임을 뒷받침하는 증거를 가장 많이 가지고 있습니다." "이 기법과 관련된 몇 가지 긍정적인 결과가 있습니다." "우리는 이 치료법이 당신과 동일한 걱정거리를 가진 분들에게 효과적이라는 몇 가지 초기 증거를 가지고 있습니다." 이러한 방식으로 클라이언트는 어떤 개입이 가장 적절한지 (문화, 성격, 그밖의 다른 요소들에 비춰볼 때) 그리고 어떤 개입이 긍정적인 결과를 낳을 가능성이 가장 높은지에 대한 정보를 바탕으로 고지된 결정을 내릴 수 있다. 어떤 개입을 선택할 것인지와 관련해서 클라이언트로부터 고지된 동의를 얻어야 한다는 윤리적인 이유 때문만이 아니라, 그렇게 하는 것이 클라

이언트로 하여금 치료 과정에서 주인의식과 책임성을 느낄 수 있게 하는 데 도움이 된다. 그 결과, 클라이언트가 성공적인 결과를 거둘 가능성을 높일 수 있다.

2.5e 단계 5. 증거기반 개입 적용하기

일단 개입을 선택하고 나면, 선택한 개입을 적용하기에 앞서 몇 가지 단계를 거쳐야 한다. 우선, 교육 워크숍이나 전문 학회를 통해 개입에 대한 훈련을 받아야 한다. 아마도 주변의 사회복지대학에서 자신이 선택한 개입방법에 관한 과목이 개설되어 있을 수도 있다. 또한 개입기법을 실천하는 방법에 관한 개입기법 매뉴얼을 포함한 문헌 자료를 구해야 한다. 개입 경험이 많은 동료를 찾아 자문이나 슈퍼비전을 받을 필요도 있다. 사용하고자 하는 개입이 상대적으로 최근에 소개된 기법이라면 정기적으로 만나 새로운 기법을 다양한 사례에 어떻게 적용할 것인지에 대해서 의견을 나누고 피드백을 줄 수 있는 동료 전문가들로 구성된 지지집단이 필요하다. 충분한 훈련이나 슈퍼비전을 받을 수 없다면, 해당 개입을 위해 필수적인 훈련을 받거나 보다 경험 있는 다른 전문가에게 클라이언트를 의뢰해야 한다.

만일 자신이 직접 클라이언트에게 개입을 제공한다면 (또는 다른 전문가에게 클라이언트를 의뢰한 후에도 클라이언트와 계속해서 함께 일해 나아가야 한다면), 개입에 앞서 거쳐야 할 단계가 한 가지 더 있다. 증거기반 실천가는 클라이언트와 함께 선택한 개입이 진정으로 클라이언트에게 도움이 되는지를 평가하기 위해서 측정 가능한 치료 목표를 설정해야 한다. 이 책의 제7장에서 하게 될 논의는 측정 가능한 치료 목표를 정의하는 데 도움이 될 것이다. 단계 2에서 해야 하는 연구들에 대한 평가 또한 치료 목표를 정의하고 측정하는 유용한 방법들을 이해하는 데 도움이 될 것이다.

2.5f 단계 6. 평가 및 피드백

이 단계에서 증거기반 실천가와 클라이언트는 치료 목표를 달성해가는 과정을 측정하고 평가한다. 이를 위한 방법에 대해서는 이 책의 다른 장에서 살펴볼 것이다. 예를 들어, 실천가는 개입을 시작하기 전에, 개입 중 또는 개입이 종료된 다음 일정 기간 동안에 클라이언트로 하여금 자신의 특정 행동, 감정, 또는 인지를 스스로 모니터링하게 할 수 있다.

특정 클라이언트에 대한 개입이 효과적인지 평가하기 위해서, 매일매일 자료를 그래프로 나타내고 그래프로 나타낸 자료가 개입이 시작된 후에 눈에 띄게 향상되는 유형을 보이는지를 관찰해볼 수 있다. 실천가와 클라이언트는 만일 개입이 유용하지 않는 것처럼 보이거나 치료 목표가 달성되었다면 치료 계획을 수정해야 할 필요성을 논의하는 등 자료에 대한 논의를 꾸준히 해나가야 한다. 어떤 클라이언트는 이러한 논의 과정(자신이 나아지는 것을 눈으로 보고 왜 증상이 향상되거나 악화되는지 논의하는 것)을 특히 좋아한다(때때로 발전에 영향을 미치고 치료 과정에 중요한 정보를 제공해주는 외적 사건이 그들의 삶 가운데 발생하기도 한다).

일단 클라이언트와의 과업이 종료되면, 실천가는 자신이 발견한 점들에 대해서 동료 실천가들과 의견을 교환해야 한다. 어쩌면 치료결과를 단일사례 평가연구의 형태로 발표해볼 수도 있다(만일 그렇게 하고자 한다면 이 책의 제12장과 부록B를 읽어보는 것이 도움이 될 것이다). 이보다 한 걸음 더 나아가서, Cournoyer와 Powers(2002)는 증거기반 실천가들에게 자신이 개입을 통해 발견한 점들을 자신이 적용하고 평가했던 특정 개입을 뒷받침하는 증거를 제시했던 연구자들에게 알리고 그들과 의견을 교환해야 한다고까지 주장한다.

아마도 어떤 독자들은 단계 6이 왜 필요한지를

잘 이해하지 못할지도 모른다. 만일 특정 개입의 효과성에 관한 증거를 이미 발표된 연구들에서 찾을 수 있다면, 왜 클라이언트에 대한 개입을 또 평가해야 하는가? 개입을 평가해야 하는 이유는 어떤 실천 개입의 효과성이 뒷받침하는 연구들 가운데 거의 모두는 그 개입이 모든 클라이언트와 모든 상황에서 효과적이라는 결과를 보여주지 못하기 때문이다. 다만, 그러한 연구들이 보여주는 것은 그 개입이 다른 대안적 개입들보다 효과적일 가능성이 높다는 것이다. 즉, 자신의 클라이언트가 바로 그 예외적인 사례 가운데 한 명이 될 수 있다는 가능성은 언제나 존재한다.

2.6 증거기반 실천과 증거기반 실천 과정의 차이

많은 학자들과 실천가들이 증거기반 실천 과정을 의미하면서도 증거기반 실천 과정이라는 용어를 사용하지 않고 일반적으로 증거기반 실천(EBP)이라는 용어를 사용하곤 한다. 그런데 어떤 사람들은 증거기반 실천이라는 용어를 증거기반 실천 과정이라는 의미가 아니라 연구에 의해서 뒷받침되는 특정 실천 개입이라는 의미로 사용하기도 한다. 그 결과, 연구에 의해서 뒷받침되는 특정 프로그램, 정책 또는 개입이 '증거기반'이라고 불리는가 하면, 단수가 아니라 복수를 뜻하는 '증거기반 실천들'이라는 제목을 가진 개입 목록 가운데 하나로서 제시되곤 한다. 증거기반 실천과 증거기반 실천들이라는 용어를 약자로 표기하면 모두 EBP이다 보니 EBP에 관한 논의나 논쟁 과정에서 종종 혼란이 발생한다. 예를 들어, 실천가들이 왜 EBP에 대해서 부정적인 태도를 보이는지를 심층적으로 살펴보면 그들이 가진 부정적인 태도가 과정으로서의 증거기반 실천에 대한 것이 아님을 알게 된다. 그들이 가진 부정적인 태도는 그들이 제공한 개입에 대해서 보험회사나 정부가 실천가의

판단이나 클라이언트의 특성은 전혀 고려하지 않은 채 단순히 한 가지 이유, 즉 제공된 개입이 자신들이 가진 증거기반 개입 목록에 포함되어 있지 않다는 이유만으로 제공된 개입에 대해서 수가를 지불하지 않는다는 사실에 대한 것이다. 단수 개념의 증거기반 실천과 복수 개념의 증거기반 실천들 간의 이러한 차이를 이해하는 것은 매우 중요하다. 이제 이러한 차이를 염두에 이해한 상태에서 EBP에 관한 오해와 비판에 대해서 살펴보기로 하자.

2.7 증거기반 실천에 관한 논쟁과 오해

사회복지실천가와 교육자 중 대다수가 증거기반 실천을 지지하고는 있으나 모두가 그런 것은 아니다(Rubin & Parrish, 2007, 2011). EBP에 대해 비판적 입장을 가진 사람들 중 어떤 사람들은 EBP의 실현 가능성이 낮다는 것을 지적하고, 어떤 사람들은 방법론적 또는 철학적 기반을 이유로 EBP를 비판하는가하면, 어떤 사람들은 EBP 과정과 EBP 개입이 다르지 않다고 잘못 이해하면서 EBP를 비판하기도 한다. 그럼 지금부터 사회복지실천가와 연구자들 사이에서 EBP에 관한 어떤 오해와 비판이 존재하는지 알아보기로 하자.

증거기반 실천은 지나치게 제한적인 설명서적 접근방법으로서 전문가의 전문성을 훼손하고 클라이언트의 가치와 선호를 무시한다. 이 주장은 EBP 과정과 복수 개념의 증거기반 실천(the plural concept of EBP)을 잘못 이해한 데에서 비롯된 주장이다. EBP 과정은 (그림 2-1에 제시된 바와 같이) 실천가의 판단과 클라이언트의 특성이 실천에서 하는 중요한 역할을 인식하는 과정이다.

증거기반 실천은 비용 절감을 위한 도구에 불과하다. 증거기반 실천에 대한 일부 비판자들은 증거기반 실천이 서비스 수가를 지불하는 정부기관이나 관리의료회사(managed care company)에 의해 악용

될 수 있는 비용절감 도구에 불과하다고 주장한다. 이러한 비판은 비용지불 주체들이 연구에 의해서 뒷받침되는 개입이나 연구에서 필요하다고 명시된 횟수 만큼에 해당하는 치료 세션에 대해서만 수가를 지불할 것이라는 주장에 근거하고 있다. 증거기반 실천을 지지하는 사람들은 이러한 비판이 증거기반 실천에 자체에 대한 비판이 아니라 관리의료 회사가 증거기반 실천을 왜곡시키는 방식에 대한 비판이라고 반박하고 있다. 또한 증거기반 실천의 지지자들은 최선의 연구 증거에 의해 뒷받침되는 개입 실천들 가운데 어떤 것들은 연구 증거에 의해 뒷받침되지 않는 대안 개입들보다 비용이 훨씬 더 든다는 점을 지적한다(Gibbs and Gambrill, 2002; Mullen and Streiner, 2004). 증거기반 실천의 목적은 가장 효과적인 개입을 찾고자 하는 것이지 가장 비용이 적게 드는 개입을 찾는 것이 아니다.

증거기반 실천은 치료협력관계를 저해한다. 또 한 가지 반대는 실천가와 클라이언트 사이의 관계의 질은 효과적인 치료의 가장 중요한 측면으로서 실천가가 사용하는 개입의 종류와는 무관하다는 연구결과들에 근거하고 있다. 어떤 사람들은 치료 매뉴얼을 지나치게 고집하는 것은 관계 설정을 위해 전문가의 전문성과 경험을 발휘하는 데 있어서 실천가의 융통성을 제한할 수 있으며 이는 결과적으로 치료협력관계(therapeutic alliance)를 저해하고 부정적인 치료결과로 이어질 수 있다고 주장한다(Reed, 2006; Messer, 2006; Western, 2006; Zlotnik and Galambos, 2004). 그러나 이러한 주장 역시 복수 개념의 증거기반 실천에 근거한 주장이며, 실천가가 가진 전문성의 통합을 강조하는 증거기반 실천 과정의 특성을 무시하는 주장이다.

증거기반 실천은 사회복지 실천에서 일상적으로 대하는 클라이언트들과는 매우 다른 클라이언트들을 대상으로 한 연구들에 근거하고 있다. 개입의 효과성을 뒷받침하는 최선의 증거를 제시하는 과학적 실험연구들의 연구 대상 클라이언트들이 가진 특성은

또 한 가지 반대의 근거가 되고 있다. 예를 들면, 대부분의 실험연구들은 복수 진단명을 가진 클라이언트들을 일반적으로 연구 대상에서 제외시키고 있다. 또한 대부분의 실험연구에서 소수계 클라이언트들은 잘 반영되지 않는다(Messer, 2006; Western, 2006). 이러한 반대 주장은 사회복지와 특히 밀접한 관련이 있는데, 그 이유는 사회복지사들이 주로 소수계 클라이언트, 다중 장애를 가진 클라이언트, 대부분의 실험연구에서 뽑는 클라이언트들이 가진 전형적인 진단 범주에 해당되지 않는 클라이언트들을 다루기 때문이다. 표준화된 개입 평가에 참여하는 클라이언트들의 특성과 실천가가 일상적으로 접하는 클라이언트들의 특성이 다르다는 점을 고려해볼 때, 증거기반 실천이 실천가들에게 치료 매뉴얼을 철저하게 따를 것을 요구한다는 인식은 클라이언트의 특성과 환경에 적절히 반응하기 위해서 실천가가 가진 전문성을 융통성 있게 사용하기 힘들게 만든다는 비판의 근거가 되어왔다. 그러나 이러한 반대 주장 또한 단수 개념의 증거기반 실천이 아니라 복수 개념의 증거기반 실천과 관련이 있는 것이다.

증거가 부족하다. 증거기반 실천에 대한 또 다른 비판은 다양한 사회복지 치료 영역 및 인구집단을 위한 실천에 지침을 제공할 수 있는 양질의 연구가 충분하지 않다는 것이다. 이러한 비판은 일정부분 인정해야 하는 비판이지만 양질의 연구가 수적으로 점차 증가하고 있는 것도 사실이다. 더구나 증거기반 실천의 지지자들은 양질의 연구가 부족하다는 것은 증거기반 실천에 대한 비판이라기보다는 연구 부족 자체에 대한 지적임을 강조하면서 이 비판을 반박하고 있다. 만일 실천가들이 부족한 증거에 근거하거나 전혀 증거에 근거하지 않고 개입 결정을 내린다면 그것이야말로 실천가들이 "개입을 실천할 때 세심한 주의를 기해야 하고 실천 과정의 마지막 단계에서 결과를 평가하는 데 더더욱 신중해져야 할" 이유가 된다(Mullen and Streiner,

2004: p.115).

이러한 비판에 대한 역비판 중 하나는 설령 자신이 찾고자 하는 증거가 없다고 할지라도 자신이 클라이언트를 돕는 데 가장 효과적인 방법을 찾기 위해 최선을 다했다는 것을 알 때 느낄 수 있는 만족감이다. 이와 반대되는 상황, 즉 자신이 하려는 개입이 클라이언트를 위한 최선의 것인지 아닌지를 확인조차 하지 않고 그냥 개입을 하는 경우를 한번 생각해보자. 어떤 의사가 환자에게 약을 처방하면서 자신은 그 약이 환자에게 최선의 것인지를 확인할 수 있는 증거가 없을 수도 있기 때문에 굳이 시간을 내서 그런 증거를 찾을 생각이 전혀 없다고 말한다면 어떻겠는가?

더구나 어떤 개입은 이론적으로는 문제가 없어 보이지만 실제로는 클라이언트에게 해가 될 수도 있다(제1장에서 논의한 바와 같이). 자신이 한 위험한 개입이 결과적으로는 해당 개입에 관한 연구들을 확인했더라면 클라이언트에게 해가 되는 것을 막을 수 있었다는 사실 그 자체를 확인하기 위한 개입이었다면 과연 어떤 느낌이 들지 한 번 생각해볼 필요가 있다.

증거기반 실천 과정은 질적 연구와 대안적 철학들을 평가절하한다. 이 장의 앞부분에서 언급했던 것처럼, 실천 효과성에 관한 연구들이 제시하는 증거들의 질은 대부분 다음의 두 가지 질문에 바탕을 두고 있다: (1) 치료결과가 믿을만하고, 타당하며, 편향되지 않은 방법으로 측정되었는가? (2) 개입(또는 다른 요인들)이 클라이언트들에게서 관찰된 결과의 변량을 가장 잘 설명할 수 있는지를 결정적으로 보여줄 수 있을 만큼 연구 설계가 충분히 엄격한가? 이러한 질문에 대한 확실한 답을 제시할 수 있는 가장 좋은 설계라고 여겨지는 것은 엄격한 실험 설계(제11장에서 살펴보게 될)이다. 이와는 대조적으로, 질적 연구방법에 의존한 연구들은 실험 설계 연구들보다 훨씬 약한 증거를 제공하는 것으로 여겨진다. 이 책의 다른 장들에서 논의하겠지

만, 질적 연구들은 실험연구와는 다른 성격의 연구이며, 가능한 대안적 설명들을 논리적으로 제거해 나가는 것이 아니라 심층적인 의미를 주관적으로 알아가는 것에 더 많은 가치를 부여하는 연구방법이다. 사회복지와 여러 관련 분야의 학자들이 질적 연구방법의 가치를 폭넓게 인정하고 있음에도 불구하고, 질적 연구방법을 선호하는 많은 학자들은 질적 연구방법이 증거기반 실천에서 부적절하게 평가절하되고 있다고 느끼고 있다.

또한 증거기반 실천을 비판하는 질적 연구자들 가운데 일부는 증거기반 실천의 지침이 되는 전통적인 과학적 방법이 강조해온 객관성을 부정하기도 한다. 어떤 학자들은 모든 것은 주관적이며 우리가 가진 모든 것도 우리의 주관적 실체일 뿐이기 때문에 다른 관점보다 우월하다고 말할 수 있는, 실천에 관한 어떠한 관점도 존재할 수 없다고 주장한다. 증거기반 실천을 지지하는 사람들은 만일 그렇다면 전문가가 특별한 지식을 가지고 있다는 주장을 어떻게 할 수 있을 것이며, 진실과 진실이 아닌 것을 권위를 가진 엘리트적 존재가 전적으로 결정해버리는 것을 어떻게 막을 수 있겠는가라고 반박한다(Gibbs and Gambrill, 2002).

우리는 이 장 다음의 두 장에서 이러한 방법론적이고 철학적인 논쟁에 대해서 좀 더 자세하게 살펴볼 것이다. 아울러, 이 책의 나머지 부분들에서 효과적인 증거기반 실천가가 되기 위해서 필요한 연구방법들에 대해 계속해서 살펴볼 것이다.

현실적인 어려움들로 인해 증거기반 실천을 실제로 하기가 어렵다. 아마도 증거기반 실천에 대한 비판 중 가장 문제가 될 만한 비판은 증거기반 실천의 바람직함과는 무관하지만 증거기반 실천을 지지하는 사람들조차도 곤혹스럽게 생각하는 어려움에 관한 비판인 것 같다. 그것은 다름 아닌 일상적인 실천에서 증거기반 실천을 실행하기 어렵게 하는 현실적인 어려움들이다. 일반적으로 사회복지사들은 슈퍼바이저가 증거기반 실천을 이해 또는 인정하지 않거

나 증거기반 실천 과정(특히 이 장의 앞부분에서 논의했던 것처럼 증거를 찾는 데 있어 상향식 접근법을 따른다면)을 행하기에 충분한 시간이 허락되지 않는 세팅에서 활동한다. 사실 증거기반 실천의 가치를 인정하는 세팅에서조차도 증거기반 실천 과정을 행하는 데 필요한 시간, 훈련, 문헌, 인터넷 데이터베이스나 검색엔진에 대한 접근성을 제공할만한 자원이 충분하지 않을 수도 있다.

물론 증거기반 실천을 연구하는 선구적인 연구자들이 이러한 현실적인 장애요인들을 극복하기 위한 전략들을 고안하고 검증하는 노력을 펼치고 있기는 하지만, 그러한 노력은 결코 쉽지 않은 과정이다. 예를 들면, 연구결과를 찾고 평가하는 것이 가능하더라도, 다시 말해서 증거기반 실천을 할 수 있더라도 기관의 입장에서 실천가에게 최선의 연구결과에 의해 뒷받침되는 개입을 효과적으로 제공할 수 있도록 훈련이나 슈퍼비전을 제공하는 것이 비용 면에서 너무 부담스러워 그렇게 하지 못할 수도 있다.

2.8 증거기반 실천의 실행 가능성 제고 방안

증거기반 실천을 옹호하는 사람들 사이에서도 증거기반 실천의 낮은 실행 가능성(feasibility)이 가장 큰 문제로 인식되고 있다. 이 문제를 해결하기 위해 증거기반 실천 옹호자들은 두 가지 방안을 제시한다(Rubin, 2010). 한 가지 방안은 증거기반 실천 과정을 몇 개 부분으로 나누고 몇 명 정도의 실천가로 구성된 팀에게 증거기반 실천을 맡기는 것이다. 증거기반 실천을 맡은 팀은 한 번에 단한 개 증거기반 실천 질문에만 집중한다. 이때, 증기기반 실천의 질문은 기관 모두의 관심사인 클라이언트 또는 특정 문제를 해결하기 위한 질문이다. 팀 구성원 각각은 증거기반 실천의 서로 다른 과정을 맡아 진행한다. 한 가지 질문에 대해서 증거기

반 실천의 모든 과정을 마치고 나면 그 다음 질문으로 넘어간다. 이 방법은 실습생이 있는 기관이 선택하기에 좋은 방법이다. 실습생은 앞서 언급한 과정을 실습 과제로 해볼 수 있으며 그렇게 하면 기관 직원들의 업무 부담을 덜어 주는 효과를 거둘 수 있다. 실습생들은 자신이 다니고 있는 대학 도서관의 인터넷 데이터베이스를 이용할 수 있는 장점을 가지고 있다. 만일 대학 도서관 데이터베이스를 이용할 수 없다면 Medline 같이 정부가 제공하는 무료 데이터베이스가 대안이 될 수 있다. 도시 지역에 위치한 기관의 경우, 공공도서관을 통해 무료 인터넷 데이터베이스를 이용하는 방법도 생각해볼 수 있다.

Mullen과 동료들(2007)은 증거기반 실천에 따른 업무 부담을 줄일 수 있는 방법으로서 기관 직원들을 대상으로 한 훈련에 증거기반 실천 훈련을 포함시킬 것을 제안한다. Mullen과 동료들은 또한 사회복지 대학원들이 일선 기관의 증거기반 실천 팀과 사회복지 대학원의 실습 담당자들을 대상으로 증거기반 실천 관련 교육을 제공해줄 수 있다면 좋을 것이라고 제안한다.

2.9 공통요인과 도도새(Dodo Bird)

만일 우리가 고민하고 있는 증거기반 실천의 질문이 가장 효과적인 개입방법을 찾는 것과 관련된 질문이라면, 우리는 치료 성과는 단순히 어떤 개입을 했는지 뿐만 아니라 치료와 관련된 여러 가지 다른 요인들에 의해서도 영향을 받을 수 있다는 사실을 명심해야 한다. 예를 들면, 앞에서 우리는 치료관계(therapeutic relationship)의 중요성에 대해서 살펴보았으며 증거기반 실천이 효과적이기 위해서는 반드시 돈독한 치료협력관계(therapeutic alliance)라는 맥락 안에서 증거기반 실천이 이루어져야 한다는 것도 살펴본 바 있다. 여러 연구들에 따르면 치료협력관계를 강화하고 치료 성과에

영향을 주는, 실천가 및 치료와 관련도 몇 가지 공통적인 요인이 존재한다고 한다(Hubble, Duncan, & Miller, 2009). 이들 공통요인에 대해서는 아직 많은 실증 연구들이 진행되고 있는 중이지만 이제까지 발표된 연구들에 따르면 다음과 같은 실천가·치료 관련 특성이 치료 성과에 핵심적인 영향을 미치는 것으로 밝혀졌다:

● 정확한 감정이입
● 따뜻한 마음
● 긍정적인 관심
● 희망 북돋우기
● 클라이언트의 변화 단계에 맞는 적절한 치료

  증거기반 실천에 관심이 있는 실천가는 이러한 공통요인의 중요성을 뒷받침하는 연구들을 증거기반 실천의 중요한 일부로 받아들여야 한다. 즉, 연구결과를 활용하여 실천의 효과성을 극대화하고자 하는 실천가는 여러 가지 개입방법에 관한 증거뿐만 아니라 이러한 공통요인에 관한 증거에도 관심을 기울여야 한다는 것이다. 아울러 이러한 공통요인과 관련된 기술을 극대화하는 방법에 대해서도 관심을 기울일 필요가 있다. 왜냐하면 공통요인들과 관련된 기술을 개발하고 발전시키는 것과 다양한 문제를 가진 여러 유형의 클라이언트들을 대상으로 한 효과적인 개입방법을 배우는 것, 그리고 증거기반 실천을 배우는 것은 일맥상통하는 것이기 때문이다.

  증거기반 실천에 대해 비판적인 입장을 가진 사람들은 앞서 소개한 공통 요인의 중요성을 증거기반 실천이 중요하지 않다는 주장을 뒷받침하는 근거로 사용한다. 증거기반 실천 비판자들은 치료적 관계의 질이 치료 성과에 상당한 영향을 미친다는 것을 보여주는 연구결과들을 인용하면서 실천가가 좋은 관계 기술을 가지고 있다면 어떤 개입도 효과적인 개입이 될 수 있으며 그렇기 때문에 어떤 개입

을 선택하는지는 그다지 중요한 것이 아니라고 주장한다(Wampold, 2001). 이런 주장을 소위 "도도새 판정"이라고 한다. 이 말은 『이상한 나라의 앨리스』에서 도도새가 경주가 끝나자 "모든 사람이 승자이므로 모두에게 상을 줘야 한다"(Luborksy, 2007)고 말한 것에서 유래한 말이다.

  이러한 도도새 판정을 비판하는 사람들은 한편으로는 도도새 주장을 뒷받침하는 연구들이 가진 방법론적 문제점을 지적하고 다른 한편으로는 개입 선택이 치료 성과에 더 큰 영향을 미친다는 주장을 뒷받침하는 많은 연구들이 있다는 것을 강조한다(Beutler, 2002; Craighead, Sheets, & Bjornsson, 2005; Lilienfeld, 2007). 또한 관계 요인이 개입보다 치료 성과에 더 많은 영향을 미친다고 하더라도 그것이 곧 어떤 개입을 할지 선택하는 것이 중요하지 않다는 것을 의미하는 것은 아니라고 주장한다. 즉, 관계 요인과 개입 선택 모두 중요하다고 보자는 것이다. 증거기반 실천 매뉴얼에 명시되어 있듯이 증거기반 실천은 실제로 두 가지 모두가 중요하다고 보고 있다.

  물론 개입 선택과 관계 요인 중 어느 쪽이 치료 성과에 더 큰 영향을 미치는지를 놓고 벌어지고 있는 논쟁에서 반드시 어느 한쪽 편에 설 필요는 없다. 그러나 개입 선택이 치료 성과에 아무런 영향을 주지 못하는 것으로 밝혀지지 않는 한 그리고 그렇게 밝혀질 때까지 도도새 판정은 잘못된 이분법으로 간주하는 것이 타당할 것 같다. 즉, 개입 선택이 관계 요인에 긍정적으로 기여하는 한, 설령 관계 요인이 개입 선택보다 치료 성과에 더 중요한 영향을 미친다고 할지라도 그것이 증거기반 실천을 하지 말아야 한다는 주장을 뒷받침하는 것은 아니라는 것이다. 사실 어떤 실천가들이 도도새 판정을 뒷받침하는 연구결과에 기반하여 관계의 중요성을 강조한다면 아이러니하게도 그들은 이미 증거기반 실천을 하고 있는 것이다. 왜냐하면 그들 역시 연구결과에 대한 그들의 평가를 근거로 개입

을 선택하는데 그것이 바로 증거기반 실천이기 때문이다.

2.10 주요 내용

- 증거기반 실천에서 실천가들은 이용 가능한 최선의 연구결과에 근거하여 실천과 관련된 결정을 내린다.
- 증거기반 실천 과정은 실천가로 하여금 구체적인 실천 결정을 내릴 때 유용한, 다양하고 독특한 상황들에 대해서 그들이 가지고 있는 실천 지식 및 전문성을 과학적 증거와 통합할 것을 권장한다.
- 증거기반 실천의 주된 관심사가 클라이언트에게 어떤 개입을 제공할지에 관한 결정이기는 하지만, 증기기반 실천은 어떻게 하면 문제에 대해서 최선의 사정을 내릴 수 있는가에 관한 결정이나 사회정책, 지역사회 등의 차원에서의 실천과 관련된 실천 결정을 위해서도 얼마든지 적용할 수 있다.
- 증거기반 실천은 비판적으로 사고하고, 문제의식을 갖고, 아직 검증되지 않은 신념이나 가정들을 이해하고, 개인, 가족, 집단 또는 지역사회를 위한 개입을 결정할 때 이용 가능한 최선의 과학적 증거를 사용하는 것 등을 말한다.
- 증거기반 실천가들은 증거 찾기를 실천 과정의 일부로 여겨야 한다. 증거기반 실천가들은 관련 연구를 찾는 방법과 그들이 찾은 연구의 타당성을 비판적으로 평가하기 위해 연구 설계 및 연구방법론을 이해하는 방법을 알아야 한다. 증거기반 실천가들은 또한 찾을 수 있는 최선의 증거에 근거하여 실천을 해나가야 하며 증거에 기반한 실천을 통해 자신이 설정한 목표가 달성되었는지를 평가할 수 있는 연구방법을 사용할 수 있어야 한다.
- 증거기반 실천 과정의 단계에는 질문 만들기,

증거 찾기, 관련 연구들을 비판적으로 평가하기, 어떤 증거기반 개입이 특정 클라이언트에게 가장 적절한지 결정하기, 증거기반 개입 적용하기, 평가 및 피드백 제공 등이 있다.
- 증거기반 실천에서 질문은 개입에 대하여 개방적으로 만들 수도 있고 미리 몇 가지 구체적인 개입을 정해 놓고 만들 수도 있다.
- 증거를 탐색할 때는 하향식 전략과 상향식 전략을 사용할 수 있다.
- 상향식 전략을 사용할 경우, 실천가는 실천 질문과 관련된 증거를 제공하는 모든 출처를 찾기 위해 문헌을 검색한다. 일단 문헌을 찾고 나면, 각각의 출처로부터 찾은 증거들을 읽고 각각의 질을 비판적으로 평가하여 구체적인 실천 결정에 적용할 수 있을지 여부를 판단한다. 그런 다음 마지막으로 최선의 증거라고 판단되는 증거에 근거하여 일련의 행동을 선택한다.
- 하향식 전략을 사용할 경우, 모든 관련 연구를 아무것도 없는 상태에서 발견하고 평가하는 것이 아니라 이미 다른 사람들이 수행해놓은 증거기반 조사연구의 결과들을 이용하여 증거를 찾는다. 그러한 연구결과들은 특정 문제 영역에 대한 진단 범주나 실천 지침을 제공해주는 책들, 특정 영역에 관한 연구들을 체계적으로 검토해 놓은 자료들 또는 메타분석 같은 출처로부터 찾을 수 있다.
- 어떤 개입이 최선의 증거에 의해 뒷받침되는 개입이라고 할지라도 그 개입이 모든 클라이언트와 모든 상황에 대해서 효과적인 것은 아니다. 어떤 인종집단 구성원들에게 효과적이라고 밝혀진 개입이 다른 인종의 클라이언트에게는 효과가 없을 수도 있다. 최선의 증거에 의해서 뒷받침되는 개입이 특정 문화나 개별 클라이언트의 가치와 갈등을 일으킬 수 있는 소지를 가지고 있을 수도 있다.
- 대부분의 사회복지학 교육자나 실천가들은 증

거기반 실천을 지지하지만 그렇지 않은 사람도 있다. 증거기반 실천을 비판하는 사람들 중 일부는 현실적으로 증거기반 실천을 할 수 있는 가능성이 매우 낮다고 주장하는가 하면 어떤 사람들은 방법론적 문제점이나 철학적 바탕에 초점을 맞추고 증거기반 실천을 비판하기도 하고 증거기반 실천 과정과 증거기반 개입을 같은 것으로 보는 잘못된 인식을 바탕으로 비판을 가하기도 한다.

- 대부분의 사회복지사들은 증거기반 실천 과정을 적절히 그리고 효율적으로 실행하는 데 필요한 시간, 훈련, 문헌, 인터넷 데이터베이스 및 검색엔진 등에 대한 접근성이 보장되지 않는, 자원이 불충분한 세팅에서 일하고 있다. 이러한 어려움을 극복하여 증거기반 실천 실행 가능성을 높일 수 있는 여러 가지 방안들이 제시되고 있다.

- 어떤 개입을 하는가와 상관없이 치료 성과에 중요한 영향을 미치는 공통적인 치료 관련 요인들이 존재한다는 사실이 여러 연구들을 통해 소개되고 있다. 증거기반 실천을 비판하는 사람들은 이러한 공통 요인이 존재하고 중요하다는 것을 증거기반 실천에 대한 비판의 근거로 사용하기도 하지만 증거기반 실천을 옹호하는 사람들 역시 여러 연구결과에 근거하여 그러한 주장을 반박한다.

2.11 연습문제

1. 자신의 아버지가 어머니에게 폭력을 가하는 것을 목격한 적이 있고 행동장애 및 외상후스트레스장애 진단을 받은 6살짜리 아프리카계 미국인 아동을 위한 효과적인 실천 개입 전략을 짜는 데 지침이 될 만한 증거기반 실천 질문을 만들어 본다.

2. 연습문제 1에서 만든 질문에 답하기 위해 증거를 찾는 과정에서 자신의 클라이언트가 가진 특성과 일치하는 참여자들을 연구 대상으로 한 연구를 찾지 못했다고 가정해본다. 경험적으로 뒷받침되고 있는 몇 가지 서로 다른 연구들 가운데 어떤 것이 자신의 클라이언트에게 가장 효과적일 가능성이 높은지를 결정할 때 어떤 것들을 고려해야 할지 논의해본다.

3. 연습문제 2에 대한 자신의 답에 증거기반 실천을 비판하는 사람들이 지적하는 증거기반 실천의 문제점들이 포함되어 있지 않은지 논의해본다.

4. 실천 과목에서 배운 일반적 관계 기술 중에 어떤 기술들이 가장 중요하다고 생각하는지 말해보고 그런 기술들이 어떻게 증거기반 실천가가 되는 과정의 일부가 되는지 논의해본다.

2.12 추천도서

Littell, J.H., Corcoran, J., & Pillai, V. (2008). *Systematic reviews and meta-analysis*. New York: Oxford University Press. 이 책은 체계적 문헌고찰 연구와 메타분석 연구를 이해하고 평가하는 데 매우 유용한 소책자 크기의 지침서이다. 이 책은 체계적 문헌고찰이나 메타분석을 실제로 해보고자 하는 연구자에게 특히 도움이 되는 책이다. 만일 고난도 통계분석을 요하는 메타분석을 해보고자 한다면 이 책의 저자가 참고문헌으로 소개하고 있는 책들을 참고하기 바란다.

Roberts, A. R., and K. R. Yeager (eds.). (2008). *Foundations of Evidence-Based Social Work Practice*. New York: Oxford University Press. 이 책은 Robert와 Yeager의 증거기반 실천 매뉴얼의 요약본으로서 사회복지에 초점을 맞춘 책이다.

Rubin, A. (2008). *Practioners'guide to using research for evidence-based practice*. Hoboken,

NJ:John Wiley & Sons. 이 책은 실천가들을
위한 지침서로서 증거기반 실천의 일부로서 연
구결과를 평가하고 활용하는 데 필요한 지침을
제공해준다.

Rubin, A., & Springer, D. W. (Eds.). (2010). *The
clinician's guide to evidence-based practice.*
Hoboken, NJ: Wiley & Sons. 이 책은 PTSD,
물질남용, 조현병, 우울증 및 아동복지 분야에
서 실증적으로 검증된 개입을 시도하고자 하는
임상실천가들을 위한 총서 중 하나이다.

연구 과정

PART 2

제1부에서 과학적 탐구와 연구의 가치와 사회복지 실천에 있어서의 활용을 살펴본 것에 이어서, 이번에는 연구의 과정에 대해 살펴보기로 하자. 연구과정에 대한 이해는 이 책 전반에 걸쳐서 하게 될 것이며 그 과정에서 여러 종류의 연구를 접하게 될 것이다. 제2부의 두 장에서 우리는 여러 종류의 연구들에 대한 개괄적 고찰과 함께, 어떤 탐구를 위해 어떤 종류의 연구를 선택할지에 영향을 미치는 요인들, 그리고 어떻게 여러 종류의 연구를 병행하는지에 대해서 살펴볼 것이다.

제3장에서는 질적 연구와 양적 연구라고 하는 두 개의 대조적이면서 동시에 매우 중요한 탐구 접근방법을 고찰한다. 이 두 가지 접근방법에 관한 논의는 이 책의 나머지 부분 모두에서 하게 되겠지만 특히 제3장에서는 각각의 접근방법에 대한 소개와 비교, 두 접근방법의 양립 가능성 그리고 하나의 연구에서 질적 연구와 양적 연구를 어떻게 병행하는지 등을 자세하게 살펴볼 것이다. 실제로 이 두 가지 접근방법의 상호 보완성 및 양립 가능성에 대한 관심이 증가하면서 질적 연구방법과 양적 연구방법을 혼용하는 혼합 연구방법이라는 새로운 범주의 탐구 접근방법이 등장하게 되었는데 이에 관한 논의 또한 제3장에서 할 것이다.

제4장은 어떻게 서로 다른 연구들이 서로 다른 목적을 가지고 진행되는지 그리고 연구 목적과 그 밖의 여러 가지 요인들이 사회복지 연구 과정에 어떻게 영향을 미칠 수 있는지에 대해서 살펴볼 것이다. 연구 과정에 영향을 미치는 그 밖의 요인 중 연구의 윤리적 측면과 문화적 측면은 다른 요인에 비해 상대적 중요성이 매우 높은 요인이므로 이 두 요인은 이 책 제3부의 독립된 두 개의 장에서 각각 다루기로 하겠다.

chapter 3

양적 연구방법, 질적 연구방법 및 혼합 연구방법 비교

3.1 서론

제2장에서 우리는 연구자들 간에 연구 수행방법에 영향을 미칠 수 있는 방법론적 쟁점과 철학적 쟁점에 대해서 그리고 서로 다른 종류의 연구들이 제시하는 상이한 증거들이 갖는 가치에 대해서 의견이 분분하다는 것을 살펴보았다. 과거에 있었던 의견 차이 중 대표적인 예를 꼽는다면 양적 연구방법과 질적 연구방법의 상대적 가치에 대한 의견대립을 꼽을 수 있다. 연구자들은 심지어 자신 또는 상대방을 양적 연구방법론자(혹은, 양적 연구자) 혹은 질적 연구방법론자(질적 연구자)라고 부르며 각자 자신들이 선호하는 연구방법이 더 우월한 방법이라는 입장을 견지했었다.

20세기 후반에 접어들면서 질적 연구자들은 사회복지 연구 문헌이 지나치게 양적 연구 일변도로 나아가고 있다는 점을 비판하면서 질적 연구방법의 장점을 이따금씩 강조하기 시작했다. 동시에, 아마도 질적 연구자들 사이에서 시작된 것이라 보이는데, 연구자들 사이에서 두 가지 연구방법이 양립할 수 없다는 생각이 점점 줄어들고 두 접근방법을 상호보완적인 것으로 인식하고 혼용하는 경향이 나타나기 시작했다. 이러한 변화는 결국 제3의 접근방법이라고 불리는 **혼합 연구방법**(mixed-methods research)의 발전을 가져왔다. 혼합 연구방법은 한 연구 안에서 양적 연구방법과 질적 연구방법을 함께 사용하는 것이 중요하다는 것을 강조하고 두 연구방법의 다양한 혼용방식에 관한 이론틀(framework)을 제시한다.

▶──────────────────────

양적 연구방법 ▶ 정확하고 일반화 가능한 통계적 결과물의 산출을 중요시하는 연구방법. 양적 연구방법은 주로 특정 원인이 특정 결과를 발생시키는지 여부를 확인하고자 할 때 주로 사용함.

질적 연구방법 ▶ 일반적으로 양적 연구에 비해 훨씬 더 유연한 계획을 가지고 출발하며 관찰을 해 나아가면서 연구 절차가 바뀔 수 있는 연구방법. 구체적인 인간 경험의 심층적 의미를 끌어내는 데 관심이 있으며 숫자로 환원될 수 없는, 이론적으로 풍부한 관찰을 강조함.

이 장에서는 탐구를 위한 양적 및 질적 접근방법을 개괄적으로 살펴보면서 각 접근방법이 가진 특성과 장단점 그리고 두 접근방법을 합한 혼합 접근방법이 가져다 줄 수 있는 이점 등을 비교해볼 것이다. 두 연구방법의 장단점과 상호보완성에 관한 논의는 이 책의 여러 부분에서 하고 있는데, 이 장의 논의 내용을 이해한다면 이 책의 다른 장들에서 하고 있는 양적 연구방법과 질적 연구방법에 관한 심도 있는 논의들을 이해하는 데 도움이 될 것이다.

3.2 양적 연구방법과 질적 연구방법 비교

양적 연구방법은 정확하고 일반화할 수 있는 통계적 결과물의 산출을 중요시하는 연구방법이다. 양적 연구방법은 주로 특정 원인이 특정 결과를 발생시키는지 여부를 확인하고자 할 때 주로 사용한다. 양적 연구에서는 일반적으로 모든 또는 대부분의 연구 절차를 미리 정해 놓고, 정해 놓은 절차를 정확하게 그리고 최대한의 객관성을 유지하면서 자료를 수집한다.

질적 연구방법은 구체적인 인간 경험의 심층적 의미를 끌어내는 데 관심이 있으며 숫자로 환원될 수 없는, 이론적으로 풍부한 관찰을 하는 것을 강조한다. 일반적으로 질적 연구는 양적 연구에 비해 훨씬 더 유연한 계획을 가지고 출발하는데 관찰을 해 나아가면서 연구 절차는 바뀔 수 있다.

양적 연구가 정확하고 객관적인 연구결과를 모집단 차원에서 일반화하는 데 주안점을 둔다면 질적 연구는 이와 달리 인간 경험의 의미를 심층적으로 이해하기 위해 주관성을 사용하는 것을 권장한다. 물론 양적 연구라고 해서 유연성이 전혀 없는 것은 아니며 질적 연구라고 해서 미리 계획된 연구 절차가 전혀 없다는 것은 아니다. 단지 양적 연구와 질적 연구는 강조점이 다를 뿐이며 어떤 연구들은 양적 연구방법과 질적 연구방법을 혼용하기도 한다.

다음과 같은 예를 통해서 두 연구방법 간의 차이를 이해해보기로 하자. 어떤 의료사회복지사가 말기 환자를 위한 호스피스 서비스와 일반 병원 서비스의 사회심리적 측면을 사정하고자 한다고 가정해보자. 한마디로 말해서 일반 병원 서비스는 의료장비에 의존하여 질병과 싸우는 것으로서 환자의 삶의 질을 떨어뜨리고 불편함을 느끼게 만드는 부작용을 가지고 있다. 이에 비해서 호스피스 서비스는 말기 투병 기간 동안 환자가 느끼는 불편함을 최소화하고 삶의 질을 극대화하는 데 초점을 맞추며 필요하다면 환자의 수명을 연장시키기 위한 의료장비 사용을 억제하기도 한다.

의료사회복지사가 이 연구에서 가장 중요시하는 것은 환자가 받은 서비스의 종류에 따라서 환자의 삶의 질에 차이가 있는지 여부와 차이가 있다면 어떤 차이가 있는지를 이해하는 것이다. 양적 연구를 할 경우, 의료사회복지사는 각각의 환자에 대해서 환자와 가장 가까운 가족들에게 환자가 느끼는 고통의 정도, 의료장비 사용으로 인한 고통스런 부작용 발생 횟수(예를 들자면 화학적 항암치료로 인한 탈모 등), 환자의 기분, 환자의 활동 등을 묻는 표준화된 질문 문항들에 대해서 답해줄 것을 부탁할 것이다. 그리고는 각 질문에 대한 응답 내용에 대해서 점수를 매길 수 있는 어떤 도구를 찾아야 할 것이며 그렇게 매긴 점수를 모두 합하여 전반적인 삶의 질 점수를 산출해야 한다. 가장 이상적인 것은 사회복지사가 사용하게 될 측정 도구가 이미 검증 과정을 거친 도구이어서 연구 대상을 달리하여 반복 측정하더라도 항상 일관된 자료를 제공해줄 수 있어야 한다. 따라서 이 연구에서 사용하게 될 측정 도구는 연구자가 가진 성향이나 이해관계에 의해서 영향을 받지 않을 수 있는 것이어야 한다. 만일 호스피스 서비스를 받은 환자의 점수가 일반 병원 서비스를 받은 환자의 점수보다 높게 나타난다면 사회복지사는 호스피스 서비스가 일반 병원 서비스보다 환자의 삶의 질에 좋은 영향을 미친다는 결론을 내릴 것이다.

그런데 이 의료사회복지사는 과연 자신이 사용한 측정 도구가 삶의 질의 모든 복잡한 측면들을 정말로 보여줄 수 있을지에 대해서 의문을 제기할 수 있을 것이다. 측정 도구가 줄 수 있는 것은 수량적인 점수이며 점수는 피상적인 것일 뿐이다. 점수는 우리에게 각각의 서비스가 환자의 삶의 질에 어떻게 다른 영향을 미쳤는지에 대해서 말해줄 수 있는 것이 거의 없다. 또한 점수는 환자가 어떤 경험을 하는지 그리고 그러한 경험들이 환자들에게 어떤 의미인지를 말해주지 못한다.

한 가지 대안으로서 사회복지사는 탐구를 위한 질적인 접근을 선택할 수 있다. 이를 위해서 사회복지사는 말기 환자들에게 일반 병원 서비스를 제공하는 병동과 호스피스 서비스를 제공하는 병동에서 오랜 시간을 보낸다. 그곳에서 사회복지사는 어떤 일들이 벌어지는지를 일상적으로 관찰하고 관찰 결과를 자세하게 기록하고 관찰 기록을 분석하여 혹시라도 어떤 유형이 나타나는지 본다. 제5장에서 우리는 이러한 접근방법을 사용한 한 편의 연구를(Buckingham et. al, 1976) 자세히 살펴볼 것인데 그 연구에서 연구자는 자신이 말기 환자인 것처럼 가장하여 두 가지 서비스를 직접 받아보고 각각의 서비스를 받으면서 자신이 어떻게 느끼는지를 연구하였다. 즉, 간접적인 양적 측정에 의존하기보다 자신이 직접 현상을 경험해보고자 시도한 것이다. 직접적인 관찰과 주관적 경험을 바탕으로 연구자는 호스피스 병동의 의료진들이 일반 병동의 의료진들에 비해 환자를 더 세심하게 배려하고 공감하는지, 호스피스 병동에서 환자 가족들의 참여를 더 격려하고 그러한 사실이 개별화된 돌봄 서비스에 어떤 함의를 주는지 그리고 그러한 모든 것들에 대해서 환자들이 어떻게 느끼는지를 심층적으로 이해할 수 있었다. 자신이 환자의 역할에 주관적으로 뛰어들어봄으로써 연구자는 두 가지

3장 양적 연구방법, 질적 연구방법 및 혼합 연구방법 비교 **53**

서로 다른 서비스가 어떻게 삶의 질에 영향을 미치는지를 심층적으로 그리고 공감적으로 이해해볼 수 있었다.

그런데 이러한 접근방법이 가진 단점은 무엇인가? 어떤 사람들은 연구자기 가진, 호스피스 서비스에 대한 호감, 편향성 및 중요한 발견을 하고자 하는 바람이 연구자로 하여금 호스피스 서비스를 더 긍정적으로 바라보게 만들었을 수 있다는 점을 지적할 수 있을 것이다. 한 마디로 말해서 연구자의 관찰이 충분히 객관적이었는지 의문시된다는 것이다. 양적 연구와 질적 연구 중에서 과연 어느 것이 더 나은 연구인가? 사실 양적 연구와 질적 연구 모두 가치 있는 연구이다. 각각으로부터 우리는 중요한 정보를 얻을 수 있으며 각각의 연구는 진리를 탐구하고 이해하는 데 있어서 저마다의 장점과 단점을 가지고 있다. 그렇기 때문에 우수한 사회복지학 연구들 중 일부의 연구들에서 이 두 가지 연구방법을 함께 사용하고 있는 것을 볼 수 있다.

양적 연구방법과 질적 연구방법 가운데 어느 것이 더 적합한지(또는 두 가지를 혼용할지 여부)는 연구의 목적과 여건에 따라 달라진다. 질적 연구방법은 이제까지 알려진 바가 거의 없는 새로운 현상을 탐구하기 위해 융통성이 요구되는 연구, 복잡한 현상의 주관적 의미들에 대한 직관이 필요한 연구, 혹은 이러한 현상에 대한 이론을 만들기 위한 연구에 적합하다. 그렇기 때문에 질적 연구는 동일한 주제를 양적으로 연구하기 위해 필요한 길을 닦는 과정이라고 볼 수 있다. 물론 다른 한편으로 보자면 질적 연구는 그 자체로서 충분한 결과를 만들어 내는 연구이기도 하다. 양적 연구방법과 질적 연구방법은 모두 유용하고 타당하며 저마다의 장점과 단점을 가지고 각기 다른 방식으로 지식 탐구에 기여한다. 각각의 접근방식은 교리가 아닌 일군의 도구들로 이루어져 있다. 연구자는 연구 질문과 연구 조건에 따라 적절한 도구를 사용할 줄 알아야 한다. 어떤 경우에는 양적 도구를, 어떤 경우에는 질적 도구를 그리고 또 어떤 경우에는 두 종류의 도구를 모두 사용해야 하기도 한다. 양적 연구방법과 질적 연구방법이 양립 가능한 연구방법임에도 불구하고 많은 연구들이 어느 한 가지 것만을 배타적으로 또는 주로 사용하는데 어떤 연구방법을 선택하는가에 따라 연구 과정의 성격이 매우 달라진다.

이 책 전반에 걸쳐 우리는 **양적 연구방법과 질적 연구방법**이라는 용어를 사용할 것이다. 이 책의 어떤 부분에서는 양적 연구방법에 더 초점을 맞출 것이고 어떤 부분에서는 질적 연구방법에 초점을 맞출 것이다. 이 두 가지 연구방법 가운데 어느 하나의 장점과 단점을 논할 때 독자들은 그러한 논의가 두 가지 방법 중 어느 하나가 더 뛰어나거나 못하다는 것을 의미하는 것이 아님을 유념하기 바란다. 그림 3-1에는 양적 연구방법과 질적 연구방법의 특성이 비교되어 있는데 이 표를 보면 두 연구방법이 강조하는 바가 다르다는 것을 쉽게 알 수 있다. 이상에서 우리는 두 연구방법이 가진 상반된 특성들 중 몇 가지를 살펴보았다. 그 밖의 특성들은 아직 독자들에게는 아직 생소하겠지만 이 책의 나머지 부분들에서 기회가 될 때마다 하나씩 살펴보게 될 것이다.

따라서 지금은 그림 3-1에 제시된 용어들 중에 모르는 것이 있더라도 걱정하지 말기 바란다. 두 연구방법이 그림 3-1에 나타나 있는 것처럼 서로 다른 강조점들을 가지고 있기는 하지만 앞서 논의한 바와 같이 양적 연구방법과 질적 연구방법은 얼마든지 양립 가능하다는 것을 분명하게 기억하기 바란다. 아울러 어떤 특성들은 어느 한 가지 연구방법에 더 잘 적용되지만 그렇다고 해서 해당 특성들을 두 연구방법 모두에 적용할 수 없는 것은 결코 아니다. 예를 들어서 어떤 양적 연구들은 귀납적이거나 표본이 그리 크지 않거나 탐색적 연구 목적을 가진 연구일 수도 있다. 마찬가지로 어떤 질적 연구들은 연구 대상들이 처해 있는 자연스러운 환경에서가 아니라 기관이라는 세팅에서 진행될 수도 있다. 또 어떤 질적 연구는 먼저 진행된 양적 연구에서 발견한 점들 가운데 어떤 것들을 좀 더 심층적으로 이해하기 위한 목적에서 진행되기도 한다.

3.3 혼합 연구방법

대부분의 양적 사회복지 연구들은 하나 이상의 양적 연구방법을 사용하고, 질적 사회복지 연구 역시 하나 이상의 질적 연구방법을 사용한다. 예를 들어, 아동복지프로그램에 대한 엄격한 양적 평가는 프로그램 시행 이후 공식적으로 기록된 아동학대비율이 감소하였다는 것을 측정할 것이며, 동시에 올바른 양육법에 대한 검사 점수가 프로그램 참여 이후 이전 보다 나아졌다는 것을 측정할 수 있다. 또 다른 예로, 노숙경험자에 대한 엄밀한 질적 연구는 노숙자들에게 구조화되지 않은 개방형 면접을 진행하면서, 동시에 연구자가 노숙자들과 함께 살아가면서 그들이 누구와 어울리는지와 같은 노숙인의 행동을 관찰할 수 있다. 그리고 거리에서 생활하는 것이 어떤 느낌인지 주관적인 감각을 익힐 수도 있다.

어떤 사람들은 위의 두 가지 예 각각을, 한 연구에서는 한 가지 이상의 양적 연구방법을 사용했고 다른 한 연구는 한 가지 이상의 질적 연구방법을 사용하였기 때문에 혼합 연구방법을 사용한 연구로 볼 수 있을 것이다. 그런데 일반적으로는 한 연구에서 양적 연구방법과 질적 연구방법이 함께 사용된 연구를 혼합 연구방법 연구라고 한다. 그러나 21C에 들어오면서 혼합 연구방법이 상당히 대중화됨에 따라 혼합 연구방법의 의미 또한 한 연구에서 양적·질적 연구방법을 함께 사용하는 것 이상의 것으로 정의되게 되었다. 오늘날 혼합 연구

혼합 연구방법 ▶ 하나의 연구에서 양적·질적 자료를 모두 수집하고, 탐구하려는 현상에 대해 더 나은 이해를 얻기 위한 목적에서 연구의 여러 단계에서 양적·질적 자료의 출처를 통합적으로 사용하는 독립된 연구 설계방법

방법은 하나의 독립된 연구 설계방법으로 간주되고 있으며, 한 연구에서 단순히 양적·질적 자료를 함께 수집하는 것뿐만 아니라 연구하려는 현상에 대해서 더 나은 이해를 얻기 위해 다양한 자료 출처들을 하나 혹은 그 이상의 연구 과정에서 통합하는 접근방법으로 이해되고 있다(Hanson et al., 2005).

예를 들면, Creswell(2014a)은 혼합 연구방법이 단순히 양적 연구방법과 질적 연구방법을 합쳐 놓은 것이 아님을 강조한다. 혼합 연구방법은 연구를 더욱 발전시킬 수 있도록 두 연구방법을 통합한 것이다. Creswell은 그렇기 때문에 어떤 연구자도 자신이 연구에서 두 종류의 자료를 모두 수집했다는 이유만으로 자신의 연구를 혼합 연구방법을 사용한 연구라고 주장해서는 안 된다고 강조한다. 또한 서로 다른 형식의 자료를 수집했다고 하더라도 그 자료가 모두 양적 자료이거나 질적 자료라면 그 연구방법 역시 혼합 연구방법이라고 불러서는 안 된다는 것을 강조한다. 어떤 연구를 혼합 연구방법을 사용한 연구라고 부를 수 있으려면 반드시 양적 자료와 질적 자료 모두를 수집하고 통합적으로 사용하여 혼합 연구방법이 가진 장점을 살릴 수 있어야 한다. Creswell(2014a)는 또한 혼합 연구방법 연구라는 것이 양적 연구와 질적 연구 중 어느 한쪽의 관점이나 연구의 엄격성이 무시될 수 있는 연구를 의미하는 것이 아님에 주의할 것을 강조한다.

3.3a 혼합 연구방법의 유형

이제까지 제시된 혼합 연구방법 구분 기준에는 여러 가지가 있는데, 그중 한 가지는 혼합 연구방법 범주를 '질적 연구방법 혹은 양적 연구방법 중 어느 것을 강조하는지', '어떤 연구방법을 먼저 사용하는지'에 따라 9가지 하위 혼합 연구방법으로 구분하는 것이다. 이 방식에 따라 구분할 경우, 혼합 연구방법은 어떤 연구방법을 강조하는지를 기준으로

그림 3-1 ▶ 양적 연구방법과 질적 연구방법의 강조점 비교

특성	양적 연구방법	질적 연구방법
목적	정확성 일반화 가능성 가설 검증	심층적 이해 맥락에 대한 설명 가설 도출 발견
구조	연구과정이 미리 구체화 되어 있음	자료가 수집될 때 유연하게 연구과정이 진행됨
자료수집환경	사무실, 기관, 우편이나 인터넷	연구 참여자들의 자연스러운 환경
이론적 접근	연역적	귀납적
표본의 크기	대규모	소규모
조사 시기	나중에, 현상이 친숙하다고 여겨진 이후에	초기에, 현상의 친숙함을 얻기 위해
객관성 혹은 주관성 강조	객관성	주관성
강조되는 자료의 특성	숫자	단어
결과의 심층성과 일반화 가능성	더 표면적이지만 일반화 가능성이 높음	더 심층적이지만 일반화 가능성이 낮음
세부사항과 맥락의 풍부함	맥락에 대한 세부적 설명이 풍부하지 않음	맥락에 대한 세부적인 설명으로 풍부하게 기술함
강조하는 자료수집 방법의 특성	다양하지만 엄격히 구조화됨	장황하고 덜 구조화된 관찰과 면접
연구설계 및 연구방법	실험 유사 실험 단일사례설계 설문조사	문화기술지 사례연구 생애사 초점집단 참여적 액션 리서치 근거이론
자료수집 도구	질문과 척도에서 폐쇄형 문항 사용	개방형 문항 및 면접
자료수집 시 연구자의 노동강도	시간소요가 적음	상대적으로 시간소요가 큼
자료분석 시 연구자의 노동강도	시간소요가 적음	상대적으로 시간소요가 큼
자료분석 과정	인구사회학적특성을 알 수 있는 통계적 산출 혹은 가설 추론에서 오차발생가능성 평가	수치가 아니라 서술에서 나타난 패턴과 의미를 찾음
엄격성 평가에서 강조되는 패러다임	편견의 최소화, 객관성의 최대화, 대안적 설명을 위한 통계적 통제를 위해 현대 실증주의자들이 기준을 둠	현대 실증주의자들이 기준을 두기는 하였으나, 해석주의자, 사회구조주의자, 비판적 사회과학, 페미니즘 패러다임에 기반 한 기준이 보다 일반적으로 적용됨
다른 연구자들의 재연 용이성	쉬움	어려움

다음과 같은 3가지 유형으로 구분할 수 있고

- 질적 연구방법 강조(Qualitative emphasized)
- 양적 연구방법 강조(Quantitative emphasized)
- 균등 강조(Equal emphasized)

어떤 연구방법을 먼저 사용하는지를 기준으로

하여 다음의 3가지 유형으로 나눌 수 있다.

- 질적 연구방법 선행(Qualitative First)
- 양적 연구방법 선행(Quantitative First)
- 동시 사용(두 연구방법을 동시에 사용, Concurrent Use)

이 두 가지 기준을 가지고 구분한 9가지 유형은 그림 3-2에 제시되어 있다. 그림에서 진한 글씨로 표시된 유형은 다른 유형보다 우선적으로 강조되었음을 의미한다. 그럼 지금부터 그림 3-2에 소개된 각각의 혼합 연구방법설계를 구체적인 예를 통해서 이해해보기로 하자.

'질적 연구방법' → 양적 연구방법

첫 번째 연구설계를 이해하기 위해서 이라크와 아프가니스탄 전쟁에서 돌아온 참전 군인들과의 심층적이고 개방적인 인터뷰로 시작한 연구를 예로 들어보자. 이 연구에서 최우선으로 고려되는 것은 그들이 전쟁에서 돌아와 민간인으로서의 삶으로 돌아가는 데 겪은 어려움에 대해 깊이 있는 이해를 얻는 것이다. 질적 자료 분석기술을 사용하여 정보를 모으고 분석한 뒤에는 양적 연구방법이 사용되는데, 양적 연구방법은 질적 분석을 통해 생성된 각 분류(categories)에 얼마만큼의 응답자들이 해당되는가를 조사한다. 이 연구의 강조점과 시사점은 질적 분석에 있다. 그리고 양적 분석에서 도출된 값이 중요하지 않은 것은 아니지만, 양적 연구는 이 유형의 연구가 중점적으로 다루고자 하는 부분이 아니다.

양적 연구방법 → '질적 연구방법'

두 번째로 소개된 연구설계는 양적 연구방법으로, 이는 무작위 표본추출한 참전 군인을 대상으로 구조화된 면접 조사를 진행하면서 그들이 어떤 외상후스트레스 증상들을 겪고 있는지 체크리스트를 완성해가는 것이다. 하지만 여기서 설문자료를 수집하는 것은 연구의 주요 목적이 아니다. 그보다도 설문에서 모아진 자료들은 질적 연구방법에서 사용될 질문을 확인하는 기초자료로 활용된다. 질적 연구방법으로 심층적이고, 개방적인 심층 질문(probing) 면접을 진행하는데, 극심한 증상을 겪는 참전 군인과 증상이 미약한 베테랑 전쟁군인을 하위표본으로 구분한다. 그리고 왜 어떤 군인들은 더 심한 외상후스트레스 증상을 겪는지를 이해하고자 노력하고, 그들의 입장에서 그들이 겪는 것이 어떠할지를 기술하고자 한다.

'질적 연구방법' 강조, 동시 사용

세 번째로 소개된 연구설계는 앞서 말한 질적 면접과 양적 체크리스트를 동일한 경험을 가진 참전 군인들을 대상으로 동일한 자료수집회기 동안 시행한다(아마 참전 군인들 중 절반은 질적 연구방법 부분에 먼저 응답하고, 나머지 절반은 양적

그림 3-2 ▶ 혼합 연구방법설계의 9가지 유형: 시점 기준 강조

질적 연구방법 강조	
질적 연구방법 → 양적 연구방법	질적 연구방법 강조, 질적 연구방법 우선 사용
양적 연구방법 → **질적 연구방법**	질적 연구방법 강조, 양적 연구방법 우선 사용
질적 연구방법 강조, 동시 사용	
양적 연구방법 강조	
양적 연구방법 → 질적 연구방법	양적 연구방법 강조, 양적 연구방법 우선 사용
질적 연구방법 → **양적 연구방법**	양적 연구방법 강조, 질적 연구방법 우선 사용
양적 연구방법 강조, 동시 사용	
균등 강조	
질적 연구방법 → 양적 연구방법	균등한 강조, 질적 연구방법 우선 사용
양적 연구방법 → 질적 연구방법	균등한 강조, 양적 연구방법 우선 사용
균등한 강조, 동시 사용	

연구방법 부분에 먼저 응답할 것이다). 연구의 우선적인 목적은 참전 군인들이 민간인의 삶에 다시 적응하고자 노력하는 것이 어떠한가에 대한 심층적인 이해이다. 양적 자료는 다음과 같은 두 가지 2차적 목적을 위해 사용된다: (a) 양적 자료가 각각의 군인에 해당하는 분석 중 질적 부분과 맥을 같이하는지 살펴본다. (b) 질적 분석에서 드러난 다양한 심층적인 경험을 실제로 경험한 군인의 수를 확인한다.

'양적 연구방법' → 질적 연구방법

네 번째로 소개된 연구설계는 '참전 군인들의 정신건강과 민간인으로서의 삶에 재적응하는 데 전쟁이 주는 영향이 남성인지, 여성인지에 따라 다른가?'라는 연구질문에 대한 대답을 찾는 데 우선적인 목적이 있는 연구를 사례로 살펴볼 수 있다. 남성 군인과 여성 군인은 그들의 외상 증상과 심리사회적 적응을 측정하는 양적 척도를 작성한다. 비록 연구의 목적이 이러한 양적 척도 점수가 성별에 따라 유의미한 통계적 차이를 보이는지를 검증하는 것이라 하더라도, 양적 분석이 이루어진 뒤, 외상 증상과 적응 수준의 척도점수가 심각하게 나타난 군인들을 대상으로 질적 면접이 진행될 수 있다. 연구결과를 보고할 때는 각각의 연구방법을 통해 얻은 연구결과에 동일한 중요성을 부여한 상태에서 연구결과를 보고한다. 질적 면접의 목적은 양적 연구방법에서 얻은 결과를 풍부하게 기술함으로써 삶으로 확장시키고 특정 사례에 참고할 만한 전형적인 예를 마련하는 것이다.

질적 연구방법 → '양적 연구방법'

다섯 번째로 소개된 연구설계의 예로는 시범연구 차원에서 시행된 질적 면접으로 시작하는 연구가 있다. 질적 면접을 통해 연구를 위한 아이디어를 얻고, 동시에 참전 군인이 민간인으로서의 삶에 적응하기 위한 심리사회적 측면을 측정할 수 있는 양적 도구를 개발할 수 있다. 또한 이러한 시범

연구는 양적 연구에서 검증할 수 있는 가설을 찾는 데 활용된다. 이 유형의 혼합 연구방법의 우선적인 목적은 질적 분석의 결과를 얻는 것이 아니며, 그보다는 질적 연구방법을 통해 찾아낸 가설을 양적 연구(양적 도구 활용 등을 통해)에서 검증하는 것이다. 그러한 가설로 '남성과 여성 군인은 민간인으로서의 삶에 심리사회적 재적응 수준이 다르다'와 같은 예를 들 수 있다.

'양적 연구방법' 강조, 동시 사용

여섯 번째로 소개된 연구설계 또한 '남성 군인과 여성 군인이 민간인으로서의 삶에 재적응하는 데 심리사회적 수준에서 차이를 보이는가?'라는 질문에 답을 얻고자하는 사례를 생각할 수 있다. 하지만 양적 자료가 분석된 뒤, 질적 면접을 진행하는 것이 아니라 군인들을 두 그룹으로 나눈다. 그리고 두 그룹에서 과반수 이상의 남성 군인과 여성 군인은 양적 척도를 작성하고, 나머지 소규모 그룹은 심층적인 질적 면접에 응답하게 된다. 이 방법의 우선적 목적은 양적 결과에 있으며, 질적 결과는 남성 군인과 여성 군인들이 민간인으로서의 삶에 재적응하는 과정에서 겪은 각기 다른 문제를 자세히 설명하는 데 활용된다.

질적 연구방법 → 양적 연구방법

일곱 번째로 소개된 연구설계는 질적, 양적 방법에 대해 동일한 강조점을 둔다. 따라서 앞서 살펴본 질문인 '남성 군인과 여성 군인이 민간으로서의 삶에 재적응하는 데 심리사회적 수준에서 차이를 보이는가?'라는 질문에 대답을 찾는다. 동시에 재적응 과정에서 남성과 여성이 겪은 각기 다른 유형의 어려움들이 무엇인지, 그들이 그러한 어려움에 어떻게 대처하였는지에 대한 깊은 이해를 얻고자 한다. 남성과 여성 군인으로 구성된 하나의 그룹은 질적 면접에 응답하게 된다. 그리고 이러한 면접 내용의 분석에 기반하여 양적 도구가 개발되면, 남성과 여성 군인으로 구성된 다른 그룹을 대

사례: 비자발적 이동복지 클라이언트의 치료 관계 관여에 관한 혼합 연구방법 연구

아동복지기관에 오는 부모들 중 상당수는 자녀와 건강한 관계를 형성하는 역량이 매우 제한된 부모들이다. 이러한 문제는 그들(부모)이 아동복지기관에 오게 된 것이 자발적인 동기에 의해서가 아니라는 사실과 맞물려 해결하기 힘든 난제로서 아동복지 전문가들에게 다가온다. 아동복지 전문가들은 부모들로 하여금 자녀들과 건강한 관계를 형성할 수 있게 만들어야 하며 동시에 부모들로 하여금 애초에 그들을 아동복지기관에 오게 만든 문제를 해결하는 데 참여하도록 만들어야 한다. Julie Cooper Altman(2008)은 이 문제와 관련해서 클라이언트 관여 과정에 관한 혼합 연구방법 연구를 통해 그러한 과정이 서비스 성과에 어떤 영향을 미치는지 연구하였다. Altman은 New York시에 위치한 지역사회 아동복지기관의 아동복지 전문가들과 기관을 찾는 부모들을 대상으로 현상학적 질적 연구를 진행하였다. 질적 연구를 통해 연구 참여자들로부터 얻은 자료를 분석하여 클라이언트 관여에 관

한 다음과 같은 7가지 핵심 주제를 도출하였다: 공동의 목표 설정하기, 변화의 전 과정에서 희망을 유지하게 하기, 부모들로 하여금 자신이 처한 상황을 이해하게 하기, 변화 동기 유지하게 하기, 문화적 차이 존중하기, 상호 존중적이고 솔직한 의사소통하기 그리고 모든 주체들과 지속적이고 꾸준하게 일해 나아가기. Altman은 또한 양적 연구를 통해서 전문가와 부모들이 느끼는 전문가-클라이언트 간 협력 관계의 질 및 제공된 서비스에 대한 만족도를 자기보고식 척도로 측정하였다. 이와 함께 사례가 성공적인지 여부를 판가름하기 위해서 사례기록을 자료원으로 활용하여 양적 자료를 수집하였다. Altman의 연구결과는 아동복지 분야의 실천을 위한 중요한 지침을 제공하였는데 그녀는 기존의 관점과 지식이 클라이언트-전문가 간 관계의 질이 사례의 성과에 미치는 영향을 평가하는 데 지나친 영향을 미치고 있음을 지적하면서 클라이언트-전문가 관계라는 서비스 전달상의 문제를 이해하고 연구하는 대안적 방식을 제안하였다.

출처: Altman, J.C. (2008). A Study of engagement in neighborhood-based child welfare services. *Research on Social Work Practice*, 18, 6, 555-564.

상으로 양적 도구를 시행한다. 이러한 유형의 연구에 대한 보고서는 두 방법에서 도출된 결과 모두에 동일한 강조점을 둔다.

양적 연구방법 → 질적 연구방법

여덟 번째로 소개된 연구설계 역시 일곱 번째 유형과 마찬가지로 '남성 군인과 여성 군인이 민간으로서의 삶에 재적응하는 데 심리사회적 수준에서 차이를 보이는가?'라는 질문에 대한 대답을 찾는다. 또한 이 유형도 재적응 과정에서 남성과 여성이 겪은 각기 다른 유형의 어려움들이 무엇이고 그들이 그러한 어려움에 어떻게 대처하였는지에 대한 깊은 이해를 얻고자 한다. 하지만 이 유형은 양적 연구방법을 먼저 진행한 뒤, 재적응 정도를 가장 잘 대표할 수 있는 하위 소그룹(가장 잘 적응, 평균, 재적응 어려움)을 대상으로 질적 면접을 진행한다. 이러한 유형의 연구에 대한 보고서 역시 두 방법에서 도출된 결과 모두에 동일한 강조점을 둔다.

균등 강조, 동시 사용

마지막으로 소개된 아홉 번째 연구설계 역시 '남성 군인과 여성 군인이 민간으로서의 삶에 재적응하는 데 심리사회적 수준에서 차이를 보이는가?'라는 질문에 대한 대답을 구하고자 한다. 그런데 이번에는 질적, 양적 연구방법을 순서대로 적용하는 것이 아니라 군인들을 두 개의 그룹을 나누고 각 그룹에서 과반수 이상의 남성과 여성 군인은 양적 척도를 작성한다. 나머지 소규모 그룹은 심층적인 질적 면접에 응답하게 되며, 이 유형은 두 방법에서 도출된 결과에 동일한 강조점을 둔다.

세 가지 기본 혼합 연구방법 모델

최근 Creswell(2014a,b)은 그림 3-3에 제시되어 있는 세 가지 기본 혼합방법 설계인 수렴적 혼합방법 설계, 탐색적 순차 혼합방법 설계, 설명적 순차 혼합방법 설계를 소개하였다. 그럼 이제 이들

세 가지 혼합방법 설계 각각을 소개한 순서대로 살펴보기로 하자.

수렴적 혼합방법 설계

수렴적 혼합방법 설계(convergent mixed methods design)에서는 양적 자료와 질적 자료를 함께 수집한 다음, 각각을 분리하여 분석한다. 그런 다음 각각의 분석결과를 하나로 합쳐 서로가 서로를 뒷받침하는지 여부를 비교한다. 만일 두 분석결과가 서로를 뒷받침하면 합쳐진 분석결과로부터 도출한 결론의 정확성에 대한 신뢰도가 더욱 높아진다. 예를 들어서 실천가-클라이언트 관계의 질이 실천가가 증거기반 실천을 하는 실천가인지 여부에 따라 달라지는지를 연구한다고 가정해보자. 클라이언트에게는 실천가-클라이언트 간 관계의 질을 자기보고식 척도로 나타내게 하고, 동일한 주제에 관한 질적 자료를 클라이언트를 대상으로 한 비지시적, 심층 질문 면접조사를 통해서 얻는다. 각각의 자료가 정확한지 혹은 비편향적인지 확신할 수 없기 때문에 두 종류의 자료 모두를 수집한다. 자료를 분석한 결과, 두 종류의 자료 모두 증거기반 실천을 하는지 여부와 실천가-클라이언트관계의 질 간에 아무런 관련이 없다는 결론을 제시했다고 가정해보자. 아마도 결론의 정확성은 이 경우가, 한 종류의 자료는 관련이 있다는 결론을 내린 반면, 다른 한 종류의 자료는 관련이 없다는 결론을 내린 경우보다 더 높다고 할 수 있을 것이다.

물론 두 종류의 자료를 통해서 내린 결론이 상당 부분 일치하기만 하더라도 질적 자료는 양적 자료가 보여줄 수 없는 관계의 질적인 측면들을 보여줄 수 있을 것이다. 예를 들면, 클라이언트-실천가 간 관계의 질은 실천가가 증거기반 실천을 하든 하지 않든 똑같이 좋지만 증거기반 실천을 하는 실천가로부터 서비스를 받은 클라이언트들이 자신들의 실천가가 개입에 관한 정보를 더 많이 제공했고, 개입 시 자신들의 동의를 구하는 노력을 더 많

그림 3-3 ▶ 세 가지 기본적 혼합연구 설계

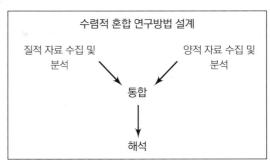

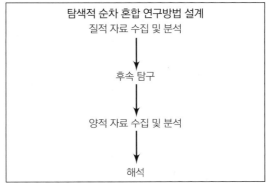

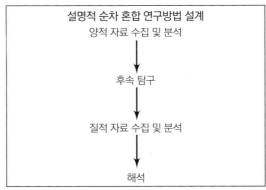

출처: Creswell, 2014a, pp. 37-41; Creswell, 2014b, p. 220.

이 했다는 평가를 내릴 수도 있다. 마찬가지로 어쩌면 증거기반 실천을 하는 실천가로부터 서비스를 받은 클라이언트들이 자신들의 실천가가 치료 세션의 초점을 훨씬 유연하게 가져가면서 세션을 운영했다는 평을 내릴지도 모른다.

탐색적 순차 혼합방법 설계

탐색적 순차 혼합방법 설계(exploratory sequential mixed methods design)는 질적 자료를 먼저 수집

하고 분석하여 양적 연구를 위한 기초를 제시하는 설계이다. Creswell(2014)에 따르면 이 설계의 목적은 소규모 표본에 대한 질적 연구를 통해 얻은 통찰을 양적 연구에서 모집단을 대표하는 더 큰 규모의 표본에 대해서 일반화할 수 있는지 보는 것이라고 한다. 이 설계의 또 다른 목적은 질적 연구를 활용하여 양적 자료 수집을 위한 도구를 개발하는 것이다. 위에서 들었던 클라이언트-실천가 간 관계의 질에 관한 가상의 예로 다시 돌아가 보기로 하자. 양적 연구에 앞서 실시한 질적 연구를 통해서 연구자는 어쩌면 클라이언트들이 실천가가 자신들에게 개입에 관한 더 많은 정보를 주기 위해 노력했고, 개입 시 정보 고지에 입각한 동의를 받고자 노력했다는 느낌을 받았는지를 양적 연구에서 측정하는 것이 매우 중요하다는 사실을 알게 되었을 수 있다. 또는 세션의 초점에 대해서 실천가가 어느 정도의 엄격성을 유지했는지를 측정할 수 있는 항목을 한두 개쯤 양적 연구에 포함시킬 필요가 있다는 점을 알게 되었을 수도 있다.

설명적 순차 혼합방법 설계

이 설명적 순차혼합방법 설계(explanatory sequential mixed methods design)는 양적 연구방법을 사용하는 연구자들에게 더 적절한 설계라는 평가를 받는 설계이다. 이 설계에서는 양적 자료를 먼저 수집하고 이어서 질적 자료를 수집하는데, 질적 자료 수집 시 연구자는 양적 자료를 보다 잘 이해하는 데 주안점을 둔다. 1970년대에 유행했던 Scared Straight라는 프로그램을 예로 들어보자. 이 프로그램은 범죄를 저지른 청소년들을 교도소로 보내서 교도소에서의 삶이 얼마나 끔찍한 것인지를 경험하게 하고 교도소에 수감 중인 범죄자들로 하여금 청소년들을 겁먹게 만들어서 청소년들이 더 이상 범죄를 저지를 생각을 하지 않게 만들다는 목적을 가지고 시작된 프로그램이다. 범죄 기록이라는 양적 자료를 놓고 보자면 이 프로그

램은 의도하지 않았던 유해한 결과를 가져온 것으로 밝혀졌는데, 교도소 삶을 경험했던 청소년들이 그렇지 않았던 청소년들에 비해 나중에 더 큰 범죄를 저지른 것으로 밝혀진 것이다. 왜 이런 결과가 벌어졌는가? 한 연구자는 어쩌면 프로그램에 참여했던 청소년들 중에서 소위 "거친" 청소년들이 자신들이 겁먹지 않았다는 것을 보여주고자 했을 가능성이 있다는 주장을 했다(Finckenauer, 1979). 이러한 주장이 어느 정도는 설득력 있어 보이기는 했지만 양적 연구와 뒤이어 청소년들을 대상으로 실시한 심층적인 질적 면접조사는 이 주장의 설득력은 그리 높지 않으며 예상하지 못했던 결과에 대해서는 다른 설명이 필요하다는 결론을 내렸다(Scared Straight 프로그램에 대해서는 제14장 프로그램 평가에서 다시 논의하기로 하겠다).

세 가지 고급 혼합방법 설계

앞서 살펴본 세 가지 기본적인 혼합방법 설계와 더불어서 Creswell(2014)은 좀 더 발전된 형태의 세 가지 고급 설계(advanced design)를 추가로 제시하였다. 이 세 가지 설계는 특정 연구 목적을 기본 설계에 추가하거나 모든 경우에 적용할 수 있는 포괄적인 틀을 기본 설계에 추가한 것이다. 먼저, 개입 혼합방법 설계(intervention mixed methods design)는 질적 탐구와 개입 성과의 의미를 보다 정확하게 이해하는 데 목적을 둔 양적 평가를 하나로 합한 것이다. 예를 들어, 임상 개입의 효과를 평가하는 대규모 실험연구에서 연구자가 임상 전문가들이 새로운 개입방법에 대해서 관심이 있는지, 사용할 의사가 있는지 등을 알아보기 위해 질적 면접조사를 실시할 필요성을 느끼게 될 수도 있다.

두 번째 고급 설계는 사회정의 혼합방법 설계(social justice mixed design)이다. 이 설계를 다른 설계와 구분 짓는 가장 중요한 특징은 무엇을 얼마나 강조하는지 또는 양적 연구와 질적 연구 중 어느 것을 먼저 하는지가 아니라 이 설계에서 사용

되는 여러 가지 기법들이 사회정의 이론에 근거한 것이라는 점과 이 설계가 취약하고, 소외되고, 억압받는 사람들의 삶을 개선하기 위해 어떤 행동을 취할 수 있는 근거를 제시하는 데 필요한 자료를 수집하는데 목적을 두고 있다는 점이다(다음 장을 보면 이 설계가 비판적 사회과학 패러다임과 매우 유사하다는 사실을 알게 될 것이다).

마지막인 세 번째 고급 설계는 **다단계 혼합방법 설계**(multiphased mixed design)이다. 이 설계 역시 연구의 순서나 강조점에서 다른 설계와 차별성을 갖는 설계가 아니다. 이 설계는 주로 오랜 기간 동안 여러 단계에 걸쳐 진행되는 종단연구에서 사용되는 설계로서 공통된 목표를 가지고 함께 진행되는 여러 프로젝트들을 위해 여러 가지 기법을 혼합하여 사용한다는 점에서 다른 설계와 구분된다(이에 관한 설명은 다음 장에서 종단 연구를 논할 때 다시 하기로 하겠다).

3.3b 혼합 연구방법을 사용하는 이유

이상에서 소개한 예들을 통해 어느 정도는 이해했겠지만, 양적 연구방법과 질적 연구방법을 혼용하는 데는 다양한 이유가 있다. 혼합 연구방법을 사용하는 이유는 크게 구분하면 다음과 같은 세 가지 이유로 구분할 수 있다: (a) 한 연구방법을 사용하여 사례를 예시하거나 다른 연구방법을 사용하여 얻은 결과에 해당하는 사례 수를 파악하기 위해서; (b) 한 연구방법을 사용하여 어떤 아이디어나 기법(technique)을 찾은 다음 다른 연구방법을 통해 더 연구하기 위해서; (c) 각각의 연구방법을 통해 얻은 결과가 서로를 확증하는지 알아보기 위해서. 그림 3-4는 이러한 이유들을 예시하고 있는데, 그림에서 질적 연구방법은 '질적', 양적 연구방법은 '양적'으로 표기하였고, 강조된 연구방법은 진한 글씨로 표기하였다.

예를 들어, 어떤 연구에서는 어떻게 양적 자료가 특정 사례에 적용될 수 있는가를 질적 자료를 통해서 설명할 수 있으며, 이를 보여주기 위해 두 연구방법을 혼합하여 사용한다. 또 어떤 연구에서는 질적 자료의 분류에 얼마나 많은 사례들이 해당되는가를 양적 자료를 통해 보여주기 위해 두 연구방법을 혼합하여 사용하기도 한다. 이 두 연구는 첫 번째 이유(a)의 전형적인 예이다. 두 번째 이유(b)의 예로는 양적 연구방법에서 검증할 가설을 찾기 위해 질적 연구방법을 사용한 연구나, 설명하기 어려운 양적 연구의 결과를 질적 연구방법을 통해 설명하고자 한 연구가 있다. 세 번째 이유(c)를 설명하기 위해서는 남성과 여성 군인들이 민간인으로서의 삶에 재적응하는 과정에서 각각 다른 종류의 문제를 겪었다는 것과 재적응 수준에도 차이가 있다는 것을 보여주는 질적 면접이 있다. 그리고 이러한 자료들은 이러한 차이를 지적하는 양적 연

그림 3-4 ▶ 혼합 연구방법을 사용하는 이유

이유	시점	예시
주요 결과의 확장	양적 → 질적 질적 → 양적	질적 결과는 양적 결과를 어떻게 특정 사례에 적용시킬 수 있는지를 설명 양적 결과는 질적 분류에 얼마나 많은 사례가 해당되는 지를 보여줌.
연구 질문 및 기술 도출	질적 → 양적	질적 결과는 (a)양적 방법 적용할 수 있는 연구질문을 확인하거나 (b)양적 측정 도구의 개발하는 것을 용이하게 함.
확증	양적 → 질적 질적 → 양적 동시	질적 결과는 양적 결과의 유의미함을 확증함. 양적 결과는 질적 결과의 유의미함을 확증함. 두 경우 모두 질적·양적 연구결과를 똑같이 중요하게 생각함.

구결과를 확증한다. 하지만 만약 이 두 자료가 서로 모순된다면 해당 자료들의 타당성이 의심받게 된다. 이러한 모순은 왜 이러한 모순이 발생했는지 그 이유를 밝히거나, 모순을 해결하기 위한 새로운 연구의 필요성을 내포한다는 가치가 있다.

이 장에서 논의한 질적, 양적, 혼합 연구방법 관련 내용을 읽으며 어떤 독자들은 부담감을 느낄 수도 있다. 그런데 그런 부담감을 느끼는 이유는 우리가 아직 질적 연구방법과 양적 연구방법의 다양한 유형을 세부적으로 다루지 않았기 때문이다. 따라서 그런 마음이 들거든, 자신만이 아니라 거의 모든 독자들이 똑같은 생각을 하고 있다고 위안해도 될 것 같다. 그런 걱정은 아직 이 책의 나머지 부분을 읽지 않았기 때문에 갖게 되는 자연스러운 현상이므로 이 책의 나머지 부분을 읽는다면 자연스럽게 해결될 것이다. 이제 마지막으로 연구 과정의 각 단계를 개괄적으로 살펴볼 것인데, 이 단계들은 어떤 연구방법을 사용하는지 또는 어떤 방법을 강조하는지 상관없이 모든 연구에 적용되는 단계들이다.

3.4 양적 연구방법, 질적 연구방법 및 혼합 연구방법 연구의 과정

질적 연구방법과 양적 연구방법을 혼용한 연구들은, 두 연구방법이 가진 여러 가지 차이점에도 불구하고, 다음과 같은 연구 단계를 일반적으로 따르는 경향이 있다. 그럼 지금부터 양적, 질적, 그리고 혼합 연구방법을 모두 아우르는 일반적인 연구 과정의 단계들을 살펴보기로 하겠다.

- 제1단계: 문제 형성(Problem Formulation). 첫 번째 단계에서 더 많은 지식이 필요하다는 어려움을 인식한다. 하나의 문제—연구문제—가 제기된다. 연구문제와 연구문제에 내재되어 있는 개념들은 지속적으로 구체화시켜감으로써 해당 분야에 보다 구체적이고, 관련 있고, 의미 있

게 된다. 이러한 과정 속에서 연구자는 늘 연구의 현실적 실행 가능성(feasibility)을 염두에 두고 있어야 한다. 궁극적으로 연구의 목적을 결정하고, 연구의 중요한 요소들, 예를 들어 분석 단위, 가설, 변수들, 그리고 조작적 정의 등을 구체화한다. 이 단계에서 문헌고찰이 매우 중요하다. 이 단계에서 연역적인 양적 연구는 가설과 변수를 구체화하고 변수들을 관찰할 수 있는 형태로 정의하는데, 이것을 '조작화(operational definitions)'라고 부른다(조작화에 대해서는 제6장에서 자세히 다루도록 하겠다). 반면에 귀납적인 질적 연구에서는 관찰을 진행한 이후 가설이 나타날 때까지 기다릴 가능성이 높다. 앞서 말한 바와 같이, 혼합 연구방법은 문제형성에 대한 질적 혹은 양적 접근을 어떤 순서로, 어떤 방법을 강조하는지에 따라 달라진다. 혼합 연구방법을 사용할 때 어떤 연구는 질적 접근에서 시작할 수 있고 어떤 연구는 양적 접근에서 시작할 수 있다. 어떤 연구방법으로 시작하는가가 그 연구가 어떤 연구방법에 우선순위를 두는지를 의미하는 것은 아니며, 마찬가지로 둘 다 연구방법의 사용시점(어떤 방법을 먼저 사용했는지)에 상관없이 동일한 우선순위를 가질 수 있다. 두 가지 연구방법을 동시에 수행하는 경우도 있는데, 필연적으로 그런 것은 아니지만 이러한 경우는 두 연구방법에 동일한 강조를 둔다고 볼 수 있다. 다음 장에서 논의하겠지만, 연구 전반에 영향을 미칠 수 있는 두 가지 요인은 패러다임과 이론이다. Hanson et al.(2005)에 따르면 이 두 가지 요인은 혼합 연구방법의 문제 형성단계에서 특히 중요하다고 하는데, 그 이유는 연구의 방향을 잡기 위한 이론이나 패러다임 선택이 연구에서 어떤 연구방법에 강조점을 둘 것인가를 결정하기 때문이다.

- 제2단계: 연구 설계(Designing the Study). 두 번째 단계는 여러 가지 논리 전개(arrangements)

및 자료수집 방법들을 생각해본다. 어떤 논리 전개와 방법을 선택할 것인가는 문제 형성 단계의 쟁점들을 고려하여 결정한다. 현실적 실행 가능성은 하나의 기준이 될 수 있으며 연구의 목적 또한 중요한 기준이다. 인과관계를 규명하려는 연구는 제11장에서 논의할 인과관계 성립에 필요한 세 가지 기준을 충족시키는 논리 전개를 갖추어야 한다. 어떤 현상을 탐색하거나 기술하고자 하는 연구는 다른 논리 전개도 충분할 수 있다.

- **제3단계: 자료 수집(Data Collection).** 3단계에서는 2단계에서 설계한 연구를 실행에 옮긴다. 연구를 미리 엄격하게 구조화하여 실행할 것인지 아니면 새로운 통찰력을 발견하면서 연구를 유연하고 수정하면서 실행할 것인지 연구의 목적과 설계가 방향을 제시한다. 가설을 검증하려고 하는 연역적 연구나 정확성과 객관성을 강조하는 기술연구는 특정 현상의 의미를 더 잘 이해하거나 현상에 대한 가설을 만들려는 질적 연구방법론을 사용하는 연구보다 엄격히 구조화된 자료수집 과정을 요구한다.

- **제4단계: 자료 처리(Data Processing).** 사용한 연구방법론에 따라 상당한 양의 관찰 자료를 모으고, 그 자료는 아마도 의미를 해석하기에 어려운 형태일 것이다. 자료가 양적 자료이든, 질적 자료이든 4단계에서 자료 처리는 일반적으로 자료를 보다 해석하기 쉽게 만들기 위해서 관찰 자료를 분류하거나 코딩하게 된다.

- **제5단계: 자료 분석(Data Analysis).** 이 단계에서 연구문제에 대한 답을 얻기 위해 처리 과정을 거친 자료를 분석한다. 분석으로 연구문제를 반영하지만, 연구를 이끌었던 구체적인 문제를 넘어서는 예상하지 못했던 결과들을 발견하기도 한다는 것은 충분히 생각할 수 있다. 분석 결과는 처음 단계의 문제형성에 영향을 미치기도 하며 새로운 연구의 과정을 출발시키기도 한다.

- **제6단계: 결과 해석(Interpreting the Findings).** 연구를 계획하는 정확한 단일한 방법은 없으며, 자료 분석결과가 연구문제에 대한 정답을 제공할 것을 확실히 할 방법이 없다는 것은 이 책의 나머지를 통해서 명백해질 것이다. 자료를 가능한 한 올바르게 해석하기 위해 특정 통계기법은 필수적일 수는 있으나 수학공식이나 컴퓨터로도 결과의 의미에 대해 판단을 내려야 하는 필요성은 줄어들지 않는다. 불가피하게 분석결과에 대한 다른 설명이 가능할 수 있으며, 연구결과를 일반화할 수 있는 정도에 영향을 미치는 다양한 방법론적 제약을 고려해야 한다.

결과적으로 연구 보고서는 자료 분석결과를 제시하는 것으로 끝나지 않는다. 반면에 분석결과와 더불어 분석결과를 다르게 해석할 수 있는 가능성, 분석결과를 바탕으로 어떤 일반화를 할 수 있고 어떤 일반화는 할 수 없는지, 그리고 분석결과의 의미와 타당도와 관련 있는 방법론상의 제약에 대한 충분한 논의가 뒤따른다. 마지막으로 사회복지 정책, 프로그램 개발, 사회복지 실천과 이론 그리고 후속 연구에 주는 함의를 제시한다.

- **제7단계: 연구보고서 작성(Writing the Research Report).** 논리적으로 보자면 연구보고서 작성이 연구 과정의 마지막 단계에 해당한다. 그러나 실제로는 연구가 진행될 때마다 연구보고서가 작성된다. 연구보고서의 구성요소는 앞에서 언급한 연구과정의 단계를 대체로 따른다. 구체적인 표제는 연구마다 다르지만 일반적으로 연구보고서는 연구문제의 배경을 제시하고, 연구의 필요성 및 중요성, 관련 이론 및 선행 연구들을 고찰하는 서론으로 시작한다. 서론 다음에는 분석단위, 변수, 가설, 가정 및 조작적 정의와 같은 연구의 개념적 요소에 대한 설명이 이어진다. '방법론' 부분에는 양적·질적 자료수집방법, 사용된 논리 전개 등의 연구 설계 관련 내용이

기술된다. 다음으로는 '자료 분석결과' 부분이 오는데 이 부분에서는 사용한 양적 또는 질적 연구방법을 기술하고, 표나 그래프 또는 그 밖의 시각적 도구로 자료를 제시하며, 자료가 의미하는 바를 기술적(技術的)이고 사실적으로 설명한다. 다음으로는 '논의' 부분이 이어지는데, 6단계에서 확인한 쟁점들을 포함한다. 보고서나 논의 부분의 분량 또는 요약이 있는지에 따라, 연구보고서는 주요 연구결과 및 결론을 간략하게 요약하는 앞에 나온 구성요소의 짧은 요약으로 보고서를 끝낼 수 있다. 연구보고서 작성에 관한 보다 자세한 내용은 이 책의 부록C에서 논의하기로 하겠다.

3.5   주요 내용

- 양적 연구방법은 정확하고 일반화할 수 있는 결과물의 산출에 주안점을 둔다.
- 질적 연구방법은 심층적 이해를 강조하고, 인간 경험에 대한 심층적 이해를 주관적으로 끌어내고, 이론적으로 풍부한 관찰을 하는 데 주력한다.
- 혼합 연구방법은 질적 및 양적 자료를 수집하고, 연구하려는 현상에 대해 더 나은 이해를 얻고자 연구의 여러 단계에서 양적·질적 자료의 출처를 통합적으로 활용한다.
- 혼합 연구방법 설계는 9가지 유형으로 구분하는데 질적 연구방법과 양적 연구방법 중 어느 쪽을 강조하는지와 두 연구방법 중 어느 것을 먼저 사용하는지를 기준으로 구분한다.
- 질적 연구방법과 양적 연구방법을 통합하는 이유는 다음과 같다: 1) 한 가지 연구방법을 사용하여 사례를 예시하거나 다른 연구방법을 사용하여 얻은 결과에 해당하는 사례 수를 파악하기 위해서; 2) 한 연구방법을 사용하여 아이디어나 기법을 찾은 다음 이를 다른 연구방법을 통해서 더 연구하기 위해서; 3) 각각의 연구방법을 통

해 얻은 결과가 서로를 확증하는지 알아보기 위해서.

3.6   연습문제

1. 사회복지 관련 학술지(Research on Social Work Practice 또는 Social Work research 같은) 하나를 선택하여 최근 호에 수록된 논문 중에서 양적 연구방법을 강조하는 논문 한 편과 질적 연구방법을 강조하는 논문을 각각 한 편씩 찾아 읽어본다. 각 논문의 가치와 각 논문에서 서로 대조적인 두 연구방법이 어떻게 그려지고 있는지 논의해본다.

2. 위에서 선택한 학술지에서 혼합 연구방법이라는 용어가 제목이나 초록에 포함되어 있는 연구논문 한 편과 혼합 연구방법의 중요성을 언급한 연구논문을 한 편 찾아 읽어본다. 각각의 논문이 이 장에서 소개한 9가지 혼합 연구방법 유형 중 어떤 유형과 가장 잘 맞는지 확인한 뒤 그 이유를 설명해본다.

3. 아동학대 또는 방임 위험이 있는 아동이 가정으로부터 격리되는 것을 예방하기 위해 만든 가정유지 프로그램의 성공 정도를 평가하는 조사연구를 설계하라는 요청을 받았다고 가정해본다. 주어진 조건이 어떤 경우에 양적 방법 또는 질적 방법을 사용할 것인가? 두 연구방법 각각이 가진 장점과 단점은 무엇인가? 어떤 이유에서 그리고 어떻게 두 연구방법을 통합할까?

4. 위의 3번에서 들었던 가족유지 프로그램 예를 이용하여 혼합 연구방법에서 왜 그리고 어떻게 두 종류의 연구방법을 혼용할지 설명해본다. 이 연구를 위해서 사용할 수 있는 혼합 연구방법을 두 가지 정도 제시해보고 각각의 근거를 제시해본다.

3.7 추천도서

Creswell, J. (2014). *A Concise Introduction to Mixed Methods Research*. Thousand Oaks, CA: Sage. 이 책은 혼합 연구방법의 여러 측면들, 혼합 연구방법을 사용하는 데 필요한 기술, 기본 설계와 고급 설계, 실제 사용방법, 평가방법 등을 소개하는 책이다.

Creswell, J. (2014). *Research Design: Qualitative, Quantitative and Mixed Methods Approaches*. Thousand Oaks, CA: Sage. 이 책은 혼합 연구방법의 여러 측면을 소개함과 동시에 탐구를 위한 양적 접근방법과 질적 접근방법을 전반적으로 고찰하고, 두 접근방법을 비교 고찰하며, 어떤 접근방법 혹은 두 접근방법 모두를 사용할지를 결정할 때 고려해봐야 할 사항들을 소개하는 책이다.

Creswell,J., & Plano Clark,V. (2010). *Designing and conducting mixed methods research* (2nd ed.). Thousand Oaks, CA: Sage. 이 책은 혼합 연구방법을 이해할 수 있도록 10장에 걸쳐 설명한다. 어떻게 수행하는지, 어떻게 분석하고, 어떻게 결과를 제시하는지를 설명하고, 진정한 혼합 연구에 대해 설명한다. 또한 혼합 연구방법에서 종종 제기되는 중요한 질문들에 대해서도 다룬다.

Tashakkori,A., & Teddlie,C. (Eds.). (2010). *Sage handbook of mixed methods research in social and behavioral research* (2nd ed.). Thousand Oaks, CA: Sage. 이 책은 혼합 연구방법의 두 개척자들에 의해 저술된 책으로서, 혼합 연구방법을 개념적 쟁점, 방법론적 쟁점, 동시 적용 세 부분으로 나누고 총 31장에 걸쳐 설명하고 있다.

chapter 4

연구 과정에 영향을
미치는 요인들

4.1 서론

제2장에서 우리는 학자들 간에 연구 수행에 영향을 미칠 수 있는 방법론적 쟁점과 철학적 쟁점에 대해서 그리고 다양한 연구에 의해서 생산된 증거의 가치에 대해서 상당한 의견 차이가 있다는 것을 알 수 있었다. 이 장에서 우리는 그러한 방법론적 쟁점들과 철학적 쟁점에 대해서 좀 더 심층적으로 논의할 것이다. 그 과정에서 우리는 그러한 쟁점들에 대해서 우리들 각자가 어떤 입장을 가지고 있는지와 상관없이 사회복지 연구와 사회복지실천이 모두 사회복지 문제 해결을 목적으로 한다는 것에 대해서만큼은 사람들 간에 폭넓은 동의가 이루어져 있다는 점을 반드시 기억하고 있어야 한다. 사회복지 연구와 사회복지 실천은 또한 동일한 문제 해결 과정을 공유한다. 연구와 실천은 모두 문제를 인식하고, 정의하고, 구체화하는 문제형성에서부터 출발한다. 연구자와 실천가는 그 다음 단계로서 문제 해결을 위한 여러 가지 대안적 전략들을 고안하고, 검토하고, 선택한다. 마지막으로, 연구자와 실천가는 선택한 전략을 실천에 옮기고, 평가하고, 그러한 과정 속에서 새로 알게 된 것들을 사람들에게 전한다. 연구와 실천 모두에 있어서 연구의 이러한 단계들은 서로가 서로에 의해서 결정되는 관계를 형성하게 된다. 물론 연구 단계의 논리적 순서는 하나의 단계에서 시작해서 그 다음 단계로 옮겨가는 것이 맞지만 특정 단계에서 극복하기 힘든 장애 요인에 직면하게 되면 그 다음 단계로의 이행이 어려워지고, 어쩌면 이전 단계로 되돌아가야 하는 상황이 벌어질 수도 있다. 연구 단계가 어떻게 진행되는지는 여러 가지 요인에 의해 영향을 받을 수 있다. 그럼 이제 그러한 요인 중 하나인 연구 목적에 대해서 살펴보기로 하자.

4.2 양적 연구와 질적 연구에 있어서의 연구 목적

연구 논문을 다루는 학술지들 중 하나를 골라 특정 호에 실린 논문들의 초록을 한 번 훑어보는 것만으로도 우리는 연구 목적이 참으로 다양하다는 것을 쉽게 알 수 있다. 어떤 연구는 새로운 현상에 대한 통찰을 얻는 것을 목적으로 하는가 하면 어떤 연구는 현상 그 자체에 대한 확실한 서술을 목적으로 하고, 어떤 연구는 특정 현상에 대한 설명을 검증하는 것을 목적으로 한다. 또한 어떤 연구는 정책, 프로그램, 개입 등을 평가하는 데 주안점을 두기도 하며, 어떤 경우는 새로운 사정 도구를 개발하고 검증하기 위한 목적에서 연구를 하기도 한다.

이런 연구들을 읽어보면 연구 목적에 따라 연구 과정이 달라진다는 것을 알 수 있다. 예를 들면, 어떤 연구의 목적이 새로운 현상에 대한 통찰을 얻는 것이라면 그 연구는 유연성 높은 질적 연구방법을 사용하고 주관적 관찰과 해석에 대해 개방적일 가능성이 높다. 이와 대조적으로 만일 어떤 연구가 특정 개입이 정말 사람들이 주장하는 것만큼 효과인지를 검증하기 위한 연구라면 그 연구는 연구 절차가 매우 구조화되어 있고 정형화되어 있는 양적 연구방법을 따를 가능성이 높다. 우리는 제3장에서 양적 연구방법과 질적 연구방법을 비교한 바 있는데 그러한 비교는 이 책 전반에 걸쳐 계속될 것이다. 사회복지 연구의 목적은 여러 가지 기준을 가지고 범주화할 수 있다. 물론 하나의 연구가 한 가지 이상의 연구 목적을 가질 수 있으나 ―사실 대부분의 연구가 그러하다― 서로 다른 연구 목적은 연구 설계에 대해서 서로 다른 함의를 갖는바, 여기서는 각각의 연구 목적을 하나씩 따로 살펴보기로 하겠다.

4.2a 탐색

사회복지 연구 중 상당수는 특정 주제를 **탐색**(exploration)하기 위해서, 즉 해당 주제에 대해서 처음으로 알아보고자 하는 목적에서 행해지는 연구이다. 이 연구 목적은 연구자가 새로운 관심사에 대해서 연구하고자 할 때, 연구하려는 주제가 비교적 새롭고 연구되지 않은 것일 때, 연구자가 좀 더 자세한 연구를 수행할 수 있을지 여부를 알아보고자 할 때 또는 좀 더 엄격한 연구에서 사용하고자 하는 방법을 개발하고자 할 때 주로 볼 수 있는 연구 목적이다. 예를 들어, 어떤 사회복지사가 이제까지 알려진 바가 거의 없는 소수인종 지역사회에 거주하는 노인들을 위한 서비스를 개발해야 한다고 가정해보자. 아마도 사회복지사는 자신이 개발하고자 하는 대안적 서비스에 대한 잠재적 욕구와 이용 정도를 파악하기 위해서 지역사회 욕구조사를 실시해볼 수 있을 것이다. 그러나 결정적인 연구결과를 얻기 위해 대규모 연구를 실시하기에 앞서 규모가 작고 유연성을 가진 탐색적 연구를 먼저 해보는 것이 좀 더 많은 조심성과 문화적 민감성이 요구되는 대규모 연구를 수행하는 데 도움이 될 것이다.

탐색적 연구(exploratory study)에서는 질적 연구방법, 양적 연구방법 또는 두 방법 모두를 사용할 수 있다. 이따금씩 연구자나 학생들이 탐색적 연구와 질적 연구를 동일시하는 경우가 있다. 물론 이 두 가지를 동일시하는 것은 오류이지만 많은 질적 연구들이 탐색적 연구인 점을 생각해보면 사람들이 왜 이런 오류를 범하는지를 어느 정도는 이해할 수 있다. 그럼에도 불구하고 탐색적 연구이면서 양적인 연구가 없지 않다는 사실을 간과해서는 안 된다. 예를 들면, 종종 연구자들은 대규모 양적 연구를 위한 연구비를 신청하기에 앞서, 특정 개입의 효과를 평가하는 실험 연구를 소규모의 탐색적 사전점검 성격의 연구로 실시하여 예비 자료를 수집하여 연구 계획의 근거를 마련하기도 한다. 또한

새로운 탐구 영역에 관한 지식을 얻기 위해 소규모 표본으로부터 사전 자료를 얻을 수도 있다. 어떤 연구결과가 나오는지에 따라 다르겠지만 그러한 연구가 대규모 설문조사로 이어질 수도 있다.

탐색적 연구가 가진 가장 큰 단점은 (어떤 연구방법을 사용하는지와 무관하게) 연구 질문에 대해서 결정적인 답을 제공하지 못한다는 것이다. 탐색적 연구는 답에 관한 약간의 힌트와 구체적인 답을 얻을 수 있는 연구방법에 관한 통찰을 제공해줄 뿐이다. 탐색적 연구 그 자체가 구체적일 수 없는 이유는 제10장에서 표본추출과 관련해서 자세하게 논의하고 있는 대표성에 관한 문제 때문이다. 표본추출방법과 대표성에 대해서 배우고 나면, 어떤 탐색적 연구가 그 자신의 연구 질문에 대한 답을 실제로 제시해줄 수 있는 연구인지 아니면 답을 구하는 데 도움이 될 만한 방향을 제시해주는 연구인지를 알아볼 수 있다.

4.2b 기술

사회복지 연구들 중 많은 연구들이 어떤 상황이나 사건을 **기술**(description)하는 것을 목적으로 한다. 연구자는 관찰한 내용을 기술해야 한다. 과학적 관찰이 의도적이고 주의 깊은 것인 만큼 과학적 서술은 일반적인 서술과 달리 정확하고 자세해야 한다.

기술적 연구(descriptive study)에서도 양적 연구방법과 질적 연구방법 모두를 사용할 수 있다. 예를 들어, 지역사회로부터 대표성 있는 대규모 표본을 뽑아 지역사회의 욕구를 조사하는 것은 양적인 기술적 연구라고 할 수 있다. 연구자는 각각의 구체적인 서비스에 대한 욕구를 가진 서로 다른 종류의 지역사회 주민들의 비율을 기술하기 위해서 표본을 뽑는다. 주기적으로 실시하는 인구조사(census)는 기술적 연구의 가장 대표적인 예이다. 인구조사의 목적은 전체 인구뿐만 아니라 주(state)와 군(county) 같은 좀 더 작은 지역 단위 인구의 다양한

특성까지 자세하고 정확하게 기술하는 것이다.

기술이라는 용어는 양적 연구와 질적 연구에서 다르게 사용된다. 양적 연구의 경우, 기술한다는 것은 모집단의 특성, 즉 모집단을 대표하는 표본으로부터 얻은 자료를 바탕으로 모집단의 특성을 기술한다는 것을 의미한다. 양적 연구에서 기술하는 자료는 주로 수량화하기 용이한 표면적 속성, 예를 들면 연령, 소득, 가구원 수 등에 관한 자료이다. 양적 기술 연구에서는 기술한 내용의 객관성, 정확성 및 일반화 가능성이 중요시된다.

질적 연구의 경우, 기술한다는 것은 현상과 현상의 심층적 의미에 대한 풍부한 고찰을 의미한다. 질적 기술의 핵심은 정확성을 가지고 모집단에 대해서 일반화하는 것이 아니라 연구 대상의 환경, 상호작용, 의미, 일상생활에 관한 자세한 정보를 제공함으로써 연구 대상의 입장이 어떤 것인지를 보여주는 것이다. 공공부조 급여 수준이 낮은 주(state)에서 공공부조를 받고 있는 어머니들에 관한 질적 기술 연구는 낮은 수준의 급여가 수급자들과 그들의 자녀들의 매일매일의 삶에 어떤 영향을 미치는지, 그들이 생존을 위해 어떤 노력을 하고 있는지, 그들이 사회복지사나 그들의 이웃들과 어떤 관계를 맺어가고 있는지, 그것이 그들로 하여금 어떤 느낌을 갖게 하는지, 그리고 그들이 가족들을 위해 무엇을 해야만 하는지 등을 말해줄 수 있을 것이다. 이와 대조적으로, 공공부조 수급자 어머니들을 대상으로 양적 기술 연구를 한다면, 아마도 연구자는 공공부조 수급자 어머니들로부터 대표성 있는 대규모 표본을 뽑은 다음 그들이 얼마 동안 공공부조로부터의 지원을 필요로 하는지, 그들의 연령과 교육 수준 등은 어느 정도인지를 파악하고자 할 가능성이 높다.

4.2c 설명

사회복지 연구의 세 번째 일반적인 연구 목적은 설명(explanation)이다. 왜 어떤 도시는 다른 도시에 비해 아동학대율이 더 높은지 보고하는 것은 설명이지만 단순히 두 도시의 아동학대율을 보고하는 것은 기술에 해당한다. 어떤 연구자가 매 맞는 아내들이 몇 번이나 가해 남편에게 돌아가는지를 단순히 보고하는 것이 아니라 매 맞는 아내들이 왜 반복적으로 가해 남편과 같이 살기 위해 남편에게 돌아가는지를 알고자 한다면, 연구자는 설명적 목적을 가지고 연구를 하는 것이다.

탐색 연구나 기술 연구와 마찬가지로, 설명 연구에서도 양적 방법과 질적 방법 모두를 사용할 수 있다. 예를 들어, 어떤 연구자가 왜 가정폭력 피해여성들이 번번이 가해 남편과 같이 살기 위해서 남편에게로 돌아가는지를 알아보고자 한다고 가정해보자. 질적 설명 연구에서는 구조화되지 않은 심층적인 면접을 통해서 왜 매 맞는 아내들이 남편에게 돌아가는지를 이해하고자 할 것인 반면, 양적 설명 연구에서는 먼저 그러한 현상을 설명하는 데 도움이 될 것이라 생각되는 몇 가지 요인들을 중심으로 구체적인 가설을 설정한 다음 관찰을 통해 얻어진 자료를 바탕으로 가설을 검증할 것이다. 예를 들면, 지지집단 프로그램에 참여한 가정폭력 피해여성들은 그렇지 않은 가정폭력 피해여성들에 비해 남편에게 돌아갈 가능성이 낮을 것이라는 가설을 설정할 수 있을 것이다.

4.2d 평가

사회복지 연구의 네 번째 목적은 사회복지 정책, 프로그램 및 개입을 평가(evaluation)하는 것이다. 사실, 평가를 목적으로 한 사회복지 연구는 앞에서 언급한 세 가지 목적인 탐색, 기술 그리고 설명을 모두 포함한다. 예들 들어, 지역사회 주민들이 어떤 서비스를 필요로 하는지를 평가하기 위한 첫 단계로서 연구자는 지역사회 주민들을 대상으로 탐색적인 개방형 면접조사를 실시할 수 있다.

연구자는 주민들이 가지고 있는 문제와 그들이 필요하다고 말한 서비스를 평가하기 위해서 기술적 목적을 가진 지역사회 설문조사를 실시할 수도 있다. 또 기술 연구를 통해서 특정 서비스가 의도한 바대로 실행되고 있는지를 평가할 수도 있다. 연구자는 또한 인종 등의 요인을 가지고 왜 주민들 간에 서비스 이용 가능성에 있어서 차이가 발생하는지를 설명할 수 있는지 여부를 평가하는 설명 연구를 진행할 수도 있다.

평가 연구는 사회복지정책이나 프로그램 또는 서비스가 사전에 설정된 목표를 달성하는 데 효과적인지 여부에 초점을 맞출 수도 있다. 목표달성 여부에 대한 평가는 탐색적 방법으로도 할 수 있고 기술적 또는 설명적 방법으로도 할 수 있다. 예를 들어, 사회복지사에게 자신이 사용했던 실천기법들 중에서 치료목표를 달성하는 데 가장 효과적 또는 비효과적이었다고 생각되는 기법이 무엇인지를 개방형으로 묻는 것은 연구자가 어떤 실천기법을 심층적으로 평가해볼 필요가 있는지에 대한 일종의 통찰력을 얻기 위한 탐색적 연구를 하는 것이라고 볼 수 있다. 또 다른 예로서, 고등학교 졸업이라는 목표를 달성한 서비스 이용자와 중퇴한 서비스 이용자의 비율을 평가한다고 가정해보자. 아마도 이 연구는 기술적 평가가 될 것이다. 만일 이 연구의 설계가 고등학교 졸업이라는 목표를 달성할 수 있었던 이유가 다른 이유 때문인지 아니면 사회복지 서비스를 이용했기 때문인지를 평가할 수 있는 설계가 아니라면 이 연구를 설명적 연구라고 불러서는 안 된다. 어쩌면 성공에 대해서 동기부여가 잘 되어 있었던 학생들은 그렇지 않은 학생들보다 사회복지 서비스를 이용할 가능성이 더 높았을 수도 있기 때문이다. 그러나 사회복지 서비스 이용 이외의 이러한 다른 요인들을 평가할 수 있다면 우리는 이 연구를 설명적 평가, 다시 말하면 기대했던 결과를 야기한 것이 실제로 사회복지 서비스인지를 판단할 수 있게 해주는 연구라고 할 수 있다.

이 책의 제5부에서 프로그램 평가 및 실천 효과성에 대해서 좀 더 깊이 있게 살펴보기로 하겠다.

4.2e 측정 도구 개발

어떤 양적 연구들은 다른 연구자나 실천가들이 실천 사정 또는 평가의 일부로서 사용할 수 있는 측정 도구를 개발하고 검증하는 데 주안점을 두기도 한다. 이 유형에 해당하는 연구들은 우리가 이제까지 논의했던 연구 질문들과는 대조적인 연구 질문을 갖는다. 이 유형의 연구들은 실천적 함의를 이끌어 내려고 시도하기보다는 특정 측정 도구가 실천이나 연구에서 활용 가능한 유용하고 타당한 측정 도구인지에 초점을 맞춘다. 따라서 이 유형에 해당하는 연구들은 주로 40문항으로 구성된 가족 위험 척도가 아동학대나 방임 때문에 치료를 받고 있는 부모가 향후 또다시 학대나 방임을 저지를 가능성을 정확하게 예측하는지 여부를 연구한다든지, 한 국가에서 주류문화에 속한 클라이언트에게는 정확한 측정 도구가 소수계 클라이언트에게 사용할 때도 정확한지 여부 등을 연구한다. 측정 도구를 개발하고 검증하는 연구와 관련된 중요한 개념과 방법들에 대해서는 이 책의 제7장과 제8장에서 좀 더 자세하게 살펴보기로 하겠다.

앞서 패러다임에 관한 논의에서와 마찬가지로, 이상에서 우리는 연구 목적이 사회복지 연구 과정에 어떻게 영향을 미칠 수 있는지를 몇 가지 예들을 통해서 살펴보았다. 그림 4-1에는 서로 다른 연구 목적이 국경의 한 마을에서 시도된 문화적 적절성을 갖춘 물질남용 서비스 제공 노력에 관한 연구에 어떻게 영향을 미칠 수 있는지를 보여주는 추가적인 예가 제시되어 있다.

4.2f 다수의 연구 목적

사회복지 연구의 목적을 이상에서와 같이 구분

그림 4-1 ▶ 국경 지대의 한 마을에서 문화적 적절성을 갖춘 물질남용 서비스를 제공하기 위해 시도했던 노력을 연구 대상으로 삼아 연구할 때 연구 목적에 따라 연구가 어떻게 달라지는가?

연구 목적	연구 질문	연구 설계
탐색	기존의 물질남용 서비스에 대해서 지역주민들은 -특히 영어가 모국어가 아닌 사람들- 어떤 생각을 가지고 있나? 또 그들은 새로운 서비스를 도입하는 것에 대해서 어떻게 반응하는가?	지역주민들의 인식을 심층적으로 알아보기 위해 이중 언어 사용이 가능하고 문화적 적절성을 갖춘 조사원을 이용하여 심층 질적 면담을 실시함.
기술	이 마을에 -특히 영어가 모국어가 아닌 사람들 사이에- 존재하는 물질남용 문제의 수준과 본질은 무엇인가?	대표성 있는 대규모 표본을 추출하여 지역주민의 물질남용 행동을 조사하되 영어가 모국어가 아닌 주민이 표본에서 적절한 비율을 차지하도록 함과 동시에 문화적 적절성을 갖춘 조사 도구를 사용하여 조사가 이루어질 수 있게 함.
설명	기존 서비스에 있어서 성공적 치료 성과에 가장 큰 영향을 미치는 요인과 가장 적은 영향을 미치는 요인은 어떤 것인가?	기존 서비스를 제공하는 기관의 기록 자료에 대해서 다변량 통계분석을 실시하여 어떤 클라이언트 특성 혹은 서비스 관련 특성이 치료 성과 성공 수준과 관련이 있는지 알아봄.
평가	물질남용 문제의 정도와 심각성을 낮추는데 새로운 서비스가 기존 서비스에 비해 더 효과적인가?	유사한 두 집단의 사람들에게 한 집단에는 기존 서비스를 다른 한 집단에는 새로운 서비스를 제공한 다음 그 결과를 비교하는 실험 설계 연구를 진행함.
측정 도구 개발	문화적 적절성을 갖춘 새로운 자기기입식 측정도구가 기존 측정도구에 비해 이 마을 주민들의 물질남용 행동을 더 정확하게 측정할 수 있는가?	물질남용 서비스를 받고 있는 주민 표본과 받고 있지 않은 주민 표본에 대해서 기존 측정 도구와 새로운 측정 도구 각각으로 물질남용 행동을 측정한 다음 두 표본 간 평균 물질남용 정도 차이가 어느 측정 도구를 사용했을 때 더 크게 나타나는지 비교함.

해보는 것이 매우 유용하고 중요하기는 하지만, 대부분의 사회복지 연구들은 여러 가지 연구 목적을 가지고 있다는 것을 이해하는 것 또한 매우 중요하다. 어떤 연구든 한 가지 이상의 연구 목적을 가질 수 있기 때문에 종종 연구 목적이 무엇인지 분명하게 판단하는 것이 어려울 때가 있다. 특히, 탐색적 목적과 설명적 목적 간의 모호한 차이는 연구 목적에 대한 판단을 어렵게 만든다. 예를 들어, 왜 많은 노숙자들이 그들을 위한 쉼터에서 자려고 하지 않는지를 알아보고자 한다고 가정해보자. 연구자가 궁극적으로 하고자 하는 바가 이 현상을 설명하는 것일지라도 연구에서 사용한 연구방법이 단순히 현상에 대한 이해나 나중에 설명 연구를 통해서 좀 더 구체적으로 검증해보려는 잠정적인 설명 또는 통찰력을 얻기 위한 방법이라면 우리는 이 연구를 탐색 연구로 분류해야 한다.

기술 연구와 탐색 연구 간의 모호한 차이 역시 문제가 될 수 있다. 예를 들어, 어떤 연구자가 다수의 노숙자들을 어디에서 찾을 수 있을지에 대해서 고민하다가 노숙자들이 주로 어디에서 거주하는지를 대략적으로 알아보기 위해서 매우 유연한 연구방법을 사용하기로 결정했다고 가정해보자. 일단 연구자는 노숙자들이 어디 있는지를 기술할 수 있을 것이다. 그러나 대표성 있는 표본에 대해서 구조화된 설문조사를 실시하는 것이 아니라면 이 연구는 기술 연구라기보다는 탐색 연구가 될 것이다. 만일 현상에 대한 초기 이해를 얻기 위한 연구라면, 이 연구는 설령 연구에서 응답자들에게 어떤 행동을 왜 했는지를 묻고 있다고 하더라도 설명연구라기보다는 탐색 연구로 보는 것이 타당하다. 그러나 이 연구가 기존 연구들로부터 얻을 수 있는, 연구주제에 관한 잠정적 설명들이 암묵적으로 제시하는 예측(가설)을 엄격하게 검증하는 연구라면 우리는 이 연구를 설명적 연구로 간주해야 한다.

4.2g 설명과 예측

대부분의 양적 설명 연구들이 예측(가설)을 검증하려는 연구들이기는 하지만 우리는 무엇을 예측하는 것과 무엇을 설명 또는 이해하는 것이 어떻게 다른지에 대해서 생각해볼 필요가 있다. 종종 우리는 이해하지 못한 상태에서도 무언가를 예측할 수 있다. 예를 들면, 우리는 무릎이 아프기 시작하는 것을 보고 비가 올 것을 예측하곤 한다. 또 우리는 왜 그런지를 이해하지 못함에도 불구하고 입증된 예측력에 근거해서 행동한다. 우리의 먼 조상들은 오래전부터 매일 해가 뜨고 질 것을 예측할 수 있었고 그러한 예측을 바탕으로 계획을 세웠다. 심지어 그들은 움직이지 않는 평평한 지구라는 설명을 바탕으로 한 잘못된 이해를 가지고 있었지만 예측은 정확하게 할 수 있었다.

이런 맥락에서 보면, 많은 사회복지 연구들이 특정 가설을 뒷받침하는 연구결과를 제시하더라도 그러한 연구결과들이 특정 가설이 옳다는 것을 설명하지 못하는 상황이 벌어질 수도 있다. 예를 들어, 어떤 연구자가 백인들이 아프리카계나 멕시코계 미국인들에 비해서 외래 정신건강 서비스를 더 많이 찾고 더 많이 이용할 것이라는 예측(가설)을 검증해보고자 한다고 가정해보자. 그러한 예측이 맞는지 여부를 검증하는 것 그 자체로는 그 예측이 왜 사실인지를 설명해주지 못한다. 정신건강 서비스가 어떤 문화에서는 그다지 가치 있는 것으로 여겨지지 않는 것일까? 어떤 문화에서는 정신질환과 관련된 낙인감이 좀 더 심한가? 경제적인 요인들, 예를 들면 백인들은 근무 시간에 직장에서 나와 서비스를 받는 데 따르는 재정적인 손실을 감수하거나 서비스를 받기 위해서 이동하는 데 드는 비용과 서비스 이용료를 부담하기가 좀 더 수월하다는

것이 이 현상을 어느 정도나 설명할 수 있을까? 서비스의 특성이나 서비스를 제공하는 실천가의 특성은 이 현상을 설명하는 데 얼마나 도움이 될까? 어쩌면 서비스가 좀 더 문화적으로 민감해지거나 실천가들 중에 아프리카계나 남미계 실천가들이 더 많아진다면 치료를 시작하는 비율과 치료를 꾸준히 받는 비율 간의 차이가 줄어들지도 모른다.

이러한 것들을 모두 알아보려면 많은 연구들을 통해서 많은 가설들을 검증해봐야 한다. 예를 들면, 최근의 한 연구가 문화적 민감성을 강조하는 기관들에서 치료를 시작하는 비율과 꾸준히 치료를 받는 비율 간의 차이가 사라질 것이라는 예측을 뒷받침하는 연구결과를 발표했다고 가정해보자. 그러한 연구결과는 치료를 시작하는 비율과 꾸준히 치료를 받는 비율 간의 차이에 관한 초기 예측을 설명하는 데 (적어도 부분적으로는) 도움이 된다. 따라서 정확한 예측이 반드시 정확한 설명을 의미하는 것은 아니지만, 선행 연구들의 가설을 뒷받침하는 연구결과를 설명하기 위한 가설들을 후속 연구에서 검증하는 식의 축적 과정을 통해서 우리는 어떤 현상에 대해 더 많은 것을 이해할 수 있다.

4.3 시간 차원

연구 목적과 관련이 있으면서 연구 과정에 영향을 미치는 또 한 가지 요인은 연구 관찰이 진행되는 기간이다. 연구 관찰은 한 번에 이루어지는 것이 보통이지만, 필요에 따라서 장기간에 걸쳐 이루어지기도 한다. 예를 들어, 연구의 목적이 병원에서 퇴원하여 지역사회에 거주하는 정신질환자들의 주거유형을 기술하는 것이라면, 퇴원 후 어느 정도 기간이 지난 시점에서부터 정신질환자들을 관찰할지를 미리 정해 두었다가 그만큼의 기간이 경과한 다음부터 정신질환자들에 대한 관찰을 시작할 수 있을 것이다.

4.3a 횡단 연구

어떤 현상의 특정 시점에서의 단면을 자세히 분석하는 연구를 **횡단 연구**(cross-sectional study)라고 한다. 횡단 연구는 탐색, 기술 또는 설명을 목적으로 할 수 있다. 예를 들어, 인구조사(census)는 기술을 목적으로 하는 대표적인 횡단 연구이다. 만일 어떤 기관에서 왜 그 기관의 치료 종결률이 높은지에 대한 통찰을 얻기 위해 특정 기간 중에 치료가 조기 종결된 클라이언트들을 대상으로 비구조화된 개방형 면접을 실시했다면, 그 연구는 탐색적 목적을 가진 횡단 연구라고 할 수 있다. 만일 실천가와 클라이언트 간의 치료목표에 대한 의견불일치가 치료의 조기 종결 여부와 관련이 있다는 가설을 검증하기 위해서 치료가 조기 종결된 클라이언트들과 예정된 치료를 모두 받은 클라이언트들 모두에 대해서 구조화된 면접을 실시했다면, 그 연구는 설명적 목적을 가진 횡단 연구가 될 것이다.

그런데 설명적 횡단 연구는 한 가지 문제점을 내포하고 있다. 일반적으로 설명적 횡단 연구는 일정 기간에 걸쳐 발생하는 인과관계를 이해하기 위한 것이지만, 횡단 연구를 통해 얻게 되는 결론은 특정 시점에 행해진 관찰에만 기초한다는 점이다. 예를 들어, 정신병원에서 최근에 퇴원한 환자들을 대상으로 하는 횡단 연구에서 가족과 함께 사는 환자들이 가족과 함께 살지 않는 환자들에 비해 더

기능적이고 정신질환 증상의 정도가 낮다는 것을 발견했다하더라도 두 집단 간의 기능이나 증상에 있어서의 차이가 현재와 같은 유형의 주거를 시작하기 이전부터 나타나기 시작한 차이인지 아니면 그 이후에 나타난 것인지는 알 수 없다. 즉, 주거유형의 차이가 정신질환자의 기능과 증상에 있어서의 차이를 유발한 것인지 아니면 기능과 증상에 있어서의 차이에 따라 주거유형이 달라진 것인지는 알 수 없다는 것이다. 비록 횡단 연구를 통해서 그런 관계가 존재한다는 것을 발견한 것 그 자체도 중요하기는 하지만, 이 책의 연구설계 및 통계분석에 관한 부분에서 살펴보게 될 연구방법들을 이해할 때 우리는 그런 관계와 관련된 인과관계에 대해서 좀 더 잘 이해할 수 있게 될 것이다.

4.3b 종단 연구

일정 기간에 걸쳐 일어나는 어떤 과정을 기술하고, 그렇기 때문에 상당 기간에 걸쳐 관찰을 진행하는 연구를 **종단 연구**(longitudinal study)라고 한다. 예들 들면, 가정폭력 피해 여성들을 위한 지지집단이나 정신질환자 가족들을 위한 옹호집단의 활동을 처음부터 특정 시점까지 참여하고 관찰하는 연구는 종단 연구이다. 낙태나 정신병원에서 환자를 구류하는 행위 등의 주제에 관한 일정 기간 동안의 신문사설이나 대법원 판결을 분석하는 연

그림 4-2 ▶ 연구 설계 종류 비교

	횡단	종단		
		추세	동류집단	패널
특정 시점에서의 관찰	×			
일정 기간에 걸쳐 측정하기		×	×	×
일정 기간에 걸쳐 연령집단을 추적관찰			×	
일정 기간에 걸쳐 동일 연구대상을 관찰				×

구는 종단 연구의 또 다른 예가 될 수 있다. 후자의 경우, 신문사설이나 판결에 대한 연구자의 분석 그 자체는 어느 한 시점에서 이루어질 수 있지만, 분석하고자 하는 연구 자료가 서로 다른 시점에서 일어난 사건들에 관한 것이라면 우리는 이 연구를 종단 연구라고 간주해야 한다.

종단 연구는 개인이 가진 특정 속성이 나중에 그 개인이 문제를 갖게 될 위험 가능성을 높이는지를 평가하는 데 매우 유용하다. 그런 평가를 하기 위해 연구자는 위험 가능성을 높이는 특정 속성을 가진 개인들과 그렇지 않은 개인들 모두를 일정 기간에 걸쳐 추적한 다음, 나중에 두 집단을 문제 발생 여부를 기준으로 비교할 수 있다. 예를 들어, 정신분열증 진단을 받은 부모를 가진 아동 자녀들이 그렇지 않은 아동 자녀들에 비해 나중에 정신분열증을 보일 가능성이 매우 높다면, 부모가 정신분열증이라는 사실은 자녀의 정신분열증에 대한 위험요인이 된다. 또 다른 예로, 특정 위험요인을 가진 집단과 갖고 있지 않은 집단을 HIV 또는 AIDS에 걸릴 상대적 위험성을 가지고 비교해볼 수도 있다. 종단 연구는 두 집단을 문제 발생률이라는 기준을 가지고 비교함으로써 개인이 가진 특정 위험요인이 실제로 문제로 발전하게 될 확률을 계산할 수 있다.

종단 연구는 크게 세 가지 종류로 나눌 수 있다. 추이 연구(trend study)는 일정 기간에 걸쳐 특정 인구집단의 변화를 관찰하는 연구이다. 예를 들면 어떤 연구자는 자신이 일하고 있는 기관을 찾아오는 클라이언트의 종류나 그들이 가진 문제의 종류가 시간에 따라 달라지는지 연구해볼 수 있는데 그러한 연구결과는 기관의 향후 직원 고용 계획이나 직원 훈련 계획을 짜는 데 유용하게 활용될 수 있다.

동류집단 연구(cohort study)는 동류집단(cohort)이라고 하는 좀 더 구체적인 하위인구집단이 시간이 지남에 따라 변하는 것을 관찰하는 연구이다. 예를 들면 어떤 연구자는 청년층 정신분열증 환자의 약물남용의 발생이 나이가 들어가면서 어떤 양상을 보이는지에 관심을 기울일 수 있는데, 정신분열증 환자의 약물남용은 질환의 특성과 그들이 복용하는 처방약으로 인해 정신분열증 환자들에게 있어서는 특히 위험한 문제이기 때문이다. 이 연구를 위해서 2000년에 위에서 말한 상황에 처해 있으면서 연령이 20세(1980년 출생)인 연구대상을 뽑아 그들의 음주 또는 약물복용에 관한 사항을 조사한다. 그런 다음 2010년에 동일한 상황에 있으면서 이번에는 연령이 30세인 연구대상을 뽑아 조사하고, 2020년에는 연령이 40세인 연구 대상을 뽑아 조사한다. 비록 이 연구에서 연구한 20세 집단, 30세 집단, 40세 집단은 동일한 사람은 아니지만 세 집단은 모두 1980년대 출생자라는 동일한 동류집단을 대표하고 있다.

패널 연구(panel study)는 매번 동일한 집단을 관찰하는 연구이다. 서로 다른 인종의 10대 어머니들이 육아 책임에 어떻게 적응하는지 알아보고자 한다고 가정해보자. 연구를 위해 2010년에 어머니가 된 10대들을 대상으로 면접조사를 실시하고, 일정 시간이 지난 다음 동일한 대상에 대해 다시 면접조사를 실시한다. 면접조사를 통해 연구자는 10대 어머니들이 가족구성원으로부터 무엇을 배웠는지, 아이 아버지들이 어떤 역할을 했는지 등을 연구한다. 이처럼 동일한 10대 어머니들을 여러 번에 걸쳐 반복적으로 연구함으로써 연구자는 그들의 삶에 나타난 다양한 변화들을 연구할 수 있다.

종단 연구는 횡단 연구와 비교해볼 때, 시간에 따라 나타나는 변화 과정에 관한 정보를 제공해줄 수 있다는 분명한 장점을 가지고 있다. 그러나 많은 경우 이러한 장점을 살리려면 상당한 시간적, 재정적 비용을 치러야 하는데 조사의 규모가 클수록 비용 역시 커진다. 특히 사건이 일어나는 바로 그 시점에서 관찰이 이루어져야 하는데, 그러한 관

횡단 연구 ▶ 단일 시점에서 실시한 관찰에 기반한 연구

종단 연구 ▶ 여러 시점에서 관찰하는 연구

찰을 하기 위해서는 많은 조사인력이 필요하다.

패널 연구는 시간에 따른 변화에 대한 가장 포괄적인 자료를 제공해줄 수 있는 연구이기는 하지만 패널 상실(panel attrition)이라고 하는 특별한 문제를 가지고 있다. 첫 번째 조사의 연구 대상 중 일부가 이후 조사에 참여하지 못할 수 있는데, 연구에서 중도이탈한 연구 대상이 일반적인 특성을 가진 사람들이 아닐 경우, 그들이 연구에서 빠져나감으로써 연구결과가 왜곡될 가능성도 있다. 연구자들은 이렇게 연구에서 중도이탈하는 연구 대상들을 추적하는 기법을 개발하기 위해 오랫동안 노력해왔다. Rhodes와 Marks(2011)은 이메일이나 우편을 통해서 추적하기 어려운 종단 연구 중도이탈자들을 Facebook을 이용하여 추적하는 방법을 소개하였는데 그들은 전체 연구대상 중 약 1/3을 추적하는 데 성공하였다. 그림 4-2는 이상에서 소개한 세 종류의 종단 연구 설계와 횡단 연구의 특성을 비교하여 보여주고 있다.

4.4 패러다임의 영향

양적 연구방법과 질적 연구방법 중 어느 것을 사용할지는 연구자가 선호하는 패러다임에 의해서 영향을 받을 수 있다. 패러다임이란 실재의 본질에 관한 일군의 철학적 가정(a set of philosophical assumptions)로서 무언가에 관한 우리의 관점을 조직화하는 근본적인 모델 또는 틀을 말한다. 사회복지 연구에 주된 영향을 미치는 패러다임을 꼽는다면 현대 실증주의와 사회구성주의라는 두 가지 상반된 패러다임을 꼽을 수 있다. 현대 실증주의(이하, 실증주의) 연구자들은 종종 양적 연구방법을 사용하며 양적 연구에서는 모든 또는 대부분의 연구 절차를 미리 정하고, 정해 놓은 절차를 엄격하게 준수하며, 자료를 수집할 때 최대한의 객관성을 유지하고자 노력한다. 이와 대조적으로, 사회구성주의 연구자들은 질적 연구방법을 더 많이 사용하며 훨씬 유연한 계획을 가지고 출발하고, 주관적 과정을 중요시하고, 연구 과정 또한 모든 것을 미리 결정하기 보다는 더 많은 관찰이 이루어지고 더 많은 자료가 수집되면 연구 과정도 진화할 필요가 있다고 본다. 물론 사회구성주의 연구자들은 주로 질적 연구방법을 사용하고 실증주의 연구자들은 양적 연구방법을 사용하지만 예외가 없는 것은 아니다. 예를 들어, 실증주의 연구자들은 자신들이 연구하는 주제에 비춰볼 때 필요하다고 판단될 경우 이따금씩 질적 연구를 하기도 한다. 그러나 실증주의 연구자들이 질적 연구를 할 때는 사회구성주의 연구자들보다 질적 관찰의 객관성을 사정하는 것을 더 중요하게 여긴다.

질적 연구와 관련이 있는 또 다른 패러다임은 해석주의(interpretivism)이다. 해석주의는 사회구성주의와 마찬가지로 주관성을 중요시한다. 해석주의 연구자들은 사람들의 삶에 대한 심층적이고 주관적인 이해를 얻고자 한다. 해석주의 연구자들은 사람들을 만나고 어울리며 사람들의 내면적 감정을 공감적으로 이해할 수 있고, 사람들의 일상적인 경험, 심층적 의미와 감정 그리고 그들의 행동 뒤에 있는 독특한 이유들을 해석할 수 있는 자연스러운 세팅에서 사람들을 관찰한다. 또한 해석주의 연구자들은 다수의 사람들에 대해서 특정 인과적 과정의 통계적 확률을 적용하는 것이 아니라, 그들의 연구결과를 읽은 독자들로 하여금 자신들이 연구한 사람들의 입장이 되어 본다는 것이 어떤 것인지를 느껴볼 수 있게 한다.

해석주의 연구자들은 모든 사람에게 동일하게 사용되는 객관적인 측정 도구에만 의존해서는 사

패러다임 ▶ 실재의 본질에 관한 일군의 철학적 가정으로서 무언가에 관한 우리의 관점을 조직하는 근본적인 모델 또는 틀
현대 실증주의 ▶ 실재를 관찰하고 이해하는 탐구 과정에 있어서 객관성 추구를 강조하는 패러다임
사회구성주의 ▶ 주관적 다중 실재의 중요성과 객관의 어려움을 강조하는 패러다임

그림 4-3 ▶ 서로 다른 패러다임의 관점에서 새로운 복지개혁 정책에 관한 연구를 한다면 각각의 관점에 입각한 연구들 간에는 어떤 차이가 있을까?

패러다임	연구 질문	연구 설계
실증주의	새로운 정책이 빈곤 감소에 효과적인가?	새로운 정책이 실시된 지역과 그렇지 않은 지역에서 빈곤에서 벗어난 인구집단을 비교하는 실험 연구
해석주의	새로운 정책하에서 복지수급자는 그들의 삶이 변하는 것을 어떻게 경험하고 있는가?	새로운 정책이 복지수급자의 삶에 미치는 영향을 당사자 관점에서 알아보기 위한 심층적 질적 면담 연구
비판사회학	새로운 정책이 빈곤한 사람들에게 실제로 도움이 되는가, 아니면 그들을 억압하고 있는가?	빈곤한 사람들을 조직화하여 그들이 덜 억압적인 정책 변화를 이끌어내기 위한 목적에서 입법가를 대상으로 로비하는 데 필요한 증거자료를 수집하는 연구를 스스로 설계하고 수행할 수 있게 도와줌.
여성주의	새로운 정책이 빈곤여성들에게 어떤 영향을 미치는가?	새로운 정책 여성복지수급자의 삶에 미치는 영향을 당사자의 관점에서 알아보기 위한 심층적 질적 면접 연구 또는 빈곤 여성들을 조직화하여 그들이 덜 억압적인 정책 변화를 이끌어내기 위한 목적에서 입법가를 대상으로 로비하는 데 필요한 증거자료를 수집하는 연구를 스스로 설계하고 수행할 수 있게 도와줌.

람들을 올바르게 이해할 수 없다고 믿는다. 그렇기 때문에 해석주의 연구자들은 사람들을 알 수 있는 최선의 방법은 유연하고 주관적인 접근방법을 택하여 연구 대상의 세계를 연구 대상의 관점에서 "바라보는 것"이라고 주장한다. 이들은 또한 단순히 연구 대상의 외적 행동이나 설문에 대한 응답을 측정하는 것만으로는 충분하지 않다고 보며, 개인의 행동이나 말의 의미와 사회적 맥락은 심층적으로 고찰되어야 한다고 주장한다.

연구 과정에 영향을 미칠 수 있는 또 다른 패러다임은 **비판사회과학**(critical social science)이다. 이 패러다임은 여러 가지 명칭으로 불리는데, 어떤 사람들은 이 패러다임을 **여성주의 패러다임**이라고 부르고 어떤 사람들은 **임파워먼트** 또는 **옹호 패러다임**이라고 부르기도 한다. 어떤 명칭으로 이 패러다임을 부르던 간에 이 패러다임에 있어서 중요한 것은 이 패러다임이 억압에 초점을 맞추고 있으며 억압받는 집단의 임파워먼트를 위해 연구 과정을 활용한다는 것이다. 이러한 목적을 달성하기 위해서

연구자는 양적 또는 질적 연구 과정을 사용하기도 하고 다른 패러다임의 요소를 사용하기도 한다.

비판사회과학 패러다임을 가진 연구자가 질적 연구방법을 사용하면 그 연구자는 자신의 연구결과에 대해서 아주 분명한 입장을 갖는다. 실증주의 연구자들이 연구결과를 해석하는 데 정치적 가치나 이데올로기적 가치의 영향을 최소화하기 위해 애쓰는 것과 대조적으로 비판사회과학 연구자는 임파워먼트와 옹호를 목표로 연구결과를 해석한다. 또한 이들은 임파워먼트와 옹호라는 목표에 가장 잘 부합하는 연구 과정을 선택한다.

해석주의 ▶ 사람들의 내면적 감정을 공감적으로 이해하고, 사람들의 일상적인 경험, 심층적 의미와 감정 그리고 그들의 행동 뒤에 있는 독특한 이유에 주안점을 두는 연구 패러다임

비판사회과학 ▶ 억압에 초점을 맞추고, 억압받는 집단의 임파워먼트를 위해 연구 과정을 활용하는 연구 패러다임

여성주의 패러다임 ▶ 비판사회과학과 마찬가지로 억압에 초점을 맞추지만, 여성 문제 해결과 여성 임파워먼트를 위해 연구 과정을 활용한다는 점에서 비판사회과학과 차이가 있는 연구 패러다임

4장 연구 과정에 영향을 미치는 요인들 **77**

비판사회과학 연구자가 해석주의 연구방법을 사용할 경우, 이들은 해석주의 연구자들과는 다른 입장을 갖는데 이들은 연구 대상들이 가지고 있는 주관적인 의미를 이해하는 데서 그치는 것이 아니라 자신들의 관찰을 자신들이 변화시키려는 정의롭지 않은 좀 더 광범위한 객관적인 실재와 연결시키고자 시도한다. 따라서 비판사회과학 패러다임을 가지고 해석주의 연구방법을 사용하는 여성주의 연구자가 있다면, 그 연구자는 가정폭력 피해 여성들의 눈을 통해서 실재를 바라보는 것에서 그치는 것이 아니라 연구 대상인 피해 여성들은 가지고 있지 않은, 실재에 대한 여성주의 시각의 여러 측면들도 다루고자 할 것이다. 예를 들어, 가정폭력 피해여성들이 폭력의 심각성을 부인하거나 대수롭지 않게 여기고 가해자를 위한 변명거리를 찾으려 하거나 자신들이 가해자를 떠날 수 없다고 생각한다면, 연구자는 자신들의 눈에 비친 객관적인 현실과 연구 대상 여성들이 가진 주관적인 관점 간에 차이가 존재한다는 것에 주목할 것이다. 또한 여성주의 연구자는 그와 같이 바람직하지 않은 차이가 존재하는 이유에 대해서 의문을 제기할 것이며, 그러한 것들로부터 피해 여성들의 여성주의 의식을 고양하고 그들의 역량을 강화시키기 위한 방법을 도출하고자 시도할 것이다.

이상에서 논의한 내용은 패러다임이 사회복지 연구에 어떻게 영향을 미칠 수 있는지를 보여주는 몇 가지 예에 불과하다. 물론 필요하다면 이 책을 가득 메울 수 있을 만큼의 예를 얼마든지 제시할 수 있지만 그렇게까지 할 필요는 없을 것이라 생각된다. 그림 4-3은 서로 다른 패러다임들이 새로운 공공부조 개혁 정책에 관한 연구에 어떻게 영향을 줄 수 있는지를 비교하여 보여주고 있다.

4.5 이론의 영향

패러다임이 어떻게 연구를 진행해야 할지에 영

향을 미치는 것처럼 이론 또한 영향을 미칠 수 있다. 사실, 이론과 패러다임 간의 차이는 매우 모호하다고 할 수 있는데, 왜냐하면 어떤 사람들은 특정 이론에 매료되어 그 이론을 지나친 확신한 나머지 다양한 현상들을 한 가지 이론만 가지고 해석하려고 하면서 다른 이론들이 줄 수 있는 대안적 통찰과 관점을 간과(또는 독단적으로 간과)하기 때문이다. 그렇기 때문에 사람들은 어떤 이론들(정신분석이론, 역할이론, 행동이론 등)을 패러다임처럼 여기기도 한다.

종종 패러다임과 이론이라는 용어가 마치 같은 용어인 것처럼 사용되기도 하지만, 두 용어 간에는 매우 중요한 차이가 존재한다. 제1장에서 언급했던 바와 같이, 패러다임은 삶을 바라보는 일반적인 틀(frame)이다. 이에 비해 **이론**은 사회적 삶의 특정 측면을 설명하고 사람들이 일상의 삶에서 어떻게 행동하고 의미를 찾는지에 대한 우리의 이해를 넓히기 위한, 상호관련성을 가진 진술들의 체계적 집합이다. 동일한 패러다임을 지향하는 사람들 중에서도 동일한 이론에 대한 지향성을 공유하는 사람들이 있는가 하면 서로 다른 이론을 지향하는 사람들이 있을 수도 있다. 예를 들어, 어떤 실증주의 사회복지 연구자들은 정신분석이론을 바탕으로 한 실천 개입의 효과성을 검증하고자 하는 반면, 다른 실증주의 연구자들은 인지주의 이론이나 행동주의 이론에 바탕을 둔 실천 개입의 효과성을 규명하고자 할 수 있다는 것이다.

이론은 사회복지 실천에서뿐만 아니라 사회복지 연구에 있어서도 중요한 역할을 한다. 실천과 연구 모두에서 이론은 다양한 관찰 결과를 납득하고 그 속에서 어떤 유형을 발견하는 데 도움을 준다. 또한 이론은 우리로 하여금 유용한 유형이나

▶ **이론** ▶ 사회적 삶의 특정 측면을 설명하고 사람들이 일상의 삶에서 어떻게 행동하고 의미를 찾는지에 대한 우리의 이해를 넓히기 위한, 상호관련성을 가진 진술들의 체계적 집합

설명을 우리에게 제시해 줄 수 있을 것 같은 영역을 탐구할 수 있게 해준다. 이론은 미래를 예측하는 데 도움이 되는 관찰과 단순한 우연을 구별할 수 있게 해준다.

어떤 동료 실천가가 자신이 어린 소년에게 모래판에서 장난감을 가지고 놀게 하면서 소년에게 간접적인 방식으로 소년이 하고 있는 놀이의 주제에 대해서 자신이 생각하는 바를 말해주었다는 것을 우리에게 이야기했다고 가정해보자. 이런 방법을 통해서 동료 실천가는 그 소년이 자기 어머니의 비극적 죽음에 대해서 더 낫게 대처하면서 삶을 살아갈 수 있게 돕고자 했다. 만일 우리가 아동발달이론을 공부하지 않았고 놀이의 중요성에 대해서 알지 못했다면 소년으로 하여금 놀이를 하게 하고 놀이에 대해서 이야기를 나누는 것이 어떻게 전문적인 개입이 될 수 있는지 궁금하게 생각하면서 어리둥절한 반응을 보였을 것이다. 사실, 동료 실천가가 사람들에게 그 개입이 왜 효과적인지를 이론적으로 설명할 수 없다면, 사람들은 그 개입이 클라이언트에게 효과적이라는 실천가의 주장에 대해서 실천가가 이론적으로 설명할 수 있는 경우에 비해 의문을 제기할 가능성이 크다. 이론을 고려하지 않는다면 우리는 효과가 있어 보이는 어떤 것이 운 좋게 걸려주기 바라면서 이런 저런 개입들을 시도해볼 것이다. 그러다가 어떤 개입이 특정 클라이언트에게 효과가 있다면 그 개입을 적용해서는 안 되는 다른 클라이언트들에게도 그 개입을 무차별적으로 적용해나갈 것이다.

동료 실천가가 했던 모래놀이 개입을 어떤 실천가가 2001년 9월 11일 테러로 인해 세계무역센터가 붕괴되는 것을 목격하고 아버지를 잃은 이후 집 안에만 틀어박혀 우울증을 앓아 온 6살짜리 소녀에게 적용해보고자 시도했다고 가정해보자. 몇 번의 모래놀이를 시도한 다음 소녀가 분노를 폭발하면서 아버지를 찾기 시작했다는 것을 소녀의 어머니를 통해서 알게 되었다고 가정해보자. 만일 그 실천가가 이론을 모른다면, 아마도 그 실천가는 모래놀이가 해로운 결과를 초래할지 모른다는 두려움에 개입을 중단할 수도 있을 것이다. 그러나 만일 그 실천가가 아동발달과 애도에 관한 이론을 알고 있다면 소녀가 보인 행동 변화를 하나의 필요한 단계, 즉 슬픔을 치유하는 과정에서 겪게 되는 긍정적인 초기 단계로 해석하고 개입을 중단하지 않을 것이다.

자신이 9·11테러의 비극적인 희생자들의 어린 자녀들을 돕고자 모래놀이 개입의 효과성에 대한 연구를 진행해야 한다고 가정해보자. 만일 이론을 모른 채 연구를 진행한다면, 비슷한 문제들에 직면할 가능성이 높다. 예를 들어, 개입의 효과를 성급하게 측정하고 성공에 대한 잘못된 지표를 찾을지 모른다. 또한 이론을 모른다면 어떻게 연구를 설계해야하는지를 결정하는 데 도움이 되는 단서를 찾지 못할 것이다. 그 개입은 도대체 얼마나 지속되어야 할까? 대상자의 최소 연령과 최대 연령은 얼마로 해야 할까?

이론은 또한 연구자들로 하여금 그들이 연구를 통해 발견한 것들로부터 유용한 정책적 및 실천적 함의를 이끌어 내는 데 도움을 준다. 어떤 연구자가 양부모(two-parent) 가정보다 한부모(single-parent) 가정에서 더 많은 비행이 발생한다는 것을 알게 되었다고 가정해보자. 이론을 모른다면 우리는 그 이유와 앞으로 우리가 무엇을 해야 할지를 이해하는 데 어려움을 겪을 것이다. 그러나 한부모 가정이 왜 더 많은 비행을 낳는지에 관한 이론을 통해서 슈퍼비전의 부족과 긍정적인 역할 모델의 부재가 두 가지 중요한 이유라는 것을 우리가 알고 있다고 가정해보자. 그러한 사실은 방과 후 멘토링 프로그램 같은 효과적인 사회 서비스 프로그램을 개발할 수 있는 입지를 높여줄 것이다.

우수한 사회복지 연구들 중 이론이 포함되어 있지 않은 연구들도 있다. 예를 들면, 어떤 연구들은 무엇인가를 설명하려고 것이 아니라 방법론적 쟁점에만 초점을 맞추기도 한다. 그러한 연구들은 어편 종류의 연구방법론이 가장 자주 또는 가장 덜 사용되는지, 연구자들이 부적절한 연구방법론을 얼마나 자주 사용하는지, 특정 유형의 결과물이 얼마나 자주 보고되는지 등을 알아보기 위해서 이미 발표된 연구들을 조사하기도 한다. 또 다른 종류의 무이론적 연구(atheoretical studies)들은 무엇인가를 설명하는 것이 아니라 묘사하고자 하는 연구들이다. 다양한 영역에 종사하고 있는 사회복지사들의 평균 임금을 연구하거나 현재 서비스를 받고 있는 사람들이나 잠재적인 서비스 이용자들이 표출하는 다양한 서비스에 대한 욕구를 평가하는 연구 등이 예가 될 수 있다.

사회복지기관들은 재정지원기관에 대해서 클라이언트들에게 적절한 서비스가 제공되고 있고, 클라이언트들이 제공된 서비스에 대해서 만족하고 있고, 프로그램의 중도 탈락률이 낮다는 것을 보여줄 수 있는 증거를 얻기 위해서 무이론적 연구를 하기도 한다. 사회복지사들은 클라이언트들을 대상으로 조사를 실시하거나 기관의 자료로부터 필요한 증거를 얻는다. 이러한 연구는 이론을 개발하거나 검증하기 위한 것이 아니라 프로그램 관리라는 현실적인 목적을 위해 실시하는 연구이다. 이러한 유형의 무이론적 연구는 이론과는 관계가 없기는 하지만 매우 실질적인 가치를 갖는 연구이다. 예를 들어, 연구의 결과에 따라 재정지원이 지속될지(또는 지원액이 늘어날지) 아니면 중단될지(또는 줄어들지) 여부가 결정된다. 물론 사회복지 조사연구가 이론과 관련이 있어야만 가치 있는 것은 결코 아니지만, 이론과 관련이 있다면 연구의 가치는 한층 더 높아질 수 있다. 예를 들어, 만일 위의 연구가 재정지원이라는 기관의 직접적인 이해를 넘어서서 클라이언트의 만족과 치료 프로그램 참여에 영향을 미치는 요인에 관한 이론을 개발하고 사회복지사들이 각자가 속한 기관의 서비스 전달을 향상시키기 위해서 무엇을 해야 하는지에 관한 함의를 이끌어내고자 시도했다면, 위의 연구는 사회복지 전문 지식의 기반을 넓히는 데 더 기여하는 연구가 될 수 있었을 것이다.

4.5a 이론의 귀납적 활용과 연역적 활용

이론은 귀납적 방법이나 연역적 방법을 통해서 연구 과정에 영향을 미칠 수 있다. **귀납적 방법**은 무엇보다 먼저 관찰에서부터 출발한다. 예를 들면, 가출 청소년들을 대상으로 구조화되지 않은 개방적인 면접을 실시할 수 있다. 가출 청소년들의 가족뿐만 아니라 사회복지사 그리고 가출 청소년 및 그들의 가족들에게 도움을 제공하는 다른 전문가들에 대해서도 면접을 실시할 수 있다. 면접을 통해 얻은 자료를 바탕으로 가족의 역기능이 가출의 주된 원인 가운데 하나이며 가족 치료가 청소년들을 가족과 다시 하나가 되게 만들 수 있는 한 가지 방법이라는 잠정적인 결론을 얻을 수 있다. 물론 이 결론은 아직 검증되지 않은 가설이므로 잠정적인 결론이다.

연역적 방법을 사용할 경우, 우리는 가설에서부터 출발한다. 가설은 이론으로부터 나올 수도 있고 귀납적 방법의 연구를 통해 얻은 잠정적인 결론으로부터 도출할 수도 있다. 그 다음 단계는 각각의 가설에 포함되어 있는 변수들을 정의하고 각각의 변수들을 구체적이고 관찰 가능한 형태로 측정할 수 있게 조작화하는 것이다. 마지막 단계는 계획대로 측정을 실시하여 있는 그대로의 관찰 대상을 관찰하고 관찰결과가 가설을 뒷받침하는지 여부를 판단하는 것이다. 경우에 따라서는 이 마지막 단계에서 실험을 진행하고, 면접을 실시하고, 연구 대상을 방문하거나 관찰하기도 한다.

귀납적 방법 ▶ 귀납 논리에 입각한 연구 과정. 관찰하고, 관찰한 바로부터 어떤 유형을 찾고, 잠정적인 결론을 도출함.

연역적 방법 ▶ 연역 논리에 입각한 연구 과정. 특정 이론에서 출발하여 이론으로부터 가설을 설정하고, 가설 검정을 위해 관찰을 실시함.

그림 4-4 ▶ 과학의 수레바퀴

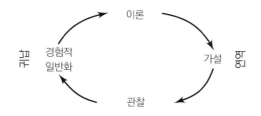

연구를 위해서는 귀납적 방법을 사용할 수도 있고 연역적 방법을 사용할 수도 있다. 가출 청소년에 대한 연구를 다시 예로 들어보기로 하자. 귀납적 방법을 사용할 경우, 우리는 어떤 유형을 발견할 때까지 관찰을 거듭하고 관찰을 통해 발견한 유형은 우리로 하여금 어떤 이론 그리고 더 나아가서는 가설을 도출할 수 있게 해준다. 연역적 방법을 사용할 경우, 우리는 가족체계이론에서부터 출발하여 역기능적 가족을 청소년 가출의 원인으로 볼 수 있다. 이러한 이론적 이해로부터 우리는 몇 가지 구체적인 가설, 예를 들면 가족체계 치료를 제공함으로써 청소년 가출을 감소시킬 수 있다는 가설을 세울 수 있다. 그 다음으로, 우리는 가출 및 우리가 검증하고자 하는 가족체계 치료의 내용과 과정을 관찰 가능한 용어로 정의한다. 그런 다음 마지막으로, 우리는 관찰을 통해서 실제로 가설을 검증한다.

실제 사회복지 실천에서는 이론과 연구가 연역, 귀납, 다시 연역, 다시 귀납으로 끝없이 반복되는 과정 속에서 상호작용한다. Walter Wallace(1971)는 이 과정을 하나의 원으로 훌륭하게 묘사했는데 그림 4-4에 수정된 형태로 표현되어 있다. Wallace의 모델에서 이론은 가설을 이끌어내고, 가설은 관찰을 제안하며, 관찰은 일반화를 만들어내고, 그러한 일반화는 이론을 수정하게 된다. 그러면 수정된 이론은 다시 수정된 가설과 새로운 관찰을 제안하고, 그들로부터 개정된 일반화가 만들어지고, 또 이론을 수정한다. 분명한 것은 이 모델에는 시작도 없고 끝나는 시점도 존재하지 않는다는 것이다. 그렇기 때문에 연구자는 자신의 연구를 어디서든 시작할 수 있다. 예를 들어, 청소년 가출 문제를 이해하고 문제 해결을 위해 어떤 노력을 하고자 한다고 가정해보자. 연구자는 자신의 연구를 가족체계이론(혹은 어떤 다른 이론)으로부터 가설을 도출하는 것으로부터 시작하여 가설을 검증하기 위해 관찰을 할 수도 있고, 아니면 일단 가출 청소년들을 관찰하는 것에서부터 연구를 시작하여 관찰로부터 어떤 일관된 유형을 발견하고, 그로부터 특정 이론에 관심을 갖게 되고, 이론에서 가설로, 가설에서 관찰로 이어져 나아갈 수도 있다.

요약하면, 과학적 규범으로서의 논리적 추론은 이론과 연구를 연결하는 다리와 같은 역할을 한다. 실제 과학적 탐구는 보통 연역과 귀납 간의 상호작용 속에서 진행된다. 연역 단계에서 연구자는 추론으로부터 관찰이 이루어지고, 귀납 단계에서는 관찰로부터 추론이 이루어진다. 그렇기 때문에 논리와 관찰이 반드시 모두 있어야 한다. 실제로 연역과 귀납은 모두 이론을 만들어가는 과정이다.

4.6 사회복지 실천 모델

사회복지에서는 사회복지 문제를 해결하기 위한 노력의 일환으로써 기존의 사회과학이론들을 활용하기도 한다. 그러나 사회복지 실천에 관한 교재들은 사회과학이론들 보다는 주로 사회복지 실천 모델(practice model)이라고 불리는 것들을 사회복지 실천의 지침으로서 제시하고 있다. 이러한 모델들은 기존 이론들을 종합적으로 반영할 수도 있고 그렇지 않을 수도 있지만 사회복지 실천에 대해서 우리가 가진 관점들을 조직화하는 데 도움을 준다.

어떤 실천 모델들이 있으며 각 모델들이 어떻게 해서 현재의 명칭을 갖게 되었는지에 대한 설명은 다양한 사회복지 문헌들에 통해서 접할 수 있다. 예를 들면, 이 책 또한 제2장에서 증거기반 실천 모델을 소개하고 있다. 아마도 독자들 가운데 사회복지 과목들을 수강한 사람들은 실천 모델과 관련해서 심리사회적, 기능주의적, 문제해결, 인지-행동적, 과업중심적, 사례관리, 위기개입, 생태학적 관점, 생애 모델, 일반주의, 증거기반 실천, 절충적 모델 등의 용어들을 접해보았을 것이다. 이러한 사회복지 실천 모델들이 상호배타적이지는 않다. 예를 들면, 상당한 수의 모델들이 사회복지사와 클라이언트 간의 관계와 치료적 협력관계 형성의 중요성을 공통적으로 강조한다.

이 책에서 다양한 사회복지 실천 모델들이 어떤 특징들을 가지고 있으며 모델들 간에 어떤 차이점과 공통점이 있는지를 논의하지는 않을 것이다. 그러한 내용들은 실천 과목이나 전문 사회복지 실천을 소개하는 과목을 통해서 배우는 것이 바람직하며, 이 책에서는 특정 모델들이 사회복지 문제를 연구하는 방법을 선택하는 데 있어서 어떻게 영향을 미칠 수 있는지를 간략하게 살펴보기로 하겠다.

연구자가 심리사회 모델을 사용하는지 아니면 인지-행동적 모델을 사용하는지가 아동학대 부모를 위한 치료 프로그램에 관한 연구를 할 때 연구 과정에 어떤 영향을 미칠 수 있는지를 생각해보기로 하자. 인지-행동적 모델은 아동학대 같은 문제를 비합리적 신념과 관련이 있는 역기능적 감정이라는 관점에서 바라보며, 그렇기 때문에 인지 구조를 변화시키고 보다 나은 대처기술 및 양육기술을 배울 수 있는 기회를 제공함으로써 문제를 해결하고자 한다. 인지-행동적 모델에서는 장기간에 걸친 성격 변화에 초점을 맞추거나 부모 자신의 아동기에서부터 비롯된, 부모가 가지고 있는 해결되지 않은 문제들을 다루는 것이 아니라 행동수정기법과 인지치료기법을 통해서 단기간 내에 변화 가능한 현재 시점의 구체적인 기술, 인지 및 행동 등을 다룬다.

이 모델에 의해서 영향을 받은 연구자들이 아동학대 부모들을 위한 치료 프로그램의 결과를 연구한다면 부모들이 처음에는 자신들을 자극하는 것이라고 느꼈던 자녀들의 행동들이 사실은 아동들이 아동기에 일반적으로 보이는 행동이라는 것을 알게 되고 그러한 행동을 보더라도 화를 덜 내게 되었는지 그리고 새로운 자녀 양육방법(아이들에게 타임아웃을 주는 방법 같은)을 습득했는지를 알아보기 위해서 부모들로 하여금 종이와 연필을 가지고 하는 검사를 받게 할 것이다. 이러한 연구자들은 또한 자녀 양육방법을 요하는 어떤 상황 속에서 부모들이 자녀들을 어떻게 대하는지를 실제로 관찰하고 부모들이 바람직한 양육행동(칭찬, 격려 등)과 바람직하지 않은 양육행동(때리기, 위협하기 등)을 보이는 횟수를 기록하고자 할 것이다.

이와 달리, 심리사회적 모델에 입각한 연구자들은 이상에서 언급한 접근방법을 통해서 치료결과를 연구하는 것이 적절한지에 대해서 회의적인 입장을 가질 것이다. 특히 이들은 관찰된 변화가 과연 치료 종결 이후에도 오랫동안 지속될 것인지에 대해서 그리고 부모들이 좋은 검사 결과를 얻을 수 있는 능력이 있는지 여부나 다른 사람들이 보고 있을 때 바람직한 행동을 보여줄 수 있는지 여부가 과연 아무도 보는 사람이 없을 때 부모들이 가정이라는 환경에서 어떻게 행동할지를 알 수 있게 해줄지 여부에 대해서 의문을 제기할 것이다. 아마도 이들 연구자들은 치료결과를 알 수 있게 해주는 보다 나은 지표는 부모들이 아동학대로 인해 신고되는 경우가 발생하는지 여부를 충분히 오랜 기간에 걸쳐 지켜보는 것이라고 주장할 것이다.

물론 위에서 소개한 예는 가상적인 예이지만, 실제로 긍정적인 결과를 보고한 많은 연구들은 인지—행동적 모델이나 심리사회적 모델과 관련된 개입들을 평가한 연구들이다. 이 두 모델 이외의 다른 모델들은 상대적으로 그다지 많은 관심을 받고 있지 못하며 연구결과들 또한 일관되게 긍정적이지 않을 것으로 나타나고 있다. 다른 모델들을 선호하는 연구자들은 이러한 현상이 나타나는 이유를 인지—행동적 모델이나 심리사회적 모델의 결과 지표들이 가진 "피상성(superficiality)"으로 설명하며, 그들이 선호하는 모델들은 좀 더 장기적이고 복잡한 목표를 가지고 있고 그러한 목표를 사정하는 것이 어렵기 때문이라고 주장한다. 우리는 여기서 이러한 논쟁의 옳고 그름을 가려볼 생각은 없으며, 이러한 논쟁은 당분간 계속될 것이라 예상된다.

4.7 윤리적 고려의 영향

인간을 연구 대상으로 하는 연구를 하고자 할 때, 사회복지 실천가는 연구에 앞서 자신의 연구가 윤리적인지를 반드시 확인해야 한다. 제16장에서 논의하겠지만 어떤 연구들은 연구 윤리성을 판단하기가 상당히 어려울 수 있는데 그럴 경우 우리는 하고자 하는 연구의 가치가 과연 여러 가지 우려를 무릅쓸 만큼 큰지에 대해서 진지하게 생각해봐야 한다. 이와 정반대로 어떤 연구들은 연구의 윤리성을 명확하게 판단할 수 있다. 이 책의 제16장에서 우리는 오래전에 실시되었던 몇몇 의학 실험과 심리학 실험이 기본적인 윤리 기준을 위반함으로써 악명을 얻게 된 예를 소개할 것이다.

악의적이고 비윤리적인 연구를 방지하기 위한 방안으로서 연방법률(federal law)은 인간을 대상으로 하는 모든 연구에 대해서 연구윤리를 강제하고 있다. 연방정부로부터 연구비 지원을 받는 모든 기관은 반드시 기관윤리위원회(Institutional Review Board)를 설치하고 해당 기관이 인간을 대상으로 실시하고자 하는 모든 연구의 연구계획에 대해 연구윤리 심사를 실시해야 한다. 연구자가 준수해야 IRB 규정 및 절차에 대해서는 제16장에서 논의하기로 하겠다. 또한 우리는 제16장에서 연구가 가져다 줄 수 있는 이득과 연구가 다음과 같은 윤리 지침에 어느 정도 위배되는지 등을 고려하면서 연구 승인 여부를 판단하는 것이 왜 쉽지 않은지에 대해서도 논의할 것이다.

- **자발적 참여와 정보 고지에 입각한 동의** 연구참여자에게 연구참여 여부를 결정하는 데 영향을 미칠 수 있는 연구 관련 정보와 연구 과정에서 발생할 수 있는 위험에 대한 정보를 충분히 고지하였는가? 연구참여자가 연구참여는 반드시 자발적이어야 하고, 원하면 언제든지 연구참여를 거부할 수 있고, 아무런 불이익 없이 (예를 들면, 급여중단, 치료 거부 등) 연구참여를 중단할 수 있다는 것 등을 알고 있는가?

- **연구참여자에게 피해주지 않기** 자신의 연구가 혹시라도 연구참여자에게 피해를 입힐 가능성이 있는가? 연구참여자에게 줄 수 있는 피해는 물리적 피해뿐만 아니라 정보를 유출함으로써 연구참여자로 하여금 수치심을 느끼게 하는 것, 불편한 감정을 갖게 만드는 것, 직업을 잃을 수 있는 상황을 만드는 것, 대인관계에 손상을 주는 것 등도 포함된다.

- **익명성과 비밀보장** 연구자를 포함한 어느 누구도 어떤 연구참여자가 어떤 자료를 제공했는지를 알 수 없게 되어 있는가? 익명성은 그렇게 되어 있을 때만 보장할 수 있다. 만일 연구진 중 누구라도 어떤 자료가 어떤 응답자로부터 나온 것인지를 알 수 있게 연구가 설계되어 있다면 (예를 들면, 연구자가 연구참여자를 직접 면접 조사하는 경우나 응답자의 사전조사 값을 사후조사 값과 매칭하는 경우 등) 연구자 말고는 어느 누구도 응답자와 자료를 연결시킬 수 없게 하는 안전장치가 마련되어 있는가? 비밀보장은 그런 안전장치가 마련되어 있어야만 가능하다.

- **연구참여자 속이기** 연구 과정에서 어떤 식으로든 연구참여자를 속이는 경우가 있을 수 있는가? 만일 있다면 그러한 속임은 연구참여자에게 피해를 주지 않거나 정당화될 수 있는가? (예를 들면, 수급자격을 판정하는 직원이 급여신청자에게 반응하는 방식이 신청자의 인종별로 다른지

를 연구한다고 할 때, 직원에게 그러한 목적의 연구가 진행되고 있다는 사실이나 어느 신청자에 대한 반응이 연구 대상이 되는지 등을 알리지 않는 것은 정당화될 수 있는가?)

이상의 연구윤리 지침에 관한 IRB 승인이 반드시 필요하기 때문에 사회복지 연구자들은 원래의 연구계획에 대해서 다시 한번 생각해보거나 필요하다면 연구계획을 수정해야 한다. 예를 들면, 전쟁 참여 후 외상후스트레스증후군으로 고통 받는 군인들을 위해 만든 두 가지 새로운 개입방법과 기존 개입방법의 효과를 비교하는 실험 연구가 있다고 가정해보자. 이 연구에서 어느 군인을 어느 집단에 배정할지를 동전을 던져서 —비교하고자 하는 세 집단을 무작위로 구성하기 위해서— 결정할 예정이다. 어쩌면 IRB는 이 연구에 대해서 치료를 받게 될 군인들에게 연구 설계에 대해 설명할 것과 더 나아가서 연구참여자들이 자신이 원하는 치료를 선택하여 받을 수 있게 하라고 요구할 수도 있다. 또 새로운 치료방법이 기존 치료방법보다 더 (혹은 덜) 효과적일 수 있음을 사전에 설명할 것을 요구할 수도 있다. 물론 연구자는 반드시 연구참여 동의서를 받아야 하며 연구참여는 반드시 자발적으로 이루어져야 한다. 이런 상황이라면 연구자는 군인들을 세 집단에 무작위로 배정하고자 했던 당초 계획을 변경해야 할지도 모른다. 어쩌면 세 집단 중 어느 집단에는 참여자가 아무도 없는 상황이 벌어질 수도 있다. 또 군인들이 모두 기존 치료 말고 새로운 치료를 받겠다고 할 수도 있다. 이와 반대로 군인들이 여러 가지 힘든 치료 과정이 포함되어 있는 새로운 치료법을 —예들 들면, 전장을 그대로 재연하는 가상현실 체험이 있다거나 (이 치료방법은 이라크 전쟁과 아프카니스탄 전쟁에 참여했던 군인들을 위한 치료에서 실제로 사용되고 있다)— 기피하고 기존 치료방법을 선호하는 경향을 보일 수도 있다.

IRB 승인을 받아야 한다는 사실이 연구계획에 영향을 미치는 또 한 가지 가상적인 예를 들어보자. 어떤 연구자가 노숙인으로 가장하고 일정 기간 노숙인 쉼터에 머물면서 쉼터 안에서 어떤 일들이 벌어지는지, 노숙인들의 쉼터 거주 경험이 어떤 것인지 등을 알아보고자 한다고 가정해보자. IRB는 연구자에게 쉼터 직원들에게 자신의 신원을 먼저 밝히고 연구를 해도 좋다는 허락을 받으라고 요구할 것이다. 만일 그렇게 한다면 연구가 진행되는 동안 쉼터 직원들의 행동은 평소와 달라질 가능성이 높다. 어쩌면 IRB가 설령 그런 허락을 받는다고 하더라도 연구를 승인하지 않을 수 있는데 왜냐하면 노숙인이 아닌 연구자가 노숙인 행세를 하면서 노숙인 시설을 이용하면 정작 그 시설을 필요로 하는 노숙인이 시설을 이용하지 못하는 피해가 발생하기 때문이다. 이러한 윤리적 고려 사항 때문에 연구자는 원래 계획 대신 노숙인을 면접 조사하여 그들이 가진 쉼터에 관한 생각이나 쉼터 거주 경험을 연구하는 쪽으로 연구계획을 바꿔야 할 수도 있다.

4.8 다문화적 요인의 영향

사회복지사야 말로 전문직 중에서는 소수자나 억압받는 사람들과 가장 많은 일을 하는 전문직이라고 할 수 있다. 그렇기 때문에 사회복지 연구는 문화적 민감성에 많은 신경을 써야 하며 연구 대상의 문화에 대한 문화 능력을 갖춰야 한다. 제17장에서 논의하겠지만 문화 능력을 갖춘다는 것은 다문화적 요인을 어떤 것인지 이해하고 다문화적 요인이 연구에 미치는 영향에 적절히 대응할 수 있다는 것을 의미한다. 제17장에서 우리는 이러한 내용과 함께 문화 능력을 갖추기 위한 노력이 연구에 어떤 영향을 미칠 수 있는지에 대해서도 살펴볼 것이다. 여기서는 몇 가지 예를 통해 다문화적 요인의 영향이 어떤 것인지 이해해보기로 하겠다.

어떤 연구자가 미국 인디언이나 알래스카 원주

민이 밀집 거주하는 지역에서 연구를 하기 위해서는 해당 원주민 부족의 지도자로부터 사전 허락을 받고자 한다고 가정해보자. 허락을 받기 위해서 연구자는 연구질문, 연구 설계, 연구진행방식, 연구결과 보고방식 등을 부족의 요구에 맞게 수정해야 할지도 모른다. 예를 들면, 혹시라도 해당 연구가 (의도적이지는 않으나) 부족 외부 사람들이 부족 사람들에 대해서 가지고 있던 근로 윤리나 음주행위 등에 관한 선입견(stereotypes)을 증폭시킬지 모른다는 부족 지도자의 염려를 감안하여 연구계획을 변경해야 하는 경우가 있을 수 있다.

이민 온 지 얼마 되지 않아 영어 사용이 익숙하지 않은 사람들을 대상으로 면접조사를 실시하거나 자기기입식 측정 도구로 어떤 특성을 조사하고자 할 때는 이중언어 조사원을 고용하거나 측정 도구를 수정하여 영어가 아닌 언어로 문항을 번역하더라도 문항을 통해 묻고자 하는 개념이 응답자들에게 올바르게 전달될 수 있게 하는 등의 노력이 필요하다. 예를 들면, 이민 온 지 얼마 되지 않은 젊은이들을 대상으로 조사를 하면서 부모가 자신을 짜증나게 만드는지 묻는 질문 문항을 번역한다고 생각해보자. 만일 "getting their nerves"라는 구어적 표현을 그 말 그대로 정확하게 번역한다면 아마 응답자들은 그 질문이 신체부위에 원하지 않는 어떤 압력이 가해지는지를 묻는 질문이라고 생각하기 쉬울 것이다. 제17장에서 더 많은 예를 살펴보기로 하자.

4.9 기관 및 정치적 우려의 영향

사회복지 연구자는 기관의 입장을 고려하거나 연구가 갖는 정치적 성격을 고려하여 연구계획을 수정해야 할지도 모른다. 예를 들면, 연구 세팅이 되는 기관의 운영자나 실천가가 클라이언트를 특정 치료 집단에 배정하는 것을 허락하지 않을 수도 있다. 기관이 가지고 있는 절차와 기준에 따라 클라이언트를 배정한다는 조건하에서만 연구를 허락할 수도 있다는 것이다. 기관의 요구를 받아들일 경우, 자칫 비교 대상 집단 간에 클라이언트 특성에 있어서 상당한 차이가 생길 수도 있고 치료방법상의 차이가 아니라 그러한 차이 때문에 집단 간 치료 성과에 차이가 나타날 수도 있다. 따라서 연구자는 이러한 문제가 발생하지 않게 하기 위해 필요한 조치를 취하거나 아예 당초 계획과 달리 다른 기관을 찾아 연구를 진행해야 할 수도 있다.

그런데 기관의 관심사가 연구에 항상 부정적인 영향만 미치는 것은 아니다. 때로는 기관의 관심사가 연구의 출발점이 되기도 한다. 예를 들면, 기관 운영자가 연구자에게 자신의 기관이 제공하는 서비스의 질을 평가해줄 것을 부탁할 수도 있고, 지역사회가 가진 서비스 욕구를 조사해달라고 요청할 수도 있으며, 기관 직원들이 기관의 의도에 맞게 서비스를 제공하고 있는지, 클라이언트가 기관의 서비스에 만족하는지 등을 연구해달라고 부탁할 수도 있다. 이와 관련된 내용은 제13장 프로그램 평가 부분에서 좀 더 자세하게 논의하기로 하겠다.

이제 마지막으로 연구의 정치적 측면에 대해서 살펴보기로 하자. 사실 따지고 보면 다문화적 요인이나 기관의 관심사 역시 그 본질은 정치적인 것이다. 예를 들면, 부족 지도자가 연구결과에 대해서 걱정하는 이유가 부족이 그 지역을 위한 어떤 프로젝트를 진행하고자 할 때 혹시라도 연구결과로 인해 프로젝트에 필요한 재원을 확보하는 데 어려움이 생길지 모른다는 우려감 때문일 수 있다. 기관 운영자가 프로그램이 편향적으로 평가되었으면 하고 바라는 이유는 그렇게 해서 프로그램에 대한 평가가 좋게 나와야 기관이 지속적으로 재원을 확보하는 데 유리하기 때문일 수 있다. 어떤 연구는 처음부터 연구자가 어떤 정치적인 목적을 가지고 시작한 연구일 수도 있다. 어떤 명분을 만들기 위해서, 예컨대 특정 욕구 집단에 대한 사회적 관심을 이끌어내기 위해서, 어떤 편견이나 부조리가 우리 사회에 존재한다는 것을 보여주기 위해서 또는 그 외의 많은 이유에서 연구를 할 수 있다. 이와 정반대로 어떤 연구자는 정치적으로 민감한 연구질문은 건드리지 않거나 자신이 얻은 연구결과의 강도를 다소 낮춤으로써 정치적 올바름을 유지하거나 자신의 명성과 지위를 지키고자 할 수도 있다.

이상에서 논의한 모든 요인들은 이 책의 여러 부분에서 반복적으로 논의될 것이다. 이제 이러한 요인들이 연구 질문, 연구 설계, 연구방법, 연구결과 해석 등에 어떻게 영향을 미치는지에 대해서 살펴보았으니 다음 장부터는 연구 과정의 구체적인 요소와 방법에 대해서 살펴보기로 하자.

4.10 주요 내용

- 사회복지 연구는 탐색, 기술, 설명, 평가 및 측정 도구 개발 중 어떤 하나 또는 그 이상을 연구 목적으로 가질 수 있다.
- 탐색 연구는 주제에 대한 초기 이해를 얻는 데 질적 방법 또는 양적 방법을 사용할 수 있다.
- 기술연구나 설명연구에서는 질적 연구방법을 사용할 수도 있고, 양적 연구방법을 사용할 수도 있으며, 두 가지 모두를 사용할 수도 있다.
- 양적 연구에서, 기술이란 수량화하기 용이한 표면적 속성을 일반적으로 의미하며 기술 내용의 객관성, 정확성 및 일반화 가능성이 중요시된다.
- 질적 연구의 경우, 기술한다는 것은 모집단에 대한 정확한 일반화가 아니라 현상 및 현상의 심층적 의미에 대한 풍부한 고찰을 의미한다.
- 질적 설명 연구에서는 상대적으로 구조화되지 않으면서 상세한 정보를 얻기 위한 심층 면접을 실시한다.
- 양적 설명 연구에서는 어떤 현상을 설명하는 데 도움이 될 것이라 생각되는 특정 요인을 중심으로 구체적인 가설을 설정한 다음 가설을 검증한다.

- 평가 연구에서는 탐색, 기술 및 설명이 연구의 목적이 될 수 있다.
- 횡단 연구는 특정 시점에서 어떤 현상을 고찰하는 연구이다.
- 종단 연구는 일정 기간에 걸쳐 일어나는 어떤 과정을 기술하며 그렇기 때문에 상당 기간에 걸쳐 관찰이 진행된다.
- 추세 연구는 특정 집단의 변화를 일정 시간에 걸쳐 연구하는 것이다. 동류집단 연구는 동류집단이라는 하위집단이 시간이 지남에 따라 어떻게 변하는지 연구한다. 패널 연구는 매번 동일한 연구 대상을 반복적으로 연구하는 것이다.
- 패러다임은 무언가에 관한 우리의 관점을 조직화하는, 실재의 본질에 관한 일군의 철학적 가정이다.
- 실증주의 패러다임은 실재를 관찰하고 이해하는 탐구 과정에 있어서 객관성 추구를 강조한다. 이와 상반되는 입장에 있는 사회구성주의 패러다임은 주관적 다중 실재의 중요성과 객관의 어려움을 강조한다.
- 해석주의 패러다임은 사람들의 내면적 감정을 기술하고 사람들이 일상적인 경험과 그들의 행동 뒤에 있는 독특한 이유들을 어떻게 해석하는지를 기술한다.
- 비판사회과학 패러다임은 억압에 초점을 맞추고 있으며 억압받는 집단의 임파워먼트를 위해 연구 절차를 활용한다는 것이다.
- 이론은 사회적 삶의 특정 측면을 설명하고 사람들이 일상의 삶에서 어떻게 행동하고 의미를 찾는지에 대한 우리의 이해를 넓히기 위한, 상호관련성을 가진 진술들의 체계적 집합이다.
- 무언가를 설명하고자 할 때, 이론과 예측은 불가피하게 관련된다. 예측은 암묵적으로 설명에 포함되는 것이지만 예측과 설명 간의 차이를 이해하는 것은 매우 중요하다. 우리는 이해하지 못한 상태에서도 무언가를 설명할 수 있다.

- 연역적 방법을 사용하는 경우, 연구자는 이론에서부터 출발하여 검증하고자 하는 몇 가지 가설을 도출한다. 귀납적 방법을 사용하는 연구자는 관찰 자료로부터 출발하여 특정 관찰 내용을 설명하기 위한 가설을 설정한다.
- 사회복지 실천 모델은 이론과 마찬가지로 사회복지 문제를 연구하는 방법을 선택하는 데 영향을 미친다.
- 연구 과정에 영향을 미치는 그 밖의 요인으로는 연구의 윤리적 측면, 다문화적 요인, 기관의 관심사 및 연구의 정치적 측면이 있다.

4.11 연습문제

1. 탐구, 기술 또는 설명을 보여주는 연구논문을 한 편 읽어본다. 자신이 읽은 연구가 세 가지 연구 목적 중 어떤 목적에 해당하는 연구인지 그리고 왜 그렇게 생각하는지 설명해본다.
2. 다음의 연구논문을 찾아 읽어본다. Rank, M. R., & Hirschl, T. A.(2002). Welfare Use as a Life Course Event: Toward a New Understanding of the U.S. Safety Net. Journal of Social Work, July. 이 연구의 연구 설계, 주요 연구결과 그리고 연구결과가 사회복지 실천과 사회복지 정책에 주는 함의에 대해서 이야기해본다.
3. 인터넷에서 다음의 패러다임 중 두 개 이상에 관한 정보를 찾아본다: 실증주의, 해석주의, 사회구성주의, 비판사회과학, 여성주의, 포스트모더니즘. 자신이 찾은 인터넷 사이트의 주소를 밝히고 자신이 찾은 패러다임에 관한 보고서를 작성해본다.

4.12 추천도서

Sokal, A. D., & Bricmont, J.(1998). *Fashionable Nonsense: Postmodern Intellectuals' Abuse of Science*. New York: Picador USA. 이 책은 비판사회과학 패러다임을 비롯한 여러 가지 후기실증주의 패러다임들을 비판하는 책이다.

사회복지 연구의 윤리적 쟁점과 문화적 쟁점

PART 3

사회복지 연구를 기획하고 실행에 옮기는 데 영향을 미칠 수 있는 요인은 연구방법의 질적 또는 양적 특성만이 아니다. 연구에 영향을 미치는 다른 중요한 요인으로는 앞서 제3장에 살펴본 바 있는 연구의 윤리적 측면과 문화적 측면이 있다. 제5장에서 우리는 사회복지 실천 과정에서 발생할 수 있는 여러 가지 중요한 윤리적 쟁점들에 대해서 살펴볼 것이며, 이와 함께 윤리적 쟁점과 정치성과 가치 간에 존재하는 미묘한 관계에 대해서도 살펴볼 것이다. 제6장에서는 사회복지 연구자가 연구의 모든 단계에서 어떻게 양적 및 질적 연구방법을 사용하여 문화적 적절성을 향상시킬 수 있는지에 대해서 논의할 것이다. 이 장에서 우리는 문화적 적절성이 어떻게 연구자들로 하여금 소수계 집단과 억압받는 집단들에 관한 중요한 정보를 얻고 제공할 수 있게 도와주는지 그리고 궁극적으로는 그런 집단들을 위한 실천과 정책을 개선하는 데 도움을 주는지 이해하게 될 것이다.

chapter 5

사회복지 연구의 윤리적 쟁점

5.1 서론

인간을 대상으로 하는 연구를 하기에 앞서 연구자는 자신이 하려는 연구의 윤리성과 관련된 문제에 직면하게 된다. 인간을 대상으로 하는 연구의 윤리성에 대한 관심이 언제나 지금처럼 높았던 것은 아니다. 이러한 관심의 유래는 수십 년 전 인간을 대상으로 한 연구들이 윤리에 관한 아무런 생각 없이 실시될 수 있었던 시기로 거슬러 올라가는데, 그당시 어떤 연구자들은 기본적인 윤리 기준을 비인간적으로 위반함으로써 악명을 얻게 되었다. 가장 극악무도한 사례는 유대인 대학살 기간에 이루어졌던 의학 실험에서 보여준 나치의 잔혹함이었다.

물론 나치가 행했던 실험이 가장 잔혹하고 비인간적인 '연구'의 예임에는 틀림이 없으나 나치의 실험만이 그 당시에 행해졌던 유일한 비윤리적인 연구는 아니었다. 미국에서 행해진 비윤리적 연구 중에 가장 악명 높은 연구는 1932년 Alabama State에서 시작된 Tuskegee 매독 연구(Tuskegee Syphilis study)이다. 이 연구에서 의학 연구자들은 매독을 앓고 있던 수백 명의 가난한 아프리카계 남성 미국인들을 진단하고도 그들이 매독을 앓고 있다는 사실을 알려주지 않았다. 그 대신에 연구자들은 연구 대상들에게 그들이 가진 "악성 혈액(bad blood)"에 관한 치료를 받을 것이라고 말해주었다. 사실 연구자들은 매독이 어떻게 진전되는지를 연구하고자 했을 뿐 매독을 치료할 의도는 애초부터 전혀 없었다. 심지어 매독을 치료할 수 있는 페니실린균이 발견된 후에도 연구자들은 연구 대상자들에게 페니실린에 대해서 알려주지도 페니실린을 제공하지도 않은 채 연구를 계속했다. 그 연구를 통해서 13편의 학술논문이 발표되는 동안 그 연구는 아무런 제재를 받지 않고 계속 진행될 수 있었다. James Jones는 이 실험에 관한 책 *Bad Blood*: *The Tuskegee Syphilis Experiment*(1981)에서 "Tuskegee 연구와 관련된 보건 공무원들 중

어느 누구도 비판자들이 의문을 제지하기 전까지는 이 연구에 대해서 아무도 윤리적 우려감을 표명하지 않았다"(p. 190)고 밝혔다.

1965년 12월, 육군에서 복무하던 중 사회복지사로 훈련받던 Peter Buxtun은 공중보건국에 성병 상담자로 고용되었다. Buxtun은 동료 직원으로부터 Tuskegee 연구에 관한 이야기를 듣게 되었다. 그는 Tuskegee 연구에 관해 발표된 논문들을 살펴본 후, 그 문제를 해결하기 위한 개입에 전략을 기울이기 시작했다. Buxtun은 정부 고위관료들에게 수많은 편지를 보내고 어렵게 만남을 성사시켜 나갔다. 그 결과, Buxtun은 정부 고위관료들로 하여금 Tuskegee 실험을 조사하기 위한 위원회를 열게 만들었다. 그러나 위원회는 연구 대상자들을 치료하지 않는다는 결정을 내렸다.

그러자 Buxtun은 언론에 이 사실을 알렸고 1972년 Tuskegee 연구는 마침내 TV를 통해 세상에 알려지게 되었다. 이로 인해 이 문제에 관한 청문회가 미국 상원에서 열리게 되었으며 1970년대 중반, 연구 대상자들과 그들에 의해 매독에 감염된 그들의 아내들 그리고 매독에 감염된 상태로 세상에 태어난 그들의 자녀들에 대한 항생제 치료가 이루어졌다(Royse, 1991). Jones(1981: 203)는 그의 책에서, 언론의 도움을 받아 Tuskegee 연구를 중단시킨 궁극적인 책무를 행한 공로를 인정받아야 할 사람은 바로 사회복지사 Buxtun이라고 밝히고 있다.

5.2 사회복지 연구를 위한 윤리 지침

Tuskegee 실험 같은 연구의 경우, 무엇이 윤리적으로 잘못된 것인지를 쉽게 이해할 수 있고 연구자가 의도적으로 비윤리적인 행동을 했다는 것에 대해서 어느 누구도 이견을 제기하지 않는다. 하지만 어떤 사회복지 연구에서는 윤리적 문제가 매우 미묘하고 애매모호한 경우도 있다. 때로는 어떤 상황에 대한 "올바른" 해답이 존재하지 않을 수도 있

▲ Tuskegee Syphilis Experiment 관련 사진

출처: 국립문서기록보관소

으며 좋은 의도를 가진 사람들 사이에도 의견 차이가 있을 수 있다.

대부분의 사전과 일상적인 어법에서 윤리는 일반적으로 도덕과 관련이 있는 것으로 나타나는데, 윤리와 도덕 모두는 옳고 그름에 관한 것이다. 그런데 옳다는 것과 그르다는 것은 도대체 무엇인가? 옳고 그름을 구별할 수 있는 근거는 무엇인가? 그런 근거는 사람마다 다를 수 있다. 어떤 근거는 종교적인 것일 수도 있고, 어떤 근거는 정치 이데올로기일 수도 있으며, 어떤 경우에는 근거로써 적절한 것과 적절하지 않은 것이 무엇인지를 실용적으로 관찰하여 얻은 지식이 근거가 될 수도 있다.

『웹스터 뉴월드 사전』(Webster's New World Dictionary)은 윤리적이라는 것을 "해당 전문직 혹은 집단의 행동 기준에 부합하는 것"이라고 정의하고 있다. 이런 정의가 도덕적 절대성을 추구하는 사람들에게는 좌절감을 안겨주는 정의일지 모르지만, 우리가 일상생활에서 말하는 도덕과 윤리는 집단 구성원들 간의 합의에 관한 문제이다. 따라서 서로 다른 집단들이 서로 다른 행동강령을 만들고 합의해온 것은 그다지 놀라운 일이 아니다. 만일 우리가 특정 사회에서 살고자 한다면, 그 사회가 윤리적이라고 여기는 것과 비윤리적이라고 여기는 것을 아는 것이 큰 도움이 될 것이다. 이는 사회복지 연구라고 하는 "지역사회"에서도 마찬가지이다. 지금부터 살펴볼 것은 사회복지 분야의 연구에서뿐만 아니라 관련 분야의 연구에서도 보편적으로 중요한 몇 가지 윤리적 합의를 요약한 것이다.

5.2a 미국 사회복지사협회 윤리규정

만약 연구 윤리에 관한 어떤 결정들이 잠정적인 연구이익과 연구참여자에게 미칠 잠정적 해악을 비교하는 주관적 가치판단을 필요로 하고, 그런 결정들을 다양한 개별 요소들을 고려하여 내려야 한다면, 그런 결정들은 옳고 그른 답이 없는 많은 딜레마를 만들어낼 수 있다. 그러나 연구자는 가능한 윤리적이기 위해서 다방면으로 노력해야 한다. 연구자는 자신이 제안하는 연구의 윤리성에 대해서 동료들로부터 피드백을 얻을 수 있다. 또한 연구자는 앞서 언급한 바와 같이, 기관윤리심의위원회로부터 승인을 얻을 수 있으며(아마 반드시 그렇게 해야 할 것이다), 이에 대해서는 이 장의 뒷부분에서 다시 논의하기로 하겠다. 연구자는 윤리적으로 더 나은 대안이 없는지 항상 고민해야 하며 자신이 제안하는 연구가 자신이 생각할 수 있는 가장 윤리적인 연구인지 항상 확인해야 한다.

연구자들을 이런 방향으로 이끌기 위해 다양한 전문가 협회들은 연구 윤리를 다루는 공식적인 행동규정을 만들어 왔다. 그림 5-1은 미국 사회복지사협회의 윤리규정 중 "5.02 평가 및 연구"에 해당하는 규정이다. 이 윤리규정은 연구를 하는 데 필요한 윤리적 지침을 제공하지만 이 윤리규정의 다른 부분(전문가로서 사회복지사의 윤리적 책임에 관한)에는 우리가 연구할 때뿐만 아니라 실천을 위해 연구를 활용하지 않을 때도 전문가로서 윤리적 책임을 위반할 수 있다는 것을 상기시키고 있다. 그 부분은 구체적으로 다음과 같이 표현되어 있다.

사회복지사는 사회복지와 관련 있는 지식을 비판적으로 고찰하고 계속 추적하여야 한다. 사회복지사는 전문적인 문헌을 일상적으로 검토하여야 한다. … 사회복지사는 사회복지와 사회복지 윤리와 관련하여 경험적인 근거를 갖춘 지식을 포함하여 인정된 지식에 근거하여 실천을 행하여야 한다. (NASW, 1999, Section 4.01)

5.2b 자발적 참여와 정보고지에 입각한 동의

사회복지 연구는 종종 사람들의 삶을 들여다본

다. 응답자에게 있어서 면접자의 방문이나 우편으로 배달된 설문지는 그들이 결코 요청한 적이 없는 그리고 상당한 시간과 정력을 필요로 할지도 모르는 어떤 행동의 시작을 의미한다. 그렇기 때문에 응답자는 연구에 참여함으로써 자신의 일상생활을 방해받게 된다.

사회복지 연구는 게다가 사람들에게 자신에 관한 정보(친구나 동료들도 알지 못하는 정보)를 밝힐 것을 요구하고, 더 나아가서는 그런 정보를 낯선 사람에게 밝힐 것을 요구한다. 그리고 그와 같은 요구는 응답자를 돕기 위해서 정보가 필요하다는 것을 근거로 정당화된다. 그러나 사회복지 연구자가 반드시 이런 주장을 해야만 하는 것은 아니며 자신들의 노력이 도움이 필요한 전체 표적집단에게 궁극적으로는 도움이 될 것이라는 정도의 주장을 할 수 있을 뿐이다.

중요한 연구 윤리 중 하나는 참여가 자발적이어야 한다는 것이다. 어느 누구도 참여를 강요당해서는 안 된다. 모든 참여자는 자신이 연구에 참여하고 있다는 사실을 알고 있고, 연구로 인해 발생할 수 있는 모든 결과에 관한 정보를 고지 받은 상태에서 참여에 자발적으로 동의해야 한다. 그러나 어떤 연구에서는 이런 원칙들이 적용되지 않을 수도 있다. 예를 들어, 지역사회조직체가 시청으로 하여금 교통신호등을 설치하게 하려는 노력의 일환으로써 학교 근처에 있는 번잡한 교차로에서 자동차의 통행량과 통행속도를 측정하고자 할 때 교차로를 통과하는 모든 자동차 운전자들에게 연구와 관련된 충분한 정보를 고지한 다음 동의를 얻을 필요는 없을 것이다.

자발적 참여 원칙은 이론적으로 받아들이기는 쉬우나 실제로 적용하기는 어렵다. 예를 들어, 사회복지학과의 수업에서 강사가 자신이 분석하여 발표하려는 설문지를 학생들에게 주고 작성해달라고 요청하는 경우에도 강사는 학생들에게 조사 참여는 전적으로 자발적임을 반드시 알려주어야

그림 5-1 ▶ NASW 윤리규정

NASW 윤리규정: 5.02 평가 및 연구

(a) 사회복지사는 정책과 프로그램의 실행 및 실천 개입을 지켜보고 평가하여야 한다.

(b) 사회복지사는 지식의 발전에 기여할 수 있도록 평가와 조사 연구를 조장하고 촉진하여야 한다.

(c) 사회복지사는 사회복지와 관련되어 등장하는 지식을 비판적으로 검토하고 계속 추적하여야 한다. 그리고 평가와 조사의 증거를 전문적 실천에 충분히 활용하여야 한다.

(d) 평가와 조사에 관여된 사회복지사는 가능한 결과를 주의 깊게 고려하여야 하며 평가와 연구의 참여자를 보호하기 위해 개발된 지침을 따라야 한다. 적절한 기관윤리심의 위원회와 상의하여야 한다.

(e) 평가와 연구와 연관된 사회복지사는 참여자로부터 자발적으로 서면 작성된 정보고지에 입각한 동의를 얻어야 한다. 참여 동의는 적절한 때에, 참여거부에 대한 암묵적 혹은 실제적 박탈이나 처벌 없이, 참여에 대한 부당한 권유 없이, 참여자의 행복, 사생활과 존엄성을 적절하게 고려하여 이루어져야 한다. 정보고지에 입각한 동의는 참여의 본질, 정도, 기간과 함께 참여로 인한 위험과 혜택에 대한 공개도 포함하여야 한다.

(f) 평가와 연구의 참여자가 정보에 입각한 동의를 할 수 없을 때, 사회복지사는 참여자에게 적절한 설명을 제공하고 참여가가 할 수 있을 정도의 동의를 얻어야 하며, 적절한 대리인으로부터 서면 동의를 얻어야 한다.

(g) 사회복지사는 연구에 대한 엄격하고 책임 있는 검토를 통해 예견되는 과학적, 교육적, 실용적 가치 때문에 그 연구가 정당하다고 하지 않은 한, 그리고 동의에 대한 유예를 하지 않으면서도 동일하게 효과적인 대안 절차가 불가능한 경우가 아닌 한, 특정 형태의 자연적 관찰이나 기록연구와 같이 합의한 절차를 사용하지 않는 평가나 연구를 설계하거나 수행해서는 안 된다.

(h) 사회복지사는 연구참여자들에게 어느 때나 아무런 처벌 없이 평가와 연구로부터 탈퇴할 수 있는 권리에 대해 알

려주어야 한다.

(i) 사회복지사는 평가와 연구의 참여자가 적절한 지원서비스에 대한 접근을 보장하기 위해 적절한 절차를 밟아야 한다.

(j) 평가와 연구에 관여된 사회복지사는 부당한 육체적, 정신적 고통, 피해, 위험 혹은 박탈로부터 참여자를 보호하여야 한다.

(k) 서비스 평가와 관여된 사회복지사는 수집된 자료를 오직 전문적 목적으로 그리고 이 정보에 전문적으로 관심이 있는 사람들하고만 논의하여야 한다.

(l) 평가와 연구에 관여된 사회복지사는 참여자와 그들로부터 얻은 자료의 익명성과 비밀보장을 확실히 하여야 한다. 사회복지사는 비밀보장에 대한 어떠한 제한, 비밀보장을 확실히 하기 위한 수단, 그리고 연구자료가 담긴 기록이 언제 폐기되는지에 대해 알려주어야 한다.

(m) 평가와 연구의 결과를 보고하는 사회복지사는 노출을 허락하는 적절한 동의가 없는 한 신분과 관련된 정보를 삭제하여 참여자의 비밀을 보호하여야 한다.

(n) 사회복지사는 평가와 연구결과를 정확하게 보고하여야 한다. 자료를 가공하거나 허위로 만들어서는 안 된다. 그리고 표준화된 출간방법을 사용하여 출간된 자료에서 후일 발견된 어떠한 오류도 교정할 수 있도록 적절한 단계를 밟아야 한다.

(o) 평가와 연구에 관여된 사회복지사는 참여자와의 이해갈등과 이중 관계에 대하여 조심하고 이를 피할 수 있어야 한다. 사회복지사는 실제적 혹은 잠재적 이해갈등이 발생할 때 이를 알려야 하며, 참여자의 이해를 중요하게 고려하는 방식으로 쟁점을 해결하기 위한 단계를 밟아야 한다.

(p) 사회복지사는 책임 있는 연구의 실천에 대하여 자신과 학생들 그리고 동료들을 교육하여야 한다.

출처: Copyright©1999, National Association of Social Workers, Inc. NASW Code of Ethics.

한다. 그렇게 말하더라도 대부분의 학생들은 만일 자신이 조사에 참여하지 않으면 성적에 영향이 있을지 모른다는 생각을 하게 될 것이다. 따라서 강사는 그런 영향에 대한 학생들의 생각에 민감해야 하며 자신이 그런 영향을 미칠 수 없게 하기 위해서 특별한 조치를 취해야 한다. 예를 들면, 학생들

이 설문지를 작성하는 동안 강사가 그 교실에서 나가 있는 것이 한 가지 방법이 될 수 있다. 또는 학생들에게 설문지를 우편으로 돌려보내 달라고 부탁할 수도 있고, 다음 수업 시작 전에 미리 준비한 어떤 상자에 넣어 달라고 할 수도 있다.

한 가지 분명하게 이해해야 할 것은 바로 이 자

발적 참여 원칙이 우리가 이 책의 뒷부분에서 논의하게 될 몇 가지 과학적 우려감과 전적으로 반대되는 것이라는 사실이다. 그와 같은 우려감 중 한 가지는 일반화 가능성이라는 과학적 목표와 관련이 있는데, 특정 연구에 자발적으로 참여하고자 하는 사람들이 그 연구를 일반화하려는 대상들과 다를수록 연구의 일반화 가능성은 낮아진다. 빈곤의 여성화에 관한 학생들의 태도를 묻는 설문조사에 페미니즘과 빈곤에 대한 관심이 가장 많은 소수계 학생들만이 자발적으로 참여했다고 가정해보자. 그와 같은 응답자 집단의 응답만을 가지고는 일반적인 학생들의 태도를 기술할 수 없으며, 만일 연구 결과를 전체 학생 집단에 대해서 일반화한다면, 그 일반화는 심각한 오류를 갖게 될 것이다.

어떤 연구에서는 관찰 대상들에게 연구의 본질을 숨겨야 할 필요성이 자발적 참여와 충분한 정보에 근거한 동의라는 원칙과 절충되어야 할 또 다른 과학적 관심사가 되기도 한다. 이런 필요성은 연구에 참여하고 있다는 참여자의 인식이 참여자들 간의 사회적 과정에 중요한 영향을 미칠 수 있다는 우려감에서 비롯된다. 때로는 연구자가 참여자들에게 연구가 진행되고 있다는 사실조차도 밝힐 수 없는 경우도 있다. 예를 들면 Rosenhan(1973)이 보고한 한 연구에서 어떤 연구자가 환자로 위장하여 정신병원에 들어가 그 연구에 대해 전혀 알지 못하는 병원의 임상 직원들이 병원에 계속해서 입원해 있을 필요가 없는 "정상"인 사람(즉, 환자로 위장한 연구자)을 구별해낼 수 있는지 사정하고자 시도했다(연구결과에 따르면, 병원의 임상 직원들은 정상인 사람을 구별해낼 수 없었다). 만일 그 연구에서 연구 대상들(즉, 병원의 임상 직원들)에게 자발적 참여나 참여 거부에 대한 선택권을 주었다면, 그 연구는 해볼 가치도 없는 연구가 되어버렸을 것이다. 만일 임상 직원들이 연구자가 환자로 가장하여 병원에 들어와 자신들을 관찰한다는 것을 미리 안다면, 그런 연구를 하는 것이 과연 어떤

의미가 있을까?

그러나 자발적 참여와 정보고지에 입각한 동의 원칙을 지키는 것이 불가능하다는 이유만으로 그런 규범을 위반하는 연구는 결코 정당화될 수 없다. 그렇다면 Rosenhan의 연구는 정당화될 수 있는 연구인가? 아예 그런 연구를 하지 않는 것이 더 윤리적일까? 이런 질문들에 대한 답은 그런 연구가 장기적인 이익을 줄 수 있는지 여부에 달려있다. 다시 말해서, 정신질환을 진단하고 치료하는 데 어떤 문제가 있는지 파악하고, 이해하고 가능한 개선책을 마련하는 데 필요한 관찰과 자료가 그 연구에 자발적으로 참여하거나 참여를 거부할 수 있는 기회를 임상 직원들에게 주지 않음으로써 발생할 수 있는 피해보다 더 중요한지 여부에 달려 있다는 것이다. 연구가 가져다 줄 수 있는 장기적 이익이 윤리적으로 문제가 있는 실천으로 인해 발생하는 해악보다 더 중요한지 판단해야 할 필요성은 자발적 참여뿐만 아니라 다른 윤리적 원칙에도 적용되는 사안이며, 따라서 이에 대해서는 나중에 다시 한번 논의하기로 하겠다. 자발적 참여와 충분한 정보에 근거한 동의 원칙은 매우 중요하다. 만일 이 원칙들을 따르지 않는 것이 궁극적으로는 정당화될 수 있다고 생각하는 연구자가 있다면, 이 원칙들 이외의 다른 과학적 연구 원칙들, 예를 들면 연구 대상에게 어떤 피해도 입혀서는 안 된다는 원칙을 준수하는 것이 더 중요하다는 것을 분명히 알아두어야 할 것이다.

연구자가 자발적 참여와 정보고지에 입각한 동의 원칙에 대해서 어떻게 생각하든 연구자는 인간을 연구 대상으로 하는 연구를 하려면 아마도 **기관윤리심의위원회**(IRB, Institutional Review Board)라고 하는 독립된 전문가 집단으로부터 연구의 윤리성을 승인받아야 할 것이다. IRB의 이용은 관련 연방 법률들이 제정되고 생명의학 및 행동 연구의 윤리성에 대한 관심이 증가함에 따라 1970년대부터 확대되기 시작했다. 오늘날 모든 연구 관련 기

관과 연방정부로부터 재정을 지원받는 모든 조직은 인간을 연구 대상으로 하는 연구의 윤리성을 검토할 수 있는 IRB를 반드시 설치해야 한다. 그런 조직의 연구자들은 인간을 대상으로 하는 연구를 하기 전에 자신이 속한 조직의 IRB로부터 사전 승인을 얻어야 한다. 이 규정은 정부로부터 재정지원을 받는 연구뿐만이 아니라 인간을 연구 대상으로 하는 모든 연구에 적용된다. IRB는 연구가 시작된 이후에도 계속해서 연구를 지켜보면서 필요하다면 해당 연구에 대한 승인을 정지 또는 취소할지 여부를 결정할 수도 있다.

IRB에 관한 논의는 이 장의 뒷부분에서 다시 하기로 하고 여기서는 (충분한 정보에 기반한 동의와 관련해서) IRB가 연구참여자들이 연구 참여 이전에 반드시 동의서(consent form)에 서명해야 한다는 것을 요구한다는 점을 강조하고자 한다. 동의서는 연구 참여 여부를 결정해야 하는 사람들에게 그들의 결정에 영향을 미칠 수 있는 연구 관련 정보, 특히 연구 절차, 잠재적 해악, 익명성과 비밀보장 등에 관한 충분한 정보를 반드시 제공해야 한다. IRB 동의서의 내용은 상당히 구체적일 수 있다. 만일 연구 대상에 아동이 포함되어 있다면, 별도의 양식이 요구된다. 예를 들어, 부모와 자녀가 모두 연구참여자인 경우에는 부모로부터 여러 페이지에 달하는 동의서를 받고, 부모가 자녀의 참여에 동의하는 동의서를 별도로 받아야 하며, 이와 더불어서 자녀가 서명하는 또 하나의 동의서를 받아야 한다. 후자의 동의서를 일반적으로 승인서(assent form)라고 하는데, 성인용 동의서에 비해 상대적으로 간단하고 아동들이 이해할 수 있는 쉬운 언어로 표현되어 있다. 마찬가지로, 연구참여자들로부터 진정한 의미의 충분한 정보를 바탕으로 한 동의를 얻기 위해서는 잠재적 연구참여자들이 글을 읽고 이해하는 수준을 고려해서 동의서를 만들어야 하며 영어를 모르는 연구 대상을 위해서는 해당 언어로 번역된 동의서를 준비해야 한다.

5.2c 참여자에게 피해주지 않기

사회복지 연구는 연구 대상이 자발적으로 참여하든 그렇지 않든 상관없이 연구 대상들에게 절대로 피해를 입혀서는 안 된다. 아마도 실제 상황에서 이 원칙이 위배되는 가장 분명한 경우는 참여자를 당황하게 만들거나 그들의 가정, 친구관계, 직업 등을 피해를 줄 수 있는 정보를 노출하는 것이라고 할 수 있다.

연구 과정에서 참여자들은 심리적으로 상처를 받을 수 있으므로, 연구자는 미묘한 위험들을 잘 알고 있어야 하며 그런 위험이 발생하지 않도록 해야 한다. 연구참여자들은 이해하기 힘든 일탈적 행동, 일반적이지 않은 태도, 수치심을 느낄 수 있는 빈곤이나 공공부조 수급 같은 개인적 특성들을 밝히도록 요구받는다. 그런 정보를 밝힐 때 참여자들은 아무래도 불편한 감정을 가질 수밖에 없다.

사회복지 연구 프로젝트는 참여자들로 하여금 그들이 보통 때는 생각해보지 못했던 자신의 어떤 측면에 직시하게 만든다. 그런 상황은 정보를 연구자에게 직접적으로 밝히지 않을 때도 발생할 수 있다. 참여자들은 과거의 경험을 회상하다가 과거에 일어났던 일 중에 어떤 일이 부당했다거나 비도덕적이었다는 생각을 하게 될 수도 있다. 그럴 경우, 그 프로젝트는 연구 대상들을 끊임없는 개인적 고뇌에 빠지게 만들 수도 있다. 예를 들어, 윤리적 행동강령에 관한 연구를 하는 중이었다면, 연구 대상들은 연구에 참여함으로써 자신들의 도덕성에 대해 의심하기 시작할지도 모르며, 그런 개인적 고뇌는 연구가 종료된 후에도 오랫동안 지속될 수 있다.

이제 우리는 우리가 하려는 어떤 연구가 다른 사람에게 상처를 줄 수 있는 위험을 내포하고 있을 수 있다는 것을 알았다. 그런 위험이 실제로 발생하지 않게 할 수 있는 확실한 방법은 존재하지 않지만, 어떤 연구설계는 다른 연구 설계에 비해 그렇게 할 수 있는 가능성이 더 높다. 만일 어떤 연구 절차가 참여자들을 기분 나쁘게 만들 것이라 예상되면(예를 들어, 응답자들에게 일탈행동을 밝혀 달라고 요구한다든지), 연구자는 그런 절차의 필요성을 뒷받침해줄 수 있는 확고한 과학적 근거를 가지고 있어야 한다. 어떤 연구 설계가 필수적이기는 하지만 참여자들을 불쾌하게 만들 수 있다면, 연구자는 윤리적 지옥에 빠져 개인적으로 고뇌하지 않을 수 없게 된다. 그런 고뇌 그 자체는 그다지 중요하지 않을지 모르지만, 그런 고뇌는 연구자가 그런 문제에 대해서 민감해졌다는 것을 말해주는 건강한 신호일 수 있다.

참여자들이 자료분석과 결과보고에 의해서 상처받는 일은 그런 사실이 잘 알려지지 않은 채 지나가서 그렇지 사실 자주 발생한다. 이따금씩 참여자들은 자신들이 참여했던 연구에 관한 문헌들을 읽게 되는데, 어느 정도 눈치 빠른 참여자는 다양한 표와 지표 속에서 자신이 어디쯤에 위치하는지 쉽게 알아낼 수 있다. 그렇게 함으로써 참여자는 자신이(비록 이름은 밝히지 않더라도) 편협하고 독설적인 사람으로 묘사되고 있다는 것을 알게 될 수도 있다. 자신에 대한 그런 묘사는 적어도 참여자들을 힘들게 만들고 그들이 가진 자신에 대한 이미지에 나쁜 영향을 미칠 수도 있다. 그러나 어쩌면 연구 프로젝트의 궁극적인 목적이 왜 어떤 사람은 편견을 가지고 있고 어떤 사람은 그렇지 않은지를 설명하는 것일 수도 있다.

자발적 참여와 마찬가지로, 사람들에게 피해를 주지 말아야 한다는 것은 이론적으로는 받아들이기 쉬운 개념이지만 현실적으로 그렇게 하기가 쉽지 않다. 그러나 연구자 이 쟁점에 대해서 민감해지고 실제로 적용하는 경험을 쌓는다면 민감한 연구 분야들을 적절히 다룰 수 있는 능력을 향상시킬 수 있을 것이다.

최근 사회복지 연구자들은 이 원칙을 준수하는 것과 관련해서 많은 지원을 받을 수 있게 되었다. 연방정부와 그 밖의 많은 재정지원기관들은 인간을 연구 대상으로 하는 연구계획서에 대해서는 독립적인 평가를 요구하고 있으며, 대부분의 대학에는 그런 평가기능을 담당하는 인간연구 대상위원회(human subject committee)가 설치되어 있다. 때로는 불편하고 부적절하게 적용될 수도 있으나, 그런 요구는 비윤리적인 연구를 미연에 방지할 수 있을 뿐만 아니라 주의 깊은 연구자들조차도 자칫 간과할 수 있는 윤리적 쟁점들을 사전에 발견해내는 기능을 할 수 있다.

5.2d 익명성과 비밀보장

조사 연구에서 연구 대상의 이해와 안녕을 지키는 것과 관련된 가장 중요한 관심사는 연구 대상의 신원을 보호하는 것이다. 응답 내용을 밝히는 것이 어떤 식으로든 응답자에게 해를 입힐 수 있다면, 이 원칙을 준수하는 것이 무엇보다 중요하다. 익명성과 비밀보장이라는 자주 혼동되는 두 가지 기법이 이를 위해 도움이 된다.

익명성

연구자의 익명성(anonymity)은 특정 응답을 어떤 응답자가 했는지 알 수 없어야만 보장될 수 있다. 따라서 응답자의 신원이 알려진 상태에서 정보를 수집하는 면접조사에서는 응답자의 익명성이 절대로 보장될 수 없다. 익명성을 보장할 수 있는 조사연구의 예로는 신원을 파악할 수 있는 아무런 식별번호가 붙어있지 않은 설문지를 우편으로 보낸 다음 응답자로 하여금 작성 후 연구자에게 돌려보내게 하는 우편조사를 생각할 수 있다.

응답자의 익명성을 보장하고자 하면 누가 설문지를 작성해서 돌려보냈고 누가 돌려보내지 않았는지를 추적하기가 어려워진다. 그러나 이런 어려움에도 불구하고 어떤 상황에서는 익명성을 보장해야만 한다. 예를 들어, 마약남용에 관한 연구를 하고자 한다면 응답자의 익명성을 보장해야만 응답 가능성과 응답 내용의 정확성을 높일 수 있다. 또한 익명성을 보장해야만 마약 사용자의 이름을 밝히라는 요구를 관련 당국으로부터 받지 않을 수 있다. 만약 응답자가 자발적으로 이름을 남긴다면, 그런 정보는 즉시 설문지에서 삭제할 수 있다.

비밀보장

설문조사에서 비밀을 보장하려면 연구자는 응답자에게 원칙적으로 응답자의 응답을 확인하지 않겠다는 (하려면 할 수 있지만) 것을 공식적으로 약속해야 한다. 예를 들어, 면접조사에서 연구자는 응답자가 보고한 소득을 공개할 수 있는 위치에 있지만 그렇게 하지 않을 것임을 응답자에게 확신시켜야 한다.

비밀보장(confidentiality)을 좀 더 확실하게 하기 위해 사용할 수 있는 몇 가지 기법들이 있다. 먼저, 응답자의 신원에 접근할 수 있는 연구자와 그 밖의 사람들은 윤리적 책무에 관한 훈련을 받아야 한다. 설문지에서 응답자의 이름과 주소를 가능한 한 빨리 제거하고 식별번호로 대체한다. 나중에 손실되거나 잘못된 정보를 바로잡기 위해 식별번호와 이름을 대응시켜 놓은 원본 파일은 만들어야 하지만, 정당한 목적을 제외하고는 어느 누구도 그 파일에 접근할 수 없게 해야 한다. 설문조사에서 익명성을 보장하는 것이 아니라 비밀을 보장한다면, 연구자는 그런 사실을 응답자에게 분명하게 알려줘야 할 책임이 있다. "비밀보장"을 익명성이라는 용어로 표현해서는 절대 안 된다.

사회복지 실천에서뿐만 아니라 사회복지 연구에서도 비밀보장을 할 수 없는 윤리적인 상황이 발생할 수 있다. 면접 과정에서 아동이 학대받고 있는 것을 알게 되거나 응답자가 자신이나 다른 사람에게 심각한 해를 입힐 수 있는 위험에 임박해 있다는 것을 알게 되는 경우가 있을 수 있다. 그런 사실을 관련 기관에 보고하는 것이 전문가적(그리고 아마도 법적) 책무일 수 있다. 연구참여자도 연구에 참여하기로 동의하기 전에 충분한 정보를 바탕으로 한 동의 과정의 일부로서 이런 가능성을 반드시 알아야 한다.

정부기관이 연구자가 응답자에게 비밀보장을 약속한 자료를 얻기 위해서 법적 조치를 취하는 상황이 발생할 수도 있다. 예를 들어, 정부기관은 연구참여자의 약물 사용에 관한 자료를 얻고자 연구자에게 정보 제공을 법적으로 강제할 수 있다. 연구참여자를 이런 위험으로부터 보호하기 위해서 1989년 미국 국립건강연구소(National Institute of Health)는 비밀보장 증명서(certificate of confidentiality)를 발급하기 시작했다. 연구자는 이 증명서를 얻기 위해 신청서를 제출해야 하는데, 이 증명서를 발급받으면 자신의 자료를 강제로 제공해야 하는 위험으로부터 보호할 수 있다.

5.2e 연구참여자 속이기

이제까지 우리는 연구참여자의 신원을 다루는 것이 매우 중요한 윤리적 고려 사항이라는 것을 살펴보았다. 그런데 연구자 자신의 신원을 다루는 것도 연구참여자의 신원 못지않게 중요한 사항이다. 연구자가 연구 대상에게 자신의 신원을 밝히는 것은 유용할 뿐만 아니라 연구를 위해 필요하기까지 한 일이다. 연구를 하고 있다는 사실을 알리지 않고서도 응답자로 하여금 엄청난 분량의 설문지를 끝까지 작성하게 하려면 연구자는 한 마디로 말해서 능수능란한 사기꾼이어야 한다.

연구자가 자신의 신분을 감추는 것이 가능하고 그렇게 하는 것이 중요할 수도 있으나 그러한 상황에서 반드시 고려해야 하는 중요한 윤리적 고려 사항이 한 가지 있다는 것을 기억해야 한다. 사람을 속이는 것은 비윤리적인 것이며 그렇기 때문에 사회조사에서 사람을 속이는 것은 과학적으로 혹은 행정적으로 불가피한 상황에서만 정당화되어야 한다. 물론 그런 경우에서조차도 사람을 속이는 것이 정당화될 수 있는지 여부는 논쟁의 대상이 될 수 있다.

때로는 연구자들이 자신이 연구를 하고 있다는 것은 인정하지만 연구를 왜 하는지 그리고 누구를 위해서 하는지는 분명하게 밝히지 않기도 한다. 공공부조 업무를 담당하는 기관으로부터 수급자들의 생활 수준에 관한 연구를 의뢰받았다고 가정해 보자. 그 기관이 연구를 의뢰한 이유가 현재 상황을 개선하기 위한 방법을 모색하기 위해서일지라도 수급자인 연구참여자들은 연구가 "부정 수급자"에 대한 마녀사냥이 될까봐 두려워할 가능성이 높다. 따라서 수급자 참여자들은 실제보다 더 가난하게 보일 수 있게 조사에 답하려 할 것이다. 그러나 연구참여자들이 진실된 대답을 제공하지 않는다면 그 연구는 생활 수준을 효과적으로 개선하는 데 필요한 정확한 자료를 제공해줄 수 없게 된다. 우리가 그 연구를 해야 하는 연구자면 어떻게 할 것인가? 한 가지 해결책은 연구참여자들에게 자신이 대학 연구 프로그램의 일부로서 연구를 진행하고 있다고 말하고 공공부조기관에 소속되어 있다는 사실은 숨기는 것이다. 그러나 이 방법은 연구의 과학적 우수성은 향상시킬 수 있겠지만 연구 과정에서 중요한 윤리적 쟁점을 야기할 것이다.

5.2f 분석과 보고

사회복지 연구자는 연구참여자에 대해서 여러 가지 윤리적 의무를 가지며 동시에 동료 전문가들에 대해서도 윤리적 의무를 갖는다. 이 두 가지 종류의 의무 중 후자 의무에 대해서는 나중에 자세하게 논의하기로 하겠다.

어떤 연구에서든 연구의 기술적 결점과 실패에 대해서 가장 잘 알고 있는 사람은 연구자이다. 따라서 연구자는 독자들에게 그런 것들을 알려야 할 의무가 있다. 실수를 인정하는 것이 자신을 바보처럼 보이게 만들지 모른다는 생각이 들더라도 연구

자는 그렇게 해야 한다.

부정적인 결과도 분석과 관련이 있다면 반드시 보고해야 한다. 긍정적인 발견점만이 발표할 가치가 있는 발견점이라는 유감스러운 믿음이 과학계에 존재하고 있는 것이 사실이다(학술지 편집자들조차도 종종 그렇게 믿는 오류를 범한다). 그러나 과학에서는 종종 두 변수가 연관되어 있지 않다는 것을 아는 것도 연관되어 있다는 것을 아는 것 못지않게 중요하다. 예를 들어, 어떤 연구자가 검증된 어떤 개입방법으로 치료받은 클라이언트와 그렇지 않은 클라이언트 간에 결과에 있어서 아무런 차이가 없다는 것을 실험을 통해 발견한다면, 대안적 개입방법을 고려해 볼 필요가 있다는 것을 실천가들이 아는 것이 매우 중요하다. 특히, 다른 연구에서도 동일한 결과가 반복적으로 나타난다면 더욱 그럴 것이다. 또한 맨 처음 실험의 결과가 보고되지 않았다면 실험을 재연한다는 것은 생각조차 할 수 없을 것이다.

개입이나 프로그램 또는 정책을 평가하는 연구에서 부정적인 결과를 보고하는 것이 가진 윤리적 중요성은 증거기반 실천 과정에서는 더더욱 분명해진다(제2장에서 논의한 바와 같이). 어떤 연구자가 클라이언트의 문제를 해결하는 데 가장 효과적인 개입을 찾기 위해 증거기반 실천 연구를 하다가 문제해결과 관련된 A라는 개입의 효과성을 뒷받침하는 연구를 발견했다고 가정해보자. 만일 연구자가 그 연구의 결과와 모순된 증거를 제시하는 다른 연구를 발견하지 못한다면, 연구자는 아마도 개입A를 클라이언트의 문제에 관한 최선의 증거기반을 가진 연구라고 여기고 싶어 할 것이다. 그런데 사실은 많은 연구들이 개입A가 그 문제에 대해서 효과가 없다는 것을 발견했지만 효과 없는 개입에 관한 연구에 대해서는 아무도 관심을 기울이지 않을 것이라는 생각에서 연구결과를 발표하지 않았다고 가정해보자. 그렇다면 실제로는 다른 개입들이 개입A보다 효과성에 관한 더 나은 그리고 더

일관된 증거를 가지고 있을 수도 있으며, 만일 개입A에 관한 부정적인 결과가 발표되었더라면 실천가는 그런 다른 개입들 중에서 어떤 것을 클라이언트에게 제안할 수도 있을 것이다. 더 나아가서, 실천가가 도움을 제공하려는 클라이언트가 아프리카계나 남미계일 때, 부정적인 결과가 나타난 많은 연구들은 아프리카계나 남미계 클라이언트를 대상으로 한 연구들이고 개입A의 효과성을 뒷받침하는 연구는 백인만을 대상으로 한 연구라고 가정해보자. 이 경우, 부정적인 결과를 보고하지 않기로 한 결정이 어떤 윤리적 함의를 갖는지는 매우 분명하다. 그런 연구결과를 보고하지 않음으로써 연구자는 잘못된 그리고 전혀 도움이 되지 않는 개입을 클라이언트에게 제안하게 되는 것이다.

또한 연구자는 실제로는 그렇지 않음에도 불구하고 자신이 얻은 연구결과가 사전에 계획된 분석전략의 산물인 척함으로써 체면을 유지해보려는 유혹을 피해야만 한다. 많은 경우, 예상과 다른 연구결과(물론 나중에 되돌아보면 그런 결과가 나타난 것이 당연하다는 것을 알게 되기도 하지만)가 나타나기도 한다. 또 우연히 어떤 흥미로운 관계를 발견하기도 한다(그렇다고 해서 그것이 대수로운 것인가?). 그럴 때, 사후적으로 허구적인 가설을 만들어 그런 결과를 보기 좋게 윤색하는 것은 정직하지 못한 일이고 경험 없는 연구자들로 하여금 모든 과학적 탐구가 엄격하게 사전에 계획되고 조직화 된 것이라는 잘못된 생각을 갖게 만들 수 있다.

일반적으로 과학은 정직성과 개방성에 의해서 발전하고 자기방어와 속임수에 의해서 퇴보한다. 연구자들은 특정 탐구 영역에서 자신이 경험한 모든 결점과 문제들을 들려줌으로써 동료 연구자들(그리고 과학적 발견 전체)을 위한 자신의 의무를 다해야 한다. 아마도 그런 솔직함이 동료 연구자들을 동일한 문제로부터 구할 수 있을 것이다.

5.3 이익과 손실 따져보기

위에서 우리는 사회복지 연구를 수행할 때 연구자들이 윤리적 고려 사항들로 인해 종종 딜레마에 빠진다는 것을 지적했다. 연구자가 취해야 할 가장 윤리적인 행동노선이 언제나 분명한 것은 아니다. 때로는 연구를 통해 얻게 되는 장기적인 이익이 과학적 타당성을 확보하기 위해 윤리적으로 문제 있는 실천을 함으로써 발생할 수 있는 해악보다 과연 더 크다고 할 수 있는지 여부를 판단하는 것이 쉽지 않을 수 있다. 예를 들어, 정신병원의 임상 직원들이 정상인 사람과 정신질환이 있는 사람을 구별할 수 있는지 알아보기 위해서 연구자가 정신질환자로 가장하여 정신병원에 입원했던 예를 다시 들어보기로 하자. 이 예와 관련해서 우리는 연구가 가져다줄 잠재적 이익(정신의학적 진단과 치료에 관한)이 임상 직원들의 자발적 참여 원칙을 위반한 것을 정당화할 수 있는가라는 질문을 한 바 있다. 만일 그 연구의 목적이 환자들이 직원들에 의해서 육체적으로 학대받고 있는지 여부를 알아보기 위한 것이라면 어떠했을까? 직원들에게 무시당하고 학대받는 환자의 수가 실제로 엄청나고 그런 사실을 연구자들이 발견했다고 가정해보자. 서비스의 질을 폭로하여 서비스를 개선함으로써 현재 또는 미래에 클라이언트들에게 돌아갈 잠재적 이익이 연구 대상들을 기만하는 것보다 더 가치 있다고 할 수 있을까?

만일 연구를 가능하게 할 수 있는 대안(즉, 윤리적으로 문제 있는 조사를 하지 않고도 연구 질문에 대해서 동일한 정도로 타당하고 유용한 답을 제시할 수 있는 방법)이 있다면, 그 방법을 선택함으로써 우리는 딜레마로부터 자연스럽게 벗어날 수 있을 것이다. 그러나 때로는 그런 대안이 존재하지 않을 수도 있다. 그런 대안이 없을 때 연구자가 이 딜레마를 어떻게 풀 것인지는 해당 연구가 가져다 줄 수 있는 여러 가지 이익과 손실에 대해서 연구자가 얼마나 가치를 부여하는지 그리고 특정 목적이 특정 수단을 정당화할 수 있다고 믿는지 여부에 달려있다. 그런 결정을 내릴 때 적용할 수 있는 객관적인 공식은 없다. 왜냐하면 그런 결정은 본원적으로 주관적인 것이기 때문이다. 어떤 사람들은 목적이 결코 수단을 정당화할 수 없다고 주장하는가 하면, 어떤 사람들은 어떤 특정 목적이 어떤 특정 수단을 정당화할 수 있는지에 대해서만 동의하지 않을 수 있다.

5.3a 사례: 죽어가는 사람과 함께 살아가기 - 참여관찰기법 사용

제3장에서 우리는 일반적인 병원 치료 접근과 호스피스 접근의 가치를 비교하는 Robert Buckingham과 그의 동료들이 1973년에 발표한 연구에 대해서 간략하게 논의한 바 있다. 호스피스 접근은 말기 환자의 불편을 최소화하고 삶의 질을 극대화하는 데 초점을 맞추기 때문에, 생명을 연장시키기는 하지만 삶의 질을 악화시키는 의료적 치료를 피하는 것이 하나의 방법이 될 수도 있다. 이와 대조적으로, 일반적인 병원 치료는 비록 말기 환자의 삶의 질을 악화시키기는 하지만 어떤 대가를 치르더라도 환자의 생명을 연장하는 것을 중요시할 가능성이 높다. 일반적인 병원 치료는 환자와 환자 가족의 심리사회적 욕구나 그 밖의 다른 비의료적 욕구에 대해서는 민감하지 못하다.

제3장에서 Buckingham과 동료들의 연구를 소개했을 때 우리는 어떻게 이 연구가 질적 연구방법과 양적 연구방법 간의 차이를 보여주는지에 초점을 맞췄다. 이 장에서는 윤리적 관점에서 이 연구를 조명해보기로 할 텐데, 왜냐하면 이 연구는 연구가 가져다 줄 수 있는 장기적인 이익이 윤리적 지침을 위반하는 것을 어떻게 정당화할 수 있는지를 보여주는 좋은 예이기 때문이다. Buckingham은 병원의 수술치료 병동(호스피스가 아닌 병동)과 완화치료 병동(호스피스 병동)에서 말기 환자에 대한 치료를 관찰하고 경험해보고자 시도했다. 관찰을 용의하게 하기 위해, 연구자는 자신이 있는 병동의 직원들과 환자들에게 자신이 무엇을 하고 있는지를 알리지 않았다. 직원들과 환자들을 속이기 위해서 Buckingham은 여러 단계에 걸쳐 노력했다. 그는 병원에 들어가기 전에 6개월 동안 다이어트를 통해 22파운드를 감량했다(그는 감량을 시작하기 전에도 원래 말랐었다). 그는 스스로에게 자외선방사선 요법을 실시하여 마치 방사선 치료를 받아온 것처럼 보이도록 했으며 손과 팔에 정맥주사 바늘로 인한 구멍자국을 만들어 마치 화학요법을 받고 있었던 것처럼 꾸몄다. 그는 또한 조직검사 흉터를 만들기 위해 가벼운 수술을 받기도 했다. 그는 진료카드를 검토하여 췌장암 환자들과 밀접한 관계를 유지하여 췌장암 말기 환자들을 어떻게 흉내 내는지도 알게 되었다. 마지막으로, 병원에 들어가기 전 며칠 동안 턱수염을 듬성듬성 기르고 몸을 씻지 않았다.

Buckingham은 병원에서 머무는 열흘 기간 중 2일은 대기 부서에서, 4일은 수술치료 부서에서, 마지막 4일은 호스피스 부서에서 보냈다. 열흘 동안 그가 얻은 결과는 말기 환자에 대한 호스피스 서비스의 장점을 뒷받침해주었다. 예를 들어, 수술치료 병동에서 그는 직원들이 부족하고, 무정하고, 무심하게 의사소통하는 것을 관찰할 수 있었다. 또한 의사들은 환자들과 전혀 이야기하지 않았다. 대개의 경우, 직원들은 환자들과 인사하는 것을 피했고, 거의 눈을 마주치지 않았으며, 환자들에 대해서 언급할 때 환자의 이름보다 병명을 사용했다. 활기 있는 환자들은 관심을 받지 못했고 환자의 상태 중 부정적인 측면들이 강조되었다.

그러나 그가 호스피스 병동에서 그가 관찰할 수 있었던 것들은 이와 사뭇 달랐다. 직원들은 환자들에게 시선을 맞췄고 환자들에게 먹고 싶은 것이나 그 밖의 원하는 것이 무엇인지 물었다. 그리고 자신들이 어떻게 하면 환자들에게 도움이 될지 물었다. 그들은 분명하게 그리고 천천히 감정이입적으로 환자들이 하는 말을 들었다. 의사는 환자나 가족들과 의사소통하는 데 훨씬 더 많은 시간을 보냈다. 직원들은 가족들이 치료 과정에 참여할 수 있도록 격려했다. 말기 환자와 가족들에 대한 서비스 향상과 관련해서 Buckingham의 연구가 가진 가치를 이해하는 것은 전혀 어려운 일이 아니다. 그가 발견한 것들이 가져다 줄 수 있는 이익이 그가 직원들과 환자들을 속인 것을 정당화할 수 있는지에 대해서 고려하는 과정에서 우리는 그가 한 연구의 다른 측면들에 대해서도 흥미를 느끼게 될 것이다.

병원에 들어가기 전에 Buckingham은 병원의 의료, 행정, 법률 분야의 최고위 직원들을 연구계획 및 승인 과정에 참여시켰다. 수술 병동과 호스피스 병동의 책임자들도 이 연구를 승인했다. 호스피스 병동의 직원들 또한 누가 무엇을 어떻게 평가한다는 것은 몰랐지만 그들의 병동이 평가받을 것이라는 사실을 사전에 통보받았다. 마지막으로, 연구의 윤리성을 고려하기 위해 임시위원회가 구성되었고 이 위원회로부터 연구를 승인받았다. 이런 연구 절차와 연구를 통해 얻은 이익을 고려해보면 이 연구와 관련해서 어떤 윤리적 논쟁도 일어나지 않았다는 것은 그다지 놀라운 일이 아니라고 할 수 있다.

5.3b 서비스를 받을 권리 대 서비스 효과를 평가해야 할 책임

사회복지 연구에서 가장 중요한 윤리적 딜레마는 도움을 필요로 하는 클라이언트가 서비스를 받을 권리와 장기적인 관점에서 클라이언트의 복지를 향상시킨다는 이익을 명분으로 삼아 클라이언트에 대한 서비스 제공을 단기적으로 지연시키는 것이 정당화될 수 있는지 여부에 관한 것이다. 이 논쟁은 서비스를 받은 클라이언트와 서비스를 받지 않은 클라이언트의 상태를 비교함으로써 서비스의 효과성을 평가하는 실험 설계 및 유사실험 설

계(제11장 참조)와 관련이 있다. 이 논쟁은 또한 증거기반 실천과도 관련이 있다. 증거기반 실천을 하는 실천가들은 서비스의 효과성에 관한 최선의 증거를 찾고자 하며, 클라이언트에게 나타난 결과를 가장 잘 설명할 수 있는 것이 제공된 서비스인지 아니면 다른 어떤 것인지 추론할 수 있는 엄격한 실험 설계를 갖춘 연구를 가장 훌륭한 연구로 여긴다. 여기서 우리는 두 가지 가치가 충돌하고 있는 것을 알 수 있는데, 하나는 도움을 필요로 하는 사람들에게 즉각적인 도움을 제공하기 위해서 무엇인가 해야 한다는 것이고 다른 하나는 클라이언트가 받을 서비스가 과학적으로 검증된 효과(이로운 것이든 해로운 것이든)가 있는지 여부를 확인해야 할 전문가적 책임이다.

어떤 연구자들은 도움이 필요한 개인에게 서비스를 제공하지 않는 것은 어떤 연구 목적을 위해서도 그리고 아무리 단기간 동안일지라도 용납될 수 없다고 주장한다. 어떤 연구자들은 비록 효과가 있더라도 아직 과학적으로 검증되지 않은 서비스는 제공을 지연할 수 있다고 반박한다. 그렇지 않다면 효과를 검증할 필요가 없기 때문이다. 이들은 동일한 서비스가 정말로 누군가에게 도움이 되고 있는지 아니면 피해를 주고 있는지를 한 번도 과학적으로 검증하지 않은 채 오랜 기간 동안 클라이언트들에게 제공하는 것이 과연 윤리적인지 반문한다. 만일 그 서비스가 해로울 가능성이 있다면 효과가 검증될 때까지 서비스를 잠시 받지 못하게 된 사람들보다 그 서비스를 받고 있는 사람들이 더 큰 위험에 처한 것은 아닌가? 의학과 관련된 다른 예를 들자면, 이로운 효과가 있는지 해로운 효과가 있는지 아직 검증되지 않은 것을 알면서도 해당 약물로 누군가를 치료하려는 의사는 윤리적인가? 효과와 부작용에 대해서 아직 알려진 바가 없는 어떤 약물의 효과성을 검증하는 의학 실험에 대가를 받고 참여해야 한다면, 약물을 복용하는 집단과 복용하지 않는 집단 중 어느 집단에 배정되는 것이 더 안전할까?

이 딜레마와 관련이 있는 또 한 가지 요인은 클라이언트가 가진 문제의 심각성이다. 위험한 위기에 처해있거나 자신에게 심각한 손상을 입힐 수 있는 위험에 처한 사람(예를 들면, 자살충동환자)에게 서비스를 지연하는 것은 상대적으로 덜 심각한 상황에 처한 사람들에게 서비스를 지연하는 것보다 정당화하기가 훨씬 더 힘들 것이다. 또 다른 요인은 검증하려는 개입에 대한 대안적 개입이 존재하는지 여부이다. 아직 검증되지 않았기 때문에 어떤 서비스를 받지 못하는 사람들에게는 그 서비스와 유사한 정도의 효과를 가진 검증된 대안적 개입을 제공할 수 있다.

만일 대안적 개입이 있다면, 서비스에 대한 권리와 평가해야 할 책임 간의 갈등은 상당히 완화될 수 있다. 현재 검증 과정을 거치고 있는 새로운 서비스를 받은 클라이언트를 어떤 서비스도 받지 못하는 사람들과 비교하기보다는 새로운 서비스가 개발되기 이전에 제공되던 기존의 서비스를 받는 사람들과 비교하는 식으로 접근할 수 있다. 이 접근방법은 서비스를 원하는 모두 혹은 다수에게 새로운 서비스를 제공할 수 있을 만큼 자원이 충분하지 않을 때 특히 유용한 윤리적인 방법이다. 이 방법을 사용하면 어느 누구도 서비스를 거부당하지 않고 자원이 허락하는 한도 내에서 최대한의 많은 사람들에게 새로운 서비스를 제공할 수 있다.

새로운 서비스를 모든 클라이언트에 제공하기에 자원이 충분하지 않을 때, 윤리적 딜레마를 줄일 수 있는 또 다른 방법은 일부 클라이언트를 새로운 서비스를 위한 대기자 명단에 할당하는 것이다. 그들이 새로운 서비스를 받을 차례를 기다리는 동안 그들과 현재 새로운 서비스를 받고 있는 클라이언트를 비교할 수 있다. 궁극적으로는 모든 사람들이 서비스를 받게 될 것이고, 대기자 명단에 올라 있는 클라이언트는 끝까지 서비스를 거부당하는 위험 부담 없이 언제든지 연구 참여를 취소할 수 있어야 한다.

5.4 세 가지 윤리적 논쟁

이미 짐작했겠지만, 전문적 윤리규정을 채택하고 공표하는 것만으로는 연구 윤리와 관련된 쟁점들을 완전히 해결할 수 없다. 아울러 사회과학자들 간에 아직 의견이 일치하지 않는 일반 원칙들도 있으며, 원칙에 대해서는 의견 일치를 보이는 연구자들도 구체적인 사안에 대해서는 여전히 논쟁을 벌이고 있다. 이 절에서는 윤리적 논쟁과 토론을 불러일으킨 두 개의 연구 프로젝트를 간략하게 소개하고자 한다. 이 두 가지 연구 이외에도 많은 논란을 불러일으킨 연구 프로젝트들은 많이 있지만, 이 두 가지 예는 현실 세계에서의 윤리적 쟁점들을 잘 보여주고 있으며 그렇기 때문에 독자들에게 흥미롭고 도발적인 예가 될 것이라 생각한다.

5.4a 인간의 복종 관찰

제2차 세계대전 중에 나온 매우 불편하기 짝이 없는 합리화들 중 하나는 자신들의 잔혹성에 대한 독일병사들의 상투적인 변명이었다. "나는 단지 명령을 따랐을 뿐이었다." 이런 말이 발생한 관점에서 본다면, 어떤 행동도(아무리 비난받을만한 행동이라도) 다른 누군가가 그 행동에 대해서 책임을 진다면 정당화될 수 있다는 것이다. 만약 상관이 한 병사에게 어린아이를 죽이라고 명령했다면, 그런 사실이 그 병사로 하여금 어린아이를 죽인 행동에 대한 개인적인 책임을 면할 수 있게 해준다는 것이다.

물론 전범 재판을 담당했던 군사재판소는 그런 변명을 받아들이지 않았지만, 사회과학자들을 비롯한 많은 연구자들은 그런 관점이 사회생활에 어느 정도는 만연되어 있다는 것을 인정하고 있다. 종종 사람들은 자신에게 명령을 내린 더 큰 권위를 가진 사람을 누군지 말할 수 있을 때 자신들이 보기에도 잘못이라고 생각되는 일도 마다하지 않경향을 보인다. 베트남 전쟁 중에 어떤 마을을 베트콩의 본거지라고 생각하고 300명 이상의 비무장 민간인(그중 일부는 어린 아이들이었다)을 미군이 살해했던 마이라이(My Lai) 비극이 바로 그런 정당화의 한 유형이다. 이보다는 좀 덜 극단적인 유형의 정당화는 매일매일의 일상적인 삶에서도 일어나고 있다. 권위에 대한 이런 의존성이 존재한다는 것에 그 누구도 이의를 제기하지는 않지만 이 주제에 관한 Stanley Milgram의 연구(1963, 1965)는 상당한 논란을 불러일으켰다.

명령을 따르는 상황에서 얼마나 다른 사람에게 기꺼이 해를 입힐 수 있는지 관찰하기 위해서 Milgram은 서로 다른 배경을 가진 40명의 연구 참여자를 모집한 다음 연구 상황을 만들기 위해서 자신이 고안한 실험실 세팅으로 그들을 데려왔다. Milgram의 실험에 참여했던 사람들은 다음과 같은 상황을 경험했다.

먼저, 참여자들은 다른 참여자들과 함께 학습 실험에 참여하게 될 것이라는 설명을 듣는다. 추첨을 통해 어떤 사람은 "교사"의 역할을 맡게 되고 어떤 사람들은 "학생"의 역할을 맡게 된다. 그런 다음 학생들은 서로 다른 방으로 보내져 의자에 묶이고 팔목에 전극이 붙여진다. 교사는 다이얼, 측정기 그리고 스위치가 장착된 멋진 전기통제 계기판 앞에 앉는다. 각각의 스위치에는 15볼트에서부터 315볼트까지의 서로 다른 볼트를 나타내는 꼬리표가 붙어 있다. 이들 스위치에는 볼트를 나타내는 꼬리표 이외에 "극도로 강한 충격", "위험 – 심한 충격", 그리고 "XXX" 등과 같은 꼬리표도 붙어 있다.

실험은 이런 식으로 진행된다. 교사는 한 쌍으로 되어 있는 단어들의 목록을 학생에게 읽어 주고 학생이 그 단어들을 연결시킬 수 있는 능력을 시험한다. 교사는 학생을 볼 수 없지만, 계기판의 전등 중 어떤 전등에 불이 들어오는지를 통해서 학생이 어떤 선택을 했는지 알 수 있다. 학생이 실수를 할 때마다 교사는 계기판의 스위치들 중 하나를 눌러 (가장 약한 것부터 시작해서) 학생에게 충격을 가하라는 지시를 연구자로부터 받는다. 두 방 사이의 열린 문을 통해 당신은 학생이 반응하는 소리를 듣게 된다. 그런 다음 또 다른 단어 쌍들의 목록을 읽어주고 다시 학생의 능력을 시험한다.

실험은 학생이 비명을 지르면서 실험을 그만하라고 애걸할 때까지 점점 더 강한 충격을 가하면서 진행된다. 연구자는 전혀 아랑곳하지 않고 교사에게 다음 충격을 가하라고 지시한다. 잠시 후 학생은 두 방 사이의 벽을 발로 차면서 비명을 지르기 시작할 것이고 교사는 충격을 실시하라는 지시를 계속해서 듣게 될 것이다. 마침내 교사는 다음 목록을 읽고 학생에게 답을 요구했는데 학생이 있는 방에서는 아무런 소리가 나지 않는다. 연구자는 교사에게 무응답은 실수로 간주해야 하므로 그 다음 단계의 높은 충격을 가하라고 지시한다. 이런 과정은 맨 마지막 강도인 "XXX" 충격을 가할 때까지 계속된다.

학생이 처음으로 비명을 지르기 시작하면 교사는 어떻게 했을 것이라 생각하는가? 학생이 벽을 차기 시작했을 때는? 또는 그가 완전히 조용해져 살아 있는지를 알 수 없게 되었을 때는? 당신은 충격을 가하지 않으려 했을 것이다. 그렇지 않은가? 아마 대부분의 사람들도 그럴 것이다.

우리는 그렇게 생각할지 모르지만 Milgram은 그렇지 않다는 것을 발견했다. 실험에 참여한 40명의 성인들 중 학생이 두 방 사이의 벽을 발로 차기 전까지는 아무도 충격을 가하는 것을 거부하지 않았다. 학생들이 벽을 발로 차기 시작했을 때 40명 중 5명이 거부했다. 연구 대상자 중 2/3, 즉 40명 중 26명은 모든 과정이 끝날 때까지(계속해서 가장 강한 충격을 가할 때까지) 지시받은 대로 행동했다.

아마 짐작했겠지만, 충격은 가짜였고 "학생"의 역할은 또 다른 연구자들이 맡았다. 오직 "교사"만이 실험 대상이었다. 교사들은 다른 사람에게 고통을 주고 있다고 믿었겠지만, 실제로는 다른 사람에게 해를 입힐 수 없었다. 이 실험은 아마 누군가를 죽이라는 명령을 따르고자 하는 사람들의 의지를 시험하기 위해 고안된 것이다.

Milgram의 실험은 방법론적으로뿐만 아니라 윤리적으로도 비판받았다. 윤리적 측면에서 비판자들은 특히 실험이 연구 대상자들에게 미친 영향을 지적했다. 많은 사람들이 자신들이 다른 사람에게 주고 있는 것과 똑같은 만큼의 고통을 개인적으로 경험한 것처럼 보였다. 연구 대상들은 연구자들에게 전기 충격을 중단하게 해달라고 부탁했다. 그들은 극도의 혼란 상태에 빠지고 신경질적인 반응을 보였으며, 어떤 사람들은 통제할 수 없을 정도의 발작을 일으켰다.

우리 각자는 이 연구에 대해 어떻게 생각하는가? 연구하려는 주제가 그런 측정방법을 정당화할 정도로 중요하다고 생각하는가? 인간의 복종 정도를 연구할 수 있는 다른 방법을 생각할 수 있을까? 웹상에서 "Milgram experiment", "human obedience experiment"또는 "Stanley Milgram"을 검색해보면 Milgram의 실험에 대한 엄청난 양의 논의를 찾을 수 있다.

5.4b Tearoom 연구 논쟁

두 번째 사례는 한 대학원생에 의해 수행되어 Tearoom Trade: Impersonal Sex in Public Places라는 제목의 책으로 출판된 연구이다. 이 연구를 진행했던 Laud Humphreys(1970)는 공원 내 공중화장실을 중심으로 이루어지는 남성 동성애자들의 동성애 행위를 연구 대상으로 삼았다. 공중화장실을 성행위 장소로 사용하는 사람들 사이에서 공중화장실은 Tearoom(찻집)으로 통했다. 대부분의 경우, Tearoom 만남은 세 사람으로 이루어졌는데 두 명이 남성이 만나 성행위를 하는 동안 한 명은 망을 보는 역할을 담당했다.

연구 자료를 수집하기 위해서 Humphreys는 적당하다 싶은 때에 공중화장실에 나타나 자신이 망보는 역할을 하겠다고 자청했다. Humphreys는 망보는 역할을 하면서 관찰하는 수준에서 넘어서서 자신이 관찰하는 사람들에 대해 더 많은 정보를 얻고자 했다. Tearoom을 찾는 사람들 중 대부분은 낙인을 두려고 지역사회에서 자신의 지위를 잃고 싶어 하지 않는 기혼 남성들이었으며 자신이 동성애자라는 것을 비밀에 부치고 싶어 했다. 그렇기 때문에 그들에게 연구 참여를 부탁했다 한들 그들은 아마 응하지 않았을 것이다. Humphreys는 그들에게 연구 참여를 부탁하는 대신 Tearoom을 찾는 사람들의 자동차 번호판을 적어 두었다가 경찰을 통해서 그들의 이름과 주소를 알아냈다. 그런 다음 자신을 알아보지 못하도록 변장을 하고 그들의 집을 찾아가서는 자신이 설문조사를 하고 있다고 이야기했다. 이런 식으로 그는 공중화장실에서 얻을 수 없었던 개인정보를 수집했다.

Humphreys의 연구는 사회과학계 내부와 외부 모두에서 상당한 논쟁을 불러 일으켰다. 어떤 비평가는 Humphreys가 과학의 이름으로 엄청난 사생활을 침해했다고 비난했다. 화장실에서 무엇을 하든지 그것은 연구자가 관여할 문제가 아니라는 것이다. 또 어떤 사람은 주로 사용된 속임수에 대해 우려했다. Humphreys는 Tearoom에서 만난 사람들에게 자신이 단순히 관음증 환자인 것처럼 믿게 만들어 그들을 속였다. 어떤 사람들은 Humphreys가 공중화장실에서 했던 행위보다 나중에 추가로 실시한 설문조사를 더 비난했다. 그들은 그가 사람들의 집까지 찾아간 것과 거짓 구실을 대고 면접조사를 한 것은 비윤리적인 행동이라 생각했다. 그럼에도 불구하고 어떤 사람들은 Humphreys의 연구를 정당화했다. 그들은 그 주제가 연구할 가치가 있으며, 다른 방식으로는 연구할 수 없다고 주장했다. 또한 Humphreys가 화장실에서의 행위가 폭로

되어 그가 관찰한 사람들이 해를 입지 않도록 주의했다는 것을 언급하면서 본질적으로 그의 속임수에는 악의가 없었다고 보았다.

Tearoom 연구에 관한 논쟁은, 독자들이 상상하는 것과 마찬가지로, 결국 해결되지 않았다. 이 연구에 대한 논쟁은 아직도 진행 중에 있으며 아마도 조만간 끝나지는 않을 것 같아 보인다. 왜냐하면 이 논쟁은 사람들의 감정을 휘저어 놓았고 윤리적 쟁점이 포함된 논쟁이기 때문이다. 이 연구에 대해서 어떻게 생각하는가? Humphreys의 행동은 윤리적이었는가? 각자가 생각하기에 이 연구에서 받아들일 수 있는 부분이 있다면 어떤 것이고 받아들이지 못할 부분이 있다면 어떤 것인가? 각자가 이 문제에 대해서 어떻게 생각하든 우리는 우리와 생각이 다른 사람을 언제나 발견할 수 있다는 것만큼은 분명한 것 같다.

5.4c 사회복지사가 학술지의 편향을 시험하려고 허위 논문을 제출하다

세 번째 사례는 사회복지사의 연구에 관한 것으로는 처음으로 일반 대중에 널리 알려지게 된 윤리적 논쟁이다. William Epstein이라는 사회복지사는 학술지 편집자들이 사회복지 개입의 효과성을 입증하는 결과를 보고하는 포함된 연구논문은 채택하는 반면, 개입의 효과성을 입증하는 데 실패한 결과를 보고하는 논문은 잘 채택하지 않으려는 편향을 보인다는 가설을 가지고 연구를 시작했다. Epstein은 자신의 가설을 검증하기 위해 천식을 앓고 있는 아동의 증상을 완화시키기 위한 사회복지 개입의 효과를 평가한 것처럼 가장한 허위 연구를 만들어냈다(천식은 흔히 심인성 질환으로 간주 된다). Epstein은 두 개의 허위 연구를 만들었는데 하나는 개입 효과성을 지지하는 결과를 허위로 만들었고 다른 하나에서는 개입이 비효과적임을 보여주는 자료를 허위로 만들어냈다. Epstein

은 자신의 허위 연구를 논문으로 만들어 146개의 학술지에 제출하면서(33개는 사회복지 학술지였고 113개는 관련 분야의 학술지였다), 절반의 학술지에는 개입 효과를 입증한 허위 연구논문을 보냈고 나머지 절반의 학술지에는 입증하지 못한 허위 연구논문을 보냈다. Epstein은 자신의 이름이 아닌 두 개의 가명을 논문 저자명으로 사용했다.

Epstein은 그의 실제 연구에서 자신의 실험결과가 그의 가설을 어느 정도 뒷받침한다고 해석했다. 즉, 학술지 편집자들은 긍정적 결과를 보인 허위 논문을 선호하고 부정적 결과를 보인 허위 논문을 싫어하는 편향을 가졌다는 것이다.

자신이 투고한 논문에 대한 심사결과를 통보받은 다음, Epstein은 각 학술지에 그가 실시한 연구의 내용을 통보했다. 그 후, Epstein은 *Social Service Review*라는 권위 있는 사회복지 분야의 학술지에 그가 한 실제 연구를 자신의 이름으로 투고했다. 그런데 그 학술지는 그의 연구를 거부했고 편집자였던 John Schuerman은 몇몇 편집자들을 모아 미국 사회복지사협회에 Epstein을 정식으로 고소하였다. 그들은 그의 행동을 다음과 같은 두 가지 이유에서 비윤리적인 행동이라고 고발했다. (1) 허위 논문을 검토하도록 학술지 편집자들을 속인 것과 (2) 연구 참여와 관련된 충분한 정보를 바탕으로 한 동의를 학술지와 학술지 편집자들로부터 받지 않은 것.

Chicago 대학 사회복지학과 교수이면서 여러 편의 훌륭한 연구논문의 저자였던 Schuerman은 때로는 연구를 통해 얻을 수 있는 이익이 연구 대상자를 속이는 것과 연구 참여에 관한 충분한 정보를 바탕으로 한 동의를 받지 않는 행동을 정당화시킬 수 있다는 것을 인정했다. 그러나 그는 Epstein의 (실제)연구에서 얻을 수 있는 이익이 허위 논문을 읽고 심사해야 했던 많은 편집자들과 심사위원들 그리고 학술지를 발간하기 위해 애써야 했던 직원들의 시간 및 금전적 비용보다 결코 더 가치 있지 않다고 주장했다. 덧붙여서 Schuerman은 Epstein 의 연구가 시간과 금전적 비용뿐만 아니라 정서적 비용까지 발생시켰다고 지적했다: "그 [허위]논문 에 대해서 게재 판정을 내렸던 편집자들이 느낀 수 치심과 당혹감"이 바로 그 비용이다(뉴욕타임즈, 9월 27일, 1988, p. 25).

Epstein은 학술지 편집자는 그의 (실제)연구를 통해 얻을 수 있는 이익이 비용을 정당화시킬 수 있는지 여부를 판단하는 사람이 아니라고 반박했 다. 그가 보기에 편집자들은 자신들의 비용을 매우 중요하게 여기는 경향이 있고 그렇기 때문에 그들 은 비용을 들일만한 가치가 있는 것처럼 자신들을 속이는 어떤 연구도 심사하지 않을 가능성이 높았 다. Epstein은 학술지는 공적 책임을 갖는 공적 실 체라고 주장하면서 투고된 연구들을 심사하는 과 정에 편향이 존재하는지 여부를 검증하는 것은 그 렇게 하기 위해 필요한 속임수와 충분한 정보를 바 탕으로 한 동의를 받지 않은 행동을 정당화시킬 수 있다고 주장했다.

만일 학술지 편집자들과 심사위원들이 개입의 효과성을 입증하는 데 실패한 연구들이 학술지를 통해 발표되는 것을 꺼리는 경향이 있다면, 현장에 서 일하는 실천가들은 그들이 사용하고 있는 어떤 개입들이 실제로는 클라이언트에게 전혀 도움이 되지 않는다는 것을 모를 수도 있다고 누군가는 주 장할 수 있다. 더 나아가서, 만일 어떤 개입의 효과 성에 대해서 이견을 보이는 많은 연구들이 있음에 도 불구하고 효과성을 입증한 연구들만이 발표된 다면 사회복지 실천현장에는 불균형적이고 선별 적인 재연(replication)들만이 전파되게 될 것이다. 이는 실천현장으로 하여금 실제로는 그렇지 않음 에도 불구하고 특정 개입이 항상 긍정적인 결과를 가져올 것이라는 확신을 갖게 만드는 결과를 초래 할 것이다. 이는 클라이언트들에게 가장 효과적인 서비스를 제공하려는 사회복지사들의 노력에 장 애 요인으로 작용할 것이며, 궁극적으로는 클라이 언트의 복지 증진을 어렵게 만들 것이다.

어떤 사람들은 만일 Epstein이 편집자들에게 일 년 안에 허위 논문을 받게 될 것이라고 사전에 통 보한 다음, 편집자들로부터 그가 투고할 논문의 구 체적인 내용을 모른 채 연구에 참여하겠다는 동의 를 받았더라면 그의 연구가 윤리적일 수 있었을 것 이라고 주장한다. 이와 정반대로, 어떤 사람들은 그런 사전 통보가 심사위원들로 하여금 게재 여부 에 관한 판단에 영향을 미치는 실제 편향을 드러내 지 않게 만들어 연구에 영향을 미쳤을 것이라고 주 장한다.

Epstein의 입장을 공감하는 일부 학자들은 학술 지 편집자들과 심사위원들은 우리가 가진 과학적 이고 전문적인 지식의 토대에 엄청난 영향을 미치 는 만큼 그들이 가진 정책과 절차를 신중하게 검 토해봐야 할 필요가 있다고 주장했다. Epstein을 고소한 Schuerman은 그런 견해에는 동의했지만 Epstein의 연구가 그런 검토를 할 수 있는 윤리적 인 방법은 아니었다고 주장했다.

미국 사회복지사협회 윤리위원회는 최초 판정 에서 Epstein이 연구 대상을 속이고 충분한 정보 를 바탕으로 한 동의를 받지 못한 것과 관련하여 연구규정을 명백하게 위반했다는 판정을 내렸다. 그 판정은 전문가협회 회원 자격을 영구 박탈하고 추가적인 제재를 가하기 위해 주정부 면허 위원회 에 이 사례를 회부하는 등 Epstein에 대해서 심각 한 제재를 가할 수 있는 판정이었다. 그러나 징계 가 가해지기 전에 Epstein은 항소했고 그의 항소 는 사회복지사협회의 집행위원회에 의해 받아들 여졌으며, 집행위원회는 그의 연구가 윤리규정을 위반하지 않았다는 결론을 내렸다. 그러나 집행위 원회는 Epstein의 항소를 받아들이고 최초 판정을 번복한 근거에 대한 자세한 추가설명을 발표하지 않았다.

5.5 기관윤리심의위원회

앞서 소개한 두 가지 사례는 우리에게 합리적인 사람들도 어떤 연구 프로젝트의 윤리성에 대해서 서로 다른 입장을 가질 수 있다는 것을 보여준다. 특정 연구가 윤리적인지 아닌지 결정하는 것은 쉬운 일이 아니며, 단순히 그 연구를 제안하는 연구자 개인의 판단에 근거해서 결정할 수 있는 문제가 아니다. 연구자들은 기관윤리심의위원회(IRB)라고 불리는 독립된 전문심사단의 승인을 얻음으로써 그들의 연구가 윤리적임을 확인해야 한다.

제4장에서 우리는 IRB 승인을 받아야 한다는 사실이 어떻게 사회복지 연구자들로 하여금 자신의 원래 연구계획에 대해 다시 한번 생각하고 연구계획을 수정하게 만드는지 살펴보았다. 이 장의 앞부분에서 언급한 바와 같이, 연방정부로부터 재정지원을 받는 모든 기관들은 반드시 IRB의 검토를 받아야 한다. IRB 심사단은 인간이 연구 대상에 포함된 연구계획서를 검토하고 연구 계획의 윤리성을 판단한다. 모든 IRB의 판단이 "옳다"거나 제안된 연구의 윤리성에 관한 최선의 결정이라고 확신할 수는 없지만, 적어도 IRB의 결정은(연구를 계획한 연구자들의 결정이 아니라) 제안된 연구와 이해관계가 없고 자아가 개입되지 않은 독립적인 전문심사단에 의해 이루어질 결정이다.

Epstein이 학술지의 편향을 검증하기 위해 허위 논문을 투고한 연구에 대해 자신이 소속되어 있는 대학의 IRB로부터 사전 승인을 얻는 절차를 거쳤다고 가정해보자(그 당시 Epstein이 교수로 있던 대학교에는 IRB가 없었지만 일부 동료 연구자들로부터 자신의 연구가 윤리적이라는 피드백을 얻었다고 했다). 만일 Epstein이 IRB의 승인을 얻었더라면, 나중에 그의 연구를 비윤리적인 연구라고 비판했던 사람들도 Epstein을 고소하지 못하고 그의 연구를 승인한 IRB를 고소했을 것이다. 즉, 연구의 윤리성을 스스로 판단하지 않았더라면(그렇게 하여 자신의 이해관계와 자아 개입이 결정에 영향을 미치지 않게 함으로써) 누군가가 나중에 연구방법의 윤리성에 대해서 어떤 판단을 내리든 간에 Epstein은 자신이 원하는 연구를 아무런 걱정 없이 할 수 있었을 것이다. 비록 Epstein의 연구가 윤리적이었더라도 IRB로부터 승인을 얻어 두었더라면(만일 그것이 가능했다면), Epstein은 어떤 윤리적 논쟁으로부터도 보호받을 수 있었을 것이다. 이 사례와 관련된 후기로서, Epstein은 그가 처음 했던 연구를 재연했으며 재연된 연구를 통해 얻은 결과를 발표했다(Epstein, 2004). 처음 연구와 달리 Epstein은 그가 교수로 있는 대학교의 IRB로부터 연구 대상들에게서 충분한 정보를 바탕을 한 동의를 받지 않는다는 연구 계획을 승인 받은 다음 연구를 진행했다.

제안된 연구를 설명하기 위해 요구되는 정보의 양과 형식은 IRB마다 다르다. IRB는 연구계획에 대한 승인 여부를 결정하는 과정에서 연구계획을 수정할 것을 요구할 수도 있다. 어떤 사회복지 연구들은 윤리적 고려 사항 때문에 비밀보장을 유지할 수 없는 상황에 처할 수도 있는데, 예를 들면 아동학대사실을 예상치 못하게 발견하게 된다거나 연구 대상이 자신이나 타인에게 심각한 해를 입힐 수 있는 임박한 위험에 처한 경우가 이에 해당한다. 연구자는 이런 상황에 대한 대비책을 연구동의서와 IRB 신청 양식에 첨부해야 한다. 연구자는 또한 서비스를 필요로 하는 사람에게 서비스가 제공될 수 있게 하겠다는 것을 연구 대상과 IRB에게 확신시켜야 한다. 이처럼 IRB가 요구하는 정보의 양과 형식은 매우 다를 수 있기 때문에 연구자는 자신이 속한 대학교의 IRB 양식 및 절차를 검토해보는 것이 필요하며 대부분의 경우, IRB 양식 및 절차는 온라인 접근이 가능하다.

한 가지 대안으로서, 연구자들은 텍사스 주 오스틴 시에 있는 텍사스 주립대학교의 IRB가 연구자들에게 연구 계획을 승인받기 위해 어떤 정보를

그림 5-2 ▶ Texas 주립대학 Austin 분교 IRB가 사용하는 연구계획 지침에서 발췌한 일부 내용

Ⅰ. 제목

Ⅱ. 연구자(공동 연구자)

Ⅲ. 가설, 연구과제, 프로젝트의 목적

Ⅳ. 연구 배경과 중요성

Ⅴ. 연구방법, 설계, 사용할 통계분석

Ⅵ. 인간 연구 대상과의 상호작용

　A. **잠재적인 연구 참여자**와 도출될 재료 혹은 자료를 명확히 하라. 예상되는 숫자, 나이, 성별, 인종적 배경, 건강 상태와 같은 참여 대상 집단의 특성을 기술하라. 참여에 포함하고 배제하는 기준을 밝혀라. 자발적으로 정보고지에 입각한 동의를 할 수 있는 능력이 의심스러운 특수한 집단을 연구 대상으로 사용하는 논리를 설명하라. 그러한 참여자에는 수업을 듣는 학생들, 연구주제인 질병과 문제로 현재 치료를 진행 중인 사람들, 정신지체자, 정신질환자, 시설에 속한 사람들, 죄수 등이 포함된다. 이 연구에서 인간이 연구 대상으로 참여하는 것은 언제 시작해서 언제 끝날 것으로 기대하는가?

　만약 참여자가 죄수이거나 교정시설에 있는 사람들일 경우 이들의 변호사도 포함되어야 하고 이 사실을 IRB에 통보하여야 한다.

만일 참여자 혹은 참여자 아동의 부모가 영어 외의 다른 언어에 더욱 능숙하다면, 동의서는 그 언어로 번역되어야 한다. 동의서 양식의 영어 버전과 다른 언어 버전이 동시에 제공되어야 하는데, 동일한 페이지의 한쪽 편에 한 언어가 다른 쪽에 다른 언어가 제시되어야 한다. 번역은 IRB로부터 연구와 동의서에 대해 승인을 얻은 후에 이루어져야 한다. 동의서에 사용된 언어와 관련한 당신의 의도를 분명히 밝혀야 한다.(만일 Austin의 독립학구(Independent School District)의 학생들과 연구를 수행하고자 한다면, 스페인어로 된 부모동의서 양식을 제공하여야 한다).

　B. **연구참여자를 모집한 절차**를 기술하라. 광고의 복사본, 신문이나 라디오 광고의 복사본을 첨부하라. 만약 참여자가 면접(전화면접이든 직접면접이든)에 의해 가려졌다면 면접에 사용한 대본을 제출하라.

만약 연구참여자가 사회적으로 비난을 받을만한 집단(예를 들어, 배우자학대자, support group 구성원, AIDS환자 등)의 구성원이라면, 잠재적 연구참여자에 대한 초기접촉은 광고, 전단지, 이들과 관계있는 사람들을 통해 이루어져야 한다. 이들이 잠재적 연구 대상자들에게 당신의 연구를 설명하고 만약 관심이 있다면 만나보라고 이야기해 줄 것이다.

　C. **정보고지에 입각한 동의를 받은 절차**를 기술하라.

　D. **연구계획안**. 연구참여자에게 무엇을 하도록 요구할 것인가? 연구참여자들은 언제 어디서 그것을 행할 것인가? 수행하는 데 얼마나 시간이 걸릴 것인가? 연구 대상으로부터 수집할 정보의 유형, 예를 들어 수집할 자료를 기술하라. 모든 설문조사, 검사지, 설문지, 사정 도구의 사본을 첨부하라. 비구조화된 질문과 초점집단 토론의 예와 주제의 사본을 첨부해야 한다.

Ⅶ. **잠재적인 위험**(육체적, 심리적, 사회적, 법적, 혹은 여타의)을 기술하고 발생가능성과 심각성을 평가하라.

　잠재적 위험을 예방(혹은 최소화)하기 위한 절차를 기술하고 그것들의 효과성에 대한 평가를 포함시켜라. 조사자료의 비밀보장을 유지하는 데 사용할 절차를 논의하라.

　만약 당신의 연구가 대상자를 속이는 것을 포함하고 있다면, 차후에 참여자에게 이를 알려 줄 절차를 기술하라.

Ⅷ. 참여자가 얻을 수 있는 **잠재적 이익**(만일 있다면)과 계획된 조사의 결과로 사회 일반이 얻을 수 있는 이익을 기술하고 평가하라. 참여자와 사회가 기대할 수 있는 이익과 연관하여 위험을 논의해보라.

Ⅸ. University of Texas 외에 **연구 프로젝트와 연관된 특별한 장소나 기관**을 제시하라. 이런 기관에는 교육구(school district), 보육시설, 양로원 등이 포함된다. 첨부 서류로 이들 기구나 기관으로부터 기관명이 명기된 편지지로 작성된 승인 편지를 포함해야 한다. 이 편지는 기관의 시설이나 자원을 이용할 수 있게 허락하여야 한다. 그곳에서 수행될 연구에서 얻어질 지식을 제시하여야 한다. IRB가 검토할 때까지 이 편지가 준비되지 않으면, 편지가 도착할 때까지 조건부 승인이 주어진다.

출처: Reprinted with permission of the University of Texas at Austin Institutional Review Board.

제출해야 하는지 안내하기 위해 사용하는 양식의 요약본인 그림 5-2를 검토해보는 것이 도움이 될 것이다. 그림 5-2를 통해서 연구자들은 일반적으로 IRB들이 무엇을 요구하는지에 대한 아이디어를 얻을 수 있을 것이다.

만일 연구방법론 과목의 일부로서 연구를 계획하고 실제로 해보는 기회를 가질 수 있는 운 좋은 학생들은 자료를 수집하기 전에 자신이 다니고 있는 대학교의 IRB로부터 연구 승인을 받아야 한다는 것을 알게 될 것이다. 만일 자신의 연구가 연방정부로부터 연구비를 지원받는 기관에 의해서 수행되는 연구라면, 연구자는 자신이 소속되어 있는 대학교의 IRB와 기관의 IRB 모두로부터 연구를 승인받아야 한다. 이 모든 과정을 거쳐야 하더라도 미리부터 걱정할 필요는 없다. 어쩌면 자신이 하려는 연구가 전면 검토를 면제받을 수 있을지도 모르고 그렇기 때문에 불과 며칠만에 승인을 받게 될지도 모른다. 연방규정은 IRB로 하여금 어떤 종류의 연구에 대해서는 전면 검토를 면제할 수 있게 허락하고 있는데, 물론 연방규정을 해석하는 데 있어서 IRB들 간에 상당한 차이가 있을 수는 있다. 전면 검토 면제규정에 관한 자세한 내용은 IRB를 통해 얻을 수 있다. 학생들이 행하는 연구들 중 박사학위논문을 제외하고는 대부분이 적어도 한 가지 이상의 면제를 받을 수 있다.

5.6 성과 문화에 관한 편향과 둔감성

성과 문화에 관한 편향과 둔감성은 연구의 방법론적 엄격성을 훼손하고 그 결과로서 연구결과의 타당도를 떨어뜨릴 수 있다. 어떤 비판가들은 성차별적이거나 문화적으로 둔감한 연구는 방법론적인 오류를 범하는 데서 그치는 것이 아니라 윤리적으로도 문제가 있는 연구가 될 수 있다고 주장하였다.

윤리적인 문제는 어떤 연구가 여성과 소수계 민족집단에 대한 피해를 영속시키는 연구로 간주될 때 나타난다. 페미니스트나 소수계 민족집단을 연구하는 학자들은 그와 같은 피해가 다양한 방식으로 발생하고 있다고 주장한다. 타 문화에 대해서 둔감한 면접자들은 소수계 응답자들의 기분을 상하게 할 수 있다. 만일 그들이 문화적으로 둔감한 방식으로 연구를 진행한다면, 그들이 얻은 연구결과는 소수계 집단의 욕구와 현실을 무시하는 실천적 함의를 이끌어낼 수 있으며, 소수계 집단을 잘못(그리고 아마도 고정관념에 따라) 묘사할 수도 있고, 도움이 되지 않는 방식으로 부적절하게 일반화할 수도 있다. 마찬가지 이유에서 성적 편향성이나 둔감성을 가진 연구는 남성 중심적 사회를 영속시키거나 남성과 여성에 대해서 잠재적으로 다를 수 있는 함의를 도출하지 못할 수도 있다.

많은 연구자들이 연구를 함에 있어서 문화적 편향과 성적 둔감을 피할 수 있는 방법들을 제시해왔다. 이에 관해서는 제17장 문화적 적절성을 갖춘 연구에서 구체적으로 다루기로 하고 이 절에서는 성적 편향을 피할 수 있는 방법에만 초점을 맞추기로 하겠다. Margrit Eichler는 자신의 책 *Nonsexist Research Methods*에서 연구에서 성적 편향과 둔감을 피하기 위한 페미니스트 지침을 다음과 같은 제시한 바 있다.

- 만일 어떤 연구가 한쪽 성에 대해서만 행해진다면, 그러한 사실을 연구 제목과 설명에 분명하게 밝히고 연구결과를 다른 쪽 성으로 일반화시키지 않는다.
- 성차별적인 언어나 개념(예를 들면, 남성을 "가구주"로 언급하면서 여성을 "배우자"로 언급하는 경우)을 사용하지 않는다.
- 연구 질문을 만들 때 이중적 기준(어머니들에게서는 일과 양육 간의 갈등을 찾으면서 아버지들에는 그렇게 하지 않는 경우)을 사용하지 않는다.
- 조사 도구에서 남성 중심적인 활동들을 지나치

게 강조하지 않는다(사회적 기능을 주로 직업 활동의 측면으로 측정하고 가사일과 양육 활동을 무시하는 경우).

- 자료를 분석할 때 연구결과가 남성과 여성에게 있어서 다를 수 있는 방식을 찾는다.
- 남성들에게 성공적으로 사용되어 왔던 측정 도구들이 여성들에게도 당연히 타당할 것이라 가정하지 않는다.
- 연구 표본에서 남성과 여성이 차지하는 비율을 반드시 밝힌다.

5.7 정치성과 가치

사회복지 연구에는 윤리적 쟁점들과 정치와 가치 사이에 매우 분명한 경계가 존재한다. 사람들은 연구와 관련된 어떤 윤리적 측면에 대해서 의견을 달리하는 것처럼 정치적 측면에서도 의견을 달리할 수 있다. 비록 윤리와 정치가 밀접하게 연관되어 있기는 하지만 정치적 쟁점들이 연구의 실질적 비용과 활용에 더 많은 관심을 갖는 데 비해, 사회복지 연구 윤리는 방법론과 더 많은 관련이 있다. 예를 들어, 어떤 사회복지사들은 특정 클라이언트 집단에게는 서비스 제공을 지연하고 다른 클라이언트 집단에게는 해당 서비스를 제공하면서 사회복지 서비스의 효과성을 평가하는 실험이 윤리적이지 않다고 주장한다. 이런 반대 목소리를 내는 사회복지사들은 서비스 제공을 지연함으로써 클라이언트들이 입을 수 있는 피해가 서비스의 효과성을 평가함으로써 얻을 수 있는 이익보다 더 크다고 주장한다. 이와 반대로 만일 어떤 연구가 서비스가 효과적이지 않다는 결과를 제시하고 그런 부정적 결과가 기관의 기금모금에 악영향을 미칠 수 있다면, 그 연구에 대한 정치적 반대가 있을 수 있다. 또 다른 정치적 반대는 서비스 지연이 도움이 필요한 사람들을 기관이 "방치"하고 있는 것처럼 비춰질 때 발생할 수 있는 나쁜 여론은 물론이거니

와 서비스에 대한 수가지불이나 제3자에 의한 비용지불 감소로까지 이어질 때 발생할 수 있다.

사회복지 연구의 윤리적 측면과 정치적 측면 간의 또 다른 차이는 앞서 논의했던 윤리규정에 견줄만한 공식적인 정치적 규범이 존재하지 않는다는 것이다. 아마도 정치적 규범이 부재하다는 주장에 대한 유일한 예외는 연구자의 개인적인 정치 성향이 과학적 연구에 부당한 영향을 미치거나 과학적 연구를 방해해서는 안 된다는, 일반적으로 받아들여지고 있는 입장밖에 없다고 해도 과언이 아니라고 할 수 있다. 자신의 정치적 관점을 주장하기 위한 한 가지 방법으로서 조잡한 기법들을 사용하거나 연구에 대해서 거짓말을 하는 것은 당연히 부적절한 행동으로 간주 된다. 그러나 실제로는 많은 연구들이 이런 규범을 위반했다고 비난받기에 충분할 정도로 부적절하게 이루어지고 있다.

많은 학자들은 사회복지 연구가 완벽하게 가치중립적일 수는 없다고 주장한다. 예들 들어, 노숙에 관한 연구를 하는 연구자의 가치관이 노숙을 정의하는 방식에 영향을 미칠 수 있고, 더 나아가서 노숙자 표본에 누구를 포함시킬 것인가에 영향을 미칠 수 있다. 노숙자란 거리에서 생활하는 사람만을 말하는 것인가? 아니면 친구나 친척과 "방을 같이 쓰는" 사람들이나 자신이 가진 돈으로는 웬만한 거처를 찾을 수 없기 때문에 누추한 임시숙소에서 살고 있는 사람도 노숙자에 포함시켜야 하는가? 그런 결정을 우리가 가진 가치관과 무관하게 내리기는 어렵다. 노숙 문제를 줄이기 위한 사회행동에 적극적인 연구자들은 노숙자를 광의로 정의하려 할 것이며 그렇게 할 경우 노숙자의 수는 늘어날 것이다. 이와 달리, 사회복지 지출이 낭비적이고 빈곤한 사람들로 하여금 지나친 의존성을 갖게 만든다고 믿는 연구자는 노숙자를 협의로 정의하려는 경향을 보일 것이다.

사회조사가 결코 가치중립적일 수 없다고 믿는 학자들은 우리가 완벽하게 객관적일 수 있다고 자

신이나 다른 사람들을 속이지 말고 우리가 가진 가치관을 잘 이해하고 솔직하게 묘사할 수 있어야 한다고 주장한다. 그러나 모든 사회과학자들이 연구자가 선호하는 가치와 연구 활동을 분리시켜야 한다는 주장에 대해서 동의하는 것은 아니다. 어떤 사람들은 사회과학과 사회행동은 분리될 수도 없고 분리되어서도 안 된다고 주장한다. 사회복지는 좀 더 인도주의적인 사회를 만들기 위한 하나의 도구로서 연구를 사용하는 오랜 전통을 가지고 있다. 예를 들면, 사회복지는 많은 도시 문제들을 해결하기 위한 환경개혁을 법제화하도록 사회를 설득하기 위한 방법으로서 20세기 초반에 일었던 사회조사 운동을 과감하게 받아들였다. 최근 많은 연구자들은 노숙에 관한 사회조사를, 노숙 문제를 해결하기 위해 입법가들에게 영향력을 행사하고 조세저항을 보이는 많은 유권자들에게 더 많은 예산 배정의 필요성을 설득하는 데 도움이 될 만한 결과를 얻으려는 바람을 가지고 행하고 있다.

인간의 고통을 경감하고 사회복지를 증진시키기 위한 도구로서 연구를 사용할 때, 우리는 우리가 가진 가치관과 이데올로기적인 신념이 연구를 수행하고 결과를 해석하는 방식을 편향되게 함으로써 진실을 숨기거나 왜곡시키지 않게 해야 한다. 연구를 하면서 절대적으로 객관적이고 가치중립적이고자 하는 것이 실현 불가능한 이상에 불과한 것과 마찬가지로, 우리가 절대적으로 중립적이라고 우리 자신을 속이는 것도 위험하기 짝이 없는 생각이다. 그러나 그렇다고 해서 우리가 가진 신념이 진실 추구를 왜곡하지 않게 하기 위해 노력해야 할 필요가 없다는 것은 결코 아니다. 만일 우리가 연구의 모든 단계에서 어떤 편향이 있을 수 있는지 알게 된다면, 우리는 그런 편향이 미치는 영향을 최소화시킬 수 있을 것이다. 그리고 독자들에게 연구자가 가진 편향을 솔직하게 설명함으로써 연구자는 독자들로 하여금 자신의 연구결과의 타당도를 좀 더 올바르게 평가할 수 있게 해줄 수 있다.

5.7a 사회조사와 인종

인종관계만큼 사회조사와 정치가 밀접하게 뒤엉켜 있는 분야는 없다. 사회과학자들은 이 분야에 대해서 오래전부터 연구해왔으며 연구를 통해 얻어진 결과들은 종종 현실 정치에 활용되어 왔다. 대부분 사회과학자들은 20세기 기간 내내 미국 내에서의 아프리카계 미국인들의 평등이라는 대의명분을 지지해왔다. 많은 사람들이 인권운동에 적극적으로 관여해왔고 어떤 사람들은 다른 사람들에 비해 좀 더 급진적인 접근을 시도하기도 했다. 따라서 사회과학자들은 동료들로부터의 비판을 두려워하지 않고 평등이라는 대의명분을 뒷받침하는 연구결과들을 이끌어낼 수 있었다. 우리는 주도적인 이념적 입장과 상이한 결론을 도출했던 연구 프로젝트들 몇 개 정도를 살펴봄으로써 평등에 관한 일반 사회과학적 입장이 얼마나 확고한지 쉽게 알 수 있다.

대부분의 사회과학자들은 (최소한 표면적으로는) 사실상 학생들을 인종별로 분리하여 교육하는 분리교육의 종식을 지지했다. 따라서 존경받던 사회학자인 James Coleman이 1966년에 발표한 인종과 교육에 관한 전국 차원의 연구결과는 즉각적이고 열띤 논쟁을 불러일으키기에 충분했다. 연구자들 사이에서 일반적으로 합의된 것과 달리, Coleman은 서로 다른 인종의 학생들이 함께 교육받는 통합학교에 다니는 아프리카계 학생들과 분리학교에 다니는 아프리카계 학생들 간에 학업 성취도에 있어서 별다른 차이가 없다는 연구결과를 발표했다. Coleman은 놀랍게도 도서관이나 실험 시설 또는 높은 학생 1인당 비용 같이 학업 성취도에 당연히 영향을 미칠 것 같은 요인들은 이렇다할만한 영향을 미치지 않는 반면, 가족과 이웃 요인이 가장 큰 영향을 미치는 것을 발견했다. 시민권 운동에 적극적이던 많은 사회과학자들은 Coleman의 연구를 쉽게 받아들이지 못했다. 어떤 학자들은 방법론적으로 Coleman의 연구를 비판했고, 어떤 학자들은 연구결과가 분리주의적 정치 결과를 야기한다는 이유에서 격렬하게 반대했다.

인종에 관한 사회조사를 둘러싼 또 한 가지 정치적 논쟁의 예는 지능지수에 관한 예이다. 1969년 하버드 대학교의 심리학자였던 Arthur Jensen은 지능검사결과에 있어서의 인종 간 차이에 관한 자료를 검토한 연구논문을 Harvard Educational Review를 위해 준비해달라는 요청을 받았다(Jensen, 1969). 이 논문에서 Jensen은 아프리카계 미국인들의 지능지수가 백인에 비해 평균적으로 더 낮은 것을 아프리카계 미국인과 백인 간의 유전적 차이로 설명될 수 있다는 결론을 내렸다. 그런 입장으로 너무도 잘 알려지게 된 Jensen은 전국의 대학을 돌아다니면서 자신의 연구결과를 알리는 기회를 갖게 되었다.

Jensen의 입장은 방법론적으로 수많은 공격을 받게 되었다. Jensen이 자신의 결론에 대한 근거로 제시한 자료에 대해서 사람들은 지능을 검사하는 방법에는 여러 가지가 있으며, 어떤 방법들은 다른 방법들에 비해 문제가 많다는 것을 지적하면서 Jensen의 자료가 불충분하고 엉성한 자료라고 비난했다. 마찬가지로, 비판자들은 Jensen이 사회-환경적 요인들을 충분히 고려하지 않았다고 비난했으며, 어떤 사회과학자들은 그 밖의 다른 적절한 방법론적 문제점들을 들어 이의를 제기했다.

Jensen은 과학적 비판의 수준을 넘어서서 인종차별주의자라는 비난까지 받게 되었다. 그는 야유를 받았으며, 그의 공식적인 발표는 적대적인 군중에 의해 중단되기도 했다. 그가 몇몇 대학교에서 청중들로부터 받은 대접은 불과 한 세기 전 여론이 노예제도의 존속을 지지하던 당시 노예 폐지론자들이 받았던 대접과 크게 다르지 않을 정도였다.

이와 유사한 반응은 사회학자인 Charles Murray와 지금은 고인이 된 심리학자 Richard J. Herrnstein이 공동 저술하여 1994년에 출판된 *The Bell Curve*란 책에 대해서도 분출되었다. 이 책의 내용 중 극히 일부에서 저자들은 인종 간 지능에 있어서의 차이가 부분적으로는 (전적으로는 아니지만) 유전적 요인에서 기인할 수 있다고 주장했다.

Murray와 Herrnstein은 그들의 책에서 지능을 미국이 앞으로 번영할 수 있을지 아니면 최하층 빈곤 문화와 그 밖의 사회적 질병으로 전락할지에 영향을 미치는 중요한 요인으로 꼽았다. 지능은 변화시키기 어렵다는 전제하에 그들은 자신들의 책에서 열악한 환경에 처한 청소년들의 지적 수행능력을 향상시키기 위한 프로그램들을 포함한 많은 사회적 프로그램에 예산을 쓰는 것에 반대하는 입장을 밝혔다.

어떤 비판자들은 Murray와 Herrnstein 연구의 절차와 결론에 심각한 방법론적 결함이 있다는 것을 지적했다. 앞서 Jensen과 관련된 논쟁에서와 마찬가지로, 이 장의 내용과 가장 관련이 깊은 것은 Murray와 Herrnstein의 책 *The Bell Curve*에 대한 방법론적인 비판이 아니라 정치적 비난이다. 그들의 책이 처음 출판되었을 때, 책에 대한 초기 비판은 연구의 심각한 방법론적 결함보다는 정치적 반대에 더 초점을 맞췄었다. 이 책은 출판도 되기 전에 보스턴 글로브의 사설에서 공격받았다. 워싱턴 포스트는 머레이의 지지자이면서 친구였던 보수적 성향의 전직 교육부 장관인 William Bennett이 이 책을 칭찬했지만 인종과 지능에 관한 부문 때문에 긴장하지 않을 수 없었다고 보도했다. 소문에 의하면 그 부문 때문에 Bennett이 Murray를 "요주의 인물"로 묘사했다고 한다.

New Public이라는 잡지는 1994년 10월 31일호 전체에서 Murray와 Herrnstein의 책을 다루었다. 그 호에는 Murray와 Herrnstein이 자신들의 책 내용 중 지능과 유전학을 다룬 부분에 기초하여 쓴 10페이지에 달하는 논문이 실렸는데, 그 논문 앞에 *The Bell Curve*과 Murray와 Herrnstein 논문에 관해 20명의 저자들이 쓴 17페이지 분량의 사설 또한 실렸다. 일부 사설들은 이 잡지가 그 논문을 싣겠다고 생각하는 것이 과연 윤리적인지에 대해서 논쟁을 벌였지만, 대다수의 사설들은 논문을 날카롭게 공격하거나 그것을 싣기로 한 잡지사의 결정을 비판했다. 어떤 사설은 Murray와 Herrnstein을 부정직하다고 묘사했다. 또 어떤 사설에서는 그들을 억압을 정당화하려는 사람들로 묘사했다. 또 다른 사설들을 그들을 인종차별주의를 정당화하려는 인종차별주의자 또는 유사과학적 인종차별주의를 실천하고 있는 고집불통이라고 비난했다. "신나치(Neo-Nazis)"라는 제목의 한 가혹한 사설은 Murray와 Herrnstein의 책 내용 중 문제가 되는 부분이 예전에 신나치주의자들이 발표했던 연구결과들을 "섬뜩하게 합성"한 것이라고 암시하기도 했다.

Murray와 Herrnstein의 논문을 싣기로 한 결정을 자유로운 탐구라는 관점에서 정당화한 한 사설에서 잡지의 편집자는 과학적이고 논리적 근거에서 쟁점을 판단해야 하며 저자들의 동기를 비난하거나 그들을 나치와 연관시켜 공박하지 말 것을 주장했다. 그 편집자는 또한 *The Bell Curve*가 유전적으로 열등하다고 여겨지는 것을 원하지 않는 아프리카계 미국인들, 특히 아프리카계 아동들의 감정을 상하게 한다고 주장하는 비판자에게도 응수했다. 그 편집자는 아프리카계 미국인들이 자유롭고 개방적인 지적 교류에서 보호되어야 한다는 관점 그 자체야말로 본질적인 인종차별이라고 주장했다.

많은 사회과학자들은 Coleman, Jensen, 그리고 Murray와 Herrnstein의 연구에 대한 비판을 과학적 근거와 방법론적 근거로만 한정했다. 그러나 우리가 이런 사례들을 소개하는 궁극적인 이유는 종종 정치적 이데올로기가 사회조사에 관여한다는 점을 지적하기 위해서이다. 과학의 추상적 모형은 이데올로기와 분리되어 있을지 모르지만, 과학의 활용은 그렇지 않다.

이상에서 살펴본 정치와 가치의 역할이 사회복지 연구에만 국한되는 것은 아니지만(자연과학자들도 유사한 상황들을 경험했다), 사회복지 연구에서 특히 더 거론되는 것은 사실이다. 사회복지학은 인간에 관한 것(강한 개인적 감정이 결부된 것들 그리고 사람들의 삶에 영향을 미치는 것들)을 연구한다. 다른 모든 과학자들과 마찬가지로, 사회복지 연구자들 또한 인간이며, 그렇기 때문에 사회복지 연구자들이 가진 인간적 감정은 그들의 전문가적 삶을 통해 나타난다. 그렇지 않을 것이라는 생각은 잘못된 생각이다. 그러나 과학은 정치적 논쟁과 혹독한 시련 속에서도 발전한다. 심지어 연구자들의 감정이 격앙되어 서로에게 욕을 퍼붓는 상황 속에서도 그리고 연구 공동체가 외부 세계로부터 공격을 받는 상황에서도 과학은 자신의 역할을 해 나아갈 것이다. 과학적 탐구는 지속될 것이고, 연구는 진행될 것이며, 연구결과는 발표되고, 사람들은 새로운 것들을 배우게 될 것이다. 분명한 것은 정치적 논쟁은 과학을 멈출 수 없다는 것이다. 다만 과학을 더욱 흥미롭게 만들 뿐이다.

5.8 주요 내용

- 사회복지 연구는 기술적인 측면과 과학적인 측면에 대한 고려뿐만 아니라 행정적, 윤리적, 정치적 측면에 대한 고려를 통해서 형성되기 쉽다.
- 연구에서 무엇이 "옳고" "그른지"는 궁극적으로 사람들이 무엇을 옳고 그르다고 하는지에 대한 합의의 문제이다.
- 과학자는 연구 참여가 자발적이어야 한다는 것을 일반적인 규범으로 여기고 이에 동의한다. 그러나 이 규범은 일반화 가능성에 대한 과학의 욕구와 충돌할 수 있다.
- 아마도 모든 과학자들은 연구참여자들이 연구의 잠재적 피해라는 위험을 잘 알고 있는 상태에서 연구에 기꺼이 참여하는 경우가 아니라면

연구로 인해 연구참여자들이 피해를 입어서는 안 된다는 것에 동의할 것이다.

- 익명성이란 연구자조차도 제공된 정보를 바탕으로 그 정보를 제공한 사람이 누구인지 알 수 없는 것을 의미한다.
- 비밀보장이란 연구자가, 설령 어떤 정보가 누구에 관한 정보인지 알더라도, 그 정보에 관해서 비밀을 유지하기로 합의한 상황을 의미한다.
- 어떤 경우에는 연구의 장기적인 이익이 특정 윤리적 규범을 위반하는 것보다 더 가치가 있다고 여겨지기도 한다. 그러나 연구 목적이 연구 수단을 정당화할 수 있는지 여부를 결정하는 것은 결코 쉬운 일이 아니며 매우 주관적인 과정이 될 수 있다. 오늘날 그런 결정은 기관윤리위원회가 연구를 승인하는 과정에서 내린다.
- 많은 사회과학자들 사이에서 성과 문화에 관한 편향과 둔감은 윤리적 쟁점이 되어왔다.
- 성과 문화에 대한 편향과 둔감을 피하기 위한 연구지침이 페미니스트들과 다른 학자들에 의해서 제시된 바 있다.
- 과학은 정치적 문제에 대해서 중립적일 수 있을지 모르나 과학자는 그렇지 못하다.
- 어떤 진실이 특정 취약 집단에게 피해를 줄 수 있는 방식으로 잘못 이해되거나 잘못 사용될 수 있다는 두려움 때문에 특정 가치에 대한 이데올로기적 선호가 과학적 탐구를 제한할 수 있다. 그런 제한은 그 제한을 통해 보호하고자 했던 사람들에게 오히려 해를 끼칠 위험이 있는 불완전하고 왜곡된 지식을 만들어낼 수 있다.

5.9 연습문제

1. 어떤 사회복지 연구자가 유아 때 입양된 아동들을 면접한다고 가정해본다. 면접자는 언제가 자신의 친부모를 만나는 것에 대한 그들의 감정에 초점을 맞추려 한다. 이때, 연구자가 직면할 수 있는 윤리적 문제와 그런 문제를 어떻게 피할 수 있는지 논의해본다.

2. 개인적으로 타 인종 간 입양을 반대하는 어떤 연구자가 타 인종 간 입양이 입양아의 자아상에 미치는 영향을 알아보기 위해서 면접조사를 실시하려 한다고 가정해본다. 연구자가 직면할 수 있는 개인적 관여의 문제와 이를 피할 수 있는 방법에 대해 논의해본다.

3. 다음과 같은 실제 또는 가상적인 연구 상황을 읽고, 각각의 상황에서 어떤 윤리적 요소를 발견할 수 있는지 서술해본다. 그것에 대해서 어떻게 느끼는가? 서술된 절차를 받아들일 수 있다고 생각하는가 아니면 받아들일 수 없다고 생각하는가? 다른 학생들과 의견을 교환해본다.

   a. 어떤 사회복지학과 교수가 사회복지 실천 과목을 수강하고 있는 학생들에게 문화적 적절성을 갖춘 실천에 대해서 학생들이 가진 지식과 태도를 사정하기 위해 설문지를 작성해달라고 요청한다. 이 교수는 설문지를 통해 수집된 자료를 분석하여 그 결과를 학술지에 발표하고자 한다.

   b. 어떤 지역사회조직가가 주민 대다수가 저소득층인 어떤 지역사회에서 그 지역사회의 한 복판을 가로지르는 고속도로를 건설하려는 계획에 맞서 주민들이 평화적인 시위에 벌일 때 즉흥적인 질적 면담을 실시하려고 한다. 기대했던 것과 달리, 면접을 마친 주민들 중 일부가 폭동을 주도하고 기물을 파괴하기 시작한다. 경찰은 지역사회조직가에게 법에 어긋나는 행동을 주도한 주민들의 신원을 밝힐 것을 요구한다. 지역사회조직가는 공범자로 체포되기보다는 경찰의 요구를 받아들인다.

   c. 임상 프로그램의 책임자가 자신의 기관이 제공하는 서비스의 효과성을 뒷받침하는 연구보고서의 초안을 작성한 다음, 표본으

로 뽑은 200개 사례들 중 20개 사례가 자료를 분석하는 과정에서 누락된 것을 발견하게 되었다. 누락된 20개 사례로부터 얻은 자료는 프로그램의 효과성을 뒷받침하지 않는 자료이다. 책임자는 이런 사실을 무시하고 연구보고서를 수정하지 않고 그대로 제출한다.

d. 아동복지기관에서 실습을 하게 된 사회복지학과 학생들이 아동을 학대하는 부모들의 명단을 얻어 부모들을 연구한 다음 실습과목에서 요구하는 연구보고서를 준비하려고 한다. 각각의 부모를 접촉한 학생들은 각각의 부모가 "여론조사"를 위해 표본을 무작위로 뽑는 과정에서 표본으로 뽑혔다고 설명한다.

e. 아동보호센터에서 일하는 어떤 사회복지사가 자신이 근무하는 기관으로부터 서비스를 받는 유아들의 부모들이 어떤 훈육방법을 사용하는지 연구하려 한다. 각각의 부모를 자녀와 함께 장난감이 어지럽게 흩어져 있는 방에 들어가게 한 다음, 부모에게 자녀들이 장난감을 가지고 놀기에 앞서 자녀들로 하여금 장난감을 치우게 해달라고 부탁한다. 연구자는 부모에게 자신이 일방경으로 부모와 자녀 간 상호작용을 관찰할 것이라고 말한다.

f. 어떤 학교사회복지사가 자신이 담당하고 있는 고등학교 전교생 중 85%가 마리화나를 상습적으로 피운다는 사실을 알게 되었다. 이 사실을 발표할 경우 지역사회에 일대 소요가 일 것으로 예상됨에 따라 사회복지사는 이 사실을 발표하지 않기로 결정한다.

g. 사회복지사들이 자신의 체면을 살리기 위해서 자신이 전혀 모르는 어떤 사항에 대해서 임상적 견해를 밝히는 행동을 얼마나 하는

지 알아보기 위해 어떤 기관에서 실습교육을 담당하고 있는 사회복지사가 실천가들에게 허구적인 실천 모델을 제시한 다음 그에 대한 실천가들의 임상적 견해를 묻는다.

h. 어떤 기관이 모든 클라이언트가 작성해야 하는 접수 양식에 설문지를 포함시켜 놓고 있다. 물론 클라이언트들에게 설문지를 작성해줄 것을 요구하지는 않지만, 기관의 입장에서는 모든 클라이언트들이 설문지를 작성해주기 바라며 그렇게 함으로써 응답률을 높이고 싶어 한다.

i. 어떤 참여관찰자가 낙태 반대를 주장하는 사람들의 모임에 가입하여 모임의 활동을 계획하는 위원회의 일원이 된다. 만일 이 위원회가 (1) 낙태를 반대하는 평화적인 그러나 불법적인 시위를 계획하거나, (2) 사람이 아무도 없을 때 낙태 시술소를 폭파하려는 계획을 세우고 있다면 연구자는 어떻게 해야 하는가?

5.10 추천도서

Jones, James H. (1981). *Bad Blood: The Tuskegee Syphilis Experiment*. New York: Free Press. 이 책은 이 장에서 우리가 예로 들었던 Tuskegee 실험을 훌륭하게 설명해주는 책이다. 이 책에 기록된 Tuskegee 실험의 역사는 어떤 독자들에게는 적지 않은 충격이 될지도 모른다. 이 연구를 중단시키기 위해 수년간에 걸쳐 보건당국의 관료들을 상대로 끈질긴 싸움을 벌이고 종국에는 언론을 통해 자신이 옳다고 생각하는 바를 이루어낸 한 사회복지사의 이야기는 독자들에게 적지 않은 감명을 줄 것이다.

Potocky, Miriam and Antoniette Y. Rodgers-Farmer, eds. (1998). *Social Work Research with Minority and Oppressed Populations*.

New York: Haworth Press. 이 책은 HIV나 AIDS에 감염된 사람들, 도시 빈민 청소년, 유색 인종 여성, 소수계 민족 집단의 노인들 그리고 아프라카계 미국인 아동 등과 같은 소수계 집단과 억압받는 집단에 관한 연구에서 문화적 편향과 둔감성을 피할 수 있는 여러 가지 혁신적인 아이디어들을 소개하는 여러 편의 글을 모아 편집한 책이다.

chapter 6

문화적 적절성을 갖춘 연구

6.1 서론

대부분의 사회복지 실천은 미시 차원과 거시 차원 모두에서 소수계 집단과 억압된 집단을 그 대상으로 하고 있다. 따라서 오늘날의 사회복지 교육은 학생들로 하여금 문화적 다양성에 대해 배우고 문화적 적절성을 갖춘 실천가가 될 수 있게 돕는 것을 중요시한다. 문화적 적절성(cultural competence)은 연구에 있어서도 매우 중요하다. 제5장에서 우리는 문화적 편향과 문화적 둔감이 윤리적 문제라는 것을 살펴보았다. 이러한 문제를 극복하기 위해서는 문화적 적절성을 갖춰야 한다. 이 장에서 우리는 윤리의 차원을 넘어서서 문화적 적절성이 어떻게 연구의 모든 과정에 영향을 미칠 수 있는지 살펴보기로 하겠다. 또한 연구자가 소수계 집단과 억압받는 집단으로부터 그들을 위한 사회복지실천과 정책을 발전시키는 데 도움이 될 만한 정보를 얻고 제공하는 데 문화적 적절성이 어떻게 도움이 되는지에 대해서도 살펴볼 것이다.

연구에 있어서의 **문화적 적절성**(cultural competence)이란, 문화적 요인과 문화적 차이가 연구 대상, 연구방법, 연구결과 해석방법에 어떤 영향을 어떻게 미치는지를 인식하고 그러한 영향에 적절히 대처하는 것을 말한다. 예를 들어, 연구자는 **문화적 적절성을 갖춘 연구**를 설계할 때 소수계 집단과 억압받는 집단을 대표할 수 있는 충분한 수의 연구참여자를 연구에 포함시키는 것을 잊지 않는다. 그러나 소수계를 대표하는 사람들을 표본에 포함시키는 것만으로는 표본의 소수계에 대한 대표성을 보장할 수 없다. 이제 논의를 해나가면서 알게 되겠지만, 연구를 위해 소수계 연구참여자를 모집하고 유지하기 위해서는 특별할 뿐만 아니라 문화적

으로 민감한 지식과 노력이 필요하다.

사회복지 및 관련 분야의 연구에서 문화적 적절성을 강조하기 시작한 것이 최근 들어와서라는 것을 알면 놀라지 않을 수 없을 것이다. 역사적으로 볼 때, 임상 분야의 연구에서 소수계 집단 참여자들이 이제까지 적절히 대표되지 않았다는 사실을 인정하면서, 국립건강연구소(NIH, National Institutes of Health)는 NIH로부터 연구비를 지원받는 연구들 중 인간을 연구 대상으로 하는 모든 연구는 반드시 여성과 소수계 민족 집단들을 적절히 대표할 수 있는 표본을 가져야 한다는 새로운 정책을 1994년에 내놓았다. 아울러 이 새로운 정책은 연구계획서에 어떻게 여성과 소수계 참여자들을 모집하고 유지할 것인지에 관한 구체적인 계획을 밝혀야 한다는 것도 요구했다. 이제 연구자들은 그런 참여자들을 모집하고 유지하는 것과 관련해서 자신이 어떤 경험을 가지고 있는지 기술하고, 그런 경험이 있는 다른 연구자들과 어떻게 협력했는지 밝히고, 관련 지역사회 집단으로부터 자신이 하려는 연구에 관한 추천서를 받아 제출해야 한다 (Hohmann and Parron, 1996).

6.2 연구에 소수계 집단과 억압받는 집단의 참여 확보 및 유지

소수계 집단과 억압받는 집단으로부터 충분한 수의 대표성 있는 연구참여자 표본을 확보하는 것은 결코 쉽지 않은 일이다. 물론 그런 연구참여자들을 확보한 다음 그들을 연구 전 과정 동안 유지하는 것도 마찬가지이다. 이제까지 소수계 집단과 억압받는 집단으로부터 참여자들을 확보하고 유지하는 것을 어렵게 만드는 여러 가지 요인들이 연구자들에 의해서 제시되었다. 그중 하나는 문화적으로 둔감한 이전 연구들이 만들어 놓은, 좋지 않은 환경이 연구참여자를 확보하기 위한 노력을 방해할 수 있다는 점이다. 이와 관련된 또 다른 장벽

▶ **문화적 적절성을 갖춘 연구** ▶ 문화적 요인들과 문화적 차이가 연구 대상, 연구방법 그리고 연구결과에 대한 해석에 어떻게 영향을 미치는지를 이해하고 적절하게 대응하는 연구

은 연구하려는 문제가 전체 사회에 대해서는 중요하지만 특정 소수계 집단에게는 그다지 중요하지 않다는 인식이다. 어쩌면 특정 소수계 집단의 구성원들은 연구나 주류문화 구성원들을 일반적으로 신뢰하지 않을 수 있다.

잠재적 연구참여자 중 어떤 사람들은 연구자가 자신들로부터 연구 참여 동의를 얻는 과정이 문화적으로 적절하지 않아서 연구에 참여하지 않을 수도 있다(제5장에서 정보고지에 입각한 연구 참여 동의에 대해 논한 바 있다). 예를 들어, Norton and Manson(1996)은 "IRB 규정이 요구하는 세련된 용어가 미국 원주민과 알래스카 원주민, 특히 영어가 모국어가 아닌 미국인들에게 위협적일 수 있다"는 것을 관찰한 바 있다(p. 858).

또 다른 장벽은 소수계 집단이나 억압받는 집단의 연구참여자를 어디에서 찾아야 할지 모르는 것이다. 양육 우울증이 한국이나 남미에서 최근에 미국으로 이민 온 부모들의 자녀 양육방식에 미치는 영향을 연구한다고 가정해보자. 그런 이민자들은 전통적인 정신보건 서비스를 거의 이용하지 않는다. 따라서 전통적인 정신보건 서비스를 제공하는 곳이나 광고나 의뢰를 통해서만 연구참여자를 확보하고자 하는 시도는 그다지 성공적일 수 없을 것이다.

잠재적 연구참여자 —예를 들면, 노숙자나 이주노동자나 불법이민자처럼 거주지가 불확실한 집단— 를 연구하고자 연구 대상의 소재를 파악하는 것은 특히 어려워질 수 있다. 접근이 어려운 또 다른 인구집단은 사회적 낙인 때문에 노출되는 것을 꺼릴 수밖에 없는 특성을 가진 사람들이다. 예를 들면, HIV 또는 AIDS에 대한 개입을 필요로 하는 사람들이 바로 그런 "숨은" 집단에 해당하는 사람들이다(Roffman, Picciano, Wickizer, Bolan, & Ryan, 1998).

그렇다면 소수계 집단과 억압받는 집단으로부터 연구참여자를 확보하기 어렵게 만드는 이런 장벽들을 낮추거나 극복하려면 무엇을 어떻게 해야

할까? 이 쟁점에 대해서는 아직도 많은 논의가 이루어지고 있으며, 이제까지 제시된 몇 가지 유용한 접근방법은 다음과 같다.

6.2a 지역사회 지도자로부터 지지 얻기

잠재적 연구참여자들은 자신이 존경하는 지역사회 지도자가 연구를 지지할 경우 조사자에 대한 불신이나 그 연구가 지역사회에 대해 갖는 가치에 대한 의구심을 어느 정도 덜 가질 수 있다. 예를 들어, Norton and Manson(1996)은 연구자가 미국 원주민이나 알래스카 원주민 연구참여자를 모집하기 위해서는 그들이 속한 부족으로부터 먼저 허가를 얻는 과정이 필요하다고 논의한 바 있다. 그들은 나바호부족 정부(Navajo nation)가 부족 대표들로 구성된 위원회로 하여금 지역사회에 제안된 모든 보건 관련 연구를 검토하고, 승인하고, 감시하게 하고 있다는 것을 지적했다. 부족 정부는 제안된 연구과제의 가치를 엄격하게 평가하는데, 심지어 어떤 부족 위원회는 부족 구성원들을 대신하여 연구에 참여할지를 집합적으로 결정할 수 있는 권한을 가지고 있다고 주장하기도 했다.

지역사회 지도자들로부터 동의를 구하기 위해서는 많은 노력이 필요할 수 있다. 세심하고 주의 깊게 지역사회 지도자들의 동의를 구할 경우, 연구자는 연구 질문을 어떻게 만들 것인지, 연구를 어떻게 설계하고 실행할 것인지 그리고 연구결과를 어떻게 제시하고 배포할 것인지에 대해서도 지역사회 지도자들로부터 의견을 구하기 위해 노력해야 한다. 그러나 그런 수고를 마다하지 않는다면, 연구자는 연구참여자를 확보하고 유지할 수 있게 되는 것뿐만 아니라 연구를 설계하거나 연구결과를 해석하는 데 있어서도 큰 도움을 받을 수 있다. Norton and Manson(1996)은 자신들이 부족 정부와 대화하면서 연구지역들 중 어느 한 지역의 연구참여자들이 외부에서 온 임상실천가들에게보

다 그 지역의 직원들에게 자신들의 음주 정도를 밝히는 것을 더 꺼린다는 것을 어떻게 알게 되었는지 보여주는 예를 제시했다. 그런 사실을 알게 됨에 따라 그들은 그 지역사회 출신 면접원을 활용하려는 계획을 수정함으로써 응답 편향을 줄일 수 있었다.

6.2b 비밀보장과 관련해서 문화적으로 민감한 접근방법 사용하기

집단 정체성을 중요시하는 소수계 집단의 경우, 개인 차원에서의 비밀보장만이 아니라 지역사회 차원에서의 비밀보장도 필요할 수 있다. Norton and Manson(1996)은 미국 원주민와 알래스카 원주민에 관한 연구를 할 때 연구자들은 연구결과를 발표하면서 자신들의 연구가 어느 지역사회에서 이루어진 연구인지 밝히지 말 것을 지적한 바 있다. 언론에 연구결과를 알리는 것은 연구자가 아니라 부족 정부의 주도하에 이루어져야 한다. 연구결과는 일반화할 수 있는 형태이어야 한다: 독자들에게 연구결과가 어느 지역사회에 관한 것인지를 알려서는 안 된다.

6.2c 지역사회 구성원을 연구원으로 고용하기

재정이 허락한다면, 연구자는 잠재적 연구참여자를 찾고 그들로부터 정보고지에 입각한 동의를 얻는 데 도움을 줄 수 있는 지역사회 구성원을 연구원으로 고용하는 것을 생각해볼 필요가 있다. 물론 지역사회 지도자를 연구원으로 고용할 수 있다면 더 좋다. 왜냐하면 그들은 연구 홍보에 도움을 줄 수 있으며 자신들이 연구를 지지한다는 것을 적극적으로 표현할 수 있기 때문이다. 정보고지에 입각한 동의를 얻기 위해 지역사회 주민들을 연구원으로 고용할 경우, 연구참여자들이 동의서를 이해하거나 동의서에 대해서 불안해하는 문제를 극복하는 데 도움이 되는데, 왜냐하면 주민들은 잠재적 연구참여자들에게 연구를 말로 설명해주고 그들이 이해할 수 있는 방식으로 그들의 질문에 답해줄 수 있기 때문이다. 지역사회 주민들을 고용함으로써 얻을 수 있는 또 다른 장점은 더 많은 일자리를 제공함으로써 지역사회에 보탬이 될 수 있다는 점이다. 반면에, 이 방법이 가진 한 가지 단점은 비밀보장이 어려울 수 있다는 것이다. 잠재적 연구참여자들은 자신이 살고 있는 지역사회의 주민이 자신을 면접하는 것을 원하지 않거나 자신의 연구에 참여한다는 사실을 다른 주민들이 아는 것을 원하지 않을 수 있다.

6.2d 적절한 보상 제공

연구참여자들에게 그들이 자료를 제공하느라 쏟은 시간과 노력 그리고 그 밖의 다른 방식으로 연구에 기여한 바를 보상하는 것이 필요할 때도 있다. 연구 참여에 대한 보상의 수준은 동기 부여가 될 수 있을 만큼 높아야 하지만, 너무 높아서 연구참여자들이 보상을 일종의 강압으로 느끼게 해서는 안 된다. 연구 참여에 대한 보상은 특히 소수계 집단이나 억압받는 집단을 연구할 때 적합한 방법이 될 수 있다. 일반적으로 소수계 지역사회의 빈곤률이 높은 점을 고려해볼 때, 보상은 지역사회 구성원들로 하여금 참여 동기를 갖게 만들 수 있는 좋은 방법이 될 수 있다. 너무 많은 보상을 제공할 수는 없지만 적절한 수준의 보상은 연구가 지역사회에 줄 수 있는 또 다른 종류의 도움이라고 할 수 있다. Norton and Manson(1996)은 보상이 반드시 개인 참여자에게 제공되어야 하는 것은 아님을 지적하면서, 프에블로 부족이 집단적 정체성을 유지하는 것이 중요하기 때문에 개인이 아니라 부족 전체에게 보상을 제공해 달라고 요구했던 사실을 인용한 바 있다.

보상의 형태가 반드시 현금일 필요는 없다. 예를 들어, 연구자가 노숙자를 연구하려 한다면 노숙자들이 필요로 하는 음식이나 옷을 즉각적으로 제공해주는 것이 그들과 연구자 간에 신뢰를 형성하고 그들의 참여를 보상할 수 있는 더 좋은 방법이 될 수도 있다. 어쩌면 노숙자들에게는 샌드위치 하나, 담배 몇 개비 또는 커피 한 잔이 더 중요할 수도 있다. 또한 연구자는 노숙자들을 데리고 쉼터, 재정지원기관 또는 의료기관 등에 같이 가 줄 수도 있다. 식품 교환권(food voucher)은 연구자가 노숙자나 다른 저소득층 참여자들에게 제공할 수 있는 현금 이외의 보상 중 하나이다. 어떤 패스트푸드 체인은 연구를 위해 1인당 5달러 정도의 식품 교환권을 기부해줄 수 있을지도 모른다.

6.2e 교통 장벽과 보육 장벽 완화

일부 소수계 집단은 심각한 빈곤 문제를 안고 있으며, 그로 인해 연구참여자를 확보하고 유지하는 데 문화적 장벽보다 경제적 어려움이 더 큰 장벽이 될 수도 있다. 예를 들어, 아동지도센터에서 일하면서 경제적으로 취약한 소수계 집단을 대상으로 부모와 자녀가 함께 치료받는 문화적으로 민감한 새로운 개입을 평가하려고 한다고 가정해보자. 연구자가 모집하고자 하는 부모들 중 대부분이 치료를 받고자 아동지도센터까지 오는 데 이용할 수 있는 교통수단이 없거나 자녀를 맡길 곳이 없어 어려움을 겪을 수도 있다. 이 경우, 문화적 적절성을 갖춘 접근방법은 무료 교통수단과 탁아(부모들의 어린 자녀들을 위한) 서비스를 제공할 수 있어야 한다. 무료 교통수단을 제공하는 것에 대한 대안으로서 연구자가 부모들의 가정을 방문하여 자료를 수집하는 방법도 생각해볼 수도 있다. 그러나 그렇게 하더라도 자료수집 세션 동안 어린 자녀들을 돌봐주는 서비스는 필요하다.

6.2f 민감하고 접근 가능한 장소 선택

연구참여자의 가정에서 치료나 자료수집 세션들을 할 수 없는 상황이어서 다른 마땅한 장소를 찾아야 할 때, 연구자는 참여자의 욕구, 자원 및 관심에 민감해야 한다. Areán과 Gallagher-Thompson(1996)은 문화적으로 민감한 장소를 선택할 때 고려해야 할 사항들을 제시한 바 있다. 예를 들어, 소수계 집단의 구성원들이 교통수단이 있고 경제적 장벽도 참여를 단념하게 할 수준이 아니더라도, 일부 구성원들은 인종적 동기에서 비롯된 범죄에 대한 두려움 때문에 다른 지역에 있는 어떤 장소에 가는 것을 꺼릴 수도 있다. 또한 치료나 자료수집이 이루어질 장소가 자신이 살고 있는 지역사회 내의 위험 지역일 수도 있다. 이러한 두려움은 소수계 집단의 노인들에게서 특히 두드러질 수 있다. 따라서 연구자가 선택하는 장소는 참여자들이 안전할 뿐 아니라 편리하다고 인식할 수 있는 곳이어야 한다. 또한 연구자는 자신이 선택한 건물의 특성으로 인해 일부 참여자들이 불편을 겪지는 않는지를 확인해봐야 한다. 예를 들어, 연구자가 지역사회 내의 어떤 교회를 선택한다면, 그 교회에 소속되어 있지 않은 일부 잠재적 참여자들은 그 교회에 들어가는 것을 불편해 할 수 있다. 또 어떤 참여자들은 이웃 사람들에게 자신들이 서비스를 받거나 연구에 참여하는 것을 보이고 싶어 하지 않을 수도 있다. 또는 학교 친구들이 자신들의 연구 참여 사실을 모르게 하고 싶기 때문에 자신이 다니는 대학이 아니라 인근 타 대학을 선호할 수도 있다. 만일 연구자가 이제까지 언급했던 제안들(예를 들어, 초점집단을 구성하고, 지역사회 지도자들을 연구 계획 과정에 참여시키고, 지역사회 주민을 연구원으로 고용하는 등) 중 일부를 실행할 수 있다면, 연구자는 잠재적 참여자들이 접근할 수 있는 장소는 어디이고 접근할 수 없는 장소는 어디인지 그리고 그들의 관심에 민감한 장소는 어디인지를 반드시 확인해야 한다.

6.2g 문화적 적절성을 갖춘 면접자 활용 및 훈련

연구에서 소수계 집단 참여자의 확보 및 유지를 향상시키는 가장 중요한 방법들 중 하나는 잠재적 참여자들을 접촉하게 될 연구원들로 하여금 문화적 적절성을 갖추게 하는 것이다. 물론 그렇게 하기 위한 방법 중 하나는 앞에서 언급한 것처럼 해당 지역사회의 주민을 연구원으로 활용하는 것이다. 그러나 역시 앞에서 언급한 바와 같이, 지역 주민을 고용하는 것은 비밀보장을 어렵게 할 수도 있다. 지역 주민을 고용하는 것이 바람직하지 않거나 실행 가능하지 않을 때, 문화적 적절성을 극대화하기 위해 연구자는 다른 어떤 방법을 택할 수 있을까? 연구의 문화적 적절성에 관한 문헌들에서 일반적으로 찾아볼 수 있는 방법은 연구자가 찾으려는 소수계 집단과 동일한 인종의 면접자를 활용하는 것이다. 예를 들어, 특정 지역에서 아프리카계 미국인 참여자들을 모집하고 유지하고자 한다면 다른 지역에서 동일 인종의 면접자를 고용할 수 있다.

그러나 면접자와 참여자의 인종을 일치시키는 것이 참여자를 확보하기 위한 노력을 방해하지는 않지만, 많은 연구들에 따르면 성공적인 면접은 면접자와 참여자의 인종이 일치하는지보다는 면접자의 경쟁력에 의해 좌우된다고 한다(Jackson and Ivanoff, 1999). 예를 들어, 톰슨과 동료들(Thompson et al., 1996)은 인종 일치 여부가 아프리카계 미국인 정신과 입원환자들의 면접 동의에 아무런 영향을 미치지 않는다는 것을 발견했다. 이들은 또한 인종 일치 여부보다 더 중요한 것은 면접자가 연구 대상 집단에 관한 적절한 훈련을 받은 적이 있거나 연구 대상 집단을 경험해본 적이 있는지 여부라는 것을 발견했다. 그들의 면접자 훈련은 참여자에게 접근하는 방법, 면접자에게 연구를 개괄

적으로 제시하는 방법, 비밀보장 및 자발적 참여에 대해서 토론하는 방법 그리고 그들이 사용하려는 설문조사 도구의 세부적 내용을 숙지하는 것 등으로 구성되었다. 면접자들은 면접지침과 연구를 소개하는 설명서의 모든 내용을 잘 알고 있어야 했으며 연구자가 미리 준비한 대본을 이용하여 연구를 소개하고 설명하는 것을 연습했다. 또한 면접자들은 서로 역할을 바꿔가면서 면접을 연습하고, 실제 환자를 대상으로 두 차례의 면접을 실시했으며, 연습 면접 과정을 검토하고 비판하는 기회를 가졌다.

톰슨과 동료들의 연구는 면접자에 대한 충분한 훈련이 이루어진다면, 면접자와 참여자의 인종을 반드시 일치시킬 필요는 없다는 것을 예시해준다. 그러나 톰슨과 동료들의 연구결과를 지나치게 일반화하는 것은 바람직하지 않은데, 왜냐하면 그들의 연구한 대상이 정신과 입원환자가 아니었다면 연구결과가 달라졌을 수도 있기 때문이다. 연구하려는 집단의 구성원들과 일해 본 경험이 있는 면접자를 찾을 수 없었다면 어떻게 되었을까? 면접자를 다차원적으로 훈련시킬 수 있는 자원이 없었다면 어떻게 되었을까? 그런 조건하에서 면접자와 참여자의 인종이 일치하는지 여부는 연구결과에 큰 영향을 미쳤을 수 있다.

6.2h 이중언어 연구자 이용

많은 주민들이 영어로 의사소통하는 데 어려움이 있는 지역에서 연구참여자들을 모집해야 한다면, 참여자 모집을 담당하는 직원은 잠재적 참여자들이 가장 편안하게 생각하는 언어로 의사소통할 수 있어야만 한다. 예를 들어, 남미계가 주로 거주하는 지역에서 연구를 하려면, 면접자는 스페인어를 구사할 수 있어야 하며 그렇지 못하다면 참여자를 모집하기 위한 노력은 성공을 거두기 어려울 것이다. 모집한 참여자들로부터 자료를 수집할 때도 스페인어를 구사할 수 있는 연구자가 필요하다. 또

한 연구자가 치료를 평가하고자 한다면, 그 치료는 반드시 스페인어로 제공되어야 하는데, 그렇지 않으면 연구에서 영어를 사용하지 않는 참여자들을 유지하기 어려울 것이며, 그렇다면 연구참여자를 모집하기 위해 쏟은 노력이 헛된 노력이 되어버릴 수 있기 때문이다.

6.2i 참여에 영향을 미치는 문화적 요인 이해

이 장의 앞부분에서 우리는 미국 원주민의 생활에 있어서 부족이 어떤 역할을 하는지에 대해서 언급하면서 연구자들이 개인의 연구 참여를 허락받거나 개인이 연구에 참여하고자 하기 전에 부족의 지도자들과 먼저 접촉할 필요가 있다는 것을 언급한 바 있다. 미란다와 그녀의 동료들(Miranda, 1996; Alvidrez, Azocar and Miranda, 1996)은 정신보건 서비스에 관한 연구에서 빈곤하고 전통적인 남미계 미국인들을 모집하고 유지하는 데 영향을 미치는 또 다른 문화적 요인들을 발견했다. Familismo라는 말은 전통적인 남미계들 사이에서 매우 강한 전통적 가족 가치관을 의미한다. Machismo는 의사결정, 경제 및 정서적 안정 그리고 위험으로부터 가족을 보호하는 데 있어서의 아버지가 가진 권한을 말한다. Marianismo는 어머니가 남편과 자녀들을 돕기 위해 고통을 감수하고 자신을 희생하는 능력에 있어서 어머니가 가진 정신적 우월성을 말한다. Personalismo는 남미계 미국인들이 다른 사람들과 관계를 형성할 때 존경을 의미하는 격식 차린 말과 공식적인 인사말 같은 예의바른 접근을 선호한다는 것을 의미한다. 그러나 연구참여자를 모집하기 위한 노력이 지나치게 공식적이어서는 안 된다. 왜냐하면 simpatia는 말은 전통적인 남미계 미국인들이 존경심을 가지고 자신을 대하는 사람들이 결국 관계를 형성할 때도 따뜻하고 친밀한 태도로 관계를 형성할 것이라고 기대한

다는 의미가 포함되어 있기 때문이다. 이런 문화적 요인들에 대한 민감성이 참여자를 모집하고 유지하는 데 얼마나 도움이 될 수 있는지 보여주기 위해서 미란다와 동료들은 공식적 호칭(시뇨르senor* 또는 시뇨라señora**), 공손한 말 (you 대신 usted***) 같은 미세한 부분에 관심을 기울이고, 참여자 자녀들의 이름을 기억하고, 면접 때마다 자녀들에 대해 질문하면서 남미계 미국인들을 따뜻하고 친밀하게 대함으로써 그들로부터 성공적으로 연구참여자를 모집하고 유지할 수 있었던 연구를 예시했다.

6.2j 낙인찍힌 집단을 위한 익명 등록 이용

사회로부터 낙인찍힌 어떤 특성을 가지고 있어서 노출 시 위험을 감수해야 하는 사람들을 연구한다면 잠재적 연구참여자들을 찾아 모집하는 데 적지 않은 어려움이 따를 수 있다. HIV와 AIDS에 대한 개입을 필요로 하는 집단이 바로 그런 집단들 중 하나이다. Roger A. Roffman과 그의 동료들(1997, 1998)은 최근에 콘돔을 사용하지 않고 남성들과 항문성교 또는 구강성교를 한 남성 동성애자나 양성애자들을 대상으로 전화를 통한 AIDS 예방 상담 접근 방법의 효과성을 평가했다. 연구자들에게 있어서 연구참여자를 찾는 것은 결코 쉽지 않은 일이었다. 그들은 연구참여자를 모집하는 데 거의 2년에 가까운 시간을 쏟았으며 "동성애 신문과 방송, 주류 언론의 뉴스, HIV 검사센터와 남성 동성애자/여성 동성애자/양성애자를 위한 보건 및 사회 서비스기관을 통한 자료 배포, 동성애자들이 모이는 술집과 목욕탕에 포스터 보내기" 등을 포함 다양한 노력을 기울였다(Roffman et al., 1998:9). Roffman과 그의 동료들은 전화로 연구와 개입을 함께 실시함으로써 잠재적 참여자들이 원할 경우 익명성을 보장해줄 수 있

* 스페인어에서 남자 성인에 대한 존칭어. 영어의 Mr.와 유사.
** 스페인어에서 여자 성인에 대한 존칭어. 영어의 Mrs.와 유사.
*** 스페인어에서 당신을 존중해서 부르는 말로 우리말의 귀하와 유사.

었다. 연구참여자 확보를 위한 홍보 자료에 **익명 등록**(anonymous enrollment)을 홍보하여 잠재적 참여자들이 안전하다는 느낌을 가질 수 있게 함으로써, 신분 노출에 따른 사회적 위험 부담 때문에 노출을 꺼렸을 잠재적 참여자들을 더 많이 발굴할 수 있었다. 익명 등록은 더 많은 잠재적 참여자들과의 접촉을 가능하게 한 것뿐만 아니라 그들이 연구 참여 의지를 확고히 하는 데 도움을 주었다.

　Roffman과 그의 동료들은 잠재적 참여자들의 익명성을 보장하고 그들로 하여금 연구에 참여하는 것이 안전하다고 느끼게 만들기 위해 매우 창의적인 방법을 사용했다. 익명으로 등록한 클라이언트들에게는 인근 우체국에서 사서함을 빌리는 비용이 제공되었으며(그들에게 우송된 수표에는 수취인의 이름을 명기하지 않았다). 그들은 연구자가 우편으로 보낸 자료를 받기 위해 가명을 사용했다. 연구팀은 548명의 연구참여자를 모집하는 데 성공했으며 따라서 익명 등록방법이 그 방법이 아니었더라면 찾을 수 없었을 사람들의 연구 참여를 촉진할 수 있는 효과적인 방법이라는 결론을 내렸다. 동시에 연구자들은 그들이 사용한 접근방법이 전화를 가진 잠재적 참여자들에게만 적용 가능한 방법임을 인정했다. 연구자들은 또한 익명 등록이 잠재적 참여자들을 찾아내고 그들을 연구에 참여시킨 중요한 요소이기는 하지만, 그들의 참여를 유지시킬 수 있었던 것은 그들의 문화를 잘 알고 있는 역량 있는 연구원이 있었기 때문에 가능했다는 점을 밝혔다.

6.2k 특별한 표본추출기법 이용

　익명 등록은 숨어 있는 집단을 찾아내서 연구에 참여하게 하고 참여 상태를 유지하게 하는 방법들 중 한 가지 방법에 불과하다. 이에 관한 연구는 아직 초보적인 수준에 불과하며 앞으로 진행될 많은 연구들에 의해서 여러 가지 혁신적인 방법들이 개발될 것이다. 어떤 접근방법들은 제11장에서 논의

하게 될 특별한 표본추출기법들을 이용하기도 하는데, 그 중 한 가지는 의도적 표본추출기법이다. 예들 들면, 노숙자에 관한 연구에서 연구자는 노숙자를 가장 잘 찾을 수 있을 만한 지역이 어딘지 알기 위해서 연구자 자신의 판단이나 노숙자와 관련된 일을 하는 사람들의 판단을 필요로 할 것이다. 또 다른 표본추출기법은 눈덩이 표본추출기법이다. 일단 노숙자들을 찾으면, 연구자는 그들에게 그들이 알고 있는 다른 노숙자들을 찾는 데 도움이 될 만한 정보를 얻어 눈덩이 표본을 확대해 나아갈 것이다.

　또 다른 기법은 비비례층화 표본추출기법이다. 이 기법은 소수계 집단과 억압받는 집단의 표본을 뽑을 때 특히 적합한 기법으로서 특정 소수계 집단들의 사례를 각 소수계 집단 내에서 하위집단 비교가 가능할 정도로 충분히 뽑기 위해 주로 사용한다.

6.2l 어디를 찾아봐야 할지 배우기

　문화적 적절성을 갖춘 연구자들은 특정 소수계 집단의 구성원들 또는 숨은 집단의 구성원들을 연구참여자로 모집하려 할 때 전통적인 기관의 의뢰에만 전적으로 의존해서는 안 된다는 것을 알고 있다. 그렇다면 어떤 대안들이 있는가? 이 질문에 대한 답은 어떤 집단이 연구 대상이 되는가에 따라 달라진다. 예를 들어, HIV와 AIDS 개입이 필요한 사람들에 관한 연구에서 Roffman과 그의 동료들은 동성애 언론에 광고를 내고, HIV 검사센터와 남성 동성애자/여성 동성애자/양성애자를 위한 보건 및 사회 서비스기관에 자료를 배포했으며, 동성애자들이 모이는 술집과 목욕탕에 포스터를 보냈다. 제14장에서 소개했던 노숙자에 관한 연구에서 연구자들은 스팀 터널, 하역장, 공원 의자, 버스 터미널, 교회, 여인숙, 버려진 건물과 같은 곳에서 연구참여자들을 모집했다.

　정서적 문제를 가진 아프리카계 미국인들을 연구하는 문화적 적절성을 갖춘 연구자들은 그런 연

구 대상들이 전통적인 정신보건 서비스기관들로부터 도움을 구하지 않는다는 것을 경험을 통해서 배웠다. 따라서 연구자들은 연구참여자를 모집할 때 전통적인 서비스기관이 아닌 성직자, 1차 진료기관의 의사, 비공식적 지지망으로부터 도움을 구한다(Thompson et al., 1996). 물론 우리가 말하고자 하는 바는 전통적인 서비스기관을 무시해야 한다는 것이 아니며 전통적인 기관에만 전적으로 의존해서는 안 된다는 것이다.

6.2m 의뢰원 연결 및 관리

연구를 위해 연구참여자를 의뢰해줄 의뢰원(referral sources)으로서 전통적 기관을 이용하든 비전통적 기관을 이용하든 상관없이, 연구자는 충분한 수의 연구참여자들을 의뢰받기 위해서 의뢰원의 직원들과 라포(rapport)를 형성해야 한다. 예를 들어, 연구자는 그런 기관들의 회의에 참석하고 그런 기관들을 위해 자원봉사를 할 수도 있다. 연구자가 연구참여자를 의뢰해줄 사람들과의 초기 상호작용을 잘 해둘수록 그리고 그들과의 관계가 좋을수록, 연구자는 필요할 때 그들로부터 더 많은 도움을 받을 수 있다. 라포 형성에 이어서 연구자는 의뢰원들에게 연구가 개인 참여자들에게 뿐만 아니라 해당 분야에도 혜택을 줄 수 있다는 것을 알려야 한다. 예를 들면, 연구참여자들은 참여에 대한 대가와 보상뿐만 아니라 효과적일 것으로 예상되는 새로운 서비스를 제공 받는다. 의뢰기관들은 효과적이라 예상되는 새로운 서비스가 실제로 효과적인지 확인해볼 수 있는 기회를 갖게 된다. 연구자는 연구에 대해서 그들이 궁금하게 생각하는 사항들에 대해서 논의하고, 그들이 가진 두려움을 감소시키고자 노력해야 하며, 연구의 전 과정에 걸쳐서 의뢰원과의 관계를 돈독하게 해나가야 한다. 그러기 위해서 연구자는 그들의 회의에 꾸준히 참석하고 그들에게 도움을 제공해야 하며 그들

에게 연구가 어떻게 진행되고 있는지 지속적으로 알려주고 잠정적인 결과가 나타날 때마다 결과를 알려줘야 한다.

6.2n 개별화된 잦은 접촉과 개별화된 배려 활용

이제까지 살펴본 많은 기법들이 연구참여자를 모집하는 것뿐만 아니라 유지하는 것과도 관련이 있으나 우리의 논의는 주로 연구참여자를 모집하는 데 초점을 맞추고 이루어져 왔다. 그러나 참여자들과 여러 번에 걸쳐 만나야 하는 연구에서는 참여자를 성공적으로 유지하기 위한 노력이 뒤따르지 않는다면 참여자를 확보하기 위해 쏟은 노력이 헛수고가 될 수 있다. 예를 들어, 치료 성과를 평가하는 연구를 하려 한다면, 연구자는 클라이언트들로 하여금 지속적으로 치료를 받게 하기 위해서 특별한 노력을 기울여야 한다. 또한 연구자는 클라이언트들에게 사전검사, 사후검사 및 여러 번의 추후검사를 받아야 한다는 사실을 일깨워주고 치료를 받으려는 동기를 갖게 할 필요가 있다. Miranda(1996)와 동료들[(Alvidrez 외(1996), Miranda(1996)]은 저소득 남미계 연구참여자들을 위한 치료 성과에 관한 연구에서 참여자 유지율을 높일 수 있는 몇 가지 방법들을 제안했다. 그들이 제안한 방법은 다른 저소득 소수계 집단에도 적용될 수 있을 것으로 믿는다.

예를 들어, Miranda와 동료들은 따듯하고 친절한 연구보조원이 정기적으로(아마도 매달 한 번씩) 참여자와 그들의 가족들에게 전화해줄 것을 제안한다. 단, 매번 동일한 연구보조원이 전화를 걸어야 하고 참여자 및 참여자의 가족이 처한 상황의 구체적 내용을 기억하고 논의해야 한다. 그렇게 함으로써 연구자는 다음 번에 전화를 걸 때까지 라포와 연속성을 형성할 수 있다. 앞서 언급했던 것처럼, 평가를 위해 연구참여자들에게 오고 가야 할

때 교통편을 제공하고 평가 때마다 적절한 수준의 현금이나 식권을 보상으로 제공하는 것이 도움이 된다. 커피나 음료 그리고 샌드위치 같은 약간의 간식을 제공하는 것도 훌륭한 배려가 될 수 있다.

이런 정기적인 접촉과 개별적인 배려와 더불어 연구자는 연구참여자들에게 전화를 걸어 치료 또는 평가 세션 일정을 알려주는 것을 잊지 말아야 한다. 실제로 하루나 이틀 전에 전화를 하는 것 말고도 한 주나 두 주 전쯤에 전화를 해주는 것이 필요하다. 어떤 연구참여자들은 형편상 자동응답기가 없을 수도 있고, 어떤 참여자들은 이사를 해버려 연구자가 그들을 찾는 데 시간이 필요할 수 있다.

6.2o 준거점 이용

연구참여자가 노숙자거나 거주가 불안정하다면 전화나 그 밖의 방식으로 접촉하는 것이 쉽지 않다. Hough와 동료들(1996)은 정신질환이 있는 노숙자들에 관한 많은 연구들을 검토한 결과, 특정 연구참여자를 찾을 수 있는 여러 장소에 관한 정보인 준거점(anchor points)을 이용할 것을 권장한다. 연구자가 연구에 참여시킬 사람들을 처음 찾을 때 그 사람들과 관련된 준거점을 많이 찾아둘수록 나중에 그 사람들을 찾기가 수월해진다. 예를 들어, 연구참여자가 여성 노숙자라면, 준거점에는 그 여성이 일반적으로 자고 먹고 하루를 보내는 장소가 포함될 것이다. 연구자는 또한 그 여성 주변에 친구나 가족이 혹시 없는지 그리고 그들과 어떻게 접촉할 수 있는지 물어볼 수도 있다. 그 여성 노숙자를 찾는 방법을 알고 있을 만한 지역사회 사회서비스기관의 직원들, 집주인 또는 그 밖의 사람들은 없는가? 그 여성이 우편물이나 메시지 또는 보충급여비 수표를 받기 위해 사용하는 주소가 있

는가? 그 여성이 사용하는 별명이나 가명이 있는가? 연구자는 이 모든 정보를 추적 정보 기록 양식에 체계적으로 기록해두어야 한다. 연구자는 그 여성의 위치를 알고 있는 다른 연구참여자나 그 밖의 다른 사람들과의 지속적인 접촉을 통해서 준거점 정보를 꾸준히 새롭게 해야 한다.

6.2p 추적방법 이용

Hough와 그의 동료들은 연구참여자를 추적하고 접촉하는 추가적인 기법들을 제시한 바 있다. 준거점이 전화번호라면 **전화 추적기법(phone tracking)**을 이용할 수 있다. 앞서 언급했던 것처럼, 예정된 면접보다 1~2주 전에 전화를 걸기 시작해야 한다. 연구참여자가 노숙자라면, 한 번의 면접을 위해서 준거점에 여러 번 전화해야 할지 모른다는 것을 예상해야 한다. 또한 연구자는 노숙자들이 약속을 바꾸거나 자신들에게 연락할 수 있는 방법이나 그 밖의 관련 정보가 바뀔 때 연구자에게 메시지를 남길 수 있도록 무료통화가 가능한 전화번호를 줘야 한다. 연구자는 그런 정보를 남겨 놓는 것에 대한 대가로서 식권 같은 인센티브를 제공할 수도 있다. 연구참여자들로 하여금 연구자와의 약속 및 연구자에게 연락하는 방법을 기억하게 하기 위해, 연구자는 한쪽 면에는 유용한 정보가 적혀 있고 다른 면에는 약속 시간과 연구팀의 주소와 전화번호가 적힌 카드를 줘야 한다.

전화 추적 이외에 연구자는 **우편 추적기법(mail tracking)**을 이용할 수 있다. 연구자는 면접이 예정되어 있음을 일깨워주거나 연구참여자를 접촉할 수 있는 방법이 바뀌면 그런 정보를 업데이트하기 위해 전화해 줄 것을 요청하는 우편물을 보낼 수 있다. 우편 추적은 또한 생일카드, 연하장, 참여 사례금을 보내는 데도 사용된다. 모든 우편물에는 연구참여자가 알고 있는 연구자가 서명해야 한다.

연구자는 또한 **기관 추적기법(agency tracking)**

준거점 ▶ 특정 연구참여자를 찾을 수 있는 다양한 장소에 관한 정보

을 이용할 수 있는데, 이 기법은 연구자가 관련 서
비스를 제공하는 기관이나 타 지역 기관들에게 연
구자가 찾을 수 없는 특정 연구참여자와 최근 접촉
한 적이 있는지 물어보는 것이다. 어떤 기관은 연
구참여자의 준거점일 수도 있다. 만일 그런 기관
들을 통해서 연구참여자를 찾을 수 없다면, 연구자
는 사회 서비스기관, 병원, 경찰, 보호관찰관, 약물
남용 프로그램, 쉼터, 공공주택 관리직원, 사회보
장 지소, 검시실 같은 다른 기관들을 접촉해볼 수
있다. 만일 연구자가 이 장의 앞부분에서 소개했던
다른 방법들, 예를 들면 지역사회 지도자들로부터
연구에 대한 지지를 획득하고 관련 지역사회기관
들과 관계를 맺고 관리하는 등의 노력을 평소에 해
두었다면 이런 기관들로부터 많은 도움을 얻을 수
있을 것이다.

연구자가 전화 추적이나 기관 추적을 통해서 연
구참여자를 찾지 못한다면 **현장 추적**(field tracking)
에 의존할 수 있다. 현장 추적은 특히 노숙자에 관
한 연구와 관련이 있는 기법으로서 특정 참여자를
어디서 찾을 수 있는지를 다른 노숙자들에게 묻는
것이다. 연구자는 참여자를 아는 다른 노숙자가 있
는 곳에 직접 가서 물어볼 수 있다. 그들에게 커피
나 담배와 같은 작은 선물을 제공하는 것이 도움
이 될 수 있다. 연구자는 또한 참여자를 찾는 데 도
움이 될 만한 이웃, 친구, 가족 또는 참여자가 전에
자주 나타나던 장소를 찾기 위해 준거점을 사용할
수 있다.

Hough와 그의 동료들은 어떤 추적방법을 사용
하든지 간에 만족스런 수준의 유지율을 얻는 데 있
어서 가장 중요한 요인은 연구자의 인내라고 언급
한 바 있다. 예를 들면, 어떤 정신질환 노숙자들은
연구자가 매번 10개 이상의 준거점을 각각 수차례
에 걸쳐 찾아다니고 15번에 걸쳐 접촉을 시도해야
만날 수 있을지 모르며, 어떤 노숙자들은 네 번째
까지 면접 약속을 지키지 않다가 다섯 번째가 돼서
야 비로소 나타날지도 모른다.

이상에서 소개한 추적기법들은 제15장에서 살
펴보았던 익명성이나 사생활 보호 같은 윤리적 지
침과 충돌할 수 있다. 따라서 추적기법을 사용하기
에 앞서 연구자는 연구참여자들에게 연구 참여 동
의를 얻기 위해 연구와 관련된 정보를 제공할 때
추적 기법에 대해서 설명해야 한다. 연구자는 연구
참여자들로부터 이제까지 우리가 살펴본 다양한
정보원(information sources)을 이용하여 자신들
을 찾아도 좋다는 허락을 미리 받아 둘 필요가 있
다. 그 밖에도 연구자는 연구참여자에 관한 민감한
정보를 실수로 정보원에 유출하지 않도록 주의해
야 한다. 예를 들어, 정보원들은 연구자가 하려는
연구가 정신질환이나 AIDS에 관한 연구라는 사실
을 알아서는 안 된다. 연구자가 정보원들에게 연락
처를 알려줄 때는 연구 과제의 민감한 특성을 암시
할 만한 정보가 포함되지 않도록 주의해야 한다.

6.3 문화적 적절성을 갖춘 문제형성

소수계 민족 집단에 관한 연구를 하고자 하는
연구자는 당연히 해당 집단의 문화에 대해 알아야
한다. 따라서 연구자는 연구를 시작하기 전에 연구
하려는 소수계 집단 또는 억압받는 집단의 문화에
관한 문헌을 읽는 것부터 시작해야 한다. 읽어야
할 문헌의 범위에는 자신이 연구하려는 집단의 구
성원을 연구에 참여시키는 것과 관련된 쟁점들에
관한 문헌뿐만 아니라 그들의 문화와 가치관에 관
한 문헌들도 포함되어야 한다.

다시 말해서, 연구자는 자신이 연구하려는 소수
계 집단이나 억압받는 집단에 대한 문화적 적절성
을 길러야 한다. Vonk(2001)가 언급한 바와 같이,
문화적 적절성은 지식과 태도와 기술 모두를 포함
한다. 연구자는 소수계 문화의 역사적 경험을 편견
과 억압의 영향까지 포함하여 이해해야 하며, 그런
경험들이 소수계 집단 구성원들의 삶과 그들이 주
류 문화 구성원들을 바라보는 방식에 어떤 영향을

미쳤는지도 이해해야 한다. 연구자는 또한 소수계 집단의 전통, 가치관, 가족체계, 사회경제적 쟁점, 사회서비스와 사회정책에 대한 태도를 이해해야 한다. 연구자는 자신의 태도가 자신의 문화적 배경과 어떻게 연결되어 있는지, 자신의 태도가 소수계 문화의 구성원들의 세계관과 어떻게 다른지 인식해야 한다. 또한 연구자는 소수계 문화의 구성원들과 언어적으로 그리고 비언어적으로 효과적으로 의사소통하고 그들과 라포(rapport)를 형성하는 데 필요한 기술을 개발해야 한다.

Miranda(1996)와 그녀의 동료들[(Alvidrez 외 (1996); Miranda(1996)]은 정신보건 서비스에 대한 남미계 미국인들의 태도와 이용에 관한 잘못된 생각이 심리치료 연구자들의 남미계 연구참여자를 모집하고 유지하려는 노력을 어떻게 어렵게 만들었는지 논의한 바 있다. 예를 들어, 남미계 미국인들이 많이 거주하는 지역에서 정신보건 서비스를 평가하는 연구를 하려 한다면, 그들의 정신보건 서비스 이용에 영향을 미치는 요인들에 관한 정확한 지식을 가지고 있어야 한다. 그렇지 않을 경우, 연구자는 자신이 남미계 연구참여자를 모집하고 유지하는 데 필요한 적절한 노력을 기울이지 못한 것은 모른 채 남미계의 참여 부족의 이유가 그들이 가진 부정적인 태도 때문이라고 잘못 생각하는 오류를 범할 수 있다. 예를 들면, Miranda와 그녀의 동료들은 많은 전통적인 남미계 미국인들 사이에서 어떻게 개인이 핵가족 구성원뿐만 아니라 대가족 구성원까지 포함한 가족에 비해 덜 중요하게 여겨지는지를 설명한 바 있다. 그렇기 때문에 연구자들은 개인이 연구에 참여하도록 허락을 받거나 참여하려고 하기 전에 그 사람의 가족들을 먼저 만나야 할지도 모른다.

연구자가 자신이 연구하려는 문화와 관련해서 상당한 경험과 지식과 민감성을 갖추었더라도 연구를 시작하기에 앞서 반드시 최근 문헌들, 특히 연구논문들을 고찰해야 한다. 그렇게 함으로써 연

구자는 자신의 문화적 적절성에 대한 자신의 사정을 향상시키고 자신이 가진 생각이 정확한지 그리고 최근의 연구결과들과 일치하는지 확인해볼 수 있다. 더욱이 문화는 단순한 것이 아니다. 문화는 출신 지역, 사회경제적 지위 및 문화 동화 같은 요인들에 있어서의 차이를 보이는 다양한 하위문화들로 구성되어 있다. 따라서 연구자 자신의 문화적 적절성을 사정하는 데 자신이 이미 전문성을 갖고 있다고 생각하는 문화 안에 문화적 다양성이 존재한다는 사실을 간과하지 않도록 주의해야 한다.

문헌 고찰과 더불어서 자신이 하려는 연구의 문화적 적절성을 향상시키기 위해 사용할 수 있는 쉬운 방법은 다양한 질적 연구방법을 이용하는 것이다. 예를 들어, 연구자는 질적 표본추출방법을 이용하여 자신이 연구하려는 문화의 구성원이거나 그 문화와 관련해서 많은 경험을 가지고 있는 주요 정보제공자들로부터 유용한 조언을 얻을 수 있는데, 주요 정보제공자에는 실천가뿐만 아니라 해당 문화에 대해서 관심을 가지고 있는 연구자들도 포함된다. 지역사회의 구성원과 지역사회 지도자들도 주요 정보제공자에 포함된다. 실제로 소수계 문화를 대표할 수 있는 사람들을 문제형성 단계를 비롯한 모든 연구단계에 참여시키는 것이 매우 중요하다. 그렇게 함으로써 연구자는 소수계 집단의 욕구나 관심사와 관련이 있는 연구 문제를 형성할 수 있을 뿐만 아니라 연구 설계나 그 이후의 연구 단계에서 발생할 수 있는 문화적인 문제들(연구자가 예상할 수 없었을)을 미연에 방지할 수 있다. 또한 연구하려는 문화의 구성원을 연구에 참여시킴으로써 연구자는 해당 지역사회로 하여금 연구에 대해서 더 많은 관심과 수용적인 태도를 갖게 할 수 있다.

질적 연구방법을 통해서 연구자는 자신이 연구하려는 문화를 직접 접해보고 자신의 문화적 적절성을 향상시킬 수 있다. 예를 들면, Alvidrez와 동료들(1996)은 양육 개입에 관한 연구를 시작하기

전에 젊은 아프리카계 여성들로 구성된 초점집단을 만든 것이 연구에 상당한 도움을 주었다는 것을 언급한 바 있다. 연구자들은 초점집단을 통해 양육에 대한 그들의 태도를 더 잘 이해할 수 있었으며, 젊은 아프리카계 여성들이 연구 대상 양육 개입에 반응하는 방법에 대해서 문화적으로 매우 구체적인 가설을 개발할 수 있었다. 초점집단은 연구자가 연구참여자를 모집하고 유지하는 데 어떤 어려움이 있을지 예상하는 데 도움을 주며, 참여자를 효과적으로 모집하고 유지하기 위해 어떤 단계들이 필요한지를 파악하는 데 도움을 줄 수 있다.

6.4 문화적 적절성을 갖춘 자료분석 및 해석

문화적 적절성은 자료를 분석하고 해석하는 방법에도 영향을 미칠 수 있다. 문화적 적절성을 갖춘 연구자들은 소수계 집단이 다수 집단과 다른지 여부에만 관심을 갖지 않는다. 연구자가 충분히 다양한 연구참여자 표본을 확보했다면, 모든 소수계 집단을 하나의 범주로 합친 다음 다수 집단과 비교하기보다는 다양한 소수계 집단들을 서로 비교할 것이다. 이렇게 하는 것이 더 바람직한 이유는 두 가지이다. 첫째, 소수계 집단들을 하나로 합친 다음 다수 집단과 비교하는 것에만 관심을 갖는 것은 문화적으로 민감하지 못한 것이기 때문이다. 둘째, 서로 다른 소수계 집단들은 여러 가지 측면에서 다수 집단과 다르기 때문이다. 예를 들어, 동양계 미국인들은 평균적으로 백인들에 비해 학업 성취도가 높지만, 다른 소수계 집단들은 평균적으로 백인들보다 학업 성취도가 낮다. 따라서 동양계와 다른 소수계 집단을 하나로 묶으면 소수계 집단의 평균 학업 성취도가 백인과 유사해질 수 있다. 따라서 이런 비교는 자칫 백인들과 비교했을 때의 실제 차이를 잘못 이해하게 만들 뿐만 아니라 소수계 집단들 간의 중요한 차이 또한 간과하게 만들 수 있다.

연구자의 문화적 둔감은 자료분석 및 결과보고 단계에서 소수계 집단들이 가진 장점은 소홀히 하고 결점에만 지나치게 치중함으로써 다양한 민족들 간의 차이를 편향되게 해석하는 결과를 낳을 수도 있다. 예를 들면, Miranda(1996)는 도시 빈민 지역의 소수계 아동들이 중산층 백인 아동들에 비해 욕구충족을 미루려고 하지 않는 것을 빈민 지역 소수계 아동들의 천성인 것처럼 해석한 연구들을 언급하면서, 그런 해석은 빈민 지역의 소수계 아동들이 그들이 처한 열악한 환경에 적응적으로 반응한 것일 가능성을 간과한 해석이며 그렇기 때문에 인종차별적 해석이라고 지적한 바 있다.

Norton과 Manson(1996)은 어떤 연구자가 1976년에 알래스카 주의 이누피트 부족의 음주에 관한 연구를 통해 얻은 결과를 언론에 발표한 내용이 머리기사화 된 것이 어떤 악영향을 초래했는지 언급한 바 있다. 한 신문에는 "알코올이 에스키모를 괴롭힌다"라는 제목의 머리기사가 실렸고 또 한 신문에는 "급작스런 부가 알코올 중독을 촉발하다"라는 제목의 머리기사가 실렸다. 하룻밤 사이에 Standard & Poor's 회사는 이누피트 지역사회의 채권 등급을 급격하게 하락 평가했으며, 그로 인해 중요한 지역사회 프로젝트에 대한 재정지원이 중단되었다. 그 결과, 알코올 중독이 알래스카 원주민들 사이에서 매우 심각한 문제임에도 불구하고, 일부 알래스카 원주민 부족들을 대상으로 한 알코올 중독 연구가 중단되는 사태가 발생했다.

자료 해석에 있어서의 문화적 둔감성 문제는 심지어 연구에 소수계 민족이 포함되지 않았음에도 불구하고 연구결과가 마치 소수계 민족이 포함된 것처럼 그들에 대해서 일반화되는 경우에도 발생할 수 있다. 이와 같은 맥락에서, 남성과 여성 중 어느 한쪽으로만 구성된 표본을 바탕으로 한 연구들은 연구결과를 다른 한쪽 성별에 대해서는 일반화할 수 없다는 것을 반드시 명시해야 한다.

6.5 문화 동화

　문화적 적절성을 갖춘 연구자는 또한 소수계 집단과 다수 집단 간의 차이를 연구할 때 이민 경험(immigration experience)과 문화 동화(acculturation)를 중요한 요인으로 고려할 것이다. 이 두 가지 요인에 대해 민감한 연구자는 소수계 집단들 간의 차이를 연구해야 할 필요성을 분명하게 인식할 수 있다. 예를 들어, 최근에 미국으로 이민 온 남미계나 동양계 미국인들은 이미 수십 년 이상을 미국에서 살아온 부모나 조부모를 둔 남미계나 동양계 미국인들과 욕구나 문제, 자녀 양육이나 결혼의 역할에 대한 태도, 사회서비스에 대한 반응 등에 있어서 차이를 보일 가능성이 높다. 소수계 문화의 구성원들은 다수 집단의 문화 속에서 오래 살면 살수록 다수 집단의 문화에 동화될 가능성이 높아진다. 문화 동화(acculturation)는 한 집단이나 개인이 다수 집단의 문화를 접하고 다수 집단의 언어, 가치관, 태도 및 생활양식을 받아들이면서 변해가는 과정이다. 예를 들어, 한국계 미국인의 서비스 이용 유형이나 자녀양육 태도에 영향을 미치는 요인을 연구하려는 연구자는 문화 동화의 수준을 고려해야 할 요인에 반드시 포함시켜야 할 것이다.

6.6 문화적 적절성을 갖춘 측정

　이 장의 앞부분에서 우리는 문화적 둔감성이 연구참여자들을 화나게 만들고 연구참여자들이 현재 진행되고 있는 연구나 향후 연구에 참여하고 싶지 않게 만들 수 있다는 것에 대해서 언급한 바 있다. 이제 이쯤에서 우리는 문화적 적절성을 갖춘 측정 절차가 어떻게 신뢰할 수 없거나 타당하지 않은 정보를 만들어내는 문제를 피할 수 있게 해주는지 살펴보기로 하자.

6.6a 언어 문제

　어떤 방법으로 자료를 수집하든지 간에 연구자는 연구참여자들 중에 주류 언어에 능통하지 않은 사람이 있다면 자료수집 과정을 바꿔야 한다. 이런 상황이 실제로 벌어지면 연구자는 이중언어 면접자를 이용하고, 척도를 응답자의 언어로 번역하고, 척도가 연구자의 의도대로 이해되는지 알아보기 위해서 척도를 사전에 검사해봐야 한다. 그러나 이 세 가지 단계를 거친다고 하더라도 신뢰할 수 있고 타당한 측정 또는 번역 타당도(translation validity) 높은 측정을 할 수 있다고는 아무도 보장할 수 없다. 왜냐하면 번역만 하더라도 결코 쉬운 일이 아니기 때문이다.

　문제가 될 수 있는 것들 중 하나로는 이중언어 면접자 또는 통역자의 언어 숙련도를 꼽을 수 있다. 이중언어 면접자나 통역자가 생각한 것만큼 소수계 집단의 언어에 능숙하지 않을 수 있다. 예를 들면, 특정 외국어의 경우 그 언어로만 의사소통할 수 있는 사람들과 영어를 이중언어로 사용하는 사람들 간에 언어 차이가 있을 수 있다. 예컨대, 영어와 스페인어를 모두 쓰는 사람들은 스페인어를 말할 때 일부 영어 단어들을 스페인어처럼 발음하면서 사용하기도 하는데, 남미에서 미국으로 이민 온 지 얼마 안 된 사람들은 그런 말을 이해하지 못한다(Grinnell, 1997).

　단어들을 정확하게 번역했더라도 그 단어들이 의미하는 개념까지 정확하게 번역되었는지는 알 수 없다. 이 말이 무엇을 의미하는지는 우울증을 측정하는 척도에서 일반적으로 많이 쓰이는 "슬프다(feeling blue)"또는 "낙담하다(downhearted)" 같은 미국식 표현을 한번 생각해보면 분명하게 이

문화 동화 ▶ 한 집단 또는 개인이 주류 문화와 접촉한 후 주류 집단의 언어, 가치관, 태도, 생활양식 등을 받아들이면서 변화하는 과정

해할 수 있다. 이런 용어들을 다른 언어로 번역하는 것은 쉬운 일이 아니다. 예를 들어, 연구자가 자신이 사용하는 언어로 남미계나 동양계 응답자들에게 "슬픕니까?"라고 묻는다면 아마도 그들은 연구자가 문자 그대로 "파란 피부를 갖고 있습니까?"라고 묻는다고 생각할지도 모른다.

측정 도구를 한 가지 언어에서 다른 언어로 번역할 때 발생할 수 있는 복잡한 문제를 해결하기 위한 한 가지 방법은 역번역(back-translation)이다. 이 방법은 이중언어 사용자가 측정 도구와 측정 지침을 대상 언어로 일단 번역한 다음, 또 다른 이중언어 사용자가 대상 언어로 번역된 측정 도구와 지침을 원래 언어(그 도구의 원래 내용을 보지 않고서)로 다시 번역하는 것이다. 그런 다음 원래 내용과 역번역된 내용을 비교하여 차이가 있는 부분을 다시 고친다. 그러나 역번역이 결코 완벽한 방법은 아니며, 번역 타당도에 문제가 있을 수도 있고 문화적 편향을 피할 수 있다는 보장도 할 수 없다.

6.6b 문화적 편향

소수계 문화의 독특한 가치관, 태도, 생활양식 또는 제한된 기회가 실제로 측정되고 있는 대상의 정확성이나 의미에 영향을 미칠 수 있다는 것을 고려하지 않은 상태에서 행해지는 측정 과정은 문화적으로 편향된 측정이 되기 쉽다. 문화적 편향을 피하는 것은 언어적 어려움을 해결하는 것보다 더 어려울 수 있다. 예를 들어, 어떤 문화에서는 성 문제에 대해 질문하는 것을 금기로 여긴다. 또 다른 예를 들면, 중국인들이 좀처럼 자신을 자랑하지 않는 것은 번역상의 문제 때문이 아니라 그들이 가진 독특한 문화적 가치와 그렇게 하는 것이 사회적으로 바람직하다는 생각 때문이다. 마찬가지로 다양한 정신병리학 유형을 측정하는 척도에 포함되어 있는 다음과 같은 예-아니오 문항들을 한번 생각해보자: "나는 집을 나설 때 창문을 닫았는지 그리고 문을 잠갔는지 걱정한다." 아프리카계 미국인 청소년들은 실제로는 백인 청소년들과 정신병리에 있어서 차이가 없음에도 불구하고 위에서 말한 예-아니오 척도에 대해서 "예"라고 응답할 가능성이 더 높을 수 있다. 이는 아프리카계 청소년들이 백인 청소년들과 달리 문단속을 철저히 하지 않는 것이 강도를 불러들이는 것과 다를 바가 없는 우범지대에 살고 있을 가능성이 높기 때문이다(Nichols et al., 2000).

문화적 편향은 또한 직접관찰을 통해 수집한 자료를 못쓰게 만들어버릴 수도 있다. 예를 들면, Cauce와 동료들(1998)은 아프리카계 어머니와 딸 간의 상호작용이 녹화된 비디오테이프를 관찰자들에게 보여주고 평가하게 했을 때 아프리카계 관찰자들이 다른 인종 관찰자들에 비해 어머니와 딸 간의 상호작용을 덜 갈등적으로 평가했다는 것을 보여주는 연구들을 인용한 바 있다. 따라서 관찰자나 평가자를 이용하는 연구에서는 그들이 문화적 적절성을 갖추고 있는지 여부가 결정적인 요인으로 작용할 수 있다.

6.6c 측정등가

문화적 적절성을 갖춘 측정을 위해 이제까지 제안한 모든 단계들을 특정 문화에 관한 연구에서 사용했을 때 타당했다고 해서 다른 문화에 관한 연구에서 사용할 때도 타당할 것이라고는 아무도 장담할 수 없다. Allen과 Walsh(2000)는 현재 미국에

측정등가 ▶ 한 문화에서 개발된 측정 과정이 다른 문화의 구성원들에게 적용될 때도 동일한 가치와 의미를 갖는 속성

언어등가 ▶ 측정도구를 성공적으로 번역 및 역번역하여 얻게 되는 속성. 번역등가라고도 함.

개념등가 ▶ 측정도구와 관찰된 행동이 여러 문화에 걸쳐 동일한 의미를 갖는 속성

계량등가 ▶ 측정 점수들이 여러 문화에 걸쳐 비교 가능한 속성

서 사용되고 있는 대부분의 검증된 성격검사 측정 도구들은 주로 유럽계 미국인들로 이루어진 표본을 바탕으로 검증된 것들임을 지적했다.

현재 측정등가를 사정하기 위한 노력이 여러 가지 절차를 통해 이루어지고 있다. 예를 들면, 특정 소수계 문화의 구성원들 중에서 좀 더 문화적으로 동화된 구성원들의 평균 점수가 덜 동화된 (이민 온 지 얼마 되지 않은) 구성원들의 평균 점수와 다른지 보는 것이다. 만일 평균 점수에 차이가 없다면 그런 사실은 그 측정 도구의 계량등가를 뒷받침하는 증거가 될 수 있다. 이와 반대로, 만일 문화 동화 정도에 따라 평균 점수에 차이가 있다면, 그런 사실은 측정등가에 문제가 있음을 시사해준다.

그런데 이런 추론을 할 때 연구자는 반드시 주의를 기울여야 한다. 예를 들어, 정서적 스트레스나 돌봄 부담 같은 주제를 연구한다고 가정해보자. 다른 나라에서 이민 와서 새로운 문화의 구성원이 되고 문화적으로 동화가 아직 덜 되었다는 것은 더 많은 정서적 스트레스를 유발하고 돌봄 역할을 더 부담스럽게 만들 수 있다. 그렇다면 문화 동화 정도에 따라 평균 점수가 다르다는 것이 반드시 그 척도가 측정등가를 갖지 못했다는 것을 의미하는 것이 아닐 수도 있다. 이 문제를 좀 더 정확하게 이해하기 위해서 우리는 제8장에서 살펴보게 될 방법들, 예를 들면 어떤 척도가 가진 여러 개별 문항들 각각이 문화와 관련된 요인들과 상관이 높은지 그리고 그런 문항들을 삭제하거나 수정하면 평균 척도 점수의 차이를 충분히 줄일 수 있는지 알아보는 방법들을 사용해볼 수 있다.

6.7 주요 내용

- 문화적 적절성은 문화적 요인들과 문화적 차이가 연구 대상, 연구방법 그리고 연구결과에 대한 해석에 어떻게 영향을 미치는지를 이해하고 적절하게 대응하는 것을 말한다.

- 특정 소수계 집단과 억압받는 집단을 적절히 대표할 수 없는 표본을 바탕으로 한 연구는 연구결과를 해당 집단에 대해서 일반화할 수 없다.

- 문화적 둔감성은 민족 차이에 관한 연구결과를 소수계 집단이 가진 결점에는 지나치게 초점을 맞추고 장점에는 관심을 두지 않는 편향된 방식으로 연구결과를 해석하는 결과를 가져올 수 있다.

- 문화적 적절성을 갖춘 연구자는 소수계 집단과 다수 집단 간의 차이를 연구할 때 사회경제적 요인들을 중요시한다.

- 문화적 적절성을 갖춘 연구자는 또한 소수계 집단과 다수 집단 간의 차이를 연구하면서 이민 경험과 문화 동화를 중요한 요인으로 고려한다.

- 문화 동화는 한 집단 또는 개인이 주류 문화와 접촉한 후 주류 집단의 언어, 가치관, 태도, 생활양식 등을 받아들이면서 변화하는 과정이다.

- 소수계 집단이나 억압받는 집단을 연구하려는 연구자는 연구를 시작하기에 앞서 해당 문화에 관한 문헌을 고찰하고 문화적 적절성을 발전시키는 것이 중요하다.

- 연구자는 자신이 연구하려는 소수계 문화를 대표할 수 있는 사람들을 연구 문제를 형성하는 단계와 그 이후의 모든 연구 단계에 포함시켜야 한다.

- 소수계 집단과 억압받는 집단으로부터 연구참여자를 모집하고 유지하는 것을 어렵게 만드는 장애요인들을 제거하기 위해, 연구자는 다음과 같이 해야 한다: 지역사회 지도자들로부터 지지를 얻는다; 비밀보장을 위해 문화적으로 민감한 접근방법을 사용한다; 지역사회 구성원들을 연구자로 고용한다; 적절한 보상을 제공한다; 교통 장벽과 보육 장벽을 완화시킨다; 연구참여자의 욕구에 민감하고 접근 가능한 장소를 선택한다; 문화적 적절성을 갖춘 면접자를 이용하고 훈련시킨다; 이중언어 직원을 고용한다; 참여에 영향을 미치는 문화적 요인들을 이해한다; 낙인 찍힌 집단을 위해 익명 등록 방법을 사용한다;

특별한 표본추출기법을 활용한다; 어디를 찾아 보아야 할지 배운다; 의뢰인과 관계를 형성하고 관리한다; 개별화된 잦은 접촉과 개별화된 배려를 사용한다; 준거점을 이용한다; 추적방법을 사용한다.

- 문화적 적절성을 갖춘 측정을 어렵게 만드는 세 가지 위협요인은 (1) 개인적 특성이나 면접 방식이 소수계 응답자를 불쾌하게 만들거나 위협을 느끼게 만들거나 그 밖의 다른 방식으로 응답자들이 중요한 정보를 드러내는 것을 꺼리게 만드는 면접자를 이용하는 것, (2) 소수계 응답자가 이해하지 못하는 언어를 사용하는 것 그리고 (3) 문화적 편견이다.

- 일부 연구참여자들이 다수 집단의 언어를 사용하는 데 어려움이 있다면 연구자는 이중언어 면접자를 이용하고, 측정 도구를 응답자의 언어로 번역하고, 연구참여자들이 측정 도구를 연구자가 의도한 바대로 이해하는지 알아보기 위해서 측정 도구를 사전에 검사해야 한다.

- 역번역은 번역 타당도를 얻기 위한 한 가지 방법이다. 역번역은 이중언어 사용자로 하여금 측정 도구와 측정 지침을 대상 언어로 번역하게 하고 다른 이중언어 사용자로 하여금 대상 언어에서 원래 언어로 다시 번역하게 하는 것이다. 그런 다음 원래 도구와 역번역된 도구를 비교하여 차이가 있는 항목들을 수정한다.

- 측정등가는 한 문화에서 개발된 측정 과정이 다른 문화의 구성원들에게 적용될 때도 동일한 가치와 의미를 갖는다는 것을 의미한다.

- 언어등가는 측정 도구를 성공적으로 번역하고 역번역할 때 얻을 수 있다.

- 개념등가란 측정 도구와 관찰된 행동이 여러 문화에 걸쳐 동일한 의미를 갖는다는 것을 뜻한다.

- 계량등가란 측정 점수들이 여러 문화에 걸쳐 비교 가능하다는 것을 의미한다.

6.8 연습 문제

1. 최근에 멕시코에서 미국으로 이민 온 이주 농장노동자들을 위해 일하는 지역사회조직가로서 농장노동자들에게 영향을 미치는 서비스나 정책을 개선하는 데 도움이 될 수 있는 정보를 얻기 위해서 설문조사를 실시하고자 한다고 가정해본다.

   a. 문화적 적절성을 갖춘 접근방법을 택하는 것이 다음의 연구단계들 각각에 있어서 문화적으로 둔감한 접근방법과 어떻게 다른지 비교한다: (1) 연구문제 형성; (2) 측정; (3) 참여자 확보; (4) 결과 해석

   b. 연구에서 이주 농장노동자들의 참여를 확보하고 유지하기 위해 연구자가 어떤 단계를 거쳐야 하는지 서술한다.

2. *Research on Social Work Practice*의 최근 호의 목차와 요약문을 살펴보면서 사회복지 실천과 관련이 있는 측정 도구의 측정등가를 평가한 연구를 한 편 찾는다. 그 연구에서 측정등가를 향상시키고 평가하기 위해서 어떤 방법을 사용했는지 간략하게 서술해본다.

6.9 추천 도서

Cuéllar, Israel, and Freddy A. Paniagua (eds.). (2000). *Handbook of Multicultural Mental Health: Assessment and Treatment of Diverse Populations*. San Diego, CA: Academic Press. 이 책은 연구와 실천 모두에서 문화적 적절성을 향상시킬 수 있는 방법을 여러 장에서 제시해주고 있다. 이 책에서 다루고 있는 연구 관련 개념들은 표본추출 및 심리검사점수 해석에 있어서의 문화적 편향, 측정등가 평가방법 등이다. 이 책의 여러 장에서 저자들은 특정 소수계

집단에 초점을 맞추고 문화적 적절성을 갖춘 실천과 연구에 대해서 논의하고 있다.

Fong, Rowena, and Sharlene Furuto (eds.). (2001). *Culturally Competent Practice: Skills, Interventions, and Evaluations*. Boston: Allyn & Bacon. 책 제목을 통해서 알 수 있듯이, 이 책은 문화적 적절성을 갖춘 사회복지 실천에 주안점을 두고 있다. 문화적 적절성 개발은 그 자체만으로도 중요하며 연구자들로 하여금 문화적 적절성을 갖춘 연구를 할 수 있게 해준다. 총 5부로 이루어진 책의 4부는 문화적 적절성을 갖춘 실천 개념과 기술을 어떻게 프로그램과 실천을 평가하는 데 적용할 것인가에 초점을 맞추고 있다. 이 책은 문화적 적절성을 갖춘 평가기술, 강점 관점 및 역량강화 과정을 아프리카계, 멕시코계와 남미계, 미국 원주민, 동양계, 하와이와 태평양 군도계 개인, 가족, 조직 및 지역사회에 적용하는 것 등을 포함함 다양한 개념들을 다루고 있다.

Hernandez, Mario, and Mareesa R. Isaacs (eds.). (1998). *Promoting Cultural Competence in Children's Mental Health Services*. Baltimore, MD: Paul H. Brookes. 이 책은 아동을 위한 정신보건 서비스와 관련된 문화적 적절성의 다양한 차원들에 관한 유용한 관점을 제공할 뿐만 아니라, 3개 장에서 연구에서의 문화적 적절성에 대해 자세하게 논의하고 있다.

Potocky, Miriam, and Antoinette Y. Rodgers-Farmer (eds.). (1998). *Social Work Research with Minority and Oppressed Populations*. New York: Haworth Press. 여러 편의 논문을 한데 모아 편집한 이 책은 소수계 집단들과 억압받는 집단에 관한 연구에서 문화적 편견과 둔감성을 피할 수 있는 혁신적인 아이디어들을 제시해준다. 이 책에는 이 장과 관련이 깊은 두 편의 논문이 수록되어 있는데, 한 편은 유색인종 여성들의 우울증 측정을 위한 측정 도구 개발과 관련된 쟁점을 다루고 있는 논문이고, 다른 한 편은 소수계 민족집단 노인들에 대한 사회복지학적 관심 및 쟁점에 관한 논문이다.

문제형성 및 측정

연구 과정과 연구 과정에 영향을 미치는 요인들을 살펴본 데 이어서, 이번에는 각각의 연구단계와 방법에 대해서 좀 더 구체적으로 살펴볼 필요가 있다. 제7장은 연구질문을 형성하는 단계이다. 이 장에서는 연구주제를 선택하고, 연구질문을 형성하고, 가설을 만들고, 가설을 구성하는 변수를 정의하고 관찰하는 방법을 살펴볼 것이다.

변수를 관찰하기 위한 계획을 세우고 나면 그 다음 단계는 변수를 측정하는 단계이다. 제8장에서는 변수 측정에 있어서의 신뢰도와 타당도, 대안적 변수 측정방법들이 가진 오류를 살펴볼 것이다. 마지막으로, 제9장에서는 질문지침, 면접지침 및 측정 도구에 대한 비판적 평가에 대해서 논의할 것이다.

chapter 7

연구문제 형성

7.1 서론

사회복지 연구는 사회복지 실천과 마찬가지로 문제해결 과정에 따라 사회복지 문제를 해결한다. 사회복지 연구와 실천은 모두 문제형성을 그 출발점으로 삼는다. 문제형성은 한 마디로 말해서 문제를 정의하고 구체화하는 것이 얼마나 어려운지를 이해하는 과정이라고 말 할 수 있다. 이 장에서 우리는 사회복지 연구의 문제형성 단계를 살펴볼 것이다. 그럼 주제선정에 관한 논의로부터 시작해보자.

7.2 주제 선정

다른 사회과학 분야의 연구와 달리, 사회복지 연구에서는 사회서비스 제공기관들이 내려야 하는 여러 가지 결정 또는 사회복지 분야에서 발생하는 다양한 현실 문제를 해결하기 위한 정보의 필요성이 연구주제를 선택하게 되는 주된 계기가 된다. 모든 연구가 그러하듯이 사회복지 연구에서도 연구자의 지적 호기심과 개인적인 관심이 매우 중요하기는 하지만 그보다는 어떤 연구를 하는 목적이 사회복지정책, 기획 또는 실천과 관련된 결정을 내리는 데 필요한 정보를 얻기 위한 것이라면 그 연구는 사회복지 분야에 중요한 의미를 갖는 연구가 될(그리고 사회복지 연구로 인식될) 가능성이 높다. 어떤 연구주제가 가진 현실적 가치가 어느 정도인지 가늠해볼 수 있는 한 가지 방법은 그 주제와 관련된 분야에서 활동하고 있는 핵심 인물들과 그 주제에 대해서 논의해보는 것이다. 또 다른 방법은 연구질문과 관련이 있는 문헌을 면밀히 고찰해보는 것이다. 이 과정에서 가장 중요한 단계는 아마도 문헌고찰일 것이다. 문헌고찰은 연구자로 하여금 연구질문이 가진 일반적인 유용성을 가늠해볼 수 있게 해줄 뿐만 아니라 연구질문을 선택하는 데 더 없이 좋은 기반을 제공해준다.

7.3 문헌고찰

경험이 많지 않은 연구자들이 흔히 범하는 오류 중 하나는 구체적인 연구질문을 잡고 그 문제에 대한 답을 구할 수 있는 연구를 설계할 때까지 문헌고찰을 미루어두는 것이다. 물론 문헌고찰을 그런 식으로도 할 수 있지만, 그런 식의 문헌고찰은 결코 효율적인 문헌고찰이 아니다. 문헌고찰을 그런 식으로 하는 것은 마치 바퀴를 발명하는 것처럼 모든 것을 처음부터 다시 시작하는 것과 다를 바 없으며 다른 사람들이 경험과 시행착오를 거치면서 축적해 놓은 유용한 지식을 전혀 활용하지 못하는 오류를 범하는 것이다. 문헌을 고찰을 하지 않는다면 연구자는 자신이 선택한 연구질문에 대해서 다른 연구자들이 이미 적절한 답을 찾았는지, 다른 연구자들은 그 문제를 연구하면서 어떤 난관에 직면했고 어떻게 극복했는지, 특정 주제를 연구하고자 할 때는 기존의 연구들을 토대로 어떤 연구를 하는 것이 가장 바람직한지 등을 알 수 있는 방법이 없다.

문헌고찰을 일찍 시작해야 하는 또 다른 이유는 연구질문을 찾을 때 문헌고찰이 매우 중요한 출처가 될 수 있기 때문이다. 어떤 문제 영역에 관해서 이미 어떤 연구들이 이루어졌고, 기존 연구들이 앞으로의 연구에 어떤 함의를 주는지 등을 아는 것보다 관련성이 없는 연구질문이나 시대에 뒤떨어진 연구질문을 선택할 확률을 줄일 수 있는 더 좋은 방법이 과연 있을까? 자신이 하려는 연구가 사람들이 해결하고자 하는 어떤 문제에 대해서 아무런 지식이나 정보를 제공해 줄 수 없는 모호한 연구가 아니라 그 문제에 관한 지식을 축적하는 과정에 일조할 수 있는 가치 있는 연구가 되게 할 수 있는 가장 좋은 방법이 문헌고찰 말고 또 있을까?

기존 연구들을 연구의 출발점으로 삼는다는 것이 반드시 자신의 연구가 기존 연구들과 다르면 안 된다거나 기존 연구들을 그대로 재연해야 한다는 것을 의미하는 것은 절대 아니다. 물론 여러 가지 이유 때문에 연구자는 기존 연구들과 같은 연구를 하거나 기존 연구들을 재연하는 연구를 해야 할 수도 있다. 중요한 것은 그렇게 해야 하는 경우 연구자는 기존 연구들을 전혀 모르는 상태에서가 아니라 충분히 알고 있는 상태에서 자신의 판단에 근거하여 그렇게 해야 한다는 것이다. 만일 기존 연구를 재연하는 것이 정당하며 연구자가 할 수 있는 최선의 기여라고 생각한다면, 기존 연구를 반복할 수도 있다. 연구질문에 대한 답이 이미 제시되어 있지만 그 연구질문을 탐구하는 데 사용된 연구방법이 가진 제한점으로 때문에 현재까지 알려진 답의 타당성에 대해서 의문이 제기될 수도 있다. 그렇다면 더 나은 연구방법을 가지고 동일한 연구질문을 연구해볼 수도 있다. 또 한편으로는 동일한 문제를 이제까지와는 전혀 다른 관점에서 바라보고자 시도해볼 수도 있다. 물론 단순한 호기심에서가 아니라 기존 연구들을 충분히 검토한 결과, 바로 지금 기존의 관점으로부터 벗어나는 것이 학문적으로 필요하다는 판단에 근거해서 말이다.

문헌고찰을 일찍 시작하는 것이 얼마나 연구를 발전시키는 데 도움이 되고 나중에 직면하게 될 골치 아픈 문제들을 미연에 방지하는 데 도움이 되는지를 보여주는 예는 얼마든지 찾아볼 수 있다. 예를 들면, 문헌고찰을 통해 적절한 측정 도구를 찾을 수 있다면 연구자는 직접 측정 도구를 개발하고 시험해보기 위해 쏟아야 하는 엄청난 시간을 절약할 수 있다. 문헌고찰이 줄 수 있는 또 다른 혜택은 연구자로 하여금 문제에 대한 다양한 개념적 이해를 얻을 수 있게 해주며 연구자가 미처 생각하지 못한 중요한 변수들을 발견할 수 있게 해준다는 것이다.

질적 연구자들 가운데 귀납적 방법으로 이론을 개발하고자 하는 연구자들은 연구과정이 막바지에 다다를 때까지 문헌고찰을 미루어 둘 수도 있는데 그렇게 함으로써 연구자가 관찰하는 바와 관찰한 바를 어떻게 해석하는지가 다른 사람들의 이론

에 의해서 영향을 받지 않게 하는 것이다. 이와 달리 어떤 질적 연구자들은 연구를 시작하기에 앞서 철저하게 문헌을 고찰하기도 한다. 물론 질적 연구자들이 가능한 한 개방적인 입장에서 관찰에 임하기는 하지만, 동시에 이미 존재하는 지적 기반을 이해하고 그러한 지적 기반에 아직 무엇이 부족한지를 이해하는 것에서부터 연구를 시작하는 것 또한 매우 좋은 방법이기 때문이다.

7.4 연구질문 정하기

조사연구를 위해 문헌을 고찰하고 나면, 그 다음 단계는 연구주제를 연구질문(research question)으로 구체화하는 단계이다. 예를 들어, 성적 학대를 받은 여자아이를 위한 치료는 주제일 뿐 연구질문이 아니다. 반면에, "놀이 치료가 성적 학대를 받은 6~8세 여자아이의 정신적 외상을 완화시키는 데 효과적인가?"는 좋은 연구질문이라고 할 수 있다. 광범위한 주제를 질문 형식의 말로 표현한다고 해서 좋은 연구질문을 갖게 되는 것은 아니다. 연구질문은 구체적이어야 한다. 따라서 "여성의 우울증을 치료하는 데 있어서 아동기 성학대가 중요한 사항인가?"라는 질문을 "현재 중증 우울증 치료를 받고 있는 여성 중 몇 퍼센트가 아동기에 성적 학대를 받은 것으로 보고되고 있는가?"라고 표현한다면 더 나은 연구질문이 될 것이다.

연구질문은 관찰 가능한 증거를 가지고 답할 수 있게 만들어야 한다. 성학대 가해자에 대한 형사처벌의 강도가 더 높아져야 하는지를 묻는 것은 연구질문이 아니다. 그 문제에 대한 답은 관찰 가능한 증거에 따라 달라지는 것이 아니라 주로 가치판단에 근거한 주장에 따라 달라지기 때문이다. 물론 이 논쟁에서 자신들의 주장을 지지하는 기존의 증거를 제시하면 되지 않느냐고 생각할 수도 있을 것이다. 그러면서 가해자의 높은 재범률 또는 재활 프로그램의 실패를 제시하는 연구를 생각해볼 수

있을 것이다. 그러나 그렇게 한다고 해서 그 질문이 연구질문이 되지는 않는다. 그러나 논쟁에서 인용된 연구들 중에서 어떤 연구는 "특정 치료를 받거나 받지 않은 특정 청소년 성범죄자들의 재범률은 어떠한가?"라는 질문과 같은 좋은 연구질문에 대한 답을 찾고자 했던 연구일 수도 있다.

이 논의를 통해서 우리는 어떤 연구주제를 연구질문으로 구체화시킬 때 지침이 되어야 할 가장 중요한 기준은 질문에 대한 답이 사회복지 정책이나 사회복지 실천에 방향을 제시할 수 있는 가능성을 가지고 있는지 여부라는 것을 알 수 있다. 동일한 논리에서, 좋은 연구질문이 갖추어야 할 중요한 요소 중 하나는 연구질문이 사회복지기관의 의사결정 욕구나 사회복지의 실천적 문제를 해결할 수 있는지 여부라고 할 수 있다. 그러나 그렇다고 해서 연구질문을 기획가, 실천가, 행정가 또는 그 밖의 사회복지 주요 인사들이 결정해야 한다는 것은 결코 아니다 (물론 그들이 어떤 욕구와 우선순위를 가지고 있는지를 아는 것이 이 단계에서 중요하지만). 좋은 연구질문에 대한 영감은 다양한 출처로부터 나올 수 있다. 때로는 연구자가 읽은 어떤 것, 기관에서 관찰한 어떤 것, 또는 동료 사회복지사들이 이야기한 어떤 것이 출처가 될 수도 있다. 때로는 정말 우연히 좋은 생각이 머릿속에 떠오르는 경우도 있다.

7.4a 실행 가능성

좋은 연구질문이 가진 또 한 가지 특징은 연구질문에 대한 답을 실제로 구할 수 있는지 여부이다. 만일 연구자가 어떤 연구질문에 대한 답을 구할 수 있는 연구를 실제로 하는 데 필요한 자원이나 지원을 얻을 수 없다면, 그 연구질문은 결코 좋은 연구질문이 될 수 없다. 그럴 경우, 연구자는 활용 가능한 자원에 맞게 연구질문을 바꿔야 한다. 경험이 많은 연구자나 경험이 많지 않은 연구자 모두에게 있어서 실제로 연구를 어떻게 할 것인지를

생각해내는 것이 엄격하고 가치 있는 연구를 생각해 내는 것보다 훨씬 어렵다. 연구자가 부딪히는 가장 어려운 문제는 더 이상 연구할 가치가 없을 정도로 연구질문을 너무 좁게 만들거나 방법론적 엄격성이나 추론 능력을 지나치게 희생하지 않으면서 연구를 실행 가능하게 만드는 것이다. 경험이 많지 않은 연구자는 대개의 경우 너무 이상적이고 거창한 연구를 계획했다가 자신의 연구를 실행 가능하게 만들려면 처음 계획을 얼마나 축소해야 하는지를 깨닫게 되면서 아무 것도 할 수 없는 상황에 처하곤 한다. 그러나 경험을 통해서 적절히 중용을 취하는 방법을 배울 수 있다. 즉, 더 이상 연구를 할 만한 가치가 없을 정도로 연구질문을 좁게 만들지 않고 그렇다고 해서 연구를 할 수 없을 정도로 거창하게 만들지도 않는 수준에서 연구질문을 형성하고 평가하는 방법을 터득하게 된다.

연구의 실행 가능성을 판단할 때 일반적으로 고려해야 할 사항으로는 연구의 범위, 연구에 필요한 시간, 금전적 비용, 윤리적 쟁점, 다른 사람들로부터의 협력 등을 꼽을 수 있다. 흔히 범하는 오류 중 하나는 연구에 필요한 금전적 비용의 규모를 너무 적게 책정하는 것이다. 일반적으로 금전적 비용은 인건비, 자료수집을 위한 경비, 거주지를 옮긴 무응답자를 추적하는 데 필요한 장거리 전화비, 복사 및 인쇄비, 조사도구 개발비, 우편요금 등이 포함된다. 이중에서 우편요금은 과소추정하기 쉬운 대표적인 비용이다. 많은 설문지를 우편으로 보내는 데는 예상보다 많은 비용이 들고 설문지를 반송하지 않는 사람들에게는 여러 번 설문지를 우송해야 한다. 설문지를 우송할 때마다 설문지뿐만 아니라 미리 우표를 붙인 반송용 봉투를 동봉해야 한다. 인건비는 주로 면접, 설문지 코딩, 그리고 전산처리를 위해 자료를 입력하는 데 필요한 인건비 등이 포함된다.

시간 제약도 예상했던 것보다 나빠지는 경우가 종종 있다. 특히, 경험이 많지 않은 연구자는 연구

참여자를 모집하거나 설문 무응답자들에게 설문지를 완성하여 우편으로 돌려보내줄 것을 독려하는 확인접촉을 여러 차례에 걸쳐 하는 데 필요한 시간을 너무 짧게 잡을 수도 있다. 면접 대상이 면접 약속 시간에 나타나지 않거나 면접이 취소되어 추가로 일정을 잡아야 하는 경우도 종종 발생한다. 조사 도구를 개발하고 본격적인 자료수집에 앞서 여러 차례의 사전조사를 하는 등 검증하는 데도 많은 시간이 소요된다. 연구를 수행하는 과정에서 전혀 예상하지 못했던 장애요인들이 발생하여 연구질문을 재구성하고 연구계획을 수정하는 데도 엄청나게 많은 시간이 필요하다. 그 밖에도 모든 연구과정의 각 단계, 자료처리와 분석, 보고서 작성 등의 단계에서도 시간이 필요하다.

연구자로 하여금 심한 좌절감을 느끼게 만드는 시간 제약 중 하나는 연구에 대한 사전승인을 받는 것이다. 기관의 책임자나 실무자, 기관 이사회, 또는 연구 윤리를 검토하는 연구윤리심의위원회 등 다양한 주체로부터 승인을 받아야 하는 경우가 비일비재하다. 기관 내의 정치적 분쟁으로 인해 연구승인이 늦어질 수도 있는데, 두 집단이 갈등 관계에 있는 경우 단순히 반대세력이 지지하는 것은 무엇이든 의심하기 때문에 연구승인이 지연되기도 한다. 행정인력의 교체도 연구승인을 지연시키는 요인이 될 수 있다. 예를 들어, 기관의 행정책임자가 다른 기관으로 자리를 옮겨 버린다면 어쩔 수 없이 연구를 연기해야만 한다.

기관의 협조 부족으로 인해 연구자가 연구를 다른 기관에서 할 수밖에 없는 경우도 있다. 원래 연구를 하고자 했던 기관의 직원들이 연구에 대해서 의문을 제기하고 아예 연구를 승인하지 않을 수도 있는데 어쩌면 연구결과가 기관 또는 기관 내 특정 부서를 당혹스럽게 만들 것을 두려워하기 때문일 수도 있다. 아마도 과거 어떤 기관은 기관의 욕구나 절차에 민감하지 못했던 다른 연구자들 때문에 좋지 않은 경험을 했었을 수도 있다. 기관들이 일

반적으로 말하는 불만은 연구자가 기관을 이용해 자신의 지적 호기심이나 경력을 쌓는데 필요(예를 들면, 박사학위 논문)한 자료를 얻고 기관에는 기관이 직면하고 있는 문제를 해결하는 데 필요한 도움을 전혀 주지 않는다는 것이다. 이러한 기관들이 연구에 대해서 거부감을 갖는 것은 당연하며, 그러한 거부감을 가볍게 생각하거나 그러한 거부감이 기관 관계자의 무지나 불안감에서 비롯된 것이라고 생각해서는 안 된다.

7.4b 연구질문 형성 과정에 다른 사람들을 참여시키기

유용하고 실행 가능한 연구질문을 형성할 수 있는 가능성을 높이기 위해서 연구자는 여러 가지 활동을 할 수 있다. 그러한 활동들을 통해서 연구자는 원래 연구질문을 더욱 정교하게 만들고 연구질문의 개념적 요소들을 앞서 소개한 기준에 맞게 만들거나 원래 연구질문을 버리고 기준에 더 잘 부합하는 새로운 연구질문을 형성할 수도 있다.

동료나 그 밖의 다른 사람들로부터 비판적 검토 의견을 얻는 것은 이 과정에서 매우 중요한 단계이며 연구자로 하여금 연구의 유용성, 사고의 명확성, 문제를 바라보는 새로운 관점, 연구 실행 가능성에 장애가 되는 실용적 및 윤리적 고려사항들을 더욱 엄격하게 평가할 수 있게 해준다. 연구자는 동료들로부터 인정을 바라는 것이 아니라 비판이나 의심을 원한다는 것을 분명히 밝혀야 한다. 그렇지 않으면 동료들은 때로는 연구자의 등을 두드려 주고 연구자의 사고가 창의적이고 훌륭하다는 칭찬을 하면서 연구자가 자신들에게는 피해를 주지 않으면서 혼자 무너져버리게 내버려 두는 것이 연구자에게 호의를 베푸는 것이라고 생각할 수도 있기 때문이다.

이 책의 제13장에서 우리는 프로그램 평가에 대해서 논의하면서 연구자가 기관이 가진 거부감을

극복하거나 거부감을 갖지 않게 방지하기 위해서 취할 수 있는 몇 가지 단계들을 소개할 것이다. 그 중 하나는 연구와 관련이 기관의 모든 직원들을 문제 형성과 연구설계의 전 과정에 가능한 한 일찍 참여시키는 것이다. 그들과 상호작용하고 해야 할 일들에 대해서 그들이 어떻게 생각하는지를 파악하는 것이 중요하다. 단지 그들로부터 지지를 얻고자 하거나 그들을 참여시키는 척하는 것은 금물이다. 상호작용뿐만 아니라 연구자가 실제로 연구를 형성하는 방법에 관해서도 그들의 의견에 귀를 기울여야 한다. 연구자가 기관 직원들의 의견에 귀를 기울이고 그들이 연구설계에 의미 있는 기여를 했다는 느낌을 가질수록, 그들이 연구를 필요한 것으로 인식하고 연구를 지지할 가능성은 높아진다. 또한 연구자와 기관 직원들 간의 의견교환을 통해 기관에서 무엇인가를 조사하는 연구자에 대해서 직원들이 갖는 불안감을 없앨 수 있는 신뢰적인 관계를 구축할 수도 있다. 그러한 신뢰적 관계는 더 나아가 연구자의 연구방법으로 인해 빚어지는 불편함과 관련해서 기관 직원들이 그러한 불편함의 의미와 불가피성을 이해하는 데 도움을 줄 수 있다.

이제 다른 주제로 넘어가기 전에 마지막으로 지적해야 할 한 가지 것은 기관 직원이나 이사들뿐만 아니라 연구참여자가 될 클라이언트들이나 그 밖의 사람들로부터 협조를 얻지 못할 수도 있다는 점이다. 연구참여자가 관찰 대상이나 면접 대상이 되기를 거부할 수도 있고 우편설문에 응하지 않을 수도 있다(특히, 자료수집 과정이 귀찮거나 위협적일 때). 비록 그들이 연구에 참여할 의사가 있다고 하더라도 과연 그들을 찾을 수 있을까? 정신질환이 있는 노숙자를 대상으로 수년간에 걸쳐 자료를 수집하는 종단 연구를 하고자 한다고 가정해보자. 연구 대상을 추적조사하기 위해서 그들의 소재를 추적해 찾는다는 것이 얼마나 힘든 일인지 한번 상상해보기 바란다(최초 면접을 위해 정신질환이 있는 노숙자들을 찾는 것이 얼마나 힘든 일인지는 말할

필요도 없다). 서비스 이용자들의 욕구와 생활방식과 걱정거리에 민감한 연구가 되게 하기 위해서 관련 기관 직원들을 연구계획에 참여시킬 때 서비스 이용자를 대표할 수 있는 사람을 포함시키는 것도 간과하지 말아야 한다.

7.5 개념화

문제형성을 마치고 나면, 연구 과정의 그 다음 단계는 개념화이다. 이 단계에서는 연구하고자 하는 것이 무엇이며, 그것들 간에 어떤 관련이 있으며, 왜 그것들을 연구하고자 하는지에 관한 이론적 또는 개념적(conceptual rationale) 근거를 제시하게 된다.

예를 들어, 어떤 연구자가 교도소에 수감 중인 범죄자들의 재범을 막기 위해서 범죄자들을 소집단으로 나눈 다음 범죄 피해자들과의 일련의 만남을 통해 범죄가 범죄 피해자들의 삶에 어떤 악영향을 미쳤는지 듣게 하는 프로그램의 효과를 평가하고자 한다고 가정해보자. 연구자는 이러한 개입이 왜 효과적인지 그리고 왜 이러한 개입에 대해서 연구해볼 필요가 있는지에 관한 이론적 근거를 제시해야 한다. 또한 연구자는 이러한 개입이 어떤 과정을 통해서 재범 가능성을 낮출 수 있는지를 밝혀야 한다. 따라서 연구자는 범죄자들이 피해자의 경험을 들음으로써 피해자들에 대해서 동정심을 갖게 되고 그러한 새로운 또는 전보다 많아진 동정심이 범죄자들로 하여금 출감한 후에 다시 범죄를 저지르지 않게 할 것이라는 가설을 세워볼 수 있다. 그럴 경우, 연구자는 재범률뿐만 아니라 동정심 또한 측정해보아야 한다. 즉, 프로그램이 범죄자들의 동정심을 증가시켰는가? 그리고 동정심의 증가와 재범률의 감소가 관련이 있는가? 또한 연구자는 정확하게 말해서 동정심이 무엇을 의미하는지 그리고 동정심을 어떻게 관찰할 것인지를 밝혀야 한다. 무엇을 어떻게 관찰할지는 측정을 계획하는 단

계에서 결정하게 되는데, 이에 관해서는 다음 장에서 논의하기로 하겠다.

개념화와 측정은 하고자 하는 연구가 양적 연구인지 아니면 질적 연구인지(또는 둘 다인지)에 따라 달라진다. 제3장에서 논의한 바와 같이, 보통 양적 탐구 과정을 거치는 연구들은 관찰하고자 하는 모든 변수들을 연구에 앞서 정확하고 관찰 가능한 형태로 정의한다. 질적 탐구 과정을 거치는 연구들 역시 구체적인 이론적 틀을 가지고 있으나 관찰하게 될 중요한 것들을 양적 연구에서처럼 모두 사전에 예상하거나 정의하지는 않는다. 한마디로 말해서, 질적 연구에서는 좀 더 유연하고 개방적인 접근방법을 사용함으로써 더 많은 관찰 자료가 수집되고 더 많은 통찰을 얻게 되면 연구 절차와 탐구 과정 또한 변화해나갈 수 있게 한다. 이처럼 양적 연구의 개념화와 측정이 질적 연구의 그것과 다르기 때문에 각각을 따로 따로 살펴볼 필요가 있다. 그럼 먼저 양적 연구에서의 개념화에 대해서 살펴보기로 하자.

7.6 양적 탐구에서의 개념화

연구자가 탐구하고자 하는 개념(concept)을 가리켜 **변수**(variable)라고 한다. 개념은 생각, 대상, 사건, 행동, 사람 등을 상징하는 마음의 상(mental image)이라고 정의할 수 있다. 또한 개념은 어떤 것을 나타내기로 사람들 사이에서 동의된 단어라고도 생각할 수도 있다. 단어는 성별, 키, 주거, 민족, 또는 연령 같이 상대적으로 관찰하기 쉬운 어떤 것을 나타낼 수 있다. 단어는 또한 자존심 수준, 사기, 사회적 기능의 수준, 사회복지사의 소진, 인종차별, 성차별, 연령차별, 동성애에 대한 거부감 등과 같이 관찰하기 어려운 어떤 것을 나타낼 수도 있다.

연구하고자 하는 개념을 **개념**이라고 부르는 대신 **변수**라고 부를 수도 있는데, 왜냐하면 어떤 개념이 연구할만한 가치가 있는 것이려면 그 개념은 변

하는 것이어야 하기 때문이다. 예를 들어, 동정심은 개념이지만 만일 서로 다른 특성이나 경험을 가진 사람들 간에 동정심의 수준에 아무런 차이가 없다면 우리는 동정심을 연구하려고 하지 않을 것이다.

어떤 개념이 변할 수 있는 것일 때, 우리는 그 개념의 서로 다른 정도 또는 범주를 가리켜 **속성**(attributes)이라고 한다. 예를 들어, 성별(gender)은 "남성"과 "여성"이라는 속성으로 이루어진 변수이다. 마찬가지로, 사회계층 역시 "상류계층", "중류계층", "하류계층" 또는 이와 유사한 일군의 구분을 속성으로 갖는 변수이다. 이처럼 변수란 연구하고자 하는, 서로 다른 속성을 갖는 개념이다.

범죄자들로 하여금 범죄 피해자에 대해 동정심을 갖게 만드는 프로그램의 효과가 남성 범죄자와 여성 범죄자 간에 다른지 알아보고자 한다고 가정해보자. 이 경우, 연구자는 "프로그램 참여 여부"라는 변수가 필요할 것이고 이 변수의 속성은 "참여"와 "비참여"가 될 것이다(개별 재소자가 프로그램에 참여했는지 여부). 또 다른 변수는 아마도 "재소자의 성별"일 것이며 이 변수는 남성과 여성이라는 속성을 갖는다. "동정심 수준" 역시 변수이며 아마도 이 변수는 높은 동정심과 낮은 동정심이라는 속성을 가질 것이다. 마지막 변수는 "출소 후 결과"이며 이 변수는 "재구속됨"과 "재구속되지 않음"이라는 속성으로 특징 지어진다. 어쩌면 우리는 프로그램 참여가 여성 범죄자들에게 있어서만 높은 동정심과 낮은 재범률로 이어지는 것을 발견하게 될지도 모른다.

그러나 어떤 연구자들은 변수의 속성을 속성이라는 용어 대신 **범주**(category)라는 용어로 표현하기도 한다. 따라서 변수에 관한 언급 중에 범주라는 용어를 보게 되거든 '범주'와 '속성'을 동일한 것으로 이해하면 된다. 어떤 연구자들은 변수의 속성 또는 범주와 동일한 의미로 **변수값**(value)이라는 용어를 사용하기도 한다. '변수값'은 '속성' 또는 '범주'와 동의어로서 일반적으로 해당 변수의

범주가 연령, 시험점수 등과 같이 숫자인 경우에 주로 많이 쓰인다.

대부분의 양적 연구에서 연구자는 발견할 것이라 기대되는 변수들 간의 관계를 사전에 예상한다. 이때, 관계(relationship)란 한 변수에 있어서의 변화가 다른 한 변수에 있어서 변화와 관련이 있다는 것을 의미한다. 예를 들면 위의 예에서, 연구자는 프로그램 참여가 높은 동정심 또는 낮은 재범률(또는 두 가지 모두)로 이루어질 것이라고 예상할 수 있다. 이러한 예상을 가설이라고 한다. **가설**은 한 변수에 있어서의 변화가 다른 한 변수에 있어서의 변화를 어떻게 설명하는지에 관한, 잠정적이고 검증 가능한 진술이다. 다시 말하면, 가설이란 우리가 관심을 가지고 있는 변수들이 함께 맞물려 변하는(vary together) 방식에 관해서 우리가 무엇을 발견하게 될 것인지에 관한 잠정적인 진술이다. 위의 예에서, 프로그램 참여가 낮은 재범률로 이어질 것이라는 가설은 (1) 재소자가 프로그램에 참여하는지 여부와 (2) 재구속 여부(또는 재구속 횟수)라는 두 가지 변수로 이루어진 가설이다.

대부분의 가설은 어떤 변수가 어떤 변수에 영향을 미친다는 것을 예상한다. 이 말은 달리 표현하면, 가설은 어떤 변수가 원인이고 어떤 변수가 결과인지를 제시한다. 무언가를 설명하거나 무언가의 원인이 되는 변수를 **독립변수**라고 하는데, 이는 그 변수가 무언가를 설명 또는 유발하는 변수이지 다른 변수에 종속된 변수가 아니라는 것을 의미한다. 이와 반대로, 무언가에 의해서 설명되거나 유발되는, 즉 결과에 해당하는 변수를 가리켜 **종속변수**라

▶ **개념** ▶ 생각, 대상, 사건, 행동 사람 등을 상징하는 마음의 상

변수 ▶ 연구하고자 하는, 서로 다른 속성으로 특징 지워지는 개념

속성 ▶ 사람이나 사물의 특성

관계 ▶ 변수들이 일관되고 예측가능한 방식으로 함께 변하는 것

가설 ▶ 한 변수에 있어서의 변화가 다른 한 변수에 있어서의 변화를 어떻게 설명하는지에 관한 잠정적이고 검증 가능한 진술

고 한다. 이 예에서, 재소자가 프로그램에 참여하는지 여부는 독립변수이고 그 재소자가 출소 후 다시 구속되는지 여부(또는 횟수)는 종속변수이다.

7.6a 적절한 가설 만들기

좋은 가설은 좋은 연구질문이 가져야 할 특성과 유사한 특성을 갖는다. 좋은 가설은 명료해야 하고, 구체적이어야 하며, 두 가지 이상의 가능한 결과를 가져야 한다. 또한 좋은 가설은 가치중립적이어야 하고 검증 가능해야 한다. 예를 들어, "복지개혁입법은 철회되어야 한다"라는 문장은 가설이 아니다. 이 문장은 판단적 제안이지 두 변수 간의 예측된 관계에 관한 검증 또는 반박할 수 있는 진술이 아니다. 위의 문장을 "복지개혁은 복지수급자의 자녀들에게 해악을 끼친다"라고 바꾼다면 이 문장은 좀 더 가설에 가까워진다. 그러나 이 문장 역시 좋은 가설이 되기에는 아직 부족한 면이 있다. 비록 이 문장이 복지개혁이라는 개념이 아동들에게 해를 끼칠 것이라 예측하고 있기는 하지만 해악이라는 종속변수에 해당하는 개념의 구체적인 성격이 명확하지 않을 뿐만 아니라 구체적이지도 않다. 또한 독립변수에 해당하는 개념인 "복지개혁"역시 모호하다. 구체적으로 복지개혁의 어떤 측면에 대해서 이야기 하고 있는 것인가? 위의 문장을 좋은 가설로 만들기 위해서 우리는 해악과 복지개혁이라는 두 가지 개념 또는 변수를 좀 더 명확하게 그리고 구체적이게 만들어야 한다.

그렇게 하기 위한 한 가지 방법은 "수급자에게 요구되는 근로조건을 강화시켜 부모들을 공공부조에서 내몰아가는 복지개혁 정책은 의료보험의 혜택을 받지 못하는 아동의 수를 증가시킬 것이다"라고 가설을 바꾸는 것이다. 후자의 문장은 그런 정책이 실시된 이후 의료보험의 혜택을 받을 수 없는 아동의 수가 증가하는지 살펴봄으로써, 또는 그런 정책을 실시하는 주(states)가 그런 정책을 실

시하지 않는 주에 비해 의료보험의 혜택을 받지 못하는 아동의 수가 더 많아지는지 여부를 살펴봄으로써 명료하게 정의된 두 변수 간의 입증 또는 반박할 수 있는 관계를 예측한다.

7.6b 매개변수와 조정변수

독립변수와 종속변수 간의 관계에 영향을 미치는 독립변수와 종속변수 이외의 변수가 있을 수 있다. 예를 들면, 매개변수(mediating variable)는 독립변수와 종속변수 간의 인과관계를 만들어내는 구조(mechanism)라고 할 수 있다. 만일 어떤 개입이 범죄 피해자들에 대한 재소자들의 감정이입을 증가시키고 그렇게 함으로써 궁극적으로는 재범률을 낮출 수 있다고 본다면, "범죄 피해자에 대한 감정이입"은 매개변수가 된다. 매개변수는 독립변수(재소자의 프로그램 참여 여부)와 종속변수(재소자들이 출소 후 재구속되는지 여부) 사이에 존재하는 변수이다. 다시 말하자면 그림 7-1에 제시된 것처럼 독립변수가 매개변수에 영향을 미치고 매개변수가 다시 종속변수에 영향을 미치는 식의 인과 사슬을 개념화해볼 수 있다. 매개변수는 독립변수와 종속변수 사이에 존재하기 때문에 **중재변수(intervening variable)**라고 불리기도 한다.

조정변수(moderating variable)란 독립변수에 의해서 영향을 받지는 않지만 독립변수와 종속변수 간의 관계의 강도나 방향에 영향을 미치는 변수이다. 만일 앞서 말한 개입이 여성에게만 효과가 있을 것이라고 예상한다면, "성별"이 조정변수가 된다. 마찬가지로, 만일 개입이 비폭력적 범죄를 저지른 범죄자들에게만 효과가 있을 것이라고 예상한다면 "범죄 유형"이 조정변수가 될 것이다.

때로는 조정변수가 독립변수와 종속변수 간의 관찰된 관계에 대한 대안적 설명이 되기도 한다. 예들 들어, 새로운 정책의 실시와 경제 상황의 개선이 동시에 일어났다고 가정해보자. 새로운 복지정책이 실시된 이후에 빈곤층의 생활수준이 향상되었다면 "경제 상황의 변화(조정변수)"가 종속변수(생활수준)의 변화를 일으킨 진짜 원인일 수도 있다. 어쩌면 우리가 생각하는 독립변수(새로운 정책 실시)는 종속변수에 아무런 영향을 미치지 않거나 영향을 미치기는 하지만 경제 상황의 변화를 고려할 경우 영향의 정도가 매우 약해질 수도 있다.

7.6c 변수의 영향 통제하기

조정변수의 영향을 연구하는 연구자들 중 어떤 연구자들은 조정변수를 통제변수(control variable)라고 부르기도 한다. 왜냐하면 조정변수는 연구설계에서 통제되어야 할 변수이기 때문이다. 예를 들어, 어떤 연구에서 모든 환자를 질환의 심각도에 따라 몇 개의 하위집단으로 나누었다고 가정해보자. 예를 단순화하기 위해, 환자를 (1) 생명을 위협하는 질환과 (2) 생명을 위협하지 않는 질환이라는 두 개 집단으로만 구분했다고 가정해보자. 그런 다음, 생명을 위협하는 질환을 앓고 있는 환자들이 받은 사회서비스의 양과 생존기간 간의 관계를 살펴보고, 이어서 생명을 위협하지 않는 질환을 앓고 있는 환자들에 대해서도 동일한 과정을 밟는다. 그렇게 하여 질환의 심각도에 따라 독립변수와 종속변수 간의 원래 관계가 변하는지 아니면 변하지 않는지를 살펴본다면, 연구자는 질환의 심각도를 통제

독립변수 ▶ 무엇을 설명하거나 무언가의 원인이 되는 변수

종속변수 ▶ 독립변수에 의해 설명되거나 유발되는 변수

매개변수(중재변수) ▶ 독립변수가 종속변수에 영향을 미칠 수 있는 구조

조정변수 ▶ 독립변수와 종속변수 간 관계의 강도나 방향에 영향을 미치는 변수

통제변수 ▶ 연구 설계에서 일정하게 고정시켜 통제하고자 하는 조정변수

허위관계 ▶ 변수 간 관계 중 제3의 변수를 통제할 때 더 이상 지속되지 않는 관계

그림 7-1 ▶ 매개변수의 예시

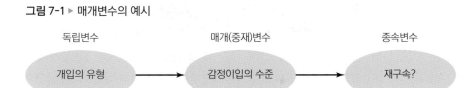

독립변수	매개(중재)변수	종속변수
개입의 유형	감정이입의 수준	재구속?

할 수 있게 된다. 이러한 맥락에서의 통제는 연구자가 질환을 좌지우지 할 수 있다는 것을 의미하는 것이 아니며, 단순히 연구자가 가설로 설정된 독립변수와 종속변수 간의 관계를 통제변수의 각 범주별로 따로 따로 살펴볼 수 있다는 것을 의미할 뿐이다. 독립변수도 아니고 종속변수도 아닌 어떤 제3의 변수를 통제할 때 독립변수와 종속변수 간의 원래 관계가 사라진다면 그 원래 관계는 허위관계이다. 허위관계(spurious relationship)란 제3의 변수를 통제할 때 더 이상 존재하지 않게 되는 관계를 말한다. 그림 7-2는 허위관계가 어떤 것인지 예시해준다.

7.6d 상수

변수를 통제하는 또 다른 방법은 변수의 속성 중 특정 속성에 해당하는 사례들만 연구하는 것이다. 예를 들면, 남성과 여성 중 여성만 선별하여 연구한다면 성별이 연구하고자 하는 변수에 미치는 영향을 배제할 수 있다. 마찬가지로, 위에서 소개했던 건강 관련 허위 인과관계의 예에서 중증(말기)질환을 가진 환자들만 연구 삼는다면 사회서비스가 해당 사례에 미치는 영향만을 평가할 수 있다. 그런데 그렇게 함으로써 질환이 덜 심각한 환자들을 연구 대상에 포함시킴으로써 발생할 수 있는, 잠재적 오류(예를 들면, 사회서비스를 받는 사람이 수명이 더 짧을 가능성이 높다는 허위 주장)를 통제할 수는 있으나 질환의 심각성을 통제(조정)변수라고 볼 수는 없다. 이 연구에서 질환의 심

각성은 특정 속성으로 고정되어 있기 때문에 '변하는 것'이 아니다. 따라서 질환의 심각성은 변수가 아니다. 그럼에도 불구하고 연구자는 질환의 심각성을 특정 속성으로 고정시켜서 그 변수가 미치는 영향을 통제했다고는 말할 수 있다. 이 경우, 중증(말기)질환은 상수라고 부르는 것이 타당하다.

상수를 변수라고 부르는 것이 올바른 것은 아니지만, 연구자들 사이에서는 어떤 변수의 속성 중 특정 속성에 해당하는 사례들만 연구에 포함시킴으로써 그 변수를 통제했다는 말이 일반적으로 사용되고 있다. 즉, 상수를 통제변수라고 부르는 실수는 많은 사람들에 의해서 받아들여지는 기술적

그림 7-2 ▶ 제3의 변수를 통제할 때 사라지는 허위 인과관계 예시

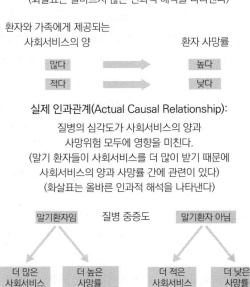

허위 인과관계(Spurious Causal Relationship):
건강 관련 사회서비스가 환자의 사망 위험을 증가시킨다.
(화살표는 올바르지 않은 인과적 해석을 나타낸다)

환자와 가족에게 제공되는
사회서비스의 양   환자 사망률

많다	⟹	높다
적다	⟹	낮다

실제 인과관계(Actual Causal Relationship):
질병의 심각도가 사회서비스의 양과
사망위험 모두에 영향을 미친다.
(말기 환자들이 사회서비스를 더 많이 받기 때문에
사회서비스의 양과 사망률 간에 관련이 있다)
(화살표는 올바른 인과적 해석을 나타낸다)

말기환자임	질병 중증도	말기환자 아님

더 많은 사회서비스	더 높은 사망률	더 적은 사회서비스	더 낮은 사망률

상수 ▶ 어떤 변수의 속성 중 연구에 포함시킨 유일한 속성

인 실수로 이해되고 있다. 예를 들면, 남성 또는 여성만을 표본에 포함시키는 연구에서 성별을 통제변수라고 부르는 것은 분명히 실수이지만 일반적으로 많이 하는 실수이다. 이 경우, 남성 또는 여성만을 표본에 포함시킴으로써 성별을 통제했다고 말하는 것이 정확한 표현이다(즉, 성별을 상수로 취급한다). 마찬가지로, PTSD 개입의 효과를 평가하면서 자살의 위험이 있는 클라이언트를 표본에서 제외시켰다면, 그 연구를 자살 가능성의 잠재적 영향을 통제한 연구라고 보는 것은 맞을 수 있으나 자살 가능성을 통제변수라고 부르는 것은 기술적으로 올바른 표현이라고 볼 수 없다.

7.6e 동일한 개념이 서로 다른 연구에서 다른 변수가 될 수 있다

개념은 그것이 어떻게 정의되는가에 따라 하나의 연구 안에서 독립변수가 될 수도 있고, 종속변수가 될 수도 있으며, 매개변수나 조정변수가 될 수도 있다. 예를 들면, 개입의 종류는 보통 독립변수로 개념화되지만 경우에 따라서는 개입의 종류가 종속변수로 개념화되기도 한다. 예들 들면, 어떤 연구자는 사회복지학 학위를 가진 실천가의 클라이언트들이 받은 개입의 종류와 다른 학문 분야의 학위를 가진 실천가의 클라이언트들이 받은 개입의 종류가 다른지를 알아보고자 할 수도 있다. 이 경우, "학위의 종류"가 독립변수가 되고 "개입의 종류"는 종속변수가 된다(왜냐하면 전자가 후자에 영향을 미치기 때문이다).

연구자는 또한 어떤 변수가 독립변수인지 종속변수인지는 그 변수가 가설에서 먼저 언급되는지 아니면 나중에 언급되는지에 의해 결정되는 것이 아니라는 점을 분명하게 이해해야 한다. 예를 들어, 사례관리 서비스가 주로 사회복지학을 전공한 실천가들에 의해서 제공될 것이라는 가설을 세웠다고 해보자. 이 경우, "개입의 종류"가 가설에서

순서상 먼저 언급되고 있기는 하지만 개입의 종류는 종속변수라는 것을 알 수 있다. 물론 원인은 결과에 선행해야 하지만, 가설에서 결과를 먼저 언급했다는 것이 결과가 먼저 발생했다는 것을 의미하는 것은 결코 아니다.

또 한 가지 기억해야 할 것은 하나의 개념이 어떤 연구에서는 변수이지만 다른 연구에서는 변수가 아니라 상수가 될 수도 있다는 점이다. 예를 들어, 남성과 여성을 모두 포함하는 연구에서 성별은 독립변수 또는 조정변수가 될 수 있다. 그러나 어떤 연구에서 남성과 여성 중 어느 한쪽만 포함한다면, 그 연구에서 성별은 일정하게 고정된 상수가 된다.

7.6f 변수 간 관계 유형

어떤 가설은 변수 간에 양의 관계 또는 음(역)의 관계 그리고 곡선 관계가 존재한다고 예측한다. 양의 관계(positive relationship)에서는 독립변수가 증가하면 종속변수도 증가한다(또는 독립변수가 감소하면 종속변수도 감소한다). 즉, 두 변수가 같은 방향으로 변한다. 따라서 지역사회조직에 참여할 때 주민들이 받는 상징적인 보상의 정도와 주민들의 참여 정도 간에 양의 관계가 있다는 가설을 세울 수 있을 것이다.

음의 관계(negative relationship) 또는 역 관계(inverse relationship)란 두 변수가 반대 방향으로 변하는 관계를 의미한다. 즉, 한 변수가 증가하면서 다른 변수가 감소한다. 과도한 담당 사례를 가진 실천가는 양질의 서비스를 제공할 수 있는 시간이 부족할 것이라 예상되므로 직접 서비스를 제공하는 실천가가 담당하는 사례 수와 실천가의 효

양의 관계 ▶ 독립변수가 증가하면 종속변수도 증가하는 (또는 독립변수가 감소하면 종속변수도 감소하는) 관계

음의 관계 ▶ 혹은 역관계 두 변수가 반대 방향으로 변하는 관계. 즉, 한 변수가 증가하면서 다른 변수가 감소함.

곡선관계 ▶ 관계의 속성이 변수의 수준에 따라 변하는 관계

그림 7-3 ▶ 변수들 간의 가설적 관계 유형 예시

그림 7-3 ▶ 변수들 간의 가설적 관계 유형 예시

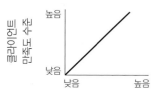

1. 양의 관계

클라이언트가 도움을 구한 이유와 실천가의 서비스 목표가 일치할수록 클라이언트 만족도는 높아진다.

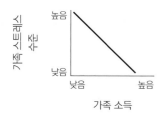

2. 음의 관계

가족 소득이 낮을수록 가족 스트레스 수준은 높아진다.

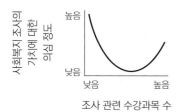

3. 곡선 관계

일정 시점까지 조사 관련 수강과목이 증가하면서 의심은 줄어들지만 그 이후에는 조사과목 수강이 늘수록 의심이 증가한다.

해서 많이 알고 있는 학생들은 발표된 연구들에서 찾아볼 수 있는 여러 가지 심각한 방법론적 오류들 때문에 연구의 가치에 대해서 혼란스러워할 수 있다. 결국, 가장 회의적이지 않은 학생들은 좋은 연구의 가치를 판단할 수 있을 만큼의 충분한 지식은 갖고 있지만 문헌을 충분히 비판적으로 검토할 수는 없어서 많은 연구들이 심각한 오류를 범하고 있다는 것까지는 아직 깨닫지 못하는 중간 정도의 학생들일 것이다. 이러한 생각을 바탕으로, 어떤 사회복지 교육자들은 수강한 과목의 수와 연구에 대한 회의감 정도 사이에 음의 관계에서 시작하여 양의 관계로 끝나는 U자형 곡선관계가 존재한다는 가설을 세울 수 있을 것이다. 즉, 회의감 정도는 일정 수준까지는 과목을 많이 수강할수록 감소하지만 그 수준을 넘어서면 과목을 많이 수강할수록 증가한다. 그림 7-3의 마지막 그래프는 이 가설에 해당하는 곡선관계를 그림으로 나타낸 것이다.

7.6g 조작적 정의

앞서 살펴본 바와 같이, 하나의 개념은 (1) 두 가지 이상의 속성 또는 값으로 특징지음으로써 변할 수 있을 때 그리고 (2) 어떤 연구의 탐구 대상으로 선택될 때 변수가 된다. 양적 연구에서는 하나의 개념이 변수가 되기 위해서는 관찰 가능한 형태로 **조작화**(translation)되어야 한다는 또 한 가지 조건이 충족되어야 한다. 조작적 정의라는 용어는 바로 그러한 조작화, 즉 특정 개념에 대해서 우리가 관찰하는 속성을 결정할 때 사용하게 될 조작(또는 지표)으로의 변형을 의미한다. 예를 들면, 개별 가정의 "아동학대 가능성"을 아동복지 사회복지사가 개별 가정을 관찰한 다음 작성하는 가족위기 척도(Family Risk Scale)의 점수로 조작화할 수 있다.

조작적 정의는 명목적 정의와 다르다. **명목적 정의**는 사전적 정의와 마찬가지로 특정 용어가 의미하는 바가 무엇인지를 말로 서술해 놓은 것이

과성 간에 음의 관계가 존재할 것이라 가정할 수 있을 것이다. 또한 가족의 소득과 스트레스의 수준 간에 음의 관계를 가정할 수 있을 것이다. 그림 7-3의 중간 그래프는 이 가설에 해당하는 음의 관계를 나타낸다.

곡선관계(curvilinear relationship)는 관계의 속성이 변수의 수준에 따라 변하는 관계이다. 예를 들어, 어떤 사회복지 교육자들은 사회복지 연구의 가치에 대해서 가장 회의적인 학생들은 연구방법 관련 과목을 많이 수강했거나 전혀 수강하지 않은 학생들이라고 생각한다. 연구방법 관련 과목을 전혀 수강하지 않은 학생들은 연구에 대해서 아는 것이 없기 때문에 아직 조사연구의 잠재적 유용성을 이해하지 못할 수 있다. 이와 정반대로, 연구에 대

며, 조사연구에서 그 용어를 관찰하려면 어떤 지표(indicator)를 사용해야 하는지를 말해주는 것이 아니다. 예들 들어, 사회적응(social adjustment)을 우리는 부모, 학생, 직원, 배우자 등으로서의 어떤 개인이 "자신의 삶에 있어서 주된 역할을 적절히 수행하는 것"이라고 명목적으로 정의할 수 있다. 이러한 정의는 우리가 이 용어를 어떻게 조작화할 수 있을지를 생각하는 데 도움을 주기는 하지만, 우리가 사회적응을 연구할 때 정확하게 어떤 지표를 관찰해야 하고 사회적응의 정확한 범주가 무엇인지를 말해주지는 못한다.

우리는 하나의 추상적 개념을 다양한 방법으로 다르게 조작화할 수 있다. 예를 들면, 사회적응을 우리는 사회적응을 측정하는 척도의 점수로 정의할 수 있다. 또 다른 방법은 사회적응을 어떤 개인이 사회적 기능 회복을 목적으로 한 사회서비스를 받고 있는지 여부라고 정의하는 것이다. 그런 서비스를 받고 있는 사람은 그런 서비스를 받지 않는 사람 보다 사회적 적응의 정도가 낮은 사람으로 범주화할 수 있을 것이기 때문이다. 이와 대조적으로, 우리는 중증 발달장애인을 위한 생활시설에서 사회적응도가 높은 사람을 보호 작업장으로 옮겨갈 준비가 되었다는 직원들의 판단이 사례기록 내용에 포함되어 있는 사람이라고 조작적으로 정의할 수 있다. 한 마디로 말해서, 조작적 정의는 어떤 변수를 측정할 수 있는 방법이 무엇인지를 제시해주는 것이다.

요약하면, 조작적 정의와 명목적 정의는 동일한 개념을 정의하는 두 가지 방법이다. 명목적 정의는 개념의 이론적 의미나 개념적 의미를 이해하는 데 도움이 되는 정의이고, 조작적 정의는 개념을 어떻게 관찰할지를 알려주는 정의이다.

7.6h 조작적 정의의 영향

어떤 변수를 조작적으로 정의하는 방식은 연구 결과에 큰 영향을 미칠 수 있다. 예를 들어, 어떤 지역사회 조직가가 Los Angeles의 남미계 집단거주 지역인 barrio에서 시민 참여에 영향을 미치는 요인을 연구하고자 한다고 가정해보자. 아마도 연구 결과는 연구자가 시민 참여(citizen participation)를 barrio 주민들이 사회행동 단체의 회의에 참석하는지 여부, barrio에 관한 쟁점들이 논의되는 시정부 회의에 참여하는지 여부, 주민들이 공무원들과 접촉하는지 여부 또는 항의시위에 참여하는지 여부 중 어떤 것으로 조작화하는가에 따라 달라질 것이다. 왜냐하면 주민들로 하여금 항의시위에 참여하도록 동기를 부여하는 요인은 회의에 참석하게 하거나 시의원에 편지를 쓰게 동기를 부여하는 요인과 다를 것이기 때문이다.

아동학대 예방 및 가족 유지를 목적으로 하는 아동복지 프로그램을 평가하고자 한다고 가정해보자. 만일 우리가 아동학대율(child abuse rates)을 위탁가정으로 보내진 아동의 수로 조작화하고 해당 프로그램이 위탁가정에 배치되는 아동의 수를 줄인다면, 우리는 프로그램이 성공적이라고 생각할 수 있을 것이다. 그러나 학대 가능성이 매우 높은 아동들 중에서 위탁가정으로 보내지지 않는 아동의 수가 극히 적어서 아동학대율이 실제로는 증가한다면 어떻게 될까? "아동학대율"의 조작적 정의에 학대에 대한 다른 지표들이 포함되었더라면 동일한 결과의 동일한 프로그램이 실패로 여겨질 수도 있었을 것이다.

7.6i 사회복지 연구에서 조작적 정의를 위해 주로 사용하는 대안적 자료원

보통 사회복지에서는 변수를 조작화하기 위해 자기보고, 직접관찰, 이용 가능한 기록이라는 세 가지 자료원(sources of data)을 주로 사용한다. 이 세 가지 자료원에 대해서는 제7장과 제12장에서 각각의 장단점에 관한 내용을 포함하여 심도 있게 논의하기로 하고, 여기서는 변수를 조작적으로 정의할 때 이들 세 가지 자료원을 어떻게 사용하는지에 대해서 초점을 맞추고 논의하기로 하겠다. 예를 들어, 결혼 문제에 관한 연구를 하면서 부부들에게 최근 결혼 문제와 관련해서 도움을 얻고자 한 적이 있는지 물어볼 수 있다. 이 경우, 연구자는 **자기보고**(self-report)를 자료원으로 사용하는 것이다. 연구자는 질문에 대해서 "예"라고 답한 부부가 "아니오"라고 답한 부부에 비해 결혼만족도가 낮을 것이라 생각할 수 있을 것이다. 이와 유사하게, 연구자는 부부들에게 자신들의 결혼만족도를 낮음, 중간, 높음으로 평가해보게 할 수도 있다. 물론 연구자는 부부들 스스로의 평가가 과연 결혼만족도에 대한 충분히 정확하고 객관적인 지표가 될 수 있는가라는 의문을 당연히 제기하게 될 것이다. 이들 두 가지 방법 중 어느 것도 권장할만한 방법은 아니지만, 그럼에도 불구하고 두 가지 모두가 조작적 정의라는 것은 이해해야 한다.

동일한 변수를 다른 자기보고를 이용하여 얼마든지 다르게 조작화할 수 있다. 예를 들면, 결혼만족도를 측정하기 위해 개발된 기존 척도(existing scale)가 더 나은 자기보고 자료원이 될 수 있다. 각각의 연구 대상에게 척도를 작성하게 하고, 만일 두 배우자 모두 척도를 작성하면 두 배우자의 점수를 더해서 각 부부의 총점을 얻는다. 척도 점수가 높을수록 결혼만족도가 높다는 것을 의미한다. 어떤 구성 개념(constructs)을 측정하기 위해 만든 기존 척도는 해당 구성 개념에 대한 지표들을 척도로 만든 것이다. 예를 들어, 결혼만족도를 측정하기 위한 척도는 각 배우자에게 얼마나 자주 상대방을 귀찮게 여기는지, 얼마나 자주 배우자와 즐거운 시간을 보내는지, 얼마나 자주 배우자에게 의지할 수 있다고 느끼는지, 얼마나 자주 배우자와 함께 있기를 원하는지, 얼마나 자주 배우자를 자랑스럽게 여기는지, 얼마나 자주 배우자에 의해 조종당한다고 느끼는지, 얼마나 자주 배우자를 원망하는지 등을 물어볼 수 있다. 각각의 척도 항목에 점수를 배정하고, 항목 점수를 모두 더하여 결혼만족도의 총점을 구한다. 예를 들어, 한 응답자는 "항상"이라고 답한 긍정적인 항목("배우자를 자랑스럽게 여기기" 등)과 "전혀"라고 답한 부정적인 항목("배우자를 원망하기" 등)에서 각각 5점을 얻을 수 있다. 이 척도가 총 20개 항목으로 이루어져 있고 모든 긍정적인 항목에 대해서 "항상"이라고 답하고 모든 부정적인 항목에 대해서 "전혀"라고 답했다면 총점은 100점이 될 것이다. 이 점수는 이 응답자가 모든 항목에 "가끔"이라고 답하여 모든 항목에 대해서 3점을 얻음으로써 총점이 60점인 응답자보다 결혼만족도가 높다는 것을 말해준다.

또 다른 방법으로는 부부들과 그들의 결혼에 대해서 면접을 하면서 부부가 결혼생활이나 배우자에 대해서 좋지 않은 얘기를 하는 횟수를 세는 방법을 생각해볼 수 있다. 이 경우, 연구자는 **직접관찰**(direct observation)을 사용하는 것이다. 이 방법을 사용하기 위해서는 어떤 이야기를 좋지 않은 이야기라고 볼 수 있을지에 관한 기준을 설정해야 한다. 아마 어떤 연구자는 그러한 기준을 단순히 면접자의 판단에 전적으로 맡겨버리고 독립적인 관찰자로 하여금 (예를 들면, 면접한 비디오테이프를 보면서) 면접자가 계산한 횟수가 사실과 일치하는지를 확인하게 할 수도 있을 것이다. 이 점에 대해서는 다음 장에서 **신뢰도**(reliability)에 대해서

▶ **조작적 정의** ▶ 변수의 속성을 결정하는 데 사용할 관찰 가능한 지표를 찾기 위한 변수 정의

명목적 정의 ▶ 용어의 의미를 이해하는 데 도움이 되는 일련의 단어를 제시해주는 사전적 정의. 관찰 시 사용할 지표를 결정하는 것과는 무관함.

▶ **자기보고** ▶ 사람들이 자신의 생각, 견해, 또는 행동에 대해 말한 바에 근거하여 변수를 조작적으로 정의할 때 사용할 수 있는 자료원

직접관찰 ▶ 실제 행동을 관찰하여 변수를 조작적으로 정의할 때 사용할 수 있는 자료원

긍정적 양육에 대한 조작적 정의: 세 가지 자료원을 이용한 조작화 예시

어떤 주립 아동복지기관이 아동학대 또는 아동방임 때문에 기관으로 의뢰된 부모들을 위해 긍정적 아동양육 기술을 증진시키기 위한 혁신적 개입 프로그램을 평가한다고 가정해보자. 이 기관은 부모의 긍정적 아동양육 기술을 향상시킴으로써 아동학대나 아동방임 문제를 줄일 수 있다는 기본적인 가정을 가지고 있다. 여러 가지 면에서 유사하다고 판단되는 다수의 군(country)들을 표본으로 뽑은 다음, 어떤 군들에서는 부모들에게 새로운 개입 프로그램을 제공하고 어떤 군들에서는 제공하지 않았다. 프로그램을 평가하기에 앞서 아동학대나 아동방임 때문에 의뢰된 부모들 중 혁신적 개입을 제공 받은 부모들이 기존 개입을 제공받은 부모들에 비해 아동양육 기술이 더 향상될 것이라는 가설을 설정했다. 프로그램 평가를 계획함에 있어서 한 가지 중요한 과제는 종속변수인 "긍정적 아동양육"을 조작적으로 정의하는 것이다. 그림 7-4는 이 과제를 담당하게 될 사회복지사가 선택할 수 있는 세 가지 자료원과 가설을 검증할 때 각각의 자료원을 어떻게 사용할 수 있는지를 보여주고 있다. 그림 7-4에 제시된 방법들은 긍정적 아동양육을 조작적으로 정의할 수 있는 몇 가지 예이며, 더 나은 대안적 방법들도 얼마든지 찾아볼 수 있다.

살펴볼 때 좀 더 자세하게 논의하기로 하겠다.

직접관찰을 이용하는 또 다른 방법은 부부에게 15분 동안 일상적인 대화를 하게 하고 대화 중에 서로 상대방의 말을 중단시키거나, 목소리를 높이거나, 상대방에 대한 좌절감이나 불만을 나타내는 것으로 보이는 다양한 몸짓을 하는 것을 횟수를 세는 방법이다. 이 과정은 쉽지 않을 수 있는데, 예를 들어 부부가 어떤 지적(intellectual) 쟁점이나 정치적 쟁점(예를 들면, 외교정책 같은)에 대해 서로 다른 의견을 가지고 있다면, 그들은 실제로 뜨겁고 활발한 논쟁을 즐기는 것일 수 있기 때문이다. 결혼만족이라는 개념을 관찰 가능하게 조작적으로 정의한다고 하더라도 그 정의가 과연 결혼만족을 측정할 수 있게 해주는지에 대해서 의문을 제기할 수도 있을 것이다. 다음 장에서 살펴보게 될 타당도는 바로 이 문제에 관한 것이다.

물론, 결혼만족에 대한 조작적 정의는 여러 가지 다른 방법으로도 내릴 수 있을 것이다. 예를 들어, 비교문화 연구를 한다면 결혼만족을 나타내는 조작적 지표로서 여러 지역의 이혼율을 비교할 수 있을 것이며, 이는 **이용 가능한 기록(available records)**을 사용하는 것이 된다. 물론 이 경우에도 이혼율이 결혼만족이라는 구성 개념의 진정한 지표라는 것은 아니며, 다만 이혼율을 이용하여 결혼

만족을 조작화할 수 있다는 것이다. 어쩌면 이혼율이 낮은 문화가 결혼만족도는 더 낮지만, 이혼을 더 엄격하게 금기시하기 때문에 이혼율이 낮은 것일 수도 있다. 아마도 가장 많이 사용되는 이용 가능한 기록은 기관이 보유하고 있는 사례 기록이라고 할 수 있는데, 사례 기록에 대해서는 다음 장에서 살펴보기로 하겠다.

"긍정적 양육에 대한 조작적 정의: 조작화의 세 가지 범주 예시"라는 제목의 글상자와 그림 7-4에는 변수를 조작적으로 정의하는 대안적 방법과 각각의 장단점이 제시되어 있다.

7.6j 기존 척도

기존 척도에 대한 응답자의 대답이 실제 행동을 정확하게 반영하는 것은 아니지만, 기존 척도는 변수를 조작화하기 위해 자주 사용되는 방법이다. 기존 척도를 사용하는 경우, 연구자는 직접 척도를 개발하는 데 드는 시간과 비용을 절약할 수 있고 선행연구들에서 해당 개념을 측정하기 위해 사용했던 성공적으로 방법을 그대로 사용할 수 있다. 이러한 장점을 염두에 두고 이제 연구 목적에 맞는 척도를 찾는 방법과 척도에 관한 중요한 정보들을 살펴보기로 하자.

그림 7-4 ▶ 긍정적 양육에 대한 조작적 정의: 세 가지 자료원을 이용한 조작화 예시

범주	조작적 정의	가설 검증	장점과 단점
직접 관찰	긍정적 양육 행위의 목록(칭찬하기, 격려하기, 모범이 되기, 일관성, 중간 휴식의 활용 등)을 만드는 것부터 시작한다. 또한 바람직하지 않은 양육 행위(위협하기, 때리기, 소리 지르기, 비판하기, 매수하기, 얕보기 등)의 목록도 만든다. 부모 또는 위탁가정 부모를 어려운 양육 상황(아이들로부터 장난감을 빼앗는 등)에서 직접적으로 관찰하면서 부모가 보이는 긍정적 행위와 부정적 행위의 수를 계산한다. 매 긍정적 행위에 +1, 매 부정적 행위에 −1을 부여함으로써 양육기술 점수를 계산한다.	혁신적 프로그램을 실시한 지역의 부모들의 평균 점수가 이전 프로그램을 실시한 지역의 부모들의 평균 점수보다 높은지 본다.	장점: 1. 행위는 직접적으로 관찰된다. 단점: 1. 시간이 오래 걸린다. 2. 부모들이 자신이 관찰대상이라는 것을 알고, 관찰대상이 아닐 때와 같이 행동하지 않을 수 있다. 3. 관찰자 편견의 가능성
자기 보고	부모들에게 양육에 대한 지식과 태도를 측정하기 위한 목적이 있는 기존의 자기보고 척도를 작성하도록 요청한다. 그 척도는 여러 가지 자녀 양육 상황에서 부모들이 어떻게 할 것인지 또는 일부 부모들이 약올리는 것으로 잘못 인식하는 다양한 정상적인 아동기 행위를 어떻게 인식하는지에 대한 질문들을 부모들에게 할 수 있을 것이다.	혁신적 프로그램을 실시한 지역의 부모들의 평균 척도 점수가 이전 프로그램을 실시한 지역의 부모들의 평균 척도 점수보다 높은지 본다.	장점: 1. 직접 관찰보다 비용과 시간이 적게 든다. 2. 익명으로 척도를 작성하면 부모들이 바람직하지 못한 태도도 드러낼 가능성이 높다. 단점: 1. 부모들이 사회적으로 보다 바람직한 인상을 전달하기 위해 진정한 태도를 왜곡할 수 있다. 2. 척도의 타당도가 떨어질 수 있다. 3. 지식과 태도가 언제나 실제 행위를 반영하지 않을 수 있다.
이용 가능한 기록 검토	아동학대와 방임의 발생건수에 대한 지역의 자료를 검토한다.	혁신적 프로그램을 실시한 지역의 아동학대 및 방임의 발생 건수가 이전 프로그램을 실시한 지역의 발생건수보다 낮은지 본다.	장점: 1. 직접 관찰이나 자기보고에 비해 비용과 시간이 적게 든다. 2. 긍정적 양육 지식과 기술이 학대 감소로 이어진다고 가정할 필요가 없다. 학대 그 자체를 측정한다. 단점: 1. 지역 자료의 적절성에 대한 의존 2. 개입을 받은 부모들이 양육기술을 개선했는지 보여주지 않을 것이다. 3. 왜곡된 기록의 가능성

　가장 철저한 과정은 측정하고자 하는 구성 개념에 관한 문헌을 고찰하는 것이다. 예를 들어, 결혼만족에 관한 측도(measure)가 제시되어 있는 문헌들을 찾기 위해서 결혼만족에 대한 문헌을 검토할 수 있다. 물론, 이때 행하는 문헌고찰의 목적은 구성개념에 대한 측도를 찾는 것이지 구성 개념에 관한 모든 연구를 검토하는 것이 아니므로 문헌고찰

▶

이용 가능한 기록 ▶ 다른 사람이 이미 수집해놓은 정보를 이용하여 연구를 할 때 사용할 수 있는 자료원

은 간략하게 해야 한다.

필요한 측도를 쉽게 찾을 수 있는 방법 중 하나는 다양한 기존 측도들을 소개하는 참고도서를 찾는 것이다. 그림 7-5에는 매우 유용한 참고문헌들이 제시되어 있다. 이 책들 중에서 어떤 책들에는 실제 측도가 그대로 수록되어 있고 어떤 책들은 척도들에 관한 자세한 정보를 제시하거나 도움이 될 만한 책들을 추가로 소개하고 있다. 일반적으로 참고도서에는 척도의 질(신뢰도와 타당도 같은)에 관한 정보, 척도를 구하는 방법 등이 제시되어 있다. 만일 어떤 척도가 저작권 보호를 받는 척도라면, 해당 척도를 사용하기 위해 비용을 지불해야 하는지 아니면 저자의 승인을 얻어야 하는지에 관한 정보도 제시되어 있을 것이다.

변수를 조작적으로 정의하기 위해 기존 척도를 선택할 때 어떤 기준을 고려해야 하는지 생각해볼 필요가 있다. 먼저, 아주 실질적인 것들에서부터 시작해보기로 하자. 척도가 얼마나 긴가? 연구 대상이 척도를 작성하는 데 시간이 너무 오래 걸리나? 예를 들어, 작성하는 데 한 시간 이상 걸리는 긴 척도를 작성하게 하고 그 대가로 20달러를 지불한다고 가정해보자. 그런 상황에서는 기존 척도를 사용하는 것이 성공적인지 여부는 우편으로 척도를 받은 다음 무료로 작성하여 다시 우송하기 위해 상당한 시간을 자발적으로 제공하는 바쁜 사람들을 연구 대상으로 하는 연구와는 아무런 상관이 없을 것이다.

또 다른 실질적인 문제는 어떤 척도가 연구 대상이 작성하기에 너무 어려운지 여부이다. 예를 들어, 어떤 척도가 연구 대상에게 이해하기 힘든 너무 귀찮거나 복잡한 말로 표현되어 있지는 않은가? 멕시코에서 불법으로 이주한 이민자들의 우울증을 연구하고자 한다고 가정해보자. 미국 대학생의 우울증을 평가하기 위해 개발된 척도가 미국 대학생 모집단에 대해서 아무리 성공적인 척도일지라도 그 척도를 멕시코 불법 이민자들에게 그대로

사용할 수는 없을 것이다.

만일 일정 기간에 걸친 변화(예들 들면, 사회복지 개입을 받기 전과 후)를 측정하고자 한다면, 상대적으로 짧은 기간 동안에 발생한 작은 변화에도 민감할 수 있는 척도가 필요할 것이다. 예를 들어, 어떤 클라이언트들은 낮은 자존감 때문에 치료 개입을 받은 후에 개입 이전의 자존감 수준보다는 자존감 수준이 높아졌지만 모집단과 비교할 때는 여전히 자존감 수준이 낮을 수 있다. 어떤 자존감 척도는 이러한 변화를 찾아낼 수 있지만 어떤 척도는 찾아 내지 못할 수 있기 때문에 연구 대상의 자존감 수준이 모집단에 비해 훨씬 낮다는 결론을 제시할 수도 있다.

척도를 선정할 때는 신뢰도와 타당도라는 두 가지 중요한 쟁점에 대해서 반드시 생각해보아야 한다. 다음 장에서 이 두 가지에 대해서 심층적으로 논의하게 될 것이다. 이 두 가지 개념은 측정 도구의 일관성과 측정 도구가 측정하고자 의도한 것을 실제로 측정하는지 여부에 관한 것이다. 일단 여기서는 기존 척도들을 소개하는 참고도서들은 개별 척도들에 대한, 이제까지 보고된 신뢰도와 타당도 값들이 제시되어 있다는 것만 말해두기로 하자. 중요한 것은 그런 값들에 대해서 주의를 기울일 필요가 있다는 것이다. 만일 그런 값들이 자신이 연구하려는 대상과 매우 다른 모집단에 대해서 검증한 결과를 바탕으로 얻어진 값이거나 자신이 하고자 하는 연구와 너무 다른 상황하에서 진행된 연구들로부터 얻어진 값이라면, 그런 값들은 자신이 하려는 연구에서 그 척도가 적합한 척도인지를 판단하는 데 아무런 도움이 되지 않을 수 있다. 참고문헌에 제시된 어떤 척도의 신뢰도와 타당도가 아무리 높더라도 자신이 하고자 하는 연구를 위해서는 그 척도를 변형해야 할지 모르며, 경우에 따라서는 그 척도를 전혀 사용할 수 없을 수도 있다.

연구자는 또한 기존 척도가 두 가지 이상의 자료원에서 사용될 수도 있다는 것도 이해하고 있어

그림 7-5 ▶ 사회복지 관련 변수를 조작화할 때 사용 가능한 척도 관련 참고문헌

American Psychiatric Association. 2000. *Handbook of Psychiatric Measures*. Washington. DC: American Psychiatric Association.

Beere, C. A. 1990. *Sex and Gender Issues: A Handbook of Tests and Measures*. New York: Greenwood Press.

Corcoran, K. J., and J. Fischer. 2000a. *Measures for Clinical Practice, Vol. 1, Couples, Families, Children*(3rd ed.). New York: Free Press.

Hudson, W. W. 1982. *The Clinical Measurement Package: A Field Manual*. Homewood, IL: Dorsey Press.

LaGreca, A. M. 1990. *Through the Eyes of the Child: Obtaining Self-Reports from Children and Adolescents*. Boston: Allyn & Bacon.

Magura, S., and B. S. Moses. 1987. *Outcome Measures for Child Welfare Services*. Washington, DC: Child Welfare League of America.

Martin, R. P. 1988. *Assessment of Personality and Behavior Problems: Infancy throufh Adolescence*. New York: Guilford Press.

Maruish, M. E. (ed.). 2002. *Psychological Testing in the Age of Managed Behavioral Health Care*. Mahwah, NJ: Erlbaum.

McCubbin, H. I., and A. I. Thompson (eds.). 1987. *Family Assessment Inventions for Research and Practice*. Madison: University of Wisconsin-Madison.

Mullen, E. J., and J. L. Magnabosco (eds.). 1997. *Outcomes Measurement in the Human Services*. Washington, DC: NASW Press.

Ogles, B. M., and K. S. Masters. 1996. *Assessing Outcome in Clinical Practice*. Boston: Allyn & Bacon.

Ollendick, T. H., and M. Hersen. 1992. *Hand Book of Child and Adolescent Assessment*. Des Moines, IA: Allyn & Bacon.

Sawin, K. J., M. P. Harrigan, and P. Woog (eds.). 1995. *Measures of Family Functioning for Research and Practice*. New York: Springer.

Suzuki, L., P. J. Meller, and J. G. Ponterotto (eds.). 1996. *Handbook of Multicultural Assessment*. San Francisco, CA: Jossey-Bass.

야 한다. 예를 들어, 아동들에게 척도를 이용하여 자신이 얼마나 자주 특정 행동을 하는지를 직접 측정하여 자기보고하게 할 수도 있고, 아동의 자기보고 내용을 성인(아동의 부모, 교사 또는 시설부모 등)이 아동을 직접 관찰한 내용으로 보완하여 척도를 완성할 수도 있다.

7.6k 측정의 수준

변수는 명목, 서열, 등간, 비율이라는 네 가지 수준 중 어느 하나 또는 그 이상으로 조작화하여 측정할 수 있다. **명목 수준**(norminal level)의 측정에서는 모든 변수를 범주라는 질적 속성으로만 정의한다. 예를 들어, 사회적응을 개인이 사회서비스를 받고 있는지 여부(예, 아니오)로 정의하는 것은 명목 수준의 측정이다. 사회적응을 개인이 보호 작업

장으로 옮겨 갈 준비가 되었는지 여부(예, 아니오)로 정의하는 것 또한 명목 수준의 측정이다. 또 다른 명목 수준의 측정 예로는 성별, 인종, 출생지 등을 들을 수 있다. 명목 수준의 측정에서 속성의 정도를 논하는 것은 아무런 의미가 없다. 예를 들면, 어떤 사람이 얼마나 남성인지 또는 얼마나 멕시코 사람인지를 파악한다는 것은 말이 되지 않는다. 논할 수 있는 것은 어떤 사람이 어떤 경우에 해당하느냐 해당하지 않느냐 뿐이다.

서열 수준(ordinal level)에서 측정된 변수들은 특정 속성이 상대적으로 많고 적음을 가릴 수 있기 때문에 서열 순위를 정할 수 있다. 그러나 서열 순위들 간의 해당 속성에 있어서의 차이는 정확하지 않다. 서열 수준에서 우리는 어떤 사례가 다른 사례에 비해 특정 속성을 덜 또는 더 가지고 있는지는 알 수 있지만 얼마나 덜 또는 더 가지고 있는

지는 알 수 없다. 예를 들어, 경마에서 Seabiscuit 이라는 말이 제일 먼저 들어왔고 Mr. Ed라는 말이 두 번째로 들어왔다는 것만 안다면 우리는 서열 수준에서 측정한 변수를 가지고 있는 것이다. 또한 클라이언트들이 서비스 A에 대해서는 매우 만족했고 서비스 B에 대해서는 약간 만족했다면 우리는 만족 정도 간의 정확한 차이를 모르기 때문에 서열 측정을 한 것이 된다.

이와는 대조적으로, 등간 수준(interval level)에서 측정된 변수들은 서로 다른 수준 간의 차이가 동일하다. 따라서 IQ 95점과 100점 간의 차이는 100점과 105점 간의 차이와 동일하다고 여겨진다. 만일 사회적응을 실천가가 내린 낮음, 중간, 높음이라는 평가로 정의한다면, 이는 상이한 범주가 적응 정도의 높고 낮음을 나타내는 것이므로 더 이상 명목 수준의 측정이 아니다. 그러나 이 측정을 등간 수준의 측정이라고는 할 수 없는데 왜냐하면 낮음, 중간, 높음 간의 차이가 부정확하기 때문이다. 우리는 낮음과 중간 간의 차이와 중간과 높음 간의 차이가 같은지 여부를 알 수 없기 때문에 이 측정은 서열 수준의 측정이다.

비율 수준(ratio level)에서 측정된 변수는 등간 측도와 동일한 특성을 가지며 추가로 절대 영점(true zero)이라는 특성도 가지고 있다. 따라서 개인이 체포된 적이 한 번도 없고, 한 번, 두 번, 세

번 등등인 것은 비율 수준의 측정이다. 이 경우는 절대 영점이 존재하기 때문에 체포된 횟수가 네 번인 사람은 체포된 횟수가 두 번인 사람보다 체포된 경험이 두 배 더 많다는 것을 알 수 있다. 그림 7-6은 이들 네 가지 수준의 측정을 예시하고 있다.

앞서 우리는 명목적 정의를 소개한 다음 명목적 정의를 조작적 정의와 비교한 적이 있다. 명목적 정의에서의 명목이라는 단어의 의미는 측정 수준에서의 명목이라는 단어의 의미와 다른 것이다. 예를 들어, 소득에 대한 명목적 정의인 "버는 돈의

그림 7-6 ▶ 측정의 수준

명목 측정 예시: 성

남성   여성

서열 측정 예시: 신앙심
"당신에게 종교는 얼마나 중요한가?"

(낮음)별로 중요하지 않은   상당히 중요한   매우 중요한   가장 중요한 (높음)

낮음   높음

등간 측정 예시: IQ

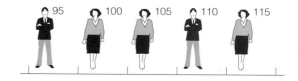

95   100   105   110   115

비율 측정 예시: 소득

0      $10,000 $20,000 $30,000 $40,000 $50,000

명목 수준의 측정 ▶ 성별, 인종 등과 같이 어떤 변수가 범주만을 속성으로 가질 수 있게 하는 측정. 각 속성에 해당하는 사례 수는 의미가 있으나 속성 정도는 의미가 없음.

순위 수준의 측정 ▶ 어떤 변수가 정도를 기준으로 서열을 매길 수 있는 속성을 갖게 하는 측정. 예를 들면, 사회경제적 지위를 높음, 중간, 낮음이라는 속성을 갖게 측정하는 것.

등간 수준의 측정 ▶ IQ나 화씨온도처럼 어떤 변수가 정도를 기준으로 서열을 정할 수 있고, 인접한 두 속성 간 차이가 항상 일정하고, 절대 영점이 아닌 속성을 갖게 하는 측정

비율 수준의 측정 ▶ 연령이나 자녀수처럼 어떤 변수가 등간 수준으로 측정한 속성의 특성을 모두 가지고 있으면서 동시에 절대 영점 또한 속성으로 가질 수 있게 하는 측정

양"은 비율 수준의 측정(버는 돈의 정확한 양)이나 최소한 서열 수준의 측정(빈곤 수준, 중산층, 풍족한 등)을 암묵적으로 의미한다.

7.7 질적 탐구에서의 개념화

어떤 개념을 조작화하고 나면 그 개념이 가진 풍부한 의미가 사라져버리는 경우가 종종 발생한다. 예들 들면, 결혼만족도란 부부가 결혼생활 상담을 받는지 여부 이상의 것을 의미한다. 그렇기 때문에 질적 연구자들은 그들의 관찰을 사전에 결정된 조작적 지표에 한정하지 않는다. 그 대신 질적 연구자들은 방법론적 자율성과 유연성을 강조함으로써 연구가 진행될수록 가장 중요한 변수들과 그런 변수들의 심층적인 의미가 점점 더 그 모습을 드러내게 한다. 사실, 조작화라는 용어는 질적 연구방법에 관한 교과서에서는 찾아볼 수 없는 용어이다.

질적 연구에서 변수를 사전에 조작화하지 않는 이유는 크게 세 가지가 있다. 첫째, 어떤 변수가 가장 중요한 변수인지를 사전에 알 수 없다. 둘째, 연구자가 중요하다고 생각하는 변수들에 대해서 연구자가 가진 이해의 한계는 연구자로 하여금 그러한 변수들을 조작적으로 정의할 수 있는 가장 좋은 방법을 보지 못하게 할 수도 있다. 셋째, 조작적 정의는 그것이 최선의 조작적 정의일지라도 개념을 관찰 가능한 지표로 구체화한 것이기 때문에 피상적일 수밖에 없다. 양적 연구에서 조작적 정의는 반드시 필요한 것이지만 관찰 대상의 심층적 의미를 탐구하는 것과는 거리가 먼 것이다. 그러한 심층적 의미는 질적 연구의 연구 대상이다.

순수한 양적 연구에서 연구자는 연구하고자 하는 현상에 대한 충분한 사전적 지식을 가지고 있으며 그렇기 때문에 제한된 수의 변수들에 관한 구체적인 연구질문을 만들어낼 수 있고, 연구질문에 대한 답을 제공해줄 수 있는 정확하고, 객관적이

고, 관찰 가능한 지표를 개발할 수 있다고 가정한다. 순수한 질적 연구에서는 어떤 현상이 자연스러운 환경에서 발생할 때 그 현상에 대한 깊은 이해와 주관적인 의미를 찾아야 할 필요가 있다고 가정한다. 연구자가 미리 예상할 수 있고 셀 수 있는 관찰 가능한 지표로 자신을 제한한다면 더 풍부한 이해를 만들어낼 수 없다는 것을 당연하게 생각한다. 질적 연구에서 연구자는 자연스럽게 발생하는 현상을 개방적이고 유연하게 관찰함에 있어서 좀 더 주관적인 방법에 몰입하고자 하며 방대하고 상대적으로 덜 구조화된 관찰로부터 유형과 주제를 찾고자 시도한다. 또한 질적 연구에서는 관찰의 사회적 맥락이 강조된다.

질적 관점뿐만 아니라 사회적 맥락의 중요성 또한 이해하기 위해서 다음과 같은 예를 생각해보기로 하자. 양적 연구를 통해서 아동복지 실천가의 가정방문 횟수가 증가하면 부모의 양육기능이 향상되고, 따라서 가정을 유지할 수 있는 가능성이 증가할 것이라는 가설을 검증한다고 가정해보자. 이미 이런 종류의 연구들이 여러 차례 실시된 바 있고 대부분의 경우 종속변수는 아동이 위탁가정에 위탁되었는지(또는 얼마나 오랫동안 위탁됐는지) 여부 같이 수량적으로 조작화되었다. 대부분의 연구들은 가정방문 횟수가 증가할수록 실천가가 부모의 방임 또는 학대 사실을 더 잘 인식하게 된다는 문제를 가지고 있다. 만일 그렇다면 부모의 양육기술 향상에 따른 위탁가정으로의 위탁 감소 효과가 방임 또는 학대 사실에 대한 실천가의 인식 증가에 따른 위탁 증가 효과에 의해서 상쇄될 수 있다는 생각을 할 수 있을 것이다. 따라서 실제로 가정방문 횟수가 증가할수록 서비스결과가 증가하더라도 연구자가 설정한 가설은 뒷받침되지 않을 수도 있다.

이와는 대조적으로, 질적 연구는 개별 사례의 과정과 결과의 심오한 의미와 사회적 맥락을 심층적으로 규명하고자 시도한다. 질적 연구는 단순히

조작화에 대한 질적 관점 및 질적 관점과 양적 관점 간의 보완적 관계

질적 관점과 양적 관점 간의 보완적 관계 및 조작화에 대한 질적 관점을 좀 더 잘 이해할 수 있기 위해서 다음과 같은 두 가지 연구질문을 추가로 살펴보기로 하자.

연구질문 1. 사회복지사들이 공공복지기관과 민간가족서비스기관 중 어느 기관에서 일할 때 소진(burnout)할 가능성이 더 높은가?

질적 연구에서는 연구질문을 이렇게 만들지 않을 것이다. 소진을 1~2개의 지표로 조작화하고 미리 정해둔 독립변수들과의 관계를 고찰하기보다는 사회복지사들로 이루어진 소규모 집단의 경험을 심층적으로 살펴보고 소진된다는 것이 어떤 느낌인지, 소진이 사회복지사에게 무엇을 의미하는지에 대해 더 풍부하고 깊은 이해를 끌어내고자 시도할 것이다. 아마도 질적 연구라면 소진된 사회복지사들의 직업 경험을 중심으로 한 전기(biography)의 형태의 연구가 될 것이며 소진된 사회복지사들의 전기를 소진되지 않은 사회복지사들의 전기와 비교해볼 수도 있을 것이다. 질적 연구를 양적 연구와 병행해서 해보는 것도 생각해볼 수 있을 것이다. 즉, 양적 연구가 두 종류의 기관 중 어느 쪽에 소진된 사회복지사들이 더 많은지에 초점을 둔다면 질적 측면은 양적 차이를 유발하는 드러나지 않은 이유를 발견하는데 초점을 맞출 수 있을 것이다.

연구질문 2. 실천, 연구방법, 정책을 가르치는 사회복지학 교수 중에서 가장 인기 있는 교수는 누구인가?

질적 연구에서는 연구질문을 이런 식으로도 만들지 않을 것이다. 질적 연구는 "인기"를 조작적으로 정의한 다음, 인기와 담당과목의 종류 간의 관계를 보는 대신 인기 있다는 것이 무엇을 의미하는지(인기가 반드시 가장 효과적인 강의를 의미하는 것은 아니다), 교수들을 인기 있는 교수로 만드는 것은 무엇인지 밝히기 위해 교수가 강의실의 안팎에서 학생들과 갖는 상호작용의 모든 측면을 관찰하고, 강의 자료를 분석하고, 교수 및 학생들과 깊이 있는 개방형 면접을 실시할 수 있을 것이다.

가장 인기 있는 교수가 누구인지 찾는 것 그 자체가 질적 연구의 한 부분이 될 수 있다. 그러나 연구의 초점은 인기에 해당하는 특정 조작적 지표가 사전에 정해 놓은 변수들과 수량적으로 관련이 있는지를 보려는 데 있는 것이 아니라 인기의 의미와 경험을 심층적으로 규명하려는 데 있다. 질적 연구는 한 교수집단이 다른 집단에 비해 얼마나 인기 있는지를 수량적으로 나타내는 것이 아니라, 학생들이 가장 인기 있다고 생각하는 교수들은 누구이고 가장 인기 없다고 생각하는 교수들은 누구인지를 파악하는 것에서부터 시작할 수 있을 것이다. 그렇게 함으로써 질적 연구에서는 각각의 교수들에 대한 풍부한 정보를 얻어 인기 있는 교수들과 인기 없는 교수들을 구분 짓는 어떤 주제나 유형을 찾을 수 있을 것이며, 더 나아가서 이상적인 교육 유형에 해당하는 사례연구 유형과 바람직하지 않은 교육 유형에 해당하는 사례연구 유형을 제시할 수 있을 것이다. 먼저 소개한 첫 번째 연구질문의 경우와 마찬가지로 연구의 질적 부분을 양적 부분과 연결해볼 수 있다. 예를 들면, 인기의 서로 다른 측면들이 가지고 있는 심층적인 의미를 질적으로 탐구하는 과정에서 인기와 가르치는 과목 간에 연관성이 있다는 가설을 검증하지 못할 이유는 전혀 없다.

위탁가정에 위탁된 횟수를 세는 대신, 어떤 사례는 위탁가정에 위탁되고 어떤 사례는 위탁가정으로 위탁되는 상황까지 가지 않은 것 모두가 실천가가 가치 있는 결과를 달성했다는 것을 보여주는 것일 수 있다. 또한 질적 연구는 실천가와 클라이언트가 했던 것을 구체적으로 관찰하고, 관찰한 바의 심층적 의미를 규명하고, 실천가들의 행동이 효과적이었다고 판단되는 상황들에 관한 유형을 찾고자 시도한다.

조작적 정의에 관한 질적 관점을 기술함에 있어

서 우리는 질적 관점이 더 나은 관점이라는 주장을 하고자 하는 것이 결코 아니다(물론 많은 질적 연구자들은 그렇게 생각하지만). 질적 관점과 양적 관점 중에 어느 것이 어느 것에 비해 더 나은 것도 아니고, 더 열등한 것도 아니며, 양자가 상호 배타적인 것도 아니다(비록 일부 연구자들은 두 관점이 갈등적 관계에 있다고 믿지만). 예를 들어, 앞서 제시한 가정유지 프로그램의 예에서 질적 연구와 양적 연구가 동시에 진행될 수 있다. 질적 요소는 양적 가설이 수용될 수 없는 이유를 밝힐 수 있다.

"조작화에 대한 질적 관점 및 질적 관점과 양적 관점 간의 보완적 관계"라는 제목의 글상자에는 이와 관련된 두 가지 예가 추가로 제시되어 있다.

7.8 주요 내용

- 문헌고찰은 연구 계획에 있어서 매우 중요한 초기 단계이다. 대개의 경우, 문헌고찰은 연구주제를 선택하고 연구질문을 형성하는 데 필요한 기반을 제공하므로 연구주제 선택이나 연구질문 형성보다 먼저 해야 한다.
- 좋은 연구질문은 구체적이어야 한다. 연구질문은 또한 실제로 연구할 수 있는 것이어야 하며, 관찰 가능한 증거를 가지고 답할 수 있는 형식으로 표현되어야 하며, 사회복지 정책이나 실천에 지침을 제공할 수 있을 정도로 사회복지와 상당한 수준의 관련성이 있어야 한다.
- 시간적 제약, 금전적 비용, 협력 부족, 윤리적 딜레마는 연구의 실행 가능성을 고려할 때 반드시 생각해봐야 할 사항들이다.
- 개념이란 어떤 생각, 대상, 사건 또는 사람을 상징하는 마음의 상이다. 연구자는 개념을, 공통적인 특성을 가지고 있다고 여겨지는 관찰이나 경험을 한데 묶어 요약하는 일종의 도구로 사용한다.
- 하나의 변수를 구성하고 있는 개념들을 그 변수의 속성이라고 한다.
- 무언가를 설명하거나 원인이 되는 변수를 독립변수라고 하고, 무언가에 의해서 설명되거나 결과가 되는 변수를 종속변수라고 한다.
- 가설이란 변수들 간의 관계, 즉 어떤 한 변수에 있어서의 변화가 다른 한 변수에 있어서의 변화와 관련이 있다는 것에 대한 예측이다.
- 가설은 독립변수(설명변수라고 여겨지는 변수)와 종속변수(설명되는 변수라고 여겨지는 변수)로 이루어진다.

- 매개변수(개입변수라고 부르기도 하는)란 독립변수와 종속변수 간에 인과관계를 만들어내는 구조이다.
- 조정변수는 독립변수와 종속변수 간의 관계의 강도와 방향에 영향을 미친다.
- 통제변수는 연구를 설계할 때 고정시킴으로써 통제하고자 하는 개입변수를 말한다.
- 두 변수 간 관계 중 제3의 변수를 통제할 때 더 이상 존재하지 않게 되는 관계를 허위관계라고 한다.
- 가설은 명료해야 하고, 구체적이어야 하며, 가치중립적이어야 하고, 두 가지 이상의 결과를 가질 수 있어야 한다.
- 변수들 간에는 양의 관계, 음의 관계 또는 곡선 관계가 있을 수 있다.
- 조작적 정의는 명목적 정의와 달리 변수를 관찰 가능한 용어로 바꾸는 것이다.
- 추상적인 변수를 조작화할 수 있는 방법에는 여러 가지가 있다.
- 변수를 어떻게 조작화할 것인가는 연구결과에 큰 영향을 미친다.
- 사회복지에서 변수를 조작화하기 위해 선택할 수 있는 범주에는 자기보고, 직접적인 관찰, 이용 가능한 기록 검토가 있다.
- 기존의 자기보고 척도는 사회복지 변수들을 조작화하는 방법으로 많이 사용되는데, 왜냐하면 기존 자기보고 척도는 선행연구들에서 성공적으로 사용된 적이 있으며 시간과 비용 면에서 유리하기 때문이다. 그러나 척도를 선택할 때는 신중을 기해야 하며 반드시 척도가 변수를 조작화하는 최선의 방법은 아닐 수 있다.
- 질적 연구는 변수를 사전에 구체적이고, 정확하고, 객관적으로 정의하기 보다는 자료를 수집하고 해석하는 과정을 통해서 다듬어 가야 하는 일군의 예상되는 의미들에서부터 출발한다.

7.9 연습문제

1. 아동방임나 아동학대, 삶의 질, 또는 비공식적 사회적 지지의 수준 같은 사회복지 관련 개념을 한 가지 선택한 다음 그 개념을 연구할 수 있도록 조작적으로 정의하라. 포함하고자 하는 지표와 차원들을 조작적 정의에 구체적으로 명시해본다.

2. 두 가지 가설을 세우되, 한 가설에서는 특정 개념이 독립변수가 되고 다른 한 가설에서는 종속변수가 되게 가설을 세워본다. 이어서 한 가설에서는 양의 관계를, 그리고 다른 한 가설에서는 음(역)의 관계를 설정해본다.

3. 노인요양시설 거주자들의 욕구에 대한 직원들의 민감성을 조작적으로 정의하고자 할 때 질적 연구자와 양적 연구자가 어떻게 다른 접근방법을 택할지에 대해서 논의해본다.

4. 노인요양시설 거주자들의 욕구에 대한 직원의 민감성을 조작화하고자 할 때 자기보고, 직접 관찰, 이용 가능한 자료 중 어느 방법을 사용하는 것이 좋을지에 대해서 고민하고 있는 직원이 있다고 가정한다. 각각의 접근방법이 갖는 장점과 단점을 서술하고, 그러한 장점과 단점에 근거하여 직원에게 어떤 조언을 해줄 수 있을지 서술해본다.

7.10 추천도서

Denzin, Norman K., and Yvonna S. Lincoln. (2000). *Handbook of qualitative research* (2nd ed.). Thousand Oaks, CA: Sage. 이 책에는 매우 유익하고 흥미로운 논문들이 수록되어 있는데, 여러 논문들이 질적 연구에서의 개념화가 양적 연구에서의 개념화와 어떻게 다른지 제시해주고 있다.

chapter 8

양적 및 질적 탐구에서의 측정

8.1 서론

양적 탐구에서 조작적 정의는 개념화와 측정을 연결하는 다리와 같은 역할을 한다. 이전 장에서 우리는 어떤 개념을 다양한 방법으로 조작화 할 수 있다는 것을 배웠다. 어떤 방법은 다른 방법에 비해 더 나은 방법이 될 수 있다. 예들 들어, 우리는 아동의 학대 위험을 부모에게 아동이 그런 위험에 처해 있는지를 직접 묻는 식(예, 아니오)으로 조작화할 수 있으며, 그렇게 함으로써 우리는 위험을 어떻게 측정해야 할지를 알게 된다. 그러나 어떤 개념을 조작적으로 정의한다는 것 그 자체가 정확하고 편향됨이 없는 측정을 가능하게 해주는 것은 아니다.

우리가 추상적인 개념을 조작화할 때 아무리 세심한 주의를 기울인다 하더라도 측정을 하는 과정 중에 오류는 언제나 발생할 수 있다는 점을 염두에 두어야 한다. 따라서 연구자는 그런 오류가 발생할 수 있는 가능성을 최소화할 수 있게 연구를 계획해야 하며 측정의 정확성을 확인하기 위한 여러 단계의 노력을 기울여야 한다. 이 장에서는 양적 탐구와 질적 탐구에서 어떻게 하면 오류 발생을 최소화하고 측정의 정확도를 높일 수 있는지 살펴보기로 하겠다.

8.2 측정 오류의 발생원인

측정 오류는 우리가 얻은 자료가 측정하고자 하는 개념을 정확하게 나타내지 못하는 자료일 때 발생한다. 오류 중에 어떤 것들은 대수롭지 않은 것일 수 있다. 예를 들면, 부모들이 지난 한 주 동안 아이들이 짜증을 11번 부렸으나 그중에서 한 번을 잊어버리고 짜증을 10번 부렸다고 말하는 것 같은 오류이다. 이와 달리 어떤 오류는 심각한 것일 수 있다. 예들 들면, 어떤 측도로 측정을 했을 때 아동을 학대하는 부모가 학대하지 않는 부모라고 나타나는 오류이다.

양적 연구에서 측정 오류는 체계적 오류와 무작위 오류라는 두 가지 형태로 나타난다. **체계적 오류**(systematic error)는 우리가 수집한 정보가 자료의 수집 방법이나 자료 제공자들 간의 역학 때문에 우리가 측정하려는 개념을 일관되게 잘못 묘사할 때 발생한다. 때로는 우리가 사용한 측도(measure)가 그 측도가 측정할 것이라고 생각되는 바를 실제로 측정하지 못하기도 한다. 왜냐하면 말과 행동이 항상 일치하는 것은 아니기 때문이다. 아동학대에 대한 부모들의 의견을 측정하는 것이 부모들이 실제로 아동을 학대한 적이 있는지 여부를 반영하는 것은 아닐 수 있다.

우리가 사용한 측도가 그 측도가 측정할 것이라고 기대되는 것 이외의 다른 것을 체계적으로 측정하는 오류는 자료 수집 과정에 **편견**(biases)이 개입될 때 가장 흔하게 발생한다. 편견은 여러 가지 형태로 나타날 수 있다. 연구자가 응답자로 하여금 연구자가 원하는 응답을 하기 쉽게 질문을 던지거나, 응답자가 가설을 뒷받침하는 답을 줄 때 과도한 미소를 짓거나 머리를 끄덕이면서 동의한다는 것을 표현할 수도 있다. 또한 사람들은 연구자의 질문에 대해서 자신들의 실제 견해나 행동을 왜곡하면서 답하는 편견을 보일 수 있다. 예를 들어, 사람들은 연구자가 무엇을 말하든 동의하거나 사람들이 자신들에 대해서 호의적인 인상을 갖게 할 수 있는 말이나 행동을 보일 수 있다. 전자와 같은 편견, 즉 내용에 상관없이 문장의 대부분 또는 전부에 동의하거나 동의하지 않는 것을 **순응적 반응**

체계적 오류 ▶ 우리가 수집한 정보가 자료의 수집 방법이나 자료 제공자들 간의 역학 때문에 우리가 측정하려는 개념을 일관되게 잘못 묘사하는 오류

편견 ▶ 개인적인 선호나 신념을 기반으로 측정할 때 발생하는 측정 왜곡

순응적 반응 ▶ 내용과 무관하게 문장의 일부 또는 전부에 동의하거나 동의하지 않는 것

사회적 바람직성 ▶ 편견 자신 또는 자신의 준거집단을 다른 사람들에게 좋게 보일 수 있게 말 또는 행동을 하는 것

(acquiescent response set)이라고 부른다. 후자와 같은 편견, 즉 자신 또는 자신의 준거집단을 다른 사람들에게 좋게 보일 수 있게 말 또는 행동을 하는 것을 **사회적 바람직성 편견**(social desirability bias)이라고 부른다.

단순히 어떤 태도나 입장이 명성 있는 사람이나 기관의 태도나 입장임을 밝히는 것만으로도 응답자의 반응을 왜곡시킬 수 있다. 예를 들어, "새로운 복지정책이 필요하다는 NASW의 입장에 대해서 찬성하십니까 아니면 반대합니까?"와 같은 질문에 대해서 사회복지학 전공생으로서 반대한다는 말을 하기는 쉽지 않을 것이다. 물론 반대 의사를 가지고 있는 학생도 있겠지만 그런 학생들에게 'NASW가 그 정책을 승인했다'는 말을 한다면 NASW가 승인했다는 사실 때문에 반대 의사를 가진 학생들조차도 정책에 동의할 가능성이 높아질 수 있다. 설문 문항은 또한 긍정적인 방향으로뿐만 아니라 부정적인 방향으로도 왜곡될 수 있다. "아돌프 히틀러가 ~라고 말한 것에 동의합니까 아니면 반대합니까?"라는 질문이 좋은 예라고 할 수 있다.

양적 탐구의 경우, 우리는 특히 사회적 바람직성 편견에 대해서 주의를 기울일 필요가 있다. 연구 대상으로부터 정보를 얻고자 할 때 연구 대상들은 언제나 연구자의 눈에 자신들이 좋게 보였으면 하는 마음을 가지고 정보를 제공한다. 연구 대상의 이러한 성향은 특히 면접을 통해서 정보를 얻을 때 두드러지게 나타난다. 예들 들어, 어떤 남자가 모든 여성을 부엌에만 있게 하고, 투표할 수 없게 하고, 사람들 앞에서는 입을 다물고 조용히 있게 만든다면 세상이 훨씬 좋아질 것이라고 생각하더라도 누군가가 그 남자에게 양성평등을 지지하는지 묻는다면 그 남자는 자신이 남성 우월주의에 빠져 있는 어리석기 짝이 없는 사람이라는 사실을 드러내 보이고 싶어 하지는 않을 것이다. 따라서 만일 그 남자가 자신의 생각이 15세기에는 진보적인 생각이었

을지 모르지만 요즘은 말도 안 되는 생각이라는 것을 안다면 분명히 "지지한다"라고 답할 것이다.

체계적 오류와 달리, **무작위 오류**(random errors)의 영향은 일관된 유형을 보이지 않는다. 무작위 오류는 측도를 왜곡하지 않으나 측정할 때마다 일관성이 없는 결과를 만들어낸다. 그러나 이러한 특성이 시간이 경과하여 자료가 변하면 그때마다 무작위 오류가 발생한다는 것을 의미하지는 않는다. 사실, 상황은 변하기 마련이며 우리가 사용하는 측도는 상황의 변화를 탐지해 낼 수 있어야 한다. 앞서 언급한 무작위 오류의 특성이 뜻하는 바는, 우리가 측정하고자 하는 것들이 시간이 지나도 변하지 않음에도 불구하고 측정결과가 매번 다르게 나타난다면, 우리가 한 측정이 일관성이 결여된 측정이거나 무작위 오류를 가진 측정이라는 것을 의미한다.

무작위 오류는 여러 가지 형태를 띨 수 있다. 측정 절차가 너무 복잡하거나, 귀찮거나, 지겹거나, 피곤하다면, 연구 대상들은 단지 측정을 빨리 끝내기 위해서 아무렇게나 답하거나 행동할 수 있다. 예를 들어, 복잡한 질문으로 가득 찬 긴 설문지에 절반 정도 답하고 난 응답자들은 질문이 정말로 의미하는 것이 무엇인지 또는 질문이 의미하는 바에 대해서 자신들이 진정으로 어떻게 느끼는지에 대해서 더이상은 아무런 생각을 하지 않을 수도 있다.

또 다른 예로서, 비디오로 찍은 클라이언트와의 면담 내용 중에, 사회복지사가 몇 번이나 감정이입적 반응을 보였는지를 두 명의 평가자가 기록한다고 가정해보자. 만일 감정이입적 반응을 판단하는 기준이 불확실하다면, 두 명의 평가자가 평가한 감정이입적 반응의 횟수에 상당한 차이가 있을 수 있다. 이런 종류의 오류와 체계적 오류 간의 차이가 무엇인지 이해할 필요가 있다. 만일 두 명의 평가자 중 한 명은 비디오에 찍힌 사회복지사의 스승 또는 약혼자이고 다른 한 명은 그 사회복지사와 승

▶ **무작위 오류** ▶ 일관된 유형의 효과를 보이지 않는 측정 오류

진을 놓고 경쟁을 벌이는 사람이라면 평가에 있어서의 차이는 아마도 체계적 오류에서 기인한 차이이기 쉬울 것이다.

8.2a 대안적 자료원들이 가진 오류

제6장에서 우리는 사회복지 연구에서 변수를 조작적으로 정의할 때 자기보고, 직접관찰, 이용 가능한 기록이라는 세 가지 자료원(sources of data)을 주로 사용한다는 것과 각각의 자료원이 측정 오류에 취약하다는 것에 대해 살펴본 바 있다. 이제 이 세 가지 자료원 각각을 다시 한번 살펴보면서 각각이 가진 측정 오류에 대한 취약성에 어떤 유사점과 차이점이 있는지를 고찰해보기로 하자.

자기보고

앞서 언급한 바와 같이, 사람들의 말과 행동이 반드시 일치하지는 않는다. 예를 들어, 아동학대 또는 아동방임 때문에 부모교육 프로그램을 의무적으로 수료한 부모들이 자녀를 학대 또는 방임할 가능성이 실제로 줄어든 것이 아니지만 자녀 양육에 대한 지식, 태도 및 기술에 대한 필답 검사에서 어떤 답이 바람직한 답인지를 배워서 답할 수 있다. 부모들은 당연히 자신들을 사회적으로 바람직한 존재로 보이게 하고 싶을 것이므로 자신의 행동에 대한 그들의 필답은 상당히 부정확할 수 있다. 부모들에게 익명으로 척도에 답하게 하는 것이 이러한 편견을 부분적으로는 없앨 수 있을지 모르나, 그렇게 하더라도, 자신을 사회적으로 바람직한 사람으로 보이게 하고 싶은 사람들의 성향 때문에 부정확성을 근본적으로 없앨 수는 없다.

직접관찰

우리는 사람들의 말에 의존하기보다 사람들의 행동을 직접 관찰할 수 있다. 예를 들어, 아동학대 또는 방임 때문에 의뢰된 부모들을 대상으로 실시

한 양육행동 개입프로그램의 효과를 평가하고자 한다고 가정해보자. 연구자는 필요하다면 직접 가정을 방문하여 부모들이 자녀들과 어떻게 상호작용하는지를 관찰할 수 있다. 또한 자녀들이 놀이방에서 여러 가지 장난감을 갖고 놀게 한 다음 부모들이 어떻게 자녀들로 하여금 장난감을 치우게 하는지를 일방경(one-way mirror)을 통해서 관찰할 수도 있을 것이다.

물론 직접관찰은 시간과 비용은 더 많이 들지만 연구자가 직접 행동을 관찰할 수 있고 사람들이 질문에 응답하는 방식이 그들의 실제 행동을 반영하는지 여부를 확인할 수 있다는 장점을 가지고 있다. 그러나 직접관찰 역시 사회적 바람직성 편견 같은 체계적 오류에 매우 취약할 수밖에 없다. 앞에서 살펴본 것처럼, 자신이 관찰이 되고 있다는 사실을 아는 사람은 자신이 관찰되지 않을 때나 자신이 관찰되고 있다는 사실을 모르고 있을 때보다 훨씬 더 사회적으로 바람직한 방식으로 행동할 수 있다. 또한 관찰자 스스로도 자신의 연구가설을 지지하는 방향으로 관찰 대상의 행동을 인식하려는 편견을 가질 수 있다. 무작위 오류는 다수의 관찰자들이 대상을 관찰하고 기록하는 방식의 차이에서도 기인할 수 있는데, 어쩌면 관찰자들 간에 존재하는, 그들이 찾아 기록하고자 하는 현상에 대한 이해 정도의 차이 때문에 무작위 오류가 발생할 수도 있다.

이용 가능한 기록

검토 아마도 시간과 비용이 가장 적게 드는 측정 대안은 이용 가능한 기록을 검토하는 것이라 할 수 있다. 실천가가 어떤 실천 관련 지향성을 가지고 있는지를 사정한다고 가정해보자. 연구자는 실천가들의 사례 기록에서 과정 기록을 검토하여 실천가들이 얼마나 자주 상이한 기법을 활용하거나 상이한 서비스를 제공했는지를 고찰해 볼 수 있다. 그러나 어떤 실천가들은 누군가가 자신들의 업무수행능력을 평가하기 위해 그런 기록을 이용할 수

있다는 생각에서 자신들이 특정 활동을 위해 사용한 시간을 과장해서 기록할 수도 있다. 어쩌면 어떤 실천가들은 자신들에게 요구되는 모든 문서 작업에 염증을 느낀 나머지 자신들의 업무를 문서화해두는 데 소홀했을 수도 있다. 그러한 행동은 무작위 오류의 원인이 될 것이다.

8.3 신뢰도

측정 과정의 오류에 대한 취약성이라는 관점에서 볼 때, 양적 연구를 하고자 하는 연구자는 연구를 실행에 옮기기에 앞서 자신이 사용하고자 하는 측정 절차가 체계적 오류와 무작위 오류를 충분히 방지할 수 있는지 여부를 사정해보아야 한다. 그렇게 하기 위한 방법 중 하나는 사용하고자 하는 측정 절차의 신뢰도와 타당도가 적절한 수준인지를 사정해보는 것이다.

신뢰도(realiability)는 측정에 있어서의 무작위 오류의 양과 관련이 있는 것으로서, 측도(measure)의 신뢰도가 높을수록 측도의 무작위 오류는 적어진다. 신뢰도는 동일 대상에 대해서 특정 기법을 반복적으로 적용할 때 매번 동일한 결과를 얻게 되는지의 문제이다. 체구가 큰 학교 친구(예들 들면, 학교 미식축구팀 선수)가 두 명의 친구에게 자신의 몸무게가 얼마나 나가는지 어림짐작으로 맞춰보라고 한다고 가정해보자. 그 친구를 주의 깊게 훑어본 다음 한 친구는 260파운드라고 말하고 또 다른 친구는 375파운드라고 말한다. 이 예는 사람들에게 다른 사람의 몸무게가 얼마인지 추정하게 하는 기법이 신뢰도가 높은 기법이 아니라는 것을 보여준다. 그러나 만일 그 친구의 몸무게를 체중계로 잰다면 어떨까? 아마도 체중계는 거의 매번 동일한 무게를 제시할 것이다. 따라서 체중계가 어림짐작보다 몸무게에 대한 신뢰할 만한 측도라는 것을 알

수 있다.

그러나 신뢰도가 정확성을 보장하는 것은 아니다. 단지 기분을 좋게 만들기 위해서 원래 몸무게보다 10파운드가 덜 나가도록 체중계를 조정해 놓았다고 가정해보자. 비록 그 체중계는 매번 동일한 몸무게를 제시해주겠지만 (신뢰도는 높다) 그런 식의 체중 측정은 체계적 오류(즉, 왜곡된 체중계)로 인해 부정확할 수밖에 없다.

신뢰도 문제는 사회과학 연구에서 여러 가지 형태로 나타난다. 예를 들어, 우리는 종종 사람들에게 도저히 답할 수 없는 질문을 하곤 한다. 어떤 연구자가 응답자에게 부모님과 의견이 달랐던 경우가 몇 번이나 되냐고 묻는다면 응답자가 어떤 반응을 보일지 한 번 생각해보자. 연구자가 하는 질문이 무엇을 의미하는지 모르는 경우도 종종 있다. 예를 들면, 아이들에게 그들이 아직 배우지 않은 단어를 사용하면서 질문을 하거나 상이한 문화에서 상이한 의미를 갖는 용어를 사용할 때 그런 경우가 발생한다. 때로는 너무 복잡한 질문을 던져 그 사안에 대해서 분명한 견해를 가지고 있던 사람도 두 번째 질문을 받았을 때 그 질문의 의미를 다르게 해석할 수 있다.

8.3a 신뢰도의 종류

특정 연구에 가장 적합한 측정 신뢰도의 종류가 무엇인지는 연구의 목적과 설계에 따라 다르다. 만일 관찰자나 평가자의 판단을 필요로 하는 연구라면, 관찰자나 평가자 간의 일치 정도나 일관됨의 정도를 평가할 필요가 있다. 만일 하고자 하는 연구가 응답자들의 자존감, 우울증, 직업 만족도 등과 같은 개념을 측정하기 위해 자기보고형 척도(scale)를 사용하는 연구라면, 신뢰도는 보통 한두 가지 정도의 방법으로 측정된다. 만일 일정 기간에 걸친 사람들의 변화를 측정하기 위해 자기보고형 척도를 사용한다면, 그 척도를 이용하여 서로 다른

신뢰도 ▶ 측정에 있어 일관된 정도(무작위 오류에 의해 지연됨)

시점에서 행해진 측정결과 간에 일관성이 있는지 여부, 즉 척도의 안정성을 사정해볼 필요가 있다. 시간의 변화에 따른 척도의 안정성을 고려하지 않으면서 척도의 신뢰도를 평가할 수 있는 대안적 방법은 척도의 내적 일관성(internal consistency)을 측정해보는 것이다.

관찰자나 평가자 간의 일치 또는 일관된 정도를 가리켜 관찰자 간 신뢰도(inter-observer reliability) 또는 평가자 간 신뢰도(inter-rater reliability)라고 한다. 준전문가나 자원봉사자들을 위한 현장 훈련 프로그램이 그들의 감정이입 수준을 향상시키는지 연구하기 위해서 준전문가나 자원봉사자들로 하여금 역할연습을 하게 하면서 그 내용을 비디오로 녹화한다고 가정해보자. 평가자 간 신뢰도를 측정하기 위해 두 명의 평가자를 훈련시킨 다음 그들로 하여금 동일한 비디오테이프를 보게 하고 그들이 관찰한 감정이입 수준을 각자 평가하게 한다. 만일 그들의 평가가 약 80% 이상 일치한다면 측정에 있어서 무작위 오류의 정도가 심하지 않다고 판단할 수 있다. 연구자에 따라서는 70% 정도만 되어도 받아들일 수 있는 수준이라고 본다.

일정 기간에 걸쳐 척도 점수의 변화를 사정하는 연구에서는 안정적인 척도, 즉 일정 기간에 걸쳐 일관된 측정결과를 제공해주는 척도를 사용하는 것이 중요하다. 만일 척도가 안정적이지 못하다면, 관찰된 변화가 연구에서 관찰하고자 하는 현상의 실제 변화가 아니라 측정 절차의 변화와 관련이 있을 수 있다. 시간의 변화에 따른 척도의 안정성을 사정하는 것을 가리켜 검사–재검사 신뢰도(test-retest reliability)라고 한다.

▶

관찰자 간 신뢰도 또는 평가자 간 신뢰도 ▶ 관찰자나 평가자 간의 일치 또는 일관된 정도

검사–재검사 신뢰도 ▶ 시간의 변화에 따른 측도의 안정성을 사정하는 것

내적 일관성 신뢰도 ▶ 어떤 척도를 구성하는 문항 점수들 간 또는 부분 척도 문항 점수들 간의 상관 정도

검사–재검사 신뢰도를 평가하기 위해서는 동일 측도를 가지고 동일 대상을 서로 다른 상황에서 측정해본다. 만일 각각의 측정을 통해 얻은 점수가 유사하다면 그 측도는 안정적이라고 볼 수 있다. 그런데 검사–재검사 신뢰도를 올바르게 사정하는 것이 생각보다 어려울 수 있다. 예들 들어, 어떤 사람이 검사와 재검사 사이에 실제로 변한다면 어떻게 해야 할까? 검사 조건(하루 중 검사 시점 등)이 재검사의 조건과 다르면 어떻게 해야 할까? 검사–재검사 신뢰도를 사정함에 있어서 두 차례의 검사 모두 동일한 조건하에서 실시해야 하고 검사와 재검사 간에는 응답자들이 첫 번째 검사에서 자신이 한 응답 내용을 기억하지 못할 정도로 충분히 긴 시간적 간격이 있어야하지만, 동시에 두 검사 간의 시간적 간격은 응답자들이 변할 가능성을 최소화할 수 있을 만큼 충분히 짧아야 한다. 보통 2주 정도가 검사–재검사 간의 적절한 시간적 간격으로 알려져 있다.

어떤 연구가 일정 기간에 걸친 측도의 변화를 사정하는 연구이든 아니든 상관없이 측도를 구성하는 다수의 문항들이 내적 일관성을 가지고 있는지 여부를 평가하는 것이 중요하다. 이 방법을 가리켜 내적 일관성 신뢰도(internal consistency reliability)라고 하는데, 이 방법은 일단 측도가 다수 문항으로 구성되어 있고 각 문항에 점수를 매겨 다른 문항 점수와 합하여 총점을 낸다고 가정한다. 이 방법을 사용하여 우리는 각 문항의 점수와 나머지 문항들의 점수 간의 상관을 구할 수 있다. 또한 우리는 측도를 구성하고 있는 각각의 하위 범주 항목들의 총점을 구한 다음, 각 범주 총점들 간의 상관도 구해볼 수 있다. 예를 들어, 우리는 반분법(split-halves method)을 사용하여 측도의 문항들을 양분한 다음, 한쪽 절반만 가지고 다수의 하위 범주 문항 간의 상관을 사정할 수 있다. 이 방법은 측정을 한 번만 하면 되기 때문에 신뢰도 사정을 위해 가장 많이 사용되는 가장 현실적인 방법이다.

컴퓨터가 등장하여 내적 일관성 상관을 쉽게 계산할 수 있게 되기 전에는 연구방법론 교재들에서 내적 일관성 신뢰도와 매우 유사하지만 측도의 신뢰도를 측정하는 데 시간이 많이 걸리고, 훨씬 어렵고, 실용적이지 않은 유사양식 신뢰도(parallel-forms reliability)라는 방법이 소개되었다. 이 방법을 사용하기 위해서는 첫 번째 측도와 대등하다고 생각되는 두 번째 척도를 만들어야 한다. 두 번째 측도는 첫 번째 측도보다 문항의 수가 적을 수는 있지만 첫 번째 측도가 측정하고자 하는 바와 항상 동일한 것을 측정해야 한다. 두 양식을 동일 대상에 대해서 측정하고 두 양식을 측정하여 얻은 응답 간의 상관이 어느 정도인지 사정한다. 이 방법은 두 번째 측도를 만들어 첫 번째 측도와 대등한지 여부를 확인하는 것이 어렵고 귀찮기 때문에 사회복지 연구에서는 좀처럼 사용되지 않는 방법이다. 두 개의 "유사(parallel)"양식이 일치하지 않는 결과를 낳더라도 첫 번째 측도의 신뢰도가 떨어진다는 것을 의미하지 않을 수도 있다. 즉, 두 결과 간의 불일치가 단순히 두 번째 측도를 첫 번째 측도와 진정한 의미에서 대등한 측도가 되지 못하게 만들었기 때문에 나타난 것일 수도 있다.

현재 사용되고 있는, 내적 일관성 신뢰도 계산 방법 중 가장 보편적이고 엄격한 방법은 **알파계수**(coefficient alpha)이다. 알파계수는 컴퓨터 소프트웨어를 사용하여 쉽게 계산할 수 있다. 알파계수를 계산하기 위해서, 컴퓨터는 측도의 모든 문항들을 가능한 모든 방식으로 반분(split halves-문항의 부분집합)한다. 그런 다음 컴퓨터는 각각의 응답자에 대해서 모든 반분의 총점들을 계산하고 모든 반분을 두 개씩 짝지어 가능한 모든 반분의 쌍(pair)을 만든 다음, 각각의 쌍을 이루고 있는 두 개의 반분 간의 상관을 모든 반분 쌍에 대해서 구한다. 알파계수는 이렇게 구한 모든 상관들의 평균값이다. 알파계수가 약 0.90 이상이면 내적 일관성 신뢰도가 매우 높은 것을 의미한다. 알파계수가

0.80~0.89이면 내적 일관성 신뢰도는 좋은 편에 속하며, 그보다 약간 낮은 값들은 상대적으로 길이가 짧은 측도라면 받아들일 만한 수준으로 여겨진다. 이제까지 논의한 여러 종류의 신뢰도는 그림 8-1에 정리되어 있다.

8.4 타당도

신뢰도에 관해서는 이 책의 다른 장에서 다시 다루게 될 것이므로, 이번에는 타당도에 대해서 살펴보기로 하자. 어떤 측도의 신뢰도가 완벽에 가깝다고 할지라도 그 측도가 타당하다는 것, 즉 우리가 측정하고자 하는 것을 측정할 수 있다는 것은 누구도 보장할 수 없다. 일상적으로 사용할 때, **타당도**(validity)라는 용어는 실증적 측도가 연구하고자 하는 어떤 개념의 실질적 의미(real meaning)를 적절히 반영하는 정도를 의미한다.

8.4a 타당도의 종류

타당도는 여러 가지 종류가 있다. 먼저, 가장 투박하고 설득력이 낮은 수준의 타당도인 **액면 타당도**(face validity)라는 것이 있다. 액면 타당도는 연구자나 그 밖의 전문가가 주관적으로 판단하는 타당도이다. 어떤 측도가 액면 타당도를 갖는다는 것은 그 측도가 연구자가 측정하고자 의도하는 것을 실제로 측정할 수 있다는 것은 아니며, 단지 어떤 사람 또는 사람들이 보기에 그럴 것 같아 보인다는 것을 의미한다.

액면 타당도의 속성을 가지고 있을 뿐만 아니라 기술적으로 좀 더 발전된 형태의 타당도는 **내용 타당도**(content validity)이다. 내용 타당도란 어떤 측도가 특정 개념 안에 포함되어 있는 모든 의미

알파계수 ▶ 어떤 척도의 문항을 절반으로 나누어 만들 수 있는 모든 부분 척도들 간의 상관의 평균

를 포괄하는 정도를 말한다. 예를 들면, Carmines and Zeller(1979)가 지적한 바와 같이, 수학 능력 시험은 덧셈 능력만을 평가해서는 안 되며 뺄셈, 곱셈, 나눗셈 등의 능력도 평가해야만 한다. 그러나 내용 타당도는 액면 타당도와 마찬가지로 판단에 기초한 타당도이다. 즉, 연구자나 그 밖의 전문가들이 어떤 측도가 특정 개념의 모든 측면들을 포괄하는지를 판단한다. 물론, 어떤 측도를 개발하든 측도의 액면 타당도와 내용 타당도에 대한 판단은 내려야 하지만 중요한 것은 그런 판단이 적절한지를 반드시 실증적으로 평가해야 한다는 것이다. 아무리 그런 판단에 대해서 확신한다고 하더라도 그 측도가 과연 측정하려는 것을 실제로 측정하는 측도인지 확인하려면 증거가 필요하다. 측도가 측정하고자 의도한 것을 실제로 측정하는지 여부를 실증적으로 검증하는 가장 일반적인 두 가지 방법은 **기준 관련 타당도**(criterion-related validity)와 **구성 타당도**(construct validity)이다.

기준 관련 타당도(criterion-related validity)는 몇 가지 외적 기준에 근거한 타당도이다. 어떤 측도의 기준 타당도를 사정할 때 그 측도가 측정하고자

하는 변수에 대한 또 다른 지표 또는 측도라고 판단되는 한 가지 외적 기준(external criterion)을 선택한다. 기준 관련 타당도는 예측 타당도(predictive validity)와 동시 타당도(concurrent validity)라는 두 가지 하위 타당도를 가지고 있다. 이 두 하위 기준 관련 타당도 간의 차이는 어떤 측도를 (1) 앞으로 발생할 기준(나중에 대학에서 성공할지 여부 같은)을 예측하는 능력과 (2) 동시 발생적이라고 알려진 기준과의 부합 정도 중에서 어느 것을 가지고 평가하는가에 달려 있다. 예를 들어, 실천론을 가르치는 교수가 학생들이 실습을 하기에 앞서 학생들의 면접 기술을 측정해보기 위해 객관식 시험을 만들었다고 가정해보자. 그 시험의 동시 타당도를 사정하기 위해서 교수는 그 시험의 점수가 면접 상황 역할극에서 학생들이 보여준 면접 기술을 바탕으로 학생들을 평가한 결과와 일치하는지 볼 수 있다. 또 그 시험의 예측 타당도를 사정하기 위해서는 교수는 학생들의 시험 점수가 학생들이 실습을 마치고 난 다음 실습 담당 교수가 학생들의 면접 기술을 평가한 결과와 일치하는지 볼 수 있을 것이다. 예측 타당도는 또한 학생들의 시험 점수와 그들이 졸업 후에 행한 면접에 대해서 클라이언트들이 얼마나 만족하는지를 조사하여 얻은 점수를 비교함으로써도 사정해볼 수 있다.

만일 다양한 측도의 기준 관련 타당도를 사정하는 연구들을 읽어본다면, 어떤 측도가 측정하고자 하는 변수에 있어서 현격한 차이가 있는 집단들을 정확하게 구별하는지 여부를 분명하게 규명하는 연구들을 많이 볼 수 있을 것이다. 예들 들면, 우울증을 측정하기 위한 척도의 타당도는 그 척도가 우울증 치료를 받고 있는 사람들과 그렇지 않은 사람들을 정확하게 구별해낼 수 있는지를 봄으로써 사정할 수 있다. 측도의 기준 타당도를 이런 방법, 즉 "알려진 집단"을 구별해내는 측도의 능력을 바탕으로 사정하는 방법을 알려진 집단 타당도(known groups validity)라고 부를 수 있는데 알려진 집단

액면 타당도 ▶ 어떤 척도가 연구에서 측정하고자 하는 변수들을 측정하기에 적합한 척도라고 판단되는지 여부. 판단하는 사람의 주관에 근거한 타당도

내용 타당도 ▶ 어떤 측도가 특정 개념 안에 포함되어 있는 모든 의미를 포괄하는 정도

기준 관련 타당도 ▶ 어떤 변수에 대한 측도가 그 변수에 대한 또 다른 지표 또는 측정값으로 판단되는 외적 기준과 관련이 있는 정도

예측 타당도 ▶ 어떤 측도가 미래에 발생할 어떤 기준(criterion)을 정확하게 예측하는 정도

동시 타당도 ▶ 어떤 측도가 동시에 알려진 어떤 외적 기준에 부합하는 정도

알려진 집단 타당도 ▶ 어떤 측도가 서로 다르다고 알려져 있는 집단들을, 측정하고자 하는 변수에 대해서 정확하게 구분해낼 수 있는지 여부

구성 타당도 ▶ 어떤 측도가 다른 변수들과 특정 이론적 관계 체계 내에서 기대되고 그 측도의 수렴 타당도 및 판별 타당도 수준에 맞게 관련되어 있는 정도

그림 8-1 ▸ 가상적 면접기술 측정 척도의 신뢰도

검사–재검사 신뢰도: 동일 응답자의 자기보고형 척도 점수가 시점1과 시점2에서 유사한가?

높은 신뢰도의 예 :

	시점1	시점2
Ann	47	48
Bob	63	65
Eve	93	91
Hal	84	83

낮은 신뢰도의 예 :

	시점1	시점2
Ann	47	94
Bob	63	96
Eve	93	58
Hal	84	27

내적 일관성 신뢰도: 동일 응답자의 서로 다른 문항에 대한 측정값이 유사한가?

높은 신뢰도의 예 :

	문항1	문항2	문항3
Ann	4	4	5
Bob	7	6	7
Eve	1	2	2
Hal	3	3	3

낮은 신뢰도의 예 :

	문항1	문항2	문항3
Ann	4	1	7
Bob	7	2	5
Eve	1	7	4
Hal	3	1	6

평가자 간 신뢰도: 서로 다른 평가자가 관찰 내용에 대해서 유사한 평가를 하였는가?

높은 신뢰도의 예 :

	평가지1	평가지2
Ann	10	9
Bob	2	3
Eve	5	6
Hal	8	8

낮은 신뢰도의 예 :

	평가지1	평가지2
Ann	10	5
Bob	2	6
Eve	5	9
Hal	8	1

타당도 역시 기준 관련 타당도의 하위 타당도이다. 예를 들면, 인종차별을 측정하기 위해 고안된 척도의 알려진 집단 타당도를 사정하고자 한다면 사회복지학 전공생들의 점수와 Ku Klux Klan 회원들의 점수가 뚜렷하게 다른지를 살펴볼 수 있을 것이다.

기준 관련 타당도에 대해서 어느 정도 이해했다는 가정하에, 이번에는 구성 타당도에 대해서 살펴보기로 하자. **구성 타당도**(construct validity)란 어떤 측도가 이론적 관계 체계 안에서 다른 변수들과 관련되는 방식에 기초한 타당도이다. 예를 들어, "결혼만족: 그 원인과 결과"에 관심이 있는 연구자가 연구의 일부로서 결혼만족도를 측정할 수 있는 측도를 개발한 다음 측도의 타당도를 사정해보고자 한다고 가정해보자. 측도 개발과 더불어 연구자는 결혼만족이 다른 변수들과의 관계 속에서 어떤 식으로 "변할 것인가"를 이론적으로 예측을 해볼 수 있다. 예들 들어, 가정폭력은 결혼만족도가 낮을수록 더 많이 발생할 것이라고 예측해볼 수 있다. 만일 결혼만족도 측도가 예상대로 가정폭력과 관련이 있다면, 그런 사실은 그 측도의 구성 타당도에 대한 증거가 된다. 그러나 만일 "만족스러운" 부부와 "불만족스러운" 부부가 똑같이 가정폭력과 관련이 있다면, 그런 사실은 측도의 타당도를 의심하게 만든다.

구성 타당도는 어떤 측도가 이론적 예측과 부합하는지 여부에 대한 검증뿐만 아니라 그 측도가 수렴 타당도와 판별 타당도 모두를 갖는지 여부에 대한 검증 또한 포함한다. 어떤 **구성개념**(constructs)을 특정 측도로 측정한 결과가 동일한 구성개념을 측정하는 다른 측도의 측정 결과와 일치한다면 그 측도는 **수렴 타당도**(convergent validity)를 갖는다. 따라서 결혼만족도가 낮다고 판단되는 클라이언트가 결혼만족도가 높다고 판단되는 클라이언트에 비해 결혼만족도 척도에서 더 낮은 점수를 얻는 경향이 있다면, 그 척도는 수렴 타당도를 가진 척도라고 할 수 있다.

어떤 구성개념을 특정 측도로 측정한 결과가 동일한 구성개념을 측정하는 다른 측도의 측정 결과와 일치하는 것 못지않게 그 구성개념이 아닌 다른 구성개념을 측정하는 측도의 측정 결과와 차이를 보인다면, 그 측도는 **판별 타당도**(discriminant validity)를 갖는다. 예를 들어, 우울증 또는 자존감을 측정하는 어떤 측도의 측정결과가 연구자가 개발한 결혼만족도 척도의 측정결과보다 결혼생활에 만족하는 클라이언트와 불만족하는 클라이언트에 대한 임상가의 평가에 더 잘 부합한다고 가정해보자. 이 경우, 그 결혼만족도 척도는 비록 수렴 타당도는 가질지 모르지만 구성 타당도를 갖는다고는 볼 수 없다. 여기서 기억해야 할 것은, 만일 어떤 척도가 결혼만족이라는 구성개념을 실제로 측정하는 척도라면, 그 척도는 결혼만족과 전혀 다른 구성개념을 측정하는 척도에 비해 결혼만족을 측정하는 다른 척도의 측정결과와 더 많이 일치해야 한다는 것이다. 마찬가지로, 만일 어떤 척도가 결혼만족을 실제로 측정하는 척도라면, 그 척도는 결혼만족을 측정하는 다른 척도의 측정결과보다는 자존감이나 우울증을 측정하는 척도의 측정결과와 더 많이 불일치해야 한다는 것이다.

결혼만족을 측정하는 어떤 척도가 결혼만족에 대한 다른 측도와 일치하지만 실제로는 결혼만족이라는 구성개념을 측정하기에 좋은 측도가 아닐 수도 있다. 예를 들어, 자존감이 낮거나 우울증이 있는 사람들이 그렇지 않은 사람들보다 결혼생활에 덜 만족할 가능성이 높다고 가정해보자. 그렇다면 어떤 척도가 실제로는 우울증이나 자존감을 측정하기에 더 적합한 척도이지만 그 척도는 결혼만족을 측정하는 척도의 측정결과와도 일치할 것이다. 연구자는 판별 타당도를 사정할 때 바로 그런 가능성을 염두에 두어야 하며, 따라서 어떤 측도가 문제가 된 구성개념과 우연히 관련이 있는 다른 구성개념을 측정하는 것이 아니라 본래 측정하고자 하는 구성개념을 실제로 측정하는지 여부를 확인

그림 8-2 ▶ 가상적인 면접기술 척도의 타당도

액면 타당도: 이 척도가 면접기술을 측정하기에 적합하다고 판단되는가?

　높은 액면 타당도의 예:

　　문항1: 면접자는 피면접자와 반드시 시선을 마주해야 한다.　　참　　거짓
　　문항2: 면접자는 중립적인 심층규명기법을 사용해야 한다.　　참　　거짓

　낮은 액면 타당도의 예:

　　문항1: 면접자는 수학을 잘해야 한다.　　参　　거짓
　　문항2: 면접자는 예술적 감각이 있어야 한다.　　참　　거짓

내용 타당도: 척도의 문항들이 면접기술의 모든 범위를 다루고 있는가?

　높은 액면 타당도의 예:

　　척도의 문항들이 면접기술의 모든 측면들, 예를 들면 공감, 온정, 관심, 태도, 중립성 등을 모두
　　다루고 있다.

　낮은 액면 타당도의 예:

　　면접기술의 어떤 중요한 측면에 관한 문항이 척도에 포함되어 있지 않다.

기준-관련 타당도: 이 척도의 측정값이 면접기술에 대한 또 다른 독립적인 지표와 연관이 있는가?

예측 타당도: 이 척도의 측정값이 클라이언트의 미래 만족도 수준을 정확하게 예측하는가?

　높은 예측 타당도의 예 :

	척도 측정값	미래 만족도 수준
Ann	10	9
Bob	2	3
Eve	5	6
Hal	8	8

　낮은 예측 타당도의 예 :

	척도 측정값	미래 만족도 수준
Ann	10	5
Bob	2	6
Eve	5	9
Hal	8	1

동시 타당도: 이 척도의 측정값이 관찰자가 현재 평가한 결과와 정확하게 관련이 있는가?

　높은 예측 타당도의 예 :

	현재 척도	현재 평가 등급
Ann	10	9
Bob	2	3
Eve	5	6
Hal	8	8

그림 8-2 ▶ (계속)

낮은 예측 타당도의 예 :

	현재 척도	현재 평가 등급
Ann	10	5
Bob	2	6
Eve	5	9
Hal	8	1

알려진 집단 타당도: 이 척도의 측정값을 이용하여 면접기술에 있어서 차이가 있다고 알려진 서로 다른 집단을 구분할 수 있는가?

높은 예측 타당도의 예:

	평균 측정값
경험 많은 임상사회복지사	97
사회복지학 전공 석사 1학기 학생	78
공학 전공 학부 학생	43

낮은 예측 타당도의 예:

	평균 측정값
경험 많은 임상사회복지사	73
사회복지학 전공 석사 1학기 학생	74
공학 전공 학부 학생	71

구성 타당도: 이 척도가 수렴 타당도와 판별 타당도를 모두 갖는가?

높은 수렴 타당도:
이 척도의 측정값과 실습 담당교수가 평가한 면접기술 간에 높은 상관이 존재한다.

그리고

높은 판별 타당도:
실습 담당교수의 성별 또는 인종과 이 척도의 측정값 간에 낮은 상관이 존재하거나 상관이 존재하지 않는다.

낮은 구성 타당도의 두 가지 예:
1. 낮은 수렴 타당도
2. 높은 수렴 타당도:
이 척도의 측정값과 실습 담당교수가 평가한 면접기술 간에 높은 상관이 존재한다.

그러나

낮은 판별 타당도:
유사한 수준의 상관이 측정값과 실습 담당교수의 성별 또는 인종 간에도 존재한다.

신뢰도와 타당도의 차이

질문: 금연을 위한 개입 프로그램 참여 이후 담배를 피운 적이 있습니까?

참여자1 (신뢰도, 타당도 모두 높음)

10월 7일

10월 21일

참여자2 (신뢰도, 타당도 모두 낮음)

10월 7일

10월 21일

참여자3 (신뢰도는 높으나 타당도는 낮음)

10월 7일

10월 21일

해봐야 한다. 그림 8-2에는 이제까지 논의한 여러 종류의 타당도들이 간략하게 정리되어 있다.

8.5 신뢰도와 타당도 간의 관계

앞서 언급했던 바와 같이, 어떤 측도가 신뢰할 만한 측도라는 것은 바람직하지만 측도의 신뢰도가 타당도를 보장해주지는 않는다. 아이에 대한 양육권을 유지할 수 있게 해주는 조건으로 법원이 학대적인 부모에게 가족치료를 받아야 한다는 명령을 내렸다고 가정해보자. 비자발적 클라이언트인 부모는 자칫 자녀 양육권을 잃을지도 모른다는 우려 때문에 가족치료 전문가에게 자신들의 행동이 학대적인 행동임을 시인하지 않을 수 있다. 아이에 대한 학대가 계속되고 있음에도 불구하고 가족치료 전문가가 부모에게 학대 여부를 물어볼 때마다 부모는 학대 사실을 부인할지 모른다. 따라서 가족치료 전문가는 신뢰도가 매우 높은(즉, 일관성 있는) 자료를 얻게 될 것이다. 아무리 다양한 방식으로 여러 번에 걸쳐서 학대 행동에 대해 질문한다 할지라도 부모의 응답은 항상 같을 것이다.

그럼에도 불구하고, 가족치료 전문가가 얻은 자료는 타당도 높은 자료가 아니다. 부모의 응답은 측정하고자 하는 구성개념, 즉 발생하고 있는 아동학대의 양을 실제로 측정할 수 있게 해주지 못한다. 정작 측정되는 것은 사회적으로 바람직하지 않

은 자신들의 모습을 가족치료 전문가에게 보이지 않으려는 부모의 노력이다.

그림 8-3은 타당도와 신뢰도의 차이를 그림으로 나타낸 것이다. 만일 측정을 과녁의 중심을 맞히는 것으로 생각한다면, 신뢰도는 일관성의 문제이므로 과녁의 어느 곳을 맞히든 상관없이 점들이 "밀집 유형"을 보일 것이다. 이에 비해, 타당도는 점들이 과녁의 중심 주변에 모이는지의 문제이다. 그림 8-3에서 낮은 신뢰도는 무작위 오류로 여겨지는 반면, 낮은 타당도는 체계적 오류로 여겨진다. 신뢰도가 낮거나 타당도가 낮은 척도는 자칫 쓸모없는 척도가 될 가능성이 높다는 것을 명심해야 한다. 또한 신뢰도 없이는 타당도도 없다는 점도 꼭 기억해두어야 한다.

8.6 질적 연구에서의 신뢰도와 타당도

신뢰도와 타당도에 관한 기본적인 논리 중 상당 부분이 질적 연구와 양적 연구에서 동일하지만, 질적 연구자들은 이 쟁점에 대해서 양적 연구자들과 약간 다르게 접근한다. 어떤 연구자가 청소년 우울증에 관한 양적 연구를 진행한다면, 아마도 연구자는 표준화된 우울증 척도를 사용하여 상당 규모의 청소년 표본의 우울증 정도를 측정하여 청소년 우울증의 정도를 사정하거나 우울증 정도가 다른 변수들과 관련이 있는지 알아보고자 할 것이다. 이러

그림 8-3 ▶ 타당도와 신뢰도

신뢰도는 높으나
타당도는 낮음

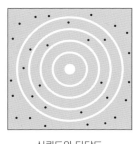
신뢰도와 타당도
모두 낮음

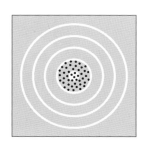
타당도와 신뢰도
모두 높음

한 연구를 계획하거나 연구 결과를 읽을 때 아마도 가장 쟁점이 되는 것은 연구에서 사용된 우울증 척도의 신뢰도와 타당도가 될 것이다. 아무리 좋은 척도라도 100%의 신뢰도와 타당도를 가질 수는 없다. 또한 아무리 좋은 척도를 사용하더라도 연구는 특정 척도 점수가 청소년이 우울증에 빠져 있을 확률이 높거나 낮다는 것을 의미한다는 식의 확률적 지식을 다루게 될 것이다. 좋은 임상 척도는 청소년이 우울증을 앓고 있는지 여부를 판단함에 있어서 약 90% 정도의 정확성을 가질 것이며 척도가 얼마나 정확한지 또는 부정확한지 아는 것은 매우 중요하다. 그러나 만일 각각의 청소년에 대해서 우리가 가진 양적 자료가 척도를 측정하여 얻은 점수뿐이라면, 우리는 어떤 청소년이 정확하게 묘사되고 있고 어떤 청소년이 부정확하게 묘사된 10%에 속하는지에 대해서 전혀 알지 못할 것이다.

청소년 우울증에 관한 질적 연구에서, 연구자는 표준화된 척도에 의존하지 않을 것이다. 연구자는 양적 연구에 비해 훨씬 적은 수의 청소년 표본을 연구 대상으로 삼아 그들 한 사람 한 사람과 그들 주변의 사람들에 대해서 다양하고 광범위한 직접 관찰 및 심층 면접을 시도할 것이다. 아마도 청소년 우울증이 특정 가정에 미치는 영향에 대한 전기적 사례 연구로 연구의 범위를 한정하거나 아무리 많아도 몇 개 가정 정도로 한정하기 쉬울 것이다. 어느 경우든 연구자는 독자들이 "우울증이 과연 존재하는가?"라는 생각을 갖지 않도록 그리고 관찰된 현상을 명명하기 위해 어떤 구성개념을 사용했는지에 대해서 궁금해 하지 않도록 연구 대상의 일상적인 삶을 자세하고 풍부하게 기술하고자 할 것이며, 그렇게 하기 위해서 표본의 크기를 충분히 작게 유지하고자 할 것이다.

어떤 연구자가 질적 연구보고서에서 사춘기에 접어들면서 학업과 사회적 기능이 점차 떨어지기 시작한 청소년기 여학생을 기술하고 있다고 가정해보자. 전에는 성적이 좋은 편이었던 이 소녀는 사춘기가 시작된 다음부터는 밤에 깨어 있고 낮에 자면서 학교에 가기를 거부하기 시작했으며 어쩌다가 학교에 가더라도 집중하지 못했다. 그 결과, 성적이 가파르게 떨어지기 시작했다. 또한 가족과 친구들로부터 자신을 고립시키고 자신의 방에서 꼼짝하기를 싫어하기 시작했으며 미래에 대한 절망의 느낌과 자신의 외모, 지능, 호감 및 존재 가치에 대해서 부정적인 생각들을 표현하기 시작했다. 이 소녀는 전에는 잘했던 일들을 잘할 수 있을 만한 에너지를 더 이상 갖지 못했고 청결이나 단정함 같은 기본적 일상 과제들을 소홀히 하기 시작했다. 매일 똑같은 검은색 옷만 입고 다른 어떤 색도 입지 않기 시작했다. 가족이나 친구들이 자신에게 접근할 때 아무런 반응을 보이지 않거나 신경질을 부렸다. 소녀는 약물을 남용하지는 않았지만 약물이 기분을 낮게 만들지 모른다는 생각을 하기 시작했다. 또한 이 소녀는 자살을 생각을 하기 시작했고 자신의 몸에 상처를 내기 시작했다. 그러나 망상이나 환각 같은 정신분열증 증세는 전혀 보이지 않았다.

좋은 질적 연구보고서는 독자들이 이 가족이 느끼는 부담은 물론이거니와 이 소녀의 우울증과 고뇌를 느낄 수 있을 정도로 그리고 독자들이 소녀와 가족의 입장이 된 것처럼 느낄 정도로 위에서 언급한 임상적 악화 증상에 관한 엄청난 분량의 관찰 내용과 인용문을 상세하게 제시할 것이다. 어쩌면 연구보고서의 내용이 너무도 자세하여, 만일 이 소녀의 우울증 정도를 표준화된 척도로 측정한 결과가 우울증이라고 판단할 수 있는 범위에 해당하지 않더라도, 독자들은 그런 결과를 보고 이 소녀의 경우가 측정이 부정확할 수 있는 10%에 해당하는 경우라고 생각할지도 모른다. 독자들은 보고서에 기술된 현상을 "우울증"으로 부르든 아니면 다른 용어로 부르든 전혀 개의치 않을 것이다. 이 연구의 초점은 관찰된 현상을 다른 대상에 대해서도 일반화할 수 있는 어떤 용어로 부를 수 있을지를 고민하는 것이 아니라 독자들에게 이 소녀와 소녀의 가족들이 겪어야 했던 상황들과 가족들이 그러한 상황들을 경험하는 방식들, 그러한 상황들이 그들에게 주는 주관적 의미들, 그리고 소녀와 가족들이 필요하다고 느꼈던 것들에 대한 심층적인 이해를 제공하는 데 맞추어져 있을 것이다.

다시 말하면, 질적 연구의 핵심은 무언가를 다양한 관점과 의미에서 심층적이고 상세하게 기술하고 연구하는 것이며, 그렇기 때문에 어떤 척도가 본래 측정하려는 것을 실제로 측정하고 있는지 여부를 걱정하지 않는다. 이와 달리, 양적 연구는 발견한 것들을 가능한 한 많은 사람들에게 일반화시키고자 하는 마음에서 어떤 가설적 개념이 다수의 사람들에게 적용되는 정도를 알기 위해 불과 몇 분 내에 측정할 수 있는 하나 또는 그 이상의 지표에 의존한다. 그렇기 때문에 양적 연구에서는 우리가 사용하는 지표의 신뢰도와 타당도를 평가하는 것이 무엇보다 중요하다. 따라서 우리는 양적 연구에 있어서 신뢰도와 타당도의 중요한 역할을 인식함과 동시에 질적 연구에 있어서 신뢰도와 타당도의 역할에 대해서 양적 연구와는 다른 관점을 가져야 할 필요성을 이해할 수 있다. 사실, 구태여 심층적인 질적 측정의 타당도를 양적으로 평가해보려고 시도하지 않더라도 질적 측정의 직접성과 깊이와 상세함은 양적 척도보다 더 높은 타당도를 질적 측정에 부여해줄 수 있다.

물론 그렇다고 해서 신뢰도와 타당도가 질적 연구에서 아무런 역할도 하지 않는다는 것은 아니다. 질적 연구자들 간에는 질적 연구에 있어서 신뢰도와 타당도의 역할의 본질과 정도에 대해서 의견이 분분한데, 그러한 의견의 불일치는 객관적인 측정의 현실적 가능성에 관한 가정에서 비롯된다. 한쪽 극단에는 객관성을 향상시키거나 사정할 수 있다고 믿는 연구자들이 있다. 이들은 질적 연구를 통해 얻은 증거가 정확하고 편견이 없다고 신뢰할 수 있는지를 판단하는 데 있어서 다양한 기준을 사용한다. 이들이 사용하는 기준 중 하나는 **다원 확증**

(triangulation)이라는 개념, 즉 여러 가지 대안적 측도들을 사용하면서 그러한 대안적 측도들이 동일한 결과를 만들어내는지 여부에 주목하는 것이다. 예를 들어, 연구자들은 서로 다른 면접원이나 관찰자들이 동일한 결과를 만들어 내는지를 살펴볼 수 있을 것이다. 이들은 또한 질적 해석과 양적 척도로부터 얻은 자료를 비교하기도 한다. 양적 자료가 질적 해석을 뒷받침한다면, 질적 내용은 훨씬 더 믿을만한(신뢰도 높은) 것으로 여겨질 수 있다.

어떤 연구자들은 질적 해석의 신뢰도를 판단할 때 사실은 양적 기준이 아니지만 신뢰도에 대한 양적 접근방법의 기본 논리와 유사한 기준을 사용한다. 예를 들면, 양적 연구에서 관찰자 간 신뢰도를 사정하는 것처럼, 두 명의 독립적인 평가자가 질적 현장 기록을 분석한 다음 동일한 해석에 도달하는지 여부를 사정할 수 있다. 이러한 접근방법은 평가자 간의 일관성을 평가자 간의 의견 일치 퍼센트나 상관계수 같은 양적 지표로 계산하지 않는다는 점에서 양적 접근방법과 다르다. 질적 접근방법에서 주목하는 것은 두 평가자가 동일한 지배적 해석에 도달했는지 여부이다(일부 연구자들은 그것 역시 양적 지표라고 주장할 수 있다. 즉, 동의한다는 것은 100% 아니면 0%이다). 또한 질적 접근방법에서는 내적 일관성 신뢰도와 유사한 개념으로서 다양한 자료 출처들이 연구자의 관찰과 해석에 일관되게 부합하는지를 살펴볼 수 있다. 물론 이때에도 양적 신뢰도 계수를 계산하는 것이 아니라 다양한 자료 출처들이 전반적으로 볼 때 어떻게 질적 일치를 이루는지를 예시하는 데 주안점을 둘 것이다.

어떤 연구자들은 신뢰도를 판단하는 양적 접근방법들과 기본 논리는 매우 유사하지만 양적 기준은 아닌 기준들을 가지고 질적 해석의 신뢰도를 판

다원 확증 ▶ 서로 다른 오류원을 가진 두 가지 이상의 불완전한 자료원을 사용하는 것

단하기도 한다. 예를 들면, 연구 대상자에게 연구자의 관찰이 정확한지 확인해달라고 부탁할 수도 있다. 또 연구 참여자들에게 연구자의 해석이 사실이라고 생각되는지 그리고 연구자의 해석이 그들에게 어떤 의미인지 물어볼 수도 있다. 어떤 연구자들은 연구자의 해석과 부합하지 않는 다른 사례나 정보제공자를 찾아보는 등의 노력을 통해서 연구자가 반대되는 증거를 철저히 조사했다는 것이 연구 보고서에 제시되어 있는지 여부를 가지고 신뢰도를 판단하기도 한다. 또 어떤 연구자들은 연구자가 관찰 시간, 장소, 맥락을 충분히 다양화했는지 그리고 연구자의 해석이 서로 다른 시간, 장소, 맥락에서 행해진 관찰들과 일관되게 부합하는지를 물어볼 수도 있다.

Jane Kronick(1989)은 글로 표현된 텍스트에 대한 질적 해석 내용의 타당도를 평가할 때 사용할 수 있는 네 가지 기준을 제안한 바 있다. 첫 번째 기준은 양적 연구의 내적 일관성 신뢰도와 매우 유사하다고 할 수 있는데, 텍스트 중 어떤 부분들에 대한 해석은 다른 부분들 또는 텍스트 전체와 일치해야 한다는 것이다. 이와 마찬가지로, "만들어져 가고 있는 주장(developing argument)"은 "내적 일관성"을 가져야 한다. 두 번째 기준으로서, Kronick은 해석이 모든 증거를 고려한 완전한 것이어야 한다고 주장했다. 세 번째 기준은 "확신(conviction)", 즉 해석이 텍스트 내에서 찾을 수 있는 증거에 비추어 볼 때 가장 설득력 있는 것이어야 한다는 것이다. 네 번째 기준은 해석이 의미 있어야 한다는 것이다. 해석은 텍스트를 말이 되게 만들어 주어야 하며 텍스트에 대한 이해를 넓힐 수 있게 해줘야 한다.

양적 연구의 경우와 마찬가지로 신뢰도와 타당도에 대한 질적 접근에도 한계는 존재한다. 예를 들면, 연구 대상들이 단순히 연구자가 자신들을 묘사한 방식이 마음에 들지 않거나, 연구자의 이론적 관점을 이해하지 못하거나, 엄청난 양의 자료가 있

을 때만 발견할 수 있는 어떤 사실을 모르기 때문에 연구자가 한 관찰이나 정확성을 인정하지 않을 수 있다. 보조 평가자의 해석이 주 평가자의 해석을 뒷받침해주지 못할 수도 있는데, 왜냐하면 어떤 통찰은 기록을 통해서 얻을 수 있는 것이 아니라 관찰이나 면접을 통해서만 얻을 수 있기 때문이다.

물론, 어떤 질적 연구자들은 앞서 언급한 신뢰도와 타당도에 대한 접근 유형들 중 어떤 유형을 어떻게 사용해야 하는지에 대해서 다른 견해를 갖는 반면, 어떤 질적 연구자들은 신뢰도와 타당도라는 개념 자체를 부정할 수도 있다. 또 어떤 질적 연구자들은 신뢰도와 타당도를 다른 연구자들과 너무도 다르게 정의할 수도 있다. 어떤 질적 연구자들은 자신들과 기본 가정이 다른 연구자들이 비과학적이거나 심지어는 반과학적이라고 생각할 수 있는 방식으로 신뢰도와 타당도를 정의하기도 한다. 예를 들어, 어떤 연구자들은 힘없고 억압받는 특정 집단이 어떤 연구를 해방적이고 권한강화적인 연구라고 느끼는지 여부를 가지고 연구의 타당도를 판단할 수도 있다. 따라서 일부 연구자들은 연구의 타당도를 객관성과 정확성의 관점에서 정의하는 것이 아니라 연구결과가 정치적 또는 이데올로기적 목적으로 활용될 수 있는지 여부에 기초하여 정의하기도 한다(Altheide and Johnson, 1994). 또 어떤 연구자들은 글 쓰는 스타일을 타당도의 기준으로 꼽는다. 만일 어떤 연구보고서가 너무도 흡입력 있게 쓰여서 독자들이 마치 연구 대상들의 삶 속에 들어간 것처럼 느끼고, 자신들이 읽은 내용이 자신들이 전에 했던 경험과 일치한다고 생각하고, 보고서의 내용이 내적 일관성을 가지고 있으며 설득력 있다고 느낀다면 그 연구의 타당도가 높다고 판단한다(Adler & Adler, 1994). 실제로. 한 질적 연구는 치매를 앓고 있는 친척을 보살피는 가족의 경험에 관한 통찰을 얻기 위해서 소설과 희곡을 자료 출처로 사용하였다(England, 1994).

이제 이 책에서 신뢰도와 타당도라는 용어는 주로 양적 의미로 사용할 것인데, 왜냐하면 신뢰도와 타당도는 주로 양적 연구에서 사용되는 개념이기 때문이다. 그러나 우리는 이 책의 나머지 장들에서 질적 연구에 대해서도 논의할 것이며, 그럴 때는 질적 연구에서 고려하는 신뢰도와 타당도의 특성을 기억해주기 바란다.

8.7 주요 내용

- 측정 오류에는 체계적 오류와 무작위 오류가 있다. 일반적으로 체계적 오류 사회적 바람직성 편견 및 문화적 편견과 관련이 있다. 무작위 오류의 영향은 일관된 유형을 갖지 않으면서 측정을 일관성 없게 만들고 측도를 이해하거나 측정하는 데 있어서 어려움을 유발한다.

- 대안적 측정방법에는 필답형 자기보고, 직접관찰, 그리고 이용 가능한 기록 검토가 있다. 각각의 방법은 측정 오류에 취약하다.

- 어떤 측정 형식도 완전하지 않기 때문에 다원측정의 원칙을 적용하면서(즉, 동일한 정보를 수집하기 위해 여러 가지 다른 조사방법을 사용함으로써) 여러 가지 불완전한 측정방법들을 사용하면서 여러 측정방법들이 동일한 결과를 만들어내는지 살펴볼 수 있다.

- 신뢰도는 척도와 관련된 무작위 오류의 양 및 측정의 일관성과 관련이 있다. 신뢰도는 특정 측정을 반복할 때 측정 절차가 특정 현상을 동일하게 기술할 가능성을 말한다. 예를 들어, 어떤 사람의 나이를 알고자 할 때 그 사람의 친구들에게 그 사람의 나이를 묻는 방법보다 당사자에게 묻거나 출생신고서를 확인하는 방법의 신뢰도가 더 높다.

- 신뢰도의 종류에는 관찰자 간 신뢰도 또는 평가자 간 신뢰도, 검사-재검사 신뢰도, 유사-양식 신뢰도, 내적 일관성 신뢰도가 있다.

- 타당도는 측정에 있어서 체계적 오류의 정도, 즉 특정 측정이 특정 개념에 대해서 일반적으로 받아들여지는 의미와 관련이 있는 자료를 제공하는 정도를 말한다. 타당도를 결정하는 기준에는 액면 타당도, 내용 타당도, 기준 관련 타당도 그리고 구성 타당도가 있다.

- 내용 타당도란 어떤 측도가 연구에서 측정하고자 하는 개념이 포함하고 있는 모든 의미를 포괄하는 정도를 말한다.

- 기준 관련 타당도의 두 가지 하위 유형은 예측 타당도와 동시 타당도이다. 이 두 가지 타당도 간의 차이는 어떤 측도를 앞으로 발생할 기준을 예측하는 능력과 동시 발생적이라고 알려진 기준과의 부합 정도 중에서 어느 것을 가지고 검증하는가와 관련이 있다.

- 알려진 집단 타당도는 기준 관련 타당도의 또 다른 하위 유형이다. 이 타당도는 어떤 측도가 측정하고자 하는 변수에 대해서 차이가 있다고 알려진 집단들을 분명하게 구별하는지 여부를 사정한다.

- 구성 타당도는 어떤 측도가 이론적으로 예측한 바와 같이 다른 변수들과 관련되는지 여부를 검증한다. 측도의 수렴 타당도와 판별 타당도에 대한 검증 또한 구성 타당도에 포함된다.

- 어떤 측도를 가지고 측정한 결과가 동일한 구성개념을 측정하는 다른 측도의 측정 결과와 일치할 때 그 측도는 수렴 타당도를 갖는다.

- 어떤 구성개념을 특정 측도로 측정한 결과가 동일한 구성개념을 측정하는 다른 측도의 측정 결과와 일치하는 것 못지않게 그 구성개념이 아닌 다른 구성개념을 측정하는 측도의 측정 결과는 차이를 보인다면 그 측도는 판별 타당도를 갖는다.

- 신뢰도와 타당도는 양적 연구와 질적 연구에서 다르게 정의된다. 질적 연구자들은 신뢰도와 타당도에 대한 정의와 기준에 대해서 매우 다른 견해를 가지고 있다. 일부 연구자들은 신뢰도나

타당도가 질적 연구에 결코 적용될 수 없다고 주장한다. 이러한 의견의 불일치는 질적 연구자들이 가지고 있는 객관성에 관한 서로 다른 가정에서 비롯된다.

- 좋은 질적 연구는 무언가를 다양한 관점과 의미에서 심층적이고 자세하게 기술하는 연구이며, 그렇기 때문에 어떤 척도가 본래 측정하려는 것을 실제로 측정하고 있는지에 대해서 전혀 걱정하지 않는다.

8.8 연습문제

1. 노인요양시설에 근무하는 어떤 사회복지사가 생애사 고찰 개입이 요양시설 거주자들의 우울증에 도움이 되는지를 평가하고자 개입 이전과 이후에 우울증 척도로 거주자들의 우울증 정도를 측정했다고 가정한다. 아울러 요양시설 거주자들을 대상으로 측정한 점수와 지역사회에서 독립적으로 살고 있는 건강한 노인들을 대상으로 측정한 점수를 비교하여 그 척도의 타당도를 사정했다고 가정한다.

   a. 어떤 유형(또는 하위 유형)의 타당도를 평가한 것인가?

   b. 측도의 구성 타당도를 입증하기 위해서는 무엇이 더 필요한가?

   c. 측도의 타당도가 입증된다면, 이 측도를 신뢰할만한 측도라고 볼 수 있는가? 왜 그렇다고 생각하는가?

2. 노인요양시설에서 근무하는 어떤 사회복지사가 요양시설 거주 노인들의 욕구에 대한 직원들의 민감성 정도를 측정할 수 있는 상당히 긴 척도를 개발했다고 가정해본다. 이 척도는 노인용과 직원용으로 이루어져 있다.

   a. 이 척도가 어떤 이유에서 체계적 오류와 무작위 오류에 대해서 취약할 수 있는지 설명해본다.

   b. 이 척도의 신뢰도를 검증할 수 있는 방법을 두 가지 정도 제시해본다.

chapter 9

양적 및 질적 측정 도구

9.1 서론

제8장에서 우리는 측정 오류의 다양한 출처에 대해서 살펴보았다. 모든 측정 오류를 피할 수 있다는 것은 불가능하다. 심지어 어떤 기관의 클라이언트 명부를 보고 연령 및 인종별로 남성과 여성의 비율을 파악하는 정도의 단순한 연구를 할 때에도 측정 오류가 발생할 수 있는데, 예를 들면 자료를 기록하고, 코딩하고, 컴퓨터에 입력하는 과정에서도 사무적인 오류가 얼마든지 발생할 수 있다.

그러나 측정오류를 피할 수 없다는 이유 때문에 연구를 망설일 필요는 전혀 없다. 왜냐하면 어느 누구도 사회복지 연구가 완벽할 것이라 기대하지는 않기 때문이다. 그렇기 때문에 연구를 할지를 놓고 고민하기보다는 어떻게 하면 연구결과의 신빙성과 유용성을 저해하는 측정오류를 최소화하고 자신의 측정이 측정 오류를 일정 수준 이하로 낮출 수 있는 정도로 적절히 이루어졌는지를 더 잘 사정할지를 고민하는 것이 더 중요하다.

이 장에서 우리는 사회복지 연구에서 폭넓게 사용되는 여러 종류의 측정 도구(설문지questionnaires, 면접스케줄interview schedules, 척도scales)를 개발할 때 측정 오류를 최소화하는 방법에 대해서 살펴볼 것이며, 아울러 측정 도구를 비판적으로 평가하는 방법에 대해서도 살펴볼 것이다. 측정 도구의 개발 및 평가에 대해서 고찰할 때 한 가지 염두에 두어야 할 것은 하고자 하는 연구가 양적 연구인지 아니면 질적 연구인지에 따라 측정 도구 설계의 기본 지침이 달라진다는 점이다. 그럼 이제 사람들에게 무언가를 질문을 할 때 기억해두어야 할 양적 탐구와 질적 탐구 모두에 적용되는 일반적인 지침에 대해 살펴보는 것으로 이 장의 논의를 시작해보기로 하자.

9.2 질문을 위한 일반적 지침

사회복지 연구자가 자료를 얻는 가장 일반적인 방법 중 하나는 사람들에게 무언가에 대해 질문하는 것이다. 앞으로 보게 되겠지만, 질문을 만들 때 알아두어야 할 몇 가지 유용한 지침들이 존재한다. 그런가 하면 쓸모없거나 심지어는 그릇된 결론을 내리게 하는 정보로 연구자를 이끌고 가는 함정들도 존재한다. 이 절에서는 그 두 가지를 구별하는 데 도움이 되는 내용들을 살펴볼 것이다. 그럼 우선 설문지를 만들 때 연구자가 선택할 수 있는 몇 가지 사항들에 대해서 살펴보기로 하자.

9.2a 질문과 진술문

설문지란 다수의 질문을 모아 놓은 것을 의미한다. 양적 연구에서 일반적으로 사용되는 설문지에는 질문만큼이나 많은 진술문이 포함되어 있다. 예를 들어, 응답자가 가진 어떤 태도나 관점의 정도를 측정하는 데 관심이 있다면, 연구자는 측정하고자 하는 태도를 간략한 문장으로 요약한 다음, 응답자들에게 동의하는지 아니면 동의하지 않는지를 물어볼 수 있다.

9.2b 개방형 질문과 폐쇄형 질문

질문을 만들 때, 연구자는 두 가지 질문 형식 중 하나를 선택할 수 있다. 그중 하나는 응답자로 하여금 질문에 대한 자신의 답을 직접 적게 하는 개방형 질문(open-ended question)이다. 개방형 질문은 자기기입식 설문지뿐만 아니라 면접에서도 사용될 수 있다. 예를 들어, 응답자에게 "현재 귀하의 지역사회가 직면하고 있는 가장 중요한 문제는 무엇이라고 생각하십니까?"라는 질문을 한 다음 응답자에게 직접 답을 쓰게 하거나 말로 답하게 할 수 있다. 개방형 질문은 양적 연구와 질적 연구 모두에서 사용할 수 있지만 주로 많이 사용하는 쪽은 질적 연구이다. 면접자는 필요할 경우 좀 더 자세한 정보를 얻을 수 있다. 예를 들어, 만일 응답자가 가장 중요한 지역사회 문제가 "도시 쇠퇴"라고 답한다면 면접자는 "그 문제에 관해 좀 더 말해주실 수 있습니까?"라고 질문함으로써 좀 더 많은 설명을 끌어내고자 할 수 있다.

폐쇄형 질문(closed-ended questions)의 경우, 응답자는 연구자가 제시하는 응답범주 중에서 자신이 하고자 하는 답에 해당하는 것을 고른다. 폐쇄형 질문은 면접뿐만 아니라 자기기입식 설문지에서도 사용되며, 응답의 획일성과 처리의 용이성 때문에 양적 연구에서 많이 사용되는 질문 형식이다. 폐쇄형 질문이 가진 가장 큰 단점은 연구자가 응답범주를 만든다는 데 있다. 질문에 대한 답이 비교적 분명할 때는 아무런 문제가 없다. 그러나 그렇지 않을 때는 연구자가 응답범주를 만들면서 어떤 중요한 응답범주를 자칫 빠뜨릴 수도 있다. 예를 들어, "귀하의 지역사회가 직면하고 있는 가장 중요한 문제"를 물을 때 응답자가 생각하고 있는 문제가 연구자가 만든 응답범주에 포함되어 있지 않을 수도 있다.

폐쇄형 질문을 고안할 때는 다음과 같은 두 가지 구조적 요건을 반드시 만족시켜야 한다. 첫째, 제시된 응답범주는 **망라적**(exhaustive)이어야 한다. 즉, 예상 가능한 모든 응답이 응답범주에 포함되어 있어야 한다. 그렇게 하기 위해서 연구자들은 종종 "기타"를 응답범주에 포함시킨다.

둘째, 응답범주는 **상호배타적**(mutually exclusive)이어야 한다. 즉, 응답자가 응답범주 중 한 가지 이상을 답으로 선택할 수 있다고 느끼게 해서는 안 된다. 예를 들어, 인종을 묻는 질문에 대해서 "백인, 흑인, 남미계"라는 응답범주는 상호배타적인 응답범주라고 할 수 없다. 왜냐하면 어떤 사람이 남미계일 때 그 사람은 남미계 백인일수도 있고 남미계 흑인일 수도 있기 때문이다(물론 연구자가 복수응답을 원하는 경우도 있다. 그러나 복수응답

은 나중에 자료를 처리하거나 분석할 때 여러 가지 어려움을 유발한다). 응답범주를 상호배타적으로 만들기 위해서는 연구자는 자기 자신과 다른 사람들에게 한 가지 이상의 응답범주를 선택할 수 있는 가능성이 있는지를 물어보면서 범주들 간의 모든 조합을 주의 깊게 살펴보아야 한다. 아울러 가장 관련이 깊은 한 가지 응답범주를 선택하라는 지시문을 질문 옆에 제시하는 것이 도움이 되기도 한다. 그러나 그럼에도 불구하고 이 방법이 애초에 응답범주를 만들 때 신중을 기하는 것보다 나은 방법이 될 수는 없다.

9.2c 문항은 명료하게 만들어야 한다

설문지 문항은 명료해야 하며 모호함이 있어서는 안 된다. 특정 연구주제에 대해서 깊이 몰두하는 연구자들은 종종 연구주제와 관련된 어떤 견해나 관점이 자신들에게는 분명하지만 응답자들에게는 분명하지 않다는 것을 이해하지 못한다. 이와 반대로 연구주제에 대해서 피상적으로밖에 이해하지 못하는 연구자들은 자신의 질문이 무엇을 묻고자 하는지를 분명하게 제시하지 못할 수도 있다. 예를 들어, "발달장애인을 위한 주거시설에 관한 제안에 대해서 어떻게 생각하십니까?"라는 질문은 자칫 응답자들로 하여금 "어느 주거시설을 말하는 것인가요?", "주거시설이 도대체 무엇입니까?"라는 역질문을 하게 만들 수도 있다. 양적 연구에서 설문 문항은 응답자들이 질문의 내용이 무엇인지를 분명하게 이해할 수 있을 만큼 명확해야 한다. 이는 질적 연구에 있어서도 마찬가지로 중요하다. 그러나 일반적으로 질적 연구에서는 응답자가 이해 못 하는 내용이 있을 때 조사자가 응답자에게 설명을 해줄 수 있다.

9.2d 복수응답 유발형 질문은 피해야 한다

연구자들은 종종 응답자에게 두 가지 이상의 질

문으로 이루어진 복합적인 질문에 대해서 한 가지 답만 해줄 것을 요구하기도 한다. 예를 들면, 응답자에게 "지방 정부는 지역사회 기반 서비스를 포기하고 그 예산을 시설보호 개선에 써야 한다"라는 진술에 찬성하는지 아니면 반대하는지를 밝혀 달라고 하는 경우가 이에 해당한다. 문제는 이 진술에 찬성하는 사람도 있고 반대하는 사람도 있겠지만 이 진술에 답할 수 없는 사람도 있을 수 있다는 것이다. 어떤 사람들은 지역사회 기반 서비스를 포기하고 그 돈을 납세자들에게 되돌려 주기를 원할지 모른다. 또 어떤 사람들은 지역사회 기반 서비스가 지속되기 원하지만, 동시에 시설보호에도 더 많은 돈이 쓰이기를 바랄 수도 있다. 후자에 해당하는 응답자들은 이 진술에 찬성할 수도 반대할 수도 없다.

대개의 경우, 질문이나 진술문에 "그리고"라는 단어가 나타나면 연구자는 혹시 **복수응답 유발형 질문**(double-barreled question)을 하고 있는 것이 아닌지 여부를 확인해야 한다. 어떤 질문은 "그리고"라는 말을 사용하지 않으면서도 암묵적으로 복수응답을 유발하는 질문일 수 있다. 예를 들어, 청소년들에게 다음과 같은 질문을 한다고 가정해보자: "부모님과는 잘 지내나요?" 어떤 청소년이 어머니와는 잘 지내지만 아버지와는 잘 지내지 못한다면 (혹은 그 반대라면) 어떻게 답해야 할까? 또 어떤 청소년이 편부모 가정에서 자랐다면 어떻게 해야 할까? 아마도 그런 경우에 해당하는 청소년들은 답을 할 수 없을 것이다. 물론 연구자가 질적 접근방법을 사용한다면 질문을 수정함으로써 문제를 해결할 수 있을 것이다. 그러나 만일 이러한 질문들이 양적 연구를 위한 우편조사용 설문지의 일부라면 그렇게 할 수 있는 기회는 없을 것이다.

9.2e 응답자가 답할 수 있어야 한다

연구자는 응답자들로부터 정보를 얻고자 할 때 그들이 신뢰할만한 답을 할 수 있는 능력이 있는지 여부를 지속적으로 자문해보아야 한다. 어떤 연구자가 아동양육에 관한 연구에서 아동들에게 몇 살 때 처음으로 부모에게 말대꾸를 했는지 묻는다고 가정해보자. "부모에게 말대꾸한다는 것"의 의미를 아는지 여부는 차치하고서라도 대다수 응답자가 그런 사실을 얼마나 정확하게 기억해낼지 의심스럽다고 하지 않을 수 없다. 알콜중독 치료를 받는 사람들에게 지난 30일 간 알콜 성분의 음료를 얼마나 마셨는지를 묻는 것도 마찬가지일 것이다.

응답자가 어떤 질문에 대해서 답을 하지 못하는 이유는 정확하게 기억하지 못하기 때문만이 아닐 수 있다. 혹시 질문에 답할 수 있는 정보를 자체를 가지고 있지 못한 것은 아닌지 생각해볼 필요가 있다. 예를 들어, 실천가들에게 소개된 지 얼마 되지 않아서 들어본 적 없을 수 있는 치료방법에 관한 질문을 한다면 아마도 그런 질문에 대해서 의미 있는 답을 해줄 수 있는 응답자의 수는 극히 적을 것이다. 또 어떤 응답자들은 심리적 혹은 신체적인 손상으로 인해 특정 질문에 답을 할 수 없을 수도 있다. 예를 들어, 알츠하이머 환자들에게 얼마나 자주 길을 잃어버리는지를 묻기보다는 그들의 간병인에게 묻는 것이 더 바람직할 것이다.

9.2f 응답자가 기꺼이 답할 수 있어야 한다

연구자들은 사람들이 다른 사람들에게 말하기 꺼려하는 것들에 대해서 알고자 할 때가 종종 있다. 예를 들면, 전체주의 국가의 국민들에게 그들의 정치적 입장을 물을 때 솔직한 답을 얻을 것이라고 기대하기는 어려울 것이다. 물론 응답자들이 질문에 답하기를 꺼려하는 이유는 공포감 때문만은 아니다. 응답자들은 자위, 불륜, 학대 등과 같은 민감한 사안에 관한 질문에 대해서 부끄러움이나 수치심 때문에 답하기를 꺼려할 수도 있다.

9.2g 질문은 관련이 있어야 한다

설문지 문항들은 대부분의 응답자들과 관련이 있어야 한다. 응답자들이 생각해 본 적이 거의 없거나 전혀 관심 없는 주제에 대해서 응답자들의 입장을 묻는다면, 도움이 되지 않는 응답결과를 얻게 될 가능성이 크다. 예를 들어, 클라이언트들에게 그들이 한 번도 들어본 적이 없는 지역사회 쟁점에 대해서 질문한다면, 클라이언트들은 그런 쟁점에 대해서 생각해본 적이 없음에도 불구하고 마지못해 어떤 입장을 표명할 것이다. 그럴 경우, 어떤 답이 클라이언트들의 실제 입장을 반영하는 답이고 어떤 답이 자신과 아무런 관련이 없는 질문에 대한 의미 없는 답인지를 구별할 수 없게 된다.

9.2h 짧은 문항이 최선의 문항이다

연구자들은 종종 질문의 명확성과 정확성을 높이기 위해서 그리고 어떤 쟁점이 가진 관련성을 보여주기 위해서 질문을 길고 복잡하게 만들곤 한다. 그러나 길고 복잡한 질문은 지양해야 한다. 대부분의 응답자들은 질문을 꼼꼼히 읽어가면서 질문을 이해하려고 하지 않는다. 연구자는 기본적으로 응답자들이 그런 속성, 즉 질문을 그냥 빠르게 한 번 읽고 그대로 답해버리려고 한다는 것을 알아야 한다. 그렇기 때문에 질문은 응답자들이 쉽게 읽고 쉽게 질문의 의도를 이해할 수 있게 그리고 잘못 해석될 여지가 없도록 짧고 명료하게 만들어져야 한다.

9.2i 부정적인 문항을 피해야 한다

설문 문항 중에 부정문이 들어 있으면 응답자들이 질문을 잘못 해석할 가능성이 높아진다. "지역사회 내에 발달장애인을 위한 생활시설을 짓지 말아야 한다"라는 주장에 찬성하는지 아니면 반대하는지를 묻는 질문에 대해서 상당수의 응답자들이 "말아야"라는 단어를 빠뜨리고 읽은 다음 질문에 답하기 쉽다. 즉, 어떤 사람들은 시설 건립에 반대하기 때문에 이 주장에 찬성한다고 답하는가 하면 어떤 사람들은 시설 건립에 찬성하면서도 이 주장에 찬성한다고 답할 수도 있다. 물론 어떤 것이 어떤 것인지를 판단할 수 있는 방법은 없다.

9.2j 편견적 문항이나 용어를 피해야 한다

어떤 질문에 대해서 응답자가 한 답이 의미하는 바는 그 질문이 어떤 문구로 표현되었는지에 따라 달라질 수 있다. 어떤 질문은 다른 질문에 비해 특정 반응을 더 잘 이끌어낼 수 있다. 응답자로 하여금 특정 방식으로 답하도록 만드는 질문을 **편향된**(biased) 질문이라고 한다.

제7장에서 사회적 바람직성에 대해 논의하면서 우리는 사람들로부터 정보를 얻을 때 이런 편견에 특히 주의해야 한다는 것을 지적한 바 있다. 이러한 원칙은 설문 문항을 만들 때에도 적용된다. 예를 들어, 지역사회에 정신장애인을 위한 중간시설을 짓자는 주장에 대한 주민들의 입장을 측정하고자 할 때 시설 건립을 지지하는 저명한 목사의 의견에 주민들이 동의하는지 여부를 물을 수는 없다. 마찬가지로, 우리는 지역사회 내의 사회적 약자들을 돌보기 위한 "인도적" 계획안을 지지하는지 여부를 물을 수는 없다.

편견을 피해야 한다는 지침이 질적 연구보다는 양적 연구에서 더 강조되고 질적 연구가 주관적 관점에 대한 심층적인 이해를 얻는 것에 더 많은 관심을 가지고 있기는 하지만. 중립적인 문항을 선호하고 편견을 피해야 한다는 데 있어서는 질적 연구와 양적 연구 간에 차이가 없다. 정신장애인을 위한 중간시설 건립 계획에 대해서 지역사회 주민들이 어떤 생각을 가지고 있는지를 심층적으로 알아보고자 하더라도 응답자들이 솔직한 입장을 밝힐 수 없게끔 질문을 만들어서 좋을 것은 아무것도 없기 때문이다.

그러나 어떤 질적 연구는 이 원칙에 예외가 될 수 있는데 비판적 사회과학이나 여성주의 패러다임이 대표적인 예라고 할 수 있다(이 패러다임에 관한 보다 자세한 내용은 제4장을 참조하기 바란다). 예를 들어, 여성주의 연구 패러다임에 입각한 어떤 연구자가 장애인 가족에 대한 돌봄 부담에 관한 기존의 연구들이 돌봄과 관련된 부정적인 측면에만 너무 초점을 맞추고 긍정적인 측면은 등한시한 경향이 있다고 생각한다고 가정해보자. 따라서 그 연구자는 응답자들에게 의도적으로 부모나 배우자를 돌보는 것과 관련된 긍정적인 경험만을 이야기해달라고 요구할 수도 있다. 물론 이 경우에도 우리는 질문 문구를 만들 때 편견을 피하기 위한 노력이 선호된다는 것을 알 수 있는데, 연구자가 비록 긍정적인 측면에 관한 질문만을 하겠지만 그런 질문을 중립적인 방식으로 하고자 할 것이다. 따라서 "돌봄이 보호본능을 발달시킨다는 대다수 여성들의 의견에 동의합니까?"라고 묻기보다는 "사랑하는 사람들을 돌보는 것으로부터 성취감을 느끼는지 여부에 대해서 그리고 만일 성취감을 느낀다면 어떻게 그런지에 대해서 이야기해주실 수 있을까요?"라고 물을 것이다.

9.2k 질문은 문화적으로 민감해야 한다

위에서 예시한 질문하기와 관련된 문제들 중 어떤 것들은 문화적 편견이나 문화적 둔감성과도 관련이 있다. 특정 문화권에서는 명확한 질문들이 다른 문화권에서는 그렇지 않을 수 있다. 자유주의 국가의 응답자들은 아무렇지 않게 답할 수 있는 질문에 대해서 전체주의 국가의 응답자들은 답하기 꺼려할 수도 있다. 그렇기 때문에 특정 문화권에서 타당하고 신뢰할만한 측정 도구가 다른 문화권에서도 타당하고 신뢰할만하다고는 누구도 장담할 수 없다. 측정에 있어서의 문화적 민감성에 대해서

는 이 책의 제6장에서 자세하게 논의한 바 있다.

이제 다음 주제인 설문지 구성 및 형식으로 넘어가기 전에, 이제까지 우리가 살펴본 질문하기와 관련된 문제들이 예시되어 있는 "나쁜 예로부터 배우기"를 꼭 한 번 읽어보기 바란다.

9.3 양적 조사 도구에 대한 비판적 평가

양적 연구와 질적 연구에 모두 적용되는 질문 지침을 살펴본 데 이어서, 이번에는 각각의 탐구 방법에서 측정 도구를 비판적으로 평가할 때 고려해야 할 사항들에 대해서 살펴보기로 하겠다. 먼저 양적 탐구를 위한 설문지를 검토해보기로 하자.

9.3a 설문지

설문지를 비판적으로 평가할 때, 연구자는 이제까지 논의했던 일반적인 질문 지침에 위배되는 것이 없는지를 고찰해볼 필요가 있다. 경험 많은 연구자들조차도 자신도 모르게 설문 문항을 모호하고, 장황하고, 복수응답을 유발하게 만드는 실수를 하곤 한다. 그러나 연구자가 가장 먼저 생각해야 할 것은 설문지의 전반적인 **형식(format)**이다. 설문지의 형식은 질문의 본질이나 문구 못지않게 중요하다. 부적절하게 정리된 설문지는 응답자로 하여금 질문을 빠뜨리고 넘어가게 할 수 있고, 필요한 자료의 본질을 잘못 이해하게 할 수도 있으며, 더 극단적으로는 아예 설문지 자체를 던져버리게 만들 수도 있다. 여기에 일반적 지침과 구체적 지침이 제시되어 있다.

일반적으로 따라야 하는 지침은 설문 문항들을 폭넓게 펼쳐 배열하고 정돈되어 보이게 해야 한다는 것이다. 경험이 많지 않은 연구자는 설문지가 너무 길어 보일까봐 두려워하여 여러 개의 질문을 한 줄로 표현하거나 질문을 생략해버림으로써 설문지를 가능한 짧게 만들려고 한다. 이러한 노력

나쁜 예로부터 배우기

Charles Bonney, Department of Sociology, Eastern Michigan University

다음은 학생들에게 질문 구성의 문제점에 대해서 가르치기 위해 내가 사용했던 설문지이다. 이 설문지는 "높은 지위의 가정적 배경(high-status family background)을 가진 대학생들이 정신적 또는 정서적 스트레스를 겪고 있는 사람들에 대해서 더 많은 인내심을 갖는다"는 가설을 검증하고자 할 때 사용할 수 있는 질문들로 이루어져 있다(지위는 가구 소득, 부모의 교육 수준 그리고 아버지의 직업적 위세(아버지가 없거나 실직 상태인 경우는 어머니의 직업적 위세)라는 세 가지 변수를 종합한 상대적인 등급으로 조작화 하였다). 각각의 질문은 한 가지 또는 그 이상의 문제를 가지고 있다. 어떤 문제인지 찾아보기 바란다(설문지에 대한 비판은 이 글 끝쪽에 제시되어 있다).

설문지

1. 당신은 미친 사람들에 대해 어떻게 반응합니까?

   _____

2. 아버지의 소득은 얼마입니까?

   _____

3. 당신은 자랄 때 누구와 살았습니까?
   _____ 부모님과 함께
   _____ 어머니 하고만
   _____ 아버지 하고만
   _____ 기타 (상세히 설명해주십시오)

4. 아버지의 직업은 무엇입니까?

   _____

   (만약 아버지가 사망했거나, 같이 살고 있지 않거나, 실직 상태이거나, 퇴직했다면, 당신의 어머니는 현재 고용된 상태에 있습니까?

   _____ 예 _____ 아니오)

5. 당신의 부모님은 대학에 다녔습니까?
   _____ 예 _____ 아니오

6. 문제를 가진 사람들은 동정받아야 한다는 데 동의하지 않습니까?

   _____ 예 _____ 아니오

7. 이종친화성을 가로막아버리는 주된 원인은 충족되지 않은 의존적 만족감이다.
   _____ 동의한다
   _____ 모르겠다
   _____ 반대한다

8. 만약 당신의 친구 중 한 명이 이상하고 상식에서 벗어나는 행동을 보이기 시작한다면, 당신은 어떻게 반응할 것이라고 생각하십니까?

   _____

9. 당신의 직계 가족 중 누군가가 시설에 수용되었던 적이 있습니까?
   _____ 예 _____ 아니오

비판

모든 설문지에 대한 가장 근본적인 비판은 과연 "이 설문지가 가설을 검증하기 위해 필요한 정보를 얻을 수 있는 설문지인가?"라는 것이다. 아무리 질문 그 자체로서는 나쁜 질문이라도 연구자의 필요라는 관점에서 보자면 좋은 질문이 될 수도 있다. 아마도 좋은 설문지를 만드는 것은 과학임과 동시에 예술이라고도 할 수 있다. 때로는 "좋은" 질문에도 숨겨진 함정이 있을 수 있으며, 아무리 좋은 질문도 전체적인 맥락을 고려한다면 더 좋은 질문으로 만들 수 있다. 그러나 다음과 같은 결함들은 분명히 존재한다.

1. 경멸적이고 애매한 속어 사용. 첫 번째 질문에서부터 이런 용어를 사용한 것이 특히 나쁘다: 사람들로 하여금 설문에 대한 흥미를 잃게 만들어 응답률에 영향을 미치거나 나중 질문들에 대한 응답에 "깔대기 효과(funneling effect)"를 미침으로써 조사 결과를 오염시키는 결과를 초래할 수 있다.

2. 지위를 조작적으로 정의하면서 아버지의 소득만이 아니라 가구 소득까지 묻고 있다. 또한 소득 같은 개인적인 질문의 경우, 이런 식의 개방형 질문보다는 선택할 수 있는 응답범주를 제시할 때 답할 가능성이 높아진다.

3. "자랄 때"는 명확하지 않은 표현이다. 또한 이 질문이 2번, 4번, 5번 질문을 만들기 위해서 필요했는지는 모르겠으나, 현재와 같은 설문 형식에서 이 질문이 어떤 관련성과 유용성을 갖는지 매우 의심스럽다.

4. 이러한 질문 형식(직업을 가진 아버지가 없는 경우에만 어머니의 직업을 물어보는 것)은 성차별적일 수 있다. 이 질문이 조작적 정의를 따르고는 있으나 조작적 정의 그 자체가 성차별적일 수 있다. 이 질문은 두 가지 문제를 더 가지고 있다. 첫째, 직업에 관한 응답범주를 주고 선택하게 하는 것이 항상 더 효과적이다. 개방형으로 물을 경우, 너무 막연한 응답이 많을 수 있으며 나중에 범주화하는데 어려움이 따를 수 있다. 또한 지위를 어머니의 직업으로 측정하는 경우, 이 질문은 어머니가 고용 상태에 있는지 여부만을 묻고 있다.

5. 교육 수준을 제한적으로 측정하고 있다. 이 질문은 복수응답 유발형 질문이다. 부모 중 한 사람은 대학을 다녔고 다른 사람은 다니지 않았다면 어떻게 해야 할까?

6. "동의하지 않습니까?"는 특정 응답을 유도하는 표현이다. 아울러 "동정받아야 한다"와 "문제들"이라는 용어는 모호한 용어이다.

7. 전문적인 용어. 이 용어가 무엇을 의미하는지는 아무도 모를 것이다(사실, 나조차도 이 용어의 의미를 잘 모르면서 썼다! 내가 할 수 있는 가장 근접한 해석은 "데이트를 할 수 없는 주된 이유는 가족이 귀하를 무시하기 때문이다"이다).

8. 막연하고 가상적인 상황에 관한 추측을 요구한다. 이런 식으로 묻는 것이 항상 나쁜 것은 아니지만 대개는 더 나은 질문 방법을 사용한다. 그러나 이 질문이 많은 사람들이 생각하는 것처럼 복수응답 유발형 질문이 아니라는 점을 이해할 필요가 있다. 이 질문은 단지 "이상하고 상식에서 벗어난" 행동에 관해서 묻고 있을 뿐이다.

9. "시설에 수용되었던"은 모호한 표현이다. 시설 수용의 종류에는 여러 가지가 있으며 그중 많은 것들은 이 질문과 관련이 없을 것이다.

은 경솔할 뿐만 아니라 심지어는 위험하기까지 하다. 두 개 이상의 질문을 한 문장으로 줄이면 어떤 응답자들은 자칫 두 번째 질문 전체를 보지 못하고 넘어갈 수도 있다. 어떤 응답자는 함축된 질문의 내용을 잘못 해석할 수도 있다. 또한 설문지의 전체 분량은 짧을지 모르나 설문지의 첫 장을 하는데 상당한 시간이 걸리면 응답자들은 설문지가 다소 길더라도 처음 몇 쪽을 빨리 완성할 때보다 의욕이 저하될 수 있다. 또한 응답자들은 후자 경우에 실수를 더 적게 할 것이고, 혼란스럽게 함축된 질문의 내용을 이해하기 위해 질문을 반복해서 읽지 않아도 될 것이며, 좁은 여백에 긴 응답을 적어 넣느라 애쓰지 않아도 될 것이다.

응답자를 위한 형식 가장 흔한 설문 문항 유형은 응답자로 하여금 여러 개의 응답범주들 중 해당되는 것을 표시하게 하는 것이다. 저자들의 경험에 비춰볼 때, 표시할 수 있는 상자를 적절히 떨어뜨려 놓는 것이 가장 좋은 방법인 것 같다. 컴퓨터 워드프로세서 프로그램을 사용하면 답 표시 상자를 쉽고 깔끔하게 만들 수 있다. 다음은 몇 가지 예다:

□　○　□

답 표시 상자 대신 각각의 응답범주에 코드 번호를 붙이고 응답자로 하여금 해당되는 응답범주의 코드 번호에 동그라미를 치게 할 수도 있다(그림 9-1 참조). 그러나 만일 응답범주의 번호 자체에 이미 동그라미가 쳐져 있다면 지시문을 통해서 응답자에게 어떻게 해야 하는지를 분명하게 알려줘야 한다. 왜냐하면 아무런 지시가 없을 때 대부분의 사람들은 해당되는 응답범주의 번호에 X 표시를 하는데, 그렇게 하면 나중에 자료를 처리할 때 힘들어진다(이 방법은 면접자들이 설문지를 작성할 때 더 안전하게 사용할 수 있는 방법인데, 왜냐하면 응답자의 대답을 면접자 자신이 직접 표시

그림 9-1 ▶ 답에 동그라미 치기

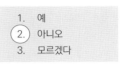

할 수 있기 때문이다).

수반형 질문

설문 문항 중 어떤 문항은 응답자들 중 일부에게만 관련이 있고 다른 응답자들에게는 관련이 없을 수 있다. 어떤 질문이 일부 응답자에게만 해당되는 상황은 연구자가 특정 주제와 관련해서 일련의 질문을 하고자 할 때 발생한다. 예를 들면, 응답자가 특정 조직에 소속되어 있는지, 만일 소속되어 있다면 얼마나 자주 모임에 참여하는지, 조직 내에서 어떤 직책을 맡고 있는지 등을 묻고자 할 수 있다. 또는 응답자들이 특정 지역사회 쟁점에 대해서 무엇인가를 들은 적이 있는지를 묻고, 들은 적이 있다면 그 쟁점에 대한 사람들의 입장이 무엇인지를 알아보고자 할 수도 있다.

이와 같은 일련의 질문들 중 먼저 한 질문에 후속되는 질문들을 가리켜 **수반형 질문**(contingency question)이라고 한다. 후속 질문을 묻거나 후속 질문에 답할지 여부는 일련의 질문들 중 첫 번째 질문에 대해서 어떤 답을 하는가에 따라 달라진다. 수반형 질문을 적절히 사용하면 응답자의 설문지 작성을 촉진시킬 수 있는데, 왜냐하면 관련 없는 질문은 답하지 않고 넘어갈 수 있기 때문이다.

수반형 질문은 여러 가지 형식으로 만들 수 있다. 그림 9-2는 그중에서 가장 명료하고 효과적인 형식에 해당한다. 이 형식은 두 가지 특징을 가지고 있다. 첫째, 수반형 질문이 처음 질문에서 옆으로 뽑혀 나와 상자 안에 제시되어 있다. 둘째, 처음

▶ **수반형 질문** ▶ 다른 질문에 대한 답 내용에 따라 일부 응답자에게만 해당될 수 있는 질문

그림 9-2 ▶ 수반형 질문 형식

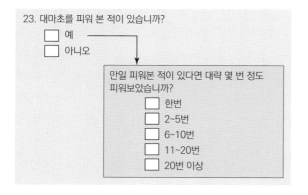

그림 9-3 ▶ 수반형 표

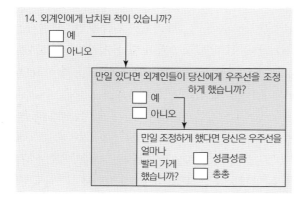

그림 9-4 ▶ 건너뛰라는 지시문

> 13. 전국, 시, 도 또는 군 차원의 선거에서 투표해본 적이 있습니까?
>
> ☐ 예   (14~25번 질문에 답해주십시오)
> ☐ 아니오 (14~25번 질문은 건너뛰고 8쪽의 26번 질문으로 바로 가십시오)

질문의 응답과 수반형 질문이 화살표로 연결되어 있다. 그림 9-2에서 첫 번째 질문에 대해서 "예"라고 답한 사람들만 수반형 질문에 답하고, 나머지 사람들은 수반형 질문을 건너뛰면 된다.

이상의 논의는 **타당도**(validity)와 **신뢰도**(reliability)에 관한 이론적 쟁점들이 한 장의 종이 위에 질문을 어떤 방식으로 배열하는가와 같은 현실적인 문제와 어떤 관련이 있는지를 보여준다. 조금만 신경을 쓴다면 응답자들을 혼란스럽게 만들지 않으면서 더 복잡한 수반형 질문도 만들 수 있다. 그림 9-3은 더 복잡한 수반형 질문의 예다.

경우에 따라서는 여러 쪽을 차지할 정도로 긴 수반형 질문들을 만들 수도 있다. 어떤 연구자가 저소득층의 투표 행동에 관한 연구를 하면서 선거에서 투표했던 사람들에게 여러 가지 질문을 하고

자 한다고 가정해보자. "선거에서 투표한 적이 있습니까?" 같은 첫 번째 질문에 대한 응답 내용을 바탕으로 관련이 있는 응답자를 가려낼 수도 있겠지만 수반형 질문들을 몇 쪽에 걸쳐 계속되는 상자 안에 넣는 것은 쉽지 않은 일이다. 이 경우에는 각각의 응답범주 뒤에 괄호를 하고 응답자에게 수반형 질문에 답해야 할지 아니면 건너뛰어야 할지를 알려주는 지시문을 넣는 것이 훨씬 더 효과적이다. 그림 9-4는 이 방법을 예시해주고 있다.

이러한 방법 이외에 설문지 내용 중 수반형 질문만으로 이루어져 있는 모든 쪽의 맨 윗부분에 지시문을 넣는 방법도 있다. 예를 들면, "이쪽에 제시된 질문들은 선거에서 투표한 경험이 있는 응답자에게만 해당되는 질문입니다"라고 써넣을 수 있다. 이러한 지시문은 제시된 질문에 대해서 관련이 있는 응답자들만 답할 가능성을 높여줌과 동시에 응답자들이 자신과 관련 없는 질문을 읽고 당황하는 일이 발생하지 않을 수 있게 해준다.

질문 순서

질문의 순서 또한 응답에 영향을 미칠 수 있다. 먼저 나오는 질문이 어떤 질문인가는 뒤이어 나오는 질문에 대한 응답에 영향을 미칠 수 있다. 예를 들어, 응답자에게 자신의 신앙심을 평가하게 한 다음("당신에게 있어서 당신의 종교가 얼마나 중요한가?") 신앙심의 구체적인 측면을 묻는 후속 질문을 하면, 응답자는 후속 질문들에 대한 답을 자신이 앞 문항에 대해서 했던 답과 일관되게 하려 할 것이다.

어떤 연구자는 질문 순서를 **무작위로 배치**

(randomizing)함으로써 이런 문제를 해결하고자 할 것이다. 그러나 대개의 경우 이러한 노력은 도움이 되지 않는다. 무엇보다 먼저, 무작위로 배치된 질문은 응답자에게 무질서하고 중요하지 않다는 인상을 줄 것이다. 또한 설문을 하기가 어려워지는데, 왜냐하면 한 가지 주제에서 다른 주제로 계속 관심을 전환시켜야 하기 때문이다. 마지막으로, 질문들이 무작위로 배열되어 있을 때에도 한 질문의 출현은 다음 질문에 대한 응답에 영향을 미칠 수 있다.

가장 안전한 해결책은 이러한 문제에 대한 연구자의 민감성이다. 즉, 질문 순서가 응답에 미치는 영향이 불가피한 것이라면, 연구자는 질문의 순서가 어떤 영향을 미치는지 알아야 하며 그렇게 함으로써 연구 결과를 의미 있는 방식으로 해석할 수 있어야 한다. 만일 어떤 연구에서 질문 순서가 특히 중요하다고 생각된다면 동일한 질문들을 순서를 달리하여 배열한 설문지를 두 종류 이상 만들어서 질문 순서의 영향을 가늠해볼 수 있다. 최소한 서로 다른 형식의 설문지들을 가지고 사전조사를 해볼 수 있어야 한다.

바람직한 질문 순서는 자기기입식 설문의 경우와 면접 설문의 경우가 다를 수 있다. 전자의 경우, 보통 가장 흥미 있는 질문들로 설문지를 시작하는 것이 바람직하다. 처음 몇 개 질문을 별 생각 없이 대충 훑어본 다음 설문에 응할 수도 있고 그렇지 않을 수도 있는 잠재적 응답자들을 설문에 응하고 싶어 하게 만들어야 한다. 아마도 초기 질문은 응답자들이 답하고 싶어 하는 것들을 물어야 할 것이다. 그러나 동시에 초기 질문은 위협적이지 않아야 한다(성적인 행동이나 마약사용에 관한 질문들로 설문지를 시작하는 것은 좋은 생각이 아니다). 따분한 인구사회학적 자료(예를 들면, 연령, 성 등)를 얻기 위한 질문들은 일반적으로 자기기입식 설문지의 마지막 부분에 두는 것이 좋다.

면접 설문조사의 경우는 이와 정반대이다. 잠재적 응답자가 문을 처음 열어 주었을 때 면접자는 재빠르게 신뢰감을 얻기 시작해야 한다. 가장 좋은 방법은 연구에 대해서 간단히 소개하고 나서 가족의 수를 세고 각자에 관한 인구사회학적 자료를 얻기 위한 질문을 던지는 것이다. 그런 질문들은 쉽게 답할 수 있고 대체로 위협적이지 않은 질문들이다. 일단 신뢰감이 형성되면, 면접자는 좀 더 민감한 내용에 관한 질문들로 옮겨갈 수 있다. 만일 어떤 면접 설문을 "당신은 신을 믿습니까?"라는 질문으로 시작한다면, 아마도 그 면접은 연구자가 생각하는 것보다 훨씬 빨리 끝나버릴 것이다.

지시문

모든 설문지에는, 설문지를 응답자가 작성하든 면접자가 작성하든 상관없이, 필요한 곳에 명료한 지시문과 소개문이 제시되어 있어야 한다.

모든 자기기입식 설문지의 맨 앞에는 기본적인 지시문이 있는 것이 도움이 된다. 요즘은 사람들이 설문지에 상당히 익숙해져 있지만 그럼에도 불구하고 응답자들에게 연구자가 정확하게 무엇을 원하는지 알려주면서 시작하는 것이 바람직하다. 어떤 질문에는 응답범주 옆에 있는 답 표시 상자에 체크 표시 또는 "X" 표시하라고 알려준다. 만일 개방형 질문을 많이 사용한다면, 응답자에게 응답을 간단하게 해야 하는지 혹은 길게 해야 하는지 알려주어야 한다. 만일 응답자들이 폐쇄형 질문에 대해서 더 자세하게 답해주기 바란다면, 그 또한 분명하게 언급해두어야 한다.

만일 설문지가 내용별 하위 영역으로 나누어져 있다면 (예를 들면, 정치적 입장, 종교적 입장, 배경 자료), 각 영역의 첫 부분에 해당 영역의 내용과 목적을 설명하는 진술문을 넣어야 한다. 예를 들면, 다음과 같은 진술문을 넣을 수 있다: "이 부분에서 우리는 이 지역의 주민들이 가장 중요한 지역사회 문제라고 생각하는 것이 무엇인지 알고 싶습니다." 자기기입식 설문지의 마지막 부분에 있게 될 인구사회학적 문항들은 다음과 같은 진술문으로 시작될 수 있다: "마지막으로, 우리가 조사한 문제에 관해 서로 다른 사람들이 어떻게 느끼는지를 알아보고자 귀하에 관해서 몇 가지 질문을 하고자 합니다." 이 정도의 짧은 소개문만으로도 설문지에 대한 응답자의 이해를 높여주고 설문지를 덜 혼란스럽게 만들어 줄 수 있는데, 특히 설문지가 다양한 자료를 요구하는 설문지일 때는 더욱 그러하다. 또한 소개문은 응답자로 하여금 질문에 답하기에 적합한 마음가짐을 갖게 도와줄 수 있다.

어떤 질문은 응답자로 하여금 적절하게 응답하게 하기 위해 특별한 지시문을 필요로 하기도 하는데, 질문이 전체 설문지에 해당하는 일반적인 지시문에서 벗어나는 질문일 때 특히 그러하다. 다음의 예들은 이런 상황이 어떤 상황인지를 보여주는 예들이다. 폐쇄형 질문에서는 응답범주들이 상호배타적인 것이 바람직하지만, 때로는 응답자에게 두 개 이상의 응답범주가 해당될 수도 있다. 만일 한 가지 답만 원한다면, 질문에서 응답자들에게 그러한 사실을 분명하게 이해시켜야 한다. 예를 들면, "아래 목록 중에서 대학을 다니기로 결정한 **가장 주된 이유**에 표시를 해주십시오."라고 밝히는 것이다. 또 다른 방법은 중요한 질문 뒤에 괄호를 사용하여 메모를 첨부하는 것이다: "가장 적절한 답을 *하나만* 골라 표시해주십시오." 이와 달리, 만일 응답자가 해당되는 모든 답에 표시하기를 원한다면, 그 또한 분명하게 밝혀야 한다.

사전조사

연구자가 설문지를 만들 때 아무리 신중을 기한다고 하더라도 오류를 범할 수 있는 가능성은 존재하기 마련이다. 애매모호한 질문, 사람들이 대답할 수 없는 질문, 위에서 논의했던 지침에 어긋나는 질문 등과 같은 실수는 항상 발생한다.

이런 실수를 줄이기 위해, 연구자는 반드시 간단한 사전조사를 실시해야 한다. 사전조사를 위한

표본은 10명 또는 10명보다 작아도 되지만 실제 연구의 연구 대상과 유사해야 한다. 단, 사전조사에 참여한 사람들을 실제 연구에 참여하게 해서는 안 된다.

설문지에 대해서 사전조사를 실시할 때, 사람들에게 설문지를 꼼꼼히 읽고 잘못된 부분을 찾아달라고 하는 것보다 설문지를 완성해달라고 부탁하는 것이 더 바람직하다. 처음 읽었을 때는 의미 있어 보이는 질문이 나중에 다시 읽으면 대답할 수 없는 질문인 경우가 너무도 자주 발생하기 때문이다.

9.3b 척도

어떤 변수는 설문지에서 단일 문항으로 측정하기에는 너무 복잡하거나 다차원적일 수 있다. 사회복지 연구자가 단일 설문 문항으로는 측정하기 힘들다고 느끼는 복합적인 변수들의 예를 몇 가지만 들면 결혼만족도, 사회적 기능 수준, 서비스에 대한 클라이언트 만족도, 여성 혹은 소수계 인종에 대한 태도, 돌봄 부담 등을 들 수 있다.

복잡한 변수에 대한 복합적 또는 축적적인 (cumulative) 측도를 가리켜 **척도**(scales)라고 한다. 척도는 단일 문항에 비해 복잡한 변수를 더 큰 변량을 가진 점수로 나타낼 수 있게 해준다. 복수 문항을 통해 얻은 점수를 분석하는 것이 각 문항을 따로따로 분석하는 것보다 더 효율적이다. 예를 들어, 학대 경험으로 인한 외상후스트레스장애(PTSD)를 가진 아동들에게 놀이 치료를 제공한 다음, 놀이 치료가 PTSD를 감소시키는 효과가 있는지 사정해보고자 한다고 가정해보자. 그런 효과를 단일 문항을 가지고 합리적으로 측정할 수는 없을 것이다. 따라서 그렇게 하기보다는 악몽을 꾸는지, 집중하는 데 어려움이 있는지, 나쁜 일이 일어날까

리커드 척도 ▶ 응답자에게 어떤 진술문을 제시하고 그 진술문에 동의하거나 동의하지 않는 정도를 나타내는 응답범주 중 하나를 선택하여 답하게 하는 형식의 측도

봐 두려워하는지, 자신을 비난하는지, 지나치게 주위를 살피는지(아동에게는 이 용어를 잘 쓰지 않는다), 기억력이 낮은지 등과 같은 PTSD 증상 목록을 만든 다음 아동들로 하여금(또는 아동의 부모들로 하여금) 각각의 증상 옆에 지난 한 주 동안 해당 증상이 있었는지 여부를 표시하게 할 수 있다.

그림 9-5는 그런 척도의 내용 중 일부를 발췌한 것이다. 척도의 각 문항에 대해서 부모들이 동그라미친 점수를 모두 더한 점수가 PTSD 총 점수가 된다. 점수가 높을수록 PTSD 증상의 정도가 심하다는 것을 의미한다. 부모들로 하여금 놀이 치료 개입 이전과 이후 이 척도를 작성하게 함으로써 놀이 치료가 PTSD 증상을 완화시켰는지 여부를 사정할 수 있다. 또 다른 방법은 놀이 치료 개입이 이루어지는 기간 동안 이 척도를 가지고 매 주 한 번씩 측정하여 증상이 개선되는지, 그대로인지, 아니면 나빠지는지 여부를 모니터링 하는 것이다. 연구자는 개별 문항에 대한 응답을 따로따로 분석하는 것이 아니라 PTSD를 나타내는 다차원 변수의 총점을 분석하면 된다.

부록A의 제시된 기존 척도 관련 참고문헌의 목록을 보면 알겠지만, 척도의 형식은 끝이 없을 정도로 다양하다. 어떤 척도는 개발하는 데 엄청난 노력이 필요하고 개발 과정이 너무 복잡하다. 좀 덜 복잡한 척도들 중에는 단일 문항 척도만큼 단순하고 최소한의 문구로만 표현되어 있어서 대화 형식으로 측정할 수 있는 것도 있다. 예를 들면, 어린 아동들의 기분을 측정하고자 한다면(놀이 치료 같은 어떤 치료를 받기 이전과 이후를 측정하여), 한쪽 끝에는 웃고 있는 만화 얼굴이 있고 옆으로 가면서 찡그리고 있는 만화 얼굴과 슬퍼하는 만화 얼굴을 차례대로 그려 놓고 그중에서 자신의 기분을 가장 잘 나타내는 만화 얼굴을 고르게 할 수 있다. 또는 불안증이 있는 성인 클라이언트에게 개입의 효과를 1부터 10까지의 점수(1은 불안감이 없음을 나타내고 10은 상상할 수 없을 정도로 최악의 불

안감을 나타낸다)로 평가하게 할 수도 있다.

많이 사용되는 척도 형식 중 하나는 리커드 척도라고 불리는 것이다. 리커드 척도(Likert scales)는 응답자에게 진술문을 제시한 다음 진술문의 내용에 대해서 "전적으로 동의한다", "동의한다", "동의하지 않는다", "전혀 동의하지 않는다", "모르겠다" 중 하나를 선택하게 하는 형식의 척도이다. 물론, 필요에 따라 응답범주의 문구를 약간 수정할 수 있다(예를 들면, "인정한다"). 또한 다른 응답범주를 추가할 수도 있는데, 예를 들면 "매우 찬성한다", "중간 정도 찬성한다", "약간 찬성한다", "약간 반대한다", "중간 정도 반대한다", "매우 반대한다"와 같은 응답범주를 제시하기도 한다. 때로는 "모르겠다"라는 응답범주를 제시하면 대다수가 이 응답범주를 선택하기 때문에 이 응답범주를 아예 제시하지 않기도 한다. "모르겠다", "중간이다", "확실하지 않다"와 같은 응답범주를 제시할 것인지 여부는 전적 연구자에게 달려 있으며 어떤 정해진 규칙이나 지침은 없다. 마찬가지로, "중간"이나 "약간" 같은 응답범주를 포함시킬 것인지 여부 또한 전적으로 연구자가 판단해야 하는 문제이다. 만일 "모르겠다", "중간이다", 또는 "확실하지 않다"라는 응답범주를 넣는다면 그 응답범주는 다른 응답범주들 사이, 즉 "동의한다"와 "동의하지 않는다" 사이에 넣어야 한다.

응답범주가 5개라면 각각의 응답범주에 1부터 5까지의 점수를 문항의 방향을 고려하면서 부여할 수 있다(예를 들면, "매우 찬성"이라는 긍정적 문항이나 "매우 반대"라는 부정적인 문항에 5점을 부여한다). 그런 다음, 각각의 응답자가 개별 문항에 대해 선택한 점수를 모두 합하여 해당 응답자의 총점을 구한다. 예를 들어, 어떤 척도가 20개 문항으로 이루어져 있으며 각 문항에 대해서 1~5까지 점수가 부여되어 있다면, 총점은 20점에서부터 100점까지의 범위를 갖게 된다. 만일 응답범주가 5개보다 많다면 총점은 더 높아질 것이다. 예를 들어, 7개 응답

그림 9-5 ▶ 부모가 작성하는 아동의 외상 후 증상 척도 내용 중 일부*

지난 한 주 동안 귀하의 자녀를 가장 잘 나타내는 번호에 동그라미 쳐주십시오. 잘 모르겠더라도 모든 문항에 답해주십시오.

전혀 또는 거의 해당되지 않음	약간 또는 가끔 해당됨	전적으로 또는 종종 해당됨	
0	1	2	집중하는 어려움이 있음
0	1	2	기분이 급변함
0	1	2	나쁜 기억들을 생각함
0	1	2	슬프거나 우울해함
0	1	2	걱정함
0	1	2	두려워함
0	1	2	회피함
0	1	2	불안해함
0	1	2	쉽게 놀람
0	1	2	짜증스러워함
0	1	2	잠자는 데 어려움이 있음
0	1	2	악몽이나 나쁜 꿈을 꿈

*이 척도의 원본을 얻고자 하는 사람은 저작권 소유자인 Dr. Ricky Greenwald, rg@childtrauma.com에게 연락하기 바람. 위의 내용은 저자의 동의하에 제시한 것임.

범주("매우 찬성한다", "중간 정도 찬성한다", "약간 찬성한다", "모르겠다", "약간 반대한다", "중간 정도 반대한다", "매우 반대한다")를 갖는 20개 문항이 있다면 각 문항에 대해서 1점부터 7점 사이의 점수를 줄 수 있으므로, 총점은 20점(1×20)에서부터 140점(7×20) 사이의 값을 갖게 된다.

9.4 질적 측도에 대한 비판적 평가

이제까지 살펴본 척도들은 양적 방법과 질적 방법을 혼용하는 연구에서 사용될 수 있는 척도들이지만, 대개의 경우 양적 연구에서 주로 사용되는 척도들이다. 이번에는 질적 연구에서의 측정 도구가 양적 연구에서의 측정 도구와 어떻게 다른지를 살펴보기로 하자. 그런데 그렇기 하기 전에 먼저 이 장의 앞부분에서 질문하기와 관련된 지침들은 양적 연구와 질적 연구 모두에 적용된다고 말했던 것을 기억하기 바란다. 좀 더 구체적으로 말하면,

이들 두 종류의 연구 모두에서 연구자는 편견이 없고, 너무 복잡하지 않고, 응답자와 관련이 있게 질문을 만들어야 한다. 또한 두 연구방법 모두에서 연구자는 사람들에게 질문을 하는 방법뿐만 아니라 사람들을 직접 관찰하는 방법을 통해서도 자료를 수집할 수 있다. 그러나 이 장에서 우리는 측정에 관한 논의의 범위를 질문하기로 한정하고 직접 관찰한 내용을 기록할 수 있는 도구에 관한 논의는 잠시 보류하기로 하겠다. 후자에 해당하는 도구에 관해서는 이 책의 다른 장에서 논의하기로 하겠다.

양적 질문 도구와 질적 질문 도구 간의 가장 큰 차이는 양적 질문 도구는 항상 구조화된 질문 도구이며, 주로 폐쇄형 질문을 사용하며, 면접과 설문지 모두에서 사용할 수 있는 도구인데 비해, 질적 질문 도구는 주로 면접에서 사용되며 심층적인 정보 수집을 위한 개방적이고 구조화되지 않은 질문을 주로 사용한다는 점이다.

9.5 질적 면접

질적 면접의 종류는 측정 도구를 전혀 사용하지 않고 구조화되지 않은 비공식적 대화 면접에서부터 면접자가 미리 준비해 둔 일련의 질문을 순서에 따라 묻는 구조화되고 표준화된 면접에 이르기까지 매우 다양하다. 이 두 극단 사이에는 면접자가 질문해야 할 주제와 안건들을 개요 형식으로 적어 놓은 면접 지침을 활용하면서도 융통성 있고 격식을 차리지 않는 반구조화된 면접과 면접 방식, 질문 순서, 표현 등을 피면접자에게 맞게 조절할 수 있는 반구조화된 면접이 있다.

상대적으로 비구조화된 질적(unstructured qualitative) 면접에서 연구자는 연구에 대한 전반적인 계획은 가지고 있지만 특정 문구로 표현된 특정 질문을 특정 순서에 따라 물어야만 하는 것은 아니다. 비구조화된 질적 면접의 본질은 바로 이러한 면접자와 응답자 간의 상호작용이며, 면접자가 대화의 전반적인 방향을 설정하고 응답자가 제기하는 주제를 추구해가는 대화이다. 이상적으로는 응답자가 주로 말을 하고 면접자는 듣는 것이다. 만일 면접자의 말이 전체 대화 중 5%를 넘어서면 면접자의 말이 지나치게 많다고 간주할 수 있다.

Patton(1990, p. 280)은 질적 개방형 면접의 유형을 다음과 같이 세 가지로 구분한다:

1. 비공식 대화 면접
2. 일반 면접지침 접근방법
3. 표준화된 개방형 면접

9.5a 비공식 대화면접

비공식 대화면접(informal conversational interview)은 관찰 과정에서 자연스럽게 일어나는 면접자와 응답자 간의 계획되거나 예상되지 않은 상호작용이다. 이 면접은 가장 개방적인 유형의 면접이다. 이런 종류의 면접을 할 때는 연구자와 대화하는 사람도 자신과 연구자 간의 상호작용을 면접이라고 전혀 생각하지 않을 수 있다. 따라서 비공식적 대화 면접을 하는 연구에서는 구태여 측정 도구를 개발하거나 사용해야 할 필요가 없다.

비공식 대화면접을 할 때, 연구자는 적절하다고 판단되는 모든 방향에서 정보를 얻을 수 있을 만큼 유연해야 한다. 연구자의 질문은 특정 시점의 특정 상황에서 우연히 관찰하게 된 것으로부터 또는 특정 상황에서 사람들이 연구자에게 우연히 이야기한 것으로부터 자연스럽고 즉흥적으로 나와야 한다. 다시 말하면, 비공식 대화면접은 연구자가 관찰을 해가는 과정에서 그리고 연구자가 자신이 관찰한 바와 현재 벌어지고 있는 상황에 대해서 관찰 대상들이 어떻게 생각하고 있는지에 대한 이해를 극대화하고자 할 때 즉흥적으로 하게 되는 면접이다.

연구자는 그러한 상황이 언제 벌어질지 예상할 수 없으며, 그렇기 때문에 비공식 대화면접은 사전에 준비된 질문을 가지고 할 수 있는 면접이 아니다. 그럼에도 불구하고, 연구자가 질문을 하고 듣는 기술(아마도 사회복지 실천훈련의 일부로서 배웠을 것 같은)을 사용하는 것은 매우 중요하다.

질문을 하고 응답을 기록하는 것은 우리 모두에게 있어서 자연스러운 과정이며, 연구자에게 있어서 질문을 하고 응답을 기록하는 것은 그다지 어려운 일이 아닌 것처럼 보인다. 그러나 이 장의 앞부분에서 언급했던 것처럼 질문 문구를 만드는 것은 쉽지 않은 일이다. 연구자의 질문 방식이 응답자의 대답에 미묘하게 영향을 미치는 경우는 이루 말할 수 없을 정도로 자주 발생한다. 때로는 연구자들이 응답자들에게 좋게 보여야 한다는 부담을 가하기도 하며 가장 관련 있어 보이는 대답을 완전히 배제시켜 버리는 맥락하에서 질문을 하기도 한다.

어떤 연구자가 생활시설에 거주하는 정서불안 청소년들이 어떤 이유에서 폭동을 일으키는지 알아보고자 한다고 가정해보자. 연구자는 청소년들이 자신들의 생활을 감독하는 감독 부모들의 훈육 방식에 대해서 어떻게 느끼고 있는지에 주목해보고 싶어 할 수 있다. 그러나 청소년들의 감독 부모에 대한 태도에 대해서 많은 정보를 얻는다고 하더라도 청소년들이 그 이유 때문에 폭동을 일으킨 것이 아닐 수 있다. 또 대부분의 청소년들이 단순히 들썩여 보고 싶은 마음에서 폭동에 참여했을 가능성도 있다. 적절히 사용된 비공식 대화면접은 연구자가 청소년들이 폭동을 일으킨 이유를 찾는 데 도움을 줄 수 있다.

비공식 대화면접이 갖는 가장 큰 장점은 **유연성**(flexibility)이다. 유연성은 연구자로 하여금 연구자가 예상하지 못했던 것을 보거나 들을 때 반응할 수 있게 해준다. 연구자는 초기 질문들에 대해서 응답자들이 어떤 대답을 하는지를 보고 후속 질문들을 만들어야 한다. 이런 상황에서 미리 준비해둔 질문을 하고 응답자의 대답을 받아 적는 것만으로는 좋은 연구를 하기 어렵다. 면접을 하면서 연구자는 질문하고, 대답을 듣고, 연구에서 그 대답이 갖는 의미를 해석하고, 이전 대답을 더 깊이 파고 들어가기 위한 후속 질문을 생각해야 할지 아니면 좀 더 관련이 있는 주제로 넘어가야 할지를 판단해야 한다. 한마디로 말해서, 연구자는 듣고 생각하고 말하는 것을 거의 동시에 할 수 있어야 한다.

중립적인 **심층 질문하기**(neutral probes)는 연구자로 하여금 후속 대답을 어느 한쪽으로 치우치게 만들지 않으면서 응답자로부터 심층적인 대답을 얻을 수 있게 도와준다. 예를 들어, 기관의 서비스가 어떠냐는 질문에 대해서 어떤 응답자가 아주 간단히 "상당히 나빠요"라고 답했다고 가정해보자. 연구자는 다양한 노력을 통해 이 응답자로부터 더 많은 것들을 알아낼 수 있다. 때로는 침묵하는 것

이 심층적인 정보를 얻어낼 수 있는 최선의 방법이 될 수도 있다. 예를 들어, 연구자가 연필로 무언가를 쓸 자세를 취하면서 아무 말도 하지 않고 응답자를 바라보고 있으면, 응답자는 아마도 이제까지 한 말에 덧붙여서 무언가를 말하게 될 것이다(보통 이 방법은 저널리스트들이 많이 쓰는 방법이다). "어떻게 말인가요?" 또는 "어떤 식으로 말인가요?" 등은 심층적인 정보를 얻어 낼 수 있는 적절한 반응이다. 아마도 가장 일반적으로 사용되는 반응은 "또 뭐가 있을까요?"일 것이다.

연구자는 나중에 분석할 것을 염두에 두고 많은 정보를 제공해줄 수 있는 대답을 이끌어내고자 노력해야 한다. 단, 심층 질문은 반드시 중립적이어야 하고 비지시적이어야 하는데 연구자가 심층 질문을 던지는 행동이 응답자의 후속 질문에 대한 대답에 영향을 미쳐서는 안 된다.

만일 사회복지 실천훈련 과목에서 면접에 대해서 이미 배운 적이 있다면, 사회복지 연구를 위한 비공식 대화면접과 사회복지 실천에서의 면접 간에 어떤 유사점이 있는지 알고 있을 것이다. 두 경우 모두에 있어서 중요한 것은 "잘 듣는 사람"이 되어야 한다는 것이다. 연구자는 관심을 끄는 사람이 아니라 관심을 갖는 사람이 되어야 한다. 또한 연구자는 다음과 같은 질문을 적절히 할 줄 알아야 한다: "어떻게 말인가요?", "어떤 식으로 말인가요?", "무슨 의미인가요?", "어떤 예가 있을 수 있을까요?" 관심을 갖고 기대하는 듯이 보고 듣는 방법을 배워야 하며 응답자들이 더 많은 말을 하게 만들어야 한다.

동시에, 연구자는 응답자와의 상호작용에서 수동적으로 듣는 역할만 해서는 안 된다. 연구자는 관찰에 근거한 어떤 일반적인(또는 구체적인) 질문들을 머릿속에 가지고 있어야 하며 대화의 흐름을 원하는 방향으로 이끌어가는 미묘한 기술을 터득해야 한다.

비공식 대화면접은 일상적인 대화와 너무도 유

심층 질문하기 ▶ 응답자로부터 특정 질문에 대한 더 충실한 답을 얻기 위해서 응답자에게 비편향적이고 비지시적인 후속 질문을 던지는 면접기법

사한 점이 많기 때문에 연구자는 수시로 자기 자신에게 일상적인 대화를 하고 있는 것이 아님을 주지시켜야 한다. 일상 대화에서 우리는 상대방에게 자신이 흥미롭고 같이 대화하고 싶은 사람으로 인식되기를 바란다. 혹시 다음번에 잘 모르던 사람과 대화할 기회가 있거든 자신을 한 번 관찰해보기 바란다. 아마도 자신이 어떤 재미있는 말을 할지를 생각하는데, 즉 대화에 기여함으로써 상대방에게 좋은 인상을 심어주기 위해 상당히 노력하고 있다는 사실을 알게 될 것이다. 실제로 우리는 다음에 무슨 말을 할지를 생각하느라 상대방의 말을 거의 듣지 못한다. 면접자에게 있어서 상대방에게 자신이 흥미로운 사람이라는 인상을 심어주려는 마음은 전혀 도움이 되지 않는다. 연구자는 면접대상이 흥미로운 사람이 되게 만들어야 하며, 그렇게 하려면 상대방에 대해서 관심을 가져야 한다(일상 대화에서도 그렇게 해본다면 아마도 사람들은 실제로 당신이 뛰어난 대담가라고 생각할 것이다).

9.5b 면접지침 접근법

질적 연구에서는 관찰 도중에 계획하지 않고 갑작스럽게 하는 (그렇기 때문에 아마도 측정 도구를 사용하지 않는) 면접뿐만 아니라 미리 계획된 면접을 통해서도 정보를 수집한다. 계획된 면접은 비공식 대화면접보다 구조화되고 측정 도구를 사용하는 면접이다. 모든 질적 연구는 개방형이며 응답자로 하여금 자신의 견해를 자신의 말로 표현하게 하는 연구이지만 개방형 질문의 순서와 문구를 어느 정도나 미리 결정하는지에 따라 어떤 질적 측정 도구를 사용할지가 달라질 수 있다.

고도로 구조화된 측정 도구는 모든 응답자들에게 동일한 질문을 동일한 순서로 물음으로써 응답 내용의 비교 가능성과 각각의 응답자로부터 관련된 모든 질문에 관한 완전한 자료를 얻을 수 있는 가능성을 극대화할 수 있게 해준다. 측정 도구

는 구조화될수록 다수의 면접자들이 면접할 때 발생할 수 있는 면접자 편견이나 비일관성을 줄일 수 있는 가능성을 높여주며, 연구자의 면접 자료 정리 및 분석을 용이하게 해줄 뿐만 아니라 독자들이 연구보고서를 읽고 면접방법과 면접을 위해 사용한 측정 도구의 질을 판단하는 데도 도움을 준다.

그러나 고도로 구조화된 측정 도구는 면접을 부자연스럽게 만들고 대화다운 면을 잃게 만들며 예상치 못했던 중요한 상황이나 반응에 대해서 좀 더 깊게 탐구할 수 있는 연구자의 유연성을 떨어뜨리는 단점을 가지고 있다. Patton은 전혀 구조화되지 않은 비공식 대화면접에서 보다 좀 더 구조를 갖출 수 있게 하는 방법 중 하나로서 면접지침을 제안한다.

면접지침(interview guide)은 면접자가 면접에서 다루어야 할 주제와 쟁점을 개략적 형태로 나열해 놓은 질적 측정 도구이다. 면접지침은 질문의 순서와 문구를 필요에 따라 각각의 면접에 맞게 조정할 수 있게 해준다. 따라서 면접지침을 사용할 경우, 면접자가 다수이더라도 미리 결정된 동일한 주제와 쟁점에 초점을 맞추고 동일한 내용에 대해서 면접을 할 수 있으며, 면접을 대화처럼 진행하면서도 예상치 못한 상황이나 반응에 대한 자유로운 심층 탐구를 가능하게 해준다. 면접지침이 어느 정도나 구체적이어야 하는지에 대해서는 사람마다 의견이 분분하다. 면접지침의 구체성 정도는 연구자가 중요한 쟁점들을 사전에 예상할 수 있는 능력 그리고 다수의 면접자들이 동일한 내용을 면접에서 빠뜨리지 않고 다룰 수 있으려면 어느 정도의 구체성이 필요한지에 달려 있다고 할 수 있다(Patton, 1990).

예를 들어, 연구자가 임상사정을 위한 면접 기술 향상을 목표로 하는 현장교육 프로그램을 질적으로 평가하기 위해 사회복지사들을 대상으로 강도 높은 면접을 실시하고자 한다고 가정해보자. 면접지침을 비교적 짧게 만든다면, 아마도 다음과 같은 폭넓은 질문 영역들을 면접지침에 나열해볼 수 있을 것이다.

1. 훈련생이 프로그램에서 어떤 면접훈련 활동과 과제를 수행했는가?
2. 프로그램 결과로서 훈련생이 어느 정도 기술을 갖게 되었다고 느끼는 면접 영역이 혹시 있다면 어떤 영역인가?
3. 훈련의 결과로서 훈련생이 더 잘 제공할 수 있게 되었다고 느끼는 서비스 기능이 있다면 어떤 기능인가?
4. 프로그램이 훈련생의 경력에 영향을 미쳤는가? 만일 영향을 미쳤다면 어떻게 미쳤는가?
5. 프로그램과 관련해서 훈련생이 가장 좋아한 것과 가장 싫어한 것은 무엇인가? 프로그램의 강점과 단점은 무엇인가? 그리고 프로그램과 관련해서 훈련생이 변해야 할 점이라고 제안한 점이 혹시 있다면 어떤 것인가?

동일한 평가를 위해서 다음과 같이 좀 더 구체적인 면접지침도 만들어 볼 수 있을 것이다.

Ⅰ. 프로그램에 대한 전반적인 인상
   A. 좋아하는가? 싫어하는가?
   B. 장점은? 단점은?
   C. 변했으면 좋겠다고 제안된 점은?
   D. 프로그램이 훈련생에게 미친 영향은?
     1. 더 잘할 수 있게 된 서비스 기능
     2. 향후 경력 계획
     3. 전반적인 면접기술
Ⅱ. 프로그램에서 한 활동
   A. 읽기?
   B. 경험을 글로 써보는 과제
   C. 역할 연기?
   D. 동료 또는 강사의 피드백
   E. 강사의 면접기술 시범?
Ⅲ. 면접 영역별로 나아진 것과 나아지지 않은 것
   A. 면접 시작하기
     1. 클라이언트 맞이하기와 인사하기
     2. 소개
     3. 클라이언트를 편하게 만들기
     4. 면접목적 설명하기
     5. 클라이언트가 내방한 이유를 알기
   B. 물리적으로 주목하기
     1. 눈 마주치기
     2. 자세
     3. 간헐적으로 긍정적인 몸짓 취하기
     4. 적당히 긴장을 풀고 전문적으로 편안한가?
   C. 언어적으로 주목하기
     1. 비비판적 자극
     2. 응답하기 전에 잠깐 멈추기
     3. 다른 말로 쉽게 설명하기
     4. 클라이언트가 말할 수 있게 격려하기
     5. 문화/민족 사이에 대한 민감성
     6. 감정이입 및 온정 나타내기
     7. 자연스럽고, 즉흥적이고, 솔직하게 말하기
   D. 문제 탐구하기
     1. 사회사(social history) 알아내기
     2. 다양한 관점에서 문제를 검토하기
     3. 상황적 요소와 구조적 요소 사정하기
   E. 질문하기와 심층 탐구하기
     1. 명확하고 간결하게 질문하기
     2. 편향되지 않은 방식으로 질문하기
     3. 탐색적 질문을 개방적인 방식으로 하기
     4. 폐쇄형 질문과 개방형 질문을 적절히 섞어하기
     5. 중립적 심층규명을 통해 구체적이고 중요한 내용을 알아내기
     6. 너무 많은 질문을 퍼붓지 않기
     7. 질문의 논리적 순서를 생각하기
     8. 사생활과 관련된 문제에 관한 민감성

면접지침서의 내용이 아무리 자세하더라도 연

구자는 면접에 앞서 면접자들이 면접지침의 내용과 의도를 완벽하게 이해하게 해야 한다. 그렇지 못할 경우, 면접은 대화하는 것 같은 자연스러운 분위기 속에서 얻고자 하는 모든 정보를 얻을 수 있게 순조로운 진행이 되기 어렵다.

면접자들 또한 면접 중에 예상치 못한 주제가 나타날 때 그 주제가 면접 대상에게 그리고 연구의 목적에 비추어볼 때 얼마나 중요한지를 고려하여, 그런 주제에 대해서 언제 심층적인 정보를 얻기 위한 질문을 하고 언제 하지 않을 것인지 판단할 수 있는 준비가 되어 있어야 한다. 따라서 면접자는 면접을 실시하기에 앞서 반드시 훈련 과정을 거쳐야 한다.

9.5c 표준화된 개방형 면접

방금 언급한 바와 같이, 때로는 모든 면접자들이 면접자의 영향과 편견을 최소화하면서 일관되고 철저하게 진행하고 있는지를 확인해볼 필요가 있다. 그렇게 하기 위한 가장 좋은 방법은 표준화된 개방형 면접을 실시하는 것이다. 이 방법은 또한 제한된 예산 때문에 다수의 면접 대상에 대해서 포괄적이고 덜 구조화된 접근 전략을 쓸 수 있는 시간적 여유가 없거나, 연구자가 면접 대상을 일정 기간에 걸쳐 추적하면서 관찰된 변화가 면접 방식의 변화에서 비롯될 가능성을 줄이고자 할 때 사용된다.

이러한 맥락에서 볼 때, 표준화된 개방형 면접 측도에는 질문들이 "면접 시 물어보게 될 문구 그대로 미리 쓰여 있어야 한다"(Patton, 1990: 285). 따라서 질문 문구와 순서를 정할 때 세심한 주의를 기울여야 한다. 심층적 탐구를 위한 추가 질문은 측정 도구에 미리 제시된 경우에만 가능한데, 이것을 가리켜 이 장의 앞부분에서 언급했던 **면접 스케줄**(interview schedules)이라고 한다. 그러나 경험과 기술이 뛰어난 면접자를 활용하는 연구에서는 일반적인 표준화된 폐쇄형 면접 연구에서보다 심층 탐구를 위한 유연성을 좀 더 허용하기도 한다.

9.5d 표준화된 개방형 면접 스케줄의 예

그림 9-6은 Ruth McRoy와 Harold Grotevant이 공개입양에 관한 질적 연구에서 사용했던 표준화된 개방형 면접 계획 중 일부를 발췌한 것이다. 이 면접 계획의 원본은 총 179개 문항으로 이루어져 있으며, 우리는 그중에서 잘 만들어진 표준화된 면접 계획이 어떤 것인지 그리고 양적 연구와 질적 연구 모두에 적용되는 측정 도구 만들기와 관련해서 우리가 살펴보았던 몇 가지 중요한 점들을 예시하기에 충분하다고 판단되는 22개 문항을 발췌하였다. 이들 문항들이 얼마나 개방적이고, 중립적이고, 논리적인 순서로 배열되어 있는지 주목해보기 바란다. 또한 이 면접 계획이 면접자에게 심층적이고 구체적인 정보를 얻어야 하는지를 어디에서 어떻게 체계적으로 지시하고 있는지, 그리고 질문을 이해하는 데 어려움을 겪을지 모르는 응답자들을 위해 면접자가 질문의 핵심을 설명해줄 때 도움이 될 만한 사항들을 괄호를 이용하여 어떻게 제시해주고 있는지 눈여겨 봐둘 필요가 있다. 마지막으로, 이 면접 스케줄이 수반형 질문들을 어떻게 활용하고 있는지도 기억해두기 바란다.

9.6 질문하기에 대한 양적 접근법과 질적 접근법 비교

이 장을 마치기 전에 한 가지 언급해두어야 할 것은 비록 이제까지의 논의 과정에서 우리가 주로 질문을 위한 양적 도구와 질적 도구 간의 차이점에 초점을 맞추기는 했으나 양적 도구와 질적 도구는 차이점뿐만 아니라 여러 가지 공통점도 가지고 있다는 사실이다. 또한 하나의 연구에서 양적 도구와 질적 도구를 함께 사용할 수 있다는 점도 다시 한번 강조하고자 한다. 양적 도구와 질적 도구를 상호배타적으로 보거나 대립적으로 볼 필요는 전혀 없다. 글상자 "질문하기에 대한 양적 접근법과 질

그림 9-6 ▶ 공개입양 연구에서 사용된 표준화된 개방형 면접 스케줄의 일부

입양 부모 면접

부모와 함께 입양한 자녀 숫자와 그들의 이름과 나이를 검토하면서 면접을 시작한다.

입양에 관한 배경

1. 입양을 결심했던 이유에 관해 조금만 이야기해 주시겠습니까?
2. 입양에 관해 결심하기 전에 누구와 이야기했었습니까? 어떤 조언을 받았습니까?
3. 입양 과정이 어떤 것이라고 예상하셨습니까?
   .
   .
   .
34. _____ (아이)가 입양되었을 때 당신은 몇 살이었습니까?
35. 귀하의 입양 결심에 친척들은 어떻게 반응하였습니까?
36. 어떤 점에서 _____ (아이)가 귀하와 같습니까(기질, 외모)?
37. 어떤 점에서 _____ (아이)가 귀하와 다릅니까(기질, 외모)?
38. _____ (아이)의 도착이 귀하의 삶의 스타일에서의 변화를 의미한다는 것을 예상하였습니까? 만약 그랬다면, 어떤 변화들을 예상하였습니까?
   .
   .
   .
41. _____ 가 귀하 가정에 도착했던 때를 설명해주십시오.
    _____ 의 초기 행동(심층조사: 상냥한지, 순한지, 까다로운지, 완고한지 등)을 어떻게 묘사하겠습니까?
    처음 3년간 경험하였던 만족과 문제들은 어떤 것이었습니까?
    그 기간 동안에 _____ 와 귀하의 관계는 어떠했습니까?(전체적인 평가보다는 구체적인 사건과 행동들을 자세히 조사한다)

입양의 개방성 정도에 대한 지식

42. 입양 기관은 개방 또는 폐쇄 입양에 관해서 귀하에게 어떤 선택권을 제공하였습니까? (밝혀지지 않은 정보, 친부모의 사진, 지속적인 정보 공유, 부모를 만나기, 지속적인 접촉 등)
43. _____ (입양 기관)에 오기 전에 개방적 입양에 관해 들어본 적이 있었습니까?
44. 만약 그랬다면, 그 용어가 의미하는 것이 무엇이라고 생각하였습니까?
45. "반 개방형 입양"이란 용어가 귀하에게 의미하는 것은 무엇입니까?
46. "전통적 혹은 폐쇄형 입양"이란 용어가 귀하에게 의미하는 것은 무엇입니까?
47. 어떤 형태의 개방성을 선택할 것인가를 결정하기 전에 귀하가 겪었던 과정을 설명해 주십시오.
48. 귀하는 어떤 선택을 했습니까?
49. 왜 이 선택을 하게 되었습니까?
50. 귀하가 보기에 다음의 장·단점은 무엇입니까:
    a. 전통적인 "폐쇄형"입양
    b. 반개방형 입양
    c. 개방형 입양

    만약 가족이 전통적 (폐쇄형) 입양을 골랐으면, 6-7 페이지의 분홍색 부분으로 바로 넘어가서 계속한다.
    만약 가족이 단지 정보만을 공유하기를 선택하였다면, 바로 8-9 페이지의 녹색 부분으로 가라.
    만약 가족이 친부모를 만나는 것을 선택하였다면, 바로 10-11 페이지의 노란색 부분으로 가라.
    만약 가족 응답자가 지속적인 대면 접촉을 선택하였다면, 바로 12-14페이지의 *파란색* 부분으로 가라.

그림 9-6 ▶ (계속)

만약 가족이 처음에는 반개방형을 선택했다가 나중에 완전한 개방으로 바뀌었다면, 바로 15-18페이지의 오렌지색 부분으로 가라.

만약 가족이 폐쇄형 입양을 선택하였다면… (이 부분은 분홍색 종이 위에 적혀 있다)

58. 만약 집에 다른 형제자매들이 있다면, 그들은 _____ (아이)를 불리하게 만들기 위해 입양을 이용하려고 한 적이 있습니까? 만약 있다면, 설명해 주십시오.

．

．

만약 가족이 단지 정보만을 공유한다고 선택하였다면… (이것은 녹색 종이에 적혀 있다)

．

．

75. 귀하 생각에는 정보를 공유하는 것이 어떤 영향을 미친다고 봅니까:
    a. 아이에게?
    b. 귀하와 배우자에게?
    c. 친부모에게?
    d. 가족 안의 다른 자녀들에게(적용되는 경우만)?

．

．

만약 가족이 친부모를 만나는 것을 선택하였다면… (이 부분은 노란색 종이 위에 적혀 있다)

．

．

111. 친부모와 귀하와의 관계를 어떻게 묘사하시겠습니까? (심층조사: 친척, 친구 등으로)

．

．

179. 우리는 꽤 많은 것에 대해 이야기했습니다만, 귀하와 귀하 가족을 이해하는 데 중요하다고 귀하가 생각하는 어떤 것을 우리가 빠뜨렸을지도 모르겠습니다. 우리가 논의한 것 이외에 덧붙이고 싶은 것이 있다면 어떤 것이 있습니까?

출처: Ruth McRoy의 허락하에 사용

적 접근법의 비교"에는 이러한 사항들이 요약되어 있다.

9.7 주요 내용

- 설문지는 (1) 사람들에게 질문을 하거나, (2) 서로 다른 관점들을 서술하는 진술문에 찬성하는지 아니면 반대하는지를 질문하여 자료를 수집하는 방법을 제공한다.
- 질문은 개방형(응답자가 자신의 답을 제시한다)이거나 폐쇄형(제시된 응답범주 중에서 응답자가 답을 고른다)일 수 있다.
- 일반적으로 짧은 문항이 긴 문항보다 낫다.
- 설문지에 부정적인 문항과 용어가 있으면 응답자들이 혼동할 수 있기 때문에 부정적인 문항과

질문하기에 대한 양적 접근법과 질적 접근법의 비교

	양적 접근법	질적 접근법
측정원칙에 있어서의 유사점		
응답자가 이해할 수 있는 언어를 사용한다	항상	항상
한 번에 한 가지 질문을 한다; 복수응답유발형 질문을 피한다	항상	항상
응답자가 대답할 수 있고 관련 있는 질문만 한다	항상	항상
편향된 문항이나 용어 사용을 피한다	항상	항상
형식에 있어서의 차이점		
설문지 또는 척도	자주	드물다.
면접	때때로	흔하다.
모든 응답자에게 같은 표현과 순서로 된 질문을 한다	항상	드물다.
표현, 순서, 대화체와 관련한 면접자의 융통성	전혀 없다.	매우 자주
개방형 질문	드물다.	흔하다.
심층규명	드물고 짧다.	빈번하고 심도 깊다.
폐쇄형 질문	흔하다.	때때로
면접의 격식	편안하고 친절한 태도. 그러나 전문가 어조와 너무 허물없지 않도록	좀 더 자발적이고 격식 없는 친구사이의 대화를 닮는다.
보완적 기능		
객관성과 일관성 대 융통성과 주관적 의미	무작위 그리고 체계적 측정 오류를 최소화하는 방식으로 많은 응답자에게 실시되어질 척도를 개발, 그러나 타당도 조사를 요하는 피상적 수준 정도일 수 있다.	더 깊고 타당한 수준에서 소수 응답자들의 주관적 의미에 대한 이해를 추구하기 위해 면접자의 융통성과 주관성이 허용되는 척도를 만든다.
일반화 대 심도 깊은 이론적 이해	질적 측정으로부터 나타난 지식을 일반화할 수 있을지 정확한, 통계적 방식으로 확증한다.	양적 측정으로부터 나타난 통계적 결과의 의미에 대한 보다 깊은 이론적 이해를 형성한다.
가설 검증 대 가설과 보다 깊은 이해를 끌어내는 것	아마도 질적 조사로부터 도출한 가설을 검증하고 충분히 이해되기 위해 더 많은 질적 조사를 요할지도 모를 새로운 연구 결과를 끌어낸다.	의미가 충분히 이해되지 않은 현상을 연구하고 아마도 양적 연구를 위한 가설을 끌어낸다.

용어를 피해야 한다.

- 설문지에서 편견은 특정 관점을 피하거나 지지하게끔 응답자들의 대답하도록 유도하는 속성이 있다. 따라서 이를 피해야 한다.
- 수반형 질문은 앞에서 한 질문에 대해서 특정 답을 한 사람들만 답해야 하는 질문이다. 수반형 질문은 응답자들로 하여금 자신과 관련이 없는 질문에 대해서는 답하지 않아도 되게 해주기 때문에 매우 유용하다. 예를 들어, 임신 횟수를 묻는 질문은 여성에게만 물으면 되는 질문이다.
- 척도는 어떤 변수에 해당하는 다수의 지표를 하나의 측도로 요약해준다.
- 리커트 척도는 다수의 설문 문항에 대해서 표준화된 응답범주(예를 들자면 "매우 찬성", "찬성", "반대", "매우 반대")를 사용하는 측정기법이다. 리커트 척도는 설문지에서 많이 사용되는 매우 유용한 측정 형식이다.
- 질적 도구 접근법과 양적 도구 접근법이 특정 원칙들을 공유하기는 하지만 양적 도구가 더 구조화되어 있고, 주로 폐쇄형 문항을 사용하며, 면접 또는 설문지 형식으로 이루어질 수 있는 것에 비해 질적 도구는 주로 개방형 문항과 심층탐구를 위한 문항들 중심의 구조화되지 않은 면접을 통해 이루어진다.
- 질적 개방형 면접의 형식에는 (1) 비공식 대화 면접 (2) 면접 지침 접근법 그리고 (3) 표준화된 개방형 면접이 있다.

9.8 연습문제

1. 신문이나 잡지에서 설문지를 하나 찾은 다음(예를 들면, 독자를 대상으로 하는 설문조사) 수업에 가져와서 동료 학생들과 비판해본다.
2. 아래의 개방형 질문 각각을 설문지에서 사용할 수 있는 폐쇄형 질문으로 만든다.
   a. 작년 한 해 당신 가정의 총소득은 얼마였습니까?
   b. 사회복지를 위한 공공지출 확대에 대해서 어떻게 생각하십니까?
   c. 당신의 사회복지 실천에서 이론을 배우는 것이 얼마나 중요하다고 생각하십니까?
   d. 사회복지사가 되기 위해서 공부하게 된 주된 이유는 무엇이었습니까?
   e. 이 지역사회가 직면한 가장 큰 문제가 무엇이라고 생각하십니까?
3. 자기기입식 설문지에서 다음 정보를 얻기 위한 수반형 문항을 만들어본다.
   a. 응답자가 고용된 상태인가?
   b. 만일 실직 상태라면 응답자는 직장을 찾고 있는가?
   c. 만일 실직 상태의 응답자가 직장을 찾고 있지 않다면 응답자는 퇴직자, 학생 또는 가정주부인가?
   d. 만일 응답자가 직장을 찾고 있다면 응답자는 얼마 동안 직장을 찾고 있는가?
4. 리커트 형식을 사용하여 서비스 전달에 대한 클라이언트의 만족도를 측정할 수 있는 간단한 척도를 개발한다.
5. 이제까지 읽은 이 책의 장들에 대해서 얼마나 만족하는지를 묻는 두 종류의 간단한 설문지를 만들되, 하나는 개방형 문항으로만 만들고 다른 하나는 폐쇄형 문항으로만 만든다. 두 종류의 설문지를 여러 동료 학생들에게 작성하게 한 다음 두 종류의 설문지를 통해 얻은 응답을 비교하라. 얻어진 응답 내용을 바탕으로 각각의 설문지가 어떤 장점과 단점을 갖는지 비교해본다.

표본추출 및
설문조사

제5부에서 우리는 연구참여자들로부터 모집단에 대해서 일반화시킬 수 있는 연구결과를 얻어내는 절차에 대해서 논의할 것이다. 제10장은 사람들에게 질문을 하여 자료를 수집하는 설문조사에 관한 장이다. 제10장에서는 자기기입식 설문지나 면접을 통해 응답자들로부터 얻은 자료의 객관성, 정확성 및 일반화 가능성을 극대화하는 데 주안점을 둔 양적 접근방법에 대해서 살펴볼 것이다. 제11장은 표본추출에 관한 장이며 이 장에서도 일반화에 관한 논의를 하게 될 것이다. 이제 알게 되겠지만, 소수의 사람 또는 대상을 관찰한 다음 그 결과를 다수의 사람 또는 대상에 대해서 적용하는 것이 가능하다. 제11장에서는 또한 질적 연구를 위한 표본추출방법에 대해서도 살펴볼 것이다. 질적 표본추출방법은 일반화를 중요시하는 양적 표본추출방법보다 훨씬 유연하여 심층적 이해를 중요시하고 새로운 아이디어와 통찰을 얻는 데 주안점을 둔다.

chapter 10

설문조사

10.1 서론

제9장에서 살펴본 내용 중 상당 부분, 예를 들면, 질문하기, 설문지 만들기, 면접하기 등은 이 장에서 논의할 설문조사에도 적용되는 내용들이다. 아마 누구든 한 번쯤은 설문조사에 응답자(respondent)로 참여해본 경험이 있을 것이다. 일반적인 설문조사에서 연구자는 표본을 뽑아 표본에 대해서 설문조사를 실시한다. 설문조사의 목적은 기술, 설명 및 탐색 중 어느 것이든 될 수 있다. 설문조사는 횡단 연구를 위해 특정 시점에 한정하여 실시할 수도 있고 종단 연구를 위해 서로 다른 시점에서 반복적으로 실시할 수도 있다. 설문조사가 주로 양적 연구와 관련이 있기는 하지만 질적 연구방법과 함께 사용될 경우 연구의 질을 향상시킬 수 있다.

설문조사는 규모가 너무 커서 직접 관찰할 수 없는 모집단을 기술하는 최선의 방법이라고 할 수 있다. 적절한 방법을 이용하여 모집단의 특성을 반영하는 표본을 추출할 경우, 연구자는 설문조사를 통해서 모집단의 일부에 불과한 연구 대상으로부터 얻은 자료만을 가지고도 집단의 특성을 정확하게 기술해낼 수 있다. 모집단을 대표할 수 있는 소수의 연구 대상으로 뽑는 방법을 가리켜 **표본추출**(sampling)이라고 한다. 표본추출방법은 설문조사뿐만 아니라 다른 종류의 조사방법에도 적용되는 방법이므로 표본추출방법에 관한 보다 자세한 논의는 다음 장에서 하기로 하겠다. 우리는 적절한 표본추출방법을 사용하여 뽑은, 2,000명이 채 되지 않는 표본을 가지고 어떻게 대통령 선거의 결과를 정확하게 예측할 수 있는지, 잘못된 표본추출방법을 사용할 경우 훨씬 더 큰 표본을 가지고도 선거 결과를 왜 잘못 예측할 수밖에 없는지를 알게 될 것이다. 그러나 일단 이 장에서의 논의를 위해

서는 설문조사의 가치가 표본이 우리가 연구하고자 하는 모집단을 정확하게 대표할 수 있는지 여부에 달려 있다는 것만 기억해두기로 하자.

종종 사람들은 비과학적인 목적을 위해 설문조사를 가장한 가짜 설문조사를 하곤 한다. 예를 들면, 누군가가 다짜고짜 "집에 가만히 앉아서 일주일에 수천 달러를 벌수 있다면 어떻겠습니까?"라고 묻거나 1센트짜리 동전에 새겨져 있는 대통령의 이름을 맞춘다면 경품을 받을 수 있다고 하는 전화를 누구나 한 번쯤은 받아보았을 것이다(그런 전화를 받거든 그 대통령이 엘비스 프레슬리라고 답해주십시오!). 안타깝게도 전화판매자들은 사람들이 설문조사에 대해서 일반적으로 협조적이라는 점을 이런 식으로 악용한다.

그러나 설문조사는 올바르게 실시할 경우, 사회 탐구를 위한 유용한 도구로 활용될 수 있다. 연구자에게 주어진 과제는 무엇이 옥이고 무엇이 돌인지 가려낼 수 있는 분별력을 갖는 것이다. 이 장에서 살펴볼 내용들은 그러한 분별력을 기르는 데 도움이 될 것이다.

표본을 대상으로 설문조사를 하는 방법에는 다음과 같은 네 가지 방법이 있다: (1) 우편 설문조사, (2) 온라인 설문조사, (3) 면대면 면접 설문조사 그리고 (4) 전화 설문조사. 이제부터 이들 네 가지 방법 각각을 순서대로 살펴보기로 하자.

10.2 우편 설문조사

우편 설문조사와 온라인 설문조사 모두는 응답자들에게 스스로 **자기기입식 설문지**(self-administered questionnaires)를 작성하게 하는 조사이다. 그러나 응답자들로 하여금 설문지를 작성하게 하는 맥락은 연구마다 다를 수 있다. 어떤 경우에는 동시에 동일한 장소에 모여 있는 응답자들에게 설문을 작성하게 할 수 있는데, 예들 들면 사회복지학 개론과목을 수강하는 학생들을 대상으로 설문조사

응답자 ▶ 설문조사에 답함으로써 분석 자료를 제공해주는 사람

204 PART 5 표본추출 및 설문조사

를 하고자 한다면 수업시간을 이용하여 설문을 작성하게 할 수 있을 것이고 고등학교 학생들을 조사하고자 한다면 특별활동시간을 이용하여 설문을 작성하게 할 수 있을 것이다. 또는 설문지를 표본 응답자들의 가정으로 보낸 다음 하고자 하는 연구에 대해서 설명할 수도 있다. 응답자들이 설문지를 작성할 수 있게 놓아두었다가 나중에 연구자가 설문지를 회수할 수도 있다.

물론 설문지를 가정으로 전달하는 방법과 우편으로 부치는 방법을 병용할 수도 있다. 설문지를 가정에 보낸 다음 연구자가 가정을 방문하여 설문지가 완벽하게 작성되었는지 확인하고 설문지를 회수할 수 있다. 이와 정반대 방법은 연구자가 설문지를 직접 응답자에게 전달하고 응답자로 하여금 작성한 설문지를 연구자의 사무실로 우송하게 하는 것이다.

일반적으로 볼 때, 연구자가 설문지를 전달하거나 회수할 때(또는 두 가지를 다 할 때) 단순히 우편 설문조사를 할 때보다 응답률은 높아진다. 아마도 이 방법에 대한 후속 연구가 지속적으로 이루어진다면, 비용은 줄이면서 응답률은 향상시킬 수 있는 다른 방법들을 찾을 수 있게 될 것이다.

10.2a 우편 배송 및 회수

우편을 이용하여 자료를 수집하는 기본적인 방법은 설문지, 설문지를 설명하는 편지 그리고 우표를 붙인 반송용 봉투를 함께 우편으로 보내는 것이다. 응답자는 설문지를 작성한 다음 설문지를 제공된 봉투에 넣어 반송해야 한다. 만약 우편 설문을 받았으나 설문지를 반송하지 않은 적이 있다면, 설문지를 반송하지 않은 이유가 무엇인지 생각해보고 우편 설문조사 계획을 세울 때마다 그 이유를 반영한다면 매우 도움이 될 것이다.

설문지를 반송하지 않는 가장 큰 이유는 귀찮기 때문이다. 이 문제를 해결하기 위해 연구자들은 반송을 수월하게 하는 여러 가지 방법들을 고안해냈다. 예를 들면, **봉투겸용 설문지**(self-mailing questionnaire)를 활용하면 반송봉투를 따로 준비할 필요가 없다. 봉투겸용 설문지는 설문지를 지시에 따라 접으면 반송주소가 맨 앞면에 나오게 되어 있기 때문에 응답자는 반송봉투를 잃어버릴까 염려하지 않아도 된다.

좀 더 발전된 형태의 설문지들도 있다. 예들 들면, 설문지를 소책자 형태로 만들면서 책자의 앞장과 뒷장 모두를 두 겹으로 제작하여 한쪽을 펼쳐 설문지를 감싼 다음 발송할 때 사용하고 다른 한쪽을 펼쳐 반송할 때 사용할 수 있게 함으로써 처음부터 봉투를 사용하지 않아도 되게 만든 설문지도 있다. 중요한 것은 응답자가 설문지를 작성하고 반송하는 과정을 수월하게 만들수록 연구가 수월해진다는 것이다. 연구자에게 반송할 수 있게끔 준비가 되어 있지 않은 설문지를 우편으로 받았다고 한번 상상해보자. 설문지를 연구자에게 보내기 위해서는 먼저 (1) 봉투를 구해야 하고, (2) 주소를 적어야 하고, (3) 우표가 얼마나 필요한지 확인해야 할 것이고, (4) 우표를 사서 봉투에 붙여야 한다. 과연 이런 설문지를 연구자에게 반송해줄 가능성이 얼마나 되겠는가?

아마도 이쯤이면 어떤 독자들은 도대체 응답자들이 설문지를 반송하기 편하게 해주는 것이 왜 그다지 중요한지 궁금하게 생각할 것이다. 바로 위에서 우리는 소수의 응답자들을 대상으로 한 설문조사를 통해서 모집단을 정확하게 기술해낼 수 있다고 하지 않았던가? 맞다. 우리는 분명히 그렇게 말했다. 아울러 우리는 정확성은 소수의 표본이 모집단의 특성을 대표할 수 있는지 여부에 달려 있다는 말도 함께 했다. 설문조사에 응한 사람들과 응하지 않은 사람들 간에 연구질문과 관련된 중요한 차이가 많을수록 **비응답 편향**(non-response bias)은 설문조사의 대표성에 더 큰 영향을 미친다.

예를 들어, 사회서비스를 받고 있는 저소득층을

대상으로 그들이 받은 사회서비스에 대한 만족도를 우편 설문조사를 통해서 알아보고자 한다고 가정해보자. 그들에게 설문지를 보내면서 반송 봉투를 동봉하지 않거나 동봉하되 우표를 붙이지 않은 반송 봉투를 동봉한다고 가정해보자. 설문지를 받은 사람들 중에 봉투를 직접 사다가 우표를 붙여야 하는 귀찮음을 무릅쓰고 설문지를 반송할 만큼 자신이 받은 사회서비스에 대해 자신의 의견을 밝히고 싶은 사람은 거의 없을(있다면 아마도 극히 긍정적이거나 극히 부정적인 의견일 것이다) 것이다. 그리고 혹시 있더라도 그런 사람들은 설문지를 반송하지 않은 사람들에 비해 우표를 살 수 있을 만큼 경제적 여유가 더 있는 사람들일 것이다. 결과적으로 볼 때, 경제적인 여유가 없을수록 그리고 사회서비스에 대한 의견이 강하지 않을수록 설문에 응답할 가능성은 낮아질 것이며, 그렇기 때문에 설문조사 결과는 모집단을 올바르게 대표하지 못할 것이다. 따라서 유용한 우편 설문조사와 잘못된 결과를 초래할 수 있는 우편 설문조사를 나눌 수 있는 가장 중요한 기준은 응답률을 극대화하기 위해 필요한 조치들이 취해졌는지 여부라고 할 수 있다.

10.2b 설문표지

우편 설문조사의 응답률에 영향을 미치는 또 한 가지 중요한 요인은 설문지의 표지이다. 일반적으로 응답자가 설문을 받은 다음 맨 처음 읽게 되는 것은 설문표지이다. 따라서 설문표지의 내용은 응답자로 하여금 응답동기를 갖게 하고 응답자가 설문조사에 대해 갖고 있을지 모르는 거부감을 줄일 수 있게 구성되어야 한다.

응답자들로 하여금 응답동기를 갖게 하기 위해

서는 응답자가 이해할 수 있는 용어로 설문조사의 목적과 중요성을 설명해야 한다. 연구자는 응답자들이 신뢰할만한 인물이나 조직으로부터 설문조사에 대한 후원이나 추천을 얻은 다음 그러한 사실을 설문표지에 명시하는 것이 필요하다. 아울러 응답자 개개인의 응답이 설문조사의 성공을 위해서 그리고 응답자들이 관심을 가지고 있는 문제를 해결하는 데 있어서 왜 중요한지 설명해야 한다.

설문조사 참여에 대한 거부감을 줄이기 위해 연구자는 잠재적 응답자들에게 응답 내용의 익명성 보장에 대한 확신을 심어줘야 하며, 표본을 어떤 과정을 거쳐 뽑았는지 설명하고 설문지를 작성하는 데 어느 정도의 시간이 필요한지 알려줘야 한다(설문 작성에 소요되는 시간은 짧을수록 좋다).

그림 10-1은 2008년에 실시된 사회복지사 조사에서 사용된 설문지의 표지이다. 이 설문표지는 지금까지 논의한 동기부여 저항 감소와 관련된 요소들이 예시되어 있다.

10.2c 확인우편

설문지가 회수되기 시작하면, 연구자는 확인우편을 보낼 필요가 있다고 생각되는 응답자를 파악하고 확인우편 우송(follow-up mailing)을 준비해야 한다. 확인우편을 보내는 방법에는 여러 가지가 있다. 먼저, 가장 간단한 방법은 미응답자에게 설문조사에 참여해달라는 격려 편지를 보내는 것이다. 그러나 확인편지와 함께 설문지를 다시 한부 보내는 것이 더 나은 방법이다. 만약 응답자가 2~3주가 지난 후에도 설문지를 반송하지 않으면 설문지를 잃어버렸거나 잘못 두었을 가능성이 높다. 확인편지를 보냄으로써 응답자로 하여금 자신이 받았던 설문지를 찾아보게 할 수는 있지만 설문

비응답 편향 ▶ 설문조사 결과의 대표성을 저해하는 문제 요인 중 하나. 응답자와 비응답자 간에 연구질문과 관련된 중요한 차이가 얼마나 존재하는지에 따라 문제의 심각성이 달라짐.

응답률 ▶ 설문조사에 참여한 사람의 수를 참여하지 않은 사람의 수로 나누어 구한 백분율

지를 찾을 수 없다면 확인편지는 전혀 효과가 없게 된다.

연구방법론 문헌들은 우편 설문조사의 응답률을 높일 수 있는 효과적인 방법으로서 확인우편을 적극 추천하고 있으며, 일반적으로 세 번 정도의 우편 발송이 필요하다고 보고 있다(한 번은 설문지를 보내기 위한 것이고 두 번은 확인우편을 보내기 위한 것). 일반적으로 볼 때, 응답자가 응답을 미룰수록 아예 응답하지 않을 가능성이 높아진다. 따라서 적절한 시기에 확인우편을 보내는 것이 응답자의 응답을 자극하는 데 도움이 된다. 대개의 경우, 한 번 우편을 보내고 나서 다음 번 우편을 보낼 때까지 약 2~3주 정도의 간격을 두는 것이 적당하다.

만일 설문지를 보고 표본구성원들을 구분할 수 없다면, 미응답자들에게만 다시 설문지를 우송하는 것은 불가능하다. 그런 경우에는 확인우편을 표본구성원 모두에게 다시 보내야 하며, 이미 설문조사에 참여한 사람들에게는 감사의 뜻을 표하고 그렇지 않은 사람들에게는 참여를 격려한다.

확인우편에 비해 비용이 덜 드는 대안은 수신자 부담 확인엽서를 매번 함께 보내는 방법이다. 이 엽서는 설문조사에 응답한 사람과 응답하지 않기로 선택한 사람을 구분할 수 있다. 응답자는 엽서에 자신의 이름을 적어서 설문지와는 개별적으로 발송한다. 이렇게 하면 설문지의 익명성이 보호되는 동시에 확인우편을 발송하지 않아도 되는 사람 명단을 확보할 수 있다. 다음 '엽서 내용' 글상자는 엽서를 어떤 방식으로 작성해야 확인우편을 재발송하지 않고 그들이 당신의 설문조사에 참여하기로 선택했는지 아닌지를 알 수 있는지 보여준다.

10.2d 응답률

경험이 많지 않은 연구자들은 종종 우편 설문조사에서 어느 정도의 응답률을 확보해야 해야 하는지 묻곤 한다. 응답률(response rate)은 전체 설문 참여 대상 중 실제로 설문에 참여한 사람의 비율이다. 전반적인 응답률은 표본 응답자의 대표성을 가늠할 수 있는 하나의 지침이다. 응답률이 높으면 응답률이 낮을 때보다 심각한 응답 편향이 존재할 가능성이 줄어든다. 과거에는 최소 50% 정도면 적절한 수준의 응답률로 보았고 60%나 70%는 아주 좋은 응답률로 간주하였다.

그러나 최근에는 적정 응답률에 대한 의견이 연구자들마다 다르게 나타나고 있다. 응답률이 낮은 설문조사도 의미 있는 경우가 있다. 예를 들면, 어떤 기관에서 클라이언트 전체에게 설문지를 발송해 기관 서비스에 대한 만족도를 조사했다고 가정해보자. 응답률은 40%밖에 되지 않았지만 만족스럽다는 의견을 준 클라이언트는 소수였고 대다수의 응답자가 서비스에 대해서 심한 불만족을 표출했다고 가정해보자. 비록 얼마나 많은 클라이언트가 불만족하는지에 관한 정확한 수치는 알 수 없지만 대략 20% 이상(40%의 절반)이 그러하다는 것은 짐작할 수 있다. 그러므로 설령 응답하지 않은 클라이언트들이 서비스에 대해서 만족한다고 해도(실제로 그런지는 알 수 없다) 불만족을 느끼는 클라이언트의 비율은 그 기관에게 중요한 문제이다.

그러나 이러한 사례가 응답률이 낮으면 비응답 편향 가능성을 심각하게 고민하지 않아도 된다는 것을 의미하는 것은 절대 아니다. 비응답 편향은 응답률이 상대적으로 높을 때도 항상 중요하게 고려해야 할 사항이다. 따라서 위의 예에서 응답률이 50% 이상이고, 대부분이 높은 만족도를 보였다고 해도 클라이언트 대부분이 만족한다고 결론을 내리는 것은 매우 위험하다. 응답하지 않은 클라이언트의 대부분은 서비스에 민족하지 않기 때문에 설문에 응답하는 것조차 거부했을 수 있기 때문이다.

설문조사 응답률의 의미를 평가할 때는 높은 응답률보다 응답률 편향을 줄이는 일이 훨씬 더 중요하다는 점을 기억해야 한다. 위의 40% 응답률 예에서 연구자들이 특별한 사후 노력을 기울여서 무

그림 10-1 ▶ 설문표지 견본

SCHOOL OF SOCIAL WORK

THE UNIVERSITY OF TEXAS AT AUSTIN

1925 San Jacinto Blvd. · Austin, Texas 78712-1203 · MC D3500 · Fax (512) 471-9600 · email utssw@utxvms.cc.utexas.edu

양육과 정신질환에 대한 실천가의 입장

친애하는 동료 사회복지사 여러분께:

최근 사회복지 분야에서는 증거기반 실천(EBP)이 사회복지 실천의 지침이 되어야 하는지 여부와 방법이 중요한 쟁점으로 논의되고 있습니다. 그러나 안타깝게도 우리 사회복지사들은 EBP를 어떤 시각에서 바라보고 활용해야 할 지에 관한 충분한 정보를 가지고 있지 못합니다. 만일 귀하께서 15~20분 정도만 시간을 내시어 이 편지와 함께 보내드린 설문지를 작성한 다음 동봉한 반송 봉투에 넣어 보내주신다면, 사회복지실천가들이 가진 그러한 귀중한 정보를 얻기 위한 목적에서 실시하는 본 설문조사에 큰 보탬이 될 수 있습니다.

이 연구는 본 연구자가 콜롬비아 대학 사회복지대학원(CUSSW)의 실습교육부서와 협력하여 진행하는 조사이며, 아마도 귀하께서는 뉴욕, 세인트루이스, 텍사스, 토론토에서 무작위로 선정된 800명의 자격증을 가진 전문사회복지사들 중 한 분일 것입니다. 귀하의 참여는 전적으로 자발적이며 응답자의 익명성은 보장될 것입니다. 연구 책임자인 저 자신을 포함하여 어느 누구도 반송된 설문지가 누구에 의해 작성된 것인지 알 수 없다는 것을 말씀드리고자 합니다. 다만, 만일 귀하께서 설문지를 작성한 다음 동봉된 반송용 우편봉투를 사용하여 보내 주신다면, 귀하께서는 본 연구자로 하여금 후속 연구에 참여할지를 파악하는 데 도움을 줄 수 있습니다. 만일 귀하께서 설문지 뒷면에 붙어 있는 우편엽서를 설문지에서 떼어낸 다음 설문지와 따로 보내신다면 설문지 응답 내용의 익명성을 유지하실 수 있습니다.

작성하신 설문지와 우편엽서는 가능한 빠른 시일 내에 보내 주실 것을 부탁드립니다. 본 조사와 관련해서 궁금하신 점이나 문의사항이 있으면 언제든지 저, Allen Rubin, Ph.D., (전화 512-471-9218)에게 연락주시기 바랍니다. 또한 귀하의 연구 참여자로서의 권리에 관한 궁금한 점, 불만사항, 우려되는 점이나 본 조사연구와 관련된 그밖의 궁금한 점이 있으시면 콜롬비아 대학 기관 검토위원회 475 Riverside Drive, New York, NY 10115; 전화:(212) 870-3481; E-mail: askirb@columbia.edu로 연락주시기 바랍니다.

귀하의 참여 여부는 귀하와 CUSSW 간의 현재 관계나 앞으로의 관계에 전혀 영향을 미치지 않을 것입니다.

끝으로 귀하의 응답은 본 조사연구에 있어서 매우 중요하며 본 조사연구의 성패 여부는 얼마나 많은 사회복지사들께서 참여하시는지 여부에 달려있음을 말씀드리고자 합니다.

귀하의 관심에 감사합니다.

Allen Rubin, Ph.D.

엽서 내용

이 엽서를 작성한 뒤 설문지와 별도로 보내주십시오. 엽서를 보내주시면 응답 여부 또는 참여의사 유무 여부를 알 수 있으므로 추후 확인우편을 재발송하는 결례를 범하지 않을 수 있습니다. 엽서를 설문지와 따로 발송해주시면 설문 응답자의 익명성을 보장할 수 있습니다.

본인 ＿＿＿＿＿＿＿＿(은)는 설문에 응답했습니다 (참여하지 않겠습니다).

감사합니다.

응답자 중 10%의 응답을 추가로 받았는데 그들 역시 서비스에 대해 매우 불만족 했다는 것을 알게 되었다고 가정해보자. 또한 무응답자들의 특성(나이, 인종, 호소 문제 등)이 응답한 클라이언트와 크게 다르지 않았다고 가정해보자. 이러한 결과를 통해서 연구자는 초기 응답률이 높지는 않았으나 심각하게 편향된 것은 아니었다는 것을 알 수 있게 된다.

10.2e 응답률 높이기

응답률을 높이는 방법과 비응답 편향을 감소하는 방법은, 이미 독자들이 예상했겠지만, 설문조사 연구자들 사이에서는 매우 중요한 논의 주제 중 하나이다. 설문조사 연구자들은 이 문제를 해결하기 위한 다양한 독창적인 기법들을 개발하기 위해 노력해왔다. 그중 몇 가지는 이미 앞에서 설명한 바 있다. 예를 들면, 설문표지를 만들어 참여동기를 갖게 하고, 설문을 하는데 시간이 많이 걸리지 않는다는 것을 알려(최대 10분에서 15분 정도가 적당하다) 응답을 독려하고, 확인우편을 활용하는 것 등이다. 설문결과를 참여자와 공유하겠다고 알리는 것도 도움이 된다. 일부는 사례비를 제공하기도 한다. 물론 돈을 지불하는 방법은 비용이 많이 든다는 문제가 있다. 그러나 이에 대한 독창적인 대안도 개발되었다. 어떤 연구조사자는 "우리는 이 문제에 대해서 귀하로부터 2센트어치의 정보를 얻고자 하며, 기꺼이 지불하고자 합니다."라고 하며

2센트를 봉투에 넣었다. 어떤 연구자는 아이의 과자값이라고 하면서 25센트를 봉투에 넣어 보냈다. 지폐를 넣어 보내는 경우도 있다. 더 많이 사용되는 방법은 응답을 유도하기 위해 경품 추첨권을 사용하는 것인데, 운 좋은 응답자는 경품을 받는 행운을 얻는다.

윤리적 측면에서 볼 때, 보상과 관련해서 염려되는 점은 보상이 참여를 강요할 수 있으며 자발적인 참여라는 본질을 저해할 수 있다는 것이다. 만일 보상을 이유로 사람들이 설문조사에 참여한다면 응답자 편향이 발생할 수도 있다. 아직 사회조사연구에서 이 문제에 대한 이렇다할만한 결론은 내려지지 않았으며 다양한 인센티브가 실험되고 있다. 이 주제에 관한 연구를 정리한 Singer, Groves 그리고 Corning(1999)은 많은 우편 설문, 면대면 면접, 전화면접에서 인센티브의 활용은 큰 예외 없이 유용했다고 보고한다. 또한 응답의 질에 부정적인 영향을 미치지 않았다고 덧붙였다. 그로부터 10년 후 Petrolia와 Bhattacharjee(2009)는 과거 인센티브 활용에 관련한 연구를 검토한 뒤 유사 연구를 진행했다. 연구 결과 인센티브가 응답률을 높이며, 차후에 제공하는 것보다 설문 초기에 제공하는 것이 더 효과적이라고 보고했다.

10.3 온라인 설문조사

인터넷을 이용한 설문조사는 날로 인기를 얻고 있는 설문조사 방법이다. 어떤 온라인 설문조사는 이메일을 통해서만 이루어지기도 하고, 어떤 경우

는 웹사이트를 이용하여 이루어진다. 대부분의 경우, 응답자들에게 설문지가 있는 특정 웹사이트 링크에 접속하여 설문에 응해달라는 이메일을 보낸다. 요즘은 웹디자인 소프트웨어를 사용하여 웹사이트에 설문지를 만들고, 응답자가 직접 사이트로 들어가서 온라인으로 설문을 작성할 수 있게 하는 것도 가능하다.

10.3a 온라인 설문조사의 장점과 단점

온라인 설문조사의 주된 장점은 세계에 곳곳에 흩어져 있는 다수의 잠재적 응답자들에게 신속하고 저렴하게 설문지를 배포할 수 있다는 것이다. 예를 들면, 연구자는 자신이 가진 최신 이메일 주소록을 이용하여 설문조사에 응해줄 것과 설문조사 웹사이트로 연결된 링크를 클릭해달라는 요청을 신속하게 다수의 사람들에게 보낼 수 있다(연결 링크를 이메일 내용에 포함시킬 수 있다). 또한 컴퓨터 자료처리를 위해 응답 자료가 자동으로 입력되게 함으로써 자료를 일일이 손으로 입력하는 수고를 덜 수 있으며 입력 결과를 온라인상에서 정리할 수 있다. 온라인 설문조사를 위한 도구들(예들들면, SurveyMonkey™ 같은)은 설문조사가 이루어지고 있는 동안에도 응답자가 어떤 문항을 건너뛰거나 적절하지 않게 답하는지 여부를 파악하여 응답자에게 답하지 않고 넘어간 문항이나 그 밖의 다른 실수를 정정해줄 것을 즉시 요청한다.

온라인 설문조사가 가진 주된 단점은 응답자의 대표성이다. 이 단점은 빈곤층이나 노인들을 대상으로 하는 사회복지 조사의 경우 특히 중요하다. 인터넷을 사용하고 온라인 설문조사에 응할 수 있는 사람들은 표적집단보다 젊고, 부유하며, 교육수준이 높을 가능성이 높다. 그러나 이러한 문제점은 인터넷 보급률이 증가하면서 점차 줄어들고 있다. 실제로 어떤 사람들은 조만간 온라인 설문조사가 고전적인 설문조사방법들을 모두 대체할 것

이라고 예견하기도 한다. 표적집단이 누군가에 따라서 다를 수는 있지만, 온라인 설문조사 응답률이 우편 설문조사 응답률과 대등한 수준임을 보여주는 연구결과들이 발표되고 있으며(Kaplowitz et al., 2004), 특히 온라인 설문조사와 조사에 응해줄 것을 부탁하는 확인엽서를 보내는 방법을 함께 사용하는 것이 효과적이라고 한다. 이처럼 온라인 설문조사와 우편 설문조사를 "혼용하는 방법들"은 주로 Don Dillman(2000)에 의해서 개발되고 발전되었다. 그럼에도 불구하고, 당분간은 온라인 설문조사에서 빈곤층이나 노인층의 대표성은 낮은 수준에 머물 것이라 예상된다.

10.3b SurveryMonkey™의 활용

온라인 설문조사에 관심이 있는 사람들을 위해서 SurveryMonkey™는 새로이 등장하고 있는 놀라운 기술들을 경험해볼 수 있는 기회를 제공하고 있다. 바로 이 순간에도 기능이 제한된 홍보용 온라인 설문조사 프로그램을 무료로 이용해볼 수 있다. http://www.surverymonkey.com/로 접속해 들어간 다음 "설문 만들기"를 선택하면 이 프로그램은 설문지를 만드는 과정을 친절하게 안내해준다. 연구자가 원하는 사람들의 이메일 주소를 입력하면 그 사람들에게 설문조사 웹페이지에 접속하여 조사에 참여해달라는 내용의 이메일이 발송된다. 무료인 홍보용 설문조사 프로그램 패키지에는 조사결과에 대한 기초분석 기능도 포함되어 있다.

10.3c 온라인 설문조사와 관련된 몇 가지 유용한 정보

빈곤층이나 노인층의 낮은 대표성 때문에 온라인 설문조사하지 말아야 할 상황이 아니라면(예: 사회복지 전공학생이나 사회복지 실천가 등을 대상으로 한 설문조사), 온라인 설문조사와 관련해서 다

음과 같은 사항을 알아두는 것이 도움이 될 것이다:

- 설문조사에 응해줄 것을 요청하는 이메일을 작성할 때는 평이하고 간단한 용어를 사용한다.
- 응답자 개개인의 이름으로 이메일 메시지를 보내라. 이메일을 받은 사람이 수신인이 자신 이외에 여러 명이라는 것을 보게 되면 설문조사에 응할 가능성이 낮아진다. "수신인" 또는 "참조"란에 하나 이상의 주소를 입력하지 않는다.
- 이메일 메시지는 간단하고 명료해야 한다. 중요한 것은 응답자로 하여금 설문조사 웹사이트 링크를 클릭하게 만드는 것이므로 자세하고 구체적인 내용은 설문조사 웹사이트에서 설명하도록 하라. 이메일의 내용은 설문조사의 목적, 응답자들이 선택된 이유, 설문지 작성에 소요되는 시간, 응답 기한, 설문조사 웹사이트 주소 및 각 응답자의 패스워드로 한정한다.
- 이메일 메시지에 명시된 패스워드는 응답자들이 웹사이트에서 설문지를 작성할 때 필요하다. 이 패스워드는 응답자들이 한 번 이상 설문에 응함으로써 조사결과를 왜곡("조사 부풀리기")할 수 없게 하기 위한 장치이다. 이 패스워드를 서로 다른 명칭으로 불러 응답자들을 혼란스럽게 해서는 안 된다. 예를 들어, 이메일에서는 "고유번호"라고 부르고 웹사이트에서는 "패스워드"라고 부르면 안 된다.
- 패스워드와 설문조사 웹사이트 링크를 이메일 메시지 앞부분에 명시하라(이메일 메시지 중 첫 1/3 이내에 제시할 것). 응답자가 패스워드와 웹사이트 링크를 찾기 위해서 모니터 화면을 아래로 내리게 만들지 말아야 한다.
- 설문조사 참여를 독려하기 위한 방안으로서 경품 당첨 같은 보상을 생각해보라. 동기부여를 위한 또 다른 방안으로서 설문지를 완벽하게 작성한 응답자들에게 조사결과 중 일부를 공개하는 것도 생각해볼 수 있다.

- 응답자들이 특별히 선택되었다는 점을 강조하라.
- 설문지를 작성하는 데 15분 이상이 소요되지 않게 하라.
- 응답 기한을 설정하라.
- 응답자들이 이메일을 확인하고 설문조사에 응할 가능성이 가장 높은 시간대에 이메일 메시지를 보낸다. 언제가 이메일을 보내기에 가장 적절한 시간인지는 설문조사에 참여하게 될 대상이 누군가에 따라 다르다. 예들 들면, 교수나 학생이 대상이라면 방학이나 휴가 기간 중에 이메일을 보내는 것은 지양한다. 이메일 메시지를 완성한 시간이 늦은 밤이라면 이메일 발송을 다음 날까지 미루어야(불면증 환자나 건물 경비원을 조사하고자 하는 것이 아니라면) 한다. 부모와 자녀가 함께 작성해야 하는 설문지라면 자녀들이 학교에 가고 없어 설문지를 작성할 수 없는 아침 시간대에 이메일을 보내지 말고 자녀들이 학교에서 돌아오는 늦은 오후쯤에 이메일을 보낸다.
- 확인 이메일을 자주 보내 참여해줄 것을 요청한다.
- 응답자들이 설문조사 도중에 잠깐 휴식을 취한 다음 다시 설문지를 작성하는 것이 가능하도록 설문조사 웹사이트 도구를 준비한다.
- 한 화면 안에 들어갈 수 있는 설문 문항의 수를 제한함으로써 응답자로 하여금 불필요하게 화면을 올리거나 내리지 않아도 되게 하고 설문지를 끝까지 작성하는 것이 힘들지 않게 한다.
- 웹사이트에서 설문조사를 소개할 때 응답자들에게 동기를 부여할 수 있게끔 소개하라. 예를 들면, 질문에 어떻게 답하는지 그리고 질문에 답하는 것이 얼마나 간단한지를 보여주는 예나 지시문을 제시한다.

조사 대상이 온라인 설문조사에 참여하지 않는 이유 중 하나는 스팸메일 방지 시스템 때문이다. 이메일 용어인 "스팸"은 다수의 불특정 대상에게 보내진, 요청한 적도 없고 원하지도 않는 이메일을 뜻한다. 만일 연구자가 설문조사 참여를 요청하는 이메일을 스팸메일로 간주될 가능성이 높은 방식으로 보내면 참여를 원하는 사람들 중에서도 이메일을 받지 못하는 사람이 있을 수 있고, 그런 이유로 인해 설문조사에 참여하지 못한 사람들이 전체 조사 대상 중 얼마나 되는지 조차도 파악할 수 없게 된다. 만일 다수가 이메일을 받지 못하면, 응답률은 현격하게 낮아질 수밖에 없으며 실제보다 편향이 더 많아 보이게 된다. 다시 말하면, 미응답자들 중 다수는 애초에 이메일을 받았더라면 응답했을 수도 있으며, 미응답자들이 설문조사에 참여하지 않은 것과 그들이 응답자들과 다른 어떤 특성이나 견해를 가지고 있는지 여부는 아무런 관계가 없다.

설문조사 참여 요청 이메일이 "스팸메일"로 간주되지 않게 하기 위해서 연구자는 제목을 쓰는 란에 자신의 메일을 불특정 다수에게 보내는 선전 메일처럼 보이게 만들 수 있는 용어를 사용하지 말아야 한다. 또한 여러 사람에게 한꺼번에 이메일을 보내지 말아야 한다. 어떤 스팸메일 방지 시스템은 그런 메일을 자동으로 차단해버린다. 따라서 개인 발송으로 처리되는 옵션을 선택할 것을 권장한다. "수신인", "참조" 또는 "숨은 참조"란에 한 개 이상의 주소가 들어 있는 이메일은 스팸메일로 간주되기 쉽다. 스팸메일 방지 시스템이 있는 이메일 시스템을 사용하는 친구나 동료들에게 설문조사 참여 요청 이메일을 보내고, 받은 이메일에 응답하게 함으로써 자신이 보낸 이메일이 스팸메일로 간주되는지 여부를 확인해봐야 한다.

'온라인 설문조사를 통해 본 증거기반 실천에 대한 견해'라는 제목의 글상자는 사회복지 분야의 온라인 설문을 예시해주고 있다. 이 예를 통해서 온라인 설문의 장점을 이해하고, 이 방법을 사용할 때 자칫 빠질 수 있는 몇 가지 함정을 피하는 데 도움이 되는 정보를 얻기 바란다.

10.3d 온라인 설문조사 분야의 발전

기술 발전이 너무도 빠르게 진행됨에 따라 독자들이 이 책을 읽을 때쯤이면 아마 새로운 혁신적인 변화가 일어나고 있을 것이다. 예를 들면, 태블릿이나 휴대전화의 전산 기능이 날로 발전하고 있으며 그로 인해 설문조사에 있어서도 이러한 기기들의 사용이 날로 증가할 것이다. 어쩌면 응답자들이 이러한 혁신으로 연구자들을 이끌어갈지도 모른다. 응답자들이 스마트폰을 사용하여 개인 컴퓨터용으로 만들어진 설문지에 답하고자 하는 모습을 보면서, 설문조사 연구자들은 설문지를 응답자들이 원하는 다양한 장치에 맞게 변화시켜야 한다는 생각을 하기 시작했다. 물론 스크린 크기가 가장 큰 걱정거리이기는 하지만 다양한 장치들이 사용하는 각기 다른 내비게이션 시스템도 만만치 않는 고민거리 중 하나이다.

연구자들은 또한 장치에 대한 응답자들의 선호를 받아들여야만 한다는 사실 또한 배우고 있다. 예를 들면, Don Dillman(2012)은 응답자들에게 여러 가지 플랫폼을 사용하여 조사에 참여할 것을 장려하면서 그중에서도 특히 스마트폰 사용을 권장하는 실험을 실시하였는데, 스마트폰 사용을 적극적으로 장려한 연구참여자들이 다른 연구참여자들에 비해 스마트폰을 통해 연구에 참여하는 비율이 아주 미미한 정도만 높게 나타나는 것을 발견하였다.

이러한 방법론을 사용하는 연구들은 앞으로도 계속 진행되겠지만 연구를 할 때 다음과 같은 사항을 고려해볼 필요가 있다: 분명히 앞으로 여러 가지 장치들이 발달을 거듭할 것이고 그중 어떤 것들은 현재 우리로서는 상상하기 힘든 것들일지도 모르지만 앞으로 우리는 그러한 장치들을 받아들이기 위해서 노력해야 할 것이다.

이러난 기술 발전을 따라가기 위해 우리가 활용할 수 있는 유일한 자료원은 미국 여론조사협회 그리고 *Public Opinion Quarterly(POQ)*와 *Survey*

온라인 설문조사를 통해 본 증거기반 실천에 대한 견해

2005년 학술지 *Journal of Social Work Education*은 특집 주제로 사회복지 교육에서 증거기반 실천(evidence-based practice, EBP)에 관한 논문투고를 권장하는 공고를 했다. 이를 보고 Allen Rubin은 연구조교인 박사과정생 Danielle Parrish에게 이 특집에 기고할 이론적 논문작업을 함께하자고 제안했다. 그 학생은 이에 동의했고, 둘은 논제를 발달시키기 위한 문헌고찰을 시작했다. 작업이 진행되면서 이들은 사회복지 분야의 교수들이 EBP를 어떻게 생각하는지에 대한 전국조사를 하여 그 연구결과를 포함시킨다면 연구의 가치를 더욱 높일 수 있을 것이라는 생각을 하게 되었다.

처음에는 이 설문조사가 다음과 같은 이유들 때문에 불가능할 것이라고 생각했다. 첫째, 논문투고 마감까지 6개월이라는 시간밖에 남지 않았고, 둘째, 설문조사를 위한 연구비를 확보하지 못했다. 그러나 고민 끝에 Rubin은 설문조사가 온라인으로 이루어지면 그것이 가능할지도 모르겠다고 생각했고, Parrish도 이에 동의했다. 두 사람은 몇 명 정도의 석사과정생 연구보조원들이 사회복지대학원이 있는 웹사이트를 찾아서 각 학교 교수들의 이메일 주소를 다운로드하는 데 30~40시간 정도가 소요될 것이고 이를 위해 500달러 정도의 비용이 들 것이라 예상했다. Rubin은 매년 지급되는 교수연구비 중 남아 있는 예산으로 이를 진행할 수 있겠다고 생각했는데, 결국 대학에서 주는 특별 연구비를 받을 수 있게 되었다. 이들은 6명의 석사과정생을 고용했고, 미국 사회복지교육협의회 웹사이트에 나열되어 있는 181개의 인증 사회복지대학원 중 170개 대학에서 총 3,061명의 교수 이메일 주소를 다운로드 받았다.

연구보조원들이 이메일 주소를 다운받는 동안 Rubin과 Parrish는 응답하는 데 5분 정도 걸릴 것으로 예상되는 10개의 문항으로 구성된 온라인 설문조사 도구를 개발했다. 이 설문조사 문항을 대학 웹사이트에 올렸고, 잠재적 응답자에게 보내는 이메일에 웹사이트로 바로 연결되는 링크를 포함시켰다. 설문참여를 요청하는 이메일에 회신하면 자신의 이메일 주소가 공개되는 반면, 웹사이트에 와서 하는 응답은 익명으로 처리될 수 있어 비밀이 보장되며, 링크는 그런 면에서 편리하게 사용된다. 더 나아가 교수들에게 발송한 이메일에는 연구의 구체적인 목적, 각 응답자 참여의 중요성, 익명성 보장과 자발적 참여의 성격, Rubin의 연락처가 포함되었다(실제로 3,061개의 이메일을 발송하는 데 많은 시간이 걸리지 않았는데, 전체 메일 주소를 10개의 그룹으로 나누어 그룹명을 만들어 놓은 뒤 발송하면 총 10개의 메일만 발송하면 된다. 각 메일은 약 300명에게 발송된다)

이메일을 발송한 직후 기술적 문제에 봉착했다. 첫째, Rubin의 이메일로 발송 불가능한 135개의 반송메일이 되돌아왔는데, 대부분 더 이상 존재하지 않는 주소였다. 어떤 사람들은 Rubin이 발송한 메일이 학교 메일 시스템에서 스팸메일로 처리되어 받지 못했다는 메일을 Rubin에게 보내주었다. 또 어떤 이들은 대학의 이메일 시스템이 루빈이 발송한 메일 중 설문 관련 링크를 삭제했다는 정보도 알려주었다. 설문 웹사이트에 접속할 수 없다는 메일도 보내왔다. 이런 기술적인 문제를 해결하기 위해 연구자들은 문제를 알려준 사람들에게 답신을 보내 설문 접근도를 향상시켰다. 또한 연구자들은 대학 기술지원팀의 자문을 받아 대학 차원의 새로운 웹사이트 주소를 만들었고, 이에 관한 내용을 이메일로 발송했다. 그러나 이런 기술적 문제는 웹사이트에 접근하기 위한 지원을 요청하지 않거나 이후의 메일에 답하지 않은 많은 응답자의 참여를 저해했을 것이다.

총 세 번의 확인 이메일을 응답자 후보에게 발송했다. 마지막 메일은 웹사이트 링크에 접속해 설문에 참여해줄 것과 설문에 참여하지 않는 이유(예를 들어서 웹사이트에 접속할 수 없었다 등)를 직접 Rubin에게 이메일로 알려줄 것을 부탁했다. 이것은 응답자 표본이 얼마만큼의 대표성 혹은 편향을 가졌는가를 평가하기 위해서였다.

이 모든 노력에 의해 최종적으로 973명이 응답을 했고, 이는 이메일 주소 명단 3,061명 중 32%에 해당된다. 여러 가지 기술적 문제로 인해 실제로 이메일을 받고 설문조사 사이트에 접속할 수 있었던 사람들 중에 몇 퍼센트가 응답했는지 알 수 있는 방법은 없었다. 기술적 문제에 대한 해결 노력을 통해 Rubin과 Parrish는 이메일을 받고 설문조사에 접속할 수 있었던 이들 중 응답률은 47% 정도라고 추정했다. 더 나아가 확인 메일을 통해 수집한 정보에 따르면 일반적으로 증거기반 실천에 대한 견해가 설문참여에 영향을 미친 것은 아니라는 결론을 내릴 수 있었다.

기술적 문제로 인한 무응답에도 불구하고 이 설문조사의 결과는 매우 가치 있는 것이었다. 생각보다 많은 교수가 몇 개의 특정 개입방법을 증거에 기반한 실천이라고 가르친다고 응답했는데, 실제로 이 개입방법을 지지하는 증거가 증거기반 실천(EBP) 관련 연구영역에서는 근거가 미약하다고 간주되는 방법임에도 불구하고 이를 과학적으로 증명된 방법이라고 가르친다는 것을 보여주었다.

이렇게 응답한 비율은 너무 높아서 실제로 무응답자들 모두가 증거기반 실천을 이렇게 가르친다고 않는다고 간주해도, 이렇게 많은 교수가 증거기반 실천을 정확하지 않게 강의한다는 사실은 문제가 될 만한 결과였다. 다시 말해서 (이 표본의) 50%가 (모집단의) 20%로 떨어진다고 해도 다섯 중 한 명이 이런 방식으로 증거기반 실천을 교육한다는 것은 여전히 불안한 결과이다. 설문조사 결과를 모든 설문 대상자와 공유한 결과, 많은 교수 사이에서 논란의 대상이 되었으며, 몇 개의 대학은 교수회의를 열어 증거기반 실천에 대한 인식과 교수법에 대한 토론을 하기에 이르렀다. 연구결과에 대한 이런 반응은 증거기반 실천교육 증진에 관련한 전국 심포지엄을 개최하는 결과를 낳았다.

Rubin과 Parrish의 연구는 제한된 시간과 자금을 가지고 온라인 설문조사를 할 수 있으며, 무응답이라는 문제점에도 불구하고 가치 있는 연구를 할 수 있다는 예를 보여준다. 동시에 온라인 설문조사를 계획할 때 직면할 수 있는 잠재적인 기술적 문제도 제시하고 있는데, 이런 문제는 생각보다 온라인 설문조사를 훨씬 복잡하게 만들 수 있다. 마지막으로, 이런 기술적 어려움에도 불구하고 잘 진행된다면, 온라인 설문조사는 제한된 자원과 시간 내에서 다른 방법으로는 도출할 수 없는 의미 있는 결과를 가져올 수 있음을 의미한다.

Practice(www.surverypractice.org)라는 두 가지 정기간행물이다. 이 두 가지 중 어느 것도 온라인 조사에 초점을 맞춘 정기간행물은 아니지만 최근 들어 이 주제를 다루는 논문의 수가 점점 늘어나고 있는 추세이다. Michigan 대학의 설문조사연구소, Chicago 대학의 NORC 그리고 그 밖의 많은 대학의 설문조사 관련 기관들이 현재 이 새로운 설문조사기법을 발전시키기 위해 노력하고 있으며, Pew, Haris 및 그 밖의 여러 영리여론조사회사들 역시 이 분야에 많은 관심을 기울이고 있다.

10.4 면접 설문조사

면접(interview)은 설문 자료를 수집하는 또 한 가지 방법이다. 응답자에게 설문지를 읽고 직접 답을 기입하게 하는 대신, 연구자는 면접원으로 하여금 응답자에게 말로 질문하고 응답자의 대답을 기록하게 한다. 면접은 대면 만남을 통해 이루어지는 것이 일반적이지만, 앞으로 보게 될 것처럼 전화면접도 거의 동일한 지침에 따라 이루어진다. 또한 규모가 크지 않은 면접 설문조사의 경우 연구자가 직접 조사를 할 수도 있기는 하지만, 대부분의 면접 설문조사는 다수의 면접원을 필요로 한다.

10.4a 면접원의 역할

응답자 대신 면접원이 설문지를 작성하게 하는 것은 여러 가지 면에서 이로울 수 있다. 우선, 면접 설문조사는 우편 설문조사보다 응답률이 일반적으로 높다. 면접 설문조사를 적절하게 계획하고 실시할 경우 적어도 80~85% 정도의 응답률을 얻을 수 있다. 우편 설문지는 쉽게 내버릴 수 있지만 문 앞에 서있는 면접원의 부탁을 거절하는 것은 쉽지

않기 때문이다.

설문조사에 있어서 면접원의 존재는 일반적으로 "모르겠다"나 "무응답" 같은 응답을 줄이는 효과를 갖는다. 만일 그런 응답을 최소화하는 것이 연구에 있어서 중요하다면, 면접원에게 반드시 유효한 답을 얻어낼 것을 지시할 수 있다("만일 응답 범주 중 반드시 하나를 선택해야 한다면, 응답자께서 생각하시기에 어느 것이 가장 가깝다고 생각하십니까?").

또한 면접원의 존재는 응답자들이 잘 이해하지 못하는 설문 문항에 대한 일종의 안전장치가 되기도 한다. 응답자가 질문의 의도를 이해하지 못하거나 잘못 이해할 경우, 면접원은 질문의 내용을 명확하게 해줌으로써 관련성 높은 응답을 얻어낼 수 있다.

마지막으로, 면접원은 질문뿐만 아니라 관찰도 할 수 있다. 예를 들면, 면접원은 주거 수준, 여러 가지 물건의 유무 상태, 응답자의 영어구사능력, 연구에 대한응답자의 일반적인 반응 등을 관찰할 수 있다.

제9장에서 논의했던 비구조화된 질적 면접도구와 달리 면접 설문조사는 일반적으로 폐쇄형 질문이나 고도로 구조화되고 표준화된 면접 스케줄(제9장의 그림 9-6 같은)을 사용한다. 그 이유는 각 설문이 모든 응답자에게 동일한 의미를 갖게 만들기 위해서이며, 그렇게 해야만 서로 다른 응답자들이 한 동일한 대답이 동일한 의미를 갖는 이상적인 상황을 이끌어 낼 수 있다. 물론 이는 불가능한 목표이긴 하지만 설문 문항은 이러한 이상적인 상황에 가능한 한 근접할 수 있도록 만들어져야 한다.

면접원 또한 이 이상적인 목표를 달성하기 위해 노력해야 한다. 면접원은 응답자의 질문에 대한 인식이나 응답에 영향을 미쳐서는 안 된다. 그렇기 때문에 면접원은 질문과 응답을 전달하는 중립적인 매개체가 되어야 한다.

이러한 목표를 성공적으로 달성할 수 있다면 서

면접 ▶ 자료 수집을 목적으로 한 사람은 질문을 하고(면접자) 다른 한 사람은 답을 하는 (응답자) 방식으로 진행되는 만남

로 다른 면접원들이 동일한 응답자로부터 정확하게 동일한 반응을 얻을 수 있게 된다(앞서 신뢰도에 대해 논의했던 내용을 기억하기 바란다). 예를 들어, 정부가 저소득층을 위한 주택을 짓고자 할 때 어디를 개발지로 선택할지를 결정하기 위해 저소득층을 위한 주택 개발에 대한 사람들의 태도를 알아보고자 설문조사를 실시하는데, 어떤 지역에 배정된 면접원이 자신이 저소득층을 위한 주택개발을 좋아하지 않는다는 것을 말이나 몸짓으로 응답자들에게 전달했다고 가정해보자. 응답자들은 대체로 면접원의 견해와 일치하는 답을 하는 경향을 보일 수 있으므로, 설문조사결과는 문제가 되는 지역의 주민들이 저소득층을 위한 주택개발에 강한 거부감을 가진 것으로 나타날 수 있다. 물론 이러한 거부감은 면접원의 태도가 반영된 것이다.

10.4b 면접 설문조사를 위한 일반적 지침

면접원의 면접방식은 조사하고자 하는 모집단에 따라 달라질 수 있으며 설문조사의 내용에 의해서도 영향을 받을 수 있다. 그럼에도 불구하고, 우리는 모든 면접은 아니지만 대부분의 면접에 적용할 수 있는 몇 가지 유용한 지침을 제시해볼 수 있다.

외관과 태도

일반적으로 면접원은 면접 대상과 비슷한 옷차림을 하는 것이 바람직하다. 면접원이 너무 비싼 옷을 입으면 빈곤층 응답자들로부터 협조와 응답을 얻어내는 데 어려움을 겪게 될 가능성이 클 것이다. 이와 반대로 면접원이 너무 싸구려 옷을 입으면 부유층 응답자들을 조사할 때 유사한 어려움을 겪게 될 것이다.

면접원의 옷차림과 머리 상태가 응답자에게 맞추는 것이 어렵다면 면접원은 수수한 옷차림에 깨끗하고 깔끔한 머리 상태를 갖추는 것이 당연히 바람직하다. 모든 미국인들이 중산층의 깔끔함과 청결함을 선호한다고 할 수는 없지만, 아직까지는 중산층의 깔끔함과 청결함이 미국 사회의 주된 규범으로 여겨지고 있으며 대다수의 응답자들에 의해서 받아들여질 가능성이 높다.

옷차림과 머리 상태는 일반적으로 그 사람의 태도와 지향하는 바가 무엇인지 알 수 있게 해주는 신호로 여겨진다. 만일 지금 이 순간에 어떤 사람이 찢어진 청바지를 입고 머리를 녹색으로 물들이고 면도날 귀걸이를 하고 있다면 그러한 외모는 사람들에게 그 사람이 아마도 (정확하든 정확하지 않든) 정치적으로 급진적이고, 성적으로는 자유분방하며, 마약복용을 선호한다는 등의 의미를 전달할 것이다. 그런 인상은 응답자들로부터 편향된 응답을 이끌어 낼 가능성이 높을 뿐만 아니라 면접에 응하고자 하는 의지에 영향을 미칠 수도 있다.

태도에 있어서 면접원은 다른 것은 몰라도 반드시 밝은 태도를 가져야 한다. 면접원은 응답자의 태도와 사생활을 들여다보기 때문에 염탐하는 것처럼 보이지 않아야 하며 진정으로 응답자에 대해서 관심을 갖고 있다는 마음을 전달해야 한다. 면접원들은 친절하고 여유 있어야 하지만 그렇다고 해서 지나치게 격이 없거나 매달려서는 안 된다. 훌륭한 면접원은 응답자가 어떤 종류의 사람을 가장 편하게 느끼는지 그리고 어떤 종류의 사람과 이야기 하는 것을 즐거워하는지를 재빠르게 간파할 수 있어야 한다. 그런 능력은 연구자에게 두 가지 이점을 가져다준다. 첫째, 면접원이 응답자가 편하게 느끼는 유형의 사람이라면 면접은 더 성공적일 수 있다. 둘째, 응답자는 조사를 위해 시간을 자발적으로 할애하고 개인 정보를 제공해주기 때문에 연구자와 면접원은 면접이 응답자에게 있어서 즐거운 경험이 될 수 있게 해주어야 한다.

설문지 숙지

면접원이 설문지를 잘 알고 있지 못하면 연구가 어려워지고 응답자에게 불필요한 부담을 안겨

주게 된다. 뿐만 아니라 면접에 걸리는 시간이 길어지고 면접이 즐거운 경험이 되지 못할 가능성 또한 높아진다. 어떤 면접원도 설문지를 2~3번 정도 읽는 것만으로 설문지의 내용을 숙지할 수는 없다. 면접원은 설문지의 모든 문항을 꼼꼼히 주의 깊게 살펴보면서 설문지를 크게 읽는 연습을 해야 한다.

궁극적으로, 면접원은 설문 문항을 응답자에게 실수 없이, 단어와 문구를 더듬거리지 않고 읽어줄 수 있어야 한다. 면접원이 참고해야 할 좋은 역할 모델은 연극이나 영화의 대본을 읽는 연기자이다. 면접원은 대화하는 것처럼 자연스럽게 대사를 읽되 대화 내용은 설문지에 쓰여 있는 문구를 정확하게 따라야 한다.

또한 설문지와 함께 준비된 구체적인 지시 사항을 잘 알고 있어야 한다. 일부 질문들이 응답자의 상황과 맞지 않는 경우는 있기 마련이며 그런 상황에서 면접원은 질문을 어떻게 해석해야 할지 결정해야 한다. 면접원에게 주어진 구체적인 지시 사항은 바로 그런 경우에 적절한 지침을 제공해주지만, 구체적인 지시 사항을 효율적으로 따르기 위해서는 지시 사항을 명확하게 이해하고 있어야 한다. 면접원이 어떤 질문과 관련된 지시 사항을 찾아 헤매거나 지시 사항의 의미를 해석하기 위해 5분을 낭비해야 한다면 차라리 그 질문을 묻지 않고 그냥 놔두는 편이 더 나을 것이다.

질문지에 있는 문구대로 질문하기

앞에서 우리는 질문 문구가 응답을 얻어내는 데 있어서 얼마나 중요한지에 대해서 논의한 바 있다. 질문 문구를 조금만 변화시키는 것만으로도 우리는 응답자로부터 "아니오" 대신에 "예"라는 응답을 이끌어낼 수 있다. 연구자가 필요한 정보를 얻을 수 있고 응답자가 연구자의 의도를 정확하게 이해할 수 있게 질문 문구를 아무리 주의 깊게 만들더라도 면접원이 질문을 자신만의 용어로 다시 만들어버린다면 그 모든 노력은 헛된 노력이 되어 버린다.

응답을 정확하게 기록하기

설문지에 응답자의 응답을 묻는 개방형 질문이 있을 때 면접원은 응답자의 응답 내용을 있는 그대로 정확하게 기록해야 한다. 면접원은 절대로 응답자의 응답 내용을 요약하거나 의역해서는 안 되며 문법을 고치고자 시도해서도 안 된다.

때로는 응답자의 의사표현의 불분명해서 응답 내용이 해석할 수 없을 정도로 모호할 수도 있다. 그런 경우, 면접원은 응답자의 몸짓이나 어조를 통해서 응답자의 의도를 이해할 수 있다. 그런 상황에서도 면접원은 응답자의 응답 내용을 있는 그대로 정확하게 기록해야 하지만, 동시에 응답 내용에 대한 해석 및 해석의 근거에 대한 설명을 여백에 추가로 기록해두어야 한다.

더 일반적으로는 응답자의 응답 내용 중에 비언어적 측면들, 예를 들어 불확실함, 분노, 당혹감 등을 설명하기 위해 추가 기록을 사용한다. 그러나 그런 경우에도 응답자의 언어적인 응답은 있는 그대로 정확하게 기록되어야 한다.

심층 질문하기

때로는 응답자들이 질문에 부적절한 답을 하기도 한다. 예를 들면, 어떤 태도에 관한 문장을 제시하고 응답자에게 동의 정도를 "전적으로 동의", "약간 동의", "약간 동의하지 않음", "전혀 동의하지 않음" 중 하나로 답해달라고 했음에도 불구하고 어떤 응답자는 "그 말이 맞는 것 같다"라고 답할 수도 있다. 이 대답에 대해서 면접원은 "전적으로 동의한다고 하시겠습니까 아니면 약간 동의한다고 하시겠습니까?"라고 되물어야 한다. 필요하다면 면접원은 응답자에게 설문지에 제시된 응답 범주 중 하나를 선택해야 한다는 것을 설명해줄 수도 있다. 만일 응답자가 끝까지 선택하기를 거부한다면, 면접원은 응답자의 반응을 정확하게 기록해야 한다.

심층 질문하기(probing)의 필요성은 개방형 질

문에 대한 답을 이끌어낼 때 더 높아진다. 그러나 어떤 상황에서든 심층 질문하기는 중립적이어야만 한다(제8장에서 질적 면접에 대해서 살펴보면서 언급했던 것처럼). 심층 질문을 위한 노력이 후속 응답에 어떤 식으로든 영향을 미쳐서는 안 된다. 새로운 서비스에 대한 지역사회 욕구를 묻는 질문에 대해서 응답자가 "여러 가지 서비스가 필요하지요!"라고 답했다고 가정해보자. 이 경우, "생각하고 있는 것들 중 몇 가지를 구체적으로 말씀해주시겠습니까?"또는 "여러 가지 서비스라고 하셨나요?" 같은 질문은 적절하고 중립적인 심층 질문이라고 할 수 있다. 반면에, "주간보호 서비스는 어떻습니까?"라든지 "안전하지 않은 거리는 어떤가요?" 같은 질문은 비중립적이고, 따라서 부적절한 질문이다.

어떤 질문에 대해서 적절한 응답을 이끌어내기 위해 심층 질문하기가 필요하다고 판단되면, 연구자는 반드시 그 질문에 이어서 한두 가지 후속 질문을 더 던져야 한다. 그렇게 함으로써 연구자는 두 가지 것을 얻을 수 있다. 첫째, 더 많은 시간을 들여서 가장 중립적인 최선의 심층 질문을 만들어낼 수 있다. 둘째, 모든 면접원이 필요할 때마다 동일한 심층 질문을 사용할 수 있다. 따라서 심층 질문하기가 완벽하게 중립적이지 않더라도 모든 면접원이 동일한 심층 질문을 사용할 수 있다. 이 지침은 앞서 질문 문구 만들기에서 논의했던 것과 논리적으로 동일한 지침이다. 물론 질문에 가치가 개입되거나 편향됨이 있어서는 안 되지만, 설령 어떤 질문이 편향을 가진 질문일지라도 질문은 모든 응답자에 대해서 동일해야 하기 때문에 그 질문을 반드시 모든 응답자에게 해야만 한다.

10.4c 조정과 통제

대부분의 면접 설문조사는 다수의 면접원을 필요로 한다. 물론 대규모 설문조사에서는 면접원을 고용하고 보수를 지불한다. 연구자가 학생일 경우 친구들로부터 도움을 받기도 한다. 설문조사에서 면접원이 다수일 경우 면접원의 활동을 적절히 통제하는 것이 매우 중요하다. 면접원에 대한 통제는 두 가지 측면에서 이루어지는데, 하나는 면접원에 대한 훈련이고 또 하나는 면접원의 면접 활동에 대한 감독이다.

면접원 훈련은 하고자 하는 연구가 무엇이고 일반적인 지침과 절차(이 장의 첫 부분에서 논의했던)가 무엇인지를 설명하는 것에서부터 출발해야 한다. 그 다음으로는 설문지에 대한 교육이 필요하다. 면접원 모두가 함께 설문지의 모든 문항을 하나씩 꼼꼼히 읽어 내려가는 과정이 필요하다. 구체적으로 어떤 문항과 관련해서 어떤 혼란스러운 상황이 벌어질 수 있으며 그럴 때 어떻게 대처해야 하는지에 대해서 명확하고 구체적인 설명이 있어야 한다. 연구자는 설문지를 만들 때 조사 시 발생할 수 있는 모든 문제 상황(예를 들면, 어떤 질문에 대해서 답하는 것이 어려워지는 끔찍한 상황)을 생각해두어야 한다. 설문조사의 지시 사항에는 그런 상황에 대처하는 방법이 구체적으로 제시되어 있어야 한다. 설문지 문항들을 하나씩 검토해 나아가면서 구체적인 지시 사항을 제시하는 것이 바람직하다. 면접원들로 하여금 설문 문항뿐만 아니라 각각의 문항과 관련된 지시 사항도 완벽하게 이해할 수 있게 해야 한다. 설문지 내용에 대한 검토가 끝나면 면접원들이 보는 앞에서 1~2회 정도의 시범 면접을 보여준다.

시범 면접에 이어서 면접원들을 2인 1조로 묶어 한 번씩 면접자와 면접 대상의 역할을 바꾸면서 면접을 해보게 한다. 면접원 훈련의 최종 단계는 "실제" 면접을 해보는 것이다. 면접원들로 하여금 실제 최종 설문조사 상황에서 면접을 실시해보게 한다. 그러나 면접원들이 표본을 대상으로 면접을 연습하게 해서는 안 된다. 면접원들로 하여금 각자 3~5회 정도 면접을 하게한 다음 각자가 한 면접을 연구자와 검토하게 한다. 완성된 설문지를 함께 보면서 어떤 오해가 있는지 검토해보고 면접원이 궁금하게 생각하는 바가 있거나 질문이 있으면 다시 한번 답해줘야 한다. 면접원이 자신이 해야 할 일을 잘 알고 있다는 확신이 들면 연구를 위해 뽑은 표본을 해당 면접원에게 배정하여 실제 면접을 하게 한다. 연구자는 연구의 전 과정에 걸쳐 면접원의 면접을 감독해야 한다.

연구자가 유일한 면접원일 경우, 이상의 내용이 연구자와 관련이 없는 것처럼 보일 것이다. 그러나 반드시 그런 것은 아니다. 예를 들어, 설문 문항 중 문제의 소지가 있는 문항에 대해서 미리 지시 사항을 준비해두는 것이 필요하다. 그렇지 않으면 나중에 후회하거나 잊어버리게 될, 임시방편적인 결정을 내려야 하는 상황이 연구 과정 중에 발생할 수도 있다. 또한 단 한 명의 연구자가 하는 연구이든 재정지원을 받아 다수의 면접원이 동원되는 복잡한 설문조사이든 연습이 중요하다는 점에는 아무런 차이가 없다.

10.5 전화 설문조사

전화 설문조사는 전문 연구자들 사이에서 오랫동안 혹평을 받아왔다. 전화 설문조사는 말 그대로 전화를 갖고 있는 사람만을 조사 대상으로 한정한다. 그렇기 때문에 수 십 년 전에 이 방법이 사용되었을 때는 빈곤층이 설문조사에서 배제됨에 따라 상당한 사회계층 편향이 발생했었다. 그러나 시간이 지나면서 전화는 거의 모든 미국 가정에서 필수품으로 자리 잡게 되었다. 미국 인구조사국(2006, p. 737, 표 1117)에 따르면 2003년 현재 전체 가구 중 95.5%가 전화를 갖고 있는 것으로 추정되며, 따라서 초기 형태의 사회계층 편향은 상당히 줄어들었다고 볼 수 있다.

모든 전화번호가 전화번호부에 수록되어 있지 않다는 점은 전화 설문조사에서 표본추출과 관련된 중요한 문제이다. 만일 설문조사 표본을 전화번호부에서 뽑는다면 자신의 전화번호를 전화번호부에 싣지 말라고 요구한 사람들, 특히 부유층은 모두 표본에서 빠지게 된다. 이러한 편향됨은 전화번호부가 아니라 무작위 번호를 사용하여 무작위로 전화번호를 만들어내는 **무작위 전화걸기**(random-digit dialing)라는 기술(부록C 참조)이 개발되면서 사라졌다.

7자리 전화번호를 무작위로 만들어낸다고 가정해보자. 이제 전화번호가 전화번호부에 나와 있지 않은 사람도 표본으로 뽑힐 가능성이 전화번호가 나와 있는 사람과 동일해진다. 그러나 무작위로 만들어진 전화번호로 전화를 걸면 상당수가 "더 이상 서비스를 받지 않거나" 공무원, 기업 등일 가능성이 높다. 다행스럽게도, 현재 사용하고 있는 일반 가정집에 해당하는 번호의 범위를 얻는 것이 가능하며, 그 범위에 해당하는 전화번호 중에서 무작위로 전화번호를 선택함으로써 일반 가정의 전화번호를 표본으로 뽑을 수 있다. 이러한 이유에서 전화 설문조사에서 무작위 전화걸기 장비 이용은 표준적인 절차가 되어가고 있다.

전화 설문조사가 가진 여러 가지 장점으로 인해 전화 설문조사에 대한 관심과 인기는 점차 높아가고 있다. 전화 설문조사가 가진 가장 큰 장점은 시간과 돈이다. 각 가정을 방문하여 면접조사를 실시할 경우, 응답자의 집까지 상당한 거리를 운전하여 가야하고, 집에 아무도 없다면 일단 사무실로 되돌아왔다가 다음날 다시 응답자의 집까지 차로 가는 수고를 해야 하며, 운이 따라주지 않는다면 다시 방문하더라도 집에 아무도 없어서 그냥 되돌아와야 할지도 모른다. 이렇게 상당한 거리를 왔다 갔다 해야 하는 수고를 손가락으로 대신할 수 있다면 비용과 시간은 훨씬 적게 든다.

전화로 면접을 할 경우, 면접원은 응답자의 대답에 영향을 미치지 않으면서 자신이 원하는 대로 편하게 옷을 입어도 된다. 응답자들 또한 면접원과 눈을 마주치지 않아도 되기 때문에 사회적으로 수용되기 어려운 답도 솔직하게 할 수 있다. 동일한 맥락에서, 민감한 문제에 대해서도 심층적인 질문을 할 수 있다. 물론 반드시 그런 것만은 아니다(질문하는 사람을 직접 볼 수 없을 때 사람들은 의심을 어느 정도 더 한다. 아마도 이러한 현상은 잡지 구독이나 시간 공유형 콘도미니엄을 팔기 위한 목적에서 실시하는 "설문조사들" 때문에 나타나게 된 현상이 아닌지 모르겠다). 그러나 사람들은 눈으로 볼 수 없어도 전화기를 통해 자신에 관한 많은 것들을 이야기 한다. 예들 들어, 연구자들은 면접원의 이름이 미칠 수 있는 영향(특히, 민족과 관련된 연구라면 더더욱)에 대해서 우려하며, 면접원이 스미스나 존스 같은 평범한 예명을 사용하는 것이 윤리적으로 문제가 되는지에 대해서 논쟁을 벌인다(여성 면접원은 자신이 면접하는 남성들로부터 나중에 추행당할 가능성을 우려하여 예명을 사용할 수 있게 허락해줄 것을 요구하기도 한다).

전화 설문조사는 다수의 면접원이 참여할 경우 자료수집에 대한 통제가 용이해진다. 모든 면접원이 연구자의 사무실에서 전화로 면접을 하면, 문제가 발생할 때마다 면접원들은 책임자로부터 명백한 설명을 들을 수 있다. 멀리 떨어진 곳에 혼자 있는 면접원은 면접 감독자와 다음 번에 만날 때까지 모든 문제를 대강 처리해야만 한다.

전화 설문조사가 인기를 얻게 된 또 다른 중요한 이유는 개인의 안전 및 안전에 대한 관심이다. Don Dillman(1978: 4)은 이 상황을 다음과 같이 말하고 있다.

> 면접원은 응답자가 면접원에 대해서 불신을 가지고 있는 상황에서도 편안하게 면접을 진행할 수 있어야만 하며 면접에 대해 응답자가 가지고 있는 거부감에 대해서도 성공적으로 대처해야만 한다. 면접원은 다수의 가정과 접촉하기 위해서 밤에도 일할 의사가 있어야만 한다. 따라서 개인의 안전 및 존재에 위협이 될 수 있는 지역에서 활동하게 될 면접원들을 보호해야 할 필요가 있다.

따라서 안전에 대한 우려는 직접 면접을 두 가지로 방식으로 제한하게 된다. 첫째, 응답자가 낯선 사람인 면접원을 두려워하여 면접을 거부할 수 있다. 둘째, 면접원 자신이 위험에 처할 수 있다. 이러한 문제는 일이 잘못될 경우 연구자가 자칫 고액의 보상금을 요구하는 고소를 당할 가능성이 있기 때문에 더 심각한 문제가 될 수 있다.

물론 전화면접에도 문제는 있을 수 있다. 이미 언급했던 바와 같이 전화면접은 연구를 가장하여 상품을 판매하는 가짜 "설문조사"가 많아지면서 어려움을 겪고 있다. 만일 그런 전화를 받고 의문이 생기거든 면접원에게 설문조사만 하는 것인지 아니면 상품 판매도 하는 것인지 여부를 직접적으로 물어보는 것이 좋다. 조금이라도 의심되는 부분이 있으면 면접원의 이름, 전화번호, 회사명을 알아두는 것도 좋은 생각이다. 면접원이 그런 정보를 밝히지 않는다면 전화를 끊어버려라.

전화면접이 가진 또 한 가지 문제는 자동응답기가 일반화되고 있다는 점과 발신자 확인 기능 때문에 잠재적 응답자들이 받고 싶지 않은 전화를 선별해낼 수 있다는 점이다. 물론 전화를 받더라도 전화를 쉽게 끊을 수 있다는 점은 또 한 가지 문제이다. 면접을 하기 위해서 일단 어떤 사람의 집에 들어가고 나면 면접 중간에 집에서 나가라는 말을 듣게 될 가능성은 거의 없다. 전화면접은 "어라! 누가 왔네요. 그만 끊어야겠어요"라든지 "으악! 돼지들이 내 볼보 자동차를 뜯어먹고 있어요"라는 말과 함께 면접을 끝내버리기가 훨씬 쉽다(면접원이 응답자의 거실에 앉아 있을 때는 이런 거짓말을 하기가 훨씬 어려울 것이다).

최근 증가하는 휴대전화의 사용도 설문조사 연구자에게는 새로운 걱정거리가 되고 있다. 1991년에 제정된 전화사용자보호법(Telephone Consumer Protection Act of 1991)으로 인해 전화 설문에 제한을 가해졌는데 이는 전화 설문이 수신인에게 비용을 발생시킬 수 있기 (수신인이 어떤 전화 서비스에 가입해 있는지에 따라서) 때문에 취해진 조치이다. 이 법은 자동발신시스템을 이용하여 전화 거는 것을 불법으로 규정하였다(FCC 2012). 그러나 물건을 파는 사람이 아닌 설문조사 연구자는 이 법에 의해 어떤 영향을 받게 되었나? 현재 연구를 공식적인 예외 경우로 인정받기 위한 노력이 진행되고 있기는 하지만 미국 여론조사협회 (American Association of Public Opinion Research)는 회원들에게 다음의 사항을 권고하고 있다.

연방법에 따라, 전화설문을 하기 전에 표본으로 선택된 휴대폰 사용자의 조사 참여 동의를 받은 경우가 아니라면, 전화설문 콜센터는 반드시 조사원으로 하여금 직접 표본의 휴대전화번호로 전화를 걸도록 (즉, 사람이 직접 전화번호를 눌러서 전화를 거는 것) 해야 한다.

휴대전화를 이용하여 설문조사를 하고자 할 때 또 한 가지 생각해야 봐야 할 것은 일반전화는 사용하지 않고 휴대전화만 사용하는 사람은 주로 젊은 연령층이라는 점이다. 이들은 지난 2004년 대통령 선거에서 노년층 유권자들에 비해 John Kerry 후보를 더 지지했으며 2008년 대통령 선거에서는 Barak Obama 후보에 대한 이들의 지지도가 평균보다 높았다. 그러나 Scott Keeter(2006)는 나이에 따라 연구결과에 가중치를 준 연구자들은 그러한 편향을 피할 수 있었다는 것을 발견했다.

이 문제에 관한 연구에서 Keeter, Dimock, Christian 그리고 Kennedy(2008)는 연령 및 연령과 밀접한 관련이 있는 변수들(예를 들면, 결혼 상태)에 따라 분명한 편향이 존재하는 것을 발견했는데, 휴대전화로만 접근할 수 있는 유권자와 일반전화로만 접근할 수 있는 유권자가 다르다는 것을 발견했다. 이들 두 집단 간의 가장 극명한 차이는 연령이었다. 휴대전화만 사용하는 응답자의 거의 절반(46%)이 30세 미만인데 비해 일반전화만 사용하는 유권자 표본 중 30세 이하는 12%에 불과했다. 휴대전화만 사용하는 유권자 표본 중 26%만

이 기혼인데 비해 일반전화만을 사용하는 유권자 표본 중 기혼자는 57%였다. 또한 휴대폰만 사용하는 유권자 표본 중 약 절반(51%)이 미혼이었지만 일반전화만 사용하는 유권자 표본 중 미혼은 16%에 불과했다(Keeter et al., 2008).

미국여론조사기관협회(AAPOR)의 2008년 회의에서 휴대전화의 제한적 일반성을 지적하는 많은 논문들이 발표되었다. 대부분의 연구자들이 휴대전화만을 사용하는 사람들을 무시하더라도 조사결과에 큰 문제가 없다(왜냐하면 휴대전화만을 사용하는 사람들이 전체 전화 사용 인구에서 차지하는 비율이 매우 낮기 때문에)는 연구결과를 보고했지만 동시에 거의 모든 연구자들이 이러한 상황이 조만간 바뀔 것이라고 전망했다. 휴대폰의 역할은 연구자들이 앞으로 계속해서 관찰하고 대처해 나가야 할 분명한 변화라고 하겠다.

10.5a 컴퓨터 보조 전화면접

컴퓨터가 전화면접의 성격을 바꿔가고 있다. 컴퓨터를 활용한 혁신 중 하나는 **컴퓨터 보조 전화면접**(computer-assisted telephone interviewing, CATI)이다. 이미 소개된 지 10년이 넘은 이 방법은 주로 학계, 정부 및 상업 연구자들에 의해 사용되고 있다. CATI에는 여러 종류가 있지만, 일반적으로 CATI는 다음과 같이 진행된다.

전화 교환원이 머리에 이어폰과 마이크가 부착된 헤드폰을 쓰고 컴퓨터 모니터 앞에 앉아 있다고 가정해보자. 중앙컴퓨터가 무작위로 전화번호를 선택해서 전화를 건다(이렇게 하면 전화번호가 전화번호부에 나와 있지 않은 문제를 해결할 수 있다). 모니터 화면에 소개("안녕하세요, 제 이름은 …")와 첫 번째 질문("현재 이 주소에 몇 분이 사시는지 말씀해 주시겠습니까?")이 나와 있다.

응답자가 전화를 받으면 면접원은 간단하게 인사를 하고 연구를 소개한 다음, 화면에 나타난 첫

번째 질문을 한다. 응답자가 그 질문에 답하면 면접원은 응답자의 대답을(개방형 질문에 대해서는 응답자가 말한 답을 그리고 폐쇄형 질문에는 답에 해당하는 코드 범주를) 컴퓨터에 입력한다. 응답은 즉시 중앙컴퓨터에 저장된다. 두 번째 질문이 화면에 나타나면 그 질문을 하고 그에 대한 대답 역시 컴퓨터에 입력한다. 이런 방식으로 면접이 진행된다. CATI는 자료수집에 있어서의 장점뿐만 아니라 수집한 자료를 바로 분석할 수 있는 상태로 만들어준다. 실제로 연구자는 면접이 끝나기 전에도 자료를 분석할 수 있기 때문에 분석결과가 어떻게 나타날지 미리 가늠해볼 수 있다.

10.6 다양한 설문조사방법 비교

이제까지 우리는 설문조사 자료를 수집하는 여러 가지 방법들을 살펴보았다. 이번에는 이러한 방법들을 직접 비교해보기로 하자.

자기기입식 설문지는 일반적으로 면접 설문조사에 비해 비용과 시간이 적게 든다. 이러한 특성은 보고서나 학위논문을 위해 연구비 지원 없이 직접 설문조사를 하고자 하는 학생들에게 특히 중요할 수 있다. 뿐만 아니라 자기기입식 우편 양식을 사용한다면 전국 단위의 설문조사를 동일 크기의 표본을 가지고 지역 조사를 하는 데 드는 비용 정도를 가지고도 할 수 있다. 반면에, 전국 단위의 면접 설문조사(대면면접이나 전화면접)를 하는 데 드는 비용이 지역 단위의 면접 설문조사를 하는 데 드는 비용 보다 훨씬 크다. 일반적으로 우편 설문조사는 많은 면접원을 필요로 하지 않는다. 물론 일의 양을 과소평가해서는 안 되겠지만, 웬만한 규모의 우편 설문조사는 한 사람만으로도 가능하다. 또한 면접 설문조사에서는 응답자들이 논란의 여지가 있거나 일탈적인 태도나 행동에 대해서는 답하기를 꺼려하지만 익명성이 보장되는 자기기입식 설문조사에서는 큰 망설임 없이 답하는 경향이 있다.

면접 설문조사도 많은 장점을 가지고 있다. 예를 들면, 면접 설문조사에서는 완벽하게 답하지 않은 설문지가 다른 설문조사에 비해 일반적으로 적다. 자기기입식 설문지에서는 응답자들이 질문을 건너뛸 수도 있지만 면접원들은 그렇게 하지 않도록 훈련을 받는다. CATI에서는 답하지 않고 질문을 건너뛰는 경우를 더 확실하게 방지할 수 있다. 또한 면접 설문조사가 자기기입식 설문조사보다 조사 완성률이 일반적으로 더 높다.

자기기입식 설문지는 민감한 쟁점을 다루는 데 더 효과적인 반면, 면접 설문조사는 복잡한 쟁점을 다루는 데 확실히 더 효과적이다. 대표적인 예로는 가구원의 수를 세는 것과 하나의 주소에 두 개 이상의 주거 단위가 있는지 여부를 결정하는 것을 꼽을 수 있다. 주거 단위(housing unit)라는 개념은 인구조사국(Bureau of Census)에 의해서 만들어지고 표준화된 개념으로서, 면접원들은 교육을 통해서 이 개념을 어떻게 다루어야 하는지 이해할 수 있지만, 자기기입식 설문지에서 이 개념을 설명하는 것은 매우 어렵다. 이러한 면접 설문조사의 장점은 복잡한 수반형 질문을 만들 때 특히 더 돋보인다.

면접원이 있으면 이름이 아니라 주소나 전화번호를 가지고 뽑은 표본에 대해서도 설문조사를 할 수 있다. 면접원은 자신에게 배정된 주소를 찾아 가거나 자신에게 배정된 전화번호로 전화를 걸어 설문조사를 할 수 있으며, 심지어 (지시에 따라) 해당 주소지에 거주하는 사람 중에서 설문조사에 응답하기에 적절한 사람을 선택하기까지 할 수 있다. 이에 비해 응답자가 "현거주자"로 정해져 있는 자기기입식 설문지는 악명 높을 정도로 응답률이 낮다.

마지막으로, 면접원이 직접 응답자에게 질문을 하는 면대면 면접에서 면접원은 응답자의 대답을 기록할 뿐만 아니라 여러 가지 중요한 것들을 관찰할 수 있다. 면접을 하면서 면접원은 동네, 주택 등의 특성에 주의를 기울일 수도 있다. 또한 면접원은 응답자의 특성이나 응답자와 면접원 간의 상호작용 정도, 응답자가 의사전달에 어려움이 있는지, 응답자가 적대적인지 또는 거짓말을 하는 것처럼 보이는지 등에도 주의를 기울일 수 있다.

전화 설문조사는 주로 시간과 비용에서 대면 설문조사보다 나은 방법이다. 전화면접은 비용이 훨씬 적게 들며 빠른 시간 내에 실시할 수 있다. 또한 우범지역의 거주자들을 면접해야 할 때에도 면접원들의 안전이 문제가 되지 않는다는 장점도 있다. 또한 면접원들이 응답자들과 대면하지 않을 때 면접원이 응답자에게 미치는 영향이 어느 정도는 줄어드는 것으로 알려져 있다.

온라인 설문조사는 우편 설문조사와 많은 장점과 단점을 공유하고 있다. 그러나 온라인 설문조사는 전통적인 우편 설문조사에 비해 비용이 훨씬 적게 든다. 예들 들면, 우편 설문조사에서는 종이, 인쇄 및 우표값만으로도 상당한 비용이 든다. 그러나 한 가지 중요한 단점은 온라인 설문조사 응답자들이 사회복지의 전통적인 관심 대상인 빈민층이나 노인층 같은 좀 더 일반적인 모집단을 대표할 수 있는지에 대해서 확신할 수 없다는 데 있다.

표 10-1에는 이제까지 논의한 서로 다른 설문조사 방법들이 가진 장점과 단점들이 요약되어 있다. 각각의 설문조사방법은 사회조사에 있어서 저마다의 분명한 위치를 가지고 있다. 궁극적으로, 연구자는 연구의 필요성과 자원의 양을 고려하면서 서로 다른 설문조사방법들이 가진 장점과 단점 간에 균형을 유지해야 한다.

10.7 설문조사 연구의 장점과 단점

설문조사는 사회과학 연구에서 사용되는 다른 관찰 방법들과 마찬가지로 독특한 장점과 단점을 가지고 있다. 그러한 장점과 단점을 이해하는 것은 어떤 종류의 설문조사가 연구의 목표에 비추어볼 때 적당한지를 결정하는 데 있어서 매우 중요하다.

설문조사는 규모가 큰 모집단의 특성을 기술하는 데 있어서 특히 유용하다. 표준화된 설문지와 대표성 있는 확률표본은 연구자로 하여금 학생단체, 도시, 국가 또는 그 밖의 대규모 모집단을 정확하게 기술할 수 있게 해준다. 설문조사는 실업률, 투표의사 등을 놀라울 정도로 정확하게 예측할 수 있게 해준다. 일부 주제에 대해서는 결혼, 출산 또는 사망 기록 같은 공식적인 문서 기록을 검토함으로써 설문조사 못지않은 정확성을 확보하는 것이 가능할수는 있지만, 설문조사에 상응하는 정확성을 가진 다른 관찰 방법은 일반적으로 찾아보기 힘들다.

설문조사(특히 자기기입식)는 큰 규모의 표본을 사용하는 것이 가능하다. 예들 들면, 2,000명 정도의 표본 크기를 가진 설문조사는 쉽게 찾아볼 수 있다. 표본의 크기가 크다는 것은 기술적 분석과 설명적 분석 모두에 있어서 매우 중요하다. 특히, 다수의 변수를 동시에 분석해야 할 때는 사례 수가 많다는 것이 더욱 중요하다.

설문조사는 대규모 표본을 사용할 수 있기 때문에 설문조사를 통해 얻은 연구결과는 실험연구를 통해 얻은 결과보다 일반화하기 용이하다(제11장에서 볼 수 있듯이, 사회복지 실험연구에서는 확률표본을 활용하는 것이 거의 불가능하다). 그러나 이러한 일반화의 장점은 인과관계를 보여줄 수 있는 능력이 제한적이라는 단점에 의해서 상쇄된다. 예를 들어, 수천 명의 노인을 대상으로 한 설문조사는 일반적으로 애완동물을 기르는 노인의 기분 상태가 애완동물을 기르지 않는 노인의 기분 상태에 비해 더 좋은지 여부를 판가름해줄 수 있다. 그러나 애완동물을 기르는 것이 기분을 좋게 만드는 이유인지 아니면 처음부터 덜 우울한 노인들이 애완동물을 키우는 것인지를 보여주지는 못한다(무엇이 무엇의 원인인지 판단할 수 있는 연구설계에 대해서는 제11장에서 논의하기로 하겠다).

설문조사는 또한 다수의 변수를 동시에 분석할 수 있게 해준다. 즉, 기분과 애완동물 간의 관계가 인종, 소득 수준, 주거 유형, 의존 수준 등이 서로 다

표 10-1 ▶ 설문조사방법의 장점과 단점 비교

설문조사 종류	장점	단점
우편 설문조사	면접에 비해 비용과 시간이 적게 듦 대표본 익명성이 응답을 촉진함	온라인 설문조사에 비해 비용과 시간이 많이 듦 면대면 설문조사에 비해 응답률이 낮음
온라인 설문조사	비용이 적게 듦 시간이 적게 듦 대표본 자동자료입력 부적절한 응답을 찾아내고 수정할 수 있는 도구 인터넷 사용의 확대 익명성이 응답을 촉진함	대표성(특히, 빈곤층과 노인층) 면대면 설문조사에 비해 응답률이 낮음
면대면 설문조사	높은 응답률 "모르겠다" 응답이 적음 무응답이 적음 혼란스러운 문항을 명확하게 할 수 있는 기회 관찰할 수 있는 기회 심층적으로 탐구할 수 있는 기회	비용과 시간이 많이 듦 익명성이 없음에 따라 민감한 사안에 대한 응답이 영향을 받음 면접원의 안전
전화 설문조사	면대면 설문조사에 비해 비용과 시간이 적게 듦 면접원의 물리적 존재로 인해 발생할 수 있는 편향이 없음 "모르겠다"응답이 적음 무응답이 적음 혼란스런 문항을 명확하게 할 수 있는 기회 심층적으로 탐구할 수 있는 기회 면접원의 안전 면접 도중에 제안을 받을 수 있는 기회 컴퓨터 보조 전화면접이 가능함	전화번호가 나와 있지 않은 경우* 휴대전화* 면접 중에 전화를 쉽게 끊을 수 있음 발신자ID

*이 두 경우는 무작위 전화걸기를 통해 어느 정도 해결할 수 있음

른 노인들에게 적용되는지 여부를 알아볼 수 있게 해준다. 그러나 다수의 변수를 동시에 분석하더라도 인과관계에 대해서는 여전히 확신할 수 없다. 종단 설문조사(예를 들어, 동일한 노인들의 기분과 애완동물의 상황을 일정 기간에 걸쳐서 사정하는)를 실시한다면 인과관계를 좀 더 정확하게 추측할 수 있을 것이다. 다시 말하면, 애완동물을 얻기 전과 얻은 후에 노인들의 기분이 바뀌는지 여부를, 물론 내적 타당도는 실험연구보다 여전히 낮겠지만, 확실하게 파악할 수 있다. 인과관계의 불확실성이라는 단점에도 불구하고. 자연스러운 상황하에서 연구결과를 모집단 전체와 모집단의 여러 하위집단에 대

해서 일반화할 수 있는 가능성이 높다는 것은 실험연구에서는 얻을 수 없는 설문조사만의 장점이다.

어떤 의미에서, 설문조사는 유연한 조사방법이다. 하나의 주제에 대해서 여러 가지 질문을 할 수 있으며, 이는 분석에 있어서 상당한 유연성을 허락해준다. 실험 설계에서 연구자는 어떤 개념을 사전에 분명하게 조작화해야 하지만, 설문조사에서는 실제 관찰로부터 조작적 정의를 발전시켜 나아가는 것이 가능하다.

마지막으로, 표준화된 설문지는 측정과 관련된 중요한 한 가지 장점을 일반적으로 가지고 있다. 이전 장들에서 우리는 많은 개념들이 본질적으로

모호하다는 것에 대해서 논의한 바 있다. 어떤 사람의 정신적인 측면은 다른 사람의 정신적인 측면과 매우 다르다. 연구자는 개념들을 정의할 때 자신의 연구 목표와 가장 관련이 깊게 정의할 수 있어야 하지만, 동일한 정의를 모든 대상에 대해서 일관되게 적용해야 한다는 조건을 만족시키는 것은 결코 쉬운 일이 아니다. 이 조건을 만족시키기 위해서 연구자는 설문조사에서 모든 대상에게 동일한 질문을 정확하게 묻고 동일한 응답을 하는 모든 응답자들이 동일한 의도를 가지고 있다고 본다.

이러한 장점과 함께 설문조사는 여러 가지 단점도 가지고 있다. 첫째, 방금 위에서 언급한 표준화 조건은 마치 둥근 막대기를 사각형 구멍에 끼워 맞추는 것과 같은 결과를 초래한다. 표준화된 설문지 문항들은 사람들의 태도, 성향, 상황, 경험 등을 사정하는 데 있어서 최소한의 공통분모에 불과한 경우가 종종 있다. 모든 응답자에게 공통되는 최소한의 적절한 질문을 만들어내는 과정에서 연구자는 자칫 모두는 아니지만 다수의 응답자들에게 적절한 질문을 빠뜨릴 수도 있다. 이러한 의미에서 설문조사는 종종 복잡한 주제를 다루기에는 너무 피상적이라는 평가를 받기도 한다. 이 문제를 고도의 분석을 통해서 어느 정도는 완화시킬 수 있지만, 이 문제는 모든 설문조사가 가지고 있는 본질적인 문제이다.

설문조사 연구는 또한 사회생활이라는 **맥락(context)**을 거의 다루지 못한다. 설문지를 통해서 이 분야에 관한 정보를 얻을 수 있을지는 모르나, 설문조사 연구자는 관찰하는 참여자(participant-observer)는 볼 수 있는, 응답자들이 생각하고 행동하는 실제 생활의 전체적인 상황에 대한 느낌은 결코 얻을 수 없다(제14장 참조).

설문조사는 앞서 언급했던 측면에서 보면 유연한 방법이지만 그 밖의 다른 측면에서 보자면 그렇지 않을 수 있다. 직접 관찰을 하는 연구들은 현장 여건에 따라 수정될 수 있다. 그러나 설문조사는 처음의 연구설계를 끝까지 바꾸지 않는 것이 일반적이다. 예를 들면, 질적 연구자는 자신이 연구하는 현상으로부터 중요한 새로운 변수를 발견하면 그 변수를 주의 깊게 관찰할 수 있다. 이에 비해, 설문조사 연구자는 새로운 변수의 중요성을 인식하지 못할 가능성이 높으며 그 변수에 대해서 어떤 경우에도 할 수 있는 것이 거의 없다.

마지막으로, 설문조사는 인위성에 취약하다. 어떤 사람이 설문지에 보수적인 답을 했다고 해서 그것이 반드시 그 사람이 보수적인 사람이라는 것을 의미하지는 않으며, 어떤 사람이 설문지에 편향적인 답을 했다고 해서 그것이 반드시 그 사람이 편향적인 사람이라는 것을 의미하지는 않는다. 이 문제는 행동의 영역에서 특히 두드러지게 나타난다. 설문조사는 사회행동을 측정할 수 없다. 설문조사는 기억할 수 있는 과거의 행동이나 가정적 또는 예상되는 행동에 대한 응답자들의 자기보고를 수집할 수 있을 따름이다. 이 문제는 두 가지 측면을 가지고 있다. 첫째, 연구하고자 하는 주제가 설문지로 측정하기에 적합하지 않은 주제일 수 있다. 둘째, 어떤 주제(예컨대, 태도)를 연구하는 행위 자체가 태도에 영향을 미칠 수 있다. 설문조사의 응답자는 면접원이 자신의 의견을 물을 때까지 주지사가 탄핵되어야 하는지에 대해서 전혀 생각해본 적이 없었을 수도 있다. 응답자는 면접원이 질문을 듣고 나서야 그 문제에 대해서 어떤 의견을 갖게 된 것일 수도 있다.

설문조사 연구자는 일반적으로 신뢰도에 대해서 강한 특성을 가지고 있다. 설문조사 연구자는 자신의 관찰에서 비신뢰성을 제거하기 위해서 모든 응답자들에게 표준화된 문구로 표현된 동일한 질문을 제시하는 길고 힘든 과정을 거친다. 이와 더불어서 설문조사에서는 설문 문항을 만들 때 세심한 주의를 기울임으로써 연구자의 비신뢰성을 상당히 줄일 수 있다.

10.8 설문조사 연구방법과 질적 연구 방법 혼용

다른 모든 관찰 방법에서와 마찬가지로 설문조사 연구가 가진 내재적 또는 예상 가능한 약점들을 완벽하게 이해할 때, 연구자는 그러한 약점들을 부분적으로 보완할 수 있다. 그러나 궁극적으로는 여러 가지 연구방법을 함께 사용하는 것이 어떤 주제를 연구하는 가장 안전한 방법이라고 할 수 있다.

질적 연구방법과 설문조사 연구방법을 함께 사용함으로써, 우리는 설문조사 연구의 장점을 활용함과 동시에 설문조사 연구가 가진 피상성, 사회적 맥락의 부재, 비유연성, 인위성, 타당도에 대한 의구심 같은 단점을 보완할 수 있다. Mark Rank(1992)는 공공부조 여성 수급자들의 임신에 관한 연구에서 질적 연구방법과 양적 연구방법을 함께 사용하는 것이 어떤 혜택을 줄 수 있는지를 잘 보여준 바 있다.

Rank는 공공부조 프로그램이 여성 수급자들로 하여금 아동에게 지급되는 지원금을 받기 위해 아이를 더 낳게 만드는지 여부를 둘러싼 논쟁에 관심을 갖게 되었다. 그는 먼저 공공부조 수급자들에게 서비스를 제공하는 여러 기관들과 공공부조 수급자들이 많이 사는 지역에서 질적 면접을 실시했다. 그가 만난 사람들은 여성들이 공공부조 보조금을 늘리기 위해 아이를 더 낳고자 한다는 정형화된 생각에 동의하지 않았다. 오히려 그들은 대부분의 여성 수급자들이 공공부조에서 벗어나고 싶어 하며 더 이상 아이를 갖고 싶어 하지 않는다고 생각했다.

과연 그들의 생각이 정확한 생각이었는가? Rank는 이 질문에 대하기 위해서 위스콘신 주(Rank가 거주하던 주) 보건복지부와 미국 인구조사국으로부터 얻은 자료를 가지고 2차 자료분석을 실시했다(2차 자료분석에 대해서는 제16장에서 논의하기로 하겠다). 그 결과, 그가 질적 연구를 통해 알게 된 사실들을 뒷받침하는 양적 분석 결과를 얻게 되었다. 여성 수급자의 출산율은 "일반 여성들의 출산율보다 현저히 낮았다"(1992: 289).

Rank는 이 놀라운 현상을 어떻게 설명할 수 있을지 궁금해졌으며 이를 알아보기 위해서 연구 보조원들과 함께 공공부조로부터 보호를 받고 있는 50가구에 대한 심층적인 질적 면접을 실시했다. 그들이 면접한, 임신 상태에 있지 않았던 여성들 중 어느 누구도 아이를 더 갖고 싶어 하지 않았다. 그들은 자신들이 아이를 더 갖기 힘든 재정적 및 사회적 요인들을 일관되게 제시했다. 그들은 하나같이 공공부조에서 벗어나고 싶어 했으며, 아이를 더 낳음으로써 공공부조 보조금이 증가하는 것보다는 아이를 더 낳음으로 인해 발생하는 경제적, 사회적 및 심리적 비용이 훨씬 더 크다는 것을 잘 알고 있었다. Rank는 질적 자료와 양적 자료가 서로를 뒷받침해줄 뿐만 아니라 연구결과의 타당도를 증가시켰다는 결론을 내렸다. 그가 얻은 연구결과는 공공부조가 여성들로 하여금 아이를 더 낳게 만든다는 보수주의자와 신자유주의 정책분석가들의 주장을 뒤집는 연구결과였다.

10.9 욕구조사를 위한 설문조사

사회복지 기관에서 전문 사회복지사로서 일을 시작하게 된 어떤 사회복지사에게 새로운 서비스 제공과 관련해서 기관에 아이디어를 제공하기 위해 자신이 담당하고 있는 프로그램의 표적집단이 가진 욕구를 사정하라는 과제가 맡겨질 수도 있다. 예를 들면, 사회복지사는 자신이 담당하고 있는 프로그램이 표적으로 삼고 있는 문제의 정도와 소재 그리고 표적집단의 특성, 문제, 표출된 욕구 및 바람을 사정해야 할지도 모른다. 이러한 정보는 어떤 서비스를 제공해야 하는지, 표적집단의 서비스 이용을 어떻게 극대화할 것인지, 서비스를 어디에서 제공해야 할지 등과 같은 프로그램 기획 및 개발 관련 쟁점들에 대한 지침을 마련하는 데 활용된다.

이러한 욕구를 연구해나가는 과정을 가리켜 **욕구조사**(need assessment)라고 한다. 욕구조사라는 용어는 프로그램 기획에 필요한 정보를 수집하는 모든 종류의 기술적인 방법을 총칭하는 용어이다. 일반적으로 욕구를 조사하는 기법들은 다음과 같은 다섯 가지 범주로 구분된다. (1) 주요 정보제공자 접근법 (2) 지역사회 공개토론회 접근법 (3) 이용률 접근법 (4) 사회지표 접근법 및 (5) 지역사회 설문조사 접근법. 이제부터 이들 각각에 대해서 살펴보기로 하자.

10.9a 주요 정보제공자

주요 정보제공자 접근법(key informant approach)은 표적집단의 문제, 욕구 및 그들을 위한 기존 서비스 전달에 있어서의 문제점 등에 대해서 남다른 지식을 가진 사람들로부터 설문 또는 면접을 통해 전문가적 의견을 얻는 욕구조사기법이다. 설문조사 대상으로 선택할 수 있는 전문가로는 표적집단과 자주 접하고 그들의 문제에 대해 특별한 지식을 갖고 있는 기관 또는 조직의 운영자나 표적집단과 긴밀한 관계 속에서 일하는 실무자 등을 생각해볼 수 있다.

예를 들어, 노숙자들의 욕구를 사정하는 경우, 전문가라고 생각할 수 있는 사람으로는 공공보호소나 급식소에서 일하는 전문가, 지역사회개발 관련 기관에서 업무의 일부로서 노숙자 문제를 다루는 연구자나 그 밖의 직원들, 노숙자들이 주로 모여드는 지역에 살고 있는 지역사회 지도자, 지역사회 정신보건 프로그램을 운영하는 기관의 행정가와 사례관리자, 노숙자 관련법 제정을 옹호하는 공무원, 빈곤층이나 노숙자 또는 정신장애인의 권익을 위해 일하는 시민운동단체의 지도자, 이런 문제들을 오랫동안 다루어 온 경찰관계자 등을 꼽을 수 있다.

주요 정보제공자 접근법이 가진 주된 장점은 표본을 구하고 조사하기가 매우 용이하며 비용이 적게 든다는 점이다. 이 밖에도 지역사회의 자원과 친밀한 관계를 형성할 수 있으며 계획하고 있는 프로그램을 가시화할 수 있는 긍정적인 부수효과도 주요 정보제공자 접근법을 통해 얻을 수 있는 장점이다. 반면에, 주요 정보제공자 접근법이 가진 가장 큰 단점은 표적집단으로부터 직접 정보를 얻지 못한다는 점이다. 따라서 주요 정보제공자 접근법을 통해 얻은 정보의 질은 전문가들이 내놓은 의견들의 객관성과 그들이 가진 지식의 깊이에 달려 있다고 볼 수 있다.

이러한 단점에 대한 예시로서, 노숙자 욕구사정에서 발생할 수 있는 다음과 같은 위험을 한번 생각해 보기로 하자. 공공 임시보호소에서 근무하는 사람들은 그 보호소를 찾지 않는 노숙자와는 접촉할 수 있는 기회가 없기 때문에 그들이 보호소를 이용하지 않는 이유나 그들이 가진 특별한 문제 등에 대한 정보를 얻을 수 없다. 빈곤 문제와 관련된 법 제정을 옹호하는 사람들의 경우, 노숙자 중 정신질환이 있는 사람들의 욕구를 경시하는 태도를 보일 수 있는데, 이는 노숙자가 생기는 원인을 경제적인 문제로 국한하려는 사람들로서는 정신적 결함이나 삶의 방식에 대한 개인적인 결정으로 인해 노숙자가 생길 수 있다는 인식이 높아지는 것을 원하지 않기 때문이다. 정신건강을 담당하는 정부 관료들은 정신질환이 하나의 주된 원인으로 부각되는 것에 대해서 선입견을 가질 수 있으며, 그런 선입견은 정신질환자들 중 집 없이 떠도는 사람들의 문제를 경시하는 경향으로 이어질 수도 있는데,

---

욕구조사 ▸ 프로그램 기획을 목적으로, 표적집단의 욕구를 진단하는 질문들을 가지고 실시하는 체계적 조사연구

주요 정보제공자 ▸ 표적집단의 문제, 욕구 및 그들을 위한 기존 서비스 전달에 있어서의 문제점 등에 대해 남다른 지식을 가진 전문가의 의견을 얻는 것에 기초한 욕구조사방법

지역사회포럼 ▸ 특정 사안에 대해 관심 있는 지역사회 구성원들을 한 자리에 모이게 하여 욕구에 관한 각자의 의견을 이야기하고 상호작용할 수 있게 하는 욕구조사방법

그런 문제가 점점 더 부각되는 것은 이제까지 자신들이 해온 탈시설화 정책의 부정적인 측면을 보여주는 것이기 때문이다. 노숙자들이 많이 모여드는 지역의 지역사회 지도자들도 그 지역사회에서 노숙자를 사라지게 할 수 있는 서비스가 있다면 어쩌면 그 서비스에 대한 욕구를 인식하고자 하는 선입견을 가질 수 있다.

10.9b 지역사회 공개토론회

지역사회 공개토론회(community forum) 접근법은 관심 있는 지역사회 사람들이 함께 모여 자신들의 욕구에 대해서 자유롭게 의견을 교환하고 상호작용할 수 있는 모임을 통해 욕구를 조사하는 방법이다. 이 접근법은 여러 가지 비과학적인 장점들을 가지고 있다. 예를 들면, 현실적 실행 가능성이 높다는 점, 재정지원을 하는 기관을 위한 협력 관계 형성 및 방향성 제시를 할 수 있다는 점, 그리고 각각의 개인들이 어떤 문제에 대해서 깊이 생각해 볼 수 있으며 다른 사람들의 의견을 들음으로써 자신들이 생각하지 못했던 점들에 대해서 고려할 수 있는 분위기를 만든다는 점 등이다. 그러나 이러한 많은 장점들을 갖고 있음에도 불구하고 과학적 입장에서 판단해 볼 때, 지역사회 토론회 접근법은 여러 가지 위험성을 내포하고 있다.

우선, 지역사회 토론회에 참여하는 사람들이 반드시 표적집단의 욕구에 대해서 잘 알고 있는 사람들 가운데에서 대표성이 있는 사람들이 아닐 수 있으며, 또한 그 사람들의 견해가 편파적이지 않다고 기대할 수 없다. 오히려 어떤 기득권적 이해나 개인적인 관심사를 가지고 있는 사람들의 경우, 자신의 의견을 지나치게 부각시키려 할 수 있는 소지가 있다. 지역사회 토론회는 의견이 발표되고 교환되는 공적인(public) 회의이며, 따라서 강한 사회적 압력이 작용하여 어떤 특정한 개인으로 하여금 자신의 의견을 전혀 발표할 수 없게 하거나 소수의 의견이 좀처럼 발표될 수 없는 경우가 발생할 수 있다. 이러한 문제점을 고려해 볼 때, 누구나 참여할 수 있는 공개적인 토론회보다는 여러 차례의 비공개 토론회를 가지면서 각각의 토론회마다 사안을 달리하고 참여하게 될 사람들을 동질성을 가진 사람들 위주로 미리 선정하는 방식을 택할 수도 있다.

10.9c 이용률

이용률 접근법(rates under treatment)은 이제까지 서비스를 이용한 클라이언트들의 수와 그들이 가진 특성을 바탕으로 서비스에 대한 욕구 수준과 잠재적 서비스 이용자들의 특성을 추정하는 방법이다. 상식적으로 볼 때, 어떤 특정 서비스가 아직까지 제공된 적이 없는 대상지역사회(target community)에서의 서비스 이용률은 관찰할 수가 없으므로, 이 접근법에서는 서비스가 이미 제공되고 있는 다른 지역사회에서의 서비스 이용률을 관찰한다. 만일 두 지역사회가 서로 비교할 만하다면, 대상 지역사회 내에 존재하는 표적집단의 크기나 그들의 특성은 비교지역사회(comparison community) 내의 표적집단의 크기 및 특성과 유사할 것이라고 가정한다.

이 접근법이 가진 주된 장점으로는 조사연구를 신속하고 용이하게 할 수 있다는 점, 비용이 많이 들지 않는다는 점, 비강요적(unobtrusive)이라는 점을 꼽을 수 있다. 이 접근법이 가진 주된 단점은 표적집단 중에서 이미 서비스를 이용한 경험이 있는 일부의 사람들만을 평가하기 때문에 요구(demand)에만 초점을 두게 되며, 따라서 규범적 욕구(normative need)를 과소평가할 수 있다는 점이다. 또 다른 단점은 비교지역사회의 자료나 기록이 신뢰할만하지 않거나 편향되어 있을 수 있다는 것이다. 대부분의 기관들이 정확한 자료나 기록을 보관하고 유지하는 것을 그다지 중요하게 여기지 않는 경우가 많으며, 특히 서비스를 제공하느라 시간적으로 여유가 없을 때는 더 하다고 볼 수 있다. 또한 기관들은 재정지원 주체나 그 밖에 기관이 책임성을 느끼는 기관들에게 좋게 보이기 위해서 서비스를 이용한 클라이언트의 수나 서비스에 대한 클라이언트의 욕구 수준을 확대보고하기도 한다.

10.9d 사회지표

또 다른 욕구조사방법으로는 기존의 통계자료를 이용하는 **사회지표 접근법**(social indicators approach)이 있다. 이 접근법은 단지 치료 서비스와 관련된 자료만 보는 것이 아니라 전체 인구에 관한 통합된 자료를 활용한다. 예를 들면, 유아사망률(유아 1,000명당 한 살 이전에 사망하는 유아의 수)은 특정 지역사회에 있어서 출산 전 건강관리 서비스에 대한 욕구 수준의 지표로써 사용할 수 있다. 또한 유아사망률을 비교함으로써 어느 지역사회가 그러한 서비스에 대한 욕구 수준이 가장 높은지를 파악할 수 있다. 마찬가지로, 특정 지역사회의 아동학대 사건 발생률은 그 지역사회의 아동학대 예방프로그램에 대한 욕구의 정도를 나타내주는 지표가 될 수 있다. 학생들의 학교 중퇴율은 지방 교육청으로 하여금 학교 사회복지사를 고용해야 할 필요성을 인식하게 하는 지표로써 사용할 수 있다. 사회지표 접근법은 빠른 시간 안에 매우 손쉬우면서도 낮은 비용으로 욕구조사를 할 수 있게 해준다. 그러나 이러한 장점과 함께 만일 기존의 자료가 신뢰성에 문제가 있는 경우에 나타나게 될 단점을 동시에 고려해 볼 필요가 있다. 또한 이 접근방식의 사용 가능성 여부는 기존의 지표들이 앞으로의 서비스이용 유형을

▶

이용률 접근법 ▶ 특정 서비스를 이용한 클라이언트들의 규모 및 특성을 보여주는 기존 자료를 2차 자료분석하여 그 결과를 바탕으로 해당 서비스에 대한 욕구 수준과 잠재적 서비스 이용자들의 특성을 파악하는 욕구조사방법

사회지표 ▶ 전체 인구의 특성을 반영하는 기존 통계자료를 활용하는 욕구조사방법

얼마나 정확하게 반영할 수 있는지에 달려 있다.

10.9e 지역사회 및 표적집단에 대한 설문조사

표적집단의 특성이나 그들이 가진 문제 혹은 욕구를 파악하는 가장 직접적인 방법은 설문조사를 실시하는 것이다. 이 욕구조사 접근법은 대개의 경우 모집단으로부터 표본을 추출하여 이를 대상으로 설문조사를 실시한다. 대부분의 설문조사에서와 마찬가지로, 이 경우에 있어서의 핵심 쟁점은 표본이 모집단에 대한 대표성을 갖는지 여부이다. 표본의 대표성을 극대화하는 기법에 대해서는 다음 장에서 논의하기로 하겠다.

자료수집을 위해서는 표적집단의 성격과 그들의 욕구에 대해서 지금까지 알려진 것과 알려지지 않은 것이 무엇인가에 따라 상당히 구조화된 설문지를 이용하거나 반구조화된 면접방법을 사용한다. 표적집단에게 직접 설문조사를 실시하는 경우에 있어서의 장점과 단점은 일반적인 설문조사에 있어서의 장·단점과 다를 바 없다. 평가자는 특히 낮은 응답률이나 사회적 선호, 혹은 순응적 반응 등으로 인하여 연구가 왜곡되지 않도록 주의를 기울여야 한다. 예를 들어, 우편으로 설문조사를 했다고 가정해보자. 이때, 우편 설문에 응해준 사람들이 설문에 응하지 않은 사람들의 의견을 대표할 수는 없다. 응답자들은 비응답자들보다 프로그램에 대한 욕구 수준이 높기 때문에 여러 가지 귀찮음을 무릅쓰고서도 우편 설문에 응했다고 볼 수 있다. 이렇게 볼 때, 응답자들은 비응답자들과 다른 여러 가지 면에서도 다를 수 있다. 다음과 같은 예를 생각해보자. 설문지에서 아주 평이한 용어를 써서 어떤 특정 서비스가 제공되어야 한다고 생각하느지를 물었다고 하자. 대개의 경우, 응답자들은 동의한다고 대답할 것이다. 그런데 여기서 한 가지 고려해야 할 것은 과연 서비스 이용에 따르는 비용

이나 혹은 응답자가 정말로 그 서비스를 이용할 것
인가의 여부를 전혀 묻지 않는 상황에서 응답자가
굳이 서비스를 제공할 필요가 없다고 대답할 이유
가 있는가 하는 것이다. 만일 설문에서 응답자들에
게 새로이 제공될 서비스가 비용에 비해 가치 있다
고 생각하는지 또는 실제로 그 서비스를 이용할 것
인지를 묻는다면 아마도 응답자들은 부정적으로
답할 수도 있다.

따라서 이 접근법의 경우는 장점(미래의 서비스
에 대한 욕구 수준 및 프로그램 이용 의향을 직접
적으로 그리고 정확하게 파악할 수 있다)과 측정상
의 오류나 저조한 응답률로 인해서 나타날 수 있는
여러 가지 문제점들을 동시에 고려할 수 있어야 한
다. 물론, 이제까지 이 책에서 살펴보았던 표본추
출, 측정, 설문조사 등을 고려해서 욕구조사를 설
계한다면 이러한 문제점들을 충분히 최소화시킬
수 있을 것이다. 그러나 그렇게 하기 위해서는 많
은 시간과 비용이 필요하고 여러 가지 현실적 제약
성이 따르기 때문에, 주로 먼저 소개한 네 가지 접
근방법 가운데 한두 가지를 선택해서 욕구조사를
하는 경우를 볼 수 있다.

일반적인 연구방법론과 마찬가지로, 지금까지
살펴 본 다섯 가지 접근법 각각은 나름대로의 장점
과 단점을 가지고 있다. 따라서 가장 이상적인 것
은 두 가지 이상의 욕구조사 접근법을 병용함으로
써 욕구와 서비스에 대한 앞으로의 이용 가능성을
정확하게 파악하는 것이다.

10.10 주요 내용

- 설문조사는 자주 사용되는 사회조사방법 중 하
  나로서 모집단으로부터 표본을 뽑아 설문지를
  작성하게 하는 방법이다.
- 설문조사 연구는 대규모 모집단을 기술하기 위
  한 연구에서 사용하기에 특히 적절하다. 설문조
  사 자료는 설명적 목적으로도 사용될 수 있다.

- 설문지는 기본적으로 다음과 같은 세 가지 방법
  으로 작성된다. (1) 자기기입식 설문지는 응답
  자가 직접 작성한다. (2) 면접원이 응답자를 면
  접하면서 설문 문항을 읽어주고 답을 기록한다.
  (3) 면접원이 전화 설문조사를 실시한다.
- 자기기입식 설문조사의 경우, 처음 보낸 설문지
  를 작성하지 않은 응답자들에게 확인설문지를
  추가로 발송한다.
- 온라인 설문조사의 장점과 단점은 우편 설문조
  사의 장점과 단점과 매우 유사하다. 온라인 설
  문조사는 전통적인 우편 설문조사보다 비용이
  훨씬 적게 든다. 우편 설문조사의 경우, 예들 들
  면 종이 구입, 인쇄 및 우편배송만 해도 상당한
  비용이 든다. 온라인 설문조사가 가진 주된 단
  점은 사회복지사들이 일반적으로 관심을 갖는
  빈곤층이나 노인층 같은 인구집단의 대표성을
  담보할 수 있는지 여부가 불분명하다는 것이다.
- 온라인 설문조사에 응하지 않는 이유 중 하나는
  스팸메일 방지 이메일 시스템 때문이다. 따라서
  온라인 설문조사를 할 때 연구자는 설문조사 참
  여 요청 이메일이 스팸메일로 간주되지 않도록
  이메일 내용을 작성해야 한다.
- 면접원이 반드시 가져야 할 특성은 중립적이어
  야 한다는 것이다. 자료수집 과정에 있어서 면
  접원의 존재는 설문 문항에 대한 응답자의 응답
  에 어떤 식으로도 영향을 미쳐서는 안 된다.
- 면접원은 훈련을 통해서 설문지의 내용을 충분
  히 숙지해야 하며, 질문 문구와 순서를 정확하
  게 지켜야 하며, 응답자의 응답 내용을 있는 그
  대로 정확하게 기록해야 한다.
- 심층 질문하기는 면접 중에 응답자가 개방형 질
  문에 대해서 응답한 내용이 불완전하거나 모호
  할 때 좀 더 구체적인 응답을 이끌어내기 위해
  서 면접원이 하는 중립적이고 비편향적인 질문
  이다. 예들 들면, "그밖에 다른 것은 없을까요?"
  "왜 그런가요?" "어떤 의미에서요?"와 같은 질

문을 생각해볼 수 있다.

- 자기기입식 설문지는 면접 설문조사에 비해 경제적이고, 신속하며, 면접원의 편향을 배제할 수 있고, 민감함 쟁점에 대해서 좀 더 솔직한 답을 이끌어내는 데 필요한 익명성 및 사생활 보장 가능성이 높다는 장점을 가지고 있다.
- 최근 들어 전화 설문조사가 점점 더 일반적이고 효과적인 설문조사방법으로 발전하고 있으며, 특히 컴퓨터보조 전화 설문조사(CATI)가 유망한 방법으로 자리잡아가고 있다.
- 면접 설문조사는 자기기입식 설문조사에 비해 완벽하게 답하지 않은 설문지가 적고, 응답률이 일반적으로 더 높고, 표본추출 및 특별한 관찰에 있어서 더 유연하다는 장점을 가지고 있다.
- 설문조사 연구는 일반적으로 비용과 수집 가능한 자료의 양이라는 두 가지 측면에서 장점을 가지고 있다. 수집된 자료의 표준화는 설문조사 연구가 가진 또 한 가지 장점이다.
- 설문조사 연구는 다소 인위적이고 피상적일 수 있다는 단점을 가지고 있다. 설문조사는 자연스런 상황에서 이루어지는 사회적 과정을 보여주기에 적합하지 않다.
- 욕구조사의 다섯 가지 접근법은 (1) 주요 정보 제공자 면접, (2) 지역사회 공개토론회 개최, (3) 서비스 이용률 검토, (4) 사회지표 분석, (5) 지역사회나 표적집단에 대한 직접적인 설문조사이다. 각각의 접근법은 저마다 독특한 장점과 단점을 가지고 있다. 가장 이상적인 것은 두 가지 이상의 접근법을 함께 사용하는 것이다.

10.11 연습문제

1. 다음의 가상적 상황에서 구조화된 설문지를 이용하여 응답자들로부터 자료를 수집하기 위해 어떤 설문조사방법(우편, 온라인, 면접 또는 전화)을 선택할지 결정한다. 특정 방법을 선택한

이유를 설명하고 네 가지 방법 중 어떤 방법을 선택할지를 판단하는 데 도움이 될 만한 추가적인 정보를 제시해본다.

a. 정신장애 치료를 받고 있는 자녀를 가진 부모들을 대상으로 하는 전국조사. 조사 대상 부모는 미국 정신장애인협회 회원이다. 조사의 목적은 아동에게 제공되는 서비스에 대한 부모의 만족도 및 정신건강 전문가와 부모 간의 연계성을 평가하는 것이다.

b. 정신장애 아동을 치료하는 정신보건 전문가(자격증을 가진)를 대상으로 하는 전국조사. 조사의 목적은 정신보건 전문가가 아동기 정신이상의 원인에 대해서 어떤 관점을 가지고 있으며 그들이 부모들과 어떻게 협력하는지를 평가하는 것이다.

c. 자신이 다니고 있는 사회복지대학원(학과)의 학생들을 대상으로 아동기 정신이상의 원인에 대해서 그들이 어떤 관점을 가지고 있으며 정신장애치료에서 부모와의 협력에 대해서 어떤 입장을 가지고 있는지 알아보고자 설문조사를 실시한다.

2. 위의 각 상황에서 우편 설문조사를 실시한다고 할 때, 응답률을 극대화하기 위한 방법에는 어떤 것들이 있는가? 온라인 설문조사를 실시할 때, 응답률을 극대화하기 위한 방법에는 어떤 것들이 있는가?

3. 인터넷상에서 진행되고 있는 설문조사를 하나 찾은 다음, 그 설문조사에 대해서 간략하게 설명하고 장점과 단점을 서술한다.

4. 현재 자신의 모습을 살펴보라. 만일 자신이 일반대중을 대상으로 면접을 실시해야 한다면, 자신의 지금 모습 중 무엇이 문제가 될 수 있을지 말해본다.

5. 자신이 살고 있는 지역사회의 문제 중 미디어가 상당한 관심을 보이고 있는 문제를 한 가지 선택해본다. 그 문제 또는 그 문제를 해결하기

위해 자신이 생각하고 있는 구체적인 서비스에 대한 욕구를 사정하기 위해 욕구조사를 기획한다. 단, 자료수집을 위해서 5,000달러의 예산이 필요하고 6개월 내에 조사를 기획하고 완료해야 한다고 가정한다.

6. 한 가지 쟁점을 선택한 다음, 자신이 다니고 있는 대학에서 사회복지학을 전공하는 학생들이 그 쟁점에 대해서 어떤 태도를 갖는지 알아보기 위해 우편 설문조사를 실시한다고 가정하고, 학생들이 설문조사에 응하고자 하는 마음을 갖게끔 설문지 표지를 만든다.

7. 6번 문제에서 언급한 설문조사에서 사용할 개방형 질문을 여러 개 만들어본다. 학생들을 3~4명 정도씩 한 조로 묶은 다음 역할을 바꿔가면서 각자가 만든 질문을 가지고 면접을 하게 해본다. 면접을 하면서 심층적인 정보 수집을 위한 중립적인 질문을 해본다. 자신의 차례가 아닐 때 자신이 속한 조의 다른 학생들이 진행하는 면접을 관찰하고 비판한다. 면접이 끝날 때마다 심층 질문하기를 위한 중립적 질문을 얼마나 적절히 사용했는지에 대해서 조원들과 의견을 나누어 본다.

chapter 11

표본추출:
양적 접근과 질적 접근

11.1 서론

제10장에서 우리는 설문조사의 가치에 영향을 미치는 가장 중요한 기준 중 하나가 설문조사 응답자의 대표성이라는 것을 살펴보았다. 응답자들의 특성이 모집단의 특성을 정확하게 반영하는가? 우리는 설문조사를 위해 뽑은 표본이 모집단을 대표할 가능성을 극대화하는 표본추출방법이 있다는 점을 내비친 적이 있다. 이 장에서 우리는 그러한 방법들에 대해서 살펴보기로 하겠다.

양적 연구에서 표본추출은 일반화 가능성과 직결되는 부분이다. 앞으로 보게 되겠지만 우리는 소수의 사람이나 대상을 관찰하여 얻은 결과를 보다 많은 사람 또는 대상에 대해 적용할 수 있다. 이 장의 전반부에서는 양적 표본추출방법에 대해서 먼저 살펴볼 것이며, 이어서 후반부에서는 좀 더 유연한 질적 표본추출방법에 대해서 살펴보기로 하겠다.

11.2 양적 표본추출방법

모집단의 일부를 전체 모집단에 대해서 정확하게 일반화(generalize)하는 데 있어서 핵심은 **무작위 표본추출**(random sampling)을 포함한 **확률표본추출방법**(probability sampling)이다. 무작위 표본추출은 설문조사 응답자를 뽑는 편향되지 않고 정확하며(unbiased, precise) 과학적인 방법이다. 무작위 표본추출에는 우연이란 존재하지 않는다. 특

확률표본추출방법 ▶ 무작위 표본추출 과정을 사용함으로써 표본오차의 양을 추정할 수 있게 해주고, 모집단의 특정 단위가 표본으로 뽑힐 가능성을 결정 내지 통제할 수 있게 해주는 표본추출방법

무작위 표본추출 ▶ 연구모집단의 요소 중 일부를 표본으로 뽑는 정확하고 과학적인 방법으로서 더 큰 모집단으로부터 상당한 크기의 표본을 뽑을 때, 모집단의 각 요소가 표본으로 뽑힐 확률을 동일하게 만든 상태에서 표본추출이 이루어질 수 있게 하는 방법

정 표본추출기법을 통해서 연구자는 특정 개인들이 연구의 표본으로 뽑힐 가능성을 통제 또는 결정할 수 있다. 가장 단순한 예로는 동전 던지기를 들 수 있다. 동전을 던져서 두 사람 중 한 사람을 뽑을 때 각자가 뽑힐 확률은 50%로 동일하다. 좀 더 복잡한 기법들을 사용하면 대규모 모집단으로부터 크기가 큰 표본을 뽑을 때 각각의 표본구성원소가 표본으로 뽑힐 확률을 동일하게 만들 수 있다.

정치 여론조사의 역사를 살펴보면 연구자들이 작은 크기의 표본으로부터 얻은 정보를 모집단에 대해서 정확하게 일반화하기 위해서 어떻게 대표성 있는 표본을 뽑는 기법을 사용해왔는지를 알 수 있다. 예를 들면, 표 11-1은 선거 며칠 전에 실시한 여론조사를 보여주는데, 표가 보여주는 전반적인 추세는, 물론 약간의 오차는 있지만 놀라울 만

표 11-1 ▶ 2008년 미국 대통령 선거일 전야에 발표된 여론조사 결과

여론조사	종료일	OBAMA	MCCAIN
폭스	11월 2일	54	46
NBC/월 스트리트 저널	11월 2일	54	46
마리스트 대학	11월 2일	55	45
해리스 인터랙티브	11월 3일	54	46
로이터/C-SPAN/Zogby	11월 3일	56	44
ARG	11월 3일	54	46
Rasmussen	11월 3일	53	47
IBD/TIPP	11월 3일	53	47
DailyKos.com/Research 2000	11월 3일	53	47
조지워싱턴 대학교	11월 3일	53	47
마리스트 대학	11월 3일	55	45
실제 투표	11월 4일	54	46

출처: 2009년 1월 29일 Pollster.com(http://www.pollster.com/polls/us/08-72-pres-ge-mvo.php)에서 가져온 자료이고, 공식적 선거결과는 연방선거위원회(http://www.fec.gov/pubrec/fe2008/2008presgeresults.pdf)에서 가져온 자료임. 공식자료는 미결정 수치와 1% 미만의 표를 얻은 제3정당 후보에 대한 수치를 포함하지 않음. 편의를 위해 여기서는 그 수치를 오바마와 멕케인에게 투표하겠다는 사람의 비율대로 계산해 포함시킴.

큼 일관적이고 실제 선거 결과와 유사하다는 것을 알 수 있다.

그렇다면 과연 1억3천1백만 명이 넘는 유권자의 행동을 오차 범위 2% 이내로 추정하기 위해 얼마나 많은 유권자를 조사했을까? 대부분의 경우, 그 수는 2천 명도 채 되지 않는다!

확률표본추출이 정확한 방법이기는 하지만, 언제나 사용할 수 있는 것은 아니다. 그렇기 때문에 사회복지 연구에서는 종종 **비확률표본추출방법** (nonprobability sampling)이 사용되기도 한다. 따라서 확률표본추출방법들을 살펴본 다음, 우리는 질적 연구에서 사용되는 표본추출방법들을 포함한 여러 가지 비확률표본추출방법들에 대해서도 살펴볼 것이다. 비확률표본추출방법들은 무작위 표본추출은 아니지만 저마다의 논리를 가지고 있으며 사회복지 연구에 유용한 표본을 제공해줄 수 있는 방법들이다. 이러한 비확률표본추출방법들이 가진 장점과 단점 그리고 그러한 방법들이 어떤 사회복지 연구에 맞는지 등을 살펴보기로 하겠다.

그럼 먼저, 비확률표본추출의 위험을 설명하기 위해 몇 가지 정치 여론조사 사례를 살펴보기로 하자.

11.2a Alf Landon 대통령

1890년에서부터 1938년까지 미국에서 발행되던 인기 있는 뉴스잡지인 Literary Digest는 1936년 미국 대통령 선거의 결과를 예측하기 위해서 여론 조사를 실시했다. 전화번호부와 자동차 등록부로부터 뽑은 천만 명의 유권자들에게 누구에게 투표할지를 묻는 설문지를 우편엽서로 발송하였다. 그중 2백만 명이 넘는 유권자들이 조사에 응했으며, 조사결과는 공화당 후보인 Alf Landon 후보가 만만찮은 상대였던 Franklin Roosevelt 대통령에 대해서 57% 대 43%라는 압도적인 차이로 승리를 거둘 것이라고 나타났다. 2주 후 실시된 실제 선거에서 Roosevelt 대통령은 61%를 득표함으로써 역

사상 가장 압도적인 승리를 거두고 대통령으로 두 번째 당선되었다.

Digest지의 예상은 무엇 때문에 잘못되었던 것일까? 예상이 빗나가게 된 원인 중 하나는 여론조사의 응답률이 22%이었다는 사실이다. 또 한 가지 원인은 전화번호부에 이름이 올라 있는 사람과 자동차를 소유하고 있는 사람이라는 표본틀이었다. 이 표본틀은 부유층이 표본으로 많이 뽑힐 수밖에 없는 표본틀이었으며 대통령 선거가 실시된 1936년은 미국 역사에 있어서 대공황이 거의 끝나가는 무렵이었다. Digest지가 뽑은 표본에는 빈곤층이 효과적으로 배제되었으며 대부분의 빈곤층은 Roosevelt의 뉴딜정책에 표를 던졌다.

11.2b Thomas Dewey 대통령

1936년 선거는 이제는 여론의 대명사가 된 새로운 여론조사기관을 세상에 알리는 계기가 되었다. Digest지와는 달리 George Gallup은 Roosevelt가 Alf Landon을 이기리라는 것을 정확히 예측했다. 1936년 Gallup의 성공의 비결은 이후 이 장에서 더 설명할 할당 표본추출의 사용이다. 우선 **할당 표본추출**(quota sampling)이 표본을 추출하는 모집단의 특성, 예를 들면 남녀 비율, 다양한 소득, 나이 비율 등에 관한 지식에 기초하여 표본을 추출하는 방법이라는 것을 알아야 한다. 할당 표본추출에서는 모집단의 특성에 맞게 사람을 선정한다. 농촌에 사는 가난한 백인 남자의 정확한 수, 도시에 사는 부유한 흑인 여자의 정확한 수 등에 따라 선정하는 것이다. 할당은 연구와 관련이 가장 깊은 변수에 따라 이루어진다. Gallup은 전국의 다양한 소득계층의 수를 파악함으로써 각 소득계층의 알맞은 응답자 수를 표본으로 선정하였다.

Gallup과 미국여론조사연구소(American Institute of Public Opinion)는 할당 표본추출을

사용해 1936년, 1940년, 1944년에 대통령 당선자를 정확하게 예측하였다. 그렇지만 1948년 Gallup과 대부분의 정치 여론조사기관들은 뉴욕의 주지사로 Thomas Dewey가 대통령 Harry Truman을 제치고 당선될 것이라고 예측했다가 엄청난 창피를 당했다. 여론조사기관들은 선거일 밤까지 창피를 당했다. 기쁨에 찬 Truman이 "Dewey가 Truman을 이겼다"라는 헤드라인을 내건 신문을 보여주는 유명한 사진이 있다. Truman의 지지자들은 옆에서 "본때를 보여줘요!"라고 외치고 있다.

1948년 여론조사기관들이 실패를 맛본 원인은 몇 가지로 정리할 수 있다. 첫째, 선거운동 기간 동안 Truman을 향한 꾸준한 지지추세에도 불구하고 대부분의 여론조사기관들이 10월 초에 여론조사를 중단하였다. 게다가, 많은 유권자가 선거운동 기간 동안에 후보를 결정하지 않았다가 투표장에 들어섰을 때 Truman을 압도적으로 지지했다. 그러나 더 중요한 사실은 Gallup의 표본에 대표성이 없었다는 점이다.

과거에는 효과적이었던 할당 표본추출이 1948년에는 Gallup이 망신을 당하는 원인이 되었다. 이 기법은 연구조사자가 전체 모집단(이 경우에는 유권자)에 대해서 알고 있어야 한다. 전국적인 정치 여론조사에서는 이러한 정보를 주로 인구조사 자료에서 가져온다. 그러나 1948년에는 세계대전으로 인해 농촌에서 도시로 인구가 크게 이동하였고, Gallup이 사용한 1940년의 인구조사에서 보여주는 미국의 인구 형태 특성은 급격하게 달라졌다. 또한 도시 거주자들은 민주당에 투표할 확률이 높았다. 따라서 농촌 유권자들을 더 많이 대표한 표본조사는 민주당의 지지율을 낮게 예측하게 하였다.

▶ **할당 표본추출** ▶ 연구자가 정한 어떤 특성을 기준으로 표본을 뽑음으로써 표본으로 하여금 모집단 차원에서 존재한다고 생각되는 해당 특성의 분포와 동일한 특성 분포를 갖게 만드는 비확률 표본추출방법

11.2c John Kerry 대통령

정치 여론조사의 발전으로 인해 선거 전야에 실시하는 여론조사가 대통령 선거의 결과를 정확하게 예측할 수 있게 되었다. 오늘날 대표성 있는 대규모 표본을 추출하기 위해 사회과학 조사연구에서 사용하는 가장 주된 방법은 확률표본추출이다. 이 방법은 기본적으로 연구하고자 관심의 대상이 되는 모집단 구성원의 이름이 모두 수록되어 있는 목록에서 "무작위 표본"을 추출하는 것이다. 오늘날의 확률표본추출방법은 Alf Landon과 Franklin Roosevelt의 대통령 선거결과를 예상하던 때에 사용했던 초기 표본추출방법에 비해 훨씬 정확하다.

확률표본추출의 진가는 2004년 대통령 선거에서 다시 한 번 확인되었다. 선거 전날 이루어진, 확률표본추출방법을 이용한 대부분의 여론조사 결과는 George Bush가 John Kerry를 근소한 차이로 누르고 당선될 것이라고 정확하게 예측했다. 선거 당일에도 많은 정치단체와 뉴스매체는 투표소에서 나오는 투표자들을 대상으로 하는 출구조사를 통해서 선거결과를 미리 예측하고자 노력했다. 그러나 출구조사는 엄격한 확률표본추출방법(Probability sampling)을 사용한 조사가 아니었다. 이 방법은 결과를 묻는 조사자가 만날 수 있고 기꺼이 자신이 어떤 선택을 했는지 밝힐 의사가 있는 (또는 밝히고 싶어 하는) 투표자를 대상으로 하는 조사이다. 따라서 Bush 후보를 선택한 사람보다 Kerry 후보에게 투표한 사람들이 출구조사에 더 적극적으로 참여했다. 출구조사의 결과를 접한 많은 보수적 성향의 학자들은 TV에 나와서는 실제 선거결과가 나오기 전까지 하루 종일 우울한 표정으로 미래 Kerry 정권을 예상하면서 Bush 캠페인의 패인에 대해 논했다. 마찬가지로, 많은 Kerry 지지자들은 희색이 만연해보였다. 그러나 출구조사에서 Kerry의 승리를 예측했던 몇몇의 핵심 주에서 Bush가 이겼다는 실제 투표결과가 나오자 이

들의 분위기는 완전히 뒤바뀌었다.

11.3 확률표본추출

모집단의 모든 구성원이 모든 특성(인구학적 특성, 태도, 경험, 행동 등)에서 동일하다면 표본추출 과정에 신경을 쓸 필요가 없을 것이다. 왜냐하면 그런 상황에서는 어떤 표본을 어떻게 뽑더라도 아무런 문제가 없을 것이기 때문이다. 만일 모집단이 이처럼 극단적으로 동질적이라면, 단일 사례로 이루어진 표본만으로도 전체 모집단의 특성을 연구하는 데 충분할 것이다.

물론, 실제로 모집단을 구성하고 있는 사람들은 어떤 모집단이든 여러 가지 면에서 상당히 이질적이다. 그림 11-1은 이질적인 모집단을 단순화한 예이다. 이 모집단은 성별과 인종이 다른 100명의 사람들로 구성된 모집단이다. 이 장에서 우리는 표본추출의 다양한 측면을 예시하기 위해서 이 가상적인 소규모 모집단을 사용하기로 하겠다.

모집단에서 뽑은 일군의 개인들로 이루어진 표본이 모집단을 적절히 기술할 수 있으려면 표본은 기본적으로 모집단 내의 변량과 동일한 변량을 기본적으로 가지고 있어야 한다. 그러나 이는 말처럼 쉬운 일이 결코 아니다.

이제 연구자들이 오류를 범할 수 있는 몇 가지 경우를 살펴봄으로써 어떻게 확률표본추출방법이 모집단의 변량을 적절하게 반영하는 표본을 추출할 수 있는 효율적인 방법을 제공해주는지 이해해보기로 하자.

11.3a 의식적 표본추출 편향과 무의식적 표본추출 편향

언뜻 보기에, 표본추출은 매우 단순한 문제인 것처럼 보인다. 100명의 대학생으로 이루어진 표본을 뽑는다고 가정해보자. 어떤 사람은 대학교를 하나 정한 다음 그 대학교의 교정에 돌아다니는 학생들 중 처음 만나는 100명을 면접하면 된다는 생

▲ Dewey가 Truman을 앞서고 있다는 사전 여론조사결과에 기초하여 특종을 냈던 Chicago Tribune은 낭패를 보았다.

각을 할 수도 있을 것이다. 이런 종류의 표본추출 방법은 올바른 교육을 받지 않은 연구자들이 종종 사용하는 방법으로서 심각한 문제를 가지고 있는 방법이다.

그림 11-1은 연구하기에 편리한 사람들을 연구 표본으로 뽑을 때 어떤 문제가 발생할 수 있는지를 잘 보여준다. 이 가상적인 모집단에서 여성이 차지하는 비율은 50%이지만 연구자에게 가장 가까운 사람들(오른쪽 위의 구석) 중에서 여성은 70%를 차지하고 있다. 또한 이 모집단에서 아프리카계 미국인은 12%를 차지하지만 표본에는 한 명도 포함되어 있지 않다.

단순히 연구하기 편리한 사람들을 연구할 때 발생할 수 있는 위험 이외에 다른 문제의 가능성도 존재한다. 우선, 연구자가 가진 개인적 성향이나 편향이 이런 방식으로 뽑은 표본에 영향을 미칠 수 있다. 그렇기 때문에 표본은 학생 모집단을 실질적으로 대표할 수 없다. 예를 들어, 연구자가 특히 "냉소적"으로 보이는 학생들은 자신이 하고 있는 연구를 비웃을지 모른다고 느끼고 다소 겁을 낸다고 해보자. 아마도 연구자는 그런 학생들과의 면접

을 의식적으로 또는 무의식적으로 피하고자 할 것이다. 또 연구자는 "태도가 지나치게 곧아 보이는 학생"은 연구의 목적과 관련이 없을 것이라고 생각하고 아예 면접을 하지 않을 수도 있다.

연구자가 면접 대상을 균형 있게 선택하고자 해도 서로 다른 유형의 학생들이 정확하게 어떤 비율로 섞여 있는지 알 수 없으며 지나가는 학생들을 쳐다보는 것만으로는 서로 다른 유형의 학생들을 분간해낼 수 없을 것이다.

연구자가 도서관으로 들어오는 학생 중에서 매 10번째 학생을 면접하고자 의도적으로 시도한다고 해도 서로 다른 유형의 학생들이 도서관에 오는 빈도가 다르기 때문에 그렇게 뽑은 표본이 대표성 있는 표본이라고 확신할 수 없다. 아마도 이 표본은 도서관에 더 자주 오는 학생들을 대표하는 표본이 될 것이다.

표본추출과 관련된 "편향"이란 한 마디로 말해서 표본으로 뽑힌 사람들이 모집단의 "전형" 또는 모집단을 "대표"하지 않는다는 것(not "typical" or "representative" of the larger population)을 의미한다. 이러한 편향은 육감으로 표본을 뽑을 때 불

그림 11-1 ▶ 편의 표본추출의 예: 간단하지만 대표성이 없음

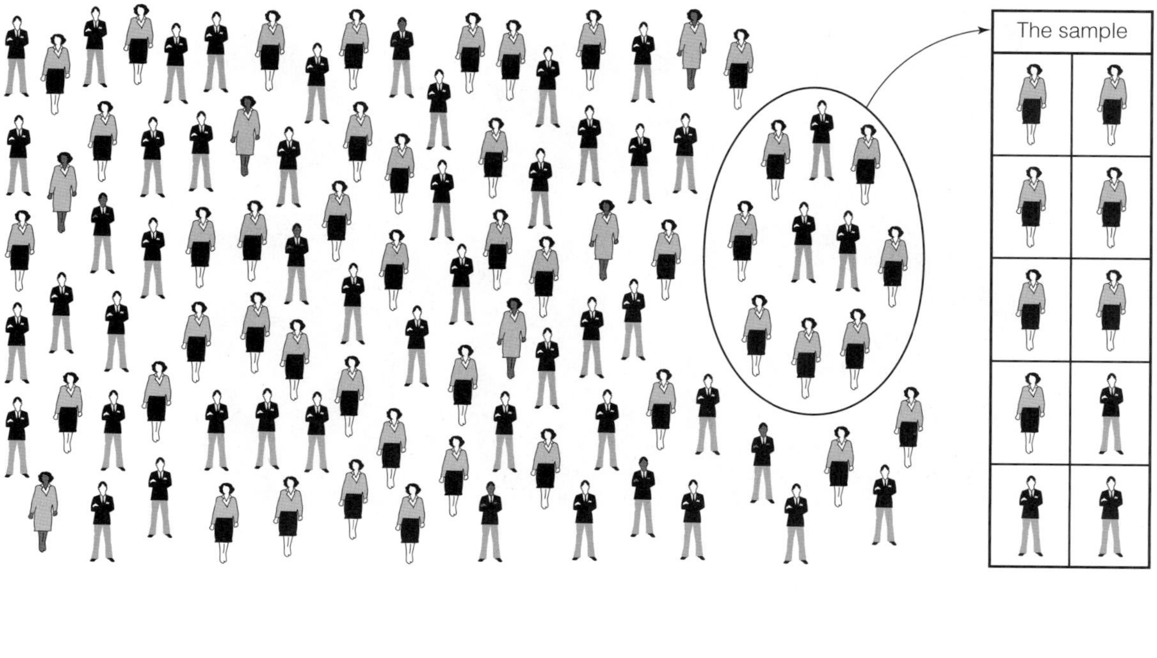

가피하게 발생한다.

이와 유사한 맥락에서, 라디오 방송국이나 신문사에서 사람들에게 전화를 걸어 그들의 의견을 묻는 시청자 전화 여론조사는 일반 모집단의 의견을 대표하는 조사라고 보기 힘들다. 다른 모든 것은 차치하고서라도 모집단의 모든 구성원이 그런 여론조사가 있는지조차 모른다는 것은 분명한 문제이다. 이러한 문제는 또한 잡지사나 신문사들이 독자들에게 조사 카드를 기입한 다음 우편으로 반송하게 하는 여론조사도 타당성이 결여된 조사라는 것을 알게 해준다. 그런 여론조사가 있다는 것을 알고 있는 사람들 중에서도 모두가 조사에 응하지는 않을 것이다. 특히, 자신의 의견을 밝히기 위해서 우표, 편지봉투 또는 전화요금을 지불해야 한다면 더더욱 그럴 것이다. 표본추출과 관련된 의도적이지 않은 편향은 이러한 것들 이외에도 무수히 많으며 항상 분명한 것도 아니다. 다행히도 우리는 확률표본추출방법을 이용하여 이러한 편향을 피할 수 있다.

11.3b 대표성과 선정 확률

대표성(representativeness)이라는 용어가 정확하고 과학적인 의미를 가지고 있는 것은 아니지만, 이 용어가 가진 상식적인 의미로 인해 이 용어는 표본추출에 관한 논의에 있어서 매우 유용한 개념으로 사용된다. 우리가 생각하는 이 용어의 의미처럼, 어떤 표본의 총체적인 특성이 그 표본이 뽑혀져 나온 모집단의 총체적인 특성에 근접한다면 그 표본은 모집단을 대표한다. 예를 들어, 모집단의 50%가 여성이라면, 대표성이 있는 표본은 표본구성원 중 여성의 비율이 50%에 "근접"해야 한다.

확률표본추출의 기본 원리는 모집단의 모든 구성원이 표본으로 선정될 수 있는 동일한 기회를 갖는다면 표본이 모집단을 대표할 수 있다는 것이다. 만일 우리가 이러한 기본적인 원리 이상의 것을 이

해하고자 한다면, 우리는 확률표본조차도 그 표본이 뽑혀져 나온 모집단을 완벽하게 대표하는 경우가 드물다는 점을 이해할 수 있어야 한다. 그럼에도 불구하고, 확률표본은 두 가지 중요한 장점을 가지고 있다.

첫째, 확률표본이 결코 모집단을 완벽하게 대표할 수는 없지만 앞서 논의했던 편향을 방지할 수 있기 때문에 다른 종류의 표본에 비해 일반적으로 모집단을 더 잘 대표할 수 있다. 둘째, 확률이론을 이용하여 연구자는 표본의 정확성 또는 대표성을 예측할 수 있다. 물론 아무런 정보가 없더라도 연구자가 완전히 우연에 의해서 모집단을 거의 완벽하게 대표하는 표본을 뽑을 수는 있다. 그러나 실제로 그럴 수 있는 가능성은 거의 없으며 연구자가 대표성을 획득할 가능성을 추정하는 것도 불가능하다. 그러나 우리가 확률표본을 뽑는다면 우리는 성공할지 아니면 실패할지를 정확하게 추정할 수 있다.

앞서 우리는 확률표본추출방법을 사용하면 연구하고자 하는 모집단에 대한 대표성을 담보할 수 있다고 언급한 바 있다. 앞으로 좀 더 자세하게 설명하겠지만, 확률표본추출방법은 무작위 선정과정을 사용할 수 있는지 여부와 밀접한 관련이 있다. 이를 이해하기 위해서는 요소(element)와 모집단(population)이라는 두 가지 중요한 개념을 먼저 이해해야 한다.

요소는 정보를 수집하는 단위이다. 설문조사 연구의 요소는 일반적으로 사람 또는 특정 유형의 사람이다. 그러나 물론 다른 종류의 단위도 (예들 들면, 가족, 사회적 모임, 또는 기업 등) 사회복지 연구의 요소가 될 수 있다.

이제까지 우리는 모집단을 연구결과를 일반

요소 ▶ 표본으로 뽑힌, 정보를 수집하는 단위
모집단 ▶ 이론적으로 정의된 연구 요소들의 총합체
연구모집단 ▶ 실제로 표본추출이 이루어지는 요소들의 총합체

화시키고자 하는 집단이라고 정의해왔다. **모집단** (Population)은 이론적으로 정의된 연구 요소들의 총합체이다. **연구모집단**(Study Population)은 실제로 표본추출이 이루어지는 요소들의 총합체이다. 이론적 정의에 부합하는 모든 요소들이 표본으로 뽑힐 기회를 갖게 하는 것은 현실적으로 거의 불가능하다. 표본추출을 위해 사용할 수 있는 요소 목록이 있더라도 대부분의 경우 모든 요소들이 수록되어 있지는 않다. 예를 들면, 학생 명부에 이름이 올라 있지 않은 학생들은 언제나 있기 마련이다. 또 어떤 사람들은 전화번호부에 자신의 이름과 전화번호를 올리지 말아 달라고 요청하기도 한다. 이러한 이유들 때문에 연구모집단은 우리가 연구하고자 하는 모집단의 일부인 경우가 많다.

연구자가 이 예보다 연구모집단을 훨씬 더 제한적으로 정의하는 경우도 많다. 미국의 여론조사 회사들은 현실적인 이유로 인해 전국 표본의 범위를 알래스카와 하와이를 제외한 48개주로 한정하기도 한다. 사회복지사의 표본을 뽑을 때 연구모집단을 미국 사회복지사협회가 가지고 있는 사회복지사의 명단으로 한정할 수도 있고 특정 주(state)의 사회복지사 자격증을 소유하고 있는 사람들의 명단으로 한정할 수도 있다.[어떤 의미에서 보면, 이는 연구자가 전체(universe)와 모집단을 다시 정의한 것이므로 이런 경우에는 반드시 그러한 사실을 독자들에게 밝혀야 한다.]

11.3c 무작위 선정

이러한 정의들을 염두에 둔 상태에서, 이제 우리는 확률표본추출의 궁극적인 목적을 다음과 같이 정의할 수 있다. 확률표본추출의 목적은 모집단에서 뽑은 표본에 대한 기술이 전체 모집단을 정확하게 기술할 수 있도록 표본을 뽑는 것이다. 확률표본추출은 이러한 목적을 달성할 가능성을 높일 뿐만 아니라 성공할 가능성의 정도를 추정할 수 있

게 해준다.

이 과정에 있어서 핵심은 무작위 선정이다. 무작위로 선정에서 각각의 요소는 표본으로 선정될 확률이 동일하며 선정 과정에서 다른 사건들과 독립, 즉 영향을 받지 않는다. 가장 많이 드는 예는 동전던지기이다. 어떤 동전이 완벽하다면(앞면이나 뒷면 중 어느 한 쪽이 더 많이 나오게 만들어지지 않았다), 그 동전을 던질 때 앞면 또는 뒷면 중 어느 쪽이 "선정"될 지는 먼저 실시한 동전던지기에서 앞면 또는 뒷면이 나온 사건과 독립이다. 앞면이 연달아 몇 번 나오든 상관없이 동전을 다시 던질 때 "앞면"이 나올 확률은 정확하게 50:50이다.

이와 같은 의미의 무작위 선정이 사회조사를 위한 표본추출에 직접적으로 적용되는 경우는 거의 없다. 그보다는 난수표나 표본추출단위를 무작위로 제시해주는 컴퓨터 프로그램을 사용하는 것이 더 일반적이다. **표본추출단위**(sampling unit)는 표본추출의 어떤 단계에서 연구자가 선정하고자 하는 요소 또는 요소 집합을 말한다.

난수표나 컴퓨터 프로그램과 같은 무작위 선정 방법을 사용하는 이유는 두 가지이다. 첫째, 무작위 선정은 연구자가 가지고 있는 의식적 또는 무의식적 편향을 억제하는 기능을 한다. 직관에 근거하여 대상을 선정하는 연구자는 자칫 예상되는 연구 결과나 가설을 뒷받침할 것 같은 대상을 선택하기 쉽다. 무작위 선정은 이러한 위험을 없앨 수 있다. 무작위 선정을 해야 하는 더 중요한 이유는 무작위 선정을 할 경우, 확률이론을 이용하여 표본의 정확성과 모집단의 특성을 추정하는 것이 가능하기 때문이다. 이제, 확률표본추출의 원리에 대해서 좀 더 구체적으로 살펴보기로 하자.

11.3d 확률표본추출의 원리

확률이론(probability theory)은 표본추출결과를 통계적으로 분석하고 대표성 있는 표본을 뽑을 수

있는 표본추출기법을 고안하는 데 필요한 도구를 제공해주는 수학의 한 영역이다. 좀 더 엄밀하게 말하면, 확률이론은 모집단의 모수를 추정하는 데 필요한 기초를 제공해준다. **모수**(parameter)는 모집단의 어떤 변수를 요약하여 기술하는 값이다. 어떤 도시에 거주하는 모든 가구의 평균소득이나 시민의 연령분포는 모수이다. 연구자가 표본으로부터 얻은 결과를 일반화하고자 할 때, 연구자는 표본 관찰에 기초하여 모집단의 모수를 추정한다. 확률이론은 그런 추정을 가능하게 할 뿐만 아니라 추정 정확도, 즉 실제 모집단의 모수를 얼마나 정확하게 추정할 수 있는지를 사정할 수 있게 해준다. 예를 들어, 연구자는 확률이론을 이용하여 유권자 2,000명의 표본을 바탕으로 크기가 1억 명인 모집단의 투표 성향을 추론할 수 있을 뿐만 아니라 추정 오차의 정도까지 정확하게 기술해 낼 수 있다.

확률표본추출의 오차 정도를 정확하게 계산해 내기 위해서는 복잡한 통계적 개념과 공식이 필요하지만 그런 복잡한 수학 없이도 확률표본추출의 원리를 이해하는 것은 가능하다. 동전을 던져 앞면과 뒷면 중 어떤 쪽이 더 많이 나올지 추정한다고 가정해보자. 동전을 두 번을 던진 결과 두 번 다 앞면이 나왔다고 가정해보자. 이 두 번의 결과를 바탕으로 동전을 던지면 항상 앞면이 나온다거나 앞면이 나올 가능성이 높다는 결론을 내릴 사람은 없을 것이다. 동전을 던져 절반은 앞면이 나오고 절반은 뒷면이 나오는 동전은 두 번 모두 연속해서 앞면 또는 뒷면이 나올 수 있다는 것을 이해하는 데 복잡한 수학이 필요하지는 않다. 만일 동전을 두 번 던진 다음, 동전을 던지면 100% 앞면이 나온다는 결론을 내린다면 이 추정은 동전 던지기라는 모집단의 실제에서 50% 어긋난 추정이 된다. 즉, 100% 앞면이 나온다는 우리의 추정은 앞면과 뒷면이 각각 50%씩 나온다는 실제 모집단의 모수와는 50% 어긋난 것이다. 실제 모집단의 모수(50%)와 이 추정치(100%) 간의 차이를 **표본오차 또**는 **표집오차**(sampling error)라고 한다. 따라서 이 경우 표본오차는 50%이다.

이번에는 동전을 두 번이 아니라 20번 던진다고 가정해보자. 이때, 앞면(혹은 뒷면)이 100% 나올 확률은 거의 없다. 즉, 표본의 크기를 증가시켰기 때문에 50%의 표본오차가 발생할 가능성을 줄일 수 있게 된 것이다. 동전 던지기 횟수가 증가하면 표본오차는 점점 더 줄어든다. 따라서 표본의 크기가 증가할수록 표본추출 시 무작위 오차가 발생할 가능성은 감소하는 반면, 표본의 크기가 증가할수록 추정값이 실제 모집단의 모수에 근접할 확률은 증가한다.

이 원리를 좀 더 자세히 설명해보기로 하자. 예를 들어, 모든 미국인의 이름을 각각 작은 종이에 적고 이름이 안 보이게 접은 다음 거대한 상자에 담았다고 가정해보자. 이 상자를 잘 흔들어서 이름이 골고루 섞이게 한 다음 눈을 감고 무작위로 종이를 뽑는다고 가정해보자. 처음 뽑힌 두 명이 모두 여자였기 때문에 미국인의 100%가 여성이라는 결론을 내린다. 모집단이 절반은 남성이고 절반은 여성이라 가정하면 동전 던지기와 마찬가지로 이 경우에도 표본오차는 50%가 된다. 이번에는 이름 1,000개를 무작위로 뽑는다고 가정해보자. 우리가 뽑은 사람들의 성비가 남성 500명(50%)과 여성 500명(50%)에 근접할 가능성이 매우 높아질 것이다. 물론 정확하게 50:50이 되지는 않을 것이다. 예를 들어, 남성 510명(51%)과 여성 490명(49%)을 뽑았다면 표본오차는 1%가 된다.

무작위 표본을 이용한 정치 여론조사(출구 조사

무작위 선정 ▶ 각각의 요소가 표본으로 선정될 확률이 동일하고 선정 과정에서 다른 사건의 영향을 받지 않는 표본추출방법

표본추출단위 ▶ 표본추출의 어떤 단계에서 연구자가 선정하고자 하는 요소 또는 요소 집합

모수 ▶ 모집단의 특성을 나타내는, 모집단 내의 특정 변수를 요약하여 기술한 값

표집오차 ▶ 실제 모집단의 모수와 추정된 모집단의 모수 간 차이

제외)가 대통령 선거결과를 예측할 때도 이와 동일한 논리가 적용되는데, 정치 여론조사의 예측 결과가 정확한 것은 바로 이 때문이다. 신문이나 TV에서 여론조사 결과를 발표할 때 표본오차 정도를 함께 보고하는 것을 본 적이 있을 것이다. 예를 들어, X라는 후보에 대한 지지율이 51%, Y라는 후보에 대한 지지율이 49%, 표본오차는 ±3이라는 발표가 있었다고 가정해보자. 이는, 실제 모집단의 모수는 X 후보 지지율이 48%에서 54% 사이이고, Y 후보는 46%와 52% 사이일 가능성이 매우 높다는 것을 의미한다(즉, 각 후보에 대한 지지율을 추정한 값에서 3%를 더하거나 뺀 범위가 모집단의 실제 지지율일 가능성이 높다는 것이다). 종종 기자들이 이런 여론조사 결과를 "통계적으로 동점"이라고 보도하는 이유는 바로 이 때문이다. 즉, 표본오차 정도가 3%이고 여론조사 결과 두 후보 간의 지지율 차이가 2%에 불과하다면 49%의 지지율을 얻은 후보가 실제로는 50% 이상 득표할 수도 있고 51%의 지지율을 얻은 후보 역시 50% 또는 그 미만으로 득표할 수 있다는 것이다.

표본을 바탕으로 모집단의 연령, 소득, 교육 정도 등과 같은 여러 가지 특성을 이해하려고 할 때도 동일한 원리가 적용된다. 만일 충분히 큰 표본을 무작위로 뽑을 수 있다면, 표본추출 오차를 작게 하면서 모수를 추정할 수 있다. 여기서 "충분히 큰"이라는 의미는 표본이 모집단의 몇 %인지를 의미하는 것이 아니다. 대통령 선거 결과에 대한 정확한 예측은 총 유권자의 1%에도 채 미치지 않는 2,000명 정도의 표본을 가지고도 충분히 가능하다.

확률이론은 우리에게 표본 통계값이 실제 모집단의 모수에 얼마나 근접한지 추정할 수 있는 공식을 제공해준다. 이 말을 달리 표현하면, 확률이론을 이용하면 특정 표본추출설계에서 기대되는 표본오차의 정도를 추정할 수 있다는 것이다. 이 공식은 이 책의 범위를 넘어서는 것이므로 관심이 있는 독자들은 좀 더 높은 수준의 교재(Rubin and Babbie, 2011)를 참고하기 바란다. 이 공식을 이용하여 연구자는 모집단의 모수로부터 일정 범위 내에 존재한다고 신뢰할 수 있는 정도를 추정할 수 있게 해주며, 모집단으로부터 뽑은 표본을 바탕으로 기대되는 표본오차 정도를 추정할 수 있게 해준다. 예를 들면, 어떤 여론조사기관은 이 공식을 이용하여 대통령 선거결과를 예측하면서 총 유권자 중 48%에서 54%가 X 후보를 지지할 것이라고 95% 신뢰한다는 주장을 할 수 있다.

이 공식은 또한 조사연구를 위해 필요한 표본의 적절한 크기를 결정하는 데도 도움이 된다. 허용 가능한 표본오차 정도를 정하고 나면 표본의 크기를 계산할 수 있다. 예들 들어, 접전이 예상되는 선거에서 여론조사기관이 투표 결과를 95% 신뢰수준에서 실제 투표 결과와 차이를 5 백분율 포인트(percentage point) 내외로 예측하고자 한다면, 적어도 400명 정도의 표본이 필요하다. 개인적인 조사연구에서 이 공식을 사용하는 경우는 많지 않겠지만, 표 11-2는 연구자가 정한 표본오차 정도에 따라 필요한 표본의 크기를 보여주고 있다. 이 표는 표본의 크기가 일정 수준에 이르면 그 이후부터 표본오차 감소 정도가 점점 작아지기 때문에 더 많은 자료를 수집하기 위해 추가로 비용을 들일만한 가치가 없다는 것을 보여준다.

표 11-2를 이용하려면 표본의 크기와 모집단의 대략적인 비율 분포가 교차하는 점을 찾으면 된다. 예를 들어, 모집단의 약 50%가 후보자 X를 지지하고 나머지 약 50%가 후보자 Y를 지지할 것이라 가정해보자. 표 11-2에 따르면 표본 크기를 100에서 1100으로 늘리면 표본오차를 7 백분율 포인트 정도 줄일 수 있다. 그러나 표본 크기를 1100에서 2000으로 늘리면 오차는 0.8 백분율 포인트 정도 감소하는 데 그친다.

이것이 바로 확률표본추출의 기본 원리이다. 무작위 선정은 연구자가 표본으로부터 얻은 결과를 확률이론과 연결시켜 조사결과의 정확성을 추정

표 11-2 ▶ 추정 표본오차

표본 크기	추정 비율분포				
	50/50	60/40	70/30	80/20	90/10
100	10	9.8	9.2	8	6
200	7.1	6.9	6.5	5.7	4.2
300	5.8	5.7	5.3	4.6	3.5
400	5	4.9	4.6	4	3
500	4.5	4.4	4.1	3.6	2.7
600	4.1	4	3.7	3.3	2.4
700	3.8	3.7	3.5	3	2.3
800	3.5	3.5	3.2	2.8	2.1
900	3.3	3.3	3.1	2.7	2
1000	3.2	3.1	2.9	2.5	1.9
1100	3	3	2.8	2.4	1.8
1200	2.9	2.8	2.6	2.3	1.7
1300	2.8	2.7	2.5	2.2	1.7
1400	2.7	2.6	2.4	2.1	1.6
1500	2.6	2.5	2.4	2.1	1.5
1600	2.5	2.4	2.3	2	1.5
1700	2.4	2.4	2.2	1.9	1.5
1800	2.4	2.3	2.2	1.9	1.4
1900	2.3	2.2	2.1	1.8	1.4
2000	2.2	2.2	2	1.8	1.3

할 수 있게 해준다. 따라서 연구자는 "특정 범위가 모수를 포함하고 있다고 x% 신뢰한다"는 식의 주장을 할 수 있다.

11.3e 모집단과 표본틀

연구결과를 활용하는 사람이나 학생이나 연구자 모두에게 있어서 확률표본추출의 원리를 이해하는 것은 매우 중요하지만 그에 못지않게 중요한 것은 연구 현장이 결코 완전하지 않다는 것을 이해하는 것이다. 이 절에서는 이론적 조건 및 가정에 대한 절충을 요하는 현장의 한 측면에 대해서 살펴보기로 하겠다. 여기서 우리는 모집단과 표본틀이 어떻게 일치하고 어떻게 불일치하는지 고찰할 것이다.

한마디로 말해서, 표본틀(sampling frame)이란 표본을 뽑기 위해 사용하는 요소의 목록 또는 유사목록(element list or quasi-list)이다. 예를 들어, 학생 명부에서 학생 표본을 뽑았다면 학생 명부가 바로 표본틀이다. 만일 복잡한 인구조사 표본의 일차적 표본추출단위가 인구조사구역(census block)이라면, 표본틀은 구역 목록(인쇄된 책자, 컴퓨터 파일 또는 그 밖의 전산 기록 등의 형태를 가진)이다. 다음은 학술지에 실린 표본틀에 관한 내용이다.

이 조사연구를 위한 자료는 'Wahington 주 Yakima 군의 공립학교와 종교계 학교의 3학년에 재학 중인 학생들의 부모'를 무작위 표본추출하여 얻었다.

(Petersen와 Maynard, 1981:92)

시점1의 표본은 'Texas 주 Lubock 시의 전화번호부'에서 무작위로 뽑은 160개 이름이다.

(Tan, 1980:242)

이 논문에서 보고된 자료는 … '미국 본토 48개 주에서 가정에 거주하는 18세 이상의 성인'을 확률표본추출하여 얻었다. 1975년 가을, Michigan 대학교 설문연구조사센터(Survey Research Center)는 1,914명의 응답자와 개별면접을 실시하였다.

(Jackman와 Senter, 1980:345)

위의 각 예에서 실제 표본틀은 작은따옴표로 표기했다.

적절한 절차를 거쳐 뽑은 표본은 표본틀을 구성하는 요소의 모집단을 기술하기에 적합한 정보를 제공할 뿐이며, 그 이상의 정보를 제공하지는 않는다. 이 점을 강조해야 하는 이유는 흔히 연구자들이 특정 표본틀로부터 뽑은 표본을 바탕으로 얻은 결과를 가지고 그 표본틀에 의해서 정의되는 연구모집단과 유사하기는 하지만 동일하지 않은 모집단에 관한 주장을 하는 오류를 범하기 때문이다. 표본틀을 과도하게 일반화한 예로서 미국 내과의

사들이 가장 자주 처방하는 약에 관한 다음과 같은 보고서를 살펴보기로 하자.

의사의 처방을 필요로 하는 약의 판매에 관한 정보를 얻기는 매우 어렵다. 그러나 뉴욕 알바니에 위치한 유니온 대학교(Union University)의 알바니 약학대학(Albany College of Pharmacy) 교수인 Rinaldo V. DeNuzzo는 25년간 인근 약국을 조사하여 처방 약의 판매를 추적해왔다. 그는 자신의 연구결과를 산업교역지인 MM&M에 발표하였다. DeNuzzo가 1980년에 실시한 설문조사는 뉴욕 주와 뉴저지 주의 48개 지역에 있는 66개 약국의 판매실적에 근거한 것이다. 이들 지역에만 존재하는 어떤 독특한 조건이 있지 않다면 그의 연구결과는 전국적인 현상을 대표한다고 볼 수 있다.

(Moskowitz, 1981:33)

위의 내용 중 주목하지 않을 수 없는 중요한 부분은 뉴욕 주와 뉴저지 주에만 존재하는 어떤 독특한 조건을 과소평가하고 있다는 점이다. 당연히 독특한 조건이 존재한다. 이 두 주의 생활양식이 다른 48개 주의 전형이라고 볼 수는 없다. 이 두 주는 지리적으로 넓고, 도시화된 주들이며, 동부 해안에 위치하고 있기 때문에 이 지역에 살고 있는 주민들이 미시시피, 유타, 뉴멕시코, 버몬트 주에 사는 주민들과 동일한 약 사용 유형을 보일 것이라고 가정할 수는 없다.

그렇다면 이 설문조사가 뉴욕 주와 뉴저지 주의 약 처방 유형은 대표한다고 볼 수 있을까? 이 질문에 대한 답을 찾기 위해서는 48개 지역과 66개 약국이 선정된 방법을 알아야만 한다. 이러한 맥락에서 "인근 약국을 조사"했다는 보고서 내용에 주의를 기울여볼 필요가 있다. 앞으로 보게 되겠지만, 대표성 있는 표본을 뽑기 위해서 사용해야 하는 방법들이 있다. 그런 방법들을 사용하지 않는다면 우리는 연구결과를 일반화할 수 없다.

표본틀 ▶ 표본을 뽑기 위해 사용하는 요소의 목록 또는 유사목록

그렇다면 표본틀은 연구하고자 하는 모집단과 일치해야 한다. 가장 단순한 표본 설계에서 표본틀은 연구모집단을 구성하는 요소들의 목록이다. 그러나 현실에서는 연구모집단이 표본틀을 정의하기보다는 사용 가능한 표본틀이 연구모집단을 정의하는 경우가 더 많다. 다시 말해서, 우리는 우선 연구하고자 하는 모집단을 머릿속에 어느 정도 그려본 다음 가능한 표본틀을 찾는다. 사용 가능한 표본틀을 어느 정도 검토하고 평가한 다음, 우리의 연구 목적에 가장 잘 맞는 연구모집단을 나타낼 수 있는 표본틀을 결정한다.

조직에 관한 연구는 표본추출이라는 관점에서 보자면 가장 간단한 연구라고 할 수 있는데, 왜냐하면 일반적으로 조직들은 회원 명부를 가지고 있기 때문이다. 회원명부는 훌륭한 표본틀이 된다. 회원 명부에서 무작위로 뽑은 표본으로부터 수집한 자료는 그 명부에 모든 회원들이 포함되어 있는 한, 모든 회원에 대해서 대표성을 갖는다.

표본을 뽑기에 좋은 조직 명단을 가진 모집단의 예로는 초등학교, 중·고등학교, 대학교 학생 및 교원, 교회 신도, 공장 직원, 대학의 남학생 모임이나 여학생 모임, 사회단체, 서비스 단체 회원, 정치 단체 회원, 전문가 단체 회원 등을 꼽아볼 수 있다.

이상에서 언급한 예들은 주로 지역 차원의 조직들이다. 주(state) 차원의 조직이나 전국 차원의 조직의 경우는 이용하기 편리한 하나의 회원명단이 없는 경우가 많다. 예를 들어, 모든 성공회 신도들의 이름이 수록되어 있는 명부란 존재하지 않는다. 그러나 조금 복잡한 표본추출설계를 사용하여 먼저 특정 지역 내에 존재하는 교회 명부를 가지고 교회를 표본추출한 다음, 표본으로 선정된 개별 교회의 신도 명단에서 표본을 추출하는 식으로 개별 교회의 신도 명단을 활용할 수 있다(이 방법에 대해서는 나중에 좀 더 자세하게 살펴보기로 하겠다).

어떤 개인 명부들은 특정 연구 목적에 특히 잘

맞을 수 있다. 예를 들어, 선거 전 여론조사나 투표 행태를 심층적으로 살펴보려는 연구자에게는 정부기관들이 가지고 있는 등록 유권자 명부가 아주 유용한 자료가 될 것이다. 그러나 그런 명부들이 최근 것인지 여부는 반드시 확인해보아야 한다. 이 밖에도 자동차 소유자, 공공부조 수급자, 납세자, 사업자 등록증 소지자, 전문직 면허소지자 명부 등도 매우 유용한 명부이다. 이들 중 어떤 것들은 구하기가 어렵지만 특정 분야의 연구를 위해서 매우 유용하게 활용될 수 있다.

연구를 위한 표본추출 요소가 개인이어야만 할 이유는 없으며 개인이 아닌 다른 요소들의 명부들, 예를 들면, 대학, 다양한 종류의 사업체, 학술지, 신문, 노동조합, 정치 단체, 전문가 단체 등이 요소인 명부들도 얼마든지 존재한다.

도로 안내도와 과세 지도는 쉽게 얻을 수 있는 표본으로 많이 사용된다. 그러나 이 표본 역시 불완전하며 편향이 있을 수 있다. 예를 들어, 구획이 명확하게 나뉘어 있는 도시 지역에는 불법주택들이 공식적인 기록에 나타나지 않을 가능성이 높다. 그 결과, 불법주택 가구는 표본으로 뽑힐 가능성이 아예 없으며, 그런 표본을 바탕으로 얻은 결과는 평균 미만의, 빈곤하고 가구원 수가 많은 불법주택 가구들을 대표하지 못한다.

이상에서 언급한 내용들은 대부분이 미국 사회에 적용되는 것들이며 다른 나라의 상황과는 매우 다를 수 있다. 예를 들어, 일본은 정부가 매우 정확한 주민등록 명부를 보유하고 있다. 또한 일본에서 모든 국민은 법에 의해서 자신에 관한 정보를 이사, 출생, 사망 등으로 인해 변할 때마다 지속적으로 업데이트해야 한다. 그렇기 때문에 일본인 모집단을 대상으로 **단순 무작위 표본**(simple random samples)을 뽑는 것이 가능하다. 이에 대해서는 나중에 좀 더 자세하게 논의하기로 하겠다. 미국에서 이런 주민등록제도는 개인의 사생활을 중시하는 미국인들의 규범과 정면으로 충돌할 것이다.

11.3f 무응답으로 인한 편향

바로 위에서 우리는 표본틀과 연구결과를 일반화시키고자 하는 모집단이 일치하지 않을 때 발생하는 과도한 일반화 오류에 대해서 언급했다. 또 한 가지 자주 발생하는 오류는 무작위 표본 중 많은 사람들이 연구에 참여하기를 거부하는 경우에 발생한다.

예를 들어, 어떤 주(state)의 사회복지사들을 대상으로 증거기반 실천(evidence-based practice)에 대한 그들의 인식과 증거기반 실천을 얼마나 자주 하고 있는지 알아보고자 설문조사를 실시한다고 가정해보자. 우편으로 설문을 발송하고 완성한 설문지를 동봉한 수신자부담 봉투에 넣어 연구자에게 돌려보내는 방법으로 조사를 하고자 한다. 연구자가 맨 먼저 해야 할 것은 해당 주의 사회복지사 명단과 주소를 얻는 것이다. 현재 이용 가능한 목록은 해당 주의 미국사회복지사연합 사무국이 가지고 있는 회원명부이다. 이 명부에는 10,000명의 사회복지사의 이름이 수록되어 있다. 연구 예산 중 우편비로 사용할 수 있는 예산은 1,000달러이며 이 예산을 가지고 10,000명 모두를 조사한다는 것은 당연히 불가능하다. 이 예산으로 조사할 수 있는 사회복지사의 수는 10,000명의 명단에서 무작위로 뽑은 500명 정도이다.

이 연구에서 표본틀은 사회복지사 10,000명의 이름이 수록되어 있는 명부이고 표본은 운이 좋으면 이 명부에서 무작위로 뽑은 500명의 사회복지사가 될 것이다. 여기서 "운이 좋으면"이라고 강조한 이유는 무작위로 뽑은 500명 중 상당수가 설문에 응하지 않을 수 있기 때문이다. 500명의 표본 중 200명만 설문조사에 응답했다고 가정해보자. 그 200명은 확률표본이 될 수 없다. 왜 그럴까? 왜냐하면 궁극적으로 볼 때 이들 200명은 무작위로 표본에 포함된 것이 아니기 때문이다. 설문조사에 응답한 200명 중 대다수는 증거기반 실천에 익숙하고, 실제로 증거기반 실천을 자주 하는 사람들일 수 있다. 응답하지 않은 300명은 증거기반 실천을 들어본 적도 없거나, 관심조차 없거나, 증거기반 실천에 동의하지 않는 사람들일 수 있다. 어쩌면 증거기반 실천에 대해서 알고는 있지만 실천에 적용하지 않았다는 창피함 때문에 설문조사에 응답하지 않았을 수도 있다. 그렇다면 500명의 표본을 무작위로 뽑기는 했지만 설문조사에 응답한 200명은 비확률표본으로 이루어져 있을 뿐만 아니라 상당히 편향되고 대표성 없는 표본이라고 밖에 할 수 없다.

무작위 과정을 거쳐 연구를 위해 사용할 수 있을 것이라 생각되는 표본을 추출했음에도 불구하고 결국 연구자에게 남은 것은 200명의 비확률표본(어떤 이유에서인지는 모르나 설문조사에 끝까지 응답한)뿐이다. 또 한 가지 생각해봐야 할 점은 500명의 사회복지사 모두가 조사에 응했다고 하더라도 이 표본은 편향된 것일 수 있다는 점이다. 왜냐하면 그 주(state)에서 활동하고 있는 사회복지사들 중 상당수가 사회복지사협회에 등록되지 않는 회원일 수도 있기 때문이다. 이는 앞서 언급했던 표본틀과 모집단에 관한 논의 내용을 다시 한 번 일깨워준다(우리는 연구모집단이 아니라 표본틀이라는 용어를 사용했는데, 왜냐하면 연구의 목적이 사회복지사협회 회원분만 아니라 모든 사회복지사에게 연구결과를 일반화시키는 것이었기 때문이다).

무작위로 뽑은 사람들 중 일부가 조사에 참여하지 않을 수 있다는 점을 고려한다면 무작위 표본 중 상당수는 사실 엄밀한 의미에서의 무작위 표본이라고 볼 수 없다. 즉, 무작위로 뽑은 사람들 중 한 명 또는 그 이상이 설문조사에 참여하지 않는다면 무작위로 뽑은 표본은 모집단의 요소들 중 조사에 참여하기로 동의한 요소들만을 대표하는 것이다. 참여하는 사람들과 참여하지 않는 사람들 간에 연구 변수에 있어서 중요한 차이가 존재할 수 있다. 그러나 참여를 거부한 사람들이 표본으로 뽑힌

사람들 중 극히 일부에 지나지 않는다면 이 표본은 현실적인 의미에서 확률표본이라고 볼 수 있다. 예를 들어, 사회복지사 500명 중 490명(98%)이 설문조사에 응했고 이들 중 343명(70%)이 증거기반 실천에 긍정적인 입장을 보였다고 가정해보자. 설문조사에 응하지 않은 10명의 사회복지사 모두가 증거기반 실천을 싫어하더라도 증거기반 실천에 대해서 긍정적인 사회복지사의 비율에 대한 추정 오차는 2 백분율점도 채 되지 않는다. 다시 말해서, 증거기반 실천을 찬성하는 실제 비율은 500명 중 343명, 즉 68.6%이다(이는 연구자가 추정한 70%와 1.4 백분율 포인트 밖에 다르지 않는 값이다). 그렇다면 우리는 "어떤 연구결과를 확률표본에 근거한 결과라고 주장할 수 없을 만큼 조사 불참 비율이 높다고 말하려면 불참 비율이 어느 정도이어야 하는가"라는 질문을 해보지 않을 수 없다. 이 질문에 대해서는 과학적인 답도 수학적인 답도 존재하지 않는다. 이 문제에 대해서 우리가 줄 수 있는 최선의 지침은 설문조사에 참여하지 않은 사람들이 표본에서 차지하는 비율이, 만일 그 사람들이 설문조사에 참여했고 그 사람들이 연구 변수에 있어서 조사에 참여한 사람들과 차이가 있다고 가정한다면 연구결과에 영향을 미칠 수 있을 정도로 큰지 여부를 검토해야 한다는 것이다.

11.3g 모집단과 표본틀 정리

모집단과 표본틀에 관한 쟁점들은 놀랍게도 사회조사에 관한 문헌들에서 그다지 많이 다루어지고 있지 않다. 이러한 사실에 대한 인식을 바탕으로 우리는 이 절에서 모집단과 표본틀에 관한 쟁점들에 대해서 주목해보고자 한다. 이러한 사실을 재차 강조하기 위해서 다음과 같은 사항들을 기억해둘 필요가 있다.

1. 표본을 바탕으로 얻은 연구결과는 표본틀을 구

성하는 요소의 총합체에 대해서만 대표성을 갖는다.

2. 많은 경우, 표본틀은 표본틀의 명칭이 의미하는 바와는 달리 모든 요소들을 포함하지 못하기도 한다. 누락되는 요소는 언제나 있기 마련이다. 따라서 연구자는 우선 요소의 누락 정도를 사정하고, 할 수만 있다면 이 문제를 해결해야 한다(물론, 문제를 해결할 수 없더라도 누락된 요소의 수가 적을 때는 문제를 무시해도 무방하다고 판단할 수 있다).

3. 표본틀을 구성하고 있는 모집단에 대해서 일반화할 때도 모든 요소들은 표본틀 내에서 동일한 정도로 나타나야 한다. 일반적으로 모든 요소는 한 번만 나타나야 한다. 두 번 이상 나타나는 요소들은 표본으로 뽑힐 확률이 더 높으며, 표본은 전체적으로 볼 때 그런 요소들을 과도하게 대표할 것이다.

11.3h 표본 크기 결정 시 고려해야 할 사항

앞서 언급한 내용의 중요성에도 불구하고, 사회복지 연구에서 표본의 크기를 결정하면서 표본오차를 추정하는 경우는 거의 없다. 대부분의 경우, 이는 현실적 제약 때문이다. 사회복지사들이 주로 관심을 갖는 노숙자나 최근 미국으로 들어온 불법 이민자 등과 같은 모집단에 대해서는 적당한 표본틀을 구하지 못할 수도 있다. 조사연구를 실시하기 위한 예산이나 시간의 제약 때문에 모집단의 모수를 추정하기 위한 예비 설문조사를 실시하지 못할 수도 있다. 자원 부족으로 인해 연구자는 주어진 예산이 허락하는 가장 큰 표본을 뽑더라도 표본오차를 일정 수준 이하로 유지하는 데 필요한 표본의 크기에 미치지 못한다는 것을 알면서도 표본을 뽑아야 할 수도 있다.

충분하지 않은 자원을 가지고 복잡한 분석을 해야만 하는 연구에서는 표본의 크기를 결정할 때 주로 동시에 분석해야 하는 변수의 수와 각 변수 당 특정 통계분석을 실시하는 데 필요한 최소 사례 수를 곱한 값을 사용하여 결정한다.

11.4 표본추출설계의 종류

일반적으로 많이 사용되는 표본추출설계는 (1) 단순 무작위 표본추출 (2) 체계적 표본추출 (3) 층화 무작위 표본추출 (4) 다단계 군집표본추출이다. 이제까지 우리가 들었던 예들은 주로 단순 무작위 표본추출과 관련된 예들이었으며, 지금부터 이 표본추출방법에 대해서 좀 더 자세하게 알아보기로 하겠다. 그리고 나서, 확률표본을 뽑기 위한 나머지 세 가지 방법들에 대해서도 살펴보기로 하겠다.

11.4a 단순 무작위 표본추출

앞서 설명한 절차에 따라 표본틀을 결정하고 나면 단순 무작위 표본추출(simple random sampling)을 위해 표본틀에 나와 있는 모든 요소들 각각에 번호를 배정한다. 이 과정에서 제외되는 요소가 없도록 각별히 주의해야 한다. 그런 다음 난수표(부록D에 제시된)를 사용하여 표본으로 뽑을 요소를 정한다. 난수표를 이용하는 방법은 "난수표 이용하기"라는 제목의 글상자에 자세히 설명되어 있다.

그림 11-2는 단순 무작위 표본추출을 예시한 것이다. 이 그림에서 모집단의 구성요소 각각에게 1부터 100까지의 번호가 붙어 있다는 점에 주목해 보자. 부록D로 가서, 첫 번째 열에 제시된 6자리 숫자들 중 마지막 두 자리에 해당하는 숫자들을 이용하기로 하고 위에서 세 번째 숫자에서부터 시작하기로 하자. 그러면 맨 처음에는 번호가 30번인 사람이 표본으로 뽑히고, 그 다음은 67번이 표본으로 뽑히며, 동일한 방식으로 계속해서 표본을 뽑아 나간다(번호가 100번인 사람은 목록에 "00"이

그림 11-2 ▶ 단순 무작위 표본

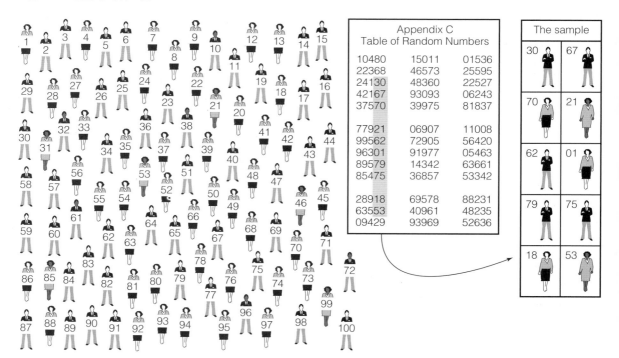

Appendix C Table of Random Numbers		
10480	15011	01536
22368	46573	25595
24130	48360	22527
42167	93093	06243
37570	39975	81837
77921	06907	11008
99562	72905	56420
96301	91977	05463
89579	14342	63661
85475	36857	53342
28918	69578	88231
63553	40961	48235
09429	93969	52636

The sample: 30, 67, 70, 21, 62, 01, 79, 75, 18, 53

있으면 표본으로 뽑는다).

11.4b 체계적 표본추출

단순 무작위 표본추출은 체계적 표본추출에 비해 효율성이 낮은 표본추출방법이며 단순 무작위 표본추출을 직접 수작업으로 하는 것은 상당히 힘든 일이다. 따라서 연구자가 요소 목록을 가지고 표본을 직접 뽑아야 하는 상황이라면, 일반적으로 단순 무작위 표본추출보다는 **체계적 표본추출**(systematic sampling)이 선호된다.

체계적 표본추출에서는 전체 목록에서 매 k번째 요소를 표본으로 (체계적으로) 뽑는다. 만일 어떤 목록에 10,000개 요소가 있고 그중에서 1,000개를 표본으로 뽑고자 한다면, 매 10번째 요소를 표본으로 뽑는다. 이 방법을 사용할 때 표본추출 결과에 영향을 미칠 수 있는 편향을 막기 위해서는 첫 번째 요소를 무작위로 뽑아야 한다. 위에서

들었던 예의 경우, 연구자는 먼저 1에서 10 사이의 숫자 중 하나를 무작위로 뽑는다. 그 번호에 해당하는 요소를 표본으로 뽑고 그 다음부터는 그 번호에서 시작해서 매 10번째 요소를 표본으로 뽑는다. 이 표본추출방법을 기술적인 용어로는 무작위 숫자에서부터 시작하는 체계적 표본이라고 부른다. 체계적 표본추출에서는 두 가지 용어가 자주 사용된다. **표본추출간격**(sampling interval)은 표본

단순 무작위 표본추출 ▶ 표본틀의 요소 각각에 서로 다른 번호를 부여한 다음 난수표를 사용하여 무작위로 번호를 뽑아 그 번호에 해당하는 요소를 표본으로 뽑는 표본추출방법

체계적 표본추출 ▶ 단순 무작위 표본추출방법을 효율적으로 만든 방법. 요소 목록에서 무작위로 한 개 요소를 표본으로 뽑고 그 다음부터는 첫 번째 뽑힌 요소로부터 매 k번째 요소를 표본으로 뽑음.

표본추출간격 ▶ 체계적 표본추출방법에서 표본으로 뽑힌 요소들 간의 표준거리

표본추출비율 ▶ 모집단 요소에서 체계적 표본추출방법에 의해 뽑힌 요소가 차지하는 비중

으로 뽑힌 요소들 간의 표준 거리이다. 위의 예에서 표본추출간격은 10이다. **표본추출비율(sampling ratio)**은 모집단에 대한 요소의 비율이다. 위의 예에서는 1/10이다.

체계적 표본추출은 실제로는 단순 무작위 표본추출과 거의 동일하다. 표본을 뽑기 전에 요소 목록을 무작위화하면, 목록에서 뽑은 체계적 표본은 실제로 단순 무작위 표본이라고 할 수 있다. 지금까지는 단순 무작위 표본추출과 체계적 표본추출을 비교할 때 일반적으로 더 단순한 방법인 체계적 표본추출이 선호되어 왔다. 경험적으로는 두 방법의 표본추출 결과는 동일하다.

체계적 표본추출에는 한 가지 위험이 내재하고 있다. 요소 목록에 요소들이 어떤 방식으로 배열되어 있는지에 따라 체계적 표본추출이 바람직하지 않을 수도 있다. 문제가 될 수 있는 경우는 요소들이 **주기성(periodicity)**을 갖게 배열되어 있는 경우이다. 요소 목록이 표본추출간격과 일치하게끔 주기적으로 배열되어 있다면 상당히 편향된 표본을 뽑을 가능성이 높다. 다음과 같은 두 가지 예를 살펴보기로 하자.

2차 세계대전 중 군인들을 대상으로 한 어떤 연구에서 연구자는 군인 명부로부터 체계적 표본을 추출했다. 군인 명부의 매 10번째 군인들을 연구표본으로 선정하였다. 그런데 군인 명부의 요소들은 조직표에 따라 배열되어 있었다. 즉, 맨 처음은 상사, 그 다음은 상등병, 그 다음은 이등병 순서로 그리고 분대 순서로 배열되어 있었다. 각 분대는 10명으로 이루어져 있었다. 그 결과, 명부상의 매 10번째 사람은 항상 분대 상사였고 그렇기 때문에 체계적 표본으로 뽑힌 군인들은 모두 상사들이었다. 물론, 동일한 이유에서 상사가 한 명도 표본으로 선정되지 않았을 수도 있었다.

또 다른 예로서, 아파트 건물에서 세대의 표본을 뽑는다고 가정해보자. 만일 숫자 순서로 배열된 세대 목록에서(예컨대, 101, 102, 103, 104, 201, 202 같이) 표본을 뽑는다면, 표본추출간격이 한 층에 있는 세대의 수나 그 층에 특정 숫자를 곱한 층에 있는 세대의 수와 일치할 위험이 있다. 따라서 표본에 서북쪽에 위치한 세대만 있거나 엘리베이터 근처에 있는 세대만 포함되는 결과가 나타날 수도 있다. 그런 세대들이 공통적으로 다른 세대들과 다른 특성을 가지고 있다면 (예컨대, 임대료가 더 비싸다든지) 편향된 표본을 갖게 된다. 이런 위험은 한 구역 내에 동일한 수의 집이 있도록 조성된 주거지역에서 체계적 표본을 뽑을 때도 발생할 수 있다.

따라서 어떤 목록에서 체계적 표본을 뽑고자 할 때는 그 목록이 가진 특성을 주의 깊게 살펴봐야 한다. 만일 요소들이 특정 순서로 배열되어 있다면 그 순서가 표본 선정에 편향을 야기할 가능성은 없는지 확인하고 예상되는 편향에 대해서는 필요한 조치를 취해야 한다(예를 들어, 목록이 주기성을 가지고 있다면 단순 무작위 표본추출방법을 사용한다).

11.4c 층화표본추출

앞의 두 절에서, 우리는 요소 목록으로부터 표본을 뽑는 방법인 무작위 표본추출과 체계적 표본추출에 대해 설명했다. **층화(stratification)**란 이 두 방법에 대한 대안이라기보다는 두 방법을 변형한 것이라고 할 수 있다.

단순 무작위 표본추출과 체계적 표본추출은 모두 대표성을 확보하기 위해서 연구자가 오차에 대한 추정값을 계산할 수 있게 해준다. **층화표본추출 (stratified sampling)**은 대표성을 높일 수 있는, 다른 말로 표현하면 표본오차를 줄일 수 있는 방법이다. 왜 그런가 하면, 동질적인 표본은 이질적인 표본에 비해 표본차가 작기 때문이다. 만일 모집단

층화 ▶ 표본추출에 앞서 모집단 요소를 동질적인 다수의 하위집단으로 묶는 것

난수표 이용하기

사회조사연구에서는 부록D와 같은 난수표로부터 무작위 숫자들을 뽑아야 하는 경우가 종종 있다. 난수표로부터 무작위 숫자를 뽑는 방법은 다음과 같다.

예들 들어, 980명의 사람들로(또는 다른 단위로) 이루어진 모집단으로부터 100명을 무작위 표본으로 뽑는다고 가정해보자.

1. 먼저, 모집단의 모든 요소에 번호를 매긴다. 이 경우, 각각의 요소에 1부터 980까지의 숫자 중 하나를 부여한다. 이제 문제는 100개의 무작위 숫자를 선택하는 것이다. 그렇게 하면 우리는 각각의 무작위 숫자에 해당하는 100명의 사람들로 이루어진 표본을 갖게 된다(여기서 한 가지 이해해야 할 것은 모집단의 크기가 얼마인지만 알면 모집단 요소 각각에 실제로 숫자를 부여하지 않아도 된다는 점이다. 예를 들어, 모집단 요소의 목록을 가지고 있다면, 무작위 숫자들을 선택한 다음 목록을 훑어 내려가면서 선택한 숫자에 해당하는 사람들을 표본으로 뽑으면 된다).

2. 그 다음 단계는 선택한 무작위 숫자에서 우리가 사용할 자릿수를 결정하는 것이다. 위의 예에서 모집단에는 980개 요소가 있고 이들 980개 요소들 모두가 표본으로 뽑힐 기회를 갖게 하기 위해서는 세 자리 숫자들이 필요하다(만일 모집단이 11,825명의 사람들로 이루어져 있다면 다섯 자리 숫자들이 필요하다). 따라서 우리는 1부터 980까지 범위의 숫자들 중에 100개를 무작위로 뽑아야 한다.

3. 이제 부록D의 첫 번째 페이지로 가보자. 부록D에는 무려 세 페이지에 걸쳐서 많은 다섯 자리 숫자들이 다수의 행과 열로 배열되어 있다. 이 표에는 00001부터 99999까지의 범위에 해당하는 일련의 무작위 숫자들이 제시되어 있다. 이제 가상 표본을 뽑기 위해 이 표를 이용하려면 다음과 같은 질문에 답해야 한다.

   a. 다섯 자리 숫자들로부터 어떻게 세 자리 숫자들을 만들어 낼 것인가?

   b. 숫자들을 선택하기 위해 이 표에 제시된 숫자들을 훑어볼 때 어떤 형식에 따라 훑어볼 것인가?

   c. 어디서부터 시작할 것인가?

   이들 각각의 질문에 대해서는 여러 개의 만족할만한 답이 있을 수 있다. 중요한 것은 계획을 세운 다음 그대로 하는 것이다. 다음은 한 가지 예이다.

4. 다섯 자리 숫자들을 가지고 세 자리 숫자들을 만들기 위해서 난수표에서 다섯 자리 숫자들을 뽑되 각 숫자에서 가장 왼쪽에 있는 세 자리만 사용하기로 한다. 예를 들어, 첫 페이지의 첫 번째 숫자, 즉 10480을 선택한다면 가장 왼쪽에 있는 세 자리인 104만 사용한다(만일 가장 오른쪽 세 자리를 사용하기로 하면 480이고 중간 3자리를 사용하기로 하면 048이다. 이와 같이 어떤 식으로든 세 자리만 만들면 된다). 중요한 것은 계획을 세운 다음 그대로 하는 것이다. 여기서는 가장 왼쪽에 있는 세 자리를 사용하기로 하자.

5. 연구자는 난수표에서 그 다음 숫자를 선택하기 위해서 어디로든 움직일 수 있다. 열의 아래쪽으로 내려가도 되고 올라가도 되고 왼쪽 행, 오른쪽 행 또는 행과 열을 가로질러 움직여도 된다. 즉, 계획대로만 한다면 어떻게 하든 상관이 없다는 것이다. 편의상, 동일 열에서 아래쪽으로 움직이기로 하고 해당 열의 맨 아래까지 내려가면 그 다음 열의 맨 위로 올라가기로 하자. 또한 첫 페이지가 끝나면 그 다음 페이지의 첫 번째 열로 옮겨가기로 하자.

6. 이제 어디서부터 시작할 것인가? 눈을 감고 연필로 난수표를 찍은 다음 연필 끝이 찍은 곳에서부터 시작하기로 하자(그다지 과학적인 방법 같아 보이지는 않지만 시작점을 결정하는 데는 아무런 문제가 없다). 만일 이 방법이 책을 상하게 하거나 난수표가 아닌 다른 곳을 찍을 것 같아 걱정된다면 눈을 감고 열과 행을 각각 하나씩 선택할 수도 있다(머릿속으로 "2열의 5행을 선택한다"고 결정한다). 선택했으면 그 숫자에서부터 시작한다. 좀 더 방법론적으로 엄격하고 싶다면 1달러짜리 지폐를 하나 꺼내서 그 지폐에 나와 있는 첫 두 숫자(이 두 숫자는 항상 무작위로 선정된다) 각각에 해당하는 행과 열이 만나는 점을 시작점으로 결정해도 된다.

7. 일단, 2열의 5번째 숫자에서부터 시작하기로 결정했다고 가정해보자. 부록D의 첫 페이지를 보면 우리가 선택한 시작점이 39975인 것을 알 수 있다. 따라서 우리가 뽑은 첫 번째 3자리 숫자는 399이고 앞으로 99개를 더 뽑아야 한다. 위의 단계5에서 열을 따라 아래쪽을 이동하기로 결정했다. 두 번째 열을 따라 아래쪽으로 내려가면 069, 729, 919, 143, 368, 695, 409, 939 등등을 선택하게 된다. 2열의 맨 마지막 숫자는 104이고 그 다음에는 3열의 맨 위로 올라가 015, 255 등등을 선택하게 된다.

8. 이제 얼마나 쉬운지 알았을 것이다. 그러나 해결해야 할 문제가 아직 몇 가지 남아 있다. 다섯 번째 열에서부터는 좀 더 속도를 내기로 하자. 816, 309, 763, 078, 061, 277, 988... 잠깐! 4학년에는 학생이 980명밖에 없는데 988이라는 숫자를 어떻게 선택할 수 있나? 이 문제를 해결하는 방법은 매우 간단하다. 그냥 무시하면 된다. 미리 설정한 범위에 해당하지 않는 숫자가 나오면 언제나 그 숫자를 버리고 다음 숫자를 선택하면 된다. 계속해서 188, 174 등등을 선택한다. 동일한 숫자가 두 번 이상 나올 때도 이 방법으로 문제를 해결하면 된다. 예들 들어, 399가 또 나오면 두 번째 나온 399를 무시하면 된다.

9. 여기까지가 전부이다. 이런 방식으로 100개의 무작위 숫자를 뽑아 나가면 된다. 이제 우리가 가진 요소 목록으로 돌아가서, 우리의 표본은 399번째 사람, 69번째 사람, 729번째 사람 등등으로 이루어질 것이다.

그림 11-3 ▶ 무작위 시작번호를 이용한 체계적 층화표본

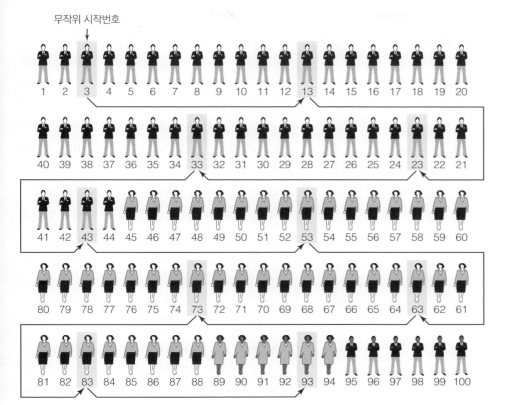

의 99%가 어떤 주장에 찬성한다면, 그 모집단에서 뽑은 확률표본은 그 주장에 찬성하는 정도가 모집단과 크게 다르지 않을 것이다. 그러나 만일 모집단이 그 주장에 대해서 50:50으로 나뉘어 있다면, 표본오차는 훨씬 커질 것이다. 층화표본추출방법은 표본을 전체 모집단에서 뽑기보다는 모집단과 동질적인 다수의 하위집단에서 요소들이 적절히 뽑힐 수 있게 하는 방법이다.

서비스에 대한 클라이언트 만족도를 사정하기 위해 어떤 사회복지 서비스기관에서 클라이언트 층화표본을 뽑는다고 가정해보자. 소수민족 클라이언트들이 상대적으로 서비스에 대한 만족도가 낮을 수 있다는 생각에서, 특히 소수민족 클라이언트들이 표본에 적절히 대표되게 하기 위해서 사례 목록을 재분류하여 동일 민족 클라이언트들을

하나의 집단으로 묶는다. 층화(stratifying)란 바로 이렇게 하는 것을 말한다. 그런 다음, 각 민족(층 stratum)에서 적당한 수의 표본을 뽑는다. 이 단계에서는 무작위 표본을 뽑기 위해 단순 또는 체계적 표본추출을 할 수 있다. 그러나 어떤 표본추출방법을 택하든 그 방법을 모든 집단에 대해서 동일하게 적용해야 한다. 층화되지 않은 표본에서 민족의 대표성은 다른 변수들과 마찬가지로 표본오차를 가질 수 있다. 그러나 민족에 따라 층화된 표본에서는 민족 변수의 표본오차가 0이 된다.

좀 더 복잡한 층화도 가능하다. 민족에 따른 층화뿐만 아니라 연령, 문제 유형 등에 따른 층화도 가능하다. 이런 방법을 통해서 행동장애가 있는 남미계 아동, 결혼문제를 가진 아프리카계 가정, 동양계 미국 노인 클라이언트 등이 표본에 적절히 포

함되게 만들 수 있다.

층화의 궁극적인 기능은 모집단을 동질적인 하위집단들(하위집단들 간에는 이질적인)로 구분한 다음, 각 하위집단에서 적당한 수의 요소를 표본으로 선정하는 것이다. 하위집단들이 층화의 기준이 되는 층화변수에 있어서 얼마나 동질적인지에 따라 하위집단들은 다른 변수에 있어서도 동질적일 수 있다. 만일 연령이 문제 유형과 연관되어 있다면, 연령별로 층화된 표본은 문제 유형에 있어서도 대표성이 증가할 것이다. 만일 사회경제적 지위가 민족과 연관되어 있다면, 민족을 기준으로 층화된 표본은 사회경제적 지위의 대표성 또한 높아질 것이다.

그림 11-3은 체계적 층화표본추출의 예이다. 그림에 제시된 것처럼, 우리는 모집단을 성별과 인종에 따라 배열하였다. 그런 다음, "3"을 무작위 시작번호로 정하고 그 숫자에서부터 매 10번째 사람, 즉 3, 13, 23, …, 93을 표본으로 뽑았다.

층화표본추출은 층화변수들과 관련이 있는 다른 변수들의 대표성을 높이기 위해 층화변수들이 적절히 대표되게 하는데 주안점을 둔다. 따라서 전반적으로 볼 때, 층화표본은 단순 무작위 표본보다 더 많은 변수에 대해서 대표성을 가질 가능성이 높다. 아직도 연구자들 사이에서 단순 무작위 표본추출이 신성시되는 경향이 있기는 하지만 단순 무작위 표본추출방법보다 더 나은 방법들도 존재한다는 것을 알아 둘 필요가 있다.

비례층화표본과 비비례층화표본

지금까지 우리는 각각의 동질적인 하위집단으로부터 동일 비율의 사례를 뽑는 층화 무작위 표본추출을 예시했다. 이러한 표본추출방법을 **비례층화표본추출**(proportionate stratified sampling)이라고 한다. 예를 들어, 전체 표본이 모집단의 10%가 되게 하려면, 각각의 하위집단에서 사례의 10%씩을 뽑으면 된다. 그러나 어떤 연구에서는 특정 집단에서 다른 집단들보다 더 높은 비율의 사례를

뽑는 것이 필요할 때도 있다. 예를 들면, 앞서 예도 들었던 클라이언트 만족도 조사를 어떤 기관에서 한다고 가정해보자. 이 기관에는 백인 클라이언트가 600명, 아프리카계가 300명, 남미계가 40명, 동양계가 30명, 미국 원주민이 20명, 기타가 10명으로서 총 1,000명의 클라이언트가 있다. 만일 백인 클라이언트와 아프리카계 클라이언트들로부터 10%씩을 표본으로 뽑는다면 백인은 60명 아프리카계는 30명이 된다. 그러나 다른 집단으로부터도 10%씩을 표본으로 뽑으면 남미계는 4명, 동양계는 3명, 미국 원주민은 2명, 기타는 1명밖에 되지 않는다. 물론, 이렇게 하더라도 클라이언트들의 전체적인 만족도를 파악하는 데는 전혀 문제가 없다.

그러나 만일 우리가 각 집단에 대해서 심층적인 분석을 하거나 어떤 민족이 다른 민족보다 더 또는 덜 만족하는지에 대해서 일반화를 시도하고자 한다면 어떤가? 그러한 분석은 사례수가 너무 적은 집단에 대해서는 할 수 없을 것이다. 따라서 규모가 작은 집단에서는 규모가 큰 집단에서보다 더 높은 비율을 표본으로 뽑아야 한다. 이러한 표본추출방법을 가리켜 **비비례층화표본추출**(disproportionate stratified sampling)이라고 한다. 이 표본추출 과정은 한 마디로 말해서 규모가 작은 하위집단의 사례를 선정할 확률을 규모가 큰 하위집단의 사례를 선정할 확률보다 비비례적으로 더 높게 만드는 것이다.

예를 들어, 백인과 아프리카계 클라이언트들로부터 10%, 나머지 민족집단들 각각으로부터 50%를 선정해보자. 그렇게 하면 남미계 20명, 동양계 15명, 미국 원주민 10명, 기타 5명을 표본으로 뽑게 된다. 이 정도 표본이라면 이제 심층적인 분석을 할 수 있다. 그러나 우리가 전체 기관의 클라이언트 만족도를 제시하고자 할 때는 전체 클라이언트 모집단에서 각 민족집단이 차지하는 전체적인 비율과 일치하도록 각 민족집단의 평균 만족 정도에 가중치를 주어야 한다(가중치 주는 방법은 [Rubin and Babbie, 2011]의 내용 중 표본추출 관련 장을 참조하기 바란다).

11.4d 다단계 군집표본추출

앞 절에서는 요소 목록에서 표본을 뽑는 비교적 단순한 표본추출 과정에 대해서 살펴보았다. 그러나 안타깝게도 그런 상황은 지극히 이상적인 상황에 불과하다. 실제 사회조사 연구에서는 요소 목록을 얻기 힘든 모집단으로부터 표본을 뽑아야 하는 경우가 자주 있다. 예를 들면, 도시 인구, 주 인구 또는 국가 전체의 인구, 미국 내 모든 대학생 등등이 그런 경우에 해당한다. 그런 경우, 표본추출설계는 훨씬 더 복잡해지는데, 일반적으로 군집(cluster)이라고 부르는 요소집단을 우선 뽑고, 그 다음 각각의 군집에서 요소를 뽑는다. 이러한 다단계 표본추출설계를 가리켜 군집표본추출이라고 한다.

군집표본추출(cluster sampling)은 연구하고자 하는 모집단의 요소 목록을 만들 수 없거나 그렇게 하는 것이 비현실적일 때 사용할 수 있다. 미국 내 모든 등록 교인이 좋은 예라고 할 수 있다. 그러나 모집단의 요소들이 이미 하위집단으로 집단화되어 있어서 하위집단의 요소 목록이 이미 있거나 그런 목록을 현실적으로 만들 수 있는 경우가 있다. 미국 내 모든 교인들은 개별 교회에 등록되어 있으므로 각 교회의 교인 명부를 구하거나 만들 수 있다. 군집표본추출방법을 사용하면, 연구자는 앞서 살펴보았던 방법(예를 들면, 체계적 층화표본추출방법)을 통해 교회 목록으로부터 교회를 선정한다. 그런 다음, 선정된 교회 각각으로부터 교인 명부를 얻는다. 마지막으로, 연구 대상이 될 교인의 표본을 얻기 위해서 각각의 교인 명부에서 표본을 추출한다.

11.4e 확률표본추출 정리

이제까지 우리는 설문조사 연구에서 사용되는

주된 표본추출방법인 확률표본추출방법들에 대해서 살펴보았다. 공통적인 것은 모집단으로부터 무작위추출방식으로 요소를 뽑는다는 것이다. 현장의 상황이 어떤가에 따라 확률표본추출은 매우 간단할 수도 있고 매우 복잡하거나, 시간이 많이 걸리거나, 비용이 많이 들 수도 있다. 그러나 어떤 상황에서든 확률표본추출은 양적 연구에서 연구하려는 요소에 대한 대표성 있는 표본을 뽑을 수 있는 가장 효율적인 방법이라고 할 수 있다. 이는 다음과 같은 두 가지 이유 때문이다.

첫째, 확률표본추출은 연구자가 요소를 뽑을 때 가질 수 있는 의식적 또는 무의식적 편향을 방지할 수 있게 해준다. 모집단의 모든 요소가 표본으로 뽑힐 동일한 (또는 동일하지 않기 때문에 가중치를 준) 가능성을 갖는다면, 우리가 뽑은 표본은 전체 요소의 모집단을 대표할 수 있을 가능성이 매우 높다.

둘째, 확률표본추출은 표본오차를 추정할 수 있게 해준다. 어떤 확률표본도 모집단을 모든 면에서 완벽하게 대표할 수는 없다. 그러나 통제된 표본추출방법을 사용할 경우, 연구자는 예상되는 오차의 정도를 추정할 수 있다.

11.5 양적 연구와 질적 연구에서의 비확률표본추출

사회복지 연구자들은 종종 확률표본추출이 현실적으로 불가능한 상황에서 연구를 해야 한다. 예를 들어, 노숙자에 관한 연구를 한다고 가정해보

군집표본추출 ▶ 요소 집합들(군집)을 표본으로 뽑고 각 요소 집합으로부터 개별 요소들을 하위 표본으로 뽑는 과정을 반복하는 다단계 표본추출방법

비확률표본추출 ▶ 무작위 선정 과정 없이 표본을 뽑는 것

이용 가능 표본추출 ▶ 바로 이용할 수 있는 요소나 쉽게 찾을 수 있는 요소를 표본으로 뽑는 방법. 다른 표본추출방법에 비해 비용이 적게 들기 때문에 그리고 다른 방법으로는 표본을 뽑을 수 없는 어떤 대상을 연구할 수 있기 때문에 사회복지 연구에서 자주 사용됨.

자. 모든 노숙자가 나열되어 있는 목록은 존재하지 않으며 아마 누구도 만들지 못할 것이다. 표본을 뽑을 수 있는 군집의 목록도 존재하지 않는다. 앞으로 논의를 해 나가면서 알게 되겠지만, 확률표본추출이 적합하지 않은 경우도 있다. 그런 많은 경우에 우리는 **비확률표본추출방법**(nonpobability sampling)을 사용해야 한다. 이 절에서는 (1) 이용 가능 표본추출, (2) 의도적 또는 판단 표본추출, (3) 할당 표본추출, (4) 눈덩이 표본추출이라는 네 가지 비확률표본추출에 대해서 살펴보기로 하겠다. 이 방법들은 양적 연구에서뿐만 아니라 질적 연구에서도 사용할 수 있는 방법들이다. 그럼 먼저 이들 네 가지 방법들을 살펴본 후, 질적 연구를 위한 방법들을 살펴보기로 하겠다.

11.5a 이용 가능한 대상에 의존하기

때로는 **이용 가능 표본추출**(available sampling), **우연 표본추출**(accidental sampling), **편의 표본추출**(convenience sampling)이라고 불리기도 하는 이용 가능한 대상에 의존하는 방법은 사회복지 분야에서 자주 사용되는 표본추출방법이다. 이 방법은 다른 방법에 비해 비용이 적게 들기 때문에 자주 사용되기도 하고, 어떤 종류의 대상 또는 연구에서는 다른 방법을 사용할 수 없기 때문에도 많이 사용된다. 이 표본추출방법이 인기 있는 방법임을 알 수 있게 해주는 한 가지 예로서 사회복지학 분야에서 잘 알려진 학술지인 *Social Work Research*에 1994년부터 1999년까지 게재된 논문들 중 대부분이 일종의 이용 가능 표본추출방법을 사용하고 있다는 사실을 꼽을 수 있다(Monette, Sullivan, & DeJong, 2002).

앞서 우리가 연구하기 편리한 사람들을 표본으로 뽑는 것과 관련된 의식적 및 무의식적 표본추출 편향에 대해서 논의하면서 이미 언급했던 것처럼, 이용 가능한 대상에 의존하는 것은 매우 위험한 방법일 수 있다. 예를 들어, 사회복지대학원 건물 근처를 지나가는 학생들을 세워 놓고 질문을 하는 방법을 통해 복지정책, 차별금지 프로그램, 출산권 등과 같은 사회적 쟁점들에 대한 학생들의 태도를 알아보고자 하는 것은 매우 위험한 시도라고 하지 않을 수 없다. 사회복지학을 전공하는 학생들은 이러한 쟁점들에 대해서 일반적으로 진보적인 태도를 가지며, 보수적인 태도를 가진 학생들보다 사회복지학대학원 근처에 있을 가능성이 높다.

이러한 편향 위험성에도 불구하고 어떤 종류의 이용 가능 표본추출방법은 다른 표본추출방법보다 훨씬 유용할 수 있다. 모든 편의 표본이 편향된 것은 아니다. 심지어 편향이 있다는 것이 분명한 경우에도 편의 표본에 근거한 연구결과를 과도하게 일반화하지 않도록 주의한다면, 편의 표본은 유용한 잠정적 연구결과를 제공해주기도 한다. 예를 들어, 어떤 지역 재단이 최근 미국에서 여러 청소년의 죽음을 초래한 위험한 신종 약물에 대해서 우려하고 있다고 가정해보자. 이 재단은 중서부 도시의 고등학생들 사이에서 그 약물이 얼마나 퍼져 있는지 알아보고자 한 연구자에게 특정 도시의 고등학생을 대상으로 이 약물 사용 경험을 파악해 줄 것을 요청하였다. 연구 대상 도시에는 총 10개 고등학교가 있으나 그중에서 2개 학교만 연구에 협조할 의사를 밝혔다. 두 학교 중 한 학교는 빈곤 지역에 위치하고 있으며 아프리카계 학생의 비율이 높은 학교이고, 다른 한 학교는 중산층 지역에 있으며 소수계 인종에 해당하는 학생의 비중이 낮은 편이다.

조사는 두 학교의 모든 학급을 대상으로 선생님이 약물에 관한 설문지를 학생들에게 배포하는 방식으로 실시되었다. 설문지 표지에 지시문을 넣어 학생들에게 자발적으로 설문조사에 참여해줄 것과 모든 문항에 답한 다음 익명의 봉투에 담아 봉한 뒤 학교에 비치된 큰 상자에 설문지를 넣어줄 것을 부탁했다. 각 학교에서 50%의 학생이 설문조사에 참여했고 나머지 50%는 참여하지 않았다고 가정해보자. 연구결과, 각 학교에서 정확하게 응답자의 30%가 문제의 약물을 사용한 경험이 있다고 답했고 그들 중 20%가 앞으로도 사용할 것이라고 답했다고 가정해보자.

이 연구결과는 어떤 가치를 갖는가? 이 질문에 답하기 전에 우리는 이 연구가 이용 가능한 표본에 근거한 연구라는 사실을 이해할 수 있어야 한다. 왜냐하면 50%의 학생은 신종 약물 사용에 관한 질문에 답하고 싶지 않았거나 조사 자체에 참여할 의지가 없었기 때문이다. 실제로 약물 경험이 있는 학생들은 이 조사에 대해서 더 관심이 있고, 그래서 다른 학생들보다 설문조사에 참여하려는 의지가 더 높았을 수도 있다. 또는 이와 정반대로 약물 사용 경험이 있는 학생들이 이 조사에 대해서 두려움을 느끼고 오히려 조사에 참여하지 않았을 수도 있다. 더 나아가서, 이 조사에는 두 학교의 학생들 중 조사에 참여하지 않은 학생들뿐만 아니라 처음부터 조사를 거부한 나머지 8개의 고등학교의 학생들도 포함되어 있지 않다. 이들 8개 학교 학생들의 약물 사용 정도는 조사에 참여한 두 학교 학생들의 약물 사용 정도에 비해 높을 수도 있고 낮을 수도 있다.

그렇다면 이용 가능한 표본에 대한 조사라는 이유 때문에 이 연구결과를 무시해야 할까? 이 질문에 대해서는 다음과 같이 답할 수 있다. 두 학교의 학생들 중 이 약물을 사용한 경험이 있는 모든 학생이 조사에 포함되었다하더라도 이 연구를 통해 얻은 결과는 두 학교 학생 중 15%가 약물 사용 경험이 있다는 것을 말해준다(전체의 50%의 30%는 전체의 15%이다). 마찬가지로 두 학교 학생 중 10%(20%의 절반)는 앞으로도 이 약물을 사용하겠다고 답했다는 사실 또한 보고할 수 있는 결과이다. 또한 이 연구결과는 이 약물 사용 경험에 대한 최소집계라고 할 수 있는데, 왜냐하면 실제로 약물을 사용하는 학생은 그렇지 않은 학생에 비해 설문에 참여할 가능

성이 낮을 것이라 예상할 수 있기 때문이다.

학생들이 이 위험한 약물에 대한 경험을 거짓으로 답한 것이 아니라는 전제하에서 이 연구결과는 중요한 의미를 갖는다고 할 수 있다. 이 연구결과는 지역사회가 새로운 약물의 위험성을 교육하는 프로그램을 만들고 약물 사용을 예방하는 다양한 방법을 모색하게 하는 정도의 중요성을 갖는다. 더 나아가서, 설문조사에 참여한 두 학교의 학생들뿐만 아니라 참여하지 않은 나머지 학교의 학생들의 약물 사용에 대해서도 경각심을 갖게 하는 결과라고 할 수 있다. 사실 전문적인 입장에서 보자면, 이 연구결과는 나머지 8개의 학교에서도 유사한 조사가 필요하다는 것을 말해주는 결과이다. 물론 이 연구결과를 모든 학교에 대해서 일반화시킬 수는 없지만, 이 연구결과는 새로운 약물에 관한 관심을 해당 지역사회뿐만 아니라 다른 지역사회에까지 확산시킬 수 있는 근거를 제공하는 잠정적인 (그러나 의미 있는) 결과이다.

위의 예는 하나의 가상적인 예이며, 앞서 우리가 편의 표본추출의 의식적 및 무의식적 편향에 대해서 언급했던 내용을 무시해도 된다는 것을 의미하는 예는 결코 아니다. 우리는 이 예를 통해서 연구질문이 무엇인가에 따라, 그리고 연구결과를 어떻게 해석하는가에 따라 편의 표본을 사용하는 연구들이 다른 연구들에 비해 어떤 의미에서 더 유용할 수 있는지 보여주고자 했다. 이용 가능한 대상에 의존하는 표본추출방법에 항상 위험이 내재하기는 하지만, 그렇다고 해서 모든 편의 표본이 위험한 것은 아니며 모든 편의 표본이 쓸모없고 잘못된 결과를 초래하는 것도 아니다.

예를 들어, 어떤 사회복지사가 자신이 근무하는 기관의 클라이언트들에게 서비스 만족도를 조사하기 위해서 우편 설문조사를 실시한다고 가정해보자. 모든 클라이언트들이 조사에 참여하지 않는 한, 우리가 가질 수 있는 표본은 시간을 내서 설문조사에 응답해준 클라이언트들만으로 이루어진

이용 가능한 표본이다. 아마도 그들은 기관이 제공한 서비스에 대해서 매우 만족했거나 매우 불만족한 클라이언트들일지도 모른다. 그런데 전체 클라이언트들 중 약 80%가 조사에 참여했고 거의 모두가 서비스에 대해서 매우 불만족한다고 답했다면, 그러한 조사결과는 서비스를 개선해야 할 분명한 필요성을 보여주는 결과라고 할 수 있다. 이와 달리, 전체 클라이언트 중에 고작 10%가 조사에 참여했고 그들 모두가 매우 만족한다고 답했다면, 그런 결과에 근거하여 기관이 제공하는 서비스에 아무런 문제가 없다는 결론을 내릴 수는 없을 것이다. 후자의 경우, 편향 가능성이 매우 높으며 조사에 참여하기 위해 시간을 내지 않은 90%의 클라이언트들이 시간을 내서 조사에 참여한 클라이언트들에 비해 서비스에 대한 만족도가 훨씬 낮을 수 있다는 것을 생각해볼 필요가 있다.

11.5b 의도적 또는 판단 표본추출

때로는 연구자가 모집단과 모집단의 요소에 대해서 자신이 가진 지식이나 연구 목적의 특성에 기초하여 (다시 말하면, 연구자의 판단과 연구 목적에 기초하여) 표본을 뽑는 것이 바람직할 수도 있다. 특히, 설문지를 만드는 초기 단계에서 질문의 광범위한 적용 가능성을 검증하기 위해 가능한 한 다양한 응답자를 뽑고자 할 수도 있다. 그런 검증의 결과가 어떤 모집단을 대표할 수는 없지만, 그런 검증을 통해서 설문지가 가진 구체적인 문제점을 효과적으로 찾아낼 수도 있을 것이다. 그러나 이런 경우는 최종 연구라기보다는 사전검사라고 보아야 할 것이다.

대규모 모집단의 소규모 하위집단을 연구하고자 할 때 하위집단의 구성원을 파악하는 것은 어렵지 않지만 모집단 구성원 모두를 열거하는 것은 거의 불가능한 경우가 있다. 예를 들어, 노숙자를 연구하는 경우를 생각해볼 수 있다. 노숙자는 쉼터나 구세군 시설이나 기타 사회복지시설 주변 등의 지역에서 쉽게 찾을 수 있다. 그러나 그들 모두를 정의하고 표본으로 선정하는 것은 현실적으로 불가능하다. 따라서 가장 눈에 잘 띄는 노숙자들 전부 또는 그들의 표본을 연구한다면, 연구자는 아마도 자신의 연구 목적에 맞는 충분한 자료를 (특히, 연구 목적이 탐색적 연구일 때는) 수집할 수 있을 것이다. 따라서 그런 시설의 직원들에게 노숙자 모집단을 대표할 수 있을 것이라 판단되는, 그들이 잘 알고 있는 사례들을 추천해달라고 부탁할 수 있다.

어떤 기관이 노숙자를 위한 새로운 사회복지 서비스를 제공하는 데 필요한 예산을 확보하기 위해 재정지원 신청서를 작성하고 있다고 가정해보자. 재정지원 여부를 검토할 기관이 해당 지역의 노숙자들의 서비스 욕구에 대한 조사보고서를 첨부할 것을 요구하고 있다. 이 기관은 자원이 부족하고 신청서 제출 기한까지 남은 시간이 얼마 없어서 확률표본을 이용하여 노숙자에 대한 지역사회 차원의 설문조사를 할 수 있는 시간도 예산도 없다고 가정해보자. 한 가지 방안은 지역사회 내에서 노숙자 문제에 관여 되어 있으며 전문지식을 갖고 있다고 알려진 지역사회 지도자, 전문가, 전문직 종사자를 활용하여 **의도적 표본**(purposive sample)을 뽑는 것이다. 연구자는 자신의 판단에 따라 지역사회에서 노숙자의 욕구를 가장 잘 알고 있는 사람들을 대표하는 주요 인물들을 찾기 위해 지역사회에 대한 자신의 지식을 이용하고 노숙자의 욕구를 추정하고자 그들을 대상으로 설문조사를 실시할 수 있다(제9장에서 논의한 욕구조사를 위한 주요 정보제공자 접근법이 바로 이 표본추출절차의 좋은 예이다).

때로는 전형적인 사례를 뽑기 위해서가 아니라 비전형적인 사례를 뽑기 위해서 의도적 표본추출 방법을 사용하기도 한다. 이 방법은 연구자가 어떤

의도적 표본추출 ▶ 연구자의 판단에 근거하여 가장 대표성 있다고 판단되거나 유용하다고 판단되는 요소들을 표본으로 뽑는 방법

현상에 대한 가설을 만들기 위해 현상의 양극단을 비교하고자 할 때 주로 사용된다. 예를 들어, 효과적인 실천의 특성에 대한 통찰을 얻고자 할 때 우리는 실천가가 매우 성공적이라고 느끼는 소수의 사례와 지극히 효과적이지 않다고 느끼는 소수의 사례를 뽑아 비교해볼 수 있다.

질적 연구를 하는 연구자는 일반적인 유형을 더 잘 이해하기 위해 표준에서 벗어난 사례, 즉, 행동이나 태도의 일반적 유형에 맞지 않는 사례에 대해 특별한 관심을 갖곤 한다. 이를 **예외사례 표본추출**(deviant case sampling)이라고 하는데 이 표본추출방법은 의도적 표본추출의 한 종류이다. 예를 들어, 가정폭력 피해여성을 위한 지지집단 프로그램에 대해서 좀 더 많은 통찰을 얻기 위해서 프로그램 구성원 중 말을 잘 하지 않는 여성을 면접하거나 참여가 저조한 구성원을 면접하는 경우를 예로 들 수 있다. 예외사례 표본추출에 대해서는 이 장의 뒷부분에서 질적 표본추출방법에 대해 논의할 때 좀 더 자세하게 살펴보기로 하겠다.

11.5c 할당 표본추출

할당 표본추출(quota sampling)은 대상 모집단의 특성을 기술하는 행렬표(matrix)를 만드는 것에서부터 시작한다. 예를 들면, 연구자는 모집단의 성별, 성별 연령대, 교육 수준, 민족 등의 비율을 먼저 알아야 하는데, 전국 차원의 할당 표본을 만들고자 한다면 전국 인구 중에서 동부 지역 도시에 거주하는 25세 미만의 백인 남성 노동자 집단처럼 여러 가지 특성들을 조합할 때 만들어지는 각각의 집단들이 차지하는 비율들을 알아야 한다.

일단 특성에 대한 행렬표를 만들고 행렬표를 이루고 있는 각 항(cell)의 상대적 비율을 정하고 나면, 특정 항에 해당하는 모든 특성을 가지고 있는 사람들로부터 자료를 수집한다. 그런 다음, 특정 항에 해당하는 사람들에게 그 사람들이 전체 모집

단에서 차지하는 비율에 맞는 가중치를 준다(이 과정을 가리켜 **가중치 부여하기**(weighting)라고 한다). 이러한 방법으로 모든 표본 요소에 가중치를 주면 전체 자료는 전체 모집단을 적절히 대표할 수 있게 된다.

할당 표본추출은 여러 가지 내재적인 문제를 가지고 있다. 첫째, 할당틀(각각의 셀이 대표하는 비율)은 정확해야 하는데 할당틀을 정확하게 만들기 위해서 필요한 최신 정보를 얻는 것이 쉽지 않다. 둘째, 모집단 차원에서 각 항의 비율을 정확하게 예측했다고 하더라도 특정 항의 표본 요소를 뽑는 과정에서 편향이 발생할 수 있다. 복잡한 여러 가지 특성을 가지고 있는 5명의 면접 대상을 면접해야 한다고 가정해보자. 만일 그들 중 누군가가 승강기가 없는 7층 건물의 맨 위층에 살거나, 아주 낡은 집에 살거나, 사나운 개가 있는 집에 살고 있다면, 면접원은 그 사람과의 면접을 가급적 피하고자 할 수도 있을 것이다. 할당 표본추출을 사용하는 연구자는 이와 같은 내재적인 문제들을 잘 이해하고 예방하기 위해 노력해야 한다. 예를 들면, 각 항에 해당하는 사람의 수와 특성을 최대한 정확하게 파악하고자 노력해야 한다. 또한 면접원에 대한 교육과 관리감독을 철저하게 하여 면접원들이 특정 대상에 대한 면접을 회피하기 위해 표본추출지침을 위반하는 일이 발생하지 않게 해야 한다. 그러나 어느 누구도 이러한 잠재적인 문제들을 모두 예측하고 예방할 수는 없다. 따라서 통계적 기술이 연구의 주된 목적이라면 반드시 할당 표본추출방법을 사용해야 하는지 여부에 대해서 신중하게 생각해볼 필요가 있다.

11.5d 눈덩이 표본추출

또 다른 비확률표본추출기법인 눈덩이 표본추출(snowball sampling)은 우연 표본추출의 한 종류라고 여겨지기도 한다. 눈덩이 표본추출은 특정 모

집단의 구성원을 찾기가 어려울 때 사용하기에 적합한 표본추출방법이다. 따라서 노숙자, 이주 노동자, 불법 이민자 등의 표본을 찾고자 할 때 사용할 수 있다. 이 표본추출 과정은 일단 연구자가 대상 모집단 중에서 찾을 수 있는 소수의 구성원에 대한 자료를 수집한 다음, 그들에게 그들이 알고 있는 모집단의 다른 구성원들을 찾는 데 필요한 정보를 제공해달라고 부탁하는 식으로 진행된다. 눈덩이(snowball)라는 용어는 파악된 대상이 다른 대상을 추천하는 축적 과정을 의미한다. 이 표본추출 과정에서도 표본의 대표성에 문제가 있을 수 있으며, 표본은 주로 탐색적인 목적으로 사용된다. 그럼에도 불구하고, 눈덩이 표본추출은 질적 연구에서 일반적으로 사용되는 매우 중요한 표본추출방법이며 소외집단이나 소수집단을 대상으로 하는 연구에서 특히 많이 사용되는 방법이다.

자! 그럼 지금부터는 질적 연구에서 많이 사용되는 표본추출방법들을 살펴보기로 하자. 논의 과정에서 우리는 질적 탐구와 관련된 새로운 비확률표본추출방법들뿐만 아니라 이제까지 살펴본 비확률표본추출방법들에 대해서도 좀 더 자세하게 고찰해보기로 하겠다.

11.6 그 밖의 질적 표본추출방법

질적 연구에서의 표본추출은 양적 연구에서의 표본추출보다 훨씬 더 복잡해질 수 있다. 질적 연구자들은 종종 연구 현장 내에서 벌어지는 모든 것들을 관찰하고자 하는 경향이 있다. 그렇기 때문

예외사례 표본추출 ▶ 일반적인 유형을 더 잘 이해하기 위해 일반적인 유형에 맞지 않는 사례를 표본으로 뽑는 일종의 의도적 표본추출방법

눈덩이 표본추출 ▶ 특정 모집단의 구성원을 찾기 어려울 때 사용하는 비확률표본추출방법. 모집단 구성원 중 소수를 찾아 표적 모집단을 만든 다음 표적 모집단의 각 요소에서 그들이 알고 있는 모집단의 다른 구성원들을 찾는 데 필요한 정보를 제공해달라고 부탁하여 표본을 구하는 방법

에 어떤 의미에서 보자면 질적 연구자들은 표본추출을 전혀 하지 않는다고도 말할 수 있다. 물론, 모든 대상을 다 관찰한다는 것은 현실적으로 불가능하다. 질적 연구자들이 벌어지고 있는 일들 중 일부만을 관찰하는 한, 그들이 관찰하는 것은 가능한 모든 관찰의 표본이다. 지역사회 모임에서 여러 사람들이 연설자를 지지하는 고함을 지를 때 그중에서 연구자가 듣고 이해하는 고함은 그날 사람들이 지른 모든 고함의 표본이다. 또한 연구자가 폭동 중에 폭력행동을 관찰한다면 연구자가 관찰한 행동은 모든 폭력행동의 표본이다. 그런 관찰을 하면서 연구자가 통제된 관찰 표본을 뽑을 수는 없다. 그렇기 때문에 연구자는 대표성의 일반원칙들을 염두에 두고 그들이 행한 관찰의 의미를 그에 준하여 해석해야 한다.

질적 연구자들이 이용 가능한 표본에 의존할 수밖에 없는 상황에 종종 처하게 되기는 하지만, 이용 가능한 표본보다 더 나은 표본추출방법들도 분명히 존재한다. 예를 들어, 어떤 질적 연구자가 풀뿌리 지역사회단체의 발달 과정을 일정 기간에 걸쳐 연구하기 위해서 그 단체의 모든 회원의 명단을 만든 다음 확률표본(probability sample)을 뽑아 면접을 하려고 한다고 가정해보자. 만일 반드시 비확률표본추출방법을 사용해야만 한다면, 연구자는 단순히 이용 가능한 표본을 뽑기보다 모든 서로 다른 참여 범주들을 대표하는 사람들을 살펴본 다음, 할당 표본추출방법을 사용함으로써 이용 가능한 표본추출방법을 보완할 수도 있을 것이다. 예를 들면, 전체 회원을 지역사회 지도자와 비지도자, 급진적인 회원과 그렇지 않은 회원, 남성과 여성, 젊은층과 노년층 등등으로 구분한 다음, 각 집단별로 면접을 실시해볼 수 있다.

11.6a 예외사례 표본추출

종종 질적 연구자들은 앞서 눈덩이 표본추출방

법을 사용하기도 하고 예외사례 표본추출방법을 사용하기도 한다. 이 장의 앞부분에서 우리는 나중에 질적 표본추출에 대해서 논의하면서 예외사례 표본추출방법을 좀 더 자세하게 살펴보겠다고 약속한 바 있다. 일반적인 유형에 맞지 않는 사례를 검토함으로써 연구자는 행동이나 태도의 일반적인 유형을 더 잘 이해할 수 있다. 예를 들어, 우리는 어떤 모임에서 군중 심리에 전혀 휩싸이지 않은 사람이나 모임에 한 번도 참석하지 않은 사람을 면접함으로써 모임 참여자들에 의해 표출된 집단 사기(group morale)의 본질에 관한 중요한 통찰을 얻을 수 있을지 모른다.

예외적 사례는 어떤 면에서는 일반적이지 않다. 예를 들어, 어떤 연구자가 사례관리 실천의 다양성을 기술하고 사례관리 과정에 영향을 미치는 요인에 관한 가설을 만들기 위해 다수의 사례관리 프로그램에 대해서 사례연구를 실시하고자 한다고 가정해보자. 사례관리자가 맡고 있는 사례 수에 따라 사례관리의 본질이 달라지는지 알아보기 위해서 사례수가 매우 많다고 알려진 두 개 프로그램과 사례수가 매우 적다고 알려진 두 개 프로그램을 뽑아 비교해볼 수 있다.

또 다른 예로서, 노인요양원에서 제공하는 노인 돌봄 서비스에 가족의 참여 정도에 관한 가설을 만들고자 한다고 가정해보자. 연구자는 노인요양원 직원들 사이에서 가족이나 친척의 참여 정도가 매우 높다고 알려진 가정과 매우 낮다고 알려진 가정을 집중적으로 연구해볼 수 있다.

11.6b 준예외사례 표본추출

어떤 경우에, 연구자는 극단적 사례나 예외사례

가 너무 특이한 나머지 연구하고자 하는 현상을 왜곡하여 보여줄지 모른다는 생각을 갖게 될 수도 있다. Patton(1990)은 연구자들에게 그런 경우에 준예외사례 표본추출방법(intensity sampling)을 사용할 것을 권한다. 준예외사례 표본추출은 일상적인 것보다는 약간 예외적이지만 예외적이라고 할 만큼 특이하지는 않은 사례를 표본으로 뽑는 방법이다. 따라서 위에서 들었던 노인요양원 예에서라면, 참여 정도가 가장 높은 가정이나 가장 낮은 가정 대신 대부분의 가정 보다는 참여 정도가 약간 높거나 약간 낮은, 그러면서도 지나치게 참여하거나 지나치게 참여하지 않음으로써 잘못된 정보나 쓸모없는 정보를 제공할지 모르는 예외적인 사례가 아닌 가정을 표본으로 뽑는 것이다.

11.6c 최대 변화량 표본추출과 동질적 표본추출

Patton이 제시한 또 한 가지 질적 표본추출방법은 **최대 변화량 표본추출**(maximum variation sampling)이다. 이 방법은 소규모 표본을 집중적으로 연구하면서 다양한 현상을 찾는 데 주안점을 둔다. 여러 가지 이질적인 조건하에서 하나의 현상을 심도 있게 관찰함으로써 연구자는 그 현상에 관한 유용한 통찰을 얻을 수 있다. 따라서 사례관리 프로그램에 대해서 연구하는 경우라면, 담당 사례 수가 아주 많은 프로그램, 중간 정도인 프로그램, 아주 적은 프로그램을 표본으로 선정하거나 도시지역, 교외지역, 농촌지역 프로그램을 표본으로 선정하거나, 오래된 프로그램과 새로운 프로그램 표본으로 선정할 수 있다.

이와 반대로, 연구자는 **동질적 표본**(homogeneous sample)을 선택할 수도 있다. 예를 들어, 사례관리자가 과도한 업무를 어떻게 해결하는지에 관심이 있다면 사례관리자의 담당 사례 수가 지나치게 많은 프로그램들만을 표본으로 한정해야 할 것이다.

▶ **준예외사례 표본추출** ▶ 예외사례 표본추출방법과 유사한 질적 표본추출방법. 일상적인 사례보다는 약간 예외적이지만 예외적인 사례라고 볼 만큼 특이하지는 않은 사례를 표본으로 뽑는 방법.

11.6d 이론적 표본추출

또 한 가지 질적 표본추출방법은 **이론적 표본추출**(theoretical sampling)이다. 이 방법은 제15장에서 논의하게 될 근거이론과 관련이 있다. 이론적 표본추출은 이미 발견된 개념과 가설을 만들어냈던 사례들과 유사해 보이는 새로운 사례들을 뽑는 것에서부터 시작한다. 일단 유사한 사례들에 대한 관찰을 통해 더 이상 새로운 통찰을 얻을 수 없다고 판단되면 다른 유형의 사례를 뽑아 관찰한다. 이러한 과정을 다른 유형의 사례를 관찰하더라도 새로운 통찰을 얻을 수 없다고 판단될 때까지 반복한다. 이러한 의미에서, 이론적 표본추출은 동질적 표본추출의 특성과 예외사례 표본추출의 특성을 결합해 놓은 방법이라고 볼 수 있다.

지금까지 살펴본 모든 비확률표본추출전략과 표본은 이미 앞에서 살펴보았던 **의도적 표본추출**(purposive sampling) 또는 **의도적 표본**(purposive sample)에 해당한다. 질적 연구에서 의도적 표본추출은 연구자가 연구주제에 대한 오랜 관찰과 성찰에서 얻어진 직관에 기초하여, 연구주제를 가장 포괄적으로 이해하는 데 도움이 될 것이라 판단되는 표본을 뽑는 것을 말한다. 의도적 표본추출방법은 주로 예외적 사례나 결정적 사례를 뽑기 위해 사용되지만, 연구하고자 하는 현상에 대해서 상당한 대표성을 가진 표본을 뽑기 위한 방법으로도 사용될 수 있다.

11.7 주요 내용

- 표본은 모집단 자체의 특성을 추론하기 위해 관찰하는 모집단의 특별한 부분집합이다.
- 확률표본의 질을 평가하는 가장 중요한 기준은 표본의 대표성, 즉 표본의 특성이 그 표본을 뽑은 모집단의 특성과 동일한 정도이다.
- 확률표본추출방법은 대표성 높은 표본을 뽑을

수 있는 좋은 방법이다.
- 확률표본추출의 기본 원리 중 가장 중요한 것은 모집단의 모든 요소들이 표본으로 뽑힐 0이 아닌 어떤 알려진 확률을 가져야 한다는 것이다.
- 아무리 주의를 기울여 뽑은 표본일지라도 그 표본이 뽑혀져 나온 모집단을 완벽하게 대표할 수는 없다. 어느 정도의 표본오차는 늘 존재하기 마련이다.
- 확률표본추출방법은 연구자로 하여금 어떤 표본에서 기대되는 표본오차의 양을 추정할 수 있게 해준다.
- 표본틀은 모집단 요소들의 목록 또는 유사 목록이다. 표본틀은 표본을 뽑기 위해 사용하는 자원이다. 어떤 표본의 대표성은 그 표본이 대표하고자 하는 모집단의 모든 요소들이 표본틀에 얼마나 포함되어 있는지에 달려 있다.
- 단순 무작위 표본추출방법은 논리적으로 가장 기본이 되는 확률표본추출기법이다.
- 체계적 표본추출방법은 표본틀에서 매 k번째 요소를 표본으로 뽑는 방법이다. 이 방법은 몇 가지 예외를 제외하고는 기능적으로 단순 무작위 표본추출과 같다.
- 층화는 표본추출에 앞서 모집단의 요소들을 상대적으로 동질적인 계층으로 묶는 과정이다. 이 방법은 표본오차를 줄임으로써 표본의 대표성을 향상시킨다.
- 다단계 군집표본추출은 모집단 요소의 목록이 없는 경우에 자주 사용되는 복잡한 표본추출기법이다. 먼저, 집단(군집)의 표본을 뽑는다. 그

이론적 표본추출 ▶ 질적 연구방법 중 하나인 근거이론 패러다임과 관련이 있는 표본추출방법. 이미 발견된 개념과 가설을 만들어냈던 사례들과 유사해 보이는 새로운 사례들을 표본으로 뽑음. 일단 유사한 사례들에 대한 관찰을 통해 더 이상 새로운 통찰을 얻을 수 없다고 판단되면 다른 유형의 사례를 뽑아 관찰함. 이러한 표본추출 과정을 다른 유형의 사례를 관찰하더라도 새로운 통찰을 얻을 수 없다고 판단될 때까지 반복함.

다음으로는 표본으로 뽑힌 군집 각각의 요소 목록을 만든다. 이 요소 목록은 주로 현장에서 직접 관찰을 통해 만든다. 마지막으로, 각각의 군집에서 요소를 하위표본으로 뽑아 최종 표본을 만든다.

- 비확률표본추출방법은 무작위 표본추출절차를 따르지 않는 표본추출방법이다.
- 이용 가능한 대상에 의존하는 표본추출방법(이용 가능 표본추출)은 매우 위험한 형태의 비확률표본추출방법이지만, 경우에 따라서는 매우 유용할 수 있다.
- 의도적 표본추출은 비확률표본추출의 한 종류로서 연구자가 자신의 판단에 기초하여 표본 요소를 뽑는 방법이다.
- 눈덩이 표본추출방법은 특별한 모집단의 요소들을 어디서 찾을 수 있는지 모를 때 사용한다. 표적 모집단의 요소들 중에서 소재가 파악된 모든 요소들로부터 그들이 알고 있는 다른 요소들에 관한 정보를 얻는다.
- 질적 연구에서 사용되는 표본추출전략들은 양적 연구에서 사용되는 표본추출전략들과 일반적으로 다르며 확률표본추출절차에 따라 표본을 뽑을 가능성이 낮다.

11.8 연습문제

1. 부록D를 이용하여 1부터 9,876까지의 범위 내에서 숫자 10개를 표본으로 뽑고, 각각의 숫자를 뽑는 과정을 서술한다.
2. 전국에서 노인요양원 거주 노인을 다단계 군집표본추출하는 방법을 한두 문단 정도로 서술한다.
3. 남미에서 미국으로 최근에 이민 온 이주 노동자들을 면접하고자 한다고 가정하고, 표본을 전적으로 확률 기법에만 의존하여 뽑을 때 어떤 문제가 있을 수 있는지 서술해본다. 어떤 비확률표본추출방법을 사용할 때 적절한 표본을 뽑을 수 있을지 서술하고, 왜 그런지 그리고 어떻게 그 방법을 사용하여 표본을 뽑을지 서술한다.
4. 물질남용 청소년을 위한 치료 프로그램에 부모 참여를 높일 수 있는 방법을 찾고자 한다고 가정해본다. 먼저, 왜 어떤 직원들은 다른 직원들에 비해 부모 참여를 이끌어내는 데 더 효과적인지 알아보고자 한다. 아울러, 부모나 청소년의 특성 중 어떤 것들이 부모의 참여와 비참여에 영향을 미치는지도 알아보고자 한다. 부모나 지원을 대상으로 면접 설문조사를 하고자 할 때 어떤 조건 하에서 양적 표본추출전략 또는 질적 표본추출전략을 사용해야 하는지 서술하고, 사용하고자 하는 구체적인 표본추출방법과 그 방법을 사용하고자 하는 근거를 밝힌다.
5. 노인요양원에서 근무하는 어떤 사회복지사가 요양원에 거주하는 노인들의 친척들이 노인들을 돌보는 데 참여하는 정도에 어떤 요인들이 영향을 미치는지 알아보고자 한다고 가정한다. 모든 노인에 대해서 연락 가능한 사람이 누구인지 파악하여 연락 가능한 사람의 목록을 만든 다음 그 목록을 표본틀로 이용하여 표본을 뽑고자 한다.
   a. 양적 탐구에서의 대표성이라는 관점에서 위의 표본추출전략을 비판해본다. 연구결과를 이 노인요양원에 대해서만 일반화하더라도 이 표본추출전략에 어떤 문제가 있을 수 있는가? 왜 그런가? 현실적으로 사용 가능한 더 나은 양적 표본추출방법이 있는가? 있다면 어떤 것이며 그 방법을 선호하는 근거는 무엇인지 서술한다.
   b. 질적 탐구의 관점에서 위의 표본추출전략을 비판해본다. 현실적으로 사용 가능한 더 나은 질적 표본추출방법이 있는가? 있다면 어떤 것이며 그 방법을 선호하는 근거는 무엇인지 서술한다.

프로그램 평가 및 실천 평가를 위한 연구 설계

PART 6

앞서 살펴본 두 개 장들이 모집단에 대한 표본의 대표성에 초점을 맞췄다면, 제5부에서는 표본 내에서의 인과관계에 관한 추론을 가능하게 해주는 논리적 설계에 대해서 살펴보기로 하겠다. 제1장에서 우리는 사회복지 실천 및 사회복지 프로그램의 효과성을 사정해야 할 필요성에 대해서 논의한 바 있다. 제12장에서는 실험 및 유사실험에서의 논리적 설계가 개입과 클라이언트 성과의 부합 여부에 관한 연구자의 추론 능력에 어떻게 영향을 미치는지 살펴볼 것이다. 제13장에서는 단일사례평가 설계라는 맥락에서 실천 효과성 평가를 위한 논리적 설계에 대해서 살펴볼 것이다. 제13장의 논의는 우리들로 하여금 실천가들이 자신의 실천을 평가하는 데 다양한 연구설계들을 실제로 어떻게 활용할 수 있는지 그리고 그러한 연구설계들이 제공된 개입과 특정 사례 간의 인과관계에 대한 추론을 어떻게 가능하게 해주는지 이해할 수 있게 해줄 것이다. 제14장에서는 논의의 초점을 효과성 추론과 관련된 논리와 방법에서 벗어나 프로그램 및 실천에 대한 평가에 영향을 미치는 정치적 환경, 이해관계가 평가 방식에 미치는 영향 그리고 그러한 정치적 상황에 대처하는 방법에 맞출 것이다.

chapter 12

실험 설계와 유사실험 설계

12.1 서론

제11장에서 살펴보았던 확률표본추출의 기본 원리는 하나의 변수가 다른 변수의 원인이 되는지 여부에 대한 추론을 가능하게 해준다. 예들 들어, 교도소에 있는 동안 자발적으로 신앙에 기초한 개입을 받았던 범죄자들이 받지 않았던 범죄자들에 비해 출감 후에 다시 범죄를 저지를 가능성이 낮은 진짜 이유를 알아보고자 한다고 가정해보자. 과연 개입이 이러한 차이를 유발한 것일까? 아니면 개입에 참여했던 수감자들과 참여하지 않았던 수감자들이 애초부터 달랐던 것일까? 만일 달랐다면, 자발적으로 개입에 참여했다는 사실 그 자체는 낮은 재범률의 원인이라기보다는 죄에 대한 뉘우침과 새로운 삶을 살고자 하는 의지를 보여주는 것이라고 할 수 있다.

이 질문에 답하기 위해서, 우리는 개입에 참여했던 죄수들과 참여하지 않았던 죄수들을 비교하는 것이 아니라 확률표본추출방법을 이용하여 참여했던 죄수들을 개입을 받은 집단과 받지 않은 (혹은 다른 종류의 개입을 받은) 집단으로 나눈다고 가정해보자. 표본이 충분히 크다면 (예컨대, 100명 또는 그 이상의 죄수), 표본을 두 개 집단으로 무작위분할(randomly split)할 때 각각의 집단이 전체 표본에 대해서 그리고 서로에 대해서 대표성을 가질 수 있다. 만일 한 집단의 출감 후 재범률이 다른 집단에 비해 낮다면, 우리는 두 집단 간에 동기나 그 밖의 특성에 있어서 이미 존재하던 차이가 아니라 죄수들이 받았던 개입의 종류가 재범률에 있어서의 차이를 유발했다는 결론을 내릴 수 있다.

어떤 연구 설계가 연구자로 하여금 종속변수(예컨대, 재범률)에 있어서의 변화가 독립변수(예컨대, 개입의 종류) 때문에 발생한 것임(그리고 다른 대안적 설명, 예를 들면 개입을 받은 사람들과 받지 않은 사람들 간에 이미 존재하고 있었던 어떤 차이 때문에 발생한 것이 아님)을 확신할 수 있게 해준다면,

우리는 그 연구의 내적 타당도(internal validity)가 높다고 말할 수 있다. 이와 달리, 소위 내적 타당도 저해 요인(threats to internal validity)이라고 불리는 것들이 종속변수의 변화에 대한 대안적 설명이 될 수도 있다. 이들 저해 요인들을 살펴보고 나면, 왜 그리고 어떻게 실험 설계(experimental designs)가 내적 타당도를 가장 높일 수 있는지 그리고 그렇기 때문에 왜 실험 설계가 어떤 것이 다른 것의 원인인지 여부를 결정하는 최선의 방법인지를 쉽게 이해할 수 있게 될 것이다. 그럼 지금부터 인과적 추론의 세 가지 기준에 대해서 살펴보기로 하자.

12.2 인과적 추론의 기준

종속변수의 변화를 유발하는 진짜 원인이 독립변수라는 추론을 하기에 앞서 우리는 어떤 변수의 변화가 먼저 일어났는지를 확인해봐야 한다. 독립변수의 변화가 먼저인가? 아니면 종속변수의 변화가 먼저인가? 왜냐하면 나중에 발생한 것이 어떤 것의 원인이 된다는 것은 말이 되지 않기 때문이다. 따라서 인과적 추론의 첫 번째 기준은 원인이 결과보다 먼저 발생해야 한다는 것이다.

이 기준은 단순하고 분명해보이지만 사회복지와 관련된 연구결과들을 분석해보면 이 기준과 관련된 많은 문제를 발견하게 된다. 흔히 볼 수 있는 경우는 두 변수를 연결하는 시간 순서가 명확하지 않는 경우이다. 예를 들어, 반사회적 행동 문제를 가진 아동들이 행동에 문제가 없는 아동들에 비해 부모와의 관계가 더 원만하지 못하다는 연구결과가 있다고 가정해보자. 부모와의 원만하지 못한 관계가 행동 문제를 일으키는 것인가? 아니면 아동의 행동 문제가 아동으로 하여금 부모와 원만한 관계를 갖지 못하게 하는 것인가? 어느 쪽이 먼저인가? 어쩌면 행동 문제는 부모가 통제할 수 있는 환경 범위를 벗어난, 생물학적 요인이나 그 밖의 다른 병리적 요인 때문에 발생하는 것일지도 모른다.

인과관계의 두 번째 기준은 두 변수가 공변해야(covary) 한다는 것이다. 만일 개입을 받은 죄수들과 받지 않은 죄수들 간에 재범률에 있어서 아무런 차이가 없다면 개입이 재범률을 감소시켰다는 것은 말이 되지 않는다. 다시 말해서 독립변수와 종속변수가 함께 맞물려 변하지 않는다는 것이다.

인과관계의 세 번째 기준은 두 변수 간의 공변량(covariation)이 두 변수 모두의 원인이 되는 어떤 세 번째 변수의 영향에 의해서 설명될 수 없어야 한다는 것이다. 예를 들면, 위의 예의 재범률에 있어서의 차이는 개입에 자발적으로 참여한 재소자들이 이미 가지고 있었던, "올바른 삶"을 살고자 하는 강한 의지에 의해서도 설명될 수 있다.

12.3 내적 타당도

어떤 조사연구에서 변수들 간의 관계에 관한 인과적 추론이 어느 정도 가능한지에 대해서 생각해야 할 때 우리는 다시 한 번 타당도라는 용어를 접하게 된다. 제8장에서 우리는 측정 타당도에 대해서 논의하면서 타당도를 척도가 측정하고자 하는 것을 실제로 측정하는 정도라고 정의했었다. 그러나 인과적 추론에서는 타당도라는 용어를 제8장에서 정의한 타당도의 의미와 다른 의미로 사용한다. 인과관계와 관련된 두 가지 중요한 타당도는 내적 타당도와 외적 타당도이다.

앞서 언급한 바와 같이, 내적 타당도(internal validity)란 어떤 연구의 결과가 한 변수가 다른 한 변수의 원인인지 여부를 정확하게 보여주고 있다고 확신할 수 있는 정도를 말한다. 어떤 연구의 내적 타당도는 그 연구가 앞서 소개한 인과적 추론의 세 가지 기준을 만족시킨다면 그 연구는 내적 타당도를 갖는다. 이 말을 반대로 표현하면, 인과적 추론의 세 가지 기준을 만족시키지 못하는 만큼 우리는 독립변수가 종속변수를 설명하는 인과적 역할을 수행하거나 수행하지 못한다는 결론을 내리는

데 있어서 제한을 받게 된다. 외적 타당도(external validity)란 어떤 연구에서 발견된 인과관계가 그 연구의 조건을 넘어서서 일반화(generalized)될 수 있는 정도를 말한다. 이 장에서는 먼저 내적 타당도를 심층적으로 고찰할 것이며, 외적 타당도에 대해서 이 장의 뒷부분에서 자세하게 살펴보기로 하겠다. 어떤 연구의 내적 타당도를 어떻게 사정하는지를 명확하게 이해하기 위해, 내적 타당도를 저해하는 요인에는 어떤 것들이 있는지 알아보기로 하자.

12.3a 내적 타당도 저해 요인

내적 타당도를 저해하는 요인이란 독립변수 이외에 종속변수에 영향을 미치는 요인을 말한다. 예를 들어, 프로그램이나 실천의 효과를 평가한다고 할 때 연구자들은 결과에 있어서의 차이가 개입이 아닌 다른 요인에 의해서 발생된 것임에도 불구하고 마치 개입에 의해서 그런 차이가 발생된 것처럼 잘못 결론 내릴 수 있다. 다음은 내적 타당도를 저해하는 7가지 주된 요인들이다.

1. **우연한 사건** 연구가 진행되고 있는 과정 중에 결과를 혼란스럽게 만드는 외생적 사건이 발생할 수 있다. **우연한 사건**(history)이라는 용어의 의미를 자칫 오해하지 않도록 주의할 필요가 있다. 여기서 말하는 외생적 사건은 중요한 사건이어야 할 필요는 없지만 반드시 독립변수에 대해서 조작이 이루어지는 시점과 동일한 시점에 발생하는 사건이어야 한다. 예들 들면, 노인 요양원에서 근무하는 어떤 사회복지사가 단순히 사회복지 서비스를 받기 전과 후에 노인들의 사기를 측정하고 비교함으로써 사회복지 서비

내적 타당도 ▶ 어떤 연구의 결과가, 한 변수가 다른 한 변수의 원인인지 여부를 정확하게 보여주고 있다고 확신할 수 있는 정도
외적 타당도 ▶ 어떤 연구에서 발견된 인과관계가 그 연구의 조건을 넘어서서 일반화될 수 있는 정도

스가 요양원에 거주하는 노인들의 사기를 증진시키는 데 효과적인지를 평가하고자 한다고 가정해보자. 두 번의 측정 사이의 어느 시점에서 사회복지 서비스와는 전혀 무관한, 노인요양원의 외부 환경이 개선되는 사건이 발생한다면 독립변수(사회복지 서비스)가 아니라 외부 환경이 개선된 것이 종속변수(노인들의 사기)를 변화시킨 원인일 수도 있으며 그러한 가능성은 연구의 내적 타당도를 떨어뜨리는 요인이 된다.

2. **성숙 또는 시간의 경과** 모든 사람은 연구의 대상이든 아니든 상관없이 계속 성장하고 변하며 그러한 변화는 연구결과에 영향을 미친다. 예를 들어, 앞서 들었던 노인요양원의 예에서 노인들은 시간이 지날수록 약해지기 때문에 사회복지 서비스가 노인들을 더 허약하게 만들었다는 추론을 하는 것은 어리석은 일일 것이다. 노화로 인한 성숙(maturation)은 그러한 결론의 내적 타당도를 위협하는 요인이다. 그러나 성숙이 반드시 발달 단계상의 변화만을 의미하는 것은 아니다. 성숙은 단순히 시간의 경과에 따른 효과를 말할 수도 있다. 예를 들어, 가족을 잃은 사람들을 위한 사별 상담 프로그램을 생각해보자. 상담을 시작하기 직전에 가족을 잃은 클라이언트의 기능 수준이나 기분이 상담을 받고 난 후에 약간 나아졌다는 단순한 이유만으로 상담이 클라이언트의 기능을 향상시켰다는 결론을 내리는 것은 어리석은 일이다.

3. **검사** 때로는 어떤 검사(test)를 통해 측정하고자 하는 개념 구성체에 실질적인 긍정적 변화가 일어나지 않았음에도 불구하고 검사 과정 그 자체로 인해 검사 점수가 높아지기도 한다. 사회복지사가 워크숍에 참석하는 것이 주정부 자격시험에서 더 좋은 점수를 얻는 데 도움이 되는지 알아보고자 한다고 가정해보자. 자격시험이 측정하고자 하는 것과 유사한 것을 측정할 것이라 생각되는 시험을 만들어 워크숍 전

과 후에 사회복지사들로 하여금 시험을 치르게 할 때, 만일 시험 성적이 나아진다면 워크숍 진행자는 그것을 워크숍의 효과라고 말하고 싶어 할 것이다. 그러나 첫 번째 시험을 치른 다음 사회복지사들이 시험문제에 대한 답을 찾아보고 두 번째 시험에서 그 답을 기억했다면 어떻게 될까? 아마도 그들은 워크숍에 참여하지 않고서도 사후검사에서 더 높은 점수를 얻을 수 있을 것이고, 그렇다면 우리는 워크숍 참여가 성적을 향상시켰다는 주장을 할 수 없게 된다.

4. **도구화** 종속변수를 측정할 때 사전검사(pretest)에서 사용했던 것과는 다른 척도를 사후검사(posttest)에서 사용한다면 두 시험이 대등하다는 것을 어떻게 확신할 수 있을까? 사회복지사들이 자격시험에서 좋은 점수를 얻을 수 있도록 준비시켜주는 워크숍을 평가할 때 워크숍 참여자들에게 동일한 시험을 두 번 치르지 않게 하기 위해서 (검사효과를 방지하기 위해) 대등하다고 생각하는 두 가지 종류의 시험(사전검사를 위한 시험과 사후검사를 위한 시험)을 만들었다고 가정해보자. 물론, 워크숍이 실력 향상의 원인이라고 결론 내릴 수 있으면 좋겠지만 실제 이유는 사후검사용 시험이 사전검사용 시험보다 쉬웠기 때문일 수도 있다. 만일 점수가 낮아졌다면 워크숍 참여자들이 준비를 잘하지 못했기 때문이라기보다 사후검사용 시험이 더 어려웠기 때문일 수도 있다.

5. **통계적 회귀** 때로는 종속변수에 극단적인 점수를 받은 클라이언트들에게 제공된 서비스의 효과성을 평가하는 것이 바람직할 때도 있다. 예를 들어, 노인요양원에 거주하는 노인들 중 우울증 척도 점수가 가장 높은 노인들을 대상으로 한 새로운 우울증 완화 개입에 대한 사전점검 검사(pilot-test)를 실시한다고 가정해보자. 임상적 관점에서 보자면 서비스 욕구가 가장 큰 노인들에게 서비스를 제공하는 것이 가장 효과적

이다. 그러나 방법론적 관점에서 보자면 아무런 개입을 하지 않더라도 노인들의 우울증 점수가 어떻게 변할지 한 번 생각해볼 필요가 있다. 어떤 사람을 동일한 사정 척도를 가지고 반복적으로 측정하면, 그 척도가 어떤 척도이든 간에 측정 점수는 (그 사람이 실제로 변했기 때문이 아니라 도구의 불완전성에서 비롯된 무작위적 검사 요인 때문에) 매번 다르게 나타나기 마련이다. 예들 들어, 사전검사에서 가장 나쁜 점수를 받아 의뢰된 노인들은 사전검사를 받던 날이 유난히 좋지 않은 날이었고 보통 때는 사전검사보다 훨씬 좋은 점수를 받았을 수도 있다. 어쩌면 사전검사 받기 전날 밤에 잠을 설쳤을 수도 있고, 그날따라 만성질환이 악화되었거나, 그 주에 친한 친구나 친척이 사망했었을 수도 있다. 만일 우리가 사전검사 점수가 극단적으로 나쁜 노인들에게만 서비스를 제공한다면, 극단적으로 나쁜 점수를 받고 서비스 받은 노인의 비율이 극단적으로 나쁜 점수를 받았지만 서비스를 받지 않은 노인의 비율보다 높을 수도 있다. 이와 반대로 사전검사 점수가 좋았기 때문에 서비스를 받지 않은 사람들 중에는 사전검사 점수가 극단적으로 높은 노인들(즉, 사전검사를 받던 날이 이상할 만큼 좋은 날이었던 노인들)이 포함되어 있을 가능성이 높다. 따라서 심지어 아무런 개입 없이도 서비스를 받은 노인들이 서비스를 받지 않은 노인들에 비해 우울증 척도의 평균 점수가 시간이 지나면서 높아질 가능성이 있다. 이 경우, 연구 대상이 극단적인 위치에서 시작했기 때문에 나타난 변화를 독립변수의 효과로 잘못 인식할 위험이 있다.

6. **선정 편향** 두 집단을 비교할 때, 두 집단이 비교 가능하지 않은 집단이라면 두 집단을 비교한다는 것은 아무런 의미가 없다. 양육기술 향상을 위한 개입 프로그램의 효과성을 평가하기 위해서 프로그램에 자발적으로 참여한 부모 집단과 참여를 거부한 부모 집단의 양육기술 향상 정도를 비교한다고 가정해보자. 이 경우, 프로그램에 참여한 부모 집단의 양육기술이 크게 향상되었다고 해서 그것이 개입 때문이라는 결론을 내릴 수는 없다(적어도 그런 결론의 내적 타당도를 자신할 수는 없을 것이다). 왜냐하면 두 집단 간의 다른 차이 때문에 양육기술 향상 정도가 다르게 나타났을 수도 있기 때문이다. 예를 들면, 프로그램에 참여한 부모집단은 참여를 거부한 부모집단보다 나아지고자 하는 의지가 더 강했을 수도 있다. 따라서 참여자들이 더 열심히 노력하고, 더 많이 읽고, 개입과 관련이 없지만 그들의 양육기술이 왜 향상되었는지를 설명해줄 수 있는 다른 많은 일을 했을 수 있다. 일반적으로 선정 편향은 사회서비스 평가 연구의 내적 타당도를 저해하는 요인으로 작용한다. 왜냐하면 서비스를 받은 집단과 서비스를 받지 않은 집단을 비교할 때 애초에 두 집단이 정말로 비교 가능한지 여부를 확인하는 사전점검 없이 두 집단을 종속변수에 대해서 비교하기 때문이다. 이러한 문제는 (개입 참여를 자원한 재소자와 개입 참여를 거부한 재소자들의 재범률을 비교하는 경우와 마찬가지로) 서비스를 이용하기로 한 사람들과 서비스 이용을 선택하지 않은 사람 또는 서비스에 의뢰되지 않은 사람들을 비교할 때 가장 일반적으로 발생한다.

7. **모호한 인과관계** 방향 이 장의 앞부분에서 논의했던 바와 같이, 독립변수와 종속변수의 시간 순서와 관련된 모호함이 존재할 가능성이 있다. 이런 문제가 실제로 발생하면, 독립변수가 종속변수를 변화시킨 원인이라는 연구결과는 사실은 "종속"변수가 독립변수의 변화를 이끌어냈을 수 있다는 설명에 의해서 도전받게 된다.

예를 들어, 어떤 연구에서 물질남용 치료 프로그램을 끝마친 클라이언트들이 중도 탈락한 클라이언트들에 비해 물질남용이 줄어들었다는 것을 발견했다고 가정해보자. 이 프로그램이 참여자들에게 물질남용을 하지 않도록 영향을 미친 것인지 아니면 물질남용을 하지 않았기 때문에 프로그램을 끝마칠 수 있었던 것인지는 매우 불분명하다.

우리는 앞서 언급한 내적 타당도 저해 요인들이 사회복지 프로그램이나 사회복지 실천을 평가할 때 자주 사용되는 연구 설계에 어떻게 반영되는지를 고찰함으로써 내적 타당도 저해 요인들을 좀 더 구체적으로 예시할 수 있다. 물론 어떤 연구가 특정 내적 타당도 저해 요인들을 얼마나 잘 통제했는지에 대해서는 연구 소비자들 간에 의견 차이가 있지만 그런 연구들을 내적 타당도가 매우 낮은 연구, 매우 높은 연구 그리고 상이한 평가가 "혼재된 연구"로 구분해볼 수 있다. 이러한 구분은 이제부터 살펴볼 설계 중 어떤 설계를 연구에서 채택했는지에 따라 상당히 달라진다. 먼저, **원시실험 설계**(preexperimental designs)라고 불리는, 내적 타당도가 낮은 연구 설계들을 살펴보기로 하자.

12.4 원시실험 설계

앞서 언급한 바와 같이, 내적 타당도를 저해할 수 있는 요인들을 통제하지 않은 상태에서 두 변수의 공변 여부를 보는 연구는 내적 타당도가 높을 수 없다. 그러나 어떤 연구에서는 심지어 공변 여부를 입증하는 것조차 어려울 수 있다. 예들 들면, **일회검사 사례연구**(one-shot case study)가 그런 경우에 해당한다. 이 연구 설계를 간단히 기호로 표기하면 다음과 같다.

$$X \qquad O$$

위의 표기 내용에서, X는 서비스 개입 같은 자극을 주었다는 것을 나타낸다. O는 관찰, 즉 종속변수를 측정한 것을 의미한다. 이 설계는 단일 집단에 자극(즉, 개입)을 준 다음 그 집단을 종속변수

에 대해 측정하는 설계이다.

예를 들어, 어떤 서비스를 제공한 다음 서비스를 받은 사람들의 사회적 기능의 수준을 측정한다고 가정해보자. 이 설계는 서비스를 받은 사람들의 사회적 기능이 처음에 비해 높아졌는지(혹은 낮아졌는지) 또는 서비스를 받지 않은 비교 가능한 다른 사람들에 비해 높아졌는지(또는 낮아졌는지) 여부를 확인할 수 있게 해주지 못한다. 따라서 이 설계는 공변량(covariation)을 평가하지 못할 뿐만 아니라 내적 타당도에 대한 어떤 위협도 통제하지 못한다.

설령 시간적 발생 순서가 맞고 예측했던 변화가 관찰되더라도 인과적 추론의 나머지 한 가지 기준이 더 충족되어야 한다. 다시 말해서, 세 가지 기준 중 두 가지 기준만 충족되었다는 것은 **외생적 변수**(extraneous variables) 또는 **외생적 사건**(extraneous events)이 관찰된 변화의 원인일 가능성을 배제할 수 없다는 것을 의미한다. 단일집단 사전사후검사 설계(one-group pretest-posttest design)를 예로 들어보기로 하자. 이 설계를 기호로 표기하면 다음과 같다.

$$O_1 \qquad X \qquad O_2$$

위 표기에서 아래첨자 1과 2는 관찰의 순서를 나타낸다. 따라서 O_1은 개입 이전의 사전검사이고, O_2는 개입 이후의 사후검사이다. 이 설계는 자극(개입)을 주기 이전과 이후에 종속변수를 사정한다. 이 설계를 사회복지 서비스의 효과를 평가하는 연구에 사용한다면 서비스 제공 이전과 이후에 서비스 성과에 해당하는 변수를 사정할 것이다.

이 설계는 공변량을 사정하고 인과적 시간 순서를 통제할 수 있지만 사전검사와 사후검사 간의 변화를 유발할 가능성이 있는 독립변수 이외의 요인들, 즉 내적 타당도 저해 요인 중에서 우연한 사건,

▶ **일회검사 사례연구** ▶ 내적 타당도가 낮은 원시실험 설계. 개입 또는 특정 종류의 자극이 있은 후 특정 시점에서 종속변수를 측정함.

성숙, 검사 및 통계적 회귀는 통제하지 못한다.

예를 들어, 사회복지학 전공생들 대상으로 사회복지교육을 시작하기 전과 교육이 끝날 무렵에 지역사회조직의 사회행동전략(시위나 거부 같은 대립 및 갈등적 전술을 강조하는 전략)에 대한 그들의 태도를 사정했다고 가정해보자. 이 기간 동안 학생들 사이에서 대립을 중요시하는 사회행동전략을 선호하는 성향은 줄어들고 합의를 중시하는 지역사회개발 접근법을 선호하는 성향이 높아졌다고 가정해보자.

이러한 결과에 근거하여 사회복지교육이 학생들의 태도 변화를 이끌어냈다고 추론할 수 있을까? 물론 아니다. 왜냐하면 다른 요인들이 변화를 유발했을 수도 있기 때문이다. 예를 들면, 그 기간 동안 학생들이 성숙해졌기 때문에 더디고 점진적인 변화 전략에 대해서 더 수용적이 되었을 수도 있다(성숙이나 **시간의 경과** 같은 내적 타당도 저해 요인). 또는 그 기간 동안 사회복지교육 외적인 어떤 사건들이 발생하여 학생들의 변화를 이끌어냈을 수도 있다(**우연한 사건**). 예를 들면, 일련의 항의 시위가 배경이 되어 학생들이 혐오했던 대통령 후보가 오히려 당선되는 것을 보고 학생들이 시위의 부정적인 효과를 인식하게 되어 사회행동전략에 대해서 회의적인 태도를 갖게 되었을 수 있다.

세 번째 원시실험 설계는 **비동일집단 사후검사 설계**(posttest-only design with nonequivalent groups)이다. 이 설계를 간단히 표기하면 아래와 같다.

$$X \quad O$$
$$O$$

이 설계는 한 집단에 자극(개입)을 준 다음 종속변수를 평가하고 첫 번째 집단과 대등하지 않으면서 자극을 받지 않은 두 번째 집단에 대해서도 종속변수를 사정한다. 이 설계는 사회복지 서비스의 효과성을 평가하면서 서비스를 받고 난 후에만 결과변수에 대해서 클라이언트를 사정하고 (서비스를 받기 전에는 하지 않고) 그 결과를, 서비스를 받은 클라이언트 집단과 여러 가지 면에서 동일하지 않을 수 있는, 서비스를 받지 않은 집단과 비교하는 설계이다.

예를 들어, 앞서 소개했던 자녀를 학대하는 부모들을 대상으로 한 인지-행동적 개입의 효과성을 평가하는 예를 다시 들어보기로 하자. 개입을 받은 부모들의 사전검사 점수와 사후검사 점수를 비교하는 대신 비동일집단 사후검사설계를 사용하여 그들의 점수를 학대하는 부모들 중에서 개입을 받도록 의뢰되지 않았거나 개입을 거부했던 부모들의 점수와 비교할 수 있다. 이 경우, 우리는 치료 받은 부모들의 점수가 치료를 받지 않은 부모들의 점수보다 더 높게 나타나주기를 바라는데, 왜냐하면 그런 결과가 나타난다면 독립변수(치료 상태)와 종속변수(검사 점수) 간에 양의 상관이 존재한다는 것을 의미하기 때문이다. 그러나 양의 상관관계가 나타나더라도 개입이 두 집단 간의 차이를 야기했다고 추론할 수는 없다. 그렇게 할 수 없는 가장 큰 이유는 이 설계가 **선정 편향**(selection bias)을 통제하지 못하기 때문이다. 사전검사 없이는 두 집단의 점수 차이가 처음부터 (즉, 치료 받은 부모들이 치료를 시작하기 전부터) 있었는지 여부를 알 길이 없다. 더욱이 두 집단이 여러 가지 면에서 실제로 동일하지 않았을 수도 있다. 개입을 받도록 의뢰되었거나 참여하기로 결정한 부모들은 의뢰되지 않았거나 치료를 거부한 부모들에 비해 나아지려는 의지가 더 강했거나 지지적 자원을 더 많이 가지고 있었을 수도 있다.

▶ **단일집단 사전사후검사 설계** ▶ 개입 또는 특정 종류의 자극이 있기 전과 후에 종속변수를 측정하는, 낮은 내적 타당도를 가진 원시실험 설계. 두 측정값 간의 차이에 대한 어떤 대안적 설명도 통제하지 못함.

비동일집단 사후검사 설계 ▶ 비교 가능하지 않은 두 집단 중 어느 한 집단에 대해 개입이 이루어진 다음, 두 집단 모두에 대해서 종속변수를 측정하는 원시실험 설계.

12.4a 사전점검연구

좀 더 내적 타당도가 높은 연구설계들을 소개하기에 앞서 한 가지 먼저 살펴볼 것이 있다. 어떤 설계의 내적 타당도가 낮다는 말의 의미는 그 설계를 사용해서는 안 된다거나 그런 설계를 사용한 연구들이 가치 없는 연구라는 것이 아니다. 모든 조사연구가 인과적 추론을 목적으로 하는 연구는 아니며 탐색적 또는 설명적 목적을 가진 연구도 많다는 점을 기억하기 바란다. 예를 들어, 어떤 기관이 지금까지 잘 알려진 바가 없는 소규모 집단을 위한 새롭고 창의적인 개입을 시작하고자 한다고 가정해보자. 단일집단 사전사후설계를 이용하여 이 집단의 사후검사 점수가 사전검사 점수에 비해 높은지 (또는 낮은지) 알아보는 것이 필요할 수 있다. 이를 위해 연구자는 잠정적인 탐색적 정보나 기술적 정보를 얻기 위해서 그런 연구 설계를 가진 **사전점검연구**(pilot study)를 실시해볼 수 있다. 이러한 사전점검연구는 좀 더 엄격한 설계를 하기 어려운 실천 세팅에서 종종 실시되며, 연구결과는 주로 실천지향적인 학술지들을 통해 발표된다. 만일 사후검사 점수가 사전검사 점수보다 월등히 낮다면 개입이 효과적이라는 가설이 좀 더 그럴듯하게 들리겠지만, 그렇다고 해서 그러한 사실만으로 개입이 그런 바람직한 결과의 원인이라는 결론을 확신 있게 내릴 수는 없다. 그런 결과를 가지고 우리가 할 수 있는 것은 사전검사 점수와 사후검사 점수가 공변한다는 사실과 시간 순서를 입증하는 것 그리고 개입의 영향을 계속해서 검증해봐야 할 합리적 근거(더 높은 내적 타당도를 가진 대규모 연구를 실시하는 데 필요한 재원을 찾는 노력을 포함한)를 제공하는 것까지이다. 원시실험 설계보다 높은 내적 타당도를 가진 두 종류의 연구설계는 **실험 설계**(experimental)와 **유사실험 설계**(quasi-experimental)이다. 이중에서 먼저 실험 설계에 대해서 살펴보기로 하자.

12.5 실험 설계

실험 설계(experimental designs)는 독립변수를 통제하고 독립변수의 영향을 분리해낼 수 있는 능력을 증진시킴으로써 내적 타당도를 저해하는 요인들을 가장 잘 통제할 수 있게 해주는 설계이다. 사회복지 분야에서 실험 설계는 사회복지 서비스 또는 실천 방법의 효과성을 평가할 때 가장 많이 사용된다. 실험 설계는 (1) 연구 대상을 **실험집단과 통제집단**으로 무작위 배정하고, (2) 실험집단에는 한 가지 범주의 독립변수를 제공하고 통제집단에는 또 다른 범주의 독립변수를 제공한 다음 (예를 들면, 실험집단에게는 새로운 개입을 제공하고 통제집단에게는 기존 서비스를 제공한다), (3) 실험집단과 통제집단의 종속변수에 있어서의 변화를 비교한다.

예들 들어, 노인요양시설 거주 노인들의 우울증을 감소시키고 사기를 북돋우기 위해 자신의 지난 삶을 되돌아보게 하는 사회복지 개입의 효과성을 사정하고자 한다고 가정해보자. 실험 설계를 사용할 경우, 연구자는 단순히 개입을 요청하고 받아본 적이 있는 노인들과 그렇지 않은 노인들을 비교하기보다는 (두 집단이 처음부터 동일하다고 가정할 수 없기 때문에 이 방법은 선정 편향에 취약할 수 있다) 실험에 참여하기로 동의한 노인들을 난수표, 동전 던지기 또는 체계적 표본추출 등을 이용하여 실험집단(개입을 받는)과 통제집단(개입을 받지 않는)으로 무작위 할당한다. 그런 다음, 개입을 시작하기 전에 모든 노인들을 우울증과 사기(종속변수)를 나타내는 한 가지 이상의 지표에 대해서 측정한다. 만일 실험집단의 사기가 통제집단의 사기보다 향상된 것으로 나타나면, 그러한 결과는 개입으로 인해 사기가 증진되었다는 가설을 뒷받침한다.

▶ **실험집단** ▶ 연구참여자 중 평가 대상 개입 또는 프로그램을 제공받은 참여자들로 이루어진 집단

통제집단 ▶ 평가하고자 하는 개입 또는 프로그램을 제공받지 않은 연구참여자들로 이루어진 집단

이 예는 **통제집단 사전사후검사 설계**(pretest-posttest control group design)라고 하는 고전적 실험 설계의 예이다. 이 설계는 그림 12-1과 같이 도표로 나타낼 수 있으며, 기호로 간단히 표기하면 아래와 같다.

$$R \quad O_1 \quad X \quad O_2$$
$$R \quad O_1 \qquad O_2$$

위의 표기에서, R은 연구 대상자를 실험집단과 통제집단으로 무작위 배정하는 것을 의미하며, 아래첨자 1은 사전검사, 2는 사후검사 그리고 X는 개입을 나타낸다.

이 설계는 내적 타당도를 저해하는 여러 가지 요인들을 통제할 수 있다. 만일 우연한 사건이나 성숙이 사기 증진의 원인이라면, 실험집단의 사기가 통제집단에 비해 더 나아져야 할 이유는 없다. 뿐만 아니라 노인들을 무작위로 배정했기 때문에 실험집단이 통제집단에 비해 덜 극단적인 점수로의 통계적 회귀 가능성이 더 높다고 볼 수 있는 근거 역시 없다. 또한 무작위 배정 과정을 거쳤기 때문에 두 집단이 종속변수, 동기부여 정도, 심리사회적 기능 등과 같은 변수들에 있어서 처음부터 달랐을 가능성 또한 배제할 수 있다. "중증행동장애 아동을 위한 치료 프로그램의 효과 평가를 위한 사회복지 실험"이라는 제목의 글상자는 통제집단 사전사후검사설계를 이용한 사회복지 연구의 내용을 요약한 것이다.

그러나 통제집단 사전사후검사설계가 검사-재검사의 영향까지 통제할 수는 없다. 사전검사를 실시하는 것이 치료 효과에 영향을 미치거나 사후검사 반응을 왜곡시킬 수 있다고 판단되는 경우, 연구자는 **통제집단 사후검사 설계**(posttest-only control group design)라는 실험 설계를 대안으로 선택할 수 있다. 이 설계를 선택하는 또 다른 (좀 더 일반적인) 이유는 아동학대 예방 프로그램의 효

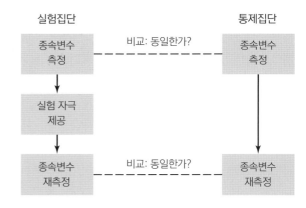

그림 12-1 ▶ 기본적인 실험 설계

실험집단   통제집단

종속변수 측정 —— 비교: 동일한가? —— 종속변수 측정

실험 자극 제공

종속변수 재측정 —— 비교: 동일한가? —— 종속변수 재측정

과성을 사정하는 경우와 마찬가지로 사전검사를 실시하는 것이 현실적으로 가능하지 않기 때문이다. 이 설계를 간단히 표기하면 다음과 같다.

$$R \quad X \quad O$$
$$R \qquad O$$

이 설계에서는 실험집단과 통제집단 간에 혹시라도 처음부터 어떤 차이가 존재한다면 그러한 차이는 무작위 배정에 의해서 제거된다고 가정한다. 이처럼 두 집단이 처음부터 동일하다고 가정하기 때문에 사후검사에서 두 집단 간에 어떤 차이가 나타난다면 그 차이는 독립변수의 인과적 영향을 반영하는 것이라고 추론할 수 있다. 글상자 "동기강화면접 개입의 효과 평가를 위한 사회복지 실험"은 통제집단 사후검사설계를 사용한 사회복지 연구의 내용을 요약한 글이다.

통제집단 사전사후검사 설계 ▶ 연구참여자를 평가 대상 개입이 이루어지는 실험집단과 이루어지지 않는 통제집단으로 무작위 배정한 다음, 각 집단에 대해서 개입 전과 후에 종속변수를 측정하는 고전적 실험 설계

통제집단 사후검사 설계 ▶ 고전적 실험 설계를 변형하여 사전검사로 인해 나타날 수 있는 시험효과를 방지하는 설계. 개입 전 두 집단 간에 존재할 수 있는 종속변수에 있어서의 차이는 무작위 배정을 통해서 통제할 수 있다고 가정하고 개입이 있은 후 두 집단을 종속변수에 대해서 측정함

만일 사전검사와 사후검사 간의 변화 정도를 알고 싶지만 검사효과가 우려된다면, 솔로몬 4집단 설계(Solomon four-group design)라는 실험 설계를 이용할 수 있다. 이 설계를 간단히 기호로 나타내면 다음과 같다.

$$R \quad O_1 \quad X \quad O_2$$
$$R \quad O_1 \quad \quad O_2$$
$$R \quad \quad X \quad O_2$$
$$R \quad \quad \quad O_2$$

이 설계는 고전적 실험 설계를 통제집단 사후검사설계와 결합한 설계이다. 연구방법론을 연구하는 학자들은 이 설계를 매우 높게 평가하지만 사회복지 연구에서는 사실 거의 사용되지 않는다. 이 설계는 연구 대상을 두 개 집단이 아니라 네 개 집단으로 무작위 배정하는데, 이중에서 두 집단은 실험집단이고 두 집단은 통제집단이다. 통제집단과 실험집단 중 각각 한 집단에 대해서는 사전검사와 사후검사를 실시하고 나머지 한 집단에 대해서는 사후검사만 실시한다. 만일 사전검사가 어떤 영향을 미친다면 두 실험집단의 결과를 서로 비교하고 두 통제집단의 결과를 서로 비교함으로써 그 영향을 발견할 수 있다.

때로는 두 가지 대안적 치료 방법의 효과성을 비교하기 위해 실험 설계를 사용하기도 한다. 이런 목적의 설계에서는 각각의 치료방법에 의해 발생된 변화의 양을 사정하기 위해 사전검사가 요구된다. 이러한 실험 설계를 가리켜 **대안치료 사전검사 설계**(alternative treatment design with pretest)(Shadish, Cook & Leviton, 2001)라고 한다. 이

설계의 표기는 다음과 같다.

$$R \quad O_1 \quad X_A \quad O_2$$
$$R \quad O_1 \quad X_B \quad O_2$$
$$R \quad O_1 \quad \quad O_2$$

위의 표기에서, 첫 번째 행은 참여자들이 치료 A에 무작위로 배정되었다는 것을 나타내고 두 번째 행은 치료 B에 무작위로 배정되었다는 것을 나타낸다. 세 번째 행은 참여자들이 통제집단에 무작위 배정되었다는 것을 나타낸다. 치료 A가 치료 B에 비해 효과적이려면 O_1과 O_2 간의 향상 정도는 첫 번째 행에서 가장 크게 나타나야 한다. 만일 첫 번째 행과 두 번째 행의 향상 정도가 거의 비슷하고 세 번째 행에서의 향상 정도에 비해 크다면, 이는 치료 A와 치료 B의 효과가 거의 같다는 것을 의미한다. 그러나 세 번째 행에서의 향상 정도가 첫 두 행에서의 향상 정도와 같다면 두 치료 방법이 모두 효과적이지 않다는 것을 의미하며, 각각의 행에서 나타난 향상은 우연한 사건이나 시간의 경과 같은 대안적 요인에 의해서 설명될 수 있다.

어떤 실험연구에서는 이 설계의 3개 행 중 첫 번째와 두 번째 행만 사용하고 세 번째 행은 사용하지 않는다. 즉, 두 가지 치료 방법만 서로 비교하고 통제집단과는 비교하지 않는 것이다. 만일 한 집단이 다른 집단보다 훨씬 향상된다면 이 실험 설계는 타당하고 분명한 결과를 가질 수 있다. 그런데 만

▶ **솔로몬 4집단 설계** ▶ 연구참여자를 네 개 집단으로 무작위 배정한 다음, 두 집단에 대해서는 개입을 하고 그중 한 집단에 대해서는 종속변수를 개입 전과 후 모두에 측정하고 다른 한 집단에 대해서는 사후 측정만 함. 개입이 이루어지지 않은 나머지 두 집단 중 한 집단에 대해서 사후 측정을 하고 다른 한 집단에 대해서는 아무런 측정을 하지 않음.

대안치료 사전검사 설계 ▶ 두 가지 대안적 치료방법의 효과를 비교하기 위한 실험 설계. 연구참여자를 서로 다른 두 가지 방법에 따른 치료가 이루어지는 두 개의 실험집단과 아무런 치료가 이루어지지 않는 한 개 통제집단에 무작위로 배정함. 세 집단 모두에 대해서 사전과 사후에 종속변수를 측정함.

분해 연구 ▶ 특정 개입이 효과적인지 여부뿐만 아니라 개입의 요소들 중 어떤 요소가 그러한 효과를 얻는 데 필요하고 필요하지 않은지 까지 알아볼 수 있는 실험 설계. 연구참여자를 모든 구성요소가 포함된 치료집단, 일부 구성요소만 포함된 치료집단, 통제집단으로 무작위 배정함. 모든 집단에 대해서 사전, 사후 종속변수 측정을 실시함.

중증행동장애 아동을 위한 치료 프로그램의 효과 평가를 위한 사회복지 실험

Mark Fraser와 그의 동료들은 반사회적 행동을 보이고, 또 그로인해 그들의 또래 집단에게 배척당한 아동들의 품행 장애를 치료하기 위해 다중요소 프로그램의 효과성을 사정하였다. 이 아이들은 실험집단이나 통제집단에 무작위로 배정받았다. 실험집단은 방과 후 또는 학교에서 사회화 훈련 프로그램에 참여했으며, 그 아이들의 부모 또는 보호자는 양육 기술을 향상시키기 위해 고안된 가정 내 가족 개입 프로그램에 참여했다. 통제집단의 아이들은 이미 받은 일상적인 서비스에 계속 참여했다. 이

연구의 마지막에 통제집단의 아이들과 부모는 실험집단 참가자들이 받은 것과 같은 개입을 제공받았다. 이 연구의 결과는 교사가 교실 및 놀이 환경에서 각 어린이의 행동을 평가 한 사전검사 및 사후검사에서 작성한 양식을 통해 측정되었다. 결과적으로 실험집단의 어린이들이 사회적 행동, 감정 조절 능력, 또래집단과의 사회적 접촉 증가 부문에서 통제집단 어린이들보다 유의미한 개선을 보였다.

출처: Fraser, M, Day, S. H. Galinsky, M. J. Hodges, V. G. and Smokowski, P R. 2004 "Conduct Problems and Pear Rejection in Childhood A Randomized Trial of the Making Choices and Strong Families Programs. *Research on Social Work Practice*, 14&313-324.

동기강화면접 개입의 효과 평가를 위한 사회복지 실험

Robert Schilling과 동료들은 알코올 중독에서 벗어난 사람들이 중독 치료 후 자조모임에 참여하도록 권장하는 동기강화면접 개입의 효과를 평가하였다. 연구를 위해 96명의 클라이언트를 3회로 이루어진 동기강화면접 집단과 표준 치료 집단 중 하나로 무작위 배정하였다. 동기강화면접 개입에서는 클라이언트로 하여금 자신의 문제 행동과 자신의 목표 간의 불일치를 인식할 수 있도록 돕는 동시에 클라이언트가 자신의 문제와 변화의 필요성을 인식하는 데 도움이 되는 정보와 환류를 제공하기 위해서 클라이언트 중심의 관계 기술(예를 들면 감정이입, 따뜻

함, 진정성 같은)이 사용되었다. 개입의 성과는 입원치료를 마치고 퇴원한 후 2개월이 경과한 시점에서 자조모임 참석과 음주 행동에 대한 자기보고를 통해 사정하였다. 동기강화면접 개입이 증거기반 실천으로 널리 받아들여지고 있는 현실과 달리, 연구자들이 발견한 결과는 다소 실망스러운 것이었다. 실험집단과 통제집단 간 음주 행동에 있어서의 차이는 별견되지 않았다. 그러나 동기강화면접 개입에 참여한 사람들은 참여하지 않은 사람들에 비해 자조모임 참석 횟수가 평균 2배 이상 많았다.

출처: Schilling, R. F., El-bassel, N., Finch, J. B,m Roman, R. J., and Hanson, M. 2002. "Motivational Interviewing to Encourage Self-Help Participation Following Alcohol Detoxification," *Research on Social Work Practice*, 12, 6, 711-730.

일 두 집단이 비슷한 정도로 향상된다면 어떻게 해야 할까? 아마도 어떤 연구자는 두 치료 방법 모두 효과적이라는 결론을 내릴 수 있다고 생각할는지 모른다. 그러나 통제집단이 없기 때문에 두 집단에서 나타난 향상이 우연한 사건이나 시간의 경과 같은 내적 타당도 저해 요인에서 기인했을 가능성을 배제할 수 없다. 글상자 "법원이 지정한 두 가지 배우자 학대 치료 접근방법의 효과 비교를 위한 사회복지 실험"은 이에 해당하는 예를 보여주고 있다.

대안치료 사전검사설계와 매우 유사한 설계인

분해 연구(dismantling study)는 개입이 효과적인지 여부뿐만 아니라 그러한 효과를 얻는 데 필요한 개입 요소와 필요하지 않은 요소가 어떤 것인지까지 사정할 수 있는 연구설계이다. 분해 연구를 간단히 표기하면 다음과 같다.

$$R \quad O_1 \quad X_{AB} \quad O_2$$
$$R \quad X_A \quad X_A \quad O_2$$
$$R \quad O_1 \quad X_B \quad O_2$$
$$R \quad O_1 \quad \quad O_2$$

법원이 지정한 두 가지 배우자 학대 치료 접근방법의 효과 비교를 위한 사회복지 실험

Stephen Brannen은 학위논문을 쓰기 위해 부부관계를 유지하기 위해서 샌안토니오 법원이 지정한 배우자 학대 치료를 받고 있는 부분들을 대상으로 실험 연구를 실시하였다. 부부들은 서로 다른 인지행동 치료 접근방법에 근거한 두 개의 치료집단 중 하나에 배정되었다. 두 집단 중 한 집단에서는 부부를 함께 집단치료에 참여하게 하는 접근방법이 사용되었고, 다른 한 집단에서는 부부를 성별에 따라 분리하였다. 치료 성과는 부부의 갈등 해결 능력, 부부 사이의 폭력 수준, 의사소통과 결혼 만족도, 재범 등을 측정하는 표준화 된 자기보고 척도를 사용하여 측정하였으며, 학대 피해자와 가해자 모두에게서 자료를 수집하였다. 사전검사와 사후검사를 비교했을 때 두 집단(서로 다른 두 가지 인지행동 치료접근) 모두에게서 유의미한 변화가 있었지만 집단 간 차이는 없었다. Brannen의 연구결과는 두 가지 접근방법이 대등하게 효과적이라는 생각을 뒷받침하지만, 치료를 받지 않는 집단이나 기존 접근방법에 근거한 치료를 받는 집단(즉, 통제집단)과 비교가 이루어지지 않았기 때문에 우연한 사건, 시간의 경과 등과 같은 내적 타당도 저해 요인을 배재할 수 없었다.

출처: Brannen, S. J. and Rubin, A. 1996. "Comparing the Effectiveness of Gender-Specific and Couples Groups in a Court Mandated Spouse Abuse Treatment Program," *Research on Social Work Practive*, 6, 4, 405-424.

아동학대 부모를 위한 인지행동 치료의 효과에 대한 사회복지 실험

Whiteman, Fanshel 그리고 Grundy(1987)는 아동학대 가정 또는 아동학대 위험 가정의 부모를 대상으로 분노 조절 능력 향상을 위해 실시한 인지행동치료의 효과를 평가했다. 연구를 위해 55명의 클라이언트를 4종류의 치료집단과 치료 개입 대신 의뢰기관 제공하는 서비스를 받는 1개 통제집단에 배정하였다. 첫 번째 치료집단은 부모의 인식, 기대, 평가, 스트레스 관리 인지 재구조화 치료를 받았다. 두 번째 치료집단은 심리적인 안정을 취하는 과정에 대한 교육을 받았다. 세 번째 치료집단은 문제해결 능력에 대한 교육을 받았다. 네 번째 치료집단은 나머지 세 종류의 치료집단 각각에 제공된 세 가지 치료 개입을 모두 제공받았다. 사전검사에서는 실험집단과 통제집단 간에 유의미한 차이가 없었다. 그러나 사후검사에서 치료를 받은 집단(실험집단) 참가자들은 치료를 받지 않은 집단(통제집단) 참가자들보다 분노의 감소가 컸다. 분노 감소 정도가 가장 큰 치료집단은 세 가지 치료 개입을 모두 제공받은 집단이었다. 이러한 연구결과에 근거하여, Whiteman과 동료들은 사회복지사들에게 긍정적인 자녀 양육태도를 촉진하기 위해서 복합적인 치료방법을 사용할 것을 권고했다. 또한 그들은 분노 경감 및 조절에 있어서 문제해결 능력 요소가 중요하고, 양육 태도를 개선하는데 있어서는 인지 재구조화 요소가 중요하다는 사실을 발견했고, 치료방법에 심리적 안정 교육 요소를 포함시키는 것은 상대적으로 그리 중요하지 않다는 것을 지적했다.

출처: Whiteman, Martin, David Fanshel, and John F. Grundy. 1987. "Cognitive-Behavioral Interventions Aimed at Anger of Parents at Risk of Child Abuse," *Social Work*, 32(6), 469-474.

첫 번째 행은 참여자들이 구성요소 A와 B가 모두 포함된 치료에 무작위로 배정되었다는 것을 나타내고, 두 번째 행은 참여자들이 구성요소 A만 포함된 치료에 무작위로 배정되었다는 것을 의미하며, 세 번째 행은 구성요소 B만 포함된 치료에 무작위로 배정되었다는 것을 나타낸다. 네 번째 행은 참여자들이 통제집단으로 무작위 배정되었다는 것을 뜻한다. 만일 O_1과 O_2 간의 향상 정도가 첫 번째 행에서 가장 크게 나타난다면 이는 치료가 효과적이라는 것과 두 구성요소가 모두(A와 B) 필요하다는 것을 의미한다. 만일 두 번째 행이나 세 번째 행 중 어느 한 행의 향상 정도가 첫 번째 행의 향상 정도보다 크다면 이는 그 행에 해당하는 구성요소가 첫 번째 행의 효과를 얻기 위해 필요한 구성요소이고 나머지 구성요소는 필요하지 않다는 것을 말해준다. 글상자 "아동학대 부모를 위한 인

무작위 배정 대 무작위 표본추출 실험을 위한 무작위 배정		
참여자 이름	동전 던지기 결과	동전 던지기 결과
Ann	앞면	실험집단
Dan	뒷면	통제집단
Jan	뒷면	통제집단
Jack	앞면	실험집단
Jill	뒷면	통제집단
Bill	앞면	실험집단
Lil	앞면	실험집단
Phil	뒷면	통제집단

설문조사를 위한 무작위 표본추출		
표본틀상의 이름 및 번호	난수표에서 뽑은 번호	설문조사 대상으로 뽑힌 사람
1. Ann	1	Ann
2. Dan		
3. Jan		
4. Jack	4	Jack
5. Jill	5	Jill
6. Bill		
7. Lil		
8. Phil	8	Phil

지행동치료의 효과 평가를 위한 사회복지 실험"은 사회복지에서 분해 연구를 사용하는 방법을 보여 준다.

12.5a 무작위화

이제 실험집단과 통제집단이 비교 가능해야만 한다는 실험 설계의 주된 원칙이 무엇을 의미하는지 분명하게 이해했으리라 본다. 이상적으로는 실험집단이 자극이나 개입에 노출되지 않았을 때의 상태를 나타내는 것이 통제집단이어야 한다. 실험집단과 통제집단이 관련된 모든 측면에서 대등하다고 확신할 수 있는 방법은 없다. 또한 두 집단이 완벽하게 동일한 성숙이나 우연한 사건을 겪었다

거나 애초부터 두 집단 간에 아무런 차이가 없었다는 것을 보장할 수 있는 방법도 없다. 그러나 클라이언트들을 두 집단으로 배정하는 데 있어서 편향을 방지하고 치료 이전에 두 집단 간에 존재했던 차이가 미미한 수준이었을 수학적 확률이 높다는 것을 확신할 수 있는 방법은 한 가지가 있다. 그 방법은 다름이 아니라 연구 대상을 실험집단과 통제집단으로 무작위 배정하는 과정, 즉 **무작위화** (randomization)이다.

무작위화 또는 무작위 배정과 무작위 표본추출은 다른 것이다. 무작위로 배정된 연구 대상이 모

무작위화 ▶ 확률이론에 기초하여 연구참여자를 실험집단과 통제집단으로 무작위 배정하는 기법

집단에서 무작위로 추출되는 경우는 거의 없다. 오히려 연구 대상은 실험에 자발적으로 참여하는 사람들이며 그렇기 때문에 실험의 **일반화 가능성**(generalizability)이 **제한**(limits)되게 된다. 무작위 표본추출이 일반화 가능성과 관련이 있는 것과 달리 무작위화는 내적 타당도를 높이기 위한 전략이다. 무작위화는 연구 대상이 모집단을 대표하게 하는 데 관심이 있는 것이 아니라 실험집단 참여자들이 통제집단 참여자들을 대표하지 못할 위험을 줄이는 데 관심이 있다.

무작위화의 기본 전략은 연구 대상을 실험집단과 통제집단으로 배정하기 위해 확률이론을 사용하는 것이다. 어떤 방법으로든 모든 참여자 집단을 뽑은 다음, 연구자는 각각의 참여자를 어느 집단에 배정할 것인지 결정하기 위해 동전을 던질 수도 있고, 모든 참여자에게 일련번호를 부여한 다음 난수표에서 번호를 뽑아 참여자들을 배정할 수도 있고, 홀수 번호 참여자를 한 집단에 배정하고 짝수 번호 참여자를 다른 집단에 배정할 수도 있다.

앞서 논의했던 표본추출에 비유하면, 무작위화에서는 참여자들이 모집단에 해당한다. 연구자는 이 모집단으로부터 두 가지 표본을 무작위로 뽑으며 각 표본은 모집단의 절반씩으로 구성된다. 각각의 표본은 모집단의 특성을 그대로 가지고 있기 때문에 두 표본은 동일한 특성을 갖게 된다. 제11장에서 살펴본 바와 같이, 연구참여자의 수는 여기서도 매우 중요하다. 무작위 표본추출에서와 마찬가지로 참여자의 수가 많을수록 무작위 배정 또한 잘 이루어진다. 소규모 표본을 바탕으로 선거 결과를 예측하는 것은 표본오차 때문에 매우 위험할 수 있다. 이와 마찬가지로, 만일 우리가 단 두 명의 연구참여자를 모집한 다음 동전을 던져 한 명을 실험집단에 배정하고 다른 한 명을 통제집단에 배정한다면 구태여 두 참여자가 유사하다고 가정해야 할 아무런 이유가 없다. 그러나 연구참여자의 수가 많다면 무작위화하는 것이 당연히 필요하다.

12.5b 통제집단에 서비스 제공

제5장에서 논의한 바와 같이, 욕구를 가진 사람들에게 서비스 제공을 보류하는 것은 윤리적 문제를 야기할 수 있다. 이는 평판이 나빠질 것을 우려하거나 제공된 서비스 시간에 기초한 수입이 줄어들 것을 우려하는 관리자들로서는 받아들일 수 없는 것이다. 따라서 우리는 통제집단 참여자들에게 검증하고자 하는 개입(즉, 독립변수)을 보류한다는 것이 통제집단 참여자들이 서비스를 받을 수 없다는 의미가 아니라 단지 연구 기간 동안만 실험 개입이 제공되지 않는다는 것을 의미한다는 점을 강조할 필요가 있다.

사회복지 세팅에서 실험 연구를 할 때, 통제집단 참여자들은 이제까지 받아오던 일상적인 서비스를 받게 될 가능성이 높다. 실험집단 참여자들은 검증하고자 하는 새로운 실험 개입을 받게 되며, 경우에 따라서는 일상적인 서비스를 받기도 한다. 따라서 실험을 통해서 연구자는 새로운 개입을 받는 것이 서비스를 전혀 받지 않는 것보다 더 나은지 여부가 아니라 새로운 개입 서비스가 기존 서비스에 비해 더 효과적인지 여부를 검증하게 된다. 더욱이 통제집단의 참여자들은 일단 실험이 끝나고 나면 새로운 개입을 받기 위한 대기자들 중 최우선순위를 부여받게 된다. 만일 실험 결과가 개입이 효과적임(또는 최소한 해가 되지 않음)을 보여준다면 통제집단 참여자들에게도 개입을 제공할 수 있다. 연구자는 통제집단 참여자들이 개입 후에 바람직한 방향으로 변했는지 측정하고자 할 수도 있다. 그러한 측정결과는 실험을 통해 얻은 결과를 뒷받침해줄 수 있다.

12.6 유사실험 설계

대부분의 사회복지기관에서 연구자는 연구 대상을 실험집단과 통제집단으로 무작위 배정할 수 없다. 실천가들은 동전 던지기 같은 무작위를 근거로 특정 서비스를 필요로 하는 클라이언트들에게 다른 서비스를 제공하거나 통제집단에게 아무런 개입을 하지 않을 수는 없다. 기관의 관리자들 또한 저항감을 보이는 실천가를 소외시키거나 이사회, 클라이언트 또는 지역사회로부터 불만의 목소리를 듣고 싶어 하지는 않는다.

그런 경우에는 아무런 평가도 하지 않는 것보다는 무작위 실험에 비하면 내적 타당도가 낮지만 원시실험 설계보다는 인과적 추론이 가능한 대안적 연구 설계를 만들어 사용하는 것이 바람직하다. 그러한 설계를 가리켜 **유사실험 설계**(quasi-experimental designs)라고 한다. 유사실험 설계는 연구참여자를 상이한 치료 조건에 무작위로 배정하는 과정을 거치지 않는다는 점에서 "진짜" 실험 설계와 다르다. 그럼 이제 일반적으로 많이 사용되는, 어느 정도의 내적 타당도를 확보할 수 있게 해주는 두 가지 유사실험 설계에 대해서 살펴보기로 하자.

12.6a 비동일 비교집단 설계

비동일 비교집단 설계(nonequivalent comparison groups design)는 실험집단과 유사한 기존 집단을 찾을 수 있을 때 사용할 수 있는 설계이다. 예를 들어, 노인요양시설에 거주하는 노인들에게 애완동물을 주는 개입이 우울증에 미치는 효과를 평가하고자 한다고 가정해보자. 어떤 요양시설에서 애완동물을 받을 노인들과 받지 못할 노인들을 무작위로 정하는 것은 그리 쉽지 않다. 애완동물을 받지 못한 노인이나 가족들이 혜택을 받지 못했다고 느낄 때 일어날 수 있는 행정적인 문제를 예상해본다면 특히 그렇다. 따라서 실험 설계에 대한 대안으로 연구에 참여하기로 동의하고 내적 타당도와 관

련된 모든 면에서 매우 유사하다고 판단되는 두 노인요양시설을 찾았다고 가정해보자. 연구자는 두 요양시설이 거주자 주, 직원 수, 시설 유형, 제공하는 보호의 수준, 거주자의 연령, 사회경제적 지위, 심리적 및 육체적 장애, 심리사회적 기능, 인종 등에서 매우 비슷한지 여부를 확인해봐야 하며, 두 요양시설 중 한 요양시설에는 개입을 도입하고 다른 요양시설은 비교집단으로 사용할 수 있다(연구 대상을 무작위로 배정하지 않는 경우, **통제집단** 대신 **비교집단**이라는 용어를 사용한다).

개입을 제공하기에 앞서 두 요양시설이 종속변수에 대해서 실제로 동등한지 여부를 확인해보기 위해서 사전검사를 실시할 수 있다. 평균 우울증 점수가 거의 같으면 사후검사에서 나타나는 두 집단 간의 차이는 개입 효과 때문이라고 추론해볼 수 있다. 물론, 연구 대상이 무작위로 배정되었다면, 이러한 인과적 추론은 더 많은 신뢰를 얻을 수 있었을 것이다. 그러나 영향을 미칠 가능성이 있는 외생변수에 있어서 두 요양시설이 동등하다는 것을 보여주는 자료를 제시할 수 있다면, 그리고 두 집단의 사전검사 평균 점수 차이가 미미하다면 연구는 더 큰 가치를 갖게 될 것이고 인과적 추론 역시 신뢰할 만한 추론으로 여겨질 것이다. 비동일 비교집단설계를 간단히 기호로 표기하면 다음과 같다.

$$O_1 \quad X \quad O_2$$
$$O_1 \qquad \quad O_2$$

위의 표기는 무작위 배정을 의미하는 R이 없다는 것만 제외하면 통제집단 사전사후검사설계와 동일한 설계라는 것을 알 수 있을 것이다.

비동일 비교집단 설계를 사용한 연구들을 접할

유사실험 설계 ▶ 내적 타당도 저해요소에 대한 통제를 통해서 인과적 추론은 가능하지만 연구참여자를 무작위 배정할 수 없음으로 인해 실험 설계에서와 같은 추론은 불가능한 설계

비동일 비교집단 설계 ▶ 유사하다고 판단되는 두 집단을 찾을 수 있을 때 사용할 수 있는 원시실험 설계. 두 집단 모두에 대해서 종속변수를 사전, 사후 측정한 다음, 개입집단과 비개입집단 간의 종속변수 측정값 변화를 비교함.

때는 선정편향이 있을 수 있음을 기억하는 것이 중요하며, 그렇기 때문에 두 집단이 비교 가능한 집단이라는 가정이 성립되지 않을 수 있다. 만일 연구자가 관련 외생변수나 사전검사 점수에 있어서 두 집단이 동일하다고 볼 수 있는 근거를 제시할 수 없다면, 두 집단 간의 결과 차이는 신빙성을 잃게 된다. 다시 말하면, 연구자가 두 집단이 비교 가능한 집단임을 입증할 수 있는 정도에 따라 이 설계를 사용한 연구는 실천에 지침이 될 만한 훌륭한 연구도 될 수 있고 빈약하기 짝이 없는 연구도 될 수 있다.

때로는 두 집단이 동등함을 보여주는 많은 근거들을 제시하더라도 의문의 여지가 남아 있을 수 있다. 연구자가 집단 간 결과 차이를 설명해 줄 수 있는 모든 가능한 외생변수들에 관한 자료를 얻기는 매우 어렵다. 예를 들면, 두 집단이 사전점수와 여러 가지 배경적 특성에서 동등하다는 사실이 두 집단이 변화하고자 하는 의지에 있어서도 동등하다는 것을 말해주는 것은 아니다. 교도소 내 성경공부 프로그램이 재소자들의 출소 후 재범률을 감소시키는지 알아보고자 한다고 가정해보자. 성경공부 프로그램에 참여한 재소자들은 자발적으로 프로그램에 참여했으며, 이들을 이들과 유사한 배경적 특성을 가지고 있으면서 성경공부 프로그램에는 참여하지 않았던 대응집단과 비교한다고 가정해보자. 두 집단의 배경이 유사함을 보여줄 수 있는 자료가 아무리 많더라도 두 집단의 배경 변수들 보다는 재소자들의 도덕관, 죄책감, 바르게 살고자 하는 의지 등과 같은, 재범률에 더 큰 영향을 미칠 수 있는 외생변수들에 있어서 과연 두 집단이 동등하다고 볼 수 있는지에 대해 회의적일 수 있다. 비동일 비교집단의 비교가능성을 높이기 위한 방법은 저자들의 다른 책(Rubin and Babbie, 2011)을 참조하기 바란다. 한 가지 방법은 실험집단과 통제집단에 대해서 사후검사를 실시한 다음, 비교집단에 대해서만 개입을 하는 **전환 재연**(switching replications)을 연구설계에 포함하는 것이다. 개입

후 비교집단에 대해서는 두 번째 사후검사를 실시한다. 만일 두 번째 사후검사에서 비교집단이 실험집단과 유사한 수준으로 개선된 것으로 나타난다면 개입이 효과적이라는 주장은 뒷받침되며, 두 집단 간 첫 번째 사후검사에 있어서의 차이가 두 집단이 비교 가능한 집단이 아님에서 비롯된 차이일(즉, 선정 편향) 수 있다는 가능성도 배제된다.

12.6b 시계열 설계

일반적으로 많이 사용되는 또 다른 유사실험 설계는 **시계열 설계**(time-series design)이다. 이 설계는 복수 사전검사와 복수 사후검사를 사용하는 설계이다. 시계열 설계 중에서도 특히 실행 가능한 시계열 설계(실행 가능한 이유는 비교집단을 요구하지 않기 때문이다)를 **단순중단 시계열 설계**(simple interrupted time-series design)라고 부른다. 이 설계를 기호로 간단히 표기하면 다음과 같다.

$$O_1 \ O_2 \ O_3 \ O_4 \ O_5 \ X \ O_6 O_7 \ O_8 \ O_9 \ O_{10}$$

위의 표기에서, 각 O는 오랜 기간에 걸쳐 서로 다른 시점에서 이루어진 종속변수에 대한 측정을 나타낸다. 측정 횟수는 많을수록 좋으나 정해진 횟수는 없다. 위의 표기는 종속변수를 개입(X) 이전과 이후에 각각 5회에 걸쳐 측정했다는 것을 의미한다.

시계열설계를 예시하기 위해, 다음과 같은 가상적 자료의 의미를 사정해보기로 하자. 어떤 사회복지사의 친구인 아동치료사가 아동보호센터에서 집단놀이치료를 진행하는 과정에서 행동장애 아동의 반사회적 행동을 줄일 수 있는 새로운 효과적인 기법을 개발했다고 가정해보자. 그 아동치료사는 자신의 개발한 기법의 효과를 입증하기 위해서 친구 사회복지사에게 지난 네 세션 동안 진행된 놀이치료집단에 대해서 다음과 같이 말했다. 처음 두 세션 동안 아동치료사는 아동들이 반사회적

행동을 보일 때마다 주어지는 타임아웃(time-out), 즉 혼자 따로 떨어져 있는 처벌의 횟수가 지나치게 높다는 사실을 발견했으나 타임아웃 횟수를 세지는 않았다. 두 번째 세션이 끝난 후에 아동치료사는 자신이 개발한 새로운 기법의 효과를 검증해보기로 결심했다. 이를 위해서 아동치료사는 그 다음 두 세션에서 타임아웃이 몇 번 주어졌는지 세보았는데 세 번째 세션에서는 새로운 기법을 사용하지 않았고 네 번째 세션에서 그 기법을 적용하였다.

아동치료사는 새로운 기법을 사용하지 않았던 세 번째 세션에서는 10번의 타임아웃이 주어졌으나 네 번째 세션에서는 4번으로 줄어들었다고 말했다. 다시 말해서 아동치료사는 자신의 새로운 기법이 타임아웃 횟수를 60% 정도 감소시켰다는 확신을 갖게 된 것이다. 이에 관한 자료는 그림 12-2에 제시되어 있다.

과연 네 번째 세션에서 사용한 새로운 기법이 타임아웃 횟수를 감소시킨 원인이라고 볼 수 있을까? 아마도 아동치료사가 제시한 자료는 자신의 주장을 입증하기에 충분하지 않다고 생각할 것이다. 두

그림 12-2 ▶ 새로운 기법 적용 전과 후의 타임아웃 횟수

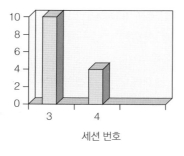

세션 번호

▶ **전환 재연** ▶ 비동일 비교집단설계 연구에서 발견된 사후검사결과상의 차이가 선정 편향 때문에 발생한 차이인지 여부를 사정하는 기법. 두 집단에 대한 사후검사가 완료된 다음 비교집단에 대해서 연구 대상 개입을 실시함. 만일 비교집단이 실험집단과 유사한 수준의 치료 성과를 보인다면 두 집단 간 첫 번째 사후검사 결과에 있어서의 차이가 선정 편향에 의해 발생한 차이일 가능성을 배제할 수 있음.

시계열 설계 ▶ 개입 이전과 이후에 종속변수를 여러 번 측정하는 유사실험 설계

번의 관찰은 무언가를 입증하기에 충분한 관찰이라고 볼 수 없다. 타임아웃 횟수의 감소는 우연한 사건, 성숙 또는 통계적 회귀에서 비롯된 결과일 수도 있다. 가장 이상적으로는 아동치료사가 아동들을 두 개 집단에 무작위로 배정하고 한 번 또는 그 이상의 사전검사를 실시한 다음, 한 집단에게만 개입을 제공하고 나서 이후 세션에서 두 집단을 비교했어야 한다. 그러나 아동치료사는 무작위로 배정된 집단도 비동일 비교집단도 갖지 못했으며 가질 수 있었던 것은 단 하나의 집단뿐이었다.

이번에는 아동치료사가 세 번째와 네 번째 세션에서만 타임아웃 횟수를 센 것이 아니라 10회 세션에 걸친 치료 기간 동안 매 세션마다 타임아웃 횟수를 기록했다고 가정해보자. 또한 네 번째 세션에서 새로운 기법을 도입한 것이 아니라 여섯 번째 세션에서 새로운 기법을 도입한 다음 10회 세션까지 사용했다고 가정해보자. 그렇다면 이제 우리는 시계열 평가를 할 수 있다.

그림 12-3은 시간이 지나면서 나타날 수 있는 세 가지 타임아웃 유형을 보여주고 있다. 각 유형에서 새로운 치료기법은 다섯 번째 세션 이후에 (즉, 여섯 번째 세션 중에) 도입되었다. 각 유형에서 다섯 번째 세션과 여섯 번째 세션 사이의 수직선은 새로운 기법이 사용되기 전 다섯 세션과 새로운 기법이 사용된 이후 다섯 세션을 구분하고 있다. 이 세 가지 유형 중에서 아동치료사가 주장하는 것처럼 새로운 기법이 실제로 효과가 있다는 확신을 갖게 만드는 유형은 어떤 것인가?

만일 시계열 결과가 그림 12-3의 유형1과 같다면 아마도 연구자는 매 회기마다 타임아웃 횟수가 감소하는 추세는 새로운 기법이 도입되기 훨씬 전부터 이미 시작되었으며 새로운 기법이 도입된 후에도 전혀 영향을 받지 않고 지속되었다는 결론을 내릴 것이다. 유형1에 제시된 장기간에 걸친 자료는 심지어 그러한 추세가 새로운 기법을 사용하지 않았더라도 나타날 수 있었다는 것을 시사해주고

그림 12-3 ▶ 시계열 관점: 타임아웃의 세 가지 유형

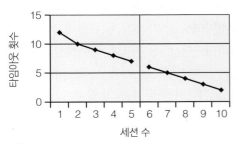

유형 1

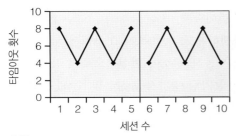

유형 2

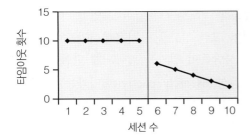

유형 3

있다. 따라서 유형1은 새로운 기법이 타임아웃 횟수를 감소시켰다는 주장과 모순된다.

유형2 또한 아동치료사가 가진 확신을 반박하고 있다. 유형2는 타임아웃 횟수가 치료 기간 내내 들쑥날쑥했다는 것을 보여주는데 어떤 때는 이전 세션보다 증가하고 어떤 때는 감소한 것을 알 수 있다. 타임아웃 횟수가 저절로 감소하기 시작한 시점에 새로운 기법이 도입되었을 수도 있다. 뿐만 아니라 새로운 기법이 사용되었던 다섯 세션 동안의 타임아웃 횟수는 그 기법이 도입되기 이전인 첫 다섯 세션 동안과 마찬가지로 오르내리고 있다는 것을 알 수 있다.

그림 12-3의 세 가지 유형 중에 유형3만이 새로운 기법이 중요하다는 아동치료사의 주장을 뒷받침해주고 있다. 새로운 기법이 도입되기 전에는 모든 세션에서 타임아웃 횟수가 10회였으나 새로운 기법이 도입된 여섯 번째 세션에는 6회로 줄어들었고 그 이후부터는 지속적으로 감소했다. 따라서 유형3의 자료는 유형1에서처럼 타임아웃 횟수의 감소가 성숙 때문에 나타났을 가능성과 유형2에서처럼 규칙적인 변동으로 인해 나타났을 가능성을 배제할 수 있게 해준다. 또한 유형3의 자료는 통계적 회귀 가능성도 배제하는데, 그 이유는 타임아웃 횟수의 감소가 극단적이고 비전형적인 사전점수에서 기인하지 않기 때문이다.

그러나 유형3의 자료는 우연한 사건을 가능한 대안적 설명에서 배제시키지 못한다. 다시 말하면 어떤 외생적 사건이 변화의 원일일 가능성이 존재한다는 것이다. 어쩌면 새로운 기법이 도입된 시점에서 아동보호센터의 신임 정신과 의사가 주의력결핍과잉행동장애 치료를 위해 새로운 약을 처방했을 수도 있고 그 시기에 아동을 위한 가족치료 서비스가 시작되었을 수도 있다. 그럼에도 불구하고 유형3의 자료는 우연한 사건이 대안적 설명이 될 수 있는 가능성을 어느 정도는 줄이고 있는데, 왜냐하면 그러한 외생적 사건들이 새로운 기법의 도입과 정확하게 때를 같이하여 발생했다고 보는 것은 너무 지나친 우연의 일치라는 생각이 들기 때문이다.

12.7 실험 및 유사실험 결과의 타당도를 저해하는 추가적 요인

지금까지 우리는 실험 설계 및 유사실험 설계의 논리가 대부분의 내적 타당도 저해 요인들을 어떻게 통제할 수 있는지 살펴보았다. 실험 설계 및 유사실험 설계를 통해 얻은 결론의 타당도를 저해하는 추가적 요인들은 설계 논리 수준 이상의 지식을 필요로 하는 문제이다. 이 절에서는 이러한 추가적

요인들과 각각의 요인을 없애기 위해 어떤 노력이 필요한지에 대해서 살펴보기로 하자.

12.7a 측정 편향

실험 설계 또는 유사실험 설계를 이용하여 내적 타당도를 저해하는 다른 요인들을 적절히 통제할 수 있더라도 측정 절차가 편향된다면 연구결론의 신빙성이 심하게 손상될 수 있다. 예를 들어, 어떤 임상가가 자신이 개발한 새로운 우울증 치료방법(어쩌면 자신에게 부와 명예를 가져다줄지도 모르는)을 각각의 참여자들이 어느 집단에 속하는지 알고 있는 상태에서 실험집단 참여자와 통제집단 참여자의 향상 정도를 자신의 주관적인 임상적 판단을 사용하여 사정하는 실험을 통해서 평가하고자 한다고 가정해보자. 임상실천가의 자아 관여와 실험집단 참여자들이 더 향상되었으면 하는 이해 당사자로서의 바람은 자신의 연구를 **측정 편향**(measurement bias)에 대해 취약하게 만들 수 있으며, 연구를 통해 얻은 "결과"를 신뢰할 수 없게 만들 수 있다. 물론, 이 사례가 극단적이기 하지만, 실험평가에서 심각한 측정 편향을 발견하게 되는 경우는 생각하는 것만큼 드문 일이 아니다. 사실 우리는 연구가설이 무엇인지 잘 알고 있고, 연구자가 그 가설이 뒷받침되기 바란다는 것도 알고 있고, 각 참여자가 어느 집단에 속해 있는지도 알고 있는 연구 보조원들이 결과 척도를 작성했다는 점만 빼고는 흠잡을 곳 없이 잘 설계된 실험연구의 보고서를 어렵지 않게 접할 수 있다.

실험 설계나 유사실험 설계에서 종속변수 측정을 연구보조원들이 담당할 때(직접적인 관찰 또는 면접) 평가자가 평가대상의 신분을 알아서는 안 된다. 평가자가 연구보조원은 아니지만 특정 결과에 편향될 수 있는 실천가인 경우에도 마찬가지이다. 다시 말해서, 평가자는 평가가 실험 자극(또는 서비스)를 받는 사람에 대한 것인지 아니면 자극

을 받지 않은 사람에 대한 것인지에 대해 "눈가림" 되어야 한다. **눈가림 평가**(blind rating) 또는 **눈가림 평가자**(blind rater)라는 용어는 연구에서 평가자의 잠재적(아마도 무의식적인) 편향이 통제되었다는 것을 의미한다. 마찬가지로, 연구자가 실시한 평가가 눈가림 평가였다는 것을 공지하지 못하면 연구의 타당성은 심한 타격을 입게 된다. 연구 설계의 다른 부분들이 아무리 훌륭하더라도 편향된 연구자에 의해서 실험집단을 돋보이게 하는 결과가 만들어졌다면, 연구의 결론에 대해서 많은 의문이 제기될 것이다.

불행하게도, 사회복지 연구에서는 눈가림 평가자를 사용하는 것이 현실적으로 불가능한 경우가 많다. 눈가림 평가자를 사용할 수 없을 때는 평가자의 편견을 방지할 수 있는 다른 방법을 찾아봐야 한다. 예를 들어, 편향된 평가에 의존하기보다는 종속변수를 측정할 수 있는, 타당도가 입증된 자기보고식 척도를 사용할 수도 있을 것이다. 그러나 심지어 그런 척도들을 사용하더라도 척도를 측정하는 사람들이 결과를 편향되게 만들 수 있다. **연구 반응성**(research reactivity)이라는 용어는 독립변수가 아니라 연구자나 연구 절차에 의해서 결과자료가 변하는 것을 말한다. 그럼 지금부터 연구 반응성이 어떻게 실험 결과나 유사실험 결과의 타당도를 저해하는지 살펴보기로 하자.

12.7b 연구 반응성

매우 유사한 두 가지 연구 반응성으로서 **실험적 요구 특성**(experimental demand characteristics)이라는 것과 **실험자 기대**(experimenter expectancies)라는 것이 있다. 연구참여자들은 연구자가 어떤 말이나 행동을 원하는지 알게 될 때 연구자의 "요구"나 기대에 부응하는 경향이 있다. 예를 들어, 외상으로 인해 충격을 받은 클라이언트를 치료하는 치료사가 클라이언트들에게 치료 세션 중 충격적인

사건을 떠올릴 때 얼마나 스트레스를 느끼는지를 0점에서 10점까지의 점수로 나타내게 한다고 가정해보자. 클라이언트들은 치료가 진행되면서 치료사가 평가 점수가 낮아지기 바란다는 것을 치료사의 언어적 및 비언어적 의사소통(예컨대, 미소, 걱정하는 표정 등)을 통해서 알게 된다. 외상 치료를 평가하는 연구들 중 어떤 연구들은 치료 중에 사용되었던 척도와 동일한 척도를 사전검사와 사후검사에서 사용하기도 한다. 사전검사와 사후검사를 담당하는 연구원이 어떤 클라이언트가 어떤 집단에 속하는지 모르더라도 클라이언트들은 치료사들로부터 사전검사 때보다 사후검사 때 자신들의 스트레스 점수가 더 낮아지기를 치료사들이 바란다는 것을 알게 될 수 있다. 어떤 연구에서는 치료사 본인이 치료 중에 여러 차례 사용했던 0~10점 척도를 사후검사에서 사용하기도 한다.

실험자 기대와 요구 특성의 영향을 줄이는 한 가지 방법은 측정 절차와 치료 절차를 분리하는 것이다. 또 다른 방법은 실천가나 연구자가 영향을 미치기 어려운 측정 절차를 사용하는 것이다. 예를 들면, 사전검사와 사후검사에서 0~10점 척도 대신 클라이언트가 외상 사건에 관해 생각하는 동안 연구원이 맥박 수 등의 생리적 측도를 사용하여 디스트레스를 측정할 수 있다. 연구자가 바라는 결과가 어떤 것인지 알게 할 수 있는 단서를 제공하지 않기 위해 사전검사와 사후검사를 담당하는 연구원이 연구가설이나 참여자의 소속 집단을 모르게 하는 것도 도움이 된다(Shadish, Cook, and Campbell, 2001).

때로는 눈가림 평가자는 아니지만 편향적이지 않은 평가자나 척도 측정자를 활용할 수도 있다. 예를 들어, 두 가지 종류의 사회복지 개입을 제공받은 아동들이 교실 내에서 어떻게 행동하는지를 교사로 하여금 평가하게 할 수도 있다. 교사들은 각각의 학생이 어떤 개입을 받았는지는 알 수 있지만 개입에 관한 전문적으로 지식이 없으며 두 가지

개입 중 특정 개입을 더 선호할 이유도 없다.

자기보고식 척도에 대한 참여자들의 응답이나 다른 사람의 평가에 의존하지 않고 자연스러운 환경에서 참여자들의 실제 행동을 직접 관찰하고 수량화하는 방법도 고려해 볼 수 있다. 그러나 **관여적(obtrusive)** 관찰을 했는지 아니면 **비관여적(unobtrusive)** 관찰을 했는지 여부는 매우 중요하다. 참여자가 관찰되고 있다는 사실을 인식하고 실험자의 기대를 충족시키는 방향으로 행동하는 경향이 있다면 관여적 관찰을 했을 가능성이 높다. 이와 달리, 비관여적 관찰은 참여자가 관찰 사실을 알아차리지 못한다는 것을 의미한다. 주거형 치료센터에서 생활하는 아동들의 반사회적 행동을 감소시키기 위한 새로운 치료기법의 효과성을 평가하는 실험을 한다고 가정해보자. 만일 치료사나 연구자가 교실이나 센터에서의 아동의 행동을 관찰하기 위해 펜과 노트를 가지고 나타난다면, 치료사나 연구자는 사람들의 눈에 띠게 될 것이고 아동들로 하여금 자신들이 관찰되고 있다는 것을 인식하게 만들 수 있을 것이다. 이러한 관찰은 관여적 관찰이며, 아동들은 관찰되고 있는 동안 평소보다 좋은 행동을 더 자주 보일 수 있다. 좀 더 비관여적인 방법은 교사나 보육사로 하여금 아동의 반사회적 행동 빈도를 기록하게 하는 것이다. 그들은 자연스런 환경의 일부분이며, 교사나 보육사의 관찰은 일상적인 것이고 연구자의 기대와 뚜렷하게 연결되어 있지 않기 때문에 그들의 관찰은 아동들의 눈에 덜 띨 수 있다.

실험연구(혹은 어떤 종류의 연구든)를 하면서

연구 반응성 ▶ 성과 자료상의 변화가 독립변수 때문이 아니라 연구자 또는 연구참여자 때문에 나타나게 되는 과정

관여적 관찰 ▶ 관찰대상이 관찰 사실을 인식하고 있는 상태에서 실시되는 관찰. 관찰대상이 사회적으로 바람직한 행동을 할 가능성을 배제할 수 없음.

비관여적 관찰 ▶ 관찰 대상이 관찰 사실을 알지 못하는 상태에서 실시되는 관찰

눈가림 평가자, 눈가림 척도관리자, 비관여적 관찰, 또는 편향 없는 측정방법을 사용하는 것이 불가능하다면, 한 가지 이상의 측정방법을 사용해야 한다. 이는 **다원 확증(triangulation)** 원칙을 말하는 것이며, 이에 관해서는 제8장에서 이미 논한 바 있다. 만일 서로 다른 편향에 취약한 두 가지 이상의 측정 전략을 사용하여 동일한 결과를 얻었다면 그런 결과의 타당성에 대한 확신이 높아질 것이다.

또 다른 형태의 연구 반응성은 연구참여자들이 측도에 응답할 때 연구자가 원하는 말을 하게끔 영향을 미칠 수 있는 측정 절차는 아니지만 측도 자체가 바람직한 변화를 만들어 낼 수 있을 때 발생한다. 예들 들어, 결과를 측정하기 위한 자료 수집 절차의 일부로서 부모교육 개입에 참여한 부모들에게 자녀들과 놀아주고 대화를 나눈 시간을 스스로 측정하게 한다고 가정해보자. 즉, 부모들 스스로 그들이 자녀와 함께 놀거나 대화를 나눈 시간을 기록하게 한다. 그렇게 하는 과정에서 어떤 부모들은 자신들이 생각했던 것보다 자녀들과 양질의 시간을 보내지 못하고 있다는 것을 인식하게 될 수도 있다. 그러한 인식은 부모들로 하여금 자녀들과 더 많은 시간을 함께 보내게 영향을 미칠 수도 있으며 어쩌면 부모교육 개입의 영향 보다 더 큰 영향을 미칠 수도 있다.

실험집단 참여자들이 특별한 관심 또는 치료를 받고 있다고 느끼기 때문에 실험집단 참여자들 사이에서 바람직한 변화가 발생할 수도 있다. 예를 들어, 어떤 주거형 치료센터에서 새로운 여가 프로그램이 아동들의 반사회적 행동을 감소시키는지 여부를 알아보는 실험을 한다고 가정해보자. 실험집단에 배정된다는 사실이 일부 아동들로 하여금 자신과 센터에 대해서 좋은 감정을 갖게 만들 수도 있다. 만일 새로운 프로그램이 아니라 이러한 감정이 아동의 행동 변화를 일으켰다면 이 또한 연구 반응성이라고 할 수 있다. 혁신이 거의 일어나지 않았던 세팅에 혁신을 도입되는 경우, 그러한 사실

자체가 개입을 받는 사람들의 열정, 흥미, 에너지 등을 자극할 수 있는데, 이러한 형태의 반응성을 **신기함 및 혼란스러움 효과(novelty and disruption effect)**라고 부른다(Shadish, et al., 2001).

이와 유사한 형태의 반응성으로서 **위약효과(placebo effect)**라는 것이 있다. **위약효과**는 실험자의 기대 때문에 발생할 수 있다. 만일 실험집단 참여자들이 연구자나 실천가가 매우 효과적일 것이라 기대하는 특별한 치료를 받게 될 것이라는 생각을 가질 경우, 치료가 아니라 단순한 치료 제안(suggestion)이 변화를 일으킬 수도 있다.

위약효과나 신기함 및 혼란스러움 효과를 우려해 이를 통제하고자 한다면 **위약통제집단설계(placebo control group design)**를 이용할 수 있다. 이 설계는 다음과 같이 나타낼 수 있다.

$$R \quad O_1 \quad X \quad O_2$$
$$R \quad O_1 \quad \quad O_2$$
$$R \quad O_1 \quad P \quad O_2$$

이 설계는 클라이언트들을 한 개의 실험집단과 두 개의 통제집단으로 무작위 배정한다. 두 개의 통제집단 중 한 개 집단은 전혀 실험 자극을 받지 않고 나머지 한 개 통제집단은 위약 자극(위의 표기에서 P로 표시된)을 받는다. 위약집단 연구참여자는 실험 자극이나 개입이 아닌 다른 종류의 특별한 관심을 받게 된다. 아마도 실천가가 위약집단 연구참여자들에게 특별한 관심을 보이고 이야기를 듣기 위해 정기적으로 만나기는 하지만 실험 개입은 전혀 하지 않는다.

위약효과 ▶ 개입 그 자체에 의해서가 아니라 특별한 개입과 관련된 생각에 의해서 발생하는 종속변수에 있어서의 변화

위약통제집단 설계 ▶ 위약효과를 통제하기 위한 실험 설계. 연구참여자를 한 개의 실험집단과 두 개의 통제집단에 무작위 배정하고 통제집단 중 한 집단에 대해서 실험집단이 받는 관심과 유사한 특별한 관심을 받게 함.

위약통제집단 설계는 기획과 해석의 관점에서 볼 때 매우 복잡하며, 특히 실험집단에 위약효과와 유사한 요소가 포함되어 있을 때 더욱 그러하다. 예를 들어, "감정이입"이나 "무조건적인 긍정적 관심" 같은 개념을 강조하는 개입에서 개입효과와 위약효과를 분리하는 것은 결코 쉬운 일이 아니다. 그러나 그렇게 할 수만 있다면 위약통제집단설계는 통제집단을 하나만 사용하는 설계보다 외적 타당도를 저해하는 요인들을 더 확실하게 통제할 수 있다.

마지막으로, 이 주제에 대한 논의를 마치기 전에 한 가지 분명하게 언급해 두고자 하는 바는 독자들이 혹시라도 어떤 실험이 연구 반응성이나 측정 편향을 완벽하게 방지할 수 없다면 그 실험의 결과를 신뢰해서는 안 된다는 식으로 생각하지 않기 바란다는 것이다. 사회복지나 인접 학문 분야에서 이루어지는 실험이 비현실적인 기준을 충족시킨다는 것은 현실적으로 불가능하다. 그렇기 때문에 연구자는 오히려 그러한 문제들을 방지하거나 최소화하기 위해 필요한 노력을 기울였는지 또는 발생 가능한 편향이나 반응성이 심각한 수준은 아닌지 등을 더 중요한 쟁점으로 여겨야 할 것이다. 이제 실험 결과나 유사실험 결과의 타당도를 위협하는 다른 종류의 요인들을 살펴보기로 하자.

12.7c 치료의 확산 또는 모방

때로는 비교되는 집단들에서 검증하고자 하는 개입이 실행되는 방식 때문에 서비스를 제공하는 사람이나 서비스를 받는 사람이 예기치 않게 영향을 받는 경우가 있다. 예를 들어, 사례관리 서비스의 효과성을 사정하는 연구를 한다고 가정해보자. 많은 사회복지사들은 사례관리자라는 명칭을 사용하지 않으면서도 자신들이 배웠던 포괄적이고 유용한 임상 사회복지 실천의 한 부분인 사례관리 기능(아웃리치, 중재, 연계, 옹호)을 개념화하고 수

행한다. 따라서 사례관리 서비스를 받는 클라이언트와 "전통적인" 사회복지 서비스를 받는 클라이언트를 비교할 때 사례관리자가 아닌 사회복지사들 사이에도 사례관리 접근법이 이미 확산되어 있어서 사례관리라는 치료적 접근의 순수한 효과가 불분명해질 수 있다. 다시 말해서, 두 치료집단이 명칭은 다르지만 독립변수에 있어서의 차이는 예상과 달리 크지 않을 수 있다는 것이다.

치료의 확산 또는 모방을 예방하는 것은 어려울 수 있다. Shadish와 동료들(2001)은 서로 다른 두 가지 치료 조건을 지리적으로 떼어 놓거나 각기 다른 실천가를 사용함으로써 가능한 한 분리할 것을 제안한다. 또 다른 방법은 실천가들에게 통제집단 클라이언트를 만날 때 실험집단 개입을 모방할 필요가 없다는 것을 일러두는 것이다. 치료 모방이 발생하고 있거나 이미 발생한 정도를 모니터링하기 위해서 연구자는 질적 방법을 써서 직원회의를 관찰하거나 실천가와 클라이언트를 비공식적으로 면접하거나 그들에게 각 세션에서 일어난 일들을 요약해달라고 부탁할 수 있다. 실험이 진행되고 있는 동안 모방이 감지된다면, 실천가와 더 많은 대화를 나눔으로써 모방이 실험의 타당도를 심각하게 위협하는 수준으로 커지는 것을 방지해야 한다.

12.7d 보상적 평등, 보상적 경쟁, 거부적 사기저하

물질남용자를 위한 치료에 가족을 참여시키는 것이 치료 효과를 높이는지를 알아보기 위해 실험 또는 유사실험을 실시한다고 가정해보자. 가족치료에 관한 전문적인 훈련 및 클라이언트 가족의 치료 참여를 높이는 교육을 받은 치료사가 맡은 집단과 그런 훈련이나 교육을 받지 않은 치료사가 맡은 집단이 있다고 가정해보자. 후자 집단의 직원이나 클라이언트나 그들의 가족들이 두 집단 간의 차이를 알아차리고 그들이 받는 서비스의 불공평

성을 어떤 식으로든 상쇄하고자 할 수도 있다. 따라서 후자 집단의 직원들은 클라이언트들에게 일반적인 수준을 넘어서는 양질의 서비스를 제공함으로써 불공평성을 보상하기로 결정할 수도 있다. 이러한 현상을 가리켜 **보상적 평등**(compensatory equalization)이라고 하는데, 보상적 평등이 일어나면 치료의 확산 및 모방에서 언급한 것처럼 가족 참여의 진정한 효과가 희석되어 버릴 수 있다.

위의 예에서 가족치료 훈련을 받지 않은 치료사들이 훈련을 받은 치료사들과 경쟁해야 한다면 어떤 일이 벌어질까? 아마도 그들은 전문적인 훈련을 받지 못했기 때문에 그들의 지위나 고용 안전성에 위협을 느낄 수 있으며, 전문적인 훈련 없이도 효과적일 수 있다는 것을 보여주고자 할지도 모른다. 아마도 그들은 더 많은 독서, 더 많은 보수교육 참여, 클라이언트와의 더 많은 치료적 접촉을 위해 노력하기 시작할지도 모르는데, 바로 이러한 현상을 가리켜 **보상적 경쟁**(compensatory rivalry)이라고 한다. 가족의 참여 증가가 실험집단 치료사의 효과성을 증가시킨 것만큼 통제집단 치료사의 특별한 노력은 그들의 효과성을 증가시킬 수 있다. 만일 그렇다면 두 집단의 치료결과 간에 그다지 큰 차이를 발견할 수 없을 때, 자칫 가족 참여가 증가하더라도 치료 효과는 향상되지 않는다는 잘못된 결론을 도출하게 될 수도 있다. 한 집단의 클라이언트들이 다른 집단과 동일한 치료 혜택을 받지 못한다는 인식에서 비롯된 경쟁심 때문에 더 강한 개선 의지를 갖게 될 때에도 동일한 문제가 발생할 수 있다.

보상적 경쟁과 반대되는 개념인 **거부적 사기저하**(resentful demoralization)은 직원이나 클라이언트가 전문적인 훈련이나 치료를 받지 못한 사실에 대해서 분개하거나 의욕을 상실하는 것을 말한다. 거부적 사기저하가 발생하면 확신이나 의욕이 저하되고 결과 측정에서 낮은 점수를 받게 된다. 따라서 연구자는 보상적 평등, 보상적 경쟁 또는 거

부적 사기저하의 발생 여부에 주의를 기울이기 위해서(또는 문제를 최소화하기 위해서) 직원회의를 참여 관찰하거나 클라이언트나 실천가를 대상으로 비공식적 대화면접을 등의 질적 방법을 사용할 수 있을 것이다.

12.7e 상실

실험 결과의 타당도를 저해하는 또 다른 요인은 **상실**(attrition)이다. 참여자들이 실험이나 유사실험이 끝나기 전에 중도이탈할 경우 통계적 비교나 결론에 영향을 미칠 수 있다. 예를 들어, 정서적 문제 해결을 위한 개입의 효과를 평가하는 사전사후 통제집단설계에서 개입을 받았지만 자신의 문제가 전혀 개선되지 않았다고 생각한 클라이언트가 치료를 중지하고 사후검사를 거부했다고 가정해보자. 또한 개입집단 참여자들 중에서도 자신이 나아지고 있다고 느끼는 클라이언트들만이 사후검사에 참여할 수 있다. 개입을 받지 않은 사람들(통제집단)이 인식하는 개선의 정도와 개입을 받고 있는 사람들(실험집단, 실험탈락자를 포함)이 인식하는 정도가 대등하고, 개입을 받지 않은 모든 사람들이 실망하지 않았기 때문에 모두가 사후검사를 받기로 동의했다고 가정해보자. 실제로 개입은 효과적이지 않았으나 단지 실험집단 참여자들 중 개선되었다고 느끼지 않은 참여자들의 중도이탈(실험집단 소멸)이 높기 때문에 실험집단의 사후검사의 평균 점수가 통제집단의 평균 점수보다 높을 수도 있다.

치료에서 중도탈락하는 실험집단 참여자의 비율이 너무 높을 경우, **원배정 분석**(intent-to-treat)이라는 기법을 사용할 수 있다. 이 기법은 중도탈락한 참여자를 포함해서 연구에 참여했던 모든 참여자의 성과를 사정하고 분석에 포함하는 것이다. 중도탈락자를 분석에 포함하는 것은 클라이언트가 치료에서 빠져나간 것이 그들에게 개입이 효과적이지 않았기 때문이라는 인식에 상당부분 기초

한다. 중도탈락자를 포함시키는 것은 또한 치료 참여 동기가 낮고 역기능적인 참여자는 치료에서 중도탈락할 가능성이 높은 클라이언트라는 인식에서 비롯될 수 있는 편향을 막기 위한 조치이기도 하다. 예를 들어, 통제집단 참여자들에게 별다른 요구사항이 없고 실험집단 참여자들에게만 요구사항이 많았다면 동기 수준이 가장 낮고 가장 역기능적인 참여자는 실험집단에서 탈락할 가능성이 더 높을 것이다. 만일 탈락한 참여자가 분석에 포함되지 않는다면 무작위 할당을 했음에도 불구하고 두 집단은 더 이상 동일하지 않게 된다. 동시에 통제집단은 동기 수준이 가장 낮고 가장 역기능적인 참여자의 비율이 높기 때문에 실험집단의 개입성과가 높게 나타날 가능성이 높아진다.

만일 통제집단에 참여하는 것이 실험집단에 참여하는 것보다 더 지루하고 힘들다면 정반대의 상실 문제가 발생할 수 있다. 통제집단 참여가 더 힘들다면, 동기 수준이 가장 낮고 가장 역기능적인 클라이언트는 통제집단에서 빠져나갈 가능성이 더 높아질 수 있다. 예를 들어, 약물중독 치료를 위한 가족치료 개입과 토론집단 개입의 효과를 비교하는 평가 연구를 생각해보자. Shadish와 동료들(2001)은 예후가 나쁜 중독자들은 가족치료보다 토론집단에서 중도탈락할 가능성이 더 높다고 지적한다. 결과적으로 가족치료 개입은 사후검사에서 더 나쁜 결과를 보였는데, 그 이유는 가족치료가 토론집단보다 효과적이지 못하기 때문이 아니라 사후검사 때 더 어려운 사례들이 가족치료집단에 남아 있었기 때문이다.

실천이나 프로그램의 효과성에 대한 실험평가나 유사실험평가를 실시하는 연구자들은 상실을 최소화하기 위해 노력해야 한다. 한 가지 방법은 **연구에 참여해준 대가로 클라이언트에게 보상을 제공하는 것이다.** 보상은 참여자 상실을 줄일 수 있을 뿐만 아니라 연구에 참여할 클라이언트를 모집할 수 있는 능력 또한 향상시킨다. 보상 수준은 사전검사와 사후검사에서 참여자들이 투자한 노력 및 시간을 적절히 고려하여 결정해야 한다. 보상은 인센티브로 작용할 만큼 충분해야 하지만 너무 많아서 강제성을 띠어서는 안 된다(현금 대신 선물권을 사용하기도 한다). 보상 수준은 클라이언트의 소득 수준과 정서적 상태뿐만 아니라 클라이언트가 연구에 참여하면서 겪게 되는 어려움의 정도에 부합해야 한다. 예를 들어, 연구자는 저소득 참여자들의 경우, 사전검사와 사후검사(아마도 추후검사)에 참여할 때 아이들을 돌봐줄 사람이 없거나 물리적 이동수단 때문에 어려움을 겪을 수도 있다는 것을 예상해야 한다. 교통비나 아동 돌봄을 위한 비용을 추가로 보상하는 대신 검사장까지 교통수단을 제공하거나 검사장에서 아이들을 잠시 돌봐주는 방법도 생각해볼 수 있으며, 참여자의 집에서 검사를 실시하는 것(그렇게 하는 것이 심각한 측정 편향을 유발하지 않는다면)도 또 하나의 대안이 될 수 있다.

상실을 최소화하기 위한 또 한 가지 방법은 제6장에서 소개했던 **추적방법**(tracking methods)을 사용하는 것이다. 사회복지 개입을 받은 사람들 중 많은 사람들이 사는 곳이 일정하지 않거나 사는 곳을 밝히지 않는다. 어떤 사람들은 직업이 없으며 전화가 없는 사람들도 있다. 빈곤층, 노숙인, 물질 남용자, 가정폭력 피해 여성 등을 대표적인 예로 꼽을 수 있다. 연구자들은 연구 초기부터 참여자나 그들의 친구, 친척 또는 그들이 관여했던 기관들로부터 참여자의 위치에 관한 정보를 가능한 한 많이 확보해두어야 한다. 제6장에서 자세하게 논의한 바와 같이, 연구자는 이런 정보를 활용하여 참여자들을 추적하고 지속적인 참여를 얻어내는 방법에는 여러 가지가 있다.

상실 ▶ 연구참여자가 실험 종료 이전에 중도이탈할 때 발생하는, 내적 타당도 저해 요인

원배정 분석 ▶ 개입 성과에 관한 자료를 분석할 때 개입에서 중도탈락한 참여자까지 포함한 모든 연구참여자의 성과를 사정하고 분석에 포함시키는 분석

12.8 외적 타당도

이제까지 논의한 타당도 저해 요인들은 주로 내적 타당도에 관한 것들이었다. 어떤 연구의 내적 타당도가 높을 때, 연구자는 표본과 연구 세팅에 대한 인과적 추론을 할 수 있다. 그러나 다른 상황이나 더 큰 모집단에서는 어떤가? 그런 경우에도 표본과 연구 세팅에 대한 동일한 인과적 추론을 일반화시킬 수 있는가?

외적 타당도(external validity)란 연구결과를 특정 연구의 조건을 넘어서는 상황과 모집단에 대해서 **일반화**(generalize)시킬 수 있는 정도를 말한다. 외적 타당도에 영향을 미치는 주요 요인은 연구 표본의 대표성, 세팅 그리고 절차이다. 예들 들어, 어떤 도시지역에서 정신건강 사례관리 프로그램을 실시하고자 하는데 지역주민들이 그 프로그램을 적극적으로 지지하며 지역사회에 거주하는 정신장애인들이 쉽게 접근할 수 있는 광범위한 지역사회 지지 자원과 충분한 재정적 지원이 존재한다고 가정해보자. 그 대신 이 프로그램은 우수한 직원들을 고용해야 하고, 직원들의 업무 부담을 줄여줘야 하며, 일을 잘하는 직원들에게는 충분한 보상을 제공해야 한다. 마지막으로, 내적 타당도가 높은 평가 연구에 따르면 이 프로그램이 정신장애인의 삶의 질을 향상시키는 것으로 나타났다고 가정해보자.

이러한 결과가 타 지역의 입법가나 정신보건 기획가들이 유사한 탈시설화 프로그램을 자신들이 살고 있는 세팅에서 실시하더라도 정신장애인의 삶의 질이 향상될 것이라는 결론을 논리적으로 내릴 수 있다는 것을 의미할까? 반드시 그렇지는 않으며, 이는 해당 지역의 세팅, 인구 및 절차가 원래 프로그램이 실시된 지역사회의 세팅, 인구 및 절차와 얼마나 유사한가에 달려있다.

예들 들어, 유사한 프로그램을 실시하고자 하는 지역사회는 농촌이고, 정신장애인을 위한 지역사회 자원이 거의 없거나 지리적으로 멀리 떨어져 분포하고 있으며, 지역사회에 주거시설을 설립하는 데 대해서 주민들이 심하게 반대하고 있다고 가정해보자. 입법가들은 주로 탈시설화를 비용 절감을 위한 도구로 여기기 때문에 능력이 뛰어난 직원을 채용하거나 직원들이 담당해야 하는 사례의 수를 일정 수준 이하로 낮출 수 있을 만큼의 충분한 재정을 지원하지는 않는다고 가정해보자. 또 표적집단인 정신장애인 집단의 특성 차이는 어떤가? 사실 우리는 검증된 프로그램에 참여했던 클라이언트들의 특성에 대해서 이제까지 아무 것도 언급한 적이 없다. 아마도 유사한 프로그램을 실시하고자 하는 지역사회의 클라이언트들과 연구결과를 일반화했던 프로그램에 참여했던 클라이언트들 간에 연령, 진단명, 인종, 평균 시설 거주기간, 사회적 손상 정도 등이 있어서 차이가 있을 수 있으며, 차이의 정도가 얼마나 되는가에 따라 상이한 세팅에서 실시한 유사한 프로그램의 효과와 검증된 세팅에서 실시된 프로그램의 효과가 다를 수 있다.

그러한 차이가 존재한다는 것이 연구의 내적 타당도가 낮다는 것을 의미하는가? 반드시 그렇지는 않다. 한편으로는 어떤 연구의 조건이 "현실" 세계에서 재연될 것이라고 합리적으로 기대되는 조건과 너무도 거리가 멀다면 그 연구의 외적 타당도는 낮을 수밖에 없을 것이다. 그러나 또 다른 한편으로는 어떤 연구를 다른 많은 세팅들에 대해서 일반화할 수 없더라도 연구의 외적 타당도는 적절한 수준일 수 있다. 연구는 현실 세계 세팅에 대해서 일반화할 수 있어야만 하고, 대표하고자 의도했던 대상을 대표할 수 있어야 하지만, 그렇다고 해서 생각할 수 있는 모든 모집단이나 세팅을 대표해야 한다는 것은 아니다.

예를 들어, 농촌지역에 거주하는 만성중증장애인을 위한 프로그램을 평가하는 연구가 외적 타당도를 높이기 위해서 경증장애인이나 만성장애인 또는 도시지역에 거주하는 장애인에 대해서 일반화될 수 있어야 할 필요는 없다. 연구는 그 연구가 대표하고자 하는 속성을, 그 속성을 얼마나 좁게 정의하는가와 상관없이, 대표할 수 있으면 된다.

외적 타당도에 관한 문제들은 사회복지 실천 및 사회복지 프로그램 평가에 관한 문헌에서 많이 볼 수 있다. 외적 타당도를 저해하는 일반적인 문제들 중 하나는 보고 내용이 모호하거나 짧다는 것이다. 연구들 중에는 평가 대상 서비스에 참여한 클라이언트들의 특성을 구체적으로 설명하지 않는 연구들이 많이 있으며 실천가의 특성이 모호한 연구도 많이 있다. 어떤 연구들은 학생 실천가의 효과성에 관한 연구결과를 전문 실천가의 효과성에 대해서 일반화하기도 한다. 어떤 연구들은 평가하려는 임상 세팅에 대해서 기술하면서 담당 사례 수 같은 중요한 사항들을 빠뜨리기도 한다. 그렇기 때문에 평가한 개입이 연구 대상 클라이언트들에게 바람직한 변화를 가져다주는지 여부는 분명하지만 (즉, 연구의 **내적 타당도**는 높지만) 연구결과를 일반화(generalized)할 수 있는 대상이 분명하지 않은 경우가 많이 있다. 따라서 어떤 연구들은 서비스가 효과적이라는 것은 확인할 수 있지만, 서비스가 연구 조건을 벗어나서도 효과적일 수 있을지는 일반화할 수 없다. 마찬가지로, 어떤 연구들은 서비스가 효과적이지 않다는 것은 확인할 수 있지만 다른 조건에서 서비스가 제공될 때도 효과가 없을 것이라고는 일반화할 수 없다.

12.9 횡단 연구

대부분의 실험 설계와 유사실험 설계는 **내적 타당도**를 위협하는 요인들을 통제하는 데 초점을 맞추고 있기 때문에 이들 연구설계는 인과적 추론을 위한 연구에 매우 적합하다. 그러나 이제까지 살펴본 바와 같이, 실험 설계와 유사실험 설계는 여러 가지 결점을 가지고 있으며, 특히 **외적 타당도**가 제한적이라는 단점을 가지고 있다. 실험 설계나 유사실험 설계를 이용할 수 있는 여건이 되지 않

는 연구자나 보다 대표성이 있는 대규모 표본을 연구하는 데 관심이 있는 연구자는 횡단 연구(cross-sectional study)를 시도해볼 수 있다. 횡단 연구는 제10장과 제11장에서 논의했던 설문조사방법과 표본추출방법을 종종 필요로 한다.

횡단 연구는 어떤 현상의 횡적인 면을 특정 시점에서 관찰하는 연구이다. 예들 들어, 부모와 자녀 간의 갈등이 아동 행동장애의 원인 중 하나인지 여부를 알아보기 위해 한 가지 척도로는 부모-자녀 갈등을 측정하고 또 한 가지 척도로는 아동의 행동장애를 측정한다고 가정해보자. 만일 이 두 척도 간에 높은 양의 상관을 존재한다면, 다시 말해서 부모-자녀 갈등이 많을수록 아동의 행동장애 가능성이 높아진다면, 이러한 결과는 갈등이 행동장애 발생의 원인이라는 가정의 **개연성**(plausibility)을 뒷받침하는 것이 된다.

그러나 위에서 말한 결과가 갈등이 장애의 원인이라는 생각과 일치하기는 하지만, 그러한 결과가 관계의 질이 실제로 장애의 원인이라는 것을 증명하지는 못한다. 예를 들면, 시간적 순서는 전혀 고려되고 있지 않은데 관계의 인과적 순서가 반대일 수도 있다. 즉, 부모-자녀 갈등이 행동장애를 야기하는 것이 아니라 자녀의 행동장애로 인해 부모-자녀 갈등이 증가할 수도 있다. 또한 위에서 말한 상관 그 자체만으로는 갈등과 행동장애 모두의 원인이 될 수 있는 대안 변수들을 배제할 수 없다. 어쩌면 스트레스를 유발하는 생활 사건들이 두 가지 문제를 동시에 발생시킬 수도 있다.

특정 시점에서의 단순 상관만을 가지고는 인과적 추론을 할 수 없다는 점을 이해한다면 횡단 연구를 하고자 하는 연구자는 다변량 통계기법을 사용하여 대안 변수들을 통제함으로써 경쟁가설들(rival hypotheses)을 제거해야 한다. 그렇게 하기 위해서는 대안 변수들에 관한 자료를 가능한 한 많이 수집하고 다변량 통계기법을 사용하여 모든 변수들을 동시에 분석해야 한다. 다변량 통계기법은

이 책의 범위를 넘어서는 내용이므로 본 저자들이 쓴 다른 교재(Rubin and Babbie, 2011)를 참조하기 바란다. 일단 여기서는 다변량 통계기법을 사용할 경우 연구자는 대립가설들을 보다 확실하게 통제할 수 있기 때문에 횡단 연구의 내적 타당도를 상당히 증진시킬 있으며, 더 나아가서 횡단 자료로부터 인과적 추론을 할 수 있는 가능성을 높일 수 있다는 것만 말해두기로 하겠다.

이제까지 살펴본 바와 같이, 사회복지 실천현장에서는 변수들을 조작하고 인과적 추론의 조건들을 모두 충족시킬 수 있는 방법론적 엄격성을 가진 연구를 한다는 것이 현실적으로 매우 어렵다. 이러한 현실적 실행 가능성 때문에 사회복지 연구에서는 횡단 연구를 많이 사용해왔다. 횡단 연구의 내적 타당도는 최근에 이루어진 다변량 통계분석기법의 발전으로 인해 더욱 향상되었다. 횡단 설계 연구는 또한 기술적 연구와 탐색적 연구에서 일반적으로 많이 사용된다.

12.10 사례통제 설계

사례통제 설계(case-control design)는 다변량 통계기법을 사용하는 또 한 가지 연구 설계이다. 이 설계가 인기 있는 이유는 실행 가능성 때문이다. 사례통제설계에서 자료 수집은 횡단 연구에서와 마찬가지로 특정 시점에서만 이루어진다. 이 설계는 사례를 치료집단과 통제집단으로 나눈 다음 **전향적으로** 결과를 측정하는 것이 아니라, 대조적인 결과를 보인 사례들의 집단을 비교한 다음, 결과에 있어서의 차이를 설명해 줄 수 있는 **과거 차이**(past difference)에 관한 **후향적 자료**(retrospective data)를 수집한다.

▶ **사례통제 설계** ▶ 연구참여자를 치료집단과 통제집단으로 나누고 치료 성과를 전향적으로 측정하는 방법 대신, 대조적인 결과를 보인 사례들의 집단을 비교한 다음 결과에 있어서의 차이를 설명해줄 수 있는 후향적 자료를 수집하는 방법을 사용하는 설계

예들 들어, 아동학대를 경험한 아동이 성인이 된 후 가해자가 되는 것을 예방하는 데 어떤 개입이 효과적인지 알아보고자 한다고 가정해보자. 연구의 내적 타당도를 극대화하기 위해서 한두 가지 정도의 개입만 평가하는 실험연구를 실시할 수 있다. 그러나 일반적으로 실험이 가능하지 않은 경우가 종종 있으며, 특히 이 경우에는 실험의 실행 가능성을 저해하는 한 가지 장애요인까지 있다. 다름이 아니라 연구에 참여하는 아동들을 수년 동안, 심지어 이들이 부모가 될 때까지 추적하고 측정해야 하는 문제이다. 이 경우, 사례통제 설계를 대안으로 사용할 수 있는데, 아동학대 피해 아동들의 부모들로부터 두 가지 표본 집단을 뽑되, 한 집단은 아동복지기관에 아동학대 가해자로 의뢰된 적이 있는 부모들로 구성된 집단이고 나머지 한 집단은 그런 적이 없는 부모들로 구성된 집단을 뽑는다. 그런 다음 연구자는 각 집단에게 과거 경험을 묻고 후향적 자료를 수집하면서, 가해자 집단에 비해 비가해자 집단이 시기적으로 먼저 받았을 것 같은 개입이 어떤 것인지 찾아볼 수 있다(또는 가해자들이 더 많이 경험했을 것 같은 유해 요인들을 찾아볼 수도 있다). 여러 가지 개인적 특성과 경험을 통계적으로 통제한 상태에서, 두 집단을 구분하는 주요한 과거 경험이 아동기에 학대를 받은 직후부터 시작된, 대리형제자매(Big Brother/Big Sister) 프로그램이나 그와 유사한 프로그램의 자원봉사자들과의 긍정적이고 보호적인 관계를 오랫동안 유지할 수 있었는지 여부인 것으로 밝혀졌다고 가정해보자. 이러한 결과는 학대받은 아동들을 위한 개입을 제공하는 실천가는 아동들을 위해 그러한 관계를 형성하기 위해 노력해야 한다는 것을 말해준다.

이러한 유용성에도 불구하고 사례통제설계는 연구결과로부터 무언가를 추론 또는 일반화할 수 있는 가능성을 제한하는 여러 가지 문제점들을 가지고 있다. 먼저, 비확률표본추출방법을 통해 뽑은 사례들이 유사한 결과나 과거 경험을 가진 모집단

노숙 위험 요인으로서의 불우한 아동기 경험에 관한 사례통제 연구

Columbia 대학의 Daniel Herman 교수는 세 명의 연구자들과 함께 성인기 노숙이 불우한 아동기 경험에 의해 부분적으로 설명되는지 규명하기 위해서 사례통제 연구를 실시하였다(Herman, Susser, Struening, and Link, 1997). 그들은 1,507명의 성인을 대상으로 1990년에 실시된 설문조사의 자료를 분석하였다. 그런 다음, 그들은 설문조사에 참여했던 응답자들 중 성인기에 노숙을 경험했다고 보고한 169명과 노숙 경험은 없지만 노숙의 위험 요인(빈곤, 정신장애 등)을 가지고 있는 비교집단에 대해서 면접을 실시하였다.

사후면접에서 그들은 아동기 동안 제공받았던 부모양육의 질에 대한 응답자들의 회상을 측정하기 위해 고안된 척도를 사용하였다. 이 척도의 문항들에 대한 응답을 통해서 연구자들은 응답자들이 불우한 아동기 경험(양육결핍, 신체적 학대, 성적 학대, 양육결핍과 학대, 그 외 아동기 역경)을 회상할 수 있는지 여부를 결정할 수 있었다.

그들의 초기 결과에 따르면, 양육결핍과 신체적 학대는 노숙의 높은 가능성과 강한 상관관계를 보였다. 양육결핍과 신체적 학대 또는 성적 학대의 결합은 노숙의 높은 가능성과 더 강한 상관관계를 보였다.

그러나 이 연구를 특히 가치 있게 만들었던 것은 위의 결과를 소멸시킬 수도 있는 외생변수를 통제하기 위해 다변량 통계기법을 사용하였다는 점이다. 연구자들은 이 절차를 사용하여 응답자의 성, 연령, 인종, 현거주지(도시 대 지방), 부모의 사회경제적 지위, 아동기 동안 가족의 수급 여부, 현재 우울증 정도를 통제할 수 있었다. 이러한 변수들을 통제하는 것은 중요하였다. 예를 들면, 빈곤가정에서의 성장은 성인이 된 후 노숙 가능성의 증가도 설명할 수 있으며 불우한 아동기 경험을 설명할 수도 있다. 빈곤한 부모는 자녀를 잘 보호할 수 있는 가능성이 낮다. 따라서 두

가지 속성, 불우한 양육과 성인 노숙은 빈곤에 의해서 설명되기 때문에 두 변수 간의 관계는 허위관계가 될 수도 있다.

이 연구가 가진 주된 장점 중 하나는 현 시점에서의 응답자들의 정서적 안녕을 통제한 것이었다. Herman과 동료들은 일부 응답자들이 현재의 우울한 기분 때문에 아동기 경험의 불우한 측면을 더 많이 회상했다고 판단하였다. 이와 비슷한 이유에서, 현재 정서적으로 나은 상태에 있는 응답자들은 불우한 아동기 경험을 덜 회상할 수도 있다.

다변량 분석기법을 이용하여 이러한 변수들을 모두 통제한 결과, Herman과 동료들은 초기 결과가 약간 변화한 것을 발견하였다. 양육결핍과 신체적 학대는 전과 다름없이 노숙과 강한 상관을 보였고 양육결핍과 신체적 학대 간의 관계도 마찬가지였다. 그러나 양육결핍과 성적 학대는 더 이상 성인 노숙과 유의한 상관을 보이지 않았다.

이 연구의 또 다른 특징은 저자들이 사례통제 연구의 장점과 한계를 논의한 방식이다. 연구의 장점을 강조하는 것은 쉬운 일이고 실제로 많은 연구자들이 그렇게 하고 있다. 그러나 연구의 한계를 지적하는 것은 쉽지 않은 일이며 저자들이 그들의 연구에서 그렇게 한 것은 매우 인상적이라 하지 않을 수 없다. Herman과 동료들은 특히 노숙 경험이 길었던 사람들이 그들의 표본에서 과소대표되었다는 점과 현재의 우울증 수준을 통제했음에도 불구하고 노숙 경험이 있는 응답자들이 불우한 아동기 경험들을 회상하려는 경향이 더 강하기 때문에 회상 편향이 여전히 연구결과의 타당도를 저해하는 요인으로 남아 있다는 점을 지적하였다. 그러나 회상 편향은 아무리 좋은 사례통제연구에서도 발생할 수밖에 없는 문제이다. 이 연구는 가장 우수한 사회복지 연구 중 하나로 인정받기에 충분한 연구이다.

출처: Herman, Daniel B., Ezra S. Susser, Elmer L. Struening, and Bruce L. Link. 1997. "Adverse Childhood Experiences: Are They Risk Factors for Adult Homelessness?" *American Journal of Public Health*, 87, 249-255.

을 얼마나 **대표할 수 있을지** 의문시된다. 예를 들어, 어렸을 때 학대받은 경험이 있는 성인 가해자와 비가해자를 찾기 위해서는 눈덩이 표본추출방법을 사용하거나 광고를 해야 한다. 문제는 그런 방법을 통해 모집한 사람들은 잘 드러나지 않거나 연구 참여를 거부하는 사람들과는 상당히 다를 수 있다. 그런 방법을 통해 모집한 사람들이 가진 아동기 기억이 **잘못된** 것일 수 있다. 만일 그렇다면 **인과적 영향의 방향**(direction of causal influence)은 어떻게

되는 것인가?

또한 아동이 자원봉사자와 좋은 관계를 가질 수 있었던 것은 그러한 관계가 아동의 적응유연성에 영향을 주어서라기보다는 이미 존재했던 아동의 적응유연성 때문일 수도 있다. 다시 말하면, 적응유연성이 높은 아동들이 좀 더 의욕적으로 성인 자원봉사자를 잘 활용하고 그들과 잘 연결되었을 수 있다는 것이다.

또한 성인들이 가진 아동기 경험에 대한 기억이

잘못된 것일 수도 있다. 그런 문제는 망각 때문에만 발생하지 않을 수도 있다. 이를 다른 용어로 표현하면 회상 편향(recall bias)이라고 한다. 가해자들도 비가해자들처럼 자원봉사자와 좋은 관계를 가졌었으나 이후 삶이 순조롭지 않았기 때문에 그런 관계의 질과 중요성에 대한 그들의 현재 기억이 편향되어 있을 수도 있다. 이와 마찬가지로, 행복하고 성공적인 삶을 살아가고 있는 성인들은 부정적인 기억은 차단하면서 그들의 안녕이 행복한 아동기 기억 때문이라고 생각하는 경향이 있을 수도 있다.

이상에서 살펴본 문제점들에도 불구하고, 사례통제 설계는 횡단 연구와 마찬가지로 개입 효과에 관한 가설을 만드는 탐색적 목적을 위해 사용될 수 있다. 따라서 사례통제 설계는 좀 더 엄격한 연구 설계를 사용하는 연구들을 설계하는 데 유용한 기반을 제공해준다. "노숙의 위험 요인으로서의 불우한 아동기 경험에 관한 사례통제 연구"라는 제목의 글상자에는 매우 유용한 사례통제 연구가 제시되어 있다.

12.11 주요 내용

- 과학적 연구에서 인과성을 결정하는 세 가지 기준은 다음과 같다. (1) 독립(원인)변수와 종속(효과)변수 간에는 경험적 상관이 있어야 하며, (2) 독립변수는 시간적으로 종속변수보다 먼저 발생해야 하며, (3) 두 변수 간의 관찰된 관계는 두 변수를 발생시키는 제3의 변수의 영향으로 설명될 수 없어야 한다.
- 고전적 실험에서는 클라이언트를 실험집단과 통제집단으로 무작위 배정하고 각 집단에 대해

서 사전검사와 사후검사를 실시하여 개입의 효과를 평가한다.
- 실험 설계의 기본 논리는 내적 타당도를 저해하는 우연한 사건, 성숙 또는 시간의 경과, 검사, 도구화, 통계적 회귀, 선정 편향 및 인과적 시간 순서 같은 요인들을 통제하는 것이다.
- 사회복지 세팅에서는 통제집단 참여자들에게 서비스 제공 자체를 하지 않을 필요는 없다. 그 대신 통제집단 참여자들에게는 대안적 서비스나 일상적인 서비스를 제공하거나 실험 개입을 받을 대기자 목록에 이름을 올릴 수 있다.
- 연구 대상자들을 무작위 배정하는 고전적 실험이 내적 타당도를 저해하는 대부분의 요인들을 제거할 수는 있지만, 다음과 같은 문제들을 예방하거나 줄이기 위한 방법론적 노력이 추가로 필요하다: (a) 측정 편향 (b) 연구 반응성, (c) 치료의 확산 또는 모방, (d) 보상적 평등, (e) 보상적 경쟁, (f) 거부적 사기저하, (g) 상실
- 실험적 요구 특성과 실험자 기대가 연구참여자들에게 영향을 미쳐 연구참여자들이 실험자가 그들로부터 어떤 언행을 기대한다는 것을 알게 되어 그러한 "요구"나 기대에 부응할 경우, 그러한 특성과 요구는 실험결과의 타당도를 위협할 수 있다.
- 관여적 관찰은 참여자들이 자신들이 관찰되고 있다는 것을 인식하고 실험자 기대를 충족시키는 방식으로 행동할 때 발생한다. 이와 반대로, 비관여적 관찰은 참가자가 관찰되고 있다는 것을 알지 못한다는 것을 의미한다.
- 실험연구에서는 외적 타당도와 관련된 문제들도 발생할 수 있는데, 실험 결과가 현실 세계를 반영하지 못할 수도 있고 실험 결과를 다른 세팅이나 모집단에 대해서 일반화하지 못할 수도 있다.
- 많은 실험 연구들이 어떤 결과가 가설을 뒷받침하는지 알고 있는 연구자나 실천가의 편향을 통제하기 위해서 "눈가림 평가" 같은 측정절차를

▶ **회상 편향** ▶ 사례통제 설계가 가진 한계 중 하나. 연구참여자가 가지고 있는 과거 경험에 대한 기억의 질(quality) 또는 가치가 자신의 이후 삶에서 해당 경험과 관련된 일이 잘 풀렸거나 잘 풀리지 않았다는 것을 해당 연구참여자가 알고 있다는 사실에 의해서 긍정적 또는 부정적으로 영향을 받게 되는 것

사용해야 한다는 것을 간과하고 있다.

- 연구참여자의 상실을 최소화하기 위한 방법에는 연구참여자에게 연구 참여에 대한 대가를 지불하는 방법과 참여자를 추적하는 방법이 있다.
- 실험집단 참여자의 중도탈락률이 높을 때 연구자는 원배정 분석(intent-to-treat)이라는 기법을 사용할 수 있다. 이 기법은 모든 연구참여자—중도탈락한 참여자까지 포함하여—의 성과를 사정하고 분석에 포함하는 기법이다.
- 사회복지기관에서는 연구 대상자를 실험집단과 통제집단으로 무작위 배정하는 것이 불가능하다. 유사실험 설계는 실험 설계를 현실적으로 사용할 수 없을 때 이상적인 대안은 아니지만 신뢰할만한 대안을 제공해준다.
- 내적 타당도를 어느 정도 담보할 수 있는 두 가지 유사실험 설계는 시계열 설계와 비동일 비교집단설계이다.
- 횡단 연구와 다변량 통계분석기법은 실험 설계에 대한 또 하나의 신뢰할만한 대안이 될 수 있다.
- 사례통제 설계는 대조적인 결과를 가진 사례들을 비교한 다음, 결과상의 차이를 설명해 줄 수 있는 과거 차이에 관한 후향적 자료를 수집한다.

12.12 연습문제

1. 이 장에서 살펴본 내적 타당도 저해 요인들 중 6개를 선택하여 각각에 대한 예(이 장에서 소개한 것이 아닌)를 만들어본다.
2. 각자 자신이 잘 알고 있는 사회복지기관에서 새로운 개입방법을 평가한다고 가정하고 실험 설계를 계획해보라. 그런 다음, 그 기관의 실천가 한두 명과 행정가를 직접 만나 자신이 계획한 연구를 하는 것이 현실적으로 얼마나 가능한지 알아본다.
3. 다음의 가상적 설계에서 연구결과의 타당도를 저해할 수 있는 요인에는 어떤 것들이 있는지 찾아본다. 네 개의 주거시설을 가진 어떤 주거형 치료센터에서 임상 관리자가 그 센터에 거주하는 아동들의 행동문제를 줄이기 위한 새로운 개입을 개발하고자 한다. 이 센터에는 4명의 치료사가 있고 네 개의 주거시설에 한 명씩 배정되어 있다. 임상 관리자는 네 개의 주거시설 중 두 곳에서는 새로운 개입을 제공하고 나머지 두 곳에서는 일상적인 치료를 제공하게 한다. 임상 관리자는 결과 측정을 위해서 각 주거시설에 한 명의 사회복지 실습생들을 배정하여 그들로 하여금 각 주거시설에서 동일한 양의 시간을 보내면서 아동들이 반사회적 언행을 보인 횟수를 관찰하고 기록하게 한다.
4. 아동을 학대할 위험이 높은 부모들을 위한 교육 프로그램의 효과성을 평가하기 위한 비동일 비교집단 설계를 계획해본다. 선정 편향의 위협이 적다는 것을 독자들에게 확신시키려면 계획을 어떻게 세워야할지 서술한다. 계획을 세울 때 종속변수와 종속변수를 측정하는 방법도 포함시킨다.
5. 청소년 가출을 예방하는 데 가장 효과적인 개입에 관한 가설을 세우기 위한 사례통제설계를 계획해본다. 통제해야 할 가장 중요한 배경 변수는 무엇인가? 연구결과의 활용 범위를 탐색적 목적으로 제한할 수밖에 없는 주된 이유가 되는, 타당도를 위협하는 세 가지 요인을 밝히고 각각을 서술해본다.
6. 성적으로 학대받은 알래스카 원주민 여자 청소년들을 대상으로 실시된, 내적 타당도가 매우 높은 최근의 한 연구에서 개입이 참가자들의 약물남용을 예방하는 데 효과적이라는 결론을 내린 바 있다. 이 연구를 증거기반 실천을 위한 지침으로 사용하려는 실천가들이 누구를 표적집단으로 삼는가에 따라, 이 연구가 어떤 관점에서는 외적 타당도가 매우 낮지만 또 다른 관점에서는 외적 타당도가 매우 높은 연구가 될 수 있는지 설명해본다.

chapter 13

단일사례평가 설계

13.1 서론

제12장에서 우리는 연구 대상을 통제집단이나 비교집단에 배정할 수 없을 때 프로그램이나 개입의 영향을 평가하는 데 시계열 설계를 유용하게 사용할 수 있다는 것을 배웠다. 종속변수(서비스나 정책 또는 변화시키고자 하는 표적 문제)를 반복하여 측정함으로써 연구자는 표적 문제에 관한 어떤 안정적인 추세를 발견할 수 있으며, 만일 그러한 추세에서 크게 벗어나는 현상이 나타나는 시기가 서비스나 개입을 시작하거나 중단하는 시기와 일치한다면 서비스나 개입(독립변수)의 변화가 종속변수의 변화를 야기했다는 가설은 설득력을 얻게 된다.

여기서 중요한 것은 다중측정점(multiple measurement points)과 발생하기 어려운 우연의 일치(unlikely coincide)이다. 측정 횟수가 많을수록, 그리고 측정을 통해 확인된 추세가 안정적일수록 표적 문제에 있어서의 어떤 변화가 독립변수의 변화에서 비롯된 것인지 아니면 성숙, 우연한 사건, 통계적 회귀 같은 다른 대안적 설명 요인에서 비롯된 것인지를 추론하기가 쉬워진다. 다시 말해서, 연구자가 종속변수를 반복적으로 측정하여 안정된 추세를 발견한다면 종속변수가 정확하게 어디에서 변하는지 그리고 변화 시점이 독립변수를 도입한 시점과 일치하는지 여부를 정확하게 알게 되므로 통제집단을 이용할 수 없는 평가 연구의 내적 타당도를 높일 수 있다.

단일사례평가 설계(single-case design)는 단일사례에 대한 실천의 효과성을 평가하는 데 시계열 설계와 동일한 논리를 적용한다. 이 설계는 표적 문제의 결과를 나타내는 어떤 지표에 대해서 클라이언트를 반복적으로 측정한다. 특정 개입을 시작하기 전에 반복 측정을 통해서 표적 문제의 경향을

파악하고, 개입이 시작된 후에도 반복 측정을 계속해서 표적 문제가 개선되는 어떤 유형이 유지되는지 여부를 관찰한다.

개입을 시작하기 전에 반복 측정이 이루어지는 단계를 가리켜 기초선이라고 한다. 기초선(baseline)은 통제 단계로서 실험 설계에서 통제집단과 같은 기능을 수행한다. 연구자는 기초선(통제) 단계에서 수집된 자료의 패턴을 개입(실험) 단계에서 수집된 자료 패턴과 비교한다. 개입이 효과적이라고 추론하기 위해, 즉 종속변수가 우연한 사건이나 성숙 같은 대안적 설명 요인 때문이 아니라 개입 때문에 향상되었다고 추론하기 위해 연구자는 기초선과 개입 단계 사이에서 발생한 변화와 일치하는 자료 추세나 자료 유형에 있어서의 변화를 찾는다.

예를 들어서 그림 13-1을 보면, 기초선에서는 표적 문제에 별다른 변화가 없는 안정적인 유형이 일관되게 나타나다가 개입 단계가 시작되면서부터는 표적 문제가 지속적으로 나아지는 추세를 볼 수 있다. 물론, 개입이 아닌 다른 요인이 변화를 야기했을 수도 있다. 그러나 여러 번에 걸쳐 측정을 실시했고 개입 시작 이전에는 자료 패턴이 이렇다 할만한 변화가 없었다는 점을 고려한다면, 개입 이외의 요인이 변화를 유발했을 가능성은 매우 낮다

그림 13-1 ▶ 개입효과를 지지하는 가상적인 단일사례 설계의 결과 그래프(기본적인 AB 설계)

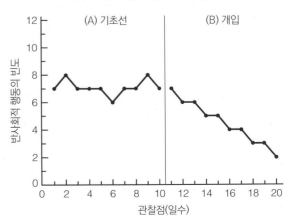

기초선 ▶ 개입을 시작하기 전에 반복 측정이 이루어지는 단일사계 설계상의 단계

그림 13-2 ▶ 개입 효과를 지지하지 않는 가상적인 단일사례 설계의 결과 그래프(기본적인 AB 설계)

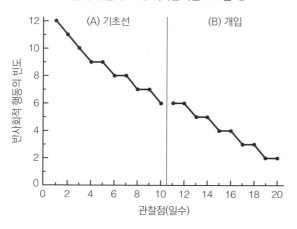

고 할 수 있다.

이제 비교를 위해서 그림 13-2를 보자. 그림 13-2에 제시된 개입 자료는 그림 13-1과 거의 동일하지만, 이 자료에서는 표적 문제가 이미 기초선에서 개선되기 시작했으며 개입 시작 이전의 변화 추세가 개입 시작 이후에도 그대로 지속되고 있다. 따라서 이 경우는 성숙이나 단순한 시간의 경과 같은 개입 이외의 다른 요인이 변화를 야기했을 것이라 추론해볼 수 있다. 이 예를 통해서 우리는 기초선과 개입단계에서의 반복 측정이 어떻게 연구자로 하여금 개입 이전부터 진행되고 있었던, 내적 타당도를 위협하는 과정들을 통제할 수 있게 해주는지를 이해할 수 있다. 만일 각 단계에서 반복측정을 하지 않고 개입 이전과 이후에 각각 한 번씩만 측정을 한다면 성숙 같이 일정 기간에 걸쳐 진행되는 과정은 발견할 수 없으며, 그렇기 때문에 연구자는 실험집단과 통제집단을 필요로 하게 된다.

그렇다면 우연한 사건은 어떤가? 그림 13-1에서 보기 힘든 우연의 일치가 발생했을 수도 있다. 그림 13-1에서 우리는 정확하게 개입이 시작되는 시점에서 클라이언트의 사회적 환경에 극적인 변화가 일어났을 가능성을 배제할 수 없다. 그러나 이 설계에서 우연한 사건이 발생할 가능성은 측정을 두 번만(개입 이전과 이후에 한번씩)하고 두 측

정 시점 간에 상당한 시간적 간격이 있는 단순 사전사후검사 설계에서 우연한 사건이 발생할 가능성보다 훨씬 낮다. 단일사례 설계에서는 자료가 안정적으로 나아지기 시작한 날 또는 주(week)가 언제인지 정확하게 알 수 있으며, 우연한 사건이 대안적 설명이 될 수 있는지 여부를 판단하기 위해 그 시점에서(개입이 시작된 것 이외에) 어떤 중요한 사건 또는 변화가 발생했는지를 알아보기 위해서 클라이언트에게 문의할 수 있다.

단일사례 설계에서 기초선과 개입 단계를 두 개 이상 설정한다면 우연한 사건에 대한 통제력을 더욱 높일 수 있다. 그렇게 하는 방법에 대해서는 이 장의 뒷부분에서 구체적으로 논의하기로 하고, 여기서는 다음과 같은 예를 들어보기로 하자. 어떤 학교사회복지사가 학업중단 위험이 높은 문제 학생의 자존감과 사회적 기능을 향상시키기 위해 해당 학생이 규율 위반으로 상담 의뢰되는지 여부를 모니터링 하는 한편, 표준화된 자존감 척도를 이용하여 매주 학생을 측정했다고 가정해보자. 더 나아가서, 그 학생이 장기간의 치료에 의존하지 않고도 나아질 수 있는지 여부를 알아보기 위해서 또는 오래 전부터 기다렸던 휴가를 얻게 되어 2~3주 동안 개입 단계를 중단하기로 결정했다고 가정해보자.

그림 13-3 ▶ 개입 효과를 지지하는 가상적인 단일사례 설계의 결과 그래프(ABAB 설계)

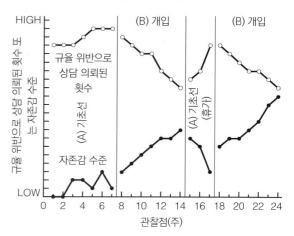

그 학생을 반복 측정한 결과, 그림 13-3과 같은 자료 패턴을 얻었다면 그 학생의 기능이 우연한 사건이 아니라 개입에 의해서 향상되었다고 추론할 수 있을만한 근거를 얻었다고 볼 수 있다. 왜냐하면 자료 패턴 또는 추세의 변화가 개입을 시작하고 중단한 시기와 세 번 연속 일치하여 나타났으며, 그 밖의 다른 시점에서는 전혀 나타나지 않았기 때문이다. 이처럼 여러 번에 걸쳐 추세 변화가 나타날 경우, 개입 이외의 사건이 표적 문제에 긍정적인 변화를 가져왔거나 완전히 우연에 의해서 그러한 변화가 독립변수의 변화와 일치했을 가능성은 극히 낮아진다. 따라서 우연한 사건이 변화의 원인이라는 가설은 설득력을 갖기 어렵다.

13.2 사회복지에서의 단일사례평가 설계

앞서 소개한 시계열 분석의 논리를 개별사례의 결과를 평가하는 데 적용한 설계를 가리켜 단일사례 설계(single-subject designs), 단일케이스 설계(single-case design) 또는 단일체계 설계(single-system designs)라고 한다. 단일케이스 또는 단일체계 설계에서 클라이언트 체계가 반드시 개인이어야 하는 것은 아니며, 가족이나 지역사회도 클라이언트 체계가 될 수 있다. 사회복지에서는 단일케이스 설계라는 용어가 더 많이 사용된다. 이 설계를 어떤 명칭으로 부르든 상관없이 이 설계의 특징은 표본의 크기가 1이라는 것이다. 분석 단위가 개인이든, 가족이든, 지역사회든, 조직이든 상관없이 표본요소의 수는 1이다. 따라서 이 설계가 가진 결정적인 한계는 외적 타당도를 보장하기 어렵다는 것이다. 제11장에서 논의했던 바와 같이, 크기나 추출 과정이 적절하지 않은 표본을 바탕으로 얻은 결과를 일반화하는 데는 많은 위험이 따른다. 그렇다면 단 한 개의 요소를 가진 표본을 뽑는다는 것은 도대체 무엇을 말하는 것인가?

표본 요소의 수가 단 한 개일지라도 연구의 내적 타당도가 높으면 연구자는 단일사례 설계를 이용하여 특정 맥락(아마도 매우 독특한)에서 효과적인 개입이 무엇인지 파악할 수 있으며, 단일사례 설계의 일반화 가능성을 후속 연구를 통해서 검증해볼 수 있다. 이러한 목적에서 실시하는 후속 연구는 통제집단을 가진 대규모 실험연구가 될 수도 있고, 선행 단일사례 설계를 상이한 맥락에서 재연해보는 또 다른 단일사례 설계가 될 수도 있다. 예를 들어, 노인요양기관에서 일하는 어떤 사회복지사가 노인으로 하여금 자신의 생활사를 되돌아보게 하는 것이 노인의 사기를 북돋우고 우울증을 감소시킨다는 것을 단일사례 설계를 통해서 발견했다고 가정해보자. 이러한 연구결과를 접하게 된 다른 노인요양기관의 사회복지사들이 유사한 노인들을 동일한 개입을 제공하는 연구를 재연해보고자 시도한다고 가정해보자. 만일 이들이 선행연구와 동일한 연구결과를 얻게 된다면 선행연구를 통해 얻은 결과를 뒷받침할 수 있는 증거를 축적할 수 있게 되며, 시간이 지나면서 결국에는 실험집단과 통제집단을 갖춘 대규모 연구가 필요하다는 인식에 대한 폭넓은 지지를 확보할 수 있을 만큼의 충분한 증거가 축적될 것이다. 그러나 통제집단을 갖춘 대규모 실험연구를 반드시 실시하지 않더라도 연구자는 축적된 단일사례 증거들을 노인들에게 검증하고자 하는 개입을 계속해서 제공해야 할 과학적 근거로 활용할 수 있다.

단일사례 설계의 결과를 축적하는 것은 특정 개입의 과학적 기반을 넓히고 특정 실천가의 효과성을 증진시키는 데뿐만 아니라, 전체 프로그램이나 기관을 평가하는 데도 유용하다. 예를 들어, 가족복지 서비스를 제공하는 어떤 기관이 효과적인 서비스를 제공하고 있는지, 그렇기 때문에 지원을 계속하거나 지원 수준을 높일지 여부를 결정하기 위해서 재정지원 기관이 프로그램 평가를 요구한다고 가정해보자. 더 나아가 행정적 및 윤리적 문제를 고려해본 결과, 연구에서 통제집단을 사용할 수 없다고 가정해보자. 이 경우, 시계열 설계가 한 가지 방법이 될 수 있다. 그러나 각 사례별로 표적 문제와 서비스 제공 목적이 상당히 다르다고 가정해 보자. 한 사례의 목적은 아동의 반사회적 행동을 감소시키는 것이고, 또 다른 사례의 목적은 부부 간의 갈등을 감소시키는 것이며, 또 다른 사례에서는 부모의 학대행위를 방지하는 것이 될 수 있을 것이다. 이 경우, 한 가지 방법은 각각의 사례 또는 대표적인 사례에 대해서 단일사례 설계 실험연구를 실시하고, 각 사례가 가진 독특한 목적이나 표적 문제를 각각의 실험에서 종속변수로서 사용하는 것이다. 그렇게 할 때, 그 기관은 성공적인 결과를 거둔 사례의 비율뿐만 아니라 (더 중요하게는) 시계열 분석의 논리에 근거하여 기관의 서비스를 제공받았기 때문에 발생했다고 판단되는 결과의 비율도 보고할 수 있게 된다.

또한 단일사례 설계의 가치를 입증하기 위해서 정반대 과정을 인용할 수도 있다. 즉, 개별 실천가나 기관들은 원래 다른 세팅에서 집단 실험을 통해 효과를 인정받았던 개입이 자신의 세팅이라는 독특한 맥락에서도 효과가 있을지 궁금해 할 수 있다. 예를 들어, 어떤 사회복지사들이 노인복지 분야의 학술지에 실린 연구를 보고 생활사를 회고하는 개입에 대해서 처음 알게 된 다음, 자신들이 그 개입을 선행연구만큼 효과적으로 제공할 수 있을지 그리고 그 개입이 자신들의 클라이언트들에게도 선행연구의 클라이언트들에게 만큼 도움이 될는지 알아보고 싶어 한다고 가정해보자. 또한 이들은 선행연구의 클라이언트들이 어떤 특성을 가지고 있는지 잘 모르고 있으며, 이들의 클라이언트들이 선행연구의 클라이언트들과 약간 다르다고 가정해보자. 개별 실천가나 기관들은 이러한 질문들에 대한 답을 찾기 위해서 한 명 또는 그 이상의 클라이언트를 대상으로 단일사례 실험을 실시해볼 수 있다. 이러한 실험을 통해서 사회복지사들은 특정 클라이언트에 대한 특정 개입의 효과성에 대한 의구심뿐만 아니라 자신의 임상 실천가로서의 효과성에 대한 의구심 또한 줄일 수 있을 것이다.

13.2a 사회복지 실천의 일부로서의 단일 사례평가 설계 활용

어떤 사회복지사들은 단일사례평가설계를 임상 실천의 일부로서 사용하기도 한다. 이 설계는 단 한 개의 사례만을 필요로 하기 때문에, 실천가들은 대규모 표본을 수집하거나 클라이언트를 통제집단에 배정하는 것 때문에 걱정할 필요가 없다. 각각의 실험은 개별 사례를 위한 독특한 목적(실천가가 일상적인 임상 실천의 일부로서 클라이언트로 하여금 달성할 수 있게 하는 목적)을 갖는다. 실천가는 클라이언트가 그러한 목적을 달성하는 과정을 일상적으로 모니터링 한다. 실천가는 표적 문제에 있어서의 변화를 측정함으로써 클라이언트의 발전(또는 발전의 부재)을 모니터링 할 수 있고 표적 문제를 악화 또는 호전시킬 수 있는 사건이나 상황을 체계적으로 이해하는 데 필요한 도구를 얻을 수 있다. 예를 들어, 아버지와 어머니 모두가 양육권을 가지고 있는 어떤 아동이 충동적이고 반사회적인 행동 때문에 치료를 받고 있다고 가정해보자. 또한 아동의 문제행동은 아버지와 어머니 중 어느 한 쪽이 배타적으로 양육권을 갖게 될 때 발생하는 경향이 있다고 가정해보자. 실천가는 표적 행동을 반복 측정함으로써 서비스 제공 초기 단계에서 이 두 가지 사건이 시간적으로 일치하는 것을 발견할 수 있으며, 그렇게 함으로써 표적 문제를 일으키는 원인을 더 잘 이해하고 표적 문제를 해결하기 위한 적절한 전략을 개발할 수 있다. 자신의 실천을 비체계적으로 기록하고 평가하면서 엄청난 시간을 허비하는 실천가들에게 단일사례평가 설계는 실천을 좀 더 체계적이고 효과적으로 기록하고 평가할 수 있는 한 가지 방법이 될 수 있다.

그러나 단일사례평가 설계를 직접 실천의 한 부분으로 통합하는 데는 여러 가지 현실적인 어려움이 따른다. 이러한 한계 때문에 실제로는 많은 실천가들이 이 설계를 이용하지 못하는데, 특히 특정 세팅에서 특정 표적 문제를 해결하고자 할 때 그럴 수 있다. 종종 실천가들은 클라이언트의 위기상황 때문에 개입에 앞서 기초선의 추세를 파악하기 위해 반복 측정을 할 수 있을 만큼 충분한 시간을 갖지 못할 수도 있다. 어떤 기관에서는 너무 과중한 업무량으로 인해 실천가가 반복 측정을 계획하거나 실시할 수 있는 시간을 내지 못하기도 한다. 또 어떤 기관에서는 사회복지사가 실천 효과성을 평가하는 것을 동료 실천가나 슈퍼바이저들이 대수롭지 않게 생각하거나 지지하지 않을 수 있다. 또한 클라이언트들이 단일사례 설계에서 필요로 하는 광범위한 자기 모니터링 과정을 싫어할 수도 있다.

이러한 어려움에도 불구하고, 사회복지사는 기회가 있을 때마다 단일사례 설계를 이용하고자 노력해야 한다. 종종 사회복지 실천에서는 클라이언트에게 유익한 영향을 미치는지 아니면 해로운 영향을 미치는지 여부를 과학적으로 검증하지 않은 상태에서 개입이나 서비스를 제공하곤 한다. 사회복지 실천의 효과성과 관련된 이러한 암울한 현실을 고려해볼 때, 우리가 우려해야 할 것은 개개의 사회복지사들이 단일사례방법을 실천의 일부로 사용할만한 시간적 여유가 있는지 여부가 아니라, 전문직으로서의 사회복지가 그렇게 하기 위해 시간을 쏟아가면서 노력하지 않아도 과연 괜찮은 것인지 여부라는 것을 분명하게 알아야 한다. 클라이언트의 복지에 대한 사회복지의 헌신과 사회복지의 진정한 전문성을 인정받으려는 열망을 고려해볼 때, 우리는 검증되지 않은 개입이 클라이언트에게 도움을 주는지, 해를 끼치는지 아니면 부족한 자원을 낭비하는 것일 뿐인지를 판단하기 위해서 단일사례 평가실험을 시도해볼 수 있어야 한다.

사회복지 영역에서 부족한 자원을 낭비하는 것은 효율성이나 공적 책임성의 문제일 뿐만 아니라 클라이언트에 대한 동정심과 전문적 관심의 문제로도 이어진다. 만일 우리가 클라이언트와 우리의 시간을 비효과적인 서비스를 제공하면서 낭비한다면, 우리는 클라이언트의 고통을 덜어주는 것이 아니다. 또한 우리는 그 귀중한 시간을 클라이언트를 진정으로 도울 수 있는 다른 서비스를 제공하기 위해 쓸 수 없다. 사회복지사는 단일사례 설계를 실천의 일부로 활용함으로써 특정 클라이언트를 더 효과적으로 돕기 위해(또는 더 이상 방해하지 않기 위해) 서비스 프로그램을 바꿔야 할지 여부에 대한 즉각적인 피드백을 얻을 수 있다.

13.2b 증거기반 실천의 일부로서의 단일 사례평가 설계 활용

이 절에서 우리가 강조하고자 하는 바는 실천가가 반드시 자신이 발견한 것을 글로 발표하고자 하는 연구자가 되어야 한다는 것이 아니라, 제2장에서 논의했던 바와 같이 과학적 측정 과정과 단일사례 설계의 논리를 사용하는 것이 증거기반 실천의 중요한 한 부분이라는 점이다. 제2장에서 우리는 증거기반 실천의 마지막 단계가 개입의 효과를 평가하는 것이라고 언급한 바 있다. 실천가들이 증거기반 실천의 다른 모든 단계를 거치고 나서 단일사례 설계 측정 과정에 접어들게 되면, 개입에 앞서 기초선의 추세를 파악하는 것이 그다지 중요하지 않게 된다. 왜냐하면 증거기반 실천의 초기 단계들을 거치면서 이미 실천가들은 선택한 개입이 문제가 되는 실천 상황에 있어서 효과적임을 뒷받침하는 최선의 증거들을 내적 타당도 높은 선행연구들이 제시해주고 있다는 것을 알게 되기 때문이다.

이 장의 앞부분에서 우리는 반복 측정점과 적절한 기초선을 갖는 것이 성숙이나 우연한 사건 같은 내적 타당도 저해 요인들을 통제하기 위해 통제집단을 갖는 것과 같다는 것에 대해서 논의한 바 있다. 그러나 만일 선행 실험 설계 연구나 유사실험 설계 연구에서 그러한 저해 요인들을 이미 통제했다면, 연구자는 그러한 요인들이 클라이언트의 변화에 대한 대안적 설명이 될 수 있는 가능성을 배제하기 위해 별도의 노력을 기울일 필요가 없다. 왜냐하면 증거기반 실천 과정의 초기 단계들에서 문제가 되는 개입의 인과성이 이미 입증되었기 때문에 실천가는 자신의 클라이언트가 바람직한 결과를 거두었는지 여부에 대해서만 걱정하면 되기 때문이다.

그렇다면 아마도 어떤 사람은 "만일 그렇다면 증거기반 실천의 마지막 단계는 도대체 왜 필요한가?", 다시 말해서, "만일 선택한 개입이 효과적이라는 최선의 증거가 있다는 사실을 이미 알고 있다면 결과를 왜 평가해야 하는가?"라는 질문을 던질 수도 있을 것이다. 이 질문에 대한 답은 잠재적 타당도(probable validity)와 외적 타당도(external validity)라는 두 가지 용어를 포함한다.

잠재적이라는 용어의 경우, 우리가 알고 있는 한 검증된 개입이 모든 클라이언트에 대해서 효과적이라는 것을 보여주는 집단실험 평가는 존재하지 않는다. 우리가 말하는 가장 효과적인 개입이란 성공 가능성이 가장 높은 개입일 뿐이다. 예를 들어, 엄격한 실험연구를 통해서 이라크전에 참전했던 군인들 중 PTSD를 보이는 군인들을 위한 어떤 새로운 개입과 기존 개입을 비교한 결과, 새로운 개입을 받은 실험집단 참여자들 중 80%의 외상 증상이 상당히 감소한 데 비해, 기존 개입을 받은 통제집단 참여자들 중에는 40%의 외상 증상이 상당히 감소한 것으로 나타났다고 가정해보자. 이러한 결과는 놀랄만한 결과라고 하지 않을 수 없다. 그러나 이처럼 놀라운 효과에도 불구하고 새로운 개입을 받은 참여자들 중 20%는 성공적인 결과를 얻지 못했다. 자신의 클라이언트가 그 20%에 속하는지 여부를 어떻게 알 수 있을까? 연구자는 클라이언트의 외상 증상이 치료 기간 중에 변하는지를 모

니터링함으로써 이 질문에 대한 답을 얻을 수 있다. 만일 자신의 클라이언트가 그 20%에 속한다면, 연구자는 대안적 치료 접근방법을 시도해볼 필요가 있다.

외적 타당도에 관해서는 어떤 실험연구의 내적 타당도가 아무리 높다고 하더라도 그 실험 조건이 아닌 다른 상황이나 모든 클라이언트에 대해서 일반화할 수는 없다고 제12장에서 언급했던 것을 기억하기 바란다. 사실, 엄격하게 통제된 실험연구에 실제 사회복지기관에서 볼 수 있는 클라이언트들은 정작 빠져 있는 경우가 종종 있다. 그런 연구들에서 볼 수 있는 클라이언트들은 인종이 다른 경우도 별로 없고, 치료를 어렵게 만드는 복잡한 문제를 가진 경우도 별로 없으며, 대부분이 매우 의욕적이다. 그러나 사회복지사들이 실제로 접하는 클라이언트들은 이러한 클라이언트들과는 사뭇 다른 소수인종이고 의욕이 없고, 비자발적으로 의뢰된 클라이언트들이며, 표적 문제뿐만 아니라 치료 노력을 어렵게 만드는 여러 가지 복합적인 문제들을 함께 가지고 있다. 예를 들면, 이라크전 참전 군인들은 PTSD뿐만 아니라 약물중독, 노숙, 신체장애 등과 같은 문제들도 함께 가지고 있을 수 있다.

뿐만 아니라 내적 타당도가 높은 실험연구들은 주로 이상적인 실천 조건하에서 실시된다. 또한 실천가들은 검증하고자 하는 개입과 관련해서 최고의 전문가나 슈퍼바이저들로부터 (어쩌면 그 개입 기법을 만든 대가로부터) 강도 높은 훈련을 받았을 수도 있다. 또한 실천가들이 맡게 되는 사례의 수는 실제 사회복지사들의 업무량에 비하면 일반적으로 매우 적은 편이다. 따라서 우리가 아무리 뛰어난 재능을 가지고 있더라도 발표된 실험연구에서 자신의 클라이언트들에게 새로운 개입을 제공했던 실천가들보다는 효과적일 수 없다. 단일사례 설계기법을 활용함으로써 연구자는 치료 과정을 모니터링 할 수 있다. 연구자는 어떤 이유에서 기대했던 것만큼의 바람직한 결과를 달성했는지 또

는 달성하지 못했는지는 모르지만, 최소한 동일한 치료 접근을 앞으로도 계속해야 할지 아니면 바꿔야 할지 여부는 알 수 있다.

이 절의 핵심은 기초선을 얻기 위해 치료를 지연하지 않더라도 이러한 사항들을 알 수 있다는 것이다. 개입 이전의 기초선을 만드는 데 장애가 되는 요인이 전혀 없다면 가장 좋다. 그러나 장애가 되는 요인들이 있다면 개입 기간 동안 클라이언트가 발전하는 과정을 모니터링 하는 것만으로도 연구자는 자신이 선택한 개입을 고수할지 아니면 새로운 개입을 채택할지 여부를 결정할 수 있다.

이 장의 뒷부분에서 우리는 여러 가지 대안적 단일사례 설계들을 살펴볼 것이다. 그때, 한 경우를 제외한 나머지 모든 단일사례 설계들에서 A라는 기호를 보게 될 텐데, 이 기호는 기초선을 나타낸다. 또한 모든 설계에서 B라는 기호를 보게 될 텐데, 이 기호는 개입 단계를 나타낸다(이 두 기호는 그림 13-1, 그림 13-2, 그림 13-3에도 나와 있다). 또한 한 단일사례 설계에서는 B만 있는 것을 보게 될 텐데, 그 설계는 실천가가 증거기반 실천 과정의 이전 단계들을 모두 마친 상태에서 기초선(A)를 만드는 데 어려움을 겪으면서 증거기반 실천의 마지막 단계의 목적을 내적 타당도 저해 요인들을 통제하고 인과적 추론을 하는 것이 아니라 클라이언트의 발전 과정을 모니터링하는 것으로 한정하는 상황을 나타낸다.

대안적 설계들을 살펴보기에 앞서, 우리는 측정과 관련된 쟁점들에 대해서 논의할 것이다. 이러한 쟁점들을 살펴보고 뒤이어서 대안적 설계들을 살펴볼 때 우리는 다음의 사항을 염두에 둘 필요가 있다. 상황이 여의치 않아 B단계 밖에 사용할 수 없더라도, 다시 말해서 단일사례 설계를 사용하되 내적 타당도를 위협하는 요인들은 통제하지 못하고 클라이언트의 발전 과정을 모니터링하는 것 밖에 가능하지 않더라도 실천가가 증거기반 실천의 이전 단계들에서 찾은 증거는 단일사례 설계를 사용한 선행연구들로부터 얻어진 증거일 수 있다. 만일 그렇다면, 실천가는 그러한 증거의 질을 평가하고 더 나아가서는 그러한 증거가 어떤 개입을 제공할지에 대한 결정을 내릴 때(클라이언트와 함께) 유용한 지침이 될 수 있을지를 판단할 수 있게 하기 위해서 이 장의 나머지 부분에 해당하는 내용들을 잘 이해해둘 필요가 있다.

13.3 측정 쟁점

단일사례 설계기법을 사용함에 있어서 초기에 내려야할 결정들 중 하나는 평가에서 종속변수가 되는 표적 문제와 목표를 설정하는 것이다. 표적 문제를 파악하는 것은 주로 실천에서 고려되는 사항이며, 실천 및 사정에 관한 다양한 문헌(예를 들면, [Hepworth, Rooney, and Larson, 2002])에서 심도 있게 다루고 있다. 그 다음 단계는 그 변수를 조작적으로 정의하는 것이다.

조작적 정의는 표적 문제의 부재를 나타내는 긍정적인 지표(positive indicator)나 표적 문제의 존재를 나타내는 부정적인 지표(negative indicator)를 정하는 것이다. 예를 들면, 제5장에서 논의했던 것처럼 조작적 정의에는 위협하기나 때리기 같은 부정적인 지표가 포함될 수 있다. 이 경우, 실천의 목표는 그러한 지표들의 값을 감소시키는 것이라고 할 수 있다. 조작적 정의는 또한 칭찬하기나 타임아웃 사용하기 같은 긍정적인 지표를 정하는 것이기도 하다. 이 경우, 실천의 목표는 그러한 지표들의 값을 증가시키는 것이 된다. 실천가는 임상적 이유에서 조작적 정의를 긍정적인 지표로 제한할 수도 있으며 그렇게 할 경우, 실천가와 클라이언트는 항상 문제와 관련된 부정적인 용어를 생각하지 않아도 된다. 또한 실천가는 문제나 목표에 관한 다수의 지표들을 모니터링 할 수도 있는데, 긍정적인 지표와 부정적인 지표를 함께 사용할 수도 있다.

13.3a 측정 대상

단일사례 설계에서는 측정을 여러 번에 걸쳐 반복해야하기 때문에 조작적 지표는 정기적으로 측정할 수 있을 정도로 자주 발생해야 한다. 따라서 칭찬하기, 격려하기 또는 타임아웃 사용하기 등과 같은 자주 발생하는 지표를 사정하는 것이 부모의 학대로 인해 심한 부상을 입은 횟수처럼 드물게 발생하는 사건을 사정하는 것보다 바람직하다.

조작적 지표를 몇 개나 측정해야 하는지에 대해서는 딱히 정해진 바가 없다. 그러나 지표의 수가 적을수록 측정하는 지표 이외에 다른 지표로 측정할 수 있는 클라이언트의 긍정적인 변화를 간과해버릴 위험 또한 커진다. 예를 들어, 어떤 사례관리자는 만성정신질환이 있는 클라이언트로 하여금 처방대로 약을 복용하게 하고 지역사회 지원서비스를 더 많이 확보하는 데 있어서 매우 효과적일 수 있다. 그러나 그 사례관리자가 제공한 개입의 효과를 클라이언트의 정신병리 수준이나 구직행위만으로 측정한다면 측정된 부정적인 결과에 근거하여 개입이 효과적이지 않다는 잘못된 결론을 내릴 수 있다. 이와 정반대로 너무 많은 지표를 측정하여 자료수집 과정이 클라이언트와 실천가를 압도할 정도로 버거워지는 것도 바람직하지 않다. 게다가, 모니터링해야 하는 지표의 수가 많아지면 그중 몇 개 지표가 개입 후에 우연히 향상될 수 있는 위험도 커지게 마련이다.

13.3b 다원 확증

일반적으로 연구자들 사이에는 2~3개 정도의 지표를 측정하는 것이 적절하다고 알려져 있는데, 이 정도 숫자가 현실적으로 측정하기도 쉽고 다원 확증 기준을 충족하기에도 적절하다. 제8장에서 논의했던 바와 같이, 다원 확증은 단일사례 실험뿐만 아니라 모든 종류의 연구설계에 적용되는 원칙

이다. 다원 확증은 각기 다른 장점과 단점을 가진 많은 불완전한 척도들 중에서 연구자가 자신이 사용할 척도를 선택해야 하는 상황을 말한다. 가설에서 말하는 종속변수의 변화를 발견할 가능성을 극대화하기 위해, 연구자는 두 가지 이상의 척도를 사용해야 한다. 다원 확증이라는 용어에 삼각형이라는 의미가 포함되어 있기는 하지만, 다원 확증이 세 가지 측정 방법을 사용해야 한다는 것을 의미하는 것은 아니며 두 가지 이상의 서로 다른 측정 방법을 사용하기만 하면 된다.

단일사례설계에서 다원 확증은 두 가지 이상의 표적 문제를 측정한다는 것을 의미하는 것이 아니다. 다원 확증은 동일한 표적 문제를 나타내는 두 가지 이상의 지표를 측정하는 것이다. 예를 들어, 학교사회복지사가 성적이 낮은 클라이언트가 매일 밤 숙제를 하는 데 쓰는 시간과 더불어서 교사가 평가한 클라이언트의 수업에 대한 집중도 및 참여도도 함께 모니터링하는 것은 다원 확증에 해당한다. 다원 확증은 이 사회복지사가 반사회적 행위(싸움, 징계 회부 등) 같은 문제를 나타내는 지표도 측정해야 한다는 것을 말하는 것이 아니다. 물론, 실천가가 두 가지 이상의 문제를 측정하고자 할 수는 있지만 그것을 다원 확증이라고 하지는 않는다. 다원 확증의 원칙은 측정 대상뿐만 아니라 측정과 관련된 모든 선택에 적용된다. 이 원칙에 대해서는 나중에 자료 수집에 대해서 논의할 때 다시 한 번 살펴보기로 하자.

13.4 자료수집

단일사례 실험에서 측정과 자료수집을 계획할 때 연구자가 해야 하는 선택과 결정은 다른 종류의 연구를 계획할 때 부딪히는 문제들과 그다지 다르지 않다. 연구자는 이용 가능한 기록, 면접, 자기보고 척도 또는 직접 관찰 중에서 어떤 방법을 사용하여 자료를 수집할 것인지 결정해야 한다. 이들

방법이 가진 장점과 단점은 다른 조사연구에서와 동일하다.

13.4a 누가 측정해야 하는가?

연구자가 생각해야 할 쟁점들 중 하나는 누가 측정할 것인가이다. 실천가 자신의 실천을 평가하기 위해 측정한다면 관찰자 편향의 위험이 높아질 수 있다. 왜냐하면 실천가라면 누구나 자신의 실천이 효과적임을 뒷받침해주고 클라이언트의 고통이 완화되고 있다는 것을 나타내는 결과를 원하기 때문이다. 클라이언트가 스스로를 측정한 결과만을 사용하는 것은 더 위험할 수 있다. 클라이언트는 자기만족이나 사회적으로 바람직한 자신의 모습을 실천가에게 투사하기 위해서뿐만 아니라 실천가를 실망시키지 않기 위해서도 긍정적인 결과를 보이려는 편향된 생각을 가질 수 있다. 따라서 클라이언트의 주요 주변인물들(교사, 대리부모 등)이 클라이언트나 실천가에 비해 긍정적인 결과에 덜 집착하기를 바라면서 그들로 하여금 어떤 행동을 관찰하게 하는 것도 생각해볼 수 있다. 그러나 당연히 객관성이나 연구에 대한 헌신은 보장하기 어려워지는데, 특히 클라이언트의 행동을 지속적으로, 체계적으로, 그리고 주의 깊게 관찰하는 데는 많은 시간과 노력이 요구된다는 점을 고려해볼 때 그렇다고 할 수 있다. 단일사례 실험이 반복 측정을 필요로 하고 편향 가능성이 높다는 점을 고려해볼 때, "누가 측정해야 하는가"라는 질문에 대한 답을 찾는 것은 결코 쉬운 일이 아니다. 따라서 다원 확증의 원칙으로 돌아가서 세 가지 자료수집방법을 모두 사용하는 것을 생각해볼 필요가 있다. 이러한 맥락에서 우리는 다원 확증이 가진 또 한 가지 장점, 즉 다원 확증을 하면 측정의 신뢰도를 평가할 수 있다는 것을 알게 된다. 다수의 자료수집자들이 측정결과에 대해서 동의할수록, 자료의 정확도에 대한 확신 또한 높아질

것이다.

13.4b 자료원

대안적 자료원(alternative data sources)이 될 수 있는 것에는 어떤 것들이 있을지 생각해보면 (이용 가능한 기록, 면접, 자기보고 척도, 직접 관찰), 단일사례 설계와 관련된 여러 가지 쟁점이 있을 수 있다는 것을 알 수 있다. 예를 들면, 연구자 또는 실천가가 이용 가능한 기록으로부터 치료 이전의 기초선을 얻을 수 있기 때문에 기초선 자료를 수집하는 동안 치료를 지연시키지 않아도 된다. 물론, 이는 적절한 과정을 거쳐 수집되고 신뢰할 수 있으며, 운 좋게도 단일사례 실험에서 표적 문제를 조작적으로 정의한 방식과 맞아 떨어지는 자료가 포함되어 있는 기존 기록에 접근할 수 있는 경우에만 가능하다.

단일사례 설계에서는 자기보고 척도도 매우 중요하다. 이 척도는 한편으로는 매우 편리할 수 있는데, 클라이언트로 하여금 집에서 매일 또는 실천가를 만날 때마다 자기보고 척도를 작성하게 함으로써 손쉽게 반복 측정을 할 수 있다. 또한 자기보고 척도는 일정한 유형으로 반복 측정을 실시하고 기록되고 있다는 것을 확인시켜준다.

그러나 다른 한편으로는 자기보고 척도를 사용하는 것이 특히 위험할 수 있다. 클라이언트가 자기보고 척도를 반복적으로 작성하는 것을 귀찮아할 수 있다는 것이 한 가지 위험이다. 그보다 더 심각한 위험은 클라이언트가 사회적으로 바람직한 모습을 보여줄 수 있게 척도를 작성하는 편향을 가질 수 있다는 것이다. 이런 가능성은 실천가가 자신의 실천을 평가하기 위해 단일사례 실험을 실시할 때 가장 커지는데, 왜냐하면 클라이언트는 사회복지사를 기쁘게 하기 위해 또는 사회복지사에게 좋은 인상을 주기 위해 부정확한 반응을 보일 수 있기 때문이다.

13.4c 신뢰도와 타당도

아마도 독자들 중에 어떤 사람은 이쯤에서 신뢰도와 타당도를 인정받은 표준화된 자기보고 척도를 이용한다면 위에서 언급한 위험들을 피할 수 있을지 궁금하게 생각할 것이다. 물론, 다른 모든 조건들(문제 또는 클라이언트와의 관련성, 변화에 대한 민감성, 측정도구의 분량과 복잡성 등)이 같다면, 측정하고자 하는 특정 변수에 대해서 신뢰도와 타당도가 경험적으로 입증된 척도를 사용하는 것이 바람직하다. 그러나 표준화된 도구의 타당도를 검증할 때의 조건은 단일사례실험의 조건과 비교했을 때 상반되는 부분이 있다. 표준화된 측도는 (1) 응답자가 연구자와 특별하고 지속적인 관계가 없고 익명성을 가진 대규모 집단의 일부이며, (2) 각 응답자가 그 측도를 1~2회 이상 작성하지 않으며, (3) 응답자의 측도 점수가 자신이 어떤 서비스를 받는지와 관계가 없을 때 대규모 평가 연구에서 타당성을 인정받는 경향이 있다.

이와 대조적으로, 클라이언트가 단일사례 실험의 일부로서 이런 척도를 작성한다면 익명성을 보장하는 것은 불가능하다. 또한 단일사례 실험에서는 클라이언트와 서비스 제공자 간에 특별한 관계가 존재하며, 그렇기 때문에 클라이언트들은 자신들이 전달하는 인상에 대해서 매우 예민해지고, 익명성이 보장된 상황에서보다 오히려 좋은 인상을 전달하려는 의도가 더 커질 수 있다. 클라이언트가 측도를 반복적으로 작성하게 되면 부주의 때문에 또는 이전에 했던 답을 기억하기 때문에 응답이 유효하지 않을 수 있다. 마지막이면서 아마도 가장 중요한 문제는 클라이언트가 치료 이전(기초선) 단계와 치료 단계 사이의 차이를 인식할 수 있다는 것이다. 어떤 클라이언트들은 서비스가 효과적이라면 자신들의 점수가 치료 단계에서 향상되어야 한다는 것을 알고 있을 수도 있다. 이런 인식은 클라이언트들로 하여금 치료 단계 동안 더욱 긍정적인 인상을 보여주려는 의도를 갖게 만들 수 있다. 이런 차이를 고려해볼 때, 특정 자기보고 척도가 다른 맥락에서는 타당도에 심각한 문제가 없는 것으로 경험적으로 입증되었다고 해서 그 척도가 단일사례 실험에서도 편향을 피할 수 있을 것이라 생각해서는 안 된다.

13.4d 직접 행동관찰

반복 측정을 많이 해야 하는 단일사례 실험의 특성 때문에 직접 행동관찰을 통해 자료를 수집하는 것이 쉽지 않을 수도 있다. 특히, 실험이 실천의 일부일 때 문제가 복잡해질 수 있는데, 왜냐하면 실천가가 바빠서 관찰을 직접 할 수 없을 수도 있고 다른 사람으로 하여금 클라이언트를 관찰하게 할 수 있을 만큼 자원이 충분하지 않을 수도 있기 때문이다. 표적 문제를 관찰할 때 클라이언트가 사무실로 오거나 실천가가 가정을 방문해서 하는 것으로만 한정할 수 있다면 여러 가지 면에서 관찰하기가 수월해진다.

또한 직접관찰이 반드시 지속적인 관찰이어야 할 필요는 없기 때문에 순간관찰 기록(spot-check recording) 방법을 사용할 수도 있다. 예들 들어, 어떤 사회복지사가 청소년 주거치료센터에서 매일 저녁 아동들이 정해진 시간 동안 해야 하는 숙제의 양을 늘리는 개입을 시도한다고 가정해보자. 매일 저녁 시간을 바꿔가면서 사회복지사나 주거시설 대리부모가 아동들이 공부하는 장소를 잠깐 살펴본 다음 누가 공부하고 있는지 또는 어떤 시간에 몇 명이 공부하고 있는지 기록할 수 있다.

그러나 어떤 표적 문제들은 좀 더 지속적인 관찰을 필요로 한다. 정기적으로 관찰을 해줄 수 있는 가까운 주변 사람들(교사, 친척, 대리부모 등)이 없을 때는 클라이언트들이 스스로를 관찰해야만 한다. 클라이언트가 자신을 관찰하는 것을 자기 모니터링(self-monitoring)이라고 한다. 관찰하고자 하는 종속변수가 특정 시점에서 클라이언트가 가질 수 있는 어떤 생각이나 감정의 빈도라면, 그런 종속변수는 클라이언트만이 관찰할 수 있는 현상이기 때문에 자기 모니터링이 유일한 직접관찰방법이 된다.

자기 모니터링은 측정 편향(앞서 논의했던 것 같은)에 취약할 뿐만 아니라 연구 반응성에 대해서도 매우 취약하다(연구 반응성에 대해서는 제10장에서 언급한 바 있다). 반응성은 자료를 관찰하거나 기록하는 과정, 즉 측정 과정 그 자체가 표적 문제에 변화를 일으킬 때 발생한다. 예를 들어, 어떤 실천가가 아들과 갈등 관계에 있는 어머니에게 아들을 칭찬하거나 꾸짖을 때마다 기록하게 한다고 할 때, 자신의 행동을 기록하는 것 그 자체가 어머니로 하여금 자신이 꾸지람은 지나치게 많이 하지만 칭찬하는 것은 인색하다는 사실을 깨닫게 할 수도 있으며, 그로 인해 어머니가 칭찬은 더 자주하고 꾸지람은 줄이겠다는 생각을 하게 될 수도 있다.

물론, 임상적 관점에서 보면, 반응성이 반드시 나쁜 것만은 아닐 수도 있다. 예를 들면, 자기 모니터링은 원하는 변화를 일으킬 수 있게 도와주는 임상적 도구로 사용될 수 있다. 그러나 어떤 연구에서 자기 모니터링을 유일한 측정 방법으로 사용한다면 개입에 의해 변화가 일어났는지 여부를 추론하기가 매우 어려워진다. 이 문제는, 만일 자기 모니터링 과정이 변화의 유일한 원인이라면 치료 이전(기초선) 자료 그래프에서 호전되는 추세를 찾을 수 있다는 사실을 다시 한번 기억해둠으로써 어느 정도 보완할 수 있다.

13.4e 비관여적 관찰 대 관여적 관찰

제12장에서 언급했던 바와 같이, 비관여적 관찰이란 관찰자가 관찰 세팅에 뒤섞여 들어감으로써 관찰 대상들이 관찰자가 관찰하고 기록하는 행동을 대체로 인식하지 못하는 것을 의미한다. 예를 들어, 주거시설에 거주하는 소년들의 반사회적 행동을 줄이기 위해서 사회복지사가 소년들의 오락 활동을 감독하는 동료 직원에게 소년들을 관찰하면서 항상 노트를 지니고 있다가 관찰 대상 소년들이 싸움을 하거나, 논쟁을 하는 횟수 등을 기록해 달라고 부탁하는 경우를 생각해볼 수 있다.

관여적 관찰은 비관여적 관찰에 반대되는 개념이다. 연구 대상이 관찰 사실을 인식하고 연구 반응성을 보이거나 사회적으로 바람직한 모습을 보이고자 비전형적인 행동을 취한다면 측정이 관여적이라고 할 수 있다. 자기 모니터링은 클라이언트가 관찰자이면서 동시에 관찰 대상이기 때문에 가장 관여적인 관찰이라고 할 수 있다. 그러나 어떤 관찰들은 너무 관여적이어서 전체 연구의 신빙성을 위협하는 경우도 있다. 그런 경우는 연구자나 실천가가 얼핏 보기에는 비관여적인 것처럼 보이는 단계들을 밟기 때문에 자칫 관여적이라고 생각하지 못할 수도 있다.

예를 들어, 연구자나 실천가는 일방 거울을 통해서 클라이언트를 관찰하면서 클라이언트가 자신을 볼 수 없기 때문에 관찰 사실을 인식하지 못할 것이라고 생각하기도 한다. 이러한 생각이 어느 정도는 맞지만 다음과 같은 예상치 못한 경우가 있을 수 있다. 어떤 실천가가 일방 거울을 통해서 갈등관계에 있는 어머니와 아들의 상호작용을 관찰하여 기초선을 측정한 다음, 어머니로 하여금 아들이 적절한 행동을 할 때 아들을 더욱 칭찬하게 하는 과업 중심의 개입을 시도한다고 가정해보자. 실천가는 개입이 칭찬 횟수를 기초선에 비해 증가시키는 데 효과적이었는지 알아보기 위해서 역시 일방 거울을 통해서 어머니와 아들의 상호작용을 지켜볼 수 있다.

실천가가 클라이언트 모르게 관찰을 진행했다는 점은 높이 살만 하지만, 관찰이 진정한 의미에서 비관여적이었다고 가정하거나 관여의 정도가 기초선과 개입 단계에서 유사하다고 가정하는 것은 잘못된 것이다. 두 단계 모두에서 어머니는 거울 반대편에서 실천가가 지켜보고 있다는 사실을 어느 정도 알고 있었다. 또한 어머니는 기초선 단계에서는 몰랐지만 개입 단계에서 실천가가 어떤 행동(즉, 칭찬)을 관찰하고자 하는지 정확하게 알고 있었다.

따라서 개입 단계 동안 클라이언트가 사회적 바람직성 편향을 보일 가능성이 더 커지면서 두 단계의 관여 정도에 차이가 나타나기 시작한다. 그리고 개입 단계 동안 클라이언트가 사회적으로 바람직하다고 여겨지는 반응을 보일 가능성이 더 커지기 때문에 관여 문제는 연구결과의 신빙성을 더욱 위협하게 된다. 다시 말해서, 칭찬 횟수의 증가는 개입의 효과와 전혀 관계가 없으며 단지 개입 이후에 클라이언트가 사회적으로 바람직한 행동을 더 많이 하려는 경향을 보인다는 사실을 반영할 뿐이다. 그러한 행동은 실제 상황이나 실천가가 지켜보지 않는 상황에서 어머니가 아들이 상호작용하는 방법과 전혀 상관이 없을 수 있다.

13.4f 자료 수량화 과정

연구자는 단일사례 실험에서 직접 관찰을 통해 수집한 자료를 빈도, 지속기간, 크기에 관하여 수량화할 수 있다. 예를 들어, 울화라는 표적 문제를 일정 기간에 걸쳐 관찰한 울화의 횟수(빈도), 각 울화가 얼마나 오래 지속되었는지(기간), 그리고 울화가 얼마나 시끄러웠는지 혹은 폭력적이었는지(크기)로 기록할 수 있다. 다원 확증 원칙을 따를 경우, 이들 세 가지 수량화 과정 모두를 동시에 사용할 수 있다.

13.4g 기초선 단계

단일사례 설계는 개입 이후에 표적 문제가 호전되는 것이 외생적 요인(예컨대, 클라이언트의 환경 변화 같은) 때문이 아니라는 것을 보여주기 위해서 충분한 반복 측정을 필요로 한다. 또한 단일사례 설계는 반복 측정을 통해 발견되는 추세를 비교함으로써 성숙이나 통계적 회귀 같은 요인들을 통제한다. 이러한 논리에 기초하여, 충분히 많은 측정을 통해서 기초선 단계에서 표적 문제의 안정적인 추세를 보여줄 수 있고, 표적 문제에 영향을 미치는 외생적 사건이 발생한 시점이 개입이 시작된 시점과 우연히 일치했을 가능성이 없다는 것을 보여줄 수 있을 만큼 충분히 많은 반복 측정을 할 수 있다면 단일사례 설계의 내적 타당도는 증가한다.

기초선 단계에서 몇 번의 측정을 하는 것이 이상적인지는 안정적인 추세가 얼마나 빨리 나타나는지에 따라 다르지만, 일반적으로는 5~10번 정도의 측정을 하는 것이 적당하다고 알려져 있다. 만일 기초선이 상당히 안정적이라면 3~5번 정도의 측정만으로도 안정적인 추세를 발견할 수 있다. 그러나 측정점이 많으면 많을수록 추세의 안정성이나 외생적 사건이 개입 시작과 우연히 일치했을 가능성이 낮다는 것을 확신하기가 수월해진다.

그러나 실제 상황에서는 이상적인 횟수만큼의 측정을 한다는 것이 거의 불가능하다. 기초선 자료 추세가 안정적이지 않거나 뚜렷하지 않더라도 클라이언트의 문제가 너무 심각하다면 더 이상 개입을 늦출 수 없다. 이상적인 기초선 기간을 갖는 것이 현실적으로 어렵다면 임상적 또는 행정적 여건이 허락하는 한 이상적 수준에 가까워질 수 있게 해야 한다.

안정적 추세란 표적 문제가 예상 가능하고 질서 있는 형태로 발생하고 있다는 것을 의미한다. 그래프에 시간 순서대로 자료점을 찍고 각각의 자료점을 줄로 연결한 다음, 전체적인 패턴이 그림 13-4(A)처럼 분명하게 증가하는지, 그림 13-4(B)처럼 감소하는지, 그림 13-4(C)처럼 아무런 변화가 없는지 아니면 그림 13-4(D)처럼 동일한 패턴이 반복되는지 관찰한다. 이와 대조적으로, 그림 13-

그림 13-4 ▶ 여러 가지 기초선 추세

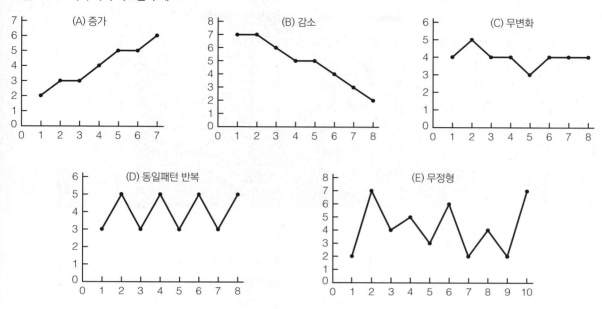

4(E)는 어떤 뚜렷한 추세가 없는 불안정한 기초선을 예시하고 있다.

기초선이 증가 또는 감소한다는 말의 의미는 표적 문제를 어떻게 조작적으로 정의했는지에 따라 달라진다. 만일 표적 문제가 울화 같은 바람직하지 않은 현상이라면 기초선이 증가하는 추세란 문제가 악화되고 있다는 것을 의미하며, 기초선이 감소하는 추세란 문제가 호전되고 있다는 것을 뜻한다. 표적 문제를 숙제하기 같은 바람직한 지표로 조작

그림 13-5 ▶ 호전 추세를 보이는 기초선을 연장한 후의 가상적 결과 그래프(AB 설계)

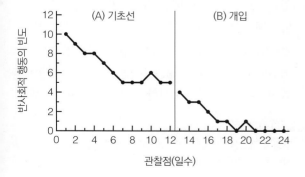

화한 경우라면 기초선 증가는 호전을 그리고 기초선 감소는 악화를 의미한다.

기초선의 추세가 호전될 때는 추세가 안정적일지라도 호전 추세가 완만해지기 전까지는 그림 13-5와 같이 기초선 측정을 계속하는 것이 바람직하다. 기초선의 호전 추세가 절정(추세가 완만해지기 전까지)에 달했을 때 어떤 개입을 도입한다면 어떤 극적인 변화를 기대하기는 어려울 것이다. 즉, 그런 기초선 추세가 의미하는 바는 아무런 개입을 하지 않더라도 클라이언트가 지속적으로 호전되고 있기 때문에 (1) 설령 도입한 개입이 효과적인 개입이더라도 호전 정도에 영향을 미치지 않을 수 있으며, (2) 애초에 그 지표에 대해서는 어떤 개입도 할 필요가 없었다는 것을 의미할 수도 있다. 기초선이 호전되고 있는 상황에서 개입을 도입할 경우, 호전 과정이 이미 안정적으로 진행되고 있기 때문에 자칫 개입이 아무런 변화를 일으키지 못한다는 잘못된 결론을 내릴 위험이 있다.

연구자는 또한 기초선 자료가 처음에 개입을 시작하기로 계획했던 시점에 다다를 때까지도 안정

적이지 않다면(즉, 예측 가능한 어떤 추세를 볼 수 없다면), 기초선 측정을 그 시점을 넘어서까지 연장할 수 있다. 앞에서 언급했던 바와 같이, 가장 이상적인 것은 안정적인 기초선이 관찰될 때까지 기초선 측정을 계속하는 것이다. 그러나 여러 가지 현실적 제약들 때문에 안정적인 추세가 나타날 때까지 기초선 측정을 마냥 연장할 수는 없다. 예를 들면, 클라이언트가 겪는 고통이나 위험 같은 중요한 이유들보다 연구 설계의 내적 타당도를 우선시할 수는 없다. 그런 상황에서 연구자는 구할 수 있는 자료만 가지고 최선을 다하는 수밖에 없다.

개입이 너무 효과적이어서 기초선이 안정적이지 않거나 호전되고 있는 패턴을 보이더라도 개입 이후의 자료 패턴이 더 낮다는 것을 분명하게 알 수 있는 경우도 있다. 그림 13-6은 안정적이지 않는 기초선 패턴과 두 가지 개입 자료 패턴을 비교한 그래프이다. 두 가지 개입 자료 패턴 중 첫 번째 것은 안정적이지 않은 기초선 패턴으로는 결론을 내리기가 어렵다는 것을 보여주는 반면, 두 번째 패턴은 해석이 불가능하지만은 않다는 것을 보여준다. 마찬가지 맥락에서 그림 13-7은 호전되고 있는 기초선을 가지고도 개입이 효과적임을 뒷받침하는 결과를 얻을 수 있다는 것을 보여준다.

또한 설계대로 연구를 시작한 이후에 표적 문제에 중요한 영향을 미칠 수 있는 외부 환경의 변화

그림 13-7 ▶ 개입 효과를 지지하는 호전 추세를 가진 가상적 결과 그래프(AB 설계)

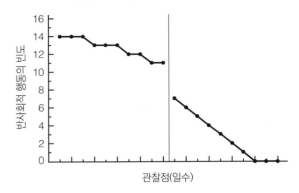

가 개입 시작 시점과 우연히 일치하리라는 것을 알게 되면, 계획했던 것보다 기초선 단계를 연장할 수도 있다. 예를 들어, 표적 행동이 대인관계에서의 성급함이나 학교 성적 같은 행동일 때, 만일 클라이언트가 심각한 알레르기를 앓고 있다면 알레르기 계절이 시작되거나 끝날 무렵에 개입을 시작하지는 않을 것이다. 클라이언트에게 그런 특성이 있다는 것을 기초선 단계를 시작한 후에 알게 되면 계획했던 것보다 기초선을 연장하여 관련된 환경 조건이 변한 다음에 안정된 추세를 확인하기에 충분한 측정점을 얻는 것도 하나의 방법이다. 또 다른 방법은 개입을 잠시 나중으로 보류했다가 다시 시작하면서 두 번째 기초선의 시작이나 끝이 어떤 중요한 환경 변화와 일치하지 않기를 바라는 것이다(이 방법을 ABAB 설계라고 하는데, 이에 대해서는 곧 자세히 설명하기로 하겠다).

기초선 자료를 얻기 위해서 개입을 연기할 수 있는 상황이 아닐 때는 소급 기초선을 얻을 수 있는지 여부를 고려해볼 필요가 있다. **후향적 기초선**(retrospective baseline)은 재구성 기초선(reconstructed baseline)이라고 불리기도 하는데, 과거 자료로부터 재구성한 기초선을 말한다. 후향

그림 13-6 ▶ 안정적이지 않은 기초선을 가진 두 가지 가상적 결과 그래프(AB 설계)

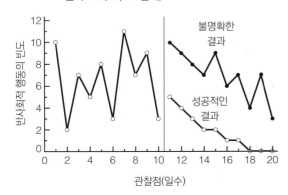

▶ **후향적 기초선 ▶** 개입 전 단일사례평가설계의 한 단계로서 과거 자료로부터 재구성되고 시간 순서대로 배열된 자료점으로 구성됨.

적 기초선의 두 가지 주된 자료원은 이용 가능한 기록과 클라이언트(또는 클라이언트와 가까운 사람)의 기억(memory)이다. 이용 가능한 기록을 사용하는 예는 학교생활에 문제가 있는 아동에 관한 출석, 성적, 처벌 등의 학교 기록을 얻는 것이 될 것이다. Nugent(1991)의 최근 연구는 기억을 사용한 좋은 예를 보여주는데, 그는 분노 조절에 문제가 있는 클라이언트에게 지난 1~2주 동안 몇 번이나 분노가 폭발했는지 기억하게 하고 클라이언트의 기억을 클라이언트의 배우자나 부모의 기억을 가지고 다원 확증하였다. Bloom과 동료들(2006)은 기억에 의존하여 기초선을 재구성할 때 다음과 같은 두 가지 지침을 따를 것이 바람직하다고 제안한다. 첫째, 기억하기 어려운 사건(예를 들면, 부적절하다는 느낌, 불안감 등)보다는 쉽게 기억할 수 있어서 왜곡될 위험이 적은 구체적이고 확인 가능한 사건(예를 들면, 분노 폭발, 처벌 의뢰 등)을 활용한다. 둘째, 동일한 이유에서 지난 1~2주 전 정도의 가까운 과거만을 사용하고 한 달보다 더 이전에 관한 기억은 사용하지 않는다.

13.5 단일사례 설계의 유형

13.5a AB: 기본 단일사례 설계

가장 단순한 단일사례 설계는 그림 13-1, 그림 13-2, 그림 13-5, 그림 13-6, 그림 13-7에 예시된 것 같은 하나의 기초선 단계(A)와 하나의 개입 단계(B)로 이루어진 설계이다. 이 설계를 가리켜 AB 설계라고 한다. 이 설계는 기초선이 단 하나이기 때문에 서비스 전달 우선 순위와 관련된 갈등이 가장 적어 실천가나 연구자들이 선호하는 설계이다. 그러나 이 설계는 여러 개의 기초선을 가진 단일사례 설계에 비해 약점이 있는 설계이다. 이 설계는 기초선이 하나이기 때문에 독립변수가 기초선에서 개입 단계로 전환되는 점이 한 개뿐이

며, 그렇기 때문에 의외의 우연의 일치(unlikely coincidence)는 단 한 번만 일어날 수 있다. 측정을 여러 번 반복하면 개입 이후에 종속변수의 추세가 급격하게 변한 것이 개입이 아니라 어떤 외생적 사건에 의해 설명될 수 있는 가능성은 줄일 수 있지만, 외생적 사건은 기초선과 개입 단계 사이에 추세 변화가 여러 번 있을 때 더 잘 통제할 수 있다.

이러한 상대적인 약점에도 불구하고 AB 설계는 상당히 유용한 설계이다. 실제 상황에서는 엄격한 설계를 사용하는 것이 쉽지 않다는 것을 고려해 볼 때, AB 설계는 아직 클라이언트에게 미치는 영향이 충분히 과학적으로 검증되지 않은 개입들의 효과성에 대해서 어느 정도 논리적이고 경험적인 증거를 제공해줄 수 있다. 또한 AB 설계는 재연하기 쉬우며 특정 개입에 대한 서로 다른 AB 연구들의 결과가 동일하다면, 해당 개입의 효과성을 뒷받침하는 증거가 된다. 예를 들어, 서로 다른 클라이언트에 대해서 서로 다른 시기에 실시된 AB 연구들이 표적 문제에 대해서 동일한 개입을 제공한 다음 표적 문제가 나아지기 시작했다는 것을 발견했다고 가정해보자. 모든 클라이언트에 대해서 어떤 동일한 외생적 사건이 발생한 시점과 개입을 시작한 시점과 완전히 우연에 의해서 일치하여 표적 문제가 호전되었다는 주장을 얼마나 믿을 수 있겠는가? 또한 AB 설계는 실천가들에게 즉각적인 피드백을 제공함으로써 실천가들이 표적 문제의 변화를 주의 깊게 관찰하고 클라이언트와 변화에 대한 대안적 설명 가능성을 찾고, 필요하다면 서비스를 바꿀 수 있도록 한다는 점에서 매우 유용한 설계라고 할 수 있다.

13.5b ABAB: 중지/반전 설계

외생적 사건을 더 잘 통제하기 위해서 AB 설계에 두 번째 기초선(A)과 두 번째 개입단계(B)를 추가한 설계를 ABAB 설계 또는 중지/반전설계

(withdrawal/reversal design)라고 한다. 두 번째 기초선 단계는 개입을 잠시 동안 중단함으로써 설정한다. 두 번째 기초선에서 안정적인 추세를 보게 되면 개입을 다시 시작한다. 이 설계는 첫 번째 개입 기간 동안 표적 문제를 호전시킨 것이 개입이라면, 두 번째 기초선(개입이 중지된 기간)에서는 표적 문제가 첫 번째 기초선 수준으로 반전될 것이라고 가정한다. 따라서 개입을 다시 시작하면 표적 문제는 다시 호전되기 시작해야 한다. 즉, 이 설계의 기본적인 논리는 표적 문제의 변화 추세 또는 수준이 개입을 시작하거나 중지할 때마다 계속해서 변한다면 개입이 아닌 어떤 외생적 사건이 변화를 야기한다는 주장은 설득력을 잃게 된다는 것이다. 이 설계에서는 독립변수가 세 번 변하기 때문에 AB 설계에 비해 더 강한 인과적 증거를 가질 수 있다. 즉, AB 설계에서는 발생 가능성이 낮은 우연의 일치가 단 한 번만 발생할 수 있지만 ABAB 설계에서는 세 번 발생할 수 있다.

ABAB 설계는 두 가지 심각한, 그러나 종종 해결될 수 있는 문제를 가지고 있다. 첫 번째 문제는 실천적 또는 윤리적 문제이다. 실천가는 효과가 있다고 판단되는 개입을 중지하는 것을 첫 번째 기초선 상황으로 되돌아 갈 때 클라이언트가 겪게 될 고통이나 치르게 될 대가를 우려하여 받아들이기 힘들어 할 수 있다. 이러한 우려는 위험한 문제를 가진 클라이언트, 특히 클라이언트가 문제가 악화되는 것에 대해서 예민한 경우 더욱 심각해진다. 아마도 실천가는 개입을 중지했다가 다시 시작하는 것이 클라이언트를 혼란스럽게 만들거나 소외시키거나, 실천가와 클라이언트 간의 관계를 소원하게 만들거나, 그 밖의 예상치 못한 방식으로 클라이언트를 위한 실천가의 개입 노력에 악영향을 미칠지도 모른다는 것을 우려할 수 있다. 이러한 우려는 매우 중요할 뿐만 아니라 타당한 우려이며, 연구자는 이런 우려감 때문에 실천가들이 ABAB 설계를 꺼리는 것을 비난해서는 안 된다.

그러나 실천가들은 개입을 중지하지 않으면서 ABAB 설계를 적용할 수 있는 기회가 있다는 것을 과소평가하지 말아야 한다. 때로는 실천가가 회의에 참석하거나 휴가를 가게 되면서 개입이 자연스럽게 중단될 수 있으며 그런 상황을 두 번째 기초선을 설정하기 위해(실천가가 표적 문제의 변화를 관찰하고 기록할 수 있는 유일한 사람이 아니라면) 이용할 수 있다. 또한 표적 문제가 해결된 것처럼 보이는 시점에서 일시적으로 개입을 중단하고 치료가 중단된 기간 동안 클라이언트가 호전된 상태를 유지할 수 있는지 여부를 관찰하는 것도 좋은 실천의 한 방법이 될 수 있다.

ABAB 설계가 가진 또 한 가지 문제는 실제 상황에서 표적 문제가 기초선 상태로 반전될 수 있다는 가정이 타당하지 않을 수 있다는 것이다. 그러나 이 문제 역시 해결될 수 있다. 첫 번째 개입 기간 동안 개입이 되돌릴 수 없는 영향을 미쳤을 수 있다. 예를 들어, 개입의 내용이 경증 발달장애를 가진 클라이언트들에게 사회적 모임이나 직장에서 사람들과 상호작용하는 데 필요한 사회기술훈련을 제공하는 것이라고 가정해보자. 일단 그런 기술을 습득한 다음 실제 생활에서 사용했을 때 사람들로부터 좋은 반응을 얻는다면, 클라이언트들

그림 13-8 ▶ 2차 기초선 단계에서 반전은 나타나지 않았지만 개입의 효과를 지지하는 가상적 ABAB 설계의 결과 그래프

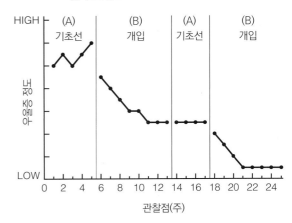

그림 13-9 ▶ 결과가 불명확한 ABAB 설계의 가상적 결과 그래프

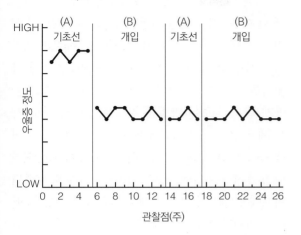

은 습득한 기술을 유지하기 위해 다시 훈련을 받을 필요가 없을 것이다. 또 다른 예로서, 여성 노인들이 덜 소외되고, 덜 외롭고, 덜 의기소침해지게 도움을 제공하는 어떤 개입이 있다고 가정해보자. 더 나아가서, 그 개입이 환경을 중요시하는 개입으로서 노인들을 위한 더 나은 주거, 상호작용할 수 있는 동료들이 있는 주거환경을 만드는 것을 중요시한다고 가정해보자. 이 개입이 첫 번째 B 기간 동안 성공적이었다면 실천가가 개입(즉, 신규 거주자를 변화시키는 것이 아니라 주거환경을 변화시키려는 노력)을 중지한다고 해서 노인들이 새로운 사귄 친구를 잃게 되거나 다시 우울해지지는 않을 것이다.

효과를 되돌릴지 못할 가능성을 줄이기 위해, 어떤 경우에는 첫 번째 개입 기간을 상대적으로 짧게 유지할 수 있다. 그렇게 함으로써 두 번째 기초선이 반전의 경향을 보이자마자 개입을 다시 시작하여 두 번째 기초선 기간 동안 잠시 중단되었던 호전 추세가 다시 나타나게 할 수 있다. 또한 두 번째 기초선에서 반전이 일어나지 않는다고 하더라도 만일 두 번째 개입 단계에서 새로운 호전 추세를 관찰하게 된다면, 반전 효과는 그다지 큰 문제가 되지 않을 수 있다. 예를 들어, 우울증이 있는

외로운 여성 노인들에게 애완동물을 키울 수 있게 하는 환경 지향적 개입을 다시 시작한 결과, 노인들의 우울증이 감소되었다고 가정해보자. 이러한 가능성은 그림 13-8에 예시되어 있다. 이 그림을 보면 개입이 도입될 때마다 종속변수가 변하며, 첫 번째 개입단계에서 나타난 호전 추세가 두 번째 기초선 기간 동안 그대로 유지되고 있다. 두 번째 기초선 기간 중에 반전은 일어나지 않았지만, 전체적인 자료 패턴은 종속변수가 호전된 원인이 어떤 외생적 사건이 아니라 개입이며, 단지 개입을 중단했을 때 개입의 효과가 반전되는 경향이 나타나지 않았다는 결론을 뒷받침해줄 수 있다.

그런데 만일 ABAB 설계의 결과가 그림 13-9와 유사하다면 어떤 결론을 내릴 수 있을까? 개입을 첫 번째 시작했을 때만 호전 추세가 나타난 것이 개입을 시작한 시기와 시기적으로 우연히 일치한 어떤 외생적 사건 때문이라고 할 수 있을까? 다시 말해서, 개입을 중단하고 다시 시작한 그 다음 두 시기에서 표적 문제에 아무런 변화가 없었기 때문에 첫 번째 호전 추세가 나타나게 된 것이 개입의 효과 때문이라고 말할 수는 없는 것인가? 또는 개입이 너무 효과적이거나 표적 문제의 특성이 되돌릴 수 있는 것이 아니어서 표적 문제의 추세나 수준이 변할 수 있는 것은 단 한 번(즉, 첫 번째 개입단계에서의 변화)뿐이라고 추측할까? 어떤 경우에는 표적 문제의 특성이 무엇이고, 설계 단계에서 변화와 우연히 일치하는 외생적 사건에 대해서 클라이언트로부터 무엇을 알게 되었는가에 따라 연구자가 이러한 대안적 설명들 중에서 어느 것이 가장 설득력 있는 설명인지 판단할 수 있다. 그러나 이 딜레마를 해결하는 더 좋은 방법은 동일한 실험

▶ **재연 ▶** 유사실험 설계 또는 단일사례 설계의 내적 타당성을 높이기 위해 개입을 재개 혹은 취소하거나 오류를 줄이기 위한 목적에서 연구를 반복하는 것

다중기초선 ▶ 설계 단일사례 설계의 한 종류로서 외생변수를 통제하기 위해 두 개 이상의 기초선과 개입 단계를 가짐.

연구를 재연해보는 것이다. 만일 동일한 개입에 대한 후속 ABAB 실험연구들에서 그림 13-9와 유사한 결과가 일관되게 나타난다면, 표적 문제의 변화를 야기하는 외생적 유독 사건이 개입을 처음 시작한 시점에서만 모든 클라이언트들에게 발생했다고 볼 수 있는 합리적인 이유가 없기 때문에 개입의 효과가 강하다는 주장이나 효과를 되돌릴 수 없다는 주장이 설득력을 얻을 수 있다.

13.5c 다중기초선 설계

다중기초선 설계(multiple-baseline design) 또한 외생적 사건들을 통제하기 위해서 두 개 이상의 기초선과 개입 단계를 갖는다. 그러나 다중기초선 설계는 다중기초선을 설정하기 위해 개입을 중단하는 대신 다수의 기초선을 동시에 시작한다. 이 때, 각각의 기초선이 서로 다른 표적 행동을 측정할 수 도 있고 동일한 표적 행동을 서로 다른 세팅 또는 서로 다른 개인에 대해서 측정할 수도 있다. 다수의 기초선을 동시에 시작하더라도, 개입은 각 기초선의 서로 다른 시점에서 시작한다. 따라서 첫 번째 행동, 상황 또는 개인에 대해서 개입을 시작할 때는 다른 행동, 상황 또는 개인에 대해서는 기초선을 단계를 유지한다. 마찬가지로 두 번째 행동, 상황 또는 개인에 대해서 개입을 시작할 때는 세 번째(만일 기초선이 세 개 이상이라면) 행동, 상황 또는 개인에 대해서는 기초선 단계를 유지한다.

이 설계의 기본 논리는 환경에 있어서의 중요한 변화 같은 어떤 외생적 사건이 우연히 개입과 시기적으로 일치하여 클라이언트의 기능을 호전시킨 것이라면, 그러한 변화는 모든 행동, 상황 또는 개인의 기초선에서 동시에 나타나야 하지만, 그렇지 않고 개입이 클라이언트의 기능을 호전시킨 것이라면 서로 다른 시점에서 개입을 시작할 때마다 각 그래프에서 호전 추세가 나타나야 한다는 것이다.

그림 13-10은 어떤 가상의 실천가가 Mercer와 Kane(1979)의 집단실험 보고서를 읽고 노인들의 절망감을 낮추기 위해서 노인들에게 화초를 기르게 한 다음, 매우 심한 절망감을 느끼고 있는 세 명의 요양시설 거주 노인들을 대상으로 자기보고 척도를 사용하여 절망감에 대한 기초선을 측정한 다중기초선 설계 실험의 결과이다. 실천가는 노인들에게 화초 돌보는 방법을 가르쳐 주면서 서로 다른 세 시점에서 각 노인에게 화초를 주었다고 가정해보자. 각 노인의 절망감 수준은 자기보고 점수의 변화 추세를 통해서 알 수 있듯이 개입이 시작된 이후에 안정적인 감소 추세를 보이기 시작했다. 따라서 이러한 변화가 요양원의 환경 전반에 걸친 변화와 같은 외생적 사건 때문에 발생했다고 보는 것은 합리적이지 않다는 것을 알 수 있다.

그런데 이번에는 이 실험의 결과가 그림 13-11과 같다고 가정해보자. 그림 13-11에 제시된 바와 같이, 첫 번째 개입(화초)을 시작했을 때 각 노인의 절망감이 동시에 안정적인 감소 추세를 보이기 시작했다. 세 명의 노인 중 두 명은 아직 화초를 받지 않았기 때문에 화초가 증세를 호전시켰다는 추론은 설득력이 없으며, 오히려 그보다는 첫 번째 노인에 대한 개입을 시작한 시점이 요양원의 환경과 관련된 어떤 외생적 사건과 우연히 시기적으로 일치했으며, 세 명의 노인 모두의 증상을 호전시킨 것은 외생적 사건이라는 추론이 더 설득력이 있다. 이 예를 통해서 우리는 AB 설계(첫 번째 노인에 대한)가 다중기초선 설계에 비해 우연한 사건을 통제할 수 있는 능력이 약하기 때문에 어떤 식으로 잘못된 결론을 도출할 수 있는지를 잘 이해할 수 있다.

그림 13-12와 그림 13-13은 표적 행동 또는 상황이 다수인 경우에 적용된 다중기초선 설계의 기본 원리를 보여주는 예이다. 두 그림 모두 반사회적 행동 때문에 주거치료센터에 의뢰된 어떤 가상적인 소년에 관한 실험 결과이다. 이 소년은 치료센터에서 자칫 자제력을 상실하기 쉬운 상황에서

그림 13-10 ▶ 개입의 효과를 지지하는 여러 연구 대상에 대한 가상적 다중기초선 설계의 결과 그래프

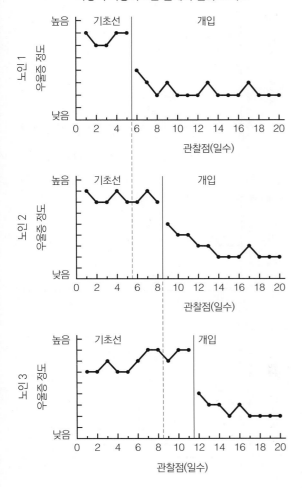

그림 13-11 ▶ 외생적 사건이 호전 추세의 원인일 가능성을 보여주는 여러 연구 대상에 대한 가상적 다중기초선 설계의 결과 그래프

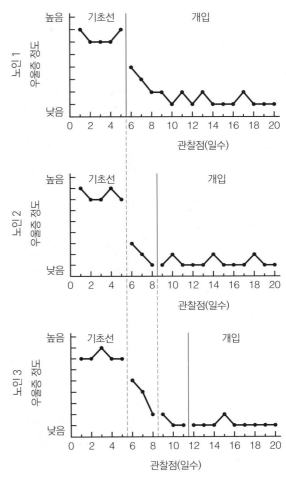

충동적이고 반사회적인 행동을 하지 않게 하기 위해 스스로에게 이야기 하는 방법을 가르치는 인지행동수정 개입에 참여했다. 그림 13-12에 따르면, 클라이언트가 싸움과 관련된 언어적 자기지시를 연습하기 시작하면서 첫 번째 기초선이 끝나고 개입이 시작되었다. 그로부터 1주가 지난 다음, 클라이언트는 충동적이고 부적절한 고함을 지르는 행동과 관련하여 자신에게 이야기 하는 연습을 시작했고 다음 주에는 욕하는 것과 관련해서 연습을 시작했다.

그림 13-12에 따르면, 클라이언트가 싸움과 관

련된 연습을 시작하면서부터 세 가지 표적 행동 모두에서 자료 패턴이 동시에 극적으로 변하는 것을 알 수 있다. 이러한 현상이 나타나게 된 원인은 무엇인가? 혹시 첫 번째 기초선이 끝나는 시기와 시기적으로 우연히 일치한 치료센터 내의 어떤 외생적 사건 때문인가? 그럴 수도 있다. 그러나 다중기초선을 서로 다른 행동에 적용해본다면 이러한 자료 패턴은 대안적 설명에 의해서도 야기될 수 있다. 이러한 대안적 설명을 가리켜 **효과의 일반화**(generalization of effects)라고 하는데, 효과의 일반화란 한 번에 한 가지 행동 또는 상황에 대해서

그림 13-12 ▶ 여러 표적 행동에 있어서 불명확한 결과를 보이는 가상적 다중기초선 설계의 결과 그래프

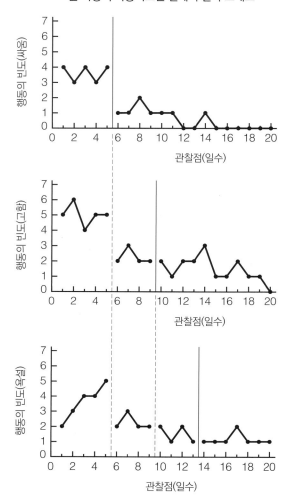

그림 13-13 ▶ 여러 장소에서 불명확한 결과를 보이는 가상적 다중기초선 설계의 결과 그래프

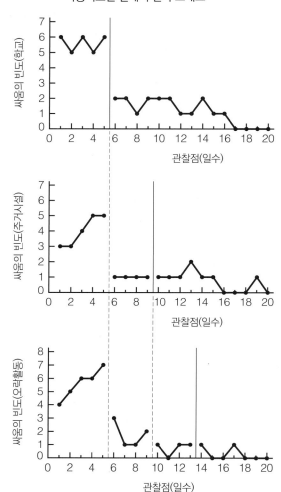

만 개입하고자 의도했으나 개입이 첫 번째 행동이나 상황에 대해서 이루어지자마자 아직 기초선 단계에 있는 다른 표적 행동이나 상황에도 영향을 미치는 것을 말한다. 예를 들면, 클라이언트가 싸움과 관련된 자기지시를 연습하기 시작하면서 언어적 자기지시를 자신이 가진 다른 문제행동에도 동시에 적용할 수 있게 되었을 수도 있다.

또한 효과의 일반화는 개입이 한 가지 표적 행동에만 영향을 미치지만 그 행동과 관련된 변화가 차례로 다른 행동들을 변화시킬 때에도 일어날 수 있다. 예를 들면, 싸움의 횟수가 감소하면서 고함

을 지르거나 욕을 하는 횟수도 감소하기 시작했을 수 있다. 또한 싸움이 감소하면서 치료센터 내의 다른 소년들과 어른들로부터 긍정적인 피드백을 더 많이 받을 수 있게 되고, 이러한 대인관계에 있어서의 발전(또는 피드백의 보상적인 특성)으로 인해 다른 사람에게 욕하고 고함칠 필요가 줄어들거나 바람직한 방식으로 행동해야겠다는 생각을 더 하게 되었을 수 있다.

이와 같은 불분명함은 그림 13-13에서도 찾아볼 수 있다. 이 그림에서는 클라이언트가 세 가지 서로 다른 상황에서 자기지시를 연습하면서 세 개의 기

초선이 모두 끝난다. 첫 번째 기초선은 소년은 학교와 관련된 자기지시를 연습할 때 끝나고, 두 번째 기초선은 시설과 관련된 연습을 시작할 때 그리고 세 번째 기초선은 오락 활동과 관련된 연습을 시작하면서 끝난다. 그림 13-12에서처럼, 첫 번째 기초선이 끝나면서 세 가지 상황이 모두 동시에 호전되기 시작한 것이 외생적 사건에 의한 것인지 아니면 효과의 일반화에 의한 것인지는 알 수 없다.

그렇다면 우연한 사건과 효과의 일반화라는 두 가지 대안적 설명 중 어느 것이 더 타당한 설명인지 어떻게 판단할 수 있을까? 어쩌면 그런 판단을 내릴 수 없을지도 모르지만, 만일 할 수 있다면 우리는 다른 클라이언트들을 대상으로 동일한 실험을 재연해볼 수 있을 것이다. 만일 우리가 그림 13-12와 그림 13-13과 같은 결과를 계속 얻게 된다면, 효과의 일반화 가설이 더 설득력 있는 가설이 된다. 왜냐하면, 클라이언트에 대한 치료가 서로 다른 시점에서 시작되는 데도 불구하고 어떤 외생적 사건이 첫 번째 기초선이 끝날 때마다 발생하여 표적 문제를 호전시킨다는 것은 납득할만한 설명이 아니기 때문이다.

그러나 어떤 개입들은 서로 다른 시기에 서로 다른 행동이나 상황에서 적용된다고 보기 힘들 수도 있다. 예를 들어, 아동이 다양한 영역에서 저조한 기능을 보이는 것이 이론적으로 볼 때 아버지와 어머니의 관계 문제 때문이라고 판단되는 어떤 사례에 대해서 실천가가 가족치료에 기반을 둔 개입을 시도한다고 가정해보자. 실천가가 부모의 관계에 대한 개입에 초점을 두고 아동의 표적 문제를 해결하고자 하면서 그 개입을 아동이 가진 다른 표적 행동이나 상황에 적용하는 것은 현실적인 접근이라고 하기 어렵다. 더욱이, 그 개입을 아동의 다른 표적 문제나 상황에 적용하는 것은 그 개입의 초점을 아동에게 맞추는 것이므로 임상적으로 적절하지 않은 시도이다.

13.5d 다중요소 설계

개입의 변화가 미치는 영향을 분석하기 위해 연구자 사용할 수 있는 설계의 종류에는 여러 가지가 있다. 다중요소 설계(multiple-component design)는 클라이언트에게 도움이 되지 않는다고 판단되는 개입을 수정하고자 할 때 또는 구체적으로 개입의 어떤 부분이 표적 문제의 변화를 설명하는지 파악하고자 할 때 사용하기 적합한 설계이다. 다중요소설계 중 하나는 ABCD 설계이다. 이 설계를 예시하기 위해서 직업을 유지하는 데 어려움을 겪고 있는 어떤 중증 정신장애인이 있다고 가정해보자. 이 클라이언트로 하여금 구직 면접에 대비하게 하고 적절한 직장 내 행동을 배우게 하기 위해서 B단계에서 사회기술훈련이 제공한다고 가정해보자. 만일 사회기술훈련이 기대만큼의 변화를 일으키지 못한다면, C단계에서 사회기술훈련은 다른 훈련으로 대체된다. C단계에서는 클라이언트가 구직 면접을 한 번 할 때마다 또는 직업을 1주 동안 유지할 때마다 클라이언트에게 보상이 제공된다. 여기까지 보면 이 설계는 사회기술훈련을 제공하는 B단계와 이를 강화하는 C단계로 이루어진 ABC 설계이다. 만일 C단계에서도 이렇다할만한 진전이 없으면 사례옹호 단계(case advocacy phase)인 D단계를 시작한다. 이 단계에서 실천가는 잠재적 고용주들에게 장애로 인해서 구직 기술이나 적절한 직장 내 행동에 다소 어려움을 있는 장애인을 고용하거나 좀 더 인내심을 가지고 지켜봐줄 것을 설득하기 위해 노력하는데, ABC 단계에 이 사례옹호 단계까지 더한 설계가 ABCD 설계이다.

ABCD 설계는 실천가로 하여금 이전 단계에서 관찰된 자료 패턴에 기초하여 개입 계획을 변경

효과의 일반화 ▶ 다중기초선 설계에서 한 번에 한 가지 행동 또는 상황에 대해서만 개입하고자 했으나 개입이 첫 번째 행동이나 상황에 대해서 이루어지자마자 아직 기초선 단계에 있는 다른 표적 행동이나 상황에도 영향을 미침으로 인해 나타나는 대안적 설명

할 수 있게 해주는 유연성을 가진 설계이다. 그러나 이 설계는 이월효과(carry-over effect), 순서효과(order effects) 및 우연한 사건에 취약하기 때문에 주의해서 사용해야 한다. 이러한 ABCD 설계에서 그림 13-14의 경우처럼 사례옹호 단계인 D단계에서만 안정적인 호전 추세가 나타났다고 가정해보자. 이 결과에 근거하여 향후 클라이언트들에게 다른 두 가지 개입은 제공할 필요가 없고 사례옹호만 제공하면 된다는 결론을 내리는 것은 매우 위험한 생각이다. 왜냐하면 만일 실천가가 D단계와 B단계의 순서를 바꿨더라면 그림 13-14와 같은 긍정적인 결과를 얻지 못했을 것이라는 주장이 터무니없는 주장이 아닐 수 있기 때문이다. 실제로는 이 클라이언트의 사회기술이 B단계에서 향상되었지만, 고용주가 정신장애를 가진 사람을 고용하는 것을 원하지 않았거나 고용인들의 돌발적 행동에 대해서 전혀 참을성을 갖지 못했기 때문에 이 클라이언트가 고용 상태를 유지하지 못했을 수도 있다. 즉, D단계에서 사례옹호 개입이 제공되어야만 클라이언트의 사회기술이 향상된다고 볼 수 있다. 어쩌면 사례옹호는 클라이언트로 하여금 고용주가 받아들일 수 있는 수준의 사회기술을 습득하게 하는 노력이 이루어지지 않았다면 아무런 효과가 없었을 수도 있다. 다시 말해서, 사례옹호는 순서효과(즉, 사회기술훈련 이전이 아니라 이후에 와야 한다는)와 사례옹호에 대한 사회기술훈련의 이월효과가 없었다면 효과적일 수 없었을지도 모른다. 또한 우연한 사건의 경우도, 실천가가 자료 패턴이 기초선과 많이 다르지 않은 새로운 개입을 계속해서 도입하다보면 그중에서 어느 하나가 클라이언트 환경과 관련이 있는 어떤 외생적 사건과 우연히 일치할 가능성이 높아진다는 것을 분명하게 이해하고 있어야 한다.

다중요소 설계 ▶ 표적 문제의 변화가 구체적으로 개입의 어느 부분에 의해서 설명되는지 파악하기 위한 단일사례평가설계

그림 13-14 ▶ 불명확한 결과를 보이는 가상적 다중요소 (ABCD) 설계의 결과 그래프

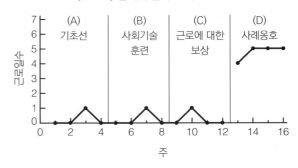

이러한 가능성들을 배제하기 위한 방법들 중 하나는 다른 클라이언트를 대상으로 실험을 재연하되 개입을 다른 순서로 제공하면서 동일한 방법으로 결과를 측정해보는 것이다. 그렇게 함으로써 우리는 결국에 가서는 D단계에서 도입했던 개입은 B 또는 C 단계 개입 다음에 제공할 때만 긍정적인 결과가 나타난다는 사실을 발견할 수 있을지도 모른다.

13.5e 증거기반 실천을 위한 B 또는 B+ 설계

이 장의 앞부분에서 우리는 증거기반 실천의 초기 단계들(문제가 되는 상황에 대해서 실천가가 선택한 개입이 가장 효과적인 개입임을 뒷받침하는 내적 타당도 높은 최선의 증거가 있다는 사실을 분명하게 하는 단계들)이 개입을 시작하기 전에 기초선을 반드시 알고 있어야 한다는 실천가의 부담을 어떻게 덜어줄 수 있는지 살펴보았다. 만일 실천가가 기존 자료들을 고찰해본 결과, 자신이 선택한 개입이 가장 효과적이라는 확신을 가지고 있다면 그리고 기초선을 측정하는 것이 현실적 또는 윤리적인 문제로 인해 불가능하다면, 실천가는 클라이언트가 발전하는 모습만을 관찰할 수 있는(발전의 원인에 대한 추론은 불가능한) 실천가 편의적인 설계를 사용할 수 있다. 물론, 적절한 기초선 없이는 원인에 대한 추론이 불가능하지만, 기초선이 없

그림 13-15 ▶ 마약 사용에 관한 B 설계의 대조적인 결과 그래프

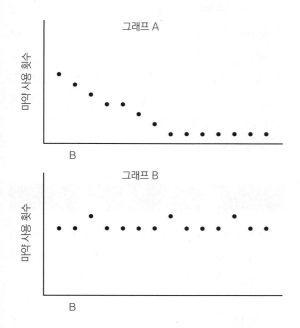

그림 13-16 ▶ 정신적 외상의 수준에 관한 B+ 설계의 대조적인 결과 그래프

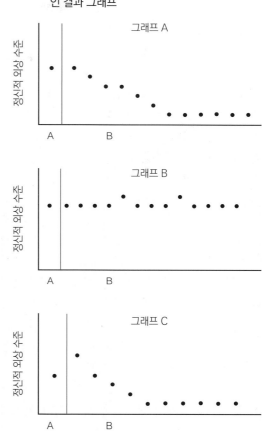

더라도 선택한 개입을 계속할지, 변경할지 또는 대체할지를 결정하는 데 도움이 되는 정보를 얻는 데는 문제가 없다. 다시 말하면, 기초선이 없더라도 이미 최선의 증거들에 의해서 효과성이 뒷받침되는 어떤 개입을 실천가가 직면한 실천 상황에 일반화할 수 있는지 여부는 알 수 있다는 것이다.

기초선이 없는 설계는 B단계만을 갖는다. 예를 들어, 그림 13-15의 두 그래프가 마약을 끊는 것이 목표인 어떤 클라이언트가 일정 기간 동안 마약을 사용한 횟수를 나타낸다고 가정해보자. 두 그래프 중 위쪽 그래프의 경우, 제시된 자료만 가지고는 클라이언트가 마약을 끊을 수 있었던 원인이 무엇인지는 알 수 없으나 제공된 개입이 이 클라이언트에게 적용하기 적절하지 않다거나 수정되어야 한다고 생각할 이유는 없다는 것을 알 수 있다. 이와 달리 아래쪽 그래프에서는 변화를 찾아볼 수 없는 추세가 계속되고 있으며, 그렇기 때문에 클라이언트를 위해 다른 개입을 모색해야 할 필요성을 엿볼 수 있다.

그림 13-15는 기초선이 전혀 없는 설계이다. 그

러나 아무리 기초선 측정을 할 수 없는 실제 실천 상황이라 하더라도 한 번의 측정은 할 수 있다. 예를 들어, 최근에 성폭력을 경험한 피해 여성의 정신적 외상을 경감하고자 한다고 가정해보자. 기초선 측정점을 얻기 위해 피해 여성에 대한 치료를 연기할 수는 없지만 클라이언트를 처음 만나 사정하는 단계에서 피해 여성의 정신적 외상 정도를 측정할 수는 있다. 물론, 단 한 번의 측정이 기초선을 대신할 수는 없지만, 개입 이전의 자료점을 제공해줄 수는 있다. 따라서 이러한 설계를 가리켜 B+ 설계라고 한다(Rubin, 2008).

그림 13-16에 제시된 세 개의 그래프는 실천가가 얻을 수 있는 서로 다른 결과를 나타낸다. 각각의 그래프에서 A는 개입 이전의 자료점을 나타내

그림 13-17 ▶ AB 설계에 해당하는 B+ 결과 예시

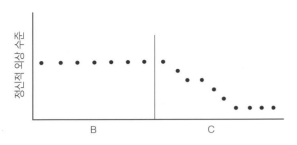

는데, B단계에서는 전혀 긍정적인 변화가 일어나지 않았고 곧 이어서 새로운 개입이 대체 도입됨에 따라 B단계가 C단계의 기초선이 되고 있다. 따라서 우리는 그림 13-17로부터 세 가지 것을 알 수 있다: (1) 개입 B는 수정하거나 중단해야 하고, (2) 개입 C는 수정하거나 중단할 필요가 없고, (3) 개입 C는 정신적 외상 증상을 호전시키는 원인일 가능성이 매우 높다.

13.6 자료분석

내적 타당도를 저해하는 요소들을 배제하기 위한 단일사례 설계의 결과를 분석할 때, 우리는 다음과 같은 세 가지 질문에 주목해야 한다.

1. 개입을 시작한 후 또는 중단한 후에만 표적 문제의 빈도, 정도 또는 추세가 변하는 시각적 자료 패턴이 그래프에 나타나고 있는가?
2. 개입 단계에서 관찰된 자료가, 만일 개입을 시작하지 않고 기초선을 연장했더라면 발생했을 것 같은 그리고 우연에 의해 흔히 발생할 수 있는 표적 문제에 있어서의 변동(fluctuation)의 일부에 불과할 통계적 확률은 얼마나 되는가?
3. 만일 표적 문제의 변화가 검증하고자 하는 개입과 관련이 있다면, 변화의 정도가 실질적 또는 임상적 관점에서 볼 때 과연 중요한가?

이 세 가지 질문은 실험결과의 시각적, 통계적, 실질적 유의성에 관한 질문들이다.

그림 13-1부터 그림 13-14까지에 예시된 각각의 그래프들을 분석했을 때, 우리는 시각적 유의성을 살펴보았다. 시각적 유의성(visual significance)은 시각적이라는 말이 의미하듯이 자료 패턴을 복

는데, 세 그래프 모두에서 A는 단 한 개에 불과하기 때문에 개입 이전의 자료 추세를 볼 수 없으므로 어느 것도 AB 설계라고 할 수는 없다. 맨 위의 그래프(그림 13-5의 첫 번째 그래프와 마찬가지로)를 보면 실천가가 선택한 개입이 클라이언트에게 적용할 수 없다거나 수정되어야 한다고 생각할 아무런 이유가 없다는 것을 알 수 있다. 이와 대조적으로, 중간 그래프는 그림 13-5의 두 번째 그래프와 마찬가지로 실천가에게 대안이 될 수 있는 개입을 모색해야 할 필요성을 제시해준다.

그렇다면 맨 아래 그래프는 어떤가? 잠깐 동안이기는 하지만 개입 시작과 동시에 상황이 악화되었다가 다시 호전되는 것으로 나타나고 있다. 정신적 외상 같은 증상(또는 그 밖의 다른 증상)을 효과적으로 치료하는 과정에서 클라이언트는 치료의 일부로서 구체적인 외상 경험을 회고해야 할 수도 있으며, 그렇기 때문에 일시적으로 스트레스를 경험하게 될 수도 있다. 그러한 맥락에서 보면, 일시적인 악화는 적절한 치료 과정이 진행되고 있음을 보여주는 것이 된다.

마지막으로, 그림 13-17을 살펴보기로 하자. 이 그래프는 기초선 없이 곧바로 B단계에서 시작했지만 그림 13-15의 아래쪽 그래프와 마찬가지로 C단계에서 기존의 개입이 새로운 개입으로 대체되는 결과를 보이고 있다. 이처럼 B단계가 전혀 기대하지 않았던 새로운 단계로 이어지고 있다는 점에서 이 설계 또한 B+ 설계라고 부를 수 있다. 이 설계는 AB 설계와 매우 유사하다는 것을 알 수 있

▶ **시각적 유의성 단일사례** ▶ 설계 그래프에서 볼 수 있는, 표적 문제의 수준이나 추세가 독립변수의 변화와만 일치하여 변하는 경향

단일사례 평가를 위한 질적 방법

이 글상자에서는 몇 가지 중요한 질적 방법들과 그러한 방법들을 단일사례 설계 평가연구에서 어떻게 활용할 수 있는지에 대해서 살펴보기로 하겠다. 이 글상자에 제시된 질적 방법들에 관한 좀 더 자세한 내용은 제15장을 참조하기 바란다.

질적 방법	단일사례 평가에서의 활용
클라이언트나 그 밖의 사람들을 대상으로 비공식적 대화면접 실시하기	• 그래프로 나타낸 자료에 있어서의 변화와 관련된 외생적 사건이나 요인을 파악한다. • 표적 문제를 사정하고 측정 및 개입 계획을 수립한다. • 클라이언트가 개입의 어떤 부분을 가장 유용하다고 생각하고 왜 그렇게 생각하는지 사정한다. • 클라이언트나 주요 관련 인물이 보고 또는 모니터링 한 긍정적 변화(또는 긍정적 변화의 부재)를 확인한다.
실천가-클라이언트의 만남을 녹화 또는 녹음하기	• 개입의 질을 평가한다(개입이 계획했던 대로 적절히 제공되고 있는가?).
클라이언트나 주요 관련 인물로 하여금 사건일지 작성하게 하기	• 표적 문제가 발생한 장소, 때 그리고 표적 문제를 매개한 상황을 사정한다. • 기초선 또는 개입단계 기간 동안 관찰된 양적 자료에 있어서의 변화가 개입에서 기인한 것인지 여부를 판단하는 데 도움이 될 수 있는 외생적 사건들을 파악한다.

잡한 통계분석을 하지 않고 눈으로 훑어보는 것만으로도 얼마든지 확인할 수 있다. 개입을 시작해도 표적 문제가 변하지 않거나 변하기는 하지만 그 정도가 매우 미미하다면, 시각적 유의성은 낮다. 즉, 그런 경우에는 개입이 표적 문제에 영향을 미친다는 주장을 뒷받침하는 시각적 증거가 적다는 것이다. 표적 문제의 수준이나 추세가 독립변수의 변화(한 단계에서 다른 단계로의 이동)와만 일치하여 변하는 경향이 있으면, 개입이 표적 문제에 영향을 미친다는 주장은 더 많은 시각적 유의성을 가지며 논리적으로도 뒷받침된다.

때로는 자료에 대한 시각적 분석이 통계적 분석을 대체할 수도 있는데, 시각적 유의성의 정도가 극단적으로 높거나 낮을 때 특히 그렇다. 실제로 많은 단일사례 방법론자들이 인용한 증거에 따르면, 경험 많은 연구자들이 어떤 결과가 시각적으로 유의한지 여부를 판단할 때 대개는 그들이 내린 판

단이 후속 통계분석결과에 의해서도 뒷받침된다고 한다(Jayaratne, Tripodi, and Talsma, 1988). 따라서 통계에 자신이 없어 걱정하는 실천가들도 어쩌면 자료에 대한 시각적 분석만으로 충분할 수 있을지 모른다는 기대감을 가지고 단일사례 설계를 사용해볼 수 있다.

그러나 한 단계에서 다음 단계로 옮겨갈 때 표적 문제의 정도나 추세에 있어서의 변화가 미미하거나 우리가 가진 긍정적인 결과에 대한 기대감이 자료에 대한 시각적 분석에 영향을 미치는 것은 아닌지 불분명할 때가 있다. 그럴 때에는 시각적 분석을 통계적 분석으로 보완하는 것이 도움이 된다.

단일사례 설계에서의 통계적 유의성과 실질적 유의성은 다른 종류의 연구에서와 동일한 의미를 갖는다. 이에 대해서는 제17장에서 좀 더 자세하게 논의할 것이다. 그러나 실천가들이 자신의 실천을 평가할 때는 자료 패턴에 대한 시각적 유의성

분석만으로도 충분한 경우가 대부분이다.

13.7 단일사례평가에서 질적 연구방법의 역할

제12장에서 우리는 실험 설계와 유사실험 설계에서 질적 연구방법을 양적 방법과 결합할 때 질적 연구방법에서 자주 사용되는 기법들이 연구에 큰 도움이 된다는 것을 살펴보았다. 이는 일반적으로 양적 연구라고 여겨지는 단일사례 설계에서도 마찬가지이다. 단일사례 설계에서 질적 방법을 어떻게 유용하게 활용할 수 있는지는 글상자 "단일사례 평가를 위한 질적 방법"에 요약되어 있다.

13.8 주요 내용

- 여러 번에 걸쳐 반복 측정을 실시하고 안정된 자료 추세를 찾는 것은 표적 문제에 영향을 미치는 외생 요인들에 대한 통제 능력을 높여 단일사례 설계의 내적 타당도를 향상시킨다.
- 기초선은 반복 측정을 통제하기 위한 개입 이전의 단계이다. 기초선은 안정적인 자료 추세가 나타날 때까지 연장하는 것이 가장 이상적이다.
- 단일사례 실험에 두 개 이상의 기초선과 개입 단계를 설정함으로써 발생 가능성이 낮은 연속적 우연의 일치 원칙을 통해 우연한 사건에 대한 통제를 강화할 수 있다. 이는 ABAB 설계와 다중기초선 설계를 통해서 가능하다.
- AB 설계는 우연한 사건을 통제하는 능력이 가장 떨어지지만, 실행 가능성이 가장 높고 유용한 정보를 제공할 수 있는 설계이다.
- AB 설계보다 더 많은 단계를 가진 설계를 사용할 때, 이월효과, 순서효과, 효과의 일반화, 효과의 불소급성이 가능하다는 점에 주의를 기울여야 한다.
- 단일사례 설계의 가장 큰 약점은 외적 타당도가

제한적이라는 점이다. 사례가 단 한 개일 때 우리는 다른 클라이언트나 실천이나 상황에 대해서 일반화할 수 없는 독특한 조건들을 직면하게 된다. 그러나 이 문제는 재연을 통해서 어느 정도 완화시킬 수 있다.

- 실천가는 단일사례 설계를 사용하여 클라이언트의 발전을 모니터링하거나 자신의 효과성을 보다 과학적이고 체계적으로 평가해볼 수 있다.
- 단일사례 설계는 측정과 관련된 특별한 문제를 가지고 있다. 따라서 측정을 다원화하는 것, 다시 말해서 두 가지 이상의 불완전한 측정도구를 동시에 사용하여 측정하는 것이 바람직하다.
- 단일사례 설계에서는 반응성, 관여성 및 사회적 바람직성 편향 같은 측정과 관련된 문제들에 대해서 특히 주의를 기울일 필요가 있다.
- 만일 실천가가 증거기반 실천의 초기 단계들을 거친 다음 단일사례 설계를 사용한다면, 개입을 시작하기 전에 기초선의 자료 추세를 반드시 알아야하는 부담이 줄어든다. 왜냐하면 증거기반 실천의 초기 단계들을 거치면서 실천가가 문제가 되는 상황에 대해서 자신이 선택한 개입이 가장 효과적인 개입임을 뒷받침하는 내적 타당도 높은 최선의 증거가 있다는 사실을 이미 확인했기 때문이다. 이러한 상황하에서는 비록 적절한 기초선 없기 때문에 원인에 대한 추론은 불가능하지만, 선택한 개입을 계속할지, 변경할지 또는 대체할지를 결정하는 데 도움이 되는 정보를 얻는 데는 문제가 없다.
- 만일 실천가가 기존 자료들을 고찰해본 결과, 자신이 선택한 개입이 가장 효과적이라는 확신을 가지고 있다면 그리고 기초선을 측정하는 것이 현실적 또는 윤리적인 문제로 인해 불가능하다면, 실천가는 클라이언트가 발전하는 모습만 관찰할 수 있는 B 설계나 B+ 설계와 같은 실천가 편의적인 설계를 사용할 수 있다.
- 만일 A단계 없이 바로 B단계로 시작하는 설계

에서 아무런 변화가 나타나지 않는다면, B단계
는 새로운 개입의 영향을 평가하기 위해 다시
자료점들을 수집하는 C단계에 대한 기초선으로
사용될 수 있다. 그렇게 할 경우, 이 설계는 AB
설계와 매우 유사한 설계가 된다.

13.9 연습문제

1. 자신의 행동 중 개선하고 싶은 행동(예를 들면,
담배를 덜 피우거나, 음식량을 줄이거나, 운동
을 더하거나, 공부를 더하는 등)을 한 가지 정
한 다음 그렇게 하기 위한 계획을 세운다. 단일
사례 실험을 실시하고 자료를 분석하여 자신의
계획이 효과적인지 평가해본다. 단일사례 실험
과정에서 반응성과 편향 같은 측정 관련 문제
를 어느 정도 경험했는지 판단해본다.
2. 실천 효과성에 관심을 갖게 된 계기가 될 만한
사례 또는 개입을 한 가지 생각한다. 그 사례나
개입과 관련이 있는 단일사례 실험을 현실적
실행 가능성을 고려하여 설계한다.

13.10 추천도서

Bloom, Martin, Joel Fischer, and John G. Orme.
(2006). *Evaluating Practice: Guidelines for
the Accountable Professional, 5th ed.* Boston:
Allyn & Bacon. 이 책은 단일사례 설계를 연구
방법으로 사용하고자 하는 사회복지사들에게
매우 유용하고 값진 지침이 될 것이다. 이 책은
단일사례 설계의 다양한 측면들과 실천가와 연
구자로서의 역할을 겸행할 수 있는 방법에 대
해서도 심도 있게 다루고 있다. 이 책을 접해본
많은 학생들로부터 이 책은 실무 그 자체에 대
해서 많은 것을 배울 수 있는 책이라는 평을 받
고 있다.
Rubin, Allen. (2010). *Statistics for Evidence-
Based Practice and Evaluation. 2nd ed.*
Belmont, CA: Thompson Brooks/Cole. 실천
가 중심의 이 책에서 제18장은 단일사례 설계
결과의 통계적 유의성과 효과크기를 계산하는
다양한 절차들을 언제 그리고 어떻게 사용하는
지에 대해서 서술하고 있다.

chapter 14

프로그램 평가

14.1 서론

앞의 두 장에서 개입의 효과성에 대한 인과적 추론을 가능하게 하는 다양한 연구 설계의 원리를 살펴보았다. 모든 프로그램 평가가 인과적 추론을 목적으로 하는 것은 아니다. 따라서 실천이나 프로그램을 평가하는 방법이 단일사례 설계나 집단실험 설계 또는 유사실험 설계로만 제한되는 것은 아니다. 설문조사나 질적 접근방법 같은 다양한 연구 설계들을 사용할 수 있다. 연구의 목적이 변화의 원인을 밝히는 것이 아니라 변화가 일어났는지 여부를 기술하는 것이라면 원시실험 설계도 사용할 수도 있다. **프로그램 평가**(program evaluation)는 특정 연구방법을 말하는 것이 아니라 연구 목적을 의미하는 개념이다. 프로그램 평가는 사회적 개입 및 인간봉사 프로그램의 개념화, 설계, 기획, 관리행정, 실행, 효과, 효율 및 활용을 사정하고 증진시키는 것을 목적으로 하는 연구이다(Rossi & Freedman, 1993). 이러한 목적을 고려해볼 때, 프로그램 평가는 그것이 사회복지와 관련된 분야와 문제에 적용되는 경우 사회복지 연구와 매우 유사하며, 동시에 사회복지사들이 하는 많은 연구들 중 상당한 연구가 프로그램 평가라는 목적을 갖는 연구라고 볼 수 있다. 프로그램 평가를 위한 연구 설계나 연구방법 등은 이미 이 책의 다른 장들에서 논의한 바 있으므로 이 장에서는 논의의 초점을 프로그램 평가 실행과 관련된 쟁점 및 프로그램 평가 실행을 위한 실질적 지침에 맞추기로 하겠다. 그럼 먼저 프로그램 평가의 역사적 발달 과정을 살펴보는 것으로써 논의를 시작해보자.

14.2 역사적 발달 과정

프로그램 평가가 비교적 최근 들어 발전하기 시작한 연구방법인 것에 반해, 계획된 사회평가(planned social evaluation)는 이미 오래전부터 사용되어 온 연구방법이다. 어떤 학자들의 경우, 중국에서는 이미 기원전 2200년 경 중국에서 인재를 선발하기 위해서 계획된 사회평가방법을 사용했던 유래를 찾아볼 수 있다고 주장하기도 한다(Shadish et al., 1991). 특정 목적을 위해 사회개혁을 시도하는 경우, 사람들은 항상 그러한 개혁이 가져오게 될 실제적인 결과에 관심을 갖는데, 비록 결과를 예측하는 방식이 의식적, 의도적, 혹은 체계적인 방식이거나 아니면 지금 우리가 말하는 프로그램 평가와 같은 방식을 통해서는 아니더라도 변화의 결과에 대해서는 분명히 관심을 갖는다.

프로그램 평가에 대한 보다 체계적인 접근이 시작된 것은 20세기에 들어와서라고 할 수 있다. 1940년대에 들어와서는, 뉴딜 사회복지 정책 실시 이후, 근로구제와 직접구제의 효과, 공공주택 정책의 효과, 그리고 비행청소년에 대한 치료 프로그램의 효과 등에 대한 연구가 진행되기 시작하였다. 제2차 세계대전 이후, 주택, 공중보건, 소수인종 등과 같은 분야와 건강, 가족계획, 그리고 지역사회개발과 관련된 국제적 문제들을 해결하기 위한 대규모 공적 예산이 투입되기 시작했으며, 예산의 규모가 확대됨에 따라 이러한 프로그램들의 결과와 관련된 자료에 대한 관심이 높아지기 시작했다.

14.2a 책임성

1950년대 후반에 들어와서는 청소년 비행과 같은 많은 사회문제들을 해결하기 위해, 또한 심리치료 분야에서의 혁신과 약물심리치료 분야에 있어서 새로이 발견된 것들을 검증하기 위해 프로그램 평가가 널리 쓰이게 되었다. 1960년대와 1970년대 말에 이르러 빈곤, 아동학대, 약물남용, 범죄 및 비행, 정신질환 등과 같은 문제를 해결하기 위해 실시된 많은 프로그램들의 결과와 관련된 구체적인 증거에 대한 사회적 요구가 높아짐에 따라 프로그램 평가에 대한 관심 또한 급증하기 시작했다.

프로그램의 책임성에 관한 사회적 요구의 증가는 비단 경제적인 이유에서만 비롯된 것은 아니었다. 1970년대에 들어와서 어떤 개입이나 프로그램은 효과적이지 않을 뿐만 아니라 심지어 클라이언트에게 해롭다는 것을 보여주는 연구들이 나타나기 시작했다. 그러한 프로그램 중에서도 악명 높았던 프로그램은 Scared Straight라는 프로그램이었다. 이 프로그램은 비행 청소년 또는 기타 위기 상황에 처해 있는 청소년들을 교도소로 데리고 가서 재소자들이 교도소 안에서의 삶이 얼마나 끔찍한 삶인지를 보여주면서 겁을 주고 그렇게 하여 청소년들이 범죄를 저지를 생각을 하지 않게 만드는 프로그램이었다. 1979년 당시에는 이 프로그램이 좋은 프로그램으로 여겨졌으며 심지어는 Oscar상을 수상한 영화로 만들어져 TV를 통해 수백만의 시청자에게 소개되기까지 했다. 이 영화에서 해설을 맡은 사람은 이 프로그램이 성공률, 즉 비행 청소년들에게 겁을 줘서 "똑바로" 살게 만드는 경우가 90%에 이른다고까지 소개했다. 그러나 1977년에 시작된 한 평가연구는 이 프로그램에 참여했던 비행 청소년들이 참여하지 않았던 비행 청소년에 비해 시간이 지난 후에 범죄에 더 많이 관여하게 되었다는 사실을 발견하였다. 이 연구를 진행했던 연구자는 이와 같은 예상치 못한 결과가 왜 발생했는지를 설명하기 위해 고심하다가 혹시 이 프로그램에 참여했던 비행 청소년들 중 소위 "거친" 청소년들이 그들이 겁먹지 않았다는 것을 보여주기 위해서 더 많은 범죄를 저지른 것이 아닌가라는 생각을 하게 되었다(Finckenauer, 1979).

프로그램 평가연구에 대한 정부의 재정지원은 1980년대 이전에 비해 줄어들었지만 "책임성의 시대"는 20세기 내내 지속되었다. 진보적인 사람들과 보수적인 사람들 모두 사회 프로그램이 효과성에 관한 한 더 높은 수준의 사회적 책임성을 가져야 한다는 점에 대해서 의견을 같이하고 있다. 사실, 프로그램에 대한 평가의 필요성은 자원이 풍부할 때보다 자원이 희소할 때 더 높다고 볼 수 있는데, 이는 자원이 희소해질수록 효과적이지 못한 프로그램에 자원이 낭비되지 않는가 하는 우려의 목소리가 높아지기 때문이다. 이러한 우려는 나름대로의 정치적 견해를 가진 사람이라면 누구나 가질 수 있으며, 사회복지 재정 확대를 강력하게 주장하는 대인 서비스 전문가들(human service professionals) 중에서도 더 나은 원조방식을 끊임없이 모색하는 사람들이나 이미 부족한 자원이 표적집단에게 실제로 도움을 주지 못하는 프로그램을 위해 낭비되는 것을 막아야 한다고 생각하는 사람들도 이러한 우려를 가지고 있다. 예를 들면, 사회복지 전문직도 효과성과 유해성을 의심하는 프로그램 평가연구로부터 안전하지는 못했다. 1970년대에 여러 연구들이 대인 사회복지 실천이 효과적이지 않다는 주장을 내놓았으며(Fischer, 1973; Mullen&Dumpson, 1972; Wood, 1978), 한 연구는 처방약 복용 없이 대인 사회복지 서비스만 받은 조현병 환자들이 처방약과 대인 사회복지 서비스를 함께 받은 환자들에 비해 재발이 더 빠르다는 것을 발견하였다(Hogarty, 1979).

따라서 모든 사회복지사는, 설령 우리가 우리들이 제공하는 프로그램을 위해 사회가 치러야 하는 비용을 중요하게 생각하지 않는다 하더라도, 우리 스스로를 위해서 책임성과 프로그램 평가를 받아들여야만 한다. 앞서 제1장과 제5장에서 논의한 바와 같이, 실제로 우리가 가진 사회복지 윤리규정은 우리가 프로그램 평가연구를 장려하고, 참여하고, 지속적인 관심을 기울여야 한다는 것이 명시하고 있다.

14.2b 관리의료

의료 및 대인 서비스 기관들의 프로그램 평가

에 대한 관심은 "관리의료(Managed Care)"의 영향 때문에 지속적으로 증가하고 있다. 관리의료라는 용어는 다양하게 정의되는데, 의료 및 대인 서비스의 비용을 통제하려는 여러 가지 방식들을 일컫는다. 이러한 방식은 그 요소와 내세우는 이익에 있어 광범위하지만, 관리의료의 기본 개념은 거대한 조직이 할인된 비용으로 서비스를 제공하는 것에 동의하는 의료서비스 제공자와 계약을 맺는 것이다. 거대조직이 서비스 비용을 지불하는 인원수가 많기 때문에 돌봄 제공자는 기꺼이 낮은 비용으로 서비스를 제공한다. 돌봄에 대한 비용을 지불하는 거대조직은 일반적으로 서비스를 받는 사람의 고용주이거나 의료보험회사이다. 제공자는 거대조직이 요구하는 비용할인에 응함으로써 제공하는 서비스에 대해 수당을 받을 수 있고, 관리의료 시스템하에 있는 다른 고객들도 소개받을 수 있다. 가장 일반적인 관리의료조직으로는 건강관리조직(HMO, Health Maintenance Organizations), 지정제공자조직(PPO, Preferred Provider Organizations), 고용인 지원 프로그램(EAP, Employee assistance programs)을 꼽을 수 있다. 또한 공공 사회서비스 기관들도 비용을 줄이고 서비스 제공의 효율성을 증가시키기 위해 관리의료 기술을 도입할 수 있다.

관리의료회사들이 비용을 절감하기 위해 사용하는 방법 중 하나는 반드시 필요하고 효과적이라고 판단되는 서비스에 대해서만 지불하려는 목적으로 서비스 제공자의 의뢰를 심사하는 것이다. 이 심사에는 서비스 형태뿐만 아니라 서비스의 정도도 포함된다. 따라서 서비스 제공자는 단기 치료계획을 수립하고, 효과를 보여주기 위해 필요한 치료 세션 숫자에 대한 정확한 근거를 제공해야 한다는 압박감을 갖는다. 예를 들어, 알코올 남용 치료를 목적으로 하는 두 가지 프로그램이 서로 다른 개입방법으로 문제를 해결하기 위해 접근한다고 가정해보자. 한 프로그램은 치료결과 평가에 별 관심이 없는 반면, 다른 프로그램은 각 환자에 대한 개입결과를 평가하여 총 10세션으로 이루어진 프로그램이 끝난 후 환자의 90%가 직장에서 술과 관련된 문제를 일으키지 않는다는 결과를 제시한다고 하자. 이 두 가지 프로그램 중 관리의료회사로부터 승인을 받을 가능성은 당연히 후자 프로그램이 훨씬 높을 것이다.

여기서 중요한 점은 관리의료로 인해 서비스 제공자가 서비스의 효과성 평가를 위해 연구방법을 활용하게 되었다는 것이다. 이런 영향은 지금 이 책을 읽고 있는 독자들에게도 마찬가지라고 할 수 있는데, 왜냐하면 사회복지사들은 실천 현장으로부터 이와 같은 방법을 사용하여 제공된 서비스 결과를 측정하고 평가하라는 압력을 받게 될 가능성이 매우 높기 때문이다.

14.2c 증거기반 실천

제2장에서 논의한 바와 같이, 최근 들어 증거기반 실천은 대인 지원 전문직에 적지 않은 영향을 미치고 있다. 증거기반 실천은 비용절감에 주안점을 두고 출발한 관리의료와는 차이가 있지만 연구에 기반하여 실천 결정을 내린다는 점에서는 책임성 및 효과성과 맥을 같이 한다고 할 수 있다. 성공적인 결과를 거둘 가능성을 극대화하기 위해서 어떤 유형의 프로그램이나 개입을 제공할 것인지에 관한 결정은 종종 고난도 통계기법을 이용하여 연구결과를 체계적으로 고찰하는 기법인 메타분석에 근거한다. 메타분석은 특정 프로그램 또는 개입이 클라이언트 성과에 미치는 영향에 관한 정보가 담겨져 있는 효과크기 통계값들을 통합한다. 예를 들면, 메타분석은 하나의 크기 통계값을 가지고 특정 개입이 재발률을 다른 대안적 개입들에 비해 얼마나 낮추는지에 관한 정보를 제공해준다. 이러한 정보가 프로그램 평가에 주는 함의는 두 가지이다: (1) 프로그램 운영자가 해당 개입을 선택하여 진행한 경우, 프로그램 평가는 그 프로그램이 어느 정도

로 적절히 진행되었는지, 그리고 진행상에 어떤 문제가 있었는지에 초점을 맞출 수 있고 (2) 해당 프로그램의 성과인 재범률이 메타분석 결과들이 제시하는 평균적인 재범률과 유사한지를 평가할 수 있다. 우리는 이 장의 뒷부분에서 제17장에서와 마찬가지로, 현실적인 이유들로 인해 어쩔 수 없이 프로그램 성과를 제한적인 연구 설계를 가진 연구를 통해 평가할 수밖에 없는 상황에서 어떻게 메타분석 결과를 이용하여 그러한 평가 결과의 가치를 높일 수 있는지에 대해 살펴볼 것이다.

오랜 역사적 발달과정을 거쳐 프로그램 평가는 오늘날 사회복지정책과 실천을 기획하고 실행하는 모든 과정에서 쉽게 찾아볼 수 있는 연구방법으로 자리 잡게 되었다. 그럼 이제 프로그램 평가의 목적과 유형으로 논의의 주제를 옮겨 보기로 하자.

14.3 프로그램 평가의 목적

프로그램 평가는 다음과 같은 세 가지 광범위한 목적을 가지고 있다: (1) 프로그램의 궁극적인 성공 여부에 대한 평가, (2) 프로그램의 진행에 대한 문제점 평가, 혹은 (3) 프로그램 기획 및 개발에 필요한 정보 수집. 프로그램 평가는 **총괄 평가** (summative evaluation)와 **형성 평가**(formative evaluation)로 분류될 수 있다.

14.3a 총괄 평가와 형성 평가

총괄 평가는 위의 세 가지 목적 중 첫 번째 목적

에 해당하는 것으로써, 프로그램의 궁극적인 성공 여부, 프로그램의 존속 여부 및 다양한 대안적 프로그램들 중 특정 프로그램을 선택할 것인지 여부 등을 평가하는 연구이다. 총괄 평가의 결과는 "결정" 또는 "종결"의 의미를 갖는다. 평가결과가 성공적인가의 여부에 따라 프로그램은 종결될 수도 있고 계속될 수도 있다. 아마도 프로그램 평가에 있어서 가장 중요한 질문은 '프로그램이 성공적인 결과를 거두었는가?'일 것이고 프로그램 평가라는 말을 들을 때 가장 먼저 머릿속에 떠오르는 질문 역시 바로 그 질문일 것이다. 이 질문은 또한 정치적으로도 가장 중요한 질문이기도 한데 특히 프로그램 지원과 관련된 주체들에게 있어서는 그러할 것이다. 그러나 이 장의 앞부분에서도 언급했듯이 프로그램 평가는 다양한 연구 목적과 연구질문을 가질 수 있다. 설령 그러한 목적이나 질문들이 궁극적으로는 프로그램의 성과와 연관이 있을지라도 말이다. 예들 들면, 프로그램 평가는 프로그램이나 개입과 관련된 개념화, 설계, 기획, 행정 및 실행 등에 초점을 맞출 수 있다.

형성 평가는 프로그램의 성공 여부와는 무관한 평가이다. 형성 평가는 프로그램을 기획하거나 프로그램을 발전시키고 프로그램의 기능을 높이기 위해 필요한 정보를 얻는 것을 주된 목적으로 한다 (Posavac and Carey, 1985). 총괄 평가는 일반적으로 양적 접근방법을 사용한다. 형성 평가는 양적 방법을 사용하기도 하고, 질적 방법을 사용하기도 하며, 두 가지를 병용하기도 한다. 앞으로 살펴보겠지만, 프로그램 평가의 종류와 목적은 상호배타적인 관계가 아니라 상호보완적인 관계에 있으며, 포괄적인 평가가 되기 위해서는 다양한 연구방법을 활용하는 총괄적 요소와 과정적 요소를 모두 포함할 수 있어야 한다.

그럼 이제 프로그램 평가의 여러 유형들을 심도 있게 고찰하기에 앞서 먼저 프로그램 성과와 효과성을 평가하기 위해 총괄적 평가를 어떻게 활용하

메타분석 ▶ 통제기법을 이용하여 다양한 연구결과들을 체계적으로 고찰하는 분석기법

총괄 평가 ▶ 프로그램의 궁극적인 성공 여부, 프로그램의 존속 여부 및 다양한 대안적 프로그램들 중 특정 프로그램을 선택할 것인지 여부 등을 알아보기 위한 평가

형성 평가 ▶ 프로그램을 기획하거나, 프로그램을 발전시키고 프로그램의 기능을 높이기 위해 필요한 정보를 얻는 것을 주된 목적으로 하는 평가

는지에 대해서 알아보기로 하자.

14.3b 성과 및 효율성 평가

프로그램의 성과와 효율성에 대한 평가를 통해서 프로그램이 효과적으로 목표를 달성했는지, 어떤 의도하지 않았던 부정적인 효과는 없었는지, 프로그램의 목표달성이 합리적인 수준의 비용에서 이루어졌는지, 혹은 프로그램의 비용과 편익의 비율이 다른 유사한 프로그램의 그것과 비교해 볼 때 어떤지 등을 평가할 수 있다.

이 접근방법은 흔히 **목표달성 모델**(goal attainment model)이라고 불리는데, 주로 프로그램의 공식적인 목표 또는 사명에 중점을 둔 접근방법으로써 평가 대상 프로그램이 프로그램 기획자나 일반 대중들이 생각하고 있는 목표를 얼마나 달성했는지 파악하는 데 주안점을 둔다. 목표달성 평가를 기획할 때는 일반적으로 프로그램의 공식목표를 종속변수로 보고 프로그램의 성공에 대한 측정 가능한 지표로 조작화한다. 목표달성 평가에서는 내적 타당성을 최대화할 수 있는 실험 설계나 유사실험 설계를 이용하여 프로그램 노력과 프로그램 성과의 지표 간에 인과적 관계를 사정하는 것이 가장 이상적인 (반드시 그렇게 해야 하는 것은 아니지만) 방법이다.

프로그램의 성과에 대한 사정이 아무리 엄격하게 이루어졌다고 하더라도 그러한 성과를 얻기 위해서 비용이 얼마나 들었는지 고려하지 못한다면 그러한 사정은 완전하다고 볼 수 없다. 다시 말해서, 프로그램이 얼마나 효율적인지를 사정해야 한다는 것이다. 예를 들어, 만성정신질환자들의 재입원 예방을 목적으로 하는 사례관리 프로그램을 평가한 결과, 그 프로그램으로 인하여 만성질환자들의 입원일수가 상당히 감소했다는 결론을 내렸다고 가정해보자. 더 나아가서, 사례관리 프로그램을 받은 50명의 환자들의 평가 기간 동안의 총 입원일수는 100일인 것에 비해 50명의 환자들로 이

루어진 통제집단의 경우는 500일이라고 가정해보자. 즉, 사례관리 프로그램이 무려 400일이라는 차이를 만들어 냈다는 것이다. 이제, 평가 기간 동안 사례관리 프로그램을 제공하는 데 소요된 비용이 40,000달러라고 가정해보자. 이 액수를, 프로그램을 제공하여 줄일 수 있었던 입원일수로 나눈다면 입원일수를 1일 줄이기 위해서 100달러가 들었다는 것을 알 수 있다(40,000을 400으로 나누어 나온 결과). 만일 1인당 1일 입원비가 100달러보다 많다면 우리는 이 사례관리 프로그램이 효과적일 뿐만 아니라 정신질환자들을 효율적으로 돌볼 수 있는 방법이라고도 말할 수 있다.

14.3c 프로그램 실행 모니터링

어떤 경우는 프로그램이 올바르게 실시되지 않았기 때문에 프로그램의 성과가 성공적이지 않게 나타날 수도 있다. 예를 들어, AIDS 예방 프로그램의 일환으로 일반인들에 대한 AIDS 교육을 목적으로 하는 교육용 소책자를 만들어서 한 고등학교에 이 책자를 배포하고 나서 그 효과를 평가하고자 한다고 가정해보자. '안전한 성관계 프로그램'이라고 불리는 이 프로그램의 운영자가 학교와 연락을 취하는 과정에서 교감으로부터는 책자를 배포해도 좋다는 허락을 받았다고 하자. 하지만 교장이나 학부모 운영위원회로부터의 반발 등과 같은 어떤 예기치 못한 이유에서 책자가 학생들에게 배포되지 않았을 수 있다. 어쩌면 책자가 배포되기는 했으나 적절하지 못한 방법으로 배포되었을 수도 있다. 예를 들면, 전체 학생회의 시간을 통해서 모든 학생들에게 책자를 한 권씩 나누어 준 것이 아니라 선생님들의 우편함에 책자를 넣어두고는 학생들에게 나누어 주라는 짤막한 메모만을 남겼을 수도 있다. 이러한 경우, 어떤 선생님들은 책자를 나누어 준 반면, 어떤 선생님들은 그렇게 하지 않았을 수도 있다.

더 나아가서, 프로그램 운영자가 책자가 적절히 배포되지 않았다는 사실을 모르고 있었다고 가정해보자. 이 문제는 매우 심각한 결과를 낳게 되는데, 일단 극소수의 학생들만이 평가하고자 하는 교육용 책자를 받았으며 대부분의 학생들은 책자를 접할 기회가 없었기 때문에 프로그램 자체가 처음 계획대로 적절히 실행되지 않았으며, 따라서 프로그램의 성공을 기대한다는 것 자체가 무리라고 할 수 있다. 이러한 상황에서는 어떤 지표를 선정하더라도 교육용 책자는 실패한 것으로 나타나게 될 것이다. 그러나 이러한 결과는 개발된 책자에 문제가 있어서가 아니라 학생들이 책자를 받아보지 못했다는 데에 있다. 만일 평가자가 이러한 사실, 즉 프로그램이 실행되었는가의 여부와 실행되었다면 어떤 방식으로 실행되었는지를 고려하지 못한 상태에서 단순히 프로그램의 결과만을 평가한다면, 실제로는 교육 책자 개발 프로그램이 AIDS의 확산을 예방하는 데에 매우 효과적임에도 불구하고 이를 중단하게 하는 결과를 가져올 수 있다.

위의 예를 통해서 알 수 있는 것은 프로그램의 성과에 대한 평가가 아무리 잘 설계되고 계획되었다고 할지라도 프로그램의 실행에 대한 평가가 함께 이루어지지 않는다면, 프로그램에 대한 부정적인 평가결과가 나오더라도 그러한 결과가 의미하는 바를 잘못 해석하거나 아예 파악조차 하지 못하기 쉽다. 즉, 성과에 대한 평가가 중요하기는 하지만 실행에 대한 평가 또한 반드시 이루어져야 한다는 것이다.

프로그램의 성과에 대한 평가 없이 프로그램의 실행을 평가하는 것만으로도 유용한 결과를 얻을 수 있다. 예를 들어, 어떤 기관이 프로그램의 수혜 대상을 빈곤층에게까지 확대하는 데 필요한 예산을 지원받았으나 실제로는 프로그램 수혜 대상의 범위를 기관이 잘 알고 있고 서비스를 제공하기 편한 클라이언트에게까지만 확대했다고 가정해보자. 이 기관이 서비스를 제공한 사례들을 평가한

결과, 프로그램이 계획대로 실시된 적이 없다는 사실(빈곤층에게 서비스가 제공된 적이 없다)을 알게되었다면, 그러한 결과는 성과평가를 하지 않더라도 매우 유용하게 활용될 수 있다.

프로그램 실행에 대한 평가라고 해서 반드시 프로그램이 계획대로 실행되고 있는지 여부에만 초점이 맞춰지는 것은 아니며, 실제로는 어떻게 하면 프로그램을 가장 잘 실행할 수 있는지와 관련된 많은 질문들에도 초점이 맞춰진다. 다음의 구체적인 질문들은 굳이 프로그램의 성과를 고려하지 않더라도 프로그램 실행을 평가함으로써 답을 찾을 수 있는 질문들이다:

- 표적집단 중 어느 정도가 서비스를 제공받고 있나?
- 접근할 수 없는 사람들은 어떤 부류의 사람들인가?
- 어떤 이유에서 표적집단 중 다수가 서비스를 거부하는가?
- 출장소들 중 어떤 곳이 가장 많은 클라이언트에게 서비스를 제공하는가?
- 다양한 종류의 임상실천가들이 가지고 있는 임상적 개입기술의 수준은 어느 정도인가?
- 임상실천가들이 가장 자신 없어 하거나 교육을 필요로 하는 분야는 어느 분야인가?
- 기관의 새로운 절차에 대해서 직원들은 어떻게 반응하는가? 그로 인하여 어떤 어려움을 겪고 있는가?
- 클라이언트들은 서비스에 대해서 만족하고 있는가? 만족하고 있다면 그 이유는 무엇이며, 또한 만족하지 못한다면 그 이유는 무엇인가?
- 어떤 이유에서 많은 클라이언트들이 치료를 중도에 포기하는가?

14.3d 과정 평가

과정 평가(process evaluation)는 프로그램 실행 평가와 매우 유사한 평가이다. 과정 평가(이 장의

첫 부분에서 언급했던 총괄 평가의 한 예이다)는 위에 살펴본 프로그램 실행 평가와 거의 같은 질문들을 다루며, 프로그램 과정에 있어서 장점과 단점을 파악하고 이를 바탕으로 개선방안을 제시하는 것을 주된 목적으로 한다.

종종 기관행정가들은 프로그램들이 아직 시작 단계에 불과하고, 따라서 프로그램 초기단계의 문제점들이나 실행과 관련된 문제가 될 수 있는 다른 과정들을 파악하고 해결하기 위한 노력을 기울일 만큼 충분한 시간이 경과하지 않았음에도 불구하고 프로그램 성과 평가를 의뢰하곤 한다. 이는 아마도 기관행정가들이 재정 지원자들로부터 프로그램이 성공적으로 목표를 달성하고 있다는 것을 보여줄 수 있는 성과 관련 자료를 제시하라는 엄청난 압력을 받기 때문일 것이다. 그러나 경험이 많은 평가자들은 먼저 과정 평가를 통해 프로그램 과정상의 문제를 모두 해결한 후에 성과 평가를 하는 것이 바람직하다는 것을 강조한다. 어떤 기관들은 단순히 시간과 자원이 부족하기 때문에 과정 평가를 먼저 하고 이어서 성과 평가를 하지 못할 수도 있다. 이와 반대로, 어떤 행정가들은 아마도 외부로부터의 압력이 좀 덜한 경우인지는 모르나 프로그램이 효과적인지 여부를 묻기보다는 프로그램을 어떻게 개선할 수 있는지를 묻는 경우도 있다.

지금까지 이 책에서 다루었던 모든 연구방법들은 프로그램 실행을 평가할 때 활용할 수 있는 방법들이다. 물론, 어떤 연구방법이 가장 적절한지는 하려는 연구의 내용과 성격에 따라 달라진다. 설문지나 척도를 사용하는 설문조사를 통해서 프로그램의 실행에 영향을 미치는 직원, 클라이언트 또는 지역사회의 태도를 조사할 수 있다. 자료에 대한 분석을 통해서 실제로 서비스를 받고 있는 클라이언트들의 특성이 프로그램이 표적집단으로 설정한 사람들의 특성과 일치하는지 알아볼 수도 있다. 실험 설계나 유사실험 설계를 이용하여 다양한 기금모금 전략들의 효과를 평가하거나 상이한 기관

의 조직구조가 직원들의 태도에 미치는 영향을 측정할 수 있으며, 그 밖에도 접촉이 매우 힘든 잠재적 클라이언트들에 대한 접근을 위해서는 어떤 전략이 가장 성공적인가를 파악해 볼 수도 있을 것이다. 그러나 과정 평가는 제15장에서 살펴보게 될 질적 연구방법에 상당히 의존하는 경향이 있다. 예를 들면, 개방적인 질적 면접방법이 직원들이 기관의 새로운 과정 및 절차에 대해서 어떻게 반응하고 있으며 그러한 과정 및 절차로 인하여 겪게 되는 어려운 점은 어떤 것인지를 알아내는 데 가장 적합한 방법이라고 볼 수 있다. 질적 면접방법은 또한 클라이언트들이 기관의 서비스에 대해서 만족하지 못하는 이유나 서비스 제공받기를 너무 빨리 끝내려고 하거나 아예 서비스를 거부하는 이유 등을 파악하는 데 있어서도 가장 바람직한 방법이라고 할 수 있다. 참여관찰을 통해서 연구자는 직원들이 클라이언트를 대하는 방식이나 혹은 직원들 간에 서로를 대하는 방식을 파악하는 데 필요한 유용한 정보를 얻게 될 수도 있다. 어떤 연구에서는 평가자 스스로가 클라이언트가 되어 직원들이 어떻게 행동하는지를 관찰하고 그들의 행동이 클라이언트들에게 어떤 영향을 미치는지를 관찰하는 경우도 있다.

14.3e 프로그램 기획에 대한 평가: 욕구조사

이제까지 우리는 이미 실행된 프로그램에 대한 평가에 대해서만 살펴보았다. 그러나 프로그램 평가라는 말에는 **진단적 평가**(diagnostic evaluation)라는 의미가 함축되어 있다. 실천가가 본격적인 치료 개입을 시작하기에 앞서 클라이언트가 가진 문제와 욕구를 파악하여 가장 적합한 치료 개입 계획을 세우는 것과 마찬가지로, 프로그램 평가자도 더 바람직한 프로그램 기획을 위해서 표적집단에 관하여 더 많은 지식을 얻을 필요가 있다. 프로그램 평가자는 프로그램을 통해 해결하고자 하는 문제

가 누구, 또는 어디에 있으며, 문제의 심각성은 어느 정도인가를 비롯하여, 표적집단의 속성 및 그들이 가진 문제, 표출된 욕구 및 바라는 바가 무엇인지를 파악할 수 있다. 이렇게 얻어진 정보들은 어떤 종류의 서비스를 제공해야 하며, 표적집단의 제공된 서비스에 대한 이용을 극대화하기 위해서는 어떤 방안이 필요하며, 어디에서 서비스를 제공해야 하는지 등을 계획하는 데에 있어서 활용된다.

예를 들어, 노숙자를 위한 주(state) 차원의 프로그램을 기획한다고 가정해보자. 이러한 프로그램을 기획하기 위해서는 무엇을 알아야 할까? 우선 해당 주의 노숙자 규모, 즉 그 주에 노숙자가 얼마나 있는지 알아야 할 것이다. 특정 지역에 있는 노숙자의 수는 얼마나 되는가? 그들 각자가 노숙자가 된 이유는 무엇이며, 파악된 각각의 이유에 해당되는 사람은 얼마나 되는가? 스스로의 결정에 의해서 노숙자가 된 사람은 얼마나 되는가? 얼마나 많은 사람이 정신질환이나 약물중독 때문에 노숙자가 되는가? 직업을 잃거나 직업을 구하지 못해서 노숙자가 된 사람은 얼마나 되는가? 노숙자의 인종적 구성비는 어떠하며, 그들 중 최근에 이민 온 사람이나 영어를 하지 못하는 사람은 얼마나 되는가? 노숙자 전체 중 어느 정도가 아동이며, 또 가족 노숙자는 얼마나 되는가? 노숙자의 경우, 아동들은 교육, 건강, 영양, 자존감 등에 있어서 어떤 문제를 겪고 있는가? 정서장애 및 그 밖의 문제를 가지고 있는 성인들의 경우, 어떤 특별한 문제나 욕구를 가지고 있는가? 이러한 질문들은 평가자가 생각해 볼 수 있는 진단적 질문들 가운데 일부이며, 이러한 질문들에 대한 답은 과연 어떤 종류의 개입 서비스를 어디서, 그리고 어떤 직원들을 통해서 어떻게 제공할 것인가에 관한 계획을 수립하는 데에 있어서 유용한 지침이 될 것이다.

이상과 같은 연구질문들에 대한 답을 체계적으로 찾아가는 과정을 가리켜 **욕구조사(need assessment)**라고 한다. 욕구조사라는 용어는 프로그램 기획에 필요한 정보를 수집하는 모든 종류의 기술적 방법들을 총칭하는 것으로써, 기본적으로 프로그램 기획에 대한 평가와 동일한 의미로 인식되고 사용된다.

우리는 이미 제10장에서 설문조사기법들을 다양한 욕구조사기법들을 구체적으로 살펴본 바 있으므로 욕구조사기법에 대해서 더 이상 언급하지 않기로 하겠다. 그 대신 여기서는 욕구에 대한 정의를 어렵게 만드는 관념적인 문제들, 즉 욕구를 규범적으로 정의할 것인지 아니면 수요(demand)의 개념으로 정의할 것인지의 문제에 대해서 살펴보기로 하자. 만일 욕구를 규범적으로 정의한다면, 욕구조사의 초점은 표적집단이 현재 처해 있는 객관적인 생활조건이 사회, 혹은 최소한 표적집단에 대해서 관심을 갖는 사회 일부분의 사람들이 인도주의적 관점에서 받아들일 수 있거나 혹은 바람직하다고 생각하는 생활조건과 어떻게 다른지를 비교하는 것에 맞춰질 것이다. 예를 들어, 노숙자의 욕구를 규범적으로 정의한다면, 실제로 노숙자가 자신들의 삶에 만족하는지의 여부와는 무관하게 그들의 거리에서의 비참한 삶을 그대로 방치할 수 없기 때문에 적절한 주택 프로그램이나 혹은 임시 쉼터를 제공하는 프로그램을 마련해야 한다는 결론을 내리게 된다.

반면에 욕구를 수요의 개념으로 정의한다면, 욕구가 있음을 인지하고 욕구가 있음을 표출하는 사람들만이 특정 프로그램이나 개입에 대한 욕구를 가지고 있다고 본다. 따라서 노숙자의 예에서 현재 노숙 생활에 만족하고 있는 사람들은 프로그램에 대한 욕구를 가지고 있지 않다고 분류된다. 그러나 욕구를 수요의 개념으로 정의 내릴 때는 주의가 필요하다. 사람들이 어떤 프로그램에 대한 욕구를 표출하지 않는 데는 여러 가지 이유가 있을 수 있다. 어떤 노숙자들은 프로그램이 자신들에게 어떤 도움을 줄 수 있는지를 이해하지 못할 수도 있고, 매번 새로운 사회 프로그램이 실행될 때마다 노숙자들은 또 한 번 낙인찍히게 되거나 그런 프로그램들이 항상 자신들이 받아들일 수 없는 프로그램들이기 때문에 항상 마찬가지일 것이라고 생각할 수도 있다. 따라서 노숙자를 대상으로 쉼터를 제공하는 새로운 프로그램에 대한 욕구 수준을 파악해 본다면 대다수가 욕구가 없다고 답하거나 더 나아가서는 그러한 프로그램에 대해서 회의적인 반응을 보일 수 있다. 왜냐하면, 그들의 입장에서 볼 때 새로운 프로그램이 자신들이 이용하기를 꺼려하는 더럽고 붐비고 위험하기까지 한 기존의 쉼터들보다 나을 것이 없다고 생각할 수도 있기 때문이다.

우리가 욕구를 정의하는 방식은 욕구조사방법을 선택하는 데도 영향을 미칠 수 있다. 예를 들어, 욕구를 규범적으로 정의한다면 현재의 상황을 나타내 보여줄 수 있는 자료를 분석하여 특정 프로그램에 대한 필요성을 형성할 수 있다. 따라서 인구조사 자료가 특정 지역에 청소년 미혼모가 많다는 것을 보여주고 있다면, 그 지역에서는 당연히 가족계획이나 아동교육 서비스에 대한 욕구가 많을 것이라고 예상할 수 있다. 그러나 수요를 고려한다면, 연구자는 인구조사 자료를 보완하고 현재 계획 중에 있는 프로그램을 미혼모들이 실제로 어떤 조건하에서 이용하게 될 것인가를 결정하기 위해서 청소년 미혼모들에 대한 설문조사를 실시할 수도 있다.

14.4 평가 기획

평가의 목적과 무관하게 프로그램 평가자는 프로그램을 기획하고 평가함에 있어서 프로그램 이해관계자와 협력해야 한다. 사실 프로그램 이해관계자가 표출한 욕구와 우려가 종종 프로그램 평가의 목적을 결정하기도 한다. 이해관계자의 범위에는 프로그램에 관심을 가지고 있는 모든 사람들, 예를 들면 프로그램 운영자, 서비스 제공자, 직원, 현재 및 미래의 프로그램 후원자, 지역사회 구성원과 그들의 지도자(정치인을 포함한), 클라이언트

(과거, 현재 그리고 미래의 클라이언트까지 포함) 기업, 프로그램 평가에 의해 영향을 받거나 평가에 영향을 줄 수 있는 다른 프로그램들을 포함한 그밖의 지역사회 주체 등이 포함된다. 프로그램 기획의 첫 단계로서 평가자는 이들 이해관계자들에 대해서 가능한 한 많은 것을 알고자 노력해야 한다. 예를 들면, 이해관계자들은 프로그램 평가의 목적과 필요성을 어떻게 인식하고 있는가? 프로그램 평가는 이해관계자들의 신념, 소득, 지위 또는 직업, 업무량 등에 어떤 영향을 미치는가? 이들에게 평가연구와 일체감을 느끼게 하고 자료수집에 협조하게 하려면 프로그램 평가를 기획하는 과정에 이들을 반드시 참여하게 하는 것이 필요하다.

14.4a 협력 도출 및 이용 장려

연구 초반부터 연구자는 누가 어떤 이유에서 평가를 원하고 누가 원하지 않는지를 명확하게 알고 있어야 한다. 예를 들어, 프로그램을 후원하는 주체는 평가를 원하지만 프로그램을 담당하는 직원들은 평가에 대해서 모르거나 평가를 원하지 않는다면, 평가자는 프로그램 직원들로 하여금 평가에 대해서 편안하게 생각할 수 있게 만들고 자료를 수집하고 해석하는 데 그들의 도움을 얻어야 한다. 그렇게 하기 위한 한 가지 방법은 그들을 이해관계자로서 평가에 참여시키고 연구의 전 과정에 걸쳐 상호 간에 피드백을 주고받는 것이다. 이러한 참여는 연구설계를 실행에 옮길 준비가 끝난 다음이 아니라 연구를 기획하는 단계에서부터 이루어져야 한다. 프로그램 직원들을 평가에 참여시키는 것은 연구에 대한 협조를 얻기 위해서 뿐만이 아니라 연구설계나 자료수집 방법에 영향을 미칠지도 모르는 기관의 일상적인 현실을 파악할 수 있는 가능성을 높일 수 있다는 점에서도 중요하다.

▶ 이해관계자 ▶ 프로그램에 관심이 있는 모든 사람

평가자는 또한 직원들로부터 그들의 의견이 반영된 평가 계획서에 대한 피드백을 얻어야 한다. 직원들에게 계획서를 보여주는 것은 직원들이 평가의 내용과 평가대상 프로그램이 무엇인지에 대해서 동의하는지 여부를 확인하기 위해서이다. 또한 연구자는 마지막으로 모든 것을 문서화하여 다시 한번 검토함으로써 처음 논의에서는 생각하지 못했던 연구수행 절차 관련 문제들이 있는지 여부를 확인해야 한다. 평가 기획은 쌍방적인 노력이다. 즉, 이해관계자들에 의해 발생할 수 있는 문제들뿐만 아니라 평가를 기획하면서 평가자가 범한 실수에 의해 발생할 수 있는 문제들까지 고려되어야 한다. 예들 들면, 연구결과를 활용하게 될 의사결정자들을 참여시킴으로써 연구자는 평가자가 단순한 궁금증이나 연구결과를 바탕으로 어떤 행동을 취해야 하는 입장이 아닌 사람들의 관심사가 아니라 의사결정을 내려야 하는 사람들의 욕구를 적절히 반영하여 평가를 기획했는지 여부를 확인해볼 수 있다. 또한 프로그램 직원들로부터 도움을 받을 수 없다면, 연구자는 클라이언트가 이해하지 못하거나 작성할 수 없는 자기보고 척도 같은 부적절한 자료수집 도구를 선택하거나 개발하는 오류를 범할 수도 있다. 평가자는 또한 자신이 계획한 자료수집 절차가 아마도 엄청난 양의 문서작업을 하면서도 클라이언트들에게 제공되는 서비스의 질을 희생시키지 않기 위해 애쓰고 있는 직원들에게 비현실적인 부담을 추가로 안겨주게 될지를 인식하지 못할 수 있다.

14.4b 평가보고서

평가보고서를 완성하여 이해관계자들에게 배포하기 전에 프로그램 직원들에게 대외비인 미완성 평가보고서를 검토할 수 있는 기회를 준다면 프로그램 직원들로부터 훨씬 더 많은 협조를 얻을 수 있다. 이때, 프로그램 직원들이 평가보고서를 검열

할 수 있다는 생각을 하게 하는 것이 아니라 그들이 제안한 내용들이 중요하게 고려되었는지 여부를 확인하게 해야 한다. 평가자는 핵심 직원들과 만나 평가보고서에 대해서 논의하는 기회를 가짐으로써 직원들이 보기에 프로그램을 개선하는 데 유용하다고 판단되는 평가결과의 함의를 확인하고 명료하게 할 수 있다. 이러한 과정은 적절한 시기에 이루어져야 하며 중요한 결정을 내릴 수 없을 정도로 늦게 이루어져서는 안 된다.

마지막으로, 평가자는 평가보고서를 활용하게 될 사람들의 욕구에 맞게 평가보고서의 형식과 스타일을 작성함으로써 평가보고서의 활용도를 높일 수 있어야 한다. 보고서의 내용은 간단명료해야 하며 또한 일목요연해서 한눈에 볼 수 있게 정리되어야 하며, 맞춤법과 구성에도 신경을 써야 한다. 특히, 평가보고서가 간결하고 짜임새 있게 준비될수록 시간적으로 여유가 없는 행정이나 실무자들까지도 보고서를 자세히 읽어 볼 수 있다는 것을 기억해야 한다. 프로그램의 성공 또는 실패를 언급하기보다는 새로운 프로그램을 개발하거나 기존 프로그램을 개선하는 것에 대해서 언급하는 것이 바람직하다. 평가를 기획하는 단계에서 프로그램 직원들에게 평가는 긍정적인 소식과 부정적 소식 모두를 가져다 줄 수 있으며, 평가의 초점은 프로그램의 가치를 판단하는 것이 아니라 프로그램을 개선할 수 있는 방법을 모색하는 데 있다는 것을 말해주고 평가결과가 가진 실용적이고 현실적인 함의에 충분한 관심을 기울이는 것이 중요하다는 것을 말해줄 필요가 있다.

한 가지 주의해야 할 사항은 위에서 언급한 단계들을 모두 따른다고 해서 제안된 평가나 평가결과에 대한 프로그램 직원들이 반응과 관련해서 아무런 문제가 발생하지 않는다는 것이 결코 아니다. 위에서 소개한 단계들은 문제가 발생할 수 있는 가능성이나 문제의 심각성을 낮추기 위한 방법에 불과하며, 따라서 어떤 상황에서는 이러한 단계들을

모두 거친다고 하더라도 프로그램을 운영하는 직원들과의 관계에서 문제가 발생할 수 있다. 예를 들어, 만일 프로그램 직원들이 평가결과가 프로그램의 재원을 위협할지도 모른다고 느낀다면, 평가자가 이상에서 소개한 모든 노력을 기울인다고 하더라도 프로그램 직원들은 평가를 불신할 것이다.

14.4c 논리 모델

프로그램 관계자를 평가 기획 과정에 참여하게 하는 것과 더불어서 마지막으로 논리 모델(logic model)을 만들어보는 것이 도움이 될 수 있다. 논리 모델이란 프로그램의 주요 내용, 프로그램의 내용과 단기목표와의 연계, 단기목표 달성 여부를 측정할 수 있는 지표, 단기목표들과 장기성 간 연계, 장기목표 달성 여부를 측정할 수 있는 지표 등을 나타내는 도표이다. 논리 모델을 구성하는 요소들이 어떻게 정의되어 있는지를 살펴보는 것은 평가의 목적을 결정하는 데, 그리고 정해진 목적에 비춰볼 때 어떤 측면 또는 지표에 초점을 맞춰야 하는지를 이해하는 데 도움이 된다. 예들 들어, 어떤 교도소에서 피해자와 가해자가 한 집단에서 상호작용하는 회복적 정의 프로그램을 운영하면서 이 프로그램의 과정을 이해하고 모니터링하기 위한 목적에서 평가를 실시한다고 가정해보자. 그림 14-1은 피해자와 가해자 모집이 적절하게 이루어졌는지, 집단 세션이 계획대로 진행되었는지, 교소도 운영자와 직원이 프로그램에 얼마나 협조했는지, 프로그램의 본질과 가치에 대해서 참여자들이 어떤 견해를 가지고 있는지, 가해자 공감 형성이라는 단기목표가 실제로 달성되었는지 등에 대한 사정이 필요하다는 것을 보여준다.

논리 모델 ▶ 프로그램의 주요 내용, 프로그램의 내용과 단기목표와의 연계, 단기목표 달성 여부를 측정할 수 있는 지표, 단기목표들과 장기성 간 연계, 장기목표 달성 여부를 측정할 수 있는 지표 등을 나타내는 도표

일반적으로 프로그램의 재정지원 주체들은 연구비지원요청서에 논리모델을 포함시킬 것을 요구하는 데 제안된 연구의 적절성과 프로그램 평가를 위한 연구설계의 적절성을 평가하는 데 논리 모델이 도움이 되기 때문이다. 논리 모델은 여러 가지 방식으로 구성할 수 있다. 프로그램 구성요소 각각이 어떤 이론에 근거한 것인지를 나타내는 일군의 박스들로 구성된 논리 모델이 있는가 하면 어떤 논리 모델은 프로그램 투입과 자원에서부터 시작하기도 한다. 논리 모델은 실행 과정의 구체성을 얼마나 강조하는지에 따라서도 여러 종류로 나뉜다. 어떤 접근방법을 통해 논리 모델을 구성할지는 프로그램의 필요성과 이해관계자의 의견에 따라 달라진다. 어떤 선택을 하든 연구자는 다음의 두 가지 극단적인 경우 —논리 모델을 지나치게 간단하게 만들어서 모델의 구성요소를 충분히 담아내지 못하고 구성요소 간 논리적 연결성을 정확하게 보여주지 못하는 경우이거나 너무 자세한 내용을 담으려고 하다가 정착 핵심이 무엇인지를 이해할 수 없게 만드는 경우— 가 아닌 중간 정도의 모델을 만드는 것이 바람직하다. 그림 14-1에는 논리 모델이 어떤 것인지 보여주는 논리 모델의 기본 구조가 제시되어 있다. 프로그램 평가 기획 및 이용 활성화에 관하여 이상에서 논의한 내용은 "프로그램 평가를 위한 협력 도출 및 이용 장려 방안"이라는 제목의 글상자에 요약되어 있다.

14.5 프로그램 평가의 정치적 측면

프로그램 평가의 결과는 프로그램을 지지하는 사람과 반대하는 사람 모두에게 자신의 입장을 뒷받침할 수 있는 근거로 사용될 수 있기 때문에 프로그램을 평가하는 과정에는 상당한 정치적 압력이 개입될 수 있다. 따라서 프로그램 평가와 관련된 기득권적 이해로 인해 자유로운 과학적 탐구를 위한 환경이 침해당하기도 한다. 그 결과, 사람들

그림 14-1 ▶ 피해자와 가해자가 한 집단에서 상호작용하는 교도소 내 회복적 정의 시범 프로그램을 위한 성과 접근 논리 모델 구성을 위한 지침

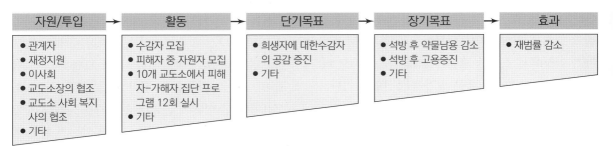

자원/투입	활동	단기목표	장기목표	효과
● 관계자 ● 재정지원 ● 이사회 ● 교도소장의 협조 ● 교도소 사회 복지 　사의 협조 ● 기타	● 수감자 모집 ● 피해자 중 자원자 모집 ● 10개 교도소에서 피해 　자-가해자 집단 프로 　그램 12회 실시 ● 기타	● 희생자에 대한수감자 　의 공감 증진 ● 기타	● 석방 후 약물남용 감소 ● 석방 후 고용증진 ● 기타	● 재범률 감소

프로그램 평가를 위한 협력 도출 및 이용 장려 방안

- 이해관계자들을 이해시킨다.
- 평가를 기획하는 시작단계부터 모든 과정에 이해관계자들을 참여시킨다.
- 누가 평가를 원하고 왜 원하는지 알아낸다.
- 평가계획서에 대해 이해관계자들의 의견을 구하고 그들의 의견을 반영한다.
- 평가계획서에 논리 모델을 포함시킨다.
- 프로그램 관계자 및 이해관계자들에게 평가보고서를 완

- 성하기에 앞서 의견을 제시할 수 있음을 확인시킨다.
- 보고서의 양식과 형식을 이해관계자의 요구에 맞춘다.
- 만일 부정적인 평가결과가 있다면 프로그램 관계자의 노력과 공로를 인정하면서 기술적으로 제시한다.
- 프로그램 실패를 암시하기보다는 새로운 프로그램에 대한 제안이나 현재 프로그램을 개선하는 방법을 제안한다.
- 현실적이고 실용적인 함의를 제공한다.

의 복지를 증진시키려는 목적을 가지고 가능한 한 과학적으로 진실을 밝히기 위한 목적보다 프로그램 유지라는 필요성에 더 부합하는 방식으로 프로그램에 대한 평가가 이루어질 수도 있다. 이는 곧 프로그램을 돋보이게 할 수 있게 연구를 설계하거나 혹은 연구결과를 해석할 것을 종용하는 압력이 있을 수 있다는 것을 의미한다. 이는 또한 프로그램에 재원을 제공하는 주체가 프로그램의 질적 수준보다는 단지 자신들이 지원하는 프로그램에 대해서 평가가 이루어졌다는 사실 그 자체에 관심이 있을 뿐이라는 판단에 근거해서 다분히 편의 위주의 불성실한 프로그램 평가가 이루어질 수 있음을 의미하기도 한다.

만일 앞으로 프로그램 평가에 참여하거나 프로그램 평가를 활용 또는 직접 실시해야 하는 입장에 놓이게 된다면, 기득권을 가진 사람들이 평가의 질 또는 엄밀성에 영향을 미칠 수 있다는 점을 충분히 이해하고 있어야 한다. 물론 그렇다고 해서 모든 프로그램 평가에 부정이 있다는 것은 결코 아니다. 아마도 대부분의 기관 운영자들이나 그 밖의 다른 기득권자들은 자신들의 이해관계보다는 클라이언트를 돕는 가장 바람직한 방법을 모색하기 위해 모든 노력을 아끼지 않는 전문가로서의 자세를 가지고 있으며, 따라서 가능한 한 객관적이고 과학적인 평가가 이루어지기를 바라고 있을 것이다. 물론, 모든 (혹은 대부분의) 평가자들이 기득권자들의 정치적 압력으로부터 자유로울 수 있다고는 볼 수는 없더라도, 그렇다고 해서 모든 평가자들이 정치적으로 중립적이지 못하다고 단정하는 것도 무리가 있다.

14.5a 내부평가자 대 외부평가자

프로그램을 평가하는 사람이 평가대상 프로그램을 운영하는 기관을 위해 일하는 사람이라면 그

평가자를 가리켜 **내부평가자**(in-house evaluators)라고 한다. 프로그램 평가자는 평가 대상이 되는 기관이 아닌, 정부 또는 다른 감독기관이나 혹은 민간연구소에서 일하는 사람이 될 수도 있다(민간연구소들의 경우, 공개경쟁을 통해서 정부로부터 정부지원 프로그램들에 대한 평가를 의뢰받는다). 대학의 연구자들 또한 연구비를 지원받아 프로그램 평가를 하기도 하며, 또한 학문적 업적을 위해서 실제적인 연구를 원하기도 한다.

내부평가자는 **외부평가자**에 비해 여러 가지 장점을 가질 수 있다. 내부평가자들은 프로그램 관련 정보 및 관계자들과 보다 자주 접촉할 수 있으며, 평가연구를 설계함에 있어서나 혹은 평가 결과를 해석함에 있어서 염두에 두어야 하는 여러 가지 사항들에 대한 지식을 더 많이 가지고 있을 수 있다. 또한 프로그램을 평가해야 하는 필요성이나 평가 시 발생할 수 있는 현실적인 제약요인들에 대해서 민감할 수 있기 때문에 특정 연구설계 및 연구방법의 이용 가능성을 더 잘 파악할 수 있다. 또한 프로그램 운영자들로부터 신뢰감을 얻기 쉽기 때문에 그들로부터 많은 협조와 도움이 될 만한 정보를 제공받을 수 있다는 장점이 있다. 이러한 장점과 달리 내부평가자들은 자신들이 일하는 기관의 프로그램에 대한 애착이나 상급자와의 관계, 그리고 자신의 승진 등을 고려하게 됨에 따라, 평가에 있어서 외부평가자에 비해 객관적이지 못하거나 독립적이지 못할 수 있다.

그러나 외부평가자들이 내부평가자들과 달리 위에서 언급한 정치적 측면들에 대해서 절대로 주관적이지 않을 것이라고 생각하는 것은 너무 순진한 생각이다. 외부평가자들 또한 평가대상 프로그램과 관련이 있는 직원들과 원만한 관계를 유지해야 할 강한 동기를 갖는다. 만일 평가에 있어서 프로그램에 관계된 직원들이 소외되게 되면, 평가자는 그들로부터 협조를 얻을 수 없게 되며, 그렇게 되는 경우 양질의 평가를 한다는 것이 매우 어려워진다. 실제로 누구에게 프로그램 평가연구를 맡길 것인지를 결정함에 있어서 중요한 기준 중 하나는 평가자와 프로그램 간의 관계의 질적인 면과 그러한 관계를 바탕으로 평가자가 프로그램 운영자들과 원만한 관계를 형성하여 협조를 얻어낼 수 있을 가능성이 있는지 여부이다.

아울러 외부평가자가 내부평가자에 비해 항상 더 객관적이라고 생각하는 것도 잘못된 생각이다. 예를 들어, 프로그램의 재정지원 주체가 프로그램을 중단시키고자 한다면 부정적인 평가결과를 필요로 할 것이며, 그러한 결과를 바탕으로 유권자들에게 프로그램이 더 이상 지속되어서는 안 된다는 설득을 할 수 있음을 고려해 보아야 한다. 반면, 부정적인 평가결과는 재정지원 주체의 입장을 곤란하게 만들 수 있으며, 그로 인해 재정지원 주체의 기금모금행위 자체가 위협을 받게 될 수도 있다.

프로그램의 재정에 대한 관심은 평가연구의 설계뿐만 아니라 평가결과를 해석하는 방식에까지 영향을 미칠 수 있는데, 왜냐하면 행정가들은 평가결과가 얼마나 긍정적인가에 따라서 지원금의 규모가 좌우된다고 생각하기 때문이다. 평가결과에 대한 해석 방식에 영향을 주는 방법은 여러 가지가 있을 수 있는데, 어떤 방식들은 다른 방식들에 비해 보다 간접적이고 우회적이다. 예를 들어, 어떤 프로그램의 효과가 성공적인 것으로 나타나면, 후속 프로그램들에 대해서도 재정지원이 이루어질 것이고, 그렇게 되면 자연히 그 외부평가자가 후속 프로그램들에 대해서도 "외부평가자"로서 평가 계약을 맺게 될 것이라는 암시를 받을 수도 있다. 평가자들의 입장에서는 수많은 프로그램들이 개발되고 있다는 것을 고려해볼 때 가급적이면 평가를 의뢰한 사람들에게 그들이 바라는 평가결과를 주면서 원만한 관계를 유지한다면 평가자 자신에게 장기적으로 상당한 혜택이 돌아올 것이라는 생각을 할 수 있다.

평가자에게 영향을 미칠 수 있는 또 다른 방식

은 프로그램 책임자들이 평가자의 평가보고서가 마음에 들지 않을 때 평가자를 아주 골치 아프게 만드는 것이다. 예를 들어, 평가자들은 자신이 작성한 평가보고서의 내용이 프로그램에 대해서 긍정적인 경우에는 프로그램 관계자들이 평가자의 능력이나 자격 혹은 신뢰성에 대해서 좀처럼 비판적인 태도를 취하지 않는다는 것을 경험을 통해 쉽게 배우게 된다. 또한 보고서의 내용이 프로그램 관계자들이 바라는 만큼 긍정적이지 않은 경우, 특히 그들이 평가결과가 프로그램에 대한 재정지원의 지속 여부를 결정하는 데 미칠 영향에 대해서 우려하고 있다면, 프로그램 관계자들은 평가자에 대해서 매우 비판적인 태도를 취한다는 것과 그렇게 되면 평가자와 평가를 의뢰한 기관 간의 관계가 악화될 수 있다는 것 또한 알게 된다. 비록 평가연구가 그다지 잘된 연구가 아니더라도 프로그램에 대한 평가가 긍정적이라면 프로그램 관계자들로부터는 아무런 불만이 없다. 그와는 반대로, 아주 훌륭한 평가연구라고 하더라도 그 연구가 프로그램에 대해서 몇 가지 별로 중요하지 않은 문제점을 지적하는 경우, 그런 지적이 혹시라도 프로그램에 대한 재정지원에 어떤 악영향이라도 주지 않을까 우려하는 프로그램 관계자들은 심한 반발을 보이기도 한다.

이런 현상들은 단순히 프로그램 관계자들이 나쁜 사람 혹은 좋은 사람이기 때문에 나타나는 것이 아니다. 이런 현상들이 나타나는 이유는 프로그램 관계자들 또한 사람들에게 도움이 된다고 생각되는 프로그램을 위해 어렵게 부족한 재원을 끌어모아야 하기 때문이다. 프로그램 관계자들은 비록 이런 프로그램들이 효과적인지에 대해서 확신할 수 없다고 해도 보다 많은 재정적 지원을 통해 그러한 프로그램들을 개선하고 발전시켜 나아가야 한다고 믿는다. 또한 부정적인 평가결과는 프로그램을 개선할 수 있는 기회보다는 곧바로 프로그램에 대한 재정지원의 중단을 의미한다고 믿기 때문이기도 하다.

이와 달리 보다 비판적인 시각에서 바라보는 사람들은, 프로그램 관계자들은 자신이 일하는 기관의 재정 상태를 증진시키고 자신들의 일자리를 유지하는 데에 관심이 있다고 본다. 사람마다 차이가 있을 수 있다는 가능성을 염두에 두고 볼 때, 이 두 가지 관점은 모두 어느 정도 사실이라고 말할 수 있다.

14.6 사회복지기관에서 실험연구 및 유사실험연구를 할 때 발생할 수 있는 현실적 위험들

이상에서 살펴본 바와 같이, 프로그램 평가의 결과를 이용할지 여부와 어떻게 이용할지는 정치적 또는 이념적 힘에 의해서 영향을 받을 수 있다. 프로그램 평가의 사회적 맥락은 평가연구를 수행하는 절차에도 영향을 미친다. **연구수행 절차**(logistics)란 사람들로 하여금 자신이 맡은 업무, 조사 도구를 배포 및 회수, 그리고 그 밖의 여러 가지 세세한 일들을 하게 하는 것을 말한다. 종종 실천이나 슈퍼바이저들은 프로그램 평가연구를 할 때 지켜야 하는 연구원칙들을 그다지 중요하게 생각하지 않기 때문에 원칙에 따라 평가를 진행하는 것에 대해서 거부감을 갖기도 한다. 때로는 연구수행 절차와 관련된 문제가 고의적이 아닌, 통제할 수 없는 일상생활 속에서 뜻하지 않게 발생할 수도 있다. 예를 들면, 서비스 전달이 주된 업무인 어떤 치료사가 프로그램 평가를 중요하게 생각하기는 하지만 자신의 업무에 몰입된 나머지 연구원칙을 잠시 잊어버릴 수도 있다. 그럼 이제 실험 설계와 유사실험 설계를 이용하여 프로그램의 효과성을 평가할 때 평가자가 일반적으로 직면할 수 있는 연구수행 절차상의 문제들에 대해서 살펴보기로 하자.

14.6a 개입의 충실도

개입의 충실도(intervention fidelity)란 개입이 처

음 계획했던 대로 클라이언트에게 전달된 정도를 말한다. 우리가 평가해야 하는 사회복지 개입은 매뉴얼을 만들 수 없을 만큼 복잡하고 예측하기 어려운 특성을 가지고 있다. 그렇기 때문에 우리는 일반적인 지침을 각각의 클라이언트들에 맞게 창의적이고 독특한 방식으로 해석하면서 개입을 제공하지 않을 수 없다. 그러나 어떤 실천가들은 다른 실천가들에 비해 탁월한 판단 능력을 지녔는가 하면 어떤 실천가들은 개입의 목적을 잘못 이해하거나 잘못 해석하기도 한다. 이는, 우리가 평가하고자 하는 개입이 사실은 실험집단 참여자들을 위한 것이 아니거나 실험집단 참여자들과 비교집단 참여자들이 우리가 생각했던 것보다 훨씬 유사할 수도 있다는 것을 의미한다. 개입이 계획대로 이루어지지 않는 원인으로는 지연, 새로운 프로그램을 처음 실시하는 데 있어서의 문제, 새로운 프로그램에 대해서 적절한 훈련을 받지 못했거나 경험이 없는 직원을 활용할 때의 문제, 새로운 프로그램을 실시할 때 발생하는 높은 직원 이직률, 프로그램에 영향을 미칠 수 있는 조직 변화, 시간이 지남에 따라 나타날 수 있는 직원들의 관심 저하 및 연구 협약을 지키지 않는 슈퍼바이저에 의한 슈퍼비전 등을 꼽을 수 있다.

개입의 충실도를 사정할 수 있는 또 한 가지 좋은 방법은 각 치료사들의 치료 세션 중 몇 개를 무작위로 골라 녹화하는 것이다. 그런 다음, 해당 개입의 전문가들로 하여금 각자 독립적으로 녹화된 치료 세션을 검토한 다음 각각의 세션에서 개입이 얼마나 적절하게 이루어졌는지를 평가척도를 이용하여 사정하게 할 수 있다. 예들 들면, (1) 수용 불가능한 수준, (2) 조금만 보완하면 수용 가능한 수준, (3) 수용 가능한 최저 수준, (4) 수용 가능한 수준, (5) 우수한 수준이라는 평가 범주를 생각해 볼 수 있다. 만일 어떤 개입의 충실도가 4점(수용 가능한 수준) 이상의 평가점수를 받았지만 연구결과, 개입이 효과적이지 않은 것으로 나타났다면 어

느 누구도 그런 연구결과가 나타난 이유가 개입의 충실도가 낮기 때문이라고는 말할 수 없을 것이다.

그러나 녹화 테이프에 대한 전문가의 평가 및 평가결과 활용을 연구가 끝날 때까지 기다렸다가 해야 하는 것은 절대 아니며 연구를 진행하면서도 얼마든지 해나갈 수 있다. 만일 연구 초기 단계에서 녹화 테이프에 대한 평가점수가 낮다는 것을 알게 된다면, 연구자는 먼저 실천가들이 개입을 제공하는 방식을 개선할 수 있게 도와야 한다. 물론, 더 좋은 방법은 연구를 시작하기에 앞서 사전점검연구를 할 때 전문가들로 하여금 녹화 테이프를 평가하게 하는 것이다. 만일 개입 충실도에 문제가 있다면, 문제를 해결하고 수용 가능하다는 평가를 안정적으로 받기 시작할 때까지 연구를 연기해야 한다. 그러나 개입의 충실도에 대한 사정은 사전점검연구에서뿐만 아니라 연구를 진행하면서도 지속적으로 이루어져야 한다.

14.6b 통제조건의 오염

실험집단에 대해서 의도했던 개입이 충실하게 제공되었다고 하더라도 실험집단과 비교집단 간에 접촉이 있었다면 비교 조건이 오염될 수 있다. 예를 들어, 어떤 학교사회복지사가 검증하고자 하는 새로운 개입을 제공받게 될 실험집단과 기존의 개입을 제공받게 될 비교집단으로 학생들을 무작위 배정한다고 가정해보자. 학교 내에서 학생들 간에는 상호작용이 있을 수 있고 그렇기 때문에 실험집단 학생들에게서 나타난 변화가 비교집단 학생들의 행동에까지 영향을 미칠 수도 있다. 만일 이러한 현상이 발생한다면 두 집단 간에 결과 측도(종속변수)에 있어서 예상했던 차이가 나타나지 않을 수 있으며, 그렇기 때문에 연구자는 자칫 새로운 개입이 효과가 없다는 잘못된 결론을 내리게 될 수도 있다. Solomon and Paulson(1995)은 심지어 한 기관에서 실험집단 클라이언트들과 통제집단 클라이언트

들이 대기실을 공동으로 사용하기만 해도 통제조
건 오염 문제가 발생할 수 있다고 주장한다.

14.6c 사례할당방식에 대한 저항

실천가들은 개별 클라이언트를 위한 최선의 개
입에 관한 전문가적 판단이 아니라 단순히 연구의
필요성에 근거하여 클라이언트들을 실험집단과
통제집단으로 할당하는 것에 대해서 거부감을 가
질 수 있다. 실천가들은 일반적으로 자신들이 제공
하는 개입이 효과적이라고 믿는 경향이 있으며 자
신들은 이미 연구질문에 대한 답이 무엇인지 "알
고 있다"고 생각하기 때문에, 사례를 할당할 때 연
구규정을 따르지 않는 경우가 종종 있다. 실천가
들이 가지고 있는 이런 생각으로 말미암아 실천가
들은 특정 클라이언트에게 자신들이 최선의 개입
이라고 판단한 개입이 제공되게 하기 위해서 연구
규정을 (때로는 의도적으로) 위반할 수밖에 없다
는 생각을 갖게 만든다. 심지어 어떤 클라이언트에
게 어떤 개입이 최선인지 확신할 수 없는 상황에서
도 실천가들은 가장 큰 욕구를 가진 클라이언트들
이 실험집단에 할당되게 하기 위해서 압력을 행사
하기도 하는데, 왜냐하면 실험집단이 받게 될 개입
이 아마도 더 새롭고 혁신적인 것이거나 통제집단
에게 제공될 서비스보다 더 많은 서비스를 제공할
것이기 때문이다.

Shadish와 동료들(2001)은 사례할당 문제를 경
감하기 위한 여러 가지 방법들을 제시한 바 있는
데, 사회복지기관에서 이루어지는 평가와 가장 관
련이 깊은 방법들은 다음과 같다. (1) 사례할당의
목적과 특성을 기관 직원들에게 자세하게 설명한
다. (2) 기관 직원들에게 연구규정 준수와 관련된
인센티브를 제공한다. (3) 사례할당방식에 대한 사
전점검검사를 실시한다. (4) 연구의 전 과정에 걸
쳐 사례할당을 실시하고, 통제하고, 감독할 수 있
는 명확한 절차(조작적으로 정의한)를 개발한다.

(5) 사례할당을 단 한 사람이 전담하되 기관 직원
이 아닌 연구자 중 한 사람이 그 역할을 담당하게
한다. (6) 각 집단에 할당된 클라이언트 목록의 원
본과 복사본을 안전한 장소에 보관한다. (7) 할당
목록을 기관 직원들에게 공개하지 않는다. (8) 기
관 직원들과 지속적인 만남을 통해서 사례할당 과
정에 대해 논의한다. (9) 연구자들 중 한 사람이 연
구의 전 과정에 걸쳐 사례할당 규정 준수 여부를
모니터링한다. (10) 연구의 전 과정에 걸쳐 사례할
당 및 사례할당 규정 위반에 관한 연구일지(log)를
작성하고 보관한다.

14.6d 클라이언트 모집 및 유지

연구 대상을 외부기관으로부터 의뢰된 클라이
언트들로만 한정할 경우, 연구에 참여할 충분한 수
의 클라이언트를 모집하는 것이 매우 어려울 수 있
다. 특히, 의뢰된 클라이언트가 기관의 서비스를
중복하여 제공받는 경우를 제외하도록 연구가 설
계되어 있다면 문제는 더욱 어려워진다. 그런 클라
이언트들은 이전에 있었던 기관에서 서비스를 거
부하거나 서비스가 도움이 되지 않기 때문에 "방
출"된 클라이언트일 수 있다. 이와 반대로, 기관들
은 클라이언트를 다른 기관으로 의뢰하지 않을 수
도 있는데, 왜냐하면 기관에 대한 수가보상은 기관
이 제공한 서비스의 양에 따라 결정되기 때문이다.
또한 클라이언트를 의뢰하는 기관들은 자신들이
의뢰한 클라이언트가 통제집단으로 할당되는 것
을 이해하지 못하거나 더 나아가서는 거부할 수도
있는데, 특히 그렇게 할당하는 것이 통제집단 클라
이언트들을 자신들에게 다시 돌려보내는 것을 의
미할 때 더욱 그럴 수 있다.

클라이언트를 모집하고 유지하는 데 있어서의
어려움은 사례할당 및 측정절차에 대한 클라이언
트들의 반응으로 인해서도 발생할 수 있다. 클라이
언트들은 자신들이 어떤 서비스를 받게 될지를 무

작위 방식으로 결정하는 것을 달가워하지 않을 수도 있으며, 그로 인해 연구에 참여하지 않을 수도 있다. 어떤 클라이언트들은 처음에는 연구에 참여하기로 약속했다가 자신이 새롭고 혁신적인 실험집단에 할당되지 않았다는 사실을 알고 나서 나중에 마음을 바꾸기도 한다. 또 어떤 클라이언트들은 훨씬 더 나중에 가서 실험집단 또는 통제집단에서 중도이탈하기도 하는데, 예를 들면 사전검사를 마치고 나서 불편한 느낌을 갖게 되어 사후검사에 참여하지 않겠다고 할 수도 있다(연구 대상 유지와 관련된 문제점들은 제12장에서 논의했던 소멸과 관련된 문제점들과 동일하다).

연구의 세팅이 되는 기관의 직원들이 지나치게 낙관적인 기대감을 가질 때에도 충분한 수의 클라이언트를 모집하지 못할 수 있다. 기관 직원들이 지나치게 낙관적인 기대감을 갖는 것은 해당 기관이 실험연구나 유사실험연구의 세팅이 되어본 적이 없을 때 특히 위험하다. 실험연구나 유사실험연구의 세팅이 되어본 적이 없는 기관에서 실험연구나 유사실험연구를 실시하고자 계획할 때는 과연 해당 기관이 정해진 시간에 정해진 수의 클라이언트를 연구 대상으로 제공할 수 있을지에 대해서 의심해볼 필요가 있다. 연구자는 적어도 해당 기관이 사전에 마련된 연구 기준에 부합하고 연구에 참여할 의사가 있는 충분한 수의 클라이언트를 정해진 시간에 제공해줄 수 있다고 확신할 수 있는 증거를 찾아봐야 한다. 만일 기관의 이전 경험이나 기존 자료에 근거한 증거를 찾을 수 없다면, 해당 기관에서 연구를 시작하기에 앞서 반드시 단기 사전점검검사(pilot test)를 실시하여 사전점검검사기간 동안 확보 가능한 클라이언트의 수를 바탕으로 실제 연구에서 어느 정도의 클라이언트를 확보할 수 있을지 추산해봐야 한다. 예들 들어, 1년에 100명의 클라이언트를 연구 대상으로 제공할 수 있다는 기관에서 한 달 동안 사전점검검사를 실시했으나 3명의 클라이언트밖에 제공받지 못했다면 연구를

시작하기 전에 반드시 충분한 수의 클라이언트를 확보할 수 있도록 연구계획을 수정해야 할 것이다.

이상에서 언급한 경우들은 실험연구나 유사실험연구를 하고자 할 때 연구자가 직면할 수 있는 위험의 극히 일부에 불과할 뿐이며, 현실적으로 발생할 수 있는 위험의 종류와 수는 훨씬 더 많을 수 있다. 여기서 우리는 다음과 같은 두 가지 것을 강조해두고자 한다: (1) 이상에서 언급한 위험들을 포함한 여러 가지 위험들을 직면할 수 있다는 점을 인식하고 대비해야 한다. (2) 그러한 위험들을 방지하고, 발견하고, 대처할 수 있는 방법을 연구계획에 포함시킴으로써 연구를 망치지 않도록 해야 한다.

14.7 현실적인 위험들을 방지 또는 경감하기 위한 방법

앞서 언급한 위험들을 방지 또는 경감하는 가장 좋은 방법은, 앞서 언급했듯이, 연구를 설계하는 과정에 기관 관계자들을 참여시키고 연구설계의 초기 단계에서부터 그들의 지지를 확보하는 것이다. 물론 이렇게 하는 것이 연구에 대한 기관 직원들의 거부감을 줄이는 데는 도움이 되지만 그렇다고 해서 직원들의 저항이 완전히 없어지는 것은 아니다. 연구자는 연구규정에 대한 기관 직원들의 지지가 그들이 매일 매일의 연구 과정 속에서 발생하는 걱정거리들을 접하기 시작해도 변함없이 유지될 것이라고 생각해서는 안 된다. 연구자는 반드시 연구자 중 한 사람으로 하여금 연구가 진행되는 기간 내내 프로그램 직원들과 지속적으로 접촉하고 프로그램 직원들이 연구규정을 준수하고 실험조건과 통제조건을 처음 계획대로 만들고 유지해 나아가는지 여부를 모니터링할 수 있는 기제를 마련해야 한다.

또 다른 방법은 실험조건과 통제조건이 물리적으로 분리된 별개의 건물이나 기관에 있게 하는 것

이다. 이 방법은 통제조건의 오염을 효과적으로 막을 수 있는 방법이다. 또한 연구자는 실험 개입과 통제 개입의 요소와 단계가 구체적으로 명시된 매뉴얼을 개발함으로써 개입의 충실도를 높일 수 있다. 연구자는 연구의 초기 단계에서 모집한 클라이언트들이면 충분하다는 생각을 버리고 클라이언트를 연구 기간 내내 적극적으로 모집한다는 계획을 세움으로써 클라이언트 모집 및 유지와 관련된 문제들을 예상하고 경감할 수 있어야 한다. 앞서 제12장에서 논의한 바와 같이, 클라이언트들에게 연구 참여에 대한 대가, 특히 그들이 사건검사와 사후검사를 위해 쏟은 시간과 노력에 대한 대가를 제공하는 것도 클라이언트를 모집하고 유지하는 데 도움이 된다.

14.7a 사전점검연구

또 한 가지 좋은 방법은 본 연구를 실시하기 전에 사전점검연구를 실시해보는 것이다. 앞서 우리는 기관이 추정한 연구 대상 클라이언트의 수가 현실적인지 여부를 알아보기 위해 단기 사전점검검사를 실시하는 것에 대해서 언급한 바 있다. 연구자는 **사전점검연구(pilot study)**를 통해서 다음과 같은 추가적인 문제들을 발견할 수 있다. 개입은 충실하게 이루어지는가? 통제집단에서 치료가 제한적인가? 측정 도구를 사용하는 데 예기치 못한 문제는 없는가? 자료수집과 관련해서 기대하지 못했던 문제는 없는가? 실험집단과 통제집단으로 클라이언트를 할당하기로 했던 규정에 처음에는 동의했던 프로그램 직원들이 (어쩌면 사실은 규정의 내용과 함의를 정확하게 이해하지 못했기 때문에 또는 규정에 대해서 주의를 기울이지 않은 채 그냥 동의하는 것처럼 보이려고 했기 때문에) 자신들이 생각하기에 새로운 개입을 받아야 할 클라이언트가 실험집단에 할당되지 않은 것을 알고는 사례할당 규정을 거부하거나 무시하지는 않는가? 사전점검

연구가 필요한 또 한 가지 중요한 이유는 연구자가 실험연구나 유사실험연구를 위해 연구비를 신청하고자 할 때 사전점검연구를 실시했다는 사실을 밝힌다면 심사위원들로 하여금 연구자가 사전점검연구를 통해서 앞서 언급했던 현실적인 위험들을 확인하고 해결했다는 확신을 갖게 만들 수 있기 때문이다. 이러한 이유들을 고려해볼 때, 어떤 연구자들은 사전점검연구를 단순히 하면 좋은 것이 아니라 반드시 해야 할 것이라고 주장하기도 한다.

현실적인 위험들을 발견하고 경감하기 위해 연구자는 질적 연구방법들을 양적 연구의 중요한 요소로 활용할 수 있다. 연구자는 연구 현장에서 현실적인 위험들을 발견하는 데 유용한 많은 기법들을 질적 연구방법에서 찾을 수 있다. 예들 들면, 연구자들은 기관 직원들과 공식적 및 비공식적인 접촉을 통해서 규정 준수와 관련된 문제들을 발견할 수 있고 직원들이 개입을 어떻게 하고 있는지 파악할 수 있다. 연구자들은 또한 녹화 테이프나 실천일지를 이용하여 개입 충실도를 사정할 수 있다. 또한 연구자들은 실천가들과 함께 움직이면서 그들의 일상적인 활동을 관찰함으로써(따라다니기 기법shadowing) 개입 제공과 관련된 문제를 발견할 수도 있다. 연구자들은 또한 실습 훈련이나 집단슈퍼비전에 참여함으로써 계획된 개입과 기관의 슈퍼바이저나 훈련담당자가 가르치는 내용 간에 차이가 있는지 파악해볼 수 있다. 글상자 "실험연구 및 유사실험연구를 위한 질적 기법"에는 실험 설계나 유사실험 설계를 이용한 양적 연구를 실시할 때 연구자가 직면할 수 있는 여러 가지 현실적인 위험들을 방지 또는 경감하는 데 질적 연구에서 일반적으로 자주 사용되는 기법들이 어떻게 도움이 되는지 요약 정리되어 있다.

14.7b 질적 기법

양적 연구의 일부로 질적 연구에서 일반적으로

실험연구 및 유사실험연구를 위한 질적 기법

실험 설계나 유사실험 설계를 사용한 양적 연구로 널리 알려진 연구자들 중 많은 연구자들이 자신들이 실시한 거의 대부분의 "양적 연구"에서 질적 방법을 사용했다고 말하는 것은 그리 놀라운 일이 아니다. 아래 글상자에는 대표적인 질적 기법들과 실험연구나 유사실험연구에서 그러한 기법들이 어떤 기능을 하는지가 서술되어 있다. 이들 기법들에 관한 보다 자세한 논의는 제15장을 참조하기 바란다.

아래 글상자에 제시된 아이디어들 중 대부분은 Phyllis Solomon(University of Pennsylvania School of Social Work)과 Robert L. Paulson(Portland State University School of Social Work)이 1995년 4월 11일 워싱턴 D. C.에서 개최된 제1회 Social Work and Research 학회에서 발표한 "Issues in Designing and Conducting Randomized Human Service Trials"에서 제시된 것들이다.

질적 기법	실험연구와 유사실험연구에서의 기능
문화기술지 따라붙기(실천가를 따라다니면서 그들의 일상 활동을 관찰한다)	● 실제로 개입을 어떻게 실행되는지 관찰한다. ● 개입 및 그 밖의 연구 규정들이 계획대로 실행되는지 관찰한다.
직원훈련이나 집단 슈퍼비전에 대한 참여관찰	● 계획했던 개입과 기관의 슈퍼바이저나 훈련 담당 직원이 가르치는 내용 간에 차이가 있는지 파악한다.
직원회의에 대한 참여관찰	● 기관 직원들의 연구 규정 준수 여부를 판단하고 규정 준수에 어려움이 있는지 파악한다.
기관 직원들을 대상으로 한 비공식적 대화면접	● 규정 준수에 어떤 어려움이 있는지 파악한다. ● 실제로 개입이 어떻게 실행되는지 관찰한다.
실천가-클라이언트 세션 녹화 또는 녹음	● 개입의 충실도를 사정한다(개입이 의도했던 대로 적절히 실행되고 있는가?).
실천가 활동일지	● 연구 규정 준수를 어렵게 만드는 조직 및 시스템 변화를 파악한다.
사건일지	● 개입의 충실도를 사정한다. ● 의도했던 클라이언트들에게 적절한 양의 적절한 서비스가 제공되고 있는가?
초점집단	● 연구 설계와 개입이 실행되는 과정을 기록하고 연구 실행과 관련된 문제점을 파악한다. ● 이해하기 어려운 예상 밖의 연구결과에 대한 가능한 설명을 찾는다.
눈덩이 표본추출	● 접근하기 어렵고 취약한 표적집단으로부터 연구 대상을 모집한다.
서비스를 거부한 잠재적 클라이언트나 서비스를 중도종결한 클라이언트를 대상으로 한 반구조화된(면접 지침을 이용한) 개방적 면접	● 불참 또는 중도이탈 이유를 파악함으로써 클라이언트 모집 및 유지에 도움을 줄 수 있는 방법을 모색한다.
기관의 내부 문서나 서비스 제공 매뉴얼에 대한 내용분석	● 연구 설계를 기획할 때 고려해야 할 발생 가능한 현실적인 위험들을 파악한다. ● 평가 대상 프로그램을 구체화한다. ● 의도했던 클라이언트들에게 적절한 양의 적절한 서비스가 제공되고 있는가?
자료분석 후, 실천가나 그들의 클라이언트를 대상으로 한 반구조화된 개방적 면접	● 이해하기 어려운 예상 밖의 연구결과에 대한 가능한 설명을 찾는다.

프로그램 평가에서의 질적 연구방법과 양적 연구방법 혼용

평가의 목적	양적 연구방법	질적 연구방법
평가계획		● 관련자들과의 개방적 면접조사 ● 프로그램 관련 서류에 대한 내용분석 ● 프로그램 활동에 대한 참여관찰
욕구조사	● 전문가, 표적집단 또는 지역사회를 대상으로 한 설문조사 ● 이용률 ● 사회지표	● 지역사회공개토론회 ● 초점집단
과정평가 (프로그램 실행에 대한 관찰 및 개선점 파악)	● 직원과 클라이언트에 대한 설문조사 ● 누구에게 어떤 종류의 서비스가 얼마나 제공되었는지를 보여주는 기관의 기록에 대한 분석	● 모델 프로그램에 대한 사례연구 ● 프로그램 운영자와 서비스 이용자로 구성된 포커스 집단 ● 직원들을 대상으로 비공식적 목표와 실행에 있어서의 문제점에 관한 개방적 면접조사 ● 서비스 제공, 직원훈련, 직원회의에 대한 참여관찰 ● 서비스 이용자에 대한 개방적 면접조사 ● 직원회의 기록이나 클라이언트 ● 기록 중 실천 전문가의 기재사항에 대한 내용분석 ● 실천 전문가의 기술 수준에 대한 평가 및 권장되는 절차에 대한 준수여부 파악을 목적으로 서비스 전달 과정을 녹화 또는 녹음
목표달성 평가	● 프로그램의 목표달성 여부를 결정하기 위해 실험 설계 및 유사실험 설계와 과정 평가를 함께 실시	● 프로그램의 성공 여부 확인 및 성공적이지 않은 프로그램의 경우 ● 계획대로 실행되었는지의 여부를 알아보기 위해, 앞서 언급한 과정 ● 평가방법을 중심으로 하는 보완적 성과평가 실시
효율성 평가	● 비용-효과분석 ● 비용-편익분석	

사용하는 기법을 사용하는 것이 현실적인 위험들을 발견하고 줄이는 데 도움이 될 수 있다. 질적 연구방법 중 어떤 것들은 현장에서 연구를 진행하는 연구자에게 현실적인 위험을 파악하고 대처하는 데 상당한 도움을 줄 수 있다. 예를 들면, 질적 연구방법을 이용하여 기관 관계자들과 공식적 및 비공식적으로 교류하면서 기관 관계자들의 연구규정 준수 여부를 판단하고 규정 준수에 어려움이 있는지 파악할 수 있고, 비디오테이프나 연구자가 작성한 연구 일지를 이용하여 개입의 충실도를 사정할 수도 있다. 또한 "따라 다니기"기법을 사용하여 기관관계자들을 관찰함으로써 개입과 관련된 문제를 파악할 수도 있다. 기관 내 훈련 과정에 참여하거나 집단 슈퍼비전에 참여하여 계획했던 개입

과 기관의 슈퍼바이저나 훈련 담당 직원이 가르치는 내용 간에 차이가 있는지 파악하는 것도 가능하다. 글상자 "실험연구 및 유사실험연구를 위한 질적 기법"은 질적 연구에서 일반적으로 사용하는 기법들이 실험 설계나 유사실험 설계 형식의 양적 연구를 진행할 때 직면하게 되는 현실적인 위험들을 방지하고 경감하는 데 어떻게 도움이 되는지 요약하여 보여준다.

14.8 프로그램 평가에서의 양적 방법과 질적 방법 혼용

이 책 전반에 걸쳐서 우리는 양적 연구방법과 질적 연구방법이 상호보완적이며 다양한 연구에서 두 연구방법이 함께 사용될 수 있다는 것을 강조해왔다. 이미 많은 독자들이 눈치 챘겠지만, 프로그램 평가 또한 예외는 아니다. 이 장을 마무리하면서, 우리는 "프로그램 평가에서의 양적 방법과 질적 방법 혼용"이라는 제목의 글상자를 통해서 이 점을 다시 한번 강조하고자 한다.

14.9 주요 내용

- 프로그램 평가는 사회적 개입 및 대인 서비스 프로그램의 개념화, 설계, 기획, 행정, 실행, 효과성, 효율성 및 활용 등을 사정하고 발전시키기 위해 다양한 연구방법 및 연구설계를 활용한다.
- 총괄 평가는 프로그램의 궁극적 성공 및 여러 가지 대안적 프로그램 중 특정 프로그램을 선택할지 또는 특정 프로그램을 지속할지 등에 관한 결정을 주된 관심사로 한다.
- 형성 평가는 프로그램을 기획하거나 프로그램을 발전시키고 프로그램의 기능을 높이기 위해 필요한 정보를 얻는 것을 주된 목적으로 한다.
- 과정 평가는 형성 평가의 일종으로서 프로그램 과정의 장점과 단점 및 개선 사항을 제시하는 데 초점을 둔다.
- 욕구조사는 프로그램 기획에 필요한 다양한 질문들에 대한 답을 구하기 위해 여러 가지 자료 수집기법을 사용한다.
- 평가수행 절차와 관련된 문제를 줄일 뿐만 아니라 평가와 평가결과의 활용에 대한 저항을 줄이기 위해서도 연구자는 이해관계자와 평가에 대해서 그들이 가지고 있는 기득권적 이해에 대해서 충분히 이해하고, 평가를 기획하고 진행하는 전 과정에 걸쳐 이해관계자들을 의미 있는 방식으로 참여시키고, 그들과 평가자 간의 상호 피드백 관계를 유지하고, 과학적 객관성을 저해하지 않는 한도 내에서 평가와 평가결과 보고서를 그들의 욕구와 선호를 수용할 수 있게 조정할 수 있어야 한다.
- 프로그램의 성과와 효과를 평가할 때 연구자는 프로그램이 효과적으로 목표를 달성했는지, 의도하지 않았던 피해를 초래하지 않는지, 프로그램의 성공(성공적이었다면)을 위해 어느 정도의 비용이 들어갔는지, 유사한 목적을 가진 다른 프로그램과 비교해서 비용 대비 편익의 수준은 어떠한지 등을 사정한다.
- 프로그램 평가라고 하면 일반적으로 프로그램 성과에 대한 평가가 가장 먼저 머릿속에 떠오르기는 하지만, 평가연구의 초점은 프로그램 기획이나 프로그램 실행과 관련된 여러 가지 중요한 사항들에도 맞춰진다.
- 어떤 경우에는 프로그램이 이론적으로 잘못되었기 때문이 아니라 프로그램이 제대로 실행되지 않았기 때문에 프로그램의 성과가 성공적이지 않게 나타날 수 있다.
- 성과 평가는 프로그램 실행 평가와 병행하는 것이 바람직하다. 프로그램 실행에 대한 모니터링은 조기에 문제를 해결하고, 기관으로 하여금 책임성을 유지할 수 있게 해주고, 프로그램을 실행하고 유지하는 최선의 방법을 찾을 수 있게

해준다.

- 개입의 충실도를 사정할 수 있는 또 한 가지 좋은 방법은 각 치료사들의 치료 세션 중 몇 개를 무작위로 골라 녹화하는 것이다. 그런 다음, 전문가들로 하여금 각각의 녹화된 치료 세션을 검토한 다음 각각의 세션에서 개입이 얼마나 적절하게 이루어졌는지를 평가척도를 이용하여 사정하게 한다.
- 논리 모델은 프로그램의 주요 내용, 프로그램의 내용과 단기목표와의 연계, 단기목표 달성 여부를 측정할 수 있는 지표, 단기목표들과 장기성과 간 연계, 장기목표 달성 여부를 측정할 수 있는 지표 등을 도표로 나타내 보여준다.
- 재정지원 결정에 있어서 평가가 갖는 높은 중요성 때문에 이해관계자들이 가진 특정 이해관계가 자유로운 과학적 탐구를 어렵게 만드는 정치적 환경을 조성할 수 있다.
- 프로그램 평가의 정치적인 측면은 내부평가자들뿐만 아니라 상대적으로 객관적이라고 할 수 있는 외부평가자들까지도 편향됨을 보이게 만들 수 있다.
- 정치적 압력과 이념적 압력은 연구방법이나 평가결과에 대한 해석뿐만 아니라 평가결과의 이용 여부 및 이용 방식에도 영향을 미친다. 평가연구의 결과와 그 결과가 함의하는 바가 반드시 실무에 적용된다고 기대할 수는 없는데, 특히 그것이 공적인 이해관계나 관점과 상충된다면 더욱 그러하다.
- 서비스 지향적 기관에서 실험 설계나 유사실험 설계를 이용하여 연구를 할 때, 여러 가지 현실적인 위험들이 발생할 수 있다. 이러한 위험들은 평가대상 개입의 충실도를 떨어뜨리고, 통제조건이나 사례할당 규정을 오염시키거나 클라이언트 모집 및 유지를 어렵게 만든다.
- 질적 연구에서 자주 사용되는 기법들을 실험 설계나 유사실험 설계에서 사용함으로써 여러 가

지 현실적인 위험들을 방지하고 경감하는 데 도움이 된다.

14.10 연습문제

1. 사회복지기관을 한 곳 선택한 다음, 그 기관의 관장과 실천가 몇 명을 면담하여 이제까지 그 기관에서 어떤 평가를 했는지, 결과가 어떠했는지, 평가결과가 활용되었는지 알아본다. 만일 평가결과가 활용되었거나 활용되지 않았다면 그 이유가 무엇인지 물어본다. 이해관계자는 누구였으며, 프로그램과 관련해서 그들이 가졌던 기득권적 이해는 무엇이었는지를 파악한다. 만일 이제까지 한 번도 평가가 실시된 적이 없었다면, 그 이유는 무엇인지 알아보고 어떤 정치적 혹은 이념적인 저항이 있었는지도 알아본다.

2. 동일한 기관에서 (또는 다른 기관에서) 프로그램을 한 가지 선택한 다음, 그 프로그램의 실행 및 성과에 대한 평가를 대략적으로 기획한다. 예상되는 저항이나 연구 진행 절차 상의 문제에는 어떤 것들이 있을 수 있는가? 기관의 의사결정자들에게 자신이 기획한 평가가 어떤 도움을 줄 수 있다고 생각하는가? 기관의 공식목표와 사명을 관찰 가능한 성과지표로 표현하는 데 어떤 어려움이 있는가?

3. 사회복지 분야의 학술논문들 중 프로그램 평가를 목적으로 실시된 연구에 관한 논문을 한 편 찾아 읽는다. 그 논문에서 이해관계자가 누구인지 생각해보고 기득권적 이해로 인해 나타날 수 있는 편향이 있는지, 있다면 어떻게 통제했는지에 중점을 두고 논문을 비판해본다.

4. 어떤 기관에서 프로그램 성과평가를 위한 실험 연구를 실시할 때 방지 또는 경감해야 하는 현실적인 위험 6가지를 나열해본다.

5. 양적 연구방법만 사용한 프로그램 평가연구를

한 편 찾아 읽어본다. 그런 연구를 찾기에 좋은 학술지 중 하나로 Evaluation and Program Planning을 추천한다. 질적 연구방법을 사용하여 해당 연구의 가치를 높일 수 있는 방법을 제시해본다.

14.11 추천도서

Alexander, Leslie B., and Phyllis Solomon, eds. (2006). *The Research Process in the Human Services: Behind the Scenes*. Belmont, CA: Thomson Brooks/Cole. 이 책은 사회복지기관에서 프로그램 평가연구를 실시하고자 하는 학생들이 반드시 읽어야 하는 필독서이다. 이 책의 각 장에서 연구자들은 각기 다른 연구방법을 이용하여 연구를 진행했던 과정과 그 과정에서 연구자들이 실제 기관에서 부딪혔던 문제점들에 대해서 설명하고 있다. 또한 연구자들은 기관 관계자와 어떻게 협상했으며, 난관에 봉착했을 때 어떻게 연구설계를 수정했는지, 그리고 그들이 최종적으로 선택한 연구방법의 장점과 단점에 대해서 자세하게 서술하고 있다.

추가적인 양적 및 질적 연구방법

PART 7

이제까지 우리는 이 책 전반에 걸쳐 질적 연구방법과 질적 연구방법의 가치에 대해서 살펴보았다. 그러나 개입과 성과 간의 인과적 추론을 가능하게 하는 설계들 중 대부분은 양적 방법을 이용한 설계들이기 때문에 이제까지 살펴본 내용들은 주로 양적 연구방법들이었다. 제7부에서는 질적 연구방법에 좀 더 초점을 맞추기로 하겠다. 제15장에서는 이전 장들에서 충분히 논의하지 못했던 질적 연구방법들에 대해서 논의하기로 하겠다. 제16장에서는 이용 가능한 기록 분석이라는 주제로 다시 돌아가 이용 가능한 기록을 분석하는 양적 및 질적 방법들을 살펴보기로 하겠다.

chapter 15

추가적인 질적 탐구방법

15.1 서론

이 책 전반에 걸쳐 우리는 조사연구에서 양적 방법과 질적 방법을 결합할 수 있는 방법들에 대해서 논의해왔다. 그러나 어떤 종류의 연구들은 —설문조사나 실험연구 같은— 본질적으로 질적 연구보다는 양적 연구에 가까울 수밖에 없다. 이 장에서는 이전 장들에서와 달리 질적 방법에만 초점을 맞추기로 하겠다.

양적 연구방법과 달리, 질적 연구방법은 일반적으로 검증하고자 하는 가설을 명시하지 않는 연구에서 사용된다. 순수한 질적 연구는 사전 예측이 불가능한 일련의 지속적인 과정, 즉 초기 관찰을 실시하고, 어떤 종류의 후속 관찰이 필요한지를 제시해주는 잠정적인 결론을 내리고, 후속 관찰을 실시하고, 그 결과를 바탕으로 결론을 수정하는 일련의 과정이다. 이 책의 제4장에서 논의했던 귀납적 접근과 연역적 접근을 번갈아가면서 사용하는 방법은 다른 어떤 연구에서보다 질적 연구에서 특히 많이 사용되는 방법이다.

질적 연구가 가진 가장 큰 장점 중 하나는 연구자로 하여금 폭넓은 시각을 가질 수 있게 해준다는 점이다. 연구자는 자신이 연구하고자 하는 사회적 현상 속으로 뛰어들어 그 현상을 가능한 한 완벽하게 관찰함으로써 그 현상을 심층적으로 이해할 수 있게 된다. 이러한 탐구 양식은 단순히 수량화할 수 없는 주제를 연구할 때 —물론 그런 주제를 연구할 때만 사용할 수 있는 것은 아니지만— 특히 유용하다. 질적 연구자는 양적 연구방법을 사용하는 연구자들이 놓치기 쉬운 태도와 행동들의 여러 가지 미묘한 측면들까지도 이해할 수 있다.

질적 연구는 자연스러운 세팅에서 가장 잘 이해될 수 있는 현상을 연구할 때 특히 적합하다. 예를 들어, 노숙자가 된다는 것이 어떤 것인지 이해해보고자 한다면 설문조사나 실험연구보다는 질적 연구방법이 더 적절한 연구방법이 될 것이다.

15.2 현상학

질적 연구들 중 대다수는 현실에 대한 개인의 주관적 경험과 해석을 중요시하는 질적 연구를 위한 철학적 패러다임인 **현상학**(phenomenology)과 관련이 있다. 현상학의 여러 가지 형태 중 하나는 **해석적 탐구**(heuristic inquiry)이다. 해석적 탐구란 연구자가 분리된 관찰자로서 자신이 연구하고자 하는 현상을 실제로 경험하고 그러한 경험을 통해 얻은 생각과 감정을 자기 성찰적으로 고찰하는 탐구 방법이다. 예를 들어, 노숙자 쉼터에 실제로 잠시 머물러봄으로써 연구자는 노숙자가 된다는 것이 어떤 의미인지 그리고 왜 어떤 노숙자들은 쉼터에 머물고 싶어 하지 않는지를 좀 더 잘 이해할 수 있다.

현상학의 원리들 중 질적 연구와 관련이 있는 한 가지 원리는 "이해"를 뜻하는 verstehen이라는 용어이다. 질적 연구자들은 이 원리에 따라 관찰대상들을 관찰대상들의 관점에서, 다시 말해서 관찰대상이 가진 감정, 실제에 관한 그들의 시각 그리고 연구자가 관찰하는 것들이 그들에게 주는 의미들을 이해하고자 노력한다. 따라서 verstehen이라는 용어는 사회복지실천의 주된 개념인 공감(empathy)과 밀접한 관련이 있다. 사회복지 임상 실천가들이 클라이언트를 이해하기 위해 공감을 사용하는 것은 질적 연구자들이 질적 탐구를 위해 verstehen을 사용하는 것과 매우 유사하다고 할 수 있다.

15.3 문화기술지

현상학적 질적 연구방법 중 하나는 **문화기술지** 연구방법이다. 문화기술지는 자연스런 세팅에서의 관찰을 중요시하며, 특정 문화를 가진 사람들이 살아가는 방식과 사물을 해석하는 방식을 정확하고 자세하게 기술하는 것에 주안점을 둔다. 사회복

뉴욕시 노숙자에 관한 문화기술지 연구

Baxter와 Hopper는 문화기술지 연구방법을 사용하여 뉴욕시의 노숙자들이 위험한 환경 속에서 어떻게 매일 매일의 생존문제에 직면하고 대처하는지를 자세하게 보여주고자 시도했다(1982 : 395). 그들은 노숙자들이 잠을 자고, 영역을 주장하고, 식사를 하고, 서비스를 받는 다음과 같은 모든 장소에서 관찰을 실시했다.

… 공원의 의자, 거리의 모퉁이, 건물 출입구, 지하철, 기차역, 버스와 정기여객선 터미널, 교회와 값싼 여인숙, 공공 및 민간 노숙자 보호시설, 무료급식소 및 병원 응급실이다. 처음에는 노숙자에게 도움을 주거나 연구조사하거나 또는 노숙자를 옹호하는 개인, 집단과의 면접을 통해 그 영역을 찾았다. 우리가 현장조사를 하는 과정에서, 건물의 복도와 계단, 폐허가 된 건물, 동부해안과 허드슨 강의 부두, 골목, 난방통풍구 등 새로운 장소들을 정기적으로 발견하여 조사했다. 많은 경우 노숙자들이 안내인으로서 도와주었다. (1982 : 395)

그들은 보통 노숙자들에게 음식, 커피, 담배 또는 잔돈을 주면서 대화를 나누며 관찰을 시작했으며 노숙자들에게 자신들이 노숙을 연구하는 연구자라고 소개했다. 그러한 사실에 대해서 노숙자들이 거부감을 갖자 두 연구자는 자신들이 연구자라는 사실을 밝히는 것을 잠시 보류하기로 하고 자신들이 하고 있는 일을 좀 더 단순하게, 예를 들면 노숙에 관한 글을 쓰려는 작가라는 식으로 소개하기 시작했다.

Baxter와 Hopper는 노숙자들에 대한 직접관찰과 면접뿐만 아니라 노숙자들을 돕고 있거나 노숙자들과 관련이 있는 사람들에 대해서도 면접을 실시했다. 그들은 또한 하룻밤을 지내기 위해 공공 노숙자 쉼터로 들어갈 때는 자신들이 노숙자인 것처럼 가장하기도 했다. 이러한 방법을 통해서 그들은 외부에서는 얻기 어려웠을 통찰을 얻을 수 있었다. 예를 들어, 그들은 노숙자들이 전문가나 일반인들이 생각하는 것보다 더 합리적인 이유에서 사회서비스를 거부한다는 것을 발견할 수 있었다. 전문가나 일반인들은 노숙자들이 서비스를 거부하는 이유가 인격장애나 판단장애, 도움에 대한 무관심 또는 길거리 생활을 선호하기 때문이라고 생각했다. 그러나 Baxter와 Hopper는 관찰을 통해서 서비스를 이용하려는 노숙자의 수에 비해 서비스가 턱없이 부족하다는 것을 알게 되었다. 노숙자들의 눈에 비친 쉼터는 비참하기 짝이 없었으며 노숙자들은 차라리 거리나 공원에서 생활하는 것이 더 낫다는 합리적

인 생각에서 서비스를 거부했던 것이다. Baxter와 Hopper는 쉼터가 너무 많은 노숙자들로 붐비고, 위생상태가 매우 불량하고, 안전하지 않다는 것("연방정부가 제시하는 교도소 감방에 관한 규정도 충족시키지 못할 정도로")을 관찰했다(1982 : 398). 또한 그들은 많은 경우, 쉼터에 화장실과 샤워시설이 부족하고, 더럽거나 고장나있었으며, 침대와 이불에는 이가 득실거리고, 노숙자들이 쉼터에서 옷을 도둑맞거나 폭행당하거나 질병에 전염될 두려움을 느끼고 있다는 사실을 발견했다.

그러나 Baxter와 Hopper는 어떻게 서비스를 거부하는 것이 합리적일 수 있는지를 관찰함과 동시에 길거리 생활의 가혹함과 길거리 생활에 따르는 희생도 관찰할 수 있었다. 거리에서 노숙자들은 굶주리고, 춥고, 사회적으로 고립되고, 잠을 제대로 자지 못했다. 연구자들은 이러한 고통들이 노숙자가 되기 전에는 정신질환이 없었던 사람들을 어떻게 정신적으로 괴롭히는지를 관찰할 수 있었다. 그들은 또한 임상 전문가들은 노숙자들의 정신건강이 피폐해진 후에야 비로소 노숙자들을 대하게 되기 때문에 이러한 고통들이 노숙자들에게 미치는 영향을 알지 못했다. Baxter와 Hopper는 직접 노숙 생활을 경험했기 때문에 노숙의 다른 측면들이 가지고 있는 심층적인 의미들에 대한 통찰을 얻을 수 있었다. 예를 들면, 그들은 여성 노숙자들이 괴상하고 더럽게 보이고 지독한 냄새를 풍김으로써 자신들의 주위를 배회하는 남자들을 쫓아버릴 수 있다는 것도 관찰했다(그러나 Baxter와 Hopper는 대개의 경우 화장실, 목욕시설 및 세탁시설이 부족하기 때문에 외모가 불결할 수밖에 없다는 것도 지적했다).

Baxter와 Hopper는 이러한 통찰(다른 사람들이 발견하지 못했던 것들을 이해하면서)을 통해서 노숙자들이 매우 드물기는 하지만 인간적이고 괜찮은 서비스를 받을 수 있는 경우에는 서비스를 정말로 받고 싶어 하며 그렇기 때문에 노숙자들이 판단능력이 없다고 생각해버리는 것은 자칫 자기실현적인 예언이 되어버릴 위험이 있다는 결론을 내렸다. 길거리 생활의 어려움에도 불구하고 서비스를 거부하기로 한 노숙자들의 결정은 쉼터의 열악함 앞에서 노숙자들이 반항적 존엄성과 자기결정권을 지키고 있다는 것을 보여주는 깊은 의미를 갖는다. Baxter와 Hopper는 노숙자들을 위한 더 좋은 서비스 시설을 더 많이 만들어 노숙자들이 서비스를 이용하는 것이 더 합리적이라는 생각을 하게 만들고 노숙자들을 돕기 위한 사회복지사들의 노력을 증진시키기 위한 여러 가지 방안들을 제안을 하면서 그들의 보고서를 마쳤다.

지와 가장 관련이 깊은 민속지학 연구방법으로는 주류문화 속에 존재하는 노숙자나 갱 같은 하위문화를 기술하는 방법을 꼽을 수 있다.

문화기술지 연구자들은 자신이 이해하고 기술하려는 문화 속으로 직접 들어가 질적 면접이나 질적 관찰 같은 방법을 사용하여 탐구한다. 다음 페이지에 나오는 글상자에 제시된 노숙자에 관한 문화기술지 연구의 예를 통해서 알 수 있듯이, 문화기술지 연구자들은 연구 대상들의 눈을 통해 세상을 바라보며 연구 대상들이 가진 독특한 신념체계와 행동규범을 이해하기 위해 노력한다.

15.3a 노숙자에 관한 두 편의 문화기술지 연구

Snow와 Anderson(1987)은 그들의 연구에서 노숙자들이 자신들이 살고 있는 사회에는 노숙이라는 낙인이 따라붙는다는 것을 알고 있는 상태에서 어떻게 자신들의 정체성을 형성하고 타협하는지를 이해해보고자 시도했다. Snow와 Anderson은 우선 연구를 위해 그들이 따라다닐 수 있는 (예를 들면, 노숙자들이 일을 찾아 모이는 장소나 노숙자들이 주된 거처인 다리 밑 같은 곳) 주요 정보제공자를 찾은 다음, 그들이 참여했던 대화나 노숙자끼리 주고받았던 "말"을 기억하는 방식으로 연구를 진행했다. 하루 동안의 관찰을 마칠 때마다 두 연구자는 그들이 하루 동안 들었던 말들에 관한 구체적이고 자세한 현장기록을 작성했다. 그들은 또한 주요 정보제공자와의 심층적인 면담 내용을 녹음했다.

Snow와 Anderson은 12개월 동안 노숙자들과 "함께 다니기"(hanging out)를 통해서 24개 세팅에서의 405시간에 달하는 자료를 수집했다. 이러한 풍부한 자료로부터 두 연구자는 노숙자들의 대화에 세 가지 유형이 있다는 것을 발견했다. 첫 번째 유형은 노숙자들이 마치 자신들이 다른 노숙자나 자신들이 하고 있는 낮은 지위의 일이나 자신들이 의존하고 있는 구세군과 상관이 없는 것처럼 "거리를 두는" 유형이다. 두 번째 유형은 노숙자들이 길거리 인생이라는 그들의 정체성과 그들이 속한 집단과 자신들이 왜 노숙자인가에 대한 뚜렷한 신념을 "수용"하는 유형이다. 세 번째 유형은 노숙자들이 늘 자신들의 실제 삶과 반대되는 "허구적 이야기"를 하는 유형인데, 예를 들면 노숙자들은 그들이 실제로 버는 돈보다 훨씬 더 많은 돈을 버는 것처럼 이야기 하거나, 심지어는 "부자가 될 것"이라는 이야기를 하기도 했다. 글상자 "뉴욕시 노숙자들에 관한 문화기술지 연구"는 이러한 연구방법을 잘 예시하고 있다.

15.4 사례연구

사례연구는 한 개인, 가족, 집단, 조직, 지역사회, 전체 사회 또는 현상을 연구 대상으로 하는 연구방법이다. 어떤 사례연구들은 **문화기술지 연구**라고도 할 수 있다. 문화기술지 연구와 마찬가지로, 사례연구의 주된 목적은 연구 대상을 기술(물론 설명을 시도하는 경우도 있기는 하지만)하는 것이다. 사례연구의 예로는 클라이언트 체계와 그 체계에 대한 사회복지 개입에 대한 심층적 기술, 개인의 일상적인 삶과 관습에 관한 연구, 사회복지 조직의 조직 역동과 조직 역동이 서비스 전달 방법에 미치는 영향에

문화기술지 ▶ 질적 연구방법 중 하나로서 자연스런 세팅에서의 관찰을 중요시하며, 특정 문화를 가진 사람들이 살아가는 방식과 사물을 해석하는 방식을 정확하고 자세하게 기술하는 것에 주안점을 둠.

사례연구 ▶ 한 개인, 가족, 집단, 조직, 지역사회, 전체 사회 또는 현상을 심층적으로 연구하는 질적 연구방법

생애사 ▶ 연구 대상이 자신의 삶 속에서 중요한 사건들과 그러한 사건들의 의미를 어떻게 이해하고 있는지 알아보기 위해서 개방형 질문을 사용하는 질적 면접조사방법. 종종 인생 이야기(life story) 또는 구술사 면접(oral history interviews)이라고 불리기도 함.

관한 연구 그리고 풀뿌리 지역사회조직들의 출현과 경험을 기술하는 연구 등을 생각해볼 수 있다.

일반적으로 사례연구는 질적 접근방법이라고 분류되지만, 어떤 관찰 방식을 사용하는지를 가지고 사례연구를 다른 연구들과 구분하지는 않는다. 사례연구가 다른 연구들과 다른 점은 특정 단일사례에(다중사례연구의 경우는 다수의 사례들에) 대해서만 초점을 맞추고 그 사례에 관한 다양한 자료(양적 연구방법을 통해서 수집한 자료까지 포함해서)를 활용한다는 점이다. 사례연구에서는 기존 문서, 관찰 및 면접 등을 통해서 증거 자료를 수집한다.

일반적으로 사례연구방법은 심층적으로 연구해볼만한 이용 가능한 특별한 사례가 있을 때 사용된다. 예를 들어, 어떤 주의 정부가 탈시설화 정책의 일환으로서 정신장애인과 발달장애인을 위한 여러 주립시설들의 문을 닫기로 결정했다고 가정해보자. 연구자는 사례연구를 통해서 주정부가 왜 그리고 어떻게 그런 결정을 내렸으며, 시설들이 문을 닫은 후에 어떤 예상치 못한 문제들이 발생했는지 등을 이해하고자 시도해볼 수 있다. 그런 사건 및 사건의 영향에 대한 사례연구는 유사한 정책을 생각하고 있는 다른 주들에게 유용한 정보를 제공해줄 수 있을 것이다.

15.5 생애사

생애사(life history) 또는 인생 이야기(life story)는 질적 면접을 중요시하는 연구방법이다. 이 연구방법을 사용하는 연구자들은 연구참여자들이 자신들의 삶 속에서 중요한 사건들과 그러한 사건들의 의미를 어떻게 이해하고 있는지 알아보기 위해서 개방형 질문을 사용한다. 종종 이 방법은 **구술사 면접**(oral history interviews)이라고 불리기도 한다(제9장에서 했던 질적 면접에 관한 논의를 기억할 수 있을 것이다).

이 연구방법을 사용하는 연구자들은 개개인들

이 자신의 삶에 있어서 중요한 사건들을 어떻게 주관적으로 기억하고 이해하는지를 알고자 한다. 예를 들면, Robinson(1994)은 구술사 면접 중에 비행소녀들이 들려주는 그들 삶의 중요한 사건들을 기술하고자 시도했다. 특히, 로빈슨은 비행소녀들이 어떤 사건으로 인해 사회서비스 기관으로 오게 되었는지에 관심이 있었다.

Robinson은 매사추세츠 주를 대표할 수 있게 의도적으로 선정한 지역들에서 무작위로 표본추출한 30명의 소녀들을 면접했다. 그녀는 이들 중 다수가 성적 학대를 경험했을 것이며 이들을 비행으로 몰고 간 주된 원인이 학대일 것이라는 생각을 가지고 연구를 시작했다. Robinson은 "성적 학대"를 조작적으로 정의하지 않고 소녀들 자신의 주관적 경험과 인식에 의존했다. Robinson은 성적 학대의 가능성을 엿볼 수 있게 해주는 신호를 찾고자 노력했으며, 그런 신호를 찾았다고 판단될 때마다 소녀들이 성적 학대의 본질과 경험에 대하여 자세히 설명해줄 것을 부탁했다.

그녀는 모든 면접에서 "가족에 대하여 이야기해주세요"(1994, p. 81)라는 개방형 질문을 첫 번째 질문으로 던지면서 면접을 시작했다. 면접이 진행되는 동안, 그녀는 연구 대상들의 말로 답한 내용뿐만 아니라 그들의 얼굴표정, 몸짓, 전체적인 감정 등도 기록했다. 면접은 기본적으로 구조화되지 않은 대화 형식으로 진행되었지만, 소녀들이 얘기하기 힘든 민감한 사건들에 대해서 언급하거나 암시할 때마다 그녀는 천천히 그리고 부드럽게 심층적인 정보를 얻고자 시도했다. 소녀들은 부모의 외도, 유산과 낙태, 자살시도 등을 포함한 여러 가지 고통스런 사건들에 대해서 언급했지만, Robinson은 30명의 소녀들 중 23명이 성적 학대를 경험했다는 사실에 근거하여 성적 학대를 핵심 사건으로 보고 이에 초점을 맞췄다. 소녀들 중 10명은 두 명 이상에 의해서 성적 학대를 받은 경험이 있다고 말했다. Robinson은 면접기록에서 많은 부분을 발췌하여 보고서에 제시함으로써 독자들로 하여금 소녀들의 목소리로 전달된 학대 경험을 생생하게 느낄 수 있게 했다. 이러한 정보를 바탕으로, Robinson은 자신이 가진 이론적 틀과 페미니스트적 관점에 기초하여 교정제도와 사회서비스 기관들은 비행소녀들을 단순히 범죄자로만 볼 것이 아니라 끔찍한 사건을 경험한 피해자로 봐야 하며 그들에게 성적 학대 피해자를 위한 서비스를 제공해야 한다는 결론을 내렸다.

15.6 페미니스트 연구방법

Robinson의 연구는 우리가 논의하고 있는 두 가지 다른 형태의 질적 연구가 어떤 의미에서 상호 배타적이지 않은지를 잘 보여준다. 예를 들면, 그녀의 연구에서는 생애사 면접방법과 페미니스트 관점이 결합되었다. 우리는 제4장에서 페미니스트 연구를 특정 영역에 적용된 비판적 사회과학 패러다임으로서 언급한 바 있다. 페미니스트 연구들은 양적 방법과 질적 방법을 모두 사용하기는 하지만, 대개는 질적 연구와 관련이 있다. 페미니스트 연구에서는 여성들 자신의 관점에서 여성들의 목소리를 들을 수 있게 한다는 점에서 문화기술지 연구방법과 구술사방법을 특히 많이 사용한다. 이와 관련하여 페미니스트 연구에는 세상을 바라보는 방식과 지식을 얻는 방법에 있어서 여성과 남성이 다르다는 전제가 일반적으로 깔려 있다.

15.7 초점집단

질적 면접조사는 **초점집단**(focus group)에 대해서도 실시할 수 있다. 초점집단 면접은 구조화된 면접 방식으로 이루어질 수도 있고 반구조화 또는 비구조화된 면접방식으로 진행될 수도 있다. 초점집단 면접방법을 이용할 경우, 연구자/면접자는 여러 명의 사람들에게 동시에 그리고 조직적으로 질문을 던질 수 있다.

초점집단은 주로 새로운 프로그램 또는 사회서비스가 실제로 지역사회에서 필요한 것인지 여부를 사정할 때 사용된다. 초점집단이란 소수의 사람들(어떤 연구자들은 12~15명이 적당하다고 하기도 하고, 어떤 연구자들은 8명을 넘지 않아야 한다고 주장하기도 한다)을 한자리에 모이게 한 다음, 집단 리더의 안내에 따라 정해진 주제에 대해서 토론하게 하는 것이다.

초점집단의 구성원은 토론 주제와의 관련성을 고려하여 의도적 표본추출방법을 써서 선정하는 것이 일반적이다. 예를 들어, 어떤 기관이 계획하고 있는 새로운 서비스에 대한 이용이 토론 주제라면, 토론 참여자는 아마도 지역사회 지도자들, 다른 기관의 서비스 제공자들, 클라이언트를 의뢰해주는 기관들, 현재 서비스를 이용하고 있는 사람들, 표적지역 거주자들 중 표본으로 뽑힌 사람들이 될 것이다. 만일 토론 주제가 기관이 제공하는 서비스에 대한 클라이언트의 만족도라면, 초점집단 구성원은 아마도 현재 서비스를 이용하고 있는 사람들 중에서 뽑혀야 할 것이다. 일반적으로는 두 개 이상의 초점집단을 만드는 것이 안전하다고 할 수 있는데, 왜냐하면 단 하나의 초점집단에만 의존한다는 것은, 그 집단이 일반적이지 않은 집단일 수도 있으므로 상당히 위험할 수 있기 때문이다.

도출된 의견을 일반화하는 데 위험이 따를 수 있다는 내재적 한계에도 불구하고 초점집단은 여러 가지 장점을 가지고 있다. 초점집단은 일반적으로 비용이 많이 들지 않고, 결과를 신속하게 얻을 수 있으며, 유연한 심층적 정부 수집이 가능하다. 초점집단 내의 집단 역동성은 문제의 여러 측면들을 볼 수 있게 해주는데, 그러한 측면들은 연

초점집단 ▶ 소수의 사람들을 한자리에 모아 면접조사를 실시하면서 특정 주제에 대해서 토론하게 하는 질적 연구방법. 토론 중에 해당 주제에 대해서 연구자가 생각하지 못했거나 개인 대상 면접조사에서는 나타나지 않았을 것 같은 측면들을 알게 될 수 있음.

구자 혼자서는 발견하기 힘들고 개인을 면접해서도 발견하기 힘든 측면들이다. 예를 들어, 사회복지 교육서비스의 소비자인 학생들에게 현재의 서비스에 만족하는지 그리고 어떻게 하면 더 나은 서비스를 제공할 수 있게 서비스를 개선할 수 있겠는지 물어본다고 가정해보자. 구조화된 설문지나 개방적 면접조사를 통해서 학생들에게 교과과목, 실습, 시청각 기자재 및 컴퓨터 시설, 강의의 질, 상담, 교수에 대한 접근도 등에 관한 만족도를 조사한다고 가정해보자.

아마도 학생들의 반응은 설문지를 만든 사람이 염두에 두었던 교과목 특성에 대해서 "만족한다", "약간 만족한다" 등의 응답범주들 중 어떤 하나를 선택하는 수준을 벗어나지 못할 것이다. 설문지 문항 중에 개방형 문항을 포함시켜 학생들로 하여금 특별히 좋았다고 느끼거나 싫다고 느낀 교과목이 있는지 또는 개선을 위해 제안하고 싶은 것이 있는지를 묻는다고 가정해보자. 학생들은 그 질문에 대해서 많은 의견을 적을 수도 있지만 어떤 학생들은 전혀 적지 않을 수도 있다. 또한 학생들이 많은 의견을 제시한다고 하더라도 어떤 학생들은 다른 학생들이 생각한 것을 생각하지 못할 수도 있고 그렇기 때문에 다른 학생들의 생각에 대해서 동의하고 싶어도 동의하지 못할 수도 있다.

이번에는 이 모든 내용들을 구조화된 설문지를 사용하여 물어본 것이 아니라 초점집단 방법을 통해서 물어보았다고 생각해보자. 이제는 초점집단 구성원 각자가 각각의 설문 문항에 대해서 단순히 자신의 만족 정도를 표시하거나 사회복지 교육과정을 발전시킬 수 있는 아이디어를 혼자서만 모색하는 것이 아니라 초점집단 리더의 안내에 따라 집단 구성원들 모두가 함께 각자의 만족도 및 발전방안에 대한 의견을 나눌 수 있다. 아마도 자신이 어떤 것에 대해서 불만족스럽게 느끼고 있던 중에 집단 구성원들 중 다른 사람이 동일한 불만족을 가지고 있다는 의견을 먼저 내놓는다면 자신만이 그런 생각을 하는 것이 아님을 알게 될 것이고, 따라서 자신의 의견을 이야기하는 것에 대해서 좀 더 편안하게 생각하게 될 것이다. 또한 구성원들 간에 활발한 상호작용을 통해서, 혼자서 설문지를 작성하거나 개별 면접에 응했더라면 해보지 못했을 새로운 생각들을 해볼 수 있는 자극을 얻게 될 수도 있다.

예를 들어, 어떤 학생이 "죽음과 임종에 관한 개입방법을 가르치는 과목이 선택과목으로 있었으면 좋겠다"라는 의견을 내놓으면, 그것이 계기가 되어 다른 학생이 "그래! 나도 놀이치료에 관한 과목을 듣고 싶었는데…"라고 자신의 의견을 말하게 만들 수 있다. 어쩌면 이러한 의견들은 초점집단이 아닌 개개인에 대한 면접을 통해서는 전혀 생각해볼 수 없었을지도 모른다. 초점집단에 참여함으로써 이러한 의견들을 접하게 된 구성원들 중 어떤 학생이 "아! 이제까지 나는 학생들을 위해서 어떤 과목을 개설하고 어떤 과목을 개설하지 않는 것이 좋은지 가장 잘 아는 사람은 교수들일 것이라고 생각해왔는데, 이야기를 듣고 보니 그런 과목들이 개설된다면 두 과목 모두 꼭 수강하고 싶다. 그 과목들은 다른 선택과목들에 비해 특별한 분야의 실천 개입 능력을 갖춘 실천가가 되는 데 더 도움이 될 것 같다"는 반응을 보였다고 가정해보자. 이러한 반응은 전에는 그런 생각을 해보지 못했던 다른 구성원들에게도 그런 과목들의 필요성을 인식할 수 있는 계기를 제공해줄 것이다. 또한 더 많은 토론을 하다보면 학생들의 입장에서 임상 실천과 관련이 있다고 판단되기 때문에 선택과목으로 개설될 필요가 있다고 생각되는 과목들이 더 거론될 수도 있다. 집단 구성원들은 이러한 과정을 통해서 현재의 교육 프로그램에 대한 불만족이 주로 임상 실천가로서의 자질 향상과 관련된 것이라는 점에 초점을 맞추고, 이와 관련해서 논의해야 할 사항이 무엇인지 파악하고, 앞으로 학생들이 필요를 느끼게 될 선택과목들은 어떤 것들인지 생각해 볼 수 있으며, 아울러 교육 프로그램을 개선할 수 있는 그러나 개개인에 대한 설문조사를 통해서는 생각할 수 없을지 모르는 여러 가지 다른 방안들을 제시할 수 있을 것이다. 초점집단을 활용하면, 설문조사를 통해서 한두 명의 학생이 제시한 새로운 선택과목에 대한 의견을 얻는 것보다 학생들이 필요로 하는 선택과목들을 더 많이 파악할 수 있으며, 어떤 과목이 가장 인기가 있고 학생들이 많이 등록할지까지도 알 수 있을 것이다.

그러나 초점집단의 단점을 이해하는 것 또한 매우 중요하다. 앞서 언급한 바와 같이, 초점집단 구성원들의 대표성에 문제가 있을 수 있다. 어쩌면 초점집단에 참여하기로 동의한 사람이나 가장 말하고 싶어 하는 사람들이 프로그램에 대해서 가장 비판적인 사람들일 수도 있고, 반대로 프로그램에 대한 만족도가 가장 높은 사람들일 수도 있으며, 프로그램 운영자에게 잘 보이려고 하는 사람들일 수도 있다. 집단 역동성이 설문조사만으로는 얻기 힘든 많은 정보를 얻게 해줄 수 있지만, 반대로 구성원 개개인에게 일종의 압력으로 작용하여 자신의 실제 느낌이나 자신이 실제로 하게 될 행동과는 다른 의견을 내놓게 만들 수도 있다. 프로그램에 대해서 매우 불만족스럽게 느끼고 있는 사람은 누군가가 먼저 프로그램에 대한 불만족을 털어놓는다면 자신이 가진 불만을 이야기하는 것이 한결 수월해지는 반면, 누군가가 먼저 프로그램에 대해서 매우 만족하고 있다는 의견을 내놓는다면 상황은 완전히 달라질 것이다.

만일 집단 구성원들 중 몇 사람이 어떤 새로운 프로그램에 대해서 매우 열의를 가지고 있다고 밝히고 나면, 나머지 구성원들 중 어떤 사람들은 실제로는 그 프로그램을 전혀 이용하지 않을 것임에도 불구하고 집단 압력에 의해서 그 프로그램에 대해서 좋게 생각한다는 식으로 반응할 수도 있다. 이러한 집단 역동성을 고려해 볼 때, 초점집단을 효과적으로 운영하는 데는 집단 역동성이나 집단

을 다룰 줄 아는 기술이 필수적이라고 하겠다. 초점집단 면접에서는 (다른 종류의 면접들에 비해 훨씬 더) 면접자가 중재자로서의 기술을 가지고 있어야 하며 집단 역동성을 다룰 줄 아는 것이 중요한 관건이 될 것이다. 특정 면접 대상이 초점집단 면접을 주도해버리게 되면 다른 면접 대상들이 자신의 의견을 밝히기가 어려워진다. 이러한 상황하에서는 집단 구성원들이 집단 내에서 가장 목소리가 큰 사람의 의견을 따르는 경향을 보이게 되는 집단순응 또는 집단사고 같은 문제가 발생할 수 있다. 면접자는 이러한 현상에 대해서 잘 알고 있어야 하며, 집단 구성원 모두가 면접에서 다루고자 하는 쟁점에 관한 토론에 충분히 참여할 수 있게 해야 한다. 아울러 면접자는 면접과 면접 대상들을 지나치게 특정 방향으로 이끌어가거나 그렇게 함으로써 면접자 자신의 시각이 면접 대상들에게 영향을 미치지 않도록 주의해야 한다.

또 다른 단점은 초점집단을 통해 얻게 되는 자료는 구조화된 설문조사를 통해 얻을 수 있는 자료에 비해 체계적이지 못하고 자료의 양도 매우 많다는 점이다. 따라서 초점집단을 통해서 얻은 자료는 분석하기 어렵고, 시간도 많이 걸리며, 연구자의 편견이 개입될 소지가 많다. 특히, 다수의 초점집단들이 일관성이 결여된 개방형 자료들을 산출해내면 자료를 분석하기가 매우 어려워진다. 이제까지 살펴본 바와 같이, 초점집단은 다른 질적 또는 양적 연구방법들과 마찬가지로 장점과 단점을 모두 가지고 있으며, 따라서 다른 연구방법들과 함께 보완적으로 사용하는 것이 가장 바람직하다고 하겠다.

초점집단 연구가 다른 질적 현장 연구들과 차이가 있기는 하지만, 초점집단 연구는 우리가 연구하려는 연구 대상과 얼굴을 맞대고 사회조사연구를 할 수 있는 더 많은 가능성을 제시해준다. 이에 덧붙여서, David Morgan(1993)이 제안하듯이 초점집단 방법은 후속 설문조사를 위해 필요한 설문 문항을 개발하기에 더 없이 좋은 방법이기도 하다.

15.8 참여행동적 연구

참여행동적 연구(participatory action research, PAR)는 사회행동적 목적(social action aim)을 특징으로 하는 질적 연구방법이다. 이 연구방법을 사용하는 연구자들은 연구 대상자(소외계층이 대표적인 예)에게 하나의 자원이 되어 연구 대상자들이 자신들의 이익을 효과적으로 증진시킬 수 있는 기회를 제공한다. 사회적으로 불리한 위치에 놓여 있는 연구참여자들은 그들의 문제를 정의하고, 필요한 해결책을 모색하며, 그들의 목적을 달성하는 데 도움이 되도록 연구를 설계하는 데 주도적인 역할을 한다.

참여행동적 연구는 "연구 대상자"를 연구의 "대상"으로 축소시키는 "엘리트적" 접근방법을 거부한다. 이러한 시각을 옹호하는 많은 연구자들에게 있어서 연구자와 연구 대상 간의 구분은 사라져야 할 것으로 인식된다. 이들은 또한 연구 자체에 의해 영향을 받는 연구 대상자들이 연구설계에 참여해야 한다고 주장한다. 이 접근방법의 내면에는 연구가 단순히 지식생산을 위한 수단으로서만이 아니라 "교육과 의식 개발 그리고 그러한 의식을 행동으로 옮기는 수단"(Gaventa, 1991, pp.121-122)으로서도 기능해야 한다는 신념이 깔려 있다. 참여행동적 연구를 옹호하는 사람들은 정보에 대한 접근을 하나의 권력으로 보며, 이러한 권력은 주도적인 계급, 성별, 민족, 국가들이 장악해왔다고 주장한다. 일단 사람들이 자신을 연구자로 인식하게 되면 자동적으로 지식을 매개로 한 권력을 되찾게 된다.

이러한 연구 접근방법의 예로는 지역사회 권력구조 연구, 기업 연구, "알 권리 운동"(right-to-know movement) 등을 꼽을 수 있다(Whyte, Greenwood, & Lazes, 1991). 사회복지와 깊은 관련성을 가진 사회행동적 연구는 종종 빈곤계층과 관련이 있는데, 왜냐하면 빈곤한 사람들은 일반적으로 자신들의 삶에 영향을 미치는 정책이나 행동에 영

향력을 행사할 수 있는 능력이 없기 때문이다. Bernita Quoss, Margarett Cooney 그리고 Terri Longhurst(2000)는 와이오밍 주의 공공부조제도에 관한 그들의 연구보고서에서 다수의 공공부조 수급자들이 포함된 대학생들이 그 연구에 참여하면서 와이오밍 주로 하여금 새로운 공공부조 규정에 고등학교 교육 이후의 교육과정을 "노동"으로 인정하는 규정을 포함하도록 로비활동을 벌였다는 것을 보고한 바 있다.

이 프로젝트는 1988년에 제정된 가족지원법(Family Support Act, FSA)에 의해 가능해진 교육 면제를 축소하려는 1996년의 「개인책임 및 노동기회조정법(Personal Responsibility and Work Opportunity Reconciliation Act, PRWORA)」에 반대하면서 시작되었다. 교육면제 프로그램은 많은 AFDC 프로그램 수급자들에게 대학 교육을 받는 것으로써 의무적인 직업훈련 프로그램 참여를 대신할 수 있게 해주었다. 이 혜택을 받았던 공공부조 수급자들을 대상으로 한 많은 실증연구들은 교육이 빈곤탈피 및 자립을 위한 가장 효과적인 수단이라는 증거를 제시했다(Quoss et al., 2000: 47).

연구에 참여했던 학생들은 Empower라는 조직을 만들고 학생들과 교수들로부터의 폭넓은 지지를 이끌어내기 위해서 대학 내에서 자신들의 입장을 발표하는 기회를 가졌다. 그들은 이 쟁점과 관련된 선행연구들을 수집하여 고찰하고 주정부 입법자들과 관계를 만들어갔다. 그들은 1997년 의회가 열릴 때까지 연방정책의 변화를 적극 활용하여 와이오밍 주의 공공부조법을 수정하는 과정에 적극적으로 참여하였다.

학생들은 입법자들의 심의에 영향을 미칠만한

▶ **참여행동적 연구** ▶ 연구자가 연구 대상자을 위한 하나의 자원이 되어 연구 대상자들로 하여금자신의 이익을 효과적으로 증진시킬 수 있는 기회를 제공하는 접근방법

현황자료와 연구보고서들을 만들어 배포하였고, 각종 위원회 회의에 참석했으며, 입법자들과 일대일로 만나서 로비활동을 벌였다. 논의 과정에서 오류가 있거나 오해소지가 있는 자료들이 소개될 때는 학생 신분의 연구자들이 언제든지 오류를 지적하고 올바른 내용을 제시하는 데 도움을 주었다.

그들의 노력은 결국 성공을 거두었으며, 와이오밍 주의 공공부조 수급자들은 빈곤에서 벗어나기 위한 효과적인 대안으로서 대학 교육을 받을 수 있게 되었다.

15.8a 초점집단과 페미니스트 연구방법을 이용한 참여행동적 연구의 예: 일본 가정폭력 피해 여성의 목소리

Michigan 대학교의 사회복지학과 교수인 Mieko Yoshihama는 일본의 가정폭력 피해 여성들의 시각과 경험 그리고 그들의 서비스 이용에 장애가 되는 요소들에 대한 연구가 부족하다는 것을 인식하고 "일본 최초의 가정폭력 피해 여성들을 대상으로 한 면대면 조사연구"를 실시했다(Yoshihama, 2002:391). 그녀는 면접을 위한 방법으로서 초점집단을 사용했는데, 왜냐하면 가정폭력 피해 여성들이 다른 피해 여성들의 경험과 생각을 들을 수 있다면 수치심과 고립감이 낮아지고, 자신이 처한 상황에 대한 이해도가 높아지며, 어려움을 인식하고 대처할 수 있는 방법에 대한 논의가 수월해질 것이라고 판단했기 때문이다.

Yoshihama 교수는 가정폭력 피해 여성들과 접촉이 있는 도쿄의 기관들과 전문가들에게 전단을 보내고 전국신문과 지방신문을 통해 자신의 연구를 알림으로써 다양한 배경을 가진 피해 여성들을 연구참여자로 모집했다. 다양한 배경과 서로 다른 일정을 가진 여성들이 연구에 참여할 수 있는 가능성을 높이기 위해, Yoshihama는 주말에만 모이는 초점집단을 포함하여 총 네 개의 초점집단이

서로 다른 시간에 만날 수 있게 했으며 모임을 갖는 동안 모임 장소에서 아동돌봄 서비스를 제공했다. 참여자들에게는 소정의 교통비와 참여 사례비, 가정폭력 관련 자료 그리고 도움을 얻을 수 있는 기관들의 목록을 제공했다. 집단모임은 편안하고 안전한 장소에서 한 번에 약 2시간 정도씩 진행되었다. 익명성을 보장하기 위해, 참가자들은 그들의 성을 밝히지 않았으며, 어떤 참여자들은 가명이나 별명을 사용하기도 했다. 연구자는 모든 모임에서 대화를 녹음했으며 녹취록을 만들어 분석하여 대화 속에 담겨 있는 의미와 주제를 코드화했다. Yoshihama가 발견한 사실들은 그녀의 논문 초록에 가장 잘 요약되어 있다:

> 연구참여자들이 이야기한 남편의 폭력에 대한 경험은 한 마디로 말해서 탈출이 거의 불가능한 덫이었다. 배우자의 육체적인 폭력, 여성의 사회활동을 가로막는 장벽, 지지적 네트워크로부터의 고립, 인격적 모욕은 이 여성들을 꼼짝달싹할 수 없게 만들었다. 희생자를 탓하는 가족, 친구, 전문가들의 태도는 원조 프로그램의 부족 및 경찰 보호의 미약함과 함께 그들이 갇혀 있는 덫을 더욱 더 두텁게 했다. 이 여성들이 오랫동안 쉬쉬하고 수치스럽게 여기던 것을 드러내 보이는 위험을 무릅썼을 때 드디어 고립이 와해되기 시작했다(p. 389).

일반적인 생각과 달리, Yoshihama는 일본과 서구국가들의 가정폭력 피해 여성들이 유사한 경험을 한다고 기술했다. 그러나 Yoshihama는 그러한 유사점에도 불구하고 일본 사회에서는 가정폭력 피해자들을 탓하는 풍조 때문에 피해 여성들이 보호나 서비스를 요청하기가 더 어렵다는 것을 지적했다. 결과적으로, Yoshihama의 연구는 가정폭력 피해 여성들을 탓하거나 결혼생활 지속을 강조하기보다는 피해 여성들을 위한 프로그램과 서비스의 수를 늘리고 그들의 보호욕구와 권리에 대해서 사회가 좀 더 민감하게 반응할 수 있도록 사회정책과 사

회복지 실천을 개선해야 한다는 함의를 제시했다.

그녀의 연구는 또한 미국으로 이민 온 일본여성들 중 가정폭력을 경험한 여성들에 대한 사회복지 실천을 위한 함의를 제공해주었는데, 이민 온 일본 여성들은 미국에서 자신들이 가질 수 있는 선택의 폭이 넓다는 것을 잘 모르고 있으며 일본과는 상황이 다르다는 것을 이해시키기 위해서는 여러 번에 걸쳐 반복해서 설명해줘야 한다는 것을 알게 해주었다. Yoshihama는 또한 그녀의 초점집단 연구가 가진 몇 가지 한계를 밝혔는데, 예들 들면 한 도시에서만 살아 온 소수의 여성들을 참여자로 선정했기 때문에 연구결과를 일반화하는 데 한계가 있음을 지적했다. 그러나 그녀의 연구가 가진 한 가지 장점은 그녀의 연구가 참여행동적 연구로서의 기능을 견지했다는 점이다. 초점집단에 참여함으로서 피해여성들은 그들의 수치심과 고립감을 씻어낼 수 있었고, 공통적인 문제에 대한 이해를 함께 높이고, 법적 권리와 가능한 원조 프로그램에 대한 정보를 얻을 수 있었다. 결과적으로 볼 때, 참여자들의 모임은 가정폭력 피해 여성들을 위한 지지집단으로 탈바꿈 한 것이다.

15.9 근거이론

근거이론이라고 불리는 방법은 다른 질적 방법들 거의 모두와 함께 사용할 수 있는, 질적 방법들을 아우르는 질적 탐구방법이다. 근거이론은 관찰을 통해서 유형, 주제, 또는 공통적인 범주를 찾는 귀납적 접근방법이다. 근거이론을 사용하는 연구자들은 기존 이론이나 연구를 바탕으로 사전에 어떤 생각이나 기대를 갖는다. 그러나 근거이론 연구에서 하는 분석은 특정 가설을 검증하기 위한 것이 결코 아니다. 또한 근거이론이 가진 개방성은 연구자로 하여금 이미 정립된 이론이나 가설을 가지는 기대할 수 없는 예상치 않은 어떤 규칙성(또는 차이)을 발견할 수 있는 가능성을 높여준다.

근거이론이 귀납적 과정을 강조하기는 하지만 한편으로는 연역적 과정에 의존하기도 하는데, **지속적 비교**(constant comparisons) 기법을 통해서 두 과정 모두를 연구에 포함시킨다. 연구자가 귀납적 관찰을 통해 어떤 유형을 발견하면, 그 유형에 기초한 개념과 연구가설(working hypothesis)을 발전시킨다. 그런 다음, 연구자는 더 많은 사례를 찾고 더 많은 관찰을 하며, 새로운 관찰을 이전 관찰로부터 얻은 개념 및 가설과 비교한다.

근거이론에서는 새로운 사례를 뽑기 위해서 이론적 표본추출 개념을 이용한다. 제11장에서 소개한 바와 같이, 이론적 표본추출은 이미 발견된 개념과 가설을 만들어낸 사례들과 유사하다고 판단되는 새로운 사례들을 뽑는 것에서부터 시작한다. 만일 새로 뽑은 유사한 사례들을 관찰하더라도 더 이상 새로운 통찰을 얻을 수 없다고 판단되면, 연구자는 다른 유형의 사례를 뽑아 동일한 과정을 반복한다. 즉, 새로운 유형의 사례와 유사한 사례를 추가로 뽑아 관찰하는 과정을 새로운 통찰을 얻을 수 없다고 판단될 때까지 계속하는 것이다. 연구자는 이처럼 유사한 사례를 모두 찾은 다음 다른 범주에 해당하는 사례들을 찾는 과정을 새로운 유형의 사례를 더 찾더라도 새로운 것이 발견되지 않는다고 확신할 때까지 반복할 수 있다.

근거이론에서 사용하는 지속적 비교기법을 이해하기 위해, 어떤 연구자가 정신분열증이 있었던 성인 환자들의 재발을 막는 데 효과적인 지역사회 중심의 사회복지 개입의 주요 구성요소를 밝히고자 한다고 가정해보자. 이를 위해 연구자는 해당 분야에서 탁월하다고 알려진 몇 명의 실천가들을

▶ **근거이론** ▶ 관찰결과에 대한 지속적 비교를 통해서 이론을 도출하고자 하는 귀납적 질적 접근방법

지속적 비교 ▶ 연구자가 귀납적 관찰을 통해 어떤 유형을 발견하고, 그 유형에 기초한 개념과 연구가설을 만든 다음 더 많은 사례를 찾고 더 많은 관찰을 하며, 새로운 관찰을 이전 관찰로부터 얻은 개념 및 가설과 비교하는 근거이론 연구방법

대상으로 개방형 면접을 실시하여 그들에게 가장 성공적인 사례에 대한 기억을 되살려 그 사례에서 사용했던 개입방법에 대해서 이야기해달라고 할 수도 있다.

　모든 면접에서 공통적인 어떤 유형을 발견했다고 가정해보자. 좀 더 구체적으로 말해서, 모든 사회복지사들이 성인 정신장애인의 재활을 위한 사회기술 훈련과 부모들의 의사소통 훈련(부모와 정신장애를 가진 성인 자녀들 간의 의사소통 증진을 위한 훈련)을 제공했다는 것을 알게 되었다고 가정해보자. 이러한 사실로부터 연구자는 이와 같은 행동주의적 개입방법이 정신분열증환자를 위한 사회복지 실천이 효과적인지 여부를 결정짓는 데 중요하다는 연구가설을 도출할 수 있을 것이다. 이제 연구자는 자신이 세운 가설들이 경험적 기반을 갖게 하기 위해 임상 분야에서 명성 있는 실천가를 여러 명 더 면접하여 동일한 유형이 발견되는지 여부를 알아볼 수 있다. 만일 추가 면접에서 새로운 통찰을 얻지 못하면, 연구자는 다른 실천가들을 면접하되 다른 방법으로 뽑은 사례들을 면접해야 한다. 이번에는 실천가들에게 가장 실패했다고 생각되는 사례에서 어떤 개입방법을 사용했는지 말해달라고 부탁한다. 실천가들 중 적지 않은 수가 가장 성공한 사례에서 사용했던 행동주의 개입방법을 가장 실패한 사례에서도 사용했다고 말했다고 가정해보자. 만일 이런 경우가 실제로 발생한다면, 연구자는 자신이 세웠던 가설을 수정해야만 한다. 연구자는 사회복지사들이 가장 실패했던 사례가 가진 다른 측면들(다른 사례에서는 잘 맞았던 개입방법이 왜 이 사례에서는 잘 맞지 않는지 설명할 수 있는)을 찾기 위해 심층적인 탐구를 진행해야 할지도 모른다.

　그러한 심층규명을 통해서 연구자가 또 다른 공통적인 유형(가장 실패했던 사례들 모두에서 클라이언트가 처방약을 제대로 복용하지 않았거나 아예 거부했다는 사실)을 발견했다고 가정해보자. 이러한 사실에 근거하여, 연구자는 연구가설을 수정하여 효과적인 실천을 위해서는 약복용을 모니터링하는 개입과 행동주의 개입을 병행해야 한다는 새로운 연구가설을 세울 수 있을 것이다.

　근거이론 과정을 진행해나가면서, 연구자는 실천가들을 추가로 면접하고 다른 유형의 사례들에 대해서도 물어야 한다. 예를 들면, 연구자는 의사소통기술 훈련을 도입하기 전에는 실천가들이 클라이언트의 부모들과 적절한 치료적 협력관계를 만들 수 없었기 못했기 의사소통 훈련의 효과를 보지 못한 부모들이 있다는 사실을 알게 될지도 모른다. 따라서 연구자는 연구가설을 다시 수정하여 가족개입을 위해서는 실천가와의 지지적인 관계(즉, 부모들이 자녀가 가진 정신장애 때문에 비난을 받지 않는다는 것을 부모들이 이해하는 관계)가 먼저 형성되어야 한다는 연구가설을 세울 수 있다.

　이쯤에서 연구자가 이제까지 관찰한 모든 사례들이 부모와 함께 살고 있는 클라이언트에 관한 사례라는 것을 깨닫게 되었다고 가정해보자. 따라서 연구자는 부모와 함께 살고 있지 않은 클라이언트들 중에서 성공적이었던 사례와 성공적이지 않았던 사례를 면접한 결과, 부모와 함께 살고 있지 않은 클라이언트에게 효과적인 서비스를 제공하기 위해 필요한 것은 의사소통 훈련이 아니라 그들이 지낼 수 있는 적당한 주거공간을 확보하기 위한 노력이라는 것을 알게 될 수도 있다. 또한 연구자는 추가로 뽑은 사례들을 관찰함으로써 많은 클라이언트들이 정신분열증과 약물남용이라는 두 가지 진단명을 동시에 가지고 있다는 것도 알게 될 수 있다. 그렇다면 연구자는 이 표적집단의 문제를 해결하기 위해서는 약물남용에 대한 개입이 포함되어야 한다고 연구가설을 다시 수정해야 할지 모른다.

　근거이론 연구 과정을 마칠 때쯤이면, 연구자는 많은 실천가들(임상적으로 그다지 탁월하지 않는 실천가들도 아마 포함해서)에게 다양한 유형의 사례들에 대해서 물어볼 수 있었을 것이다. 연구 과정에서 새로운 경험적 기반들을 발견할 때마다 연구자는 자신의 가설을 수정해야 했을 것이며, 수정된 내용들은 공감, 온정, 진단기술 같은 사회복지사들의 특성에 관한 것이었을 수도 있고, 다양한 종류의 개입에 대한 클라이언트들의 욕구나 사회적 지지 자원의 정도 같은 클라이언트 특성에 관한 것이었을 수도 있으며, 사례관리 기능 전체에 관한 것이었을 수도 있다.

Gilgun(1991)은 근거이론방법과 사회복지 실천 간에 임상적 사정을 포함한 여러 가지 유사점이 존재한다는 것을 지적한 바 있다. 길건에 따르면, 두 방법 모두 사례의 현재 상태에서부터 출발하고, 정보제공자의 생각에 초점을 두며, 사례를 보다 광범위한 환경적 맥락에서 이해하고자 노력한다. 또한 두 방법 모두 관찰에 근거하여 연구가설을 만들고 추가 관찰을 통해 가설을 수정하면서 귀납법과 연역법 그리고 지속적 비교기법을 사용한다. 두 방법 모두 미리 가지고 있었던 아이디어나 이론을 사례에 끼워 맞추는 것을 지양한다. 두 방법 모두 개방형 면접에 주로 의존하며 거의 유사한 면접기법을 사용한다(이 점은 이 장의 뒷부분에서 질적 연구방법에 대해서 살펴보고 나면 좀 더 분명해질 것이다). 근거이론에서 기록과 메모를 사용하는 것은 사회복지사가 과정기록과 문제 중심의 사례기록을 사용하는 것과 유사하다. 두 방법 모두 "클라이언트의 문제에 관여하는 것과 분석적 자세를 유지하는 것 간의 균형"을 중요시한다(1991, p. 17). 또한 두 방법 모두 가정이나 지역사회 같은 자연스런 세팅에서의 관찰을 선호한다.

15.10 질적 관찰 시 고려해야 할 사항

이상에서 소개한 접근방법 중 어떤 방법을 사용하든 간에 질적 연구자는 자료수집과 관련된 결정을 내려야만 한다. 예를 들면, 제9장에서 우리는 연구자가 내려야 하는 면접과 관련된 결정에 대해서 살펴본 바 있으며, 제11장에서는 여러 가지 표본추출방법에 대해서 논의한 바 있다. 연구자는 이밖에도 관찰자로서의 역할과 관찰대상과의 관계에 대해서도 결정을 내려야 한다. 그럼 이제 이러한 결정을 내리는 데 있어서 고려해야 할 쟁점들에 대해서 살펴보기로 하자.

15.10a 관찰자의 다양한 역할

질적 연구에서 관찰자는 다양한 역할을 할 수 있는데, 자신이 관찰하고자 하는 사건이나 현상에 참여할 수도 있다. 이 장에서 우리는 흔히 사용되는 용어인 참여 관찰(participant observation)이라는 용어 대신 질적 관찰이라는 용어를 사용할 것인데, 왜냐하면 물론 질적 연구자들은 자신이 연구하고자 하는 사건이나 현상을 현장에서 직접 관찰하기는 하지만 반드시 그러한 사건이나 현상에 참여하는 것은 아니기 때문이다. 질적 연구자가 관찰시 할 수 있는 역할은 완전참여자(complete participant), 관찰하는 참여자(participant-as-observer) 참여하는 관찰자(observer-as-participant) 그리고 완전관찰자(complete observer)로 구분해볼 수 있다. 이러한 네 가지 역할들은 완전참여자와 완전관찰자를 양극단으로 하는 일련의 연속선을 이루고 있다고 볼 수 있다.

완전참여자는 연구 대상에 진짜로 참여하는 사람(예를 들면, 시위 참여자)일 수도 있고 진짜 참여자인 척 가장할 수도 있다. 두 경우 중에 어떤 경우가 되든지 연구자가 완전참여자의 역할을 해야 한다면, 연구자는 사람들이 자신을 연구자가 아니라 참여자로 생각하게 만들어야 한다.

한 가지 분명한 것은 연구자가 진짜 참여자가 아니라면 연구자는 사람들이 자신을 진짜 참여자로 생각하게 행동해야 하며 그렇게 하는 방법을 배워야만 한다. 예를 들어, 교육을 받지 못한 사람들을 연구하고자 하면서 대학교수나 대학생처럼 말하고 행동하는 것은 적절하지 않을 것이다.

이제 연구자들 사이에서도 의견이 분분한 한 가지 윤리적인 쟁점에 초점을 맞춰보기로 하자. 연구참여자들은 어떤 사람이 연구자라는 것을 알게 되면 그 사람을 신뢰하지 않기 때문에 연구참여자들로부터 신뢰를 얻기 위해서 자신이 연구자라는 사실을 속이는 것은 윤리적인가? 과학의 중요성(조사연구의 과학적 가치)이 윤리성에 대한 그러한 우려를 상쇄시킬 수 있는가? 이제까지 많은 전문가 협회들이 이 문제에 대해서 고민해왔음에도 불구하고, 어떤 규범을 따라야 할지에 대해서는 아직 명확하게 제시된 바가 없다.

이러한 윤리적 쟁점과 관련이 있는 또 한 가지 쟁점은 과학과 관련된 것이다. 어떤 연구자도 자신이 연구하고자 하는 사람들을 속이기 위해 속이는 경우는 없다. 그보다는 연구참여자들이 자신이 연구자라는 사실을 모를 때 연구 대상들이 좀 더 자연스럽고 솔직할 수 있으며, 따라서 타당도와 신뢰도가 높은 자료를 얻을 수 있을 것이라 생각하기 때문에 자신의 신분을 밝히지 않는다. 연구참여자가 자신이 연구 대상이라는 사실을 알게 되면 자신의 행동을 여러 가지 방식으로 바꿀 수 있다. 첫째, 연구참여자는 연구자를 쫓아 낼 수 있다. 둘째, 연구참여자는 연구자의 눈에 자신을 더 좋게 보이기 위해 말이나 행동을 바꿀 수 있다. 셋째, 사회적 과정이 완전히 바뀔 수 있다. 예를 들면, 학생들이 대학본부에 불을 지르려고 계획했다가 자신들 중 한 명이 연구를 수행하고 있는 사회과학자라는 것을 알게 된다면 계획을 포기해버릴 수 있다.

다른 한 편으로는, 연구자가 완전참여자일 때도 연구 대상에 영향을 미칠 수 있다. 참여자의 역할을 하기 위해 연구자는 연구하고자 하는 사회적 과정에 참여해야만 하는데, 그렇게 하면 사회적 과정에 심각한 영향을 미칠 수 있다. 예를 들어, 연구 대상 집단이 연구자에게 다음에 무엇을 해야 할지 묻는다고 가정해보자. 연구자가 어떤 말을 하든지 연구자는 사회적 과정에 영향을 미치게 될 것이다.

연구 대상 집단이 연구자의 제안을 따른다면 연구자는 확실하게 영향을 미치게 되며, 연구자의 제안을 따르지 않는다하더라도 연구자의 제안을 거부한 것 자체가 다음에 일어날 일에 영향을 미칠 수 있다. 또한 연구자가 다음에 무엇을 해야 할지 모르겠다고 말하면, 연구 대상 집단으로 하여금 연구자가 자신들에 대해서 불분명하고 우유부단하다는 느낌을 갖게 만들 수 있다.

결국, 관찰자가 완전참여자일 때, 관찰자는 어떤 일을 하든지 하지 않든지 간에 관찰 대상들에게 영향을 미치게 되며 이는 불가피한 현상이다. 더 심각한 문제는 그러한 영향은 다음에 일어날 일에 적지 않은 영향을 미치게 된다는 것이다. 이 문제는 연구자의 노력을 통해서 어느 정도까지는 방지할 수 있으나 완전히 방지할 수는 없다.

이러한 윤리적 및 과학적 문제 때문에 현장 연구자들은 종종 완전참여자가 아닌 다른 역할을 선택하곤 한다. 예들 들면, 연구자는 관찰하는 참여자 의 역할을 선택할 수 있다. 이 역할을 하는 연구자는 연구 대상 집단에 완전히 참여하지만 자신이 연구를 하고 있다는 사실을 분명히 밝힌다. 예를 들어, 연구자가 배구팀의 일원이라면 스포츠 사회학의 연구를 시작하기 위해 배구팀 일원이라는 지위를 이용할 수 있으며, 팀 동료들에게 자신이 무엇을 하고 있는지 알린다. 그러나 이 역할에도 위험은 있다. 연구참여자들은 자연스러운 사회 과정에 초점을 두기보다는 연구 프로젝트에 관심을 가질 수 있는데, 그렇게 될 경우 관찰 과정은 더 이상 자연스러운 과정이 아니게 된다. 이와 정반대로, 연구자가 연구참여자들의 이해와 관점을 지나치게 동일시할 수도 있다. 즉, 연구자가 "원주민화(go native)"되기 시작하여 자칫 과학자로서의 관점을 잃을 수도 있다.

참여하는 관찰자는 연구자라는 자신의 신분을 밝히고 사회 과정에서 참여자들과 상호작용하지만 절대로 자신이 참여자인 척하지 않는다. 농장에서 일하는 계절노동자들의 노동조합 결성 과정 같은 사회운동을 취재하는 신문기자가 좋은 예가 될 수 있다. 신문기자는 노동자들의 리더들을 면접하고 노동자들이 사는 곳을 방문하고 딸기를 수확하는 것을 직접 보고 다친 노동자들과 병원에 같이 가주는 일 등을 할 수 있다.

또 다른 극단인 완전관찰자는 어떤 방식으로든 사회 과정의 일부가 되지 않으면서 사회 과정을 관찰한다. 연구 대상은 연구자가 비관여적이기 때문에 자신이 연구 대상이라는 것을 인식하지 못할 수도 있다. 예들 들면, 교차로에서 사람들이 무단횡단 하는 것을 관찰하기 위해 버스정류장에 앉아 있는 연구자를 생각해볼 수 있다. 이 경우, 연구자의 관찰은 피상적이고 일시적이 될 수 있다. 따라서 완전관찰자가 완전참여자보다 연구 대상에 영향을 미칠 가능성이 낮고 "원주민화"될 가능성도 낮지만, 연구 대상을 완전히 이해할 수 있는 가능성도 낮다.

연구자는 상황에 따라 여러 가지 역할을 해야 한다. 안타깝게도 언제 어떤 역할을 해야 하는지에 관한 명확한 지침은 없으며, 연구자는 그때마다 벌어지는 상황에 대한 자신의 이해와 현명한 판단에 의존할 수밖에 없다. 그러나 연구자는 결정을 내릴 때 항상 방법론적인 문제와 윤리적 문제를 고려해야만 한다. 이런 문제들은 상충되는 경우가 많기 때문에 연구자의 결정을 어렵게 만들 수 있으며, 때로는 연구자의 역할이 연구를 제한하기도 한다.

15.10b 내부자적 시각과 외부자적 시각

질적 관찰자가 직면하게 되는 궤변적이고 어려운 한 가지 과제는 자신의 시각에서 벗어나 자신이 연구하고자 하는 대상들의 문화를 받아들임과 동시에 자신이 받아들인 문화에 대해서 의문을 가질 수 있는 능력과 객관성을 유지하는 것이다. 이를 위해 연구자는 내부자적 시각과 외부자적 시각이라는 두 가지 시각을 적절히 결합할 줄 알아야 한다. **내부자적 시각**(emic perspectives)이란 연구 대상들의 문화, 즉 연구 대상들이 공유하고 있는 신념, 태도 및 그 밖의 시각들을 수용하는 것이다. 이 시각을 가질 때 연구자는 연구참여자들을 내부로부터 이해할 수 있게 된다. 이와 반대로, **외부자적 시각**(etic perspectives)이란 연구자가 외부자로서의 객관성을 유지하고 연구 대상들의 문화에 대해서 그 문화를 공유하고 있는 사람들은 갖기 힘든 어떤 의문을 갖는 것이다.

15.11 질적 연구의 실행

이제 논의의 초점을 질적 연구에 관한 좀 더 일반적인 아이디어와 기법으로 옮긴 다음, 현장 연구를 위해 무엇을 어떻게 준비해야 하는지를 살펴보는 것으로써 논의를 시작해보기로 하자. 예를 들어, 어떤 풀뿌리 지역사회조직에 대해서 질적 연구를 하고자 하는 연구자가 있다고 가정해보자. 더 나아가서 이 연구자는 그 지역사회 집단의 구성원이 아니고, 그 집단에 대해서 잘 알지 못하며, 연구참여자들에게 자신이 연구자라는 것을 밝힌다고 가정해보자. 우선, 연구자는 연구 대상에 대한 지식을 얻고 다른 사람들이 자신의 연구 대상에 대해서 무슨 말을 했는지 배우기 위해 관련 문헌을 고찰할 필요가 있다.

연구의 다음 단계에서, 연구자는 그 지역사회 집단을 연구해 온 다른 연구자나 그 집단과 친밀한 관계를 가지고 있을 가능성이 높은 사람들과 그 지역사회 집단에 대해서 논의해볼 수 있을 것이다. 특히, 연구자는 집단 구성원 중 한 명과 논의하는 것

내부자적 시각 ▶ 연구 대상들의 문화, 즉 연구 대상들이 공유하고 있는 신념, 태도 및 그 밖의 시각들을 수용하고자 노력하는 것

외부자적 시각 ▶ 연구자가 외부자로서의 객관성을 유지함과 동시에 연구 대상의 문화에 대해서 그 문화를 공유하고 있는 사람들은 하지 않을 것 같은 질문을 하는 것

이 유익하다는 생각을 할 수도 있다. 어쩌면 연구자가 아미 집단 구성원 중 한 사람을 알거나 만날 수 있을 수도 있다. 만일 연구자와 정보제공자 간의 관계가 연구 이상의 관계라면 이런 준비를 더 효과적으로 할 수 있다. 집단 구성원들을 주요 정보제공자로 활용할 때, 연구자는 처음에 했던 이야기 때문에 나중에 연구 내용을 타협하거나 제한하게 되지 않도록 주의해야 한다. 연구자가 집단 구성원이면서 동시에 정보제공자인 사람들에게 주는 인상과 연구자가 스스로 만들어 가는 역할은 나중의 연구 과정에 영향을 미칠 수 있다는 것을 기억해야 한다. 예를 들어, 연구자가 집단 구성원들에게 앙숙관계에 있는 집단에서 자신들을 염탐하러 온 사람이라는 인상을 주게 되면 나중에 집단을 제대로 관찰할 수 있을 가능성은 매우 낮아질 것이다.

연구자는 정보제공자로부터 얻은 정보에 대해서도 신중을 기할 필요가 있다. 정보제공자가 연구 대상에 관한 직접적이고 개인적인 지식을 더 많이 가지고 있더라도 그들이 "알고" 있는 것들 중에는 사실과 개인적인 견해가 섞여 있는 것들이 많을 수 있다. 위에서 들었던 예에서, 지역사회 집단의 구성원들이 전혀 편향되지 않은 정보를 제공할 가능성은 높지 않다(앙숙관계에 있는 집단의 구성원들도 마찬가지이다). 따라서 연구자는 그 지역사회 집단과 처음 접촉하기 전에 미리 그 집단에 대해서 잘 알고 있어야 하며, 그 집단이 존재하고 있는 일반적이고 이론적인 맥락을 이해하고 있어야 한다.

연구자는 연구 대상들과 처음 접촉하는 방법에는 여러 가지가 있으며 어떤 방법을 선택할지는 연구자가 어떤 역할을 할 것인가에 따라 어느 정도 달라진다. 특히, 연구자가 완전참여자가 되고자 한다면, 연구자는 연구 대상들과 일체감을 형성할 수 있는 방법을 찾아야만 한다. 예를 들어, 식당에서 접시를 닦는 사람들을 연구하고자 한다면, 가장 직접적인 방법은 실제로 접시 닦는 일을 해보는 것이다. 지역사회조직의 예에서, 연구자는 어렵지 않게

그 집단의 구성원이 될 수 있을 것이다.

연구자가 사람들과 공식적으로 만나 자신의 신분을 밝히고 싶으면 연구자는 자신이 만나고자 하는 사람들과 라포(rapport)를 형성할 수 있어야 한다. 연구자는 편하게 느껴지는 구성원을 통해 도움을 얻을 수도 있다. 연구자가 공식적인 집단을 연구하고자 한다면, 그 집단의 리더에게 접근하거나 그 집단을 연구해 온 정보제공자 중 한 사람에게 자신을 리더에게 소개시켜 달라고 부탁하는 방법도 생각해볼 수 있다.

연구하고자 하는 집단과 처음 접촉하기 위해 연구자가 선택할 수 있는 방법은 여러 가지가 있을 수 있으나, 어떤 선택을 하는지가 나중에 하게 될 관찰에 영향을 미칠 수 있다는 것을 인식하고 있어야 한다. 예를 들어, 연구자가 지역사회 진료소를 연구하기 위해서 진료소의 고위관리자들 중 한 사람과 접촉을 시도한다고 가정해보자. 첫째, 연구자가 진료소에 대해 갖게 되는 초기의 인상은 상위관리자의 견해에 의해 영향을 받게 될 것이며, 그러한 견해는 환자나 하위직원들의 견해와 상당히 다를 수 있다. 초기 인상은 연구자가 나중에 하게 될 관찰이나 해석에 영향을 미칠 수 있으나 연구자는 그러한 영향을 인식하지 못할 수 있다.

둘째, 고위관리자가 연구자의 연구계획을 승인하고 환자와 직원들에게 연구자에게 협조해줄 것을 부탁한다면, 아마도 환자와 직원들은 연구자를 경영진과 어느 정도 같은 생각을 가진 사람이라고 보게 될 것이며, 이러한 상황은 환자나 직원들이 연구자에게 하는 말에 영향을 미칠 수 있다. 예를 들어, 간호사들이 연구자에게 자신들이 노동조합에 가입하고자 한다는 말을 쉽게 하지는 않을 것이다.

연구자가 연구 대상들과 직접적이고 공식적인 접촉을 하면서는 연구 목적을 어느 정도 설명해줄 필요가 있다. 연구자는 이때 또 한번 윤리적 딜레마에 직면하게 된다. 연구의 목적을 있는 그대로 다 말해주면 연구 대상들이 전혀 협조해주지 않거

나 그들의 행동에 영향을 미칠 수 있다. 그러나 다른 한편으로, 연구자가 연구 대상들이 받아들일 수 있는 설명이 될 것이라 판단되는 것만을 말해주는 것은 연구 대상을 기만하는 것이 될 수 있다. 연구자는 자신의 결정(실천에 있어서)이 주로 연구의 목적, 연구 대상의 특성, 사용하고자 하는 관찰방법 및 그 밖의 다른 요인들에 의해 좌우될 수 있다는 것을 알고 있어야 한다.

이와 관련해서 과거의 질적 연구들은 명확한 지침(방법론적이든 윤리적이든지 간에)을 제공해주지 못한다. 연구자가 자신을 연구자로 소개한다면, 연구의 목적이 무엇이든 간에 연구 대상들은 과학자가 자신들을 연구할 가치가 있는 중요한 존재로 생각한다는 사실에 기뻐하면서 연구자를 환영할 수도 있다. 이와 반대로, 연구자를 완전히 배척하거나 더 심한 반응을 보일 수도 있다(적어도 다짜고짜 조직범죄집단의 회의에 들어가 조직범죄에 관한 보고서를 쓰고 있다는 말을 하는 것은 삼가야 할 것이다).

15.11a 관찰 기록

질적 면접은 심층적이고 개방적이기 때문에 면접자가 응답 내용을 기록하는 것은 상당히 어렵다. 질적 탐구의 목적과 철학적 근거에 따라 질적 연구자들은 응답자의 응답 내용을 가능한 완전하게 기록해야 한다. 응답자의 대답을 있는 그대로 기록하는 것이 가장 이상적이다. 따라서 질적 면접자에게 있어서 녹음기는 필수적인 도구이다. 녹음기는 연구자로 하여금 응답자가 한 말을 있는 그대로 정확하게 기록할 수 있게 해줄 뿐만 아니라 모든 신경을 응답자에게만 집중할 수 있게 해주며, 응답자의 이야기를 경청하고 있다는 것을 보여주고, 중요한 단서들에 대해서 심층적인 질문을 할 수 있게 해준다.

면접 내용을 녹음하는 것이 이러한 장점을 가지고 있다는 점을 언급하면서 Patton(1990)은 녹음기를 사용하는 면접자들에게 면접 중에 앞에서 이야기 했던 중요한 내용에 대해서 언급하거나, 녹음된 내용을 나중에 분석하기 쉽게 하기 위해서 면접을 하면서 반드시 기록을 해두어야 한다고 강조한다. 또한 Patton은 기록을 (적당히) 하면 면접속도를 조절할 수 있고, 면접 대상자가 이야기하는 것을 중요하게 생각한다는 것을 나타내 보일 수 있다는 점도 지적한다.

그러나 녹음기는 질적 연구에서 수집하는 엄청난 양의 자료, 특히 면접 이 아닌 다른 관찰을 통해 자료를 수집할 때는 사용할 수 없다. 면접에서도 녹음기가 사회 과정의 모든 측면을 잡아낼 수는 없다. 따라서 질적 연구에서는 노트(또는 현장 일지)와 연필 같은 필기도구를 기본적으로 사용한다. 질적 연구방법이 가진 가장 큰 장점은 관찰하고 생각하는 연구자가 현장에 있다는 것이다. 연구자는 할 수만 있다면 관찰하면서 기록해야 하며, 그렇게 할 수 없다면 관찰이 끝나는 즉시 관찰한 바를 기록해야 한다.

연구자는 경험적인 관찰과 관찰한 바에 대한 자신의 해석 모두를 기록해야 한다. 연구자는 자신이 "알고 있는" 일어난 일들과 일어났다고 "생각하는" 일들을 기록해야 한다. 중요한 것은 무엇이 어떤 종류의 기록인지 분명하게 구분하는 것이다. 예를 들면, 연구자는 X라는 사람이 집단의 리더의 제안에 반대했고, 그것이 X라는 사람이 집단의 지도권을 얻기 위한 시도라고 생각했고, 리더가 그러한 반대에 대한 반응으로 그 영향에 대해서 말하는 것을 들었다고 생각한다고 기록할 수 있다.

연구자가 모든 것을 관찰할 수 없는 것과 마찬가지로, 관찰하는 모든 것을 기록하는 것도 불가능하다. 연구자가 관찰한 것이 관찰할 수 있는 모든 것의 사실상의 표본인 것과 마찬가지로, 연구자가 기록한 것은 연구자가 관찰한 모든 것의 표본이라고 할 수 있다. 물론, 연구자는 관찰을 무작위로 기록하기보다는 가장 중요한 것을 기록해야 한다.

가장 중요한 것들 중 어떤 것들은 연구를 시작하기 전에도 예상할 수 있는가하면 어떤 것들은 관찰이 진행되면서 나타나기도 한다. 연구자가 표준화된 기록 양식을 미리 준비한다면 기록이 쉬워질 수 있다. 예를 들어, 노숙자에 관한 연구를 할 때, 연구자가 분석할 때 유용할 것이라 판단되는 노숙자의 개인적 특성(연령, 성별, 사회계층, 인종, 정신병력 등)을 쉽게 기록할 수 있는 양식을 미리 준비할 수 있을 것이다. 또한 연구자는 빠른 기록을 위해서 속기 기호를 개발할 수도 있다. 지역사회 회의에 대한 시민들의 참여를 연구하는 연구자가 회의 장소를 몇 개 구역으로 나눈 다음 각각의 구역을 번호로 나타내면, 참여자의 위치를 쉽고 빠르게 그리고 정확히 기록할 수 있을 것이다.

그러나 연구자는 이러한 사전 준비가 예상하지 못했던 사건이나 상황에 대한 기록을 어렵게 만들지 않도록 주의해야 한다. 오히려 예상했던 관찰을 빨리 처리할 수 있다면 예상하지 못했던 것들을 여유를 가지고 관찰할 수 있을 것이다. 모든 학생들은 필기하는 데 익숙하다. 그리고 앞서 언급했던 것처럼, 일반적으로 사람들은 질적 연구에 어느 정도 익숙하다. 그러나 좋은 질적 연구와 마찬가지로, 좋은 기록을 하기 위해서는 세심하고 주의 깊은 자세와 구체적인 기술이 필요하다. 몇 가지 예를 들면 다음과 같다.

첫째, 어쩔 수 없는 경우가 아니라면 자신의 기억을 신뢰하지 말아야 한다. 기억은 믿을만한 것이 아니다. 자신의 기억력이 아무리 좋다하더라도 관찰 도중이나 관찰 직후에 바로 기록하는 것이 좋다. 관찰 중에 기록할 때는 연구 대상의 반응성을 줄이기 위해 노력해야 한다. 사람들은 자신의 말이나 행동을 연구자가 기록하고 있다는 것을 알고 다르게 행동할 가능성이 높다.

둘째, 단계별로 기록하는 것이 일반적으로 바람직하다. 첫 번째 단계에서 연구자는 일어나고 있는 일들을 놓치지 않기 위해 약식 기록(단어와 구절 정도)을 한 다음 나중에 혼자 있을 때 기록을 구체적으로 다시 쓰는 것이 필요하다. 사건을 관찰한 다음 곧바로 이런 식으로 기록하면 약식 기록을 하더라도 대부분의 구체적인 내용들을 기억해낼 수 있다. 기록을 지체하면 할수록 사건을 완전하고 정확하게 기억할 수 있는 가능성은 줄어들게 된다.

우리 모두는 이 방법이 논리적인 방법이라는 것을 알고 있으며, 언젠가 질적 연구에 참여하게 된다면 그렇게 하리라고 마음속으로 생각하고 있을 것이다. 그러나 실제로 이 방법을 사용할 수 있으려면 상당한 자기훈련이 필요하다는 것을 지적하지 않을 수 없다. 벌어지고 있는 일들을 주의 깊게 관찰하고 기록하는 것은 매우 힘든 일이며, 특히 흥분되고 긴장된 상황을 장시간에 걸쳐 관찰하고 기록해야 할 때는 더욱 그렇다. 어떤 연구자가 사람들이 극심한 홍수에 어떻게 대처하는지를 8시간 동안 관찰하고 기록했다면, 연구자는 아마도 잠을 좀 자거나, 마른 옷으로 갈아입거나, 뭘 좀 마셔야겠다는 생각 이외에는 아무런 생각을 할 수 없을 것이다. 질적 연구자는 원고 마감시간에 맞춰 기사를 쓰느라 비슷한 종류의 어려움을 겪는 신문기자들에게 약간의 영감을 얻을 필요가 있다.

셋째, 얼마나 많이 기록해야 하는지는 모든 연구자가 궁금하게 생각하는 사항이다. 과연 연구자가 관찰 직후에 기억할 수 있는 모든 구체적인 내용을 기록하기 위해 애쓰는 것이 가치 있는 일인가? 일반적인 지침은 "그렇다"이다. 일반적으로 질적 연구자는 상당히 많은 양의 정보를 검토하고 분석하기 전까지는 무엇이 중요하고 무엇이 중요하지 않은지 확신할 수 없다. 그렇기 때문에 연구자는 처음에 중요하지 않게 보이는 것들도 기록해두어야만 한다. 중요하지 않게 보이는 것들도 언젠가는 중요한 것이 될 수 있다. 또한 "중요하지 않은" 것들의 구체적인 내용을 기록하는 과정에서 연구자는 중요한 어떤 것에 대한 기억을 되살릴 수도 있다.

연구자는 현장기록 중 대부분이 최종 연구보고서에 반영되지 않으리라는 것을 알고 있어야 한다. 더 직설적으로 말하자면, 연구자가 적는 대부분의 기록은 "쓸모없는 것"이 될 것이다. 그러나 용기를 가져야 한다. 금광석의 순도가 아무리 높더라도 1톤의 금광석으로부터 만들어 낼 수 있는 금은 고작해야 30그램 정도뿐이다. 즉, 99,997%의 금광석은 쓸모없는 것이다. 그러나 30그램의 금은 18평방피트 (책으로 말하면, 약 700 페이지에 달하는 넓이)를 덮을 수 있을 정도로 넓게 펼 수 있다. 따라서 할 수 있는 한 많이 기록한 다음 그 중에서 금만 골라내 사용하도록 하라!

질적 연구의 다른 측면들과 마찬가지로(이 점에 관한 한 모든 연구에서와 마찬가지로), 능숙하게 되기 위해서는 연습이 필요하다. 질적 연구가 가진 장점 중 하나는 당장 해볼 수 있으며, 거의 모든 상황에서 연습을 지속할 수 있다는 것이다. 관찰하고 기록하는 연습을 하기 위해서 반드시 체계적인 연구 프로젝트에 참여해야 할 필요는 없으며, 예를 들면 자원해서 어떤 위원회의 회의록을 적는 것에서부터 시작해볼 수 있다.

15.12 양적 연구방법과 질적 연구방법의 장단점 비교

모든 연구방법들은 저마다의 독특한 장단점을 가지고 있다. 양적 탐구방법과 질적 탐구방법이 가진 장단점 몇 가지를 비교해보기로 하자.

15.12a 이해의 깊이

질적 연구는 태도와 행동에 있어서 미묘한 차이와 시간의 흐름에 따라 진행되는 사회적 과정을 연구하는 데 특히 효과적이다. 따라서 질적 연구방법이 가진 주된 장점 중 하나는 깊이 있는 이해가 가능하다는 점이다. 다른 연구방법들과 달리, 질적 연구는 "피상적"이라는 비판을 좀처럼 받지 않는다.

15.12b 유연성

유연성은 질적 연구가 가진 또 다른 장점이다. 질적 연구자는 앞서 언급한 바와 같이 언제든지 연구설계를 수정할 수 있다. 또한 질적 연구는 상황이 벌어지면 언제든지 시작할 수 있지만, 설문조사나 실험연구는 그렇게 쉽게 시작할 수 없다.

15.12c 주관성

질적 연구 척도는 (깊이는 있지만) 종종 매우 개인적일 수 있다. 예를 들어, 연구자가 어떤 클럽의 구성원들이 보수적인 것 같다고 말하면 그러한 판단은 불가피하게 연구자 자신의 정치적 견해와 연결된다는 것을 알아야 한다. 질적 방법을 사용하는 연구자는 이러한 쟁점을 인식하고 대처하지 않을 수 없다. 연구자 개개인은 자신의 편견과 관점을 분별해낼 수 있는 능력을 가지고 있을 뿐만 아니라, 공통성이라는 과학의 본질은 이 쟁점과 관련해서 연구자들이 서로 간에 도움을 주고받을 수 있게 해준다. 연구의 목적에 따라서 (그리고 연구자가 가진 객관성과 주관성에 관한 패러다임에 따라서) 질적 연구가 가진 주관적 본질은 양적 연구와 비교해 볼 때 장점이 될 수도 있고 단점이 될 수도 있다.

15.12d 일반화 가능성

과학의 주된 목표 중 하나는 일반화(generalization)이다. 사회과학자는 사회 일반에 대해서 알기 위해 특정 상황과 사건을 연구한다. 대부분의 경우, 사람들은 연구자가 관찰하는 특정 사례들에 대해서는 관심이 없다. 전체 유권자들 중에서 뽑은 1,500명의 표본이 누구에게 표를 던질지가 중요한 것이 아니라, 우리가 관심을 갖는 것은 그들의 지지 성향을 전체 유권자에게로 일반화시킬 수 있는지 여부이다.

일반화 가능성은 질적 연구에 있어서 문제가 될 수 있는데, 일반적으로 다음과 같은 세 가지 형태의 문제로 나타날 수 있다. 첫째, 이미 앞에서 언급했던 바와 같이 어떤 연구자가 한 관찰과 측정에는 그 연구자가 가진 개인적인 특성이 반영되어 있을 수 있기 때문에 그 연구자가 한 관찰과 측정을 다른 연구가 그대로 재연할 수 없을 수 있다. 어떤 관찰이 부분적으로라도 특정 연구자만이 할 수 있는 관찰일 때 그런 관찰은 오히려 증거나 진실보다 통찰을 얻기에 더 훌륭한 원천이 될 수 있다.

둘째, 질적 연구자는 연구 대상의 문제에 대한 전반적이고 심층적인 시각을 갖기 때문에 포괄적인 이해를 할 수 있게 된다. 그러나 바로 이 포괄성 때문에 질적 연구를 통한 이해는 엄격한 표본추출과 표준화된 측정에 기초한 결과보다 일반화할 수 있는 가능성이 떨어진다. 우리가 살고 있는 시의 의회가 어떻게 운영되는지 이해해보고자 한다고 가정해보자. 연구자는 각각의 시의원에 대해서 그들의 이념적 입장, 공직생활을 시작하게 된 계기, 선출된 과정, 누가 지지자이고 누가 반대자인지 등을 알아볼 수 있을 것이다. 또한 시의원들의 가족생활을 알아본다면 개인적인 감정이 어떻게 공적활동에 개입되는지도 이해할 수 있을 것이다. 연구자는 아마도 이러한 심층적인 연구를 통해서 시의회를 완전하게 이해할 수 있을 것이다. 그런데 이 연구자가 특정 시의 시의회가 아니라 일반적인 시의회에 대해서는 무슨 말을 할 수 있을까? 물론, 시의원 개개인에 대한 연구를 통해서 어느 정도의 일반적인 통찰을 얻을 수는 있겠지만, 구체적인 것들에 관한 지식을 일반적인 것들에 관한 지식으로 일반화할 수는 없다. 어떤 연구자가 Dayton 시 의회가 어떻게 운영되는지 완전하게 이해했다

고 하더라도 Cleveland 시 의회에 대해서는 할 수 있는 말이 거의 없을 것이다. 그러나 그 연구자는 Cleveland 시 의회에 관한 훌륭한 연구를 조직할 수 있는 적임자임에 틀림이 없을 것이다.

질적 연구의 연구보고서를 읽을 때는 연구자가 연구결과를 자신이 행한 구체적인 관찰을 넘어서서 어디까지 그리고 어느 정도로 일반화하고 있는지 판단해야 한다. 적절한 수준에서 일반화가 이루어졌겠지만 정말 그런지 여부는 독자들이 판단해봐야 할 필요가 있다. 왜냐하면 질적 연구에서는 어떤 것도 일반화를 보장해줄 수 없기 때문이다.

마지막으로, 관찰되는 구체적인 대상들 내에서조차도 일반화에 문제가 있을 수 있다. 예를 들어, 신흥종교학(scientology)을 공부하면서 특히 신흥종교들이 신자를 모으는 방법, 즉 어떻게 사람들로 하여금 관심을 갖게 하며 어떤 종류의 사람들이 관심을 갖는지에 관심을 가지고 있다고 가정해보자. 이러한 질문들에 대한 답을 찾는 방법 중 하나는 자신이 그 교회에 관심을 보이는 것이다. 현재 그 교회에 다니고 있는 사람들과 이야기를 나눠보고 모임이나 수련회에 직접 참석해본다. 이런 방법을 통해서 연구자는 자신이 연구하고자 하는 대상에 대한 직접적인 경험을 얻을 수 있다. 연구자는 자신이 관심을 보인 다음 그 사람들이 자신을 대하는 방식이나 새로운 신자들을 대하는 방식을 관찰할 수 있다. 그 교회에 다녀볼까 생각하고 있는 다른 사람들을 알게 되면 새로운 신자들이 어떤 사람들인지 알아볼 수 있을 것이다.

이 경우에 나타날 수 있는 일반화 가능성의 문제는 연구자가 다수의 교회 신자들과 이야기를 나눈다고 하더라도 그들이 얼마나 "일반적인" 신자들인지 알 수 없다는 것이다. 연구자는 어쩌면 신자가 될 사람들을 상대하는 역할을 맡은 사람들하고만 이야기를 나누게 될지도 모른다. 어떤 연구자가 자신이 강의하는 영어 과목의 수강생들 중에서 연구 대상을 뽑는다면, 연구 대상들 중 거의 대

부분은 인문학 전공생들일 것이고 과학을 전공하는 학생은 거의 없을 것이다. 이처럼 편향된 표본을 추출할 수 있는 가능성은 끝이 없다. 이는 새로운 신자들의 표본을 뽑을 때도 마찬가지이다. 연구자가 뽑은 연구 대상이 새로운 신자들의 전형이 아닐 수도 있다.

일반화 가능성의 문제는 결코 질적 연구에만 국한된 문제가 아니며 양적 연구에서도 나타날 수 있는 문제이다. 우리는 이미 제12장과 제13장에서 외적 타당도 저해 요인들에 대해서 살펴본 바 있으며, 집단 또는 단일사례 실험 설계와 유사실험 설계의 한계점들에 대해서도 살펴보았다. 또한 제10장과 제11장에서는 어떻게 설문조사와 표본추출 과정의 한계점들이 우리가 일반화하고자 하는 모집단을 대표할 수 없는 잘못된 표본을 만들어낼 수 있는지에 대해서도 논의한 바 있다.

15.13 질적 연구의 평가 기준

질적 탐구는 매우 다양한 연구방법과 패러다임을 포함하기 때문에 질적 연구의 엄격성을 어떻게 비판적으로 평가할 것인지에 관한 시각 또한 매우 다양하다. 그러나 어떤 시각에서 바라보든 상관없이 **신뢰성**(trustworthiness)이 질적 연구의 엄격성을 평가하는 중요한 기준 중 하나라는 것은 분명하다. 그러나 연구자가 가진 인식론적 패러다임은 신뢰성을 평가하는 기준에 영향을 미치며 연구의 엄격성을 평가하는 다른 요소들이 신뢰성 못지않게 중요한지 여부를 가늠하는 데도 영향을 미친다.

현대 실증주의적 관점(제4장 참조)을 지향하는 인식론적 패러다임을 가진 연구자들에게 있어서 신뢰성은 질적 연구의 엄격성을 평가하는 데 있어서 가장 중요한 기준이다. 그들의 주된 관심은 연구의 객관성을 최대화하고 편향을 최소화하는 것이다. 그러나 연구를 비판적 사회과학이라는 렌즈나 참여행동적 패러다임에서 바라보는 연구자들은 "사람들이 어떤 연구에 의해서 역량이 강화되는가"라는 질문에 주안점을 둘 것이다. 포스트모더니즘이나 사회구성주의적 패러다임을 가진 연구자들 역시 신뢰성을 중요한 평가 기준으로 사용하기는 하지만, 현대 실증주의자들과는 조금 달리 유일의 객관적 실재라는 개념을 거부하고 그 대신 다수의 주관적 실재를 강조한다. 표 15-1에는 이들 세 가지 패러다임 각각의 신뢰성 평가 기준이 제시되어 있다. 그럼 이제 질적 연구의 신뢰성 평가에 대한 현대 실증주의자들의 입장을 먼저 살펴보고, 이어서 실증주의와 대안적 패러다임들 간의 유사점과 차이점을 고찰해보기로 하자.

15.13a 현대 실증주의적 기준들

앞서 언급한 바와 같이, 현대 실증주의자들에게 있어서 질적 연구의 엄격성을 평가하는 가장 주된 기준은 신뢰성이다. Deborah Padgett(1998b)은 그녀의 책 『사회복지 질적 연구방법』에서 신뢰성을 위협하는 세 가지 요소로서 반응성, 연구자의 편향, 응답자의 편향을 지적했다. **반응성**(reactivity)이란 연구자가 현장에 존재함으로 인해 현장의 자연스러움이 왜곡되고 더 나아가 현장의 연구 대상들이 왜곡되는 것을 말한다. 앞서 논의한 바와 같이, **연구자의 편향**(researcher respondent bias)은 연구자의 인식 또는 선별적 관찰을 왜곡할 수 있다. **응답자 편향**(respondent bias) 역시 이미 논의한 바 있는데, 응답자 편향은 응답자들이 사회적으로 바람직하게 보이고자 하는 욕구와 가장 관련이 깊다.

이러한 위협들로 인한 왜곡을 최소화하기 위해 Padgett은 질적 연구의 엄격성을 높이기 위해 자주 사용되는 여섯 가지 전략을 추천했다. 물론 이들 여섯 가지 전략 모두가 모든 질적 연구에서 사용 가능하거나 유용한 것은 아니다. 연구자는 자신이 읽고 있는 연구를 평가할 때 이들 여섯 가지 전략 중에서 어떤 전략을 적용할 수 있는지, 그리고 만일 적용 가능하다면 사용된 적이 있는지 스스로에게 질문함으로써 질적 연구의 엄격성을 평가해 볼 수 있을 것이다.

Padgett이 제안하는 첫 번째 전략은 **장기적인 관여**(prolonged engagement)이다. 이 전략은 반응성과 응답자 편향을 줄이기 위한 전략이다. 이 전략은 연구자와 응답자가 장기간에 걸쳐 관계를 형성한다면 응답자가 사실을 숨기거나, 정보를 주지 않거나, 거짓말을 하려는 경향이 감소할 것이라고 가정한다. 이에 덧붙여서, Padgett은 장기간에 걸친 면접이나 동일한 면접자를 대상으로 한 추가 면접은 연구자로 하여금 왜곡이 있는지 여부를 쉽게 파악할 수 있게 해주고, 결국에 가서는 응답자로 하여금 사회적으로 바람직하지 않은 것들까지도 드러내보이게 한다고 언급했다.

장기적인 관여 전략 역시 약점을 가지고 있다. 연구자가 응답자들과 과도하게 친해져서 목표를 상실하거나 분석적 태도와 연구자로서의 정체성을 망각하게 되면, 장기적인 관여는 편향을 유발할

수 있다. 이러한 현상을 원주민화(going native)라고 부른다. 이러한 위험에도 불구하고, 어떤 질적 연구에 장기적인 관여가 부족하다면 연구자는 주의해야 할 필요가 있다. 예를 들어, 어떤 학자들은 질적 탐구는 유연성을 강조하기 때문에 "질적"이라는 용어가 곧 "무엇이라도 괜찮다"는 것을 의미한다고 생각하기도 한다. 이러한 경향은 전문 학술지에 투고된 논문들을 심사하는 과정에서 쉽게 찾아볼 수 있다. 가장 공통적인 예는 연구자가 각각의 면접 대상과 단 한 번의 개방형 면접을 실시하고 나서 충분하다고 생각하는 경우이다(물론, 어떤 예외적인 질적 연구에서는 단 한 번의 면접이 충분할 수도 있다. 그러나 그런 경우에도 연구자는 이러한 쟁점을 무시하기보다는 단 한 번의 면접이 충분하다고 볼 수 있는 근거를 제시해야 한다).

두 번째 전략은 **다원 확증**(triangulation)이다. 다원 확증이란 연구자가 수집한 자료와 연구자가 한 해석을 두 가지 이상의 자료원을 사용하여 확증하는 것이다. Padgett은 질적 탐구에서의 다원 확

표 15-1 ▶ 세 가지 패러다임별 질적 연구의 신뢰성 평가 기준

패러다임	기준
현대 실증주의	객관성을 극대화하고 반응성, 연구자 편향, 연구참여자 편향 등에 의한 왜곡됨을 최소화함. 다음의 6가지 전략을 사용함. 1. 장기적인 관여 2. 다원 확증 3. 동료에 의한 점검 및 지지 4. 부정적 사례분석 5. 연구참여자를 통한 확인 6. 감사
사회구성주의	다중 주관적 실재가 적절히 묘사되었는지 여부를 다음의 기준에서 평가함. 1. 연구참여자를 통한 확인 2. 적합성 또는 전이성(연구맥락, 환경, 연구참여자에 관한 "상세한"배경 정보 제공) 3. 다원 확증(신뢰도를 높이기 위함이 아니라 다양한 주관적 실재에 대한 이해 수준을 높이기 위함)
임파워먼트	연구참여자에 대한 임파워먼트가 이루어졌는지 여부를 평가하기 위해 1. 바람직한 변화와 권력 재분배에 영향을 줄 수 있는 행동을 연구참여자들로부터 이끌어냈는가? 2. 변화 필요성에 대한 연구참여자들의 관점에 변화가 있는지, 연구로 인해 연구참여자들이 변화 가능성에 대해서 더 낙관적인 입장을 갖게 되었는지 등을 보여줄 수 있는 연구참여자들의 증언을 확보하고 보고함.

증을 다섯 가지 유형으로 나누어 정리했다. 첫 번째는 상반되는 이론적 지향성을 가진 동료 연구자로 하여금 자료를 분석하게 하는 것이다. 두 번째는 자료를 수집하고 분석하기 위해 두 가지 이상의 질적 방법(그리고 약간의 양적 방법도)을 사용하는 것이다. 세 번째는 다수의 관찰자가 자료를 수집하고 다수의 코딩자가 수집된 자료를 분류하는 것이다. 네 번째 접근법은 두 가지 이상의 자료원(직접관찰자, 면담, 기존 기록 등)을 활용하는 것이다. 다섯 번째 유형은 "학제간 다원 확증 (interdisciplinary triangulation)"이라고 불리는 방법으로서 다양한 학문 영역의 연구자들이 팀을 구성하여 공동연구를 하는 것이다. 그러나 Padgett은 다원 확증의 결과가 불일치하더라도 너무 민감하게 반응할 필요가 없다는 점을 강조한다. 왜냐하면 다양한 자료원들 간의 불일치는 마치 두 명의 가족 구성원이 각자 자기 나름대로 가족문제를 정의하면서 부딪히는 것과 마찬가지로, 현상에 대한 서로 다른 시각에 불과할 수 있기 때문이다.

세 번째 전략은 **동료에 의한 점검과 지지**(peer debriefing and support)이다. 다원 확증과 다소 중복되는 면이 있는 이 전략은 다수의 연구자들로 구성된 연구팀이 피드백, 정서적 지지 및 아이디어 제공을 위해 정기적으로 만날 때 가능한 전략이다. 연구팀은 자료수집 방법, 문제점, 수집된 자료의 의미 등에 관한 대안적 시각과 새로운 아이디어를 교환한다. 이 전략에 있어서 중요한 것은 동료 점검 과정이 자료수집과 해석에서의 편향이나 문제점을 지적하고 수정할 가능성을 높인다는 것이다.

다음의 두 가지 전략은 **부정적 사례분석**(negative case analysis)과 **연구참여자 확인**(member checking)이다. 부정적 사례분석은 연구와 반대되는 증거(연구자의 해석과 맞지 않는 예외적 사례)를 충실히 찾아보는 것을 말한다. **연구참여자를 통한 확인**은(member checking) 연구참여자에게 연구자가 한 관찰의 결과와 결과에 대한 해석이 정확

한지 여부를 확인 받는 것이다. 연구참여자들이 보고된 관찰과 해석을 사실이라고 생각하고 의미 있게 생각하는가?

마지막 전략은 **감사**(auditing)이다. 연구자는 현장기록, 면접 녹취록, 연구 과정에서 내린 결정들이 기록된 일지와 메모 등을 가지고 있어야 한다. 연구팀의 일원이 아니면서 공정하고 질적 연구에 능한 연구자로 하여금 이러한 자료들을 검토하게 함으로써 연구자가 편향과 반응성을 통제하기 위한 노력을 충분히 했는지, 연구 절차들은 타당했는지, 수집된 자료에 대한 해석은 적절했는지 등을 꼼꼼하게 살펴볼 수 있다. 이렇게 볼 때, 감사는 앞서 소개한 네 가지 전략들 모두를 부분적으로 포함하는 전략이라고 할 수 있는데, 왜냐하면 감사의 목적 중 하나가 그러한 전략들이 적절히 이루어졌는지 여부를 확인하는 것이기 때문이다.

15.13b 사회구성주의의 기준들

사회구성주의자들 또한 질적 연구를 평가함에 있어서 신뢰성을 강조하며 질적 연구의 엄격성을 향상시키기 위해 앞서 살펴본 전략들을 사용할 것을 권장한다. 그러나 이들은 현대 실증주의자들의 목표인 객관적 사회 실재를 묘사하기 위해서가 아니라 **다중 실재**(multiple realities)를 파악하기 위해 신뢰성이나 엄격성 제고 전략을 중요시한다. 따라서 예를 들면, 사회구성주의자들은 응답자의 편향을 최소화하는 것보다 연구참여자들이 가지고 있는 다중 주관적 실재들이 가능한 한 잘 드러날 수 있게 하는 것이 더 중요하다(Krefting, 1991). 동료 연구자들에 의한 점검의 핵심은 연구자의 해석이 얼마나 객관적이고 정확한지 평가하는 데 있는 것이 아니라 연구참여자의 주관적 실재가 그들이 경험한 바 그대로 적절하게 묘사되었는지 확인하는 데 있다.

연구의 엄격성을 평가하는 또 한 가지 기준은

질적 연구보고서에 연구 맥락과 연구참여자들에 관한 충분히 자세한 내용이 제시되어, 다른 상황에 처해 있는 독자들이 연구결과를 그들이 관심 있는 사회적 맥락과 모집단에 적용 가능할지 여부를 판단할 수 있는가이다. Guba(1981)는 이 기준을 적합성(fittingness) 또는 전이성(transferability)이라고 불렀다. Lincoln과 Guba(1985)는 이 두 번째 기준이 양적 연구에서 말하는 외적 타당성이나 일반화 가능성과는 다르다는 것을 지적하였다. 질적 연구자들은 자신들의 연구가 외적 타당성을 갖는다거나 연구결과를 일반화할 수 있다는 것을 입증해야 하는 부담이 없는 반면, 질적 연구의 결과를 읽는 독자들은 자신이 처한 상황이나 관심 있는 집단에 대해서 연구결과를 적용할 수 있는지 여부를 판단해야 하는 부담을 져야 한다. 질적 연구자들이 져야 하는 진짜 부담은 독자들이 그런 판단을 할 수 있게 하기 위해서 연구맥락, 환경, 연구참여자들에 관한 "상세한"(thick) 배경 정보를 제공하는 것이다.

구성주의적 접근에서는 다원 확증기법을 현대 실증주의적 접근에서와 다르게 사용한다. 현대 실증주의적 접근에서는 다원 확증을 통해서 어떤 비일관성이 발견되면 그러한 사실이 자료의 낮은 신뢰성을 반영한다고 보며, 두 명의 연구자가 동일한 자료를 상반되게 해석하는 것은 연구자의 편향 때문이라고 본다. 이와 대조적으로, 구성주의적 접근에서는 일관되지 않은 결과가 다중 실재들을 반영하는 것이라고 보며 비일관성을 설명하고자 한다. 질적 연구자들은 다원 확증을 통해 수집된 자료들 간의 비일관성을 설함으로써 주관적 실재들을 좀 더 잘 이해할 수 있다고 생각하며, 특히 주관적 실재들이 정형화된 것들이 아닐 때 더욱 그렇다고 본다.

15.13c 임파워먼트 기준들

앞서 언급한 바와 같이, 비판적 사회과학 접근

법이나 참여행동적 연구를 하는 질적 연구자들은 연구의 엄격성을 판단하는 기준에 임파워먼트 기준을 포함시킨다. Rodwell(1988)은 이 임파워먼트 기준을 촉매적 고유성(catalytic authenticity)과 전략적 고유성(tactical authenticity) 측면에서 논의한다. Rodwell의 패러다임(구성주의 관점과 임파워먼트 관점을 결합한)에 따르면, 구성주의 연구의 궁극적인 목표는 새로운 지식을 창출해 내는 것이 아니다. 이 말은, 연구자가 바람직한 변화와 권력의 재분배를 이루어내기 위해서는 연구참여자들의 행동(action)을 이끌어내야만 한다는 것을 의미한다. 또한 Rodwell은 비록 연구에 의해 사회적 변화가 일어날 수 있는지 여부를 검증하는 것은 불가능하지만, 후속 노력을 통해서 변화 필요성에 대한 연구참여자들의 관점에 변화가 있었다는 것과 연구로 인해 연구참여자들이 변화 가능성에 대해서 더 낙관적인 입장을 갖게 되었다는 것을 보여줄 수 있는 연구참여자들의 증언을 확보하고 보고해야 한다고 지적했다.

이제 이 장을 마치기에 앞서, 우리는 독자들 중 어떤 사람들은 우리가 양적 연구의 제한점보다 질적 연구의 제한점에 더 많은 관심이 있다는 느낌을 받았을 수도 있다는 것을 잘 알고 있다. 물론, 우리는 그런 의도가 없었지만, 독자들은 그런 느낌을 받을 수 있는데, 왜냐하면 이 장에서 우리는 질적 연구에만 초점을 맞췄으며 그렇기 때문에 질적 연구의 장단점에 대해서만 살펴보았기 때문이다. 이 책에는 양적 연구의 장단점만을 살펴보는 장이 분명히 없다. 그러나 이제까지 여러 장들에서 양적 연구가 가진 문제점들을 살펴보았다. 예들 들어, 우리는 양적 측정 도구의 문구와 관련된 편향 및 그 밖의 문제점들에 대해서 살펴보았고, 타당도와 신뢰도가 낮은 양적 척도에 대해서 살펴보았으며, 표본추출 편향 또는 낮은 응답률로 인해 대표성이 결여된 조사에 대해서 논의했으며, 편향된 측정 절차 사용과 내적 타당성이 결여된 실천 평가에 대해서도 살펴보았다. 뿐만 아니라 우리는 심지어 이번 장에서도 질적 연구의 장단점을 양적 연구의 장단점과 비교하면서 양적 연구가 피상적일 수 있고 그렇기 때문에 일반화하는 데 문제가 있을 수 있다는 점을 지적한 바 있다. 또한 우리는 이미 발표된 양적 연구들 중 상당수가 이상에서 언급한 문제점들 이외의 여러 가지 방법론적 문제들을 가지고 있다고 생각한다.

마지막으로, 의도한 것은 아니지만, 우리가 양적 방법과 질적 방법의 장단점을 다루는 방식과 관련해서 독자들이 느꼈을 수 있는 불균형을 이 책 전반에 걸쳐 두 탐구 접근방법을 다루면서 상쇄할 수 있을 것이라 본다.

15.14 주요 내용

- 문화기술지는 특정 문화를 공유하는 사람들이 살아가는 방식과 그들이 사물의 의미를 해석하는 방식을 자세하고 정확하게 기술하는 데 초점을 둔다.
- 사례연구는 단 하나의 개인, 가족, 집단, 조직, 지역사회, 전체 사회 또는 현상을 고찰하는 것이다.
- 생애사 연구에서는 연구참여자들이 자신의 삶에 있어서 중요한 사건들과 그러한 사건들의 의미를 어떻게 이해하는지 알아보기 위해서 개방형 질문을 이용한다.
- 페미니스트 연구의 목적은 역사적으로 남성이 지배적이었던 사회에서 여성들의 복지를 증진시키는 데 활용할 수 있는 발견점들을 찾는 것이다.
- 초점집단을 구성하기 위해, 연구자는 연구참여자들을 모집한 다음 특정 주제에 대해서 논의하게 하고 그들 간의 상호작용을 관찰한다.
- 참여행동적 연구 접근법을 사용하는 연구자는 자신을 연구 대상들에게 자원으로 제공하며 연

구 대상들로 하여금 연구의 목적과 절차를 통제할 수 있게 한다.
- 근거이론은 관찰 자료로부터 발견한 유형이나 주제나 공통적인 범주를 분석하여 이론을 도출하고자 시도한다.
- 지속적인 비교방법을 사용하여, 연구자는 귀납적 관찰로부터 유형을 찾고, 그렇게 찾은 유형을 바탕으로 개념과 연구가설을 만들어내며, 더 많은 사례를 추가로 관찰하고, 그러한 관찰을 이전 관찰로부터 도출했던 개념 및 가설과 비교한다.
- 연구자는 연구 대상들에게 자신이 연구자임을 밝힐 수도 있고 밝히지 않을 수도 있다. 연구자가 자신의 신분을 밝히는 것은 관찰대상의 본질에 영향을 미칠 수 있지만, 신분을 밝히지 않는 것은 연구 대상을 속이는 것이 된다.
- 연구자는 자신이 관찰하는 사건이나 상황에 참여할 수도 있고 참여하지 않을 수도 있다. 연구자가 관찰하고자 하는 사건에 참여할 때 연구자는 자신의 신분을 좀 더 쉽게 감출 수 있지만, 연구자의 참여는 관찰 대상에 영향을 미칠 수 있다.
- 참여관찰은 질적 관찰의 한 형태로서 연구자는 자신이 연구하고자 하는 사건의 일원으로 참여한다.
- 질적 관찰방법을 사용하는 연구자는 두 가지 모순적인 관점을 적절히 결합할 수 있어야 한다. (1) 내부자적 시각은 연구자가 연구 대상들이 공유하고 있는 신념, 태도 및 그 밖의 시각들을 수용하는 것이며, (2) 외부자적 시각은 연구자가 외부자로서의 객관성을 유지하고 연구 대상들의 문화에 대해서 그 문화를 공유하고 있는 사람들은 갖기 힘든 어떤 의문을 갖는 것이다.
- 현장일지는 현장 연구의 중추라고 할 수 있는데, 왜냐하면 현장일지야 말로 연구자가 자신이 관찰한 바를 기록하는 곳이기 때문이다. 일지에

기록하는 내용은 자세하면서도 간략해야 한다. 할 수만 있다면, 관찰기록은 관찰과 동시에 하는 것이 가장 좋다. 그러나 그렇게 할 수 없다면 관찰이 끝나마자 바로 해야 한다.

- 설문조사나 실험연구와 비교해볼 때, 질적 연구에서의 측정은 일반적으로 심층적인 의미를 이끌어낼 수는 있지만 신뢰도가 낮다. 질적 연구를 통해 얻은 결과는 엄격한 표본추출과 표준화된 설문지를 사용한 연구들의 결과와 달리 일반화하기가 쉽지 않다.

- 이 장에서 우리는 논의의 초점을 질적 연구의 장점에만 맞추고 있지만 양적 연구의 단점들에 대해서는 이미 이전 장들에서 살펴본 바 있다. 예를 들어, 우리는 양적 측정 도구의 문구와 관련된 편향 및 그 밖의 문제점들에 대해서 살펴보았고, 타당도와 신뢰도가 낮은 양적 척도에 대해서 살펴보았으며, 표본추출 편향 또는 낮은 응답률로 인해 대표성이 결여된 조사에 대해서 논의했으며, 편향된 측정 절차 사용과 내적 타당성이 결여된 실천 평가에 대해서도 살펴보았다. 뿐만 아니라 우리는 심지어 이번 장에서도 질적 연구의 장단점을 양적 연구의 장단점과 비교하면서, 양적 연구가 피상적일 수 있고 그렇기 때문에 일반화하는 데 문제가 있을 수 있다는 점을 살펴본 바 있다.

- 인식론적 패러다임의 다양성은 질적 연구의 엄격성에 대한 비판적 평가와 관련된 시각의 다양성으로 이어진다.

- 현대 실증주의 패러다임에서는 질적 연구의 신뢰성을 위협하는 세 가지 요소로서 반응성, 연구자 편향, 연구 대상 편향을 꼽는다.

- 질적 연구의 엄격성을 평가하기 위한 여섯 가지 현대 실증주의적 전략은 (1) 지속적인 관여, (2) 다원 확증, (3) 동료에 의한 점검 및 지지, (4) 부정적 사례분석, (5) 참여자 확인 그리고 (6) 감사이다.

- 사회구성주의 패러다임은 현대 실증주의자들처럼 사회 실재를 묘사하기 위해서가 아니라 다중 실재들을 파악하기 위해서 신뢰성과 연구 엄격성 제고 전략을 중요하게 생각한다. 따라서 사회구성주의자들에 있어서는 응답자의 편향을 최소화하는 것은 연구참여자들이 가지고 있는 다중 주관적 실재들이 가능한 한 잘 드러날 수 있게 하는 것보다 중요하지 않다.

- 비판적 사회과학 또는 참여행동적 연구 접근방법을 사용하는 질적 연구자들은 질적 연구를 평가하는 기준에 임파워먼트 기준을 포함시킨다.

15.15 연습문제

1. 자신이 참여하고 있거나, 잘 알고 있는 집단이나 활동을 한 가지 생각해본다. 두 세 문단 정도로 외부인이 어떻게 그 집단이나 활동을 효과적으로 연구할 수 있을지 서술하되 연구자가 무엇을 읽고, 어떤 계약을 맺어야 하는지 등을 포함하여 아주 구체적으로 서술해본다.

2. 다음의 질적 연구방법 각각을 이용하여 답하기 적절한 사회복지 연구질문들을 만든다: 문화기술지, 사례연구, 생애사, 페미니스트 연구, 초점집단. 각각의 연구방법이 왜 특정 질문에 대한 답을 구하기에 적합한 연구방법인지 서술해본다.

3. 다음의 가상적 시나리오 각각에 대해서 연구결과의 신뢰성을 위협할 수 있는 요인에 어떤 것들이 있는지 생각해본 다음 자신의 생각을 다른 학생들과 비교해보고 차이점을 논해본다.
   a. 어떤 연구자가 치료를 조기 중단한 20명의 클라이언트를 대상으로 각각의 클라이언트와 한 번씩 15분간 면접을 실시하여 그들이 왜 치료를 조기 중단했는지에 대한 결론을 내렸다.
   b. 폭력범죄의 희생자였던 한 연구자가 폭력

희생자가 받는 정서적 영향에 대한 이론을 개발하기 위해서 폭력 희생자들을 대상으로 면접을 실시한다.

c. 한 청년 연구자가 왜 청년들이 약물을 남용하는지 이해하기 위해서 연구하고자 하는 청년들의 눈을 통해 세상을 바라보고 그들의 견해만을 가지고 결론을 내린다.

4. 3번 문제와 관련된 위협을 감소시키려면 어떤 전략들을 사용해야 하는지 생각해보고, 자신이 선택한 전략들 각각에 대해서 선택 근거를 밝혀라. 자신의 생각을 다른 학생들과 비교해보고 어떤 차이가 있는지 논의해본다.

15.16 추천도서

Denzin, Norman K., and Yvonna S. Lincoln. (1994). *Handbook of Qualitative Research*. Thousand Oaks, CA: Sage. 이 책은 질적 연구에 관한 여러 편의 논문을 모아놓은 책이다.

Gilgun, Jane, Kerry Daly, and Gerald Handel (eds.). (1992). *Qualitative Methods in Family Research*. Thousand Oaks, CA: Sage. 이 책은 사회복지 실천과 관련이 있는 가족에 관한 질적 연구들을 한데 모아놓은 책으로서 질적 면접, 사례연구, 생애사 면접, 참여관찰 및 문헌 분석방법을 예시해주는 매우 유용한 책이다.

Padgett, Deborah K. (1998). *Qualitative Methods in Social Work Research*. Thousand Oaks, CA: Sage. 이 책은 질적 연구 개론서로서 사회복지사들을 위해 질적 연구를 하는 방법에 초점을 맞추고 쓴 책이다.

Padgett, Deborah K. (ed.). (2004). *The Qualitative Research Experience*. Belmont, CA: Thomson Books/Cole. 이 책은 다양한 질적 연구의 예들을 모아놓은 매우 유용한 책이다. 이 책에 제시된 각각의 연구에는 연구자들이 연구를 하

면서 경험한 내용을 서술해 놓은 "behind the scenes"이라는 글이 함께 제시되어 있다.

Qualitative Social Work: Research and Practice. Thousand Oaks, CA: Sage. 이 학술지는 질적 연구와 사회복지 평가 그리고 사회복지 실천을 위한 질적 접근에 관한 논문들을 찾아볼 수 있는 학술지이다.

Reissman, Catherine (ed.). (1994). *Qualitative Studies in Social Work Research*. Thousand Oaks, CA: Sage. 이 책은 사회복지정책 및 실천과 관련이 있는 질적 연구방법에 관한 글들을 모아놓은 책이다.

chapter 16

이용 가능한 기록분석: 양적 및 질적 방법

16.1 서론

우리는 이 책의 이전 장들에서 양적 연구방법을 사용하든 질적 연구방법을 사용하든 (혹은 두 방법 모두를 사용하든), 자료수집방법으로서의 직접관찰과 자기보고는 여러 가지 한계를 가지고 있다는 것을 살펴보았다. 예를 들면, 사회적 바람직성이라는 편향은 연구참여자들이 연구자에게 하는 말에 영향을 미칠 수 있고, 직접관찰이 가진 관여적(obtrusive) 특성은 연구참여자들로 하여금 연구자가 그들을 관찰하지 않을 때와는 다른 행동을 보이게 만들 수 있다.

이러한 한계를 극복할 수 있는 한 가지 대안은 이용 가능한 기록(available records)을 연구자료로 사용하는 것이다. 이용 가능한 기록이란 (물론 통계 자료가 대표적인 예이기는 하지만) 단순히 통계 자료만을 의미하는 것이 아니다. 이용 가능한 기록의 범위는 기관의 사례기록, 실천가의 과정기록, TV를 통해 방영된 내용, 신문기사 또는 사설, 이사회 회의록, 기관 내부 소식지, 연보, 책 또는 전문학술지 논문, 사회복지와 관련된 법적 견해나 법률, 행정 판결 등 끝이 없다고 해도 과언이 아닐 정도로 넓다.

이용 가능한 기록을 사용할 경우, 연구자는 비관여성, 편의성(이 방법은 일반적으로 다른 자료수집 방법보다 비용과 시간이 덜 든다) 그리고 과거에 일어났던 현상을 연구할 수 있는 가능성이라는 세 가지 중요한 장점을 누릴 수 있다. 이 장에서는 이러한 장점들을 염두에 둔 상태에서 이용 가능한 자료를 분석하는 세 가지 방법인 2차 자료분석, 내용분석, 역사분석에 대해서 살펴보기로 하겠다.

16.2 2차 자료분석

2차 자료분석(secondary analysis)이란 어떤 연구자가 수집하고 정리해둔 자료를 다른 연구자가

재분석하는 —대개의 경우, 다른 목적에서— 방식의 연구를 말한다. 컴퓨터를 이용한 자료분석이 발전함에 따라 연구자들 간의 자료공유가 전에 비해 훨씬 수월해졌으며, 대규모 조사를 관리하는 다양한 차원의 정부와 기관들이 수집해 놓은 자료에 대한 연구자들의 접근 또한 용이해졌다. 예를 들어, 어떤 연구자가 사회복지교육의 문제에 대해 관심을 가지고 연구를 진행하고자 한다고 가정해보자. 어쩌면 이 연구자는 자신이 속한 대학에서 여성 교수들이 더 낮은 직급에 있다거나 여성 교수들이 행정직을 맡는 경우가 드물다는 것을 알게 되었을 수도 있다. 이러한 상황에서 연구자는 전국 차원에서 동일한 배경을 가진 여성 교수들과 남성 교수들을 직급, 교육에 있어서의 책임, 급여 및 연구 성과 등과 같은 변수를 가지고 비교해보고 싶다는 생각을 하게 될 것이다.

사회복지학과의 교수들을 대상으로 전국 규모의 조사연구를 실시한다는 것은 많은 시간과 비용을 필요로 한다. 더 나아가서, 그러한 조사를 실시할 수 있는 자원을 얻었다고 하더라도 과연 교수들이 그런 조사에 응해줄지를 생각해보지 않을 수 없다. 따라서 직접 조사를 실시하는 것에 대한 대안으로서 연구자는 —훨씬 더 적은 비용으로— 사회복지교육 협의회가 매년 수집하는 사회복지학과의 교수들에 대한 자료 가운데 특정 연도에 해당하는 모든 교수에 대한 자료를 구입하여 이를 분석할 수 있다.

1960년대에 들어와서, 조사연구자들은 연구설계나 자료수집에 관여하지 않은 많은 연구자들에게 수집한 자료를 분석할 수 있게 하는 것이 중요하다는 것을 깨닫기 시작했다. 어떤 연구자가 조사연구를 통해 자료를 수집한 다음 그 자료를 이미 분석했다고 하더라도, 동일한 자료는 그 연구자 아닌 상이한 관심을 가진 다른 연구자들에 의해서 얼

2차 자료분석 ▶ 어떤 연구자가 수집하고 처리해 놓은 자료를 그 연구자 외의 다른 연구자가 —보통 다른 연구 목적을 가지고— 재분석하는 연구

마든지 분석될 수 있다. 따라서 예컨대 어떤 연구자가 정치적 관점과 성평등 간의 관계에 대해서 알고자 할 경우, 어떤 자료이든 그 두 가지 변수를 포함하고 있는 자료라면 그런 자료를 분석함으로써 연구질문에 대한 답을 찾을 수 있다.

어떤 자료보관소(data archives)들은 동일 모집단으로부터 주기적으로 표본을 뽑아 만든 시계열자료를 제공해주는데, 대표적인 예로 General Social Survey(GSS)를 꼽을 수 있다. 연방정부는 매년 또는 2년에 한 번씩 Chicago 대학의 국립여론조사센터인 NORC(National Opinion Research Center)로 하여금 전국 규모의 조사를 통해 다양한 사회과학 관련 변수들에 관한 자료를 수집하게 하고 있다. 이 조사의 가장 기본적인 목적은 연구자들로 하여금 무료 또는 아주 적은 비용으로 자료를 이용할 수 있게 하기 위해서이다. GSS에 관한 보다 자세한 정보는 www.norc.org/projects/General+Social+Survey.htm에서 얻을 수 있다.

또 어떤 자료보관소는 전국민을 대상으로 실시한 인구조사(National Census Data) 자료를 보관하고 있다. 이 밖에도 횡단 조사를 통해 수집된 자료를 보관하는 곳과 종단 조사를 통해 수집된 자료를 보관하는 자료보관소도 있다. 어떤 자료보관소들은 이상에서 언급한 자료의 종류들 중 한 가지 종류 이상의 자료를 수집하고 보관하기도 한다.

2차 자료분석에 필요한 자료를 얻을 수 있는 자료원은 매우 많다. 예를 들면, National Data Archive on Child Abuse and Neglect(http://www.ndacan.cornell.edu/)는 아동학대 및 방임에 관한 자료를 제공한다. 아동관련 자료를 제공하는 또 다른 자료원으로는 Annie E. Casey Foundation(http://www.aecf.org/)를 꼽을 수 있는데, 이 재단이 보유하고 있는 자료 "Kids Count"에는 아동복지와 관련된 많은 변수들이 포함되어 있다. National Archive of Criminal Justice Data (http://www.icpsr.umich.edu/NACJD)는 가정폭력연구를 통해 수집된 자료를 제공하고 있다.

Esther Sales, Sara Lichtenwalter 그리고 Antonia Fevola(2006)는 그 밖의 여러 다른 자료원을 추천하고 있는데, 그들이 추천하는 가장 큰 규모의 자료보관소는 Michigan 대학의 Inter-University Consortium of Political and Social Research(ICPSR)이다. ICPSR의 자료는 전 세계 회원기관의 연구자들에게 공개된다. ICPSR의 자료는 http://www.icpsr.umic.edu 에서 제공받을 수 있으며 사회복지와 관련된 노인, 약물남용, 정신건강, 교정, 보건의료 및 교육 등에 관한 자료가 포함되어 있다. Esther Sales와 그의 동료들(2006)은 또 다른 유용한 자료원으로 Sociometrics' Social Science Electronic Data Library(http://www.socio.com/ssedl.php)를 추천한다. 이 자료보관소는 사회복지와 관련된 200개 이상의 연구들을 보관하고 있다. 사회과학 분야의 자료를 제공하는 보다 많은 자료원의 목록을 원할 경우, 세일즈와 그의 동료들이 소개하는 샌디에고 대학 Social Science Data의 인터넷 웹사이트 http://3stages.org/idata/를 참조하기 바란다.

또 다른 자료원은 행정기록 및 공공기록을 바탕으로 만들어지는 기존 통계자료(existing statistics)이다. 이런 자료는 일반적으로 기관의 기록을 모아 놓은 형태를 띤다. 예를 들어, 어떤 연구자가 아동학대 예방을 위한 주정부 차원의 새로운 프로그램이 어떤 효과가 있는지 알아보고자 한다고 가정해보자. 이를 위해 연구자는 새로운 프로그램 실시 이후 매년 학대로 인해 가정으로부터 다른 곳으로 보내지는 아동의 비율에 변화가 있는지 여부를 주정부 소속 인간봉사기관의 기록에 있는 기존 통계자료를 이용하여 확인해볼 수 있다.

이용 가능한 통계자료가 대단위 차원의 통합자료(aggregated data)의 형태일 때는 지역 간 아동학대 발생률이나 기관들이 제공하는 서비스의 종류별 비율 등과 같은 대단위 차원에서만 분석해야 한다. 즉, 그런 형태의 자료는 개인 단위에서 재분석해서는 안 된다. 예들 들어, 어떤 해에 1,000명의 아동들이 가정으로부터 다른 곳으로 보내졌다고 가정해보자. 이 자료에는 이들 1,000명의 아동 각각의 특성에 관한 정보가 없으며, 따라서 이 자료는 1,000명 아동의 성비나 인종 분포 같은 특성에 관한 정보는 제공해줄 수 있지만 개별 아동의 성별이나 인종에 관한 정보는 제공해주지 못한다. 다시 말해서, 이 자료는 각 변수에 해당하는 단 하나의 거시적인 변수값은 제공해주지만 각각의 변수에 대한 개별 아동의 특성을 나타내는 1,000개의 변수값은 제공해주지 못한다는 것이다.

다양한 차원의 정부들은 기존 통계자료를 얻을 수 있는 좋은 자료원이다. 어떤 통계자료집이 있는지 알아볼 수 있는 좋은 방법 중 하나는 직접 도서관에 가서 정부간행물 서고를 훑어보거나 미국정부자료인쇄소(US Government Printing Office)의 웹사이트 https://www.gpo.gov/에 들어가 보는 것이다. 많은 민간기관들도 정부기관 못지않게 많은 통계자료를 수집하고 발간하고 있는데, 미국아동복지연합이나 복지연구 및 복지통계협회 등을 예로 들 수 있다. UN은 국제통계자료를 얻을 수 있는 좋은 자료원이다. UN이 매년 발간하는 인구통계연보(Demographic Yearbook)에는 출생자 및 사망자 수를 비롯한 다양한 인구학적 통계자료가 국가별로 수록되어 있다.

16.2a 2차 자료분석의 장점

2차 자료분석은 매우 분명하고 동시에 대단한 장점을 가지고 있다. 직접 조사연구를 하는 것에 비해 —아마도 조사연구뿐 아니라 거의 모든 종류의 연구에 비해— 시간과 비용이 훨씬 적게 든다는 것이다. 아울러 연구자는 2차 자료를 분석하기 때문에 절약할 수 있게 된 비용을 가지고 일반적인 규모의 연구비로는 감당하기 어려울 정도로 큰 표본을 확보할 수 있다.

또 다른 장점은, 원자료를 수집한 연구자가 누군가에 따라 다를 수 있지만, 최고 수준의 전문연구자들이 쌓아놓은 연구 성과를 활용할 수 있다는 것이다. 예를 들어, 자료보관소에 보관되어 있는 자료들 중 대다수가 연방정부의 지원을 받아 수행된 연구의 결과물일 수 있으며, 그러한 연구들은 충분한 연구비를 바탕으로 엄격한 표본추출과 높은 응답률을 확보할 수 있었던 연구들일 가능성이 높다.

충분한 재정지원을 받은 대규모 조사연구의 경우, 일반적인 사회복지 연구에서 조사할 수 있는 변수의 수보다 훨씬 많은 수의 변수를 조사할 수 있다. 따라서 2차 자료분석은 연구자로 하여금 훨씬 많은 수의 변수를 분석할 수 있는 기회를 제공해준다. 또한 분석할 수 있는 변수의 수가 많을 뿐만 아니라 표본의 크기가 크기 때문에 다변량 자료분석 기법을 사용하여 여러 변수들 간의 관계를 동시에 분석할 수 있다. 또한 여러 변수들의 영향력을 통제한 상태에서 분석이 가능하기 때문에 각각의 변수가 갖는 설명력을 보다 정확하게 파악할 수 있다.

2차 자료분석이 가진 또 다른 장점은 충분한 재정적 지원을 받아 진행된 원래 연구는 표본의 크기와 대표성에서만 우수한 것이 아니라 방법론적 엄격성 또한 매우 뛰어나다는 점이다. 예를 들어, 대규모 조사연구에 필요한 연구비를 실제로 따내기 위해서는 연구계획서상에 제시된 연구 설계와 측정계획이 매우 뛰어나야만 한다. 이 책에서 다루고 있는 연구 설계와 측정에 관한 모든 내용을 하나도 빠짐없이 이해할 만큼 뛰어난 연구자라고 할지라도 자신이 원하는 수준의 엄격성을 가진 연구를 실제로 할 수 있을 만큼의 연구비를 따낸다는 것은 지극히 어려운 일이다.

이러한 장점과 더불어서 Sales와 동료들(2006)은 2차 자료분석이 다음과 같은 장점들도 가지고 있다는 것을 서술한 바 있다. 만일 어떤 연구자가 동성부부에 의해서 입양된 아동처럼 쉽게 찾을 수

아동복지에 관한 네 가지 유용한 기존 자료원

Anne E. Casey's Kids Count

[http://datacenter.kidscount.org/]

The Kids Count 데이터베이스는 Anne Casey 재단이 제공하는 데이터베이스이다. 미국 내 모든 주의 아동복지 관련 자료를 비교 가능한 포맷으로 보관하고 있다. 아동의 복지 수준을 나타내는 지표는 저출산율, 유아사망률, 아동 사망 건수, 청소년 사망 건수, 미취학·미취업 청소년 수, 불완전 고용상태의 부모와 살고 있는 아동의 수, 빈곤 아동의 수, 한부모 가정 아동 수, 이민 가정 아동 수, 건강보험이 미가입 가정의 아동 수 등이다. 이 데이터베이스의 자료로는 주별 및 시별 비교뿐만 아니라 개별 주, 지역, 지역사회 단위의 분석도 가능하다. 또한 필요에 따라 주별 프로파일, 지도, 순위 및 그래프 제작이 가능하다. 예를 들면, 위의 인터넷 주소를 이용하여 웹사이트에 들어가면 맨 위쪽에 2008년 기준 50개 주의 아동 빈곤율을 나타내는 막대그래프를 볼 수 있다. 이 그래프에 따르면 현재 Mississippi 주의 아동 빈곤률이 30%로 가장 높은 것을 알 수 있고 상대적으로 아동 빈곤율이 높은 (20% 이상) 대부분의 주들이 남부에 위치한 주들이라는 것을 알 수 있다.

National Data Archive on Child Abuse and Neglect

[http://www.ndacan.cornell.edu]

이 사이트는 아동 학대 또는 방임에 관한 연구들로부터 얻은 양질의 자료를 보관하고 있다. 이 사이트는 또한 이 사이트에서 제공받은 자료를 2차 분석하고자 하는 연구자들을 위해 기술 지원을 제공한다. 이 사이트가 보유하고 있는 자료 중 일부를 소개하면 가정폭력 전국 조사, 방임 가정의 가족구조 및 기능,

아동 학대 및 방임 사례에 관한 전국 조사, 가출 및 노숙 청소년 정보, 아동기 성폭력경험 여성을 위한 부모 교육, 위탁 부모 설문 조사, 아동 학대에 영향을 미치는 지역사회 및 가족 요인 연구, 학대 받은 아동의 탄력성에 관한 종단 연구 등이 있다.

United States Children's Bureau Statistics & Research

[http://www.acf.hhs.gov/programs/cb/stats_research/index.htm]

이 정부 사이트는 주 단위 및 전국 단위의 입양 및 위탁 가정에 관한 다양한 기존 통계자료를 (데이터베이스 아님) 제공한다. 이 사이트가 보유하고 있는 Adoption and Foster Care Reporting and Analysis(ADFCRAS)에는 각 주의 아동복지국이 배정, 관리 및 슈퍼비전을 책임지는 모든 위탁 가정의 아동에 관한 사례 단위 통계 자료 및 주정부 아동복지국의 관리하는 입양 아동에 관한 자료가 수록되어 있다. 이 사이트가 제공하는 유용한 통계 자료의 예로는 연도별 위탁 가정 및 입양 추이, 사망 아동의 수, 아동 학대 위험 요인, 학대 가해자 특성, 아동복지 성과 등을 꼽을 수 있다.

Child Welfare Dynamic Report System

[http://cssr.berkeley.edu/ucb_childwelfare/]

California 주정부의 사회서비스부와 California 주립대학 버클리 분교가 공동으로 운영하는 이 사이트는 California 주 아동복지체계 내의 아동복지관련 행정자료를 제공하고 있다. 이 사이트에 접속하면 아동 학대 의뢰 건수 및 발생률, 아동 학대 재발률 및 재발 건수 등에 관한 도표 및 그래프를 볼 수 있다.

없는 연구 대상을 연구하고자 한다면, 자신이 연구하고자 하는 대상집단을 충분히 포함하고 있을 만큼 큰 표본을 가진 선행연구의 자료에 대한 접근성을 확보하는 것이 자신이 원하는 대상집단의 표본을 직접 뽑는 것보다 더 합리적인 방법일 수 있다. 만일 어떤 연구자가 변화 추이를 연구하고자 한다면, 시계열 연구나 종단 연구를 통해 수집된 자료를 이용함으로써 수년에 걸쳐 자료를 수집하는 엄청난 수고를 덜 수 있다. 아울러 Sales와 동료들이 지적한 바와 같이, 2차 자료분석은 자료수집 과정에서 발생할 수 있는 윤리적 문제로부터 자유로울

수 있으며, 서로 다른 국가들 간에 사회문제를 비교하는 연구가 가능하며, 연구자들이 정부기관들로부터 자료에 대한 접근성과 자료분석에 관한 기술적인 지원을 받을 수 있다는 추가적인 장점도 가지고 있다.

16.2b 2차 자료분석의 단점

2차 자료분석은 몇 가지 단점을 가지고 있다. 자신의 연구(혹은 사회복지 실천)에서 2차 자료분석을 하고자 하는 연구자는 자신이 사용하려는 2차

자료가 단순히 "공식적인" 자료이거나 권위 있는 기관이 제공하는 자료이기 때문에 아무런 문제가 없는 자료일 것이라고 생각해서는 안 된다. 어떤 자료는 자료가 공개될 때쯤이면 이미 너무 오래된 자료가 되어 버릴 수도 있다. 이제 2차 자료분석방법을 사용할 때 연구자가 직면할 수 있는 결측자료, 분석 단위, 타당도 및 신뢰도와 관련된 몇 가지 문제점들에 대해서 살펴보기로 하자. 그런 다음, 기존 통계자료를 얻을 수 있는 유용한 자료원들을 소개하는 것으로써 이 절에서의 논의를 마치기로 하겠다.

결측자료

어떤 2차 자료가 설문조사를 통해서 수집된 자료이든 다른 방법을 통해서 수집된 자료이든 상관없이 2차 자료를 사용해 연구하는 연구자는 필연적으로 "있는 자료"라는 한계 내에서 연구를 하게 된다. 따라서 2차 자료를 사용하려 할 때 연구자는 많은 시간을 들여서 연구계획을 세우기 전에 반드시 자신이 필요로 하는 자료가 실제로 존재하는지 여부를 먼저 검토해봐야 한다. 또한 자료가 있더라도 연구자는 자신이 원하는 변수가 혹시 많은 결측값을 갖고 있지는 않은지 여부를 반드시 확인해봐야만 한다. 예를 들어, 은퇴한 미국인의 인종 및 빈곤에 관한 자료를 사용하여 전국 차원의 연구를 하려고 할 때 연구자가 이용하려는 2차 자료에는 상대적으로 부유한 백인 퇴직자들의 수가 많은 주(예를 들면, 플로리다 주나 아리조나 주 같은)의 자료가 많이 빠져있을 수 있는가 하면, 자료가 있기는 하지만 공교롭게도 인종 변수가 없을 수도 있다. 이런 경우, 연구결과는 당연히 정확성과 관련된 심각한 문제를 갖게 된다.

때로는 어떤 변수가 변수값을 가지고는 있으나 변수값의 변량(variation)이 거의 없어서 변수로서의 의미를 갖지 못하기 때문에 결측값과 다름없는 경우가 발생하기도 한다. 앞서 논의했던 바와 같이, 어떤 개념이 변수가 되려면 그 개념은 반드시 변하는 것(must vary)이어야 한다. 예를 들어, 정신적인 상처를 받은 경험이 있는 6세 아동들을 대상으로 한 놀이치료가 1학년 아동들의 성적에 어떤 영향을 미치는지 알아보기 위해서 아동들의 학교 성적표를 이용한다고 가정해보자. 이 경우, 아마도 연구자는 무엇보다 먼저 그 학년 아동들의 학교 성적에 과연 충분한 변량이 존재하는지 여부를 확인해봐야 할 것이다. 만일 1학년을 담당하는 선생님들이 낮은 성적으로 인한 실망감 때문에 학습의욕을 상실하는 상황이 벌어지지 않게 하기 위해서 또는 학생들의 자존감을 떨어뜨리지 않게 하기 위해서 거의 모든 학생들에게 A를 준다고 가정해보자. 이 경우, 성적변수의 변수값은 충분한 변량을 갖지 못할 것이므로 성적은 변수로서의 의미를 전혀 갖지 못하게 된다.

타당성 문제

타당성 문제는 자료를 수집하고 보관하는 기관에서 변수를 정의하는 방식이 2차 자료분석을 하고자 하는 연구자의 변수 정의방식과 다를 때 발생할 수 있다. 예를 들어, 공공부조를 담당하는 주정부 기관에서 직업훈련 참여를 취업으로 본다고 가정해보자(아마도 이러한 기관은 최근 개정된 공공부조 제도가 수급자들을 근로하게 만드는 데 효과적임을 보여주고자 하는 기관이기 쉬울 것이다). 이러한 기관의 입장과 달리 연구자는 직업훈련에 대해서 과연 직업훈련이 공공부조 수급자들로 하여금 임금을 받는 일자리를 얻게 하는 데 효과적인가에 대해서 매우 회의적인 입장을 가지고 있으며, 따라서 직업훈련을 취업으로 보지 않을 수 있다. 또한 정부의 자료에는 정규직 일자리와 임시직 일자리가 구분되어 있지 않을 수 있는 반면, 연구자는 공공부조 수급자의 성공적인 근로를 수급자가 정규직 일자리를 얻어 공공부조를 통해 지급받던 급여와 같거나 더 많은 소득을 얻게 된 상태라고 정의할 수 있다. 이렇게 볼 때, 만일 연구자가 연구를 함에 있어서 정부의 통계자료에 전적으로 의존할 수밖에 없다면, 연구의 타당성에 심각한 문제가 있을 수도 있다는 것을 알아두어야 한다.

또 다른 종류의 타당성 문제는 기존 통계자료가 만들어질 때 보고되지 않은 경우는 모두 누락되고 보고된 경우만을 바탕으로 만들어진 통계자료인 경우에 발생할 수 있다. 즉, 배우자로부터 학대를 받는 사람의 숫자나 데이트 상대로부터 성적 학대를 경험한 대학생의 숫자 등은 보고된 경우만을 바탕으로 집계되기 때문에 실제보다 과소평가될 가능성이 높다. 더 나아가서, 이러한 사건의 실제 횟수는 보고되지 않은 경우뿐만 아니라 보고된 경우라고 할지라도 형사고발로 이어지지 않은 경우는 누락되기 때문에 실제보다 더욱 과소평가될 가능성이 높다.

부적절한 자료수집방법은 타당성 문제를 유발하는 또 다른 원인이 된다. 예를 들어, 자료수집 당시 조사자가 위험한 지역에 들어가는 것을 꺼려하여 가짜 응답을 만들어낼 수도 있는가 하면, 직접 서비스를 전달하는 사회복지사가 문서작업에 대해서 반감을 가지고 있어서 자신이 담당하는 사례에 관한 기록을 불성실하게 할 수도 있다.

신뢰성 문제

기존자료에 대한 분석은 자료 자체의 질에 크게 좌우된다. 각각의 통계자료는 과연 그 통계자료가 보여주고 있다고 주장하는 바를 정확하게 보여주고 있다고 볼 수 있는가? 이러한 질문은, 이따금씩 정부가 보고하는 통계표들은 매우 심각할 정도로 부정확한 경우가 있으며 그러한 맥락에서 보면 매우 심각한 문제라고 하지 않을 수 없다.

범죄에 대한 대부분의 연구는 범죄에 관한 공식적인 통계자료에 의존하여 이루어지기 때문에 공식적인 범죄 통계자료에 대해서 상당히 많은 비판의 목소리가 일어왔다. 그럼에도 불구하고, 그 결

과는 그다지 고무적이지 않다고 할 수 있는데, 예를 들어 미국 내의 대마초 소비 추세를 장기간에 걸쳐서 연구한다고 가정해보자. 이 경우, 대마초를 팔거나 소지하여 체포된 사람들의 수에 관한 공식적인 통계자료가 대마초 사용 정도를 가늠할 수 있게 해주는 적절한 척도이다. 과연 그런가? 반드시 그렇지는 않다.

먼저, 이 통계자료는 타당도와 관련된 여러 가지 문제를 가지고 있다. 미국에서 마리화나는 1937년 마리화나세법(Marijuana Tax Act)이 제정되기 이전까지는 합법적인 것이었고, 따라서 체포 기록은 타당한 척도가 될 수 없다. 또한 이 문제를 해결하기 위해서 연구의 범위를 1937년 이후로 제한한다고 하더라도 범죄예방 및 단속을 위한 노력과 범죄기록에 대한 관리의 특성으로 인해 신뢰도에 관한 여러 가지 문제들은 여전히 남게 된다.

예를 들어, 범죄예방 및 단속은 여러 가지 요인에 의해 영향을 받게 되는데, 보고된 범죄 건수는 경찰을 고용하는 데 필요한 예산이 증가하거나 감소함에 따라 높아지기도 하고 낮아지기도 한다. 큰 목소리를 낼 수 있는 시민단체들이 마리화나와 관련된 사회문제들에 대해서 항의의 목소리를 높이면, 경찰은 "마약거래 근절"을 위해 더 많은 노력을 기울인다. 특히 선거 때나 예산심의 기간에 그런 항의는 매우 효과적인 결과를 가져온다. 언론의 자극적인 기사도 비슷한 영향을 미칠 수 있다. 또한 경찰의 업무량도 마리화나사범 검거에 적지 않은 영향을 미친다. 마지막으로, 기록을 관리하는 과정이 자료에 영향을 미친다. 경찰이 범죄기록을 관리하는 체계를 개선할 때마다 (예컨대, 전산화한다거나) 범죄율은 언제나 상당한 수준으로 증가한다. 이러한 현상은 실제로 행해지고, 보고되고, 조사된 범죄의 수가 증가하지 않더라도 발생한다.

이와 유사한 신뢰도 문제가 사회복지 연구자들이 관심 있어 하는 변수들에 관한 기존 통계자료에서 발생할 수 있는데, 왜냐하면 사회복지 연구자들

사회복지 정책연구에서의 기존 통계자료분석의 예

Claudia Coulton과 동료들(1990)은 1980년대 미국의 경제가 가난한 사람들을 상황이 악화되고 있는 도심 지역에 집중시키고 있었으며, 그곳에서 가난한 사람들은 경제적 기회를 더욱 박탈당하고 있으며, 그들을 점점 더 극단적인 빈곤으로 이끄는 열악한 사회적·물리적 조건에 노출되고 있다고 주장했다. Coulton과 동료들은 이미 이 경향을 보여 주었던 연구조사보고서가 1980년 인구조사에서의 소득 추정이 1979년의 소득이며, 1979년 말에 시작해서 1980년대 초까지 계속되었던 경기침체의 영향을 반영하지 않았기 때문에 문제를 과소평가한 전국 인구조사 자료에 주로 기초했다고 가정했다.

여기서는 언급하지 않을 여러 통계적 현상분 아니라 위의 현상을 깊이 있게 연구하기 위해 Coulton과 동료들은 연구를 오하이오 주의 클리블랜드라는 한 도시지역으로 제한하기로 결정했다. 그들은 이 결정이 결과의 일반화 가능성을 제한할 것이라고 생각했지만, 다른 사람들이 같은 유형의 결과를 관찰할 수 있는지를 알기 위해 다른 도시에서 자신들의 연구를 재연할 수 있을 것으로 믿었다.

Coulton과 동료들은 빈곤율이 1980년대에 급격하게 증가했으며, 빈곤이 지리적으로 집중되면 될수록 가난한 사람들이 교외에 위치한 일자리에 접근하기 더 어렵게 되고 있다는 것을 주목하면서 자신들의 연구를 시작했다. 교외의 일자리에 더 가까이 이동할 수 있었던 노동자들은 그렇게 하도록 이끌렸고, 이는 그들이 집(그들이 출퇴근할 수 있는 곳)에서 가까운 일자리를 찾고자 두고 떠난 도심의 빈곤을 더욱 집중시켰다. 동네가 쇠퇴하고 사회환경이 열악해지면서 남은 사람들(특히, 청소년들)이 10대 임신, 비행, 학교 중퇴 등과 같은 문제에 점차적으로 노출되면서 그들에게 해로운 영향을 미쳤다.

연구조사팀은 Case Western Reserve 대학에 위치한 Center for Regional Economic Issues의 자료, Ohio 주 보건복지부의 출생 및 사망자료(저체중 신생아, 유아 사망률, 10대 출산율 및 미혼출산율에 대한 정보를 제공하는), FBI의 범죄

율 자료, Cuyahoga County Juvenile Court의 청소년 비행 자료, 클리블랜드 경찰청의 마약 관련 체포율, 클리블랜드 주립대학의 주택정책 연구 프로그램의 주택가격 자료 등을 포함한 다양한 기존 통계자료를 사용했다.

Coulton과 동료들이 분석한 기존 통계는 1970년의 21%에 비교하여 1988년까지 클리블랜드의 빈곤층의 약 50%가 빈곤집중 지역에 살고 있다는 것을 보여주었다. (연구조사자들은 인구의 40% 이상이 빈곤선 이하의 가정인 인구조사 구역을 빈곤이 심한 지역으로 정의하였다.) 따라서, 가난한 사람들은 사회로부터 공간적으로 더욱 소외되어 가고 있었고 그 지역에서 가난하지 않은 사람들을 만나게 될 가능성이 적었다. Coulton과 그녀의 동료들이 분석했던 빈곤과 관련된 물리적·사회적 문제에 대한 통계는 가난한 사람들이 빈곤이 심한 지역에 빈곤이 더 집중되고 있으면서 그들이 노출되고 있는 사회적·육체적 문제가 급속하게 악화되고 있었다. 특히, 1980년대 초에 많은 육체노동자들이 일자리를 잃은 지역, 결과적으로 1980년 이래 빈곤지역이 되었던 지역인 "떠오르는 빈곤지역"에 살고 있는 사람들에게는 특히 사회적·육체적 문제가 악화되고 있었다. Coulton과 그녀의 동료들은 사회사업 실천의 환경 속의 인간이라는 개념틀이 중요하다는 것과 빈곤이 심한 지역에 살고 있는 가난한 아동들이 특히 취약하다는 것에 주목하면서 사회복지사가 환경적 수준에서 개입을 생각할 필요가 있다고 제안했다.

사회복지사는 서비스 전달에 대한 전통적인 접근방법과 도시의 궁핍한 부분의 경제 재개발을 결합시키는 실천모형과 도심 거주자와 도심으로부터 멀리 떨어져 위치한 교외지역의 직장 간의 연결을 다시금 만들어낼 수 있는 장치를 필요로 한다. 이런 연결을 어렵게 하는 장애요인은 지리적인 것이지만, 동시에 사회적 연결망, 정보경로, 심리적 거리 또한 포함된다. 빈곤 지역들이 점차 경제적·사회적 퇴락으로 인해 불리한 환경이 처하게 되면서 주류사회로부터 점점 더 소외되는 것을 막기 위한 프로그램과 개입 노력이 필요하다(1990, p.15).

이 어떤 개념을 정의하는 방식이나 자료를 보관하는 방법이 변할 수 있기 때문이다. 예를 들어, 아동학대의 경우를 생각해보기로 하자. 불과 수십 년 전에는 전혀 문제가 되지 않았던 아동에 대한 신체적 체벌이 오늘날에는 아동학대로 간주된다.

기존 통계자료를 분석하는 연구자가 이상에서 언급한 것과 같은 타당도나 신뢰도와 관련된 문제로부터 자유로울 수 있기 위해서는 그런 문제들이

발생할 수 있다는 것을 인식하는 것이 무엇보다 중요하다. 자료가 어떻게 수집되고 정리되는지를 이해할 때 연구자는 그러한 문제들의 속성과 정도를 가늠할 수 있으며, 그렇게 함으로써 그러한 문제들이 자신의 연구에 어떤 영향을 미치게 될지를 예측할 수 있다. 또한 선행연구를 재연해보는 것은 그러한 문제들을 줄일 수 있는 또 다른 방법이 될 수 있다.

이러한 제한점들에도 불구하고, 2차 자료분석은 자료를 직접 수집하는 것보다 시간과 비용이 훨씬 적게 들며 사회복지정책과 실천에 도움이 될 수 있는 유용한 발견점들을 제공해준다. "사회복지 정책연구에서의 기존 통계자료분석의 예"라는 제목의 글상자에는 기존 통계자료분석을 사회복지 실천에 적용한 예와 기존 자료분석방법의 사용과 관련된 문제점들이 제시되어 있다. 이제 2차 자료분석의 장점과 단점을 이해할 수 있게 되었으므로, 이번에는 이용 가능한 자료가 질적 자료인 경우에 좀 더 초점을 맞추고 이용 가능한 자료를 분석하는 또 한 가지 방법을 살펴보기로 하자.

16.3 내용분석

이용 가능한 기록에는 다른 사람에 의해 수집된 통계자료뿐만 아니라 여러 가지 형태의 자료들이 포함되는데, 예들 들면 책, 학술지나 잡지에 실린 글, 신문, TV 쇼, 선전, 기관 보고서, 과정기록 등이 포함된다. 이런 자료원들로부터 얻게 되는 자료들은 질적 자료인 경우가 대부분인데, 그런 자료를 분석하는 방법을 **내용분석**(content analysis)이라고 부른다.

내용분석은 양적 기법일 수도 있고 질적 기법일 수도 있다. 질적 기법으로서의 내용분석은 대화 내용으로부터 어떤 유형과 의미를 찾는 방법이며, 양적 기법으로서의 내용분석은 질적인 내용을 양적 자료로 전환하는 방법을 말한다. 예를 들어, 우리는 특정 교수나 대학원이 다른 교수나 대학원에 비해 소수민족에 관한 내용을 더 많이 가르치는지 알아보기 위해서 사회복지학과의 강의계획서들을 분석해볼 수 있다. 또는 지역사회조직들의 회의록을 분석함으로써 어떤 종류의 쟁점들이 얼마나 자주 언급되는지를 정리해볼 수도 있다. 회의록에 반영된 시민참여의 정도와 특정 종류의 쟁점이 회의록에 나타나는 빈도 간에 어떤 관계를 찾아볼 수

있을까?

특정 용어나 문구가 질적 자료 안에 몇 번 나타나는지 세는 것으로써 어떤 주제나 의미를 찾고자 시도하는 것은 잘못된 결론을 이끌어낼 수 있다. 예들 들어, 우리가 지어낸 다음과 같은 가상의 연구 요약문을 한 번 읽어보기로 하자.

우리는 소수민족 클라이언트들을 위해 문화적 민감성을 강조하는 개입 프로그램들을 제공한다고 주장하는 사회서비스 기관들의 효과성을 평가하는 연구들을 고찰했다. 대부분의 프로그램들은 아프리카계 클라이언트나 남미계 클라이언트들을 위해 설계된 프로그램들이었으며 동양계나 미국 원주민을 위해 설계된 프로그램도 더러 있었다. 그러나 문화적 민감성을 강조하는 이들 프로그램 중 어떤 것도 특정 소수민족 클라이언트를 위해 특별히 설계되었다고 강조되는 프로그램이 아닌 프로그램들과 비교해볼 때 성과 면에서 더 나은 프로그램은 하나도 없었다. 사실, 문화적 민감성을 가진 프로그램이라고 알려진 프로그램들 중 어떤 것들은 성과가 오히려 낮았다. 따라서 우리는 문화적 민감성을 가진 개입들이 일반적인 개입들에 비해 더 효과적이라는 주장을 뒷받침하는 어떤 증거도 찾지 못한 반면, 문화적 민감성을 갖춘 프로그램들의 성과가 더 낮다는 것을 보여주는 약간의 증거를 찾을 수 있었다. 따라서 우리는 앞으로는 사회복지사들을 훈련할 때 문화적 민감성을 덜 강조할 필요가 있다고 본다.

어떤 구체적인 특성을 가진 저자들이나 특정 종류의 학술지들이 소수민족 클라이언트들에 대한 문화적 민감성을 더 강조하는지 알아보기 위해서 순수하게 양적인 내용분석 연구를 한다고 가정해보자. 소수민족 클라이언트들에 대한 문화적 민감성을 얼마나 강조하는지 알아보기 위한 한 가지 방법으로써 문화적 민감성, 문화적 적절성, 소수민족, 아프리카계 미국인, 남미계 미국인, 동양계 미국인 또는 미국 원주민 등의 용어가 몇 번이나 사용되었는지 세보기로 했다고 가정해보자. 위에서 소개한 가상의 요약문에서 이러한 용어들은 13번

사용되었다. 각각의 용어는 두 개 단어로 이루어져 있으므로 13개 용어는 26개 단어로 이루어져 있다. 요약문에 사용된 단어의 수는 130개이므로 26개 단어는 요약문에 사용된 전체 단어들 중에서 1/5(20%)를 차지한다. 이는 상당한 수준이다. 그럼에도 불구하고 이 요약문의 전체적인 내용은 사회복지교육이나 사회복지 실천에서 문화적 민감성의 중요성을 강조해야 한다는 주장을 뒷받침하기는커녕 오히려 그 반대 입장을 뒷받침하고 있다.

내용분석 연구는 사회복지 실천에 실제로 적용될 수 있는 가능성이 매우 높다. Marsden(1971)은 다수의 내용분석 연구들을 고찰한 결과, 실천가의 감정이입, 온정 그리고 진실성이 실천가와 클라이언트 간의 관계에 있어서 핵심 요소라는 것을 발견했다. 이들 연구들은 기록 및 녹음을 통해 얻은 치료 세션에 대한 발췌문을 위에서 말한 효과적인 관계를 위한 세 가지 조건이 관찰된 정도에 따라 평가했는데, 평가결과에 따르면 이들 조건들이 더 많이 발견될수록 더 나은 임상적 치료 과정과 결과를 발견할 수 있었다.

어떤 주제들은 내용분석방법을 써서 연구하는 것이 다른 어떤 연구방법을 써서 연구하는 것보다 적합할 수 있다. 예를 들어, TV에서 정신질환자들을 어떻게 묘사하는지를 알아보고자 한다고 가정해보자. National Alliance for the Mentally Ill에서 정신질환에 대해서 일반인들을 교육시키고, 정신질환자에 대한 두려움을 경감시킴과 동시에 정신질환자들에 대해서 일반인들이 갖는 정형적인 인식(stereotype)을 없애기 위해 캠페인을 벌이고자 한다고 가정해보자. 또한 이 캠페인의 일부로서 TV 미디어에 초점을 맞추고 TV 프로그램에서 정신질환자를 폭력적이거나 위험한 존재로 묘사하는 정도를 줄이고자 한다고 가정해보자. 더 나아가서, 그러한 캠페인이 TV 프로그램 편성에 미치는 영향을 평가하고자 하며, 이를 위해서 캠페인이 TV에서 정신질환자들을 폭력적이거나 위험하다

고 묘사하는 정도를 줄이는지의 여부를 평가하기 위해 시계열 연구설계를 이용한다고 가정해보자. 이 경우, 내용분석이야말로 시계열 연구를 위한 가장 적합한 관찰방법이라고 할 수 있다.

간단히 말해서, 우리는 다음과 같은 일을 하게 될 것이다. 첫째, 종속변수를 "정신질환자를 폭력적 혹은 위험한 존재로 묘사하는 정도"라고 조작화한다. 이번 장의 뒷부분에 소개되는 코딩에 관한 내용이 종속변수를 조작화하는 데 도움이 될 것이다. 그 다음으로는 무엇을 시청할 것인지를 결정해야 한다. 아마도 (1) 어떤 방송국을, (2) 어느 날 혹은 어느 기간에, (3) 어느 시간대에 시청할 것인지 결정해야 할 것이다. 그 다음에는 군것질 거리를 쌓아놓고 TV를 보면서, 분류하고 기록하기 시작한다. 일단 관찰을 끝내고 나면 수집한 자료를 분석할 수 있으며, 캠페인 이후에 정신질환자를 전보다 덜 폭력적으로 묘사하는지를 판단할 수 있을 것이다.

이러한 의미에서, 내용분석은 커뮤니케이션을 연구를 하는 데 특히 적합한 연구방법이며 커뮤니케이션 연구의 고전적 질문인 "누가 무엇을, 누구에게, 왜, 어떻게, 어떤 영향을 미치면서 말 하는가?"라는 질문에 대한 답을 찾기에 적합한 연구방법이다. 하나의 관찰 양식으로서의 내용분석은 "무엇"을 중요시하게 생각해야 하며, 수집한 자료 또한 그에 맞게 분석할 때 "왜" 그리고 "어떤 영향을"이라는 문제에 대해서도 적절한 답을 찾을 수 있다.

16.3a 내용분석에서의 표본추출

커뮤니케이션에 관한 연구에서도 사람에 관한 연구에서와 마찬가지로 관심이 있는 모든 것을 직접적으로 관찰하는 것이 불가능한 경우가 종종 있다. 정신질환자를 TV에서 어떻게 묘사하는지를 연구하면서 모든 방송을 시청하려고 시도하는 것은 현실적이지 못하다. 한마디로 말해서, 그렇게

하는 것은 불가능하며 자신도 모르는 사이에 정신이 이상해질 것이다. 따라서 일반적으로는 표본을 뽑아 연구하는 것이 적절하다.

내용분석을 위해 표본을 뽑을 때는 몇 가지 결정해야 할 것들이 있다. 방금 들었던 예의 경우, 표본을 뽑기 위한 모집단을 설정해야 한다. 이 경우, 어떤 TV 방송국을 관찰할 것인가? 연구의 기간은 어떻게 설정할 것인가? 즉, 어느 날, 어느 시간에 관찰할 것인가? 얼마나 많은 프로그램을 관찰하고 코딩할 것인가? 등을 결정해야 한다.

이러한 것들을 모두 결정했다면, 이제 연구자는 표본을 어떻게 뽑을지 결정할 준비가 되었다. 만일 연구를 도와줄 사람이 있다면 여러 방송국 가운데 구태여 몇 개 방송국을 표본으로 뽑을 필요가 없다. 왜냐하면 여러 사람이 각자 동일한 시간대에 다른 채널을 시청하면 되기 때문이다. 그러나 일단 혼자서 연구를 한다고 가정하기로 하자. 아마도 표본을 뽑는 데 사용하게 될 최종적인 표본틀은 다음과 같을 수 있을 것이다.

* 1월 7일, 채널 2, 오후 7-9시
* 1월 7일, 채널 4, 오후 7-9시
* 1월 7일, 채널 9, 오후 7-9시
* 1월 7일, 채널 2, 오후 9-11시
* 1월 7일, 채널 4, 오후 9-11시
* 1월 7일, 채널 9, 오후 9-11시
* 1월 8일, 채널 2, 오후 7-9시
* 1월 8일, 채널 4, 오후 7-9시
* 1월 8일, 채널 9, 오후 7-9시
* 1월 8일, 채널 2, 오후 9-11시
* 1월 8일, 채널 4, 오후 9-11시
* 1월 8일, 채널 9, 오후 9-11시
* 1월 9일, 채널 2, 오후 7-9시
* 1월 9일, 채널 4, 오후 7-9시

이 예에서 우리는 연구자를 대신해 많은 결정을

내렸다. 첫째, 채널 2, 4, 9가 연구하기 적합한 채널이라고 가정했다. 오후 7시에서 11시의 주요 시간대가 가장 적절한 시간대이며, 두 시간 간격이 적당하다고 가정했다. 또한 1월 7일을 연구 시작일로 무작위 선정했다. 물론, 이런 모든 결정은 무엇이 자신이 하고자 하는 연구에 가장 적합한지를 고려하여 내려져야 한다.

글로 표현된 커뮤니케이션을 내용분석할 때, 표본은 단어, 문구, 문장, 문단, 절, 장, 책, 작가 혹은 작품과 관련된 맥락 가운데 어느 수준에서나 추출할 수 있다. 글이 아닌 다른 형식의 커뮤니케이션은 각각의 형식에 적합한 어떤 개념적 수준에서든 표본을 추출할 수 있다.

앞서 제11장에서 논의했던 일반적인 표본추출 방법들 모두는 내용분석에서도 사용될 수 있다. 예를 들면, 연구자는 기관 내 메모, 정신장애인의 권리에 관한 법률, 지역사회조직의 회의록 등에서 무작위로 표본을 뽑거나 체계적인 방법을 이용하여 표본을 뽑을 수 있으며, 어떤 사회복지대학원의 모든 강의계획서에 번호를 붙인 다음 크기 25의 무작위 표본을 뽑을 수도 있다.

층화표본추출방법 또한 내용분석 연구를 위한 적절한 표본추출방법이 될 수 있다. 예를 들어, 미국 신문의 편집정책을 분석하기 위해, 모든 신문을 지역, 발행되는 지역사회의 규모, 발행 빈도 또는 평균 구독자수에 따라 일차 분류한다. 그 다음으로는 분석을 위해 층화 무작위 또는 체계적 표본을 뽑는다. 그 다음 단계로는 표본으로 뽑힌 신문에서, 예를 들면 시간 순으로 층화하여 사설 표본을 뽑는다.

군집표본추출방법 또한 내용분석 연구에 사용될 수 있다. 개개의 사설이 내용분석의 단위라면 표본추출의 첫 단계에서 신문을 선정하는 것은 군집표본이 될 것이다. 정치적 연설을 분석할 때는 정치인의 표본을 뽑는 것에서부터 표본추출을 시작할 수 있다. 각 정치인은 정치적 연설의 군집을 나타낸다. 앞서 소개했던 정신질환자를 묘사하는 TV 프로그램에 관한 연구는 군집표본추출의 또 다른 예라고 할 수 있다.

16.3b 내용분석에서의 코딩

내용분석의 본질을 한 마디로 표현하면 코딩 작업이라고 할 수 있다. 연구자는 특정 개념적 틀에 따라 커뮤니케이션(말, 글 또는 다른 방법에 의한)을 코딩하거나 분류한다. 예를 들어, 신문 사설을 진보적 또는 보수적으로 코딩할 수 있고, 라디오 방송을 선동적인 성격을 띠는지 아닌지를 코딩할 수 있다. 어떤 소설이 사회복지적인지 아닌지 코딩할 수 있으며 정치연설을 공공부조 수급자나 노숙인을 비난하는지 여부에 따라 코딩할 수 있다. 이러한 용어들은 의미에 대한 서로 다른 해석이 가능하므로 연구자는 반드시 용어의 의미를 구체적으로 정의해야 한다.

16.3c 드러난 내용과 숨은 내용

내용분석에서는 다른 연구방법들과 마찬가지로 이해의 깊이와 구체성(specificity) 중 어느 하나를 선택해야 하는 경우가 종종 있다. 대개의 경우, 이해의 깊이는 타당도로 그리고 이해의 구체성은 신뢰도의 형태로 나타난다. 이런 선택을 할 때 질적 연구자는 일반적으로 이해의 깊이를 선택하는데, 이는 비록 동일한 상황에 대해서 다른 관찰자가 연구자와 전혀 다른 판단을 내리게 되는 위험이 존재하더라도 질적 연구자는 어떤 것에 대한 판단을 내릴 때 가능한 한 폭넓은 관찰과 정보를 바탕으로

판단을 내리는 것을 선호하기 때문이다. 내용분석의 경우, 깊이와 구체성 간의 선택은 드러난 내용(manifested content)을 코딩하는 것과 숨은 내용(latent content)을 코딩하는 것을 말한다.

커뮤니케이션의 드러난(눈에 보이는 또는 표면적인) 내용을 코딩하는 것은 표준화된 설문지를 이용하는 것과 매우 유사하다. 예를 들면, 어떤 책들이 얼마나 성차별적인지를 결정하기 위해서 일반적으로 볼 때 높은 지위라고 생각되는 역할을 남성 대명사를 사용하여 칭하는 횟수(예컨대, 성별을 밝히지 않은 의사를 "그"라고 부르는 것과 같은) 또는 페이지당 그러한 대명사가 사용된 횟수의 평균을 세볼 수도 있다. 이와 같은 지극히 수량적인 방법은 코딩하기 편리하고 신뢰도가 높으며 연구보고서를 읽는 독자들로 하여금 연구자가 성차별적 언어를 어떻게 측정했는지 정확하게 알 수 있게 해주는 장점을 가진 반면, 타당도 면에서 보면 분명한 단점을 가지고 있다. 성차별적 책(sexist book)이라는 말에는 단순히 남성 대명사가 사용된 횟수라는 의미보다 훨씬 깊고 풍부한 의미가 분명히 담겨져 있기 때문이다.

물론, 연구자는 커뮤니케이션 가운데 숨은 내용, 즉 저변에 깔려있는 의미를 코딩할 수 있다. 위의 예에서, 연구자는 책 전체나 문단 또는 페이지의 표본을 읽고 그 책이 얼마나 성차별적인지를 전체적으로 평가를 할 수 있다. 이 경우, 비록 연구자의 전체적인 평가가 적절하지 않은 남성 대명사의 사용에 의해서 영향을 받을 수는 있겠지만, 연구자의 평가가 완전히 그것에 의해 좌지우지되지는 않는다.

두 번째 방법이 커뮤니케이션의 저변에 깔려 있는 의미를 끌어내기에 더 적합한 방법이라는 데는 의심의 여지가 없다. 그러나 이 방법이 가진 장점은 신뢰도와 구체성을 희생할 때만 얻을 수 있다. 특히, 한 사람 이상의 연구자가 동일한 소설을 코딩한다면 약간 다른 정의나 기준이 사용될 수 있

▶

드러난 내용 ▶ 커뮤니케이션의 특성 중 직접적이고 가시적인, 그리고 객관적으로 밝힐 수 있는 특성. 예를 들면, 책에 쓰여 있는 특정 단어, 그림에 사용된 특정 색 등

숨은 내용 ▶ 커뮤니케이션에 내포되어 있는 의미

다. 예를 들어, 항상 소년을 영웅으로 묘사하고 소녀는 영웅에 의해서 구출되는 존재로 묘사되는 책의 구성이 어떤 사람에게는 성차별적인 것으로 인식될 수 있으나 다른 사람에게는 그렇지 않게 인식될 수도 있다. 모든 코딩을 한 사람의 연구자가 하더라도 코딩을 하는 전 과정 가운데 연구자가 정의와 기준을 언제나 동일하게 유지하리라는 보장은 없다. 뿐만 아니라 연구보고서를 읽는 독자들은 일반적으로 연구자가 사용한 정의에 대해서 의문을 제기하곤 한다.

이러한 딜레마에 대한 최선의 해결책은, 가능하다면 두 가지 방법을 모두 사용하는 것이다. 드러난 내용과 숨은 내용에 대한 연구자의 코딩이 타당하고 동시에 신뢰할만하다면, 특정 관찰 단위는 두 방법 모두에 의해서 동일한 속성을 부여받아야 한다. 두 방법 간의 일치도가 완전하지는 않지만 상당히 높다면, 최종점수는 각 방법을 독립적으로 사용할 때 부여된 점수를 반영한다고 볼 수 있다. 이와 달리, 만일 드러난 내용에 대한 코딩과 숨은 내용에 대한 코딩이 큰 차이를 보인다면, 연구자는 자신이 가진 이론적 개념화에 대해서 다시 한 번 생각해볼 필요가 있다.

16.3d 질적 내용분석

우리는 이미 앞에서 모든 내용분석이 숫자를 최종산물로 갖는 것은 아니라는 것을 언급한 바 있다. 어떤 경우에는 연구하려는 내용을 질적으로 분석하는 것이 더 적절할 수도 있다. 부르스 버그(Bruce Berg, 1989: 123-125)는 "부정적 사례 검사(negative case testing)"를 질적 가설검정기법 중 하나로 소개한 바 있다. 첫째, 근거이론에서는 맨 처음 단계로서 자료를 검토하는 데 이를 통해서 어떤 일반적인 가설을 얻을 수 있다. 예를 들어, 지역사회 내에 새로 결성된 어떤 조직체의 리더쉽을 연구하기 위해서 그 조직체의 회의록을 분석하여

누가 가장 먼저 움직임을 주도했는지를 알아본다고 하자. 일차적으로 자료를 분석해본 결과, 부유한 사람들이 리더로서의 역할을 담당할 가능성이 높다는 생각을 갖게 되었다고 가정해보자.

분석의 두 번째 단계는 첫 번째 자료분석을 통해서 얻어진 가설과 대립되는 모든 사례들을 찾는 것이다. 이 경우, 가난하지만 여러 가지 것들을 성공적으로 주도하는 구성원과 부유하지만 전혀 그러한 역할을 하지 못하는 구성원을 찾는 것이 될 것이다. 그 다음 단계는 가설에 맞지 않는 사례들을 검토하여 (1) 초기 가설을 버릴 것인지 아니면 (2) 보다 정교하게 다듬을 것인지를 결정하는 것이다.

가설과 대립되는 사례들을 분석하는 과정에서, 가난하지만 주도적인 역할을 하는 구성원들은 모두 석사학위를 가지고 있으며, 부유하지만 주도적인 역할을 하지 못하는 구성원들은 공식적인 교육을 별로 받지 못했다는 사실을 발견했다고 가정해보자. 이러한 결과를 바탕으로, 연구자는 초기 가설을 변경하여 부와 교육 모두를 중요한 요인으로 고려할 수 있을 것이다. 아마도 연구자는 계속해서 연구를 진행해나가는 과정에서 부유한 사람, 교육을 많이 받은 사람 또는 그 두 가지 조건을 모두 만족하는 사람들이 리더가 되기 위해서 추가로 갖추어야 할 더 많은 조건들을 발견하게 될 것이다.

이 과정은 Barney Glaser와 Anselm Strauss(1967)가 말하는 "분석적 귀납법(Analytic Induction)"의 좋은 예라고 할 수 있다. 이 과정은 사례에 대한 관찰로부터 출발한다는 점에서 귀납적이며, 동시에 단순히 현상을 서술하는 것을 넘어서서 유형과 변수들 간의 관계를 찾는다는 점에서 분석적이라고 할 수 있다.

물론 이러한 분석방법은 다른 모든 분석방법과 마찬가지로 여러 가지 위험을 내포하고 있다. 그 가운데 가장 주의해야 할 것은 초기 가설을 뒷받침하기 위해서 사례들을 올바르지 않게 분류해서는 안 된다는 것이다. 예를 들면, 위의 경우에서 연구

자는 "리더가 아닌 어떤 사람이 대학을 졸업하지 않았다"라거나 "공장근로자이지만 팀장인 사람은 화이트칼라에 매우 가까운 사람이다"라는 잘못된 결론을 내릴 수 있다는 것이다.

Berg(1989: 124)는 이러한 오류를 예방하기 위한 몇 가지 방법을 제시하고 있다.

1. 만일 사례의 수가 충분하다면, 가설을 가장 잘 뒷받침하는 사례들만을 뽑는 경우가 발생하지 않게 하기 위해서 각각의 범주에 해당하는 사례들 가운데 몇 개씩을 무작위로 뽑는다.
2. 자료에 대해서 자신이 주장하는 바를 뒷받침하는 사례를 각각의 주장에 대해서 최소한 세 개 이상씩 제시한다.
3. 자신의 연구와 무관한 다른 사람들로 하여금 자신의 분석적 해석 내용을 검토하게 하고 그들이 자신의 해석에 동의하는지를 물어본다.
4. 자신이 발견한, 일관되지 않는다고 생각되는 모든 것(즉, 가설과 부합하지 않는 모든 사례들)을 있는 그대로 보고한다.

16.3e 사회복지 연구에서의 질적 내용분석의 예

사회복지 분야에서 대표적인 질적 내용분석 연구로는 Ruth McRoy와 동료들(1990)이 했던 입양 사실 공개에 관한 연구를 꼽을 수 있다. McRoy와 그녀의 동료들은 입양 아동들이 정신병 치료를 받는 빈도가 비입양 아동들에 비해 상대적으로 높은 것은 입양 사실을 아동들에게 밝히는 과정에 문제가 있을 수 있음을 의미하는 것이라 생각했다. 그들은 입양 사실을 밝히는 과정에서 문제가 없었던 사례들과 문제가 있었던 사례들로부터 어떤 유형을 찾고자 시도했다. 그들의 연구한 표본은 50개 입양아동 가정으로 이루어진 비확률표본(이용가능 표본)이었으며, 이들 가정의 입양아동들은 모두 거주시설에 머물면서 치료를 받고 있었고 모두가 2세 이전에 입양된 아동들이었다.

연구자들은 모든 표본 가구에 대해서 부모, 입양아동 그리고 담당 사회복지사와의 심층면접을 실시했다. 면접 내용은 모두 녹취했으며 녹음된 내용에 대해서 내용분석을 실시했다(따라서 이 연구에서는 자료수집방법으로서 비관여적 내용분석이 아니라 심층면접이 사용되었으며, 내용분석은 자료수집 이후에 이루어졌다). 이미 제15장에서 살펴본 바와 같이, 질적 접근방법은 그런 구조보다는 주관적인 의미(가설검정보다는 새로운 통찰력을 만들어내는 데 주안점을 두는)에 대한 심층적 탐구를 가능하게 해주는 유연한 접근방법을 더 중요시한다.

McRoy와 그녀의 동료들은 면접자료를 내용분석한 결과를 그들이 각각의 사례를 다양한 방법으로 예시하면서 사용했던 긴 인용문의 형태로 제시했다. 예를 들어, 한 사례에서 어떤 소녀는 10살이 될 때까지 자신이 입양되었다는 얘기를 부모에게 듣지 못했다. 연구자들이 제시한 인용문은 그 소녀가 부모들의 말을 믿지 않았다는 것과 입양 사실을 알게 되었을 때 큰 상처를 입었다는 것을 보여준다. 다른 두 사례에서는 자신들이 입양되었다는 사실을 알게 된 두 명의 5살짜리 남자 아이들이 그러한 사실에 대해서 분노와 불신으로 반응했다는 것을 보여주었다.

모든 사례들에 공통적으로 나타나는 주제(theme) 중 하나는 아동들이 입양사실을 어떻게, 언제 그리고 누구로부터 듣게 되는가와 관련된 이슈들을 직면하게 될 때 사회복지사의 도움을 필요로 한다는 사실이다. 사회복지사는 입양아동들에게 처음으로 입양사실을 알려주는 역할은 입양부모가 하는 것이 가장 바람직하다는 점을 강조할 필요가 있다.

또 한 가지 공통적인 주제는 부모와 아동이 입양에 대해서 지속적으로 대화하는 것이 필요하며,

아동들이 자신의 배경과 자신이 입양된 이유에 대해 갖게 되는 끊임없는 의문에 대해서 공감과 이해를 보여주는 것이 필요하다는 점이다. 이러한 결론을 뒷받침해주는 증거는, 입양 사실을 알게 되는 것이 어떻게 어떤 가정에서는 문제를 일으키고 다른 가정에서는 문제를 일으키지 않는지를 잘 보여주는 여러 인용문에서 찾을 수 있다. 예를 들어, 한 인용문에서는 10살이 되었을 때 입양의 의미가 무엇인지를 알게 된 한 소녀가 자신이 어떻게 부모에 대해서 반항적이 되었는지를 잘 서술해주고 있다. 그 소녀에 따르면, 부모가 입양에 대해서 자신과 말하는 것을 어려워하거나 부모가 자신에게 입양에 관해서 늘 솔직한 태도를 취하지 못할 때 문제가 악화되었다고 한다. 다른 인용문들은 입양 아동들이 입양 사실과 관련해서 불편함을 덜 느끼고 부모와 아동 간에 커뮤니케이션이 잘 이루어진 사례들에서 뽑았다.

이런 예들을 통해서 우리는 내용분석이 무엇이고 내용분석이 가진 잠재적 가능성은 무엇인지를 보다 명확하게 이해할 수 있다. 이제 내용분석의 장점과 단점을 살펴봄으로써 내용분석에 대한 논의를 마치기로 하자.

16.3f 내용분석의 장점과 단점

아마도 내용분석이 가진 가장 큰 장점은 시간과 비용을 줄일 수 있다는 점이라고 할 수 있다. 예를 들어, 대학생 혼자서 내용분석을 할 수는 있어도 설문조사를 할 수는 없다. 내용분석은 많은 수의 조사원이나 특별한 장비를 필요로 하지 않는다. 연구자가 코딩할 내용에 접근성만 확보할 수 있다면 내용분석을 할 수 있다.

내용분석의 또 다른 장점은 실수를 하더라도 쉽게 바로 잡을 수 있다는 것이다. 만일 자신의 설문조사가 잘못되었다는 것을 알게 되면, 연구자는 추가로 시간과 비용을 들여서 전체 조사를 다시 해야

만 한다. 만일 질적 연구의 경우라면, 연구자가 뭔가가 잘못되었다는 것을 알게 되더라도 연구를 다시 한다는 것은 아마도 현실적으로 불가능할 것이다. 왜냐하면 연구의 대상이었던 어떤 사건은 더 이상 존재하지 않을 수 있기 때문이다. 다른 연구방법에 비해 내용분석에서는 연구의 일부를 다시 하는 것이 매우 용이한데, 모든 작업을 다시 하는 것이 아니라 자료의 일부만을 다시 코딩하면 된다.

내용분석이 갖는 또 한 가지 중요한 장점은 장기간에 걸쳐서 일어나는 어떤 과정을 연구할 수 있다는 것이다. 예를 들어, 연구자는 1850년에서 1860년까지 미국 소설에 나타난 아프리카계 미국인들의 이미지를 연구할 수도 있고 1850년부터 오늘날까지 그들의 이미지가 어떻게 변화해왔는지를 연구할 수도 있다.

마지막으로, 내용분석은 이번 장의 첫 부분에서 언급했던 것처럼 비관여적이라는 장점을 가지고 있다. 즉, 내용분석자는 연구 대상에 대해서 거의 영향을 미치지 않는다. 예를 들면, 책은 이미 쓰여 있는 것이고, 사례는 이미 기록되어 있으며, 연설은 이미 행해진 것이기 때문에 내용분석은 이들에 대해서 아무런 영향을 미치지 않는다. 이 장점은 다른 연구방법에서는 쉽게 찾아보기 힘든 장점이다.

물론 내용분석도 단점을 가지고 있다. 그중 하나는, 내용분석의 대상은 기록된 커뮤니케이션으로 범위가 한정되어 있다는 점이다. 즉, 커뮤니케이션은 말일 수도 있고, 글일 수도 있으며, 그림일 수도 있지만, 내용분석이 가능하기 위해서는 어떤 양식으로든 기록되어 있어야만 한다.

지금까지 살펴본 바와 같이, 내용분석은 타당도와 신뢰도 면에서 장점과 단점 모두를 가지고 있다. 타당도 문제는, 연구자가 커뮤니케이션 과정 그 자체를 연구하는 것이 아니라면 발생할 가능성이 있다. 예를 들어, 사회복지 관련 문헌에서 사례관리(case management) 같은 용어 사용이 줄어든 것이 사회복지사들이 전에 비해 사례관리를 더 많

이 하고 있다는 것을 반드시 의미하는 것일까? 어쩌면 실제로 변한 것은 동일한 형식의 실천을 표현하는 명칭이 아닐까? 다시 말해서, 사례관리라는 용어가 과거와 비교해볼 때 전혀 달라진 바가 없는 동일한 실천 방식을 그저 좀 더 멋있게 표현하는 용어일 수도 있다는 것이다.

타당도가 내용분석에서 일반적으로 나타나는 문제이기는 하지만, 양적 내용분석에서는 연구하는 내용이 매우 구체적이기 때문에 내용분석의 신뢰도가 높아질 가능성이 크다. 연구자는 원하면 언제든지 코딩한 것을 몇 번이든 재코딩하여 코딩의 일관성을 확인해볼 수 있다. 이와 대조적으로, 다른 종류의 양적 연구나 질적 연구에서는 관찰이나 범주화 과정의 신뢰도를 높이기 위해 연구자가 사후적으로 할 수 있는 것은 거의 없다고 봐야 한다. 이제 내용분석에 대한 논의는 이쯤에서 마치기로 하고 관련 있는 연구방법인 역사분석 연구에 대해서 살펴보기로 하자.

16.4 역사분석

역사분석(historical analysis)은 앞서 살펴보았던 내용분석을 비롯한 여러 가지 질적 연구방법들과 중첩되는 면이 있는 연구방법이다. 이 연구방법은 양적 방법과 다소 관련이 있기는 하지만(예를 들면, 시계열분석이나 그 밖의 다른 종단 연구방법), 일반적으로는 연구자가 아주 부분적이고 세세한 것들까지 다 잡아낼 수 있어야 하는 질적 연구방법으로 분류된다. 역사분석의 주된 관찰 및 분석 대상은 역사적 기록이다. 역사분석 연구방법에 내용분석이 포함될 수도 있지만 분석대상을 커뮤니케이션으로 한정하지는 않는다.

사회복지관련 문헌에서 찾아볼 수 있는 역사적 기록에는 여러 가지가 있는데, 초기 사회복지 분야의 선구자들에 관한 전기(biography)들이 그런 역사적 기록 중 상당 부분을 차지한다. 또 다른 역사

적 기록으로는 사회복지 정책과 프로그램의 발전 과정에 관한 사례연구들을 꼽을 수 있다. 이러한 기록들보다는 수적으로 많지 않지만 오늘날의 사회복지 실천을 위해 유용한 정보를 제공해주는 데 매우 효과적인 기록들은 역사 속에서 나타나는 반복적인 유형을 찾고자 했던 비교연구들이다. 이들 비교연구들은 과거를 설명하고 현재와 미래를 위한 교훈을 우리에게 제공해준다.

후자의 유형에 해당하는 대표적인 연구로는 Morrissey와 Goldman(1984)의 만성정신질환자 보호와 관련된 개혁의 주기적 반복에 관한 연구를 꼽을 수 있다. Morrissey와 Goldman은 최근의 탈시설화 운동과 19세기에 Dorothea Dix가 펼쳤던, 병세가 깊어 그러지 않아도 자신들을 꺼려하는 지역사회 내에서 자활조차 할 수 없는 정신질환자들을 위해 정신병동과 보호를 제공하는 주립병원을 건립해줘야 한다는 개혁운동을 구체적으로 비교했다. Dix 시기의 개혁은 정실질환자들에 대한 보호를 지역사회로부터 병원으로 옮김으로써 그들에게 좀 더 인간적인 보호를 제공하는 데 주안점을 두었다. 오늘날의 탈시설화 시기의 개혁은 정신질환자들에게 보다 인간적인 보호를 제공하기 위해 병원으로부터 지역사회로의 변화를 추구하고 있다. 그럼에도 불구하고, 오늘날 우리는 수많은 정신질환자들이 거처할 곳이 없거나, 감옥에 들어가 있거나, 열악한 환경 속에서 살아가고 있다는 말을 듣고 있다. 이러한 현실 가운데 대부분은 불과 1세기 전에 Dix의 개혁운동이 일어날 수밖에 없었던 바로 그 당시의 현실과 전혀 다르지 않다.

Morrissey와 Goldman은 어떻게 이 두 가지 개혁운동이 모두 동일한 이유에서 실패했는지를 잘 설명해주고 있다. 결국, 두 개혁 모두 정신질환자를 위한 보호를 좀 더 인간적으로 만드는 데 필요한 공적 재정을 충분히 확보하지 못한 상태에서 단순히 보호의 장소만 바꾸었기 때문이다. 충분한 재정이 뒷받침되지 않는 상태에서 Dix가 정신질환

자를 위해 의도했던 인간적인 보호시설은 오히려 비인간적이고 수많은 환자들로 붐벼대는 "뱀구덩이"가 되는 경우가 너무도 많았고, 그곳에서 고가의 개인적 보호를 받을 여유가 없는 수많은 환자들은 마치 창고에 갇히는 것처럼 수용되고 잊혀져버리곤 했다. 탈시설화 운동이 가진 고귀한 의도 또한 충분한 재정지원이 없는 상태에서는 많은 정신질환자들을 주립병원의 뒤쪽에 위치한 구석진 병동만큼이나 열악하기 짝이 없는 지역사회로 내몰게 되는 결과를 가져왔다.

이들의 연구가 우리에게 주는 한 가지 교훈은, 만일 우리가 진정으로 만성정신질환자를 위한 보다 인간적인 보호를 제공하고자 한다면, 우리의 노력은 단순히 이상적인 프로그램이 무엇인지를 개념화하거나 어디에서 보호를 제공할 것인지에 대해서 생각하는 차원을 넘어서야 한다는 것이다. 진짜 고민해야 할 사안은 그러한 보호를 위해 필요한 재정을 지원하도록 정부를 설득하는 것이다. 이러한 노력이 없는 개혁은 이전의 개혁들과 마찬가지로 의도하지 않은 결과를 맞게 되는 실수를 또다시 반복하는 운명에 처하게 될 것이다.

16.4a 역사분석 연구의 자료원

앞서 기존 통계자료에서 보았던 것과 마찬가지로, 역사연구의 경우에도 분석할 수 있는 자료는 실로 무궁무진하다. 우선, 우리가 연구하고자 하는 것이 무엇이든 그 주제는 이미 역사학자들에 의해서 어느 정도 다루어졌을 것이며, 그들의 연구는 해당 주제에 관한 기초지식을 제공해줄 수 있다. 따라서 역사학자들의 연구결과는 보다 깊이 있는 연구를 위한 좋은 출발점이 된다. 우리가 궁극적으로 하고자 하는 것은 "원자료(raw data)"를 연구하여 다른 사람들이 내린 결론을 넘어서서 자신의 결론을 끌어내는 것이다. 물론 연구하려는 주제에 따라 원자료는 다양할 수 있다. 예를 들면, 오래된 편

지, 일기, 설교, 강의 등이 원자료가 될 수 있다.

Ellen Rothman(1981)은 가족사를 연구하는 과정에 대해 설명하면서 다음과 같은 자료원(sources)에 대해서 언급하고 있다.

개인 차원의 자료원뿐만 아니라 공공기록 또한 가족사를 드러내 보여줄 수 있다. 신문은 특정 지역사회의 관점에서 바라본, 과거 가족생활의 교육적, 법적, 오락적 측면에 관한 매우 풍부한 증거를 제공해준다. 잡지는 가족생활의 보다 일반적인 패턴을 반영한다. 학생들은 가족 가치관에 대해서 주류 사회가 가진 인식 및 기대에 관한 자료를 분석하는 과정에서 잡지가 매우 흥미로운 자료라는 사실을 종종 깨닫는다. 잡지는 시각적 자료(그림과 광고), 논평(사설과 충고난) 및 소설과 같은 다양한 다른 종류의 자료를 동시에 제공한다. 인기 있는 정기간행물로부터는 특히 논평과 소설을 많이 찾을 수 있다. 19세기 초에서부터 오늘날까지 잡지에는 가족이 살아가면서 갖게 되는 여러 가지 질문들 —아이들을 교육시키는 적절한 방법에서부터 어떤 벽지를 고르는 것이 좋은지에 이르기까지— 에 대한 다양한 의견과 충고들이 잡지의 내용을 가득 채우고 있다. 잡지에는 공통적인 경험이나 가족의 삶에 대한 인식을 엿볼 수 있는 이야기들이 끊임없이 나타난다 (1981: 53).

일반적으로 모든 조직은 조직에 관한 사항들을 기록으로 남긴다. 따라서 어떤 조직의 발전과정을 연구하고자 한다면 그 기관의 정관, 정책문서, 리더의 연설문 등과 같은 공식문서를 검토해야 한다.

많은 경우, 정부의 공식문서는 분석에 필요한 자료를 제공한다. 미국의 인종관계(race relations)의 역사를 올바르게 이해하기 위해서 A. Leon Higginbotham, Jr.(1978)는 약 200년에 걸친 인종과 관련된 법률과 판례를 검토했다. 그 자신이 최초의 아프리카계 미국인 연방판사였던 Higginbotham은 법이 아프리카계 미국인들을 보호하기보다는 편협성과 압제의 구현이었다는 것을 발견했다. 초기 판례들을 보면, 아프리카계 미

문서 읽고 평가하기

Ron Aminzade와 Barbara Laslett, Minnesota 대학

이 글은 독자들로 하여금 역사가들이 하는 해석 작업과 그들이 자료원에 대해 취하는 비판적 접근이 어떤 것인지를 대략적으로 이해할 수 있게 하기 위한 목적에서 쓴 글이다. 역사가들은 역사의 부스러기들로부터 과거를 재구성하고, 여러 종류의 문서들이 갖는 증거로서의 가치를 평가하고, 인정될 수 있는 추론과 해석의 범위를 설정하기 위해 노력하는 과정에서 몇 가지 기술을 발전시켰다. 이 글은 그러한 기술을 평가하는 데 도움이 될 것이다.

다음은 역사가들이 문서에 대해서 던지는 몇 가지 질문이다.

1. 누가 이 문서들을 작성했는가? 왜 썼는가? 왜 이들 문서는 오랜 세월 동안 살아남았는가? 문서에 담겨 있는 정보를 얻기 위해 어떤 방법이 사용되었는가?
2. 이 문서들은 어떤 편견을 가지고 있는가? 편견을 어떻게 발견하고 바로잡을 것인가? 문서에 실린 개인, 사건 등의 표본은 어느 정도의 포괄성 또는 대표성을 갖고 있는가? 문서를 준비함에 있어서 제도적인 제한은 무엇이었으며, 따라야 했던 일반적인 조직의 관례는 무엇이었는가? 문서가 연구하고자 하는 현상에 관한 지표보다 제도적 활동에 관한 지표를 얼마나 더 제공하고 있는가? 문서에 기록된 사건에 대한 실제 관찰과 목격자가 자신이 목격한 바를 문서로 작성 시점 간에 어느 정도의 시간 차이가 존재하는가? 문서를 어느 정도나 비밀스럽게 혹은 널리 알려지게 하려고 했는가? 문서의 담겨 있는 내용을 표현하는 데 있어서 예절, 관습, 풍습이 어떤 역할을 했는가? 만일 이 문서에 담겨있는 증거에만 의존한다면, 과거에 대한 시각이 어떻게 왜곡될 수 있는가? 동일한 이슈에 대해서 어떤 다른 종류의 문서를 증거로 찾을 수 있는가?
3. 이 문서들을 작성한 사람이 문서에 제시된 정보를 정리하기 위해 사용한 주된 범주와 개념은 무엇인가? 그와 같은 사고의 범주들을 사용함으로 인해 어떤 것들이 선별(selectivities)되었거나 언급되지 않게(silences) 되었나?
4. 이 문서들은 어떤 종류의 이론적 이슈와 논쟁을 야기하는가? 이 문서들은 어떤 역사적 혹은 사회학적 질문에 대한 답을 찾는 데 도움이 되는가? 문서에 담긴 정보로부터 어떤 종류의 타당한 추론을 할 수 있는가? 문서에 담겨 있는 정보에 기초할 때 어떤 종류의 일반화를 할 수 있는가?

국인들이 계약노동자였는지 아니면 사실상 노예였는지가 매우 모호했으나, 이후의 판례와 법률에는 아프리카계 미국인들을 인간 이하의 존재로 비하는 입장이 분명하게 나타나기 시작했다.

학술 도서관은 역사연구를 위한 자료를 찾을 수 있는 좋은 자료원이다. 일반적으로 학술 도서관에는 전문 사서들이 있으며 필요한 문서를 찾고자 할 때 그들로부터 도움을 받을 수 있다. 역사연구를 하고자 하는 연구자에게 있어서 도서관 이용 기술은 연구자가 필수적으로 갖추어야 할 조건이다.

자료원은 크게 1차 자료원과 2차 자료원으로 나뉜다. 1차 자료원은 어떤 사건이 발생할 때 그 자리에 있었던 사람이 직접 제공하는 설명이다. 예를 들면, 일기, 편지, 조직의 내규, 회의록, 목격자의 진술 등이 이에 해당한다. 2차 자료원은 과거의 현상을 1차 자료원에 기초하여 기술한다. 따라서 어떤 연구자가 Lyndon Johnson 대통령 시기에 해당하는 사회복지 프로그램의 역사에 관한 책의 일부를 인용한다면, 연구자는 2차 자료원을 이용하고 있는 것이다. 그러나 Texas 주 Austin 시에 있는 Lyndon Johnson 대통령 기념 도서관에 가서 그 시기에 해당하는 편지, 법률 또는 공식문서를 찾아 그 내용을 인용하면, 연구자는 1차 자료원을 이용하는 것이다.

2차 자료원에만 의존하여 연구하는 연구자는 자칫 해당 자료원이 가지고 있는 실수를 되풀이할 뿐 과거의 사건에 대한 새롭고 독창적인 관점을 제공할 기회를 갖지 못할 수 있다. 물론, 1차 자료원도 문제는 가지고 있다. 예를 들어, 목격자가 편견을 갖고 있었거나 잘못된 기억을 갖고 있을 수도 있다.

Stuart(1981)는 1차 자료원을 제공하거나 자신들이 목격한 사건을 바탕으로 1차 자료원을 기록

하는 사람들이 그 사건과 관련된 이해당사자일 수 있다고 주장한다. 스튜어트는 19세기 말에 미국 원주민 감독관들이 보호구역에 거주하는 미국 원주민의 인구에 대해 보고한 통계에 나타나 있는 편견을 예로 제시한다. 어떤 감독관들은 연방정부의 인디안 관리국(Office of Indian Affairs)으로부터 더 많은 물자를 공급받기 위해서 자신들이 감독하고 있는 보호구역의 미국 원주민의 숫자를 허위로 과장했다.

역사연구를 진행할 때, 연구자는 몇 가지 것에 대해서 주의해야 한다. 기존통계의 경우와 마찬가지로 연구자는 기록(공식 또는 비공식, 1차 또는 2차)의 정확성을 무턱대고 신뢰해서는 안 된다. 연구자는 항상 자신의 자료원이 편견을 가지고 있을 수 있다는 가능성을 염두에 두어야 한다. 어떤 선구적 사회복지사에 관한 모든 자료가 그를 위해 일했던 사람들로부터 얻은 것이라면 그 사람에 대한 균형 있는 의견을 얻을 가능성은 낮을 것이며, 어떤 사회운동의 발달 과정에 관한 모든 자료를 그 운동에 참여했던 사람들에게서 얻는다면 그 운동에 관한 올바른 정보를 얻을 가능성 또한 낮을 것이다. 지금으로부터 1세기 전, 자선조직협회(Charity Organization Society)에서 일했던 부유한 우애 방문자들(friendly visitors)의 일기는 그들이 그 시기에 방문했던 가난한 이민자들의 생활을 정확히 보여주지 못할 수도 있다.

역사연구가 가진 이와 같은 위험들로부터 연구자가 자신의 연구를 보호할 수 있는 방법은 보강자료를 통한 확증(corroboration)이다. 만일 다양한 자료원이 동일한 "사실"을 말해준다면, 그러한 자료원에 대한 신뢰도는 당연히 높아질 것이다. 따라서 역사연구를 수행할 때는 단 하나의 자료원 또는 단 한 종류의 자료원에만 의존하지 않도록 해야 한다. 찾을 수 있는 모든 관련 자료원으로부터 자료를 얻도록 노력하고 상이한 이해관계와 상이한 관점에 해당하는 다양한 자료원을 찾도록 노력해야

한다. "문서를 읽고 평가하기"라는 제목의 글상자는 역사 문서의 활용 및 문서로부터 무엇을 얻을 수 있는지에 관해 많은 것들을 제시해주고 있다.

역사 문서를 접할 때 생각해봐야 할 것들에 대한 Aminzade와 라슬럿의 비판적인 고찰은 비단 역사·비교연구뿐만 아니라 보다 일반적으로는 우리들의 삶에도 큰 도움이 된다. 글상자에 나열된 질문들 가운데 일부를 대통령의 기자회견, 광고 또는 대학교재에 적용한다고 생각해보자. 그것들 가운데 어떤 것도 실재를 그대로 보여주지는 못한다. 왜냐하면 그것들 모두는 결국 인간이 쓴 것들이고 인간에 관한 것들이기 때문이다.

16.4b 분석기법

질적 연구기법으로서의 역사연구는 무엇인가를 설명하는 과정에서 가설을 양적 방법과는 다르게 취급한다. 역사연구자는 연구의 전 과정에서 단 하나의 가설을 고집하기보다는 역사 문서들을 검토하고, 분석하고, 종합하는 과정을 통해 가설을 지속적으로 수정하고 재구성할 수 있다.

역사연구는 유연한 질적 연구방법이기 때문에 역사 자료를 분석할 때 어떤 일반적인 단계를 따르지는 않는다. Max Weber는 사회조사의 본질적인 특성에 대해 언급하면서 이해(understanding)라는 뜻의 독일어인 verstehen이라는 단어를 사용했다. 이 용어를 통해서 베버는 연구자가 연구 대상의 행동을 올바르게 해석하기 위해서 연구 대상의 상황, 관점, 감정을 정신적으로 받아들여 볼 수 있어야 한다는 것을 의미했다. 최근 사회과학자들은 사회조사연구의 바로 이런 측면을 표현하기 위해 해석학(hermeneutics)이라는 용어를 사용해왔다. 이 용어는 원래 성경에 담겨 있는 영적 진리에 대한 해석을 말하는 기독교 신학적 용어였으나 시간이 지나면서 세속화되어 예술, 과학 또는 해석기술을 의미하는 용어로 쓰이게 되었다.

양적 연구방법을 통해 얻은 결론이 부분적으로는 수량적 계산에 근거하는 반면(예를 들면, x는 y보다 더 크다 또는 작다라는 식의), 해석학적 결론은 구체적이기 어렵고 따라서 논쟁의 여지를 갖는다. 그렇다고 해서 해석학이 단순히 의견을 뜻하는 것은 아니며 분명히 그 이상의 것을 포함한다. Albert Einstein(1940)은 과학의 기초를 다음과 같이 서술했다.

과학은 우리의 감각-경험이 갖는 혼란스런 다양성을 논리적으로 단일한 사고 체계에 대응시키려는 시도이다. 이러한 체계 속에서 어떤 하나의 경험은 이론적 구조와 관련되어야 하는데, 그 결과로서 나타나는 관계는 독특한 것이어야 할 뿐만 아니라 납득할만한 것이어야 한다(p. 487).

역사연구자는 연구 대상을 서술하는 많은 양의 구체적인 내용 가운데에서 패턴을 발견해야 한다. 많은 경우, 아인슈타인이 말했던 "이론적 구조"는 베버가 말한 전형(ideal types)의 형태를 띠는데, 전형이란 사회현상의 본질적인 특성들로 구성된 개념적 모형을 말한다. 따라서 예를 들면, 베버는 관료제에 관한 상당한 연구를 진행했다. 베버(1925)는 수많은 관료제를 관찰한 후, 일반적인 관료제의 본질적인 특성(관할영역, 위계적으로 구조화된 권위, 문서화 등등)을 밝혔다. 베버는 자신이 관찰한 실제 관료제의 공통적인 특징을 단순히 서술하는 데서 그치지 않았다. 그는 "완전한"(전형) 관료제에 관한 이론적 모형을 만들어내기 위해서 관료제의 본질을 완전하게 이해하고자 했다.

역사 연구는 종종 특정 이론적 패러다임으로부터 정보를 제공받는다. 따라서 막시스트 학자들은 마르크스주의의 갈등이론으로 특정 상황을 이해할 수 있는지를 알아보기 위해 특정 상황(예를 들면, 미국 내의 남미계 미국인들의 역사)에 대한 역사분석을 시도해볼 수 있다.

역사연구가 질적 방법이기는 하지만 역사가들도 종종 양적 연구방법을 사용한다. 예를 들어, 역사 분석가들은 종종 일정 기간에 걸쳐 조건이 변하는 것을 지켜보기 위해 인구, 범죄율, 실업, 유아사망률 등과 같은 시계열 자료(제12장 참조)를 사용한다. 역사연구자들이 양적 자료를 사용한다면 그들의 연구보고서에는 자신들의 결론을 뒷받침하기 위한 숫자, 그래프, 통계적 경향 등과 같은 내용이 포함될 것이다. 반면에, 역사연구자들이 질적 연구방법에 의존한다면 연구보고서에 양적자료를 제시하기보다는 자신들이 사용한 자료원으로부터 많은 이야기 내용(narrative materials)을 인용하여 자신들이 발견했다고 생각하는 반복적인 패턴이 무엇인지를 예시하고자 할 것이다.

16.5 주요 내용

- 2차 자료분석은 한 연구를 통해 수집되고 처리된 자료를 다른 연구자가 (다른 연구 목적을 가지고) 분석하는 연구방법이다.
- 다양한 정부기관 및 비정부기관들은 사회복지 연구를 위한 좋은 자료원이 될 수 있다.
- 2차 자료분석이 가진 대표적인 두 가지 장점은 직접 설문조사를 실시하는 것보다 비용이 적게 들고 신속하게 연구를 할 수 있다는 것이다.
- 2차 자료분석이 가진 단점은 수집된 자료가 공개될 때쯤이면 그 자료는 이미 오래된 자료가 되어 버릴 수 있다는 것과 분석하고자 하는 변수에 관한 자료의 타당도가 낮을 수 있다는 것이다.
- 많은 시간과 노력을 들여 2차 자료분석을 위한 계획을 세우기 전에 자신이 원하는 자료가 있는지를 먼저 확인해봐야 한다. 만일 필요한 자료가 있다면, 그 다음으로는 중요한 변수들이 많은 결측값을 가지고 있지는 않은지 그리고 변수 값에 충분한 변량이 존재하는지를 확인해보아야 한다.
- 기존 통계자료는 타당도와 신뢰도에 문제가 있을 수 있으므로 주의해서 사용해야 한다.

- 내용분석에서 주로 단어, 문단, 책 같은 커뮤니케이션 단위를 분석 단위로 사용한다.
- 드러난 내용이란 커뮤니케이션의 특성 가운데 직접적이고 가시적인, 그리고 객관적으로 밝힐 수 있는 특성을 말한다. 예를 들면, 책에 쓰여 있는 특정 단어, 그림에 사용된 특정 색 등을 생각할 수 있다. 드러난 내용은 내용분석연구의 연구 대상 가운데 하나이다.
- 숨은 내용은 커뮤니케이션 안에 포함되어 있는 의미를 말한다. 숨은 내용을 밝히기 위해서 연구자는 연구의 일부로서 판단을 내려야 한다.
- 내용분석은 경제적이고, 실수를 쉽게 바로 잡을 수 있으며, 장기간에 걸친 과정에 대한 연구가 가능하다는 장점을 가지고 있다. 반면에, 내용분석은 기록된 커뮤니케이션으로만 연구 대상이 국한되며 신뢰도나 타당도에 문제가 있을 수 있다는 단점을 가지고 있다.
- 사회복지 연구자는 역사·비교연구방법을 이용하여 서로 다른 시간과 장소에서 나타나는 공통적인 패턴을 발견하고자 접근할 수 있다.
- 역사연구의 자료원에는 1차 자료원과 2차 자료원이 있다.
- 1차 자료원은 사건을 실제로 목격한 사람이 제공해주는 사건에 대한 설명을 말하는 것으로서 일기, 편지, 기관의 정관, 회의록, 목격자의 진술 등을 예로 꼽을 수 있다. 2차 자료원은 1차 자료원에 기초하여 과거를 서술한 것을 말한다.
- 2차 자료원에만 의존하는 연구자는 자칫 2차 자료원이 가지고 있는 오류를 그대로 반복할 뿐 새롭고 독창적인 시각에서 과거를 바라볼 수 있는 기회를 갖지 못하게 될 수 있다. 물론 1차 자료원 역시 단점을 가지고 있다. 예를 들면, 목격자가 편견을 가지고 있을 수도 있으며 목격자의 기억이 잘못된 것일 수도 있다.
- 역사연구를 할 때 연구자는 단 하나의 자료원이나 단 한 종류의 자료원에만 의존해서는 안 된

다. 1차 자료원이나 2차 자료원을 사용하는 데 따르는 위험으로부터 자신의 연구를 보호할 수 있는 방법은 보강자료를 통한 확증이다. 만일 다양한 자료원이 동일한 "사실"을 제시한다면, 그러한 자료원에 대한 신뢰도는 높아질 것이다.

16.6 연습문제

1. 두 세 문장 정도로 공화당과 민주당 중에서 어느 쪽이 사회복지 지출에 대해서 더 지지적인지를 알아보기 위한 내용분석연구를 계획한다. 연구계획에 표본추출방법과 척도에 관한 내용을 반드시 포함시킨다.

2. 최근 자신이 다니고 있는 대학에서 학생들을 대상으로 자살을 생각해본 적이 있는가라는 질문을 포함한 다양한 쟁점들을 묻는 설문조사를 실시하여 얻은 자료가 있으며, 이 자료를 이용하여 2차 자료분석을 실시하여 대학에서 제공하는 자살예방 프로그램에 대한 학생들의 욕구 및 이용 정도를 사정해야 한다고 가정한다. 이런 2차 자료에만 의존하여 욕구조사를 할 때 어떤 장점과 단점이 있을 수 있는지 서술해본다.

3. 관리의료회사(managed care)들부터의 압력으로 인해 5년 전부터 여러분이 근무하고 있는 아동·가족복지서비스기관은 각각의 사례에 대해서 진단명을 비롯하여 각 사례가 매니지드케어기관으로부터 의료비를 지불받을 수 있는지, 얼마동안이나 의료비를 지불받을 수 있는지 등에 관한 정보를 매니지드케어기관에 제공하기 위해 엄청난 시간을 서류작업에 쏟아야 한다고 가정한다. 이러한 변화가 클라이언트의 진단명, 기관이 제공하는 서비스의 성격과 양 그리고 클라이언트의 배경 특성의 변화 추세에 관한 기관의 기존자료를 분석하는 데 어떤 문제를 어떻게 야기할 수 있을지에 대해서 논의해본다.

16.7 추천도서

Elder, Glen H., Jr., Eliza K. Pavalko, & Elizabeth
C. Clipp. (1993). *Working with Archival Data*:
*Studying Live*s. Newbury Park, CA: Sage. 이
책은 미국 내 기존 자료보관소, 특히 종단 자료
를 제공하는 자료보관소를 이용할 수 있는 가
능성 및 방법에 대해서 서술하고 있다.

Weber, Robert Philip. (1990). *Basic Content*
*Analysi*s. Newbury Park, CA: Sage. 이 책은
내용분석의 설계와 실행에 관한 책으로서 내용
분석을 처음 접하는 사람들이 보기에 아주 좋
은 책이다. 개괄적인 이슈와 구체적인 기법들
을 모두 다루고 있다.

자료분석

이 책을 마무리하는 제8부에서 우리는 양적 연구와 질적 연구에서의 자료 분석 및 결과 해석에 대해서 살펴볼 것이다. 제17장은 독자들에게 기술적 목적을 가진 양적 자료분석과 추론적 목적을 가진 양적 자료분석에 대한 개괄적 이해를 제공해준다. 이 장에서는 통계값들을 계산하는 방법보다는 통계값들이 의미하는 바를 이해하는 데 초점을 둘 것이다. 이어서 제18장에서는 질적 자료분석에 대해서 살펴볼 것이다.

질적 자료를 처리하는 과정은 과학이라기보다는 예술에 가깝다고 할 수 있다. 왜냐하면 성공을 보장하는 확실한 방법이 없기 때문이다. 그럼에도 불구하고 우리는 질적 자료분석의 이론적 근거와 질적 자료의 의미를 탐구하는 데 유용한 개념적 절차들에 대해서 이해할 필요가 있다.

chapter 17

양적 자료분석

17.1 서론

이 장에서는 양적 조사연구의 통계자료 분석과 관련된 기본적인 원리들을 살펴보기로 하겠다. 양적 자료분석은 기술적(description) 목적에서 실시되기도 하고 설명적(explanation) 목적에서 실시되기도 한다. 기술적 목적에서 자료를 분석할 때 연구자는 자신이 수집한 자료로만 시각을 제한하고 연구표본에만 초점을 맞춘다. 단일 변수를 기술하기 위한 목적에 실시하는 자료분석을 일변량분석이라고 한다. 두 변수 간의 관계를 분석하는 자료분석은 이변량분석이라고 하고, 세 개 이상의 변수들 간의 연관성을 분석하는 것은 다변량분석이라고 한다.

양적 연구를 할 때 연구표본(study sample)을 기술하는 것 그 자체를 위해 양적 연구를 하는 경우는 거의 없다. 대부분의 경우, 양적 연구는 표본이 뽑혀져 나온 모집단에 관하여 어떤 주장을 하거나 수집된 자료들 간에 특정 관계가 왜 존재하는지 설명해줄 수 있는 인과적 과정에 관하여 어떤 주장을 하기 위한 목적에서 실시한다. 기술적 자료분석을 통해 얻은 결과는 연구자에게 해당 연구 또는 연구표본의 범위를 넘어서서 일반화할 수 있는 근거를 제공해주지 못한다. 설령 기술적 자료분석을 통해 서로 다른 변수들 간의 관계를 발견하고 기술하더라도, 그것만으로는 그런 관계가 일반적으로 존재하는 관계라거나 어떤 이론적 의미를 갖는다는 추론을 하기 어렵다. 그렇기 때문에 연구자는 기술 통계분석과 함께 반드시 추론 통계분석을 실시해봐야 한다.

통계학은 쉬운 주제가 아니며, 그렇기 때문에 우리는 이 책에서 논의의 수준을 개괄적 고찰 정도로 제한하고자 한다. 그럼에도 불구하고, 우리는 이 장에서 살펴볼 내용들이 향후 독자들이 양적 연구보고서를 읽을 때 접하게 될 여러 가지 중요한 개념들을 이해하는 데 도움을 줄 것이라 확신한다.

17.2 코딩

요즘은 자료를 분석할 때 일반적으로 컴퓨터 프로그램을 사용한다. 자료분석용 컴퓨터 프로그램들로 하여금 마술처럼 연구자가 원하는 모든 것을 하게 만들기 위해, 연구자는 조사연구를 통해서 얻은 자료를 컴퓨터가 인식할 수 있도록 입력해야 한다. 따라서 자료분석의 첫 번째 단계는 코딩이다(제18장에서 보게 되겠지만 이는 질적 자료분석의 경우도 마찬가지이다). 코딩이란 각각의 변수가 가진 응답범주 하나마다 숫자로 된 코드를 부여하는 것을 말한다.

변수들 중에는 코딩하기가 매우 용이한 변수들이 있다. 예를 들어, 설문조사를 실시하여 얻은 자료들 중 나이나 소득 같은 자료들은 본질적으로 수량적인 자료이다. 따라서 어떤 응답자가 자신의 나이를 "65세"라고 답했다면 65라는 값을 컴퓨터에 그대로 입력하면 된다. 마찬가지로 "남성"과 "여성"은 각각 "1"과 "2"로 전환하면 되며, "종교", "민족", "거주 지역" 등과 같은 변수들에 대해서도 쉽게 숫자 코드를 부여할 수 있다.

이와 달리, 변수들 중에는 코딩하기가 결코 쉽지 않은 변수들도 있다. 예를 들어, 지역사회의 문제를 묻는 개방형 질문에 대해서 응답자들은 다양하고 장황한 답을 늘어놓을 수 있다. 연구자는 응답들 중에서 유사하다고 판단되는 응답들에 대해 동일한 코드를 부여하여 하나의 응답 범주로 묶는 방식으로 다양한 응답들을 소수의 코드 범주로 전환할 수 있다.

수집한 자료를 수량적 코드로 전환하고 나면, 연구자는 자료를 컴퓨터에 입력해야 한다. 그 다음 단계는 코딩 및 자료입력 과정에서 발생한 오류를 제거하는 단계인데, 이를 가리켜 "자료정리"(data cleaning)라고 한다. 그 다음 단계는 입력한 자료를 분석하는 단계이다. 그럼 이제 단일변수에 관한 자료를 분석하고 제시하는 데 필요한 기본적인 기술 통계값들에 대해서 알아보기로 하자.

17.3 기술적 일변량분석

일변량분석(univariate analysis)이란 한 번에 단 한 개 변수에 대해서만 사례들의 분포를 살펴보는 분석방법이다. 예를 들어, 관찰대상의 "성별"을 측정하고 나면 몇 명이 남성이고 몇 명이 여성인지 알아볼 필요가 있을 것이다. 그럼, 이제 일변량분석의 가장 기본적인 형태인 빈도분포에 대해서 살펴보기로 하자.

17.3a 빈도분포

일변량자료(univariate data)를 제시하는 가장 기본적인 방법은 모든 사례를 특성을 모든 변수에 대해서 일일이 제시하는 것이다. 예를 들어, 어떤 사회복지기관을 이용한 클라이언트들의 연령에 관심이 있으며 이제까지 수백 명의 클라이언트들이 이 기관의 서비스를 이용했다고 가정해보자(서비스 이용에 관한 자료는 기관의 기록으로부터 얻었다고 가정하자). 클라이언트의 연령을 보고하는 가장 단순한 방법은 모든 클라이언트의 나이를 열거하는 것이다: 63세, 57세, 49세, 62세, 80세, 72세, 55세 등등. 이 방법 이외에 자료가 가진 자세한 정보를 잃지 않으면서 자료를 좀 더 다루기 쉬운 형태로 요약·정리할 수 있는 한 가지 방법은 나이가 38세인 클라이언트는 5명, 39세는 7명, 40세는 18명 등의 방식으로 자료를 제시하는 것이다. 이 방식을 사용할 경우, 나이 변수에 대해 자료를 중복해서 보고하는 번거로움을 덜 수 있다.

이 방법보다 좀 더 편리한 자료 제시방법은 (약간의 정보 손실이 있기는 하지만) 클라이언트의 연령을 집단자료(grouped data)의 빈도분포 (frequency distribution) 형태로 제시하는 것이다. 예를 들면, 45세 미만의 클라이언트는 246명이고

45~50세에 해당하는 클라이언트는 517명이라는 식으로 보고하는 것이다. 이 방식을 사용할 경우, 연구자는 분포의 백분율도 제시해줄 수 있는데, 예를 들면 45세 미만의 클라이언트는 전체 클라이언트의 x%, 45세에서 50세에 해당하는 클라이언트는 y%라는 식으로 나이를 보고할 수 있다.

17.3b 중심경향도

단순히 빈도분포를 이용하여 자료를 보고하는 것에서 한 걸음 더 나아가서 자료의 요약 평균 (summary averages) 또는 중심경향도(central tendency) 측도를 제시하여 자료를 보고할 수도 있다. 이 방법을 사용할 경우, 연구자는 **최빈값**(가장 빈번하게 나타나는 속성), **평균값**(산술평균), 그리고 **중앙값**(관찰된 속성들을 순위별로 나열할 때 정확하게 중간에 위치하는 속성)이 있다. 자료를 가지고 이 세 가지 측도 각각을 계산하는 방법은 다음과 같다.

예를 들어, 청소년주거시설에 있는 거주하고 있는 클라이언트 40명의 사례기록을 분석한다고 가정해보자. 클라이언트의 연령은 아래의 표에 나타난 바와 같이 최소 12세에서 최고 18세에 이르고 있다.

클라이언트의 연령이 위와 같을 때 "이들의 평균 연령은 얼마인가?"라는 질문에 대해서 연구자는 다음과 같은 세 가지 방법으로 답할 수 있다.

가장 구하기 쉬운 **평균** 측도(average measure)는 가장 빈번하게 나타나는 값을 의미하는 최빈값

연령	명수
12	4
13	4
14	7
15	10
16	9
17	5
18	1

(mode)이다. 앞의 표에서 제시된 바와 같이, 15세에 해당하는 클라이언트는 10명으로써 이 연령에 해당하는 클라이언트의 수가 다른 어떤 연령에 해당하는 클라이언트의 수보다 많다. 최빈값보다 더 많이 사용되는 측도는 평균값(mean)이다. 평균값을 계산하는 방법은 클라이언트 40명의 연령을 모두 더한 다음 그 값을 클라이언트의 수인 40으로 나누는 것이다. 앞의 표에 제시된 자료를 이용할 경우, 12를 네 번 더하고 13도 네 번 더하는 식으로 모든 클라이언트의 연령의 합을 구하면 595이고, 이 값을 클라이언트의 명수(40)로 나누어주면 연령의 평균값은 14.9세가 된다.

중앙값(median)은 정확하게 "중간"에 위치한 값을 말한다. 따라서 중앙값을 기준으로 하여 관찰대상 중 절반은 이 값보다 아래에 위치하고 나머지 절반은 위에 위치한다. 위의 예에서 40명의 클라이언트들 중 15명은 15세보다 나이가 어리고 15명은 나이가 많으므로 중앙값은 15이다.

많은 연구논문에서 평균과 중앙값이 모두 제시되는 경우를 종종 볼 수 있다. 평균과 관련해서 한 가지 주의해야 할 것은 평균은 극단적인 사례들, 즉 아주 크거나 아주 작은 변량을 갖는 사례들에 의해서 영향을 받는다는 사실이다. 이러한 사실을 잘 나타내 보여주는 한 가지 좋은 예를 들어보자. 한때 워싱톤 주 레드몬드 시 거주자들의 평균 재산이 백만 달러를 훨씬 넘은 적이 있다. 물론, 그 당시 레드몬드 시에 사는 평균적인 사람들의 삶은 백만장자들의 삶과는 매우 동떨어진 삶이었다. 그럼에도 불구하고 평균 재산액이 그처럼 높게 나타난 이유는 "평균" 재산액에 단 한 명의 극단적 사례, 즉 순자산의 규모가 수백억 달러를 상회하는 마이크로소프트사의 사장인 빌게이트의 영향이 그대로 반영되었기 때문이다. 이 경우, 레드몬드 시 거주자 전체의 실제 재산규모를 엿볼 수 있게 해주는 측도는 중앙값이라는 사실을 쉽게 이해할 수 있다. 이제 이 예와 관련된 또 한 가지 중요한 통계적 개

념인 산포도에 대해서 알아보기로 하자.

17.3c 산포도

앞에서 살펴본 것처럼, 평균 측도들은 원자료를 특정 변수에 대해서 수집된 자료의 모든 자세한 내용을 나타내는 단 하나의 값(혹은 속성)으로 축약하여 나타내준다. 그러나 평균 측도들은 독자들로 하여금 원자료의 모습이 어땠는지를 알 수 있게 해주지 못하는 단점을 가지고 있다. 이러한 단점을 어느 정도 보완할 수 있는 방법은 응답 내용들이 흩어져 있는 정도를 나타내는 **산포도(dispersion)** 측도를 함께 제시해주는 것이다. 가장 단순한 형태의 산포도 측도는 범위인데, 이는 가장 큰(혹은 높은) 값과 가장 작은(혹은 낮은) 값 간의 차이를 말한다. 따라서 이제 클라이언트들의 연령의 평균값이 14.9세라는 것과 더불어, 이들의 연령은 최저 12세에서 최고 18세의 범위를 가진다는 것도 함께 제시해줄 수 있다.

산포도를 나타내는 측도는 범위 이외에도 여러 가지가 있다. 가장 일반적으로 사용되는 산포도 측도는 **표준편차(standard deviation)**이다. 이 책에서는 표준편차를 계산하는 방법에 대한 설명 대신 표준편차가 무엇인지 설명하는 데만 초점을 맞추기로 하겠다. 간단히 말해서, 표준편차란 각각의 값들이 산술평균으로부터 평균적으로 떨어져 위치하는지 정도를 가지고 나타낸, 어떤 분포의 흩어짐 정도이다. 위의 예에서 클라이언트들의 연령의 평균값은 14.9이고 표준편차는 1.0이다. 이러한 사실로부터 우리는 클라이언트들 중 상당수가 13.9(평

최빈값 ▶ 가장 빈번하게 관찰되는 변수값 또는 속성

평균값 ▶ 관찰된 모든 변수값을 합한 다음 관찰대상의 수로 나눈 값

중앙값 ▶ 관찰값을 크기순으로 일렬로 늘어놓을 때 정확하게 "중간"에 위치한 값

평균 ▶ 일반적으로 "보통" 또는 "정상"을 뜻하는 다소 모호한 용어 대표적인 예로는 평균값, 중앙값, 최빈값이 있음.

그림 17-1 ▶ 산포도는 동일하고 중심경향도가 다른 가상의 3개 가구소득 분포

소득

| 낮음 | 중간 | 높음 |

분포A

Allen Berg
Ball Como

Ross Smith
Todd Unger

분포B

Ford Jones King   Lund Mann   Owens Pyle Rand

분포C

Bush	Crosby
Hope	Lewis
Martin	Nelson
Quinn	Ravel

⬆

중심경향도
(평균값과 중앙값)

균값으로부터 1 표준편차 아래의 값)와 15.9(평균값으로부터 1 표준편차 위의 값) 사이에 있다는 것을 알 수 있다. 만일 표준편차가 5라면, 우리는 연령의 평균값은 14.9이지만 상당수의 클라이언트가 산술평균보다 나이가 5살까지 많거나 5살까지 적다는 것을 알 수 있다.

그림 17-1은 어떻게 동일한 산포도를 가진 분포들이 서로 다른 중심경향도를 가질 수 있는지를 예를 통해 보여준다. 동시에 이 그림은 중심경향도에만 의존한 기술통계 보고서가 왜 부정확할 뿐만 아니라 더 나아가서 잘못된 결론을 내릴 수 있게 하는지를 보여준다. 예를 들면, 분포A의 경우 어떤 가구도 평균값 또는 중앙값에 가까운 가구소들을 가지고 있지 않은 반면, 분포C는 모든 가구가 평균값과 중앙값에 해당하는 가구소득을 가지고 있

다. 따라서 어떤 연구자가 분포A의 평균값이나 중앙값만 알고 있고 산포도는 모른다면 그 연구자는 분포A를 이루고 있는 가구들의 소득은 평균값과 중앙값을 보면 잘 알 수 있다는 결론을 내리는 큰 오류를 범하게 된다. 마찬가지로 연구자가 분포B의 평균값과 중앙값만 알고 산포도를 모를 때도 유사한 —첫 번째 오류보다는 덜 심각하지만— 오류를 범하게 된다. 왜냐하면 이 분포에서 두 가구는 평균값과 중앙값에 해당하는 소득을 갖고 있지만 나머지 여섯 가구는 그렇지 않기 때문이다. 분포C는 평균값과 중앙값이 이 분포를 이루고 있는 가구

▶ **산포도** ▶ 변수값들이 평균값 같은 중심경향도 측도를 중심으로 흩어져 분포하고 있는 정도

표준편차 ▶ 각각의 변수값이 평균값으로부터 평균적으로 떨어져 있는 정도를 나타내는 기술 통계값

들의 소득을 정확하게 보여주는 통계값이다. 그러나 만일 연구자가 이 분포의 산포도를 모른다면 정말 그런지 확신할 수 없다.

17.3d 측정의 수준

이상에서 살펴본 계산방법들을 모든 변수에 적용할 수 있는 것은 아니다. 어떤 변수에 어떤 계산방법을 사용할 수 있는지는 변수의 측정 수준(level of measurement)에 따라 달라진다. 변수의 측정 수준은 네 가지로 구분된다. **명목 수준**(nominal level)에서 측정된 변수는 질적 속성, 좀더 구체적으로 말하자면 범주적 속성만을 갖는다. 성별, 인종, 종교, 소속정당, 출생지, 대학에서의 전공학문, 머리 색깔 등은 대표적인 명목변수의 예이다. 어떤 사람이 얼마나 남성인지 또는 얼마나 멕시코에서 태어났는지를 묻는 것은 말이 되지 않는다. 그런 속성은 '있거나 없거나', '이거나 아니거나'일 뿐이다. 따라서 명목변수에 대해서 측정할 수 있는 것은 머릿수 같은 빈도뿐이다.

순위 수준(ordinal level)에서 측정된 변수는 서열을 매길 수 있으며 속성에 있어서의 차이는 해당 변수의 속성이 많고 적음을 나타낸다. 그러나 속성들 간의 차이가 정확하게 얼마인지는 알 수 없다. 순위 수준에서 연구자는 어떤 사례가 다른 사례에 비해 어떤 것을 더 가지고 있는지 아니면 덜 가지고 있는지는 알 수 있지만 얼마나 더 혹은 덜 가지고 있는지는 알 수 없다. 예를 들어, 어떤 경마에서 Seabiscuit이라는 말이 제일 먼저 들어왔고 Mr. Ed라는 말이 두 번째로 들어왔다는 것은 알지만 둘 간의 차이가 얼마인지 모른다면, 우리가 가진 변수는 순위변수이다. 마찬가지로, 클라이언트들이 서비스 A에 대해서는 매우 만족했다고 답하고 서비스 B에 대해서는 약간 만족했다고 답했다면 서비스에 대한 클라이언트의 만족도는 순위변수가 되는데, 왜냐하면 우리는 만족도에 있어서 정확한 차이를 모르기 때문이다.

이와 대조적으로, **등간 수준**(interval level)에서 측정된 변수들은 서로 다른 수준 간의 차이가 동일한 의미를 갖는다. 예를 들면, IQ 95점과 100점 간 차이는 100점과 105점 간 차이와 동일하다. 사회복지 연구에서 많이 사용되는 척도 점수들은 종종 등간변수로 간주되지만 방법론적 순수론자들은 척도 점수가 순위변수라고 주장한다. 예를 들어, 동성애자들 간의 결혼을 합법화해야 한다는 주장에 대해서 사람들이 얼마나 동의 또는 반대하는지를 10개 문항으로 이루어진 리커트 척도로 측정한다고 가정해보자. 만일 각각의 문항이 1부터 5까지의 점수가 부여된 응답범주를 가지고 있다면 이 척도의 총점은 10에서 50까지의 범위를 갖게 된다. 문제는 예컨대 40과 45 간의 차이가 20과 25 간의 차이와 동일한지 여부를 알 길이 없다는 것이다.

비율 수준(ratio level)에서 측정된 변수들은 등간변수와 동일한 특성을 가짐과 동시에 **절대 영점**(true zero point)을 갖는다. 따라서 어떤 사람이 체포된 횟수는 0번일 수도 있고, 한 번, 두 번, 세 번 등등일 수도 있다. 이처럼 절대 영점이 존재하기 때문에 우리는 네 번 체포된 경험이 있는 사람이 두 번 체포된 경험이 있는 사람보다 체포된 경험이 두 배 더 많다고 말할 수 있다.

엄밀하게 말하면, 평균값이나 중앙값은 등간변

명목(수준)측정 ▶ 어떤 변수가 (성별이나 인종처럼) 범주를 속성으로 갖게 만드는 측정. 변수값은 정도에 대해서는 기술할 수 없고 빈도에 대해서만 기술할 수 있음.

빈도 ▶ 특정 명목 범주가 변수값으로 관찰된 횟수

서열측정 ▶ 어떤 변수가 정도를 기준으로 순위를 매길 수 있는 속성을 갖게 만드는 측정. 예를 들면, 어떤 사회경제적 지위가 높음, 중간, 낮음이라는 세 가지 속성을 가질 수 있게 측정함.

등간측정 ▶ 어떤 변수의 (IQ나 화씨온도 같은) 속성을 순위뿐만 아니라 정도로도 구분할 수 있게 하는 측정. 인접한 두 속성 간의 거리는 항상 일정하지만 절대영(absolute zero)은 존재하지 않음.

비율측정 ▶ 어떤 변수가 (연령이나 자녀의 수 같은) 등간측정 변수가 가질 수 있는 속성을 가질 수 있고 거기에 더하여 절대영까지 속성으로 가질 수 있게 하는 측정

수나 비율변수의 경우에만 계산할 수 있다. 그러나 평균(averages)을 계산하는 데는 많은 "회색지대 (grey area)"가 존재한다. 예를 들어, 서비스를 제공받은 클라이언트들에게 "4=매우 만족, 3=만족, 2=불만족 그리고 1=매우 불만족" 같은 4점 척도를 가지고 만족도를 평가하게 한다고 가정해보자. 여기서 주의해야 할 점은 이 변수가 분명히 순위변수라는 사실이다. 왜냐하면 만족도 1과 2 간의 차이, 즉 매우 만족과 만족 간의 차이가 결코 만족도 3과 4, 즉 불만족과 매우 불만족 간의 차이와 동일하다는 논리는 성립하지 않기 때문이다. 따라서 이런 순위변수에 대한 클라이언트들의 응답을 바탕으로 평균값이나 표준편차를 구하는 것은 결국 각각의 응답범주에 부여된 점수를 마치 실질적인 가치인 것처럼 여기는 오류를 범하는 것이 된다.

그러나 이런 통계기법상의 오류는 흔히 볼 수 있을 뿐만 아니라 어느 정도 유용한 측면을 가지고 있기도 하다. 순위변수를 가지고 구한 평균값은 클라이언트가 느끼는 만족 정도에 대한 정확한 수학적 의미는 가지고 있지 않지만, 클라이언트들을 많은 하위집단으로 나눈 다음 하위집단 간의 만족도 수준을 비교할 때는 매우 유용하게 쓰일 수 있다. 예를 들어, 어떤 소수인종 클라이언트 집단의 평균값이 1.4인 반면, 백인 클라이언트 집단의 평균값은 3.2인 것으로 나타났다고 가정해보자. 이 경우, 각각의 평균값이 어떤 정확한 의미를 가지고 있지는 않지만 두 평균값을 관찰함으로써 두 인종 집단의 만족도가 동일한 수준이 아니라는 사실을 알 수 있으며, 그렇기 때문에 이런 만족도의 차이를 일으키는 원인이 무엇인지 진단하고 문제를 해결하기 위한 방안을 모색해야 한다는 필요성을 인식할 수 있다(사실 우리는 학생들의 평점에 대해서 언급하면서 이러한 식의 비교를 늘 하고 있다!).

결국 관건이 되는 것은 유용성이라고 할 수 있다. 만일 어떤 통계분석기법이 사회복지 실천에 지침을 제공하는 데 도움이 된다면, 연구자는 자신이 사용하려는 통계기법이 분석하려는 자료의 성격을 고려해볼 때 적절한지 여부를 판단함에 있어서 어느 정도 관대한 판단 기준을 적용할 수도 있어야 한다.

그러나 다른 한편으로는 그런 행동 속에는 분석결과가 마치 무언가 정확한 것을 제시해주는 것처럼 잘못 생각할 수 있는 위험도 존재한다. 즉, 위에서 들었던 클라이언트의 만족도를 평가하는 예에서, 연구자는 평균값이나 표준편차를 소수점 이하 세 자리까지 정확하게 계산하는 것이 과연 얼마나 적절하고 유용한지에 대해서 의문을 제기할 수도 있다.

17.4 변수들 간의 관계

일변량분석은 한 번에 단 한 개 변수에 관한 자료만을 분석하기 때문에 변수들 간의 관계는 고려하지 못한다. 때로는 변수들 간의 관계에 초점을 맞추지 않은 상태에서 두 개 이상의 변수를 분석하기도 한다. 어떤 연구자가 자신이 일하고 있는 기관의 클라이언트들을 연령과 출생국가를 기준으로 기술한다고 가정해보자. 예를 들면, 이 기관의 전체 클라이언트 중 50%는 20세 미만이고 전체 클라이언트 중 50%는 미국 태생이다. 이 경우, 연구자가 두 개 변수를 다루고 있기는 하지만 반드시 두 변수 간의 관계에 관심이 있는 것은 아니다. 이 두 변수는 관련이 있을 수도 있고 없을 수도 있다. 예를 들면, 20세 미만의 모든 클라이언트가 미국 태생일 수도 있고, 그들 중 일부만 미국 태생일 수도 있고, 그들 중 어느 누구도 미국 태생이 아닐 수도 있다. 만일 20세 미만의 클라이언트들 중 절반은 미국 태생이고 나머지 절반은 미국이 아닌 다른 나라에서 태어났다면 두 변수, 즉 연령과 출생국가 간에는 아무런 관계가 없는 것으로 나타날 것이다. 이와 달리, 20세 미만의 클라이언트들은 모두가 미국 태생인 반면, 20세 이상의 모든 클라이언트들은 미국 태생이 아니라면 두 변수 간에는 매우 강한

(엄밀하게 말하면 완전한) 관계가 존재하게 된다.

어떤 연구자가 두 변수 간의 관계에 초점을 맞춘다는 것은 그 연구자가 이변량분석을 한다는 것을 의미한다. 일변량분석의 주된 목적이 무언가를 기술하는 것인 데 비해, 이변량분석(즉, 두 변수 간의 관계에 대한 분석)의 주된 목적은 설명이다. 예를 들어, 소수계 클라이언트들이 백인 클라이언트들에 비해 서비스를 거부하는 비율이 높으면, 우리는 기관의 문화적 민감성 부족을 하나의 설명 요인으로 생각해볼 수 있다.

17.4a 이변량분석표 해석

설명적 이변량분석표를 보는 방법은 주어진 종속변수의 속성에 대해서 독립변수의 하위집단들을 하나씩 비교하면서 읽고 해석하는 것이다. 표 17-1은 인종과 서비스 이용 간의 관계를 나타내는 가상적인 표이다. 이 표에서 우리가 관심 있는 것은 인종이 서비스 이용을 설명할 수 있는지 여부이므로 독립변수는 인종이다. 종속변수인 서비스 이용 여부는 두 개 응답범주를 가지며 각 응답범주 왼쪽에 그 응답범주에 해당하는 클라이언트의 수(괄호 안에 제시)와 백분율이 제시되어 있다. 이 표의 열(column)에는 독립변수의 응답범주가 제시되어 있다. 따라서 각 열에 제시된 백분율들은 독립변수의 각 응답범주에 해당하는 백분율들이며, 각 열에서 모든 행(row)의 백분율들을 더하면 100%가 된다. 표를 이렇게 만든 이유는 우리가 하려는 것이 백인 클라이언트들의 서비스 거부율을 타 인종 클라이언트들의 서비스 거부율과 비교하는 것이기 때문이다. 이 표에서 서비스를 이용한 타 인종 클라이언트의 수(80명)가 서비스를 이용한 백인 클라이언트의 수(80명)와 같은지 여부는 중요하지 않다. 왜냐하면 두 인종집단의 크기 자체가 다르기 때문이다. 즉, 서비스를 이용한 타 인종 클라이언트 80명은 이 기관에 의뢰된 타 인종 클라이언트

표 17-1 ▶ 인종과 서비스 이용 여부 간의 가상적 이변량 관계

서비스 이용 여부	인종	
	백인	타 인종
서비스 이용	80% (80)	40% (80)
서비스 거부	20% (20)	60% (120)
합계	100% (100)	100% (200)

200명 중 40%에 불과한 반면, 서비스를 이용한 백인 클라이언트 80명은 이 기관에 의뢰된 백인 클라이언트 100명 중 80%를 차지한다. 그러나 클라이언트의 수와 달리 백분율은 두 인종집단의 크기에 차이가 있다는 사실을 고려한 값이므로 중요하다. 따라서 우리는 이 표를 읽을 때 독립변수의 각 응답범주에 해당하는 종속변수의 비율(즉, 서비스 이용률과 거부율)에 초점을 맞추고 읽어야 한다.

17.4b 다변량분석표 해석

다변량분석표는 다수의 변수들에 관한 자료를 가지고 만들지만 표를 만드는 기본적인 원리는 이변량분석표의 경우와 동일하다. 다변량분석표는 한 개의 독립변수와 한 개의 종속변수가 아니라 다수의 독립변수를 갖는다. 다변량분석표에서 연구자는 한 개의 독립변수를 가지고 종속변수를 설명하는 것이 아니라 두 개 이상의 독립변수를 가지고 설명한다.

위에서 소개했던 인종과 서비스 이용의 예를 다시 들어보기로 하자. 단, 이번에는 출생국이 서비스 이용 여부에 영향을 미친다고 가정해보자. 어쩌면 서비스 이용 여부를 설명할 수 있는 것이 인종이 아닐지도 모른다. 어쩌면 백인이 아닌 클라이언트들 중 대다수가 최근에 미국으로 이민 온 사람들일지도 모른다. 예를 들어, 이 표에 제시된 자료를 제공한 가상적인 기관이 플로리다 주 남부나 텍

사스 주에 위치한 기관이라면, 클라이언트들 중 상당수가 쿠바나 멕시코로부터 이민 온 사람들일 수 있다. 어쩌면 미국에서 태어난 쿠바계나 멕시코계 클라이언트들은 백인 클라이언트들과 마찬가지로 서비스 거부율이 낮을지도 모른다. 만일 그렇다면, 서비스 거부를 설명하는 데는 인종이라는 좀 더 포괄적인 변수보다 언어나 문화적 차이 같은 변수가 더 중요할 수 있다. 표 17-2를 이용하여 이런 가능성을 확인해보기로 하자.

다변량분석표는 얼핏 보기에 매우 복잡해보일지 모른다. 도대체 이 표를 어떻게 읽어야 할까? 그러나 상황을 단순화시켜보면 표 17-2는 두 개의 이변량분석표를 옆으로 붙여 놓은 것에 불과하다는 것을 알 수 있다. 따라서 인종과 서비스 이용 간의 관계를 나타내는 이변량분석표를 읽고 해석할 줄 안다면 이 표를 읽고 해석하는 데도 아무런 문제가 없을 것이다. 일단 과정을 두 단계로 나누어 생각해보기로 하자.

먼저, 이 표의 이변량 부분을 미국 태생 클라이언트들에 대해서만 살펴본다. 미국 태생 클라이언트들의 경우, 백인과 타 인종 간에 서비스 이용률과 거부율에 있어서 차이가 없다는 것을 알 수 있다. 미국 태생 클라이언트들 중에 백인 클라이언트와 타 인종 클라이언트의 수는 각각 80명으로 동일하며, 각 집단의 서비스 거부율 또한 12%로 동일하다.

그 다음으로는 이 표의 오른쪽에 제시된 이변량 부분, 즉 외국 태생 클라이언트들에 관한 내용을 살펴보기로 하자. 이 부분에서는 백인과 타 인종 간에 서비스 이용률과 거부율에 있어서 큰 차이가 존재하는 것을 발견할 수 있는데, 백인의 서비스 거부율은 50%인데 비해 타 인종은 92%인 것으로 나타났다. 이제 우리는 표 17-2 전체의 의미를 해석할 준비가 됐다. 이 표를 바탕으로 우리는 아마도 다음과 같은 주장을 할 수 있을 것이다(이 자료가 가상적인 자료라는 것을 기억하기 바란다):

표 17-2 ▶ 출생 국적을 통제한 상태에서의 인종과 서비스 이용 여부 간 다변량 관계

서비스 이용 여부	출생 국적			
	미국		다른 국가	
	백인	타 인종	백인	타 인종
서비스 이용	88% (70)	88% (70)	50% (10)	8% (10)
서비스 거부	12% (10)	12% (10)	50% (10)	92% (110)
합계	100% (80)	100% (80)	100% (20)	100% (120)

의뢰된 클라이언트들 중 미국 태생 클라이언트들은 백인과 타 인종 간에 서비스 이용률에 있어서 차이가 없었다. 그러나 외국 태생 클라이언트들의 경우에는 백인과 타 인종 간에 서비스 이용률에 있어서 상당한 차이가 발견되었는데, 타 인종 이민자들의 서비스 거부율이 백인 이민자들의 서비스 거부율에 비해 훨씬 높았다. 또한 외국 태생 클라이언트들은 인종에 상관없이 미국 태생 클라이언트들에 비해 더 높은 서비스 거부율을 보였다. 따라서 언어와 문화적 이질감 요인이 인종보다 서비스 거부율과 더 관련이 있는 것으로 나타났으며 백인 이민자들보다는 타 인종 이민자들에게 더 큰 영향을 미치는 것으로 나타났다.

17.4c 관련성 측도 해석

위의 예에서 서비스 이용률과 거부율에 있어서 차이가 "크다"라는 것은 두 변수 간의 관계가 "강하다"는 것을 의미한다. 종종 연구자들은 표에 제시된 백분율 차이만을 보고 관계의 강도를 짐작하기도 한다. 그러나 항상 그렇게 할 수 있는 것은 아니다. 변수들 간의 관계 강도에 대한 해석을 보다 용이하고 체계적으로 하기 위한 통계분석 절차에는 여러 가지가 있는데, 그런 절차들을 가리켜 관련성 측도, 관계 측도 또는 효과크기 측도라고 한다.

일반적으로 많이 쓰이는 관련성 측도들은 주로

0에서 1까지 범위의 값들을 갖는데, 0은 두 변수 간에 아무런 관계가 없음을 나타내며 1에 가까워질수록 완전한 관계를 나타낸다. -1.0 역시 완전한 관계를 의미한다. 관계 강도 측도 앞에 붙은 음의 부호는 양의 부호보다 관계가 약하다는 것을 의미하는 것이 아니라 단지 변수들 간의 관계가 반대 방향임을 뜻하는 것으로써, 하나의 변수가 갖는 변수값이 증가하면 다른 변수의 변수값은 감소한다는 것을 의미한다. 관련성 측도가 0에 가까울수록, 어떤 한 변수의 변수값을 앎으로써 다른 변수의 변수값을 예측할 수 있는 능력은 떨어지게 된다.

예를 들어, 만일 두 집단의 서비스 거부율이 똑같다면 어떤 사례가 두 집단 중 어느 집단에 속하는지 안다고 하더라도 그런 정보는 그 사례가 서비스를 거부할 가능성(odds)을 계산하는 데 전혀 영향을 미치지 못한다. 물론 연구자는 각 집단의 전체 클라이언트의 서비스 거부 가능성은 계산할 수 있다. 그러나 어떤 사례가 어느 집단에 속하는지를 안다는 것이 그런 예측을 하는 데는 전혀 영향을 미치지 못한다. 따라서 관계 강도는 0이 된다.

이와 달리, 만일 한 집단의 서비스 거부율이 0%이고 다른 한 집단의 서비스 거부율이 100%라면 어떤 사례가 어느 집단에 속하지 알면 연구자는 그 사례가 서비스를 거부할 가능성을 정확하게 예측할 수 있다. 따라서 관계 강도는 완전한 관계에 해당하는 1이 된다.

표 17-3은 관계 강도가 0인 한 가지 경우와 완전한 관계를 갖는 두 가지 경우를 보여주는 2×2 표이다. 맨 위에 제시된 2×2 표를 보면 두 집단의 서비스 거부율이 동일하기 때문에 두 집단 간에 아무런 관계가 없고, 따라서 관계의 강도가 0으로 나타나 있다. 두 집단 모두에서 서비스를 거부한 사람이 서비스를 이용한 사람보다 적다(즉, 서비스 거부율 40%)는 것은 매우 중요한 발견점이다. 그러나 두 집단의 서비스 거부율이 동일하기 때문에 특정 사례가 어느 집단에 속하는지 안다는 것이 그

표 17-3 ▶ 관계 강도가 0, 1.0, −1.0인 경우의 예

관계 강도가 0인 경우의 예장점과 단점		
	미국 태생	외국 태생
서비스 거부	40	40
서비스 이용	60	60
관계 강도가 1인 경우의 예		
	미국 태생	외국 태생
서비스 거부	0	100
서비스 이용	100	0
관계 강도가 1인 경우의 예		
사례번호	치료 세션 참여 횟수	관찰된 언어학대 횟수
1	0	7
2	1	6
3	2	5
4	3	4
5	4	3
6	5	2
7	6	1
8	7	0

사례가 서비스를 거부할지를 예측하는 데 아무런 도움이 되지 않는다. 따라서 관계 강도는 0이다.

두 번째 2×2 표에 나타난 관계 강도는 1.0인데, 왜냐하면 미국 태생 클라이언트들 중에는 서비스를 거부한 사람이 없는 반면 외국 태생 클라이언트들은 모두가 서비스를 거부했기 때문이다. 따라서 특정 사례가 어느 집단에 속하는지를 안다면 그 사례의 서비스 거부 가능성을 정확하게 예측할 수 있게 된다.

세 번째 표는 두 번째 표와 예측률은 동일하지만 부호가 음이라는 차이가 있는데, 이는 한 변수의 변수값이 증가하면 다른 변수의 변수값이 감소하기 때문이다. 관계 강도가 -1.0인 이유는 치료 세션에 참여한 횟수가 한 단위 증가할 때마다 관찰된 언어학대 횟수 역시 동일한 횟수만큼씩 감소하기 때문이다. 따라서 특정 사례의 치료 세션 참여 횟수를 안다면 관찰된 그 사례의 언어학대 횟수를 정확하게 예측할 수 있으므로, 두 변수 간의 관계

가 완전한 관계라는 것을 알 수 있다. 앞서 언급한 바와 같이, 음의 부호는 관계의 강도가 약하다는 것을 의미하는 것이 아니라 한 변수의 변수값이 한 단위 증가하면 다른 변수의 변수값이 한 단위 감소하는 관계라는 것을 의미한다.

이제까지 우리는 완전한 관계(관계 강도가 1.0 또는 -1.0인 경우)와 전혀 관계가 없는 경우(관계 강도가 0)를 비교했다. 이 두 극단이 아닌 경우는 어떤가? 예를 들어, 미국 태생 집단의 서비스 거부율이 40%이고 외국 태생 집단의 거부율이 60%인 경우는 어떤가? 이 경우, 의뢰된 사례가 미국 태생이라면 연구자는 그 사례가 서비스를 이용할 것이라고 예측할 것이고, 외국 태생이라면 서비스를 거부할 것이라고 예측할 것이다. 그러나 만일 연구자가 의뢰된 모든 미국 태생 사례에 대해서 서비스를 이용할 것이라고 예측하고 모든 외국 태생 사례에 대해서는 서비스를 거부할 것이라고 예측한다면, 전체 예측 중 40%를 잘못 예측하게 될 것이다. 이는 매우 높은 수준의 오류이다. 그러나 전반적인 서비스 거부율이 50%임을 고려해볼 때(두 집단의 사례 수가 동일하고 한 집단의 서비스 거부율은 40%이고 다른 집단은 60%이므로), 특정 사례가 어느 집단에 속하는지 모르는 상태에서 그 사례의 서비스 거부 가능성을 예측하려 한다면 전체 예측 중 50%가 틀린 예측이 될 것이다. 따라서 특정 사례의 소속 집단을 알고 있다는 것은 예측 오류를 범할 확률을 50%에서 40%로 20% 감소시킬 수 있다(.05에서 .04로의 .01 변화를 비율로 표시하면 .10은 .50의 20% 또는 .20이다).

한 마디로 정리하면, 만일 두 변수 간에 어떤 관계가 존재한다면, 두 변수 중 어느 한 변수의 변수값을 앎으로써 우리는 나머지 변수의 변수값을 예측함에 있어서 오류를 범할 횟수를 줄일 수 있다. 이때, 관계 강도가 높을수록 예측 오류를 범할 가능성은 감소한다.

어떤 관계 강도 측도를 사용할지는 변수의 측정 수준에 따라 달라진다. 일반적으로는 피어슨 적률 상관계수(Pearson's product-moment correlation: r), 람다(lambda), 율(Yule)의 Q, 크래머(Cramer)의 V, 파이(phi), 에타(eta), 포인트-비즈리얼 상관계수(point-biserial correlation coefficient)가 많이 사용된다(이 척도들에 관한 보다 자세한 내용을 알고자 할 경우, 이 장 맨 뒷부분에 제시된 추천도서들을 참조하기 바란다). 이런 측도들을 모두 기억하기는 힘들 것이다. 그러나 그렇더라도 문제될 것은 없다. 중요한 것은 연구보고서나 논문을 읽을 때 이런 측도들을 접하게 되더라도 당황할 필요가 없으며, 어떤 연구논문에서 두 변수 간의 상관이 .30, -.40 또는 어떤 값을 갖는다고 말할 때 그 말이 무엇을 의미하는지만 기억할 수 있으면 된다.

17.5 효과크기

앞서 우리는 변수들 간의 관계 강도를 나타내는 통계값(statistic) 중에 효과크기(effect size)라는 것이 있다고 언급한 바 있다. 이 용어는 주로 임상연구에서 많이 쓰이는 용어이다. 이제까지 살펴보았던 0에서 1까지 값을 갖는 모든 관련성 측도들은 효과크기 통계값이며, 이제부터 설명하게 될 모든 종류의 관련성 측도들 또한 효과크기 통계값이다. 효과크기 통계값은 서로 다른 연구에서 발견된 여러 종류의 관계들의 강도를 비교 가능한 형태로 전환함으로써 설령 처음부터 서로 다른 연구에서 서로 다른 방식으로 관계 강도를 측정했더라도 이들 관계들의 강도를 비교할 수 있게 해준다.

효과크기 통계값이 가진 이런 기능을 임상연구의 예를 통해서 살펴보기로 하자. 배우자를 학대하는 남성들에 대한 두 가지 상이한 치료 개입 접근의 효과를 평가하는 두 가지 연구가 진행되었다고 가정해보자. 두 연구 가운데 첫 번째 연구에서는 인지행동적 치료 개입 접근의 효과를 평가했으며 평가 결과, 치료를 받은 실험집단 대상들의 경우, 치료를 받은 후 사후관리 기간 동안 대상당 평균 2회의 배우자 폭행이 있는 반면, 통제집단 대상들은 평균 3회 배우자를 폭행했다는 것을 발견하였다. 두 번째 연구에서는 사회심리적 치료 개입 접근방법의 효과를 평가했는데 배우자 폭행 건수와 같은 비율변수를 써서 결과를 측정하지 않고 사후관리 기간 동안 배우자 폭행이 있었는가의 여부를 묻는 명목변수를 사용하였다. 그 결과, 실험집단의 경우는 40%가, 그리고 통제집단의 경우는 60%가 배우자를 폭행한 것으로 나타났다고 가정해보자. 더 나아가서, 두 연구의 연구결과는 모두 통계적으로 유의미한 것으로 나타났다고 가정하자.

이런 경우, 과연 두 가지 치료개입 접근방법 중에 어느 쪽이 더 효과적인지를 어떻게 판단할 수 있을까? 한 가지 분명한 것은 연구결과를 측정함에 있어서 서로 다른 통계값을 사용한 두 연구의 결과를 있는 그대로 비교한다는 것은 마치 사과와 오렌지를 비교하는 것이나 다름없다는 것이다. 효과크기 통계값은 이런 문제를 어느 정도 해결해줄 수 있다. 첫 번째 연구의 포인트-비즈리얼 상관계수는 두 번째 연구의 파이 통계량과 비교될 수 있는데, 이는 비록 두 통계량의 계산방식은 다를지라도 의미하는 바는 동일하기 때문이다. 두 가지 개입, 즉 두 가지 치료개입 접근방식 가운데 효과크기 통계량이 더 큰 쪽이 종속변수의 변량을 더 많이 설명한다는 것을 의미한다. 다시 말해서, 더 큰 효과크기 통계값을 갖는 개입이 평가하고자 하는 특정 결과변수에 더 큰 영향을 미친다는 것을 뜻한다(물론, 인과관계를 추론할 수 있을 만큼 내적 타당도가 높은 연구설계라고 가정할 수 있을 때).

물론 모든 연구자가 상관을 "효과크기"라고 부르는 것은 아니다. 그렇게 부르는 연구자도 있고 그렇게 부르지 않는 연구자도 있다. 예를 들어, 어떤 연구자들은 "파이가 .50임을 볼 때, 효과크기가 매우 크다"라고 말하는가 하면, 어떤 연구자들은 "파이가 .50이므로 관계 강도가 매우 높다"라고 표현하기도 한다.

효과크기를 나타내는 통계값 중에서 가장 많이 사용되는 통계값은 승산비, 위험비 그리고 Cohen's d이다. 이 세 가지 통계값 중 어떤 것을 사용할지는 효과에 해당하는 변수가 어떤 수준에서 측정된 변수인지에 따라 달라진다.

17.5a 승산비와 위험비

종속변수와 독립변수가 모두 이항변수일 때 연구자는 파이(phi)나 크레머의 V (Cramer's V) 같은 상관 측도와 함께 효과크기를 나타내는 승산비(odds ratio)나 위험비(risk ratio)를 함께 제시할 수 있다. 승산비란 종속변수의 특정 결과가 독립변수의 속성에 의한 것일 (또는 것이 아닐) 가능성을 나타내는 값이다. 예를 들면, 아동학대로 인해 치료 프로그램에 참여해야 하는 200명의 부모 중 100명에게는 새로 개발된 치료 개입 A를 실시하고 나머지 100명에게는 기존 치료 개입 TAU를 실시한다고 가정해보자. 개입 A에 참여한 부모들 중 20명(20%)이 아동을 다시 학대한데 비해 개입 TAU에 참여한 부모들 중에서는 50명(50%)이 아동을 재학대했다고 가정해보자. 따라서 개입 A 참여집단 중 성공적인 결과를 거둔 부모의 비(ratio)는 80/20 또는 4대1(또는 4.0)이고, 개입 TAU 참여집단 중 개입 결과가 성공적인 부모의 비는 50/50 또는 1대1 (또는 1.0)이다. 개입 A의 비값 4.0을 개입 TAU의 비값 1.0으로 나누면 4.0이 되는데 이 값이 바로 치료 개입 A의 성공 관련 승산비이

효과크기 ▶ 변수들 간에 존재하는 관련성의 강도를 나타내는 여러 가지 통계값. 변수 간 상관의 정도가 (즉, −1, 0, +1, 사이의 값) 효과크기일 수도 있고, 두 집단의 평균값 차이를 표준편차로 나눈 값이 효과크기가 될 수도 있음.

승산비 ▶ 종속변수의 특정 결과가 독립변수의 속성에 의한 것일 가능성을 나타내는 값

위험비 ▶ 한 집단의 실패 비율을 다른 집단의 실패 비율로 나눈 값

다. 다시 말해서, 개입 A가 성공적인 결과를 거둘 승산이 개입 TAU가 성공적인 결과를 거둘 승산에 비해 4배 높다는 것이다.

어떤 연구에서는 성공적이지 않은 결과에 관한 위험비를 계산하는 것이 더 적절할 수 있다. 위험비는 한 집단의 실패 비율을 다른 집단의 실패 비율로 나눈 값이다. 위의 예를 다시 들어보면, 개입 A 참여집단의 실패, 즉 재학대율은 .20(20/100)이고 개입 TAU 참여집단의 실패율은 .50(50/100)이다. 따라서 위험비는 .20를 .50로 나눈 값이므로 .40이다. 위험비가 1보다 작다는 것은 그 집단이 다른 집단에 비해 위험이 낮다는 것을 의미한다. 반대로 위험비가 1보다 크다면 위험이 높다는 것을 의미한다. 위험비가 1이면 두 집단의 위험 수준이 동일하다는 것을 뜻한다. 이 예에서 개입 A의 위험비 .40은 1보다 .60 만큼 (즉, 1-.40=.60) 낮은데, 이는 개입 A가 위험을 60% 감소시켰다는 것을 의미한다. 동일한 내용을 다른 식으로 표현하면 개입 A의 재학대율 .20은 개입 TAU의 재학대율 .50보다 .30 낮고 감소된 위험 .30은 .50의 60%라고도 표현할 수 있다.

코헨의 *d*

그러나 어떤 종류의 효과크기 통계값들은 저마다 고유한 명칭이 있기는 하지만 항상 "효과크기" 통계량이라고 부르는데, 그런 통계값들 중 가장 대표적인 예로는 코헨의 *d*(Cohen's *d*)를 꼽을 수 있다. 이 통계값은 자료가 등간 또는 비율 수준에서 측정된 자료이므로 실험집단과 통제집단 간의 평균값의 차이를 표준편차로 나누는 것이 가능할 때 사용할 수 있다.

효과크기 ES(효과를 뜻하는 단어의 E와 크기를 뜻하는 단어의 S를 이용하여 ES라고 표기한다)를 계산하는 방법은 계산에 사용하는 표준편차가 통

제집단의 표준편차인지, 두 집단을 하나로 합쳐 구한 통합 표준편차인지 아니면 모집단의 표준편차에 대한 추정값을 사용하는지에 따라 달라진다. 가능한 한 설명을 단순하게 하기 위해, 이 책에서는 통합 표준편차를 사용하기로 하겠다. 이 방법을 사용하여 ES를 계산하는 공식은 아래와 같다:

$$ES = \frac{(실험집단의\ 평균값 - 통제집단의\ 평균값)}{통합\ 표준편차}$$

이 공식을 어떻게 사용하는지 이해하기 위해, 앞서 들었던 두 가지 치료개입 접근방법의 효과를 평가하는 예를 다시 들어보기로 하자. 위에서와 달리 이번에는 두 연구 모두 결과를 비율변수로 측정했다고 가정해보자. 첫 번째 연구에서는 배우자를 학대한 평균 횟수를 측정했으며, 실험집단과 통제집단 각각의 평균값이 2회와 3회이며 통합 표준편차는 1이라고 가정해보자. 따라서 ES는 아래와 같이 -1.0이 된다.

$$ES = \frac{(2-3)}{1} = -1.0 \rightarrow +1.0$$

이 방법을 사용하여 ES를 계산하는 경우, ES의 양·음 부호는 결과 측도(outcome measure)의 값이 한 단위 감소하는 것이 긍정적인 효과인지 아니면 부정적인 효과인지를 나타낸다. 이 예에서는 학대가 감소하는 것이 바람직한 것이므로 -1.0은 긍정적인 효과를 의미한다. 따라서 ES는 -1.0이 아니라 +1.0이라고 해야 한다. ES에서 음의 부호는 반드시 부정적인 효과(즉, 얻고자 하는 결과와 반대되는 결과)가 나타난 경우만 사용한다. 위의 예에서 ES=1.0이라는 것은 실험집단의 평균값이 통제집단의 평균값보다 1 표준편차만큼 높다는 것으로 해석된다.

두 번째 연구에서는 결과변수가 배우자에 대한

▶ **코헨의 *d*** ▶ 실험집단의 평균값과 통제집단의 평균값 간의 차이를 통합 표준편차로 나눈 값

신체 및 언어 학대(첫 번째 연구에서 신체적 학대만 측정한 것과 달리) 사례 건수의 평균값이며 첫 번째 연구에 비해 치료 개입 이후의 사후측정 기간이 길다고 가정해보자. 연구결과, 실험집단과 통제집단의 평균은 각각 20과 26이며 통합 표준편차는 10으로 나타났다. 따라서 효과크기 통계치는 다음과 같다.

$$ES = \frac{(20-26)}{10} = -.60 \rightarrow +.60$$

이처럼 두 연구에서 결과를 서로 다른 통계값으로 측정했기 때문에 두 연구의 통계값이 다름에도 불구하고 각각의 통계값을 각각의 표준편차로 나누면 두 통계값을 비교하는 것이 가능해진다. 위에서 제시한 연구결과에 따르면, 첫 번째 연구의 인지행동적 개입이 두 번째 연구의 심리사회적 개입보다 결과변수에 더 큰 영향을 미치는 것을 알 수 있다.

17.5b 강, 중, 약 효과크기

때로는 효과크기 통계치를 강, 중, 약으로 나누어 해석하는 것이 편리한 경우가 있다. 그렇게 함으로써 효과크기 통계값은 다른 연구결과나 설명들과 관련된 새로운 의미를 갖게 된다. 그러나 효과크기 통계값을 해석한다는 것은 쉽지 않은 일이다. 예를 들어, r이 3.0일 때 이를 제곱하면 .09가 되며, 이는 독립변수가 종속변수의 전체 변량 가운데 9%를 설명한다는 것을 의미한다.

종종 우리는 거의 반사적으로 이러한 백분율에 대해서, 마치 우리가 시험성적에 부여하는 것과 같은 의미, 즉 70 혹은 80% 이상은 관계가 강하고 그 이하는 약하다는 식의 의미를 부여하곤 한다. 이러한 식의 의미부여는 측정 신뢰도에 관한 연구라면 적용 가능할는지 모르나 관계의 강도를 분류하는 데에는 적절하지 못하다.

예를 들어, 아동학대로 인해 의뢰된 부모들을 대상으로 실시된 재범 예방 치료 개입의 효과를 사정하기 위해서 실험연구를 실시한다고 가정해보자. 연구결과, 100명의 실험집단 대상 중 40%가 재범하였으며, 역시 100명의 통제집단 대상들 가운데 60%가 재범했다는 것을 발견했다고 하자. 이 경우, 파이 통계값은 .20이었으며, 이를 제곱함으로써 어떤 사람이 재범할 것인가의 여부에 있어서 전체 변량의 4%(.20×.20=.04)는 치료 개입이 이루어졌는가를 가지고 설명할 수 있다는 결론을 내렸다고 하자. 이러한 상황에서, 과연 재범 가능성의 4%만을 설명할 수 있으므로 이는 매우 미약한 관계라고 할 수 있을까? 아마도 모든 사람이 똑같은 답을 할 수는 없겠지만 많은 사람들이 어떤 절대적으로 옳은 답은 없다는 생각에 동의하리라고 본다. 언뜻 보기에 4%는 매우 작은 수치인 것처럼 보일지도 모른다. 그러나 치료 개입을 통해서 아동학대 재범률을 20% 감소시킬 수 있다면 이는 60%의 3분의 1에 해당하므로 33%에 해당한다는 것을 알고 나면 어떤가? 혹은, 만일 선행 연구들이 다른 모든 치료개입 방법들이 재범률을 감소시키는 데 아주 미미하거나 혹은 전혀 영향을 미치지 못했다는 결론을 내렸다는 것을 알게 된다면 어떤가?

또한 다음과 같은 경우를 생각해보자. 위의 아동학대 예에서 실험집단의 재범률은 35%이고 통제집단의 재범률은 65%라고 할 때, 관련 정도를 계산해보면 재범 가능성의 변량 가운데 9%만이 설명되는 것으로 나타난다. 그러나 통제집단의 재범률은 실험집단에 비해 약 2배가 된다는 사실을 알 수 있다. 이와 같은 예를 통해 볼 때, 아무리 적은 백분율이라고 할지라도 그것이 종속변수의 변량에 대한 설명력을 나타내는 경우에는 결코 적은 수치가 아닐 수 있다는 것을 이해하고 있어야 한다.

이와 관련해서, Cohen(1988)은 14세와 18세 여자 아이들을 비교하는 연구에서 종속변수인 신장의 변량 가운데 약 6%가 연령에 의해서 설명되며,

이때의 ES값 .5는 중간 정도의 관계로 보아야 한다고 주장한다. Cohen은 고등학교 교육을 마칠 수 있는 가능성이 50 대 50 정도인 사람들과 대학생들 간의 IQ 평균값 차이를 비교하는 연구에서 ES값이 .8이고 종속변수의 변량 가운데 8%가 설명된다면 이러한 관계 정도는 강한 관계로 보아야 한다고 주장한다.

Cohen은 종속변수의 변량 중 약 1%를 설명한다는 것을 의미하는 .2 정도의 ES 값은 매우 약한 것으로 간주하였다. 그러나 Rosenthal과 Rubin(1982)은 "약한" 효과크기를 갖는 개입방법들의 실제 가치가 자칫 과소평가될 수 있다는 점을 지적한 바 있다. 예를 들면, 어떤 새로운 개입 방식이 치료 성공률을 45%에서 55%로 높이더라도 상관계수는 .10에 불과하다. 그러나 만일 그러한 변화가 치료율이나 생존율 같은 결과 지표의 변화라면 .45에서 .55로의 변화는 매우 중요할 수 있다.

최근에 많은 연구자들이 수백 편에 달하는 상담 및 심리치료 평가연구들을 고찰하여 관련성 측도들의 상대적 경·중을 이해하는 데 필요한 실증적 지침을 개발하기 위해 노력해왔는데, 그들의 연구결과는 코헨이 제시한 강, 중, 약 효과크기 값과 매우 유사한 것으로 알려져 있다.

그러나 효과크기 통계값만으로는 어떤 개입이 가진 올바른 가치를 파악할 수 없다. 효과크기 통계값이 크다고 해서 그 개입이 반드시 더 바람직한 개입이라고 할 수는 없다. 예를 들면, 아동학대 재범률이나 고등학생들의 학업 중도포기율을 55%에서 45%로 감소시킬 수 있는 치료 개입이 Big brother/Big sister 프로그램에 참여하는 자원봉사자들의 연간 중도포기율을 60%에서 40%로 감소시키는 개입보다 사회적으로 훨씬 더 중요할 수 있다. 또는 위에서 들었던 예로 돌아가서, 심각한 신체적 학대를 55%에서 45%로 줄일 수 있는 개입이 있다면 이는 언어적 학대를 65%에서 35%로 줄일 수 있는 개입보다 훨씬 큰 중요성을 가질 것이다.

어떤 개입이 "더 나은지" 또는 더 가치 있는지 여부를 결정하기 위해서는 바로 다음에 살펴볼 실질적 유의성을 고려하지 않으면 안 된다.

17.6 실질적 유의성

관계강도 측도 중 어떤 것은 해당 관계가 가진 실질적 유의성(substantive significance)을 보여주지 못한다. 관계의 실질적 유의성이란 어떤 관계가 가지고 있는 실질적 관점(a practical standpoint)에서의 중요성을 말한다. 예를 들어, 아무리 관계의 강도가 높다고 하더라도, 다시 말해서 관찰된 관계가 평균 효과크기 값에 아주 가깝거나, 혹은 완전한 관계인 1.0에 아무리 가깝다고 하더라도, 연구자는 발견된 관계가 정말 의미 있는 것인지 아니면 그다지 중요하지 않은 관계인가를 구분할 수 있어야 한다.

위에서 들었던 아동학대에 관한 예를 들면서 이 문제에 대해서 논의해보기로 하자. 치료 개입이 있은 후, 두 집단 간의 아동학대 재범률의 차이가 35% 대 65%로 나타났으며 관찰된 관계는 통계적으로 유의미한 것으로 나타났다고 하자. 그렇다면 "이 관계의 실질적 중요성은 얼마나 될까?" 다시 말해서, 관찰된 관계가 사회복지 실천에 있어서 얼마나 중요한가? 또 다른 예를 들어보자. 동일한 대상에 대해서 두 가지 다른 치료 개입을 제공한 결과, 두 집단 간의 재범률의 차이가 20% 대 80%로 나타났으며 이 차이는 통계적 유의성을 갖는 차이라고 가정해보자. 만일 이 두 종류의 개입방법이 시간적 혹은 금전적 비용은 물론이거니와 그 밖의 여러 가지 다른 면에서 동일하다면, 두 가지 개입방법 중 어느 쪽이 더 실제로 중요한 것인가를 판

실질적 유의성 ▶ 어떤 관계가 가지고 있는 실질적 관점에서의 중요성

임상적 유의성 ▶ 임상 개입의 효과에 관한 연구의 연구결과가 갖는 실질적 유의성 또는 함의

단하는 것은 매우 간단하다. 당연히 20% 대 80%의 차이를 보이는 쪽이 더 중요하다고 할 수 있다. 왜냐하면 다른 모든 조건이 동일하고 단지 관계의 강도에 있어서 차이가 난다면, 관계의 강도가 높은 쪽이 실질적으로 유의미한 것이라고 볼 수 있기 때문이다.

그러나 다른 연구결과에 의하면 주당 비용이 500달러 드는 정신분석치료를 5년 동안 받은 결과, 치료를 받은 실험집단의 대상과 치료를 받지 않은 통제집단의 대상들 가운데에서 각각 80%와 20%가 Freud의 이론에 동의한다고 답했다고 가정해 보자. 이제 과연 이 연구에서의 60%의 차이를 가져온 정신분석 치료 개입과 바로 위에서 언급한 30%의 차이를 유발하는 데에 그친 아동학대 예방을 목적으로 하는 개입 가운데 어떤 개입이 더 가치 있다고 생각할 수 있을까? 상대적으로 관계의 강도 면에서는 그다지 높지 않으나 아동학대를 30% 감소시킬 수 있는 후자의 경우가, 관계의 강도 면에서는 높으나 단지 이론에 대한 견해차이라는 결과를 가져오게 되는 전자보다는 더 실질적인 중요성을 갖는다고 생각할 수 있기를 바란다. (물론 그렇다고 해서 정신분석학 이론 그 자체가 어떤 문제가 있다는 것은 결코 아니며, 정신분석학이 아닌 다른 어떤 이론에 대해서도 현실적인 입장에서 똑같은 말을 했었을 것이다.)

다소 극단적인 비교이기는 하지만, 그럼에도 불구하고 이 예가 제시하는 바는 측정된 관계의 정도라는 것이 곧 관계의 실질적 중요성을 의미하는 것은 아니라는 점이다. 물론, 종속변수의 변량 가운데 어느 정도가 독립변수에 의해서 설명되는지를 안다거나 혹은 현재 연구의 결과가 선행 연구들의 결과와 어떻게 다른지를 비교해 보는 것도 매우 중요하다. 그러나 모든 연구 결과가 현실적 중요성이라는 기준을 가지고 비교될 수 있는 것은 아니다.

따라서 일단 어떤 관계의 통계적 유의성을 검증하고 관련 강도를 측정한 다음에는 발견한 관계의 실질적 중요성을 가늠하기 위해서는 주관적 가치판단을 하지 않을 수 없다. 가치판단을 위해서는 변수 및 현재 연구되고 있는 문제의 중요성, 연구에서 발견된 내용을 실행함으로써 얻을 수 있는 혜택의 양이 그러한 내용들을 실행에 옮기기 위해서 필요로 되는 비용만큼의 가치가 있는지의 여부, 그리고 현재 연구되고 있는 문제들과 그러한 문제들을 줄여 나아가기 위한 방법에 대해서 얼마나 사전 지식을 가지고 있는지 등을 비롯한 여러 가지 막연한 사항들을 고려해야 한다. 만일 어떤 연구가, 그다지 중요하지 않은 문제를 해결하려고 하거나, 별로 중요하지 않은 변수에 대해서 알고자 한다거나, 연구가 제시하는 바를 실행에 옮기는 데 있어서 드는 비용이 혜택을 앞지르거나 혹은 연구의 결과가 지식의 양을 늘리는 데 아무런 보탬이 되지 않는다고 한다면, 아무리 관찰된 관계가 종속변수의 변량의 상당 부분을 설명할 수 있다고 할지라도 그러한 연구는 중요한 연구라고 볼 수 없다. 반복하여 강조하건데, 통계적 유의성, 관계의 정도, 그리고 실질적 중요성이라는 세 가지 측면 모두를 함께 고려해야만 한다.

17.7 추론분석

두 변수 간에 아무리 강한 관계가 존재한다고 하더라도, 연구자는 그런 관계가 단순히 우연에서 비롯된 결과이거나 두 변수 간에 모집단 차원이나 이론적 차원에서 실제로 어떤 관계가 있는 것인지 여부를 확인해볼 필요가 있다. 이 점을 좀 더 구체적으로 설명하기 위해서 다음과 같은 다소 우스꽝스러운 가설을 생각해보기로 하자: "맏자녀 한 자녀 가정의 자녀가 맏이 아닌 자녀에 비해 성(last name)의 철자가 홀수일 가능성이 높다."

이 가설을 검증하기 위해, 교실에 있는 모든 학생들에게 자신이 몇 번째 자녀인지와 성의 철자가 홀수인지 짝수인지를 물어 본다. 형제나 자매가 없는 학생은 첫 번째 자녀이므로 맏이로 여긴다. 대부분의 경우 두 변수 간에 어떤 관계를 발견할 수 있을 것이다. 예를 들어, 맏이의 경우 10명 중 6명의 철자가 홀수이고 맏이 아닌 경우는 10명 중 4명이 홀수라고 가정해보자.

이 실험에서는 맏자녀와 그렇지 않은 자녀 간에 20%의 차이가 존재하지만, 그렇다고 해서 맏자녀들이 맏이 아닌 자녀들에 비해 성의 철자가 홀수일 가능성이 높다는 결론을 내릴 수는 없다. 그런 결론은 어처구니없는 (사실 가설 자체가 어처구니없는 가설이므로) 결론이라고 밖에 할 수 없는데, 왜냐하면 같은 가정의 자녀들은 당연히 성이 같기 때문이다! 그럼에도 불구하고 이 실험을 해보면, 언제나 맏자녀와 맏이 아닌 자녀들 간에 차이가 있는 것으로 나타난다.

때로는 맏자녀들 중에 성의 철자가 홀수인 경우가 더 많을 수 있고 때로는 그 반대 경우가 더 많을 수도 있다. 이 예를 통해서 말하고자 하는 바는 단순히 우연(표본오차라고 하는)에 의해서도 어떤 관계가 나타날 수 있다는 것이다.

또 다른 예를 생각해보기로 하자. 20세기 초반에 절실하게 휴식이 필요했던 어떤 아동심리학자가 자신의 손을 붙잡고 십계명을 세 번 외운 아동은 나중에 커서 세계평화와 사회정의를 위해 일할 인류애를 가진 지도자가 될 것이라는 가설을 주장을 했다고 가정해보자. 이 연구자는 자신의 가설을 검증하기 위해서 아동들을 무작위로 실험집단과 통제집단에 배정하는 연구를 계획했다. 운명의 장난인지 모르지만 네 명의 아동이 이 실험에 참여했으며, 그들의 이름은 마하트마 간디, 테레사 수녀, 아돌프 히틀러, 조셉 스탈린이었다.

이 연구자는 동전을 던져 자신을 찾아온 아동을 어느 집단에 배정할지를 결정했는데, 만약 동전의 앞면이 나오면 개입이 제공되는 실험집단에 아동을 배정했다. 일단 두 명의 아동이 실험집단에 배정되고 나자 나머지 아동들은 자동적으로 통제집

단에 배정되었다. 실험집단에 배정되어 연구자의 개입을 받은 두 아동은 마하트마 간디와 테레사 수녀였고 아돌프 히틀러와 조셉 스탈린은 통제집단에 배정되었다. 세월이 한참 지난 후, 이 연구자는 자신의 자료로부터 매우 강도 높은 어떤 관계를 발견하게 되었는데, 실험집단의 성공률은 100%이었고 통제집단의 성공률은 0%로 나타났다. 따라서 상관은 나올 수 있는 값 중에 가장 높은 값인 1.0이었다. 그런데 동전 한 개를 던질 때 두 번 연속해서 앞면이 나오는 사건이 과연 얼마나 발생하기 어려운 사건인가? 그런 사건은 전혀 발생하기 어려운 사건이 아니다.

마찬가지로, 연속해서 뒷면이 두 번 나오는 사건도 전혀 발생하기 어려운 사건이 아니며, 따라서 자칫하면 아돌프 히틀러와 조셉 스탈린이 실험집단에 배정되고 이 연구자가 세월이 한참 지난 뒤에 자신이 인류에게 해서는 안 될 엄청난 잘못을 저질렀다는 자책감 때문에 고통스럽게 될 수도 있다! 이 가상적인 예를 통해서 우리는 자료에서 관찰된 어떤 관계가 모집단 차원에서 또는 이론적으로는 반드시 실존하는 관계가 아닐 수도 있다는 것을 알게 되었다. 즉, 독립변수(또는 개입)가 종속변수에 있어서의 차이에 대한 원인 또는 설명이 아니라, 실제 원인은 단순한 우연(동전을 던질 때 운이 좋았거나 표본오차 같은)일 수도 있다는 것이다(표본오차에 대해서는 제10장에서 논의한 바 있다).

17.7a 우연이 아님을 밝히기

위에서 살펴본 예는 양적 자료에서 관찰된 관계가 우연(또는 표본오차)에 의해서 나타난 것일 가능성을 배제해야 할 필요성을 우리에게 제시해준다. 이 장에 이제까지 살펴본 기술통계는 연구자로 하여금 그런 가능성을 배제할 수 있게 해주지 못하며, 이는 추론통계를 통해서만 가능하다. 추론통계에서 사용하는 통계값의 종류는 매우 다양하며, 어

떤 것들은 수학적으로 매우 복잡하고 어떤 것들은 매우 간단하다.

추론통계값들 중 이 장에서 우리가 논의하고 있는 내용과 관련이 있는 것들은 관찰된 관계가 **통계적 유의성**(statistical significance)을 갖는 관계인지 여부를 사정하는 통계값들이다. 만일 어떤 관계가 우연에서 비롯된 것일 가능성이 매우 희박하다면, 우리는 그 관계를 통계적 유의성을 갖는 관계라고 여긴다. 그런 가능성이 얼마나 되는지를 검증하기 위해, 연구자는 **통계적 유의성 검정**(test of statistical significance)을 실시한다. 통계적 유의성을 검증하는 방법에는 여러 가지가 있으며 어떤 검증 방법을 사용할지는 여러 가지 것들을 고려하여(예를 들면, 변수의 측정 수준) 결정해야 한다. 그러나 사용하려는 검증방법의 종류에 상관없이 모든 검증 결과는 확률 수준으로 표현되고 보고되는데 그러한 확률 수준은 연구자에게 관찰된 관계가 우연에서 비롯되었을 가능성(표본오차)이 얼마인지 알려준다. 일반적으로 확률은 p라는 기호로 표기한다. 따라서 연구보고서나 연구논문을 읽다가 가설 검증과 관련된 내용 중 $p < .05$라는 내용을 보게 되거든 그것이 의미하는 바가 가설을 뒷받침하는 결과가 우연에서 비롯된 것일 확률(가능성)이 .05보다 작다는 것임을 이해하기 바란다.

대부분의 연구보고서에서는 어떤 관계에 해당하는 p가 .05와 같거나 작을 때 그 관계를 통계적 유의성을 갖는 관계로 본다. 왜냐하면 $p < .05$라

기술통계 ▶ 표본의 특성이나 표본 변수들 간의 관계를 기술하기 위한 목적에서 실시하는 통계분석. 기술통계가 표본을 관찰한 결과를 서술하는 것인데 비해 추론통계는 해당 표본이 뽑혀져 나온 모집단에 관하여 추론을 하는 것임.

추론통계 ▶ 표본자료를 분석한 결과로부터 모집단에 관한 추론을 할 목적에서 실시하는 통계분석

통계적 유의성 ▶ 표본 관찰을 통해 발견된 어떤 관계가 전적으로 우연(즉, 표본오차)에서 비롯된 관계일 가능성을 뜻하는 용어

유의성 검정 ▶ 관찰된 관계가 우연에서 비롯된 관계일 확률을 구하는 통계분석기법

는 것은 그 관계가 우연에서 비롯된 것일 확률이 1/20(즉, 100번 중 5번)라는 것을 의미하기 때문이다. 표본의 크기가 매우 작은 연구에서는 어떤 관계가 통계적 유의성을 갖는 관계인지 여부를 판단하는 기준을 .10으로 설정하기도 한다. 왜냐하면 표본크기가 작을수록 통계적 유의성을 갖기 어렵기 때문이다. 이상의 내용과 관련된 수리적 원리는 통계과목에서 배울 수 있으나 $p < .05$ 또는 $p < .10$의 의미를 이해하는 데 그런 수리적 원리에 대한 이해가 반드시 필요한 것은 아니다.

아무쪼록 우리는 이 장에서 살펴본 양적 자료분석에 관한 내용이 독자들이 앞으로 양적 연구보고서에 제시된 내용들을 읽고 이해할 때 도움이 되기 바라며, 동시에 이 장에서 논의한 내용들이 독자들로 하여금 통계학을 공부해보고 싶은 마음을 갖게 하는 계기가 되었으면 한다.

17.8 주요 내용

- 양적 자료분석을 위해서 연구자는 자료를 반드시 수량적 코드로 전환해야 한다. 수량적 코드는 변수가 가진 속성을 나타낼 뿐만 아니라 자료 파일 내에서의 위치를 나타낸다.
- 빈도분포는 어떤 변수가 가질 수 있는 속성이 표본에서 관찰된 빈도를 나타낸다.
- 중심경향도를 나타내는 세 가지 측도는 평균값, 중앙값, 최빈값이다.
- 산포도 측도는 평균값을 중심으로 자료가 어떻게 분포하는지를 요약적으로 나타내준다.
- 표준편차는 개별 변수값들이 평균값으로부터 평균적으로 떨어져 위치하고 있는 정도를 나타내는 기술통계값이다.
- 일변량분석과 달리, 이변량분석은 두 변수 간의 관계를 주로 설명적 목적에서 분석한다.
- 이변량분석은 하위집단을 비교한 결과를 해석하는 또 한 가지 방식에 불과하다. 이변량분석

표를 해석하는 방법은 다음과 같다: (1) 사례를 특정 독립변수가 가질 수 있는 속성별로 분류하여 하위집단을 만들고, (2) 각각의 하위집단을 특정 종속변수에 대해서 기술하고, (3) 하위집단 간 종속변수에 대한 기술 내용을 비교하고, (4) 관찰된 하위집단 간의 차이를 종속변수와 독립변수간의 통계적 관련성으로 해석한다.

- 다변량분석이란 여러 가지 변수들 간의 관계를 동시에 분석하는 기법으로서 두 변수간의 관계를 보다 정확하게 이해하기 위해서 주로 사용된다.
- 추론통계는 연구자로 하여금 관찰을 통해 발견한 내용에 대한 가능한 설명 중 우연을 배제할 수 있게 해준다.
- 통계적 유의성 검증이란 연구를 통해 관찰된 내용이 우연에 의해서 나타나게 된 확률을 계산하는 방법이다.
- 상관계수나 이와 유사한 관련성 측도들은 관계의 강도를 나타내는 통계값이다. 어떤 관계의 강도가 강할수록 통계값은 1.0 또는 -1.0에 가까워지며, 관계의 강도가 약할수록 0에 가까워진다.
- 관련성 정도를 나타내는 측도들을 종종 효과크기 통계값이라고 부른다. 효과크기 통계값은 종속변수의 변량 중 독립변수에 의해서 설명될 수 있는 부분, 또는 두 집단 간 평균값의 차이를 표준편차로 나누어 구한 값이다.
- 효과크기를 나타내는 통계값 중에서 가장 많이 사용되는 통계값은 승산비, 위험비 그리고 Cohen's d이다.
- 코헨의 d는 실험집단의 평균값과 통제집단의 평균값 간의 차이를 통합 표준편차로 나눈 값이다.
- 승산비는 종속변수의 특정 결과가 독립변수의 속성에 의한 것일 (또는 것이 아닐) 가능성을 나타내는 값이다.
- 위험비는 한 집단의 실패 비율을 다른 집단의 실패 비율로 나눈 값이다.
- 통계적 유의성, 관계 강도 그리고 실질적 유의성(임상적 유의성 또는 실천적 유의성이라고도 불리는)이라는 개념들 간의 차이를 분명하게 구별할 수 있어야 한다. 통계적 유의성을 가진 관계가 반드시 관계 강도가 높거나 실질적 유의성을 갖는 관계는 아니다.

17.9 연습문제

1. 최근 물질남용 때문에 입원치료를 받은 클라이언트들을 대상으로 총 15회 치료 세션으로 이루어진 심리교육 프로그램을 제공했다고 가정해보자. 또한 프로그램에 참여한 총 10명의 클라이언트들 가운데 2명은 15회의 치료모임 모두에 참여했고, 2명은 14회, 2명은 13회, 2명은 12회 그리고 나머지 2명은 1회만 참여했다고 가정하자.
   a. 클라이언트들이 참여한 치료 세션의 평균값과 중앙값을 구하라.
   b. 평균값과 중앙값 중 어느 중심경향도 측도가 위에 제시된 자료의 중심을 나타내기에 더 적합하다고 생각하는가? 그 이유는 무엇인가?
2. 학생들의 학업 중도포기를 예방하기 위한 서로 다른 두 가지 개입 프로그램의 효과를 사정하는 연구에서 제시된 다음의 표를 어떻게 해석할지 논의하라. 또한 이 자료를 심층적으로 분석하기 위해서 왜 추론통계가 필요한지 설명하라. 표에 제시된 자료는 각각의 개입을 받은 학생의 백분율이다.

	개입의 종류	
결과	개입A	개입B
졸업	92% (46)	82% (82)
중도포기	8% (4)	18% (18)
합계	100% (50)	100% (100)

17.10   추천도서

Rubin, Allen. (2010). *Statistics for Evidence-
Based Practice and Evaluatio*n. 2nd ed.
Belmont, CA: Thomson Brooks/Cole. 이 책
은 사회복지학을 전공하는 학생들과 그 밖의
인간봉사 전문가들을 위해 쓴 책이며, 이 책에
는 이 장에서 설명한 양적 자료분석의 개념들
에 대한 보다 자세하고 심층적인 설명이 제시
되어 있다.

chapter 18

질적 자료분석

18.1 서론

질적 연구방법은 자료 수집과 이론이 서로에게 지속적으로 영향을 주고받는 과정과 매우 밀접한 관련이 있다. 그렇게 때문에 우리는 제16장에서 질적 연구와 내용분석에 대해 살펴보면서 질적 자료분석에 관한 언급을 이미 한 셈이다. 때로는 순수하게 기술만을 목적으로 질적 연구를 하는 경우도 있지만, 이 장에서 우리는 설명적 패턴을 찾기 위한 질적 연구에 논의의 주안점을 두기로 하겠다.

어떤 질적 연구방법을 사용하든지 상관없이, 연구자는 질적 연구의 결과로서 엄청난 양의 자료(대부분의 경우 글 형태의)를 손에 쥐게 된다. 그리고 나서는 무엇을 어떻게 해야 할까? 그 다음으로 거쳐야 할 첫 번째 단계는 자료를 처리하는 것이다. 이 단계에서는 다수의 개별 조각 형태로 존재하는 자료를 분류하고 범주화하고 어떤 식으로든 자료를 재생할 수 있는 시스템을 통해서 자료에 접근할 수 있게 하기 위한 작업이 이루어진다. 이와 같은 범주화 및 재생 절차를 거침으로써 연구자는 나중에 필요할 때 관심 있는 자료를 불러올 수 있다. 다량의 자료를 처리하는 것은 과학이면서 동시에 예술에 가까운 작업이다. 이는 마치 수채화를 그리는 방법이나 교향곡을 작곡하는 방법을 배우는 것과 같다고 할 수 있다. 두 경우 모두 교육을 통해서 방법을 배울 수 있으며, 실제로 대학에서 그런 과목들을 가르치고 있다. 두 영역 모두 저마다의 전통과 기법과 요령을 가지고 있으며, 그런 모든 것들은 실제로 그림을 그리거나 음악을 작곡하고자 할 때 매우 유용한 것들이다. 그러나 교육을 통해 할 수 있는 것에는 분명한 한계가 있으며, 마지막 산물은 그림을 그리거나 음악을 작곡하려는 사람이 만들어낼 수밖에 없다. 지금부터 우리가 살펴볼 질적 자료 처리에 관한 내용들은 "하는 방법"을 알려주는 매뉴얼과는 다소 거리가 있지만, 다량의 자료로부터 어떤 순서나 질서를 찾는 데 도움이 될 수 있는 유용한 출발점을 연구자들에게 제시해줄 것이다.

18.2 코딩

질적 자료를 처리하는 첫 번째 단계는 코딩(coding)이다. 예를 들어, 어떤 연구자가 사회운동의 발달 과정을 연대순으로 정리하고 있다고 가정해보자. 이 연구자는 자신이 일전에 사회운동의 태동에 관해서 자세하게 기록해둔 것을 기억하고는 그 정보를 찾으려 하고 있다. 만일 연구자가 기록을 주제별로 정리해두었다면, 자신이 원하는 주제들을 손쉽게 찾을 수 있다. 연구자는 코딩과 재생(retrieving)에 편리한 구조로서 주제별로 정리된 일련의 종이 파일 폴더(예를 들면, "역사"라는 주제에 해당하는 파일 폴더)를 만들 수도 있다. 이런 파일 폴더에서 자료를 재생 또는 불러온다는 것은 "역사"라는 이름의 파일 폴더를 끄집어 낸 다음 그 폴더에서 자신이 원하는 것을 찾을 때까지 기록들을 샅샅이 훑어보는 것을 말한다.

이 장의 좀 더 뒷부분에서 보게 되겠지만, 컴퓨터 프로그램을 이용할 경우 자료를 좀 더 빠르고 확실하고 정확하게 재생할 수 있다. "역사" 파일 폴더에 있는 모든 기록을 훑어보는 대신 연구자는 곧바로 사회운동의 "초기 역사" 혹은 "형성"에 관한 기록으로 갈 수도 있다.

코딩은 단순히 파일 폴더들을 만드는 것보다 좀 더 세련된 시스템을 필요로 한다. 질적 코딩에서 자료를 조직화하는 기본 원리는 **개념**이다. 예를 들어, 서로 다른 사회복지기관들에 관한 문서를 내용분석한다고 가정해보자. 코딩하기에 적합한 텍스트 단위는 동일 문서 내에서도 달라질 수 있다. 기관의 "크기"는 코딩 단위당 불과 몇 단어 정도면 충분한 반면, 기관의 "사명"은 몇 페이지가 필요할 수도 있다. 혹은 열띤 이사회 회의 내용을 기록한 방대한 양의 회의록을 "내부 불화"라고 코딩할 수도 있다. 이미 만들어진 하나의 코드범주를 서로 다른 길이를 가진 여러 텍스트 자료에 적용할 수도 있다. 예를 들면, 어떤 기관은 기관의 사명이 매우 간단한 반면, 어떤 기관은 장황할 수 있다.

18.2a 물리적 행위로서의 코딩

코딩의 원리에 대한 논의를 계속하기 전에 코딩이 실제로 어떤 것인지를 잠깐 살펴보기로 하자. John Lofland와 Lyn Lofland(1995)의 다음과 같은 서술을 통해서 우리는 코딩을 직접 손으로 한다는 것이 어떤 것인지 살짝 엿볼 수 있다(이 절에서 우리는 모든 연구자가 코딩을 직접 할 것이라고 가정하겠다):

1980년대 말 개인용 컴퓨터가 보편화되기 전까지 코딩은 종종 특정 형태의 물리적 파일을 만드는 것이었다. 연구자는 코드 이름이 붙어 있는 일련의 파일 폴더를 만들고 파일 폴더 속에 자료를 넣어 두거나 자료를 찾을 수 있는 위치를 기록한 노트를 넣어두었다 …. 복사가 쉽고 저렴해지기 전까지 현장연구자들은 카본 종이에 자신의 현장기록을 타이프라이터로 쳐서 기록해두고 그런 기록을 복사한 다음 복사본의 여백에 코드를 써놓았다. 그리고 기록 내용을 가위로 잘라내서는 잘라진 텍스트 조각들을 해당 파일 폴더에 보관했다(p. 188).

Lofland가 지적하듯이, 파일 만드는 작업은 개인용 컴퓨터의 등장으로 인해 매우 간단해졌지만, 텍스트가 써 있는 종이쪽들을 코드범주별로 마련된 파일 폴더에 넣어 분류하던 작업의 이미지는 아직도 코딩 과정을 이해하는 데 도움이 된다. 예를 들어, 어떤 하나의 텍스트에 대해서 두 개의 코드를 붙여야 할 경우에는 항상 그 텍스트를 복사하여 각각의 파일 폴더에 넣어 두어야 한다고 생각할 수 있어야 한다.

18.2b 코드 개발

그렇다면 코드 범주는 어떤 것이어야 하는가? Glaser와 Strauss(1967)는 기존 이론에 근거하여 도출된 가설을 검증하기 위한 목적에서 자료를 코딩할 수 있다고 언급한 바 있다(p. 101 f). 이 경우, 연구자는 해당 이론에 근거하여 코드를 만드는데, 이렇게 만들어진 코드는 결국 변수의 형태를 띠게 된다.

그러나 이 절에서 우리는 개방코딩의 보다 일반적인 과정에 초점을 맞추기로 하겠다. Strauss와 Corbin(1990)은 개방코딩을 다음과 같이 정의하고 있다.

개방코딩은 자료를 면밀하게 검토하여 현상들을 명명하고 분류하는 작업과 특히 관련이 있는 분석의 한 부분이다. 이러한 기본적인 분석단계를 먼저 거치지 않고서는 나머지 분석 과정이나 후속 논의가 이루어질 수 없다. 개방코딩 과정 동안 연구자는 자료를 조각조각으로 분리한 다음, 면밀히 검토하고, 유사점과 차이점을 비교하며, 자료에 반영된 현상들에 대해서 질문을 던진다. 이러한 과정을 통해서 연구자는 그런 현상들에 관한 연구자 자신 또는 다른 연구자들의 가정들에 대해서 의문을 제기하고 탐구하여 새로운 발견점들을 얻게 된다(p. 2).

이제 개방코딩을 어떻게 하는지 보여주는 구체적인 예를 살펴보기로 하자. 동성애혐오(homophobia) 문제에 관심을 가지고 문제를 완화시키기 위해 노력하는 어떤 연구자가 있다고 가정해보자. 이 연구자가 동성애 반대자 몇 명을 면접했을 때 동성애 반대자들이 그들이 가진 반대 감정의 종교적 근거를 제시했다고 가정해보자. 그들이 구체적으로 언급한 것은 성경 내용 중 다음의 레위기의 구절이다:

18:22 여자와 동침하는 것처럼 남자와 동침하지 말라. 이는 혐오스런 일이니라.
20:13 누구든지 여자와 동침하는 것처럼 남자와 동침하면 둘 다 혐오스런 일을 행하는 것이니

반드시 죽여야 할지니 자신의 피가 자신에게
로 돌아가리라.

성경에 표현된 관점이 불분명한 것은 아니지만,
연구자는 좀 더 심층적으로 검토해볼 필요가 있
다고 판단할 수도 있다. 아마도 레위기 내용을 질
적으로 분석해본다면 이런 동성애 금지 계율이 유
대-기독교적 도덕성이라는 커다란 맥락 중 어디에
서 비롯된 것인지에 대한 충분한 이해를 얻을 수
있을지도 모르기 때문이다. 이런 이해를 얻음으로
써, 연구자는 아마도 동성애혐오증에 맞설 수 있는
보다 효과적인 사회적 변화전략을 개발할 수 있길
바랄 것이다.

위에서 인용한 성경의 두 구절을 검토하는 것으
로써 분석 과정을 시작해보기로 하자. 먼저 "동성
애"라는 개념을 가지고 각 구절을 코딩한다. 이 개
념은 우리가 하려는 분석에 있어서 지극히 핵심적
인 개념이다. 레위기를 분석하는 데 있어 동성애
문제에 초점을 맞출 때마다 우리는 이 두 구절을
염두에 둘 것이다.

동성애가 이 연구에서 핵심적인 개념이니만큼
동성애의 의미가 무엇인지를 연구 대상 자료들을
살펴봄으로써 좀 더 구체적으로 이해해보자. 먼저,
동성애를 어떻게 정의하는지에 주목해보자: "여자
와 동침하는 것처럼" 남자와 동침하는 자이다. 물
론 천국에 가기 바라는 어떤 변호사가 "그런데 내
가 말하려는 요점은 다음과 같다: 만일 우리가 실
제로 동침한 것은 아니라면…"이라고 말하는 것을
상상해볼 수는 있지만, 우리는 어떤 특정 행위가
포함되었는지 안 되었는지는 분명하지 않지만 그
문장이 성교를 의미한다고 봐도 무방하다고 판단
한다.

그런데 흥미롭게도 성경의 계명들이 남성 동성

애에 대해서만 언급하고 여성 동성애(레즈비어니
즘)에 관해서는 전혀 언급하지 않고 있다. 그렇다
면 연구자는 이런 문장들을 "남성 동성애"라고 코
딩해야 할지도 모른다. 이 예는 코딩의 두 가지 측
면을 보여 주는데, (1) 각 단위는 한 개 이상의 코
드를 가질 수 있다는 점과 (2) 위계적 코드(하나의
코드가 다른 코드에 포함될 수 있다)를 사용할 수
있다는 점이다. 이제 우리의 분석에서 하나의 문장
이 두 개의 코드를 가질 수 있다.

이 시점에서 우리는 "금지된 행동"이라는 더 일
반적인 코드를 생각해볼 필요가 있다. 이 코드는
두 가지 이유에서 중요하다. 첫째, 분석적 관점에
서 보자면 동성애는 본질적으로 잘못된 행동이 아
니다. 이 연구의 목적은 의문시 되는 종교적 구절
에 의해서 동성애가 잘못된 행동으로 규정되는 과
정을 조사하는 것이다. 둘째, 레위기에 관한 연구
가 인간의 다른 금지된 행위에 대해서도 사람들로
하여금 관심을 갖게 만들 수 있다.

위에서 제시한 두 구절에서 우리는 적어도 두
가지 중요한 개념을 찾을 수 있는데, 하나는 "혐오
스런 일"이고 다른 하나는 "죽일지니"이다. 이 두
가지 개념들이 "금지된 행동"와 밀접한 관련이 있
기는 하지만 이 두 개념은 서로 매우 다른 개념이
다. 동전 주차기에 동전을 넣지 않고 주차하는 것
은 해서는 안 될 행동이지만 그것을 혐오스러운 일
이라고 말하는 사람은 많지 않을 것이며 그런 주차
위반행위를 사형으로 다스리자고 하는 사람은 더
더욱 없을 것이다. 따라서 이 두 가지 새로운 코드
를 레위기의 첫 두 구절에 붙이기로 하자.

이제 우리는 위에서 살펴본 레위기의 첫 두 구
절에서 더 나아가 레위기의 나머지 구절들도 살펴
보면서 각각의 장과 절들을 분석하고 각각에 해당
하는 코드를 붙여보기로 하겠다. 이런 추가적인 분
석 과정에서 우리는 이미 만들었던 코드를 사용할
수도 있고 적절한 코드를 새로 만들 수도 있다. 새
로운 코드를 만들 때는 이미 코드가 붙여진 구절들

▶ **개방코딩** ▶ 코드범주를 이론에 근거하여 만드는 것이 아니라 질
적 자료를 면밀히 분석하여 만드는 질적 자료처리기법

을 살펴보고 새로운 코드들이 그 구절들에도 적합한지 적합하지 않은지 여부를 검토해보는 것이 중요하다.

다음은 "혐오스런 일"이라는 코드를 붙일 수 있는 구절들이다(혐오스런 일에 해당하는 부분을 진한 글자로 표시했다).

7:18 만일 그 화목제물의 고기를 **셋째 날에 조금이라도 먹으면** 그 제사는 기쁘게 받아드려지지 않을 것이라 드린 자에게도 예물답게 되지 못하고 도리어 가증한 것이 될 것이며 그것을 먹는 자는 그 죄를 짊어지리라.

7:21 만일 누구든지 **부정한 것 곧 사람의 부정이나 부정한 짐승이나 부정하고 가증한 무슨 물건을 만지고 여호와께 속한 화목제물의 고기를 먹으면** 그 사람도 자기 백성 중에서 끊어지리라.

11:10 물에서 움직이는 모든 것과 물에서 사는 모든 것 곧 강과 바다에 있는 것으로서 **지느러미와 비늘 없는 모든 것은** 너희에게 가증한 것이라.

11:11 이들은 너희에게 가증한 것이니 너희는 그 고기를 먹지 말고 그 주검을 가증히 여기라.

11:12 수중 생물에 지느러미와 비늘 없는 것은 너희가 혐오할 것이니라.

11:13 새 중에 너희가 가증히 여길 것은 이것이라. 이것들이 혐오스런 것인즉 **먹지말지니 곧 독수리와 솔개와 물수리와**

11:14 **말똥가리와 말똥가리 종류와**

11:15 **까마귀 종류와**

11:16 **타조와 타흐마스와 갈매기와 새매 종류와**

11:17 **올빼미와 가마우지와 부엉이와**

11:18 **흰 올빼미와 사다새와 너새와**

11:19 **황새와 백로 종류와 오디새와 박쥐니라.**

11:20 날개가 있고 네 발로 기어다니는 곤충은 너희가 혐오할 것이로되

11:41 땅에 기어 다니는 모든 길짐승은 가증한즉 먹지 못할지니

11:42 곧 땅에 기어다니는 모든 기는 것 중에 배로 밀어 다니는 것이나 네 발로 걷는 것이나 여러 발을 가진 것이라 너희가 먹지 말지니 이것들은 가증함이니라.

11:43 너희는 기는 바 기어다니는 것 때문에 자기를 가증하게 되게 하지 말며 또한 그것 때문에 스스로 더럽혀 부정하게 되게 하지 말라.

18:22 너는 **여자와 동침함과 같이 남자와 동침하지 말라** 이는 혐오스런 일이니라.

19:6 그 제물은 드리는 날과 이튿날에 먹고 셋째 날까지 남았거든 불사르라.

19:7 **셋째 날에 조금이라도 먹으면** 가증한 것이 되어 기쁘게 받으심이 되지 못하고

19:8 그것을 먹는 자는 여호와의 성물을 더럽힘으로 말미암아 죄를 담당하리니 그가 그의 백성 중에서 끊어지리라.

20:13 누구든지 **여인과 동침하듯 남자와 동침하면** 둘 다 혐오스런 일을 행함인즉 반드시 죽일지니 자기의 피가 자기에게로 돌아가리라.

20:25 너희는 짐승이 정하고 부정함과 새가 정함과 부정함을 구별하고 내가 너희를 위하여 부정한 것으로 구별한 **짐승이나 새나 땅에 기는 것들로** 너희의 몸을 더럽히지 말라.

위의 분석결과로부터 우리는 레위기에서 말하는 혐오스런 일은 남성 동성애만이 아니라는 것을 알 수 있다. 위에서 살펴본 구절들을 비교하면서 유사점과 차이점을 살펴보면, 대부분의 혐오스런 것들은 식이규정(특히 "깨끗하지 않다"고 여겨지는 음식물)과 관련이 있다는 것을 분명하게 알 수 있다. 또한 어떤 혐오스런 일은 제사에 쓰이는 희생물(ritual sacrifices)을 잘못 다루는 것과 관련이 있다. 따라서 "식이규정"과 "제물"을 분석에 사용할 새로운 코드에 포함시키기로 한다.

앞에서 우리는 분석에서 살펴봐야 할 또 다른 개념으로서 사형을 언급한 바 있다. 레위기 내용 중 이 개념에 해당하는 내용을 찾아본 결과, 남성 동성애 말고도 사형에 처해야 할 다음과 같은 많은 행위들을 발견할 수 있었다.

20:2 그의 자식을 몰렉에게 주는 것(인간제물)

20:9 아버지나 어머니를 저주하는 것

20:10 남의 아내와 간음 하는 것

20:11 아버지의 아내와 동침하는 것

20:12 며느리와 동침하는 것

20:14 아내와 장모를 함께 데리고 사는 것

20:15 남자가 짐승과 교합하는 것(그 짐승을 또 한 반드시 죽일 것)

20:16 여자가 짐승과 교합하는 것

20:27 남자나 여자가 접신하거나 박수무당이 되는 것

24:16 여호와의 이름을 모독하는 것

24:17 사람을 죽인 것

이와 같이 사형은 레위기에서 광범위한 행위에 대해서 적용되고 있는데, 저주스러운 욕설을 하는 것부터 살인에 이르기까지 그리고 그 사이 어디쯤에 해당하는 남자 동성애를 포함한 모든 행위가 사형의 대상으로 언급되고 있다.

금지된 행동에 대한 분석의 범위를 확대해보면, 혐오스런 일과 사형 이외에도 매우 많은 금지된 행동을 찾을 수 있게 된다. 그중에는 중상모략, 복수하기, 시기질투, 듣지 못하는 사람을 저주하는 것, 앞을 볼 수 없는 사람 앞에 걸려 넘어질 수 있는 장애물을 놓아두는 것들도 포함된다. 레위기 19장 19절에서 하나님의 명령이 나오는데, "너희는 밭에 두 종자를 섞어 뿌리지 말며 두 재료로 직조한 옷을 입지 말라"고 한다. 곧 뒤이어 "너희는 무엇이든지 피 채 먹지 말며, 복술을 하지 말며 술수를 행치 말며, 머리 가를 둥글게 깎지 말며, 수염 끝을 손상치 말라"고 한다. 레위기에서 몸에 피어싱 하는 것에 대해서는 아무런 언급도 없지만 담배는 금지되었다. 이러한 모든 행동을 "금지된 행동"이라고 코딩할 수 있고 더 나아가서는 추가로 다른 코드(예를 들면, "식이규정" 같은)를 붙일 수도 있다.

이상에서 간략하게 살펴본 내용들이 어떻게 코드를 만들고 적용하는지를 이해하는 데 그리고 그런 코딩작업이 어떻게 하나의 텍스트에 담겨져 있는 메시지를 더 잘 이해하고 필요할 때마다 해당 자료를 적절히 불러올 수 있게 해주는지를 이해하는 데 도움이 되었기 바란다.

18.2c 메모하기

근거이론방법(Grounded Theory Method, GTM)에서 코딩 과정은 단순히 한 덩어리의 텍스트를 범주화하는 것 이상을 의미한다. 자료를 코딩하면서 연구자는 메모하기기법(memoing technique)을 사용할 줄 알아야 하는데 메모하기란 연구자가 자기 자신이나 동료 연구자들을 위해 메모나 노트를 남기는 것을 말한다. 분석 과정 중에 연구자가 한 메모는 대부분 —일부는 최종 보고서에 포함되지만— 연구자가 쓰는 글에 최소한 어떤 영향을 미치게 된다.

메모하기는 근거이론방법에 있어서 특히 중요하다. Strauss와 Corbin(1990)은 메모를 코드 노트, 이론적 노트, 조작적 노트라는 세 가지 종류로 구분한다(p.197 f.).

코드 노트(code notes)는 코드의 이름과 의미를 설명하기 위한 메모이다. 이 메모가 특히 중요한 이유는 모든 사회과학 연구가 그렇듯이 우리가 기술적인 의미를 나타내기 위해 사용하는 대부분의 용어들은 일상적인 언어로서의 의미를 가지고 있기 때문이다. 따라서 연구자는 자신이 분석에서 사용하는 코드들이 정확하게 무엇을 의미하는지를 반드시 밝혀야 한다. 예를 들면 레위기 구절에 대한 분석에서, 연구자는 코드 노트에 "혐오스러운 것"의 의미와 텍스트분석에서 그 코드를 어떻게 사용할지를 설명해야 한다.

이론적 노트(theoretical note)는 다양한 주제에

▶ **메모하기** ▶ 코드의 의미 이론적 아이디어, 잠정적 결론 및 분석 과정에서 유용하게 사용할 수 있는 그 밖의 생각들을 잡아내기 위한 질적 자료분석기법. 자료 처리의 여러 단계에서 사용됨.

관한 메모이다. 예를 들면, 개념의 여러 차원과 개념의 심층적 의미에 관한 생각들, 개념들 간의 관계, 이론적 명제 등의 다양한 주제에 관한 사항을 이론적 노트에 기록해둔다. 연구자들은 종종 무언가의 본질에 대해서 생각하고 더 나아가서는 그런 본질을 이해하려고 노력한다. 그렇기 때문에 질적 자료분석에서는 설령 나중에 쓸모없는 것이 되어버리는 한이 있더라도 그런 생각들을 글로 써두는 것이 매우 중요하다. 메모해둔 글의 양이 많을 수도 있으나 연구자는 메모해둔 생각들을 각각 하나의 생각(thought)으로 단순화하여 기록해둠으로써 나중에 그런 생각들을 분류하고 정리할 수 있어야 한다. 레위기 분석의 예에서, 어떤 이론적 노트는 대부분의 레위기 구절들이 암묵적으로 남성의 행동을 언급하고 있으며 여성은 대부분 부수적으로만 언급되고 있다.

조작적 노트(operational note)는 주로 방법론적 문제들에 관한 메모이다. 예를 들면, 나중에 자료를 이해하는 데 도움이 될 만한 자료수집 상황에 관한 메모나 추후 자료수집에 도움이 될 만한 지침들을 메모해두기도 한다.

메모하기는 자료를 수집하고 분석하는 전 과정에서 이루어져야 한다. 대개의 경우, 연구자들은 노트나 녹취록, 코딩된 텍스트 등을 다시 읽거나 다른 사람들과 연구에 대해 논의해보고 나서 메모하기의 중요성을 깨닫게 된다. 어떤 생각이 떠오를 때마다 가능한 빨리 메모하는 습관을 갖는 것이 필요하다.

John Lofland와 Lyn Lofland(1995)는 메모하기에 대해서 조금 다르게 말하고 있는데, 최종 글쓰기 단계에 가까워져서 하는 메모에 대해 다음과 같이 언급하고 있다(p. 93 f.). 요소 메모(elemental memo)란

어떤 특정 사안에 관한 상대적으로 자세하고 분석적인 표현 또는 묘사라고 할 수 있다. 연구의 규모에 따라, 연구자는 이런 메모를 한 개에서 수

십 개까지 남길 수 있다. 선별적 코드와 코딩작업을 거치면서 남게 된 요소적 메모는 항상 그랬던 것처럼 연구 프로젝트의 가장 기본적이고 단조로운 소재이다(p. 194).

분류 메모(sorting memo)는 다수의 요소 메모들을 바탕으로 하며 분석에 있어서 핵심이 되는 주제들을 제시해준다. 요소 메모가 머릿속에 떠오르는 생각을 적어두는 메모인데 비해, 분류 메모는 분석하려는 자료의 이유를 발견하고자 시도할 때 하는 메모이다. 분류 메모는 서로 관련이 있는 일군의 요소 메모들을 하나로 엮어 준다. 하나의 연구 프로젝트에 그 프로젝트가 가진 서로 다른 여러 측면들을 다루는 다수의 분류 메모가 있을 수 있다.

마지막으로, 통합 메모(integrating memo)는 전체 프로젝트의 내용을 정리하기 위해 다수의 분류 메모를 연결시킨다. 통합 메모는 일관적이고 포괄적인 이야기들을 이론적 맥락과 결부시켜 풀어낸다. 그러나 실제 연구에서 이런 종류의 종결을 이끌어낼 수 있는 방법에는 여러 가지가 있다. 따라서 자료분석의 결과로서 다수의 통합 메모가 만들어질 수 있다.

종종 우리는 글 쓰는 것을 단선적인 작업, 즉 서론에서부터 시작해서 결론에 이르기까지 한 번에 쭉 진행되는 과정으로 보지만 메모하기는 이와 매우 다른 과정이다. 메모하기란 한 마디로 말해서 혼돈을 만들어 내는 과정 또는 혼돈 속에서 질서를 찾아내는 과정이라고 할 수 있다.

메모 과정에 관한 더 자세한 내용은 이 장의 마지막 부분에 인용된 연구들을 참조하기 바란다. 메모하기에 관한 정보는 웹상에서도 쉽게 찾을 수 있다. 예를 들면, Barney Glaser의 메모방식을 보려면 http://gtm.vlsm.org/gnm-gtm3.en.html에 들어가 보면 된다. 물론 메모하기를 배울 수 있는 가장 좋은 방법은 자신이 직접 해보는 것이다. 현재 어떤 연구에도 참여하고 있지 않다면 수업 중에 했던 메모를 가지고도 얼마든지 연습할 수 있다. 그

것도 여의치 않으면 지금부터 일지를 쓰고 일지에 쓴 내용을 코딩해보기 바란다.

18.3 패턴 찾기

코딩과 메모하기를 마치고 나면, 연구자는 자료로부터 패턴을 찾는 작업을 시작할 수 있다. John Lofland와 Lyn Lofland(1995)는 특정 연구주제에서 패턴을 찾는 여섯 가지 방법을 제안한 바 있다(pp. 127-145). 예를 들어, 어떤 지역사회의 아동학대를 분석하려 한다고 가정해보자. 다음은 수집된 자료로부터 패턴을 찾고자 할 때 연구자가 스스로에게 던져봐야 할 질문들이다.

1. 빈도(frequency): 연구 대상 지역사회의 가정들에서 아동학대가 얼마나 자주 일어나는가? 사람들이 연구자에게 얘기하는 것과 실제 빈도 간에 큰 차이가 있을 수 있다는 것을 반드시 염두에 두어야 한다.

2. 크기(magnitudes): 학대의 수준은 어느 정도인가? 얼마나 잔인한가?

3. 구조(structures): 어떤 유형의 학대가 일어나고 있는가? 신체적 학대, 정신적 학대, 성적 학대? 학대 유형 간에 어떤 관련이 있는가?

4. 과정(process): 구조의 요소들 간에 어떤 순서가 있는가? 정서적 학대에서 시작해서 신체적 학대, 성적 학대로 나아가는가? 아니면 여러 방식으로 일어나는가?

5. 원인(causes): 아동학대의 원인은 무엇인가? 아동학대가 특정 민족, 사회계층 또는 종교집단에서 더 흔하게 발생하는가? 아동학대는 경제상태가 좋을 때와 나쁠 때 중 어느 때 더 자주 일어나는가?

6. 결과(consequences): 아동학대가 희생자에게 미치는 단기적 및 장기적 영향은 무엇인가? 아동학대가 학대자에게는 어떤 영향을 미치는가?

대개의 경우, 연구자는 자료를 검토하면서 서로 다른 종류의 사례들을 대표할 수 있는 다양한 관찰 결과들로부터 어떤 패턴을 찾고자 접근한다. 이와는 대조적으로, 특정 사례를 완벽하게 이해하는 접근방법을 택할 수도 있다. 그런 다음, 첫 번째 사례에서 중요하게 나타난 변수들에 초점을 맞춘 상태에서 다른 사례들로 옮겨가면서 연구 대상들의 삶을 구체적으로 이해한다. 나중에 검토한 사례들 중 어떤 사례들은 특정 변수의 영향에 있어서 맨 처음 검토한 사례와 매우 유사할 수도 있지만 어떤 사례들은 전혀 그렇지 않을 수도 있다. 후자 사례들의 경우, 다른 중요한 변수들에 대해서는 어떠한지 확인해볼 필요가 있는데, 왜냐하면 이처럼 맨 처음 검토한 사례와 유사한 사례와 유사하지 않은 사례가 있다는 것 자체가 왜 어떤 사례들은 특정 패턴을 보이고 어떤 사례들은 또 다른 패턴을 보이는지 탐구해볼 필요성을 제시해주기 때문이다.

18.3a 근거이론방법

방금 소개한 방법은 매우 낯익게 들렸을 것이다. 제15장에서 우리는 근거이론에 대해서 살펴보면서 어떻게 질적 연구자들이 순수하게 귀납적인 기반에서부터 이론을 형성하는지 살펴보았다. 근거이론은 가설이 아니라 관찰에서부터 시작하고 아무런 선입견을 가지지 않은 상태(물론 어떤 연구자들은 먼저 만들어진 근거이론을 더욱 발전시키고 정교화하기도 하지만)에서 현장으로부터 패턴을 찾고 이론을 발전시키고자 한다.

근거이론방법(GTM)은 지속적 비교법(constant comparative method)을 사용한다. Glaser와 Strauss가 언급한 바와 같이, 이 방법은 다음과 같은 네 가지 전략을 포함한다(1967, pp. 105-113):

1. "각각의 범주에 해당하는 사건들을 비교하기"

하나의 사례에서 어떤 개념이 나타나면 연구자는 다른 사례에서도 이 개념에 관한 증거를 찾아본다.

2. "범주와 범주의 특성 결합하기" 연구자는 개념들 간의 관계를 기술한다.

3. "이론 한정하기" 개념들 간의 관계 패턴이 명확해지면, 연구자는 처음에 기록해두었던 개념들 중에서 탐구와 무관한 것들을 버릴 수 있게 된다. 범주의 수가 줄어들 뿐만 아니라 이론 자체도 매우 간단해진다.

4. "이론 쓰기" 마지막으로, 연구자는 자신의 발견점을 글로 옮겨 다른 사람들과 공유할 수 있어야 한다. 우리 모두가 이미 한두 번쯤은 경험했겠지만 어떤 주제에 대해서 다른 사람들과 얘기를 나누고 나면 그 주제에 대한 자신의 이해가 바뀌거나 향상된다. GTM에서는 글쓰기를 연구 과정의 일부로 본다.

새로운 사례를 뽑을 때는 먼저 발견된 개념 및 가설에 의해서 생성된 것들과 유사해 보이는 새로운 사례들을 뽑는 이론적 표본추출 개념에 맞게 뽑아야 한다. 연구자가 판단하기에 새로운 사례들을 관찰하더라도 더 이상 새로운 통찰을 얻을 수 없다고 생각되면 다른 유형의 사례를 뽑기 시작하며 이런 과정을 반복해나간다. 새로운 유형의 사례와 유사한 사례들을 뽑아 관찰하는 과정을 더 이상 새로운 통찰을 얻을 수 없다고 판단될 때까지 계속한다. 연구자는 이처럼 유사한 사례를 소진한 다음, 다른 범주에 해당하는 사례들을 뽑아 관찰하는 과정을 새로운 유형의 사례를 찾아 관찰하더라도 발견점이 바뀌지 않을 것이라 판단될 때까지 반복한다.

GTM은 질적 자료를 분석하는 여러 방법들 중 하나에 불과하다. 이 절의 나머지 부분에서 우리는 여러 가지 특화된 기법들을 살펴보기로 하겠다.

18.3b 기호학

일반적으로 기호학은 상징과 의미를 다루는 "기호 과학"이라고 정의된다. 기호학은 이미 제16장에서 논의한 바 있는 내용분석과 관련이 있는데, 내용분석은 다양한 연구 맥락에 적용할 수 있다.

기호(signs)란 특별한 의미가 부여된 모든 것을 말한다. 예들 들면, 상품이나 회사의 로고, 동물, 사람, 소비자 상품 등이 모두 기호이다. 어떤 경우, 상징주의는 다소 모호하기도 하다. Erving Goffman의 *Gender Advertisement*(1979)에서 우리는 고전적인 분석을 하나 발견할 수 있다. Goffman은 잡지나 일간신문에 실린 광고용 사진에 초점을 맞추어 분석했다. 물론 이런 광고들이 가진 표면적 목적은 특정 상품을 선전하는 것이었지만, Goffman은 "그밖에 또 무엇이 전달될 수 있는가?"라는 질문을 던지면서 특히 그런 광고사진들이 남성과 여성에 대하여 무엇을 말하고 있는지에 주안점을 두었다.

남성과 여성 모두가 포함된 광고사진들을 분석하면서 Goffman은 사진 속에서 남성은 언제나 여성보다 몸집이나 키가 크다는 사실을 발견했다(실제로 많은 경우에, 사진 속에서 여성 모델들은 남성 모델의 부수적인 존재라는 인상을 분명하게 전달하고 있었다). 물론 평균적으로 남성이 여성보다 몸무게가 많이 나가고 키가 크지만 그런 정형화가 다른 의미를 전달한다고 주장했는데, Goffman은 크기와 배치가 지위(status)를 의미한다고 보았다. 즉, 몸집이나 키가 큰 사람들이 더 높은 사회적 위치(즉, 더 많은 권력과 권위)를 점한다고 생각한다

지속적 비교법 ▶ 귀납적 관찰로부터 패턴을 찾고, 패턴에 기반하여 개념 및 연구가설을 만들고, 가설을 검정하기 위해 더 많은 사례를 찾아 관찰하고, 관찰한 사례를 개념 및 연구가설과 비교하는 질적 자료분석기법

기호학 ▶ 기호와 의미를 연구하는 과학으로서 언어에 근거하여 특정 기호와 관련이 있는 의미에 관하여 사람들 사이에서 합의된 내용을 분석. 내용분석과 깊은 관련이 있음.

는 것이다(1979: 28). Goffman은 결국 그런 광고들은 남성이 여성보다 더 중요한 존재라는 의미를 전달한다고 주장했다.

물론 "시가는 그저 시가일 뿐이다"라고 말로 대변되는 Freud적 사고에서 보면(Freud는 흡연자였다), 그런 광고가 단순히 남성과 여성 간의 평균 크기에 있어서의 차이를 반영하려 한 것인지 아니면 남성과 여성 간의 사회적 지위에 관한 어떤 메시지를 전달하려고 한 것인지를 구분할 길은 없다. Goffman의 결론은 부분적으로는 예외적인 사례들에 대한 분석에 기반하고 있다. 즉, 여성의 키가 남성보다 크게 나타난 광고사진들 말이다. 이런 사례들에서 남성은 일반적으로 사회적 지위가 낮았는데(예를 들면, 나이 지긋한 귀부인들의 모임 한쪽에 서 있는 남자 주방장 사진), 이러한 사실은 그의 주장의 핵심, 즉 몸집과 키가 사회적 지위를 나타낸다는 것을 확인시켜주었다.

동일한 결론을 키가 다른 남성들의 사진에서도 도출할 수 있다. 사회적 지위가 높은 남성들은 키가 크게 나왔는데, 예를 들어 웨이터에게 말하는 신사나 비서에게 업무를 지시하는 사장의 사진이 이에 해당한다. 실제 키를 가늠하기 힘든 사진의 경우, Goffman은 사진 속에 있는 사람들의 머리가 어떻게 배치되어 있는지에 주목했는데 비서들은 몸을 아래로 웅크리고 있는 반면, 사장들은 그들 위에서 뒤로 기대 있는 모습이었다. 비서들의 머리는 주로 고개 숙여 절하고 있는 모습이었고, 그렇기 때문에 그들의 머리는 사장들의 머리보다 아래쪽에 배치되어 있었다.

이런 광고들이 전달하려는 속뜻은 광고 속에서 머리의 위치가 높으면 높을수록 그 사람은 더 중요한 사람이라는 의미였다. 또한 남성과 여성이 함께 나오는 대부분의 광고에서 남성 모델들은 더 중요한 사람으로 확실하게 묘사되고 있었다. 이런 광고들에 잠재되어 있는 메시지는 의도적이든 의도적이 아니든지 간에 남성이 여성보다 더 힘 있고 높은 지위를 점유한다는 것이다.

Goffman은 광고 속의 남성과 여성 간에 실제 크기에 있어서의 차이 이외에 다른 차이가 더 있는지 분석해보았다. 남성은 일반적으로 능동적인 역할로 묘사되는 반면, 여성은 수동적인 역할을 하고 있었다. 예를 들면, 여성 간호사나 아이의 어머니가 옆에서 (종종 감탄하는 눈빛으로) 지켜보고 있고 남성 의사는 아이를 진찰하는 경우, 남성은 여성에게 테니스를 가르치는 사람으로서 라켓 사용법을 지도하고 있는 경우(그의 머리 위치는 여성보다 항상 높은 곳에 있었다), 남성은 말고삐를 쥐고 말을 달리고 있고 여성은 그 남성의 허리를 감싸 안고 뒤에 타고 있는 경우, 여성이 축구공을 고정시키면 남성이 공을 차는 경우, 남성은 사진을 찍고 여성들은 사진에 찍히는 경우 등이 이런 경우에 해당한다.

Goffman은 이런 사진들 속에 나타나 있는 패턴들이 성 역할 정형화를 은연중에 영속화한다고 주장했다. 많은 사람들이 성 평등을 부르짖고 있는 동안, 이런 광고 사진들은 남성과 여성의 "적절한 역할"이라는 고정된 생각을 아무도 모르게 퍼뜨려 왔던 것이다.

18.3c 대화분석

대화분석(CA, Coveration Analysis)은 사람들 간에 주고받는 대화를 면밀하게 관찰하여 사회생활의 기본 가정과 구조를 밝히는 것이다. David Silverman은 다른 대화분석 이론가와 연구자들의 연구를 고찰하여 세 가지 기본적인 가정을 제시한 바 있다(1993: 435-436). 첫째, 대화는 사회적으로 구조화된 활동이다. 다른 사회적 구조들과 마찬가지로, 대화는 행동 규칙을 만들어낸다. 예를 들어, 사람들이 대화할 때는 한 사람이 먼저 이야기하고 그 다음에 다른 사람이 먼저 사람의 말을 받아 번갈아가면서 이야기할 것이라고 기대한다. 또

전화로 통화할 때 사람들은 전화를 받는 사람이 먼저 "여보세요"라고 말할 것이라고 기대한다. 전화를 받자마자 아무런 말을 하지 않는 실험을 통해서 이런 규칙이 존재한다는 것을 확인해볼 수 있다.

둘째, 대화는 반드시 맥락적으로 이해되어야 한다. 똑같은 말이라도 맥락이 달라지면 완전히 다른 의미를 갖게 된다. 예를 들어, "너도 마찬가지야"라는 말이 "난 네 스타일이 싫어"라는 말에 대한 대꾸일 때와 "좋은 하루 되세요"라는 말에 대한 대꾸일 때는 의미가 전혀 다르다는 것을 알 수 있다.

셋째, 대화분석에서는 매우 자세한 녹취록을 바탕으로 대화의 구조와 의미를 이해한다. 모든 단어를 그대로 기록할 뿐만 아니라 "음"이나 "허" 같은 말, 틀린 문법, 말을 잠시 멈추는 것까지 모두 기록해야 한다. 말을 잠시 멈추는 것은 실제로 1초의 10분의 1까지 기록된다.

이런 분석을 적용할 수 있는 분야는 매우 많다. 예를 들면, Ann Marie Kinnell과 Douglas Maynard (1996)는 HIV 검사 진료소에서 안전한 성생활에 관한 정보가 어떻게 교환되는지 알아보기 위해서 직원들과 내담자들 간의 대화를 분석했다. 분석 결과, 직원들은 클라이언트들의 구체적인 상황에 대해서 직접적으로 언급하기보다는 일반적인 정보를 제공하는 경향을 보이는 것으로 나타났다. 또한 직원들은 안전한 성생활에 관해서 직접적으로 조언하는 것을 꺼리면서 정보 제공 그 자체에서 그치는 것으로 나타났다.

18.3d 개념지도 그리기

이제 질적 자료를 분석하는 연구자들이 많은 시간을 글로(또는 컴퓨터 파일로) 표현된 생각을 다

대화분석 ▶ 사람들 간에 주고받는 대화를 면밀하게 관찰하여 사회생활의 기본 가정과 구조를 밝히는 질적 자료분석기법

개념지도 그리기 ▶ 개념들 간의 관계를 분석하고 그림으로 나타내는 질적 자료분석기법

그림 18-1 ▶ 개념지도의 예

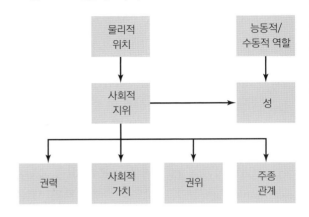

루는 데 쏟는다는 것을 알게 되었을 것이다. 그런데 질적 자료를 분석가들이 글로 표현된 생각만을 다루는 것은 아니다. 질적 연구자들은 개념들 간의 관계를 생각하면서 개념을 종종 도식적으로 표현하기도 하는데, 이런 과정을 가리켜 **개념지도 그리기**(concept mapping)라고 한다. 어떤 연구자들은 한 장의 종이 위에 중요한 모든 개념들을 그리는 것이 유용하다고 보는 반면, 어떤 연구자들은 여러 장의 종이, 칠판, 자석판, 컴퓨터 용지 또는 그 밖의 다른 매체들을 사용해서 자신의 생각을 펼쳐 놓는 것을 선호하기도 한다.

그림 18-1은 성과 광고에 관한 연구에서 Goffman이 생각했던 개념들 간의 관계가 어떠했는지를 보여주고 있다(이 그림은 개념지도 그리기 프로그램인 Inspiration을 사용하여 만든 그림이다).

18.4 질적 자료분석용 컴퓨터 프로그램

컴퓨터는 양적 연구에서뿐만 아니라 질적 연구에서도 사용된다. 예들 들면, 단순한 워드프로세싱 프로그램도 분석에 사용할 수 있는데 "찾기"와 "검색하기" 같은 기능을 이용하면 핵심 단어가 있는 곳으로 쉽게 이동할 수 있다. 또는 한 걸음 더 나아가서, 연구자는 자신이 기록한 문장들 옆에 해당되는 코드명을 써 넣어둘 수 있는데 그렇게 하면 나

그림 18-2 ▶ 스프레드시트 프로그램을 이용한 질적 자료분석의 예

성교	동성애	죽음	성경구절	구절
X	X	X	20:13	누구든지 여자와 동침하듯 남자와 동침하면 둘 다 혐오스런 일을 행함인즉 반드시 죽일지니 자기의 피가 자기에게로 돌아가리라.
X		X	20:12	누구든지 그의 며느리와 동침하거든 둘 다 반드시 죽일지니 그들이 혐오스런 일을 행하였음이라 그들의 피가 자기에게로 돌아가리라.
X		X	20:15	남자가 짐승과 교합하면 반드시 죽이고 너희는 그 짐승도 죽일 것이며
		X	20:09	만일 누구든지 자기의 아버지나 어머니를 저주하는 자는 반드시 죽일지니 그가 자기의 아버지나 어머니를 저주하였은즉 그의 피가 자기에게로 돌아가리라.
		X	20:02	그가 이스라엘 자손이든지 이스라엘에 거류하는 거류민이든지 그의 자식을 몰렉에게 주면 반드시 죽이되
X	X		18:22	너는 여자와 동침함과 같이 남자와 동침하지 말라 이는 혐오스런 일이니라.

중에 원하는 코드를 쉽게 찾아낼 수 있다.

데이터베이스와 스프레드시트 프로그램 또한 질적 자료를 처리하고 분석하는 데 사용할 수 있다. 그림 18-2는 레위기의 내용들이 어떻게 스프레드시트 안에서 처리되는지를 간략하게 예시해 주고 있다. 표의 맨 왼쪽 세 개 열에는 우리가 앞서 논의했던 세 가지 개념들이 제시되어 있는데, "X" 표시는 오른쪽에 제시된 구절들에 해당 개념이 포함되어 있다는 것을 의미한다. 표에 제시된 바와 같이, 구절들은 현재 사형에 처한다는 내용이 포함되어 있는지 여부를 기준으로 분류되어 있다. 연구자는 간단한 "분류" 명령을 사용하여 성교, 동성애 또는 그 밖의 다른 어떤 코드를 기준으로도 구절들을 다시 분류할 수 있다.

이와 같은 간단한 예를 통해서 우리는 컴퓨터 프로그램을 질적 자료분석을 위한 유용한 도구로 사용할 수 있는 가능성에 대해서 어느 정도 알게 되었으리라 생각한다. 한 가지 반가운 소식은 이미 많은 질적 자료분석 프로그램들이 개발되어 있다

는 것이다. 현재 많이 쓰이고 있는 프로그램들 중 하나는 NVivo이다. 그 밖의 질적 자료분석용 프로그램으로는 다음과 같은 것들이 있다. 각각에 관한 자세한 정보는 Google을 이용하여 찾을 수 있다.

The Ethnograph
HyperQual
HyperResearch
Hypersoft
QUALPRO
QUALOG
Textbase Alpha
SONAR
Atlas-ti

18.5 결론

이상으로 우리는 이 장에서 다루어야 할 내용들을 모두 살펴보았다. 이 장에서 살펴본 내용들이 독자들로 하여금 사회복지 전문가로서 사회복지

실천을 해나가는 데 있어서 양적 및 질적 사회복지 연구를 활용하는 데 도움이 되기 바란다. 제1장에서 언급했던 것처럼, 연구를 실천의 도구로 활용해야 하는 가장 중요한 이유는 클라이언트를 위하는 마음이다. 클라이언트들을 가장 효율적으로 돕기 위해, 우리는 우리가 현재 제공하고 있는 서비스와 그들에게 더 큰 도움이 될 지 모르는 대안적 서비스의 효과에 관한 과학적 증거를 필요로 한다. 오늘날 사회복지 연구는 과거 그 어느 때보다 사회복지사들에게 그들이 직면하게 되는 문제를 해결할 수 있는 더 좋은 기회를 제공해주고 있다.

18.6 주요 내용

- 질적 분석은 관찰한 내용을 비수량적으로 고찰하고 해석하는 것이다.
- 질적 분석은 이론과 분석 간의 지속적인 상호작용을 포함한다. 질적 자료를 분석할 때, 연구자는 시간의 흐름에 따라 변하는 어떤 것 또는 변수들 간의 인과적 관계 같은 패턴을 찾는다.
- 그런 패턴을 발견하고 설명하기 위한 접근방법에는 근거이론방법, 기호학, 대화분석 등이 있다.
- 질적 자료를 처리하는 과정은 과학임과 동시에 예술이기도 하다. 분석을 위해 자료를 처리할 때 사용하는 세 가지 주된 도구는 코딩, 메모하기, 개념지도 그리기이다.
- 통계분석을 위한 코딩에서 사용되는 표준화된 단위와 달리, 질적 분석에 있어서의 코딩 단위는 동일 텍스트 내에서도 변할 수 있다. 연구자는 이론을 바탕으로 코드를 만들기도 하지만, 대개의 경우는 자료에 대한 검토와 궁금증을 바탕으로 코드를 만드는 개방코딩을 사용한다.
- 메모하기는 자료를 처리하는 전 과정에서 코드의 의미, 이론적 아이디어, 잠정적 결론 및 그밖의 유용한 생각들을 찾아내는 데 매우 적합한 방법이다.

- 개념지도 그리기는 도식을 이용하여 자료에서 관계를 찾아내는 방법이다.
- NVivo 같은 컴퓨터 프로그램은 질적 자료분석을 손쉽게 하기 위해 개발된 프로그램이다. 이밖에도 연구자들은 워드프로세서나 데이터베이스 프로그램이나 스프레드시트 같은 일반적인 소프트웨어들이 가진 기능들을 질적 자료를 분석할 때 효과적으로 활용할 수 있다.

18.7 연습문제

1. 서로 다른 훈련 및 배경 특성을 가진 두 명의 아동복지 실천가들 중 한 명은 아동보호를 중요시하고 다른 한 명은 가정유지를 중요시한다고 가정한다. 이 두 명의 아동복지 실천가들을 대상으로 질적 연구를 실시하여 아래와 같은 녹취록을 얻었다고 가정하고 녹취록의 내용 중 코드화할 수 있는 핵심 개념이 있다면 어떤 것인지 말해본다:

실천가 #1: "제가 학부에서 심리학과를 졸업하기 위해 논문을 쓰면서 알게 것 중 하나는 가정유지 프로그램의 효과성을 뒷받침해줄 만한 증거가 없다는 것입니다. 물론 가정을 유지하는 것은 중요합니다만 아이들은 어떻게 될까요? 제가 이제까지 읽어 본 논문들은 모두 심각한 방법론적 문제점을 가지고 있었고 아이들이 자기 집이 아닌 곳으로 보내진 사례가 가정유지 프로그램과 기존의 아동보호 프로그램 중에서 어느 쪽이 더 적은지를 가지고 가정유지 프로그램의 효과를 평가하고자 접근했습니다. 그러나 어떤 연구도 가정이 유지될 때 아이들의 삶이 더 나아지는지는 사정하지 않았습니다. 제가 중요하게 생각하는 것은 아이들을 보호해야 한다는 것입니다. 더욱이 아이들을 학대하거나 방임하는 부모들이 약물남용 문제를 가지고 있다면, 아이들을 대리가정으로 보내는 것 이외에는 아이들을 적절하게 보호할 수 있는 방법은 없다고 생각합니다. 많은 사람들이 생각하는 것과 달리, 저는 약물남용 문제가 결부되어 있는 한 대리가정이 다른 대안들보다 훨씬 안전하다고 확신합니다. 특히 부모의 문제가 방임이 아니라 학대라면 그리고 아이가 어리다면 더욱 그렇다고 생각합니다. 만일 부모가 아이를 성적으로도 학대한다면, 가정유지는 생각해볼 필요조차 없지요. 또 한 가지 생각해봐야 할 것은 학대 또는 방임이 한 번이었는지 아니면 여러 차례에 걸쳐 일어났는지 여부입니다. 제가 보기에는 학대나 방임의 횟수가 많으면 많을수록 가정유지를 강조하는 것은 설득력을 얻기 어려울 것입니다."

실천가 #2: "많은 연구들에 따르면, 아이들 보호할 수만 있다면 친부모와 형제자매들과 함께 지내는 것이 아동의 정서에 더 좋다고 합니다. 또한 대학원에서 아동복지론을 수강하면서 배운 바에 따르면 많은 아이들이 대리가정에서 학대를 경험하게 되고, 대리가정이 결코 안정적이지 않으며(아이들이 너무도 많은 곳을 옮겨 다니게 되기 때문에), 그런 경험이 아이들의 정서에 부정적인 영향을 미치는데, 잘못하면 애착장애를 갖게 될 수도 있다고 합니다. 아이들이 어릴수록 대리가정에 보내는 것이 특히 좋지 않을 수 있습니다. 그리고 제가 말하는 연구들은 방법론적으로 매우 엄격한 연구들입니다. 저는 가정유지 프로그램은 아이들을 자기 집이 아닌 곳에 보내지 않는 것만 중요시한다는 주장에 동의하지 않습니다. 특히 그런 식으로 가정유지 프로그램의 가치를 평가절하할 때는 말이지요. 아이들을 대리가정에 보낸다는 것은 그 아이들이 자신의 가정에서 심각한 수준의 학대나 방임을 경험했다는 것을 의미하는 것이지 단순

히 실천가가 무엇을 중요하게 생각하느냐의 문제가 아닙니다. 따라서 아이들이 자기 집이 아닌 곳에 보내지는 사례가 가정유지 프로그램에서 더 적게 나타난다면, 가정유지 프로그램이 학대나 방임을 예방할 수 있다는 것을 의미하는 것이며 이미 학대나 방임을 경험한 아이들도 자기 가정에 머무는 것이 실제로 더 낫다는 것을 의미합니다. 그럼에도 불구하고, 저는 일부 동료 실천가들이 성적 학대나 심각한 수준의 신체적 학대, 학대가 반복적으로 일어나는 경우, 부모가 장기간에 걸친 마약 또는 알코올 중독 문제를 가지고 있는 등의 경우에 가정유지를 꺼려하는 것을 이해합니다."

2. 위의 녹취록에 대해서 코드 노트 하나와 이론적 노트 하나를 써본다.

18.8 추천도서

Grbich, C. (2007). *Qualitative Datat Analysis: An Introduction*. London: Sage. 이 책은 다양한 질적 자료분석 접근방법들에 관한 실천적 지침을 제공해주는 책으로서, 다양한 접근방법들을 질적 연구에 영향을 미치는 인식론적 추세와 연결하여 서술하고 있다.

Hutchby, Ian, and Robin Wooffitt. (1998). *Conversation Analysis: Principles, Practices and Application*. Cambridge, England: Polity Press. 이 책은 대화분석에 관한 훌륭한 교재로서, 대화분석기법에 대한 소개뿐만 아니라 대화분석의 배경이 되는 이론들에 대한 고찰, 이론의 사용 및 적용에 대해서도 서술하고 있다.

Miles, Matthew B., and A. Michael Huberman. (1994). *Qualitative Data Analysis*, 2nd ed. Thousand Oaks, CA: Sage. 질적 연구를 진행하면서 구조화되지 않은 엄청난 양의 자료에 압도당해 어떻게 자료를 분석하고 보고서를 써

야 할지 몰라 당황했던 적이 있다면 이 책이 도움이 될 것이다. 이 책은 질적 자료를 축약하고, 나열하고, 타당한 결론을 도출하는 다양한 방법들을 실제 사례를 예로 들어가면서 쉽게 설명해주는 책이다.

Silverman, David. (1993). *Interpreting Qualitative Data*. Newbury Park, CA: Sage. 이 책은 이론과 자료수집기법과 자료의 의미를 분석하는 과정을 연결하여 설명해주는 책이다.

Strauss Anselm, and Juliet Corbin. (1990). *Basicss of Qualitative Research: Grounded Theory, Procedures and Techniques*. Newbury Park, CA: Sage. 이 책은 근거이론에 대한 내용을 업데이트 한 책으로서, 특히 코딩과 메모하기를 자세하게 설명해주고 있다.

부록 A

도서관 이용

우리는 무수히 많은 사회과학 연구보고서들을 손쉽게 접할 수 있는 세상에서 살고 있다. 우리는 신문, 잡지, 학술지, 동문회보, 클럽소식지 등 우리가 접할 수 있는 거의 모든 것들은 우리에게 어떤 주제에 관한 정보를 제공해준다. 물론 그 중에서도 어떤 주제에 관한 전문적인 탐색을 시작하기에 가장 좋은 곳은 대학 도서관이다.

- **도움 얻기:** 도서관에서 뭔가를 찾고자 할 때 가장 많은 도움을 줄 수 있는 사람은 도서관 자료를 검색하는 전문적인 훈련을 받은 사서들이다. 어떤 도서관에는 특정 분야, 예를 들면 사회복지, 사회과학, 정부간행물 등을 전문으로 하는 사서가 있다. 자신이 연구하고자 하는 분야를 전문으로 하는 사서를 찾아가 자신의 연구 관심사를 설명한다면 아마도 여러 가지 이용 가능한 자료들을 소개해줄 것이다.

- **서고 이용:** 오늘날 문헌이나 논문을 찾는 방법으로 가장 널리 사용되는 방법은 온라인 컴퓨터 시스템을 이용하는 방법이다. 그러나 컴퓨터를 이용하든 구식 카드 목록을 이용하든지 간에 도움이 될 만한 추가 자료를 발견하는 가장 좋은 방법은 문헌과 정기간행물이 보관되어 있는 도서관 서고에 직접 가보는 것이다. 연구하려는 주제 영역에 해당하는 특정 문헌의 서지번호를 확인한 다음 직접 서고에 가서 해당 문헌을 찾아보

면서 근처에 있는 다른 문헌들도 한번 훑어보도록 하라. 문헌들은 주제별로 보관되기 때문에 그렇게 하는 과정에서 자신이 알고 있지 못했던 다른 문헌들을 발견할 수 있다. 또는 주제 영역에 해당하는 문헌들을 모아 놓은 곳으로 바로 가서 어떤 문헌들이 보관되어 있는지 한 번 보는 것도 방법이다. 대부분의 도서관들은 국회도서관에서 개발한 주제별 분류체계에 따라 자료를 분류하고 보관한다(어떤 도서관은 듀이 소수점 체계에 따라 자료를 분류하기도 한다).

- **요약집:** 어떤 문헌들은 도서나 논문의 내용을 요약해 놓은 글들을 제시함으로써 도서나 논문을 손쉽게 그리고 효과적으로 찾을 수 있게 해주기도 한다. 도서나 논문의 내용을 요약한 요약문들을 모아 놓은 문헌을 가리켜 요약집(abstracts)이라고 하는데, 요약문은 보통 원저자들에 의해서 준비된다. 요약집에서 연구 주제와 관련이 있다고 생각되는 문헌을 찾으면 요약문의 원문을 찾아 자세한 내용을 읽어볼 수 있다. 사회복지학 분야에서 가장 널리 활용되는 요약집은 *Social Work Abstracts*이며, 관련 학문 분야의 요약집인 *Psychological Abstracts*와 *Sociological Abstracts*도 매우 유용한 요약집이다.

*Social Work Abstracts*를 이용하는 방법은 다음과 같다. 먼저, 주제색인(subject index) 목록에서 자신이 연구하고자 하는 관심 주제와 관련이 있는 일반적인 주제어를 찾는다. 그런 다음, 일반적인 주제어에 해당하는 하위 주제어들을 보고 그 중에 자신의 관심 주제와 가장 관련 정도가 높다고 생각되는 하위 주제어를 찾아본다. 각각의 하위 주제어에는 번호가 매겨져 있으며 그 번호를 이용하여 하위 주제어에 해당하는 요약문을 요약집에서 찾을 수 있다. 요약문을 찾아 읽어 보면 해당 자료의 원문을 찾아볼 필요가 있는지 여부를 판단할 수 있을 것이다. 만일 원문을 읽어볼 필요가 있다고 판단되면, 요약집에서 해당 자료의 출처와 저자에 관한 정보를 얻을 수 있다.

이상에서 설명한 과정을 한번 실제로 한번 해 보기로 하자. 예를 들어, 외국에서 태어난 중국계 미국인의 미국 문화 동화 정도를 측정하기에 타당한 척도에 관한 문헌을 찾는다고 가정해 보자. *Social Work Abstracts*를 이용하기 위해서 맨 먼저 해야 할 것은 주제색인 목록에서 관심 주제에 해당하는 주제어를 찾는 것이다. 만일 "Acculturation of Foreign-Born Chinese American"(외국 태생 중국계 미국인의 문화 동화)라는 주제어를 찾고자 한다면 아마 찾을 수 없을 것이다. 왜냐하면 주제어가 너무 구체적이기 때문이다. 그러나 "Acculturation"이라는 좀 더 포괄적인 주제어는 찾을 수 있을 텐데, 주제어는 알파벳 순서대로 제시되어 있기 때문에 문화 동화는 "Accountability"와 "Activism" 사이에 있을 것이다. 즉:

Accountability
    and Joint Reviews in England, 1083
    and school choice, 1243

Acculturation
    of Chinese Americans, 1081

of Hispanic middle school students, 1231
of Russian immigrants, 1430
of West Indians, 1387

Activism
    judicial, 1366

"Acculturation"이라는 주제어를 찾으면 그 주제어 밑에 4개의 하위 주제어가 있고, 그중에서 첫 번째 것이 바로 우리가 찾고자 하는 하위 주제어인 "Chinese Americans"이라는 것을 알 수 있다. 각각의 하위 주제어 오른쪽 옆에 적혀 있는 번호는 해당 하위 주제어가 포함되어 있는 요약문의 번호이다. *Social Work Abstracts*에 수록되어 있는 요약문들은 번호 순서로 제시되어 있으므로 요약집에서 1081번째 요약문을 찾으면 된다.

*Social Work Abstracts*에 수록된 요약문 중 어떤 것들은 한 가지 이상의 주제어에 해당될 수 있다. 예를 들어, "Acculturation"이 아니라 "Chinese Americans"이라는 주제어를 찾는다면 그 주제어는 다음과 같이 "Children's services"와 "Citizen participation"이라는 주제어 사이에서 찾을 수 있다.

Children's services
    vouchers for, 1003

Chinese Americans
    and acculturation, 1081
    psychological issues in working with, 1426

Citizen participation
    in advocacy for persons with disabilities, 1219

"Chinese Americans"이라는 주제어 아래에는 2개의 하위 주제어가 있는데, 첫 번째 하위 주제어인 "Acculturation"이 우리가 찾고자 하는 것이므로 이번에도 역시 1081번째 요약문을 찾으면 된다. 요약문에는 저자명, 논문제목, 논문이 게재된 학술지명, 권 호, 페이지, 게재일자, 학술지 발행번호, 저자 연락처 및 요약문이 제시되어 있다.

*Social Work Abstracts*에는 주제색인과 함께 저자색인도 제공한다. 예를 들어, 중국계 미국인의 문화 동화에 관한 연구를 했던 연구자의 이름을 알고 있다면 알파벳 순서대로 적혀있는 저자색인 중에서 그 연구자의 이름을 찾은 다음, 그 저자가 쓴 논문을 요약해 놓은 요약문을 찾을 수 있다. 예를 들어, 저자의 이름이 R. Gupta라면 아래와 같이 *Social Work Abstracts*의 2002년 9월 저자색인에서 그가 쓴 논문을 요약해 놓은 요약문이 1081이라는 것을 찾을 수 있을 것이다.

Gumport, P.J., 1231
Gunther-Kellar, Y., 1003
Gupta, R., 1081
Gupta, R., 1398
Gurnack, A.M., 1122
Guzley, R.M., 1080

H
Hackworth, J., 1359

Gupta라는 이름은 두 번 나오는 이유는 Gupta가 쓴 두 편의 논문에 대한 요약문이 *Social Work Abstracts*에 게재되어 있기 때문이다. 따라서 자신이 찾은 저자가 쓴 모든 논문이 관심 있는 논문일 수 있으므로 해당 저자의 모든 논문에 대한 요약문을 읽어볼 필요가 있다.

도서관 자료에 대한 온라인 접근

요즘은 모든 도서관들이 자료 목록을 전자 목록으로 만들고 있다. 전산화된 도서관 시스템의 종류에는 여러 가지가 있지만, 일반적으로 전산화된 도서관 시스템을 이용하는 방식은 다음과 같다. 먼저, 도서관이나 컴퓨터실이나 가정에서 컴퓨터 단말기 앞에 앉아 찾고자 하는 책의 제목을 입력하면 컴퓨터 스크린에 책 목록 카드가 제시된다. 책에 대해서 좀 더 자세하게 알고자 할 경우, 책을 소개하는 글과 요약문으로 연결되는 링크를 클릭하기만 하면 된다. 또 한 가지 방법은 주제명을 입력하고 그 주제에 관해 이제까지 쓰여진 모든 책과 논문의 목록을 찾은 다음, 목록을 훑어보면서 원하는 것이 있는지 살펴보는 방법이다.

제2장에서 논의했던 것처럼, 오늘날 대부분의 대학 도서관들은 정기간행물, 책 및 그 밖의 모든 도서관 자료에 대한 온라인 접근을 가능하게 하고 있다. 일반적으로 도서관 전산 시스템은 이용자들에게 도서관에 어떤 자료가 있는지 그리고 원하는 자료의 인쇄본이 도서관에 있는지 여부를 알려준다. 만일 원하는 자료가 도서관에 있다면, 이용자는 전산 시스템을 통해서 그 자료의 번호, 대출 여부, 반납일 등을 알 수 있다.

인터넷 전문 데이터베이스에 대한 온라인 접근

대학 도서관과 지역 도서관들은 온라인 자료 검색을 위한 인터넷 전문 문헌 데이터베이스 서비스를 제공하고 있으며 이용자들은 가정에서 개인용 컴퓨터를 이용하여 그러한 서비스에 접근할 수 있다. 제2장에서 살펴본 바와 같이, 온라인 자료 검색을 위한 전문 데이터베이스는 Social Services Abstracts, PsycINFO 등을 포함하여 여러 가지가 있다. 만일 자신이 속한 대학이 그런 데이터베이스에 무료로 접근할 수 있는 서비스를 제공하지 않는다면, 한 가지 대안은 시립 도서관이 그런 서비스를 제공하는지 여부를 알아보는 것이다. (아마도 그런 서비스를 이용하려면 시립 도서관 카드를 만들어야 할지도 모른다) 또한 역시 제2장에서 논의했던 것처럼, MEDLINE과 Google Scholar(구글 학술검색) 같은 개인용 컴퓨터에서 (인터넷 서비스를 이용할 수 있다는 전제 하에서) 무료 온라인 검색엔진을 이용하는 것도 또 한 가지 방법이다.

개별 연구를 온라인상에서 찾는 방법은 대부분의 전문 학술지 데이터베이스의 경우와 유사하다. 예를 들면 대부분의 경우, 이용자가 검색어를 입력해야 한다. 그러나 데이터베이스마다 검색 규칙과 절차가 약간씩 다를 수도 있다. 따라서 자료검색을 효율적으로 하려면 검색 지침을 익히거나 도서관 사서에게 도움을 받는 것이 바람직하다.

공통적인 자료검색 절차 중 하나는 "AND(그리고)", "OR(또는)", "NOT(제외)" 같은 용어를 사용하여 검색어를 연결하는 것이다. "AND"는 이용자가 사용한 검색어에 포함되어 있는 특정 키워드들을 포함하고 있는 모든 자료 목록을 좁히기 위해 사용한다. 예를 들면, "Hispanic children who witnessed domestic violence"(가정 폭력을 경험한 남미계 아동)에 관한 연구를 검색하고자 한다면 Hispanic AND children AND domestic violence라고 입력한다.

어떤 데이터베이스들은 서로 다른 키워드를 서로 다른 검색어 입력 박스에 입력하게 하기도 한다. 예를 들어, PsycINFO를 사용한다면 키워드를 세 개 행으로 이루어진 입력박스에 입력해야 한다. 두 번째와 세 번째 박스의 옆에는 "AND", "OR", "NOT"을 선택하는 버튼이 있다. 예를 들어, 맨 위의 박스에 "domestic violence"라고 입력한 다음 "AND"를 선택하고 두 번째 행의 박스에 "children"이라고 입력한 다음 "AND"를 또 선택하고, 세 번째 행의 박스에 "Hispanic"라고 입력한다. 그렇게 하면 검색된 링크의 수를 44개로 좁힐 수 있다. PsycINFO는 또한 입력박스 행을 추가할 수 있는 기능을 가지고 있다. 예를 들어, 원한다면

이용자는 네 번째 행을 추가한 다음 "AND"를 선택하고 "therapy"를 입력할 수 있다. 그렇게 하면, 검색된 링크의 수가 13개로 줄어든다.

위의 예에서 만일 "and"가 아니라 "or"를 사용하면 어떤 결과가 벌어지는지 알아보기 위해서 동일한 과정을 반복하되 이번에는 "and"가 아니라 "or"를 연결어를 사용해보자. 그렇게 하면 검색된 링크가 무려 769,998개가 된다! 이렇게 많은 링크가 나오는 검색되는 이유는 "or"를 사용하면 "children"이라는 단어가 포함되어 있기만 하면 domestic violence나 Hispanic이나 therapy와 무관한 링크이더라도 모두 선택되기 때문이다. 마찬가지로 Hispanic에 관한 자료 또한 domestic violence와 무관한 자료일지도 모두 찾아내는 식으로 검색이 이루어진다.

이번에는 연결어 "not"을 사용하면 어떤 결과가 나타나는지 한 번 보기로 하자. 첫 번째 행의 박스에 "domestic violence"를 입력하고 "not"을 선택하고, 두 번째 행의 박스에 "children"을 입력하고 "and"를 선택하고, 세 번째 행의 박스에 "Hispanic"을 입력한다. 그런 다음 마지막 행의 박스에 "therapy"를 입력하고 "not"을 선택한다. 그렇게 하면 31개 링크가 검색된다. 이는 "therapy"를 입력하고 "not"을 선택했을 때에 찾았던 44개 링크 보다 13개가 줄어든 결과이다. 즉, "not"을 사용함으로써 우리는 다른 키워드들을 포함하고 있으면서 동시에 "therapy"라는 키워드까지 포함하고 있는 13개 링크를 검색에서 제외시킨 것이다 (이들 13개 링크는 네 번째 행의 박스에 "therapy"를 입력하고 "and"를 선택할 때 얻게 되는 바로 그 자료이다).

Google Scholar에서는 "and", "or", "not" 같은 연결어를 쓰지 않고도 검색 범위를 넓히거나 좁힐 수 있는 방법이 있는데 바로 Advanced Scholar Search Option(고급학술검색옵션)을 사용하는 것이다. 이 옵션을 선택하면 그림5-1 같은 화면이 나

타난다. Google Scholar 이용법을 이해하기 위해서 "with all of the words"(다음 단어 모두 포함)이라는 박스에 "effective intervention with children who witnessed domestic violence"(가정폭력을 목격한 아동을 위한 효과적인 개입)이라고 입력해본다. 그러면 34,800편에 달하는 최근 논문들과 연결된 링크를 찾게 되는데, 이 논문들은 우리가 첫 번째 박스에 입력한 키워드를 포함하고 있는 모든 논문이다. 이제 "Hispanic"이라는 키워드를 추가하여 "effective intervention with Hispanic children who witnessed domestic violence"를 가지고 자료를 검색하면 5,800개 링크가 검색되는데 아직도 링크의 수가 너무 많다.

위에서 언급한 바와 같이, 어떤 데이터베이스들은 "and"라는 연결어를 사용하여 링크의 수를 줄이고 검색한 링크가 찾고자 하는 링크일 확률을 높인다. 그런데 Google에서 "and"라는 용어를 사용하면 링크의 수가 줄어드는 것이 아니라 다음과 같은 메시지가 나타난다: "and"는 필요하지 않음 - 모든 검색 용어는 자동적으로 포함됨. 따라서 만일 "effective intervention AND Hispanic children AND domestic violence"라고 입력하면, 위와 같은 메시지와 함께 7,120개 링크("and"를 사용하지 않을 때의 5,800개보다 더 많은)가 검색된다!

검색 범위를 더 줄일 수 있는 다른 방법은 고급검색의 두 번째 줄에 있는 "with the exact phrase"(다음 문구 정확하게 포함)이라는 박스를 활용하는 것이다. 그러나 "effective intervention with Hispanic children who witnessed domestic violence"를 입력 박스에 입력했지만 어떤 링크도 나타나지 않았다. 입력한 키워드 중에서 "Hispanic"을 지우더라도 결과는 마찬가지였다. 검색 확률을 높이기 위해서 "children who witnessed domestic violence"(즉, "effective intervention with"를 없앤다)라고만 입력했더니 이번에는 650개 링크가 나타난다. 검색 범위를 좁히기 위해 검색 문구 맨 앞에

"Hispanic"이라는 키워드를 추가했지만 어떤 링크도 찾을 수 없다. 이번에는 "Hispanic"라는 키워드를 "with the exact phrase" 박스에서 지우고 그 다음 행에 있는 "with at least one of the words"(다음 단어 적어도 하나 포함) 박스에 입력했다. 즉, 두 박스에 검색 문구를 다음과 같이 입력했다:

with the **exact** phrase	children who witnessed domestic violence
with **at least one** of the words	Hispanic

그 결과, 155개 링크를 찾았다. 검색 링크의 범위를 가정폭력 목격 아동을 위한 개입에 관해 언급하고 있는 논문과 연결된 링크로만 제한하기 위해서 맨 위의 박스에 다음과 같이 "intervention"이라는 키워드를 입력했다:

with **all** of the words	intervention
with the **exact** phrase	children who witnessed domestic violence
with **at least one** of the words	Hispanic

그 결과, 146개 링크를 찾았다. 그 다음으로 우리는 "effective"라는 키워드를 맨 위 박스에 다음과 같이 추가했다:

with **all** of the words	effective intervention
with the **exact** phrase	children who witnessed domestic violence
with **at least one** of the words	Hispanic

그 결과, 총 110편의 논문과 관련 링크를 찾았다. 이 정도도 아직 많다고 할 수 있지만 찾은 링크들을 하나씩 클릭하여 화면에 떠오르는 요약문을 읽어봄으로써 연구 초점과 관련이 있어 보이는 것

과 그렇지 않은 것을 구분한다면 논문의 수를 효과적으로 줄일 수 있다. 링크의 제목을 읽어보는 것도 도움이 되는 논문과 그렇지 않은 논문을 구별할 수 있는 좋은 방법 중 하나이다. 예를 들면, 어떤 논문은 외국어로 쓰인 것이어서 읽을 수 없는 것일 수도 있다. 또 어떤 경우에는 제목이 너무 모호해서 구태여 요약문을 읽어보지 않더라도 필요 없는 논문이라는 것을 알 수 있을 때도 있다.

그림 A-1의 검색 화면을 보면 "where my words occur"(검색어 위치 설정)라는 문구 오른쪽에 옵션 선택 박스가 있으며 현재는 박스 안에 "anywhere in the article"(논문/자료 전체에서 검색)이 선택되어 있는 것을 볼 수 있을 것이다. 박스 오른쪽 끝에 있는 화살표를 클릭하면 Google은 "anywhere in the article"과 "in the title of the article"(논문/자료 제목에서 검색)이라는 두 가지 옵션만을 제공한다는 것을 알 수 있다. 이 중 "anywhere in the article"을 선택하면, 찾게 될 링크의 수가 훨씬 줄어들게 된다. 예를 들어, 만일 우리가 "children who witnessed domestic violence"이라는 매우 일반적인 검색어를 "with the exact phrase"박스에 입력하고 "in the title of the article"검색을 선택하면, 찾게 될 링크의 수는 33개에 불과할 것이다.

Google Scholar나 PsyINFO 이외의 다른 데이터베이스를 사용할 경우, 검색할 수 있는 자료 출처의 범위를 넓히거나 좁힐 수 있는 편리한 방법들을 배우게 될 것이다. 위에서 살펴본 예를 통해서, 우리는 그런 방법들을 잘 익혀두는 것이 중요하며 그렇게 하는 데 어떤 어려움이 있다면 도서관 사서나 정보기술 전문가로부터 도움을 받는 것이 도움이 될 것이다.

전문 학술지

전산 시스템의 빠른 발전과 요약문을 제공해주는 온라인 데이터베이스 서비스 및 출판물의 높은 실용적 가치에도 불구하고 연구자는 자신의 연구 주제와 관련된 논문을 찾고자 할 때 다른 출처들을 폭넓게 활용할 수 있어야 한다. 자신의 연구에 큰 도움을 줄 수 있는 중요한 논문을 온라인 검색이나 요약집을 통해서 발견할 수 있다고는 누구도 보장할 수 없다. 예를 들어, 어떤 논문이 발표되더라도 그 논문이 요약집에 실리거나 전산 시스템에 포함되기까지는 상당한 시간이 소요될 수도 있다. 따라서 연구자는 자신의 관심 분야와 관련이 깊은 전문 학술지들의 목차를 훑어보면서 문헌고찰의 폭을 넓힐 필요가 있다. 예를 들어, 학대 아동을 위한 개입에 관한 연구를 찾고자 한다면 다음과 같은 두 가지 학술지 *Child Welfare*와 *Children and Youth Services Review*를 읽어보는 것이 도움이 될 것이다.

최근 호 전문 학술지들을 훑어보는 것이 흔히들 생각하는 것처럼 많은 시간을 요하지 않을 수 있다. 일반적으로 학술지 최근 호들은 제본되지 않은 상태로 도서관의 정기간행물 서고에 비치된다. 관심 있는 전문 학술지의 최근 호(최근 2년에 해당하는)를 찾아 목차 중에 관련 있어 보이는 논문 제목이 있는지를 훑어보는 데는 생각만큼 많은 시간이 들지 않는다. 일단 관련 있어 보이는 논문을 찾으면, 그 논문에 해당하는 페이지로 가서 요약문을 읽어보고 그 논문이 자세하게 읽어볼만한 가치가 있는 논문인지를 판단하면 된다.

만일 도서관의 온라인 검색 시스템을 통해서 학술지 목차를 훑어볼 수 있다면 훨씬 일이 수월해진다. 어쩌면 도서관에 원문 복사가 가능하거나 온라인 상에서 읽을 수 있는 온라인 학술지의 목록이 있을 수도 있으니 확인해볼 필요가 있다.

연구주제와 관련이 있는 전문 학술지에 어떤 것들이 있는지를 잘 모른다면 도서관 사서에게 도움을 받는 것이 바람직하다. 아마도 사회복지와 관련이 있는, 다음과 같은 영역별 전문 학술지 목록이

그림 A-1 ▶ Google Scholar의 고급 검색 옵션 창

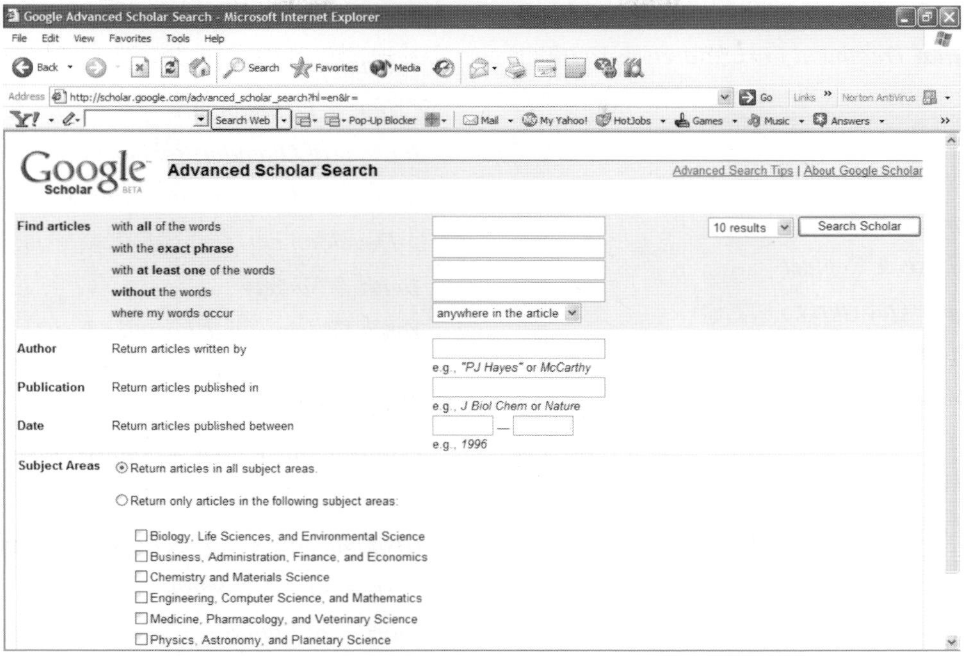

좋은 출발점이 될 수 있을 것이다.

노인

Abstracts in Social Gerontology

Canadian Journal on Aging

Clinical Gerontology

International Journal of Aging Human Development

Journal of Aging and Physical Activity

Journal of Aging & Social Policy

Journal of Aging Studies

Journal of Applied Gerontology

Journal of Elder Abuse & Neglect

Journal of Gerontological Social Work

Journal of Gerontology

Journal of Housing for the Elderly

Journal of Nutrition for the Elderly

Journal of Nutrition, Health and Aging

Journal of Social Work in Long-Term Care

Journal of Women & Aging

Psychology and Aging

Quality in Aging: Policy, Practice and Research

The Gerontology

아동 및 청소년

Adolescence(PubMed)

Child & Adolescent Social Work Journal

Children & Society

Child & Youth Service

Children and Youth Services Review

Children Today

International Journal of Adolescence and Youth

Journal of Adolescence

Journal of Adolescent Interpersonal Violence & Trauma

Journal of Child & Adolescent Trauma

Journal of Children & Poverty

Journal of Youth and Adolescence

Residential Treatment for Children & Youth

아동복지

Adoption & Fostering

Adoption Quarterly

Child Abuse & Neglect

Child Care Quarterly

Child Maltreatment

Child Welfare Journal

Family Preservation Journal

Journal of Child Abuse & the law

Journal of Child Custody

Journal of Child Sexual Abuse

Journal of Public Child Welfare

The Child Survivor of Traumatic Stress

인지 또는 행동 개입

Behavior Modification

Behavior Research and Therapy

Behavior Therapy

Behavioral and Cognitive Psychotherapy

Child & Family Behavior Therapy

Cognitive and Behavioral Practice

Cognitive Therapy and Research

Journal of Applied Behavior Analysis

지역사회

Community Development Journal

Journal of Community & Applied Social Psychology

Journal of Community Practice

Journal of Jewish Community Service

Journal of Prevention and Intervention in the Community

Journal of Social Development in Africa

범죄 및 비행

Canadian Journal of Criminology and Criminal Justice

Crime & Delinquency

Journal of Offender Rehabilitation

Journal of Research in Crime & Development

Youth & Society

Youth Violence and Juvenile Justice

문화적 다양성

Cultural Diversity & Ethnic Minority Psychology

Hispanic Journal of Behavioral Sciences

Journal of Black Studies

Journal of Ethnic & Cultural Diversity in Social Work

Journal of Ethnicity in Substance Abuse

Journal of Immigrant & Refugee Studies

가족폭력 또는 외상

Family Violence & Sexual Assault Bulletin

Journal of Aggression, Maltreatment & Trauma

Journal of Child Sexual Abuse

Journal of Emotional Abuse

Journal of Family Violence

Journal of Interpersonal Violence

Journal of Treatment Assessment

Journal of Trauma and Dissociation

Journal of Traumatic Stress

Sexual Abuse: A Journal of Research and Treatment

Stress, Trauma, and Crisis: An International Journal

Trauma, Violence, & Abuse

Traumatology

Violence against Women

Violence and Victims

가족

American Journal of Family Therapy

Child & Family Social Work

Conflict Resolution Quarterly

Contemporary Family Therapy

Families in Society: The Journal of
  Contemporary Social Service

Family Process

Family Relations

Family Therapy

Family Therapy Networker

Journal of Child and Family Studies

Journal of Divorce and Remarriage

Journal of Family Issues

Journal of Family Psychology

Journal of Family Psychotherapy

Journal of Family Social Work

Journal of Family Therapy

Journal of Marital & Family Therapy

Journal of Marriage and Family

Journal of Sex & Marital Therapy

Marriage & Family Review

동성애, 성전환 및 성

Journal of Bisexuality

Journal of Gay & Lesbian Issues in Education

Journal of Gay & Lesbian Psychotherapy

Journal of Gay & Lesbian Social Services

Journal of Homosexuality

Journal of Lesbian Studies

Journal of Psychology and Human Sexuality

Sexuality Research and Social Policy

집단

Group Dynamics: Theory, Research, and
  Practice

Social Work with Groups

The Journal for Specialists in Group Work

건강

AIDS & Public Policy Journal

Health & Social Work

Home Health Care Management & Practice

Home Health Care Services Quarterly

Journal of Health and Social Behavior

Journal of Health & Social Policy

Journal of HIV/AIDS Prevention & Education
  for Adolescents & Children

Journal of HIV/AIDS & Social Services

Journal of Occupational Health Psychology

Journal of Psychological Oncology

Journal of Social Work in Disability and
  Rehabilitation

Journal of Social Work in End-of-Life &
  Palliative Care

Journal of Workplace Behavioral Health

Social Work in Health Care

Social Work in Public Health

The Hospice Journal

The Journal of Behavioral Health Services &
  Research

The Journal of Nephrology Social Work

정신건강

American Journal of Orthopsychiatry

American Journal of Psychotherapy

Archives of General Psychiatry

Clinical Social Work Journal

Community Social Work Journal

Evidence-Based Mental Health
Mental Health Services Research
NAMI Advocate
Psychiatric Rehabilitation Journal
Psychoanalytic Social Work
Psychotherapy Networker
Psychotherapy Research
Schizophrenia Bulletin
Social Work in Mental Health
The Journal of Psychotherapy Practice and Research

정신지체

American Journal of Mental Deficiency
American Jorunal of Mental Retardation
Development Disability Research Review (formerly *Mental Retardation and Developmental Disability Research Review*)
Journal of Mental Deficiency Research

프로그램 평가

American Journal of Evaluation
Canadian Journal of Program Evaluation
Evaluation Review
Journal of Evaluation in Clinical Practice
New Directions for Evaluation

질적 연구

Grounded Theory Review: An International Journal
Qualitative Health Research
Qualitative Inquiry
Qualitative Research
Qualitative Social Work: Research and Practice
Qualitative Sociology

학교사회복지

Children & Schools
Journal of School Violence
School Social Work Journal
Social Work Education: The International Journal

사회정책

Analysis of Social Issues and Public Policy
Australian Social Policy
Critical Social Policy
Global Social Policy
International Journal of Social Welfare
Journal of Aging & Social Welfare
Journal of Children & Poverty
Journal of European Social Policy
Journal of Health and Social Policy
Journal of Policy Analysis and Management
Journal of Policy Practice (formerly *The Social Policy Journal*)
Journal of Poverty
Journal of Social Distress and the Homeless
Journal of Social Policy and Social Welfare
Policy & Practice of Public Human Services
Public Welfare
Social Policy and Society
Social Policy Review
Social Work & Society
The Journal of Mental Health Policy and Economics
Urban Policy and Research

사회복지 연구

Journal of Social Service Research
Journal of Social Work Research and Evaluation
Journal of the Society for Social Work and

Research
Research on Social Work Practice
Social Work Research

사회복지(일반)

Advances in Social Work
Australian Social Work
Canadian Social Work Review
Electronic Journal of Social Work
European Journal of Social Work
International Social Work
Irish Social Work
Joural of Evidence-Based Social Work
Journal of Social Work Practice
Smith College Studies of Social Work
Social Service Review
Social Work
Social Work Abstracts
The British Journal of Social Work
The Hong Kong Journal of Social Work
The Journal of Baccalaureate Social Work

신앙 및 종교

Journal of Religion & Abuse
Journal of Religion & Sprituality in Social Work
Social Work & Christianity

물질남용

Alcoholism Treatment Quarterly
International Journal of the Addiction
Journal of Addiction & Offender Counseling
Journal of Addictive Diseases (formerly *Advances in Alcohol & Substance Abuse*)
Journal of Chemical Dependency Treatment
Journal of Child & Adolescent Substance Abuse

Journal of Drug Education
Journal of Drug Issues
Journal of Ethnicity in Substance Abuse
Journal of Psychoactive Drugs
Journal of Social Work Practice in the Addiction
Journal of Studies on Alcohol
Journal of Substance Abuse Treatment
Substance Abuse
The American Journal of Drug and Alcohol Abuse

여성

Affilia
Archives of Women's Mental Health
Australian Feminist Studies
European Journal Women's Studies
Feminist & Psychology
Feminist Theory
Gender & Society
Indian Journal of Gender Studies
Journal of Feminist Family Therapy
Violence Against Women
Women & Criminal Justice
Women & Trauma

기타

Administration in Social Work
Journal of Forensic Social Work
Journal of Human Behavior in the Social Environment
Nonprofit & Voluntary Sector Quarterly
Rural Social Work
Social Work & Social Sciences Review
Journal of Applied Behavioral Science

어떤 방법을 이용하여 도서관에서 자료를 검색하더라도 자료를 빠뜨리거나 특정 도서관이나 온라인에서 자료를 찾을 수 없는 경우는 늘 발생하기 마련이다. 자신이 찾는 자료가 도서관에 없거나 웹상에서 찾을 수 없는 경우, 도서관 상호 대출(interlibrary loan)을 신청할 수 있다. 대부분의 경우 이 서비스는 무료이다. 많은 도서관들이 다른 도서관들과 상호 대출 협약을 맺고 있기는 하지만 원하는 자료가 자신이 상호 대출을 신청한 도서관까지 오는 데는 상당한 시간이 걸리기도 한다. 따라서 자신이 찾는 자료가 인근 도서관에 있다면 직접 그 도서관에 가는 것이 빠를 수 있다. 도서관 자료 검색을 잘하기 위해 가장 중요한 것은 충분한 정보를 얻는 것이다. 따라서 앞서 언급했던 바를 기억해둘 필요가 있다. 즉, 도서관에서 뭔가를 찾고자 할 때 가장 많은 도움을 줄 수 있는 사람은 도서관 사서들이다. 어떤 연구 단계에서든 주저하지 말고 사서들에게 도움을 요청하기 바란다.

부록B에서는 연구비 신청을 목적으로 연구계획서를 작성할 때 고려해야 할 일반적인 지침에 대해 살펴볼 것이다. 연구계획서를 어떻게 작성할지는 연구 목적에 따라 달라진다. 예를 들어, 국립정신건강연구소(National Institute of Mental Health)나 국립마약연구소(National Institute of Drug Abuse) 같은 연방정부기관에 연구비를 신청하는 경우, 연구자는 상당한 분량의 매우 구체적인 연구계획서를 제출해야 한다. 이런 기관들이 주는 연구비는 경쟁이 상당히 심하다. 반면에, 좀 더 작은 규모의 연구비를 지원하는 기관들도 많이 있다. 주로 주정부나 지방정부가 정부지원 프로그램에 대한 제한적인 수준의 평가를 하고자 할 때, 민간재단 또는 교수들의 연구를 독려하기 위해서 소규모 연구비를 지원하는 대학 등이 이에 해당한다. 물론 이들 기관들이 요구하는 연구계획서는 연방정부기관이 요구하는 수준의 연구계획서보다는 낮은 수준의 엄격성을 요구하지만 그렇다고 해서 이들 기관이 요구하는 연구계획서를 쉽게 생각해서는 결코 안 된다.

부록 B

연구계획서 작성

연구계획서 작성에 앞서 알아야 할 사항

연구계획서를 작성하기에 앞서 필요한 준비를 미리 해두는 것이 연구계획서가 채택될 가능성을 높이는 데 도움이 된다. 그중 한 가지는, 앞서 이미 언급한 바와 같이, 연구비 지원기관이 가진 기대가 무엇인지 파악하고 기대에 부합하도록 연구계획서를 작성하는 것이다. 연구비 지원기관이 기대하는 바는 해당 기관의 웹사이트나 해당 기관이 발행하는 다양한 문건 자료를 이용하여 파악할 수 있다.

아울러, 연구비 지원기관의 직원들 중에 연구비를 신청하는 연구자들과의 연락 및 지원을 담당하는 직원들과 관계를 형성해두는 것 또한 필요하다. 연구자는 그러한 관계를 이용하여 연구비 지원기관이 자신의 연구에 대해서 관심을 가질지를 알아볼 수 있다. 만일 연구비 지원기관이 관심을 보인다면, 연락 및 지원 담당 직원이 연구자에게 연구 계획과 연구자의 아이디어를 연구비 지원기관이 가진 우선순위와 기준에 맞게 발전시키는 방법을 제시해줄 수도 있다. 어떤 연구비 지원기관들은 연구자가 직원을 만나기에 앞서 연구자가 가진 아이디어와 연구하고자 하는 바를 간략하게 정리한 요약문을 제출할 것을 요구하기도 한다. 그러나 할 수만 있다면 그러한 요약문을 쓰기 전에 미리 관계를 형성해두는 것이 가장 좋다. 때로는 요약문을 작성하는 데 연락 및 지원 담당직원이 도움을 줄 수도 있고 연구자가 자신의 생각을 간략하게 정리한 예비 계획서를 (보통 몇 장 정도 분량) 준비하는 데 도움을 줄 수도 한다. 어떤 경우에는 예비 계획서를 요약문에 첨부하여 제출하기도 하고 또 어떤 경우에는 연구비 지원기관이 연구자의 아이디어에 관심을 보이는 경우에만 예비 계획서를 제출하게 하기도 한다. 연락 및 지원 담당 직원과 관계를 형성하고 그들의 조언을 따르는 것은 연구계획서를 연구비 지원기관의 기대에 맞게 쓸 수 있다는 장점뿐만 아니라 담당 직원으로 하여금 다른 직원들에게 연구자의 연구계획에 대해서 긍정적인 영향을 미칠 가능성을 높일 수 있는 장점도 가지고 있다. 연구계획서를 작성하기에 앞서 준비해야 할 또 한 가지는 해당 연구비 지원기관으로부터 이미 연구비 지원을 승인 받은 연구계획서를 구해 읽어보는 것이다. 그렇게 함으로써 연구자는 연구비 지원기관이 어떤 기대를 가지고 있는지를 보다 분명하게 알 수 있다.

연구계획서의 구성

연구계획서의 구성 및 각 구성요소를 어떻게 작성할 것인지는 연구 목적과 연구비 지원기관이 기대하는 바가 무엇인가에 따라 달라진다. 예를 들면, 질적 연구의 연구계획서는 양적 연구의 연구계획서와 다를 수 있다. 또한 소규모 사전검점 연구(pilot study)의 경우는 보다 야심찬 연구들의 경우에 비해 이하의 부분에서 논의하게 될 연구계획서의 각 구성요소 부분을 작성할 때 내용의 엄격성이나 구체성에 대해서 그다지 많은 신경을 쓰지 않아도 될 수 있다. 이제 비교적 중요하다고 여겨지는 어떤 연구를 위한 이상적인 연구계획서를 쓴다는 가정하에서 연구계획서의 각 구성요소들을 어떻게 작성해야 하는지 고찰해보기로 하겠다. 그러한 고찰을 통해서 연구자는 중요도가 좀 낮은 연구의 경우에 해당하는 연구계획서 작성 요령은 따로 언급하지 않더라도 자연스럽게 터득할 수 있을 것이다. 아래에 소개될 내용 가운데 대부분은 질적 연구와 양적 연구 모두에 해당되는 내용이지만, 어떤 부분은 질적 연구보다는 양적 연구에 해당되는 내용인 경우도 있다. 일반적으로 질적 연구가 양적 연구에 비해 연구계획서를 작성하는 것이 좀 더 어려운 것으로 알려져 있다. 따라서 일단 연구계획서의 구성요소에 대해서 개괄적으로 살펴본 다음, 뒤이어서 질적 연구를 위한 연구계획서와 양적 연구를 위한 연구계획서 간에 어떤 유사점과 차이점이 존재하는지도 살펴보기로 하겠다.

표지

많은 경우, 연구비 지원기관들은 실제 연구계획서를 읽어 보기에 앞서 예비 계획서를 읽어 보기를 원한다. 연구비 지원기관이 가진 기대와 잘 부합하는 표지 글(cover letter)의 중요성은 매우 높다. 어떤 연구비 지원기관들은 표지에 연구계획서의 제목, 연구계획서를 제출하는 연구자와 기관의 이름과 주소, 그리고 연구비 규모나 연구기간과 같은 그 밖의 정보를 제시할 것을 요구하기도 하고 요약문을 요구하기도 한다. 요약문의 길이는 경우에 따라 다르다. 어떤 연구비 지원기관들은 겉표지에 들어갈 수 있을 정도인 한 문단 정도를 요구하는 반면, 어떤 연구비 지원기관들은 별도의 페이지에 해당하는 분량의 요약문을 요구하기도 한다. 앞서 논의했던 예비 단계에 관한 내용들이 요약문의 분량을 결정하는 데 도움이 될 것이다. 일반적으로 요약문에서는 연구계획서의 각 구성요소의 주된 내용을 한 문장 내지 두 문장 정도로 간략하게 요약하여 제시한다.

연구문제와 목적

연구하고자 하는 바가 정확하게 무엇인가? 그런 연구를 해야 하는 이유는 무엇인가? 어떤 의미에서 그 연구가 정책적 혹은 실천적 중요성을 갖는가? 그 연구는 어떤 사건이나 현상에 대한 우리의 일반적인 이해를 증진시키는 데 기여할 수 있는(예를 들면, 어떤 사회문제나 사회문제의 해결과 관련된 이론을 개발하는 데 기여할 수 있는) 연구인가? 연구 목적은 연구질문에 대한 답을 찾는 것 같은 형태로 표현될 가능성이 높고 연구질문이 어떤 식으로든 반영될 것이다. 연구 목적은 또한 구체적이어야 하고, 관찰 가능한 증거를 가지고 답할 수 있는 것이어야 하며, 연구 가능하고 답할 수 있는 것이어야 한다. 그리고 자신의 연구가 정책적 및 실천적 중요성을 갖는 연구라는 것을 잘 설명하는 것이 가장 중요하다.

연구의 중요성에 대해서 언급할 때에는 사실을 인용하는 것이 좋다. 예를 들어, 노숙자 문제에 관한 연구를 한다고 할 때, 기존 연구들에 나와 있는 전국 또는 특정 지역의 노숙자 규모를 제시해 주는 것이 바람직할 것이다. 또는 어떤 사례연구에 나타나 있는 아주 구체적인 사례를 제시함으로써 자신이 하고자 하는 연구의 주제나 목적이 불분명하지 않음을 보여주는 것도 필요하다. 정책 또는 실무적 중요성에 대해서 언급할 때에는 가능한 한 구체적이어야 한다. 예를 들어, 학생들의 학업중도포기에 영향을 미치는 요인에 관한 연구를 한다고 할 때, "왜 어떤 학생들은 학업을 중도에 포기하는 반면, 어떤 학생들은 그렇지 않은지를 밝힘으로써 문제를 해결하기 위한 정책이나 프로그램을 개발할 수 있다"는 식의 막연한 말을 하기보다는 어떤 연구결과가 나왔을 때 어떤 대안적 정책 또는 프로그램을 개발해야 한다는 식으로 아주 구체적일 수 있어야 한다. 연구자는 아마도 다음과 같이 구체적일 수 있어야 할 것이다: "만일 특정 소수계 인종에 해당하는 남학생들의 경우, 바람직한 남성 역할 모델의 부재가 중도포기의 주된 요인인 것이 밝혀진다면, 이는 곧 해당 소수계 남자 교사를 더 많이 채용하거나 아니면 새로운 프로그램을 개발해서 바람직한 역할 모델이 될 수 있는 사람들로 하여금 해당 소수민족 남학생들과 공부를 함께 하거나 그 밖의 여러 가지 것들에 대해서 함께 이야기할 수 있는 기회를 마련해 주어야 한다."

앞서 언급한 바와 같이, 연구계획서를 작성하기에 앞서 연구자는 연구비를 지원하는 단체나 기관의 선호도를 파악해야 한다. 자신의 연구 분야, 연구문제, 또는 연구가 의미하는 바에 관심을 가질 만한 후원단체를 찾아보고, 연구계획서를 가급적이면 자신의 연구와 후원단체의 우선순위가 잘 부합한다는 것을 강조하는 방향으로 써야 한다.

문헌고찰 결과 제시

문헌고찰 결과를 어떻게 글로 써서 제시하는 대해서는 제2장과 부록A에서 논의한 바 있으므로 여기서는 연구계획서의 한 부분으로서의 문헌고찰 부분을 어떻게 써야 하는지에 대해서만 논의하기로 하겠다. 문헌고찰을 통해서 연구자가 해야 하는 것은 독자들에게 연구주제와 관련된 최근 동향과 선행 연구들 간에 의견이 일치하는 부분은 어떤 것이고 의견이 일치되지 않은 부분은 어떤 것인지

를 알려주는 것이다. 선행 연구들이 자신이 하려는 연구에 어떤 영향을 줄 수 있는가? 모든 기존 연구들을 불필요할 정도로 자세하고 무미건조하게 인용하는 것은 ―특히, 기존 연구의 양이 많을 때는― 지양해야 한다. 관련 문헌이나 연구가 너무 많을 때는 소위 "고전"이라고 여겨지는, 반드시 포함되어야 할 것들을 빠뜨리지 않도록 해야 한다. 문헌고찰은 지겹게 느껴지지 않을 정도로 충분히 간결해야 함과 동시에 독자들에게 연구주제가 무엇인지를 알려주기에 부족함이 없을 정도로 엄격해야 한다. 자신이 하고자 하는 연구와 직접적으로 관련이 있는 문헌에만 초점을 맞춰야 하며 그중에서도 관련성이 가장 높은 문헌들만을 제시해야 한다.

핵심 주제에 초점을 유지하고, 관련 연구들을 간략하게 요약하여 핵심 주제와 연결시켜야 한다. 다수의 연구들이 유사한 결과를 보고하고 있다면 모든 연구들을 각각 제시하기 보다는 공통적인 연구결과들을 제시해주고 각 연구의 저자와 연도를 괄호 안에 밝혀주는 것이 바람직하다. 예를 들면, 다음과 같이 해보는 것이다: 중증정신질환자를 위한 사례관리 서비스의 효과에 관한 선행연구들이 상반되는 연구결과를 보이고 있다. 네 개 연구(Rubin, 1998; Babbie, 1999; Rubin and Babbie, 2000; Babbie, Rubin and Freud, 2001)는 사례관리 서비스가 효과적이라고 하는 반면 세 개 연구(Nietzsche, 1998; Scrooge, 1999; Fischer, 2000)에서는 효과적이지 않은 것으로 나타났다. 긍정적인 효과를 보고한 네 개 연구는 모두 낮병원을 종속변수로 사용한 반면, 부정적인 효과를 보고한 세 개 연구는 공통적으로 삶의 질을 종속변수로 사용했…" 이와 반대로, 만일 자신의 연구주제와 직접적으로 관련이 있는 문헌이나 선행연구를 찾는 것이 어렵다면 간접적으로 관련이 있는 문헌이나 선행연구를 찾아야 한다.

물론 지나친 문헌고찰을 삼가는 것이 중요하다는 말이 연구자가 하려는 연구와 관련이 있는 연구

들에 관한 언급을 하지 않아도 된다는 것을 의미하는 것은 아니다. 특히, 관련 문헌이 많지 않은 경우는 더욱 그러하다. 연구비 지원 여부를 결정하는 심사위원들은 해당 주제에 관한 연구자의 전문성과 연구자로서의 역량을 연구계획서에 제시된 문헌고찰의 적절성과 엄격성을 바탕으로 판단한다. 예를 들어, 심사위원들은 해당 연구주제에 관한 전문가들을 외부심사위원으로 선정한 다음 그들로 하여금 연구계획서를 검토해줄 것을 의뢰하기도 한다. 이들 외부심사위원들은 연구계획서상에 언급되는 문헌에 대해서 연구자만큼 또는 연구자보다 더 많은 지식을 가진 사람들이다. 만일 반드시 고찰해야 하는 중요한 문헌들이 문헌고찰에서 빠져 있다면, 연구비를 지원 받을 수 있는 가능성은 상당히 낮아질 것이며, 특히 고찰하지 않은 문헌들이 중요한 문헌일 경우는 더욱 그러하다. 물론 개별 연구에 대해서 지루할 정도로 구체적인 내용을 보고하는 것은 바람직하지 않지만, 하고자 하는 연구와 관련이 있는 문헌들은 반드시 모두 고찰해야 한다.

연구자는 또한 성의 없는 문헌고찰을 지양해야 한다. 다시 말해서, 문헌고찰을 일종의 형식으로 여기고 별 생각 없이 해서는 안 된다는 것이다. 고찰한 문헌을 제시할 때 연구자는 단순히 선행연구들의 연구결과를 나열하는 것이 아니라, 어떤 문헌을 왜 고찰했으며 그러한 문헌들을 왜 문헌고찰 부분에 제시한 방식으로 개념화했는지를 밝혀야 한다. 즉, 연구계획서를 검토하는 심사위원들로 하여금 연구자의 연구질문 또는 연구가설이 아무런 근거 없이 설정되었다는 느낌을 받게 해서는 안 되며 심사위원들로 하여금 문헌고찰 부분을 읽은 다음 연구자가 설정한 연구가설이나 변수가 무엇을 근거로 도출된 것인지를 명확하게 이해할 수 있게 해야 한다. 예를 들어, 특정 개입 프로그램을 평가하기 위한 연구계획서를 작성할 때 학생들이 흔히 범하는 실수 가운데 하나는 특정 개입 프로그램이 목표로 하고 있는 어떤 문제에 관한 문헌들을 고찰한 결과를 제시하면서 어떻게 자신들이 문헌고찰을 통해서 여러 가지 다른 대안적 개입 프로그램들 가운데 특정 개입 프로그램을 선택하여 평가하게 되었는지에 대해서는 전혀 언급하지 않는 것이다. 그림 B-1에 제시된 기준은 연구계획서의 문헌고찰 부분을 비판적으로 평가할 때 사용할 수 있는 기준이다.

개념틀

연구계획서의 이 부분에서는 연구질문, 가설, 변수 및 조작적 정의를 분명하게 밝히고 각각에 대한 합리적 근거를 제시해야 한다. 다시 말해서, 연구자는 왜 그리고 어떻게 각각의 것을 연구하게 되

그림 B-1 ▶ 문헌고찰 평가 기준

- 철저하게 그리고 최신 연구에 대해서까지 이루어져 있는가?
- 이전 연구자들 사이에서 일반적으로 동의된 또는 동의되지 않는 내용들이 포함되어 있는가?
- 관련 이론에 관한 문헌이 고찰되어 있는가?
- 선행 연구들 중 잘못된 연구가 있는지에 관한 언급이 있는가?
- 하려는 연구가 선행 연구들과 어떻게 관련이 있는지에 관한 내용이 포함되어 있는가?
- 선행연구의 내용이 너무 길거나 자세하다고 느껴지지 않을 정도로 충분히 간결하게 축약 서술되어 있는가?
- 하려는 연구와 무관한 너무 광범위한 주제에 관한 연구들을 고찰하고 있지는 않은가?
- 관련 있는 연구들을 그룹으로 묶고 공통적으로 말하고 있는 내용을 간략하게 서술하면서 각 연구의 출처를 밝히고 있는가?
- 선행연구를 단순히 나열하는 것이 아니라 응집성 있게 종합하고 있는가?
- 독자들이 어떤 이유(근거)에서 특정 방식에 따라 질문의 순서가 정해졌고 개념화되었는지를 이해하는 데 도움이 되는가?

었는지에 관한 근거를 설명해야 한다. 이때 이러한 설명은 연구자가 문헌고찰 부분에서 서술한 내용에 부분적으로 근거해야 한다. 이 부분에서의 설명은 또한 연구자가 하고자 하는 연구에 있어서 연구자만의 논리가 무엇인지를 보여주어야 하며, 연구자가 하고자 하는 연구가 어떤 의미에서 기존의 연구들보다 더 발전적인 연구인지를 설명해야 한다. 예를 들어, 아동학대 예방을 위한 개입에 관한 기존의 연구들 가운데 멕시코계 미국인을 표본에 포함했던 연구가 전혀 없었다면 그러한 기존 연구들을 (물론, 문헌고찰 부분에 그러한 연구들에 대한 논의가 반드시 포함되어야 할 것이며) 언급하면서 멕시코계 미국인을 대상으로 한 연구의 부재를 연구의 출발점으로 삼을 수 있다. 또 다른 예로서, 이제까지의 모든 연구들이 아동학대 방지를 위한 개입의 성공 여부를 판단함에 있어서 피해 아동이 자신의 집이 아닌 다른 곳에 머물게 되는 경우가 얼마나 감소했는지에만 초점을 둔 반면, 피해 아동들이 자기 집에 그대로 머무는 것이 실제로 더 나은 결과를 가져오는지의 여부를 검증한 연구가 없었다고 가정해보자. 이러한 이슈가 기존의 문헌들에서는 아직까지 한 번도 제기된 적이 없었더라도 연구자 스스로가 이러한 쟁점을 개념틀(conceptual frame) 부분에서 제기하고 그 이유를 설명할 수 있다. 그렇게 함으로써 연구자는 자신의 연구가 어떤 의미에서 기존 연구들의 연구방법보다 한 걸음 더 나아간 연구인지를 보여줄 수 있으며, 아울러 독자들에게 자신의 연구에 왜 특정 변수들을 포함시켰으며 그러한 변수들에 대한 조작적 정의를 연구계획서상에 서술된 바와 같이 내렸는지를 설명할 수 있을 것이다.

측정

이 부분에서는 연구자가 기본 개념틀 부분에서 개념화 및 조작화한 변수들을 어떻게 측정할 것인

지를 서술한다. 이 부분은 기본 개념틀 부분에서 내렸던 조작적 정의와 무리 없이 연결되어야 하는데, 이미 앞에서 설명했던 조작적 정의와 측정 절차에 대해서 불필요한 반복 설명을 거듭하지 않도록 주의해야 한다. 예를 들어, 이미 기본 개념틀 부분에서 아동의 복지 수준을 학대 가정 아동의 복지 수준을 측정하기 위해 개발된 척도의 점수로 조작화 했다면 그러한 척도에 대한 자세한 설명을 기본 개념틀 부분과 측정 부분 모두에서 할 필요는 없다. 예를 들면, 일단 기본 개념틀 부분에는 "아동의 복지 수준을 해당 척도의 점수로 조작화한다" 정도로 간략하게 언급해두고 나중에 측정 부분에서 해당 척도의 특성, 측정방법, 하위 척도 및 신뢰도와 타당도 등을 보다 구체적으로 설명할 수 있다. 기존 척도를 사용하든 자신이 새로운 조사 도구를 개발하여 사용하든 상관없이, 연구자는 자신이 사용하고자 하는 측정도구의 사본을 연구계획서의 맨 뒷부분에 부록으로 첨부해야 한다. 만일 사용하고자 하는 척도가 신뢰도와 타당도 검증을 거친 척도라면, 단순히 검증 결과를 보고한 문헌을 인용하는 것에서 그치지 말고 반드시 검증 결과 자료를 제시하는 것이 좋다. 예를 들면, 연구자는 "척도의 내적 일관성 신뢰도를 측정한 다섯 편의 연구에서 알파계수의 범위는 .87에서 .94인 것으로 나타났으며, 이는 양호 또는 매우 양호 수준의 내적 일관성을 의미한다"라는 식으로 검증 결과를 제시해야 한다. 많은 경우, 연구자는 하나의 구성개념을 측정하기 위해서 다수의 척도 가운데 특정 척도를 선택하게 된다. 예컨대, 우울증이나 자존감은 서로 다른 여러 개의 척도로 측정할 수 있다. 만일 연구자가 특정 척도를 선택하여 사용하고자 한다면, 그 척도를 선택한 근거를 제시해야 한다. 또한 연구자는 하나의 변수를 여러 가지 방법으로 측정할 수 있다. 앞서 우리는 이런 식으로 변수를 측정하는 것의 장점을 다원 확증(triangulation)이라는 원리와 관련하여 설명한 바 있다. 만일 연구계획서를

검토하는 심사위원들은 다원화 개념을 고려한 측정방법이 제시된 연구계획서를 그렇지 않은 연구계획서보다 당연히 더 높이 평가할 것이다.

연구 대상(표본)

자료를 수집하기 위해서 누구 또는 무엇을 연구할 것인가? 무엇보다도 먼저 연구 대상이 누구인지를 일반적이고 이론적인 용어를 사용하여 밝히고, 그 다음으로는 연구 대상이 될 수 있는 사람은 누구이며 어떻게 그들에게 접근할지를 설명한다. 표본을 뽑는 것이 필요한가? 만일 그렇다면, 표본을 어떻게 뽑을 것인가? 만일 질적 탐색연구를 하고자 한다면, 연구 대상들 간에 있을 수 있는 차이점(연령, 인종, 계층)을 파악하고 관찰하기 위해 자신의 판단력을 발휘해야 할 것이다. 만일 어떤 대상집단이 가지고 있는 특성의 빈도(예를 들면, 실업률)를 파악할 목적으로 조사를 실시한다면, 이를 위해서는 확률표본추출이 필요할 것이다 혹시 하고자 하는 연구가 연구 대상에게 심각한 영향을 줄 가능성이 존재하는가? 만일 그렇다면, 연구 대상들이 연구로 인해 피해를 입지 않게 할 수 있는 방법은 무엇인가? 이러한 내용 또한 반드시 연구계획서에 포함되어야 한다. 만일 연구자가 비확률표본추출방법을 사용해야만 한다면, 그렇게 해야 하는 이유를 설명해야 하며 아울러 그렇게 함으로써 표본 편의가 발생할 수 있는 가능성과 모집단을 대표할 수 없는 문제에 대해서도 언급해야 한다. 그러한 표본 편의가 발생하지 않도록 혹은 발생할 경우 편의를 줄이기 위해서 어떤 방법을 사용할 것인가? 확률표본추출방법을 사용하든 비확률표본추출방법을 사용하든 관계없이 연구자는 반드시 표본소멸과 참여거부와 같은 이슈에 대해서 기술해야 한다. 필요한 연구 대상을 모집하고 연구기간 동안 연구 대상을 유지하기 위해서 어떤 노력을 기울일 것인가?

연구자는 또한 표본의 크기를 무엇에 근거하여 정했는지 밝혀야 한다. 이를 위해 통계적 검증력 분석(statistical power analysis)을 실시하여 영가설이 참일 때 영가설을 뒷받침하기에 충분한 표본의 크기가 얼마인지를 알아볼 필요가 있다. 통계적 검증력 분석을 하려면 아마도 통계 전문가로부터 도움을 받아야 할 것이다. 이 개념에 관한 좀 더 자세한 내용을 알고자 할 경우 좀 더 전문적인 교재를 참조하기 바란다(Rubin and Babbie, 2008).

통계적 검증력 분석 결과는 연구계획서의 표본 부분(그리고 자료분석 부분에도)에 포함시키는 것이 바람직하다. 또한 연구자는 필요한 크기의 표본을 확보하는 것이 현실적으로 가능하다는 것을 제시해야 한다. 예를 들어, 아동학대 예방을 위한 개입 프로그램을 평가하려 한다면, 아동복지기관들이 연구에 필요한 충분한 수의 연구 대상을 제공해줄 것임을 보여주는 일종의 증거를 제시하는 것이 필요하다. 아마도 그러한 증거로는 기관이 발행한 협조공문이나 최근 몇 년 동안 기관들이 연구 대상이 될 수 있는 클라이언트들에게 서비스를 제공했는지를 보여주는 자료 등을 생각해 볼 수 있을 것이다.

연구 설계와 자료수집 방법

연구를 위해서 실제로 자료를 수집할 것인가? 실험이나 설문조사를 실시할 계획인가? 현장조사나 역사고찰연구를 할 것인가 아니면 다른 연구자들이 만들어 놓은 통계자료를 사용할 것인가? 어떤 연구설계를 택하든지 간에 앞서 연구설계에 관한 장에서 논의했던 중요한 방법론적 쟁점들에 대해서 반드시 언급해야 한다(예를 들면, 설문조사에 관해서는 제10장과 제11장, 실험 설계에 관해서는 제12장 등등). 어떤 연구 설계를 선택하든지 간에 연구자는 언제, 어디서 그리고 누가 자료를 수집할 것인지를 밝혀야 한다. 조사원은 어떤 전문성과 경험을 가진 사람이어야 하는가? 조사원을 어떻게 모집하고 훈련할 계획인가? 조사원들이 편향성을 갖지 않도록 하기 위해서 어떤 노력을 기울일 것인가? 예를 들어, 조사원들이 연구가설이나 사전 및 사후조사를 실시할 연구 대상 가운데 누가 실험집단에 속하는지를 모르게 할 것인가? 만일 조사원들이 그러한 사실들을 안다면, 혹시라도 조사원들이 연구결과와 관련해서 어떤 이해관계를 가질 수 있는 사람들인가? (그렇지 않기를 바란다!) 조사원들에 대해서 평가자 간 신뢰도를 측정할 수 있는가? 자료수집방법을 다원화할 수 있는가? (그럴 수 있기를 바란다!) 연구자가 명시한 시점과 장소에서 자료를 수집해야 하는 근거는 무엇인가? 연구의 실행가능성은 어떠한가? 예를 들면, 연구자의 연구과정에 대해서 또는 조사나 면접을 하는 데 걸리는 시간에 대해서 기관들이 협조적인가? 혹시 자료수집 과정 중 반응성(reactivity)에 취약한 부분은 없는가?

자료분석

이 부분에서 연구자는 자신이 어떤 분석을 할 것인지를 설명한다. 만일 어떤 분석기법을 사용할지 미리 알고 있다면, 그것이 무엇인지 밝히는 것이 좋다. 만일 연구자가 질적 자료분석을 하고자 한다면 어떻게 할 것인지를 설명해야 한다. 앞서 언급한 바와 같이, 연구비를 지원하는 기관들은 연구계획서의 구성요소들 중 이 부분의 분량과 구체성에 대해서 각기 다른 기대를 가지고 있다. 만일 연구비 지원기관이 어떤 기대를 가지고 있는지 모른다면, 가장 안전한 방법은 자료분석 부분을 구체적으로, 다시 말해서 각각의 자료분석기법을 선택한 근거를 구체적으로 서술하는 것이다. 만일 연구자가 전문성이 부족함에도 불구하고 특정 자료분석기법을 사용해야만 한다면, 통계 전문가를 연구에 참여시키고 연구계획서의 이 부분을 통계 전문가에게 작성하게 하는 것이 바람직할 수도 있다.

연구일정

연구의 모든 단계에 대한 연구일정을 세우고 이를 밝히는 것이 바람직하다. 비록 연구계획서의 일부로써 제시하기 위해서 연구일정을 세울 필요는 없더라도 연구 그 자체를 위해서는 반드시 연구일정을 세우는 것이 바람직하다. 현실적인 연구일정을 세우고 이에 맞추어 연구 진행 상황을 점검해보지 않는 경우, 많은 문제점에 직면하게 되는 경우가 종종 있다. 연구계획서에 제시된 연구일정은 반드시 현실적이어야 한다. 연구의 어떤 단계에 대해서 일정을 너무 짧거나 길게 잡으면 연구계획서를 검토하는 심사위원들은 연구자가 과연 연구를 성공적으로 수행할만한 준비가 되어있는지를 의심할 수도 있다.

예산

다른 사람에게 자신이 하고자 하는 연구에 필요한 연구비를 신청하는 경우, 반드시 예산서를 제출하여 어떠한 목적으로 얼마의 예산이 필요한지를 밝혀야 한다. 규모가 큰 연구의 경우, 일반적으로 인건비, 장비 및 시설비, 물품비, 전화비, 우편요금 등과 같은 항목들이 예산항목에 포함된다. 규모가 그리 크지 않아서 연구자 자신이 연구비를 부담하는 경우에도 미리 예산을 짜보는 것이 바람직하며, 다음과 같은 항목들 즉, 사무용품비, 복사비, 컴퓨터 관련 물품, 전화비, 교통비 등에 해당하는 비용을 생각해봄으로써 전체 비용의 규모를 짐작해보는 것은 매우 중요하다. 예산에 명시된 비용들은 당연히 현실적이어야 하며, 각각의 항목에 대해서 산출 근거를 밝혀야 한다. 예산을 과대 혹은 과소 책정할 경우, 연구비를 지원 받을 수 있는 가능성은 낮아진다. 예산을 과다 책정하는 경우, 심사위원들은 "돈을 뜯긴다"는 느낌을 받을 수 있으며 연구비만큼의 가치를 갖지 못하는 연구라는 생각을 갖게 되기 쉽다. 이와 반대로, 너무 적게 책정된 예산은 심사위원들로 하여금 연구자가 "경험이 부족하다"는 느낌을 갖게 만든다. 필요하다면, 연구진의 급여 수준이나 부가급여 수준 등과 같은 비용을 계산할 때 기술적 지원을 제공해줄 수 있는 사람으로부터 도움을 받는 것이 바람직하다. 연구계획서를 작성하기에 앞서 자신의 소속 대학이나 기관에 그러한 기술적인 지원을 제공해 줄 수 있는 직원이 있는지를 반드시 알아봐야 한다.

그 밖의 구성요소

대부분의 연구비 지원기관들은 이상에서 언급한 연구계획서의 구성요소들 이외에 추가적인 구성요소를 부록으로 첨부할 것을 요구한다. 예를 들면, 연구자는 자신이 하려는 연구가 자신이 소속된 기관의 심의위원회로부터 연구윤리와 연구 대상보호에 관한 심의를 받았다는 사실을 입증할 수 있는 자료를 연구계획서에 첨부해야 할 것이다. 연구자는 또한 하고자 하는 연구의 현실적 실행 가능성과 연구를 성공적으로 수행할 만큼 준비가 되어 있음을 뒷받침하는 자료를 첨부해야 할 수도 있다. 그러한 용도로 사용될 수 있는 자료로는 (1) 연구자 또는 연구진이 이전의 경험을 통해서 제안한 연구를 성공적으로 수행할 수 있을 정도로 준비가 되어 있음을 보여줄 수 있는 이력서나 경력 관련 서류; (2) 연구에 필요한 자료와 연구 대상을 제공해주고자 하는 기관의 관계자로부터의 공문; (3) 충분한 크기의 연구 대상을 모집할 수 있고 연구기간 동안 유지할 수 있음을 보여줌으로써 연구의 성공적 실행 가능성을 추가로 뒷받침해줄 수 있는 문서; 그리고 (4) 학술지, 소식지, 학회발표 또는 연구를 통해 얻은 결과를 향후 연구나 실천에 활용하고자 하는 사람들이 참석하는 모임 등을 통해서 연구결과를 알리고자 하는 구체적인 계획 등을 생각해볼 수 있다.

연구계획서를 작성하는 과정에서 연구자가 어느 정도의 어려움을 겪게 될지는 하고자 하는 연구의 종류와 성격에 따라 달라진다. 특히, '질적 연구계획서와 양적 연구계획서 간의 유사점과 차이점'이라는 제목의 글상자에 잘 나타나 있듯이, 질적 연구를 위한 연구비를 지원 받기 위해서 연구계획서를 작성할 때에는 더 많은 어려움이 따른다.

처음 제출한 연구계획서가 연구비 지원 승인을 받지 못하더라도 실망하지 말고 그런 과정을 통해서 배우는 것이 중요하다. 만일 연구비 지원 기관이 왜 연구비를 지원하지 않기로 결정했는지에 관한 피드백을 주거든 연구계획서를 보완하여 동일 기관 또는 다른 기관에 제출해볼 수 있다. 어떤 연방기관의 경우, 대부분의 연구자들은 연구비 지원 승인을 받게 되기까지 여러 차례에 걸쳐 연구계획서를 보완하여 제출하는 과정을 거치기도 한다.

질적 연구계획서와 양적 연구계획서의 유사점과 차이점

이 책에서 살펴본 "연구계획서의 구성요소"는 어떤 종류의 연구에서나 공통적으로 적용될 수 있다. 하려는 연구가 질적 연구이든 아니면 양적연구이든지 간에(또는 두 가지를 모두 하는 연구이든), 연구자는 연구문제와 연구 목적, 문헌고찰, 연구방법론 등에 대한 언급을 시작으로 연구계획서를 쓰게 될 것이다. 연구의 종류에 상관없이 연구자는 연구질문의 중요성 및 연구의 가치를 설득력 있게 표현해야 한다. 문헌고찰의 질을 평가하는 기준 또한 질적 연구와 양적 연구에 있어서 별다른 차이가 없다. 그 밖의 공통점으로는 두 종류의 연구계획서 모두 현실적인 연구일정을 가져야 한다는 것, 연구 대상 심의위원회의 승인을 필요로 한다는 것, 합리적인 예산안을 제시해야 한다는 것, 전문성을 느낄 수 있는 깔끔한 보고서를 준비하기 위해서 가급적 명료하고 인상적인 문체와 레이저 프린터를 이용할 것 등을 들 수 있다.

이렇듯 두 종류의 연구계획서를 준비하는 과정에 있어서 공통적인 면(위에서 언급한 것들과 같은)이 있는 반면, 질적 방법론자들은 질적 연구를 위한 연구계획서는 양적 연구를 위한 연구계획서와 다르다는 것을 지적한다. 일반적으로 질적 연구를 위한 계획서를 준비하는 것이 양적 연구의 경우보다 더 어렵다고 인식되는데, 아마도 그 이유는 양적 연구가 질적 연구보다 구조적인 면이 많고 더 많은 사전계획을 필요로 하기 때문이라고 볼 수 있다. 예를 들어, 산델로우스키, 데이비스 그리고 해리스(Sandelowski, Davis, Harris, 1989:77)에 따르면, 질적 연구를 위한 연구계획서를 준비한다는 것은 미리 준비해서는 안 될 것을 준비하는 궤변에 대한 협상을 필요로 하는 것이라고 한다. 이와 마찬가지로 모스(Morse, 1994)는 질적 연구가 가진 비교적 덜 구조화되었다는, 그리고 예측이 힘들다는 특성과 그러한 특성으로 인하여, 흥미 있는 연구결과를 약속하는 연구계획서를 준비하는 과정에서 나타나게 되는 어려움을 지적하고 있다. 이들이 공통적으로 지적하는 점은 질적 연구의 설계는 연구주제, 연구방법, 그리고 진실(truth)이 자연스럽게 나타날 수 있는 개방적인 출발점을 제시한다는 것이며, 이는 연구방법 및 구체적인 연구결과를 미리 계획하고 밝힐 수 있는 양적 연구설계와 분명히 다른 점이다.

따라서 질적 연구자들에게 있어서 딜레마는 질적 연구의 구조화되지 않고, 유연하며, 귀납적인 특성을 그대로 유지하면서도 연구비 지원 여부를 결정하게 될 사람들이 연구의 중요성을 충분히 이해할 수 있도록 구체적이고 자세한 연구계획을 세워야 한다는 것이다. 산델로우스키와 그녀의 동료들의 말을 빌리자면, "연구계획서를 준비하는 데 있어서 가장 어려운 점은 … 연구를 시작해보기 전까지는 아무런 구체적인 연구방법을 가지고 있지 못함에도 불구하고 연구방법에 대해서 설명해야 한다는 것이다"(p. 78). 이러한 어려움은 특히 연구계획서를 검토하게 될 사람들이 주로 양적 연구방법을 선호하는 사람들이어서 주로 양적 연구계획서에서 찾아볼 수 있는 아주 구체적이고 정확한 연구계획을 기대하는 경우에 더욱 심각해진다.

한 가지 해결방안은 질적 연구라고 할지라도 일단은 표본추출, 자료수집 및 자료분석에 관한 계획을 밝히고, 동시에 이러한 계획은 잠정적인 것이며 연구를 진행하는 과정에서 필요에 따라 변할 수도 있다는 것을 함께 명시하는 것이다. 또한, 연구에서 사용하게 될 질적 접근방법의 종류와 내용을 설명하도록 한다. 물론 연구자 자신이 구체적으로 무엇을 하게 될 것이며 무엇을 발견하게 될 것인지를 미리 알 수는 없으나, 연구계획서를 검토하게 될 사람들에게 연구자가 어떠한 일반적인 원칙에 준하여 질적 연구를 할 것인지를 내비칠 수는 있다.

이러한 논리는 질적 연구계획서의 다른 부분에도 똑같이 적용된다. 예를 들어, 표본추출방법에 대해서 논의하는 경우, 질적 연구에서는 양적 연구 수준의 정확성을 가지고 표본의 크기나 표본의 특성을 예상하기 힘들다. 그러나 잠정적으로 생각해 볼 수 있는 연구 대상의 유형이라든지 또는 어떤 유형의 연구 대상이 가장 유용한 자료를 제공하리라 생각하는지를 설명할 수 있다. 또한 연구에서 사용하고자 하는 질적 표본추출방법의 원리나 이론적 근거에 대해서 설명할 수도 있다.

그럼에도 불구하고, 질적 연구계획서가 양적 연구계획서에 비해 쓰기 어렵다는 사실에는 변함이 없다. 양적연구를 선호하는 사람들이 질적 연구계획서를 검토하는 경우, 질적 연구방법에 익숙하지 않은 검토자들이 연구계획서를 충분히 이해하지 못할 수도 있다. 따라서 연구자는 질적 연구자로서의 자신의 전문성과 연구수행 능력을 연구계획서에 밝히는 것이 중요하다. 연구계획서의 모든 부분을 다 잘 쓸 수 있도록 정성을 기울여야 할 것이며, 또한 문헌고찰이 적절한지에 대해서도 신경을 써야 한다(질적 연구계획서의 문헌고찰은 양적연구계획서의 문헌고찰에 비해서 연구비 지원자들에게 "믿을만하다"는 확신을 갖게 하는데 있어서 더 중요한 역할을 하기 때문에 연구자의 전문성을 잘 보여줄 수 있도록 광범위하고 포괄적이어야 한다).

이러한 노력과 함께 연구계획서에 제시된 연구주제에 대해서 사전점검 연구(pilot study)를 실시해보고 시범연구의 내용과 결과를 연구계획서에 부록으로 첨부하여 제출하는 것을 생각해 볼 수 있다. 이를 통해서 연구자는 자신의 연구에 대한 열의와 연구수행 능력을 보여줄 수 있으며, 또한 하고자 하는 연구에서 어떻게 자료를 분석할 것인가를 보여줄 수 있다. 물론, 시범연구의 경험이 연구비를 지원받을 수 있는 가능성을 높여준다는 것은 질적 연구계획서나 양적 연구계획서 모두의 경우에 있어서 사실이라고 하겠다.

이 두 가지 연구계획서 간의 유사점을 너무 무시하거나 혹은 차이점을 너무 강조하고자 하는 것은 아니지만, 질적 연구계획서를 쓰게 될 사람들은 특별한 딜레마를 경험하게 된다는 사실을 인식하는 것이 중요하다. 또한, 연구계획서를 검토하는 사람들이나 연구비 지원기관의 관계자들도 이러한 사실을 인식할 수 있어야 할 것이며, 두 가지 서로 다른 성격의 연구계획서를 평가하는 데 있어서 평가기준을 달리 적용할 수 있어야 할 것이다.

부록 C

연구보고서 작성

연구보고서 작성을 준비할 때가 되었다는 것은 연구자가 이미 연구를 위해 엄청난 시간과 노력을 투자했다는 것을 의미한다. 이 책에서 이제까지 논의했던 모든 과정을 거치면서 연구자가 쏟아 부은 노력을 헛되이 하지 않으려면 연구자는 자신이 연구를 통해 얻은 결과를 다른 사람들에게 잘 알려줄 수 있어야 한다. 이 말은 결국, 좋은 연구보고서는 좋은 영어(또는 각자가 사용하는 언어)를 필요로 한다는 것이다. 사람들에게 "스스로 이야기할 것"을 요구하면 사람들은 아무 말도 하지 않는 경향이 있다. 우리가 지나치게 복잡한 용어나 개념을 사용하면 할수록 의사소통은 더 어려워진다.*

여기서 우리가 해주고자 하는 첫 번째 충고는 William Strunk, Jr.와 White, E. B.가 쓴 짧으면서도 매우 훌륭한 책인 『형식의 구성요소』(*The Elements of Style*)를 반복해서 (약 3개월 정도의 간격을 두고) 읽으라는 것이다. 만일 이 책을 열심히 읽고 책 내용 중 약 10% 정도를 완전히 이해할 수 있게 된다면, 아마도 다른 사람들에게 자신이 말하고자 하는 것이나 연구결과를 좀 더 쉽게 이해시킬 수 있을 것이다.

과학적 연구보고서는 여러 가지 기능을 갖고 있

다. 첫째, 연구보고서는 구체적인 자료와 생각을 독자들에게 전달해야 한다. 연구자는 보고서를 통해서 그러한 구체적인 내용을 명확하게, 그리고 다른 사람들이 평가할 수 있을 정도로 충분히 세부적으로 제시해야 한다. 둘째, 연구자는 연구보고서를 일반적인 과학 지식에 대한 기여로 여겨야 한다. 연구자는 겸손함을 유지하면서도 동시에 자신의 연구보고서를 우리가 가진 사회복지 실천 및 정책에 관한 지식의 양을 늘리는 데 기여하는 것으로 간주해야 한다. 마지막으로, 연구보고서는 더 많은 연구를 이끌어낼 수 있어야 하고 그러한 연구들에 대해서 방향을 제시할 수 있어야 한다.

기본적으로 고려해야 할 사항

이상에서 언급한 일반적인 지침들 이외에도, 연구보고서는 여러 가지 다른 목적을 가지고 있다. 어떤 보고서는 특정 목적을 위해서는 매우 적합하지만 다른 목적을 위해서는 전혀 적합하지 않을 수 있다. 이제 이와 관련해서 고려해야 할 몇 가지 기본적인 사항들에 대해서 살펴보기로 하자.

독자

연구보고서의 초안을 만들기 전에 보고서를 읽

---

* 4판 (New York: Macmillan, 1979). 글쓰기에 관한 또 한 권의 좋은 책은 H. W. Fowler, *A Dictionary of Modern English Usage* (New York: Oxford University Press, 1998)이다.

게 될 사람이 누구인지를 생각해봐야 한다. 일반적으로 전문 연구자와 일반 독자는 구분해야 한다. 전문 연구자들을 위해 보고서를 쓰는 경우, 그들이 어느 정도의 지식을 가지고 있다는 것을 염두에 두고 모든 것을 구체적으로 설명하기보다는 중요한 사항들만 요약하여 제시할 수 있다. 또한 일반 독자들을 대상으로 할 때보다 좀 더 기술적인 용어들을 사용할 수 있다.

동시에, 다른 모든 학문 분야와 마찬가지로 사회복지학 또한 매우 다양하다는 것을 기억해야 한다. 동료 연구자들 가운데 어떤 사람들에게는 친숙한 용어나 가정 또는 특별한 기술이 다른 동료 연구자들에게는 너무도 생소한 것일 수 있다. 예를 들어, 인지-행동적 개입에 관한 연구를 그러한 개입에 대해서 익숙하지 않은 동료 연구자들에게 보고해야 한다면, 인지-행동적 개입을 전문으로 하는 사회복지사들에게 설명할 때보다 훨씬 더 자세하게 선행 연구결과들을 설명해야 한다.

마찬가지로, 독자들의 연구 관련 전문성과 전문 역할에 따라 어떤 식으로 연구결과를 보고할 것인지를 결정해야 한다. 예를 들어, 연구설계의 기본 논리나 자료분석 과정을 어떻게 설명할지는 독자들이 주로 연구자인지, 행정가인지, 아니면 일선 현장의 실천가인지에 따라 달라져야 한다. 만일 주된 독자들이 연구자라면, 기술적인 조사연구 관련 용어의 의미를 설명해야 하거나 그러한 용어의 사용을 자제해야 할 필요성은 매우 줄어든다. 만일 주된 독자들이 행정가 또는 연구 관련 경험이 그다지 많지 않은 다른 실천가들이라면, 용어 사용을 가능한 한 단순화해야 하며 불가피하게 기술적인 용어를 사용하게 될 경우 용어의 의미를 설명해야 한다. 또한 행정가나 다른 실천가들은 요약문, 단순한 그림이나 그래프를 이용한 가시적인 보고 내용 그리고 연구방법에 관한 자세한 설명이 아닌 실천적 함의에 더 관심이 있다는 것을 기억해두어야 한다.

연구보고서의 형식과 길이

종종 연구자는 연구비 지원기관을 위해 보고서를 준비해야 한다. 이러한 목적에서 작성하는 보고서의 길이는 천차만별이다. 이러한 목적에서 보고서를 준비할 때, 연구자는 보고서의 독자가 누가 될지(전문가인지 아니면 일반인인지)와 연구비 지원기관이 애초에 연구비를 지원한 이유를 염두에 두어야 한다.

연구보고서의 목적

이 책의 앞부분에서 우리는 사회복지 조사연구의 여러 가지 목적에 대해서 살펴본 바 있다. 연구보고서를 준비하면서 연구자는 그러한 목적들을 염두에 두어야 한다.

어떤 보고서들은 주로 연구주제에 대한 탐색에 초점을 둘 수 있다. 그러한 보고서의 결론은 실험적이고 불완전할 수 있다. 연구자는 독자들에게 연구가 가진 탐색적 목적을 분명하게 밝히고, 연구가 가진 단점이 무엇인지를 서술해야 한다. 탐색적 연구보고서는 연구주제에 관한 보다 나은 연구가 되기 위해 나아가야 할 방향을 제시하는 기능을 한다.

대부분의 연구보고서는 연구가 가진 기술적인 목적에 해당하는 기술적 요소를 가지고 있다. 연구자는 표본에만 해당되는 기술과 모집단에 해당되는 기술을 분명하게 구분해야 한다. 만일 추론적 기술을 할 경우, 연구자는 독자들에게 그러한 추론적 기술이 가지고 있을 수 있는 오차가 어느 정도인지를 가늠할 수 있게 해주어야 한다.

많은 경우, 연구보고서들은 변수들 간의 인과관계를 밝히려는 설명적 목적을 갖는다. 주된 독자가 누구인가에 따라 연구자는 독자들에게 자신의 결론과 계산의 근거를 어떤 규칙에 준하여 설명하는지를 말해주어야 한다. 또한 기술적 목적의 경우와 마찬가지로, 연구자는 독자들에게 연구자가 제시한 결론의 확실성이 상대적임을 밝혀야 한다.

연구 목적이 무엇이든지 간에 모든 사회복지 연구 프로젝트는 반드시 사회복지 실천과 정책에 도움이 되는 유용한 정보를 제공한다는 목적을 가져야 한다. 따라서 연구보고서에는 어떤 구체적인 행동에 관한 함의가 반드시 포함되어 있어야 한다. 또한 연구자가 제안하는 사항들은 자료에 의해서 뒷받침되어야 한다. 따라서 실증적 자료로부터 어떤 행동을 제안할 때는 그렇게 할 수 있는 논리적 근거를 분명하게 밝혀야 한다.

표절 방지

연구보고서에서 다른 사람의 연구결과를 보고할 때는 누가 무엇을 말했는지를 분명하게 밝혀야 한다. 다시 말하면 표절, 즉 다른 사람의 말과 생각을 훔쳐다가 마치 자신의 말과 생각인 것처럼 보고하지 말아야 한다. 표절은 학생들 사이에서 일반적이기도 하지만 때로는 불분명한 문제이기도 하다. 따라서 표절에 대해서 한 번 생각해볼 필요가 있다. 표절에 관한 기본적인 규칙은 다음과 같다.

다른 사람이 사용한 말을 인용부호를 사용하지 않거나 독자들이 원래 자료에서 연구자가 인용한 부분을 찾는 데 필요한 인용문의 출처를 밝히지 않고 사용해서는 안 된다. 일반적인 규칙은 인용 표시 없이 다른 사람의 말을 여덟 단어 이상 사용하는 것은 연방저작권법에 위배되는 행위이다.

다른 사람의 말을 편집하거나 달리 표현하는 식으로 수정한 다음에 자기 자신의 것처럼 보고하는 것도 용납될 수 없는 행동이다. 마지막으로, 다른 사람의 생각을 —설령 그러한 생각을 완전히 다른 말로 표현하더라도— 마치 자신의 것처럼 보고하는 것 또한 절대로 용납되지 않는다.

다음의 예를 통해서 다른 사람의 말이나 글을 사용할 때 해도 되는 것과 해서는 안 되는 것이 무엇인지를 분명하게 구분해보기 바란다.

원문

성장 법칙

체계라는 것은 마치 어린아이와 같다. 일단 무엇인가를 얻고 나면 그 것을 항상 가지고 있으려 한다. 체계는 소멸되지 않는다. 오히려 체계는 놀랄만한 정도의 지속성을 가지고 있다. 체계는 지속할 뿐만 아니라 성장한다. 또한 체계는 성장하면서 다른 것들을 잠식한다. 체계의 성장 잠재력은 Parkinson에 의해서 실험적으로 그리고 예비적으로 탐구되었다. 그에 따르면, 행정체계는 무엇을 하든지 간에 매년 평균 5~6%의 성장을 유지한다고 한다. Parkinson의 주장은 그의 연구결과에 근거해볼 때 옳다고 볼 수 있으며, 이처럼 중요한 주제에 대한 어려운 연구를 시작한 그의 공로를 전적으로 인정해야 한다. 이제 우리는 그가 인식하지 못했던, 파킨슨의 법칙과 유사한 일반 체계 이론을 발표하고자 한다.

체계 그 자체는 매년 5~6% 성장하는 경향이 있다.

이 법칙은 가장 일반적인 가능한 형성이론, 즉 체계 우주론의 빅뱅이론에 대해서도 예비적인 것이다.

체계는 우리가 알고 있는 우주를 채우기 위해 팽창하는 경향이 있다.

(GALL, 1975:12-14)

이번에는 기말보고서를 작성하면서 Gall의 글을 사용한 몇 가지 적절한 사용의 예를 살펴보기로 하자.

적절한 사용: John Gall은 자신의 책 *Systemantics*에서 체계와 어린아이를 재미있게 비교하고 있다: "체계는 마치 어린아이와 같다. 일단 무엇인가를 얻고 나면 그것을 항상 가지고 있으려 한다. 체계는 소멸되지 않는다. 오히려 체계는 가장 놀랄만한 정도의 지속성을 가지고 있다. 체계는 지속할 뿐만 아니라 성장한다."*

---

* John Gall, Systemantics: *How Systems Work and*

적절한 사용: John Gall은 체계가 어린아이와 같다고 경고한다. 체계를 만들면 그 체계는 사라지지 않는다. 더 큰 문제는, 갈에 따르면, 체계는 점점 더 커진다는 것이다.*

적절한 사용: 체계는 지속하고자 하고, 심지어는 성장하고 잠식하려는 자연스러운 성향을 갖는다는 주장 또한 제기되어 왔다(Gall, 1975:12).

앞의 세 가지 예 중에서 마지막 예의 경우, 연구자는 본 저자들이 이 책에서 하고 있는 것처럼 참고문헌에 인용문의 완전한 출처를 밝혀야 한다. 첫 번째와 두 번째 예에서처럼 완벽한 인용구나 미주를 사용해도 된다. 인용 사실이나 참고문헌을 어떤 식으로 표기해야 하는지를 알아보려면 여러 기관들이 발행한 매뉴얼, 예컨대, NASW 또는 Chicago Manual of Style 등을 참조하기 바란다.

다음은 동일한 Gall의 글을 부적절하게 사용한 예로서 이러한 예들은 공통적인 오류를 가지고 있다.

부적절한 사용: 이 논문에서 나는 우리가 조직 내에 만들어 놓은 사회적 체계의 몇 가지 특성을 살펴보고자 한다. 첫째, 체계는 어린아이와 같다. 일단 무엇인가를 얻으면 항상 가지고 있고자 한다. 체계는 사라지지 않는다. 오히려 체계는 놀랄만한 정도의 지속성을 보여준다. 체계는 지속할 뿐만 아니라 성장한다. [인용부호와 완전한 출처를 밝히지 않고 다른 사람의 글을 그대로 인용하는 것은 용납될 수 없는 행위이다.]

부적절한 사용: 이 논문에서 우리가 조직 내에 만든 사회적 체계의 몇 가지 특성을 살펴보고자 한다. 첫째, 체계는 상당히 어린아이들과 같다. 일단 무엇인가를 얻으면 그것은 자신의 것이라고 생각한다. 체계는 없어지지 않는다. 체계는 지속한다. 체계는 지속할 뿐만 아니라 사실은 성장한

다. [다른 사람의 글을 편집하여 자신의 것처럼 제시하는 것은 부적절한 행위이다.]

부적절한 사용: 이 글에서 나는 우리가 조직 내에 만든 사회적 체계의 몇 가지 특성을 살펴보고자 한다. 내가 알게 된 한 가지 특성은 일단 어떤 체계가 만들어지고 나면 체계는 절대로 없어지지 않는다는 것이다. 사실은 그 반대인 것 같다. 체계는 성장하는 경향이 있다. 그런 특성을 보면 체계는 어린아이와 아주 비슷하다고 할 수 있다. [다른 사람의 생각을 달리 표현하여 마치 자신의 것처럼 제시하는 것은 부적절한 행위이다.]

앞의 세 개 예는 모두 표절이며 매우 심각한 범법행위이다. 물론, 어떤 "회색 지대"가 존재하는 것은 사실이다. 어떤 생각은 어느 한 개인의 "전유물"이라기보다는 어느 정도 공공의 영역에 속할 수 있다. 또한 자신이 어떤 생각에 이르게 되었으나 그 생각을 이미 다른 사람이 글로 표현해 놓았을 수도 있다. 만일 어떤 구체적인 상황에 관하여 의문을 갖게 된다면, 담당 교수와 미리 상의할 것을 권하고자 한다.

이상에서 우리는 표절에 대해서 구체적으로 살펴보았는데 왜냐하면, 물론 연구자는 자신의 연구를 사람들의 생각과 말이라는 맥락 속에 위치하게 하는 것이 중요하지만, 다른 사람들의 생각이나 글을 부적절하게 사용하는 것은 심각한 범법 행위이기 때문이다. 표절을 방지하는 방법을 배우는 것은 학자들에게 있어서는 "성인"이 되어가는 과정의 일부라고 할 수 있다.

연구보고서의 구성

연구보고서의 구성은 보고서의 형식과 목적에 따라 어느 정도 다를 수 있으나 연구자료를 제시하는 일반적인 양식을 알아두는 것은 도움이 된다. 이하의 논의 내용은 학술 논문에 가장 잘 적용되는 내용이기는 하지만, 약간 변형하면 대부분의 연구

Especially How They Fail, New York: Quadrangle, 1975, pp. 12-14.

* John Gall, Systemantics: *How Systems Work and Especially How They Fail*, New York: Quadrangle, 1975, pp. 12.

보고서에 적용할 수 있는 내용이다.

제목

보고서의 제목은 보고서의 주된 내용을 반영해야 한다. 그러나 보고서의 제목을 결정하는 것은 쉬운 일이 아니다. 제목은 독자들에게 충분한 정보를 제공할 수 있으면서 동시에 너무 길지 않아야 한다. 만일 제목이 12단어보다 길다면 짧게 하는 것이 바람직하다. 만일 부제(subtitle)가 있다면 약간 길어질 수도 있지만 그렇더라도 제목은 짧고 간결할수록 좋다.

연구보고서의 제목은 할 수만 있다면 독자들의 관심을 자극하게 정할 수도 있다. 흥미로운 제목을 단다는 것이 좋은 방법일 수 있으나 지나친 것은 바람직하지 않다. 독자들로 하여금 연구자가 사람들의 관심을 끌기 위해서 자신의 연구보고서에 오해의 소지가 있는 학술적이지 않은 제목을 붙였다는 생각을 하게 해서는 안 된다.

연구자는 자신이 염두에 두고 있는 독자들이 연구자가 선택한 논문 제목으로 인해 영향을 받을 수 있다는 것을 알아둘 필요가 있다. 가장 안전한 방법은, 여러 개의 제목을 만든 다음 동료 연구자나 공동연구자의 의견과 반응을 들어 보는 것이다. 그러한 의견을 바탕으로 이미 만들어 놓은 제목을 그대로 사용할 수도 있고 필요하다면 문구를 다소 수정하여 사용할 수도 있다.

초록

제목이 명시된 쪽(물론, 여기에는 제목뿐만 아니라 모든 저자의 이름, 학위, 소속기관명 등등이 명시되어야 한다) 바로 뒤에는 일반적으로 연구보고서의 내용을 간략하게 요약하여 정리한 초록(abstract)을 별도의 쪽으로 만들어 첨부한다. 학술지마다 초록의 길이에 대한 규정은 다르나, 대부분의 경우 75 단어에서 150 단어 사이에서 길이를 제한하고 있다. 일반적으로 초록은 연구의 목적을 밝히는 첫 문장으로 시작한다. 그 다음 한두 문장으로는 연구 설계와 방법을 설명한다. 뒤이어서 역시 한두 문장 정도로 연구의 주된 결과가 무엇인지를 설명한 다음 연구결과의 함의를 간략하게 언급한다. 다음은 초록의 예이다:

약물남용과 정신질환 문제를 함께 가지고 있는 이중진단자들을 위한 두 개의 치료 프로그램인 일반 약물의존 입원치료와 심리·교육적 집단치료 개입의 효과를 비교 검증하기 위해서 무작위 실험 설계 연구를 실시하였다. 이를 위해 100명의 클라이언트를 무작위로 실험집단과 통제집단에 배정하였다. 결과변수로는 약물 및 알코올 사용, 감금 일수, 정신과적 증상, 정신과 입원횟수를 측정하였다. 연구결과, 어떤 결과변수에서도 이렇다할만한 치료효과를 발견할 수 없었다. 집단치료 개입은 일반 입원치료의 효과를 증진시키지 않는 것으로 나타났다. 본 연구에서 검증한 치료 개입보다 더 효과적인 대안적 치료 접근방법을 개발하고 평가하는 노력이 실천가들 사이에서 지속적으로 이루어져야 할 것이라 생각된다.

서론과 문헌고찰

연구보고서에서 본격적인 논의는 연구자가 연구한 문제의 배경이 무엇인지를 설명하는 서론에서부터 시작되어야 한다. 이 부분은 연구자가 연구계획서에 제시했던 문제와 목적 그리고 문헌고찰 부분과 유사해야 한다. 예를 들면, 이 부분에서 연구자는 문제의 범위, 연구의 목적과 필요성, 그리고 연구의 중요성 등을 언급해야 한다. 이 부분에서는 또한 선행연구들을 가능한 한 간략하게, 그러면서도 독자들이 연구주제를 이해하는 데 충분한 정보를 얻을 수 있고 연구자가 기존의 연구라는 토대 위에서 연구를 하고자 한다는 것을 느낄 수 있을 정도로 요약·정리하여 제시해야 한다. 이러한 모든 내용들(문제제기, 문헌고찰, 목적, 가설)은 주로 "서론"이라는 하위제목 아래 정리되어 제시된다. 물론 서론의 내용을 더 세분화하여 "문헌고찰"이나 "가설"이라는 하위제목으로 나누어 제시할 수도 있다. 중요한 것은 몇 개의 하위제목을 갖는가가 아니라 서론 부분에 제시된 내용들이 독자들에게 연구의 목적과 필요성이 무엇이고, 이 연구가 왜 시의적절하고 중요한지, 그리고 이 연구가 어떻게 기존의 연구들을 토대로 기존의 연구들과 연결되어 있는지를 얼마나 분명하게 이해할 수 있게 해주는가이다.

문헌고찰을 통해서 연구자는 독자들에게 연구주제와 관련된 최근 동향과 선행연구들 간에 의견이 일치하는 부분은 어떤 것이고 의견이 일치되지 않는 부분은 어떤 것인지를 알려줘야 한다. 어떤 이론이 자신의 연구주제와 관련이 있으며 그 내용은 무엇인가? 선행연구에는 어떤 것들이 있는가? 선행연구들이 일관성 있는 결론을 내고 있는가 아니면 불일치하는 면이 있는가? 기존 연구에 공통적으로 어떤 방법론상의 문제점이 있는가? 그런 문제점들은 개선될 수 있는 것들인가? 이제까지 받아들여져 왔던 기존의 생각에 대해서 의문을 제기하고자 한다면 그러한 생각이 받아들여지게 만든 중요한 연구들을 꼼꼼히 검토하면서 이제까지 고려된 적이 없는 요인이나 어떤 논리적 오류들이 존재하는지를 살펴봐야 한다. 예를 들어, 선행연구들 간에 일치하지 않는 부분이 존재하며 어느 쪽이 옳은지를 알아보고자 한다면, 한 가지 관점을 지지하는 연구들을 제시하고 그와 반대되는 관점을 지지하는 연구들을 제시한 다음 불일치의 원인까지도 제시해주어야 한다.

연구계획서를 준비하면서 하는 문헌고찰과 마찬가지로 연구자는 다음의 사항들을 신경 써야 한다.

- 자신의 연구가 기존 연구들과 어떤 관련성이 있고 자신의 연구에서 무엇을 더 연구하고자 하는

지 제시한다.
- 기존 연구들이 자신이 하려는 연구에 어떤 영향을 줄 수 있는지 제시한다.
- 기존 연구들을 불필요할 정도로 자세하고 무미건조하게 인용하는 것은 —특히, 기존 연구의 양이 많을 때는— 지양한다. 관련 문헌이나 연구가 너무 많을 때는 소위 "고전"이라고 여겨지는, 반드시 포함되어야 할 것들을 빠뜨리지 않도록 한다.
- 독자들에게 연구주제가 무엇인지를 알려주기에 부족함이 없을 정도로 자세하게 문헌고찰결과를 제시하되, 그 내용이 지겹게 느껴지지 않을 정도로 충분히 간결해야 한다.
- 다수의 연구들이 유사한 결과를 보고하는 경우는 모든 연구들을 각각 제시하기 보다는 공통적인 연구결과들을 제시해주고 각 연구의 저자와 년도를 괄호 안에 밝혀준다.

만일 자신의 연구와 직접적으로 관련이 있는 선행연구를 찾는 것이 어렵다면 간접적으로 관련이 있는 문헌이나 연구를 찾아야 한다. 예들 들어, 정신장애인을 위한 사례관리의 효과에 관한 연구를 찾을 수 없다면 지체장애나 발달장애와 같은 다른 대상 집단을 위한 사례관리 서비스 효과에 관한 연구를 찾아보아야 한다.

연구방법

이제까지 이 책의 거의 모든 장에서 논의했던 바와 같이, 어떤 연구를 통해 얻은 연구결과의 가치는 그 연구의 설계와 자료수집 과정이 얼마나 타당한가에 달려 있다. 독자들은 연구의 방법론적 설계와 연구 과정에 대해서 구체적으로 알기 원하며, 그러한 정보를 바탕으로 연구결과의 가치를 판단하고 그러한 연구결과를 활용할 것인지를 결정한다. 연구자는 독자들에게 연구방법과 관련된 충분히 자

세한 정보를 제공함으로써 독자들로 하여금 연구자가 무엇을 어떻게 연구한 것인지를 이해할 수 있고 동일한 연구를 반복해볼 수 있게 해주어야 한다.

어떤 연구에서는 연구방법 부분이 연구자가 설정한 가설과 변수가 무엇인지를 밝히는 것으로 시작되기도 한다. 또 어떤 연구에서는 이전 부분과 관련된 정보를 제공하면서, 연구자가 가진 기본적인 개념틀이 어떻게 선행연구들로 도출되었는지를 밝히기도 한다. 어느 경우가 되었든지 간에, 연구자는 연구방법 부분에서 각각의 변수를 어떻게 측정하였는지를 구체적으로 밝히고 독자들이 측정 과정의 신뢰성과 타당성에 대해 확신을 갖기에 충분할 만큼의 정보를 제공해야 한다. 물론, 자료수집 과정, 인과관계에 대한 논리적 근거(만일 이것이 연구의 목적이라면) 및 표본추출 과정에 대해서도 마찬가지로 구체적이고 자세한 설명을 제공해야 한다.

결과

자신의 연구를 선행연구들의 관점이라는 맥락 속에 위치하게 하고 연구계획과 실행방법을 설명하고 나면, 연구자는 자료를 소개해야 한다. 자료분석을 제시할 때에는 가능한 한 자세한 내용을 혼란스럽지 않게 제시해야 한다. 이를 위해서 연구자는 다음의 지침과 자신이 연구결과 부분에서 제시하는 내용을 지속적으로 비교해볼 수 있어야 한다.

양적 자료를 사용한 경우, 자료를 제시하여 독자들이 분석해볼 수 있게 한다. 자세하고 구체적인 내용을 제시해야 한다. 만일 질적 연구를 했다면, 연구자는 독자들이 마치 연구자와 함께 면접을 한다는 느낌이 들 정도로 자세한 내용을 제시해야만 한다. 연구자의 해석을 뒷받침하는 자료만을 제시하는 것으로는 충분하지 않다. 연구자는 자신의 이해 방식과 대립되는 자료 또한 제시해야 한다. 궁극적으로 말하면, 연구자는 자신이 내린 결론과 다른 결론을 독자들이 내릴 수 있을 만큼 충분한 정보를 제시해야 한다 —물론, 연구자는 자신의 결론이 가장 타당한 결론이기를 바랄 것이다. 사실, 독자들은 연구자가 보고한 연구를, 그 연구가 노숙자들에 대한 참여관찰 연구이든, 학대아동을 위한 개입의 효과성을 알아보기 위한 실험 설계 평가 연구이든, 아니면 그 밖의 다른 어떤 연구이든 상관없이 실제로 자신이 한 번 수행해 볼 수 있는 위치에 있어야 한다. 과학이 가지고 있어야 할 필수적인 규범 가운데 하나가 바로 재연 가능성이라는 것을 기억할 수 있기 바란다. 단 한 번의 연구를 통해서 입증할 수 있는 것은 아무것도 없다. 무엇인가를 입증하기 위한 노력의 첫 걸음은 많은 연구를 계속해서 해보는 것이다.

표, 도표, 그림 무엇이든 연구보고서의 내용에 포함시켜야 하며, 가능한 한 해당 사항을 논의하고 있는 부분과 가까운 부분에 제시한다. 일반적으로는 (1) 표를 제시하는 목적을 분명히 밝히고, (2) 표를 제시한 다음, (3) 표의 내용을 검토하고 해석하는 것이 바람직하다.

연구결과의 함의에 대한 해석은 연구결과에 뒤이어 제시되는 논의 부분에서 하는 것이 좋다. 연구결과 부분에서의 해석은 자료의 기술적 의미와 사실적 의미가 무엇인지를 서술하는 정도로 제한하는 것이 좋다. 예를 들어, 연구자가 최근에 소개된 매우 복잡한 자료분석기법을 사용했다고 가정해보자. 또한 배우자 학대자들을 위한 개입이 가해자의 자기보고에 따르면 효과적이지만, 피해자의 보고에 따르면 효과적이지 않은 것으로 나타났다고 가정해보자. 연구결과 부분에서는 이러한 차이가 존재한다는 사실만을 밝히고 그러한 차이에 대한 설명은 논의 부분에서 하기로 미뤄둘 수 있다. 이와 반대로, 만일 연구자가 자료제시, 자료처리 및 분석 그리고 해석 모두를 하나로 종합하여 제시한다면, 연구보고서를 좀 더 읽기 쉽게 만들 수도 있다. 즉, 이런 모든 내용을 "결과"와 "논의"라는 두 부분으로 나누어 제시하지 말고 "연구결과"라는 하나의 부분에서 모두 제시할 수도 있다. 연구 결과 부분에서, 연구자는 자료분석의 모든 단계를 결과를 처음 보고하는 바로 그 시점에서 설명하고, 관련된 자료를 제시하고, 결과를 해석함과 동시에 그러한 결과가 그 다음에는 어디로 이어지는지를 설명해야 한다.

논의 및 결론

연구보고서의 서술 부분은 구체적인 결론을 이끌어 내고, 결론에 근거한 함의를 도출하고, 연구가 가진 방법론적 한계를 밝힌 다음, 후속연구를 위해 제안을 하는 부분이다.

많은 연구들이 한 가지 이상의 방식으로 해석될 수 있는 연구결과를 갖는다. 연구자가 내린 가장 적절하다고 판단되는 해석과 결론에 대해서 누구나 이견을 제시할 수 있다. 연구자는 자신의 자료를 바탕으로 내릴 수 있는 모든 가능한 대안적 해석들이 무엇이지를 알아야 하며, 그러한 대안적 해석들 가운데 어떤 것이 가장 설득력이 있는지 그리고 그 이유는 무엇인지를 밝혀야 한다. 이는 단순히 편집을 잘해야 한다는 것을 의미하는 것이 아니다. 연구자가 내린 결론은 자료에 의해서 뒷받침되어야 한다. 연구자는 각각의 결론에 대한 근거가 무엇인지를 구체적으로 밝혀야 한다. 그렇지 않을 경우, 연구자는 아무런 근거도 없는 결론을 받아들이도록 독자들을 내몰게 된다. 또한 독자들에게 각각의 결론을 평가하는 데 필요한 방법론적 제한점을 포함한 모든 조건과 가정이 무엇인지를 설명해야 한다. 연구가 갖는 제한점과 결론의 불완전성을 가장 잘 아는 사람은 바로 연구자이며, 연구자는 자신이 가진 그러한 지식을 독자들에게 줄 수 있어야 한다.

연구자는 자신이 내린 결론에 근거하여 사회복지 실천과 정책을 위한 함의를 도출해야 한다. 어떤 연구들은 사회복지교육을 위한 함의를 제시하기도 한다. 연구자는 또한 연구결과로부터 얻게 된 새로운 질문과 자신이 연구를 진행하는 과정에서 접하게 된 실제적 혹은 방법론적 문제를 바탕으로 후속연구를 위한 함의를 제시해야 한다.

연구보고서의 맨 끝부분에서 연구자는 자신이 독자들에게 했던 말을 다시 한 번 할 수 있다. 연구보고서를 요약할 때에는 모든 것을 구체적으로 다시 검토하는 것이 아니라, 중요한 사항들만 선택하여 그러한 사항들이 갖는 일반적 중요성을 한 번 더 지적하는 것이 바람직하다.

참고문헌과 부록

결론 부분에 바로 뒤이어서 제시되어야 하는 부분은 연구보고서에서 인용한 참고문헌들의 목록이다. 일반적으로 보고서의 본문 내용에 인용표시를 할 때는 저자의 성(last name)과 연도를 제시한다. 연구자는 보고서 맨 뒤에 오는 참고문헌 부분에 자신이 인용한 문헌에 대한 완전한 인용주를 밝히되, 주저자의 성의 알파벳 순서를 기준으로 문헌을 차례대로 나열한다. 참고문헌을 제시하는 또 한 가지 방법은 각각의 인용 부분에 1과 같은 식으로 번호를 매긴 다음, 보고서 맨 뒤의 참고문헌 부분에 각각의 인용부분에 해당하는 완전한 인용주를 밝히는 것이다. 이때 문헌을 나열하는 순서는 인용 부분에 붙인 번호가 빠른 것부터, 즉 본문 내용에서 먼저 나오는 것부터 먼저 제시한다.

어떤 방식으로 참고문헌을 제시할 것인지는 연구자가 논문을 게재하고자 하는 학술지가 어떤 방식을 요구하는가에 달려 있지만, 일반적으로는 앞의 방식이 더 널리 사용되므로 앞의 방식을 따라 참고문헌을 제시하는 것이 더 바람직하다고 하겠다. 만일 본문의 일부로 제시하지 않는 것이 더 낫다고 판단한 표, 그림 또는 그래프 등이 있다면 참고문헌에 바로 뒤이어서, 다른 부록을 제시하기 전에 그러한 것들을 제시해야 한다.

질적 연구보고서 작성 시 추가로 고려 해야 할 사항

연구보고서 작성에 관하여 이제까지 논의한 내용들 가운데 대부분은 양적 연구와 질적 연구 모두에 해당되는 내용이었다. 그러나 우리는 여러 차례에 걸쳐서 질적 연구보고서가 양적 연구보고서와 다를 수 있다는 것을 언급한 바 있다. 이제 질적 연구보고서에만 적용되는 몇 가지 추가적인 사항들(Neuman(2000)이 제시한)에 대해서 살펴보기로 하자.

질적 연구는 양적 연구와 달리 현상에 대한 심층적이고 감정이입적인 이해를 목적으로 하며, 질적 연구에서 수집하는 자료는 양적 연구에 비해 축약하기가 훨씬 어렵기 때문에 질적 연구의 보고서는 양적 연구의 보고서보다 일반적으로 긴 경향이 있다. 예를 들어, 표본자료를 통계량으로 요약하여 제시하는 양적연구와 달리, 질적연구에서는 많은 분량의 인용문을 제시한다. 때로는 사진을 제시하기도 하고 연구자가 관찰한 사람이나 상황에 대한 매우 구체적이고 자세한 서술을 제시하기도 한다. 질적 연구의 경우, 보다 덜 구조화되고 덜 표준화된 그리고 때로는 독특하기까지 한 자료수집방법을 서술하고 정당화해야 하기 때문에 보고서의 길이는 양적연구에 비해 길어지게 된다. 또한 질적 연구를 통해 새로운 개념이나 이론이 발달하는 과정을 설명하기 위해서도 질적 연구보고서는 양적 연구보고서에 비해 더 많은 지면을 필요로 한다. 역사연구나 비교연구의 경우, 각각의 결론에 해당하는 증거와 출처를 밝혀야 하기 때문에 인용주를 매우 자세하게 작성해야 한다. 이러한 사항들을 고려해 볼 때, 양적 연구보고서에 익숙해져 있는 대부분의 학술지들이 설정해 놓은 논문의 분량에 맞게 질적 연구보고서를 작성하기란 매우 어렵다는 것을 알 수 있다. 따라서 질적 연구보고서는 질적 연구를 주로 다루는, 학술지명에 "질적"이라는 말

이 들어가는 학술지를 통해 발표하는 것이 바람직하다. 질적 연구자들은 또한 자신의 연구결과를 종종 책의 형태로 발표한다.

양적 연구보고서가 공식적이고 간결한 문체로 쓰이는 것과 대조적으로, 질적 연구보고서에서 연구자는 연구 대상에 대한 심층적이고 감정이입적이고 주관적인(마치 우리가 그 사람들의 입장이 된 것 같은 느낌이 들 정도로) 이해를 독자들에게 전달하기 위해서 창의적이고 다양한 문장 스타일을 사용하여 보고서를 작성한다. 물론 그렇다고 해서 어떤 식으로 글을 쓰든 상관이 없다는 것은 결코 아니다. 앞서 언급했던 것과 같이, 질적 연구의 결론은 충분한 자료에 의해서 뒷받침 되어야 한다. 비록 질적 연구의 경우가 보고서의 형식이나 구성에 있어서 좀 더 융통성을 가질 수 있는 것은 사실이지만, 질적 연구의 모든 결론은 납득할만한 방법을 통해 수집된 충분한 양의 근거자료에 의해서 뒷받침 되어야 한다.

이제 앞서 언급했던 내용을 다시 한번 언급하면서 결론을 맺기로 하겠다. 연구 보고서는 가장 좋은 스타일로 쓰여져야 한다. 어떤 사람들은 다른 사람들보다 글을 명료하고 매끄럽게 쓰는 것이 쉬운 일이지만, 일반적으로는 글을 잘 쓰는 것은 매우 어려운 일이다. 따라서 우리는 다시 한 번 Strunk와 White의 책을 권하고자 한다. 다음과 같은 과정을 따른다면 모든 연구자가 글을 잘 쓸 수 있게 될 것이다: 글을 쓴다. Strunk와 White가 쓴 책을 읽는다. 글을 고친다. Strunk와 White의 책을 다시 읽는다. 글을 다시 고친다. 만일 연구자가 자신이 작성한 연구보고서가 만족스럽다고 느껴지거든 연구보고서를 동료 연구자에게 보여주고 논평을 부탁한 다음 그들의 논평을 바탕으로 보고서를 고쳐보기 바란다. 물론, 이는 많은 시간과 노력을 필요로 하는 작업이다. 그러나 과학 또한 마찬가지이다.

아무리 완벽하게 계획되고, 신중을 기해 실행되

고, 훌륭하게 분석된 연구라고 할지라도 연구를 통해 얻은 결과를 다른 사람들에게 알리지 않는다면 그 연구는 아무런 가치가 없는 연구가 되어버리고 만다. 이제까지 우리는 연구결과를 사람들에게 알리는 데 도움이 되는 몇 가지 지침을 제시했다. 가장 중요한 지침은 논리적이어야 한다는 것, 명료해야 한다는 것 그리고 정직해야 한다는 것이다. 더 궁극적으로는 연구보고서를 실제로 작성해보는 것이 가장 좋은 방법이다.

추천도서

Birchfield, R. W. (1998). *The New Fowler's Modern English Usage*, 3rd ed. New York: Oxford University Press. 이 책은 1926년에 처음 출판된 이후 오늘날까지 "적절한" 영어를 알고자 하는 사람들을 위한 주된 자료원으로 활용되어 왔다. 이 책의 4판은 책 제목 그대로 "현대" 영어의 사용예를 보여주고 있다.

Strunk, William, Jr., and E. B. White. (1999). *The Elements of Style*, 4th ed. New York: Macmillan. 별로 두껍지도 않은 이 훌륭한 책은 문법과 철자에 대한 구체적인 지침을 제공해준다. 그러나 이 책의 진가는 이 책이 독자들에게 좋은 글쓰기를 위한 영감을 제공해준다는 것이다.

Walker, Janice R., and Todd Taylor. (1998). The *Columbia Guide to Online Style*. New York: Columbia University Press. 이 책은 학술적 보고서에 웹자료를 어떻게 인용하는지에 관한 지침을 제시해주는 책이다.

부록 D

난수표

10480	15011	01536	02011	81647	91646	69179	14194	62590	36207	20969	99570	91291	90700
22368	46573	25595	85393	30995	89198	27982	53402	93965	34095	52666	19174	39615	99505
24130	48360	22527	97265	76393	64809	15179	24830	49340	32081	30680	19655	63348	58629
42167	93093	06243	61680	07856	16376	39440	53537	71341	57004	00849	74917	97758	16379
37570	39975	81837	16656	06121	91782	60468	81305	49684	60672	14110	06927	01263	54613
77921	06907	11008	42751	27756	53498	18602	70659	90655	15053	21916	81825	44394	42880
99562	72905	56420	69994	98872	31016	71194	18738	44013	48840	63213	21069	10634	12952
96301	91977	05463	07972	18876	20922	94595	56869	69014	60045	18425	84903	42508	32307
89579	14342	63661	10281	17453	18103	57740	84378	25331	12566	58678	44947	05585	56941
85475	36857	53342	53988	53060	59533	38867	62300	08158	17983	16439	11458	18593	64952
28918	69578	88231	33276	70997	79936	56865	05859	90106	31595	01547	85590	91610	78188
63553	40961	48235	03427	49626	69445	18663	72695	52180	20847	12234	90511	33703	90322
09429	93969	52636	92737	88974	33488	36320	17617	30015	08272	84115	27156	30613	74952
10365	61129	87529	85689	48237	52267	67689	93394	01511	26358	85104	20285	29975	89868
07119	97336	71048	08178	77233	13916	47564	81056	97735	85977	29372	74461	28551	90707
51085	12765	51821	51259	77452	16308	60756	92144	49442	53900	70960	63990	75601	40719
02368	21382	52404	60268	89368	19885	55322	44819	01188	65255	64835	44919	05944	55157
01011	54092	33362	94904	31273	04146	18594	29852	71585	85030	51132	01915	92747	64951
52162	53916	46369	58586	23216	14513	83149	98736	23495	64350	94738	17752	35156	35749
07056	97628	33787	09998	42698	06691	76988	13602	51851	46104	88916	19509	25625	58104

48663	91245	85828	14346	09172	30168	90229	04734	59193	22178	30421	61666	99904	32812
54164	58492	22421	74103	47070	25306	76468	26384	58151	06646	21524	15227	96909	44592
32639	32363	05597	24200	13363	38005	94342	28728	35806	06912	17012	64161	18296	22851
29334	27001	87637	87308	58731	00256	45834	15398	46557	41135	10367	07684	36188	18510
02488	33062	28834	07351	19731	92420	60952	61280	50001	67658	32586	86679	50720	94953
81525	72295	04839	96423	24878	82651	66566	14778	76797	14780	13300	87074	79666	95725
29676	20591	68086	26432	46901	20849	89768	81536	86645	12659	92259	57102	80428	25280
00742	57392	39064	66432	84673	40027	32832	61362	98947	96067	64760	64584	96096	98253
05366	04213	25669	26422	44407	44048	37937	63904	45766	66134	75470	66520	34693	90449
91921	26418	64117	94305	26766	25940	39972	22209	71500	64568	91402	42416	07844	69618
00582	04711	87917	77341	42206	35126	74087	99547	81817	42607	43808	76655	62028	76630
00725	69884	62797	56170	86324	88072	76222	36086	84637	93161	76038	65855	77919	88006
69011	65795	95876	55293	18988	27354	26575	08625	40801	59920	29841	80150	12777	48501
25976	57948	29888	88604	67917	48708	18912	82271	65424	69774	33611	54262	85963	03547
09763	83473	73577	12908	30883	18317	28290	35797	05998	41688	34952	37888	38917	88050
91567	42595	27958	30134	04024	86385	29880	99730	55536	84855	29080	09250	79656	73211
17955	56349	90999	49127	20044	59931	06115	20542	18059	02008	73708	83517	36103	42791
46503	18584	18845	49618	02304	51038	20655	58727	28168	15475	56942	53389	20562	87338
92157	89634	94824	78171	84610	82834	09922	25417	44137	48413	25555	21246	35509	20468
14577	62765	35605	81263	39667	47358	56873	56307	61607	49518	89656	20103	77490	18062
98427	07523	33362	64270	01638	92477	66969	98420	04880	45585	46565	04102	46880	45709
34914	63976	88720	82765	34476	17032	87589	40836	32427	70002	70663	88863	77775	69348
70060	28277	39475	46473	23219	53416	94970	25832	69975	94884	19661	72828	00102	66794
53976	54914	06990	67245	68350	82948	11398	42878	80287	88267	47363	46634	06541	97809
76072	29515	40980	07391	58745	25774	22987	80059	39911	96189	41151	14222	60697	59583
90725	52210	83974	29992	65831	38857	50490	83765	55657	14361	31720	57375	56228	41546
64364	67412	33339	31926	14883	24413	59744	92351	97473	89286	35931	04110	23726	51900
08962	00358	31662	25388	61642	34072	81249	35648	56891	69352	48373	45578	78547	81788
95012	68379	93526	70765	10592	04542	76463	54328	02349	17247	28865	14777	62730	92277
15664	10493	20492	38391	91132	21999	59516	81652	27195	48223	46751	22923	32261	85653

16408	81899	04153	53381	79401	21438	83035	92350	36693	31238	59649	91754	72772	02338
18629	81953	05520	91962	04739	13092	97662	24822	94730	06496	35090	04822	86774	98289
73115	35101	47498	87637	99016	71060	88824	71013	18735	20286	23153	72924	35165	43040
57491	16703	23167	49323	45021	33132	12544	41035	80780	45393	44812	12515	98931	91202
30405	83946	23792	14422	15059	45799	22716	19792	09983	74353	68668	30429	70735	25499
16631	35006	85900	98275	32388	52390	16815	69298	82732	38480	73817	32523	41961	44437
96773	20206	42559	78985	05300	22164	24369	54224	35083	19687	11052	91491	60383	19746
38935	64202	14349	82674	66523	44133	00697	35552	35970	19124	63318	29686	03387	59846
31624	76384	17403	53363	44167	64486	64758	75366	76554	31601	12614	33072	60332	92325
78919	19474	23632	27889	47914	02584	37680	20801	72152	39339	34806	08930	85001	87820
03931	33309	57047	74211	63445	17361	62825	39908	05607	91284	68833	25570	38818	46920
74426	33278	43972	10119	89917	15665	52872	73823	73144	88662	88970	74492	51805	99378
09066	00903	20795	95452	92648	45454	09552	88815	16553	51125	79375	97596	16296	66092
42238	12426	87025	14267	20979	04508	64535	31355	86064	29472	47689	05974	52468	16834
16153	08002	26504	41744	81959	65642	74240	56302	00033	67107	77510	70625	28725	34191
21457	40742	29820	96783	29400	21840	15035	34537	33310	06116	95240	15957	16572	06004
21581	57802	02050	89728	17937	37621	47075	42080	97403	48626	68995	43805	33386	21597
55612	78095	83197	33732	05810	24813	86902	60397	16489	03264	88525	42786	05269	92532
44657	66999	99324	51281	84463	60563	79312	93454	68876	25471	93911	25650	12682	73572
91340	84979	46949	81973	37949	61023	43997	15263	80644	43942	89203	71795	99533	50501
91227	21199	31935	27022	84067	05462	35216	14486	29891	68607	41867	14951	91696	85065
50001	38140	66321	19924	72163	09538	12151	06878	91903	18749	34405	56087	82790	70925
65390	05224	72958	28609	81406	39147	25549	48542	42627	45233	57202	94617	23772	07896
27504	96131	83944	41575	10573	08619	64482	73923	36152	05184	94142	25299	84387	34925
37169	94851	39117	89632	00959	16487	65536	49071	39782	17095	02330	74301	00275	48280
11508	70225	51111	38351	19444	66499	71945	05422	13442	78675	84081	66938	93654	59894
37449	30362	06694	54690	04052	53115	62757	95348	78662	11163	81651	50245	34971	52924
46515	70331	85922	38329	57015	15765	97161	17869	45349	61796	66345	81073	49106	79860
30986	81223	42416	58353	21532	30502	32305	86482	05174	07901	54339	58861	74818	46942
63798	64995	46583	09785	44160	78128	83991	42865	92520	83531	80377	35909	81250	54238

82486	84846	99254	67632	43218	50076	21361	64816	51202	88124	41870	52689	51275	83556
21885	32906	92431	09060	64297	51674	64126	62570	26123	05155	59194	52799	28225	85762
60336	98782	07408	53458	13564	59089	26445	29789	85205	41001	12535	12133	14645	23541
43937	46891	24010	25560	86355	33941	25786	54990	71899	15475	95434	98227	21824	19585
97656	63175	89303	16275	07100	92063	21942	18611	47348	20203	18534	03862	78095	50136
03299	01221	05418	38982	55758	92237	26759	86367	21216	98442	08303	56613	91511	75928
79626	06486	03574	17668	07785	76020	79924	25651	83325	88428	85076	72811	22717	50585
85636	68335	47539	03129	65651	11977	02510	26113	99447	68645	34327	15152	55230	93448
18039	14367	61337	06177	12143	46609	32989	74014	64708	00533	35398	58408	13261	47908
08362	15656	60627	36478	65648	16764	53412	09013	07832	41574	17639	82163	60859	75567
79556	29068	04142	16268	15387	12856	66227	38358	22478	73373	88732	09443	82558	05250
92608	82674	27072	32534	17075	27698	98204	63863	11951	34648	88022	56148	34925	57031
23982	25835	40055	67006	12293	02753	14827	23235	35071	99704	37543	11601	35503	85171
09915	96306	05908	97901	28395	14186	00821	80703	70426	75647	76310	88717	37890	40129
59037	33300	26695	62247	69927	76123	50842	43834	86654	70959	79725	93872	28117	19233
42488	78077	69882	61657	34136	79180	97526	43092	04098	73571	80799	76536	71255	64239
46764	86273	63003	93017	31204	36692	40202	35275	57306	55543	53203	18098	47625	88684
03237	45430	55417	63282	90816	17349	88298	90183	36600	78406	06216	95787	42579	90730
86591	81482	52667	61582	14972	90053	89534	76036	49199	43716	97548	04379	46370	28672
38534	01715	94964	87288	65680	43772	39560	12918	86537	62738	19636	51132	25739	56947

Abridged from *Handbook of Tables for Probability and Statistics*, Second Edition, edited by William H. Beyer (Cleveland: The Chemical Rubber Company, 1968). Used by permission of The Chemical Rubber Company.

찾아보기